SPIEGEL Edition

NELSON MANDELA

Der lange Weg zur Freiheit

Autobiografie

Aus dem Amerikanischen
übersetzt von Günter Panske

SPIEGEL-Verlag

Mit einem Nachwort von Hans Hielscher

Ungekürzte Lizenzausgabe des SPIEGEL-Verlags
Rudolf Augstein GmbH & Co. KG, Hamburg
für die SPIEGEL-Edition 2006/2007

Die amerikanische Originalausgabe erschien 1994
unter dem Titel *Long Walk to Freedom;
The Autobiography of Nelson Mandela*
im Verlag Little Brown and Company,
Boston, New York, Toronto, London

Typografie, Ausstattung, Herstellung
Farnschläder & Mahlstedt Typografie, Hamburg
Gesamtherstellung Clausen & Bosse, Leck
Printed in Germany
ISBN-10: 3-87763-007-3
ISBN-13: 978-3-87763-007-5

Dieses Buch widme ich meinen sechs Kindern, Madiba und Makaziwe (meiner ersten Tochter), die verstorben sind, und Makgatho, Makaziwe, Zenani und Zindzi, deren Unterstützung und Liebe ich im Herzen bewahre; meinen einundzwanzig Enkeln und drei Urenkeln, die mir große Freude bereiten; und all meinen Kameraden, Freunden und südafrikanischen Mitbürgern, denen ich diene und deren Mut, Entschlossenheit und Patriotismus mir eine Quelle der Inspiration bleiben.

Inhalt

1. Teil

EINE KINDHEIT AUF DEM LANDE

AUSSER DEM LEBEN, einer starken Konstitution und einer dauerhaften Verbindung zum Thembu-Königshaus gab mir mein Vater bei meiner Geburt nur einen Namen mit, Rolihlahla. Wörtlich bedeutet Rolihlahla: »Am Ast eines Baumes ziehen«, doch der umgangssprachliche Sinn lautet ziemlich genau: »Unruhestifter«. Ich glaube nicht, daß Namen etwas Schicksalhaftes haben oder daß mein Vater irgendwie ahnte, was für eine Zukunft mich erwartete, doch in späteren Jahren machten Freunde und Verwandte oft meinen Geburtsnamen verantwortlich für die vielen Stürme, die ich sowohl verursacht als auch überstanden habe. Meinen bekannteren englischen oder christlichen Namen erhielt ich an meinem ersten Schultag, aber ich greife voraus.

Geboren wurde ich am 18. Juli 1918 in Mvezo, einem winzigen Dorf am Ufer des Mbashe im Distrikt Umtata, der Hauptstadt der Transkei. In mein Geburtsjahr fiel das Ende des Ersten Weltkrieges, der Ausbruch einer Grippeepidemie, die überall auf der Welt Millionen Menschen tötete, und der Besuch einer Delegation des African National Congress bei der Versailler Friedenskonferenz, um den Klagen afrikanischer Menschen aus Südafrika Gehör zu verschaffen. Mvezo jedoch war alldem weit entrückt, ein winziger Bezirk abseits der Welt der großen Ereignisse, ein Ort, wo das Leben weitgehend noch immer so gelebt wurde wie seit Hunderten von Jahren.

Die Transkei, über tausend Kilometer östlich von Kapstadt gelegen, mehr als 800 Kilometer südlich von Johannesburg, dehnt sich zwischen dem Kei River und der Grenze zu Natal, zwischen den zerklüfteten Drakensbergen im Norden und den blauen Wassern des Indischen Ozeans im Osten. Es ist eine wunderschöne Landschaft mit dahinschwingenden Hügeln, fruchtbaren Tälern und tausend Flüssen und Bächen, die zum Meer streben und das

Land auch im Winter grün halten. Die Transkei war eines der größten Territorien innerhalb von Südafrika, mit 43 000 Quadratkilometer etwa so groß wie die Schweiz, mit einer Bevölkerung von ungefähr dreieinhalb Millionen Xhosas und einer winzigen Minderheit von Basothos und Weißen. Es ist auch die Heimat der Thembus, zu denen ich gehöre und die ein Teil des Xhosa-Volkes sind.

Mein Vater, Gadla Henry Mphakanyiswa, war Häuptling nach Abstammung und Brauchtum. Vom König des Thembu-Stammes wurde er zum Häuptling von Mvezo bestimmt, doch unter britischer Herrschaft mußte diese Ernennung bestätigt werden von der Regierung, die in Mvezo vom örtlichen Magistrate (hoher weißer Verwaltungsbeamter) vertreten wurde. Als von der Regierung eingesetzter Häuptling stand ihm ein Gehalt zu sowie ein Teil der Gebühren, welche die Regierung bei der Gemeinde erhob für die Impfung des Viehs und die Nutzung des Weidelands. Obwohl die Häuptlingsrolle Respekt und Anerkennung genoß, war ihr Ansehen jedoch vor fünfundsiebzig Jahren gesunken aufgrund der Kontrolle einer wenig einfühlsamen weißen Regierung.

Der Thembu-Stamm reicht zwanzig Generationen zurück bis zu König Zwide. Traditionsgemäß lebten die Thembus in den Ausläufern der Drakensberge und zogen im 16. Jahrhundert in Richtung Küste, wo sie zu einem Teil des Xhosa-Volkes wurden. Die Xhosa gehören zu den Nguni, die wenigstens seit dem 11. Jahrhundert in der südöstlichen Region von Südafrika, zwischen dem großen inneren Plateau im Norden und dem Indischen Ozean im Süden, gelebt, gejagt und gefischt haben. Man kann die Nguni aufteilen in eine nördliche Gruppe – die Zulu und die Swasi – und eine südliche Gruppe, bestehend aus den amaBaca, den amaBomyana, den amaGealeka, den amaMfengu, den amaMpodomis, den amaMpondo, den abeSotho und den abeThembu, und zusammen bildeten sie die Xhosa-Nation.

Die Xhosa sind stolze, patrilineare Menschen mit einer ausdrucksstarken, wohlklingenden Sprache und einem unerschütterlichen Glauben an die Bedeutung von Recht, Erziehung und Höflichkeit. Die Xhosa-Gesellschaft hatte eine ausgewogene, harmonische Sozialordnung, in der jeder einzelne seinen Platz kannte. Jeder Xhosa gehört zu einem Clan, der seine Herkunft auf einen bestimmten Vorfahren zurückführt. Ich bin ein Angehöriger des Madiba-Clans, der nach einem Thembu-Häuptling benannt ist, der im 18. Jahrhundert in der Transkei herrschte. Oft spricht man mich mit Madiba an, meinem Clan-Namen, was als respektvolle Bezeichnung gilt.

Ngubengcuka, einer der größten Monarchen, der den Thembu-Stamm vereinigte, starb 1832. Der damaligen Sitte entsprechend hatte er Frauen aus den großen Königshäusern, dem Großen Haus, aus dem der Erbe ausgewählt wird, dem Haus Rechter Hand und dem Ixhiba, einem kleineren Haus, das auch Haus Linker Hand genannt wird. Die Aufgabe der Söhne des Hauses Linker Hand bestand darin, königliche Streitigkeiten beizulegen. Mthikrakra, der älteste Sohn des Großen Hauses, folgte auf Ngubengcuka, und zu seinen Söhnen gehörten Ngangelizwe und Matanzima. Sabata, der die Thembu von 1954 regierte, war der Enkel von Ngangelizwe und älter als Kaezer Daliwonga, besser bekannt als K.D. Matanzima, der frühere Chief Minister der Transkei – mein Neffe kraft Recht und Brauchtum –, der ein Abkömmling von Matanzima war. Der ältestes Sohn des Ixhiba-Hauses oder des Hauses Linker Hand war Simakade, dessen jüngerer Bruder Mandela war, mein Großvater.

Im Laufe der Jahrzehnte hat es viele Geschichten gegeben, nach denen ich ein Anwärter oder Mitanwärter auf den Thembu-Thron sei, doch die einfache, oben von mir dargelegte Genealogie entlarvt solche Erzählungen als Märchen. Obwohl ich ein Angehöriger der königlichen Hofhaltung war, gehörte ich nicht zu den wenigen Privilegierten, die zum Herrschen erzogen wurden. Statt dessen wurde ich, als Abkömmling des Hauses Linker Hand, wie mein Vater vor mir, dazu erzogen, die Herrscher des Stammes zu beraten.

Mein Vater war ein hochgewachsener, dunkelhäutiger Mann mit einer aufrechten, würdevollen Körperhaltung, die ich, wie ich mir gern einbilde, von ihm geerbt habe. Genau über seiner Stirn hatte er ein Büschel weißes Haar, und als kleiner Junge rieb ich mir, um ihm nachzueifern, weiße Asche ins Haar. Mein Vater war sehr streng, und zur Züchtigung seiner Kinder benutzte er kräftig die Rute. Er konnte außerordentlich starrsinnig sein, ein weiterer Charakterzug, den der Sohn bedauerlicherweise vom Vater geerbt hat.

Mitunter hat man meinen Vater als den Premierminister von Thembuland bezeichnet, und zwar während der Regierungszeit sowohl von Dalindyebo, Sabatas Vater, der im frühen 20. Jahrhundert herrschte, als auch von dessen Sohn, Jongintaba, der ihm nachfolgte. Premierminister ist eine Fehlbezeichnung, weil es einen solchen Titel nicht gab, doch hätte er der Rolle, die mein Vater spielte, weitgehend entsprochen. Er war ein geachteter und geschätzter Berater beider Könige, die er auf ihren Reisen begleitete, und für gewöhnlich fand man ihn bei wichtigen Verhandlungen mit Regierungsbeamten an ihrer Seite. Er war ein anerkannter Hüter der Xhosa-Geschichte, und zum Teil war dies der Grund dafür, daß er als Berater geschätzt wurde. Mein eigenes Interesse an Geschichte hat frühe Wurzeln und wurde von meinem Vater gefördert. Obwohl er weder lesen noch schreiben konnte, galt mein Vater als hervorragender Redner, der seine Zuhörer, sie gleichermaßen belehrend wie unterhaltend, fesseln konnte.

In späteren Jahren entdeckte ich, daß mein Vater nicht nur ein Königsberater, sondern auch ein Königsmacher war. Nach dem frühzeitigen Tod von Jongilizwe in den 20er Jahren war sein Sohn Sabata, das Kind der Großen Gemahlin, noch zu jung zur Thronbesteigung. Es gab einen Disput darüber, welcher von Jongilizwes drei ältesten Söhnen von anderen Müttern – Jongintaba, Dabulamanzi und Melithafa – zu seinem Nachfolger gewählt werden sollte. Man konsultierte meinen Vater, und er empfahl Jongintaba mit der Begründung, er sei der Gebildetste von ihnen und er werde nicht nur der beste Treuhänder der Krone, sondern auch ein ausgezeichneter Mentor des jungen Prinzen sein. Mein Vater – wie auch einige andere einflußreiche Häuptlinge – empfand für Bildung die allergrößte Achtung, wie das oft der Fall ist bei Menschen, die ungebildet sind. Die Empfehlung meines Vaters war umstritten, da Jongintabas Mutter aus einem geringeren Hause stammte. Doch wurde die Wahl meines Vaters schließlich sowohl von den Thembus als auch der britischen Regierung akzeptiert. Später sollte Jongintaba sich für die Fürsprache in einer Weise erkenntlich zeigen, die mein Vater sich damals nicht hat vorstellen können.

Alle erzählten, mein Vater habe vier Frauen gehabt, von denen die dritte, meine Mutter, Nosekeni Fanny, die Tochter von Nkedama vom amaMpemvu-Clan der Xhosa, dem Haus Rechter Hand entstammte. Jede dieser Frauen, die Große Gemahlin, die Ehefrau Rechter Hand (meine Mutter), die Ehefrau Linker Hand und die Ehefrau aus dem Iqadi (oder dem unterstützenden Haus), hatte ihren eigenen Kral, das heißt eine Umfriedung für Tiere, die auch Felder und Hütten umschließen konnte und so etwas wie ein Homestead, ein Gehöft, war. Diese Krals lagen viele Meilen auseinander, und mein Vater pendelte gleichsam zwischen ihnen. Insgesamt zeugte er dreizehn Kinder, vier Jungen und neun Mädchen. Ich bin das älteste Kind des Hauses Rechter Hand und der jüngste von meines Vaters vier Söhnen. Ich habe drei Schwestern, Baliwe, die das älteste Mädchen war, Notancu und Makhutswana. Obwohl der älteste Sohn Mlahlwa war, war meines Vaters Erbe als Häuptling der Sohn des Großen Hauses, Daligqili, der Anfang der 30er Jahre starb. Die anderen drei Söhne sind inzwischen alle verstorben, und jeder von ihnen war mir nicht nur dem Alter nach, sondern auch im Rang voraus.

Während ich noch kaum mehr als ein Neugeborenes war, geriet mein Vater in einen Zwist, der ihn seine Häuptlingswürde in Mvezo kostete und bei ihm einen Charakterzug enthüllte, den ich wohl geerbt habe. Zwar bin ich der Ansicht, daß es hauptsächlich die Umwelt und nicht die Veranlagung ist, die den Charakter formt, doch mein Vater besaß eine stolze Aufsässigkeit, einen unbeugsamen Sinn für Fairneß, die ich an mir selbst wiedererkenne. Wie schön erwähnt, war mein Vater Häuptling – von den Weißen oft auch Headman genannt – und hatte sich in seinem Amt nicht nur dem Thembu-König, sondern auch dem örtlichen Magistrate gegenüber zu verantworten. Eines Tages brachte einer der Untertanen meines Vaters eine Klage gegen ihn vor, die von einem Ochsen handelte, der seinem Besitzer entlaufen war. Der Magistrate schickte eine entsprechende Botschaft, mit der meinem Vater befohlen wurde, vor ihm zu erscheinen. Als mein Vater die Aufforderung erhielt, sandte er folgende Antwort zurück: »Andizi, ndisaqula« (»Ich werde nicht kommen, ich rüste mich noch für die Schlacht«). Dies ist ein Xhosa-Ausdruck, der besagt, daß ein Mann sich zur Schlacht rüstet. Aber damals trotzte man einem Magistrate nicht auf solche Weise. Ein solches Verhalten hätte als Gipfel der Aufsässigkeit gegolten was es in diesem Fall auch war.

Die Antwort meines Vaters bewies seine Überzeugung, daß der Magistrate keine legitime Macht über ihn hatte. In Stammesangelegenheiten ließ er sich nicht von den Gesetzen des Königs von England leiten, sondern von der Thembu-Tradition. Diese Mißachtung war nicht einfach eine persönliche Empfindlichkeit, sondern eine Sache des Prinzips. Er machte geltend, was er für sein traditionelles Vorrecht als Häuptling hielt, und forderte die Autorität des Magistrates heraus.

Als der Magistrate die Antwort meines Vaters erhielt, beschuldigte er ihn umgehend der Insubordination. Es gab keinerlei Befragung oder Ermittlung; das war weißen Beamten vorbehalten. Der Magistrate entzog ihm schlicht seinen Rang, womit das Häuptlingstum der Mandela-Familie sein Ende fand.

Von diesen Ereignissen ahnte ich damals nichts, doch die Auswirkungen betrafen auch mich. Mein Vater, der nach den Maßstäben seiner Zeit ein wohlhabender Adliger war, verlor seinen Titel und auch sein Vermögen. Man nahm ihm den größten Teil seiner Herde und seines Landes, mithin auch die entsprechenden Erträge. Wegen dieser beschränkten Lebensumstände zog meine Mutter nach Qunu, einem nur wenig größeren Dorf westlich von Mvezo, wo sie die Unterstützung von Freunden und Verwandten finden würde. In Qunu lebten wir in einem bescheideneren Stil, doch verbrachte ich dort, in jenem Dorf bei Umtata, einige der glücklichsten Jahre meiner Knabenzeit; auch rühren von dort meine frühesten Erinnerungen her.

DAS DORF QUNU lag in einem engen grasbewachsenen Tal inmitten von grünen Hügeln und wurde von einer Reihe von Bächen durchquert. Die Einwohnerschaft betrug nur wenige hundert Menschen, die in Hütten lebten, bienenstockartigen Bauten aus Lehmwänden und gewölbten Grasdächern mit Holzpfählen in der Mitte, auf denen das Dach ruhte. Der Fußboden bestand aus zerstampftem Ameisenhaufen, jener harten Wölbung über einer Ameisenkolonie, und wurde glattgehalten durch das regelmäßige Einschmieren mit frischen Kuhfladen. Die einzige Öffnung war eine niedrige Tür, und der Rauch vom Herd entwich durch das Dach. Die Hütten standen im allgemeinen gruppenweise zusammen in einer Art Wohnviertel, das ein Stück von den Maisfeldern entfernt lag. Es gab keine Straßen, sondern nur Trampelpfade durch das Gras, von barfüßigen Kindern und Frauen getreten. Die Frauen und Kinder trugen in Ocker gefärbte Wolldecken; nur die wenigen Christen im Dorf trugen Kleidung westlichen Stils. Rinder, Schafe, Ziegen und Pferde grasten auf gemeinsamen Weiden. Das Land um Qunu war fast gänzlich baumlos, abgesehen von einer Gruppe von Pappeln auf dem Hügel, der das Dorf beherrschte. Das Land selbst gehörte dem Staat. Bis auf wenige Ausnahmen waren Afrikaner damals keine Grundbesitzer, sondern Pächter, die der Regierung alljährlich Pacht zu zahlen hatten. In dem Gebiet gab es zwei kleine Grundschulen, einen Kaufladen und einen sogenannten Dipping Tank, indem das Vieh von Zekken und Krankheiten befreit wurde.

Mais (oder was wir Mealies nannten und Leute im Westen Corn), Hirse, Bohnen und Kürbisse bildeten den Hauptteil unserer Nahrung, nicht weil wir eine angeborene Vorliebe für diese Dinge gehabt hätten, sondern weil die Leute sich nichts Besseres leisten konnten. Die reicheren Familien in unserem Dorf ergänzten ihre Nahrung durch Tee, Kaffee und Zucker, doch für die meisten Menschen in Qunu waren dies exotische Luxusgüter, die ihre Möglichkeiten weit überstiegen. Das Wasser, das für die Landwirtschaft sowie zum Kochen und Waschen gebraucht wurde, mußte eimerweise von Bächen und Teichen geholt werden. Dies war Frauenarbeit, und in der Tat war Qunu ein Dorf der Frauen und Kinder. Die meisten Männer verbrachten den größeren Teil des Jahres als Arbeiter in den Minen entlang dem Reef, jenem großen Bergkamm aus goldhaltigem Fels und Schiefer, der die südliche Begrenzung von Johannesburg bildet. Vielleicht zweimal im Jahr kehrten sie zurück, und das hauptsächlich, um ihre Felder zu pflügen. Das Hacken, Jäten und Ernten war Sache der Frauen und Kinder. Im Dorf konnten nur wenige, falls überhaupt, lesen oder schreiben, und der Gedanke an Bildung war damals noch vielen fremd.

Meine Mutter war in Qunu für drei Hütten verantwortlich, die, soweit ich mich erinnern kann, immer voller Babys und Kinder meiner Verwandten waren. In der Tat kann ich mich kaum an irgendeinen Augenblick erinnern, wo ich allein war. In der afrikanischen Kultur gelten die Söhne und Töchter der Tanten und Onkel als Brüder und Schwestern, nicht als Cousins und Cousinen. Wir machen, was unsere Verwandten betrifft, nicht die gleichen Unterschiede wie die Weißen. Wir haben keine Halbbrüder. Die Schwester meiner Mutter ist meine Mutter; der Sohn meines Onkels; ist mein Bruder; der Sohn meines Bruders ist mein Sohn.

Von den drei Hütten meiner Mutter wurde eine benutzt zum Kochen, eine zum Schlafen und eine zum Lagern von Nahrung und anderen Dingen. In der Hütte, in der wir schliefen, gab es kein Mobiliar im westlichen Sinn. Wir schliefen auf Matten und saßen auf dem Boden. Kissen lernte ich erst kennen, als ich nach Mqkekezweni ging. Meine Mutter bereitete die Mahlzeiten in einem dreibeinigen Eisentopf zu, der über einem offenen Feuer in der Hüttenmitte oder draußen stand. Alles, was wir aßen, bauten wir selbst an und bereiteten es selbst zu. Meine Mutter pflanzte und erntete ihre eigenen Mealies. Mealies wurden geerntet, wenn sie hart und trocken waren. Sie wurden aufbewahrt in Säcken oder in Gruben, die ins Erdreich gegraben wurden. Zur Zubereitung der Mealies verwandten die Frauen verschiedene Methoden. Sie zerrieben die Kerne zwischen zwei Steinen, um Brot herzustellen oder sie kochten die Mealies zuerst, um dann Umphothulo (Mealie-Mehl, das mit saurer Milch gegessen wurde) oder Umngqusho (Grütze, zuweilen pur oder mit Bohnen vermischt) herzustellen. Während Mealies manchmal knapp waren, gab es überreichlich Milch von unseren Kühen und Ziegen.

Schon in frühem Alter verbrachte ich die meiste Zeit im Freien, auf dem Veld, spielte und kämpfte mit anderen Jungen. Ein Junge, der sich im Haushalt herumtrieb und sozusagen an Mutters Schürzenzipfel hing, galt als Muttersöhnchen. Abends teilte ich mein Essen und meine Wolldecke mit denselben Jungen. Als ich ungefähr fünf Jahre alt war, wurde ich Hirtenjunge und hatte auf Schafe und Kälber aufzupassen. Ich lernte die fast mystische Verbindung kennen, welche die Xhosa zum Vieh haben, nicht nur als Lieferant von Fleisch und Milch oder auch Reichtum, sondern als eine Art Gottessegen und Glücksquell. Hier lernte ich auch, mit einer Steinschleuder Vögel vom Himmel zu holen, wilden Honig und Früchte und eßbare Wurzeln zu sammeln, süße Milch direkt aus dem Euter einer Kuh zu trinken, in den klaren, kalten Flüßchen zu schwimmen und mit Schnur und geschärften Drahtstücken Fische zu fangen. Ich lernte, mit dem Stock zu kämpfen – für jeden afrikanischen Jungen auf dem Land eine unerläßliche Fähigkeit –, und übte mich in den verschiedenen Techniken: wie man einen Schlag pariert, wie man in eine Richtung fintiert und in einer anderen zuschlägt; wie man sich mit schneller Beinarbeit von einem Gegner löst. Aus dieser Zeit rührt meine Liebe zum Veld, zu offenen Weiten, zu den einfachen Schönheiten der Natur, der klaren Linie des Horizonts.

Damals spielten wir mit selbstgemachtem Spielzeug. Wir formten es aus Lehm und bildeten Tiere und Vögel nach. Aus Baumästen fertigten wir sogenannte Lastschleppen, die von Ochsen gezogen wurden. Die Natur war unser Spielplatz. Im Gelände um Qunu gab es viele große glatte Felsbrocken, auf denen wir hinunterrutschten. Dies taten wir wieder und wieder, bis unser Hinterteil so wund war, daß wir darauf nicht mehr sitzen konnten. Ich lernte, auf jungen Kälbern zu reiten, und wenn man erst mehrmals abgeworfen worden war, hatte man den Bogen raus.

Eines Tages erhielt ich einen Denkzettel von einem störrischen Esel. Alle waren auf seinen Rücken und wieder hinunter geklettert, und als die Reihe an mir war, sprang ich hinauf, und der Esel tat einen Satz in einen nahen Dornenbusch. Er bockte solange, bis er mich abgeworfen hatte, mit dem Ergebnis, daß ich ein zerstochenes und zerkratztes Gesicht hatte, wofür ich mich vor meinen Freunden schämte. Wie die Menschen des Ostens besitzen Afrikaner ein hochentwickeltes Gefühl von Würde oder das, was die Chinesen »Gesicht« nennen. Ich hatte vor meinen Freunden mein Gesicht verloren, und obwohl mich ein Esel abgeworfen hatte, lernte ich, daß einen anderen Menschen zu demütigen bedeutet, ihn ein unnötig grausames Schicksal erleiden zu lassen. Schon als Junge lernte ich es, meine Gegner zu bezwingen, ohne sie zu entehren.

Für gewöhnlich spielten wir Jungen unter uns, doch mitunter ließen wir unsere Schwestern mitmachen. Jungen und Mädchen spielten Spiele wie »Ndize« (»Verstecken«) und »Icekwa« (»Einkriegen«). Aber das Spiel mit den Mädchen, das mir am meisten Spaß machte, war eins, das wir »Khetha« nannten, das »Wähle-wen-du-magst«-Spiel. Dies war weniger ein organisiertes Spiel als vielmehr ein spontaner Sport, der dann stattfand, wenn wir eine Gruppe von gleichaltrigen Mädchen ansprachen und ihnen sagten, jedes solle sich den Jungen aussuchen, den es liebte. Unseren Regeln gemäß war die Wahl des Mädchens zu respektieren, und sobald es sich seinen Favoriten ausgesucht hatte, konnte es weitergehen, begleitet von dem glücklichen Jungen, den es mochte. Doch die gewitzten Mädchen – weitaus gescheiter als wir tölpelhaften Burschen – besprachen sich oft miteinander und suchten sich dann allesamt einen Jungen aus, meist den unansehnlichsten oder beschränktesten, den sie dann auf dem ganzen Heimweg hänselten.

Das beliebteste Spiel für Jungen hieß »Thinti«, und wie die meisten Jungenspiele war es eine Nachahmung des Krieges. Zwei als »Zielscheiben« dienende Stöcke wurden in einem Abstand von etwa 30 Meter senkrecht in den Boden getrieben. Wir teilten uns in zwei gleich große Gruppen, und Zweck des Spiels war es, mit Stöcken nach dem gegnerischen Zielstock zu werfen und ihn umzuschleudern. Jede Mannschaft versuchte, ihren eigenen Zielstock zu verteidigen und die andere Seite davon abzuhalten, sich ihre geworfenen Stöcke zurückzuholen. Als wir älter wurden, organisierten wir dieses Spiel gegen Jungen aus Nachbardörfern, und wer sich in diesen brüderlichen Schlachten auszeichnete, wurde sehr bewundert, so wie Generäle, die im Krieg große Siege erringen, gefeiert werden.

Nach solchen Spielen kehrte ich dann zurück zum Kral meiner Mutter, die das Essen zubereitete. Während mein Vater Geschichten von historischen Schlachten und heldenhaften Xhosa-Kriegern erzählte, erfreute uns meine Mutter mit Legenden, Mythen und Fabeln, die über zahllose Generationen weitererzählt worden sind. Es waren Geschichten, die meine kindliche Phantasie anregten, und meistens enthielten sie irgendeine Moral. Ich erinnere mich an eine Geschichte, die von einem reisenden Mann handelte, dem sich eine alte Frau näherte, die furchtbar an grauem Star litt. Sie bat ihn um Hilfe, doch der Reisende wendete seinen Blick ab. Dann kam ein anderer Mann des Weges, und auch an ihn trat die alte Frau heran. Sie bat ihn, ihre Augen zu säubern, und obwohl er das als unangenehm empfand, tat er, worum sie ihn bat. Dann fiel, wunderbarerweise, alles Kranke von den Augen der alten Frau ab, und sie wurde jung und schön. Der Mann heiratete sie und wurde reich und glücklich. Es ist eine ungemein simple Geschichte, doch ihre Botschaft ist von Dauer: Tugend und Edelmut erhalten ihren Lohn auf eine Weise, die man nicht im voraus kennen kann.

Wie alle Xhosa-Kinder eignete ich mir Wissen hauptsächlich durch Beobachtung an. Wir sollten durch Nachahmen lernen, nicht durch Fragerei. Als ich später die Häuser von Weißen besuchte, war ich anfangs verblüfft über die Anzahl und die Art der Fragen, die Kinder ihren Eltern stellten – und über die ausnahmslose Bereitschaft der Eltern, diese Fragen zu beantworten. Bei uns galten Fragen als lästig; Erwachsene gaben Kindern Erklärungen, die sie für notwendig hielten.

Mein Leben, genau wie das der meisten Xhosas damals, wurde im großen wie im kleinen geformt durch Sitte, Ritual und Tabu. Dies war das A und O unserer Existenz und wurde nicht in Frage gestellt. Männer folgten dem Pfad, der für sie durch ihre Väter vorgezeichnet war; Frauen führten das gleiche Leben wie ihre Mütter vor ihnen. Ohne daß sie mir erklärt wurden, assimilierte ich bald die komplexen Regeln, welche die Beziehungen zwischen Männern und Frauen beherrschten. Ich entdeckte, daß ein Mann kein Haus betreten darf, in dem eine Frau kürzlich ein Kind zur Welt gebracht hat; daß eine frisch verheiratete Frau den Kral ihres neuen Heims nicht ohne Zeremonie betreten darf; und daß die Vernachlässigung der eigenen Vorfahren Unheil und Mißlingen im Leben zur Folge hätte. Geschah es jedoch, daß man seine Vorfahren entehrte, so konnte man das nur sühnen, indem man sich an den traditionellen Heiler oder Stammesältesten wandte, der mit den Vorfahren kommunizierte, und das tiefe Bedauern des Schuldigen übermittelte. All diese Glaubensvorstellungen waren mir völlig natürlich.

Als Junge kam ich in Qunu nur mit wenigen Weißen zusammen. Der örtliche Magistrate war natürlich weiß, wie auch der nächste Ladenbesitzer. Zuweilen tauchten weiße Reisende oder Polizisten in unserer Nachbarschaft auf. Diese Weißen erschienen mir großmächtig wie Götter, und mir ging auf, daß sie mit einer Mischung aus Furcht und Respekt behandelt werden mußten. Doch sie spielten in meinem Leben nur eine beiläufige Rolle, und über den weißen Mann oder die Beziehungen zwischen meinem eigenen Volk und diesen seltsamen, weit entfernten Gestalten dachte ich nur wenig nach, wenn überhaupt.

In unserer kleinen Welt in Qunu war die einzige Rivalität zwischen verschiedenen Clans oder Stämmen jene zwischen den Xhosas und amaMfengu, von denen eine geringe Anzahl in unserem Dorf lebte. Die amaMfengu waren zum östlichen Kap gekommen, weil sie vor Shaka Zulus Armeen geflohen waren, in jener Periode, die man die Mfecane nennt: die große Welle von Schlachten und Wanderungen zwischen 1820 und 1840, ausgelöst durch Shakas Zulu-Staat, der sämtliche Stämme bezwingen und dann unter seiner Militärherrschaft vereinigen wollte. Die amaMfengus waren Flüchtlinge aus amaMfecane, die ursprünglich nicht Xhosa sprachen, und sie mußten zunächst Arbeiten verrichten, die kein anderer Afrikaner tun wollte. Sie arbeiteten auf den Farmen und in den Geschäften der Weißen, was von den bessergestellten Xhosa-Stämmen verachtet wurde. Aber die Mfengus waren fleißige Leute, und wegen ihrer Kontakte mit Europäern waren sie oft gebildeter und »westlicher« als andere Afrikaner. Zu meiner Knabenzeit waren die amaMfengus längst der fortgeschrittenste Teil der Gemeinde und stellten unsere Geistlichen, Polizisten, Lehrer, Clerks und Dolmetscher. Die amaMfengus gehörten auch zu den ersten, die Christen wurden, bessere Häuser bauten, in der Landwirtschaft wissenschaftliche Methoden anwandten, und sie waren wohlhabender als ihre Xhosa-Landsleute. Sie bestätigten den Grundsatz der Missionare, der da lautete: Christ sein heißt zivilisiert sein, und zivilisiert sein heißt Christ sein. Es gab in Qunu Vorurteile und feindselige Gefühle gegenüber den amaMfengus, doch im Rückblick würde ich dies eher dem Neid als irgendwelchen Stammesfeindseligkeiten zuschreiben. Diese lokale Form von Tribalismus, die ich als Junge beobachtet hatte, war relativ harmlos. Damals sah ich nichts und ahnte auch nichts von jenen gewalttätigen Stammesrivalitäten, die später von den weißen Herrschern Südafrikas gefördert wurden.

Mein Vater hielt nichts von den Vorurteilen gegen die amaMfengus, und zwei amaMfengu-Brüder, George und Ben Mbekela, waren seine Freunde. Beide Brüder bildeten in Qunu eine Ausnahme: Sie waren gebildet, und sie waren Christen. George, der ältere, war pensionierter Lehrer, und Ben war Polizei-Sergeant. Obwohl sich die Mbekela-Brüder zum Christentum bekehrt hatten, hielt mein Vater sich davon fern und bewahrte seinen Glauben an den Großen Geist der Xhosas, Qamata, den Gott seiner Väter. In der Tat war mein Vater ein nichtamtlicher Priester, der über das rituelle Schlachten von Ziegen und Kälbern wachte und dieses Amt auch versah bei lokalen traditionellen Riten bei Saat und Ernte, bei Geburten und Hochzeiten, bei Initiationszeremonien und Bestattungen. Er brauchte keine Priesterweihe, denn die traditionelle Religion der Xhosas wird geprägt durch kosmische Ganzheit, so daß zwischen dem Heiligen und dem Säkularen, zwischen dem Natürlichen und dem Übernatürlichen nur geringe Unterschiede bestehen.

Auf meinen Vater färbte der Glaube der Mbekela-Brüder zwar nicht ab, doch inspirierte er meine Mutter, die Christin wurde. Ihr Name Fanny war tatsächlich ihr (christlicher) Vorname, denn sie hatte ihn in der Kirche erhalten. In der Tat war es dem Einfluß der beiden Brüder zuzuschreiben, daß ich selbst in der Methodisten-Kirche (oder Wesleyan Church, wie man sie damals nannte) getauft und dorthin zur Schule geschickt wurde. Die Mbekela-Brüder sahen mich oft in der Nähe beim Spielen oder Schafehüten. Mitunter kam der eine oder der andere, um sich mit mir zu unterhalten, und eines Tages besuchte George Mbekela dann meine Mutter. »Dein Sohn ist ein aufgeweckter kleiner Kerl«, sagte er. »Er sollte zur Schule gehen.« Meine Mutter schwieg. Niemand in meiner Familie hatte je die Schule besucht, und meine Mutter war auf den Vorschlag Mbekelas nicht vorbereitet. Doch teilte sie ihn meinem Vater mit, der trotz – oder vielleicht wegen – seines eigenen Mangels an Bildung auf der Stelle entschied, daß sein jüngster Sohn die Schule besuchen sollte.

Die Schule befand sich in einem einräumigen Haus westlichen Stils auf der anderen, Qunu abgewandten Seite des Hügels. Am Tag vor meinem ersten Schultag – ich war inzwischen siebeneinhalb Jahre alt – nahm mich mein Vater beiseite und erklärte mir, für die Schule müßte ich ordentlich gekleidet sein. Bis dahin hatte ich, wie alle Jungen in Qunu, nur eine Wolldecke getragen, über eine Schulter geschlungen und an der Hüfte zusammengesteckt. Mein Vater nahm eines seiner Hosenpaare und schnitt die Hosenbeine in Kniehöhe ab. Er befahl mir, die Hose anzuziehen, was ich auch tat, und sie hatte ungefähr die richtige Länge, war jedoch um die Hüften viel zu weit. Daraufhin nahm mein Vater ein Stück Schnur und straffte die Hose an der Taille. Ich muß einen komischen Anblick geboten haben, doch nie habe ich ein Kleidungsstück besessen, auf das ich stolzer gewesen wäre als auf meines Vaters abgeschnittene Hose.

Am ersten Schultag gab meine Lehrerin, Miss Mdingane, jedem von uns einen englischen Namen und erklärte, von nun an sei das der Name, auf den wir in der Schule zu hören hätten. Dies war üblich unter den Afrikanern jener Tage und geht zweifellos auf das britische Vorurteil gegenüber unserer Erziehung zurück. Die Erziehung, die ich erhielt, war eine britische, in der britische Gedanken, britische Kultur, britische Institutionen automatisch als höherwertig angesehen wurden. So etwas wie eine afrikanische Kultur kam nicht vor.

Afrikaner meiner Generation – und selbst heute noch – haben im allgemeinen sowohl einen englischen als auch einen afrikanischen Namen. Weiße waren nicht fähig oder nicht gewillt, einen afrikanischen Namen auszusprechen, und hielten es für unzivilisiert, überhaupt einen zu haben. An jenem Tag erklärte mir Miss Mdingane, mein neuer Name sei Nelson. Warum sie mir diesen Namen gab, weiß ich nicht. Vielleicht hatte es etwas mit dem großen britischen Seefahrer Lord Nelson zu tun, aber das wäre reine Vermutung.

EINES NACHTS, als ich neun Jahre alt war, bemerkte ich in unserem Haushalt eine bestimmte Unruhe. Mein Vater, der uns monatlich für etwa eine Woche zu besuchen pflegte, war eingetroffen, jedoch nicht zur gewohnten Zeit. Normalerweise hätte er erst ein paar Tage später kommen sollen. Ich fand ihn in der Hütte meiner Mutter, mit dem Rücken auf dem Boden liegend und durchgeschüttelt von einem schier endlosen Hustenanfall. Selbst für meine jungen Augen war es klar, daß mein Vater nicht mehr lange auf dieser Welt weilen würde. Er muß an irgendeiner Lungenkrankheit gelitten haben, doch es fehlte eine Diagnose, weil mein Vater in seinem ganzen Leben nie einen Arzt aufgesucht hatte. Mehrere Tage blieb er in der Hütte, ohne sich zu bewegen oder zu sprechen, und dann, eines Nachts, schien es ihm schlechter zu gehen. Meine Mutter und die jüngste Frau meines Vaters, Nodayimani, die bei uns wohnte, kümmerten sich um ihn, und später in derselben Nacht rief er nach Nodayimani. Sie ging zu ihm, und er sagte: »Bring mir meinen Tabak.« Meine Mutter und Nodayimani berieten sich und befanden, daß es unvernünftig sei, ihm in seinem Zustand Tabak zu geben. Doch er rief immer wieder danach, und schließlich stopfte Nodayimani seine Pfeife, entzündete sie und reichte sie ihm sodann. Mein Vater rauchte und wurde ruhig. Er rauchte etwa eine Stunde lang, und dann, mit immer noch brennender Pfeife, starb er.

Ich erinnere mich nicht daran, große Trauer empfunden zu haben, sondern vielmehr ein Gefühl des Abgeschnittenseins. Obwohl meine Mutter der Mittelpunkt meiner Existenz war, definierte ich mich über meinen Vater. Der Tod meines Vaters veränderte mein ganzes Leben in einer Weise, von der ich damals noch nichts ahnte. Nach einer kurzen Trauerzeit teilte mir meine Mutter mit, daß ich Qunu verlassen würde. Ich fragte sie nicht, warum oder wohin.

Ich packte meine wenigen Habseligkeiten, und eines Morgens brachen wir früh auf zu einer Reise westwärts zu dem Ort, der meine neue Heimat werden sollte. Ich trauerte weniger um meinen Vater als um die Welt, die ich zurücklassen mußte. Qunu war alles, was ich kannte, und ich liebte es in jener bedingungslosen Art, in der Kinder ihre erste Heimat lieben. Bevor wir hinter den Hügeln verschwanden, drehte ich mich um und blickte, wie ich damals meinte, zum letztenmal auf mein Dorf zurück. Ich konnte die einfachen Hütten sehen und die Menschen, die ihre Arbeit verrichteten; das Flüßchen, wo ich mit den anderen Jungen geplanscht und gespielt hatte; die Maisfelder und die grünen Weiden, wo die Herden träge grasten. Ich stellte mir vor, wie meine Freunde nach kleinen Vögeln jagten, köstliche Milch aus dem Euter einer Kuh tranken und herumtollten im Teich am Ende des Baches. Vor allem aber ruhte mein Auge auf den drei einfachen Hütten, wo ich die Liebe und den Schutz meiner Mutter genossen hatte. Es waren diese drei Hütten, die sich für mich verbanden mit all meinem Glück, mit dem Leben selbst, und ich bedauerte, daß ich nicht vor unserem Aufbruch jede einzelne geküßt hatte. Es war für mich unvorstellbar, daß die Zukunft, der ich jetzt entgegenwanderte, in irgendeiner Weise vergleichbar sein würde mit der Vergangenheit, die ich hinter mir ließ.

Wir reisten zu Fuß und im Schweigen, bis die Sonne langsam dem Horizont entgegensank. Doch das Schweigen des Herzens zwischen Mutter und Kind hat nichts von Einsamkeit. Meine Mutter und ich sprachen nie sehr viel miteinander, das brauchten wir auch nicht. Niemals stellte ich ihre Liebe in Frage oder zweifelte an ihrer Hilfe. Es war eine strapaziöse Reise, über steinige Wege, hügelauf und hügelab, vorbei an zahlreichen Dörfern, aber wir legten keine Rast ein. Am späten Nachmittag, auf dem Grunde eines flachen, von Bäumen gesäumten Tals, gelangten wir zu einem Dorf, in dessen Mitte sich ein Besitz befand, so groß und so schön, daß er bei weitem alles übertraf, was ich je gesehen hatte, und ich nichts tun konnte, als ihn zu bestaunen. Er bestand aus zwei Iingxande (oder rechteckigen Häusern) und sieben prachtvollen Rondavels (bessere Hütten), sämtlich weißgetüncht, ein blendender Anblick selbst im Schein der untergehenden Sonne. Er hatte einen großen Vorgarten und ein von Pfirsichbäumen begrenztes Maisfeld. Hinten breitete sich ein noch größerer Garten aus mit Apfelbäumen, einem Blumenbeet, einem Gemüsegarten und einem Rutengebüsch. In der Nähe stand eine weiße Stuckkirche.

Im Schatten von zwei Eukalyptusbäumen, die den Eingang des Haupthauses flankierten, saß eine Gruppe von etwa zwanzig Stammesältesten. Auf dem Weidegrund rund um den Besitz graste zufrieden eine Herde von wenigstens 50 Rindern und vielleicht 500 Schafen. Alles wirkte wunderbar gepflegt und bot einen Anblick von Reichtum und Ordnung, der meine Phantasie überstieg. Dies war der Große Platz, Mqhekezweni, die provisorische Hauptstadt von Thembuland, die königliche Residenz von Häuptling Jongintaba Dalindyebo, dem amtierenden Regenten der Thembus.

Ich betrachtete gerade diese Herrlichkeit, als ein mächtiges Automobil durch das westliche Tor rumpelte und die im Schatten sitzenden Männer sich sofort erhoben. Sie zogen ihre Kopfbedeckungen und riefen, auf die Füße springend: »Bayethe a-a-a-Jongintaba!« (»Heil dir, Jongintaba!«), den traditionellen Gruß der Xhosas für ihr Oberhaupt. Aus dem Automobil (später erfuhr ich, daß dieses stattliche Vehikel ein Ford-V8 war) stieg ein kleiner, untersetzter Mann in einem eleganten Anzug. Ich konnte erkennen, daß er das Selbstvertrauen und das entschiedene Auftreten eines Mannes hatte, der an die Ausübung von Macht gewöhnt war. Sein Name paßte zu ihm, denn Jongintaba bedeutet wörtlich »Einer, der den Berg anschaut«, und er besaß eine starke Ausstrahlung, die alle Blicke auf sich zog. Er hatte eine dunkle Hautfarbe und ein intelligentes Gesicht, und ungezwungen begrüßte er mit Handschlag jeden der Männer unter dem Baum, die Mitglieder des höchsten Thembu-Gerichtshofs, wie ich später erfuhr. Dies war der Regent, der für das nächste Jahrzehnt mein Vormund und Wohltäter sein sollte.

In diesem Moment, den Blick gerichtet auf Jongintaba und seinen Hof, kam ich mir vor wie ein Schößling, der mit all seinen Wurzeln aus dem Boden gerissen und mitten in einen Fluß geschleudert worden war, dessen starker Strömung er nicht widerstehen konnte. Ich hatte ein Gefühl von Ehrfurcht, gemischt mit Verwirrung. Bis zu dem Augenblick hatte ich ausschließlich an meine eigenen Vergnügungen gedacht und keinen größeren Ehrgeiz gehabt, als gut zu essen und ein Meisterstockkämpfer zu werden. Keinen Gedanken an Geld oder Klasse, Ruhm oder Macht. Plötzlich tat sich vor mir eine neue Welt auf. Kinder aus armen Familien, die sich auf einmal einem für sie unvorstellbaren Wohlstand gegenübersehen, fühlen sich einer Menge neuer Versuchungen ausgesetzt. Ich war da keine Ausnahme. In diesem Augenblick spürte ich, wie viele meiner Überzeugungen und Ansichten gleichsam fortgespült wurden. Das schlanke, von meinen Eltern errichtete Fundament begann zu schwanken. In jenem Augenblick sah ich, daß das Leben für mich mehr bereithalten mochte als eine Meisterschaft im Stockkämpfen.

Später erfuhr ich, daß sich nach meines Vaters Tod Jongintaba erboten hatte, mein Vormund zu werden. Er würde mich genauso behandeln wie seine Kinder, und ich würde die gleichen Vorteile genießen wie sie. Meine Mutter hatte keine Wahl; ein solches Angebot des Regenten lehnte man nicht ab, und obwohl sie mich vermissen würde, war sie doch froh, daß ich unter der Obhut des

Regenten in günstigeren Umständen aufwachsen würde als unter ihrer eigenen Obhut. Der Regent hatte nicht vergessen, daß er aufgrund der Intervention meines Vaters amtierendes Oberhaupt geworden war.

Meine Mutter blieb noch ein oder zwei Tage in Mqhekezweni, bevor sie sich auf den Rückweg nach Qunu machte. Wir schieden ohne Umstände voneinander. Sie hielt keine Predigt, bot keine weisen Worte, keine Küsse. Vermutlich wollte sie nicht, daß ich mich nach ihrem Fortgehen irgendwie verwaist fühlte, und verhielt sich deshalb so sachlich nüchtern. Ich wußte, daß ich, dem Wunsch meines Vaters gemäß, eine gute Erziehung erhalten sollte, als Vorbereitung auf eine weite Welt; und das war in Qunu nicht möglich. Ihr zärtlicher Blick enthielt all die Zuneigung und den Zuspruch, die ich brauchte, und als sie davonging, drehte sie sich noch einmal um und sagte: »Uqinisufokotho Kwedini!« (etwa: »Halt die Ohren steif, mein Junge!«) Kinder können die unsentimentalsten Wesen sein, zumal wenn sie sich neuen Vergnügungen hingeben. Während sich meine liebe Mutter und meine beste Freundin auf dem Heimweg befand, schwirrte mir der Kopf von den Freuden meines neuen Lebens. Ohren steif? Ich hätte den Kopf kaum höher tragen können. Ich trug bereits die hübsche neue Kleidung, die mein Vormund für mich besorgt hatte.

Bald war ich ein Teil des täglichen Lebens von Mqhekezweni. Ein Kind paßt sich schnell an oder überhaupt nicht – und ich fühlte mich zu dem Großen Platz hingezogen, als sei ich dort aufgewachsen. Für mich war es ein Wunderreich; alles erschien freudvoll; Verrichtungen, die in Qunu lästig gewesen waren, wurden in Mqhekezweni zum Abenteuer. War ich nicht in der Schule, so betätigte ich mich als Hirte, als Wagenlenker, als Pflüger. Ich ritt auf Pferden, schoß mit Steinschleudern auf Vögel und wetteiferte mit anderen Jungen, und abends tanzte ich manchmal zu dem wunderschönen Gesang und dem Händeklatschen von Thembu-Mädchen. Obschon ich Qunu und meine Mutter vermißte, ging ich schon bald völlig in der Gemeinde von Mqhekezweni auf.

Ich besuchte eine kleine, einräumige Schule auf dem Hügelkamm und lernte Englisch, Xhosa, Geschichte und Geographie. Wir lasen *Chambers English Reader* und schrieben auf schwarze Schiefertafeln. Unsere Lehrer, Mr. Fadana und später Mr. Giqwa, nahmen an mir ein besonderes Interesse. Ich lernte schnell, allerdings weniger aufgrund meiner Klugheit als meiner Zähigkeit. Meine Selbstdisziplin wurde bestärkt von meiner Tante Phathiwe, die im Großen Platz, dem Anwesen des Regenten, wohnte und meine Schularbeiten mit unerbittlicher Strenge überwachte.

Mqhekezweni war eine Missionsstation der Methodist Church und weit moderner und westlicher als Qunu. Die Menschen trugen moderne Kleidung. Die Frauen bevorzugten den strengen protestantischen Stil der Missionare: dicke lange Röcke aus schwerem Stoff und Blusen, die bis zum Hals hinaufreichten; dazu eine über die Bluse drapierte Decke und ein mit Eleganz gewundenes Kopftuch.

Die Welt von Mqhekezweni drehte sich um den Regenten, meine kleinere Welt um seine zwei Kinder. Justice, sein einziger Sohn und folglich auch Erbe des Großen Platzes, und Nomafu, seine Tochter und jünger als Justice. Ich lebte mit ihnen und wurde genauso behandelt wie sie. Wir aßen die gleiche Nahrung, trugen die gleiche Kleidung, erledigten die gleichen Aufgaben. Später kam noch Nxeko hinzu, der ältere Bruder von Sabata, dem Thronerben. Wir vier bildeten eine Art königliches Quartett. Der Regent und seine Frau No-England erzogen mich, als sei ich ihr eigenes Kind. Sie sorgten sich um mich, leiteten mich an und bestraften mich auch, alles im Geist der Liebe und Gerechtigkeit. Jongintaba war streng, doch ich zweifelte nie an seiner Liebe zu mir. Sie riefen mich bei meinem Kosenamen Tatomkkulu, was »Großvater« bedeutet, weil sie fanden, daß ich mitunter, wenn ich sehr ernst dreinblickte, wie ein alter Mann aussah.

Justice, vier Jahre älter als ich, wurde mein erster Held nach meinem Vater. Ich blickte in jeder Hinsicht zu ihm auf. Als ich nach Mqhekezweni kam, war er bereits in Clarkebury, einer rund 100 Kilometer entfernten Boardingschool. Er war groß, schön, muskulös und ein ausgezeichneter Sportsmann, der sich besonders hervortat in Leichtathletik, Cricket, Rugby und Fußball. Er besaß ein stets fröhliches und offenes Wesen und bezauberte seine Umwelt durch seine Natürlichkeit. Mit seiner prachtvollen Singstimme und seinem geschliffenen Ballsaaltanzen konnte er Menschen betören. Wie sich denken läßt, hatte er eine Schar von Verehrerinnen – aber auch eine kleine Armee von Kritikern, in deren Augen er zu sehr der Dandy und der Playboy war. Wir waren die besten Freunde, jedoch in mancherlei Hinsicht das genaue Gegenteil des anderen: Er war extrovertiert, ich eher introvertiert; er war stets unbeschwert, während ich ziemlich ernst war. Er war auf natürliche Weise geschickt und eignete sich mühelos etwas an; ich mußte üben und mich selbst drillen. Für mich war er alles, was ein junger Mann sein konnte, und alles, was ich sein wollte. Obwohl uns die gleiche Behandlung zuteil wurde, waren unsere Schicksale sehr verschieden: Justice würde eines der mächtigsten Häuptlingstümer des Thembu-Stammes erben. Ich würde erben, was immer der Regent in seiner Großmut mir zu geben beschloß.

Jeden Tag erledigte ich im Haus des Regenten oder draußen allerlei Pflichten. Zu den vielen Dingen, die ich für den Regenten tat, gehörte das Bügeln seiner Anzüge, meine Lieblingstätigkeit, auf die ich sehr stolz war. Er besaß ein halbes Dutzend westliche Anzüge, und ich verwandte manche Stunden auf möglichst präzise Bügelfalten. Sein Palast, wenn man es so nennen will, bestand aus zwei großen, blechbedeckten Häusern im westlichen Stil. Damals besaßen nur ganz wenige Afrikaner westliche Häuser, und sie galten als Kennzeichen großen Reichtums. Außer den beiden Häusern gab es sechs Rondavels, die in einer Art Halbkreis das Haupthaus umstanden. Die Häuser hatten Holzfußböden, etwas, das ich bis dahin noch nie gesehen hatte. Der Regent und die Königin schliefen in dem Rondavel zur Rechten Hand; die Schwester der Königin in dem in der Mitte; und die Hütte links diente als Pantry, als Speisekammer. Unter dem Fußboden in der Hütte der Schwester der Königin befand sich ein Bienenstock, und manchmal hoben wir Fußbodenbretter heraus und schlemmten von dem

Honig. Bald nach meiner Ankunft in Mqhekezweni zogen der Regent und seine Frau in das Uxande (mittleres Haus), das automatisch das Große Haus wurde. In seiner Nähe gab es drei kleine Rondavels. Eines davon wurde von der Mutter des Königs bewohnt, das zweite teilten sich Justice und ich, und das dritte war für Besucher reserviert.

Die beiden Prinzipien, die mein Leben in Mqhekezweni beherrschten, waren das Häuptlingsamt und die Kirche. Diese beiden Doktrinen existierten gleichsam in unstimmiger Harmonie, doch empfand ich sie in gar keiner Weise als antagonistisch. Für mich war das Christentum weniger ein Glaubenssystem als vielmehr der kraftvolle Glaube eines einzelnen Mannes: Reverend Matyolo. Seine eindrucksvolle Persönlichkeit umschloß für mich alles, was das Christentum anziehend machte. In Mqhekezweni war er so populär und beliebt wie der Regent, und die Tatsache, daß er in spirituellen Dingen über dem Regenten stand, beeindruckte mich tief. Doch die Kirche war statt mit dem Jenseitigen vor allem mit dieser Welt befaßt, und ich erkannte, daß praktisch all die Errungenschaften der Afrikaner durch ihre missionarische Tätigkeit erreicht zu sein schienen. Die Missionsschulen bildeten Clerks, Dolmetscher und Polizisten aus, die damals so etwas wie den Gipfel afrikanischer Ambitionen darstellten.

Reverend Matyolo war ein gewichtiger Mann Mitte Fünfzig, mit einer tiefen und kraftvollen Stimme, die ihm beim Predigen wie auch beim Singen von Nutzen war. Wenn er in der einfachen Kirche am westlichen Ende von Mqhekezweni predigte, quoll der Raum stets von Menschen über. Es hallte nur so wider von Hosiannas, und die Frauen knieten zu seinen Füßen und baten ihn um seinen Segen. Die allererste Geschichte, die ich über ihn hörte, handelte davon, daß Reverend Matyolo ganz allein und nur mit einer Bibel und einer Laterne als Waffen einen gefährlichen Geist verjagt hatte. Damals erkannte ich weder die Unwahrscheinlichkeit noch die Widersprüchlichkeit dieser Geschichte. Der von Reverend Matyolo gepredigte Methodismus war gleichsam Feuer und Schwefel, versetzt mit ein wenig afrikanischem Animismus.

Der Herr war weise und mächtig, aber er war auch ein rachsüchtiger Gott, der keine böse Tat ungestraft hingehen ließ.

In Qunu hatte ich nur einmal die Kirche besucht, und zwar an dem Tag, an dem ich getauft wurde. Für mich war Religion ein Ritual, dem ich mich meiner Mutter zuliebe unterzogen hatte und das mir bedeutungslos erschien. In Mqhekezweni war die Religion jedoch ein fester Bestandteil des Lebens, und gemeinsam mit dem König, der die Religion sehr ernst nahm, und der Königin besuchte ich jeden Sonntag die Kirche. Die einzige Tracht Prügel, die ich je vom König erhielt, bekam ich, als ich einmal den Sonntagsgottesdienst schwänzte, um an einem Kampf gegen Jungen aus einem anderen Dorf teilzunehmen; ein solches Vergehen leistete ich mir nie wieder.

Reverend Matyolo war indirekt die Ursache für eine weitere scharfe Zurechtweisung, die mir in diesem Fall die Frau des Regenten erteilte. Eines Nachmittags kroch ich mit ein paar anderen Jungen in Reverend Matyolos Garten und klaute ein paar Maiskolben, die wir sofort rösteten und vertilgten. Vielleicht vergnügten wir uns allzu sehr, denn ein junges Mädchen hörte uns im Garten lachen und verpetzte uns sofort beim Priester. Die Neuigkeit machte rasch die Runde und gelangte, später am Tag, bis zur Frau des Regenten. Sie wartete bis zur Gebetszeit am Abend – einem täglichen Ritual im Haus –, um mich mit der Beschuldigung zu konfrontieren und mich dafür zu tadeln, daß ich einem armen Diener Gottes sein Brot gestohlen und der Familie Schande bereitet hätte. Der Teufel, sagte sie, werde mich für diese Versündigung zur Rechenschaft ziehen. Nach dieser Abkanzlung durch meine Stiefmutter empfand ich eine unbehagliche Mischung aus Angst und Scham – Angst vor einer gleichsam kosmischen Maulschelle und Scham, weil ich das Vertrauen meiner Adoptivfamilie mißbraucht hatte.

Wegen der allgemeinen Achtung, die der Regent genoß – von seiten der Schwarzen wie der Weißen –, und der scheinbar unbegrenzten Macht, die er ausübte, sah ich das Häuptlingstum als absoluten Mittelpunkt, um den sich das Leben bewegte. Macht und

Einfluß des Häuptlingsamtes durchdrangen jeden Aspekt unseres Lebens in Mqhekezweni, und es schien mir das vorzüglichste Mittel, durch das man Einfluß und Status erlangen konnte.

Meine späteren Vorstellungen von Führerschaft wurden grundlegend beeinflußt durch meine Beobachtungen des Regenten und seines Hofes. Ich verfolgte die Stammestreffen, die regelmäßig im Großen Platz stattfanden, und lernte daraus. Der Zeitpunkt dafür war nicht von vornherein festgesetzt, die Versammlungen wurden anberaumt, wie es die Ereignisse erforderten. Man hielt sie ab, um nationale Angelegenheiten zu erörtern, etwa eine Dürre, eine Epidemie, das Aussondern von Merzvieh, Direktiven von seiten des Magistrates, neue Gesetze, welche die Regierung erlassen hatte. Jedem, der ein Thembu war, stand es frei zu kommen – und sehr viele kamen auch, zu Pferde oder zu Fuß.

Bei solchen Gelegenheiten war der Regent umgeben von seinen »Amaphakathi«, einer Gruppe von hochrangigen Beratern, die das Parlament des Regenten bildeten und die Rechtsprechung ausübten. Es waren weise Männer, die sich gründlich in der Stammesgeschichte und in den Sitten auskannten und deren Meinungen großes Gewicht hatten.

Wenn ein Treffen stattfinden sollte, verschickte der Regent Briefe an diese Häuptlinge und Headmen, und bald wimmelte es im Großen Platz von Besuchern und Reisenden aus dem ganzen Thembuland. Die Gäste versammelten sich vor dem Haus des Regenten, und er eröffnete die Versammlung, indem er allen für ihr Kommen dankte und ihnen erklärte, aus welchem Grund er sie zusammengerufen hatte. Danach äußerte er kein einziges Wort, bis zu dem Zeitpunkt, da die Versammlung sich ihrem Ende näherte.

Es sprach jeder, der sprechen wollte. Es war Demokratie in ihrer reinsten Form. Unter den Rednern mag es zwar eine Hierarchie geben, was die Bedeutung der einzelnen betrifft, doch wurde jeder angehört, ob Häuptling oder einfacher Mann, Krieger oder Medizinmann, Ladenbesitzer oder Farmer, Landbesitzer oder Arbeiter. Die Leute sprachen ohne Unterbrechung, und die Treffen dauerten viele Stunden. Grundlage der Selbstregierung war, daß alle Männer ihre Meinungen offen vortragen konnten und in ihrem Wert als Bürger alle gleich waren. (Frauen wurden bedauerlicherweise als Bürger zweiter Klasse eingestuft.)

Während des Tages gab es ein großes Bankett, und oft bekam ich Bauchschmerzen, weil ich mich allzu vollstopfte, während ich einem Redner nach dem anderen zuhörte. Mir fiel auf, daß manche Redner einfach drauflos schwafelten und nie zum Punkt kamen. Es gab auch andere, die näher bei der Sache blieben. Sie hatten eine Reihe spezieller Argumente, die sie knapp und überzeugend vortrugen. Ich bemerkte, daß manche Redner Emotionen und dramatische Worte einsetzten und versuchten, die Zuhörer mit Hilfe solcher Techniken zu bewegen, während andere Redner sachlich und nüchtern sprachen und Emotionen scheuten.

Zunächst erstaunte mich die Heftigkeit – und der Freimut –, mit der Leute den Regenten kritisierten. Er war keinesfalls über Kritik erhaben – vielmehr war er sogar häufig die Zielscheibe von Kritik. Aber mochte die Attacke auch noch so gefühlsbetont sein, der Regent hörte einfach zu, ohne sich zu verteidigen, ohne seinerseits irgendeine Emotion zu zeigen.

Die Zusammenkünfte dauerten so lange, bis irgendeine Art von Konsens erreicht war. Ein Treffen konnte nur in Einstimmigkeit enden oder überhaupt nicht. Einstimmigkeit konnte allerdings auch darin bestehen, daß man darin übereinstimmte, nicht übereinzustimmen, und zu warten, bis die Zeit günstiger war, um eine Lösung vorzuschlagen. Demokratie bedeutete, daß alle Männer angehört werden mußten und daß eine Entscheidung gemeinsam getroffen wurde, als ein Volk. Herrschaft einer Mehrheit war eine fremdartige Vorstellung. Eine Minderheit würde nicht durch eine Mehrheit erdrückt werden.

Erst am Ende des Meetings, wenn die Sonne im Untergehen begriffen war, sprach der Regent wieder, und er unternahm es, das zusammenzufassen, was gesagt worden war, und versuchte, zwischen den verschiedenen Meinungen einen Konsens herzustellen. Konnte ein solcher Konsens nicht erreicht werden, so würde es ein weiteres Meeting geben. Schließlich trug ganz am Ende ein Lobsänger oder Poet eine Lobpreisung auf die Könige in uralten Zeiten vor sowie eine Mischung aus Kompliment und Satire auf die gegenwärtigen Häuptlinge, und die Zuhörer, der Regent miteingeschlossen, brüllten vor Lachen.

In meiner eigenen Rolle als Führer bin ich stets diesen Prinzipien der Führerschaft gefolgt, wie sie seinerzeit der Regent demonstrierte. Ich habe immer versucht, mir das anzuhören, was jeder einzelne in einer Diskussion zu sagen hatte, bevor ich meine eigene Meinung vortrug. Oft wird meine eigene Meinung einfach den Konsens dessen repräsentieren, was ich in der Diskussion gehört habe. Ich erinnere mich immer an ein Axiom über Führerschaft, das ich zum erstenmal aus dem Mund des Regenten hörte. Ein Führer, sagte er, ist wie ein Hirte. Er hält sich hinter der Herde und läßt die Flinksten vorweggehen, woraufhin die anderen folgen, ohne zu erkennen, daß sie die ganze Zeit von hinten gelenkt werden.

In Mqhekezweni entwickelte sich mein Interesse an afrikanischer Geschichte. Dort hörte ich zum erstenmal von afrikanischen Helden, die keine Xhosas waren, von Männern wie Sekhukhune, König der Bapedi, vom Basotho-König Moshoeshoe, von Dingane, König der Zulus, und anderen wie Bambatha, Hintsa und Makana, Montshiwa und Kgama. Die ersten, von denen ich etwas über diese Männer erfuhr, waren die Berater, die zum Großen Platz kamen, um Streitigkeiten beizulegen und Prozesse zu führen. Auch wenn sie keine Anwälte waren, so trugen sie doch Fälle vor und wirkten an Entscheidungen mit. An manchen Tagen waren sie schon frühzeitig fertig, und dann saßen sie herum und erzählten Geschichten. Ich trieb mich in ihrer Nähe herum und hörte ihnen zu. Sie sprachen ein mir bis dahin unbekanntes Idiom. Ihre Sprache war formell und erhaben, ihre Gestik langsam und gemächlich, und unsere traditionellen Klicklaute waren lang und dramatisch.

Anfangs scheuchten sie mich weg und sagten mir, ich dürfe, weil zu jung, nicht zuhören. Später beauftragten sie mich, etwas Feuer für sie zu holen oder den Frauen zu sagen, daß sie Tee wollten, und in den ersten Monaten nahmen mich solche Verrichtungen viel zu sehr in Anspruch, als daß ich die Gespräche der Männer hätte verfolgen können. Schließlich jedoch erlaubten sie mir, in ihrer Nähe zu bleiben und zuzuhören, und nun hörte ich zum erstenmal von den afrikanischen Helden und Patrioten, die gegen die westliche Vorherrschaft gekämpft hatten, und meine Phantasie wurde befeuert von der Glorie dieser afrikanischen Krieger.

Der älteste der Häuptlinge, der die Versammelten mit alten Geschichten erfreute, war Zwelibhangile Joyi, ein Sohn aus dem Großen Haus von König Ngubengcuka. Häuptling Joyi war so alt, daß seine runzlige Haut ihn umhüllte wie ein locker sitzendes Gewand. Die von ihm sehr langsam erzählten Geschichten wurden oft unterbrochen durch seinen heftigen keuchenden Husten, der ihm manchmal zu schaffen machte, so daß er viele Minuten lang nicht weitersprechen konnte. Häuptling Joyi war die große Autorität für die Geschichte der Thembus, vor allem deshalb, weil er soviel davon selbst erlebt hatte.

Aber so greisenhaft Joyi meist auch wirkte, die Jahrzehnte fielen von ihm ab, wenn er von den Impis oder Kriegern in der Armee von König Ngangelizwe erzählte. Pantomimisch schleuderte Joyi seinen Speer und kroch das »Veld« entlang, während er von siegreichen und verlorenen Schlachten berichtete. Er sprach vom Heldentum des Ngangelizwe, von seiner Großmut und Bescheidenheit.

Nicht alle Geschichten von Häuptling Joyi handelten von den Thembu. Als er zum erstenmal über Krieger sprach, die nicht zu den Xhosa gehörten, fragte ich mich, warum er das wohl tat. Ich war wie ein Junge, der den lokalen Fußballstar anhimmelt, aber an einem nationalen Fußballstar, zu dem er keine persönliche Bindung hat, nicht interessiert ist. Erst später wurde ich von dem großen Strom afrikanischer Geschichte erfaßt, und von den Taten all der afrikanischen Helden, unabhängig von ihrem Stamm.

Häuptling Joyi zürnte dem weißen Mann, den er beschuldigte, den Xhosa-Stamm gespalten und Bruder von Bruder getrennt zu haben. Der weiße Mann, berichtete er, habe versucht, den Thembus weiszumachen, daß ihr wahres Oberhaupt die große weiße Königin jenseits des Ozeans sei und sie selbst in Wirklichkeit britische Untertanen. Aber die große weiße Königin brachte den schwarzen Menschen nichts als Elend und Gemeinheit, und falls sie ein Häuptling sei, so sei sie ein böser Häuptling. Häuptling Joyis Geschichten vom Krieg und seine Anklage gegen die Briten machten mich zornig und gaben mir das Gefühl, betrogen worden zu sein, als habe man mich all meiner Geburtsrechte beraubt.

Häuptling Joyi sagte, die Afrikaner hätten in relativem Frieden gelebt bis zum Erscheinen der »Abelungu«, der Weißen, die mit feuerspeienden Waffen von jenseits des Meeres gekommen seien. Einst, sagte er, seien die Thembu, die Pondo, die Xhosa und die Zulu alle Kinder ein und desselben Vaters gewesen und sie seien miteinander ausgekommen wie Brüder. Der weiße Mann, sagte er, zerstörte die »Abantu«, die Zusammengehörigkeit der verschiedenen Stämme. Der weiße Mann war hungrig und gierig auf Land, und der schwarze Mann teilte das Land mit ihm, so wie sie miteinander auch die Luft und das Wasser teilten; Land war nichts, das Menschen besitzen sollten. Aber der weiße Mann nahm das Land, wie man einem anderen Mann das Pferd nimmt.

Ich wußte noch nicht, daß die wirkliche Geschichte unseres Landes nicht in den britischen Standardlehrbüchern zu finden ist, nach denen Südafrika mit der Landung von Jan Van Riebeeck 1652 am Kap der Guten Hoffnung begonnen hatte. Von Häuptling Joyi erfuhr ich, daß die Geschichte der Bantu sprechenden Menschen hoch im Norden einsetzte, in einem Land voller Seen und grüner Ebenen und Täler, und daß wir langsam, über Jahrtausende hinweg, bis zur südlichen Spitze dieses großen Kontinents gewandert waren. Später entdeckte ich jedoch, daß Häuptling Joyis Bericht von der afrikanischen Geschichte, vor allem von der nach 1652, nicht immer korrekt war.

In Mqhekezweni kam ich mir schon ein wenig vor wie der sprichwörtliche Junge vom Land, der in eine Großstadt kommt. Mqhekezweni war weit moderner als Qunu, und die Menschen des Großen Platzes fanden die Bewohner von Qunu rückständig und primitiv. Der Regent war dagegen, daß ich Qunu besuchte; er meinte, ich könnte in meinem Heimatort in schlechte Gesellschaft geraten, und war darauf bedacht, mich in Mqhekezweni zu behalten. Als ich Qunu dann doch besuchte, spürte ich, daß meine Mutter vom Regenten instruiert worden war, denn sie erkundigte sich eingehend danach, mit wem ich denn spielte. Oft jedoch richtete der Regent es so ein, daß meine Mutter und meine Schwestern aus Qunu geholt und zum Großen Platz gebracht wurden.

Als ich nach Mqhekezweni gekommen war, hatten mich manche meiner Gefährten als einen Tölpel betrachtet, der hoffnungslos ungeeignet war, in der verfeinerten Atmosphäre des Großen Platzes zu leben. Natürlich gab ich mir, typisch für einen jungen Mann, alle Mühe, ein höfliches Benehmen und gute Manieren an den Tag zu legen. In der Kirche war mir eine reizende junge Frau aufgefallen, die, wie es der Zufall wollte, eine der Töchter von Reverend Matyolo war. Sie hieß Winnie, und ich bat sie um eine Verabredung, und sie akzeptierte. Ich konnte spüren, daß sie sehr an mir interessiert war, doch ihre älteste Schwester, nomaMpondo, hielt mich für hoffnungslos rückständig. In der Tat sagte sie ihrer Schwester, ich sei ein Barbar, der nicht gut genug sei für die Tochter von Reverend Matyolo. Um ihrer jüngeren Schwester zu beweisen, wie unzivilisiert ich war, lud sie mich zum Lunch ins Pfarrhaus ein. Ich war noch immer an das Essen zu Hause gewohnt, wo wir keine Messer und Gabeln benutzten. An der Familientafel reichte mir die hinterhältige ältere Schwester einen Teller mit einem Hühnerflügel. Der Flügel war jedoch statt weich und zart ein wenig zäh, so daß das Fleisch nicht mühelos abzulösen war.

Ich beobachtete, wie die anderen Messer und Gabel zur Hand nahmen und wie geschickt sie damit umgingen. Langsam griff auch ich nach meinem Besteck, beobachtete die anderen noch einige Augenblicke lang und versuchte dann, mit meinem kleinen Flügel zurechtzukommen. Zunächst bewegte ich das Ding nur ein wenig auf meinem Teller herum in der Hoffnung, daß das Fleisch vom Knochen abfallen würde, dann probierte ich, es abzuschneiden. Vergeblich versuchte ich, das Ding zu fixieren, um das Fleisch überhaupt abtrennen zu können, doch der Flügel entschlüpfte mir, und in meiner Frustration stieß ich mit dem Messer klirrend gegen den Teller. Erst nach weiteren vergeblichen Versuchen bemerkte ich, daß mich die ältere Schwester anlächelte, um dann vielsagend zu der jüngeren Schwester zu blicken, als wollte sie ihr zuflüstern: »Ich hab's dir ja gesagt.« Ich plagte mich weiter und wurde naß vor Schweiß, doch ich wollte das infernalische Ding nicht mit meinen Händen anfassen. An diesem Tag habe ich nicht viel Huhn gegessen.

Später sagte die ältere Schwester zur jüngeren: »Du wirst dein ganzes Leben vergeuden, wenn du dich in einen so rückständigen Menschen verliebst«, doch glücklicherweise kann ich sagen, daß die junge Lady nicht darauf hörte – sie liebte mich, so rückständig ich auch war. Irgendwann trennten sich natürlich unsere Wege, und wir kamen auseinander. Als ich fortging zur Schule, besuchte sie eine andere Schule und wurde schließlich Lehrerin. Wir korrespondierten einige Jahre lang, bis ich ihre Spur verlor; doch zu jener Zeit hatte ich meine Tischmanieren wesentlich verbessert.

ALS ICH SECHZEHN Jahre alt war, entschied der Regent, es sei an der Zeit, daß ich ein Mann würde. In der Xhosa-Tradition wird dies nur durch ein Mittel erreicht: durch Beschneidung. In meiner Tradition kann ein Unbeschnittener nicht die Güter seines Vaters erben, er kann nicht heiraten, er kann keine Stammesrituale leiten. In der Tat ist ein unbeschnittener Xhosa-Mann ein Widerspruch in sich, und ein nichtbeschnittener Mann gilt überhaupt nicht als Mann, sondern als ein Knabe. Beschneidung ist mehr als bloß eine chirurgische Prozedur, sondern ein längeres, ausgefeiltes Ritual als Vorbereitung auf die Mannhaftigkeit. Als Xhosa zähle ich meine Jahre als Mann ab dem Zeitpunkt meiner Beschneidung.

Das traditionelle Zeremoniell der Beschneidungsschule wurde vom Regenten hauptsächlich wegen Justice arrangiert – wir anderen, und wir waren insgesamt 26, waren in erster Linie dort, um ihm Gesellschaft zu leisten. Früh im neuen Jahr reisten wir zu zwei Grashütten in einem abgelegenen Tal an den Ufern des Mbashe, das bekannt war als Tyhalarha, der traditionelle Beschneidungsort für Thembu-Könige. Die Hütten waren klosterartige Unterkünfte, wo wir abseits der Gesellschaft leben sollten. Es war eine heilige Zeit; ich fühlte mich glücklich und zufrieden, weil ich teilhatte am Brauch meines Volkes, und war bereit für den Wechsel von der Jünglingszeit zum Mannesalter.

In diese Tyhalarha am Fluß waren wir einige Tage vor der eigentlichen Beschneidungszeremonie gezogen. Die wenigen letzten Tage der Jünglingszeit verbrachten wir jungen Burschen miteinander, und ich genoß die Kameradschaft sehr. Die Hütte lag nahe dem Heim von Banabakhe Blayi, dem reichsten und populärsten Jungen an der Beschneidungsschule. Er hatte ein sehr einnehmendes Wesen, war ein meisterhafter Stockfechter und ein hübscher Junge, dessen zahlreiche Freundinnen uns alle mit mancherlei Delikatessen versorgten. Obwohl er weder lesen noch schreiben konnte, war er einer der Intelligentesten unter uns. Er ergötzte uns mit Geschichten von seinen Reisen nach Johannesburg, einem Ort, wo noch niemand von uns gewesen war. Und mit Erzählungen von den Bergwerken versetzte er uns so in Spannung, daß er mich fast davon überzeugte, es sei aufregender, ein Bergmann zu sein als ein Monarch. In unseren Augen hatten Bergleute etwas Mystisches; ein Bergmann war stark und verwegen; ein Bergmann zu sein, das war das Ideal der Mannbarkeit. Viel später begriff ich, daß es die übertriebenen Geschichten von Jungen wie Banabakhe waren, die junge Männer dazu veranlaßten, davonzulaufen, um in den Minen von Johannesburg zu arbeiten, wo sie oft Gesundheit und Leben verloren. In jener Zeit war das Arbeiten in den Minen fast so sehr ein Übergangsritual wie die Beschneidungsschule, ein populärer Mythos, der den Minenbesitzern mehr half als meinem Volk.

Zu den Bräuchen der Beschneidungsschule gehört es, daß man vor der Zeremonie eine verwegene Tat vollbringt. In alten Zeiten mochte dies ein Rinderraubzug oder sogar eine Schlacht gewesen sein, doch in unseren Tagen hatten solche Unternehmungen eher den Charakter eines arglistigen Streichs. Zwei Nächte, bevor wir in die Tyhalarha zogen, beschlossen wir, ein Schwein zu stehlen. In Mqhekezweni lebte ein Stammesangehöriger mit einem ziemlich gewichtigen alten Schwein. Um Geräusche zu vermeiden, die den Farmer alarmieren konnten, heckten wir einen Plan aus, der es dem Schwein erlaubte, die Arbeit für uns zu tun. Zu diesem Zweck nahmen wir etwas vom selbstgebrauten afrikanischen Bier, das einen starken, von Schweinen sehr geliebten Geruch absondert. Mit dieser Bierprobe legten wir eine Spur bis zu unseren Hütten. Das Schwein wurde durch den Geruch so erregt, daß es aus seinem Kral ausbrach und sich allmählich, schnaufend und schnaubend, von der Probe kostend, bis zu uns vorarbeitete. Als es nahe genug war, fingen wir das arme Tier, schlachteten es, machten dann ein Feuer und aßen unter den Sternen geröstetes Schweinefleisch. Ich kann mich nicht erinnern, daß mir je zuvor oder jemals seither ein Stück Schweinefleisch so gut geschmeckt hat.

Am Abend vor der Beschneidung gab es in der Nähe unserer Hütten eine Zeremonie mit Gesang und Tanz. Aus den nahen Dörfern kamen Frauen, und wir tanzten zu ihrem Gesang und ihrem Klatschen. Die Musik wurde immer schneller und lauter, unser Tanzen immer rasender, und für einen Augenblick vergaßen wir, was uns am nächsten Morgen erwartete.

Am frühen Morgen, als die Sterne noch am Himmel standen, begannen wir unsere Vorbereitungen. Wir wurden zum Fluß geleitet, um in seinem kalten Wasser zu baden, ein Ritual, das unsere Reinigung vor der Zeremonie bedeutete. Die Zeremonie fand um die Mittagszeit statt. Man befahl uns, auf einer Lichtung in einiger Entfernung vom Fluß in einer Reihe Aufstellung zu nehmen. Wir wurden beobachtet von einer ganzen Schar von Eltern und Verwandten, unter ihnen auch der Regent sowie eine Handvoll von Häuptlingen und Beratern. Wir waren nur mit unseren Wolldecken bekleidet. Als, mit Trommelgedröhn, die Zeremonie ihren Anfang nehmen sollte, mußten wir uns auf einer Decke auf den Boden setzen, die Beine nach vorn gestreckt. Ich war angespannt und beklommen, unsicher, wie ich reagieren würde, wenn der kritische Augenblick kam. Wir durften weder zusammenzucken noch aufschreien; das galt als Zeichen von Schwäche und stigmatisierte die Mannbarkeit. Ich wollte mir keine Schande bereiten, ebensowenig der Gruppe oder meinem Behüter. Die Beschneidung ist eine Probe in Tapferkeit und Stoizismus; es wird keinerlei Betäubungsmittel verwendet; ein Mann muß sie schweigend ertragen.

Nach rechts konnte ich, aus den Augenwinkeln heraus, sehen, wie ein dünner, ältlicher Mann aus einem Zelt trat und vor dem ersten Jungen niederkniete. In der Zuschauermenge herrschte Erregung, und ich schauderte leicht, weil ich wußte, daß das Ritual jetzt begann. Der alte Mann war ein berühmter »Ingcibi«, ein Beschneidungsexperte aus dem Gcalekaland, der sein »Assegai« benutzen würde, um uns mit einem einzigen Streich von Knaben in Männer zu verwandeln.

Plötzlich hörte ich, wie der erste Junge ausrief: »Ndiyindoda!« (»Ich bin ein Mann!«) Man hatte uns beigebracht, dies im Augenblick der Beschneidung zu sagen, und wenig später hörte ich, wie Justice mit erstickter Stimme den gleichen Satz hervorstieß. Jetzt blieben noch zwei Jungen, bevor der »Ingcibi« mich erreichen würde, doch in meinem Kopf muß wohl Leere geherrscht haben, denn bevor ich mir dessen recht bewußt war, kniete der Alte vor mir. Ich blickte ihm direkt in die Augen. Er war blaß, und obwohl der Tag kalt war, glänzte sein Gesicht vor Schweiß. Seine Hände bewegten sich so schnell, daß sie von einer außerweltlichen Macht kontrolliert zu sein schienen. Stumm nahm er meine Vorhaut, zog sie nach vorn, und dann schwang in einer einzigen Bewegung sein »Assegai« herab. Mir war, als ob Feuer durch meine Adern schoß; der Schmerz war so intensiv, daß ich mein Kinn gegen meine Brust preßte. Viele Sekunden schienen zu vergehen, bevor ich mich an den Ausruf erinnerte; dann war ich wieder bei mir und rief: »Ndiyindoda!«

Nach unten blickend, sah ich einen perfekten Schnitt, sauber und rund wie ein Ring. Aber ich gestehe, daß ich Beschämung empfand, weil mir die anderen Jungen so viel stärker zu sein schienen, als ich es gewesen war; sie hatten die Formel prompter ausgerufen als ich. Ich war darüber verstört, daß mich der Schmerz, auch wenn nur für kurze Zeit, handlungsunfähig gemacht hatte, und ich gab mir alle Mühe, die Qualen zu verbergen, die ich noch immer empfand. Ein Junge mag weinen; ein Mann verbirgt seinen Schmerz.

Ich hatte jetzt den entscheidenden Schritt im Leben eines Xhosa-Mannes getan. Jetzt konnte ich heiraten, mein eigenes Heim gründen und meine eigenen Felder pflügen. Ich konnte jetzt zugelassen werden zu den Ratsversammlungen der Gemeinde; meine Worte würden ernst genommen werden; ich konnte Entscheidungen beeinflussen. Bei dieser Zeremonie gab man mir den Namen Dalibunga, was bedeutet »Gründer der Bungha«, welche die traditionelle, herrschende Körperschaft der Transkei war. Für Xhosa-Traditionalisten ist dieser Name akzeptabler als die beiden, die ich zuvor erhalten hatte, Rolihlahla oder Nelson. Ich war stolz, meinen neuen Namen ausgesprochen zu hören: Dalibunga.

Dem Beschneidungsmeister folgte ein Gehilfe, und unmittelbar nachdem das »Assegai« sein Werk getan hatte, nahm der Gehilfe die auf dem Boden liegende Vorhaut und nähte sie an einen Zipfel der Wolldecke. Sodann wurden unsere Wunden mit einer Heilpflanze bedeckt, deren Blätter außen weiß und dornig waren, innen jedoch weich. Ein solches Blatt wurde auf das rohe Fleisch unserer Wunden gelegt, und es absorbierte das Blut und andere Sekrete.

Zum Schluß der Zeremonie kehrten wir zu unseren Hütten zurück, wo feuchtes Holz brannte, damit Rauchwolken entstanden, die den Heilungsprozeß fördern sollten. Wir mußten uns in den raucherfüllten Hütten auf den Rücken legen, ein Bein ausgestreckt, das andere angewinkelt. Wir waren jetzt »Abakwetha«, eingeweiht in die Welt der Männlichkeit. Ein »Amakhankatha«, ein Wächter, schaute nach uns, der erklärte, die Regeln müßten eingehalten werden, wenn wir das Mannsein richtig beginnen wollten. Die erste Aufgabe des »Amakhankatha« bestand darin, unsere nackten, rasierten Körper von Kopf bis Fuß mit weißer Farbe zu bemalen und uns so in Geister zu verwandeln. Die weiße Farbe symbolisierte unsere Reinheit, und ich erinnere mich noch, wie hart die getrocknete Farbe sich auf meinem Körper anfühlte.

In jener ersten Nacht kroch um Mitternacht ein »Ikhaukatha«, ein Gehilfe, in der Hütte herum und weckte behutsam jeden Jungen auf. Dann wurden wir aufgefordert, die Hütte zu verlassen und im Dunkeln einen Ameisenhaufen zu suchen, in dem wir unsere Vorhaut begraben sollten. Der traditionelle Grund hierfür war, daß unsere Vorhäute verborgen sein würden, bevor Zauberer sie für böses Zwecke verwenden konnten, doch symbolisch begruben wir auch unsere Jugend. Es war nicht angenehm, die warme Hütte verlassen zu müssen und in der Dunkelheit ins Ungewisse durch den Busch zu wandern. Nach einigen Minuten, die mir viel länger vorkamen, fand ich einen Ameisenhaufen, band meine Vorhaut los und vergrub sie. Ich hatte das Gefühl, mich jetzt vom letzten Überbleibsel meiner Kindheit getrennt zu haben.

Während der nächsten zwei Monate wohnten wir in zwei Hütten – dreizehn Jungen in der einen, dreizehn in der anderen – und warteten, daß unsere Wunden heilten. Wenn wir ins Freie gingen, waren wir vollständig in Decken gehüllt, denn während dieser Zeit durften uns keine Frauen sehen. Es war eine Periode der Stille, eine Art spiritueller Vorbereitung auf die Prüfungen in unserem zukünftigen Leben als Männer. Am Tag unseres »Wiedererscheinens« gingen wir frühmorgens zum Fluß, um im Wasser des Mbashe den weißen Ocker abzuwaschen. Sobald wir sauber und trocken waren, wurden wir mit rotem Ocker bestrichen. Laut Tradition sollte ein Junge mit einer Frau schlafen, die später seine Ehefrau würde, und sie sollte den Ocker mit ihrem Körper abreiben. In meinem Fall wurde der Farbstoff jedoch durch die erste Methode und weniger durch die zweite entfernt.

Am Ende unserer Absonderung wurden die Hütten samt allem Inhalt rituell verbrannt, die letzten Bindeglieder zu unserer Kindheit somit vernichtet. Wieder gab es eine große Zeremonie, um uns als Männer in der Gesellschaft willkommen zu heißen. Unsere Familien, Freunde und lokale Häuptlinge waren anwesend; Reden wurden gehalten, Lieder gesungen, Geschenke gemacht. Ich erhielt zwei junge Kühe und vier Schafe, und ich fühlte mich reicher denn je zuvor. Ich, dem nie etwas gehört hatte, besaß plötzlich etwas. Es war ein berauschendes Gefühl, auch wenn sich meine Geschenke recht bescheiden ausnahmen im Vergleich zu denen von Justice, der eine ganze Herde bekommen hatte. Ich war nicht neidisch darauf. Er war der Sohn eines Königs; ich war nur dazu bestimmt, Ratgeber eines Königs zu werden. Ich fühlte mich stark und stolz. Ich erinnere mich, daß ich an jenem Tag aufrechter, fester, ja größer dahinschritt. Ich war voller Hoffnung und dachte, daß ich eines Tages irgendwann in der Zukunft Reichtum, Eigentum und Rang haben würde.

Dann sprach der Hauptredner des Tages zu uns, Häuptling Meligqili, der Sohn von Dalindyebo, und meine bunten Träume verdüsterten sich plötzlich. Er begann konventionell, indem er bemerkte, was für ein glorreicher Tag es sei und wie schön, daß wir eine Tradition fortsetzten, die seit Menschengedenken bestanden habe. Dann wendete er sich uns zu und wurde sehr ernst. »Dort sitzen unsere Söhne, jung, gesund und stattlich, die Blüte des Xhosa-Stammes, der Stolz unserer Nation. Wir haben sie gerade beschnitten in einem Ritual, das Mannbarkeit verheißt, aber ich bin hier, um euch zu sagen, daß das eine leere, illusorische Verheißung ist, ein Versprechen, das niemals erfüllt werden kann. Denn wir Xhosas und alle schwarzen Südafrikaner sind ein besiegtes Volk. Wir sind Sklaven in unserem eigenen Land. Wir sind Pächter auf unserer eigenen Erde. Wir haben keine Kraft, keine Macht, keine Kontrolle über unser eigenes Geschick im Land unserer Geburt. Für den Rest ihres Lebens werden sich diese jungen Männer die Lunge raushusten tief in den Eingeweiden der Minen des weißen Mannes, ihre Gesundheit zerstörend, niemals die Sonne sehend, damit der weiße Mann ein Leben in einzigartigem Wohlstand führen kann. Sie werden in große Städte ziehen, wo sie in Verschlägen hausen und billigen Alkohol trinken werden, und all dies, weil wir kein Land haben, das wir ihnen geben könnten, damit sie darauf gedeihen und sich vermehren. Unter diesen jungen Männern sind Häuptlinge, die niemals herrschen werden, weil wir nicht die Macht haben, uns selbst zu regieren; Soldaten, die niemals kämpfen werden, weil es für uns nichts zu kämpfen gibt, und auch keine Waffen, um zu kämpfen; Gelehrte, die niemals lehren werden, weil wir für sie keinen Platz zum Studieren haben. Die Fähigkeiten, die Intelligenz, die Verheißung dieser jungen

Männer werden vergeudet werden bei dem Versuch, mühselig die Existenz herauszuschinden, indem sie für den weißen Mann die geistlosesten Arbeiten verrichten. Die Gaben von heute sind nichtig, denn wir können ihnen nicht die größte aller Gaben geben, Freiheit und Unabhängigkeit. Ich weiß wohl, daß Qamata (Gott) allsehend ist und niemals schläft, doch habe ich den Verdacht, daß Qamata womöglich döst. Sollte das der Fall sein, so meine ich, je eher ich sterbe, desto besser, weil ich ihn dann treffen kann, um ihn wachzurütteln und ihm zu sagen, daß die Kinder von Ngubengcuka, die Blüte der Xhosa-Nation, dahinsterben.«

Die Zuhörer waren, während Häuptling Meligqili sprach, immer stiller geworden und auch, glaube ich, immer ärgerlicher. Niemand wollte die Worte hören, die er an jenem Tag sprach. Ich weiß, daß ich selbst sie nicht hören wollte. Ich war eher verstimmt als wachgerüttelt durch die Worte des Häuptlings. Ich bekenne, daß ich seine Rede abtat als beleidigende Bemerkungen eines unwissenden Mannes, der nicht fähig war, die Werte zu würdigen, die der weiße Mann in unser Land gebracht hatte, Bildung und andere Wohltaten. Zu dieser Zeit sah ich den weißen Mann nicht als Unterdrücker, sondern als Wohltäter, und ich fand, daß der Häuptling unglaublich undankbar war. Dieser anmaßende Mann verdarb mir mit seinen unangebrachten Bemerkungen den Tag, das wunderbare Gefühl des Stolzes.

Aber bald schon, ohne daß ich genau begriff warum, begannen seine Worte in mir zu wirken. Er hatte seinen Samen gesät, und wenn ich diesen Samen lange auch gleichsam brachliegen ließ, so begann er schließlich doch zu wachsen. Schließlich begriff ich, daß der unwissende Mann an jenem Tag nicht der Häuptling gewesen war, sondern ich selbst.

Nach dem Ende der Zeremonie ging ich wieder zum Fluß und schaute, wie er sich über viele Meilen dahinschlängelte in Richtung Indischer Ozean. Ich hatte diesen Fluß noch nie überquert, und ich wußte wenig oder nichts von der Welt auf der anderen Seite, eine Welt, die mir an diesem Tag zu winken schien. Es war fast schon Sonnenuntergang, und ich eilte weiter zu der Stelle, wo unsere Hütten gestanden hatten. Obwohl es verboten war zurückzublicken, während die Hütten brannten, konnte ich der Versuchung nicht widerstehen. Als ich die Stelle erreichte, waren nur noch zwei Aschenhaufen bei einem großen Akazienbaum zu sehen. In diesem Haufen lag eine verlorene und freudvolle Welt, die Welt meiner Jugend, die Welt süßer und unbeschwerter Tage in Qunu und Mqhekezweni. Jetzt war ich ein Mann, und niemals wieder würde ich »Thinti« spielen, Mais stehlen oder Milch aus einem Kuheuter trinken. Ich trauerte bereits um meine Jugend. Rückblickend weiß ich, daß ich an jenem Tag kein Mann war und erst viele Jahre später wirklich einer werden würde.

ICH WUSSTE, dass ich, anders als die meisten, mit denen ich in der Beschneidungsschule gewesen war, nicht in den Goldminen am Reef arbeiten würde. Häufig hatte der Regent zu mir gesagt: »Dir ist es nicht bestimmt, dein Leben damit zu verbringen, das Gold des weißen Mannes zu schürfen und nicht einmal zu wissen, wie du deinen Namen schreibst.« Ich sollte Ratgeber für Sabata werden, und zu diesem Zweck brauchte ich eine Ausbildung. Nach der Zeremonie kehrte ich nach Mqhekezweni zurück, aber nicht für lange. Ich machte mich zum Abschiednehmen bereit, denn ich sollte zum erstenmal den Mbashe überqueren auf dem Weg zur Clarkebury Boarding Institution (Internatseinrichtung) im Distrikt Engcobo.

Wieder mußte ich von zu Hause fort, doch ich war begierig zu sehen, wie ich mich in der größeren Welt bewähren würde. Der Regent persönlich fuhr mich mit seinem majestätischen Ford-V8 nach Engcobo. Vor der Abreise hatte er mir zu Ehren eine Feier veranstaltet, weil ich »Standard VI« (etwa »mittlere Reife«) bestanden und vom Clarkebury Institute als Schüler akzeptiert worden war. Man schlachtete ein Schaf, und es wurde gesungen und getanzt – es war die erste Feier, die jemals mir zu Ehren stattfand, und ich genoß sie sehr. Der Regent schenkte mir mein erstes Paar Stiefel, ein Symbol der Männlichkeit. In jener Nacht putzte ich sie noch einmal, obwohl sie bereits glänzten.

Das Clarkebury Institute, gegründet 1825, befand sich auf dem Gelände einer der ältesten Wesleyanischen Missionen in der Transkei. Zu jener Zeit war das Clarkebury Institute die höchste Lehranstalt für Afrikaner in Thembuland. Der Regent selbst hatte Clarkebury besucht, und Justice war ihm dorthin gefolgt. Es war sowohl Sekundarschule wie Lehrerausbildungscollege, bot jedoch auch Kurse in praktischeren Fächern wie Zimmermanns-, Schneider- und Blechschmiedehandwerk.

Während der Fahrt nach Clarkebury gab mir der Regent Ratschläge, was mein Verhalten und meine Zukunft betraf. Ich sollte, lautete seine Ermahnung, mich so benehmen, daß es Sabata und ihm selbst nur Achtung eintrüge, und ich versicherte ihm, ich würde mich daran halten. Dann setzte er mich über den Reverend C. Harris, den Direktor der Schule, ins Bild. Reverend Harris, erklärte er, sei eine einzigartige Persönlichkeit. Er war ein weißer Thembu, das heißt ein weißer Mann, der in seinem Herzen den Thembu-Stamm und die Thembu-Leute liebte und verstand. Wenn Sabata älter sei, fuhr der Regent fort, werde er den künftigen König Reverend Harris anvertrauen, der ihn sowohl zum christlichen König wie auch zu einem traditionellen Herrscher erziehen werde. Der Regent sagte, auch ich müsse bei Reverend Harris lernen, denn ich sei dazu bestimmt, den von ihm zu erziehenden Führer anzuleiten.

In Mqhekezweni hatte ich viele weiße Händler und Regierungsbeamte kennengelernt, darunter auch Magistratsbeamte und Polizeioffiziere. Es waren Männer von hohem Rang, und der Regent empfing sie höflich, jedoch nicht unterwürfig; er behandelte sie als Ebenbürtige, genauso wie sie ihn. Mitunter sah ich, wie er sie sogar tadelte. Doch das geschah äußerst selten. Freilich hatte der Regent mir niemals gesagt, wie ich mich in ihrer Gegenwart verhalten sollte, und so beobachtete ich ihn und folgte seinem Beispiel. Als er jedoch über Reverend Harris sprach, belehrte der Regent mich zum erstenmal darüber, wie ich mich in seiner Gegenwart verhalten sollte. Ich müßte, sagte er, dem Reverend den gleichen Respekt und Gehorsam erweisen wie ihm selbst.

Clarkebury war weitaus großartiger als selbst Mqhekezweni.

Die Schule selbst bestand aus einer Ansammlung von etwa zwei Dutzend anmutigen Gebäuden im Kolonialstil, darunter individuelle Wohnungen wie auch Schlafsäle, die Bibliothek und diverse Unterrichtsräume. Es war der erste westliche und nichtafrikanische Ort, an dem ich gelebt habe, und ich hatte das Gefühl, eine neue Welt zu betreten, deren Regeln mir noch nicht klar waren.

Nachdem man uns in eines der Häuser geleitet hatte, stellte mich der Regent Reverend Harris vor, und wir schüttelten uns die Hand. Es war das allererste Mal, daß ich einem weißen Mann die Hand schüttelte. Er war warmherzig und freundlich und behandelte den Regenten mit großer Ehrerbietung. Der Regent erklärte, ich solle zum Ratgeber des Königs erzogen werden und er hoffe, der Reverend werde sich meiner besonders annehmen. Der Reverend nickte und bemerkte, Clarkebury-Studenten seien gehalten, nach dem Unterricht körperliche Arbeit zu leisten, und er werde es so einrichten, daß ich in seinem Garten arbeite.

Am Ende des Gesprächs verabschiedete sich der Regent von mir und gab mir ein Pfund als Taschengeld. Dies war die größte Geldsumme, die ich je besessen hatte. Ich erwiderte seinen Abschiedsgruß und versprach, ihn nicht zu enttäuschen.

Clarkebury war ein Thembu-College, gegründet auf dem Land, das der große Thembu-König Ngubengcuka ihm geschenkt hatte, und als Nachfahre von Ngubengcuka nahm ich an, mir würde hier die gleiche Ehrerbietung bezeugt werden, wie ich sie von Mqhekezweni her gewohnt war. Aber das erwies sich als schmerzlicher Irrtum, denn in Clarkebury wurde ich genauso behandelt wie alle anderen. Niemand wußte oder interessierte sich dafür, daß ich ein Nachkomme des illustren Ngubengcuka war. Der Boardingmaster (Internatsleiter) empfing mich ohne Trompetengeschmetter, und meine Mitstudenten machten vor mir weder eine Verbeugung noch einen Kratzfuß. Hier in Clarkebury waren viele der anderen Jungen selbst vornehmer Abstammung, und plötzlich war ich nicht mehr einzigartig. Dies war eine wichtige Lektion für mich, denn in jenen Tagen war ich ein wenig hochnäsig, glaube ich. Ich begriff rasch, daß ich meinen Weg nur aufgrund meiner Fähigkeiten und nicht meiner Herkunft machen konnte. Die meisten meiner Mitstudenten waren mir auf dem Sportplatz ebenso überlegen wie in den Klassenräumen beim Unterricht, und so hatte ich eine Menge nachzuholen.

Am nächsten Morgen begann der erste Unterrichtstag, und zusammen mit meinen Mitstudenten stieg ich die Treppe zum ersten Stock hinauf, wo sich die Klassenzimmer befanden. Der Raum selbst hatte einen wunderschön polierten Holzfußboden. An diesem ersten Unterrichtstag trug ich zum erstenmal meine neuen Stiefel. Ich hatte noch nie zuvor irgendwelche Stiefel getragen, und so ging ich an diesem Tag wie ein frisch beschlagenes Pferd. Schon auf der Treppe hatte ich einen furchtbaren Lärm gemacht und war mehrmals um ein Haar ausgerutscht. Als ich ins Klassenzimmer trampelte, bemerkte ich, daß zwei Studentinnen in der ersten Reihe mein linkisches Auftreten mit großer Belustigung beobachteten. Die Hübschere der beiden beugte sich zu der anderen und sagte so laut, daß alle sie hören konnten: »Der Landjunge ist nicht gewohnt, Schuhe zu tragen«, woraufhin ihre Freundin lachte. Ich war blind vor Wut und Verlegenheit.

Sie hieß Mathona und war ein wenig neunmalklug. An jenem Tag gelobte ich, niemals mit ihr zu sprechen. Doch als mein Gekränktsein sich legte und ich mich an meine Stiefel gewöhnte, lernte ich sie doch näher kennen, und sie wurde in Clarkebury mein bester Freund. Sie war mein erster wirklicher weiblicher Freund, eine Frau, der ich auf gleicher Ebene begegnete, der ich mich anvertrauen und mit der ich Geheimnisse teilen konnte. In vielerlei Hinsicht war sie das Modell für all meine späteren Freundschaften mit Frauen, denn wie ich herausgefunden habe, sind es Frauen, bei denen ich freimütig sein und denen ich Schwächen und Ängste eingestehen kann, die ich einem anderen Mann niemals offenbaren würde.

Bald paßte ich mich an das Leben in Clarkebury an. Sooft ich konnte, nahm ich an Sport und Spielen teil, erhob mich jedoch nie über Mittelmaß. Ich spielte aus Liebe zum Sport, nicht des Ruhmes wegen, denn ich erntete keinen. Wir spielten Rasentennis mit selbstgemachten Holzschlägern und Fußball, barfüßig auf einem Sandplatz.

In Clarkebury erhielt ich zum erstenmal Unterricht von Lehrern, die selbst eine ordentliche Ausbildung genossen hatten. Mehrere von ihnen besaßen akademische Grade, was äußerst selten war in jener Zeit. Als ich eines Tages zusammen mit Mathona lernte, gestand ich ihr meine Angst, Ende des Jahres durch die Prüfungen in Englisch und Geschichte zu fallen. Da solle ich mir nur keine Sorgen machen, sagte sie, denn unsere Lehrerin, Gertrude Ntlabathi, sei die erste Afrikanerin, die einen B. A. (Bachelor of Arts, akademischer Grad) erlangt habe. »Sie ist zu gescheit, um uns durchfallen zu lassen«, sagte Mathona. Damals hatte ich es noch nicht gelernt, Wissen vorzutäuschen, das ich nicht besaß, und da ich nur eine vage Vorstellung hatte, was ein B. A. war, fragte ich Mathona. »Oh ja, natürlich«, erwiderte sie. »Ein B. A. ist ein sehr langes und schwieriges Buch.« Ich bezweifelte ihre Antwort nicht.

Wir hatten einen weiteren afrikanischen Lehrer, der gleichfalls einen Bachelor-of-Arts-Grad besaß. Er hieß Ben Mahlasela, und wir bewunderten ihn sehr, nicht nur wegen seiner akademischen Erfolge, sondern auch weil er sich von Reverend Harris nicht einschüchtern ließ. Selbst die weißen Mitglieder des Lehrkörpers pflegten sich Reverend Harris gegenüber servil zu verhalten, doch Mr. Mahlasela betrat das Büro des Direktors in absoluter Furchtlosigkeit und nahm nicht einmal den Hut ab! Er begegnete dem Reverend als Ebenbürtiger und widersprach ihm oft, wo andere dem Direktor einfach zustimmten. Obwohl ich Reverend Harris respektierte, bewunderte ich Mr. Mahlasela dafür, daß er sich von ihm nicht kleinkriegen ließ. Damals wurde von einem Schwarzen mit akademischem Grad erwartet, daß er sich vor einem Weißen mit Grundschulbildung bückte. Mochte ein Schwarzer auch noch so weit nach oben gelangt sein, er galt dennoch weniger als der niedrigste Weiße.

Reverend Harris leitete Clarkebury mit eiserner Hand, jedoch mit einem gleichbleibenden Sinn für Fairneß. Clarkebury war eher eine Militärakademie denn eine Lehrerausbildungsstätte. Der leiseste Verstoß gegen die Regeln wurde prompt bestraft. Bei Versammlungen zeigte Harris stets einen furchteinflößenden Gesichtsausdruck und neigte zu keinerlei Nachgiebigkeit. Betrat er einen Raum, so erhoben sich die Mitglieder des Lehrkörpers, darunter auch die weißen Leiter der Ausbildungs- und der Sekundärschulen sowie die schwarzen Leiter der Gewerbeschulen.

Von den Studenten wurde er mehr gefürchtet als geliebt. Doch im Garten erlebte ich einen anderen Reverend Harris. In seinem Garten zu arbeiten hatte einen doppelten Vorteil: Ich entwickelte eine lebenslange Liebe zur Gärtnerei und zum Anbau von Gemüse, und es half mir, den Direktor und seine Familie kennenzulernen – die erste weiße Familie, zu der ich je engere Beziehung gehabt hatte. Auf diese Weise erkannte ich, daß Reverend Harris ein öffentliches Gesicht und ein privates Verhalten hatte, die sich stark voneinander unterschieden.

Hinter der strengen Maske verbarg sich ein sanftmütiger, weitherziger Mensch, der inbrünstig daran glaubte, daß die Erziehung junger Afrikaner sehr wichtig sei. Oft traf ich ihn gedankenverloren in seinem Garten. Ich störte ihn nicht und sprach nur selten mit ihm, doch als Beispiel eines Mannes, der sich einer guten Sache widmete, war Reverend Harris ein wichtiges Vorbild für mich.

So wortkarg Reverend Harris war, so gesprächig war seine Frau. Sie war ein reizendes Wesen und kam oft in den Garten, um mit mir zu plaudern. Ich kann mich beim besten Willen nicht erinnern, worüber wir sprachen, habe jedoch noch den Geschmack der köstlichen warmen Teekuchen auf der Zunge, die sie mir nachmittags in den Garten brachte.

Nach meinem langsamen, eher unauffälligen Start kam ich dann aber doch sehr gut zurecht, und bald konnte ich mein Lernprogramm beschleunigen. Gewöhnlich brauchte man für das sogenannte Junior Certificate drei Jahre, doch ich schaffte es in zwei.

Ich erwarb mir den Ruf, ein außergewöhnliches Gedächtnis zu besitzen, doch in Wirklichkeit war ich ganz einfach ein fleißiger Arbeiter. Als ich Clarkebury verließ, verlor ich Mathona aus den Augen. Sie war eine Tagesschülerin, und ihre Eltern besaßen nicht die Mittel, ihr eine weitere Ausbildung zu ermöglichen. Mathona war außergewöhnlich klug und begabt, doch weil ihre Eltern nicht über das notwendige Geld verfügten, konnte sie ihre Möglichkeiten nicht voll ausschöpfen. Dies war eine nur allzu typische südafrikanische Geschichte. Nicht an Fähigkeit mangelte es meinem Volk, sondern an Gelegenheit.

Die Zeit in Clarkebury hatte meinen Horizont erweitert, dennoch würde ich nicht sagen, daß ich ein völlig aufgeschlossener, vorurteilsloser junger Mann war, als ich die Schule verließ. Ich hatte Studenten aus der ganzen Transkei getroffen, auch einige aus Johannesburg und Basutoland, wie Lesotho damals genannt wurde. Manche der Studenten waren auf eine Weise intellektuell und kosmopolitisch, die mir das Gefühl gab, provinziell zu sein. Obwohl ich ihnen nacheiferte, hielt ich es doch nicht für möglich, daß ein Junge vom Lande mit ihrer Weltläufigkeit konkurrieren könne. Als ich Clarkebury verließ, war ich im Herzen noch immer ein Thembu, und ich war stolz darauf, wie ein Thembu zu denken und zu handeln. Meine Wurzeln waren mein Schicksal, und ich glaubte, ich würde Berater eines Thembu-Königs werden, wie mein Vormund es wünschte. Mein Blick ging nicht über das Thembuland hinaus, und ich glaubte, ein Thembu zu sein sei das Beneidenswerteste, was es auf Erden gab.

1937, ALS ICH 19 war, stieß ich zu Justice in Healdtown, dem Wesleyan College in Fort Beaufort, ungefähr 250 Kilometer westlich von Umtata. Im 19. Jahrhundert war Fort Beaufort einer der zahlreichen britischen Außenposten in den sogenannten Frontier Wars gewesen, den Grenzkriegen, in denen aufgrund des ständigen Vordringens weißer Siedler die verschiedenen Xhosa-Stämme systematisch ihres Landes beraubt wurden. Während eines Jahrhunderts voller Konflikte erwarben viele Xhosa-Krieger Ruhm aufgrund ihrer Tapferkeit, Krieger wie Sandile, Makhanda und Maqoma, von denen die beiden letzteren von den Briten auf Robben Island gefangengehalten wurden und dort starben. Zur Zeit meiner Ankunft gab es in Healdtown nur wenige Hinweise auf die Schlachten des vorigen Jahrhunderts, mit einer Ausnahme: Fort Beaufort war eine weiße Stadt, wo einst nur Xhosa gelebt und ihr Land bebaut hatten.

Am Ende einer gewundenen Straße gelegen, ein begrüntes Tal überblickend, war Healdtown noch viel schöner und großartiger als Clarkebury. Es war damals die größte afrikanische Schule unterhalb des Äquators, mit mehr als 1000 Studenten und Studentinnen. Mit seinen anmutigen, efeubewachsenen Gebäuden im Kolonialstil und seinen von Bäumen beschatteten Höfen machte es den Eindruck einer privilegierten akademischen Oase, was es natürlich auch war. Genau wie Clarkebury war Healdtown eine Missionsschule der Methodistenkirche und bot eine christliche Erziehung auf geistes- und naturwissenschaftlicher Grundlage, dem britischen Vorbild gemäß. Der Prinzipal (Direktor) von Healdtown war Dr. Arthur Wellington, ein stämmiger und ziemlich steifer Engländer, der sich gern seiner Verbindung zum Herzog von Wellington rühmte. Zu Beginn einer Schulversammlung pflegte Dr. Wellington das Podium zu betreten, um mit seiner tiefen Baßstimme zu verkünden: »Ich bin der Nachkomme des großen Herzogs von Wellington, des Aristokraten, Staatsmanns und Generals, der den Franzosen Napoleon bei Waterloo zerschmetterte und dadurch die Zivilisation für Europa rettete – und für euch, die Eingeborenen.« Daraufhin pflegten wir alle enthusiastisch zu applaudieren, jeder von uns außerordentlich dankbar dafür, daß ein Nachkomme des großen Herzogs von Wellington sich die Mühe machte, Eingeborene wie uns zu erziehen. Damals war der gebildete Engländer unser Vorbild; wir strebten danach, »black Englishmen« zu werden, wie wir gelegentlich verächtlich genannt wurden. Die besten Ideen waren englische Ideen, die beste Regierung die englische, die besten Männer englische Männer – das dachten wir, und das zu denken, lehrte man uns.

Das Schulleben war rigoros. Früh um sechs wurde geweckt. Um 6.40 Uhr gab es im Eßsaal Frühstück, das heißt trockenes Brot und heißes Zuckerwasser, wobei uns George VI. überwachte, der König von England, dessen düsteres Porträt an den holzverkleideten Wänden hing. Wer sich zum Brot Butter leisten konnte, der kaufte sich welche und bewahrte sie in der Küche auf. Ich aß trokkenes Toastbrot. Um acht versammelten wir uns auf dem Hof zwecks »Observation«; wir verharrten in Hab-acht-Stellung, während die Mädchen aus ihren verschiedenen Schlafsälen kamen. Bis 12.45 Uhr hatten wir Unterricht, dann gab es zum Mittagessen Maisgrütze, saure Milch und Bohnen, selten Fleisch; danach wieder Unterricht bis fünf, gefolgt von einer Stunde für Übungen und Abendessen und schließlich noch Studieren in der Study Hall von 7 bis 9. »Licht aus« um 9.30 Uhr.

Healdtown zog Studenten aus der ganzen Transkei an und auch aus anderen Protektoraten Südafrikas wie Basutoland, Swaziland und Bechuanaland. Obwohl es hauptsächlich eine Xhosa-Institution war, gab es auch Studenten von anderen Stämmen. Nach den Schulstunden und an den Wochenenden blieben Studenten vom selben Stamm für sich. Selbst die Angehörigen der verschiedenen Xhosa-Stämme verkehrten nur untereinander, wie die amaMpondo-Studenten und so fort. Auch ich folgte diesem Verhaltensmuster, doch in Healdtown gewann ich dann meinen ersten Sotho sprechenden Freund, Zachariah Molete. Ich erinnere mich, daß ich damals ein Gefühl von Wagemut empfand, weil ich einen Freund hatte, der kein Xhosa war.

Unser Zoologie-Lehrer, Frank Lebentlele, sprach gleichfalls Sotho und war bei den Studenten sehr beliebt. Frank war ein sehr umgänglicher Mensch, der sich frei unter die Studenten mischte. Er war nicht viel älter als wir und spielte sogar in der ersten Fußballmannschaft des Colleges, wo er zu den Spitzenspielern gehörte. Was uns bei Mr. Lebentlele jedoch am meisten erstaunte, war die Tatsache, daß er ein Xhosa-Mädchen aus Umtata geheiratet hatte. Ehen zwischen den Stämmen waren äußerst selten. Vor Mr. Lebentlele hatte ich wohl noch nie jemanden gekannt, der »außerhalb seines Stammes« geheiratet hatte. Doch Mr. Lebentlele und seine Frau zu sehen gehörte zu den vielen Dingen, die meine Engstirnigkeit zu untergraben begannen und die Ketten des Tribalismus lockerten, die mich noch immer gefesselt hielten. In Healdtown fing ich an, mir meiner Identität als Afrikaner, nicht nur als Xhosa oder gar Thembu, bewußt zu werden.

Unser Schlafsaal hatte vierzig Betten, je zwanzig links und rechts vom Mittelgang. Der Boardingmaster des Hauses war der liebenswürdige Reverend S. S. Mokitimi, der später der erste afrikanische Präsident der Methodistischen Kirche von Südafrika wurde. Auch Reverend Mokitimi gehörte zu den Sotho-Sprechenden und wurde von den Studenten sehr bewundert als ein moderner und aufgeklärter Mann, der unsere Klagen verstand.

Reverend Mokitimi beeindruckte uns noch aus einem anderen Grund, und zwar, weil er gegen Dr. Wellington seinen Mann stand. Eines Abends brach im Hauptgebäude des College ein Streit zwischen zwei Präfekten aus. Das war ungewöhnlich, da Präfekten naturgemäß Streit schlichten und nicht entfesseln sollten. Reverend Mokitimi wurde gerufen, um Frieden zu stiften. Auch Dr. Wellington erschien unversehens auf der Bildfläche. Sein Auftauchen war für uns ein erheblicher Schock; es kam uns vor, als sei ein Gott herniedergestiegen, um ein kleines Problem zu lösen.

Dr. Wellington reckte sich empor zu voller Größe und verlangte zu wissen, was da vor sich gehe. Reverend Mokitimi, dessen Kopf nicht einmal bis zu Dr. Wellingtons Schultern reichte, sagte sehr respektvoll: »Dr. Wellington, alles ist unter Kontrolle, und ich werde Ihnen morgen berichten.« Dr. Wellington ließ sich jedoch nicht beirren, sondern sagte einigermaßen gereizt: »Nein, ich will auf der Stelle wissen, was los ist.« Doch Reverend Mokitimi erklärte mit fester Stimme: »Dr. Wellington, ich bin der House Master, und ich habe Ihnen gesagt, daß ich Ihnen morgen berichten werde, und dabei bleibt's.« Wir waren alle wie vor den Kopf geschlagen. Noch nie hatten wir erlebt, daß irgendwer, geschweige denn ein Schwarzer, gegen Dr. Wellington aufgestanden wäre, und wir erwarteten eine Explosion. Aber Dr. Wellington sagte nur: »Na gut«, und verschwand. Mir ging auf, daß Dr. Wellington weniger war als ein Gott und Reverend Mokitimi mehr als ein Lakai und daß ein schwarzer Mann sich nicht automatisch einem weißen zu unterwerfen hatte, mochte der ein noch so hohes Amt bekleiden.

Reverend Mokitimi suchte auch am College Reformen durchzusetzen. Wir alle unterstützten seine Bemühungen, die Kost und die Behandlung der Studenten zu verbessern, wozu auch sein Vorschlag gehörte, daß die Studenten für ihre Disziplinierung selbst verantwortlich sein sollten. Allerdings gab es eine Änderung, die manchen von uns Kummer machte, zumal Studenten vom Land. Dies war Reverend Mokitimis Neuerung, Sonntag abends Studenten und Studentinnen gemeinsam im Saal essen zu lassen. Ich war sehr dagegen, aus dem einfachen Grund, weil ich noch immer nicht mit Messer und Gabel umgehen konnte und wegen meiner mangelnden Tischmanieren nicht wieder in Verlegenheit kommen wollte. Doch Reverend Mokitimi organisierte die Mahlzeiten wie geplant, und fast jede Woche verließ ich Sonntag abends den Saal hungrig und deprimiert.

Um so mehr Spaß hatte ich auf dem Sportplatz. Im Vergleich zu Clarkebury war die Qualität des Sports in Healdtown weitaus höher. Im ersten Jahr war ich nicht gut genug, um in einem der Teams mitzuspielen. Im zweiten Jahr jedoch ermutigte mich mein Freund Locke Ndzamela, Healdtowns Meister im Hürdenlauf, es in einer mir bisher unbekannten Sportart zu versuchen: mit dem Langstreckenlaufen. Ich war groß und schlank, was, wie Locke meinte, für einen Langstreckenläufer der ideale Körperbau sei. Mit einigen Tips begann ich zu trainieren. Mir gefiel die Disziplin, die Einsamkeit des Langstreckenlaufens, die mich von dem hektischen Schulleben befreite. Gleichzeitig begann ich mit einer Sportart, für die ich nicht besonders geeignet zu sein schien, und das war das Boxen. Doch trainierte ich nur beiläufig, und erst Jahre später, als ich einige Pfunde zugelegt hatte, begann ich ernsthaft zu boxen.

In meinem zweiten Jahr in Healdtown wurde ich von Reverend Mokitimi und dem Direktor zum Präfekten bestimmt. Präfekten sind auf den verschiedensten Ebenen verantwortlich, und neuernannte Präfekten bekommen die am wenigsten begehrten Aufgaben. Anfangs beaufsichtigte ich eine Gruppe von Studenten, die nachmittags, während unserer Zeit für körperliche Arbeit, Fenster zu putzen hatten. Jeden Tag führte ich sie zu diesem Zweck zu anderen Gebäuden.

Ich erklomm die nächste Ebene von Präfektenpflichten, und das war der Nachtdienst. Das machte mir nichts aus, da ich nie Mühe gehabt habe, die ganze Nacht über aufzubleiben, doch bei einer Gelegenheit geriet ich in ein moralisches Dilemma, das mir in Erinnerung geblieben ist. Wir hatten in den Schlafsälen keine Toiletten, doch etwa dreißig Meter hinter der Unterkunft gab es für die Studenten ein separates Klosett. Wenn in Regennächten ein Student mitten in der Nacht aufwachte, war die Versuchung groß, sich einfach auf die Veranda zu stellen und in die Büsche zu urinieren. Niemand war darauf erpicht, durch Gras und Schlamm zur Außentoilette zu trotten. Natürlich verstieß eine solche Praxis strikt gegen die Vorschriften, und zur Aufgabe des Präfekten gehörte es, die Namen der Studenten aufzuschreiben, die von der Veranda urinierten.

Eines Nachts, als ich Dienst hatte, schüttete es draußen nur so, und im Laufe der Nacht erwischte ich eine ganze Menge Studenten – so um die fünfzehn –, die nicht naß werden wollten und sich von der Veranda aus erleichterten. Gegen Morgen sah ich einen Burschen herauskommen, nach links und rechts blicken und sich dann ans Ende der Veranda stellen, um zu urinieren. Ich trat zu ihm und erklärte, er sei ertappt; worauf er sich umdrehte und ich erkannte, daß er selbst ein Präfekt war. Ich war in einer heiklen Lage. In der Rechtsprechung und in der Philosophie fragt man: »Quis custodiet ipsos custodes?« Wer soll die Wächter ihrerseits überwachen? Wenn der Präfekt die Vorschriften nicht befolgt, wie kann man dann erwarten, daß es die Studenten tun? Gleichzeitig stand ein Präfekt über dem Gesetz, weil er selbst das Gesetz war, und so konnte ein Präfekt einen anderen nicht zur Meldung bringen. Aber ich hielt es nicht für fair, den Präfekten zu verschonen, die anderen fünfzehn hingegen zu melden. Also zerriß ich meine Liste mit den fünfzehn Namen und meldete keinen.

In meinem letzten Jahr in Healdtown ereignete sich etwas, das für mich dem Dahinblitzen eines Kometen über den Nachthimmel glich. Gegen Ende des Jahres wurden wir informiert, daß der große Xhosa-Poet Krune Mqhayi die Schule besuchen würde. Mqhayi war eigentlich ein »Imbongi«, ein Lobsänger, das heißt eine Art oraler Historiker, der gegenwärtige Geschehnisse und Geschichte mit einer Poesie versieht, die für sein Volk von besonderer Bedeutung ist.

Der Tag seines Besuches wurde von der Schule zum Feiertag erklärt. Am Morgen des besagten Tages versammelte sich die ganze Schule, auch alle schwarzen und weißen Lehrkräfte, im Speisesaal, wo Schulversammlungen abgehalten wurden. Am einen Ende des Saals befand sich eine Bühne, und auf der Bühne gab es eine Tür, die zum Haus des Direktors führte. Die Tür selbst war nichts Besonderes, doch wir sahen in ihr die Direktorentür, denn bei allen Zusammenkünften, denen ich beiwohnte, schritt dort mit Ausnahme des Direktors niemand hindurch.

Plötzlich öffnete sich die Tür, und heraus trat nicht der Direktor, sondern ein schwarzer Mann, bekleidet mit einem Leopardenfell-Kaross und einer entsprechenden Kopfbedeckung, in jeder Hand einen Speer. Der Direktor folgte einen Augenblick später, doch der Anblick eines schwarzen Mannes in Stammeskleidung, der durch jene Tür kam, war umwerfend. Die Wirkung, die das auf uns hatte, ist schwer zu erklären. Das Ereignis schien das Universum auf den Kopf zu stellen. Als Mqhayi auf der Bühne neben dem Direktor saß, konnten wir unsere Erregung kaum noch beherrschen.

Doch als Mqhayi sich dann erhob, um zu sprechen, fühlte ich mich eingestandenermaßen enttäuscht. Ich hatte mir ein Bild von ihm gemacht, und in meiner jugendlichen Phantasie erwartete ich, daß ein Xhosa-Held wie Mqhayi ein hochgewachsener Mann sein würde mit einem grimmigen und intelligenten Gesicht. Doch so ungeheuer eindrucksvoll sah er gar nicht aus. Von seiner Kleidung abgesehen, machte er einen ganz gewöhnlichen Eindruck. Als er in der Xhosa-Sprache zu reden begann, tat er das sehr langsam und stockend. Häufig hielt er inne, um nach dem passenden Wort zu suchen, und hatte er es gefunden, stolperte er darüber.

Um irgendeinen Punkt zu unterstreichen, hob er sein Assegai in die Luft und traf dabei zufällig über sich den Draht, an dem der Vorhang hing, wobei ein scharfes Geräusch entstand und der Vorhang sich bewegte. Der Blick des Poeten glitt von der Spitze seines Speers zum Draht und wieder zurück, und dann begann Mqhayi, tief in Gedanken, auf der Bühne hin und her zu gehen. Nach etwa einer Minute blieb er stehen, wandte sich zu uns herum und rief aus, daß dieser Vorfall – daß das Assegai den Draht berührt hatte – den Zusammenprall zwischen der Kultur Afrikas und jener Europas symbolisiere. Seine Stimme erhob sich, und er sagte: »Das Assegai steht für das, was in afrikanischer Geschichte ruhmreich und währ ist, es ist ein Symbol für den Afrikaner als Krieger und den Afrikaner als Künstler. Dieser Metalldraht«, sagte er und wies nach oben, »ist ein Beispiel für westliches Produzieren, gekonnt, doch kalt, klug, doch seelenlos.«

»Wovon ich spreche«, fuhr er fort, »ist nicht, daß ein Stück Knochen ein Stück Metall berührt hat; auch nicht, daß zwei Kulturen sich überlappen. Ich spreche zu euch von dem brutalen Zusammenprall zwischen dem, was bodenständig und gut ist, und dem, was ausländisch und schlecht ist. Wir können nicht zulassen, daß diese Ausländer, denen unsere Kultur gleichgültig ist, unsere Nation übernehmen. Ich sage voraus, daß eines Tages die Kräfte der afrikanischen Gesellschaft einen bedeutenden Sieg über die Eindringlinge erringen werden. Zu lange haben wir uns den falschen Göttern des Westens gebeugt. Doch wir werden uns erheben und diese ausländischen Vorstellungen abwerfen.«

Ich konnte meinen Ohren kaum glauben. Seine Kühnheit, in Anwesenheit des Direktors und anderer Weißer über solch heikle Dinge zu sprechen, erschien uns als äußerst erstaunlich. Gleichzeitig jedoch erregte und bewegte es uns; und es begann mein Bild von Männern wie Dr. Wellington zu verändern, den ich gedankenlos als meinen Wohltäter betrachtet hatte.

Mqhayi begann dann sein bekanntes Gedicht zu rezitieren, in dem er die Sterne am Himmel den verschiedenen Nationen auf dieser Welt zuteilt. Ich hatte es nie zuvor gehört. Auf der Bühne umherschreitend und mit seinem Assegai himmelwärts gestikulierend, sagte er, gleichsam zu den Menschen Europas, den Deutschen, den Franzosen, den Engländern sprechend: »Ich gebe euch die Milchstraße, die größte Sternensammlung, denn ihr seid sonderbare Leute, voller Gier und Neid, die mehr als genug besitzen, sich jedoch über vieles streiten.« Dann teilte er bestimmte Sterne den asiatischen Nationen sowie Nord- und Südamerika zu. Nun sprach er über Afrika, teilte den Kontinent in verschiedene Nationen auf und wies spezifische Sternbilder verschiedenen Stämmen zu. Er war auf der Bühne umhergetanzt, speerschwingend, mit modulierter Stimme sprechend. Jetzt verstummte er plötzlich, sprach dann mit gesenkter Stimme weiter.

»Komm jetzt, du, O Haus der Xhosa«, sagte er und begann langsam, sich auf ein Knie niederzulassen. »Ich gebe dir den wichtigsten und leuchtendsten Stern, den Morgenstern, denn du bist ein stolzes und kraftvolles Volk. Er ist der Stern zum Zählen der Jahre – der Jahre der Mannhaftigkeit.« Als er dieses letzte Wort sprach, ließ er seinen Kopf auf die Brust fallen. In diesem Augenblick erhoben wir uns alle, klatschend, jubelnd, rufend. Ich wollte mit dem Applaudieren überhaupt nicht aufhören. Ich empfand in diesem Augenblick einen solch intensiven Stolz, nicht als Afrikaner, sondern als Xhosa; ich hatte das Gefühl, zum auserwählten Volk zu gehören.

Über Mqhayis Vorstellung war ich einerseits erregt, andererseits verwirrt. Er war von einem mehr nationalistischen Thema mit dem Kerngedanken der afrikanischen Einheit übergewechselt zu einem mehr partikularen, gerichtet an das Xhosa-Volk, zu dem er gehörte. Als meine Zeit in Healdtown zu Ende ging, war ich erfüllt von vielen neuen und zuweilen widersprüchlichen Gedanken. Ich begann zu erkennen, daß die Afrikaner aller Stämme viel gemeinsam hatten, doch da stand der große Mqhayi und rühmte die Xhosa über alles; ich sah, daß ein Afrikaner sich gegen einen Weißen behaupten konnte, und doch suchte ich noch eifrig von

Weißen Wohltaten zu erlangen, was häufig Unterwürfigkeit erforderte. In gewisser Weise war Mqhayis Themenwechsel ein Spiegelbild meiner eigenen Gedanken, denn ich wechselte hin und her zwischen Stolz auf mich als Xhosa und einem Verwandtschaftsgefühl mit andern Afrikanern. Doch auch als ich gegen Ende jenes Jahres Healdtown verließ, sah ich mich in erster Linie als Xhosa und erst in zweiter als Afrikaner.

DIE UNIVERSITÄT von Fort Hare, im Bereich der Stadt Alice gelegen, weniger als 30 Kilometer östlich von Healdtown, war bis 1960 die einzige höhere Bildungsanstalt für Schwarze in Südafrika, mehr noch: Sie war so etwas wie ein akademischer Leuchtturm für afrikanische Gelehrte aus dem südlichen Zentral- und Ostafrika. Für junge Südafrikaner war sie wie Oxford und Cambridge, wie Harvard und Yale in einem. Der Regent legte großen Wert darauf, daß ich Fort Hare besuchte, und ich war glücklich, daß man mich dort angenommen hatte. Ehe ich zur Universität ging, kaufte mir der Regent meinen ersten Anzug, einen grauen Zweireiher, in dem ich mir erwachsen und elegant vorkam. Ich war 21 Jahre alt und konnte mir nicht vorstellen, daß irgend jemand in Fort Hare gescheiter wäre als ich.

Ich hatte das Gefühl, jetzt wirklich vorbereitet zu werden auf Erfolge in der Welt. Ich war auch froh, dem Regenten eine Freude bereiten zu können, würde jetzt doch ein Angehöriger seines Clans einen Universitätsgrad haben. Justice war in Healdtown geblieben, um dort seine Reifeprüfung zu machen. Er spielte lieber, als zu studieren, und war ein sorgloser Schüler.

Fort Hare war 1916 von schottischen Missionaren gegründet worden, auf dem Gelände des größten aus dem 19. Jahrhundert stammenden Grenzforts am östlichen Kap. Erbaut auf einer Art Felsplateau, mit dem sich krümmenden Tyume River als Burggraben gleichsam, befand sich Fort Hare in einer perfekten Position, die es den Briten ermöglicht hatte, gegen den tapferen Xhosa-Krieger Sandile zu kämpfen, den letzten hohen Rharhabe-Häuptling, der schließlich 1880 in einer der letzten Grenzschlachten bezwungen wurde.

Fort Hare hatte nur 150 Studenten, und ich kannte bereits rund ein Dutzend von Clarkebury und Healdtown her. Einer von denen, die ich zum erstenmal traf, war K. D. Mantanzima. Obwohl der Stammeshierarchie nach mein Neffe, stand er nach Alter und Rang über mir. K. D. war Student im dritten Jahr und nahm mich unter seine Fittiche. Ich blickte zu ihm auf, wie ich einmal zu Justice aufgeblickt hatte. Er war groß und schlank und äußerst selbstsicher.

Wir waren beide Methodisten, weshalb auch ich im Wesley House, einem hübschen zweistöckigen Gebäude des Campus, untergebracht wurde. Unter seiner Obhut nahm ich an Gottesdiensten teil, begann mit dem Fußballspielen (in dem er glänzte) und hörte allgemein auf seine Ratschläge. Der Regent hielt nichts davon, seinen Kindern, welche die Schule besuchten, Geld zu schikken, und so wäre ich mit leeren Taschen dagestanden, wenn K. D. sein Taschengeld nicht mit mir geteilt hätte. Wie der Regent sah auch er meine zukünftige Rolle als Ratgeber Sabatas, und er spornte mich an, Rechtswissenschaften zu studieren.

Fort Hare war, genau wie Clarkebury und Healdtown, ein Missions-College. Wir wurden angehalten, Gott und den politischen Autoritäten zu gehorchen und dankbar zu sein für die Bildungsmöglichkeiten, welche die Kirche und die Regierung uns boten. Diese Schulen sind oft als kolonialistisch in ihren Einstellungen und Praktiken kritisiert worden. Ich meine allerdings, daß trotz der kolonialistischen Haltungen der Nutzen dieser Missionsschulen ihre Nachteile überwog. Die Missionare bauten und betrieben Schulen, wo die Regierung nicht willig oder nicht fähig war, das zu tun. Die Studienatmosphäre, wenn schon moralisch oft rigide, war weitaus offener als die rassistischen Prinzipien, die Regierungsschulen zugrunde lagen.

Fort Hare war sowohl Heim- als auch eine Art Brutstätte einiger der größten afrikanischen Gelehrten, die der Kontinent je hervorgebracht hat. Professor Z. K. Matthews war geradezu das Modell des afrikanischen Intellektuellen. Als Kind eines Minenarbeiters geboren, war Z.K. durch Booker Washingtons Autobiographie »Up From Slavery«, nach der Erfolg aus harter Arbeit und Mäßigung erwächst, beeinflußt worden. Er lehrte Sozialanthropologie und Recht und sprach sich offen gegen die Sozialpolitik der Regierung aus.

Fort Hare und Professor D.D.T. Jabavu sind praktisch Synonyme. In der Tat war er, als Fort Hare 1916 eröffnet wurde, die erste Lehrkraft. Professor Jabavu hatte ein Bakkalaureat in Englisch an der Universität von London erworben, was eine überaus seltene Leistung zu sein schien. In Fort Hare lehrte Jabavu die Xhosa-Sprache, wie auch Latein, Geschichte und Anthropologie. Wenn es um Xhosa-Genealogie und Xhosa-Stämme ging, glich er einer Enzyklopädie, und er erzählte mir Tatsachen über meinen Vater, von denen ich nichts gewußt hatte. Er war auch ein leidenschaftlicher Befürworter der afrikanischen Rechte und wurde Gründungspräsident der All-African Convention von 1936, die sich der Gesetzgebung des Parlaments zur Abschaffung des allgemeinen Wahlrechts am Kap widersetzte.

Ich erinnere mich an eine Bahnreise von Fort Hare nach Umtata, bei der ich natürlich im »afrikanischen Abteil« saß. Der zweite Zugschaffner kam, um unsere Fahrkarten zu kontrollieren. Als er sah, daß ich in Alice zugestiegen war, fragte er: »Sind Sie von Jabavus Schule?« Ich nickte, woraufhin der Schaffner vergnügt die Fahrkarte lochte und murmelte, Jabavu sei ein feiner Mensch.

In meinem ersten Jahr studierte ich Englisch, Anthropologie, Politik, Native Administration und römisch-holländisches Recht. Native Administration befaßte sich mit den Gesetzen und Verordnungen, die Afrikaner betrafen, und war ein Fach, das zu belegen für jeden ratsam war, der später einmal für die Regierung im Native Affairs Department (Ministerium für Eingeborenen-Angelegenheiten) arbeiten wollte. Obwohl K.D. mir riet, Jura zu studieren, hatte ich es mir in den Kopf gesetzt, im Native Affairs Department Dolmetscher oder Clerk zu werden. Damals war eine

Karriere als Beamter der höchste Preis, den ein Afrikaner gewinnen konnte. In jener Zeit galt, zumal in ländlichen Gebieten, ein Dolmetscher im Büro eines Magistrates als Nummer zwei unmittelbar hinter dem Magistrate selbst. Als in meinem zweiten Studienjahr in Fort Hare ein Dolmetscherkurs eingeführt wurde, den ein hervorragender früherer Gerichtsdolmetscher, Tyamzashe, leitete, war ich einer der ersten Studenten, die sich einschrieben.

Fort Hare konnte ein ziemlich elitärer Ort sein, und auch hier war jenes Schikanieren anzutreffen, wie es in höheren Lehranstalten üblich ist. Als ich das erste Mal den Campus betrat, sah ich auf der anderen Seite des Mittelhofes Gamaliel Vabaza. Ich war mit ihm, dem um mehrere Jahre Älteren, in Clarkebury gewesen und begrüßte ihn herzlich. Doch Vabaza verhielt sich mir gegenüber sehr kühl und überlegen. Er ließ eine geringschätzige Bemerkung darüber fallen, daß ich in der Unterkunft für Neulinge wohnen würde, und teilte mir mit, daß er zum Hauskomitee meines Quartiers gehörte, obwohl er selbst, als älterer Student, nicht mehr dort wohnte. Mir kam das merkwürdig und undemokratisch vor, doch schien es die gängige Praxis zu sein.

Eines Abends, nicht lange nach diesem Vorfall, diskutierte eine Gruppe von uns Neulingen über die Tatsache, daß von den Hausbewohnern oder Neulingen keiner zum Hauskomitee gehörte, daß also kein Neuling dort einen Interessenvertreter hatte. Wir kamen zu der Entscheidung, daß wir entgegen der Tradition ein Hauskomitee wählen wollten, das aus den beiden genannten Gruppen zu bilden wäre. Wir warben für unsere Idee unter allen Hausbewohnern, wählten einige Wochen später unser eigenes Hauskomitee und booteten das der älteren Studenten aus. Ich selbst war einer der Organisatoren und wurde in das neugebildete Komitee gewählt.

Aber gar so leicht waren die älteren Studenten nicht unterzukriegen. Sie hielten ein Treffen ab, bei dem einer von ihnen, Rex Tatane, der eloquent englisch sprach, erklärte: »Dieses Verhalten der Neulinge ist unakzeptabel. Wie können wir Ältere uns besiegen lassen von einem rückständigen Provinzler wie Mandela, der nicht einmal richtig englisch sprechen kann!« Dann parodierte er meine Art, englisch zu sprechen, wobei er mir einen, wie er glaubte, Gcaleka-Akzent gab, und seine Claque schüttete sich darüber vor Lachen aus. Tatanes Worte machten uns nur um so entschlossener. Statt zurückzuweichen, konstituierten wir Neulinge jetzt das offizielle Hauskomitee und teilten den älteren Studenten die unangenehmsten Arbeiten zu, was für sie überaus demütigend war. Der College-Direktor, ein Reverend A. J. Cook, erfuhr von dem Streit und rief uns alle in sein Büro. Wir hatten das Gefühl, das Recht auf unserer Seite zu haben, und dachten nicht daran nachzugeben. Tatane bat den Direktor, uns zu überstimmen, brach jedoch mitten in seiner Rede zusammen und weinte. Der Direktor forderte uns auf, unseren Standpunkt zu ändern, aber wir beugten uns nicht. Wie die meisten Kameradenschinder hatte Tatane eine brüchige Fassade, die leicht einriß. Wir erklärten dem Direktor, falls er uns überstimme, würden wir alle als Mitglieder des Hauskomitees zurücktreten, womit dieses alle Integrität und Autorität, die es einmal besessen hatte, verlieren würde. Der Direktor entschied, nicht zu intervenieren. Wir waren standfest geblieben, und wir hatten gewonnen. Dies war eine meiner ersten Auseinandersetzungen mit Autorität, und ich verspürte das Machtgefühl, das daraus entspringt, recht zu haben und Gerechtigkeit auf seiner Seite zu wissen. Später, in meinen Kämpfen gegen die Autoritäten am College, sollte ich nicht so glücklich sein.

Meine Erziehung in Fort Hare vollzog sich gleichermaßen außerhalb wie innerhalb des Klassenzimmers. Ich war dort im Sport aktiver, als ich es in Healdtown gewesen war. Dafür gab es zwei Gründe: Erstens war ich größer und kräftiger geworden, und zweitens – und dies dürfte entscheidender gewesen sein – war Fort Hare so viel kleiner als Healdtown, daß es für mich weniger Konkurrenten gab. In Fort Hare konnte ich an Fußballspielen und Cross-Country-Läufen teilnehmen. Das Laufen vermittelte mir wertvolle Einsichten. Beim Laufen war das Training wichtiger als die eigentliche Veranlagung, und so konnte ich einen Mangel an natürlicher Fähigkeit durch Fleiß und Disziplin kompensieren. Diese Lektion half mir bei allem, was ich tat. Selbst als Student begegnete ich vielen jungen Männern mit großen natürlichen Gaben, die nicht die Selbstdisziplin und die Geduld aufbrachten, ihre Begabung zu entfalten.

In Fort Hare schloß ich mich auch der Drama Society an und spielte in einem Stück über Abraham Lincoln mit, das mein Studiengefährte Lincoln Mkentane adaptiert hatte. Mkentane stammte aus einer hochgeachteten Familie in der Transkei; er gehörte ebenfalls zu jenen, zu denen ich aufschaute. Dies konnte man wortwörtlich nehmen, da er in Fort Hare der einzige Student war, der mich an Körpergröße übertraf. In dem Stück spielte Mkentane seinen Namensvetter, während ich Lincolns Attentäter, John Wilkes Booth, verkörperte. Mkentanes Darstellung Lincolns war beeindruckend und wurde zu Recht gefeiert, und sein Vortrag der vielleicht größten aller Reden, der sogenannten Gettysburg Address, trug ihm Standing ovations ein. Ich hatte die kleinere Rolle, wenngleich ich der Motor für die Moral des Stücks war, die darin bestand, daß Männer, die große Risiken auf sich nehmen, oft große Konsequenzen zu ertragen haben.

Ich wurde Mitglied in der Student's Christian Association und hielt sonntags in benachbarten Dörfern Bibelstunden ab. Einer meiner Gefährten bei diesen Ausflügen war ein ernsthafter junger Wissenschaftsstudent, den ich auf dem Fußballplatz getroffen hatte. Er kam aus Pondoland in der Transkei, und sein Name war Oliver Tambo. Von Beginn an erkannte ich, daß er einen messerscharfen Verstand besaß. Er war ein harter Debattenredner, und er akzeptierte keinen der Gemeinplätze, die viele von uns mechanisch nachplapperten. Oliver lebte in Beda Hall, dem anglikanischen Studentenheim, und obwohl ich in Fort Hare nicht allzu viel Kontakt zu ihm hatte, ließ sich mühelos erkennen, daß er für große Aufgaben prädestiniert war.

Sonntags ging eine Gruppe von uns manchmal nach Alice, um in einem der Hotels des Ortes eine Mahlzeit einzunehmen. Das Hotel war ein weißes Hotel, und in jenen Tagen war es undenkbar für einen schwarzen Mann, durch die Vordertür einzutreten, geschweige denn im Speisesaal zu essen. Statt dessen gingen wir um das Haus herum zur Küchentür und bestellten uns, was wir essen wollten.

Außer Physik lernte ich in Fort Hare noch eine andere präzise Wissenschaft der Bewegung kennen: den Gesellschaftstanz. Zusammen mit meinen Freunden verbrachte ich viele Stunden mit dem Üben dieser anmutigen Kunst. Unser Idol war Victor Sylvester, der Weltmeister im Gesellschaftstanz, und unser Lehrer war ein Kommilitone, Smallie Siwundla, der wie eine jüngere Version des großen Sylvester wirkte. Zu einem kratzenden alten Grammophon übten wir auf dem Fußboden des Eßsaals miteinander Foxtrott und Walzer.

In einem Nachbarort gab es eine afrikanische Dance Hall mit Namen Ntselamanzi, wohin die Spitzen der lokalen schwarzen Society zum Tanzen und Trinken gingen, doch für Studenten war sie verbotenes Gelände. Eines Abends beschlossen wir, etwas zu riskieren, zogen unsere Anzüge an, schlüpften aus unseren Quartieren und begaben uns zum Tanzparkett. Ich erspähte eine attraktive junge Dame auf der anderen Seite der Tanzfläche. Ich ging zu ihr und forderte sie höflich zum Tanz auf. Einen Augenblick später war sie in meinen Armen. Wir bewegten uns gut zusammen, und ich stellte mir vor, daß wir auf dem Tanzboden ein großartiges Paar abgaben. Nach einigen Minuten fragte ich sie nach ihrem Namen. »Mrs. Bokwe«, sagte sie sanft. Ums Haar wäre ich von der Tanzfläche geflüchtet. Mrs. Bokwe war die Frau von Dr. Roseberry Bokwe, einem der angesehensten afrikanischen Führer seiner Zeit. Mein Blick glitt zur Seite, und ich sah, wie Dr. Bokwe mit seinem Schwager, Professor Z. K. Matthews, meinem Professor, plauderte. Ich entschuldigte mich überschwenglich bei Mrs. Bokwe. Dann begleitete ich sie stumm und linkisch zu ihrem Mann und Professor Matthews. Ich wäre am liebsten im Erdboden versunken. Obwohl ich gegen eine Menge von Vorschriften der Universität verstoßen hatte, sagte Professor Matthews, der für die Disziplin verantwortlich war, niemals etwas zu mir. In Sachen Disziplin tolerierte er einen gewissen jugendlichen Übermut, solange dieser ausgeglichen wurde durch fleißiges Studium. Ich glaube, ich habe nie eifriger studiert als in den Wochen nach unserem Abend im Ntselamanzi.

Fort Hare war sowohl intellektuell wie sozial in einer Weise fortschrittlich und modern, die für mich neu und fremd war. Nach westlichem Standard mag die Weltläufigkeit Fort Hares belanglos erscheinen, doch für einen Jungen vom Land wie mich war es eine Offenbarung. So trug ich in Fort Hare zum erstenmal einen Pyjama. Anfangs fand ich ihn absurd und unbequem, doch bald gewöhnte ich mich daran. Dort benutzte ich auch zum erstenmal Zahnbürste und Zahnpasta; daheim gebrauchten wir Asche, um die Zähne weiß zu halten, und Zahnstocher, um sie zu säubern. Toiletten mit Wasserspülung und Duschen mit warmem Wasser waren für mich gleichfalls eine Neuheit. Auch gebrauchte ich zum erstenmal Toilettenseife anstelle der blauen Reinigungsseife, mit der ich mich daheim so viele Jahre gewaschen hatte.

Vielleicht war all diese Modernität der Grund dafür, daß ich mich nach manchen der einfachen Vergnügungen sehnte, die ich als Junge genossen hatte. Ich war nicht der einzige, dem es so erging, und in meinem zweiten Jahr schloß ich mich einer Gruppe junger Männer an, die insgeheim abendliche Expeditionen unternahmen zu den Maisfeldern der Universität und dort ein Feuer anzündeten, um Mealies zu rösten. Im Kreis saßen wir darum herum, aßen Mealies und erzählten uns Geschichten. Wir taten dies nicht, weil wir hungrig waren, sondern aus dem Bedürfnis heraus, die Kindheit und das uns Vertrauteste wiederzubeleben. Wir prahlten mit unseren Leistungen, unseren sportlichen Erfolgen und damit, wieviel Geld wir verdienen würden, wenn wir das Studium hinter uns hätten. Dies war keine politische Zelle. Obwohl ich mich für einen gescheiten jungen Burschen hielt, war ich doch noch ein Junge vom Lande, der sich nach ländlichen Vergnügungen sehnte.

Fort Hare war zwar eine Art Freiraum, weitab von der Welt gelegen, doch wir waren höchst interessiert an dem Fortgang des Zweiten Weltkrieges. Wie meine Studienkollegen war ich äußerst aufgeregt, als wir erfuhren, daß der Redner bei der Graduationsfeier der Universität am Ende meines ersten Studienjahres Englands großer Fürsprecher in Südafrika, der frühere Premierminister Jan Smuts, sein werde. Es war eine große Ehre für Fort Hare, Gastgeber eines Mannes zu sein, der als Weltstaatsmann galt. Smuts, damals stellvertretender Premierminister, reiste durch das Land und plädierte dafür, daß Südafrika Deutschland den Krieg erklärte, wohingegen der damalige Premierminister J. B. Hertzog für Neutralität eintrat. Ich war äußerst neugierig, einen weltbekannten Mann wie Smuts aus der Nähe zu sehen.

Während Hertzog drei Jahre zuvor die Kampagne angeführt hatte, die letzten afrikanischen Wähler von den Wahllisten am Kap zu streichen, empfand ich Smuts als sympathischen Menschen. Daß er mitgeholfen hatte, den Völkerbund zu gründen, um auf der Welt Frieden zu stiften, war damals für mich wichtiger als die Tatsache, daß er daheim den Frieden unterdrückt hatte.

Smuts sprach davon, wie wichtig es sei, Großbritannien gegen Deutschland zu unterstützen, und sprach von der Vorstellung, daß England für die gleichen westlichen Werte stand wie wir Südafrikaner. Ich erinnere mich noch, daß der Akzent, mit dem er englisch sprach, fast so armselig war wie mein eigener! Gemeinsam mit meinen Kommilitonen applaudierte ich General Smuts herzlich. Ich beklatschte seinen Appell, für die Freiheit Europas zu kämpfen, und vergaß, daß meine Kommilitonen und ich eine solche Freiheit in unserer Heimat nicht besaßen.

Smuts predigte in Fort Hare sozusagen Bekehrten. Jeden Abend gab uns der Leiter von Wesley House einen Überblick über die militärische Lage, und spätabends versammelten wir uns alle um ein altes Radio und lauschten den BBC-Übertragungen von Winston Churchills bewegenden Ansprachen. Doch wenngleich wir Smuts' Standpunkt teilten, so löste sein Besuch doch heftige Diskussionen aus. Bei einer Debatte erhob sich einer meiner Altersgenossen, Nyathi Khongisa, der als außergewöhnlich gescheit galt, und verdammte Smuts als Rassisten. Er meinte, wir könnten uns ja als »schwarze Engländer« betrachten, doch die Engländer hätten uns unterdrückt, während sie gleichzeitig versucht hätten, uns zu »zivilisieren«. Wie immer die Gegensätze zwischen Buren und Briten auch beschaffen seien, beide weiße Gruppen würden sich zusammenschließen, um einer schwarzen Bedrohung zu begegnen. Khongisa verblüffte uns, und seine Äußerung schien uns gefährlicher Radikalismus zu sein. Ein Kommilitone flüsterte mir zu, Nyathi sei ein Mitglied des African National Congress, einer Organisation, von der ich vage gehört hatte und von der ich sehr wenig wußte. Nachdem Südafrika Deutschland den Krieg erklärt hatte, trat Hertzog zurück und Smuts wurde Premierminister.

Während meines zweiten Jahres in Fort Hare lud ich meinen Freund Paul Mahabane ein, die Winterferien mit mir in der Transkei zu verbringen. Paul stammte aus Bloemfontein und war auf dem Campus recht bekannt, weil sein Vater, Reverend Zaccheus Mahabane, zweimal Generalpräsident des African National Congress gewesen war. Seine Verbindung zur Organisation, über die ich noch wenig wußte, verlieh ihm den Ruf eines Rebellen.

An einem unserer Ferientage hatten wir uns nach Umtata aufgemacht, der Hauptstadt der Transkei, die damals aus wenig mehr als ein paar Straßen und einigen Regierungsgebäuden bestand. Vor einem dieser Gebäude, dem Postamt, standen wir gerade, als der lokale Magistrate, ein Weißer um die Sechzig, Paul aufforderte, in das Postamt zu gehen, um ein paar Briefmarken für ihn zu kaufen. Es war damals durchaus üblich, daß jeder Weiße irgendeinen Schwarzen auffordern konnte, etwas für ihn zu erledigen. Der Magistrate versuchte dann, Paul etwas Geld zu geben. Mahabane sagte einfach nein, das werde er nicht tun. Der Magistrate war beleidigt: »Wissen Sie, wer ich bin?« fragte er mit vor Verärgerung gerötetem Gesicht. »Ich brauche nicht zu wissen, wer Sie sind«, sagte Mahabane. »Ich weiß, was Sie sind.« Der Magistrate wollte wissen, was er damit meine. »Ich meine, daß Sie ein Flegel sind!« sagte Paul hitzig. Der Magistrate schäumte und drohte: »Dafür wirst du teuer bezahlen.«

Ich empfand bei Pauls Verhalten äußerstes Unbehagen. Zwar bewunderte ich seinen Mut, doch es beunruhigte mich auch. Der Magistrate wußte genau, wer ich war, und ich weiß, wären unsere Rollen vertauscht gewesen, so hätte ich die Besorgung wohl einfach erledigt und die Sache dann vergessen. Doch ich bewunderte Paul für seine Haltung, obwohl ich selbst nicht dazu bereit war. Allmählich begann ich zu begreifen, daß man sich die dutzendfachen kleinen Demütigungen, denen sich ein Schwarzer täglich ausgesetzt sah, nicht gefallen lassen mußte.

Nach den Ferien kehrte ich zu Anfang des neuen Jahres zur Universität zurück und fühlte mich stark und erholt. Ich konzentrierte mich auf mein Studium und war ganz auf meine Examina im Oktober ausgerichtet. In einem Jahr, kalkulierte ich, würde ich wohl einen B. A. haben, einen Bachelor of Arts, den gleichen akademischen Grad wie die kluge Gertrude Ntlabathi. Ein akademischer Grad sei, so glaubte ich, ein Passierschein nicht nur zu Führungsposten in der Gesellschaft, sondern auch zu finanziellem Erfolg. Immer und immer wieder hatten uns Dr. Alexander Kerr und die Professoren Jabavu und Matthews eingebleut, daß wir als Graduierte von Fort Hare die afrikanische Elite seien. Ich hatte wahrhaft das Gefühl, daß mir die Welt zu Füßen liegen würde.

Als B. A. würde ich in der Lage sein, meiner Mutter das wiederzugeben, was sie nach dem Tod meines Vaters verloren hatte, Wohlstand und Ansehen. Ich würde ihr in Qunu ein richtiges Heim bauen können, mit Garten, modernen Möbeln und moderner Ausstattung. Ich konnte sie und meine Schwestern mit regelmäßigen Zuwendungen unterstützen, so daß sie imstande sein würden, sich die Dinge zu leisten, die sie haben wollten und auf die sie so lange hatten verzichten müssen. Dies war mein Traum, und er schien in Reichweite zu sein.

In jenem Jahr kandidierte ich für den Student Representative Council (SRC), die höchste gewählte Organisation für Studenten in Fort Hare. Ich wußte damals nicht, daß die mit dem SRC verknüpften Ereignisse unvorhergesehene Schwierigkeiten verursachen und am Ende mein Leben ändern würden. Die SRC-Wahlen fanden im letzten Abschnitt des Jahres statt, während wir uns auf die Prüfungen vorbereiteten. Entsprechend der Verfassung von Fort Hare wählte die gesamte Studentenschaft die sechs Mitglieder des SRC. Kurz vor der Wahl wurde eine Versammlung aller Studenten abgehalten, um Probleme zu diskutieren und unsere Beschwerden vorzutragen. Die Studenten waren einhellig der Meinung, daß die Verpflegung in Fort Hare unbefriedigend sei und verbessert werden müßte und daß der SRC mehr Vollmachten erhalten sollte, da er nichts weiter sei als eine Marionette der Verwaltung. Ich war mit diesen beiden Forderungen einverstanden, und als die Mehrheit der Studenten dafür stimmte, die Wahlen zu boykottieren, bis unsere Forderungen akzeptiert würden, stimmte ich mit ihnen.

Kurz nach diesem Meeting fand die geplante Wahl im Speisesaal statt. Zwar wurde sie von der überwältigenden Mehrheit der Studenten boykottiert, doch 25 Studenten, etwa ein Sechstel der Gesamtzahl, erschien im Speisesaal. Sie alle stimmten für den SRC und wählten die sechs Studenten, zu denen auch ich gehörte. Noch am selben Tag kamen die sechs in absentia gewählten Mitglieder des SRC zusammen, um das Geschehene zu erörtern. Wir beschlossen einstimmig, unsere Wahl nicht anzunehmen, mit der Begründung, daß wir den Boykott unterstützten und nicht die Unterstützung der Mehrheit der Studenten besaßen. Wir setzten einen Brief auf, den wir dem Prinzipal Dr. Kerr überreichten.

Doch Dr. Kerr war schlau. Er akzeptierte unseren Verzicht und verkündete dann, daß Neuwahlen abgehalten werden sollten, gleich am nächsten Tag, zur Abendessenzeit im Speisesaal. Auf diese Weise würde dafür gesorgt sein, daß alle Studenten anwesend seien und somit niemand behaupten könnte, der SRC werde nicht von der gesamten Studentenschaft getragen. Am nächsten Abend fanden die vom Prinzipal angeordneten Wahlen zwar statt, doch lediglich dieselben 15 Studenten gaben ihre Stimme ab und wählten dieselben sechs SRC-Mitglieder. Es schien, wir waren wieder dort, wo wir angefangen hatten.

Doch als wir sechs diesmal zusammenkamen, um unsere Lage zu besprechen, fiel die Abstimmung ganz anders aus. Meine fünf Kollegen vertraten die formalrechtliche Ansicht, wir seien in Anwesenheit aller Studenten gewählt worden und könnten deshalb nicht mehr argumentieren, daß wir nicht die gesamte Studentenschaft repräsentierten. Sie meinten, wir sollten die Wahl jetzt annehmen. Ich hielt dagegen, daß sich de facto nichts geändert habe. Zwar seien alle Studenten anwesend gewesen, doch hätten sie in ihrer übergroßen Mehrheit nicht gewählt, so daß es moralisch nicht korrekt wäre zu behaupten, wir besäßen ihr Vertrauen. Unser Ausgangspunkt sei gewesen, die Wahlen zu boykottieren, eine Aktion, die das Vertrauen der Studentenschaft hätte, und es sei weiterhin unsere Pflicht, an der Resolution festzuhalten. Keinesfalls dürften wir es zulassen, daß unsere Resolution durch irgendwelche Tricks von seiten der Administration verwässert würde. Aber es gelang mir nicht, die fünf anderen zu überzeugen. Ich verzichtete zum zweitenmal, als einziger.

Am nächsten Tag wurde ich zum Prinzipal gerufen. Dr. Kerr hatte an der Universität von Edinburgh graduiert, war praktisch der Gründer von Fort Hare und ein hochgeachteter Mann. In aller Ruhe sprach er mit mir über die Ereignisse der vergangenen Tage. Dann bat er mich, meinen Verzicht zu überdenken. Ich sagte ihm, daran ließe sich nichts ändern. Aber Dr. Kerr meinte, ich sollte das erst einmal überschlafen und ihm meine endgültige Entscheidung am folgenden Tag mitteilen. Er warnte mich allerdings, er könne nicht zulassen, daß seine Studenten unverantwortlich handelten; sollte ich auf meinem Verzicht beharren, sähe er sich gezwungen, mich von Fort Hare zu verweisen.

Das Gespräch hatte mir sehr zugesetzt, und ich verbrachte eine ruhelose Nacht. Nie zuvor hatte ich einen so folgenreichen Entschluß zu fassen. Bevor ich jedoch schlafen ging, besprach ich mich mit meinem Freund und Mentor, K. D. Nach seiner Überzeugung war aus prinzipiellen Gründen mein Verzicht korrekt, ich dürfe vor Dr. Kerr nicht kapitulieren. Ich glaube, damals hatte ich vor K. D. noch mehr Angst als vor Dr. Kerr.

Obwohl ich davon überzeugt war, moralisch im Recht zu sein, war ich mir doch nicht sicher, ob es auch der richtige Weg war. Stand ich nicht im Begriff, meine akademische Karriere zu gefährden wegen irgendeines abstrakten moralischen Prinzips, das wenig zählte? Ich fand es schwierig, mich mit dem Gedanken abzufinden, das, was ich als Verpflichtung gegenüber den Studenten betrachtete, für meine eigenen selbstsüchtigen Interessen aufzuopfern. Ich hatte einen Standpunkt eingenommen, und ich wollte in den Augen meiner Kommilitonen nicht als Betrüger dastehen. Zugleich wollte ich nicht auf meine Karriere in Fort Hare verzichten.

Als ich am nächsten Morgen Dr. Kerrs Büro betrat, befand ich mich noch immer in einem Zustand der Unentschlossenheit. Erst als er mich nach meiner Entscheidung fragte, faßte ich endgültig einen Entschluß. Ich erklärte Dr. Kerr, daß ich guten Gewissens nicht im SRC tätig sein könne. Meine Antwort schien Dr. Kerr ein wenig aus der Fassung zu bringen, und er überlegte einen Augenblick, bevor er sprach: »Nun gut«, sagte er. »Es ist Ihre Entscheidung, natürlich. Aber ich habe über die Angelegenheit auch nachgedacht, und ich mache Ihnen folgenden Vorschlag: Sie können nächstes Jahr nach Fort Hare zurückkehren unter der Voraussetzung, daß Sie sich dem SRC anschließen. Sie haben den ganzen Sommer, um es sich durch den Kopf gehen zu lassen, Mr. Mandela.«

Ich war von meiner Reaktion in gewisser Weise genauso überrascht wie Dr. Kerr. Der Gedanke, Fort Hare zu verlassen, erschien mir zwar tollkühn, doch als ich nachgeben sollte, war ich dazu einfach außerstande. Zwar wußte ich Dr. Kerrs Entscheidung, mir noch eine Chance zu geben, durchaus zu schätzen, doch verabscheute ich die absolute Macht, die er über mein Schicksal besaß. Ich hätte das Recht haben müssen, mich in Sachen SRC frei zu entscheiden, mich aus ihm zurückzuziehen, wenn ich es wünschte. Diese Ungerechtigkeit peinigte mich, und in jenem Augenblick sah ich in Dr. Kerr weniger einen Wohltäter denn einen keineswegs immer gütigen Diktator. Als ich Ende des Jahres Fort Hare verließ, war ich in einer trostlosen Gemütsverfassung.

WENN ICH NACH Mqhekezweni zurückkehre, dann gewöhnlich mit einem Gefühl der Erleichterung und der Erfüllung. Ganz anders diesmal. Nach bestandenen Prüfungen kehrte ich heim und berichtete dem Regenten, was in Fort Hare geschehen war. Der Regent war wütend und konnte meine Handlungsweise nicht verstehen. Er hielt sie für Wahnsinn. Ohne sich meine vollständige Darlegung anzuhören, erklärte er mir barsch, ich müsse im Herbst nach Fort Hare zurückkehren und den Anweisungen des

Prinzipals gehorchen, welcher Art sie auch seien. Sein Ton ließ keine Diskussion zu. Es wäre ebenso zwecklos wie respektlos gewesen, mit meinem Wohltäter zu debattieren. Ich beschloß, meine Empörung herunterzuschlucken und die Angelegenheit vorerst auf sich beruhen zu lassen.

Auch Justice war nach Mqhekezweni zurückgekehrt, und wir freuten uns riesig über unser Wiedersehen. Mochten Justice und ich auch noch so lange voneinander getrennt sein, im Augenblick unseres Wiedersehens verband uns, genau wie zuvor, eine brüderliche Freundschaft. Justice war im Jahr zuvor von der Schule abgegangen und lebte in Johannesburg.

Innerhalb weniger Tage hatte ich mich zu Hause wieder eingelebt. Ich kümmerte mich um die Angelegenheiten des Regenten, um seine Herde und seine Beziehungen zu anderen Häuptlingen. Ich beschäftigte mich nicht sonderlich mit der Situation in Fort Hare, doch das Leben hatte, wie stets, seine eigene Art und Weise, Unschlüssige zu Entscheidungen zu zwingen. Mit meinem Studium hatte die Angelegenheit, die mich zu meinem Entschluß trieb, allerdings ganz und gar nichts zu tun.

Einige Wochen nach meiner Rückkehr ließ der Regent Justice und mich zu sich rufen. »Meine Kinder«, sagte er in düsterem Ton, »ich fürchte, daß ich nicht mehr sehr lange in dieser Welt sein werde, und bevor ich ins Land der Ahnen reise, habe ich die Pflicht, dafür zu sorgen, daß meine beiden Söhne sich ordentlich verheiraten. Dementsprechend habe ich für euch beide Verbindungen arrangiert.«

Die Ankündigung war für uns eine Überraschung, und wir sahen einander an in einer Mischung aus Schock und Hilflosigkeit. Die zwei Mädchen, erklärte der Regent, kämen aus sehr guten Familien. Justice werde die Tochter von Khalipa, einem prominenten Thembu-Edelmann, heiraten und Rolihlahla, wie der Regent mich stets nannte, die Tochter des lokalen Thembu-Priesters. Die Hochzeiten sollten umgehend stattfinden. Der Lobola, der Brautpreis, normalerweise in der Gestalt von Vieh vom Vater des Bräutigams zu entrichten, werde für Justice von der Gemeinde bezahlt, in meinem Fall vom Regenten selbst.

Justice und ich sagten wenig. Es war nicht an uns, Fragen an den Regenten zu richten, und für ihn war die Sache erledigt. Der Regent ließ sich auf keine Diskussion ein: Die Braut ist bereits ausgewählt, der Lobola bezahlt. Das war endgültig.

Justice und ich gingen mit gesenkten Köpfen davon. Wir waren beide verwirrt und niedergeschlagen. Der Regent handelte in Übereinstimmung mit Gesetz und Brauchtum der Thembu, und seine Motive waren untadelig: Es ging ihm darum, noch zu seinen Lebzeiten unsere Zukunft zu regeln. Wir hatten immer gewußt, daß der Regent das Recht hatte, für Justice wie auch für mich eine Ehe zu arrangieren, doch jetzt war es keine abstrakte Möglichkeit mehr. Die Bräute waren keine Phantasien, sondern Frauen aus Fleisch und Blut, die wir wirklich kannten.

Bei allem schuldigen Respekt gegenüber der betreffenden Familie wäre es unaufrichtig von mir, zu behaupten, das Mädchen, das der Regent für mich ausgewählt hatte, sei meine Traumbraut gewesen. Ihre Familie war prominent und geachtet, und sie war attraktiv auf würdige Weise, doch diese junge Dame, tut mir leid, war schon seit langem in Justice verliebt! Der Regent wußte davon nichts, so wie Eltern kaum jemals etwas über die romantische Seite im Leben ihrer Kinder wissen. Jedenfalls war die mir zugedachte Partnerin zweifellos genausowenig darauf erpicht, mich aufgehalst zu bekommen wie umgekehrt.

Zu dieser Zeit war ich politisch weniger fortgeschritten als gesellschaftlich. Während ich nicht daran dachte, das politische System des weißen Mannes zu bekämpfen, war ich durchaus bereit, gegen das soziale System meines eigenen Volkes zu rebellieren. Ironischerweise war der Regent selbst indirekt dafür verantwortlich, denn es war die von ihm gewährte Erziehung, die mich dazu veranlaßt hatte, solche traditionellen Sitten abzulehnen. Auf dem College und an der Universität hatte ich jahrelang zusammen mit Frauen studiert und hatte auch eine kleine Handvoll Liebesaffären gehabt. Ich war ein Romantiker und wollte niemandem, nicht einmal dem Regenten, das Recht einräumen, eine Braut für mich auszusuchen.

Ich sprach bei der Königin, der Frau des Regenten, vor und

legte ihr meinen Fall dar. Natürlich konnte ich nicht einfach sagen, ich wünschte nicht, daß der Regent eine Braut für mich aussuchte, denn damit hätte ich bei ihr gewiß keinen Anklang gefunden. Statt dessen erzählte ich ihr, ich würde lieber ein Mädchen heiraten, das eine ihrer Verwandten war und das ich als künftige Partnerin höchst begehrenswert fände. Die junge Dame war tatsächlich sehr attraktiv, aber ich hatte keine Ahnung, was sie von mir hielt. Ich erklärte, ich würde sie sofort nach Studienabschluß heiraten. Dies war nur zur Hälfte ein Trick; auf jeden Fall schien es mir eine bessere Alternative zu sein als der Plan des Regenten. Die Königin ergriff für mich Partei. Doch der Regent ließ sich nicht umstimmen. Er hatte seine Entscheidung getroffen und hielt daran fest.

Damals hatte ich das Gefühl, daß er mir keine Wahl ließ. Keinesfalls würde ich mich zu dieser Ehe zwingen lassen, weil mir das ebenso unfair wie unklug erschien. Gleichzeitig fühlte ich, daß ich nicht länger unter der Obhut des Regenten bleiben konnte, wenn ich seinen Plan zurückwies. Justice empfand genauso. Wir beratschlagten uns und befanden, daß es für uns keine andere Wahl gab, als davonzulaufen, und der einzige Ort, der für uns in Frage kam, war Johannesburg.

Rückblickend erkenne ich, daß wir nicht alle uns offenstehenden Möglichkeiten ausschöpften. Ich hätte versuchen können, die Angelegenheit mit dem Regenten über Mittelsleute im Rahmen unseres Stammes und unserer Familie zu klären. Ich hätte mich an den Cousin des Regenten wenden können, Häuptling Zilindlovu, einen der aufgeklärtesten und einflußreichsten Führer am Hof von Mqhekezweni. Aber ich war jung und ungeduldig und glaubte, es sei wenig sinnvoll zu warten. Flucht schien der einzige Ausweg zu sein.

Wir hielten unseren Plan geheim, während wir die Details ausarbeiteten. Zunächst einmal brauchten wir eine Gelegenheit. Der Regent glaubte, wenn Justice und ich zusammen seien, würden wir wechselseitig das Schlimmste in uns zum Vorschein bringen oder zumindest würde Justices Neigung zu Abenteuern und ausgelassenen Späßen meine eher konservative Haltung beeinflussen. So hielt er uns nach Möglichkeit getrennt. Wenn der Regent auf Reisen ging, förderte er in der Regel einen von uns auf, ihn zu begleiten, so daß wir während seiner Abwesenheit nicht zusammen sein konnten. Normalerweise nahm er Justice mit, weil er es gern sah, daß ich in Mqhekezweni blieb, um mich um seine Angelegenheiten zu kümmern. Aber wir erfuhren, daß sich der Regent darauf vorbereitete, eine volle Woche abwesend zu sein, um einer Sitzung der Bhunga, der gesetzgebenden Versammlung der Transkei, beizuwohnen, und zwar ohne uns beide; dies, fanden wir, werde der ideale Zeitpunkt sein, uns ohne sein Wissen davonzustehlen. Wir beschlossen, nach Johannesburg aufzubrechen, kurz nachdem der Regent zur Bhunga abreisen würde.

Ich besaß nur wenig Kleidung, und all unsere Sachen fanden bequem in einem Koffer Platz. Der Regent reiste früh am Montagmorgen ab, und später am Vormittag waren wir unsererseits zum Aufbruch bereit. Doch als wir uns gerade davonmachen wollten, kehrte der Regent unerwarteterweise zurück. Wir sahen, wie sein Auto einbog, und rannten in den Garten, um uns zwischen den Maisstauden zu verstecken. Der Regent kam ins Haus, und seine erste Frage war: »Wo sind die Jungen?« Irgend jemand erwiderte: »O, irgendwo in der Nähe.« Aber der Regent war mißtrauisch und gab sich mit der Antwort nicht zufrieden. Er sei zurückgekehrt, sagte er, weil er vergessen habe, sein Epsomer Bittersalz mitzunehmen. Mir war klar, daß er unser Fluchtvorhaben irgendwie ahnte, denn Epsomer Bittersalz hätte er mühelos in der Stadt kaufen können. Als sein Auto hinter dem Hügel verschwand, setzten wir unseren Plan sofort in die Tat um.

Wir hatten fast kein Geld, und um dem abzuhelfen, suchten wir an diesem Morgen einen der lokalen Händler auf, um ihm zwei der Preisochsen des Regenten zu verkaufen. Der Händler nahm an, daß wir die Tiere im Auftrag des Regenten verkauften, und wir ließen ihn in diesem Glauben. Er zahlte uns einen sehr guten Preis, und mit dem Geld konnten wir uns ein Auto mieten, das uns zum Lokalbahnhof bringen sollte, wo wir dann den Zug nach Johannesburg erwischen würden.

Alles schien glatt zu gehen. Allerdings wußten wir nicht, daß der Regent zum Bahnhof gefahren war und dem Vorsteher erklärt hatte, falls zwei junge Burschen, die er genau beschrieb, kämen, um Tickets nach Johannesburg zu kaufen, müsse er sie abweisen, weil sie die Transkei nicht verlassen dürften.

Als wir am Bahnhof ankamen, erklärte uns der Bahnhofsvorsteher, er werde uns keine Tickets verkaufen. Wir fragten ihn nach dem Grund, und er antwortete: »Euer Vater ist hier gewesen und hat gesagt, daß ihr davonlaufen wollt.« Wir rannten wie betäubt zu dem gemieteten Auto zurück und erklärten dem Fahrer, er solle uns zum nächsten Bahnhof fahren. Dieser lag fast 70 Kilometer entfernt, und es dauerte mehr als eine Stunde, bis wir ihn erreichten.

Dort gelang es uns, einen Zug zu besteigen, der jedoch nur bis Queenstown fuhr. Für einen Afrikaner war es in den 40er Jahren ungeheuer schwierig zu reisen. Jeder Afrikaner über 16 Jahre war verpflichtet, einen »Native Pass«, den das Department of Native Affairs ausstellte, ständig bei sich zu haben und auf Verlangen jedem beliebigen Polizisten, Beamten oder Arbeitgeber vorzuweisen. Tat er das nicht, so konnte das Verhaftung, Gerichtsverfahren und Gefängnis- oder Geldstrafe nach sich ziehen. Aus dem Paß war zu ersehen, wo der Inhaber lebte, wer sein Häuptling war und ob er seine alljährliche Kopfsteuer bezahlt hatte, eine Steuer, die nur von Afrikanern erhoben wurde. Später nahm der Paß die Form eines Büchleins an, »Reference Book«, wie es euphemistisch genannt wurde, das detaillierte Informationen enthielt, die monatlich vom jeweiligen Arbeitgeber unterzeichnet werden mußten.

Was unsere Pässe betraf, so waren diese glücklicherweise in Ordnung, doch es war damit noch nicht getan. Ein Afrikaner, der von seinem Verwaltungsbezirk in einen anderen reisen wollte, um dort zu arbeiten oder zu leben, benötigte Reisepapiere, eine Genehmigung und einen Brief von seinem Arbeitgeber oder, wie in unserem Fall, von unserem Vormund – und nichts davon hatten wir. Doch selbst wenn man all diese Papiere besaß, konnte ein Polizeibeamter einen schikanieren, weil irgendwo eine Unterschrift fehlte oder ein Datum nicht korrekt war. Gar keine Reisepapiere zu haben war äußerst riskant. Deshalb nahmen wir uns vor, in Queenstown auszusteigen, das Haus eines Verwandten aufzusuchen und uns die notwendigen Papiere zu besorgen. Einen wohldurchdachten Plan konnte man das kaum nennen, doch nahmen die Dinge in Queenstown zunächst eine glückliche Wendung. Auf dem Bahnsteig trafen wir Häuptling Mpondombini, einen Bruder des Regenten, der Justice und mich mochte.

Häuptling Mpondombini freute sich, uns zu sehen, und wir erklärten ihm, daß wir vom lokalen Magistrate die erforderlichen Reisepapiere brauchten. Über den wahren Zweck belogen wir ihn und behaupteten, wir hätten einen Auftrag des Regenten auszuführen. Häuptling Mpondombini war früher beim Native Affairs Department Dolmetscher gewesen, und er kannte den Obermagistrate gut. Der Häuptling hatte keinen Grund, unsere Erklärung anzuzweifeln, und er brachte uns sofort nicht nur zum Magistrate, sondern er bürgte auch für uns und erläuterte unser Dilemma. Der Magistrate stellte prompt die notwendigen Reisepapiere aus und versah sie mit dem offiziellen Stempel. Justice und ich lächelten uns verstohlen zu. Doch während der Magistrate uns die Papiere aushändigte, fiel ihm plötzlich etwas ein. Er sagte, es gehöre sich ganz einfach, daß er den Obermagistrate von Umtata informiere, in dessen Zuständigkeit wir fielen. Dies löste in uns einige Beklemmung aus, doch blieben wir in seinem Büro sitzen. Der Magistrate rief in Umtata an, und unser Pech wollte es, daß der Regent dem Obermagistrate von Umtata gerade einen Besuch abstattete und sich in dessen Büro befand. Als der Magistrate unsere Situation dem Obermagistrate von Umtata erklärte, sagte dieser etwas wie: »Oh, der Vater der beiden ist zufällig gerade hier«, und überließ das Telefon dann dem Regenten. Als der Regent hörte, was wir verlangten, explodierte er: »Verhaftet die beiden!« rief er so laut, daß wir ihn durch den Telefonhörer verstehen konnten. »Und bringt sie sofort hierher zurück!« Der Magistrate legte auf. Er war außer sich. »Ihr seid Diebe und Lügner«, sagte er zu uns. »Ihr seid hierher gekommen und habt mir Lügen aufgetischt. Ihr habt meine guten Dienste mißbraucht und mich getäuscht. Jetzt werde ich euch festnehmen lassen.«

Sofort schwang ich mich zu unserer Verteidigung auf. Von meinem Studium in Fort Hare besaß ich ein wenig juristisches Wissen und setzte es ein. Ja, sagte ich, wir hätten ihn angelogen, das könnten wir nicht bestreiten. Doch hätten wir keine Straftat begangen und gegen kein Gesetz verstoßen und könnten nicht einfach auf Verlangen eines Häuptlings verhaftet werden, selbst wenn er unser Vater war. Dies schien ihn ein wenig zu beschwichtigen. Er verhaftete uns nicht, sagte jedoch, wir sollten sein Büro verlassen und uns nie wieder dort blicken lassen.

Auch Häuptling Mpondombini wollte nichts mehr mit uns zu tun haben, und so waren wir wieder ganz auf uns allein gestellt. Dann erinnerte sich Justice daran, daß er in Queenstown einen Freund namens Sidney Nxu hatte, der im Büro eines Rechtsanwalts arbeitete. Wir fanden diesen Mann, erklärten ihm unsere Lage, und er sagte, da hätten wir aber Glück: Die Mutter des Anwalts, für den er arbeitete, wollte noch am selben Tag nach Johannesburg fahren und er werde fragen, ob sie uns mitnehmen könne. Er erklärte uns, seine Mutter würde uns mitnehmen, allerdings gegen ein Entgelt von 15 Pfund Sterling. Dies war eine große Summe, weit höher als der Preis für die Bahnkarten, doch wir hatten keine Wahl. Wir beschlossen, das Risiko einzugehen, später in Johannesburg unsere Pässe abstempeln zu lassen und uns die ordnungsgemäßen Reisepapiere zu besorgen.

Am folgenden Morgen brachen wir auf. Justice und ich nahmen hinten im Auto Platz, während die Mutter des Anwalts vorn neben ihrem Fahrer saß. Seinerzeit war es üblich, daß Schwarze immer die hinteren Plätze einnahmen, wenn ein Weißer am Steuer saß. Justice saß direkt hinter der Frau, ich hinter dem Fahrer. Justice war ein freundlicher, redseliger Mensch, und während der Fahrt begann er, auf mich einzureden. Dies machte die Frau äußerst nervös. Augenscheinlich war sie völlig unerfahren im Umgang mit Schwarzen, die gegenüber Weißen keine Hemmungen hatten. Schon nach wenigen Meilen forderte sie Justice auf, den Platz mit mir zu tauschen, so daß sie ihn im Auge behalten konnte, und von diesem Moment an beobachtete sie Justice wie ein Falke. Aber nach einer Weile konnte sie Justices Charme wohl doch nicht widerstehen, und sie lachte gelegentlich sogar über manche seiner Worte.

Um ungefähr zehn Uhr abends sahen wir in der Ferne eine schimmernde Helle, ein Labyrinth aus glitzernden Lichtern, die sich in alle Richtungen zu erstrecken schienen. Elektrizität war für mich immer ein Luxus gewesen, und hier gab es eine riesige Landschaft aus Elektrizität, eine Stadt aus Licht. Endlich sah ich Johannesburg, und ich war furchtbar aufgeregt. Dies war die Stadt, über die ich seit Kindertagen soviel gehört hatte. Johannesburg war mir immer als eine Stadt der Träume geschildert worden, als ein Ort, wo aus einem armen Bauern ein reicher Emporkömmling werden konnte, eine Stadt der Gefahren und der Chancen. Ich erinnerte mich an die Geschichten, die uns Banabakhe in der Beschneidungsschule erzählt hatte: von Gebäuden, die so hoch waren, daß man ihre Dächer nicht sehen konnte, von Massen von Menschen, die in Sprachen redeten, von denen man noch nie gehört hatte, von stromlinienförmigen Autos und wunderschönen Frauen und verwegenen Gangstern. Es war eGoli, die Stadt des Goldes, wo ich schon bald zu Hause sein würde.

In der Peripherie der Stadt wurde der Verkehr viel dichter. Noch nie hatte ich so viele Autos gleichzeitig auf einer Straße gesehen – nicht einmal in Umtata, wo es höchstens eine Handvoll Autos auf einmal gab; und hier schienen es Tausende zu sein. Wir fuhren eher um die Stadt herum als durch sie hindurch, doch ich konnte ihre Silhouette sehen, die hohen, blockartigen Gebäude, die noch dunkler waren als der dunkle Nachthimmel. Ich sah auch die riesigen Tafeln am Rande der Straßen mit der Reklame für Zigaretten und Schokolade und Bier. Alles wirkte so glanzvoll.

Dann gelangten wir in ein Viertel mit eindrucksvollen Villen, von denen selbst die kleinste größer war als der Palast des Regenten in Mqhekezweni, mit großen Rasenflächen davor und hohen eisernen Toren. Dies war der Vorort, wo die Tochter der alten Dame wohnte, und wir bogen in die lange Auffahrt eines dieser schönen Anwesen ein. Justice und ich wurden zum Gesindeflügel geschickt, wo wir übernachten sollten. Wir dankten der alten Lady und machten uns davon, um auf dem Fußboden zu schlafen.

Doch die Verheißung Johannesburgs war so erregend, daß ich das Gefühl hatte, in einem wunderschönen Federbett zu schlafen. Ich hatte, wie es schien, das Ende einer langen Reise erreicht. In Wahrheit war dies jedoch der allererste Anfang einer sehr viel längeren und weitaus mühsameren Reise, die mich Prüfungen unterwerfen würde, die mir damals unvorstellbar gewesen wären.

2. Teil

JOHANNESBURG

ES DÄMMERTE NOCH, als wir das Gelände der Crown Mines erreichten, die sich auf dem Plateau eines großen Hügels befanden, von dem man hinabblickte auf die noch im Dunkeln liegende Metropole. Johannesburg war rapide gewachsen, nachdem man 1886 in dem Witwatersrand Gold entdeckt hatte, und die Crown Mines waren die größte Goldmine in der »Stadt des Goldes«. Ich erwartete, ein eindrucksvolles Gebäude zu sehen, ähnlich den Regierungsbüros in Umtata, doch die Büros der Crown Mines waren in verrosteten alten Blechbuden untergebracht.

An einer Goldmine ist nichts Magisches. Sie ist ein öder, pokkennarbiger Ort, überall Dreck und nirgends Bäume; auf allen Seiten abgesperrt, ähnelt sie einem Schlachtfeld. Der Lärm war gewaltig und allgegenwärtig: das Rasseln von den Aufzugsschächten, das Rattern der Bohrmaschinen, das ferne Rumpeln des Dynamits, die gebellten Befehle. Wohin ich auch blickte, überall sah ich schwarze Männer in staubigen Overalls, müde und krumme Gestalten. Sie wohnten auf dem Gelände der Mine in öden Baracken nur für Männer, mit Hunderten von Betonpritschen, die nur wenige Zentimeter voneinander getrennt waren.

Die Goldförderung auf dem Witwatersrand war eine kostspielige Angelegenheit, weil das Erz nur in geringem Maße Gold enthielt und tief unter der Erde lag. Profitabel war die Goldförderung nur durch das Vorhandensein billiger Arbeitskräfte in Gestalt von Tausenden unentwegt schuftenden Afrikanern, die lange Stunden für wenig Geld arbeiteten und keine Rechte besaßen – so wurde die Goldförderung profitträchtig für die sogenannten Mining Houses, Gesellschaften in weißer Hand, die auf dem Rücken von Afrikanern reich wurden, weit über die Träume eines Krösus hinaus. Nie zuvor hatte ich ein solches Unternehmen gesehen, so große Maschinen, eine solch methodische Organisation und solch zermürbende Arbeit. Hier sah ich zum erstenmal den südafrikanischen Kapitalismus in Aktion, und ich wußte, daß ich hier eine neue Art von Erziehung erhalten würde.

Auf dem Minengelände gingen wir sofort zum Chief-»Induna«, dem Aufseher. Er hieß Piliso und war ein zäher alter Kerl, der alle Härten des Lebens durchgemacht hatte. Piliso war über Justice im Bilde, denn der Regent hatte Monate zuvor einen Brief geschickt und es so arrangiert, daß er einen Angestellten-Job erhalten sollte, den begehrtesten und am meisten respektierten im Bereich der Mine. Von mir jedoch wußte er nichts. Justice erklärte, ich sei sein Bruder.

»Ich habe nur Justice erwartet«, erwiderte Piliso. »In dem Brief deines Vaters wird kein Bruder erwähnt.« Er musterte mich ziemlich skeptisch. Justice meinte, dabei könne es sich nur um ein Versehen handeln, und behauptete sogar, der Regent habe inzwischen einen zweiten Brief über mich abgeschickt. Unter Pilisos rauhem Äußeren verbarg sich ein mitfühlender Kern. Er gab mir einen, Job als Minenpolizist. Falls ich mich bewährte, sagte er, würde er mir innerhalb von drei Monaten gleichfalls einen Büroposten geben.

Das Wort des Regenten hatte in den Crown Mines großes Gewicht. Dies traf für alle Häuptlinge in Südafrika zu. Die Minen waren begierig, Arbeitskräfte vom Lande zu rekrutieren, und die Häuptlinge waren es, die über ebenjene Arbeiter Autorität besaßen, die gebraucht wurden. Die traditionellen Führer sollten ihre Untertanen dazu ermuntern, zum Reef zu kommen. Deshalb wurden die Häuptlinge mit großer Achtung und Ehrerbietung behandelt. Wann immer sie einen Besuch abstatteten, sorgten die Mining Houses für eine angemessene Unterkunft. Ein Brief vom Regenten genügte, um einem Mann einen guten Job zu verschaffen, und wegen unserer besonders engen Verbindung zu ihm wurden Justice und ich mit ausgesuchter Zuvorkommenheit behandelt. Wir erhielten freie Verpflegung, Schlafquartiere und ein kleines Gehalt. In der ersten Nacht schliefen wir jedoch nicht in der Baracke. Aus Höflichkeit dem Regenten gegenüber lud uns Piliso ein, die ersten Tage bei ihm zu verbringen.

Viele der Arbeiter, vor allem jene aus Thembuland, behandelten Justice als Häuptling und begrüßten ihn mit Geldgeschenken, was üblich war, wenn ein Häuptling eine Mine besuchte. Die meisten Männer lebten in derselben Unterkunft, denn Bergarbeiter wurden normalerweise entsprechend ihrer Stammeszugehörigkeit untergebracht. Den Mining Companies war eine solche Trennung nur recht, da sie die verschiedenen ethnischen Gruppen daran hinderte, sich zu einer gemeinsamen Beschwerde zu vereinen, und so die Macht der Häuptlinge verstärkte. Außerdem verursachte die Trennung oft Kämpfe zwischen verschiedenen ethnischen Gruppen und Clans, welche die Companies nicht tatkräftig verhinderten.

Justice gab mir etwas von dieser »Beute« und dazu noch einige Pfund extra als Bonus. Während dieser ersten Tage klimperten in meinen Taschen neue Schätze, und ich kam mir vor wie ein Millionär. Ich fing an, mich für einen Glückspilz zu halten: Das Glück leuchtete mir, und hätte ich meine kostbare Zeit nicht damit vergeudet, am College zu studieren, so hätte ich inzwischen ein reicher Mann sein können. Wieder einmal war ich blind dafür, daß das Schicksal emsig dabei war, rund um mich Fallen aufzustellen.

Ich begann sofort meine Arbeit als Nachtwächter. Ich erhielt eine Uniform, ein Paar neue Stiefel, einen Helm, eine Taschenlampe, eine Pfeife und eine Knobkerrie, einen langen Stock mit einem schwarzen Holzknauf am einen Ende. Der Job war einfach: Ich wartete einfach am Eingang zum Minengelände bei einem Schild, auf dem stand: »ACHTUNG! HIER ZUTRITT FÜR EINGEBORENE!« und prüfte dann die Ausweise all jener, die kamen oder gingen. Mehrere Nächte lang patrouillierte ich über das Minengelände. Zu Zwischenfällen kam es nicht. Eines Abends stellte ich einen ziemlich betrunkenen Arbeiter, doch er zeigte mir bereitwillig seinen Ausweis und zog sich in sein Quartier zurück.

Justice und mir stieg unser Erfolg zu Kopf, und so rühmten wir uns unserer Gescheitheit gegenüber einem Freund, den wir von daheim kannten und der gleichfalls in den Minen arbeitete. Wir erzählten ihm, wir seien davongelaufen und hätten zu allem auch noch den Regenten ausgetrickst. Obwohl er gelobt hatte zu schweigen, ging er prompt zum Iduna und teilte ihm unser Geheimnis mit. Einen Tag später rief Piliso uns zu sich, und seine erste Frage an Justice lautete: »Wo ist die Erlaubnis des Regenten für deinen Bruder?« Justice sagte, er habe doch bereits erklärt, daß der Regent sie zur Post gegeben habe. Piliso schien damit nicht zufrieden, und wir spürten, daß etwas nicht stimmte. Dann langte Piliso in seinen Schreibtisch und holte ein Telegramm hervor. »Ich habe eine Botschaft vom Regenten«, sagte er mit ernster Stimme und reichte uns das Telegramm. Es enthielt einen einzigen Satz: »DIE JUNGEN SOFORT NACH HAUSE SCHIKKEN.«

Erst dann ließ Piliso seiner Verärgerung freien Lauf. Wir hätten ihn angelogen. Wir hätten seine Gastlichkeit und den guten Namen des Regenten mißbraucht. Er werde unter den Arbeitern Geld sammeln lassen, um uns per Eisenbahn zurückzuschicken in die Transkei. Justice protestierte. Wir wollten doch nichts weiter als auf der Mine arbeiten und wir könnten schließlich unsere eigenen Entscheidungen treffen. Aber seine Einwände fielen auf taube Ohren. Wir fühlten uns beschämt und erniedrigt, doch als wir Pilisos Büro verließen, waren wir entschlossen, nicht in die Transkei zurückzukehren.

Wir beschlossen, Dr. A. B. Xuma aufzusuchen. Dr. Xuma war ein alter Freund des Regenten und außerdem Generalpräsident des Afrikanischen Nationalkongresses (ANC). Dr. Xuma stammte aus der Transkei, und er war ein höchst geachteter Arzt. Seine medizinische Qualifikation hatte er in den Vereinigten Staaten und anderswo erworben, und die afrikanische Gemeinde zollte ihm geradezu Ehrfurcht.

Dr. Xuma freute sich, uns zu sehen. Höflich erkundigte er sich nach Familienangelegenheiten in Mqhekezweni. Wir erzählten ihm eine Reihe von Halbwahrheiten, wieso wir in Johannesburg waren und wie sehr wir uns einen Job in den Minen wünschten. Dr. Xuma sagte, er werde uns gern helfen, und rief sofort Mr. Wellbeloved von der Chamber of Mines an, einer machtvollen Organisation, welche die Minengesellschaften repräsentierte und die Anwerbung von Arbeitern für die Goldminen im Monopol kontrollierte. Mr. Xuma versicherte Mr. Wellbeloved, wir seien wahre Prachtkerle und er möge doch Jobs für uns finden. Wir dankten Dr. Xuma und machten uns auf zu Mr. Wellbeloved.

Mr. Wellbeloved war ein Weißer. Sein Büro war grandioser als irgendein anderes, das ich je gesehen hatte, mit einem Schreibtisch, der die Größe eines Fußballplatzes zu haben schien. Außer ihm war nur noch ein Minenboß namens Festile anwesend, und wir erzählten Mr. Wellbeloved das gleiche, was wir Dr. Xuma vorgeschwindelt hatten. Mr. Wellbeloved zeigte sich sehr beeindruckt von meiner nicht ganz wahrheitsgemäßen Erklärung, daß ich nach Johannesburg gekommen sei, um an der Universität von Witwatersrand mein Studium fortzusetzen. Nun, Freunde, sagte er, ich werde Sie mit dem Manager der Crown Mines, einem Mr. Piliso, bekannt machen, und ich werde ihm sagen, er solle euch Jobs als Clerks geben. Er habe seit 30 Jahren mit Mr. Piliso zusammengearbeitet, und in all den Jahren habe Piliso ihn nie im Stich gelassen. Juutice und ich zuckten zusammen, sagten jedoch nichts. Trotz einiger Bedenken glaubten wir naiverweise, jetzt die Oberhand über Mr. Piliso zu haben, da wir ja seinen Boß, Mr. Wellbeloved, auf unserer Seite wußten.

Wir kehrten zu den Büros der Crown Mines zurück und wurden aufgrund des Briefes von Mr. Wellbeloved von dem weißen Lagerverwalter sehr zuvorkommend behandelt. Während er in seinen Akten nach irgend etwas suchte, kam Mr. Piliso hereingestürmt. Er mußte uns durch ein Fenster gesehen haben. »Ihr Burschen! Ihr seid zurückgekommen!« sagte er gereizt. »Was tut ihr hier?«

Justice blieb ruhig. »Wir sind von Mr. Wellbeloved geschickt worden«, erwiderte er, und sein Ton grenzte an Trotz. Mr. Piliso dachte einen Augenblick nach. »Hast du ihm gesagt, daß du deinem Vater davongelaufen bist?« konterte der Alte dann. Justice blieb stumm.

»Du wirst niemals in einer Mine beschäftigt werden, die ich leite!« schrie Piliso. »Und jetzt geh mir aus den Augen!« Justice schwenkte Wellbeloveds Brief. »Mich schert kein gottverdammter Brief!« sagte Piliso. Ich blickte zu dem weißen Manager und hoffte, daß er sich über Piliso hinwegsetzen werde, doch er war stumm wie eine Statue und schien von Piliso genauso eingeschüchtert zu sein wie wir. Wir wußten nicht, was wir Piliso entgegnen sollten, und verließen das Büro mit hängenden Köpfen, wobei wir uns noch mehr gedemütigt fühlten als zuvor.

Das Glück war gegen uns. Wir waren in Johannesburg, doch ohne Jobs, ohne Zukunftsaussichten und vor allem ohne irgendein Quartier. Justice kannte mehrere Familien in Johannesburg, und er machte sich auf in die Stadt, um eine Unterkunft für uns zu finden. Inzwischen sollte ich unseren Koffer holen, der sich noch bei Piliso befand, und mich später in George Goch, einer kleinen Township im südlichen Johannesburg, mit ihm treffen.

Nachdem ich unseren Koffer geholt hatte, bat ich Bikitsha, den ich von daheim kannte, mir dabei zu helfen, das Gepäckstück zum Vordertor der Mine zu tragen. Am Tor stoppte uns ein Wächter und sagte, er müsse den Koffer durchsuchen. Mein Freund protestierte, wir hätten nichts Verbotenes im Koffer, doch der Wachmann erklärte, die Durchsuchung sei Routine. Wir gaben ihm den Koffer, den er sich oberflächlich ansah. Er berührte nicht einmal die Kleidung. Als er den Kofferdeckel wieder schloß, sagte mein Freund: »Wozu die Mühe? Ich hab Ihnen doch gesagt, daß da nichts drin ist.« Dies provozierte den Wachmann. Er begann mit einer erneuten Durchsuchung, diesmal außerordentlich pedantisch. Ich wurde zunehmend nervös, als er jedes Fach öffnete und jede Tasche durchforschte. Schließlich gelangte er bis zum Boden des Koffers, und dort, ganz unten, in irgendein Kleidungsstück gewickelt, fand er, wovon ich gehofft hatte, daß er es nicht finden würde: einen Revolver.

Er wandte sich zu meinem Freund und sagte: »Du bist verhaftet.« Dann blies er in seine Trillerpfeife, die einen kleinen Trupp von Wachleuten herbeirief. Mein Freund musterte mich mit einer Mischung aus Bestürzung und Verwirrung, während man ihn davonführte zur lokalen Polizeistation. Ich folgte in gewissem Abstand und überlegte, welche Möglichkeiten ich hätte. Die Schußwaffe, ein alter Revolver, war Eigentum meines Vaters gewesen, der sie mir bei seinem Tod hinterlassen hatte. Ich hatte sie nie benutzt, sondern nur als Vorsichtsmaßnahme mit in die Stadt genommen.

Klar, daß ich meinen Freund nicht an meiner Statt die Schuld auf sich nehmen lassen konnte. Kurz nachdem er die Polizeistation betreten hatte, ging auch ich hinein und fragte nach dem diensthabenden Offizier. Man brachte mich zu ihm, und ich erklärte so direkt und geradeheraus, wie es mir möglich war: »Sir, das ist meine Waffe, die im Koffer meines Freundes gefunden wurde. Ich habe sie von meinem Vater in der Transkei geerbt und mit hierhergebracht, weil ich Angst vor Gangstern hatte.« Dann sagte ich, ich sei ein Student aus Fort Hare und hielte mich nur vorübergehend in Johannesburg auf. Der diensthabende Offizier schien durch meine Erklärung ein wenig besänftigt zu werden, und er erklärte, er wolle meinen Freund sofort auf freien Fuß setzen. Mich müsse er allerdings wegen Waffenbesitz belangen, doch werde er mich nicht verhaften. Gleich am Montagmorgen solle ich vor Gericht erscheinen, um mich zu verantworten. Ich war dankbar und versicherte ihm, daß ich am Montag bestimmt vor Gericht erscheinen würde. Das tat ich dann auch und wurde nur mit einer nominellen Geldstrafe belegt.

In der Zwischenzeit war es mir gelungen, bei meinem Vetter Garlick Mbekeni in George Goch unterzukommen. Garlick verdiente sich seinen Lebensunterhalt, indem er Kleidung und ähnliches verhökerte; er hatte ein kleines schachtelartiges Haus. Er war ein freundlicher, schüchterner Mann, und ich erzählte ihm, mein eigentliches Bestreben sei es, Rechtsanwalt zu werden. Er lobte mich für meinen Ehrgeiz und sagte, er werde darüber nachdenken. Einige Tage später sagte Garlick zu mir, er werde mich zu einem, wie er sich ausdrückte, »unserer besten Leute in Johannesburg« bringen. Wir fuhren mit der Bahn zum Büro eines Immobilienhändlers in der Market Street, einer wimmelnden und verkehrsdichten Durchgangsstraße mit ächzenden Trams voller Fahrgäste, Straßenverkäufern allüberall und einer Atmosphäre, als lägen Reichtum und Wohlhabenheit gleich um die nächste Ecke.

In jener Zeit war Johannesburg eine Kombination aus Grenzstadt und moderner City. Metzger zerteilten ihr Fleisch auf der Straße direkt unter Bürogebäuden. Neben Läden waren Zelte aufgeschlagen, und Frauen hingen ihre Wäsche gleich neben Hochhäusern auf. Die Industrie lief aufgrund der Kriegsanstrengungen auf Hochtouren. 1939 hatte Südafrika, damals noch ein Mitglied des Britischen Commonwealth, Nazi-Deutschland den Krieg erklärt. Das Land stellte Männer und Güter für den Krieg. Die Nachfrage nach Arbeitskräften war groß, und Johannesburg wurde zu einem Magneten für Afrikaner vom Lande, die Arbeit suchten. Zwischen 1941, als ich nach Johannesburg kam, und 1946 verdoppelte sich die Anzahl der Afrikaner in der Stadt. Jeden Morgen hatte man das Gefühl, die Township sei größer als am Tag zuvor. Männer kamen in die Stadt und fänden Jobs in Fabriken und Quartiere in den »Non-European Townships«, den Vierteln für Nichtweiße bzw. Schwarze, in Newclare, Martindale, George Goch, Alexandra, Sophiatown und den Western Native Townships (westliche Eingeborenen-Townships), einem gefängnisartigen Viertel aus einigen Tausend Streichholzschachtelhäusern auf baumlosen Flächen.

Garlick und ich saßen im Wartezimmer des Immobilienhändlers, indes eine hübsche afrikanische Empfangsdame uns bei ihrem Chef im Büro anmeldete. Sie kam zurück, nahm wieder an ihrer Schreibmaschine Platz, und ihre Finger setzten sich wirbelnd in Bewegung, als sie voller Anmut und mit großer Geschwindigkeit einen Brief tippte. Noch nie hatte ich einen afrikanischen Typisten gesehen, geschweige denn eine afrikanische Typistin. In allen öffentlichen wie geschäftlichen Büros, die ich in Umtata und Fort Hare besucht hatte, waren es stets Typisten gewesen, und zwar weiße. Und diese junge Frau beeindruckte mich besonders, weil die weißen Typisten, die ich beobachtet hatte, immer nur mit zwei Fingern ihre Briefe zusammengestottert hatten.

Wenige Minuten später führte sie uns in das innere Büro, wo ich einem Mann vorgestellt wurde, der Ende Zwanzig zu sein schien, mit einem intelligenten und freundlichen Gesicht, heller Hautfarbe, in einen Zweireiher gekleidet. Trotz seiner Jugend wirkte er auf mich wie ein erfahrener Mann von Welt. Er stammte aus der Transkei, sprach englisch mit urbaner Geläufigkeit. Nach seinem bevölkerten Wartezimmer und dem mit Papieren vollgehäuften Schreibtisch zu urteilen, war er ein überaus beschäftigter und erfolgreicher Mann. Dennoch drängte er uns nicht zur Eile, sondern schien aufrichtig an unserer Angelegenheit interessiert. Sein Name war Walter Sisulu.

Sisulu betrieb ein Immobilienbüro, das sich auf Grundbesitz für Afrikaner spezialisiert hatte. In den vierziger Jahren gab es noch einige sogenannte »Freehold«-Grundstücke, die von Afrikanern zu erwerben waren. Es handelte sich im allgemeinen um Kleingrundstücke in Gegenden wie Alexandra und Sophiatown. In einigen dieser Gegenden besaßen Afrikaner seit mehreren Generationen eigene Häuser. Die übrigen afrikanischen Gebiete waren städtische Townships mit Streichholzschachtelhäusern, für welche die Bewohner dem Johannesburg City Council, dem Stadtrat, Miete zahlten.

Sisulus Name wurde damals in Johannesburg prominent, sowohl wegen seiner geschäftlichen Erfolge als auch wegen seiner Rolle als lokaler Führer. Er war bereits eine Größe in der Gemeinde. Aufmerksam hörte er zu, als ich über meine Schwierigkeiten in Fort Hare sprach, über meinen Ehrgeiz, Rechtsanwalt zu werden, und daß ich mich an der University of South Africa einschreiben lassen wollte, um meinen akademischen Grad über Fernlehrkurse zu erlangen. Ich überging die Umstände meiner Ankunft in Johannesburg. Als ich fertig war, lehnte er sich auf seinem Stuhl zurück und überlegte. Dann musterte er mich wieder und sagte, es gebe da einen weißen Rechtsanwalt namens Lazar Sidelsky, mit dem er zusammenarbeite und den er für einen anständigen und fortschrittlichen Mann halte. Sidelsky interessiere sich für die Erziehung und Bildung von Afrikanern. Er werde Sidelsky fragen, ob er mich nicht als »Ausbildungsclerk« (Voraussetzung für Jurastudium) einstellen wolle.

Damals glaubte ich, daß sowohl Versiertheit im Englischen als auch geschäftlicher Erfolg die unmittelbare Folge eines hohen akademischen Status waren, und ich nahm als selbstverständlich an, daß Sisulu ein Universitätsstudium absolviert hatte. Zu meiner großen Überraschung erfuhr ich anschließend von meinem Vetter, daß Walter Sisulu über die mittlere Reife nie hinausgelangt war. Dies war eine weitere Lektion von Fort Hare, die ich in Johannesburg vergessen mußte. In Fort Hare hatte man mich gelehrt, daß einen B. A. zu haben bedeutete, ein Führer zu sein, und um ein Führer zu sein, brauchte man einen B. A. In Johannesburg entdeckte ich jedoch, daß viele der hervorragendsten Führer nie auf einer Universität gewesen waren. Obwohl ich alle Englischkurse absolviert hatte, die für einen B. A. obligatorisch waren, war mein Englisch weder so flüssig noch so beredt wie das vieler Männer, die ich in Johannesburg kennenlernte und die noch nicht einmal einen Schulabschluß hatten.

Nach einem kurzen Aufenthalt bei meinem Vetter zog ich zu Reverend J. Mabutho von der Anglikanischen Kirche in der Eighth Avenue in der Alexandra Township. Er war gleichfalls ein Thembu, ein Freund meiner Familie und ein großmütiger, gottesfürchtiger Mann. Seine Frau, die wir Gogo nannten, war warmherzig und liebevoll, außerdem eine ausgezeichnete Köchin und als solche sehr freigebig. Wie jeder Thembu, der meine Familie kannte, fühlte Reverend Mabutho sich für mich verantwortlich. »Unsere Vorfahren haben uns gelehrt zu teilen«, sagte er einmal zu mir. Doch ich hatte nichts gelernt aus meinen Erfahrungen bei den Crown Mines, denn ich erzählte Reverend Mabutho nichts über die Umstände, unter denen ich die Transkei verlassen hatte. Dieses Versäumnis hatte unglückselige Konsequenzen. Wenige Tage, nachdem ich bei den Mabuthos eingezogen war, trank ich mit ihnen in ihrem Hause Tee, als ein Besucher eintraf. Leider war ihr Freund jener Mr. Festile, der in der Chamber of Mines zugegen war, als Justice und ich uns mit Mr. Wellbeloved trafen. Mr. Festile und ich begrüßten einander in einer Weise, die verriet, daß wir uns kannten, und obwohl kein Wort über unsere frühere Begegnung fiel, nahm mich Mabutho am nächsten Tag beiseite und erklärte unumwunden, ich könne nicht länger unter dem Dach der Familie weilen.

Ich verfluchte mich, Reverend Mabutho nicht die ganze Wahrheit gesagt zu haben. Ich hatte mich an meine Täuschungsmanöver so gewöhnt, daß ich selbst dann noch log, als es gar nicht nötig war. Ich bin überzeugt, daß Reverend Mabutho keine Einwände gehabt hätte, doch als er von Festile erfuhr, daß ich unter falschem Vorwand in Johannesburg war, fühlte er sich getäuscht. Während meines kurzen Aufenthaltes in Johannesburg hatte ich eine Fährte von Unwahrheiten hinterlassen, und in jedem einzelnen Fall hatte die Täuschung sich schließlich gegen mich gewandt. Zu jener Zeit hatte ich nach meinem Gefühl keine Alternative. Ich war unerfahren und verängstigt, und mir war klar, daß ich in meinem neuen Leben nicht den rechten Weg gefunden hatte. Reverend Mabutho hatte Mitleid mit mir und verschaffte mir bei seinen Nachbarn, der Xhoma-Familie, eine Unterkunft.

Mr. Xhoma war einer der ganz wenigen Grundbesitzer in Alexandra. Sein Haus war klein, zumal er sechs Kinder hatte, jedoch angenehm, mit einer Veranda und einem winzigen Garten. Um mit dem Geld auszukommen, nahm Mr. Xhoma wie so viele andere Bewohner von Alexandra Untermieter auf. Dazu ließ er im hinteren Teil seines Grundstücks einen Raum mit einem Blechdach errichten, nicht mehr als eine Hütte oder Bude mit einem Lehmfußboden, ohne Heizung, ohne elektrischen Strom, ohne fließend Wasser. Doch ich hatte mein eigenes Quartier und war glücklich darüber.

Inzwischen hatte sich, auf Walters Empfehlung, Lazar Sidelsky bereit erklärt, mich als Ausbildungsclerk einzustellen, während ich meinen B. A. anstrebte. Die Kanzlei Witkin, Sidelsky und Eidelman war eine der größten Anwaltskanzleien der Stadt, und sie vertrat sowohl Schwarze wie Weiße. Um sich in Südafrika als Rechtsanwalt zu qualifizieren, mußte man neben dem Studium der Rechtswissenschaften und nach Durchlaufen bestimmter Examina bei einem praktizierenden Rechtsanwalt mehrere Jahre in eine Art Lehre gehen, die als »serving articles« bezeichnet wurde. Doch um »Lehrling«, also Ausbildungsclerk, werden zu können, mußte ich zuvor meinen B. A. erwerben. Zu diesem Zweck studierte ich nachts für die UNISA, die University of South Africa, eine angesehene Bildungsinstitution, bei der akademische Grade in Fernlehrkursen erworben werden können.

Außer um die üblichen Rechtsfälle kümmerten sich Witkin, Sidelsky und Eidelman nebenbei noch um Immobilientransaktionen afrikanischer Klienten. Walter vermittelte der Kanzlei Klienten, die eine Hypothek brauchten. Die Kanzlei erledigte die Darlehensanträge und erhielt dafür eine Gebühr, die sie mit dem Immobilienagenten teilte. Die Anwaltskanzlei strich allerdings den Löwenanteil der Summe ein und ließ für den afrikanischen Immobilienagenten kaum mehr als Almosen übrig. Schwarze erhielten die Krumen vom Tisch, und es blieb ihnen keine Wahl, als sie zu akzeptieren.

Dennoch war diese Kanzlei weitaus liberaler als die meisten. Es war eine jüdische Kanzlei, und nach meiner Erfahrung sind Juden großzügiger in Fragen von Rasse und Politik als die meisten Weißen, vielleicht weil sie historisch selbst Opfer von Vorurteilen gewesen sind. Die Tatsache, daß Lazar Sidelsky, einer der Namenspartner der Kanzlei einen jungen Afrikaner als Ausbildungsclerk akzeptierte – was damals nahezu undenkbar war –, bewies eben jenen Liberalismus.

Mr. Sidelsky, vor dem ich große Achtung gewann und der mich mit großer Freundlichkeit behandelte, war selbst Graduierter der University of Witwatersrand; er war ein Mann von etwa Mitte Dreißig, als ich in die Kanzlei eintrat. Er setzte sich für die Bildung von Afrikanern ein, spendete Geld, aber auch Zeit für den Besuch afrikanischer Schulen. Er war ein schlanker, eleganter Mann, der aufrichtig an meinem Wohlergehen und meiner Zukunft interessiert war und Wert und Wichtigkeit der Bildung predigte – für mich speziell und für Afrikaner im allgemeinen. Nur Massenerziehung, pflegte er zu sagen, würde meinen Leuten Freiheit geben, was er damit begründete, daß ein Mensch mit Bildung sich nicht unterdrücken lasse, weil er für sich selbst denken könne. Er sagte immer wieder zu mir, das Beste, was ich für meine Leute tun könne, sei, ein erfolgreicher Anwalt zu werden und somit ein Vorbild dafür, was sich durch harte Arbeit und hartes Studium erreichen lasse.

An meinem ersten Tag in der Kanzlei lernte ich die meisten Mitarbeiter kennen, darunter auch den einzigen anderen afrikanischen Angestellten, Gaur Radebe, mit dem ich mir einen Büroraum teilte. Gaur war Clerk, Dolmetscher und Bote, ungefähr zehn Jahre älter als ich. Er war ein kleinwüchsiger, untersetzter, muskulöser Mann, der fließend Englisch, Sotho und Zulu sprach. Er hatte kraftvolle Ansichten und noch kraftvollere Argumente, um ihnen Nachdruck zu verleihen. Im schwarzen Johannesburg war er eine wohlbekannte Gestalt.

An jenem ersten Morgen nahm mich eine der Sekretärinnen, eine sympathische junge Weiße, Miß Lieberman, beiseite und sagte: »Nelson, wir haben hier in der Kanzlei keine Farbschranke.« Dann erklärte sie, später am Vormittag werde im vorderen Salon der Teemann erscheinen, mit Tee auf einem Tablett und einer Anzahl von Tassen. »Wir haben für Sie und Gaur zwei neue Tassen besorgt«, sagte sie. »Die Sekretärinnen bringen den Prinzipals Tassen mit Tee, doch Sie und Gaur müssen sich Ihren Tee holen, genau wie wir. Ich werde Sie rufen, wenn der Tee kommt, und dann können Sie und Gaur Ihren Tee in den neuen Tassen abholen.« Sie fügte hinzu, ich solle das auch Gaur sagen. Für ihre Hinweise war ich dankbar, gleichzeitig wußte ich jedoch, daß die »beiden neuen Tassen«, die sie so nachdrücklich erwähnte, der Beweis für eben jene »Farbschranke« waren, von der sie behauptete, daß sie nicht existiere. Die Sekretärinnen konnten sich den Tee mit zwei Afrikanern teilen, aber nicht die Tassen.

Als ich Gaur berichtete, was Miß Lieberman mir gesagt hatte, bemerkte ich, wie sich sein Gesichtsausdruck veränderte, so wie man bei einem Kind erkennen kann, daß ihm plötzlich ein boshafter Gedanke kommt. Er erwiderte nur: »Nelson, kümmere dich zur Teezeit um nichts. Mach es einfach wie ich.« Um elf Uhr kam Miß Lieberman in unser Zimmer, um zu melden, daß der Tee eingetroffen sei. Gaur ging vor den Sekretärinnen und einigen anderen Mitarbeitern der Kanzlei zum Teetablett, ignorierte ostentativ die beiden neuen Tassen, wählte statt dessen eine der alten aus und tat großzügig Zucker, Milch und dann Tee hinein. Er rührte langsam um, stand dann herum und trank auf höchst selbstzufriedene Weise. Die Sekretärinnen starrten Gaur an, und dann nickte Gaur mir zu, als wollte er sagen: »Du bist dran, Nelson.«

Für einen Augenblick war ich in einem Zwiespalt. Ich wollte weder die Sekretärinnen noch meinen neuen Kollegen beleidigen. So entschied ich mich für das, was mir die klügste Handlungsweise zu sein schien: Ich trank gar keinen Tee. Ich sagte einfach, ich sei nicht durstig. Ich war erst 23 Jahre alt, suchte noch meine Stellung als Mann, als Einwohner von Johannesburg und als Angestellter in einer weißen Kanzlei, und ich sah den mittleren Weg unausweichlich als den besten und vernünftigsten. Das würde nicht immer so sein. Später pflegte ich zur Teezeit die kleine Küche im Büro aufzusuchen und dort allein meinen Tee zu mir zu nehmen.

Die Sekretärinnen waren nicht immer so rücksichtsvoll. Einige Zeit später, inzwischen war ich mit der Arbeit in der Kanzlei vertrauter, diktierte ich einer weißen Sekretärin irgendeinen Text, als ein weißer Klient, den sie kannte, das Büro betrat. Sie war verlegen, und um zu demonstrieren, daß sie von einem Afrikaner kein Diktat entgegennahm, klaubte sie Geld aus ihrem Portemonnaie und sagte spitz: »Bitte, Nelson, geh und hol mir Shampoo aus der Drogerie.« Ich ging aus dem Raum und holte ihr Shampoo.

Meine Arbeit in der Kanzlei war, zumindest zu Anfang, ziemlich einfach. Ich war mehr oder minder eine Kombination aus einem Clerk und einem Boten. Ich hatte Dokumente aufzufinden, zu arrangieren und einzuordnen und Papiere in oder um Johannesburg abzuliefern. Später setzte ich für einige der afrikanischen Klienten der Kanzlei Verträge auf. Aber mochte die Aufgabe auch noch so geringfügig sein, Mr. Sidelsky erklärte mir, welchen Zweck sie hatte und warum er sie mir übertrug. Er war ein geduldiger und nachsichtiger Lehrer und suchte nicht nur Details der Gesetze, sondern auch die Philosophie dahinter zu vermitteln. Seine Sicht des Gesetzes war eher weit als eng; er glaubte, das Gesetz sei ein Werkzeug, das man zur Veränderung der Dinge einsetzen könne.

Während mir Mr. Sidelsky seine Ansichten über die Gesetze mitteilte, warnte er mich gleichzeitig vor der Politik. Politik, pflegte er zu sagen, bringt beim Menschen das Schlimmste zum Vorschein. Sie sei die Quelle von Ärger und Korruption und solle unter allen Umständen gemieden werden. Er malte ein erschrekkendes Bild dessen, was mir widerfahren würde, falls ich mich auf Politik einließe, und er riet mir, die Gesellschaft von Menschen zu meiden, die er als Aufrührer und Unruhestifter ansah, besonders Gaur Radebe und Walter Sisulu. Mr. Sidelsky schätzte ihre Fähigkeiten, verabscheute aber ihre politischen Ansichten.

Gaur war in der Tat ein »Unruhestifter« im besten Sinne des Wortes, und er war in der afrikanischen Gemeinde ein einflußreicher Mann auf eine Weise, von der Mr. Sidelsky nichts wußte oder auch nur ahnte. Gaur war in der Western Native Township ein Mitglied des Advisory Board, einer Körperschaft aus vier auf lokaler Ebene gewählten Leuten, die über Angelegenheiten der Townships mit den Behörden verhandelten. Obwohl das Komitee über wenig Macht verfügte, besaß es im Volk doch großes Ansehen. Wie ich bald herausfand, war Gaur ein führendes Mitglied sowohl der Kommunistischen Partei als auch des Afrikanischen Nationalkongresses.

Gaur war ein unabhängiger Mann. Er behandelte unsere Arbeitgeber nicht mit übertriebener Höflichkeit und richtete oft Spitzen gegen sie, kritisierte sie wegen ihrer Behandlung der Afrikaner. »Ihr Leute habt uns unser Land gestohlen«, pflegte er zu sagen, »und uns versklavt. Jetzt laßt ihr uns noch draufzahlen, wenn wir die schlechtesten Stücke davon zurückbekommen.« Eines Tages, als ich von einem Botengang zurückkehrte und Mr. Sidelskys Büro betrat, sagte Gaur gerade zu ihm: »Hören Sie, Sie sitzen da wie ein Lord, während mein Häuptling Botengänge für Sie erledigt. Die Situation sollte genau umgekehrt sein, und eines Tages wird sie das auch, und wir werden euch alle ins Meer werfen.« Dann ging Gaur hinaus, und Mr. Sidelsky schüttelte nur bekümmert den Kopf.

Gaur war das Beispiel eines Mannes ohne B. A., der unendlich gebildeter zu sein schien als die Burschen, die Fort Hare mit glanzvollen akademischen Titeln verließen. Er war nicht nur gescheiter, er war auch selbstbewußter. Wenn ich auch nicht von meinem Ziel abließ, meinen B.A. zu machen und mit dem Jurastudium zu beginnen, so lernte ich doch von Gaur, daß ein akademischer Grad noch kein Beweis für Führungsfähigkeit war und daß er nichts bedeutete, sofern man nicht in die Öffentlichkeit hinausgeht, um sich zu bewähren.

Ich war nicht der einzige Ausbildungsclerk bei Witkin, Sidelsky und Eidelman. Ein junger Bursche etwa in meinem Alter namens Nat Bregman hatte kurz vor mir in der Kanzlei angefangen. Nat war gescheit, sympathisch und nachdenklich. Er schien völlig farbenblind zu sein und wurde mein erster weißer Freund. Er besaß mimische Talente und konnte die Stimmen von Jan Smuts, Franklin Roosevelt und Winston Churchill hervorragend nachahmen. Oft bat ich ihn in juristischen Angelegenheiten sowie bei der Büroprozedur um Rat, und er war stets zu Auskünften bereit.

Eines Tages zur Mittagszeit im Büro holte Nat ein Päckchen Sandwiches heraus. Er nahm ein Sandwich und sagte: »Nelson, halt die andere Seite des Sandwiches fest.« Ich war mir nicht sicher, worauf er hinauswollte, aber da ich Hunger hatte, folgte ich seiner Aufforderung. »Zieh jetzt«, sagte er. Ich tat es, und das Sandwich zerriß in zwei ungefähr gleichgroße Hälften. »Jetzt iß«, sagte er. Während ich kaute, sagte Nat: »Nelson, was wir gerade getan haben, symbolisiert die Philosophie der Kommunistischen Partei: alles miteinander zu teilen, was wir haben.« Er sagte, er sei Mitglied der Partei, und erklärte mir dann in groben Zügen ihre Grundsätze. Ich wußte, daß Gaur Parteimitglied war, doch hatte er nie Propaganda für sie gemacht. Ich hörte Nat zu, an jenem Tag und noch bei vielen anderen Gelegenheiten, wenn er die Werte des Kommunismus herausstrich und versuchte, mich zum Eintritt in die Partei zu bewegen. Ich hörte ihm zu, stellte Fragen, trat jedoch nicht bei. Ich war nicht geneigt, mich irgendeiner politischen Organisation anzuschließen. Der Rat von Mr. Sidelsky klang mir noch in den Ohren. Außerdem war ich ziemlich religiös, und die ablehnende Haltung der Partei gegenüber der Religion mißfiel mir. Doch die Idee, ein Sandwich zu teilen, gefiel mir.

Ich genoß Nats Gesellschaft, und wir waren oft zusammen.

Wir besuchten eine Reihe von Vorlesungen sowie Zusammenkünfte der Kommunistischen Partei. Ich tat das hauptsächlich aus intellektueller Neugier. Mir wurde damals gerade die Geschichte der rassischen Unterdrückung in meinem eigenen Land bewußt, und für mich war der Kampf in Südafrika ein ausschließlich rassischer. Die Partei hingegen sah die Probleme Südafrikas durch die Optik des Klassenkampfes. Für die Kommunisten waren es die Besitzenden, welche die Habenichtse unterdrückten. Ich fand die Idee interessant, jedoch nicht sonderlich relevant für das heutige Südafrika. Sie mochte auf Deutschland oder England oder Rußland anwendbar sein, schien jedoch nicht geeignet für das Land, das ich kannte. Trotzdem hörte ich zu und lernte.

Nat lud mich zu einer Reihe von Parties in der Stadt ein, auf denen eine Mischung aus Weißen, Afrikanern, Indern und den sogenannten Coloureds (»Mischlinge«) teilnahm. Die Parties waren von der Partei arrangiert worden, und die meisten Gäste waren Parteimitglieder. Ich erinnere mich, daß ich beim ersten Mal nervös war, hauptsächlich deshalb, weil ich meinte, nicht angemessen gekleidet zu sein. In Fort Hare hatte man uns gelehrt, bei gesellschaftlichen Anlässen jedweder Art Jackett und Krawatte zu tragen. Obwohl meine Garderobe arg begrenzt war, gelang es mir, für die Party eine Krawatte aufzutreiben.

Ich traf auf eine lebhafte und gesellige Gruppe von Menschen, für die Hautfarbe überhaupt nicht zu zählen schien. Es war dies die erste gemischte Zusammenkunft dieser Art, der ich je beigewohnt hatte, und ich war weit eher Beobachter als Teilnehmer. Ich fühlte mich äußerst verlegen, unfähig, mich an den Gesprächen zu beteiligen, die gleichzeitig geschwollen und zwanglos zu sein schienen, und ich war ängstlich darauf bedacht, keinen Fauxpas zu begehen. Meine Gedanken erschienen mir im Vergleich zu den klugen Dialogen unterentwickelt.

Irgendwann an jenem ersten Abend wurde ich mit Michael Harmel bekannt gemacht, der, wie man mir sagte, ein Master's Degree (M. A.) in Englisch von der University of Rhodes hatte. Sein akademischer Grad beeindruckte mich, doch als ich ihm begegnete, dachte ich bei mir: »Dieser Bursche hat einen M. A. und trägt noch nicht einmal eine Krawatte!« Diese Diskrepanz war für mich unaufhebbar. Später wurden Michael und ich Freunde, und ich bewunderte ihn sehr, nicht zuletzt deshalb, weil er so viele der ziemlich törichten Konventionen verwarf, denen ich einmal angehangen hatte. Er war nicht nur ein brillanter Schriftsteller, sondern hatte sich der Idee des Kommunismus in einem solchen Maße verschrieben, daß er nicht anders lebte als ein Afrikaner.

DAS LEBEN in Alexandra war aufregend und gefährlich zugleich. Die Atmosphäre war voller Leben, es herrschte ein abenteuerlicher Geist, und die Menschen waren erfindungsreich. Obwohl die Township etliche hübsche Gebäude besaß, konnte man sie durchaus als Slum bezeichnen, als lebendes Zeugnis für die Vernachlässigung durch die Behörden. Die schmutzigen Straßen waren ungepflastert und voller hungriger, unterernährter Kinder, die halbnackt herumliefen. Die Luft war geschwängert vom Rauch der Holzkohlenfeuer unter den Blechrosten und in den Herden. Ein einziger Wasserhahn diente mehreren Häusern. Neben der Straße lagen Lachen von stinkendem, stehendem Wasser voller Maden. Alexandra wurde »Dunkle Stadt« genannt, weil es dort keinerlei Elektrizität gab. Nachts nach Hause zu gehen war gefährlich, denn es gab keine Lichter, und die Stille wurde zerrissen von Schreien, Gelächter und gelegentlichen Schüssen. Die Dunkelheit war so anders als in der Transkei, wo sie einen zu umarmen schien.

Die Township war schrecklich überfüllt, jeder Quadratmeter trug ein Behelfshaus oder eine Wellblechhütte. Wie so oft an verzweifelt armen Orten kamen die schlimmsten Elemente ans Ruder. Leben war billig; nachts herrschten Pistole und Messer. Gangster – »Tsotsis« genannt, mit Schnapp- oder Springmessern bewaffnet – gab es in Mengen; in jenen Tagen äfften sie amerikanische Filmstars nach und trugen weiche Filzhüte, Zweireiher und breite, bunte Krawatten. Polizeirazzien waren in Alexandra ein regelmäßiges Vorkommnis. Routinemäßig nahm die Polizei

Unmengen von Menschen fest, weil sie im Besitz von Alkohol waren, keine Ausweispapiere hatten oder weil sie die Kopfsteuer nicht bezahlt hatten. An fast jeder Ecke standen Shebeens, illegale Kneipen, nichts als Buden, wo selbstgebrautes Bier ausgeschenkt wurde.

Aber trotz der höllischen Aspekte des Lebens in Alexandra war die Township auch eine Art Himmel. Als eines der wenigen Gebiete des Landes, wo Afrikaner freien Grundbesitz erwerben und ihren eigenen Angelegenheiten nachgehen konnten, wo sich die Menschen nicht der Tyrannei weißer städtischer Behörden unterwerfen mußten, war Alexandra ein urbanes Gelobtes Land, Beweis dafür, daß ein Teil unserer Leute ihre Bindungen zu ländlichen Gebieten gelöst hatten und dauerhaft Stadtbewohner geworden waren. Um die Afrikaner zu bewegen, auf dem Land zu bleiben oder unten in den Minen zu arbeiten, hatte die Regierung stets behauptet, Afrikaner seien von Natur aus Landmenschen, ungeeignet für das Stadtleben. Trotz all ihrer Probleme und Mängel strafte Alexandra diese Behauptung Lügen. Seine Bevölkerung, die allen afrikanischen Sprachgruppen entstammte, war an das Stadtleben gut angepaßt und politisch bewußt. Städtisches Leben hatte die Tendenz, ethnische und Stammesunterschiede zu verwischen, und statt Xhosas, Sothos, Zulus oder Shangaans waren wir Alexandrianer. Dies erzeugte ein Gefühl von Solidarität, das bei den weißen Behörden große Sorge hervorrief. Die Regierung hatte Afrikanern gegenüber stets die Taktik des Teilens und Herrschens angewandt, und sie brauchte die Stärke ethnischer Schranken zwischen ihnen. Doch in Orten wie Alexandra schwanden diese Unterschiede.

Alexandra nimmt in meinem Herzen einen besonderen Platz ein. Obwohl ich später in Orlando, einem kleinen Viertel von Soweto, weitaus länger wohnte als in Alexandra, habe ich die Township Alexandra stets als Heimat betrachtet, wo ich kein besonderes Haus hatte, und Orlando als Ort, wo ich ein Haus hatte, aber keine Heimat.

In jenem ersten Jahr in Alexandra lernte ich mehr über Armut als während meiner gesamten Kindheit in Qunu. Ich schien niemals Geld zu haben, und ich schaffte es, mit geringsten Mitteln zu überleben. Die Anwaltskanzlei zahlte mir zwei Pfund monatlich und hatte großzügig auf die Prämie verzichtet, die Ausbildungsclerks der Kanzlei üblicherweise bezahlen. Von diesen zwei Pfund zahlte ich für meinen Raum bei den Xhomas pro Monat dreizehn Shillings und vier Pence. Das billigste Beförderungsmittel von und nach Alexandra war der »Eingeborenenbus« – nur für Afrikaner –, der mit einem Pfund und zehn Pence pro Monat mein Einkommen erheblich beschnitt. Außerdem mußte ich Gebühren an die University of South Africa entrichten, um meine Studien beenden zu können. Ein weiteres Pfund etwa ging für Lebensmittel drauf. Ein Teil meines Gehalts wurde auf eine noch wichtigere Sache verwandt – Kerzen. Denn ohne sie konnte ich nicht studieren. Eine Petroleumlampe konnte ich mir nicht leisten; Kerzen erlaubten es mir, bis spät in die Nacht zu lesen.

Unvermeidlich fehlten mir jeden Monat mehr als nur ein paar Pence. An vielen Tagen ging ich morgens die sechs Meilen zur Stadt zu Fuß und abends wieder zurück, um das Fahrgeld zu sparen. Oft mußte ich mich mit einer winzigen Mahlzeit begnügen und konnte meine Kleider nicht wechseln. Einmal schenkte mir Mr. Sidelsky, der ungefähr so groß war wie ich, einen seiner alten Anzüge, und nachdem er gestopft und geflickt war, trug ich diesen Anzug tagtäglich fast fünf Jahre lang. Am Ende hatte er mehr Flicken als Anzugstoff.

An einem Nachmittag kehrte ich im Bus nach Alexandra zurück und nahm neben einem jungen Mann meines Alters Platz. Er war einer jener jungen Leute, die sich nach Art wohlgekleideter Gangster in amerikanischen Filmen anzogen. Ich bemerkte, daß meine Jacke den Saum seines Jacketts gerade noch berührte. Auch er bemerkte es und rückte vorsichtig von mir fort, damit meine Jacke die seine nicht beschmutzen konnte. Es war eine winzige Geste, komisch im Rückblick, aber damals schmerzlich.

Über Armut läßt sich wenig Positives sagen, doch sie ist oft ein Nährboden für wahre Freundschaft. Wenn man reich ist, gibt es viele, die sich mit einem anfreunden wollen; wenn man arm ist, nur wenige. Wenn Reichtum magnetisch anzieht, so stößt Armut ab. Doch läßt Armut in anderen oft echte Großzügigkeit hervortreten. Eines Tages beschloß ich, zu Fuß in die Stadt zu gehen, um Geld zu sparen. In einiger Entfernung erspähte ich eine junge Dame, die mit mir in Fort Hare gewesen war. Sie hieß Phyllis Maseko. Sie kam mir auf derselben Straßenseite entgegen, doch mir war meine abgetragene Kleidung peinlich, und so ging ich auf die andere Straßenseite, in der Hoffnung, daß sie mich nicht erkennen würde. Doch ich hörte, wie sie rief: »Nelson … Nelson!« Ich blieb stehen und tat so, als hätte ich sie soeben erst bemerkt. Sie zeigte sich über unser Wiedersehen sehr erfreut, aber natürlich bemerkte ich, daß ihr nicht entging, wie schäbig ich aussah. »Nelson«, sagte sie, »hier ist meine Adresse. Komm mich besuchen.« Ich beschloß, mich nicht noch einmal zu erniedrigen, doch eines Tages brauchte ich dringend eine ordentliche Mahlzeit und überwand mich. Sie beköstigte mich, ohne auf meine Armut anzuspielen, und von da an besuchte ich sie öfter.

Mr. Xhoma, mein Hauswirt, war nicht reich, jedoch eine Art Menschenfreund. Solange ich bei ihm wohnte, luden seine Frau und er mich jeden Sonntagmittag zum Essen bei sich ein, und die dampfenden Teller mit Schweinefleisch und Gemüse waren oft meine einzige warme Mahlzeit in der ganzen Woche. Was auch immer geschah, am Sonntag war ich stets und unter allen Umständen bei den Xhomas zur Stelle. Für den Rest der Woche ernährte ich mich von Brot, und manchmal brachten mir die Sekretärinnen der Kanzlei etwas zu essen.

Ich war in jenen Tagen sehr rückständig, und die Verbindung von Armut und Provinzialismus sorgte für amüsante Zwischenfälle. Eines Tages, ich wohnte noch nicht lange bei den Xhomas, war ich auf dem Heimweg von Johannesburg und spürte plötzlich einen Riesenhunger. Ich hatte noch ein wenig gespartes Geld und beschloß, mir den Luxus frischen Fleisches zu leisten, was ich schon lange nicht mehr getan hatte. Da ich nirgends eine richtige Metzgerei sah, betrat ich ein Delikatessengeschäft, eine Art von Laden, den ich vor Johannesburg niemals gesehen hatte. Durch die Glasscheibe sah ich ein großes Stück Fleisch, das besonders appetitanregend wirkte, und ich bat den Mann hinter dem Ladentisch, ein Stück für mich abzuschneiden. Er wickelte es ein, und ich klemmte es unter den Arm und setzte meinen Heimweg fort, von meinem bevorstehenden herrlichen Abendessen träumend.

Als ich in meinem Zimmer in Alexandra war, rief ich eine der jungen Töchter aus dem Haupthaus herüber. Sie war erst sieben, jedoch ein sehr helles Mädchen. Ich sagte ihr: »Würdest du bitte dieses Stück Fleisch zu einer deiner älteren Schwestern bringen und sie bitten, es für mich zu kochen?« Ich konnte sehen, wie das Mädchen versuchte, ein Lächeln zu unterdrücken, doch es hatte zuviel Respekt vor Älteren, um zu lachen. Leicht irritiert fragte ich sie, ob irgend etwas nicht stimme. Sehr leise sagte sie: »Dieses Fleisch ist gekocht.« Ich fragte sie, wovon sie rede. Sie erklärte, ich hätte ein Stück geräucherten Schinken gekauft, den man gleich essen könne. Dies war für, mich etwas völlig Neues, doch statt meine komplette Unwissenheit zu bekennen, sagte ich ihr, ich wisse, was geräucherter Schinken sei, doch wollte ich ihn gern ein wenig aufgewärmt haben. Sie wußte, daß ich bluffte, doch sie lief jedenfalls davon. Das Fleisch war sehr schmackhaft.

In Alexandra erneuerte ich meine Freundschaft mit der lebhaften, stets vergnügten Ellen Nkabinde, die ich von Healdtown her kannte und die damals an einer der Township-Schulen unterrichtete. Tatsächlich war es mehr als nur Freundschaft, denn Ellen und ich verliebten uns ineinander. In Healdtown hatte ich sie nur flüchtig gekannt, und erst als wir uns in Alexandra wiedersahen, gedieh unser Verhältnis. Die wenige freie Zeit, die ich in jenen Monaten hatte, verbrachte ich mit Ellen. Liebe hatte es damals schwer. Stets waren Leute um uns, und es gab wenige Orte, wohin man gehen konnte. Nur draußen im Freien, unter der Sonne oder den Sternen, konnten wir allein sein. Und so wanderten Ellen und ich im Feld und zu den Hügeln rings um die Township. Meistens gingen wir nur, und wenn wir die Zeit hatten, gönnten wir uns vielleicht ein Picknick.

Ellen war eine Swazi, und wenn in der Township das Gefühl für Stammeszugehörigkeit schwand, so verurteilte doch ein enger Freund von mir meine Beziehung zu Ellen rein aus Stammesgründen. Ich wies dies kategorisch zurück. Doch unsere unterschiedliche Herkunft warf gewisse Probleme auf. Mrs. Mabutho, die Frau des Reverends, mochte Ellen nicht, und zwar hauptsächlich deshalb, weil sie eine Swazi war. Eines Tages, als ich mich im Haus der Mabuthos befand, klopfte es an die Tür, und Mrs. Mabutho öffnete. Draußen stand Ellen, die nach mir suchte. Mrs. Mabutho erklärte ihr, ich sei nicht da. Erst später teilte mir Mrs. Mabutho mit: »Ach, Nelson, da war irgendein Mädchen, das nach Ihnen gefragt hat.« Mrs. Mabutho fragte mich sodann: »Ist das Mädchen eine Shangaan?« Die Shangaans sind zwar ein stolzer, edler Stamm, doch die Bezeichnung Shangaan galt damals als Schimpfwort. Ich erwiderte ungehalten: »Nein, sie ist keine Shangaan, sie ist eine Swazi.« Nach Mrs. Mabuthos fester Überzeugung sollte ich nur ein Xhosa-Mädchen wählen.

Doch solche Meinungen beirrten mich nicht. Ich liebte und respektierte Ellen und setzte mich über die Ratschläge derer hinweg, die mir abrieten. Die Beziehung war für mich etwas Neues, und ich kam mir recht verwegen vor, ein Verhältnis mit einer Frau einzugehen, die keine Xhosa war. Ich war ein junger Mann, der sich in der Stadt ein wenig verloren vorkam, und Ellen spielte nicht nur die Rolle einer Liebespartnerin, sondern auch die einer Mutter, die mir beistand und mir Selbstvertrauen, Kraft und Hoffnung gab. Aber schon nach wenigen Monaten zog Ellen fort, und traurigerweise verloren wir uns aus den Augen.

Die Familie Xhoma hatte fünf Töchter, jede von ihnen war lieblich, die lieblichste aber war Didi. Didi war etwa in meinem Alter und verbrachte den größten Teil der Woche als Hausmädchen in einem weißen Vorort von Johannesburg. Als ich zu den Xhomas zog, sah ich sie anfangs nur selten und sehr flüchtig. Später jedoch, als ich sie richtig kennengelernt hatte, verliebte ich mich in sie. Doch Didi nahm kaum Notiz von mir, allenfalls von der Tatsache, daß ich nur einen einzigen geflickten Anzug und ein einziges Hemd besaß, und daß ich kaum anders aussah als ein Tramp.

Jedes Wochenende kehrte Didi nach Alexandra zurück. Begleitet wurde sie von einem jungen Mann, der, wie ich annahm, ihr Freund war, ein auffälliger, offenbar wohlhabender Kerl, der ein

Auto besaß, was ganz unüblich war. Er trug teure amerikanische Zweireiher und Hüte mit breiter Krempe und verwendete viel Mühe auf sein Äußeres. Er muß irgendeine Art Gangster gewesen sein, doch bin ich mir nicht sicher. Er pflegte draußen im Hof zu stehen, die Hände in der Weste, und überlegen dreinzuschauen. Er grüßte mich höflich, doch konnte ich sehen, daß er mich nicht für einen Konkurrenten hielt.

Ich war in Didi verliebt und wollte ihr das gestehen, fürchtete jedoch, daß meine Avancen unerwünscht sein würden. Ich war nicht gerade ein Don Juan. Linkisch und zögerlich gegenüber Mädchen, kannte und verstand ich die romantischen Spiele nicht, die andere mühelos zu spielen schienen. Am Wochenende bat Didis Mutter sie manchmal, mir einen Teller mit Essen zu bringen. Didi erschien mit dem Teller auf meiner Türschwelle, und ich bemerkte, daß sie die Angelegenheit so schnell wie möglich hinter sich bringen wollte, doch tat ich alles, um sie aufzuhalten. Ich erkundigte mich nach ihrer Meinung über bestimmte Dinge und stellte ihr alle möglichen Fragen. »Welche Klasse hast du in der Schule erreicht?« fragte ich beispielsweise. »Klasse fünf«, erwiderte sie. »Warum bist du abgegangen?« wollte ich wissen. »Ich habe mich gelangweilt«, war ihre Antwort. »Also wirklich, du mußt wieder auf die Schule«, sagte ich. »Du bist ungefähr so alt wie ich, und in dem Alter kann man durchaus wieder zur Schule gehen. Sonst wirst du's später bereuen. Du mußt an deine Zukunft denken. Jetzt ist es angenehm für dich, weil du jung und schön bist und viele Verehrer hast, doch mußt du einen richtigen Beruf haben.«

Ich weiß wohl, dies sind nicht die romantischsten Worte, die ein junger Mann zu seiner Angebeteten zu sagen pflegt, aber ich wußte einfach nicht, worüber sonst ich mit ihr sprechen sollte. Sie hörte mir ernst zu, doch ich spürte, daß sie nicht an mir interessiert war, ja, sich mir gegenüber sogar ein wenig überlegen fühlte.

Ich wollte mich Didi offenbaren, traute mich jedoch nicht. Ich wollte ihr sogar einen Heiratsantrag machen, allerdings erst dann, wenn ich sicher sein konnte, daß sie ja sagen würde. Ich warb weiter um sie, verhielt mich aber zaghaft und zögernd. In der Liebe, anders als in der Politik, ist Vorsicht für gewöhnlich keine Tugend. Ich besaß nicht genug Selbstvertrauen, um an meinen Erfolg zu glauben, und war nicht sicher genug, einen Fehlschlag ertragen zu können.

Rund ein Jahr wohnte ich bei den Xhomas, ohne zu Didi über meine Gefühle zu sprechen. Didi zeigte weder weniger Interesse an ihrem Freund noch mehr Interesse an mir. Als ich mich von Didi verabschiedete, fand ich Worte des Dankes für ihre Freundlichkeit und die Gastlichkeit der Familie. Viele Jahre sah ich Didi nicht wieder. Als ich viel später in Johannesburg als Rechtsanwalt tätig war, betraten eines Tages eine junge Frau und ihre Mutter mein Büro. Die junge Frau hatte ein Kind, doch ihr Freund wollte sie nicht heiraten, und sie gedachte, ihn zu verklagen. Die junge Frau war Didi, nur daß sie jetzt ziemlich heruntergekommen aussah und ein verschlissenes Kleid trug. Es tat mir weh, sie so zu sehen, und ich dachte daran, wie anders doch alles hätte werden können. Am Ende verzichtete sie auf eine Klage gegen ihren Freund, und ich sah sie niemals wieder.

Trotz meins Mangels an Liebe und Romantik begann ich mich langsam dem Stadtleben anzupassen und ein Gefühl innerer Stärke zu entwickeln, den festen Glauben daran, daß ich auch außerhalb des Lebenskreises, in dem ich aufgewachsen war, gut zurechtkommen würde. Ich entdeckte nach und nach, daß ich, um Fortschritte zu machen, nicht auf meine königlichen Verbindungen oder die Hilfe der Familie angewiesen war, und ich ging Beziehungen zu Menschen ein, die meine Verbindung zum Königshaus der Thembu nicht kannten oder kein Aufhebens davon machten. Ich hatte mein eigenes Heim, wie gering es auch war, und ich entwickelte das Vertrauen und das Selbstbewußtsein, die nötig sind, um auf eigenen Füßen stehen zu können.

Ende 1941 erhielt ich die Nachricht, daß der Regent zu Besuch in Johannesburg weilte und mich zu sehen wünschte. Ich war aufgeregt, doch ich wußte, daß ich verpflichtet war, ihn zu treffen, und ich wollte es auch. Er wohnte im WNLA-Gebäudekomplex, der Zentrale der Witwatersrand Native Labor Association, der Rekrutierungsagentur für Minenarbeiter für das Reef. Der Regent wirkte stark verändert, aber vielleicht war ich es auch, der sich geändert hatte. Er erwähnte kein einziges Mal die Tatsache, daß ich davongelaufen war, und sprach auch nicht von der vergeblich arrangierten Heirat oder von Fort Hare. Er war höflich und besorgt, erkundigte sich in väterlicher Weise nach meinem Studium und meinen Zukunftsplänen. Er begriff, daß für mich der Ernst des Lebens begann, daß mein Leben einen anderen Verlauf nehmen würde, als er vorgesehen und geplant hatte, doch er versuchte nicht, mich von meinem Weg abzubringen. Ich war dankbar für das stillschweigende Anerkenntnis, daß ich nicht länger sein Mündel war.

Mein Zusammentreffen mit dem Regenten hatte eine doppelte Wirkung. Ich rehabilitierte mich bei ihm und fand gleichzeitig meine Achtung für ihn und das Königliche Haus der Thembu wieder. Ich war gegenüber meinen alten Verbindungen gleichgültig geworden, eine Haltung, die ich zum Teil angenommen hatte, um meine Flucht zu rechtfertigen und irgendwie den Schmerz zu lindern über die Trennung von der geliebten und geachteten Welt. Es war ein gutes Gefühl, wieder der warmherzigen Umarmung des Regenten sicher sein zu können.

Während der Regent mit mir zufrieden zu sein schien, war er über Justice verärgert. Justice, sagte er, müsse nach Mqhekezweni zurückkehren. Er hatte ein Verhältnis mit einer jungen Frau, und ich wußte, daß er nicht die Absicht hatte, nach Haus zurückzukehren. Nach der Abreise des Regenten leitete Bangindawo, einer seiner Berater, gegen Justice ein Verfahren ein, und ich stimmte zu, Justice zu helfen, als er vor den Native Commissioner zitiert wurde, der für Afrikaner in dem Gerichtsbezirk des Regenten zuständig war. Bei der Anhörung argumentierte ich, Justice sei erwachsen und nicht verpflichtet, nach Mqhekezweni zurückzukehren, nur weil sein Vater es befohlen habe. Doch Bangindawo ging nicht auf meine Argumentation ein, sondern appellierte an meine eigene Loyalität. Er sprach mich mit »Madiba« an, mit meinem Clan-Namen, ein wohlberechneter Zug, mich an mein Thembu-Erbe zu erinnern. »Madiba«, sagte er, »der Regent hat für dich gesorgt, hat dich erzogen und wie seinen eigenen Sohn behandelt. Nun willst du seinen wirklichen Sohn von ihm fernhalten, indem er hier in Johannesburg bleibt. Das widerspricht den Wünschen des Mannes, der dein treuer Vormund gewesen ist, und widerspricht jenem Weg, der Justice vorgezeichnet ist.«

Bangindawos Rede traf mich schwer. Justices Bestimmung unterschied sich von meiner eigenen. Er war der Sohn eines Häuptlings und selbst zukünftiger Häuptling. Nach dem Hearing erklärte ich Justice, ich hätte meine Auffassung geändert, er solle nach Haus zurückkehren. Justice war über meine Reaktion verwirrt und lehnte es ab, mir zuzuhören. Er beschloß zu bleiben und muß seine Freundin über meinen Rat ins Bild gesetzt haben, denn sie sprach danach nie wieder mit mir.

Um Geld zu sparen und näher am Zentrum von Johannesburg zu wohnen, zog ich Anfang 1941 aus meinem Zimmer auf dem Hinterhof der Xhomas in den WNLA-Gebäudekomplex. Diesen Umzug verdankte ich Mr. Festile, dem »Induna« bei der Chamber of Mining, der erneut eine schicksalhafte Rolle in meinem Leben spielte. Aus eigenen Stücken hatte er beschlossen, mir auf dem Minenkomplex freie Unterkunft anzubieten.

Der WNLA-Komplex war eine multi-ethnische, polyglotte Gemeinde des modernen, urbanen Südafrika. Es gab dort Sothos, Tswanas, Vendas, Zulus, Pedis, Shangaans, Namibier, Mosambiker, Swazis und Xhosas. Einige sprachen Englisch, und die Lingua franca war ein Amalgam aus vielen Sprachen, Fanagalo genannt. Dort erlebte ich nicht nur das Auflodern ethnischer Feindseligkeiten zwischen Gruppen, sondern auch das gute Einvernehmen, das zwischen Männern verschiedener Herkunft möglich war. Doch dort war ich ein Fisch außerhalb des Wassers. Statt meine Tage unter Tage zu verbringen, verbrachte ich sie beim Studium oder in einer Anwaltskanzlei, wo die einzige körperliche Aktivität darin bestand, Akten abzulegen oder Botengänge zu erledigen.

Da die WNLA für reisende Häuptlinge eine Zwischenstation war, hatte ich das Privileg, Stammesführer aus ganz Südafrika kennenzulernen. Ich erinnere mich an eine Begegnung mit der

Königin von Basutoland, das heute Lesotho heißt. Sie hieß Mantsebo Moshweshe und war in Begleitung zweier Häuptlinge, die beide Sabatas Vater Jongilizwe kannten. Ich befragte sie nach ihm, und für eine Stunde schien ich zurückversetzt ins Thembuland, als sie mir farbige Geschichten über seine frühen Jahre erzählten.

Die Königin nahm besondere Notiz von mir und sprach mich an einem Punkt unmittelbar an; sie sprach Sesotho, eine Sprache, von der ich nur wenige Wörter kannte. Sesotho ist die Sprache des Sotho-Volkes wie auch der Tswana, die in großer Zahl in Transvaal und im Oranje-Freistaat leben. Sie musterte mich ungläubig und sagte dann auf englisch: »Was für ein Rechtsanwalt und Führer wirst du sein, der du nicht einmal die Sprache deiner eigenen Leute sprechen kannst?« Ich fand keine Antwort. Die Frage verwirrte und ernüchterte mich; sie machte mir meine Beschränktheit bewußt, auch die Tatsache, wie unvorbereitet ich für die Aufgabe war, meinen Leuten zu dienen. Ich hatte mich unbewußt der ethnischen Trennung unterworfen, welche die weiße Regierung förderte, und war nicht fähig, mich mit meinem eigenen Fleisch und Blut zu unterhalten. Ohne Sprache kann man nicht zu Menschen reden und sie verstehen; kann ihre Hoffnungen und Sehnsüchte nicht teilen, ihre Geschichte nicht begreifen, ihre Poesie nicht schätzen, ihre Lieder nicht genießen. Mir wurde einmal mehr bewußt, daß wir nicht verschiedene Völker mit verschiedenen Sprachen waren; wir waren ein Volk mit verschiedenen Sprachen.

Weniger als sechs Monate nach dem Besuch des Regenten erfuhren Justice und ich vom Tod seines Vaters im Winter 1942. Er hatte erschöpft ausgesehen, als ich ihn das letzte Mal gesehen hatte, und so war sein Tod keine große Überraschung. Wir erfuhren von seinem Tod aus der Zeitung, weil das Telegramm, das man Justice geschickt hatte, verlorengegangen war. Wir reisten eilig in die Transkei, trafen jedoch erst einen Tag nach der Bestattung des Regenten ein.

Obwohl ich enttäuscht war, die Beisetzung des Regenten versäumt zu haben, spürte ich jedoch Erleichterung darüber, daß ich mich mit ihm vor seinem Tod ausgesöhnt hatte. Trotzdem empfand ich Gewissensbisse. Ich hatte immer gewußt, daß der Regent, mochten mich auch all meine Freunde verlassen, all meine Pläne scheitern und all meine Hoffnungen schwinden, mich niemals, selbst nicht während unserer Entfremdung, im Stich lassen würde. Ich aber hatte ihn zurückgewiesen, und ich fragte mich, ob meine Flucht seinen Tod beschleunigt hatte.

Das Dahinscheiden des Regenten beraubte uns eines aufgeklärten, toleranten Mannes, der das Ziel erreicht hatte, das die Regierungszeit aller großen Führer kennzeichnet: Er hielt sein Volk vereint. Liberale und Konservative, Traditionalisten und Reformer, Büroangestellte und Minenarbeiter, sie alle blieben ihm gegenüber loyal, nicht weil sie immer mit ihm übereinstimmten, sondern weil der Regent alle anderen Meinungen anhörte und sie respektierte.

Ich verbrachte nach der Bestattung fast eine Woche in Mqhekezweni; es war eine Zeit der Rückschau und der Entdeckung. Es hat etwas ganz Besonderes, zu einem Ort zurückzukehren, der unverändert geblieben ist, und festzustellen, in welcher Weise man sich selbst gewandelt hat. Der Große Platz war noch genauso wie früher, als ich dort aufgewachsen war, doch mir wurde bewußt, daß sich meine Anschauungen und Ansichten von der Welt weiterentwickelt hatten. Die Aussicht auf eine Laufbahn im Zivildienst oder als Dolmetscher im Native Affairs Department hatte ihre Anziehungskraft verloren. Ich sah meine Zukunft nicht mehr verbunden mit dem Thembuland und der Transkei. Auch erfuhr ich, daß mein Xhosa nicht mehr rein war, sondern beeinflußt war von Zulu, einer der dominierenden Sprachen im Reef. Mein Leben in Johannesburg, mein Umgang mit Männern wie Gaur Radebe, meine Erfahrungen in der Anwaltskanzlei hatten meine Überzeugungen radikal geändert. Ich blickte zurück auf jenen jungen Mann, der von Mqhekezweni fortgegangen war, und sah einen ziemlich naiven und provinzlerischen Burschen, der wenig von der Welt gesehen hatte. Nun glaubte ich, die Dinge so zu sehen, wie sie wirklich waren. Auch dies war natürlich eine Illusion.

Dennoch spürte ich einen inneren Widerstreit zwischen Kopf und Herz. Mein Herz sagte mir, daß ich ein Thembu war, daß man mich großgezogen und zur Schule geschickt hatte, damit ich eine besondere Rolle für das Fortbestehen des Königtums spielen konnte. Hatte ich keine Verpflichtungen den Toten gegenüber? Gegenüber meinem Vater, der mich in die Obhut des Regenten gegeben hatte? Gegenüber dem Regenten selbst, der für mich gesorgt hatte wie ein Vater? Doch mein Kopf sagte mir, daß jeder Mensch das Recht habe, seine eigene Zukunft so zu planen, wie es ihm gefällt, und selbst zu entscheiden, welche Rolle er im Leben spielen will. War mir nicht gestattet, meine eigenen Entscheidungen zu treffen?

Justices Situation unterschied sich von meiner eigenen. Nach dem Tod des Regenten kamen wichtige neue Verantwortungen auf ihn zu. Er hatte dem Regenten als Häuptling von Mqhekezweni nachzufolgen und hatte beschlossen, zu bleiben und sein Geburtsrecht wahrzunehmen. Ich mußte nach Johannesburg zurückkehren und konnte nicht einmal bleiben, um seiner Einsetzung als Häuptling beizuwohnen. In unserer Sprache gibt es ein Sprichwort: Ndiwelimilambo enamagama – Ich habe berühmte Flüsse überquert. Das Sprichwort bedeutet, daß man über große Entfernungen gereist ist, daß man viele Erfahrungen und ein wenig Weisheit gewonnen hat. Daran dachte ich, als ich allein nach Johannesburg zurückreiste. Ich hatte seit 1934 viele wichtige Flüsse meines eigenen Landes überquert, den Mbashe und den Great Kei, auf meinem Weg nach Healdtown; den Oranje und den Vaal auf meinem Weg nach Johannesburg. Doch ich hatte noch viele Flüsse zu überqueren.

Ende 1942 bestand ich die Schlußprüfung für meinen B.A. Ich hatte jetzt den Rang erreicht, den ich einst so übergroß eingeschätzt hatte. Ich war stolz, meinen B.A. bekommen zu haben, doch ich wußte auch, daß der Grad als solcher weder ein Talisman war noch ein Passierschein zu leichtem Erfolg.

In der Kanzlei war, sehr zu Mr. Sidelskys Leidwesen, mein Verhältnis zu Gaur immer enger geworden. Bildung, so argumentierte Gaur, sei wesentlich für unser Vorankommen, doch er betonte, daß kein Volk und keine Nation sich jemals durch Bildung allein befreit hätten. »Bildung ist schön und gut«, sagte Gaur, »aber wenn wir darauf bauen, so werden wir tausend Jahre auf unsere Freiheit warten müssen. Wir sind arm, wir haben wenige Lehrer und noch weniger Schulen. Wir haben nicht einmal die Macht, uns selbst zu erziehen.«

Gaur war ein Mensch, dem an realen Lösungen mehr lag als an hochgestochenen Theorien. Für Afrikaner, betonte er, sei der beste Weg, Macht in Südafrika zu erlangen. Er sprach von der langen Geschichte des ANC im Kampf für Veränderungen, erklärte, der ANC, 1912 gegründet, sei die älteste nationale afrikanische Organisation im Lande. Seine Verfassung verurteilte Rassismus, seine Präsidenten seien aus verschiedenen Stammesgruppen gekommen, und er forderte für die Afrikaner die Anerkennung als vollwertige Bürger Südafrikas.

Trotz Gaurs Mangel an formaler Bildung war er mir praktisch auf jedem Wissensgebiet überlegen. Während der Mittagspausen hielt er oft improvisierte Vorlesungen; er lieh mir Bücher, empfahl mir Leute, mit denen ich sprechen, und Zusammenkünfte, an denen ich teilnehmen sollte. In Fort Hare hatte ich zwei Kurse in moderner Geschichte gehalten, und während ich viele Fakten kannte, wußte Gaur die Gründe für bestimmte Handlungen zu erklären, die Gründe, warum Menschen und Nationen so gehandelt hatten, wie sie es getan hatten. Ich hatte das Gefühl, Geschichte völlig neu zu lernen.

Den tiefsten Eindruck auf mich machte Gaurs absolutes Engagement für den Freiheitskampf. Er lebte und atmete für die Sache der Befreiung. Manchmal nahm Gaur an einem Tag an mehreren Versammlungen teil, wo er sich eindrucksvoll als Redner hervortat. Er schien an nichts anderes als an Revolution zu denken.

Ich ging mit ihm zu vielen Treffen des Township Advisory Board wie auch des ANC. Ich ging auch als Beobachter, nicht als Teilnehmer, denn ich glaube nicht, daß ich jemals das Wort ergriffen habe. Ich wollte die diskutierten Themen verstehen, die Argumente einschätzen, das Format der Teilnehmer kennenlernen.

Während die Treffen des Advisory Board eher oberflächlich und bürokratisch waren, verliefen die ANC-Versammlungen überaus lebhaft, mit Debatten über das Parlament, die Paßgesetze, Mieten, Busfahrpreise – über alle Themen, die Afrikaner berührten.

1943 marschierte ich mit Gaur und zehntausend anderen beim Busboykott von Alexandra mit, als Protest gegen die Erhöhung der Fahrpreise von vier auf fünf Pence. Gaur war einer der Führer, und ich sah ihn in Aktion. Diese Kampagne hatte große Wirkung auf mich. Meine Rolle als Beobachter gab ich in gewisser Weise auf und wurde zum Teilnehmer. Der Marsch mit eigenen Leuten, fand ich, war aufregend und anregend zugleich. Doch ich war auch beeindruckt von der Effektivität des Boykotts: Nach neun Tagen, an denen die Busse leer fuhren, reduzierte die Busgesellschaft die Fahrpreise wieder auf vier Pence.

Gaurs Ansichten waren jedoch nicht die einzigen, denen ich in der Kanzlei aufmerksam zuhörte. Hans Muller war ein weißer Immobilienhändler, der mit Mr. Sidelsky Geschäfte machte und mich manchmal in eine Diskussion verwickelte. Er war der Prototyp eines Geschäftsmanns, der die Welt aus dem Blickwinkel von Angebot und Nachfrage betrachtete. Eines Tages deutete Mr. Muller aus dem Fenster: »Schauen Sie dort hinaus, Nelson«, sagte er. »Sehen Sie die Männer und Frauen dort die Straße auf und ab laufen? Hinter was sind die her? Wofür arbeiten sie so fieberhaft? Ich werde es Ihnen sagen: Sie sind alle, ohne Ausnahme, hinter Reichtum und Geld her. Weil Reichtum und Geld gleichbedeutend sind mit Glück. Dafür müssen Sie kämpfen: Geld und nichts als Geld. Wenn Sie erst genug Bargeld haben, gibt es nichts mehr, was Sie im Leben wollen.«

William Smith war ein Farbiger, der mit afrikanischem Immobilienhandel zu tun hatte und sich oft in der Kanzlei aufhielt. Er war ein Veteran der ICU (Industrial and Commercial Workers Union), Südafrikas erster, von Clements Kadalie gegründeten Gewerkschaft, doch seit seinen Gewerkschaftstagen hatten sich seine Ansichten dramatisch geändert. »Nelson, ich war lange in der Politik tätig«, sagte er, »und ich bedaure es. Ich habe die besten Jahre meines Lebens mit nutzlosen Versuchen vergeudet, eitlen und egoistischen Männern zu dienen, die ihre Interessen über die jener Menschen stellen, denen zu helfen sie vorgaben. Politik ist meiner Erfahrung nach nichts anderes als Gaunerei, um den Armen Geld zu stehlen.«

Mr. Sidelsky beteiligte sich nicht an diesen Diskussionen. Er schien politische Debatten fast genauso für Zeitverschwendung zu halten wie politische Arbeit. Wieder und wieder schärfte er mir ein, die Politik zu meiden. Er warnte mich vor Gaur und vor Walter Sisulu. »Diese Männer werden Ihren Geist vergiften«, sagte er, und eines Tages fragte er mich: »Sie wollen doch Rechtsanwalt werden, nicht wahr?« Ich bejahte. »Und sind Sie Rechtsanwalt, wollen Sie ein erfolgreicher sein, nicht wahr?« Wieder bejahte ich. »Nun, falls Sie in die Politik gehen«, sagte er, »wird Ihre Praxis darunter leiden. Sie werden Ärger bekommen mit den Behörden, die bei Ihrer Arbeit oft Ihre Verbündeten sind. Sie werden alle Ihre Klienten verlieren, Sie werden bankrott gehen, Sie werden Ihre Familie zerstören, und Sie werden im Gefängnis landen. Das alles geschieht, wenn Sie in die Politik gehen.«

Ich hörte diesen Männern zu und wog ihre Ansichten sorgfältig gegeneinander ab. Alle ihre Argumente hatten etwas für sich. Ich wollte mich zwar bereits irgendwie politisch betätigen, doch ich wußte nicht, was oder wie, und so ging ich auf Seitenwegen dahin, unsicher, was ich tun sollte.

Was meinen Beruf anging, so tat Gaur mehr für mich, als mir nur Ratschläge zu erteilen. Eines Tages, es war Anfang 1943, und ich war weniger als zwei Jahre in der Kanzlei, nahm Gaur mich beiseite und meinte: »Mein Junge, solange ich hier in der Kanzlei bin, werden die dich nie als Ausbildungsclerk anerkennen, egal ob du einen akademischen Grad hast oder nicht.« Ich war verblüfft und sagte Gaur, das könne nicht sein, denn er selbst sei ja nicht einmal in der Ausbildung zum Rechtsanwalt. »Das macht nichts, Nelson. Sie werden sagen, wir haben ja Gaur, der kann unsern Leuten das Gesetz erklären, wozu brauchen wir da noch jemanden? Gaur bringt der Kanzlei ja bereits Klienten. Aber das werden sie dir nicht ins Gesicht sagen, sie werden's einfach hinauszögern und verschleppen. Für die Zukunft unseres Kampfes in diesem

Land ist es wichtig, daß du Rechtsanwalt wirst, und deshalb werde ich aus der Kanzlei ausscheiden und meine eigene Immobilienagentur aufmachen. Wenn ich fort bin, haben sie gar keine andere Wahl, als dich zur Ausbildung anzunehmen.«

Ich bestürmte ihn, nicht zu kündigen, doch er blieb unerschütterlich. Wenig später reichte er bei Mr. Sidelsky seine Kündigung ein, und wie er vorausgesagt hatte, erhielt ich von Mr. Sidelsky meine Anerkennung. Ich kann nicht sagen, ob Gaurs Abwesenheit überhaupt etwas damit zu tun hatte, aber seine Kündigung war ein weiteres Beispiel für seine Großmut.

Anfang 1943 kehrte ich, nach bestandener Prüfung, zwecks meiner Graduierung nach Fort Hare zurück. Vor der Abreise zur Universität brauchte ich nur noch einen ordentlichen Anzug. Das Geld dafür mußte ich mir von Walter Sisulu leihen. Als ich seinerzeit nach Fort Hare gegangen war, hatte mir der Regent einen neuen Anzug gekauft, und wenn ich jetzt hinreiste, würde ich wieder einen neuen Anzug haben. Die akademische Kleidung lieh ich mir von Randall Peteni aus, einem Freund und Kommilitonen.

Mein Neffe, K. D. Mantanzima, einige Jahre zuvor graduiert, fuhr meine Mutter und No-England, die Witwe des Regenten, zur Zeremonie. Ich war sehr zufrieden, meine Mutter dabeizuhaben, doch No-Englands Anwesenheit ließ den Eindruck entstehen, als werde das Ereignis durch den Regenten persönlich gesegnet.

Nach der Graduierung verbrachte ich einige Tage bei Daliwonga (K. D.s Clan-Name, mit dem ich ihn anredete) in seinem Heim in Qamata. Daliwonga hatte sich für den Weg der traditionellen Führerschaft entschieden. Er war Anwärter auf die Nachfolge des Oberhauptes von Emigrant Thembuland, des westlichen Teils der Transkei, und während meines Besuches bei ihm versuchte Daliwonga, mich zur Rückkehr nach Umtata zu bewegen, nachdem ich mich als Rechtsanwalt qualifiziert haben würde. »Warum willst du in Johannesburg bleiben?« fragte er. »Du wirst hier mehr gebraucht.«

Das war ein richtiger Hinweis, denn in Transvaal gab es zweifellos mehr afrikanische Rechtsanwälte als in der Transkei. Ich erklärte Daliwonga, für eine solche Entscheidung sei es noch zu früh. Doch ich wußte bereits, daß ich mich auf eine andere Art von Verpflichtung zubewegte. Aufgrund meiner Freundschaft mit Gaur und Walter begann ich zu erkennen, daß ich eine Pflicht gegenüber meinem ganzen Volk hatte, nicht nur gegenüber einem bestimmten Teil oder einer Gruppe. Ich hatte das Gefühl, daß mich alle Strömungen in meinem Leben von der Transkei davontrugen, auf das zu, was das Zentrum zu sein schien, ein Ort, wo regionale und ethnische Loyalitäten zurückzutreten hatten gegenüber dem gemeinsamen Ziel.

Die Graduierung in Fort Hare bot einen Augenblick der Introspektion und Reflexion. Am nachhaltigsten bewegte mich die Diskrepanz zwischen meinen einstigen Vorstellungen und meinen tatsächlichen Erfahrungen. Ich hatte die Vorstellung aufgegeben, Graduierte würden automatisch zu Führern und meine Verbindung zum Königlichen Haus der Thembu würde mir Respekt verschaffen. Eine erfolgreiche Karriere und ein ordentliches Einkommen waren nicht länger meine letzten Ziele. Ich fühlte mich hingezogen zur Welt der Politik, weil ich mit meinen alten Vorstellungen nicht zufrieden war.

In Johannesburg bewegte ich mich in Kreisen, in denen gesunder Menschenverstand und praktische Erfahrung wichtiger waren als hohe akademische Qualifikationen. Selbst als ich meinen akademischen Grad empfing, war mir klar, daß kaum etwas von dem, was ich an der Universität gelernt hatte, in meiner neuen Umgebung relevant zu sein schien. An der Universität waren Lehrer zurückgescheut vor Themen wie rassische Unterdrückung, Mangel an Chancen für Afrikaner und das Bündel von Gesetzen und Vorschriften, die den schwarzen Mann unterjochten. Doch in Johannesburg fand ich mich mit all diesen Dingen jeden Tag konfrontiert. Niemand hatte mir jemals gesagt, wie man das Unheil rassischer Vorurteile beseitigen sollte, und so mußte ich durch Versuch und Irrtum lernen.

Nach meiner Rückkehr nach Johannesburg Anfang 1943 schrieb ich mich an der University of the Witwatersrand ein, um den LL.B. zu machen, den Bachelor of Laws, die akademische Vorstufe für den Rechtsanwalt. Die Universität, allgemein als »Wits« bekannt, liegt in Braamfontein im Norden von Zentral-Johannesburg, und sie gilt vielen als beste englischsprachige Universität in Südafrika.

In der Anwaltskanzlei kam ich erstmals zwar regelmäßig in Kontakt mit Weißen, doch die Universität machte mich mit einer Gruppe Weißer meines eigenen Alters bekannt. In Fort Hare hatten wir gelegentliche Kontakte zu weißen Studenten von der Rhodes University in Grahamstown gehabt, doch an der »Wits« hatte ich mit weißen Studenten gemeinsame Vorlesungen. Dies war neu für mich, wie auch für die weißen Studenten, denn ich war in der juristischen Fakultät der einzige Afrikaner.

Die englischsprachigen Universitäten Südafrikas waren wichtige Pflegestätten liberaler Wertvorstellungen. Es spricht für diese Institutionen, daß an ihnen Schwarze studieren konnten. An Universitäten für Afrikaans war das ein Ding der Unmöglichkeit.

Trotz ihrer liberalen Wertvorstellungen fühlte ich mich an der Universität zu keiner Zeit ganz wohl. Immer der einzige Afrikaner zu sein, mit Ausnahme einfacher Arbeiter, bestenfalls als Kuriosität und schlimmstenfalls als Eindringling betrachtet zu werden ist nicht gerade angenehm. Ich war auf der Hut und erfuhr Großzügigkeit und Feindseligkeit. Obwohl ich einige sympathische Weiße kennenlernte, die meine Freunde und dann meine Kollegen wurden, waren doch die meisten Weißen an der »Wits« weder liberal noch »farbenblind«. Ich erinnere mich, wie ich eines Tages ein paar Minuten zu spät zu einer Vorlesung kam und mich neben Sarel Tighy setzte, einen Kommilitonen, der später Parlamentsmitglied für die United Party wurde. Obwohl die Vorlesung bereits begonnen hatte und nur wenige Sitze frei waren, nahm er ostentativ seine Sachen und rückte damit von mir ab zu einem entfernten Sitz. Diese Art von Verhalten war eher die Regel als die Ausnahme. Niemand nahm das Wort »Kaffer« in den Mund; es war eine eher stillschweigende Feindseligkeit, die ich dennoch genau spürte.

Unser Juraprofessor Mr. Hahlo war ein strenger, vergeistigter

Mensch, der bei seinen Studenten nur wenig Eigenständigkeit tolerierte. Was Frauen und Afrikaner betraf, so huldigte er einer merkwürdigen Rechtsauffassung, kurz gesagt: Beide seien für den Beruf des Rechtsanwalts nicht geschaffen. Nach seiner Ansicht handelte es sich bei der Rechtswissenschaft um eine Sozialwissenschaft, und Frauen und Afrikaner seien nicht diszipliniert genug, um ihre Feinheiten zu verstehen. Einmal erklärte er mir, ich sollte nicht an der »Wits« studieren, sondern meinen akademischen Grad über die UNISA erwerben. Ich tat wenig, um ihn Lügen zu strafen: Meine Leistungen als Student waren weniger als mittelmäßig.

An der Universität lernte ich viele Menschen kennen, die mit mir das Auf und Ab des Freiheitskampfes teilten und ohne die ich nur wenig erreicht haben würde. Viele weiße Studenten gaben sich große Mühe, mir das Gefühl zu vermitteln, willkommen zu sein. Während meines ersten Semesters lernte ich Joe Slovo und Ruth First, seine spätere Frau, kennen. Damals wie heute besaß Joe einen so scharfen und durchdringenden Verstand, wie ich ihn nur selten erlebt habe. Er war ein glühender Kommunist, verstand es aber auch, hinreißende Parties zu geben. Ruth hatte ein offenes Wesen und war eine begabte Schriftstellerin. Beide waren Kinder jüdischer Immigranten.

Freundschaft fürs Leben schloß ich mit George Brizos und Bram Fischer. George, Kind griechischer Einwanderer, vereinigte in sich ein sympathisches Wesen mit einem scharfen Verstand. Bram Fischer, Teilzeit-Dozent an der Universität, war Sproß einer vornehmen Afrikaner-Familie: Sein Großvater war Ministerpräsident der Orange River Colony gewesen, sein Vater war Oberster Richter des Oranje-Freistaates. Obwohl er Ministerpräsident von Südafrika hätte werden können, wurde er einer der mutigsten und unerschütterlichsten Freunde des Freiheitskampfes, die ich je gekannt habe. Ich freundete mich auch mit Tony O'Dowd, Harold Wolpe, Jules Brawde und seiner Frau Selma an, alle politische Radikale und Mitglieder der Kommunistischen Partei.

Auch schloß ich enge Freundschaft mit einer Anzahl indischer Studenten. Zwar war in Fort Hare eine Handvoll indischer Studenten gewesen, doch sie blieben meist in ihrer separaten Unterkunft, und ich hatte nur wenig Kontakt zu ihnen. An der »Wits« freundete ich mich an mit Ismail Meer, J. N. Singh, Ahmed Bhoola, Ramlal Bhoolia. Das Zentrum dieser verschworenen Gemeinschaft war Ismails Appartment im Kholvad House, vier Zimmer in einem Wohngebäude inmitten der Stadt. Hier studierten, debattierten und tanzten wir sogar bis in die frühen Morgenstunden. Die Wohnung wurde zu einer Art Hauptquartier für junge Freiheitskämpfer. Ich schlief manchmal dort, wenn es zu spät geworden war, um den letzten Zug zurück nach Orlando zu erwischen.

Der gescheite, ernste Ismail Meer, in Natal geboren, wurde an der juristischen Fakultät von »Wits« eine Schlüsselfigur des Transvaal Indian Congress. J. N. Singh, ein beliebter, stattlicher Bursche, hatte keinerlei Probleme mit Hautfarben und war gleichfalls Mitglied der Kommunistischen Partei. Eines Tages waren Ismail, J. N. und ich ziemlich in Eile, um nach Kholvad House zu gelangen, und stiegen in die Tram, obwohl wir wußten, daß zwar Inder zugelassen waren, jedoch keine Afrikaner. Wir waren kaum eingestiegen, als der Schaffner sich an Ismail und J. N. wandte und ihnen auf afrikaans (kapholländisch) erklärte, ihr »Kaffer-Freund« sei nicht zugelassen. Ismail und J. N. explodierten fast; sie sagten dem Schaffner, er wisse ja nicht mal, was das Wort »Kaffer« bedeute, und es sei eine Beleidigung für sie, wenn man ihren Freund so nenne. Der Schaffner ließ sofort die Tram halten und rief einen Polizisten herbei, der uns festnahm, zur Wache brachte und uns anzeigte. Wir wurden aufgefordert, am nächsten Tag vor Gericht zu erscheinen. Am Abend verabredeten Ismail und J. N., Bram Fischer solle uns verteidigen. Am nächsten Tag schien der Magistrate großen Respekt vor Bram und dessen familiären Bindungen zu haben. Wir wurden sofort freigesprochen und erfuhren so aus erster Hand, daß Justitia keineswegs völlig blind ist.

»Wits« eröffnete mir eine neue Welt, eine Welt voll Ideen, politischer Überzeugungen und Debatten, eine Welt, in der Menschen leidenschaftlich an Politik interessiert waren. Ich lebte unter weißen und indischen Intellektuellen meiner eigenen Generation, unter jungen Männern, welche die Avantgarde der wichtigsten politischen Bewegungen der nächsten Jahre bilden würden. Ich traf zum erstenmal auf Menschen meines Alters, die sich dem Freiheitskampf fest verbunden hatten, die trotz ihrer Privilegien bereit waren, sich für die Sache der Unterdrückten zu opfern.

3. Teil

DIE GEBURT EINES FREIHEITSKÄMPFERS

ICH KANN NICHT genau angeben, wann ich politisiert wurde, wann ich wußte, daß ich mein Leben völlig dem Freiheitskampf verschreiben würde. Afrikaner in Südafrika zu sein bedeutet, daß man von Geburt an politisiert ist, ob man es zugibt oder nicht. Ein afrikanisches Kind kommt in einem Krankenhaus nur für Afrikaner zur Welt, wird in einem Bus nur für Afrikaner nach Hause gebracht, wohnt in einem Bezirk nur für Afrikaner und besucht eine Schule nur für Afrikaner, wenn es überhaupt eine Schule besucht.

Wenn das Kind heranwächst, kann es einen Arbeitsplatz nur für Afrikaner erhalten, ein Haus in einer Township nur für Afrikaner mieten und kann jederzeit, bei Tag und Nacht, angehalten und nach seinem Ausweis gefragt werden. Wenn es ihn nicht bei sich hat, wird es festgenommen und ins Gefängnis gesteckt. Sein Leben ist eingerahmt von rassistischen Gesetzen und Regeln, die seine Entwicklung verkümmern lassen, seine Möglichkeiten beschneiden und sein Leben einschränken. Das war die Realität, und man konnte damit auf schier zahllose Weise zu tun bekommen.

Ich hatte keine Erleuchtung, keine einzigartige Offenbarung, keinen Augenblick der Wahrheit; es war eine ständige Anhäufung von tausend verschiedenen Dingen, tausend Kränkungen, tausend unerinnerten Momenten, die Wut in mir erzeugten, rebellische Haltung, das Verlangen, das System zu bekämpfen, das mein Volk einkerkerte. Da war kein bestimmter Tag, an dem ich mir sagte, von nun an will ich mich der Befreiung meines Volkes widmen, sondern statt dessen tat ich es einfach, weil ich nicht anders konnte.

Wie bereits erwähnt, waren es viele Leute, die Einfluß auf mich ausübten. Doch mehr und mehr kam ich unter die weise Obhut von Walter Sisulu. Walter war stark, vernünftig, praktisch und engagiert. In einer Krise verlor er nie den Kopf; oft war er schweigsam, wenn andere laut waren. Er glaubte, der ANC sei ein Motor des Wandels in Südafrika, ein Hort schwarzer Hoffnungen und Bestrebungen. Manchmal läßt sich eine Organisation nach den Menschen beurteilen, die dazugehören, und ich wußte, ich wäre stolz, jeder Organisation anzugehören, in der Walter Mitglied war. Zu jener Zeit gab es nur wenige Alternativen. Der ANC war die einzige Organisation, die jeden willkommen hieß, die sich als einen großen Schirm ansah, unter dem alle Afrikaner Schutz finden konnten.

In den vierziger Jahren lag Wandel in der Luft. Die von Roosevelt und Churchill unterzeichnete Atlantik-Charta von 1941 bekräftigte den Glauben an die Würde jedes Menschen und propagierte eine Anzahl demokratischer Prinzipien. Im Westen betrachteten manche die Charta als leere Versprechungen, aber nicht wir Afrikaner. Durch die Atlantik-Charta und den Kampf der Alliierten gegen Tyrannei und Unterdrückung inspiriert, schuf der ANC seine eigene Charta, African Claims genannt, die volle Staatsbürgerschaft für alle Afrikaner forderte, das Recht, Land zu kaufen, und die Aufhebung aller diskriminierenden Gesetzgebung. Wir hofften, die Regierung und jeder Südafrikaner würden erkennen, daß die Grundsätze, für die sie in Europa kämpften, die gleichen waren, die wir zu Hause befürworteten.

Walters Haus in Orlando war ein Mekka für Aktivisten und ANC-Mitglieder. Es war ein Heim mit einer warmen, herzlichen Atmosphäre, und ich war oft dort, um an einer politischen Diskussion teilzunehmen oder auch, um Ma Sisulus gute Küche zu genießen. Eines Abends, im Jahr 1943, begegnete ich Anton Lembede und A.P. Mda. Von dem Augenblick an, als ich Lembede sprechen hörte, wußte ich, daß ich eine magnetische Persönlichkeit vor mir hatte, die originelle und oft überraschende Gedanken entwarf. Er war einer aus der Handvoll afrikanischer Rechtsanwälte in ganz Südafrika und juristischer Partner des verehrungswürdigen Dr. Pixlay ka Seme, eines der Begründer des ANC.

Lembede erklärte, Afrika sei der Kontinent des schwarzen

Mannes, und es sei an den Afrikanern, sich zu behaupten und zurückzufordern, was rechtmäßig ihr Eigentum war. Er haßte den Gedanken des schwarzen Minderwertigkeitskomplexes und geißelte das, was er die Anbetung und Vergötzung westlicher Menschen und Ideen nannte. Der Minderwertigkeitskomplex, betonte er, sei das größte Hindernis der Befreiung. Er betonte, der Afrikaner könne, wann immer er Gelegenheit erhalte, sich im gleichen Maße entwickeln wie der weiße Mann. Als Beispiele nannte er afrikanische Heroen wie Marcus Garvey, W. E. B. Du Bois und Haile Selassie. »Die Farbe meiner Haut ist schön«, sagte er, »wie die schwarze Erde von Mutter Afrika.« Er glaubte, Schwarze müßten zuvor ihr Selbstbild verbessern, ehe sie eine erfolgreiche Massenaktion in die Wege leiten könnten. Er predigte Selbstvertrauen und Selbstbestimmung und nannte seine Philosophie Afrikanismus. Damals stand für uns fest, daß er eines Tages den ANC führen würde.

Lembede erklärte, unter den Menschen rege sich ein neuer Geist, ethnische Differenzen schwänden dahin, junge Männer und Frauen betrachteten sich zuvorderst und vor allem als Afrikaner und nicht als Xhosas, Ndebeles oder Tswanas. Lembede, dessen Vater ein Zulu-Bauer aus Natal war, der weder lesen noch schreiben konnte, war am Adam's College, einer Einrichtung der amerikanischen Board of Missions, zum Lehrer ausgebildet worden. Er hatte mehrere Jahre lang im Oranje-Freistaat unterrichtet, hatte Afrikaans gelernt und den Nationalismus der Afrikander als Prototyp des afrikanischen Nationalismus anzusehen begonnen.

Lembede schrieb später in der in Natal erscheinenden Zeitung *Inkundla ya Bantu*:

»Die Geschichte der modernen Zeit ist die Geschichte des Nationalismus. Erprobt wurde der Nationalismus im Kampf der Völker und im Feuer der Schlachten, und er erwies sich als das einzige Gegenmittel gegen Fremdherrschaft und Imperialismus. Aus diesem Grund versuchen die großen imperialistischen Mächte mit allem Nachdruck, nationalistische Tendenzen bei ihren fremdstämmigen Untertanen zu entmutigen und auszulöschen; zu diesem Zweck werden freizügig riesige Geldsummen für die Propaganda gegen den Nationalismus ausgegeben, der abgetan wird als ›engstirnig‹, ›barbarisch‹, ›unkultiviert‹, ›teuflisch‹ etc. Manche der fremdstämmigen Untertanen fallen der sinistren Propaganda zum Opfer und werden folgerichtig zu Werkzeugen oder Instrumenten des Imperialismus. Für ihre willkommenen Dienste werden sie von der imperialistischen Macht hochgepriesen und mit Adjektiven überhäuft wie ›kultiviert‹, ›liberal‹, ›progressiv‹, ›tolerant‹ etc.«

Lembedes Ansichten lösten in mir einen Widerhall aus. Auch ich war empfänglich gewesen für den paternalistischen Kolonialismus der Briten und für die Verlockung, von den Weißen als »kultiviert«, »progressiv« und »zivilisiert« angesehen zu werden. Ich war bereits auf dem Weg, hineingezogen zu werden in die schwarze Elite, die Großbritannien in Afrika zu schaffen versuchte. Das hatten alle, vom Regenten bis zu Mr. Sidelsky, für mich gewollt. Es war jedoch eine Illusion. Genau wie Lembede hielt ich den militanten afrikanischen Nationalismus für ein Gegengift.

Lembedes Freund und Partner war Peter Mda, besser bekannt als A. P. Während Lembede zur Ungenauigkeit und auch zur Geschwätzigkeit neigte, war Mda kontrolliert und exakt. Lembede konnte vage und mystisch sein, Mda war spezifisch und wissenschaftlich. Mdas praktische Einstellung war die perfekte Folie zu Lembedes Idealismus.

Auch andere junge Männer dachten in diesen Bahnen, und wir pflegten uns alle zu treffen, um diese Ideen zu diskutieren. Außer Lembede und Mda gehörten zu diesen Männern: Walter Sisulu, Oliver Tambo, Dr. Lionel Majombozi, Victor Mbobo, mein früherer Lehrer in Healdtown, William Nkomo, ein Medizinstudent und Mitglied der KP, Jordan Ngubane, Journalist aus Natal, der für *Inkundla* wie auch für die *Bantu World* arbeitete, die am meisten verkaufte afrikanische Zeitung, David Bobape, ANC-Sekretär von Transvaal und KP-Mitglied, und viele andere. Viele hatten, vielleicht zu Unrecht, das Gefühl, der ANC als ganzer sei das Reservat einer müden, unmilitanten, privilegierten afrikanischen

Elite geworden, der mehr daran lag, ihre eigenen Rechte zu schützen als die der Massen. Nach allgemeiner Ansicht müßten Aktionen in die Wege geleitet werden, und Dr. Lionel Majombozi schlug die Bildung einer Youth League, einer Jugendliga, vor.

1943 suchte eine Delegation, darunter Lembede, Mda, Sisulu, Tambo, Nkomo und ich, Dr. Xuma, den Ersten Vorsitzenden des ANC, auf; er wohnte in einem ziemlich großen Haus in Sophiatown. Dr. Xuma hatte in seinem Haus eine chirurgische Praxis und besaß außerdem eine kleine Farm. Er hatte dem ANC große Dienste geleistet, hatte ihn aus dem Schlummerzustand geweckt, in den er unter Dr. Seme gesunken war, als die Organisation an Umfang und Bedeutung schrumpfte. Als er den Vorsitz übernahm, befanden sich wenig mehr als 17 Shilling in der Kasse. Er steigerte den Betrag auf 4000 Pfund. Von den traditionellen Führern wurde er bewundert, hatte Beziehungen zu Ministern geknüpft und strahlte ein Gefühl von Sicherheit und Vertrauen aus. Gleichzeitig hatte er etwas Hochmütiges an sich, das dem Führer einer Massenorganisation schlecht zu Gesicht stand. Wie sehr er sich auch für den ANC engagierte, seine ärztliche Praxis hatte Vorrang. Xuma präsidierte über die Ära der Delegationen, Deputationen, Briefe und Telegramme. Alles spielte sich in der englischen Manier ab, der die Vorstellung zugrunde lag: Wir sind doch alle Gentlemen, trotz unserer Meinungsverschiedenheiten. Er genoß die Beziehungen, die er zum weißen Establishment geknüpft hatte, und wollte sie nicht durch Aktionen stören.

Bei unserem Treffen erklärten wir ihm, daß wir beabsichtigten, eine Youth League zu gründen, und eine Aktionskampagne organisieren wollten, um die Massen zur Unterstützung zu mobilisieren. Wir sagten Dr. Xuma auch, der ANC laufe Gefahr, bedeutungslos zu werden, wenn er sich nicht aufraffe und neue Methoden entwickle. Dr. Xuma fühlte sich durch die Delegation bedroht und widersprach der Bildung einer Jugendliga aufs heftigste. Nach seiner Vorstellung sollte die Liga eine eher lose organisierte Gruppe sein und hauptsächlich als Rekrutierungskomitee für den ANC tätig sein. In seiner paternalistischen Weise fügte Dr. Xuma hinzu, die Afrikaner seien als Gruppe zu unorganisiert und undiszipliniert, um an einer Massenkampagne teilzunehmen. Eine solche Kampagne wäre auch vorschnell und gefährlich.

Bald nach dem Treffen mit Dr. Xuma wurde ein provisorisches Komitee der Jugendliga gebildet, unter der Führung von William Nkomo. Die Mitglieder dieses Komitees reisten im Dezember 1943 zur Jahreskonferenz des ANC nach Bloemfontein, wo sie die Bildung einer Jugendliga vorschlugen, um für die Organisation neue Mitglieder zu gewinnen. Der Vorschlag wurde angenommen.

Die eigentliche Gründung der Jugendliga fand 1944 am Ostersonntag im Bantu Men's Social Center (eine Art Gemeindezentrum für Bantu-Männer) in der Eloff Street statt. Es waren ungefähr hundert Männer dort, manche kamen von weither, zum Beispiel aus Pretoria. Es war eine ausgewählte Gruppe, eine Elitegruppe, viele von uns waren Graduierte aus Fort Hare; wir waren noch längst keine Massenbewegung. Lembede hielt einen Vortrag über die Geschichte der Nationen, eine Tour d'horizon vom alten Griechenland über das mittelalterliche Europa bis zum Zeitalter der Kolonisation. Er betonte die historischen Leistungen Afrikas und der Afrikaner und erklärte, wie töricht es von den Weißen sei, sich als erwähltes Volk und als wahrhaft überlegene Rasse zu sehen.

Außer Lembede sprachen auch Jordan Ngubane, A. P. Mda und William Nkomo, und alle beschworen den sich entwickelnden Geist des afrikanischen Nationalismus. Bei diesem ersten Treffen wurde Lembede zum Präsidenten gewählt, Oliver Tambo wurde Sekretär und Walter Sisulu Schatzmeister. A. P. Mda, Jordan Ngubane, Lionel Majombozi, Congress Mbata, David Bopape und mich wählte man in das Exekutivkomitee. Später stießen noch so hervorragende junge Männer zu uns wie Godfrey Pitje, ein Student (später Lehrer, dann Rechtsanwalt), Arthur Letele, Wilson Conco, Diliza Mji und Ntatho Motlana, alles Ärzte, Dan Tloome, ein Gewerkschafter, Joe Matthews, Duma Nokwe und Robert Sobukwe, alle Studenten. Bald gab es in sämtlichen Provinzen Zweigstellen.

Die Grundpolitik der Liga unterschied sich nicht von der ersten

Verfassung des ANC von 1912. Doch wir bekräftigten und unterstrichen jene ursprünglichen Anliegen, von denen viele inzwischen aufgegeben worden waren. Afrikanischer Nationalismus war unser Schlachtruf, und unser Glaube galt der Schaffung einer einzigen Nation aus vielen Stämmen, der Beseitigung der weißen Vorherrschaft und der Bildung einer wirklich demokratischen Regierungsform. Unser Manifest verkündete: »Wir glauben, daß die nationale Befreiung der Afrikaner von den Afrikanern selbst erreicht werden wird ... Die Kongreß-Jugendliga muß das Gehirntrust und das Kraftwerk des Geistes des afrikanischen Nationalismus sein.«

Das Manifest wies den Gedanken der Treuhänderschaft entschieden zurück, den Gedanken, daß der weißen Regierung von Südafrika die Interessen der Afrikaner irgendwie am Herzen liegen könnten. Wir verwiesen auf die lähmende, anti-afrikanische Gesetzgebung der vergangenen vierzig Jahre, angefangen mit dem Land Act von 1913, der die Schwarzen um 87 Prozent des Territoriums im Land ihrer Geburt gebracht hatte, über den Urban Areas Act von 1923, der übervölkerte afrikanische Slums begründete, die man beschönigend »Native Locations« nannte, den Color Bar Act von 1926, der Afrikanern die Ausübung von Fachberufen untersagte, der Native Administration Act von 1927, der anstelle der Höchsten Häuptlinge die britische Krone zum Obersten Herrscher über alle afrikanischen Gebiete machte, bis hin schließlich, 1936, zum Natives Representative Act, der Afrikaner am Kap des allgemeinen Wahlrechts beraubte und damit die Illusion zerstörte, die Weißen könnten den Afrikanern erlauben, ihr eigenes Schicksal zu bestimmen.

Wir waren äußerst vorsichtig gegenüber dem Kommunismus. Das Dokument konstatierte: »Wir mögen bei fremden Ideologien Anleihen nehmen, doch wir lehnen den Gesamtimport ausländischer Ideologien nach Südafrika ab.« Dies war eine implizite Zurückweisung gegenüber der Kommunistischen Partei, die Lembede und viele andere, darunter auch ich, als eine »ausländische« betrachteten, die für die afrikanische Situation unbrauchbar sei. Lembede war der Meinung, die Kommunistische Partei werde von den Weißen dominiert, was das Selbstvertrauen und die Initiative der Afrikaner unterminiere.

An jenem Tag wurden mehrere Komitees gebildet, aber der Hauptzweck der Jugendliga war, dem ANC die Richtung zu weisen bei seinem Kampf für politische Freiheit. Obwohl ich damit übereinstimmte, war ich nervös, was meinen Beitritt zur Jugendliga betraf, und hatte Zweifel über das Ausmaß meines politischen Engagements. Neben meiner Ganztagsarbeit und meinem Teilzeitstudium, die mich voll auslasteten, blieb nur wenig Zeit für anderes übrig. Auch empfand ich eine gewisse Unsicherheit und fühlte mich politisch rückständig, im Vergleich zu Walter, Lembede und Mda. Sie waren Männer, die ihre Einstellung kannten, während ich noch ungeformt war. Mir fehlte es noch an Vertrauen zu meiner Fähigkeit als Redner, und ich fühlte mich eingeschüchtert durch die Eloquenz so vieler Mitglieder der Liga.

Lembedes Afrikanismus wurde nicht allgemein geteilt, denn seine Ideen waren geprägt von einer rassischen Exklusivität, die manche der anderen Liga-Mitglieder störte. Einige der Liga-Mitglieder meinten, ein Nationalismus, der sympathisierende Weiße einschließe, sei ein wünschenswerterer Kurs. Ich gehörte nicht dazu. Andere, darunter auch ich, meinten hingegen, wenn man Schwarzen eine multirassische Form des Kampfes anbiete, wären sie weiterhin verliebt in weiße Kultur und müßten also Opfer ihres eigenen Minderwertigkeitsgefühls bleiben. Ich war damals strikt dagegen, Kommunisten oder Weiße in die Liga aufzunehmen.

Walters Haus in Orlando war mein zweites Heim, nach der Heimat. Anfang der 40er Jahre wurde es für mehrere Monate sogar mein richtiges Heim, als ich sonst nirgends unterkam. Das Haus war immer voller Leute, und es schien dort eine permanente Diskussion über Politik stattzufinden. Albertina, Walters Frau, war ein weiser, wunderbarer Mensch und eine starke Stütze von Walters politischer Arbeit. (Bei ihrer Hochzeit meinte Anton Lembede: »Albertina, du hast einen verheirateten Mann geheiratet: Walter war lange, ehe er dich traf, mit der Politik verheiratet.«)

Im Haus der Sisulus lernte ich Evelyn Mase, meine erste Frau, kennen. Sie war ein stilles, hübsches Mädchen vom Lande, das vom Kommen und Gehen bei den Sisulus nicht übermäßig beeindruckt zu sein schien. Sie stand zusammen mit Albertina und Peter Mdas Frau Rose im General Hospital für Nicht-Europäer von Johannesburg in der Ausbildung als Krankenschwester.

Evelyn stammte aus Engcobo in der Transkei, westlich von Umtata gelegen. Ihr Vater, ein Minenarbeiter, war gestorben, als sie noch ein Kleinkind gewesen war, und ihre Mutter starb, als Evelyn zwölf war. Nach Abschluß der Grundschule wurde sie nach Johannesburg zur dortigen High School geschickt. Sie lebte bei ihrem Bruder, Sam Mase, der damals im Haus der Sisulus wohnte. Ma Sisulu, Walters Mutter, war die Schwester von Evelyns Mutter. Die Sisulus behandelten Evelyn wie eine Tochter, und sie liebten sie sehr.

Bald nach unserem ersten Zusammentreffen bat ich Evelyn, mit mir auszugehen. Fast genauso schnell verliebten wir uns. Schon wenige Monate später machte ich ihr einen Heiratsantrag, und sie sagte ja. Es war eine Ziviltrauung im Native Commissioner's Court in Johannesburg, wo Unterschriften und ein Trauzeuge genügten. Eine traditionelle Hochzeitsfeier oder ein Hochzeitsfest konnten wir uns nicht leisten. Unser dringendstes Problem war eine Wohnung. Zunächst wohnten wir bei ihrem Bruder in Ost-Orlando und dann bei ihrer Schwester bei den City Deep Mines, wo ihr Schwager, Maunguli Mgudira, als Clerk arbeitete.

1946 KAM ES zu einer Reihe von Ereignissen, die meine politische Entwicklung prägten und die Richtung des Kampfes bestimmten. Der Minenarbeiterstreik von 1946, bei dem am Reef 70000 afrikanische Minenarbeiter in den Ausstand traten, war für meine politische Haltung von besonderer Bedeutung. Auf Initiative von J. B. Marks, Dan Tloome, Gaur Radebe und einer Anzahl von ANC-Gewerkschaftsaktivisten war Anfang der vierziger

Jahre die African Mineworker's Union (AMWU) gegründet worden. Auf dem Reef arbeiteten nicht weniger als 400 000 afrikanische Minenarbeiter, von denen die meisten nicht mehr als zwei Shilling pro Tag verdienten. Wiederholt hatte die Gewerkschaftsführung die Chamber of Mines gedrängt, einen Mindestlohn von täglich zehn Shillings zu zahlen, für Familienunterkünfte zu sorgen und einen zweiwöchigen bezahlten Urlaub zu gewähren. Ebensooft waren die Forderungen ignoriert worden.

In einem der größten Streiks der südafrikanischen Geschichte legten die Minenarbeiter für eine Woche die Arbeit nieder und bewahrten volle Solidarität. Die Vergeltung des Staates war erbarmungslos. Die Streikführer wurden festgenommen, die Unterkünfte von der Polizei umzingelt, die AMWU-Büros durchsucht. Ein Marsch wurde von der Polizei brutal aufgelöst. Zwölf Minenarbeiter, wurden getötet. Der Native Representative Council vertagte sich aus Protest. Mehrere Verwandte von mir waren Minenarbeiter, und ich besuchte sie während der Streikwoche, diskutierte mit ihnen über die anstehenden Probleme und versprach ihnen meine Unterstützung.

Damals war J. B. Marks Präsident der Minenarbeitergewerkschaft; er war langjähriges Mitglied des ANC wie der Kommunistischen Partei. Geboren in Transvaal, Kind eines gemischten Elternpaares, war er eine charismatische Gestalt mit ausgeprägtem Sinn für Humor. Er war ein großer Mann von heller Gesichtsfarbe. Während des Streiks begleitete ich ihn mehrmals von Mine zu Mine, wo er mit den Arbeitern sprach und Strategien entwarf. Von morgens bis in die Nacht bewies er besonnene, vernünftige Führungsqualitäten, und sein Humor milderte auch die schwerste Krise. Beeindruckt war ich von der organisatorischen Fähigkeit der Gewerkschaft und auch von ihrer Fähigkeit, ihre Mitglieder selbst angesichts einer solch brutalen Gegnerschaft unter Kontrolle zu halten.

Am Ende behielt der Staat die Oberhand. Der Streik wurde unterdrückt, die Gewerkschaft zermalmt. Der Streik war der Beginn meiner engen Beziehung zu Marks. Ich besuchte ihn oft in seinem Haus, und wir diskutierten ausführlich über meine Gegnerschaft zum Kommunismus. Marks war strammes Parteimitglied, doch niemals personalisierte er meine Einwände, denn nach seiner Meinung war es für einen jungen Mann nur natürlich, sich zum Nationalismus zu bekennen. Mit zunehmendem Alter und wachsender Erfahrung würden meine Ansichten schon weiter und umfassender werden. Die gleichen Diskussionen hatte ich mit Moses Kotane und Yusuf Dadoo, die beide, wie auch Marks, glaubten, der Kommunismus müsse der afrikanischen Situation angepaßt werden. Andere kommunistische Mitglieder des ANC verurteilten mich und die anderen Liga-Mitglieder, doch Marks, Kotane und Dadoo nie.

Nach dem Streik wurden 52 Männer verhaftet, darunter auch Kotane und Marks und viele andere Kommunisten; sie wurden zunächst der Unruhestiftung und dann der Aufwiegelung angeklagt. Es war ein politischer Prozeß, eine Demonstration des Staates, daß man mit der roten Gefahr unnachsichtig umzugehen gedachte.

Im selben Jahr zwang mich ein weiteres Ereignis, meine gesamte Einstellung zur politischen Arbeit zu überdenken. 1946 erließ die Smuts-Regierung den Asiatic Land Tenure Act, der die Bewegungsfreiheit von Indern beschnitt, Gebiete festlegte, wo Inder wohnen und Handel treiben konnten, und das Recht auf den Erwerb von Grundbesitz stark beschnitt. Im Gegenzug räumte die Regierung ihnen eine Parlamentsvertretung durch weiße Ersatzleute ein. Dr. Dadoo, Präsident des Transvaal Indian Congress, geißelte die Restriktionen und tat das Angebot auf parlamentarische Vertretung als »Scheinangebot eines vorgetäuschten Rechts« ab. Dieses Gesetz, bekannt als Ghetto Act, war eine schwerwiegende Beleidigung der indischen Gemeinde und antizipierte den Group Areas Act, der schließlich die Freiheit aller farbigen Südafrikaner einschränkte.

Die indische Gemeinschaft war empört und entschloß sich zum passiven Widerstand in Form einer konzertierten, zweijährigen Kampagne. Unter der Führung von Dr. Dadoo und G. M. Naicker, dem Präsidenten des Natal Indian Congress, führte die indische Gemeinde eine Massenkampagne durch, die uns durch ihre Organisation und ihr Engagement beeindruckte. Hausfrauen, Priester, Ärzte, Rechtsanwälte, Händler, Studenten und Arbeiter reihten sich in die vordersten Linien der Protestbewegung ein. Zwei Jahre vernachlässigten die Menschen ihr eigenes Leben, um den Kampf aufzunehmen. Massenversammlungen wurden abgehalten; Weißen vorbehaltenes Land wurde besetzt und von Streikposten blockiert. Nicht weniger als zweitausend Freiwillige warf man ins Gefängnis, und Dr. Dadoo und Dr. Naicker wurden zu je sechs Monaten Zwangsarbeit verurteilt.

Die Kampagne war auf die Inder beschränkt, und andere Gruppen wurden nicht zur Teilnahme ermutigt. Trotzdem sprachen Dr. Xuma und andere afrikanische Führer auf mehreren Versammlungen und sicherten gemeinsam mit der Jugendliga dem Kampf der Inder ihre volle moralische Unterstützung zu. Die Regierung erließ weitere harte Gesetze, um die Rebellion niederzuschlagen, doch wir in der Jugendliga und im ANC hatten als Zeugen erlebt, wie die Inder gegen die Rassenunterdrückung eine außerordentliche Protestbewegung zustande gebracht hatten, auf eine Weise, wie es den Afrikanern und dem ANC noch nie gelungen war. Ismail Meer und J. N. Singh gaben ihr Studium auf, verabschiedeten sich von ihren Familien und gingen ins Gefängnis. Ahmed Kathrada, der noch die High School besuchte, verhielt sich ebenso. Mit Ismail Meer besuchte ich häufig das Haus von Amina Pahad, um bei ihr zu Mittag zu essen, und eines Tages legte diese bezaubernde Frau plötzlich ihre Schürze ab und ging für ihre Überzeugungen ins Gefängnis. Falls ich die Bereitschaft der Inder, sich gegen Unterdrückung zu erheben, jemals bezweifelt hatte, jetzt war das nicht mehr möglich.

Die indische Kampagne wurde zum Modell für jene Art von Protest, den wir in der Jugendliga forderten. Sie weckte bei den Menschen den Geist des Widerstands und des Radikalismus, brach die Angst vor Gefängnis und stärkte Popularität und Einfluß von NIC und TIC. Sie erinnerte uns daran, daß der Freiheitskampf nicht nur darin bestehen konnte, auf Versammlungen Reden zu halten, Resolutionen zu verabschieden und Abordnungen zu entsenden. Entscheidend waren vielmehr präzise Organisation, militante Massenaktion und vor allem die Bereitschaft, Leiden und Opfer auf sich zu nehmen. Die indische Kampagne hatte ihre Wurzeln in der passiven Widerstandskampagne von 1913, als der damalige Mahatma Gandhi eine tumultuöse Prozession von Indern illegal von Natal nach Transvaal führte. Doch das war Geschichte; diese Kampagne fand vor meinen Augen statt.

Im Frühjahr 1946 bezogen Evelyn und ich ein eigenes städtisches Haus mit zwei Zimmern in Ost-Orlando und kurz darauf ein etwas größeres Haus in West-Orlando. West-Orlando war ein düsterer spartanischer Bezirk mit schachtelartigen Stadthäusern, die später zu Groß-Soweto gehörten. Der Name Soweto ist ein Akronym für Südwestliche Townships. Unser Haus lag in einem Gebiet, das von seinen Bewohnern den Spitznamen »Westcliff« (»Westklippe«) erhalten hatte, eine Anspielung auf die phantastische weiße Vorstadt im Norden.

Die Miete für unser neues Heim betrug siebzehn Shilling und sechs Pence monatlich. Das Haus selbst war identisch mit Hunderten anderer, die auf briefmarkengroßen Grundstücken an schmutzigen Straßen erbaut waren. Es hatte das gleiche genormte Wellblechdach, den gleichen Zementboden, eine enge Küche und eine Außentoilette. Obwohl draußen Straßenlaternen standen, benutzten wir im Innern des Hauses Petroleumlampen, da die Häuser noch keinen elektrischen Strom hatten. Das Schlafzimmer war so klein, daß darin ein Doppelbett kaum Platz hatte. Die Häuser hatten die städtischen Behörden für Arbeiter gebaut, die nahe bei der Stadt sein mußten. Um die Monotonie zu mildern, legten manche Mieter kleine Gärten an oder strichen ihre Türen mit bunten Farben. Es war alles andere als großartig, doch es war mein erstes richtiges Zuhause, und ich war sehr stolz darauf. Ein Mensch ist kein Mensch, ehe er nicht ein eigenes Haus hat. Ich wußte damals nicht, daß es das einzige ganz mir gehörende Zuhause sein sollte für viele, viele Jahre.

Der Staat hatte Evelyn und mir das Haus zugewiesen, weil wir nicht mehr zu zweit, sondern zu dritt waren. In jenem Jahr wurde unser erster Sohn, Madiba Thembekile, geboren. Er erhielt meinen Clan-Namen Madiba, doch er wurde mit dem Spitznamen Thembi gerufen. Er war ein stattlicher, glücklicher Junge, von dem die meisten Leute sagten, er ähnele mehr seiner Mutter als seinem Vater. Ich hatte einen Erben in die Welt gesetzt, obgleich ich ihm damals nur wenig zu vererben hatte. Aber ich hatte den Namen Mandela und den Madiba-Clan für die Nachwelt erhalten, und das ist eine der grundlegenden Verpflichtungen eines Xhosa-Mannes.

Endlich hatte ich so etwas wie einen festen Stützpunkt, und statt Gast in anderer Leute Häuser zu sein, hatte ich nun bald Gäste in meinem Heim. Meine Schwester Leabie kam zu uns, und ich nahm sie mit zur anderen Seite der Eisenbahnstrecke, um sie in der High School von Orlando anzumelden. In unserer Kultur haben alle Familienangehörigen Anspruch auf die Gastfreundschaft aller anderen Familienangehörigen. Die Kombination aus meiner weitverzweigten Familie und unserem neuen Haus bedeutete eine große Anzahl von Gästen.

Ich genoß die Häuslichkeit, auch wenn mir wenig Zeit dafür blieb. Es machte mir Freude, mit Thembi zu spielen, ihn zu baden und zu füttern und mit einer kleinen Geschichte zu Bett zu bringen. Ich liebte es überhaupt, mit Kindern zu spielen und zu plaudern; dies hat stets zu den Dingen gehört, die mich besonders friedlich stimmen. Ich liebe es, mich zu Hause zu entspannen, in aller Ruhe zu lesen und dabei die süßen und würzigen Gerüche einzuatmen, die aus den kochenden Töpfen in der Küche steigen. Aber ich war nur selten zu Hause, um all diese Dinge genießen zu können.

Gegen Ende des Jahres kam Reverend Michael Scott zu uns. Scott war ein anglikanischer Geistlicher und ein großer Kämpfer für die afrikanischen Rechte. Ein Mann namens Komo, der ein Siedler-Camp außerhalb von Johannesburg vertrat, das die Regierung auflösen wollte, hatte Scott angesprochen und ihn aufgefordert, gegen die Camp-Auflösung zu protestieren. Scott erklärte: »Wenn ich euch helfen soll, muß ich einer von euch sein«, und er begab sich zu dem Siedler-Camp, um dort eine Versammlung abzuhalten. Scotts Hütten-Stadt für die Heimatlosen war nahe einem Felshügel errichtet worden; die Bewohner hatten sie Tobruk getauft, nach der Schlacht im Nordafrika-Feldzug während des Krieges. Zuweilen nahm ich Thembi am Sonntagmorgen mit zu dem Camp, weil er gern zwischen den Felsen Verstecken spielte. Nachdem Scott seine Versammlung abgehalten hatte, stellte er fest, daß Komo Geld, das die Leute für den Kampf gegen die Auflösung des Camps spendeten, für sich behielt. Als Scott ihn zur Rede stellte, verjagte ihn Komo aus dem Camp und drohte ihn umzubringen.

Scott suchte Zuflucht bei uns in Orlando und brachte einen afrikanischen Priester namens Diamini mit, der Frau und Kinder hatte. Unser Haus war nur winzig, und Scott schlief im Wohnzimmer, Diamini und seine Frau in einem andern Raum, während wir die Kinder alle in die Küche steckten. Reverend Scott war ein bescheidener, unaufdringlicher Mann, doch Diamini war ein wenig schwer zu nehmen. Zu den Mahlzeiten pflegte er sich über die Speisen zu beklagen. »Schaut euch das Fleisch an«, sagte er, »es ist mager und zäh, überhaupt nicht richtig gekocht. An solche Speisen bin ich nicht gewöhnt.« Scott wurde blaß bei diesen Worten und ermahnte Diamini, doch der nahm sich keineswegs zusammen. Am nächsten Abend erklärte er: »Nun, dies ist ein wenig besser als das gestrige, doch weit davon entfernt, richtig zubereitet zu sein. Mandela, weißt du eigentlich, daß deine Frau nicht kochen kann?«

Diamini führte selbst indirekt eine Klärung der Situation herbei, denn ich war so begierig darauf, ihn aus dem Haus zu haben, daß ich selbst zu dem Siedler-Camp lief und dort erklärte, Scott sei ihr wahrer Freund, und nicht Komo, und sie sollten zwischen beiden wählen. Sie organisierten daraufhin eine Wahl, in der Scott obsiegte, und so kehrte er zurück zum Camp und nahm Vater Diamini mit sich.

Gleich zu Anfang des Jahres 1947 hatte ich die erforderliche dreijährige Ausbildungszeit in der Anwaltskanzlei abgeschlossen, und die Zeit bei Witkin, Sidelsky und Eidelman ging zu Ende. Ich beschloß, mich fortan ausschließlich dem Studium zu widmen, um mich selbständig machen und als Rechtsanwalt praktizieren zu können. Der Verlust von acht Pfund, zehn Shilling und einem Penny, die ich bei Sidelsky monatlich verdient hatte, war freilich ein schwerer Schlag. Ich wandte mich deshalb an den Bantu Welfare Trust beim Südafrikanischen Institut für Rassenbeziehungen in Johannesburg und bat um ein Darlehen von 250 Pfund Sterling zur Finanzierung meines Jurastudiums, wozu die Universitätsgebühren, Kosten für Studienmaterial und ein monatliches Taschengeld zählten. Bewilligt wurden mir 150 Pfund.

Ein Vierteljahr später schrieb ich die Stelle wieder an und wies darauf hin, daß meine Frau ihren Mutterschaftsurlaub nehmen und damit ihr Monatsgehalt von 17 Pfund verlieren werde. Die Summe sei aber unentbehrlich für unseren Lebensunterhalt. Ich erhielt die zusätzliche Summe, wofür ich dankbar war, doch die Umstände, die das Geld erforderten, waren äußerst unglückselig. Die Geburt unserer Tochter Makaziwe war nicht schwierig, doch das Kind war schwächlich und kränkelnd. Von Geburt an fürchteten wir das Schlimmste. In vielen Nächten wachten Evelyn und ich abwechselnd bei Makaziwe. Wir wußten nicht, was das Leben dieses winzigen Mädchens aufzehrte, und die Ärzte konnten uns die Ursache des Leidens nicht erklären. Evelyn umsorgte das Mädchen mit der Unermüdlichkeit einer Mutter und der Tüchtigkeit einer professionellen Krankenschwester. Als sie neun Monate alt war, starb Makaziwe. Evelyn war völlig niedergeschlagen, und das einzige, was mir half, meinen eigenen Gram zu mildern, war der Versuch, Evelyns Schmerz zu lindern. Lange Zeit schien es, als sei ihr Herz gebrochen.

Soviel man in der Politik auch planen mag, die Ereignisse werden oft von Umständen diktiert. Als ich eines Tages im Juli 1947 mit Lembede informell über Angelegenheiten der Jugendliga diskutierte, klagte er über plötzliche Magenschmerzen und damit einhergehendem Schüttelfrost. Als die Schmerzen schlimmer wurden, brachten wir ihn zum Coronation-Krankenhaus, und noch in derselben Nacht starb er, im Alter von 33 Jahren. Vielen ging sein Tod sehr nahe. Walter Sisulu schien vor Gram fast gelähmt. Lembedes Tod war ein Rückschlag auch für die Bewegung, denn Lembede war ein Quell von Ideen gewesen, und er hatte andere zur Organisation hingezogen.

Nachfolger von Lembede wurde Peter Mda, dessen analytische Einstellung, die Fähigkeit, sich klar und einfach auszudrücken, und dessen taktische Erfahrung ihn zu einem hervorragenden Politiker und einem ausgezeichneten Führer der Jugendliga machten. Mda war ein schlanker Mann, der kein Gramm zuviel Gewicht hatte, so wenig wie er überflüssige Worte verwandte. Mit seiner weitherzigen Toleranz anderen Ansichten gegenüber war sein eigenes Denken reifer und fortschrittlicher als das von Lembede. In gewisser Weise bedurfte es Mdas Führung, um Lembedes Sache zu befördern.

Mda war der Meinung, die Jugendliga solle als eine Art interner Pressure-group fungieren, als militanter nationalistischer Flügel innerhalb des ANC als ganzem. Das werde die Organisation in eine neue Ära führen. Damals hatte der ANC keinen einzigen Ganztagsbeschäftigten, und er war schlecht organisiert und operierte quasi aufs Geratewohl. (Später wurde Walter das erste und einzige ganztags beschäftigte ANC-Führungsmitglied, für ein äußerst mageres Gehalt.)

Rasch etablierte Mda eine Filiale der Jugendliga in Fort Hare unter der Leitung von Z. K. Matthews und Godfrey Pitje, eines Dozenten in Anthropologie. Die beiden rekrutierten für die Liga viele hervorragende Studenten, die frisches Blut und neue Ideen mitbrachten. Zu den hervorragendsten gehörten Professor Matthews brillanter Sohn Joe und Robert Sobukwe, ein faszinierender Redner und scharfer Denker.

Mda war in seinem Nationalismus gemäßigter als Lembede, und sein Denken hatte nicht jenen rassischen Beigeschmack, der Lembedes Denken prägte. Er haßte die weiße Unterdrückung und die weiße Herrschaft, doch nicht die weißen Menschen selbst. Er war auch in seiner Opposition zur Kommunistischen Partei weniger extrem als Lembede – oder ich selbst. Ich gehörte zu jenen Mitgliedern der Jugendliga, die argwöhnisch gegenüber der weißen Linken waren. Obwohl ich mit vielen weißen Kommunisten befreundet war, war ich gegenüber weißem Einfluß im ANC vorsichtig, und ich hatte etwas gegen gemeinsame Aktionen mit der Kommunistischen Partei. Ich war besorgt, die Kommunisten könnten die Absicht haben, sich unsere Bewegung unter der Maske gemeinsamer Aktionen einzuverleiben. Ich glaubte, nur ein unverdünnter afrikanischer Nationalismus werde uns befreien, nicht Marxismus oder Multi-Rassismus. Mit einigen meiner Kollegen in der Liga war ich sogar bereit, Versammlungen der KP zu stören, indem wir die Rednertribüne stürmten, unsere Plakate aufrichteten und das Mikrophon mit Beschlag belegten. Auf der Nationalkonferenz des ANC im Dezember brachte die Jugendliga einen Antrag ein, mit dem wir den Ausschluß aller KP-Mitglieder forderten, doch wir wurden mit großer Mehrheit überstimmt. Wenngleich mich die indische Kampagne des passiven Widerstandes von 1946 beeinflußt hatte, empfand ich dennoch gegenüber den Indern das gleiche wie gegenüber den Kommunisten: daß sie beabsichtigten, den ANC zu beherrschen, zum Teil aufgrund ihrer schlechteren Erziehung, Erfahrung und Ausbildung.

1947 wurde ich in das Exekutivkomitee von Transvaal gewählt und diente unter C. S. Ramohanoe, dem Präsidenten des Transvaal-Bezirks. Dies war meine erste reguläre Position im ANC, und sie stellte einen Meilenstein dar in meinem Engagement für die Organisation. Bis dahin waren die Opfer, die ich auf mich nahm, nicht mehr gewesen als Verzicht auf Frau und Familie an den Wochenenden und Heimkehr am späten Abend. Ich war in keine größere Kampagne unmittelbar involviert gewesen, und ich hatte noch keine wirkliche Vorstellung von den Gefahren und endlosen Schwierigkeiten im Leben eines Freiheitskämpfers. Bis dahin hatte ich mitgemacht, ohne für mein Engagement zahlen zu müssen. Von dem Augenblick an, als ich in das Exekutivkomitee des Transvaal-Bezirks gewählt wurde, begann ich mich mit dem Kongreß als ganzem zu identifizieren, mit seinen Hoffnungen und Nöten, seinen Erfolgen und Fehlschlägen; ich war jetzt mit Herz und Seele dabei.

Ramohanoe gehörte zu den Menschen, von denen ich lernte.

Er war strammer Nationalist und ein geschickter Organisator, der es verstand, voneinander abweichende Ansichten auszugleichen und einen gangbaren Kompromiß zu finden. Obwohl Ramohanoe mit den Kommunisten nicht sympathisierte, arbeitete er dennoch gut mit ihnen zusammen. Er glaubte, daß der ANC eine nationale Organisation sei, die all jene willkommen heißen sollte, die unsere Sache unterstützten.

Vor dem Hintergrund des passiven indischen Widerstandes unterzeichneten 1947 Xuma, Dadoo und Naicker, die Präsidenten des ANC, des Transvaal Indian Congress (TIC) und des Natal Indian Congress (NIC) ihren Doctors' Pact (alle drei waren Doktoren) zur Vereinigung der Kräfte gegen einen gemeinsamen Feind. Dies war ein wichtiger Schritt in Richtung Einheit der afrikanischen und indischen Bewegung. Statt jedoch eine zentrale politische Körperschaft zu gründen, um all die verschiedenen Bewegungen zu lenken, kamen sie überein, bei Angelegenheiten von gemeinsamem Interesse zu kooperieren. Später schloß sich ihnen die APO an, die African People's Organization, eine Organisation von Farbigen.

Doch solch ein Abkommen war im besten Falle ein Versuch, denn jede nationale Gruppe hatte ihre eigenen spezifischen Probleme. Das Paß-System betraf die Inder oder die Farbigen kaum. Das Ghetto-Gesetz, das indische Proteste auslöste, berührte die Afrikaner wenig. Die Farbigen-Gruppen waren stärker betroffen von der Race Classification (Rassenklassifizierung) und der Job Reservation (Arbeitsplatzverteilung), was wiederum die Afrikaner und die Inder nicht im gleichen Maße betraf.

Der Doctors' Pact legte die Grundlage für die künftige Kooperation von Afrikanern, Indern und Farbigen, da er einerseits die Unabhängigkeit jeder einzelnen Gruppe respektierte und andererseits einräumte, daß in konzertierten Aktionen mehr erreicht werden konnte.

Der Pakt führte zu einer Reihe von nicht-rassischen Antiregierungskampagnen im ganzen Land, die Afrikaner und Inder im Freiheitskampf zusammenführen sollten. Die erste dieser Kampagnen war die First Transvaal and Orange Free State Peoples Assembly for Votes for All, eine Kampagne, die zum Ziel hatte, das Wahlrecht auf alle Schwarzen Südafrikas auszudehnen. Dr. Xuma verkündete auf einer von mir geleiteten Pressekonferenz die Teilnahme des ANC; zu jenem Zeitpunkt glaubten wir, die Kampagne werde vom ANC angeführt, doch dann stellte sich heraus, daß das nicht der Fall war, und so beschloß die Exekutive von Transvaal, daß sich der ANC zurückziehen sollte. Meine Auffassung zu jener Zeit war, der ANC solle sich nur an Kampagnen beteiligen, die er selbst leitete. Mir ging es mehr darum, wem sie gutgeschrieben wurde, als darum, ob die Kampagne ein Erfolg war.

Doch noch nach dem Rückzug gab Ramohanoe, Präsident des Transvaal-Bezirks des ANC, eine Presseerklärung heraus, in der er die Afrikaner der Provinz dazu aufrief, sich an der Kampagne für das allgemeine Wahlrecht zu beteiligen. Diese stand in klarem Widerspruch zur Entscheidung des Nationalen Exekutivkomitees, das diesen Akt des Ungehorsams nicht hinnehmen konnte. Auf einer eigens einberufenen Konferenz zur Lösung dieses Konflikts wurde ich aufgefordert, einen Mißtrauensantrag gegen Ramohanoe wegen seines Ungehorsams zu stellen. Ich stand unter einem akuten Konflikt zwischen Pflicht und persönlicher Loyalität, zwischen meinen Verpflichtungen der Organisation und meinem Freund gegenüber. Ich wußte sehr wohl, daß ich die Aktion eines Mannes verurteilen würde, dessen Integrität und kämpferisches Engagement außer Frage standen, eines Mannes, dessen Opfer im Freiheitskampf weitaus größer waren als meine eigenen. Ich wußte, daß die Aktion, zu der er aufgerufen hatte, in der Tat nobel war; er glaubte, daß Afrikaner ihren indischen Brüdern helfen sollten.

Doch Ramohanoes Ungehorsam war zu schwerwiegend. Wenngleich eine Organisation wie der ANC sich aus Individuen zusammensetzt, ist sie doch größer als irgendeiner ihrer individuellen Teile, und Loyalität der Organisation gegenüber hat Vorrang vor der Loyalität gegenüber einem Individuum. Ich willigte ein, das Vorgehen gegen Ramohanoe zu leiten und den Mißtrauensantrag zu stellen, der von Oliver Tambo unterstützt wurde. Dies rief im Haus große Aufregung hervor, und es kam zu Wortgefechten zwischen jenen aus dem Bezirk, die ihren Präsidenten unterstützten, und jenen, die auf der Seite der Exekutive standen. Die Versammlung endete in Unordnung.

AFRIKANER KONNTEN nicht wählen, aber das bedeutete nicht, daß es uns gleichgültig gewesen wäre, wer die Wahl gewann. Bei der weißen allgemeinen Wahl von 1948 standen sich die herrschende United Party unter Führung von General Smuts, der sich damals auf dem Höhepunkt seines internationalen Ansehens befand, und die wiedererstarkte National Party gegenüber. Während Smuts Südafrika zum Verbündeten der Alliierten im Zweiten Weltkrieg gemacht hatte, lehnte die National Party die Unterstützung Großbritanniens ab und bekundete offen ihre Sympathie für Nazi-Deutschland. Der Wahlkampf der National Party konzentrierte sich auf die »Swart Gevaar« (»schwarze Gefahr«), und sie bestritten ihn mit den beiden Slogans »Die Kaffer ob sy plek« (»Der Nigger an seinen Platz«) und »Die Koelies uit die land« (»Die Kulis raus aus dem Land«). »Kulis« war das Schmähwort der Afrikander für Inder.

Die Nationalisten, geführt von Dr. Daniel Malan, einem ehemaligen Geistlichen der Dutch Reformed Church und Zeitungsredakteur, waren eine von Bitterkeit erfüllte Partei – Bitterkeit gegenüber den Engländern, die sie jahrzehntelang als minderwertig behandelt hatten, und Bitterkeit gegenüber den Afrikanern, die nach Ansicht der Nationalisten den Wohlstand und die Reinheit der Afrikander-Kultur bedrohten. Wir Afrikaner kannten keine Loyalität gegenüber General Smuts, noch weniger freilich gegenüber der National Party.

Malans Programm war bekannt als Apartheid. Apartheid war ein neuer Name, jedoch eine alte Idee. Es bedeutet soviel wie »Trennung« und war die Kodifizierung aller Gesetze und Vorschriften, die über Jahrhunderte hinweg die Schwarzen gegenüber den Weißen in einer untergeordneten Position gehalten hatten. Ein Unterdrückungssystem, das mehr oder minder ein Defacto-Zustand gewesen war, sollte zu einem De-jure-Zustand gemacht werden. Die oft vom Zufall abhängende Segregation der vergangenen drei Jahrhunderte sollte zu einem monolithischen System konsolidiert werden, das in seinen Details diabolisch, in seiner Reichweite unentrinnbar und in seiner Macht überwältigend war. Prämisse der Apartheid war, daß Weiße den Afrikanern, Farbigen und Indern überlegen waren, und Apartheid sollte dazu dienen, die weiße Vorherrschaft für alle Zeiten zu sichern. Wie die Nationalisten es ausdrückten: »Die wit man moet altyd baas wees« (»Der weiße Mann muß immer Boß bleiben«). Ihr Programm ruhte auf einem einzigen Wort: »Baaskap«, wörtlich »Boß-Schaft«, ein inhaltsschweres Wort, das für die weiße Vorherrschaft mit all ihrer Härte stand. Die Politik hatte die Unterstützung der Dutch Reform Church, welche die Apartheid mit ihren religiösen Absicherungen versah, indem sie behauptete, die Afrikander seien Gottes auserwähltes Volk, und die Schwarzen seien eine untergeordnete Spezies. In der Weltsicht der Afrikander gingen Apartheid und Kirche Hand in Hand.

Für die Nationalisten war ihr Sieg im Burenkrieg der Anfang vom Ende der britischen Herrschaft über die Afrikander. Das Englische würde fortan hinter dem Afrikaans den zweiten Platz als Amtssprache einnehmen. Der Wahlspruch der Nationalisten enthielt ihre Mission: »Eie volk, eie taal, eie land« – »Ein Volk, eine Sprache, ein Land«. In der verzerrten Weltanschauung der Afrikander war der Sieg der Nationalisten wie der Zug der Israeliten ins Gelobte Land. Erfüllt war die Verheißung Gottes, gerechtfertigt ihre Überzeugung, Südafrika solle für alle Zeit ein Land des weißen Mannes sein.

Der Sieg war ein Schock. Die United Party und General Smuts hatten die Nazis geschlagen, und sicher würden sie auch die Nationalisten besiegen. Am Abend des Wahltages besuchte ich in Johannesburg mit Oliver und etlichen anderen eine Versammlung. Wir sprachen kaum über die Frage einer nationalistischen Regierung, weil wir mit keiner rechneten. Das Treffen dauerte die ganze Nacht, und als wir in der Morgenfrühe auf die Straße traten, sahen wir einen Zeitungshändler, der die *Rand Daily Mail* verkaufte: Die Nationalisten hatten gewonnen. Ich fühlte mich wie vor den Kopf geschlagen, doch Oliver gab sich gelassen. »Mir gefällt das«, sagte er, »mir gefällt das.« Ich konnte mir nicht vorstellen, warum, und er erklärte: »Jetzt werden wir genau sehen, wer unsere Feinde sind und wo wir stehen.«

Selbst General Smuts erkannte die Gefahren dieser rüden Ideologie und bezeichnete die Apartheid als »eine verrückte Idee, geboren aus Vorurteil und Furcht«. Nach dem Wahlsieg der Nationalisten, das war uns klar, würde unser Land von Streit und Hader geschüttelt sein. Zum erstenmal in der Geschichte Südafrikas war eine reine Burenpartei an der Regierung. »Südafrika ist wieder unser«, verkündete Malan in seiner Siegesrede.

Im selben Jahr entwarf die Jugendliga ihre Politik in einem Manifest, das Mda verfaßt und das Exekutivkomitee der Liga herausgegeben hatte. Es war ein Aufruf an die gesamte patriotische Jugend, die weiße Herrschaft abzuschütteln. Wir verwarfen die kommunistische Vorstellung, die Afrikaner würden hauptsächlich als ökonomische Klasse und nicht als Rasse unterdrückt. Afrikaner müßten, fügten wir hinzu, eine machtvolle nationale Befreiungsbewegung ins Leben rufen, unter dem Banner des afrikanischen Nationalismus und »angeführt von den Afrikanern selbst«. Auf rechtlicher Ebene befürworteten wir die Neuaufteilung des Landes, die Abschaffung von Farbbarrieren, welche die Afrikaner hinderten, Facharbeit zu leisten, und die Notwendigkeit einer freien, für alle obligatorischen Schulbildung. Das Manifest ging auch auf das Hin und Her zwischen zwei rivalisierenden Theorien des afrikanischen Nationalismus ein, zwischen dem extremeren, von Marcus Garveys inspirierten Nationalismus des »Afrika den Afrikanern« und dem Afrikanismus der Youth League, der Jugendliga, der anerkannte, daß Südafrika ein multirassisches Land ist.

Ich sympathisierte mit dem ultrarevolutionären Strom des afrikanischen Nationalismus. Ich war zornig auf den weißen Mann, nicht auf den Rassismus. Wenngleich ich den weißen Mann nicht ins Meer jagen wollte, so wäre ich vollkommen glücklich gewesen, wenn er an Bord seiner Dampfschiffe gegangen wäre und den Kontinent aus freien Stücken verlassen hätte.

Die Jugendliga gab sich ein wenig freundlicher gegenüber den Indern und den Farbigen; sie erklärte, Inder würden zwar unterdrückt wie Afrikaner, doch hätten die Inder Indien, ein Vaterland, auf das sie schauen könnten. Auch die Farbigen würden unterdrückt, doch im Unterschied zu den Indern hätten sie kein Vaterland, es sei denn Afrika. Ich war bereit, Inder und Farbige zu akzeptieren, vorausgesetzt, sie akzeptierten unsere Politik; doch ihre Interessen waren nicht mit unseren identisch, und ich hatte meine Zweifel, ob unsere Sache ihnen echt am Herzen liegen könnte.

Schon bald begann Malan sein verderbliches Programm zu verwirklichen. Wenige Wochen, nachdem sie an die Macht gekommen war, begnadigte die nationalistische Regierung Robey Leibbrandt, den Kriegsverräter, der zur Unterstützung Nazi-Deutschlands Aufstände organisiert hatte. Die Regierung verkündete ihre Absicht, die Gewerkschaftsbewegung an die Kandare zu legen und das begrenzte Wahlrecht für Inder, Farbige und Afrikaner abzuschaffen. Die Separate Representation of Voters Bill nahm Farbigen ihre Repräsentation im Parlament. 1949 wurden »Mischehen« per Gesetz verboten, es folgte schnell der Immorality Act, der Sexualverkehr zwischen Weißen und Nichtweißen für illegal erklärte. Der Population and Registration Act klassifizierte alle Südafrikaner nach Rassenzugehörigkeit, so daß die Hautfarbe das einzige und wichtigste Kriterium zur Bewertung des einzelnen war. Malan führte auch den Group Areas Act ein – den er als »wahre Essenz der Apartheid« bezeichnete –, der getrennte Wohnviertel für jede rassische Gruppe forderte. In der Vergangenheit hatten sich die Weißen Land gewaltsam angeeignet, jetzt sicherten sie es sich durch Gesetzgebung.

Als Reaktion auf diese neue und weit mächtigere Bedrohung durch den Staat schlug der ANC einen ungewöhnlichen, einen historischen Weg ein. 1949 unternahm der ANC eine gewaltige Anstrengung, zu einer echten Massenorganisation zu werden.

Die Jugendliga entwarf ein Aktionsprogramm, dessen Eckpfeiler eine Kampagne zur Massenmobilisierung war.

Auf der alljährlichen ANC-Konferenz in Bloemfontein nahm die Organisation das Aktionsprogramm der Liga an, das zu Boykotts, Streiks, zum Daheimbleiben, zu passivem Widerstand, Protestdemonstrationen und anderen Formen von Massenaktionen aufrief. Dies war ein radikaler Wandel: Es war immer ANC-Politik gewesen, seine Aktivitäten im Rahmen des Gesetzlichen zu halten. Wir von der Jugendliga hatten miterlebt, wie legale und konstitutionelle Mittel nicht das geringste ausgerichtet hatten gegen rassische Unterdrückung. Nun sollte die ganze Organisation in ein aktivistischeres Stadium eintreten.

Diese Veränderungen vollzogen sich nicht ohne interne Dramatik. Einige Wochen vor der Konferenz trafen sich Walter Sisulu, Oliver Tambo, A. P. Mda und ich privat mit Dr. Xuma in seinem Haus in Sophiatown. Wir erklärten ihm, die Zeit sei reif für Massenaktionen in der Art von Gandhis gewaltfreien Protesten in Indien und des passiven Widerstandes von 1946, und betonten, der ANC sei angesichts der Unterdrückung zahm geworden. Die Führer des ANC, erklärten wir, müßten bereit sein, Gesetze zu verletzen und, falls nötig, für ihre Überzeugungen ins Gefängnis zu gehen, wie Gandhi.

Dr. Xuma war entschieden dagegen. Solche Strategien seien verfrüht und würden der Regierung nur einen Vorwand liefern, den ANC zu zerschlagen. Solche Protestformen, meinte er, würden sicher irgendwann in Südafrika eingesetzt werden, doch im Augenblick sei ein solcher Schritt zu gefährlich. Er erklärte nachdrücklich, er sei Arzt mit einer großen, gutgehenden Praxis, die er nicht gefährden wolle, indem er ins Gefängnis ginge.

Wir stellten Dr. Xuma ein Ultimatum: Bei seiner Wiederwahl zum Präsidenten des ANC würden wir ihn unterstützen, versprachen wir, allerdings unter der Voraussetzung, daß er das von uns vorgeschlagene Aktionsprogramm unterstützte. Falls er uns nicht unterstützte, würden wir auch ihn nicht unterstützen. Dr. Xuma ereiferte sich, beschuldigte uns der Erpressung und verübelte uns, daß wir ihm Bedingungen stellten, unter denen wir für ihn stimmen würden. Wir seien jung und arrogant, behandelten ihn ohne Respekt. Wir hielten dagegen, doch es hatte keinen Zweck. Er lehnte unseren Vorschlag ab.

Um elf Uhr abends warf er uns ohne Umschweife aus seinem Haus und schloß das Tor hinter uns. In Sophiatown gab es keine Straßenlaternen, und es war eine mondlose Nacht. Wir konnten uns kaum erkennen. Öffentliche Transportmittel verkehrten zu dieser Nachtzeit längst nicht mehr, und wir wohnten alle im viele Meilen entfernten Orlando. Oliver bemerkte, Xuma hätte uns wenigstens ein Transportmittel anbieten können. Walter war mit einer Familie befreundet, die in der Nähe wohnte, und so baten wir die Leute, bei ihnen übernachten zu dürfen.

Auf der Konferenz im Dezember wußten wir von der Jugendliga, daß wir genügend Stimmen hatten, um Dr. Xuma abzusetzen. Als Gegenkandidaten für das Präsidentenamt schlugen wir Dr. J. S. Moroka vor. Er war nicht unsere erste Wahl. Der Mann, den wir uns wünschten, war Professor Z. K. Matthews, doch er hielt uns für zu radikal und unseren Aktionsplan für zu unpraktisch. Er nannte uns naive Aufrührer und fügte hinzu, mit den Jahren werde sich das schon geben. Es war unwahrscheinlich, daß Dr. Moroka gewählt wurde. Er war Mitglied der All-African Convention (AAC), die zu jener Zeit von Trotzkisten beherrscht war. Als er einwilligte, gegen Dr. Xuma anzutreten, nahm die Jugendliga ihn als ANC-Mitglied auf. Als wir zum erstenmal an ihn herantraten, nannte er den ANC, den African National Congress, African National »Council«. Er wußte herzlich wenig vom ANC, auch war er kein erfahrener Aktivist, doch für unseren Vorschlag und unser Programm war er zugänglich. Wie Dr. Xuma war er Mediziner und einer der wohlhabendsten Schwarzen in Südafrika. Er hatte in Edinburgh und Wien studiert. Morokas Urgroßvater war Häuptling im Oranje-Freistaat gewesen und hatte die burischen »Voortrekkers« des 19. Jahrhunderts mit offenen Armen und Landgeschenken willkommen geheißen – und war dann verraten worden. Dr. Xuma erlitt bei der Wahl eine Niederlage, und Dr. Moroka wurde Generalpräsident des ANC. Walter Sisulu wurde zum neuen Generalsekretär, Oliver Tambo in das Nationale Exekutivkomitee gewählt.

Das von der Jahreskonferenz gebilligte Aktionsprogramm rief zum Kampf um politische Rechte mit Hilfe von Boykotts, Streiks, zivilem Ungehorsam und Nichtkooperation auf. Außerdem rief es dazu auf, an einem bestimmten Tag landesweit der Arbeit fernzubleiben als Ausdruck des Protests gegen die rassistische und reaktionäre Politik der Regierung. Das war ein Abschied von den Tagen des Wohlverhaltens, und viele der Altgedienten des ANC sollten in dieser Ära größerer Militanz in den Hintergrund treten. Mitglieder der Jugendliga waren in die Organisation der Älteren aufgestiegen. Wir führten den ANC auf einen Weg, der radikaler und revolutionärer war.

Ich konnte den Triumph der Jugendliga nur aus der Ferne feiern, denn es war mir nicht möglich, an der Konferenz teilzunehmen. Ich arbeitete damals für eine Anwaltskanzlei, und die weigerte sich, mir zwei Tage freizugeben, damit ich an der Konferenz in Bloemfontein teilnehmen konnte. Die Kanzlei war zwar liberal, doch sie erwartete, daß ich mich auf meine Arbeit konzentrierte und auf die Politik verzichtete. Wäre ich zur Konferenz gefahren, hätte ich meinen Job verloren, und das konnte ich mir nicht leisten.

Der Geist der Massenaktion regte sich, doch ich war weiterhin skeptisch gegenüber Aktionen mit Kommunisten und Indern. Die Defend Free Speech Convention (»Versammlung zur Verteidigung der Redefreiheit«) im März 1950, organisiert vom Transvaal-ANC, dem Transvaal Indian Congress, der African People's Organization und der Bezirksgruppe der Kommunistischen Partei, brachte 10000 Menschen auf den Marktplatz von Johannesburg. Ohne die Exekutive zu konsultieren, erklärte sich Dr. Moroka bereit, den Vorsitz der Versammlung zu übernehmen: Die »Convention« war ein großer Erfolg, doch ich blieb skeptisch, denn die Haupttriebkraft hinter ihr war die Kommunistische Partei.

Auf Betreiben der Kommunistischen Partei und des Indian

Congress verabschiedete die »Convention« eine Resolution über einen eintägigen Generalstreik, den »Freedom Day on May 1«, auf dem die Abschaffung der Paßgesetze und aller diskriminierender Gesetzgebung gefordert werden sollte. Obwohl ich diese Absichten mittrug, glaubte ich, daß die Kommunisten darauf aus waren, den ANC um die Wirkung seines nationalen Protesttags zu bringen. Ich sprach mich gegen den Aktionstag im Mai aus, weil nicht der ANC die Kampagne veranlaßt hatte, denn ich glaubte, wir sollten uns auf unsere eigene Kampagne konzentrieren.

Ahmed Kathrada war damals kaum 21 Jahre alt, und wie jedem jungen Mann gefiel es ihm, seine Muskeln spielen zu lassen. Er war ein führendes Mitglied des Transvaal Indian Youth Congress und hatte gehört, daß ich mich gegen den Streik am 1. Mai ausgesprochen hatte. Eines Tages traf ich ihn auf der Commissioner Street, und er ging wütend auf mich los und warf mir vor, die Jugendliga und ich wollten nicht mit Indern oder Farbigen zusammenarbeiten. In herausforderndem Ton erklärte er: »Du bist ein afrikanischer Führer, und ich bin ein indischer Jugendlicher. Doch ich bin überzeugt, die afrikanischen Massen unterstützen den Streik, und so fordere ich dich auf, irgendeine afrikanische Township für eine Versammlung zu benennen, und ich garantiere dir, daß die Leute mich unterstützen werden.« Das war eine leere Drohung, die mich dennoch erzürnte. Ich beschwerte mich sogar offiziell auf einer gemeinsamen Versammlung des ANC-Exekutivkomitees, des South African Indian Congress und der KP, doch Ismail Meer beschwichtigte mich und meinte: »Nelson, er ist jung und hitzköpfig, sei du's nicht auch.« Da kam ich mir wegen meiner Überreaktion ein wenig töricht vor und zog meine Beschwerde zurück. Obwohl ich mit Kathrada nicht übereinstimmte, bewunderte ich seinen Elan. Über den Zwischenfall sollten wir später lachen.

Der Streik am 1. Mai fand ohne offizielle Unterstützung des ANC statt. Vorsorglich verbot die Regierung alle Versammlungen und Zusammenkünfte an diesem Tag. Mehr als zwei Drittel der afrikanischen Arbeiter blieben während des eintägigen

Streiks zu Hause. An jenem Abend waren Walter und ich in West-Orlando, am Rande einer Menschenmenge, die trotz der Restriktionen der Regierung zum Protest gekommen war. Der Mond schien hell, und während wir den wohlgeordneten Marsch der Protestierenden beobachteten, konnten wir eine Gruppe von Polizisten ausmachen, die etwa 500 Meter entfernt jenseits eines Flusses lagerten. Sie mußten auch uns gesehen haben, denn plötzlich begannen sie in unsere Richtung zu schießen. Wir warfen uns zu Boden und verharrten dort, als berittene Polizei in die Menschenmenge galoppierte und mit Knüppeln auf die Leute einschlug. Wir flüchteten uns schließlich in ein nahes Schwesternheim, wo wir hörten, wie Kugeln in die Gebäudemauer einschlugen. 18 Afrikaner starben, und viele weitere wurden bei diesem willkürlichen, unprovozierten Angriff verletzt.

Trotz der Proteste und aller Kritik bestand die nationalistische Antwort in verstärkter Unterdrückung. Wochen später brachte die Regierung den berüchtigten Suppression of Communism Act ein, und der ANC berief in aller Eile eine Konferenz in Johannesburg ein. Das Gesetz verbot die Kommunistische Partei von Südafrika und bedrohte jedes Parteimitglied und jeden, der die Ziele des Kommunismus vertrat, mit einer Gefängnisstrafe von maximal zehn Jahren. Aber das Gesetz war so weit gefaßt, daß es auch den geringsten Protest gegen den Staat ächtete und es als Verbrechen bezeichnete, eine Lehre zu befürworten, die »politische, industrielle, soziale oder ökonomische Veränderungen mittels Verbreitung von Störungen und Unruhe« herbeiführen wollte. Grundsätzlich gestattete es das Gesetz der Regierung, jede Organisation zu verbieten und jede Person zu verhaften, die gegen ihre Politik opponierte.

Der ANC, der TIC und die APO trafen sich abermals, um über diese neuen Maßnahmen zu diskutieren, und als einer von mehreren Rednern erklärte Dr. Dadoo, es wäre töricht, an früheren Differenzen festzuhalten und die Bildung einer Einheitsfront gegen die Regierung zu vereiteln. Ich schloß mich dieser Ansicht an: Die Unterdrückung einer Befreiungsgruppe bedeute fraglos die Unterdrückung aller Befreiungsgruppen. Auf dieser Versammlung sprach Oliver die prophetischen Worte: »Heute ist es die Kommunistische Partei. Morgen werden es unsere Gewerkschaften sein, unser Indian Congress, unsere APO, unser African National Congress.«

Unterstützt vom TIC und der APO, beschloß der ANC für den 26. Juni 1950 einen nationalen Tag des Protests gegen die Ermordung von 18 Afrikanern am 1. Mai und gegen die Verabschiedung des Kommunistenverbots. Der Vorschlag wurde ratifiziert, und zur Vorbereitung des Protesttags schloß sich der ANC mit dem SAIC, der APO und der Kommunistischen Partei zusammen. Die Bedrohung, so glaubte ich, war groß genug, uns zu zwingen, den indischen und kommunistischen Kollegen die Hand zu reichen.

Einige Zeit zuvor war ich in das Nationale Exekutivkomitee des ANC gewählt worden und hatte den Platz von Dr. Xuma eingenommen, der sich, nicht wieder zum Präsidenten gewählt, zurückgezogen hatte. Ich hatte keineswegs vergessen, daß es Dr. Xuma gewesen war, der versucht hatte, mir zu helfen, meinen ersten Arbeitsplatz zu bekommen, als ich zehn Jahre zuvor nach Johannesburg gekommen war, ohne den leisesten Gedanken daran, in die Politik zu gehen. Als Mitglied des Nationalen Exekutivkomitees war ich zusammen mit den dienstältesten Leuten des ANC gleichsam in der ersten Mannschaft. Aus dem einstigen Störenfried innerhalb der Organisation war ich zum Teilhaber an jener Macht geworden, gegen die ich einst rebelliert hatte. Das war ein erregendes Gefühl, aber nicht ohne gemischte Empfindungen. In gewisser Weise ist es einfacher, Dissident zu sein, weil man keine Verantwortung trägt. Als Mitglied der Exekutive hatte ich Argumente abzuwägen und Entscheidungen zu treffen und damit zu rechnen, von Rebellen kritisiert zu werden, wie ich selbst einer gewesen war.

In Südafrika war eine Massenaktion gefährlich, denn zu streiken war für einen Afrikaner eine kriminelle Handlung, und das Recht auf Rede- und Bewegungsfreiheit war gnadenlos eingeschränkt. Bei einem Streik lief der Afrikaner nicht nur Gefahr, seinen Job zu verlieren, sondern auch seine gesamte Lebensgrundlage und das Wohnrecht in seinem Viertel.

Nach meiner Erfahrung ist ein politischer Streik stets viel riskanter als ein ökonomischer. Ein Streik, der auf politischem Unmut basiert und nicht auf klar umrissenen Programmpunkten wie höheren Löhnen oder kürzerer Arbeitszeit, ist eine weitaus prekärere Form des Protests und erfordert eine besonders schlagkräftige Organisation. Der Protesttag war ein politischer, kein wirtschaftlicher Streik.

Zur Vorbereitung auf den 26. Juni reiste Walter durch das Land, um sich mit lokalen Führern zu beraten. Während seiner Abwesenheit übernahm ich das ANC-Büro, in dem es wie im Taubenschlag zuging; es war Dreh- und Angelpunkt für das schwierige Ereignis. Jeden Tag schauten verschiedene ANC-Führer herein, um sich zu vergewissern, ob auch alles nach Plan verlief: Moses Kotane, Dr. Dadoo, Diliza Mji, J. B. Marks, Präsident des ANC von Transvaal, Yusuf Cachalia und sein Bruder Maulvi, Gaur Radebe, Sekretär des Aktionsrats, Michael Harmel, Peter Raboroko, Ntatho Motlana. Ich koordinierte die Aktionen in verschiedenen Teilen des Landes und hielt Telefonkontakt zu regionalen Führern. Viel Zeit hatten wir uns nicht gelassen, und die Planung ging in ziemlicher Hast vor sich.

Der Tag des Protestes war der erste Versuch des ANC, einen politischen Streik nationalen Ausmaßes durchzuführen, und er war nur ein mäßiger Erfolg. In den Städten blieb die Mehrheit der Arbeiter zu Hause, und schwarze Ladenbesitzer hatten geschlossen. In Bethal führte Gert Sibande, der später Präsident des ANC von Transvaal wurde, eine Demonstration von 5000 Menschen an. Der Protesttag stärkte unsere Moral, machte uns unserer Stärke bewußt und warnte die Regierung Malan, daß wir angesichts der Apartheid nicht passiv sein würden. Der 26. Juni wurde später zum Gedenktag des Freiheitskampfes, und in der Befreiungsbewegung galt er als Freiheitstag.

Zum erstenmal hatte ich bei einer nationalen Kampagne eine wichtigere Rolle gespielt und verspürte jene Heiterkeit, die mit dem Erfolg einer wohlgeplanten Schlacht gegen den Gegner einhergeht, und das Gefühl von Kameradschaft, das der Kampf gegen furchterregende Gefahren auslöst.

Der Kampf, das lernte ich nun, war allumfassend. Ein Mann, der in den Kampf verwickelt war, war ein Mann ohne häusliches Leben. Genau am Tag des Protests wurde mein zweiter Sohn, Makgatho Lewanika, geboren. Ich war bei Evelyn im Krankenhaus, als er zur Welt kam, aber das war nur eine kurze Unterbrechung meiner Aktivitäten. Ich nannte ihn nach Sefako Mapogo Makgatho, dem zweiten Präsidenten des ANC, von 1917 bis 1924, und Lewanika, einem führenden Häuptling in Sambia. Makgatho, Sohn eines Pedi-Häuptlings, hatte Freiwillige angeführt, um rassistischen Gesetzen zu trotzen, die es Afrikanern verboten, die Bürgersteige von Pretoria zu benutzen. Sein Name war für mich ein Symbol für Unbeugsamkeit und Mut.

Etwa zu dieser Zeit erzählte mir meine Frau eines Tages, mein älterer Sohn, Thembi, damals fünf Jahre alt, habe sie gefragt: »Wo wohnt Daddy?« Ich kehrte spätabends heim, wenn er schon lange schlief, und ging früh aus dem Haus, bevor er aufwachte. Ich schätzte es gar nicht, auf die Gegenwart meiner Kinder verzichten zu müssen. Sie fehlten mir sehr während jener Tage, lange bevor ich auch nur eine Ahnung hatte, daß ich jahrzehntelang von ihnen getrennt sein würde.

Damals wußte ich weit genauer, wogegen ich war als wofür. Mein langgehegter Widerstand gegen den Kommunismus brach langsam in sich zusammen. Moses Kotane, Generalsekretär der Kommunistischen Partei und Mitglied der ANC-Exekutive, kam oft spätabends zu mir nach Haus, und wir debattierten die ganze Nacht hindurch. Kotane, Sohn von Farmern in Transvaal, hatte einen klaren Verstand; sein Wissen hatte er sich selbst angeeignet. »Nelson«, pflegte er zu sagen, »was hast du gegen uns? Wir bekämpfen alle denselben Feind. Wir wollen den ANC nicht beherrschen. Unsere Arbeit steht im Kontext des afrikanischen Nationalismus.« Am Schluß hatte ich seinen Argumenten nur noch wenig entgegenzuhalten.

Aufgrund meiner Freundschaft zu Moses Kotane, Ismail Meer und Ruth First und angesichts der Opfer, die sie brachten, fand ich es immer schwieriger, meine Vorurteile gegen die Kommunistische Partei zu rechtfertigen. Innerhalb des ANC waren Parteimitglieder wie J. B. Marks, Edwin Mofutsanyana, Dan Tloome, David Bopape und andere gleichermaßen engagierte und hart arbeitende Freiheitskämpfer, deren Einsatz nichts zu wünschen übrig ließ. Dr. Dadoo, einer der Führer des Widerstands von 1946, war ein wohlbekannter Marxist, dessen Rolle als Kämpfer für die Menschenrechte ihn für alle Gruppen zum Helden gemacht hatte. Ich konnte und wollte die Aufrichtigkeit solcher Männer und Frauen nicht länger in Zweifel ziehen.

Doch wenn ich ihr Engagement auch nicht bezweifeln konnte, so stellte ich doch die philosophischen und praktischen Grundlagen des Marxismus in Frage. Freilich hatte ich nur geringe Kenntnisse vom Marxismus, und in politischen Diskussionen mit meinen kommunistischen Freunden und Kollegen sah ich mich immer wieder benachteiligt durch meine Ignoranz hinsichtlich der marxistischen Philosophie. Ich beschloß, hier Abhilfe zu schaffen.

Ich besorgte mir die vollständigen Werke von Marx und Engels, Lenin, Stalin, Fidel Castro, Ho Chi Minh und Mao Tse-tung und vertiefte mich in die Philosophie des dialektischen und historischen Materialismus. Doch hatte ich nur wenig Zeit, diese Werke gründlich zu studieren. Während das Kommunistische Manifest mich anregte, erschöpfte mich »Das Kapital«. Die Idee einer klassenlosen Gesellschaft hatte auf mich eine starke Anziehungskraft, ähnelte sie doch für mich der traditionellen afrikanischen Kultur, in der das Leben von allen geteilt und gemeinschaftlich war. Ich unterstrich Marx' fundamentales Diktum, das die Einfachheit und Großzügigkeit der goldenen Regel besitzt: »Jeder nach seinen Fähigkeiten, jedem nach seinen Bedürfnissen.«

Der dialektische Materialismus war nicht nur wie ein Scheinwerfer, der die dunkle Nacht rassischer Unterdrückung erhellte, sondern auch ein Mittel, das eingesetzt werden konnte, um ebenjene Unterdrückung zu beenden. Er half mir dabei, die Situation nicht nur aus dem Blickwinkel schwarz-weißer Beziehungen zu sehen, denn wenn unser Kampf Erfolg haben sollte, so mußten wir Schwarz und Weiß überwinden. Was mich besonders anzog, waren die wissenschaftlichen Grundlagen des dialektischen Materialismus, denn ich neige stets dazu, dem zu trauen, was ich selbst verifizieren kann. Die Idee, daß der Wert von Gütern auf der Menge an Arbeit basiert, die in sie gesteckt wird, schien besonders aufschlußreich für Südafrika zu sein. Die herrschende Klasse zahlte den afrikanischen Arbeitern nur Subsistenzlöhne, Löhne, die sie am Leben erhielten, und fügte den Kosten der Güter jenen Wert hinzu, den sie selbst einstrich.

Der marxistische Aufruf zur revolutionären Tat war Musik in den Ohren eines Freiheitskämpfers. Der Gedanke, daß die Geschichte durch Kampf fortschreitet und Wandel sich in revolutionären Sprüngen vollzieht, war gleichfalls anziehend. Die Lektüre marxistischer Werke vermittelte mir viele Informationen über jene Art von Problemen, denen sich ein praktischer Politiker gegenübersieht. Marxisten hatten schon lange nationale Befreiungsbewegungen unterstützt, und die Sowjetunion im besonderen die nationalen Kämpfe vieler Kolonialvölker. Das war ein weiterer Grund dafür, daß ich meine Meinung über Kommunisten revidierte und die Position des ANC akzeptierte, Marxisten in seinen Reihen willkommen zu heißen.

Ein Freund fragte mich einmal, wie mein Bekenntnis zum afrikanischen Nationalismus zu versöhnen sei mit dem Glauben an den dialektischen Materialismus. Für mich bestand da kein Widerspruch. Zuerst und vor allem war ich ein afrikanischer Nationalist, der für die Emanzipation aller Afrikaner von der Minderheitsherrschaft und für das Recht zur Regelung ihrer eigenen Angelegenheiten kämpfte. Gleichzeitig jedoch sind Südafrika und der afrikanische Kontinent Teil der größeren Welt. Unsere Probleme, wenngleich auffälliger und spezieller Art, sind nicht völlig einzigartig, und eine Philosophie, die jene Probleme in den internationalen und historischen Kontext der größeren Welt und den Lauf der Geschichte stellt, besitzt ihren Wert. Ich war bereit, alle Mittel einzusetzen, die geeignet sind, die Beseitigung menschlicher Vorurteile und das Ende des chauvinistischen und gewalttätigen Nationalismus zu beschleunigen. Ich brauchte kein Kommunist zu werden, um mit ihnen zusammenzuarbeiten. Nach meiner Ansicht haben afrikanische Nationalisten und afrikanische Kommunisten im allgemeinen viel mehr Gemeinsames als Trennendes. Zyniker haben stets behauptet, die Kommunisten benutzten uns. Doch wer wollte behaupten, daß wir sie nicht benutzten?

WENN WIR hinsichtlich der National Party irgendwelche Hoffnungen oder Illusionen gehabt hatten, bevor sie die Regierung übernahm, so wurden sie uns schnell ausgetrieben. Ihre Drohung, den »Kaffer« an seinen Platz zu verweisen, war alles andere als leer. Neben dem Kommunisten-Gesetz bildeten zwei 1950 verabschiedete Gesetze die Grundpfeiler der Apartheid – der Population and Registration Act und der Group Areas Act. Das erstere Gesetz ermächtigte die Regierung, alle Südafrikaner offiziell nach ihrer Rassenzugehörigkeit zu klassifizieren. Wenn es nicht tatsächlich schon so gewesen wäre, so wurde jetzt die Rasse zur Conditio sine qua non der südafrikanischen Gesellschaft. Die willkürlichen und sinnlosen Tests, um Schwarze von Farbigen zu unterscheiden oder Farbige von Weißen, führten oft zu tragischen Fällen, wenn Angehörige ein und derselben Familie unterschiedlich klassifiziert wurden, alles abhängig davon, ob ein Kind eine hellere oder dunklere Hautfarbe hatte. Von so absurden Unterschieden wie der Kräuselung des Haars oder der Größe der Lippen konnte es abhängen, wo jemand leben und arbeiten durfte.

Das zweite Gesetz war die Grundlage der Apartheid hinsichtlich der Wohnung. Nach seinen Bestimmungen konnte jede Rassengruppe nur in ihrem eigenen separaten Gebiet Land besitzen, Grundstücke erwerben und ein Gewerbe betreiben. Inder konnten fortan nur noch in indischen Vierteln leben, Afrikaner in afrikanischen, Farbige in farbigen. Wenn Weiße das Land oder die Häuser der anderen Gruppen haben wollten, konnten sie das Land einfach zum weißen Gebiet erklären und übernehmen. Der Group Areas Act leitete eine Ära von Zwangsvertreibungen ein, insofern afrikanische Gemeinden, Städte und Dörfer in als »weiß« deklarierten Stadtgebieten gewaltsam umgesiedelt wurden, weil benachbarte weiße Landbesitzer keine Afrikaner in ihrer Nähe wünschten oder einfach deren Land haben wollten.

An der Spitze der Vertreibungsliste stand Sophiatown, eine vibrierende Gemeinde von mehr als 50 000 Bewohnern und eine der ältesten schwarzen Siedlungen in Johannesburg. Trotz seiner Armut war Sophiatown eine Gemeinde mit einem reichen Leben und eine Quelle von so vielen Dingen, die neu und wertvoll waren im afrikanischen Leben und in seiner Kultur. Selbst vor den Bemühungen der Regierung, Sophiatown aufzulösen, besaß es für Afrikaner eine symbolische Bedeutung, die in umgekehrtem Verhältnis zu ihrer geringen Einwohnerzahl stand.

Im folgenden Jahr erließ die Regierung zwei weitere Gesetze, die unmittelbar die Rechte der Farbigen und der Afrikaner einschränkten. Der Separate Representation of Voters Act zielte darauf ab, Farbige auf separate Wahllisten am Kap zu setzen, wodurch das Wahlrecht verwässert wurde, das sie über ein Jahrhundert lang genossen hatten. Der Bantu Authorities Act hob den Native's Representative Council auf, das einzige direkte Forum parlamentarischer Repräsentation für Afrikaner, und er setzte ihn durch ein hierarchisches System von Stammeshäuptlingen, die von der Regierung ernannt wurden. Der Hintergedanke war, traditionellen und vor allem konservativen ethnischen Führern wieder Macht zu verleihen, um so ethnische Differenzen zu verewigen, die sich aufzuheben begannen. Beide Gesetze verkörperten das Ethos der nationalistischen Regierung, die vorgab, zu bewahren, was sie zu zerstören trachtete. Gesetze, welche die Menschen ihrer Rechte beraubten, wurden stets als Gesetze beschrieben, die diese Rechte wiederherstellten.

Die Farbigen demonstrierten gegen das Gesetz über separate Wahllisten. Im März 1951 organisierten sie in Kapstadt einen eindrucksvollen Protestmarsch und im April einen Streik, bei dem die Läden geschlossen und die Schulkinder zu Hause blieben. Im Zusammenhang mit diesem Geist des Aktivismus bei Indern, Farbigen und Afrikanern schnitt Walter Sisulu vor einer kleinen Gruppe von uns zum erstenmal die Frage einer nationalen Kampagne zivilen Ungehorsams an. Er entwarf einen Plan, nach dem ausgewählte Freiwillige aus allen Gruppen absichtlich Gefängnishaft riskieren sollten, indem sie gegen bestimmte Gesetze verstießen.

Die Idee sagte mir sofort zu, wie auch den anderen, doch ich war anderer Meinung als Walter, was die Frage betraf, wer daran teilnehmen sollte. Ich war kurz zuvor Präsident der Jugendliga geworden, und in meiner neuen Rolle drängte ich darauf, die Kampagne solle ausschließlich von Afrikanern getragen werden. Der durchschnittliche Afrikaner, erklärte ich, sei gegenüber gemeinsamen Aktionen mit Indern und Farbigen noch immer zurückhaltend. Obwohl ich hinsichtlich meiner Opposition zum Kommunismus Fortschritte gemacht hatte, fürchtete ich weiterhin den Einfluß der Inder. Außerdem hielten viele unserer afrikanischen Anhänger vom Lande die Inder in ihrer Rolle als Ladenbesitzer und Kaufleute für Ausbeuter schwarzer Arbeiter.

Walter widersprach heftig und argumentierte, Inder, Farbige und Afrikaner seien unauflöslich miteinander verbunden. Das Thema kam bei einem Treffen des Nationalen Exekutivkomitees erneut zur Sprache, und meine Ansicht wurde niedergestimmt, auch von solchen, die als stramme Nationalisten galten. Aber ich blieb standhaft. Als Präsident der Jugendliga sprach ich die Frage noch einmal auf der nationalen Konferenz im Dezember 1951 an, doch die Delegierten verwarfen meinen Standpunkt genauso emphatisch, wie es das Nationale Exekutivkomitee getan hatte. Als meine Auffassung auf den höchsten Ebenen des ANC abgelehnt worden war, akzeptierte ich die allgemeine Haltung. Während meine Rede, mit der ich die Strategie des Alleingangs verteidigt hatte, nur lauwarm aufgenommen worden war, löste meine Rede als Präsident der Jugendliga, nachdem die Liga ihre Unterstützung für die neue Kooperationspolitik erklärt hatte, großen Beifall aus.

Auf Weisung eines gemeinsamen Planungsrats, bestehend aus Dr. Moroka, Walter Sisulu, J. B. Marks, Yusuf Dadoo und Yusuf Cachalia, verabschiedete die ANC-Konferenz eine Resolution, mit der die Regierung aufgefordert wurde, den Suppression of

Communism Act, den Group Areas Act, den Separate Representation of Voters Act, den Bantu Authorities Act, die Paßgesetze und die Stock Limitation Laws bis zum 29. Februar 1952 zu widerrufen. Die letztgenannten Gesetze sollten die Überweidung von Land durch Viehherden verringern, doch sie würden sich dahingehend auswirken, daß für Afrikaner noch weniger Land verfügbar sein würde. Der Rat beschloß, der ANC solle am 6. April 1952 Demonstrationen veranstalten, als Auftakt der Kampagne zur Defiance of Unjust Laws (»Mißachtung von ungerechten Gesetzen«). Am selben Tag würden weiße Südafrikaner den 300. Jahrestag der Ankunft Jan Van Riebeeks am Kap im Jahr 1652 feiern. Am 6. April jeden Jahres gedenken weiße Südafrikaner der »Entdeckung« ihres Landes – die Afrikaner verfluchen den Tag als Anfang von 300 Jahren Versklavung.

Der ANC setzte einen Brief an den Premierminister auf, mit dem er über die Resolutionen und den Schlußtermin zur Gesetzesaufhebung in Kenntnis gesetzt wurde. Da der Brief den Namen von Dr. Moroka tragen sollte, dieser aber an seiner Abfassung nicht beteiligt gewesen war, wurde mir aufgetragen, den Brief zu ihm nach Hause in Thaba 'Nchu zu bringen, einer Kleinstadt bei Bloemfontein im Oranje-Freistaat, einer sehr konservativen Gegend des Landes. Beinahe hätte ich es nicht geschafft, ihn dort aufzusuchen.

Nur wenige Wochen zuvor hatte ich mich einer Fahrprüfung unterzogen. In jenen Tagen war ein Führerschein etwas Ungewöhnliches für einen Afrikaner, denn nur wenige Schwarze besaßen Autos. Zum vereinbarten Termin lieh ich mir für die Prüfung ein Auto, und ein wenig übermütig damals, beschloß ich, das Auto selbst zu fahren. Da ich spät dran war, fuhr ich schneller, als es gut war, und als ich von einer Nebenstraße in eine Hauptstraße einbiegen wollte, schaute ich nicht nach rechts und links und stieß mit einem Auto zusammen. Der Schaden war gering, doch jetzt würde ich mit Sicherheit zu spät kommen. Der andere Fahrer war ein verständiger Mensch, und wir einigten uns schnell, unsere Kosten selbst zu tragen.

Als ich die Prüfungsstelle erreichte, beobachtete ich eine weiße Frau vor mir, die gerade mitten in ihrer Fahrprüfung war. Sie fuhr vorsichtig und vorschriftsmäßig. Am Ende der Prüfung sagte der Prüfer zu ihr: »Danke! Würden Sie das Auto bitte dort drüben parken«, und deutete auf einen Platz in der Nähe. Die Frau war gut genug gefahren, um die Prüfung zu bestehen, doch als sie zum Parkplatz fuhr, nahm sie eine Ecke nicht richtig, und das Hinterrad fuhr über den Bordstein. Der Prüfer kam herbeigeeilt und erklärte: »Tut mir leid, Madam, Sie sind durch die Prüfung gefallen, lassen Sie sich bitte einen neuen Termin geben.« Ich spürte, wie mein Selbstvertrauen dahinschwand. Wenn dieser Kerl eine weiße Frau durchfallen ließ, was für eine Chance hatte ich dann? Doch ich absolvierte die Prüfung recht gut, und als mir der Prüfer am Schluß bedeutete, ich solle das Auto parken, fuhr ich so vorsichtig, daß ich dachte, er werde mich wegen zu langsamen Fahrens bestrafen.

Sobald ich rechtmäßig fahren durfte, wurde ich ein Ein-Mann-Taxiservice. Man war damals gehalten, Kameraden und Freunde zu fahren. Folglich hatte ich den Auftrag erhalten, den besagten Brief zu Dr. Moroka zu befördern. Das war für mich nicht anstrengend, denn ich habe es immer als angenehm empfunden, während des Fahrens aus dem Fenster zu schauen. Ich schien meine besten Ideen zu haben, während ich im Auto durch die Landschaft fuhr und der Wind durch das Fenster pfiff.

Auf dem Weg nach Thaba 'Nchu kam ich durch Kroonstadt, eine konservative Stadt im Freistaat, ungefähr 180 Kilometer südlich von Johannesburg. Ich fuhr eine Steigung hinauf und sah vor mir zwei weiße Jungen auf Fahrrädern. Ich war als Fahrer noch ein wenig unsicher und kam den Jungen, von denen der eine plötzlich abbog, ohne Zeichen zu geben, zu nahe, und so stießen wir zusammen. Er wurde von seinem Rad geschleudert und stöhnte vor Schmerzen, als ich ausstieg, um ihm zu helfen. Er hatte die Arme ausgestreckt und bedeutete mir, ihn aufzuheben, doch gerade als ich das tun wollte, schrie ein weißer Lastwagenfahrer mir zu, ich solle den Jungen bloß nicht anfassen. Der Lastwagenfahrer erschreckte den Jungen, der seine Arme sinken ließ, so als, wolle er von mir nicht aufgehoben werden. Er war nicht schlimm verletzt, und der Lastwagenfahrer brachte ihn zur nahe gelegenen Polizeistation.

Kurz darauf erschien der örtliche Polizist; der weiße Sergeant warf mir einen Blick zu und meinte: »Kaffer, jy sal kak vandag!« (»Kaffer, du wirst heute scheißen!«) Der Unfall und die Gewalttätigkeit seiner Worte brachten mich durcheinander, doch ich erklärte ihm in keineswegs unsicheren Worten, ich würde scheißen, wann es mir gefalle, und nicht, wenn es mir ein Polizist sage. Daraufhin zog der Sergeant sein Notizbuch hervor, um meine Personalien aufzunehmen. Weiße Polizisten waren überrascht, wenn ein schwarzer Mann Englisch sprechen konnte, mehr noch, wenn er drohte, sie vor Gericht zu bringen.

Nachdem ich mich ausgewiesen hatte, wandte er sich dem Wagen zu, um ihn zu durchsuchen. Unter der Fußmatte zog er ein Exemplar der linken Wochenzeitung *The Guardian* hervor, das ich gleich nach dem Unfall dort versteckt hatte. (Den Brief an Dr. Moroka hatte ich unter mein Hemd gesteckt.) Er warf einen Blick auf den Titel und hielt die Zeitung dann hoch in die Luft wie ein Pirat seine Beute. »Wragtig ons het 'n Korummuni gevangt!« (»Wirklich, wir haben einen Kommunisten gefangen!«) rief er. Die Zeitung schwenkend, eilte er davon.

Der Sergeant kehrte nach mehr als einer Stunde zurück, in Begleitung eines anderen Polizeibeamten. Dieser Sergeant, ebenfalls ein Afrikaner, war darauf bedacht, seine Pflicht korrekt zu erfüllen. Für die Polizeiunterlagen müsse er an der Unfallstelle Messungen vornehmen, erklärte er. Ich erklärte dem Sergeant, es sei nicht richtig, Messungen in der Nacht vorzunehmen, wenn der Unfall bei Tageslicht geschehen sei. Ich fügte hinzu, ich wolle die Nacht in Thaba 'Nchu verbringen, denn ich könne es mir nicht leisten, in Kroonstadt zu bleiben. Der Sergeant sah mich ungeduldig an und fragte: »Wie ist Ihr Name?«

»Mandela«, erwiderte ich.

»Nein, der Vorname«, ergänzte er. Ich sagte es ihm. »Nelson«, sagte der Sergeant, als spreche er zu einem Knaben. »Ich will Ihnen ja helfen, die Fahrt fortzusetzen. Aber wenn Sie mir Schwierigkeiten machen, bleibt mir nichts anderes übrig, als Ihnen Schwierigkeiten zu machen und Sie über Nacht einzusperren.« Das brachte mich wieder auf die Erde zurück, und ich hatte gegen die Messungen nichts mehr einzuwenden.

Spät in jener Nacht fuhr ich weiter, und als ich am nächsten Morgen durch den Distrikt von Excelsior fuhr, blieb mein Auto auf einmal stehen. Das Benzin war mir ausgegangen. Ich ging zu einem nahe gelegenen Farmhaus und erklärte einer älteren weißen Lady auf englisch, ich würde mir gern etwas Benzin kaufen. Als sie die Tür schloß, erklärte sie: »Ich habe kein Benzin.« Ich marschierte zwei Meilen bis zur nächsten Farm, und eingeschüchtert durch meinen erfolglosen Versuch, versuchte ich es mit einer anderen Strategie. Ich bat, den Farmer sprechen zu dürfen, und als er erschien, nahm ich eine unterwürfige Haltung an und sagte: »Meinem Baas ist das Benzin ausgegangen.« (»Bass« ist das Burenwort für »Boß« oder Herr und signalisiert Unterwürfigkeit.) Der Farmer, freundlich und hilfsbereit, war ein Verwandter des Premierministers Strijdom. Ich glaube, er hätte mir auch dann Benzin gegeben, wenn ich nicht das verhaßte Wort »Baas« gebraucht hätte.

Das Treffen mit Dr. Moroka war weniger ereignisreich als meine Reise zu ihm. Dr. Moroka billigte den Brief, und ich fuhr ohne Zwischenfall nach Johannesburg zurück. Der Brief an den Premierminister beinhaltete, daß der ANC jedes uns zur Verfügung stehende verfassungsmäßige Mittel ausgeschöpft habe, um unsere legitimen Rechte zu erhalten, und daß wir die Aufhebung der sechs »ungerechten Gesetze« bis zum 29. Februar 1952 forderten, sonst würden wir zur außer-verfassungsmäßigen Aktion greifen. Malans Antwort, unterschrieben von seinem Privatsekretär, bekräftigte, die Weißen hätten ein angestammtes Recht, Maßnahmen zu treffen zur Wahrung ihrer eigenen Identität als eigenständige Gemeinschaft, und endete mit der Drohung, die Regierung werde, sollten wir unsere geplanten Aktionen durchführen, nicht zögern, ihre staatliche Maschinerie voll einzusetzen, um alle Unruhen einzudämmen.

Wir betrachteten Malans knappe Zurückweisung unserer Forderungen als Kriegserklärung. Wir hatten jetzt keine andere Wahl, als unsere Zuflucht zu zivilem Ungehorsam zu nehmen, und wir gingen mit allem Ernst an die Vorbereitungen der Massenaktionen. Rekrutierung und Schulung der Freiwilligen waren wesentliche Aufgaben der Kampagne, denn davon hingen weitgehend Erfolg oder Mißerfolg ab. Zum Auftakt führten wir am 6. April in Johannesburg, Pretoria, Port Elizabeth, Durban und Kapstadt Demonstrationen durch. Dr. Moroka sprach auf dem Freedom Square in Johannesburg zu einer Menschenmenge, ich im Gewerkschaftshaus der Textilarbeiter vor einer Gruppe potentieller Freiwilliger. Ich erklärte mehreren hundert Afrikanern, Indern und Farbigen, daß sie eine schwierige und gefährliche Aufgabe erwartete, denn die Regierung würde versuchen, sie einzuschüchtern, ins Gefängnis zu stecken, und vielleicht sogar angreifen. Was auch immer die Behörden täten, die Freiwilligen dürften nicht zurückschlagen, denn dann würden sie den Wert des gesamten Unternehmens untergraben. Sie müßten auf Gewalt mit Gewaltlosigkeit antworten; um jeden Preis müsse Disziplin aufrechterhalten werden.

Am 31. Mai trafen sich die Mitglieder der Exekutive von ANC und SAIC in Port Elizabeth und kündigten an, die Mißachtungskampagne werde am 26. Juni beginnen, dem Jahrestag des ersten Nationalen Protesttags. Zur Leitung der Kampagne wurde ein Nationales Aktionskomitee gebildet und zur Rekrutierung und Ausbildung von Freiwilligen ein nationaler Freiwilligenausschuß. Ich wurde zum nationalen Freiwilligen-Leiter der Kampagne und zum Vorsitzenden sowohl des Aktionskomitees wie auch des Freiwilligenausschusses ernannt. Meine Aufgabe bestand darin, die Kampagne zu organisieren, regionale Bezirksstellen zu koordinieren, Freiwillige anzuwerben und Geldmittel aufzutreiben.

Wir diskutierten auch, ob die Kampagne den von Gandhi entwickelten Grundsätzen der Gewaltlosigkeit folgen solle, dem was Gandhi »satyiagraha« genannt hatte, eine Gewaltlosigkeit, die durch Bekehrung zu gewinnen suchte. Einige sprachen sich für Gewaltlosigkeit aus rein ethischen Gründen aus und bezeichneten sie als moralisch höherwertiger als jede andere Methode. Diese Idee fand einen eifrigen Befürworter in Manilal Gandhi, dem Sohn des Mahatma und Herausgeber der Zeitung *Indian Opinion;* er war prominentes Mitglied des SAIC. In seiner sanftmütigen Art wirkte Gandhi ganz wie die Personifizierung von Gewaltlosigkeit, und er beharrte darauf, die Kampagne solle den Richtlinien folgen, die sein Vater in Indien ausgegeben hatte.

Andere waren der Meinung, wir sollten die Frage nicht unter dem Gesichtspunkt der Prinzipien, sondern der Taktik angehen und die Methode anwenden, welche die Umstände verlangten. Wenn eine bestimmte Methode oder Taktik uns instand setzte, den Gegner zu besiegen, dann sollten wir sie anwenden. In diesem Fall war der Staat weit mächtiger als wir, und jeder unserer Versuche, Gewalt einzusetzen, müßte für uns verheerende Folgen haben. Das entsprach meiner Ansicht. Ich betrachtete Gewaltlosigkeit nach dem Gandhischen Modell nicht als unantastbares Prinzip, sondern als Taktik, die je nach Situation anzuwenden sei. Das Prinzip war nicht so wichtig, daß man der Strategie selbst dann folgen sollte, wenn sie selbstzerstörerisch sein würde, wie Gandhi glaubte. Ich wollte gewaltlosen Protest nur, solange er effektiv war. Das war, trotz Manilal Gandhis starker Einwände, die vorherrschende Ansicht.

Der gemeinsame Planungsrat einigte sich auf ein offenes Programm von Nichtkooperation und Gewaltlosigkeit. Zwei Stadien der Mißachtung wurden vorgeschlagen. Im ersten Stadium würde eine kleine Anzahl gutausgebildeter Freiwilliger in einer Handvoll städtischer Gebiete gegen bestimmte Gesetze verstoßen. Sie würden zum Beispiel ohne Erlaubnis verbotene Viertel betreten, Einrichtungen benutzen, die ausschließlich Weißen vorbehalten waren, wie Toiletten, bestimmte Eisenbahnabteile, Wartezimmer, Eingänge zu Postämtern. Sie würden nach der Sperrstunde absichtlich in der Stadt bleiben. Jede Gruppe von Widerständlern würde einen Führer haben, der die Polizei vorab über den Akt des Ungehorsams informierte, so daß Verhaftungen mit einem Minimum an Störungen vorgenommen werden könnten. Das zweite Stadium sollte in massenhafter Gesetzesmißachtung bestehen, begleitet von Streiks und Arbeitskämpfen überall im Land.

Vor Beginn der Mißachtungskampagne wurde am 22. Juni in Durban eine Demonstration abgehalten, genannt Day of the Volunteers (»Tag der Freiwilligen«). Häuptling Luthuli, Präsident des ANC von Natal, und Dr. Naicker, Präsident des Indian Congress von Natal, sprachen auf der Veranstaltung und befürworteten die Kampagne. Als Hauptredner war ich bereits am Tag zuvor nach Durban gefahren. Ungefähr 10000 Menschen hatten sich versammelt, und ich erklärte der Menge, die Mißachtungskampagne werde die machtvollste Aktion sein, die von den unterdrückten Massen in Südafrika je unternommen worden sei. Ich hatte noch nie zuvor zu einer so großen Menschenmenge gesprochen; es war ein erhebendes Erlebnis. Man kann zu einer Menschenmasse nicht reden wie zu zwei Dutzend Zuhörern. Dennoch habe ich mich immer bemüht, ob vor vielen oder wenigen Zuhörern, alles mit gleicher Sorgfalt zu erklären. Ich erklärte den Menschen, daß sie Geschichte machen und die Aufmerksamkeit der Welt auf die rassistische Politik Südafrikas lenken würden. Ich betonte, die Einheit zwischen Afrikanern, Farbigen und Indern in Südafrika sei endlich Realität geworden.

Überall im Land beteiligten sich am 26. Juni Menschen mit Mut, Enthusiasmus und Sinn für Geschichte an der Mißachtung von Gesetzen. Die Kampagne begann in den frühen Morgenstunden in Port Elizabeth, wo 33 Widerständler unter der Leitung von Raymond Mhlaba durch den »Nur-für-Weiße«-Eingang einen Bahnhof betraten und anschließend festgenommen wurden. Unter den Anfeuerungsrufen von Freunden und Familienangehörigen sangen sie Freiheitslieder beim Marsch durch den Eingang. Die Widerständler und die Menge riefen abwechselnd: »Mayibuye Afrika!« (»Laßt Afrika zurückkehren!«)

Am Morgen des 26. war ich im ANC-Büro und beaufsichtigte die für diesen Tag geplanten Demonstrationen. Die Freiwilligengruppe von Transvaal sollte mittags in einer Township bei Boksburg östlich von Johannesburg in Aktion treten. Angeführt von

Reverend N. B. Tantsi, sollten sie ihre Verhaftung provozieren, indem sie die Township ohne Passierscheine betraten. Reverend Tantsi war ein älterer Mann, Geistlicher der African Methodist Episcopal Church und amtierender Präsident des ANC von Transvaal.

Es war am späteren Morgen, und ich wartete auf Reverend Tantsi, der aus Pretoria eintreffen sollte, als er mich im Büro anrief. Mit Bedauern in der Stimme erklärte er, sein Arzt habe ihm davon abgeraten, an der Kampagne teilzunehmen und ins Gefängnis zu gehen. Ich versicherte ihm, wir würden ihm warme Kleidung besorgen, auch werde er nur eine Nacht im Gefängnis verbringen, doch er ließ sich nicht bewegen. Das war eine schwere Enttäuschung, denn Reverend Tantsi war ein geachteter Mann und war ausgewählt worden, um den Behörden zu zeigen, daß wir keineswegs nur eine Gruppe junger pöbelhafter Unruhestifter waren.

Als Ersatz für Tantsi fanden wir schnell einen gleichfalls geachteten Mann: Nana Sita, den Präsidenten des Indian Congress von Transvaal, der wegen seines passiven Widerstands während der Protestaktion von 1946 einen Monat im Gefängnis verbracht hatte. Trotz seines fortgeschrittenen Alters und akuter Arthritis erklärte sich Sita, der Kämpfer, bereit, unsere Widerständler anzuführen. Als wir uns am Nachmittag darauf vorbereiteten, nach Boksburg zu fahren, stellte ich fest, daß der Sekretär des ANC-Büros von Transvaal nirgends zu finden war. Er sollte Nana Sita nach Boksburg begleiten. Das war eine weitere Krise, und ich wandte mich an Walter und erklärte: »Walter, du mußt gehen.« Es war unsere erste Aktion in Transvaal, und wir brauchten unbedingt prominente Mitglieder, um die Widerständler anzuführen, sonst würde es so aussehen, als ob sich die Führer zurückhielten, während die Massen die Bestrafung auf sich nahmen. Obwohl er einer unserer Organisatoren war und selbst später Widerstand leisten sollte, erklärte sich Walter sofort bereit. Meine einzige Sorge war, daß er einen Anzug trug, eine für das Gefängnis nicht geeignete Kleidung, doch wir trieben für ihn noch ältere Kleidungsstücke auf.

Wir fuhren beide nach Boksburg, wo Yusuf Cachalia und ich dem Magistrate der Township einen Brief übergeben wollten, in dem er darauf hingewiesen wurde, daß 50 unserer Freiwilligen an diesem Tage die afrikanische Township seines Bezirks ohne Passierschein betreten würden. Als wir im Büro des Magistrate eintrafen, fanden wir eine große Schar Presseleute und Fotografen vor. Als ich dem Magistrate den Briefumschlag aushändigte, traten die Fotografen in Aktion. Der Magistrate schützte sich mit der Hand gegen das grelle Licht und bat dann Yusuf und mich in sein Amtszimmer, um die Angelegenheit privat mit uns zu besprechen. Er war ein verständiger Mann und erklärte, sein Büro stände uns immer offen, doch exzessive Öffentlichkeit würde unserer Sache nur schaden.

Vom Büro des Magistrate begaben wir uns sofort zur Township, wo die Demonstration stattfand, und schon aus einiger Entfernung hörten wir den lauten Gesang unserer Freiwilligen und die große Menge von Anhängern, die gekommen war, um sie anzufeuern. Auf dem Schauplatz fanden wir die hohen Metalltore zur Township verschlossen, während unsere Freiwilligen draußen geduldig warteten und Einlaß begehrten. Es waren insgesamt 52 Freiwillige, sowohl Afrikaner als auch Inder, und eine Menge von mehreren hundert begeisterten Zuschauern und Journalisten. Walter stand an der Spitze der Widerständler; seine Anwesenheit war Beweis, daß wir es ernst meinten. Doch der gute Geist der Demonstranten war Nana Sita, der sich, trotz seiner Arthritis, hochgemut unter den Demonstranten bewegte, ihnen auf die Schulter klopfte und ihre Zuversicht durch seine eigene stärkte.

In der ersten Stunde herrschte ein Unentschieden. Die Polizei hielt sich ungewöhnlich zurück, und ihr Verhalten überraschte uns. War ihre Zurückhaltung eine Strategie, um die Freiwilligen mürbe zu machen? Warteten sie auf das Verschwinden der Journalisten, um dann im Schutz der Dunkelheit ein Massaker zu beginnen? Oder sahen sie sich dem Dilemma gegenüber, daß sie, sollten sie uns verhaften – was sie normalerweise getan hätten –, genau das täten, was wir wollten? Aber während wir uns noch wunderten, änderte sich die Situation plötzlich. Die Polizei befahl, die Tore zu öffnen. Sofort stürmten die Freiwilligen hindurch und verstießen so gegen das Gesetz. Ein Polizeileutnant ließ eine Trillerpfeife ertönen, und wenige Augenblicke später hatten die Polizisten die Freiwilligen umzingelt und begannen sie festzunehmen. Die Kampagne war angelaufen. Die Demonstranten wurden zur örtlichen Polizeistation gebracht und angezeigt.

Noch am selben Abend nahmen die Leiter des Aktionskomitees, darunter Oliver Tambo, Yusuf Cachalia und ich, an einem Treffen in der Stadt teil, um die Ereignisse des Tages zu erörtern und für die kommende Woche zu planen. Wir trafen uns unweit des Stadtteils, wo die zweite Gruppe von Widerständlern, angeführt von Flag Boshielo, dem Vorsitzenden der zentralen Sektion des ANC, ihre Verhaftung provozierten. Sie marschierten kurz nach elf Uhr gemeinsam durch die Straßen. Um diese Zeit trat die Sperrstunde in Kraft, und Afrikaner brauchten eine Erlaubnis, um sich noch draußen aufzuhalten.

Wir beendeten unsere Versammlung um Mitternacht. Ich fühlte mich erschöpft und dachte nicht an Widerstand, sondern an eine warme Mahlzeit und wohlverdiente Ruhe. In diesem Augenblick traten Polizisten auf Yusuf und mich zu. Es war offenkundig, daß wir beide auf dem Heimweg und nicht beim Protestmarsch waren. »Nein, Mandela«, rief einer der Polizisten. »Sie können nicht abhauen.« Mit seinem Schlagstock wies er auf einen in der Nähe geparkten Polizeitransporter: »Einsteigen!« Am liebsten hätte ich ihm erklärt, daß ich die Kampagne im Augenblick gar nicht leitete und entsprechend unseren Planungen erst viel später demonstrieren und mich verhaften lassen sollte, aber natürlich wäre das lächerlich gewesen. Ich beobachtete, wie er zu Yusuf ging, um diesen festzunehmen, und Yusuf quittierte die Ironie der Situation mit lautem Gelächter. Es war schön anzuschauen, wie er grinste, als der Polizist ihn abführte.

Augenblicke später befanden Yusuf und ich uns inmitten von gut 50 unserer von Flag Boshielo geführten Freiwilligen, die in Transportern zu der aus roten Ziegeln erbauten Polizeistation gebracht wurden, die den Namen Marshall Square trug. Als Mitglieder des Aktionskomitees machten wir uns Sorgen, daß die anderen sich über unsere Abwesenheit wundern und sich fragen könnten, wer die Kampagne organisieren sollte. Aber es herrschte eine gute Stimmung. Schon auf der Fahrt zum Gefängnis hallten die Transporter wider von den lauten Stimmen der Widerständler, die »Nkosi Sikelel' iAfrika« (»Gott segne Afrika«) sangen, die wunderschöne afrikanische Nationalhymne.

Als wir in dieser Nacht in den Gefängnishof gedrängt wurden, stieß ein weißer Wächter einen von uns so heftig an, daß er einige Stufen hinunterstürzte und sich einen Fußknöchel brach. Ich beschwerte mich bei dem Wärter über sein Verhalten, und seine Reaktion war ein Tritt gegen mein Schienbein. Ich verlangte, daß der Verletzte sofort ärztlich behandelt werde, und wir begannen eine kleine, aber laute Demonstration. Man teilte uns jedoch nur knapp mit, der Verletzte könne am folgenden Tag einen Arzt verlangen, falls er es wünsche. In der Nacht hörten wir, wie sehr er litt.

Bis dahin hatte ich immer nur sehr kurze Zeit im Gefängnis zugebracht, und dies war meine erste intensive Erfahrung. Marshall Square war schmutzig, düster und verwahrlost, aber wir waren alle zusammen und so von hochgemuten Gefühlen erfüllt, daß ich meine Umgebung kaum wahrnahm. Die Kameradschaft unserer Mitstreiter ließ die zwei Tage schnell vergehen.

An jenem ersten Tag der Mißachtungskampagne verstießen im ganzen Land über 250 Freiwillige gegen verschiedene ungerechte Gesetze und wurden ins Gefängnis geworfen. Es war ein verheißungsvoller Anfang. Unsere Truppen waren wohlgeordnet, diszipliniert und voller Zuversicht.

Während der nächsten fünf Monate nahmen im ganzen Land rund 8500 Menschen an der Kampagne teil. Unter ihnen waren Ärzte, Fabrikarbeiter, Rechtsanwälte, Lehrer, Studenten, Geistliche. Sie sangen: »He, Malan! Öffne die Gefängnistore. Wir wollen hinein.« Die Kampagne breitete sich über den Witwatersrand, Durban bis nach Port Elizabeth, East London und Kapstadt und zu den kleineren Städten im östlichen und westlichen Kap aus. Sogar in den ländlichen Gegenden begann sich Widerstand zu regen.

Zum größten Teil waren die Gesetzesverstöße geringfügig, und die Strafen reichten von nicht mehr als ein paar Nächten im Gefängnis bis zu ein oder zwei Monaten Haft ersatzweise einer Geldstrafe, die selten zehn Pfund überstieg. Die Kampagne erreichte eine enorme Publizität, und die Mitgliederzahl des ANC stieg in dieser Zeit von gut 20000 schnell auf 100000. Der spektakulärste Anstieg wurde im östlichen Kap registriert; es stellte die Hälfte aller neuen ANC-Mitglieder.

Während der halbjährigen Kampagne reiste ich sehr viel im Witwatersrand und im westlichen sowie östlichen Kap umher. Im allgemeinen war ich im Auto unterwegs und fuhr entweder abends oder in aller Morgenfrühe los. Ich bereiste das Kap, Natal und Transvaal, erklärte kleineren Gruppen den Sinn der Kampagne und ging manchmal in den Townships von Haus zu Haus. Oft bestand meine Aufgabe darin, Differenzen zu bereinigen in Gebieten, wo man Aktionen starten wollte oder das gerade getan hatte. In Südafrika war zu jener Zeit die Massenkommunikation unter Afrikanern primitiv oder nicht vorhanden, und die Politik hatte oft etwas Provinzielles. Wir mußten die Menschen einen nach dem anderen für die Sache gewinnen.

Einmal fuhr ich zum östlichen Kap, um einen Streit beizulegen, in den Alcott Gwentshe verwickelt war, der die Kampagne in East London leitete. Gwentshe hatte als Ladenbesitzer Erfolg gehabt und zwei Jahre zuvor eine wichtige Rolle gespielt, als es galt, am 26. Juni in East London die Aktion »Bleibt zu Hause« zu organisieren. Zu Beginn der Mißachtungskampagne war er kurze Zeit im Gefängnis gewesen. Gwentshe war ein starker, fähiger Mann, aber er war Individualist, der den Rat anderer ignorierte und einseitige Entscheidungen traf. Jetzt lag er im Streit mit seiner eigenen Exekutive, die hauptsächlich aus Intellektuellen bestand.

Doch Gwentshe wußte, wie er bestimmte Angelegenheiten nutzen konnte, um seine Gegner zu diskreditieren. Er pflegte vor den lokalen Mitgliedern zu sprechen, die Arbeiter und keine Intellektuellen waren, und zu sagen – auf Xhosa und niemals auf englisch, denn Englisch war die Sprache der Intellektuellen –: »Genossen, ich glaube, ihr wißt, daß ich für den Kampf Opfer gebracht habe. Ich hatte einen guten Job, und dann mußte ich zu Anfang der Mißachtungskampagne ins Gefängnis und verlor den Job. Jetzt, da ich wieder aus dem Gefängnis bin, kommen diese Intellektuellen daher und sagen, Gwentshe, wir sind gebildeter als du, wir sind fähiger als du, laß uns diese Kampagne leiten.«

Als ich die Situation an Ort und Stelle untersuchte, stellte ich fest, daß Gwentshe in der Tat den Rat der Exekutive ignoriert hatte. Aber die Leute standen hinter ihm, und er hatte eine disziplinierte, wohlorganisierte Gruppe von Freiwilligen zusammengestellt, die selbst dann auf ordnungsgemäße Weise Widerstand leistete, als Gwentshe im Gefängnis saß. Obwohl ich fand, daß Gwentshe im Unrecht war, als er die Exekutive links liegen ließ, so leistete er doch gute Arbeit, und seine Position war so gefestigt, daß er nicht leicht abgesetzt werden konnte. Als ich die Mitglieder der Exekutive traf, erklärte ich ihnen, im Augenblick sei es unzweckmäßig, etwas an der Situation ändern zu wollen, aber falls ihnen daran liege, so müßten sie Gwentshe bei der nächsten Wahl abwählen. Es war eine der ersten Gelegenheiten, wo ich erkannte, daß es töricht sein würde, sich gegen Massen von Menschen zu stellen. Es hat keinen Zweck, eine Aktion zu beginnen, gegen welche die Massen eingestellt sind, weil es dann unmöglich ist, die Aktion durchzusetzen.

Die Regierung betrachtete die Kampagne als Bedrohung ihrer Sicherheit und ihrer Apartheidspolitik. Sie sah in zivilem Ungehorsam nicht eine Form von Protest, sondern ein Verbrechen, und war beunruhigt über die wachsende Partnerschaft zwischen Afrikanern und Indern. Die Apartheid zielte darauf ab, rassische Gruppen voneinander zu trennen, und wir zeigten, daß unterschiedliche Gruppen zusammenarbeiten konnten. Die Aussicht auf eine Einheitsfront von Afrikanern und Indern, von Gemäßigten und Radikalen bereitete unseren Gegnern große Sorgen. Die Nationalisten behaupteten, die Kampagne werde von kommunistischen Agitatoren angezettelt und geführt. Der Justizminister kündigte eine neue Paßgesetzgebung an, um unserer Mißachtung zu begegnen, eine Drohung, die er während der Parlamentsperiode von 1953 wahrmachte: Der Public Safety Act bevollmächtigte die Regierung, das Kriegsrecht zu verkünden und Menschen ohne Prozeß einzusperren, und der Criminal Laws Amendment Act erlaubte körperliche Bestrafungen von Widerständlern.

Die Regierung versuchte, die Kampagne durch eine Reihe tückischer Mittel zu beenden. So behaupteten ihre Propagandisten immer wieder, daß die Führer der Kampagne in Saus und Braus lebten, während die Massen im Gefängnis schmachteten. Diese Behauptung hatte einen gewissen Erfolg, obwohl sie weit von der Wahrheit entfernt war. Die Regierung ließ die Organisation auch mit Spitzeln und Agents provocateurs infiltrieren. Der ANC hieß praktisch jeden willkommen, der Mitglied werden wollte. Obwohl all unsere Freiwilligen auf Herz und Nieren geprüft wurden, bevor sie zum Einsatz ausgewählt wurden, gelang es der Polizei doch, nicht nur unsere Ortsgruppen zu infiltrieren, sondern auch einige der Gruppen von Widerständlern. Als ich am ersten Tag der Kampagne verhaftet und nach Marshall Square gebracht wurde, fielen mir unter den Widerständlern zwei Burschen auf, von denen ich einen nie zuvor gesehen hatte. Der eine trug eine ungewöhnliche Gefängniskleidung: Anzug samt Krawatte und Mantel sowie Seidenschal. Wer geht denn so gekleidet ins Gefängnis? Sein Name war Ramaila. Am dritten Tag, als unsere Entlassung bevorstand, verschwand er einfach.

Ein zweiter Bursche namens Makhanda fiel durch seine militärische Haltung auf. Wir standen draußen im Hof und waren alle besten Mutes. Die Freiwilligen marschierten an Yusuf und mir vorbei und salutierten vor uns. Makhanda, schlank und hochgewachsen, marschierte nach Soldatenart und salutierte kurz und gekonnt. Mehrere Männer spotteten, er müsse wohl Polizist sein, wenn er so ausgezeichnet salutieren könne.

Makhanda hatte zuvor als Hausmeister im ANC-Hauptquartier gearbeitet. Er war sehr eifrig und bei den Leuten beliebt, denn immer, wenn irgendwer Hunger hatte, lief er, Fish und Chips zu besorgen. Doch bei unserem späteren Prozeß entdeckten wir, daß Makhanda und Ramaila Polizeispitzel waren. Ramaila sagte als Zeuge aus, er habe sich in die Reihen der Widerständler eingeschlichen, und der vertrauenswürdige Makhanda war in Wirklichkeit Detective-Sergeant Motloung.

Afrikaner, die als Polizeispitzel gegen ihre eigenen Brüder arbeiteten, taten dies in der Regel für Geld. Viele Schwarze in Südafrika glaubten, jede Herausforderung des weißen Mannes durch Schwarze sei einfach töricht und zum Scheitern verurteilt. Der weiße Mann sei zu gescheit und zu mächtig. Diese Spitzel betrachteten uns nicht als echte Bedrohung für die weiße Machtstruktur, sondern für die schwarzen Interessen, weil die Weißen wegen des Verhaltens einiger weniger Agitatoren alle Schwarzen schlecht behandeln würden.

Gleichzeitig gab es viele schwarze Polizisten, die uns heimlich halfen. Sie waren anständige Kerle und standen vor einem moralischen Dilemma. Sie waren loyal gegenüber ihrem Dienstherrn und waren auf ihre Jobs angewiesen, um ihre Familien ernähren zu können, aber sie sympathisierten auch mit unserer Sache. Wir hatten einvernehmlichen Kontakt zu einer Handvoll afrikanischer Beamter, die zur Sicherheitspolizei gehörten und uns über bevorstehende Polizeirazzien informierten. Diese Männer waren wirkliche Patrioten, die ihr Leben riskierten, um beim Kampf zu helfen.

Die Regierung war nicht unser einziges Hindernis. Andere, die uns hätten helfen können, behinderten uns statt dessen. Auf dem Höhepunkt der Mißachtungskampagne schickte die United Party zwei ihrer MPs (Parlamentsabgeordnete) zu uns, die uns zum Abbruch der Kampagne aufforderten. Sie erklärten, wenn wir unsere Kampagne als Reaktion auf einen Appell ihres Parteiführers J.G.N. Strauss einstellten, so werde das der United Party helfen, die Nationalisten bei der nächsten Wahl zu besiegen. Als wir ablehnten, griff Strauss uns auf die gleiche höhnische Weise an wie die Nationalisten.

Auch eine Splittergruppe des ANC, die sich als National Minded Bloc bezeichnete, griff uns an. Unter der Führung von Selope Thema, eines früheren Mitglieds des Nationalen Exekutivkomitees, spaltete sich die Gruppe vom ANC ab, als J.B. Marks zum Präsidenten des ANC von Transvaal gewählt wurde. Thema, Herausgeber der Zeitung *The Bantu World*, kritisierte die Kampagne in seiner Zeitung aufs schärfste und behauptete, der ANC werde von Kommunisten beherrscht und die Afrikaner würden von Indern ausgebeutet. Die Kommunisten seien jetzt, da sie im Untergrund arbeiteten, noch gefährlicher und die ökonomischen Interessen der Inder befänden sich im Konflikt mit denen der Afrikaner. Obwohl er im ANC einer Minderheit angehörte, fanden seine Ansichten bei gewissen radikalen Mitgliedern der Jugendliga doch Gehör.

Im Mai, mitten in der Mißachtungskampagne, wurde J. B. Marks nach dem Suppression of Communism Act von 1950 wegen des Verdachts, »die Ziele des Kommunismus zu fördern«, unter Bann gestellt. Dabei handelte es sich um eine legale Maßnahme durch die Regierung, und im allgemeinen bedeutete sie den erzwungenen Austritt aus indizierten Organisationen sowie das Verbot, an Zusammenkünften irgendwelcher Art teilzunehmen. Es war gleichsam eine wandelnde Inhaftierung. Um jemanden zu bannen, brauchte die Regierung keine Beweise, erhob keine Anklage; der Justizminister erklärte ganz einfach, es sei so. Die Strategie zielte darauf ab, den Betreffenden aus dem Kampfgeschehen zu entfernen, denn sie gestatteten ihm nur, ein beschränktes Leben außerhalb der Politik zu leben. Die Anweisung zu mißachten oder zu ignorieren bedeutete Inhaftierung.

Bei der Transvaal-Konferenz im Oktober jenes Jahres wurde mein Name vorgeschlagen, um den gebannten J. B. Marks zu ersetzen, der mich als seinen Nachfolger vorgeschlagen hatte. Ich war damals der nationale Präsident der Jugendliga und der Anwärter für Marks' Position, doch gegen meine Kandidatur opponierte eine Gruppe, die zum ANC von Transvaal gehörte und sich selbst »Bafabegiya« (»Jene, die tanzend sterben«) nannte. Die Gruppe bestand hauptsächlich aus Ex-Kommunisten, die sich zum extremen Nationalismus bekehrt hatten. Sie wollte alle Verbindungen mit indischen Aktivisten aufheben und den ANC in Richtung eines stärkeren Konfrontationskurses drängen. Die beiden Führer dieser Gruppe waren MacDonald Maseko, ein früherer Kommunist, der während der Mißachtungskampagne Vorsitzender des ANC-Bezirks Orlando gewesen war, und Seperepere Marupeng, der für die Mißachtungskampagne im Witwatersrand gearbeitet hatte. Beide hatten die Absicht, für das Präsidentenamt von Transvaal zu kandidieren.

Marupeng galt als eine Art Demagoge. Er pflegte einen militärisch geschnittenen Khaki-Anzug mit Epauletten und goldenen Knöpfen zu tragen und hatte ein Stöckchen bei sich von jener Art, wie es durch Feldmarschall Montgomery berühmt geworden war. Gern stellte er sich, das Stöckchen unter den Arm geklemmt, vor Versammlungen hin und erklärte: »Ich habe es satt, auf Freiheit zu warten. Ich will Freiheit jetzt! Ich werde Malan am Scheideweg treffen, und ich werde ihm zeigen, was ich will. Ich will Freiheit Jetzt!« Und dabei schlug er mit dem Stöckchen auf das Podium.

Solche Reden machten Marupeng während der Mißachtungskampagne ungeheuer populär, doch Popularität ist nur ein Einflußfaktor bei einer Wahl. Er glaubte jedoch, wegen seiner frisch erworbenen Prominenz sei er ein sicherer Kandidat. Vor der Wahl, als bekannt war, daß ich meinerseits kandidieren würde, trat ich an ihn heran und erklärte ihm, ich würde es begrüßen, wenn er in die Exekutive gewählt würde, »damit du gemeinsam mit mir dienen kannst, wenn ich Präsident bin«. Er empfand diese Worte als Kränkung, als eine Art Degradierung durch mich, und lehnte ab, um selbst für die Präsidentschaft zu kandidieren. Aber er hatte sich verrechnet, denn ich gewann die Wahl mit überwältigender Mehrheit.

Am 30. Juli 1952, die Mißachtungskampagne war auf dem Höhepunkt, arbeitete ich in meiner damaligen Anwaltskanzlei von H. M. Basner, als die Polizei mit einem Haftbefehl für mich erschien. Die Anklage lautete auf Verletzung des Suppression of Communism Act, und zwar infolge meiner Rolle bei der Mißachtungskampagne. Gleichzeitig wurden in Johannesburg, Port Elizabeth und Kimberley leitende Funktionäre der Organisation verhaftet, die in die Kampagne involviert waren. Einige Zeit zuvor hatte die Polizei im ganzen Land die Wohnungen und Büros von

ANC- und SAIC-Funktionären durchsucht und Papiere und Dokumente beschlagnahmt. Diese Art Razzia war damals neu, doch bildete sie das Modell für die umfassenden illegalen Durchsuchungen, die fortan regelmäßig zum Vorgehen der Regierung gehörten.

Meine Verhaftung und die der anderen kulminierten in einem Prozeß, der im September in Johannesburg stattfand, mit 21 Angeklagten, darunter die Präsidenten und Generalsekretäre des ANC, des SAIC, der ANC-Jugendliga und des Indian Congress von Transvaal. Unter den 21 Männern, denen in Johannesburg der Prozeß gemacht wurde, waren Dr. Moroka, Walter Sisulu und J. B. Marks. Verhaftet worden war auch eine Anzahl indischer Führer wie Dr. Dadoo, Yusuf Cachalia und Ahmed Kathrada.

Unser Erscheinen vor Gericht wurde zum Anlaß überschwenglicher politischer Demonstrationen. Große Menschenmassen marschierten durch die Straßen von Johannesburg zum Gerichtsgebäude. Unter ihnen waren weiße Studenten von der University of Witwatersrand, alte ANC-Mitstreiter aus Alexandra, indische Schulkinder aus Grund- und Oberschulen, Menschen jeden Alters und jeder Hautfarbe. Nie zuvor war das Gericht von solchen Menschenmassen gleichsam überschwemmt worden. Der Gerichtssaal selbst war überfüllt, und die Verhandlung wurde unterbrochen von Rufen »Mayibuye Afrika!« (»Laßt Afrika zurückkehren«).

Der Prozeß hätte eine Gelegenheit sein sollen, um Geschlossenheit und Solidarität zu bekunden, wurde jedoch getrübt durch den Vertrauensbruch eines der Angeklagten. Dr. Moroka, der Generalpräsident des ANC, der Mann an der Spitze der Kampagne, versetzte uns allen einen Schock, als er sich einen eigenen Verteidiger nahm. Wir hatten geplant, daß uns gemeinsam der Prozeß gemacht werde sollte. Meine Mitangeklagten beauftragten mich, die Angelegenheit mit Dr. Moroka zu besprechen und ihn zu bewegen, sich nicht von uns anderen abzusondern. Am Tag vor dem Prozeß suchte ich Dr. Moroka in Village Deep, Johannesburg, auf.

Zu Beginn unseres Gesprächs nannte ich ihm Alternativen, doch er war nicht interessiert. Vielmehr äußerte er eine Anzahl von Beschwerden. Dr. Moroka hatte das Gefühl, er sei von der Planung der Kampagne ausgeschlossen worden. Tatsache war, daß Moroka sich für ANC-Angelegenheiten oft herzlich wenig interessierte und darüber auch ganz zufrieden war. Mehr als alles andere, erklärte er, störe ihn jedoch, daß er im Falle gemeinsamer Verteidigung für uns alle in Verbindung gebracht werde mit Kommunisten. Dr. Moroka teilte die Animosität der Regierung gegenüber dem Kommunismus. Ich wandte ein, es sei Tradition des ANC, mit jedem zusammenzuarbeiten, der gegen rassische Unterdrückung sei. Doch Dr. Moroka blieb ungerührt.

Der größte Schock jedoch war, als Dr. Moroka in erniedrigender Weise gegenüber Richter Rumpff auf Strafmilderung plädierte und den Zeugenstand betrat, um jene Prinzipien zu verleugnen, auf denen der ANC gegründet worden war. Auf die Frage, ob er glaube, es solle Gleichheit herrschen zwischen Schwarz und Weiß in Südafrika, erwiderte Dr. Moroka, so etwas werde es niemals geben. Wir fühlten uns alle in Verzweiflung versinken. Als sein Anwalt Dr. Moroka fragte, ob unter den Angeklagten auch einige Kommunisten seien, begann dieser tatsächlich mit dem Finger auf verschiedene Personen zu zeigen, darunter auch auf Dr. Dadoo und Walter. Der Richter erklärte ihm, das sei nicht notwendig.

Sein Verhalten vor Gericht war ein schwerer Schlag für unsere Organisation, und wir wußten sofort, daß seine Tage als ANC-Präsident gezählt waren. Er hatte den Kardinalfehler begangen, seinen eigenen Interessen Vorrang zu geben vor denen der Organisation und des Volkes. Dr. Moroka wollte wegen seiner politischen Überzeugung weder seine Karriere noch sein Vermögen gefährden, und so zerstörte er das Bild von sich, das er in drei Jahren beherzter Arbeit für den ANC und die Kampagne aufgebaut hatte. Ich betrachtete dies als eine Tragödie, denn Dr. Morokas Kleinmütigkeit vor Gericht nahm der Kampagne einen Teil ihres Glanzes. Der Mann, der im Land umhergereist war und die Wichtigkeit der Kampagne gepredigt hatte, ließ uns jetzt im Stich.

Am 2. Dezember wurden wir alle dessen für schuldig befunden, was Richter Rumpff als »statutarischen Kommunismus« bezeichnete, im Unterschied zu dem, wie er sagte, »was gemeinhin als Kommunismus bekannt ist«. Gemäß den Statuten des Suppression of Communism Act konnte praktisch jeder, der in irgendeiner Weise gegen die Regierung eingestellt war, als Kommunist definiert – und folglich auch als solcher verurteilt werden. Der Richter, ein an sich fairer und verständiger Mann, erklärte, daß wir zwar Handlungen geplant hätten, die von »offener Nichtbeachtung von Gesetzen bis zu etwas dem Hochverrat Gleichzusetzendem« reichten, jedoch unseren Mitgliedern immer wieder geraten hätten, »einem friedlichen Aktionskurs zu folgen und Gewalttätigkeit in jeglicher Form zu meiden«. Wir wurden zu neun Monaten Gefängnis mit Schwerarbeit verurteilt, doch die Strafe wurde für zwei Jahre zur Bewährung ausgesetzt.

Uns unterliefen viele Fehler, dennoch markierte die Mißachtungskampagne ein neues Kapitel im Kampf. Die sechs Gesetze, die wir ausgesucht hatten, wurden nicht aufgehoben; aber wir hatten auch nie die Illusion gehabt, daß dies geschehen würde. Wir hatten sie ausgewählt, weil sie die unmittelbarste Belastung im Leben der Menschen darstellten und die beste Möglichkeit boten, die größte Anzahl von Menschen für den Kampf zu gewinnen.

Vor der Kampagne redete der ANC mehr, als daß er handelte. Wir hatten keine bezahlten Organisatoren, keinen Mitarbeiterstab und Mitglieder, die für unsere Sache kaum mehr als Lippenbekenntnisse leisteten. Infolge der Kampagne stieg die Mitgliederzahl auf 100 000 an. Der ANC ging aus der Kampagne hervor als Organisation mit echter Massenbasis und einer eindrucksvollen Truppe erfahrener Aktivisten, die der Polizei, den Gerichten und Gefängnissen widerstanden hatten. Das Stigma, das gewöhnlich mit Gefängnishaft verbunden ist, war beseitigt. Das war ein wichtiger Fortschritt, denn Angst vor Inhaftierung ist ein schreckliches Hindernis für jeden Freiheitskampf. Seit der Mißachtungskampagne galt es als ehrenhafte Auszeichnung, ins Gefängnis zu gehen.

Wir waren überaus stolz darauf, daß es während der halbjährigen Kampagne auf unserer Seite keinen einzigen Akt von Gewalt gegeben hatte. Die Disziplin unserer Widerständler war vorbildlich. Während der Endphase der Kampagne brachen in Port Elizabeth und East London Unruhen aus, bei denen mehr als 40 Menschen getötet wurden. Obwohl diese Ereignisse mit der Kampagne nicht das geringste zu tun hatten, versuchte die Regierung, sie uns anzulasten, und hatte Erfolg damit, denn die Unruhen trübten die Ansichten mancher Weißer, die vielleicht sonst mit uns sympathisiert hätten.

Innerhalb des ANC waren auch völlig unrealistische Erwartungen anzutreffen. Die sie hegten, waren davon überzeugt, daß die Kampagne zum Sturz der Regierung führen könne. Wir erinnerten sie daran, Ziel der Kampagne sei, Aufmerksamkeit auf unsere Notlage zu richten, nicht aber alle unsere Probleme zu beseitigen. Sie hielten uns entgegen, die Regierung sei jetzt dort, wo wir sie hätten haben wollen, und wir sollten die Kampagne auf unbegrenzte Zeit fortsetzen. Hier mischte ich mich ein und erklärte, diese Regierung sei zu stark und zu rücksichtslos, um auf eine solche Weise zu Fall gebracht zu werden. Wir könnten sie in Verlegenheit bringen, doch ihr Sturz als Folge der Mißachtungskampagne sei unmöglich.

In der Tat setzten wir die Kampagne zu lange fort. Wir hätten auf Dr. Xuma hören sollen. Gegen Ende der Kampagne traf sich das Planungskomitee mit Dr. Xuma, der uns erklärte, die Kampagne werde bald an Schwung verlieren und es wäre klug, sie abzubrechen, bevor sie völlig in sich zusammenfalle. Die Kampagne zu beenden, während sie sich noch in der Offensive befinde, wäre ein kluger Schachzug und würde Schlagzeilen machen. Dr. Xuma hatte recht, denn die Kampagne erlahmte schon bald, doch in unserem Enthusiasmus und in unserer Arroganz wischten wir Dr. Xumas Ratschlag beiseite. Mein Herz wünschte, daß die Kampagne fortgesetzt werde, doch mein Kopf sagte mir, wir sollten sie beenden. Ich sprach mich für den Abbruch aus, fügte mich jedoch der Mehrheit. Gegen Ende des Jahres lief die Kampagne aus.

An der Kampagne beteiligten sich nie mehr als die anfänglich kleinen Gruppen hauptsächlich städtischer Widerständler. Massenbeteiligung wurde vor allem in den ländlichen Gebieten niemals erreicht. Das östliche Kap war die einzige Region, in der es uns gelang, das zweite Stadium des Widerstands zu erreichen; dort bildete sich auf dem Lande eine starke Widerstandsbewegung. Im allgemeinen mißlang uns die Eroberung ländlicher Gebiete, eine historische Schwäche des ANC. Die Kampagne litt unter der Tatsache, daß wir keine ganztags tätigen Organisatoren hatten. Ich versuchte gleichzeitig, die Kampagne zu organisieren und meine Rechtsanwaltspraxis zu betreiben, und das ist nicht die richtige Art und Weise, eine Massenkampagne aufzuziehen. Wir waren noch Amateure.

Nichtsdestoweniger hatte ich ein starkes Gefühl des Erfolgs und der Zufriedenheit: Ich war für eine gerechte Sache eingetreten, für die zu kämpfen und die zu gewinnen ich die Kraft besaß. Die Kampagne befreite mich von allen vagen Zweifeln und Minderwertigkeitsgefühlen, die ich noch verspürt haben mochte, sie befreite mich von dem Gefühl, von der Macht und der scheinbaren Unbesiegbarkeit des weißen Mannes und seiner Institutionen überwältigt zu werden. Denn jetzt hatte der weiße Mann die Kraft meiner Schläge zu spüren bekommen, und jetzt konnte ich aufrecht gehen wie ein Mann und jedem ins Auge blicken mit der Würde dessen, der sich der Unterdrückung und der Angst nicht ergeben hat. Als Freiheitskämpfer war ich in die Jahre gekommen.

4. Teil

DER KAMPF IST MEIN LEBEN

BEI DER JAHRESKONFERENZ gegen Ende 1952 kam es zur Wachablösung. Der ANC wählte einen neuen, energiegeladenen Präsidenten für eine neue, aktivistischere Ära: Häuptling Albert Luthuli. In Übereinstimmung mit der ANC-Satzung wurde ich als Präsident der Provinz Transvaal einer der vier stellvertretenden Präsidenten. Außerdem ernannte mich das Nationale Exekutivkomitee zum ersten stellvertretenden Präsidenten. Luthuli war einer aus einer Handvoll amtierender Häuptlinge, die im ANC aktiv waren und der Politik der Regierung starken Widerstand entgegengesetzt hatten.

Luthuli war der Sohn eines Adventisten-Missionars. Er war im damaligen Süd-Rhodesien zur Welt gekommen und in Natal erzogen worden. Seine Ausbildung als Lehrer hatte er am Adams College bei Durban erhalten. Er war ein großgewachsener, breitschultriger, dunkelhäutiger Mann mit einem großen, breiten Lächeln. Bei ihm verband sich Bescheidenheit mit einem tiefverwurzelten Selbstvertrauen. Er besaß Geduld und Beharrlichkeit und sprach langsam und deutlich, als habe jedes Wort das gleiche Gewicht.

Ich hatte ihn Ende der 40er Jahre kennengelernt; damals war er Mitglied im Natives' Representative Council (Vertretungsgremium für »Eingeborene«). Im September 1952, nur wenige Monate vor der alljährlichen Konferenz, war Luthuli nach Pretoria gerufen worden, wo man ihm ein Ultimatum gestellt hatte: Entweder müsse er auf seine Mitgliedschaft im ANC verzichten und seine Unterstützung der Mißachtungskampagne aufgeben, oder er würde seines Amtes als gewählter, von der Regierung bezahlter Stammeshäuptling enthoben. Luthuli war Lehrer, frommer Christ und stolzer Zulu-Häuptling, aber noch stärker fühlte er sich dem Kampf gegen die Apartheid verpflichtet. Luthuli lehnte es ab, aus dem ANC auszutreten, und daraufhin enthob die Regierung ihn seines Postens. Als Reaktion auf seine Absetzung gab Luthuli eine Grundsatzerklärung ab mit dem Titel »Die Straße zur Freiheit führt über das Kreuz«. Darin bekräftigte er erneut seine Unterstützung des gewaltlosen passiven Widerstands und rechtfertigte seine Entscheidung mit Worten, die noch heute schmerzlich klingen: »Wer will leugnen, daß ich dreißig Jahre meines Lebens damit zugebracht habe, geduldig, maßvoll und bescheiden, doch vergebens an eine verschlossene und verriegelte Tür zu klopfen?«

Ich unterstützte Häuptling Luthuli, doch es war mir nicht möglich, der nationalen Konferenz beizuwohnen. Wenige Tage vor dem Beginn der Konferenz wurden im ganzen Land 52 Führer unter Bann gestellt mit der Maßgabe, daß sie sechs Monate lang an keinerlei Treffen oder Zusammenkünften teilnehmen durften. Ich war einer von ihnen, und meine Bewegungsfreiheit war überdies für den gleichen Zeitraum auf den Distrikt von Johannesburg beschränkt.

Meine Bannungen erstreckten sich auf alle Arten von Versammlungen, nicht nur politische. Es war mir verboten, zu mehr als einer Person auf einmal zu reden. Dies war Teil eines systematischen Versuchs der Regierung, die Führer des Kampfes gegen die Apartheid zum Schweigen zu bringen, gerichtlich zu verfolgen und zu immobilisieren, und es war die erste in einer Reihe von Bannungen, die, von kurzen Freiheitsintervallen abgesehen, andauerten, bis ich einige Jahre später völlig meiner Freiheit beraubt wurde.

Bannung schränkt einen nicht nur physisch ein, sie kerkert auch den Geist ein. Sie kann zu einer Art psychischer Klaustrophobie führen, bei der man sich nicht nur nach Bewegungsfreiheit sehnt, sondern auch nach geistigem Ausbruch. Bannung war ein gefährliches Spiel, denn man war nicht gefesselt oder in Ketten hinter Gittern; die Gitter waren Gesetze und Vorschriften, die leicht verletzt werden konnten und oft auch wurden. Für kurze Zeit konnte man ungesehen davonschlüpfen und die flüchtige Illusion der Freiheit haben. Die heimtückische Wirkung der Bannungen bestand darin, daß man von einem bestimmten Punkt an zu glauben begann, der Unterdrücker befinde sich nicht außerhalb, sondern innerhalb.

Obwohl ich wegen des Banns nicht an der Jahreskonferenz 1952 teilnehmen konnte, erfuhr ich umgehend, was sich dort ereignete. Eine der wichtigsten Entscheidungen wurde im geheimen getroffen und damals nicht publik gemacht.

Mit vielen anderen war ich überzeugt, daß die Regierung den ANC und den SAIC zu illegalen Organisationen erklären wollte, genauso wie sie gegenüber der Kommunistischen Partei verfahren war. Es schien unausweichlich, daß der Staat versuchen würde, uns so schnell wie möglich als legale Organisation aus dem Verkehr zu ziehen. Aus diesem Grund legte ich dem Nationalen Exekutivkomitee nahe, für eine solche Eventualität einen entsprechenden Plan auszuarbeiten. Täten wir das nicht, so würden wir unserer Verantwortung als Führer des Volkes nicht gerecht. Ich erhielt den Auftrag, einen Plan auszuarbeiten, der der Organisation gestattete, aus dem Untergrund heraus zu operieren. Die Strategie wurde bekannt als Mandela-Plan oder einfach M-Plan.

Dem Plan lag die Idee zugrunde, eine organisatorische Maschinerie aufzubauen, die es dem ANC erlauben würde, auf höchster Ebene Entscheidungen zu treffen, die der Organisation als ganzer rasch übermittelt werden könnten, ohne eine Versammlung einberufen zu müssen. In anderen Worten: Er würde eine illegale Organisation funktionsfähig halten und es gebannten Führern ermöglichen, sie trotzdem weiterhin zu führen. Der M-Plan sollte es der Organisation erlauben, neue Mitglieder zu rekrutieren, auf lokale und nationale Probleme zu reagieren und den regelmäßigen Kontakt zwischen den Mitgliedern und der Führung im Untergrund aufrechtzuerhalten.

Ich hielt eine Reihe geheimer Treffen mit ANC- und SAIC-Führern ab, gebannten und nichtgebannten, um die Grundzüge des Plans zu diskutieren. Dann arbeitete ich mehrere Monate lang daran, bis ich ein System entwickelt hatte, das breit genug angelegt war, um lokalen Gegebenheiten zu genügen und individuelle Initiativen nicht zu hemmen, das andererseits jedoch detailliert genug war, um Ordnung und Ausführung zu erleichtern. Die kleinste Einheit war eine Zelle, die in städtischen Townships aus rund zehn Häusern in einer Straße bestehen sollte. Für jede dieser Einheiten würde ein Zellenleiter verantwortlich sein. Hatte eine Straße mehr als zehn Häuser, so würde ein Straßenleiter verantwortlich sein, und die jeweiligen Zellenleiter würden ihm berichten. Eine Gruppe von Straßen bildete eine Zone mit einem Oberleiter, der seinerseits gegenüber dem Sekretariat der Ortsgruppe des ANC verantwortlich zeichnete. Das Sekretariat war ein Unterausschuß der Ortsgruppenexekutive, die dem Bezirkssekretär berichtete. Mein Gedanke war, daß jeder Zellen- und jeder Straßenleiter jede Person und jede Familie in seinem Bereich kennen sollte, so daß ihm die Menschen vertrauen würden und er seinerseits wußte, wem er vertrauen könnte. Der Zellenleiter arrangierte Zusammenkünfte, organisierte politische Seminare und sammelte Beiträge ein. Er war die im Volk verankerte Stütze des Plans. Obwohl die Strategie hauptsächlich für eher urbane Gebiete entworfen war, konnte sie auch für ländliche adaptiert werden.

Der Plan wurde akzeptiert, und er sollte sofort umgesetzt werden. Den Ortsgruppen wurde mitgeteilt, mit den Vorbereitungen für diese geheime Umstrukturierung zu beginnen. Bereitwillig akzeptierten viele Ortsgruppen den Plan, doch einige der weiter entfernten Außenposten waren der Meinung, der Plan sei der Versuch Johannesburgs, die Kontrolle über die Regionen zu zentralisieren.

Als Teil des M-Plans führte der ANC für seine Mitglieder im ganzen Land einen Elementarkurs mit politischen Vorträgen ein. Diese Vorträge waren nicht nur als Bildungskurse gedacht, sondern sollten die Organisation auch zusammenhalten. Sie wurden im geheimen von Gruppenleitern gehalten. Die anwesenden Mitglieder sollten anschließend in ihren Heimen und Gemeinden den Inhalt der Vorträge weitergeben. Zu Anfang waren die Vorträge nicht systematisiert, doch nach einigen Monaten gab es ein festes Programm.

Angeboten wurden drei Kurse: »Die Welt, in der wir leben«, »Wie wir regiert werden« und »Die Notwendigkeit des Wandels«. Im ersten Kurs diskutierten wir über die verschiedenen Arten von politischen und ökonomischen Systemen in der ganzen Welt wie auch in Südafrika. Es war ein Gesamtüberblick über die Entwicklung des Kapitalismus und auch des Sozialismus. Wir sprachen zum Beispiel darüber, wie die Schwarzen in Südafrika sowohl als Rasse wie auch als ökonomische Klasse unterdrückt wurden. Bei den Vortragenden handelte es sich hauptsächlich um gebannte Mitglieder, und auch ich selbst hielt abends häufig Vorträge. Dieses Arrangement hatte den Vorzug, die gebannten Personen in Aktion und die Mitglieder mit diesen Führern in Kontakt zu halten.

Während dieser Zeit traf sich die gebannte Führung oft allein und geheim, und anschließend arrangierten wir eine Zusammenkunft mit den gegenwärtigen Führern. Die alte und die neue Führung verstanden sich ausgezeichnet, und der Entscheidungsprozeß war so kollektiv wie zuvor. Manchmal war es fast, als habe sich nichts geändert, außer daß wir uns heimlich treffen mußten.

Der M-Plan war mit den besten Absichten entworfen worden, doch er wurde nur mit bescheidenem Erfolg umgesetzt und fand keine große Verbreitung. Die eindrucksvollsten Ergebnisse fanden sich wieder einmal am östlichen Kap und in Port Elizabeth. Im östlichen Kap herrschte der Geist der Mißachtungskampagne noch lange, nachdem er anderswo bereits verschwunden war, und dort benutzten ANC-Mitglieder den M-Plan als Mittel, den Widerstand gegen die Regierung fortzusetzen.

Der Plan war vielen Problemen ausgesetzt: Er wurde den Mitgliedern nicht immer ausreichend erklärt; es gab keine bezahlten Organisatoren, die ihn umzusetzen oder anzuwenden halfen; und oft gab es in den Ortsgruppen abweichende Meinungen, die eine Übereinkunft hinsichtlich seiner Durchführung verhinderten. Manche Provinzführer wehrten sich gegen den Plan, weil sie glaubten, er untergrabe ihre Macht. Anderen schien der Zugriff der Regierung nicht unmittelbar bevorzustehen, so daß sie nicht die Vorkehrungen trafen, die notwendig waren, um über seine Wirkung zu informieren. Als dann die eiserne Faust der Regierung zuschlug, waren sie nicht darauf vorbereitet.

MEIN LEBEN während der Mißachtungskampagne verlief auf zwei getrennten Gleisen: Arbeit im Kampf und Beruf als Rechtsanwalt. Ich war nie ein Vollzeitorganisator für den ANC; die Organisation hatte nur einen, und das war Thomas Titus Nkobi. Meine Arbeit für den ANC mußte um meinen Terminplan als Anwalt arrangiert werden. Nachdem ich 1951 meine Lehrzeit bei Witkin, Sidelsky und Eidelman beendet hatte, begann ich für die Anwaltskanzlei von Terblanche und Briggish zu arbeiten. Noch war ich kein voll anerkannter Anwalt, doch ich konnte vorbereitende Schriftsätze abfassen, Vorladungen verschicken, Zeugen befragen – all jene Tätigkeiten, die ein Anwalt zu erledigen hat, bevor ein Fall vor Gericht kommt.

Nach meinem Fortgang von Sidelsky hatte ich mir eine Anzahl weißer Kanzleien angesehen – afrikanische Anwaltsfirmen gab es natürlich nicht. Was mich besonders interessierte, war die Größenordnung der von den Kanzleien geforderten Gebühren, und zu meiner Empörung entdeckte ich, daß viele der lukrativsten Kanzleien von Afrikanern für Kriminal- oder Zivilfälle noch mehr Honorar verlangten als von ihren weitaus wohlhabenderen weißen Klienten.

Nachdem ich ein Jahr für Terblanche und Briggish gearbeitet hatte, trat ich der Firma Helman und Michel bei. Sie war eine liberale Kanzlei und eine der wenigen, die von Afrikanern ein angemessenes Honorar verlangten. Außerdem war die Kanzlei stolz auf ihr Engagement für die Erziehung von Afrikanern, für die sie hübsche Summen spendete. Mr. Helman, der Seniorpartner der Firma, engagierte sich für die Sache der Afrikaner, lange bevor es populär oder modisch wurde. Der andere Partner der Firma, Rodney Michel, Veteran des Zweiten Weltkriegs, war gleichfalls äußerst liberal. Er war Pilot, und Jahre später, während der schlimmsten Zeiten der Unterdrückung, half er ANC-Mitgliedern, aus Südafrika hinauszufliegen. Michels einziges erkennbares Laster war die Kettenraucherei, denn er paffte den ganzen Tag lang im Büro eine Zigarette nach der anderen.

Ich blieb mehrere Monate bei Helman und Michel, während ich für meine Zulassungsprüfung studierte, deren Bestehen mich zum vollgültigen Anwalt machen würde. Das Studium für einen LL.B.-Grad an der University of Witwatersrand hatte ich aufgegeben, nachdem ich dort mehrmals durchs Examen gefallen war. Ich entschied mich für die Zulassungsprüfung, um praktizieren und für den Lebensunterhalt meiner Familie genügend Geld verdienen zu können. Meine Schwester lebte damals bei uns, meine Mutter war zu Besuch gekommen, und was Evelyn als Lernschwester verdiente, dazu mein kümmerliches Gehalt, reichte nicht aus, um alle satt zu machen.

Nach bestandener Prüfung begann ich als vollgültiger Anwalt für die Kanzlei von H. M. Basner zu arbeiten. Basner war ein African Representative im Senat, frühes Mitglied der Kommunistischen Partei und ein leidenschaftlicher Kämpfer für die Rechte der Afrikaner. Als Anwalt verteidigte er afrikanische Führer und Gewerkschafter. Mr. Basner war ein hervorragender Chef, und solange ich in seiner Kanzlei arbeitete, ermutigte er mich zur politischen Arbeit. Nach den Erfahrungen, die ich dort sammelte, hatte ich das sichere Gefühl, mich auf eigene Füße stellen zu können.

Im August 1952 eröffnete ich mein eigenes Anwaltsbüro. Meine frühen Erfolge verdanke ich Zubeida Patel, meiner Sekretärin. Ich hatte sie bei H.M. Basner kennengelernt, wo sie eine Sekretärin burischer Herkunft, Miss Koch, ablöste, die sich geweigert hatte, Diktate von mir aufzunehmen. Zubeida war die Frau meines Freundes Cassim Patel, eines Mitglieds des Indischen Kongresses, und sie hatte nicht den leisesten Sinn für Farbbarrieren welcher Art auch immer. Sie besaß einen großen Freundeskreis, kannte viele Leute aus der juristischen Szene, und als ich mich selbständig machte, erklärte sie sich bereit, für mich zu arbeiten. Sie brachte gleich einen großen Teil von Aufträgen mit.

Oliver Tambo arbeitete damals für eine Kanzlei namens Kovalsky und Tuch. Ich besuchte ihn dort oft während seiner Mittagspause und setzte mich absichtlich auf einen »Nur-für-Weiße«-Stuhl in einem »Nur-für-Weiße«-Wartezimmer. Oliver und ich waren sehr gute Freunde, und während der Mittagspausen sprachen wir hauptsächlich über ANC-Angelegenheiten. Er hatte mich erstmals in Fort Hare beeindruckt, wo ich seine gedankenreiche Intelligenz und sein scharfes Debattiertalent erkannte. Auf seine kühle, logische Art konnte er die Argumente des Gegners demolieren – genau jene Art von Intelligenz, die in einem Gerichtssaal von Nutzen ist. Vor Fort Hare war er ein brillanter Student in St. Peter's in Johannesburg gewesen. Seine ausgeglichene Objektivität war ein Gegengewicht zu meinen eher emotionalen Reaktionen auf Fragestellungen. Oliver war tief religiös und hatte lange erwogen, Geistlicher zu werden. Er war auch ein Nachbar: Er stammte aus Bizana in Pondoland, einem Teil der Transkei, und sein Gesicht trug die deutlichen Narben seines Stammes. Es schien nur natürlich, daß wir versuchen würden, gemeinsam zu praktizieren, und ich bat ihn, mein Teilhaber zu werden. Einige Monate später, als Oliver sich von seiner Firma trennen konnte, eröffneten wir unser eigenes Büro im Zentrum von Johannesburg.

»Mandela und Tambo« stand auf dem Messingschild an unserer Bürotür in Chancellor House, einem kleinen Gebäude genau gegenüber den Marmorstatuen des Gerichts auf der anderen Straßenseite, in der Innenstadt von Johannesburg. Das Gebäude, das Indern gehörte, war eines der wenigen in der Stadt, in dem Afrikaner Büros mieten konnten. Von Anfang an wurden Mandela und Tambo von Klienten geradezu belagert. Wir waren zwar nicht die einzigen afrikanischen Rechtsanwälte in Südafrika, jedoch das einzige afrikanische Anwaltsbüro. Für Afrikaner waren wir die Kanzlei der ersten Wahl und ihre letzte Zuflucht. Um morgens zu unserem Büro zu gelangen, mußten wir uns durch Menschenmengen zwängen, die in Gängen, auf Treppenstufen und in unserem kleinen Wartezimmer ausharrten.

Afrikaner suchten verzweifelt juristische Hilfe: Es war ein Verbrechen, durch eine »Nur-für-Weiße«-Tür in Regierungsgebäuden zu gehen, ein Verbrechen, in einem »Nur-für-Weiße«-Bus zu fahren, ein Verbrechen, einen »Nur-für-Weiße«-Trinkbrunnen zu benutzen, ein Verbrechen, an einem »Nur-für-Weiße«-Strand spazierenzugehen, ein Verbrechen, kein Paßbuch bei sich zu haben, ein Verbrechen, in dem Buch die falsche Unterschrift zu haben, ein Verbrechen, arbeitslos zu sein, ein Verbrechen, nicht den richtigen Arbeitsplatz zu haben, ein Verbrechen, an bestimmten Orten zu leben, und ein Verbrechen, keinen Platz zum Leben zu haben.

Jede Woche befragten wir ausgemergelte alte Männer vom Land, die uns erzählten, daß ihre Familie Generation um Generation ein dürftiges Stück Land bearbeitet hatte, von dem sie jetzt vertrieben wurde. Jede Woche sprachen wir mit alten Frauen, die zur Aufbesserung ihres winzigen Einkommens afrikanisches Bier brauten und nun Gefängnis und Geldstrafen zu gewärtigen hatten, die sie nicht bezahlen konnten. Jede Woche kamen zu uns Menschen, die seit Jahrzehnten im selben Haus gewohnt hatten und jetzt feststellen mußten, daß es zum weißen Gebiet erklärt wurde und sie es ohne die mindeste Entschädigung verlassen mußten. Jeden Tag hörten und sahen wir die tausendfältigen Erniedrigungen, denen gewöhnliche Afrikaner tagtäglich ausgesetzt waren.

Oliver verfügte über eine erstaunliche Arbeitskraft. Er verwandte auf jeden Klienten eine Menge Zeit, nicht so sehr aus professionellen Gründen, sondern weil er ein Mensch von fast grenzenloser Anteilnahme und Geduld war. Er ließ sich in die Fälle seiner Klienten und in ihr Leben hineinziehen und von der Not der Massen und dem Elend jedes einzelnen Individuums anrühren.

Mir ging schnell auf, was Mandela und Tambo für gewöhnliche Afrikaner bedeuteten. Es war ein Ort, wo sie hingehen, ein mitfühlendes Gegenüber und einen kompetenten Verbündeten finden konnten, ein Ort, wo sie nicht zurückgewiesen oder betrogen wurden, ein Ort, wo sie tatsächlich Stolz empfinden mochten, weil sie von Männern ihrer eigenen Hautfarbe vertreten wurden.

Dies war in erster Linie der Grund dafür, daß ich Rechtsanwalt geworden war, und meine Arbeit gab mir oft das Gefühl, die richtige Entscheidung getroffen zu haben.

Oft hatten wir es vormittags mit einem halben Dutzend Fälle zu tun und waren den ganzen Tag über immer wieder im Gerichtsgebäude. In manchen Gerichten wurden wir mit Höflichkeit behandelt; in anderen mit Verachtung. Doch selbst während wir praktizierten, kämpften und Fälle gewannen, war uns bewußt, daß wir, so gut wir uns auch immer als Rechtsanwälte bewähren mochten, niemals Staatsanwalt, Magistrate oder Richter werden konnten. Auch wenn wir es mit Leuten zu tun hatten, deren Kompetenz nicht größer war als unsere, so wurde deren Autorität begründet und beschützt durch ihre Hautfarbe.

Häufig begegneten wir Vorurteilen im Gericht selbst. Weiße Zeugen weigerten sich häufig, die Fragen eines schwarzen Anwalts zu beantworten. Statt sie wegen Mißachtung des Gerichts zu belangen, stellte der Magistrate ihnen die Fragen, die sie mir nicht hatten beantworten wollen. Routinemäßig rief ich Polizisten in den Zeugenstand und befragte sie; aber selbst wenn ich sie bei Widersprüchen und Lügen ertappte, war ich für sie nie etwas anderes als ein »Kaffernanwalt«.

Ich erinnere mich, daß ich einmal zu Prozeßbeginn aufgefordert wurde, mich zu identifizieren. Dies war üblich. Ich sagte: »Ich bin Nelson Mandela, und ich erscheine für den Angeklagten.« Der Magistrate sagte: »Ich kenne Sie nicht. Wo ist Ihr Zertifikat?« Ein Zertifikat ist jenes hübsche Stück Papier, das man einrahmt und sich an die Wand hängt; es ist nichts, was ein Anwalt ständig bei sich trägt. Es ist so, als würde man jemanden nach seinem Universitätsabschluß fragen. Ich ersuchte den Magistrate, mit dem Fall zu beginnen; ich würde das Zertifikat noch rechtzeitig vorlegen. Aber der Magistrate weigerte sich, mit dem Prozeß zu beginnen, und ging sogar so weit, den Gerichtsdiener aufzufordern, mich aus dem Saal zu weisen.

Dies war eine eindeutige Verletzung der Gerichtspraxis. Die Sache ging schließlich vor das Oberste Gericht, und dort vertrat mich mein Freund George Bizos, ein Anwalt. Während der Anhörung kritisierte der vorsitzende Richter das Verhalten des Magistrates und ordnete an, ein anderer Magistrate solle den Fall übernehmen.

Rechtsanwalt zu sein hieß auch nicht automatisch, außerhalb des Gerichts respektiert zu werden. Eines Tages sah ich in der Nähe unseres Büros eine ältere weiße Frau, deren Auto zwischen zwei anderen Wagen eingeklemmt war. Ich trat sofort hinzu und schob den Wagen an, worauf er freikam. Die englischsprechende Frau wandte sich mir zu und sagte: »Dankeschön, John« – John ist der Name, mit dem Weiße jeden Afrikaner ansprechen, dessen Namen sie nicht kennen. Sie wollte mir dann ein Sixpence-Stück geben, doch ich lehnte höflich ab. Sie streckte es mir erneut entgegen, und wieder sagte ich nein. Da rief sie aus: »Sie lehnen ein Six-pence ab. Dann wollen Sie sicher einen Shilling. Doch den bekommen Sie nicht.« Dann warf sie mir das Geldstück zu und fuhr davon.

Im Laufe unseres ersten gemeinsamen Jahres entdeckten Oliver und ich, daß wir nach dem Urban Areas Act im Geschäftsviertel der Stadt ohne ministerielle Genehmigung gar kein Büro haben durften. Unser Antrag auf Genehmigung wurde abgelehnt, und wir erhielten statt dessen eine vorläufige Erlaubnis unter dem Group Areas Act, die jedoch bald auslief. Die Behörden weigerten sich, sie zu erneuern, und beharrten darauf, daß wir unser Büro in ein afrikanisches Gebiet verlegen sollten, viele Meilen entfernt und für unsere Klienten praktisch unerreichbar. Wir sahen darin einen Versuch der Behörden, uns aus dem Verkehr zu ziehen, und so benutzten wir die Büroräume illegal unter der ständigen Drohung, von dort vertrieben zu werden.

In Südafrika als Rechtsanwalt zu arbeiten bedeutete, im Rahmen eines verfälschten Rechtssystems mit einem Gesetzeskodex zu tun zu haben, der nicht Gleichheit beinhaltete, sondern genau das Gegenteil. Eines der ärgsten Beispiele in dieser Hinsicht war der Population Registration Act, der diese Ungleichheit definierte. Einmal hatte ich mit dem Fall eines Farbigen zu tun, der versehentlich als Afrikaner klassifiziert worden war. Mein Klient hatte während des Zweiten Weltkriegs für Südafrika in Nordafrika und in Italien gekämpft, doch nach seiner Rückkehr hatte ihn ein weißer Bürokrat als Afrikaner klassifiziert. Dies war ein in Südafrika alles andere als untypischer Fall, und er stellte ein moralisches Verwirrspiel dar. Zwar erkannte ich die Grundsätze des Population Registration Act nicht an, andererseits brauchte mein Klient rechtliche Vertretung, denn er war als jemand klassifiziert worden, der er nicht war. Es hat viele praktische Vorteile, als Farbiger klassifiziert zu werden und nicht als Afrikaner, wie etwa die Tatsache, daß Farbige keinen Paß bei sich haben mußten.

Ich wandte mich für meinen Klienten an den Classification Board, der über Fälle entschied, die unter den Population Registration Act fielen. Der Board bestand aus einem Magistrate und zwei weiteren Beamten, sämtlich weiß. Ich verfügte über ein gewaltiges dokumentarisches Beweismaterial, um den Fall meines Klienten hinreichend zu belegen, und der Staatsanwalt ließ formal erkennen, daß er gegen unseren Antrag nichts einzuwenden habe. Doch der Magistrate schien weder an den Beweisen noch an den Bedenken des Staatsanwalts interessiert. Er starrte meinen Klienten an und forderte ihn dann mürrisch auf, sich mit dem Rücken zur Richterbank zu drehen. Dann betrachtete er dessen stark abfallende Schultern und nickte den anderen Beamten zu; der Antrag war gebilligt. In den Augen weißer Behörden jener Tage zählten abfallende Schultern zu den Stereotypen des Körperbaus von Farbigen. Und so wurde für das Leben dieses Mannes eine wichtige Entscheidung getroffen, nur weil ein Magistrate über die Struktur seiner Schultern eine bestimmte Ansicht hatte.

Wir vertraten viele Fälle, bei denen polizeiliche Brutalität im Spiel war, wenngleich unsere Erfolgsquote ziemlich gering war. Polizeiliche Übergriffe waren schwer zu beweisen. Die Polizisten waren clever genug, einen Gefangenen so lange festzuhalten, bis seine Wunden und Hautabschürfungen verheilt waren, und häufig stand das Wort eines Polizisten gegen das unseres Mandanten. Die Magistratsbeamten standen natürlich auf seiten der Polizei. Im Bericht des Leichenbeschauers über einen Todesfall in Polizeigewahrsam stand häufig zu lesen: »Mehrfache Todesursachen«, oder irgendeine vage Erklärung, welche die Polizei entlastete.

Wann immer ich einen Fall außerhalb von Johannesburg hatte, beantragte ich eine zeitweilige Aufhebung meines Banns, und sie wurde häufig genehmigt. So reiste ich zum Beispiel in das östliche Transvaal und verteidigte in der Kleinstadt Carolina einen Klienten. Meine Ankunft in der Stadt war eine richtige Sensation, denn viele der Leute hatten nie zuvor einen afrikanischen Rechtsanwalt gesehen. Ich wurde vor dem Termin von dem Magistrate und dem Staatsanwalt herzlich aufgenommen, und es dauerte eine ganze Weile, ehe der Fall verhandelt werden könnte, weil man mir viele Fragen stellte über meine Karriere und wie ich Rechtsanwalt geworden sei. Der Gerichtssaal war gleichfalls überfüllt mit neugierigen Einwohnern.

In einem nahegelegenen Dorf vertrat ich einen lokalen Medizinmann, welcher der Zauberei angeklagt war. Der Fall zog viele Neugierige aus umliegenden Dörfern an, jedoch nicht, weil sie mich sehen wollten, sondern um festzustellen, ob sich die Gesetze des weißen Mannes auf einen »Sangoma« anwenden ließen. Der Medizinmann übte in dem Gebiet eine ungeheure Macht aus, und viele Leute verehrten und fürchteten ihn gleichzeitig. Im Laufe des Prozesses nieste mein Klient einmal heftig. Dies rief im Gerichtssaal eine wilde Massenflucht hervor, da die meisten Zuschauer glaubten, mein Klient äußere einen Zauberspruch. Am Ende wurde er für nicht schuldig befunden, aber ich vermute, daß die meisten Einheimischen dies nicht auf meine Fähigkeiten als Anwalt zurückführten, sondern auf die Macht der Kräuter des Medizinmanns.

Als Anwalt konnte ich mich mitunter ziemlich auffällig verhalten. Ich tat nicht so, als sei ich ein schwarzer Mann in eines weißen Mannes Gericht, sondern als seien alle anderen – Weiße und Schwarze – Gäste in meinem Gericht. Penibel befolgte ich sämtliche Gerichtsgepflogenheiten, benutzte jedoch gegenüber Zeugen zuweilen unorthodoxe Taktiken. Ich liebte Kreuzverhöre und setzte häufig auf rassische Spannungen. Gewöhnlich war die Zuschauertribüne überfüllt, da die Bewohner der Township Gerichtsverhandlungen als eine Form von Unterhaltung ansahen.

Ich erinnere mich daran, daß ich einmal eine Afrikanerin verteidigte, die in der Stadt als Hausangestellte arbeitete. Sie war angeklagt, ihrer »Madam« Kleidungsstücke gestohlen zu haben. Die angeblich gestohlene Kleidung lag im Gerichtssaal auf einem Tisch ausgebreitet. Nachdem »Madam« ausgesagt hatte, begann ich mit meinem Kreuzverhör, wobei ich langsam zu dem Tisch mit den Beweisstücken ging. Ich schaute die Stücke prüfend an und hob dann mit der Spitze meines Bleistifts ein Teil der Damenunterwäsche empor. Dann schlenderte ich zum Zeugenstand und fragte, während ich den Schlüpfer an meinem Bleistift herumschwenkte, schlicht: »Madam, ist dies ... Ihrer?« »Nein«, erwiderte sie hastig, weil es ihr zu peinlich war zuzugeben, daß ihr das Höschen sehr wohl gehörte. Der Richter wies wegen dieser Antwort und wegen anderer Ungereimtheiten die Klage ab.

UNGEFÄHR vier Meilen westlich von Johannesburg liegt auf einer felsigen Erhebung mit Blick auf die Stadt die afrikanische Township Sophiatown. Father Trevor Huddleston, einer der größten Freunde der Township, verglich Sophiatown einmal mit einer italienischen Hügelstadt, und aus der Ferne besaß der Ort in der Tat einen beträchtlichen Reiz. Die dichtgedrängten Häuser mit den roten Dächern; der in den rosa Himmel emporkräuselnde Rauch; die hohen und schlanken Bäume, welche die Township zu umarmen scheinen. Doch aus der Nähe sah man die Armut und das Elend, in dem viele der Einwohner von Sophiatown lebten. Die Straßen waren schmal und ungepflastert, und überall drängten sich Dutzende von Bruchbuden auf allerengstem Raum.

Sophiatown gehörte zu jenem Bereich, den man die Western Areas Townships nannte, zu denen auch Martindale und Newclare zählten. Das Gebiet war ursprünglich für Weiße vorgesehen, und ein Bauunternehmer hatte dort auch tatsächlich eine Anzahl von Häusern für Weiße gebaut. Weil sich in der Nähe jedoch der städtische Müllabladeplatz befand, zogen es die Weißen vor, anderswo zu wohnen, und der Bauunternehmer verkaufte seine Häuser widerstrebend an Afrikaner. Sophiatown war einer der wenigen Orte in Transvaal gewesen, wo Afrikaner Grundstücke hatten erwerben können, bevor der Urban Areas Act von 1923 dies unterband. Viele dieser alten Ziegel- und Steinhäuser mit ihren blechüberdachten Veranden standen noch in Sophiatown und verliehen der Township einen Anstrich von Anmut der Alten Welt. Als in Johannesburg sowohl vor als auch während des Krieges die Industrie expandierte, wurde Sophiatown zur Wohnstätte für die rasch zunehmenden afrikanischen Arbeitskräfte. Es lag bequem nahe der Stadt. Die Arbeiter wohnten in sogenannten Shanties, die in den Vor- und Hinterhöfen älterer Wohngrundstücke errichtet wurden. Oft mußten sich bis zu 40 Menschen einen einzigen Wasserhahn teilen, und in einer einzigen Shanty drängten sich in der Regel mehrere Familien. Trotz der Armut hatte Sophiatown einen speziellen Charakter; für Afrikaner war es das linke Seine-Ufer von Paris, Greenwich Village in New York, der Ort, wo Schriftsteller, Künstler, Ärzte und Rechtsanwälte wohnten. Es war sowohl bohemehaft als auch konventionell, war gleichzeitig lebendig und ruhig. Dort lebten sowohl Dr. Xuma, der dort seine Praxis hatte, als auch »Tsotsi« (Gangster) wie die »Berliner« und die »Amerikaner«, die sich die Namen amerikanischer Filmstars wie John Wayne und Humphrey Bogart zulegten. Sophiatown rühmte sich des einzigen Swimmingpools für afrikanische Kinder in Johannesburg.

Für Johannesburg bedeutete die Regelung des Western Areas Removal die Evakuierung von Sophiatown, Martindale und Newclare mit einer Gesamtbevölkerung von 60 000 bis 100 000 Menschen. 1953 hatte die nationalistische Regierung ein Gelände namens Meadowlands 20 Kilometer von der Stadt entfernt gekauft. Dort sollten die Menschen in sieben verschiedenen »ethnischen Gruppen« neu angesiedelt werden. Der von der Regierung benutzte Vorwand lautete »Slumräumung«, eine Vernebelungstaktik für die Regierungspolitik, die alle städtischen Gebiete, wo sich vorübergehend Afrikaner aufhielten, als weiße betrachtete.

Die Regierung stand auch unter dem Druck ihrer Anhänger in den benachbarten Gebieten von Westdene und Newlands, vergleichsweise armen weißen Wohnbezirken. Die dort lebenden weißen Arbeiter waren neidisch auf manche der schönen Häuser in Sophiatown, die Schwarzen gehörten. Die Regierung wollte die Bewegungen aller Afrikaner kontrollieren, und eine solche Überwachung war weitaus schwieriger in freien städtischen Townships, wo Schwarze eigenen Grundbesitz haben und die Leute kommen und gehen konnten, wie es ihnen gefiel. Obwohl das Paßsystem noch in Kraft war, brauchte man, anders als in städtischen Siedlungen, zum Betreten einer freien Township keine spezielle Erlaubnis. Afrikaner hatten seit über 50 Jahren in Sophiatown gewohnt und Eigentum besessen, jetzt plante die Regierung gnadenlos die Umsiedlung afrikanischer Einwohner von Sophiatown in andere schwarze Townships. Der Plan der Regierung war insofern überaus zynisch, als die Evakuierung stattfinden sollte, noch bevor die Häuser gebaut waren, um die Evakuierten aufzunehmen. Die Evakuierung von Sophiatown wurde zur ersten größeren Kraftprobe für den ANC und seine Verbündeten nach der Mißachtungskampagne.

Obwohl die Regierungsaktion zur Räumung von Sophiatown bereits 1950 eingesetzt hatte, unternahm der ANC erst 1953 ernsthafte Anstrengungen, die Evakuierung zu verhindern. Mitte des Jahres mobilisierten die Ortsgruppen des ANC und des TIC (Transvaal Indian Congress) sowie die lokale Ratepayers Association die Menschen zum Widerstand gegen die Räumung. Im Juni 1953 wurde von der Provinzexekutive des ANC und des TIC im Odin-Kino in Sophiatown eine öffentliche Versammlung veranstaltet, um über den Widerstand gegen die Räumung zu diskutieren. Es war eine lebhafte, erregte Versammlung von mehr als 1200 Menschen, die sich durch die Anwesenheit von Dutzenden schwerbewaffneter Polizisten nicht einschüchtern ließen.

Nur wenige Tage zuvor war meine Bannverordnung abgelaufen, wie auch die von Walter. Das heißt, es war uns nicht länger verboten, an Versammlungen teilzunehmen oder auf ihnen zu sprechen, und also wurden Vorkehrungen getroffen, daß ich in dieser Versammlung sprechen konnte.

Kurz bevor die Versammlung anfangen sollte, sah ein Police

Officer, wie Walter und ich außerhalb des Kinos mit Father Huddleston sprachen, einem der Führer des Widerstands gegen die Räumung. Der Officer erklärte Walter und mir, als gebannte Personen hätten wir kein Recht, dort zu sein, und befahl seinen Leuten, uns festzunehmen. Father Huddleston rief den sich nähernden Polizisten zu: »Nein, ihr müßt statt dessen mich verhaften, meine Lieben.« Der Officer befahl Father Huddleston, beiseite zu treten, doch Father Huddleston weigerte sich.

Als die Polizisten Huddleston beiseite schoben, sagte ich zum Officer: »Sie müssen sich vergewissern, ob wir unter Bann sind oder nicht. Seien Sie vorsichtig, denn es wäre eine unrechtmäßige Festnahme, wenn unser Bann abgelaufen ist. Glauben Sie tatsächlich, wir wären heute abend hier, wenn wir noch unter Bann stünden?«

Die Polizei war dafür bekannt, selten auf dem laufenden zu sein, und oft wußte sie nicht, wann ein Bann beendet war. Dem Sergeant war das so geläufig wie uns. Er überlegte und befahl seinen Leuten dann, uns durchzulassen. Mit großem Widerstreben machte er uns Platz, als wir den Saal betraten.

Die Polizisten im Saal benahmen sich sehr provokativ und arrogant. Mit Pistolen und Gewehren bewaffnet stolzierten sie im Saal herum, stießen Leute beiseite und machten beleidigende Bemerkungen. Gemeinsam mit anderen Führern saß ich auf der Bühne, doch als die Versammlung beginnen sollte, sah ich, wie Bürgermeister Prinsloo durch die Bühnentür hereinkam, begleitet von bewaffneten Polizisten. Ich sah ihn an und machte eine Geste, als wollte ich fragen: »Ich?«, doch er schüttelte verneinend den Kopf. Dann trat er zum Podium, wo Yusuf Cachalia bereits angefangen hatte zu sprechen, und befahl den ihn begleitenden Polizisten, ihn zu verhaften. Sie packten Yusuf bei den Armen und wollten ihn wegschleppen. Draußen hatte die Polizei inzwischen Robert Resha und Ahmed Kathrada festgenommen.

Die Menschenmenge war in Aufruhr, sie schrie und buhte, und ich erkannte, daß die Dinge äußerst häßlich verlaufen könnten, wenn die Menge nicht die Kontrolle behielt. Ich lief zum Podium und begann, einen bekannten Protestsong zu singen, und kaum hatte ich die ersten Worte vorgetragen, da fiel die Menge ein. Ich befürchtete, die Polizei könnte das Feuer eröffnen, würde die Menge zu aufgeregt.

Der ANC hielt damals an jedem Sonntagabend auf dem Freedom Square (Freiheitsplatz) im Zentrum von Sophiatown Versammlungen ab, um Widerstand gegen die Räumung zu mobilisieren. Es waren höchst lebhafte Zusammenkünfte, unterbrochen von Rufen wie »Asihambi!« (»Wir gehen nicht weg!«) und dem Gesang des Liedes »Sophiatown likhaya lam asihambi« (»Sophiatown ist mein Zuhause, wir gehen nicht weg«). Auf den Versammlungen sprachen führende ANC-Mitglieder, Grundbesitzer, Mieter, Gemeinderäte und oft auch Father Huddleston, der die Warnungen der Polizei, sich auf Kirchenangelegenheiten zu beschränken, in den Wind schlug.

Eines Sonntagabends, nicht lange nach dem geschilderten Zwischenfall, sollte ich auf dem Freedom Square in Sophiatown sprechen. Die Menge an jenem Abend war leidenschaftlich, und zweifellos haben ihre Emotionen meine beeinflußt. Es waren viele junge Menschen darunter, voller Zorn und tatendurstig. Wie gewöhnlich waren wir gleichsam umzingelt von Polizisten, die bewaffnet waren mit Schußwaffen und Schreibstiften, mit letzteren, um sich Notizen zu machen darüber, wer sprach und was gesagt wurde. Wir versuchten, daraus eine Tugend zu machen, indem wir den Polizisten so offen wie möglich begegneten, um ihnen zu zeigen, daß wir nichts zu verbergen hatten, nicht einmal unseren Abscheu vor ihnen.

Ich begann, von der zunehmenden Unterdrückung durch die Regierung im Gefolge der Mißachtungskampagne zu sprechen. Ich sagte, die Regierung fürchte sich jetzt vor der Macht des afrikanischen Volkes. Während ich sprach, wurde ich zunehmend von Empörung erfüllt. Ich hatte damals etwas von einem Volksaufwiegler. Es gefiel mir, meine Zuhörer aufzustacheln, und das tat ich an jenem Abend.

Als ich die Regierung wegen ihrer Rücksichtslosigkeit und Gesetzlosigkeit verdammte, überschritt ich die Grenzlinie. Ich sagte, die Zeit für passiven Widerstand sei vorbei, Gewaltlosigkeit sei eine zwecklose Strategie, die niemals den Sturz eines weißen Minderheitenregimes herbeiführen könne, das fest entschlossen sei, um jeden Preis an der Macht zu bleiben. Am Ende des Tages, sagte ich, sei Gewalt die einzige Waffe, welche die Apartheid vernichten werde, und wir müßten bereit sein, in naher Zukunft diese Waffe zu ergreifen.

Die Menge war erregt; vor allem die Jugendlichen klatschten und jubelten. Sie wollten sofort meine Worte in die Tat umsetzen. An diesem Punkt begann ich ein Freiheitslied zu singen, dessen Text lautet: »Dort stehen die Feinde, laßt uns unsere Waffen nehmen und sie angreifen.« Ich sang dieses Lied, und die Menge fiel ein, und als das Lied zu Ende war, deutete ich auf die Polizei und sagte: »Dort, dort stehen unsere Feinde!« Die Menge begann wieder zu jubeln und vollführte aggressive Gesten in Richtung der Polizei. Die Polizisten blickten nervös drein, und mehrere von ihnen deuteten auf mich, als wollten sie sagen: »Mandela, dafür kriegen wir dich dran.« Aber das störte mich nicht. In der Hitze des Augenblicks dachte ich nicht an die Konsequenzen.

Allerdings kamen meine Worte an jenem Abend nicht aus dem Nichts. Ich hatte über die Zukunft nachgedacht. Die Regierung war eifrig dabei, Maßnahmen zu treffen, die verhindern sollten, daß sich so etwas wie die Mißachtungskampagne wieder ereignen könne. Ich hatte angefangen, den Kampf unter anderen Gesichtspunkten zu analysieren. Der Ehrgeiz des ANC war es, einen Massenkampf zu führen, die Arbeiter und Bauern Südafrikas in einer Kampagne zusammenzuführen, die so groß und machtvoll sein würde, daß sie den Status quo der weißen Unterdrückung überwinden könnte. Aber die nationalistische Regierung machte jede rechtmäßige Äußerung von Widerspruch oder Protest unmöglich. Ich sah voraus, daß sie jeglichen legitimen Protest seitens der afrikanischen Mehrheit rücksichtslos unterdrücken werde. Ein Polizeistaat schien nicht mehr sehr weit.

Ich begann zu ahnen, jeder legale oder auch außerkonstitutionelle Protest werde bald unmöglich sein. In Indien hatte Gandhi es mit einer ausländischen Macht zu tun, die letztendlich realistischer und weitsichtiger war. Das war bei den Afrikanders in Südafrika nicht der Fall. Gewaltloser passiver Widerstand ist so lange effektiv, wie der Gegner sich an dieselben Regeln hält wie man selbst. Trifft ein friedlicher Protest jedoch auf Gewalt, so ist seine Wirksamkeit zu Ende. Für mich war Gewaltlosigkeit kein moralisches Prinzip, sondern eine Strategie. Es liegt kein moralischer Wert in der Benutzung einer ineffektiven Waffe. Doch meine Gedanken zu diesen Fragen waren noch nicht abgeschlossen, und ich hatte zu früh gesprochen.

Auf jeden Fall war das die Ansicht des Nationalen Exekutivkomitees des ANC. Als es von meiner Rede erfuhr, wurde ich streng dafür gerügt, eine solche radikale Abwendung von der akzeptierten Politik zu befürworten. Obschon es in der Exekutive einige gab, die mit meinen Äußerungen sympathisierten, wollte jedoch keiner die zügellose Art gutheißen, in der ich sie gemacht hatte. Die Exekutive tadelte mich und merkte an, die impulsive Politik, die ich gefordert hatte, sei nicht nur verfrüht, sondern auch gefährlich. Solche Reden könnten den Feind dazu provozieren, die Organisation völlig zu zerschmettern, da der Feind stark sei und wir noch immer schwach. Ich akzeptierte die Kritik und verteidigte anschließend in der Öffentlichkeit getreulich die Politik der Gewaltlosigkeit. Aber im Innern wußte ich, daß Gewaltlosigkeit nicht die Antwort war.

Damals war ich mit der Exekutive oft überquer. Anfang 1953 wurden Häuptling Luthuli, Z.K. Matthews und eine Handvoll weiterer hochrangiger ANC-Führer zu einer Zusammenkunft mit einer Gruppe weißer Liberaler eingeladen, die damals dabei waren, die Liberal Party zu gründen. Danach fand ein Treffen der ANC-Exekutive statt, bei dem einige von uns um einen Bericht über die Zusammenkunft mit den weißen Liberalen baten. Die Anwesenden weigerten sich jedoch und erklärten, sie seien nicht als Mitglieder des ANC eingeladen worden, sondern als Privatleute, und das Treffen sei deshalb vertraulich. Doch wir fuhren fort, sie zu bedrängen, und wollten wissen, worüber gesprochen worden sei. Schließlich erwiderte Professor Matthews, der gleichfalls Anwalt war, es habe sich um ein privilegiertes Gespräch gehandelt, das durch das Gesetz geschützt sei. In einem Anfall von Empörung erklärte ich: »Was für Führer seid ihr, daß ihr mit einer Gruppe weißer Liberaler über Dinge diskutieren könnt und dann die Informationen nicht an eure Kollegen vom ANC weitergebt? Das ist das Problem mit euch, ihr habt Angst vor dem weißen Mann, der euch über die Maßen beeindruckt. Ihr schätzt seine Gesellschaft mehr als die eurer afrikanischen Genossen.«

Dieser Ausbruch rief den Zorn von Professor Matthews und von Häuptling Luthuli hervor. Zunächst antwortete Professor Matthews: »Mandela, was wissen Sie von den Weißen? Alles, was Sie von den Weißen wissen, haben Sie von mir, und Sie sind noch immer ein Ignorant. Selbst jetzt haben Sie Ihre Studentenuniform noch nicht richtig abgelegt.« Luthuli blieb kühl, wie kaltes Feuer. Er sagte: »Also gut, wenn Sie mich beschuldigen, vor dem weißen Mann Angst zu haben, dann bleibt mir keine andere Wahl als zurückzutreten. Wenn es das ist, was Sie sagen wollen, dann werde ich das auch tun.« Ich wußte nicht, ob Luthuli nur bluffte, doch seine Drohung erschreckte mich. Ich hatte überhastet und, ohne nachzudenken, gesprochen, ohne ein Gefühl der Verantwortung, und das bedauerte ich jetzt sehr. Ich nahm meine Vorwürfe auf der Stelle zurück und entschuldigte mich. Ich war ein junger Mann, der versuchte, seine Ignoranz durch Militanz wettzumachen.

Um etwa die gleiche Zeit teilte Walter mir mit, er sei als Ehrengast zu dem World Festival of Youth and Students for Peace (Welt-Jugend- und Studenten-Fest für Frieden) in Bukarest eingeladen worden. Der Zeitpunkt der Einladung ließ Walter praktisch keine Möglichkeit, mit dem Nationalen Exekutivkomitee Rücksprache zu halten. Ich war der Meinung, er solle unbedingt reisen, auch ohne Rücksprache, und ermutigte ihn dazu. Er faßte den Entschluß, und ich half ihm dabei, einen Ersatzpaß zu bekommen, ein Affidavit, das seine Identität und seine Staatsangehörigkeit bestätigte. (Die Regierung würde ihm niemals einen richtigen Paß ausgestellt haben.) Die Gruppe unter Leitung von Walter Sisulu Duma Nokwe flog mit der einzigen Fluggesellschaft, die bereit war, ein solches Affidavit zu akzeptieren: die israelische Fluggesellschaft El Al.

Trotz der Zurechtweisung von seiten der Exekutive war ich davon überzeugt, daß die Nationalisten die Gewaltlosigkeit schon bald zu einem noch begrenzteren und wirkungsloseren Mittel unserer Politik machen würden. Walter war mit meinen Gedanken vertraut, und vor seiner Abreise machte ich den Vorschlag, er solle nach Möglichkeit die Volksrepublik China besuchen und mit der chinesischen Führung darüber sprechen, ob sie uns nicht mit Waffen für einen bewaffneten Kampf versorgen könne. Walter fand die Idee gut und versprach, einen Versuch zu unternehmen.

Diese Aktion ging ganz und gar auf mein eigenes Konto, und meine Methoden waren höchst unorthodox. In gewisser Weise waren es die Aktionen eines hitzköpfigen Revolutionärs, der die Dinge nicht durchdacht hatte und ohne Disziplin handelte. Es waren die Taten eines Mannes, der frustriert war von der Unmoral der Apartheid und der Rücksichtslosigkeit, mit welcher der Staat sie absicherte.

Walters Reise rief in der Exekutive heftige Unruhe hervor. Ich unternahm es, persönlich seine Entschuldigungen vorzutragen, ohne meine geheime Aufforderung zu erwähnen. Luthuli war ungehalten darüber, daß der Verhaltenskodex des ANC so einfach in den Wind geschlagen worden sei, und Professor Matthews zeigte sich verärgert, weil Walter sozialistische Länder besuchte. Die Exekutive war skeptisch, was Walters Motive betraf, und sie bezweifelte meine Erklärung der Umstände. Einige wollten Walter und mich formal tadeln, taten es dann aber doch nicht.

Es gelang Walter, nach China zu kommen, wo er von der Führung herzlich empfangen wurde. Man versicherte ihn der Unterstützung in unserem Kampf, als er jedoch von bewaffnetem Kampf sprach, war man sehr auf der Hut. Die Chinesen warnten ihn, ein bewaffneter Kampf sei ein äußerst schwieriges Unternehmen, und sie fragten Walter, ob die Befreiungsbewegung ausreichend organisiert sei, um ein derartiges Vorhaben zu rechtfertigen. Walter kam ermutigt, jedoch ohne Waffen zurück.

IN JOHANNESBURG war ich ein Stadtmensch geworden. Ich trug elegante Anzüge; ich fuhr ein kolossales Oldsmobile, und ich kannte mich in der Stadt auch im Gewirr entlegener Gassen aus. Täglich fuhr ich zum Stadtbüro. In meinem Herzen blieb ich jedoch ein Junge vom Lande, und es gab nichts, was meine Stimmung nachdrücklicher heben konnte als ein blauer Himmel, das offene Feld und grünes Gras. Im September endeten meine Bannungen, und ich beschloß, meine Freiheit zu nutzen und gleichsam Ferien von der Stadt zu machen. Deshalb nahm ich einen Fall in dem kleinen Dorf Villiers im Oranje-Freistaat an.

Die Fahrt zum Oranje-Freistaat von Johannesburg aus dauerte gewöhnlich mehrere Stunden, und ich brach um drei Uhr früh von Orlando auf; um diese Zeit reise ich am liebsten ab. Ich bin ohnehin Frühaufsteher, und um drei Uhr früh sind die Straßen leer und still, und man kann mit seinen Gedanken allein sein. Ich liebe es, das Heraufdämmern des Morgens zu beobachten, den Wechsel zwischen Nacht und Tag, der immer majestätisch anzusehen ist. Außerdem war es eine gute Stunde für den Aufbruch, weil um diese Zeit die Polizei für gewöhnlich nirgends zu sehen war.

Die Provinz des Oranje-Freistaats hat auf mich stets eine magische Wirkung ausgeübt, obwohl dort einige der rassistischsten Elemente der weißen Bevölkerung zu Hause sind. Mit seiner flachen, staubigen Landschaft, so weit, wie das Auge reicht, mit dem großen blauen Himmel darüber, den endlosen Flächen mit gelben Mealie-Feldern, erfreut dieses Land mein Herz, in welcher Stimmung ich mich auch immer befinden mag. Wenn ich dort bin, habe ich das Gefühl, daß mich nichts einengen kann, daß meine Gedanken weit umherschweifen können bis zu den Horizonten.

Die Landschaft trug den Prägestempel von General Charles R. De Wet. De Wet war jener begabte Buren-Befehlshaber, der während der letzten Monate des britisch-burischen Krieges den Briten in Dutzenden von Gefechten das Nachsehen gegeben hatte; furchtlos, stolz und schlau, wäre er einer meiner Helden gewesen, wenn er für die Rechte aller Südafrikaner und nicht nur der Buren gekämpft hätte. Er zeigte den Mut und den Einfallsreichtum des »Underdog«, des Benachteiligten, und die Kraft einer geringer ausgestatteten, jedoch patriotischen Armee gegen eine erprobte Kriegsmaschinerie. Während der Fahrt stellte ich mir vor, wo überall sich General De Wets Armee verborgen gehalten hatte, und fragte mich, ob sich eines Tages dort afrikanische Rebellen verstecken würden.

Die Fahrt nach Villiers heiterte mich sehr auf, und als ich am Morgen des 3. September das kleine Gerichtsgebäude betrat, geschah es in einem unangebrachten Gefühl von Sicherheit. Auf mich wartete bereits eine kleine Gruppe von Polizisten. Fast wortlos überreichten sie mir eine Anordnung nach dem Suppression of Communism Act. Darin wurde ich aufgefordert, aus dem ANC auszuscheiden, mich für die Dauer von zwei Jahren nur im Bereich von Johannesburg aufzuhalten und an keinerlei Treffen oder Zusammenkünften teilzunehmen. Ich hatte mit solchen Maßnahmen gerechnet, jedoch nicht erwartet, daß ich die Anordnung in der fernen Kleinstadt Villiers erhalten würde.

Ich war 35 Jahre alt, und diese neuen, strengeren Bannungen beendeten fast ein Jahrzehnt der Aktivität für den ANC, Jahre meines politischen Erwachens, meiner politischen Entwicklung und meines immer stärkeren Engagements in dem Kampf, der mein Leben geworden war. Hinfort würden all meine Aktionen und Pläne für den ANC und den Befreiungskampf heimlich und illegal sein. Nachdem ich das Papier erhalten hatte, mußte ich unverzüglich nach Johannesburg zurückkehren.

Meine Bannungen vertrieben mich aus dem Zentrum des Kampfes an den Rand, aus einer bedeutenden Funktion in eine periphere. Obwohl ich oft konsultiert wurde und die Richtung von Ereignissen beeinflussen konnte, tat ich dies doch aus der Ferne und nur dann, wenn ich ausdrücklich darum gebeten wurde. Ich fühlte mich nicht mehr wie ein lebenswichtiges Organ des Körpers – Herz, Lunge oder Wirbelsäule –, sondern wie ein abgetrenntes Glied. Selbst Freiheitskämpfer hatten, zumindest damals, den Gesetzen zu gehorchen, und zu jenem Zeitpunkt wäre eine Inhaftierung aufgrund von Verstößen gegen meine Bannungen für den ANC ebenso nutzlos gewesen wie für mich selbst.

Wir waren noch nicht an dem Punkt angelangt, wo wir offen Revolutionäre waren, die unverhohlen das System bekämpften, was immer der Preis sein mochte. Wir glaubten damals, es sei besser, im Untergrund zu organisieren, als ins Gefängnis zu gehen. Als ich gezwungen wurde, aus dem ANC auszuscheiden, mußte mich die Organisation ersetzen, und ob mir das nun gefiel oder nicht, ich konnte nicht mehr mit der Autorität handeln, die ich einmal besessen hatte. Während der Rückfahrt nach Johannesburg hatte die Landschaft des Freistaats längst nicht mehr die gleiche erhebende Wirkung wie zuvor.

ALS ICH MEINE Bannung erhielt, stand für den kommenden Monat die Konferenz des ANC von Transvaal schon fest, und ich hatte bereits den Entwurf zu meiner Ansprache als Präsident aufgesetzt. Nun sollte sie von Andrew Kunene, einem Mitglied der Exekutive, auf der Konferenz verlesen werden. In dieser Rede, später bekannt geworden als Rede über »Kein leichter Weg zur Freiheit« – nach einer Formulierung von Jawaharlal Nehru –, erklärte ich, daß die Massen jetzt bereit sein müßten für neue Formen des politischen Kampfes. Die neuen Gesetze und Taktiken der Regierung hätten die alten Formen des Massenprotestes öffentliche Versammlungen, Presseerklärungen, Abwesenheitsaktionen – äußerst gefährlich und selbstzerstörerisch gemacht. Zeitungen würden unsere Statements nicht mehr bringen, Druckereien weigerten sich, unsere Flugblätter zu drucken, alles aus Angst vor Strafverfolgung unter dem Suppression of Communism Act. »Diese Entwicklungen«, schrieb ich, »verlangen die Herausbildung neuer Formen des politischen Kampfes. Die alten Methoden«, erklärte ich, seien jetzt »selbstmörderisch«.

»Die Unterdrückten und die Unterdrücker stehen einander hart auf hart gegenüber. Der Tag der Abrechnung zwischen den Kräften der Freiheit und jenen der Reaktion ist nicht mehr allzu fern. Ich habe nicht den geringsten Zweifel, daß, wenn jener Tag kommt, Wahrheit und Gerechtigkeit obsiegen werden … Die

Gefühle der Unterdrückten sind niemals bitterer gewesen. Die arge Not der Menschen zwingt sie zum Widerstand bis zum Tod gegen die stinkende Politik der Gangster, die über unser Land herrschen ... Die Beseitigung der Unterdrückung wird von der Menschheit gutgeheißen und ist das höchste Ziel eines jeden freien Menschen.«

Im April 1954 beantragte die Law Society von Transvaal, die Anwaltsvereinigung, beim Obersten Gerichtshof, meinen Namen von der Liste der akkreditierten Anwälte zu streichen, und führte als Begründung an, die politischen Aktivitäten, deretwegen ich im Mißachtungs-Prozeß verurteilt worden sei, seien als unprofessionelles und unehrenhaftes Verhalten zu werten. Dies geschah zu einer Zeit, in der die Anwaltskanzlei Mandela und Tambo florierte und ich dutzendemal in der Woche vor Gericht auftrat.

Die entsprechenden Dokumente wurden mir in mein Büro zugestellt, und sobald das Verfahren gegen mich bekannt wurde, erhielt ich Unterstützungs- und Hilfsangebote. Sogar eine Anzahl prominenter burischer Anwälte erklärte sich bereit, mir zu helfen. Viele dieser Männer waren zwar Anhänger der Nationalistischen Partei, doch sie hielten den Ausschließungsantrag für unfair und voreingenommen. Ihre Reaktion verriet mir, daß selbst im rassistischen Südafrika professionale Solidarität manchmal die Farbbarriere überwinden konnte und daß es immer noch Anwälte und Richter gab, die sich weigerten, Werkzeuge eines unmoralischen Regimes zu sein.

Meine Sache wurde gekonnt vertreten von Anwalt Walter Pollack, dem Vorsitzenden der Johannesburger Anwaltskammer. Mir war geraten worden, noch einen zweiten Rechtsvertreter zu nehmen, der mit unserem Kampf in keinerlei Verbindung stand, denn das könne das urteilende Gremium positiv beeinflussen. Zu diesem Zweck instruierten wir als beratenden Anwalt William Aaronsohn, der einer der ältesten Anwaltskanzleien in Johannesburg angehörte. Beide Männer vertraten mich ohne Entgelt. Unsere Argumentation lautete, der Antrag sei ein Affront gegen den Gedanken der Gerechtigkeit und ich hätte ein angestammtes

Recht, für meine politischen Überzeugungen zu kämpfen, ein Recht, das allen Menschen zustünde in einem Rechtsstaat.

Doch das Argument mit dem größten Gewicht war der von Pollack angeführte Fall eine Mannes namens Strijdom, der während des Zweiten Weltkriegs zusammen mit B.J. Vorster (dem späteren Premierminister) festgenommen worden war. Beide wurden wegen ihres Eintretens für die Nazis interniert. Nach einem mißglückten Ausbruchversuch wurde Strijdom des Fahrzeugdiebstahls für schuldig gesprochen. Nach seiner Entlassung beantragte er später seine Zulassung als Rechtsanwalt. Trotz seiner Verbrechen und erheblicher Einwände der Anwaltskammer entschied das Gericht, ihn als Anwalt zuzulassen, und begründete seine Entscheidung damit, daß sein Vergehen politischer Natur sei und daß ein Mann nicht aufgrund seiner politischen Überzeugungen von der Tätigkeit als Anwalt ausgeschlossen werden könne. Pollack erklärte: »Natürlich gibt es Unterschiede zwischen Strijdom und Mandela. Mandela ist kein Nationalist, und Mandela ist nicht weiß.«

Richter Ramsbottom, vor dem der Fall verhandelt wurde, war das Musterbeispiel eines Richters, der es ablehnte, ein Sprachrohr der Nationalisten zu sein, und der die Unabhängigkeit der Rechtsprechung hochhielt. Sein Urteil in diesem Fall stützte völlig unsere Auffassung, daß ich das Recht hatte, für meine politischen Überzeugungen zu kämpfen, auch wenn sie gegen die Regierung gerichtet waren, und er wies den Antrag der Law Society ab und bürdete ihr auch, eine Seltenheit, die Kosten auf.

DIE KAMPAGNE gegen die Räumung von Sophiatown war ein langwieriger Kampf. Wir blieben fest, doch die Regierung auch. Von 1954 bis 1955 wurden zweimal wöchentlich Versammlungen abgehalten, jeweils mittwochs und sonntags abends. Redner auf Redner fuhr fort, die Pläne der Regierung zu verurteilen. Der ANC und die Ratepayers Association (»Bund der Steuerzahler«) unter der Leitung von Dr. Xuma protestierten in Briefen und Eingaben an die Regierung. Wir stellten die Kampagne unter den Slogan »Nur über unsere Leichen«, ein Motto, das oft von den Rednertribünen gerufen und von den Zuhörern als Echo erwidert wurde. Eines Abends brachte dies sogar den ansonsten vorsichtigen Dr. Xuma dazu, den aufpeitschenden Slogan auszustoßen, mit dem im Jahrhundert zuvor afrikanische Krieger zur Schlacht gerufen worden waren: »Zemk' inkomo magwalandini!« (»Der Feind hat das Vieh erbeutet, ihr Feiglinge!«)

Die Regierung hatte die Räumung für den 9. Februar 1955 angesetzt. Als der Tag näherrückte, waren Oliver und ich jeden Tag in der Township, trafen uns mit lokalen Führern, besprachen Pläne und waren auch in unserer beruflichen Eigenschaft tätig, als Rechtsvertreter für Bewohner, die zwangsevakuiert wurden oder angeklagt waren. Vor Gericht versuchten wir nachzuweisen, daß die Begründungen der Regierung häufig inkorrekt und viele Räumungsbefehle daher ungesetzlich waren. Aber das war nur eine zeitweilige Maßnahme; die Regierung würde sich durch einige Ungesetzlichkeiten nicht behindern lassen.

Kurz vor der festgesetzten Räumung sollte auf dem Freiheitsplatz in Sophiatown eine außerordentliche Massenversammlung stattfinden. 10000 Menschen kamen zusammen, um Häuptling Luthuli zu hören. Doch bei seiner Ankunft in Johannesburg erhielt der Häuptling eine Bannungsanordnung, die ihn zur Rückkehr nach Natal zwang.

Am Abend vor der Räumung sprach Joe Modise, einer der engagiertesten lokalen ANC-Führer, zu einer gespannt wartenden Schar von über 500 jugendlichen Aktivisten. Sie rechneten damit, daß ihnen der ANC den Befehl zum Kampf gegen Polizei und Armee geben würde. Sie waren bereit, über Nacht Barrikaden zu errichten und am nächsten Tag der Polizei einen Kampf mit Waffen und allem, was ihnen in die Hand fiel, zu liefern. Sie gingen davon aus, daß unser Slogan meinte, was er besagte: daß Sophiatown nur über unsere Leichen geräumt würde.

Aber nach Rücksprache mit der ANC-Führung, darunter auch mir, forderte Joe die jungen Leute auf, sich zurückzuhalten. Sie waren zornig und fühlten sich verraten. Doch wir befürchteten, Gewalttätigkeit würde zur Katastrophe führen, und wiesen darauf hin, daß ein Aufstand sorgfältige Planung verlange und anderenfalls einem Selbstmord gleichkomme. Wir waren noch nicht bereit, den Feind mit seinen eigenen Mitteln anzugreifen.

In den dunstigen Morgenstunden des 9. Februar riegelten 4000 Mann der Polizei und der Armee die Township ab, während Arbeiter leere Häuser dem Erdboden gleichmachten und Regierungslastwagen damit begannen, Familien von Sophiatown nach Meadowlands zu transportieren. In der Nacht zuvor hatte der ANC eine Reihe von Familien nach vorheriger Absprache evakuiert und zu anderen Familien innerhalb von Sophiatown gebracht, die den ANC unterstützten. Doch unsere Bemühungen waren zu kraftlos, und sie kamen zu spät; sie konnten nur eine verzögernde Wirkung haben. Armee und Polizei griffen erbarmungslos durch. Innerhalb weniger Wochen brach unser Widerstand zusammen. Die meisten unserer lokalen Führer waren gebannt oder verhaftet, und am Ende starb Sophiatown nicht im Lärm von Gewehrfeuer, sondern im Dröhnen der Lastwagen und Preßlufthämmer.

Beim Beurteilen politischer Aktionen behält man immer recht, wenn man nur in der Zeitung vom nächsten Tag darüber liest. Steht man indes mitten in einem hitzigen politischen Kampf, so bleibt wenig Zeit zum Überlegen. Wir machten viele Fehler bei der Kampagne gegen die Räumungen in den Western Areas und erhielten dabei eine Reihe von Lektionen. »Über unsere Leichen« war ein dynamischer Slogan, doch erwies er sich sowohl als Hemmnis wie als Hilfe. Ein Slogan ist ein wichtiges Bindeglied zwischen der Organisation und den Massen, die sie zu führen sucht. Ein Slogan sollte eine besondere Notlage in einen kurzen kraftvollen Satz zusammenpressen und die Menschen zum Widerstand mobilisieren. Unser Slogan sprach die Phantasie der Menschen an, doch er ließ sie glauben, wir würden bis zum Tod kämpfen, um der Räumung Widerstand zu leisten. Darauf war der ANC in Wirklichkeit ganz und gar nicht vorbereitet.

Wir boten den Menschen nie eine Alternative zum Umzug nach Meadowlands an. Als die Leute in Sophiatown sich klarmachten, daß wir weder die Regierung aufhalten noch ihnen irgendwo anders Unterkünfte beschaffen konnten, schwand ihr Widerstand dahin, und der Menschenstrom nach Meadowlands schwoll an. Viele Mieter zogen bereitwillig um, als sie feststellten, daß sie in Meadowlands mehr Platz und sauberere Unterkünfte haben würden. Wir hatten die unterschiedlichen Bedingungen für Hausbesitzer und Mieter nicht in Rechnung gestellt. Während die Hausbesitzer gute Gründe hatten zu bleiben, war für viele Mieter ein Umzug durchaus verlockend. Der ANC wurde von einer Anzahl von Afrikanisten in seinen Reihen kritisiert; sie beschuldigten die Führung, auf Kosten der Mieter die Interessen der Hausbesitzer zu schützen.

Die Lehren, die ich aus der Kampagne zog, bestanden in der Einsicht, daß wir am Ende keine Alternative zum bewaffneten, gewaltsamen Widerstand hatten. Immer und immer wieder hatten wir all die gewaltlosen Waffen aus unserem Arsenal eingesetzt – Reden, Abordnungen, Drohungen, Märsche, Streiks, Demonstrationen, freiwillige Gefängnishaft –, alle ohne Erfolg, denn was auch immer wir unternahmen, prallte an einer eisernen Faust ab. Ein Freiheitskämpfer lernt auf harte Weise, daß der Unterdrücker die Art des Kampfes bestimmt und daß dem Unterdrückten häufig kein anderer Weg bleibt, als Methoden zu benutzen, die jene des Unterdrückers widerspiegeln. An einem bestimmten Punkt kann man Feuer nur mit Feuer bekämpfen.

Erziehung ist der große Motor persönlicher Entwicklung. Durch Erziehung kann aus der Bauerntochter eine Ärztin werden, kann der Sohn eines Minenarbeiters Chef dieser Mine werden, kann das Kind eines Farmarbeiters Präsident einer großen Nation werden. Das, was wir aus dem, was wir haben, machen, nicht das, was uns mitgegeben ist, unterscheidet einen Menschen von einem anderen.

Seit Anfang, des 20. Jahrhunderts verdankten Afrikaner ihre Bildungsmöglichkeiten in erster Linie ausländischen Kirchen und Missionen, die Schulen gründeten und unterhielten. Unter der United Party waren die Lehrpläne der höheren Schulen für

Schwarze und der für Weiße im wesentlichen gleich. Die Missionsschulen boten Afrikanern eine auf englisch vermittelte Erziehung westlichen Stils, wie ich sie erhalten hatte. Die Einschränkungen bestanden für uns in weniger Einrichtungen, nicht in dem, was wir lesen, denken oder träumen konnten.

Doch selbst ehe die Nationalisten an die Macht kamen, ließ die Ungleichheit bei der Finanzierung die Geschichte rassistischer Erziehung erkennen. Die Regierung gab für jedes weiße Kind rund sechsmal mehr aus als für ein afrikanisches Kind. Für Afrikaner gab es keine Schulpflicht, und kostenlos war der Schulbesuch nur in den unteren Klassen. Nur weniger als die Hälfte aller afrikanischen Kinder im schulfähigen Alter besuchte überhaupt eine Schule, und die Oberschule schloß nur eine winzige Anzahl von Afrikanern ab.

Doch selbst dieses beschränkte Maß an Erziehung lehnten die Nationalisten ab. Der Bure hatte sich nie für die Bildung von Afrikanern erwärmen können. Für ihn war sie nichts als Verschwendung, weil der Afrikaner von Natur aus unwissend und faul sei und keine Erziehung hier Abhilfe schaffen könne. Der Bure war traditionell dagegen, daß Afrikaner Englisch lernten, denn Englisch war für ihn eine ausländische Sprache, für uns hingegen die Sprache der Emanzipation.

1953 verabschiedete das von Nationalisten beherrschte Parlament den Bantu Education Act, mit dem der afrikanischen Erzziehung der Stempel der Apartheid aufgedrückt werden sollte. Das Gesetz übertrug die Kontrolle über die Bildung der Afrikaner vom Bildungsministerium auf das zutiefst verabscheute Native Affairs Department. Gemäß dem Gesetz wurden afrikanische Grund- und Oberschulen, die von Kirchen und Missionen betrieben wurden, vor die Wahl gestellt, entweder von der Regierung übernommen zu werden oder von Jahr zu Jahr weniger Mittel zu erhalten; das heißt, entweder würde die Regierung die Erziehung der Afrikaner übernehmen oder es würde für Afrikaner keine Erziehung geben. Afrikanischen Lehrern war nicht erlaubt, die Regierung oder irgendeine Schulbehörde zu kritisieren. Das war intellektuelle »Baaskap«, eine Methode, Inferiorität zu institutionalisieren.

Dr. Hendrik Verwoerd, Minister für Bantu-Erziehung, erklärte, Erziehung müsse »Menschen ausbilden und lehren in Übereinstimmung mit ihren Lebensmöglichkeiten«. Er meinte, Afrikaner hätten keine Chancen und würden keine haben, wozu sie also bilden? »Für den Bantu ist kein Platz in der europäischen Gemeinschaft oberhalb bestimmter Formen von Arbeit«, erklärte er. Kurz, Afrikaner sollten zu körperlicher Arbeit ausgebildet und in immerwährender Unterordnung unter den weißen Mann gehalten werden.

Für den ANC war das Gesetz eine zutiefst verabscheuenswürdige Maßnahme, die den Fortschritt der afrikanischen Kultur als Ganzes aufhalten und, wenn in Kraft getreten, den Freiheitskampf des afrikanischen Volkes auf Dauer vereiteln sollte. Die geistige Zukunft aller späteren Generationen von Afrikanern stand auf dem Spiel. Wie Professor Matthews damals schrieb: »Erziehung zur Ignoranz und zur Minderwertigkeit in Verwoerds Schulen ist schlimmer als überhaupt keine Bildung.«

Das Gesetz und Verwoerds kruder Kommentar dazu erregten weithin Empörung bei Schwarzen wie bei Weißen. Mit Ausnahme der Dutch Reformed Church, welche die Apartheid befürwortete, und der Lutheran Mission sprachen sich alle christlichen Kirchen gegen das neue Gesetz aus. Aber die Einigkeit der Opposition bestand nur darin, diese Politik zu verurteilen, nicht ihr Widerstand entgegenzusetzen. Die Anglikaner, die unerschrockensten und beständigsten Kritiker der neuen Politik, verfolgten eine doppelte Politik. Bischof Ambrose Reeves von Johannesburg ließ in einem extremen Schritt seine Schulen mit einer Gesamtschülerzahl von 10000 Kindern schließen. Doch der Erzbischof der Kirche in Südafrika, darauf bedacht, die Kinder von den Straßen fernzuhalten, übergab die übrigen Schulen der Regierung. Trotz ihrer Proteste taten alle anderen Kirchen das gleiche, ausgenommen die Römischen Katholiken, die Seventh Day Adventists und die United Jewish Reformed Congregation – die drei letztgenannten machten ohne staatliche Unterstützung weiter. Selbst die Wesleyan Church, meine eigene Kirche, übergab ihre 200000 afrikanischen Schüler der Regierung. Wären alle anderen Kirchen dem Beispiel jener gefolgt, die Widerstand leisteten, so wäre die Regierung mit jenem Stillstand konfrontiert worden, der vielleicht einen Kompromiß erzwungen hätte. Statt dessen marschierte der Staat einfach über uns hinweg.

Die Übertragung der Kontrolle auf das Native Affairs Department sollte am 1. April 1955 stattfinden, und der ANC begann Pläne für einen Schulboykott zu diskutieren, der genau mit diesem Tag einsetzen sollte. Unsere geheimen Gespräche in der Exekutive drehten sich um die Frage, ob wir das Volk zu einem Protest von begrenzter Dauer auffordern oder ob wir einen permanenten Schulboykott ausrufen sollten, um das Gesetz zur Bantu-Erziehung zu zerschlagen, bevor sie Wurzeln schlagen konnte. Die Diskussionen waren recht heftig, und beide Seiten hatten mächtige Fürsprecher. Das Argument für einen unbegrenzten Schulboykott lautete, die sogenannte Bantu-Erziehung sei ein Gift, das man nicht einmal dann trinken könne, wenn man am Verdursten sei. Es in irgendeiner Form zu akzeptieren würde irreparable Schäden verursachen. Das Land, so erklärte diese Seite, befinde sich in einer explosiven Stimmung und die Leute verlangten nach etwas, das spektakulärer sei als bloßer Protest.

Wenngleich ich im Ruf eines Unruhestifters stand, war ich dennoch immer der Meinung, die Organisation solle niemals mehr versprechen, als sie halten konnte, weil die Menschen sonst ihr Vertrauen in sie verlieren würden. Ich vertrat den Standpunkt, unsere Aktionen sollten nicht auf idealistischen Erwägungen beruhen, sondern auf praktischen. Ein unbegrenzter Boykott würde eine massive Maschinerie und gewaltige Mittel erfordern, über die wir nicht verfügten, und unsere bisherigen Kampagnen hätten keinen Hinweis darauf gegeben, daß wir einem solchen Unternehmen gewachsen seien. Es sei schlicht unmöglich, schnell genug eigene Schulen einzurichten, um Hunderttausende von Schülern aufzunehmen, und wenn wir unseren Leuten keine Alternative anböten, würden wir ihnen so gut wie nichts anbieten. Zusammen mit anderen drängte ich auf einen einwöchigen Boykott.

Das Nationale Exekutivkomitee beschloß einen einwöchigen Schulboykott, der am 1. April beginnen sollte. Der Boykott wurde im Dezember 1954 auf der Jahreskonferenz in Durban empfohlen, doch die Delegierten wiesen die Empfehlung zurück und stimmten für einen unbegrenzten Boykott. Die Konferenz besaß die höchste Autorität, mehr noch als die Exekutive, und wir hatten jetzt einen Boykott auf dem Hals, den durchzuführen so gut wie unmöglich sein würde. Dr. Verwoerd kündigte an, die Regierung werde alle boykottierten Schulen schließen und Kinder, die dem Unterricht fernblieben, würden nicht wieder zugelassen.

Damit der Boykott in Kraft treten konnte, würden die Eltern und die Gemeinde einspringen und die Schulen ersetzen müssen. Ich sprach vor Eltern und ANC-Mitgliedern und erklärte ihnen, jedes Heim, jede Hütte, jede Gemeindeeinrichtung müsse ein Lernzentrum für Kinder werden.

Der Boykott begann am 1. April und hatte unterschiedliche Ergebnisse. Er war oft sporadisch, desorganisiert und ineffektiv. Am östlichen »Rand« erfaßte der Boykott rund 5000 Schulkinder. In Protestmärschen vor Sonnenaufgang wurden die Eltern aufgerufen, ihre Kinder zu Hause zu lassen. Frauen blockierten die Schulen und holten Kinder wieder heraus, die hineingegangen waren.

In Germiston, einer Township südöstlich der Stadt, leitete Joshua Makue, Vorsitzender der dortigen Ortsgruppe, drei Jahre lang eine Schule für fast 800 vom Boykott erfaßte Kinder. In Port Elizabeth gab Barrett Tyesi seine regierungsamtliche Lehrerstelle auf und unterhielt eine Schule für boykottierende Kinder. 1956 meldete er 70 dieser Kinder zur Abschlußprüfung an; bis auf drei bestanden alle. An vielen Orten unterrichteten improvisierte Schulen (»Kulturclubs« genannt, um nicht die Aufmerksamkeit der Behörden zu erregen) boykottierende Studenten. Die Regierung erließ anschließend ein Gesetz, nach dem nicht autorisierte Lehrangebote ein durch Geldstrafe oder Gefängnis zu ahndendes Delikt waren. Die Polizei durchsuchte diese Klubs, doch viele bestanden im Untergrund weiter. Am Ende kümmerten die Gemeindeschulen dahin, und die Eltern, vor die Wahl zwischen minderwertiger Erziehung oder gar keiner gestellt, wählten die erstere Möglichkeit. Meine eigenen Kinder gingen zur Schule der Seventh Day Adventists, die als private Einrichtung nicht auf Regierungssubvention angewiesen war.

Eine Kampagne wie diese sollte auf zwei Ebenen beurteilt werden: ob das unmittelbare Ziel erreicht wurde und ob es weitere Menschen politisierte und in den Kampf hineinzog. Auf der ersten Ebene war die Kampagne ganz eindeutig ein Fehlschlag. Wir brachten nicht im ganzen Land sämtliche Schulen zum Erliegen, und wir entledigten uns auch nicht des Bantu Education Act. Andererseits wurde die Regierung durch unseren Protest so genervt, daß sie das Gesetz modifizierte, und an einem Punkt sah sich Verwoerd zu der Erklärung genötigt, die Erziehung solle für alle gleich sein. Die Verlautbarung der Regierung vom November 1954 war ein Rückzug von der ursprünglichen Absicht, das Schulsystem auf der Stammesgrundlage zu gestalten. Am Ende hatten wir nur die Wahl zwischen zwei geringeren Übeln und optierten für die eingeschränkte Erziehung. Doch die Konsequenzen der sogenannten Bantu-Erziehung suchten die Regierung später auf unvorhergesehene Weise heim. Denn diese Erziehung brachte in den siebziger Jahren die zornigste, rebellischste Generation schwarzer Jugendlicher hervor, die das Land je gesehen hatte. Als diese Kinder der Bantu-Erziehung um die zwanzig Jahre alt waren, erhoben sie sich mit Macht.

EINIGE MONATE, nachdem Häuptling Luthuli zum Präsidenten des ANC gewählt worden war, kehrte Professor Z. K. Matthews nach einjähriger Gastprofessur in den USA nach Südafrika zurück, im Gepäck eine Idee, die den Befreiungskampf neu strukturierte. In einer Rede vor der ANC-Jahreskonferenz am Kap erklärte Professor Matthews: »Ich frage mich, ob nicht für den Afrikanischen Nationalkongreß die Zeit gekommen ist, die Frage der Anberaumung einer nationalen Konvention zu erörtern, eines Volkskongresses, der alle Menschen in diesem Land repräsentiert, ungeachtet ihrer Hautfarbe, um eine Freiheits-Charta für das demokratische Südafrika der Zukunft zu entwerfen.«

Innerhalb von Monaten akzeptierte die nationale Konferenz des ANC den Vorschlag, und es wurde ein Rat des Volkskongresses gegründet, mit Häuptling Luthuli als Vorsitzendem sowie Walter Sisulu und Yusuf Cachalia als gemeinsame Sekretäre. Der Volkskongreß sollte eine Reihe von Prinzipien für die Gründung eines neuen Südafrika aufstellen. Vorschläge für eine neue Konstitution sollten aus dem Volk selbst kommen, und die ANC-Führer im ganzen Land wurden autorisiert, von jedermann in ihrem Bereich schriftliche Anregungen entgegenzunehmen. Die Charta sollte ein vom Volke geborenes Dokument sein.

Der Volkskongreß repräsentierte eine der beiden gedanklichen Hauptströmungen innerhalb der Organisation. Es schien unvermeidlich zu sein, daß die Regierung den ANC bannen würde, und viele argumentierten, die Organisation müsse sich darauf vorbereiten, im Untergrund, also illegal zu operieren. Zur gleichen Zeit wollten wir nicht auf die wichtigen öffentlichen politischen Veranstaltungen und Aktivitäten verzichten, die dem ANC Beachtung und Massenunterstützung einbrachten. Der Volkskongreß sollte öffentlich Kraft und Stärke ausstrahlen.

Wir alle träumten davon, daß der Volkskongreß in der Geschichte des Freiheitskampfes ein bedeutendes Ereignis sein würde – ein Konvent, der alle Unterdrückten und alle progressiven Kräfte Südafrikas vereinte, um eine Art Fanfarenstoß erschallen zu lassen für einen Wandel. Wir hofften, man werde eines Tages mit der gleichen Hochachtung auf den Volkskongreß zurückblicken wie auf den ANC-Gründungskonvent im Jahre 1912.

Zu diesem Zweck versuchte der ANC einen möglichst großen Kreis von Förderern einzubeziehen und lud rund 200 Organisationen – weiße, schwarze, indische und farbige – ein, Vertreter zu einer Planungskonferenz zu schicken, die im März 1954 in Tongaat bei Durban stattfinden sollte. Der in Tongaat begründete National Action Council setzte sich zusammen aus acht Mitgliedern aus jeder der vier tragenden Organisationen. Vorsitzender war

Häuptling Luthuli, und das Sekretariat bestand aus Walter Sisulu (der später, als der Bann Walter zur Aufgabe zwang, durch Oliver ersetzt wurde), Yusuf Cachalia vom SAIC, Stanley Lollan von der South African Coloured People's Organization (SACPO) und Lionel Bernstein vom Congress of Democrats (COD).

Im September 1953 von Farbigen-Führern und Gewerkschaftern in Kapstadt gegründet, war die SACPO der späte Sprößling des Kampfes um die Erhaltung des Stimmrechts und die Vertretung der Farbigen am Kap. Auf der Gründungskonferenz der SACPO sprachen Oliver Tambo und Yusuf Cachalia Grußworte. Angeregt von der Mißachtungskampagne, wurde der Congress of Democrats (COD) Ende 1951 als Partei radikaler, linksgerichteter, gegen die Regierung eingestellter Weißer gegründet. Der COD, obwohl klein und hauptsächlich auf Johannesburg und Kapstadt beschränkt, besaß einen im Verhältnis zu seiner Mitgliederzahl überproportionalen Einfluß. Seine Mitglieder, wie etwa Michael Harmel, Bram Fischer, Rusty Bernstein, waren beredte Befürworter unserer Sache. Der COD identifizierte sich eng mit dem ANC und dem SAIC und trat für volle Gleichheit zwischen Schwarz und Weiß ein. Wir betrachteten den COD als Mittel, um der weißen Öffentlichkeit unsere Ansichten unmittelbar nahezubringen. Der COD hatte für Afrikaner eine wichtige symbolische Funktion. Schwarze, die am Kampf teilnahmen, weil sie gegen Weiße eingestellt waren, mußten entdecken, daß es Weiße guten Willens gab, welche die Afrikaner als gleich behandelten.

Der National Action Council lud alle teilnehmenden Organisationen und ihre Anhänger ein, Vorschläge für eine Freiheits-Charta einzusenden. Rundschreiben wurden an die Townships und Dörfer im ganzen Land verschickt. »WENN IHR DIE GESETZE MACHEN KÖNNTET ... WAS WÜRDET IHR TUN?« hieß es dort. »WIE WÜRDET IHR ES ANSTELLEN, SÜDAFRIKA ZU EINEM GLÜCKLICHEN LAND ZU MACHEN FÜR ALLE MENSCHEN, DIE DORT LEBEN«

Manche der Flugblätter und Broschüren waren erfüllt von poetischem Idealismus, der die Planung prägte:

WIR NENNEN DIE MENSCHEN VON SÜDAFRIKA SCHWARZ UND WEISS ... LASST UNS GEMEINSAM VON FREIHEIT SPRECHEN! ...
MÖGEN DIE STIMMEN ALLER MENSCHEN GEHÖRT WERDEN, UND MÖGEN DIE FORDERUNGEN ALLER MENSCHEN NACH DEN DINGEN, DIE UNS FREI MACHEN, AUFGESCHRIEBEN WERDEN. MÖGEN DIE FORDERUNGEN IN EINER GROSSEN CHARTA DER FREIHEIT ZUSAMMENGEFASST WERDEN.

Der Aufruf sprach die Phantasie der Menschen an. Vorschläge trafen ein von Sport- und Kulturclubs, Kirchengruppen, Mietervereinigungen, Frauenorganisationen, Schulen, Gewerkschaften. Sie standen auf Servietten, auf herausgerissenen Seiten von Schreibheften, auf Fetzen von Schreibpapier, auf den Rückseiten unserer eigenen Flugblätter. Es war beschämend zu sehen, daß die Vorschläge einfacher Menschen häufig denen der Führer weit überlegen waren. Die am häufigsten erhobene Forderung war die nach One-Man-One-Vote, nach dem gleichen Stimmrecht für alle. Anerkannt wurde die Tatsache, daß das Land all denen gehört, die es zu ihrer Heimat gemacht haben.

Die ANC-Ortsgruppen trugen viel zur schriftlichen Abfassung der Charta bei, und in der Tat kamen die beiden besten Entwürfe aus den Regionen Durban und Pietermaritzburg. Eine Kombination dieser beiden Entwürfe wurde in Umlauf gebracht und kursierte zum Zwecke von Kommentaren und Fragen in verschiedenen Regionen und Komitees. Die eigentliche Charta wurde von dem kleinen Komitee des National Action Council aufgesetzt und vom Nationalen Exekutivkomitee überprüft.

Die Charta sollte auf dem Volkskongreß präsentiert und jedes ihrer Elemente den Delegierten zur Billigung vorgelegt werden. Im Juni, wenige Tage vor Kongreßbeginn, befaßte sich eine kleine Gruppe von uns mit dem Entwurf. Wir nahmen noch einige Änderungen vor, doch es blieb nur wenig Zeit, und das Dokument befand sich bereits in gutem Zustand.

Der Volkskongreß trat am 25. und 26. Juni 1955, an zwei klaren sonnigen Tagen, in Kliptown zusammen, einem multirassischen Dorf einige Kilometer südwestlich von Johannesburg. Über 3000 Delegierte widerstanden der Einschüchterung durch die Polizei und billigten das Schlußdokument. Sie kamen mit Auto, Bus, Lastwagen und zu Fuß. Die überwältigende Mehrheit der Delegierten war schwarz, doch auch über 300 Inder, 200 Farbige und 100 Weiße nahmen am Kongreß teil.

Ich fuhr zusammen mit Walter nach Kliptown. Wir ständen beide unter Bann, und so suchten wir uns einen Platz am Rande der Menge, von wo wir beobachten konnten, ohne einbezogen oder gesehen zu werden. Die Menge war eindrucksvoll, sowohl wegen ihrer Zahl als auch wegen ihrer Disziplin. »Freihefts-Freiwillige« mit schwarzen, grünen und gelben Armbinden sorgten für Sitzplätze. Alte und junge Frauen trugen Kongreßröcke und Kongreßblusen; alte und junge Männer Kongreßarmbinden und Kongreßhüte. Überall sah man Schilder, auf denen zu lesen stand: »FREIHEIT ZU UNSEREN LEBZEITEN, LANG LEBE DER KAMPF«. Das Podium war ein Regenbogen aus Farben: weiße Delegierte vom COD, Inder vom SAIC, farbige Vertreter der SAPCO – sie alle saßen vor der Nachbildung eines vierspeichigen Rades, das die vier Organisationen der Congress Alliance darstellte. Weiße und schwarze Polizisten sowie Angehörige der Special Branch (Spezialabteilung der Sicherheitskräfte) liefen unentwegt herum, schossen Fotos, machten sich Notizen und versuchten die Delegierten einzuschüchtern, freilich ohne Erfolg.

Dutzende von Reden wurden gehalten, genauso viele Lieder gesungen. Mahlzeiten wurden serviert. Die Atmosphäre war ernst und feierlich. Am Nachmittag des ersten Tages wurde die Charta laut verlesen, Abschnitt für Abschnitt, in Englisch, Sesotho und Xhosa. Nach jedem Abschnitt äußerte die Menge ihre Zustimmung mit den Rufen »Afrika!« und »Mayibuye!« Der erste Kongreßtag war ein Erfolg.

Der zweite war wie der erste. Jeder Abschnitt der Charta war per Akklamation angenommen worden, und als um halb vier die Schlußabstimmung stattfinden sollte, stürmte ein Trupp Polizisten und Sicherheitsbeamte mit gezogenen Waffen auf das Podium. Einer der Polizisten nahm das Mikrofon und erklärte mit rauher Afrikander-Stimme, es bestehe Verdacht auf Hochverrat, niemand dürfe ohne polizeiliche Erlaubnis die Versammlung verlassen. Jetzt begannen die Polizisten die Menschen vom Podium zu stoßen und Dokumente und Fotografien zu beschlagnahmen, sogar die Schilder, auf denen stand: »SUPPE MIT FLEISCH« und »SUPPE OHNE FLEISCH«. Eine Gruppe von Konstablern mit Gewehren bildete um die Menge einen Kordon. Die Menschen reagierten großartig, indem sie »Nkosi Sikelel' iAfrika« sangen. Dann durften die Delegierten einer nach dem anderen gehen, und jeder einzelne wurde von der Polizei befragt und namentlich notiert. Zu Beginn der Polizeirazzia hatte ich mich an der Peripherie der Menge befunden, und obwohl mein Instinkt mich drängte, zu bleiben und zu helfen, sagte mir mein Verstand, daß es besser wäre zu verschwinden, statt sofort verhaftet und ins Gefängnis geworfen zu werden. Als ich nach Johannesburg zurückkehrte, wußte ich, daß diese Razzia ein Signal war für kommende, härtere Aktionen von seiten der Regierung.

Mochte der Volkskongreß auch gewaltsam aufgelöst worden sein, die Charta wurde für den Befreiungskampf zu einem großen Richtungsweiser. Wie andere dauerhafte politische Dokumente, wie die amerikanische Unabhängigkeitserklärung, die französische Erklärung der Menschenrechte und das Kommunistische Manifest, ist die Freiheits-Charta eine Mischung aus praktischen Zielen und poetischer Sprache. Sie fordert die Abschaffung rassischer Diskriminierung und die Einführung gleicher Rechte für alle. Sie heißt alle willkommen, die für die Freiheit eintreten, um teilzunehmen an der Bildung eines demokratischen, nichtrassistischen Südafrika. Sie artikuliert die Hoffnungen und Träume der Menschen und dient als Blaupause für den Befreiungskampf und die Zukunft der Nation. In der Präambel heißt es:

Wir, die Menschen von Südafrika, erklären für unser ganzes Land und die Welt: ...

Daß Südafrika allen gehört, die dort leben, Schwarze wie Weiße, und daß keine Regierung rechtmäßig Autorität beanspruchen kann, solange sie nicht auf dem Willen des Volkes beruht;

daß unsere Menschen ihrer Geburtsrechte auf Land, Freiheit und Frieden beraubt worden sind durch eine Form der Regierung, die auf Unrecht und Ungleichheit gründet;

daß unser Land niemals prosperieren und frei sein wird, ehe nicht all unsere Menschen in Brüderlichkeit leben und gleiche Rechte und Chancen genießen;

daß nur ein demokratischer, auf dem Willen der Menschen begründeter Staat allen ihr Geburtsrecht sichern kann, ohne Ansehen von Farbe, Rasse, Geschlecht oder Glauben;

und deshalb nehmen wir, die Menschen von Südafrika, schwarze und weiße, gemeinsam – als Ebenbürtige, Landsleute und Brüder – diese FREIHEITS-CHARTA an. Und wir verpflichten uns, unter Einsatz unserer ganzen Kraft und unseres Mutes, gemeinsam zu kämpfen, bis die hier genannten demokratischen Veränderungen durchgesetzt sind.

Die Charta zählt sodann die Bedingungen für ein freies, demokratisches Südafrika auf.

DAS VOLK SOLL HERRSCHEN!

Jede Frau und jeder Mann sollen das Recht haben, zu wählen und für alle gesetzgebenden Körperschaften zu kandidieren. Alle Menschen sollen berechtigt sein, an der Verwaltung des Landes teilzuhaben.

Die Rechte der Menschen sollen die gleichen sein, ungeachtet der Rasse, der Hautfarbe oder des Geschlechts.

Sämtliche Körperschaften der Minderheitsherrschaft, beratende Gremien, Räte und Behörden sollen ersetzt werden durch demokratische Organe der Selbstregierung.

ALLE NATIONALEN GRUPPEN SOLLEN GLEICHE RECHTE HABEN!

Es soll Gleichberechtigung herrschen in den Körperschaften des Staates, in den Gerichten und in den Schulen, für alle nationalen Gruppen und Rassen.

Alle nationalen Gruppen sollen durch das Gesetz geschützt werden gegen Beleidigungen ihrer Rasse und ihres nationalen Stolzes.

Alle Menschen sollen die gleichen Rechte haben, ihre eigene Sprache zu gebrauchen und ihre eigene Volkskultur und ihre eigenen Volkssitten zu entwickeln.

Das Predigen und Praktizieren nationaler, rassischer oder farbiger Diskriminierung und Verächtlichmachung soll als strafbares Verbrechen behandelt werden.

Alle Apartheidsgesetze und -praktiken sollen abgeschafft werden.

DIE MENSCHEN SOLLEN SICH IN DEN REICHTUM DES LANDES TEILEN!

Der nationale Reichtum des Landes, das Erbe aller Südafrikaner, soll dem Volk zurückgegeben werden.

Der Erzreichtum im Boden, die Banken und Monopolindustrien sollen als Ganzes in den Besitz des Volkes übergehen. Alle anderen Industrien und Gewerbe sollen kontrolliert werden zugunsten des Wohlergehens des Volkes.

Alle Menschen sollen die gleichen Rechte haben, nach ihrer freien Wahl ein Gewerbe zu betreiben, jegliches Handwerk und jeglichen Beruf zu ergreifen.

DAS LAND SOLLEN SICH JENE TEILEN, DIE ES BEARBEITEN!

Die Beschränkung von Landbesitz auf Rassenbasis soll ein Ende haben, und alles Land soll neu verteilt werden unter jenen, die darauf arbeiten, um Hungersnot und Landgier zu beseitigen …

Manche ANC-Mitglieder, zumal die afrikanistische Fraktion, die gegen Kommunisten und Weiße eingestellt war, opponierten gegen die Charta und kritisierten sie als einen Entwurf für ein radikal anderes Südafrika als das vom ANC während seiner gesamten Geschichte geforderte. Sie behaupteten, die Charta verlange eine sozialistische Ordnung, waren der Meinung, der COD und weiße Kommunisten hätten einen überproportionalen Einfluß auf die Ideologie der Charta ausgeübt. Im Juni 1956 wies ich in der Monatsschrift *Liberation* darauf hin, daß die Charta privates Unternehmertum befürworte und dem Kapitalismus erlaube, sich erstmals unter den Afrikanern auszubreiten. Die Charta garantiere, daß Afrikaner, wenn Freiheit erreicht sei, Gelegenheit haben würden, ihr eigenes Geschäft unter eigenem Namen zu betreiben, eigene Häuser und Grundstücke zu besitzen, kurz, als Kapitalisten und Unternehmer zu Wohlstand zu kommen. Das Dokument spricht nicht von Beseitigung der Klassen und des Privateigentums, befürwortet auch nicht den öffentlichen Besitz von Produktionsmitteln und folgt keinem der sonstigen Dogmen des wissenschaftlichen Sozialismus. Die Klausel, in der die mögliche Nationalisierung der Minen, der Banken und der Monopolindustrien gefordert wird, betrifft eine Maßnahme, die durchgeführt werden muß, wenn die Wirtschaft nicht ausschließlich weißen Geschäftsleuten gehören und von ihnen allein betrieben werden sollte.

Die Charta ist in der Tat ein revolutionäres Dokument, eben deshalb, weil die in ihr angestrebten Änderungen nicht verwirklicht werden können ohne radikale Veränderung der ökonomischen und politischen Struktur Südafrikas. Sie soll weder kapitalistisch noch sozialistisch sein, sondern ein komplexes Gebilde aus den Forderungen der Menschen, die verschiedenen Formen der Unterdrückung zu beenden. Um in Südafrika nur Fairneß zu erreichen, mußte man das Apartheidssystem zerschlagen, denn es war die Verkörperung der Ungerechtigkeit.

ANFANG September 1955 liefen meine Bannungen aus. Meine letzten Ferien hatte ich 1948 gehabt, als ich im ANC noch ein unerfahrenes »Leichtgewicht« gewesen war, dessen Pflichten im wesentlichen darin bestanden, an Zusammenkünften der Exekutive von Transvaal teilzunehmen und gelegentlich öffentliche Versammlungen zu begrüßen. Jetzt, mit 38 Jahren, gehörte ich zu den »Halbschwergewichten« und trug neben mehr Pfunden auch mehr Verantwortung. Zwei Jahre lang war ich sozusagen in Johannesburg eingesperrt gewesen, behindert in meiner juristischen wie politischen Tätigkeit, und während dieser Zeit hatte ich die Familienangelegenheiten der Mandelas in der Transkei notgedrungen vernachlässigt. Ich war begierig darauf, die altvertraute Landschaft wiederzusehen, draußen zu sein im offenen Veld und auf den schwingenden Hügeln der Transkei meiner Kindheit. Und ich war gleichermaßen erpicht, meine Familie zu sehen und mit Sabata und Daliwonga über bestimmte Probleme der Transkei zu sprechen. Auch dem ANC lag daran, daß ich mit ihnen über politische Angelegenheiten sprach. So hatte ich jetzt eine Art Arbeitsurlaub.

Am Abend vor meiner Abreise versammelte sich in meinem Haus eine Anzahl von Freunden. Unter ihnen war auch Duma Nokwe, der junge, gutmütige Anwalt, der damals nationaler Sekretär der Jugendliga war. Duma hatte Walter auf seiner Reise zur Jugendkonferenz in Bukarest begleitet, und an jenem Abend unterhielt er uns mit russischen und chinesischen Liedern, die er auf seiner Reise gelernt hatte. Um Mitternacht, als meine Gäste sich zum Gehen anschickten, wachte Makaziwe, mein damals zweijähriges Töchterchen, auf und fragte mich, ob sie mit mir kommen könne. Ich hatte für meine Familie nicht genügend Zeit gehabt, und Makaziwes Bitte löste Gewissensbisse in mir aus. Plötzlich war meine Reisefreude dahin. Ich trug das Kind zu seinem Bettchen zurück, und während es wieder einschlief, traf ich meine letzten Reisevorbereitungen.

Meine Reise war eine Art Bestandsaufnahme, die ich verbinden wollte mit dem Vergnügen, das Land sowie alte Freunde und Gefährten wiederzusehen. Ich war von Entwicklungen in anderen

Teilen des Landes isoliert gewesen, und nun war ich begierig, mit eigenen Augen zu sehen, was sich im sogenannten Hinterland getan hatte. Zwar las ich eine Vielzahl von Zeitungen aus dem ganzen Land, doch Zeitungen sind nur ein ärmlicher Schatten der Wirklichkeit; ihre Informationen sind für einen Freiheitskämpfer nicht deshalb wichtig, weil sie die Wahrheit wiedergeben, sondern weil sie die Vorstellungen und Vorurteile jener enthüllen, weiche die Zeitung machen, und jener, die sie lesen. Auf dieser Reise wollte ich unmittelbar mit unseren Menschen auf dem Land sprechen.

Kurz nach Mitternacht fuhr ich los, und innerhalb einer Stunde war ich auf der Straße nach Durban. Die Straßen waren leer, und begleitet wurde ich nur von den Sternen und den sanften Winden von Transvaal. Obwohl ich nicht geschlafen hatte, fühlte ich mich munter und frisch. Bei Tagesanbruch gelangte ich nach Natal, dem Land von Catywayo, dem letzten unabhängigen König der Zulus, dessen Truppen 1879 bei Isandhlwana eine britische Einheit vernichtet hatten. Doch der König konnte der Feuerkraft der Briten nicht widerstehen und übergab schließlich sein Reich. Kurz nach Überquerung des Flusses an der Grenze zu Natal sah ich die Majuba-Hügel, den steilen Hang, wo ein kleines Buren-Kommando im Hinterhalt gelegen und eine Garnison britischer Rotröcke besiegt hatte – weniger als zwei Jahre nach Catywayos Niederlage. Bei den Majuba-Hügeln hatte der Afrikander entschlossen seine Unabhängigkeit gegen den britischen Imperialismus verteidigt und sich für den Nationalismus geschlagen. Jetzt verfolgten die Nachkömmlinge ebenjener Freiheitskämpfer meine Leute, die genau für das stritten, wofür die Afrikander einmal gekämpft hatten und gestorben waren. Während ich durch jene historische Hügellandschaft fuhr, dachte ich allerdings weniger an die Ironie der Geschichte, wie nämlich die Unterdrückten zu Unterdrückern werden, sondern daran, daß die gnadenlosen Afrikander von den Händen meines Volkes ihren eigenen Majuba-Hügel verdienten.

Diese rauhe Träumerei wurde unterbrochen durch die fröhliche Musik von Radio Bantu aus meinem Autoradio. Die konservative Politik, wie sie über Radio Bantu verkündet wurde, dem Sprachrohr der regierungsamtlichen South African Broadcasting Corporation, widerte mich an, doch um so besser gefiel mir die Musik. (In Südafrika machten afrikanische Künstler die Musik, doch weiße Schallplattenfirmen das Geld.) Ich hörte das populäre Programm mit dem Titel »Rediffusion Service« mit den meisten der besten Sänger des Landes: Miriam Makeba, Dolly Rathebe, Dorothy Masuku, Thoko Shukuma und den weichen Sound der Manhattan Brothers. Mir gefallen alle Arten von Musik, doch die Musik meines eigenen Volkes geht mir sofort ans Herz. Die eigentümliche Schönheit der afrikanischen Musik besteht darin, daß sie aufrichtet, selbst wenn sie eine traurige Geschichte erzählt. Vielleicht bist du arm, vielleicht wohnst du in einer verfallenen Hütte, vielleicht hast du deine Arbeit verloren, doch in dem Lied ist etwas, das dir Hoffnung gibt. Afrikanische Musik handelt oft von den Wünschen der Afrikaner, und sie vermag die politische Entschlossenheit jener zu bestärken, die sonst der Politik gleichgültig gegenüberstünden. Man braucht bloß die ansteckende Wirkung des Gesangs bei afrikanischen Versammlungen zu beobachten. Politik kann durch Musik verstärkt werden, doch Musik hat auch Kräfte, die der Politik widerstehen.

In Natal hielt ich mehrfach an und traf mich heimlich mit ANC-Führern. In der Nähe von Durban machte ich in Pietermaritzburg halt, wo ich die ganze Nacht mit Dr. Chota Motale, Moses Mabhida und anderen verbrachte, um die politische Situation im Lande zu erörtern. Dann reiste ich nach Groutville weiter und verbrachte den Tag mit Häuptling Luthuli. Obwohl er durch Bannungs-Anordnungen mehr als ein Jahr in seiner Bewegungsfreiheit eingeschränkt war, war der Häuptling über die ANC-Aktivitäten wohlinformiert. Er bedauerte die, wie er meinte, wachsende Zentralisierung des ANC in Johannesburg und die schwindende Macht der Regionen. Ich versicherte ihm, daß uns daran gelegen sei, daß die Regionen stark blieben.

In Durban, meinem nächsten Halt, traf ich mich mit Dr. Monty Naicker vom Exekutivkomitee des Natal Indian Congress. Hier brachte ich ein heikles Thema zur Sprache, nämlich die Meinung des Nationalen Exekutivkomitees, daß der Indian Congress in jüngster Zeit inaktiv geworden sei. Doch es widerstrebte mir, das Thema anzurühren, denn Dr. Naicker war älter als ich und ein Mann, der weit mehr hatte erleiden müssen als ich. So diskutierten wir Möglichkeiten, die Restriktionen der Regierung zu überwinden.

Von Durban fuhr ich in südlicher Richtung die Küste entlang, vorbei an Port Shepstone und Port St. Johns, kleinen, reizenden Kolonialstädten an den weißen Stränden des Indischen Ozeans. So bezaubernd die Schönheit des Landstrichs auch ist, ich fühle mich doch immer wieder zurückgestoßen durch die Gebäude und Straßen, die Namen von Imperialisten tragen, die genau die Bewohner unterdrückten, deren Namen eigentlich dort stehen müßten.

Als ich in die York Road einbog, in die Hauptstraße von Umtata, verspürte ich jenes erhebende Gefühl von Vertrautheit und teuren Erinnerungen, das den Menschen bei der Heimkehr nach langem Exil überkommt. Ich war 14 Jahre fortgewesen, und wenn es zur Begrüßung des verlorenen Sohnes auch keine Fahnen und keine gemästeten Kälber gab, so erfüllte mich doch eine ungeheure Erregung, als ich meine Mutter, mein bescheidenes Zuhause und die Freunde meiner Jugend wiedersah. Doch meine Reise in die Transkei hatte einen zweiten Beweggrund: Meine Ankunft fiel zusammen mit der Zusammenkunft eines Sonderkomitees, das den Übergang vom sogenannten Bungha-System der Transkei zu den Bantu-Behörden beobachten sollte.

Die Rolle der Bungha, die aus 108 Mitgliedern, zu einem Viertel Weiße, zu drei Vierteln Afrikaner, bestand, lag in der Beratung der Regierung bei Gesetzesvorhaben, die Afrikaner des Gebietes betrafen, und in der Regelung lokaler Angelegenheiten wie Steuern und Straßenbau. Die Bungha war zwar die einflußreichste politische Körperschaft in der Transkei, doch ihre Beschlüsse waren beratender Natur, und ihre Entscheidungen bedurften der Überprüfung durch weiße Magistratsbeamte. Die Bungha war nur so mächtig, wie die Weißen es gestatteten. Doch der Bantu Authorities Act sollte sie durch ein noch repressiveres System ersetzen, durch eine feudalistische Ordnung, die auf Erb- und Stammesunterschieden beruhen sollte, über welche die Regierung befand. Die Regierung behauptete, die Bantu-Behörden würden die Menschen von der Kontrolle durch weiße Behörden befreien, doch das war nichts als Verschleierung der Untergrabung von Demokratie durch den Staat und Förderung von Stammesrivalitäten. Der ANC betrachtete die Akzeptierung der Bantu Authorities als Kapitulation vor der Regierung.

Am Abend meiner Ankunft traf ich mich mit einer Anzahl von transkeiischen Beratern und meinem Neffen K. D. Matanzima, den ich Daliwonga nannte. Er spielte eine führende Rolle bei dem Versuch, die Bunga zur Akzeptierung der Bantu Authorities zu bewegen, denn die neue Ordnung würde seine Macht als Häuptling von Emigrant Thembuland stärken und sogar ausweiten. K. D. und ich standen in dieser schwierigen Frage auf unterschiedlichen Seiten. Wir hatten uns voneinander entfernt: Er befürwortete eine traditionelle Führungsrolle und kooperierte mit dem System. Da es aber schon spät war, beschlossen wir, uns am folgenden Tag wieder zu treffen.

Die Nacht verbrachte ich in einer Pension in der Stadt, stand früh auf und wurde zum Kaffee von zwei lokalen Häuptlingen in meinem Zimmer aufgesucht. Sie wollten über ihre Rolle bei den neuen Bantu Authorities diskutieren. Während des Gesprächs führte die Wirtin der Pension nervös einen weißen Mann herein. »Sind Sie Nelson Mandela?« fragte er.

»Und wer will das wissen?« erwiderte ich.

Er nannte Namen und Rang: Detective Sergeant bei der Sicherheitspolizei.

»Kann ich Ihren Dienstausweis sehen?« fragte ich. Offensichtlich verübelte mir der Sergeant meine Kühnheit, zog jedoch mürrisch ein amtliches Papier hervor. Ja, ich sei Nelson Mandela, erklärte ich ihm. Er teilte mir mit, der Kommandierende Offizier wolle mich sehen. Ich erwiderte, wenn er mich zu sehen wünsche, so wisse er ja, wo ich sei. Der Sergeant befahl mir, ich sollte ihn zur Polizeistation begleiten. Ich fragte ihn, ob ich verhaftet sei, und er erwiderte, das sei ich nicht.

»In dem Fall«, sagte ich, »gehe ich nicht mit.« Meine Weigerung brachte ihn aus der Fassung, doch er wußte, daß ich mich auf festem legalem Boden befand. Nun begann er, eine Reihe von Fragen auf mich abzufeuern: Wann ich Johannesburg verlassen hätte, wo ich Besuche gemacht hätte, mit wem ich gesprochen hätte, ob ich eine Erlaubnis für den Aufenthalt in der Transkei besäße und wie lange ich bleiben wolle? Ich teilte ihm mit, daß die Transkei meine Heimat sei und ich keine Erlaubnis benötigte, um mich dort aufzuhalten. Der Sergeant stampfte aus dem Zimmer.

Die Häuptlinge waren über mein Verhalten überrascht und tadelten mich wegen meiner Grobheit. Ich erklärte, ich hätte den Mann nur so behandelt, wie er mich behandelt habe. Die Häuptlinge ließen sich nicht überzeugen, und ich bin sicher, daß sie mich für einen jungen Hitzkopf hielten, der sich noch gehörigen Ärger einhandeln würde. Dies waren Männer, die ich überreden wollte, die Bantu Authorities abzulehnen, und es lag auf der Hand, daß ich keinen guten Eindruck auf sie gemacht hatte. Der Zwischenfall machte mir bewußt, daß ich als ganz anderer Mann in meine Heimat zurückgekehrt war als der, der sie vor 14 Jahren verlassen hatte.

Die Polizei in der Transkei war alles andere als geschickt, und von dem Augenblick an, wo ich die Pension verließ, folgte sie mir überallhin. Wenn ich mit jemandem gesprochen hatte, wurde er von der Polizei gewarnt: »Wenn du dich mit Mandela unterhältst, kommen wir und sperren dich ein.«

Ich traf mich kurz mit einem lokalen ANC-Führer und erfuhr zu meinem Leidwesen, daß die Organisation unter Geldmangel litt, doch in diesem Augenblick dachte ich weniger an die Organisation als an mein nächstes Ziel: Qunu, das Dorf, in dem ich aufgewachsen war und in dem noch immer meine Mutter lebte.

Ich weckte meine Mutter auf, die zunächst zu glauben schien, sie sähe einen Geist. Doch sie war überglücklich. Ich hatte einige Lebensmittel mitgebracht – Obst, Fleisch, Zucker, Salz und ein Hähnchen –, und meine Mutter zündete im Herd Feuer an, um Tee zu kochen. Obwohl ich glücklich war, wieder daheim zu sein, hatte ich doch auch Schuldgefühle, als ich sah, daß meine Mutter unter so ärmlichen Umständen ganz allein lebte. Ich versuchte sie zu überreden, mit mir nach Johannesburg zu kommen, doch sie schwor, das Land, das sie liebte, würde sie niemals verlassen. Ich frage mich – nicht zum erstenmal –, ob es gerechtfertigt sei, das Wohlergehen der eigenen Familie zu vernachlässigen, um für das Wohlergehen anderer zu kämpfen. Kann es Wichtigeres geben, als sich um seine alte Mutter zu kümmern? Ist die Politik vielleicht nur ein Vorwand, um sich vor seiner Verantwortung zu drücken, eine Entschuldigung für die eigene Unfähigkeit, sich nicht in dem Maße um andere zu sorgen, wie man sollte?

Nach etwa einer Stunde verließ ich meine Mutter, um die Nacht in Mqhekezweni zu verbringen. Als ich ankam, war bereits Nacht, und in meiner Freude ließ ich die Autohupe erklingen. Ich hatte nicht bedacht, wie dieses Geräusch aufgenommen würde, und so kamen die Leute ängstlich aus ihren Hütten, weil sie dachten, es könne die Polizei sein. Doch als sie mich erkannten, wurde ich von den Dorfbewohnern mit Überraschung und Freude begrüßt.

Doch statt wie ein Kind in meinem alten Bett zu schlafen, wälzte ich mich hin und her und fragte mich erneut, ob ich den richtigen Weg eingeschlagen hätte. Ich zweifelte nicht daran, daß ich richtig gewählt hatte. Damit will ich nicht sagen, daß der Freiheitskampf von höherem moralischen Wert ist als die Sorge um die eigene Familie. Er ist es nicht; es handelt sich nur um verschiedene Dinge.

Am nächsten Tag kehrte ich nach Qunu zurück und verbrachte den Tag, indem ich Erinnerungen mit den Menschen austauschte und über die Felder ringsum das Dorf wanderte. Ich besuchte auch meine Schwester Mabel, die praktischste und lebenslustigste meiner Schwestern, die ich zärtlich liebte. Mabel war verheiratet, doch ihre Ehe hatte eine interessante Vorgeschichte. Meine Schwester Baliwe, älter als Mabel, hatte sich verlobt, und auch das Brautgeld war bereits gezahlt. Doch zwei Wochen vor der Eheschließung lief Baliwe, ein lebhaftes Mädchen, davon. Wir konnten das Vieh nicht zurückbekommen, da es bereits angenommen war, und so entschied die Familie, Mabel solle Baliwes Platz einnehmen, und so geschah es. Am späten Nachmittag fuhr ich nach Mqhekezweni ab. Wieder traf ich in der Nacht ein und tat meine Ankunft mit lautem Hupen kund, doch diesmal stürzten Menschen aus ihren Häusern, weil sie glaubten, daß Justice, ihr Häuptling, heimgekehrt sei. Justice war von der Regierung seines Häuptlingsamtes enthoben worden und lebte damals in Durban. Zwar hatte die Regierung einen anderen für ihn eingesetzt, doch ein Häuptling ist ein Häuptling aufgrund seines Geburtsrechts, und er übt Autorität aufgrund seines Blutes aus. Man freute sich, mich zu sehen, doch wäre die Freude noch größer gewesen, hätte man Justice daheim willkommen heißen können.

Meine zweite Mutter, No-England, die Witwe des Regenten, hatte bei meiner Ankunft fest geschlafen, doch als sie in ihrem Nachtgewand erschien und mich sah, geriet sie so in Aufregung, daß sie mich aufforderte, sofort zu einem nicht weit entfernten Verwandten zu fahren, um dort zu feiern. Sie hüpfte in mein Auto, und wir starteten zu einer wilden Fahrt über das ungezähmte Veld, um zu dem keineswegs so nahen Rondavel von No-Englands Verwandten zu gelangen. Dort weckten wir eine weitere Familie auf, und erst kurz vor Morgengrauen kam ich schließlich dazu, müde und glücklich einzuschlafen.

Während der folgenden zwei Wochen zog ich gleichsam zwischen Qunu und Mqhekezweni hin und her, wohnte abwechselnd bei meiner Mutter und No-England, besuchte und empfing Freunde und Verwandte. Ich aß die gleichen Speisen, die ich als Kind gegessen hatte, wanderte über dieselben Felder und blickte empor zum selben Himmel bei Tage, zu denselben Sternen bei Nacht. Für einen Freiheitskämpfer ist es wichtig, daß er die Verbindung zu seinen eigenen Wurzeln bewahrt, denn der Wirbel und der Tumult des Stadtlebens vermag die Vergangenheit auszulöschen. Der Besuch stellte mich gleichsam wieder her. Er erneuerte meine Gefühle für den Ort, an dem ich aufgewachsen war. Ich war wieder der Sohn meiner Mutter in ihrem Haus; ich war wieder das Mündel des Regenten im Großen Platz.

Der Besuch gab mir auch die Möglichkeit, die Entfernung zu messen, die ich zurückgelegt hatte. Ich sah, wie meine Leute an ein und demselben Ort geblieben waren, während ich, mich weiterbewegend, neue Welten gesehen und neue Ideen gewonnen hatte. Ich begriff erneut, was ich bereits zuvor erkannt hatte: daß es von mir richtig gewesen war, nach Fort Hare nicht in die Transkei zurückzukehren. Hätte ich es getan, so wäre meine politische Entwicklung gelähmt worden.

Nachdem sich das Sonderkomitee, das sich mit der Einführung der Bantu Authorities befaßte, vertagt hatte, fuhr ich mit Daliwonga zum Krankenhaus in Umtata, um Sabata zu besuchen. Ich hatte gehofft, mit Sabata über die Bantu Authorities sprechen zu können, doch sein Gesundheitszustand machte das unmöglich. Ich wollte, daß Sabata und sein Bruder Daliwonga über diese Angelegenheit sprachen, sobald Sabatas Gesundheitszustand das zuließ, und stellte dies klar. Ich war stolz darauf, ein Treffen zwischen den Abkömmlingen von Ngubengcuka zu arrangieren, und dachte einen Augenblick über die Ironie nach, die darin lag, daß ich jetzt die Rolle des Ratgebers für Sabata spielte, auf die ich ja vor so vielen Jahren vorbereitet worden war.

Von Umtata fuhren Daliwonga und ich nach Qamata, wo wir seinen jüngeren Bruder George trafen, der damals praktizierender Rechtsanwalt war. Seine beiden Ausbildungsclerks kannte ich gut, und ich freute mich, sie zu sehen: A. P. Mda und Tsepo Letlaka. Beide waren nach wie vor überzeugte Anhänger der Organisation, die ihre Lehrberufe aufgegeben und sich entschlossen hatten, Rechtsanwälte zu werden. In Qamata setzten wir uns alle zusammen, um das Thema Bantu Authorities zu erörtern.

Meine Aufgabe bestand darin, Daliwonga – einen Mann, der dazu bestimmt war, in der Politik der Transkei eine führende Rolle zu spielen – dazu zu bewegen, sich gegen die Einführung der Bantu Authorities zu verwenden. Ich wollte nicht, daß unser Treffen zu einem »Showdown« wurde oder auch nur zu einer heftigen Debatte. Ich wollte kein Pathos, keine Fehlersuche, sondern eine ernste Diskussion zwischen Männern, die allesamt die besten Interessen ihres Volkes und ihrer Nation im Sinn hatten.

In vielerlei Hinsicht betrachtete mich Daliwonga noch immer als ihm untergeordnet, sowohl was meinen Rang in der Thembu-

Hierarchie betraf als auch hinsichtlich meiner politischen Entwicklung. Während er im ersten Punkt zweifellos recht hatte, glaubte ich, daß ich meinem einstigen Mentor in politischen Dingen jetzt doch einiges voraus hatte. Während seine Sorge den Problemen seines Stammes galt, arbeitete ich inzwischen mit Männern zusammen, deren Gedanken den Problemen der ganzen Nation galten. Ich wollte die Diskussion nicht komplizieren, indem ich damit begann, von grandiosen politischen Theorien zu sprechen; ich würde mich auf den gesunden Menschenverstand und die Tatsachen unserer Geschichte beschränken. Bevor wir anfingen, lud Daliwonga Mda, Letlaka und seinen Bruder George dazu ein, am Gespräch teilzunehmen, doch sie lehnten ab und wollten uns lieber zuhören. »Sollen der Neffe und der Onkel die Debatte führen«, meinte Mda als ein Zeichen des Respekts. Die Etikette schrieb vor, daß zuerst ich meinen Fall darlegte, wobei Daliwonga mich nicht unterbrechen würde; dann war er an der Reihe, während ich meinerseits zuhörte.

Als erstes erklärte ich, die Bantu Authorities seien unpraktisch, da immer mehr Afrikaner aus den ländlichen Homelands in die Städte zögen. Es sei die Politik der Regierung, Afrikaner nach Möglichkeit in ethnische Enklaven zu stecken, weil sie die Macht afrikanischer Einheit fürchteten. Die Menschen, sagte ich, wollten Demokratie und eine politische Führung, die auf Verdiensten, nicht auf Geburt beruhe. Die Bantu Authorities seien ein Rückzug aus der Demokratie. Daliwonga antwortete, er versuche den Status seines königlichen Hauses wiederherzustellen, der von den Briten zerschmettert worden sei. Er betonte die Bedeutung und die Vitalität des Stammessystems und der traditionellen Führungen; ein System, das solche Dinge beinhalte, wolle er nicht ablehnen. Auch er wünsche sich ein freies Südafrika, glaube jedoch, dieses Ziel schneller und friedlicher erreichen zu können durch die Regierungspolitik der getrennten Entwicklung. Der ANC werde nur Blutvergießen und Bitterkeit auslösen. Er schloß mit der Feststellung, daß es ihn verwundere und verstöre zu erfahren, daß ich trotz meiner Position im königlichen Haus der Thembu das Prinzip der traditionellen Führung nicht unterstütze.

Ich erwiderte, ich hätte zwar großes Verständnis für seine persönliche Position als Häuptling, sei aber auch der Meinung, seine Interessen befänden sich im Konflikt mit denen der Gemeinde. Wäre ich in einer ähnlichen Position wie er, erklärte ich, würde ich versuchen, meine eigenen Interessen denen des Volkes unterzuordnen. Die letzte Äußerung bedauerte ich sofort, denn nach meiner Erfahrung hilft es bei Diskussionen niemals, dem Opponenten gegenüber einen moralisch überlegenen Ton anzuschlagen. Ich bemerkte, daß Daliwonga bei dieser Bemerkung eine steife Haltung einnahm, und brachte das Gespräch rasch auf allgemeinere Themen.

Wir sprachen die ganze Nacht, doch unsere Standpunkte kamen einander nicht näher. Bei Sonnenaufgang trennten wir uns. Wir hatten verschiedene Wege eingeschlagen, die uns in Konflikt miteinander brachten, und das bekümmerte mich, weil mich wenige Menschen so inspiriert hatten wie Daliwonga. Nichts hätte mir mehr Freude bereitet, als an seiner Seite zu kämpfen. Aber es sollte nicht sein. In Familienangelegenheiten blieben wir Freunde, politisch hingegen waren wir Gegner und standen in miteinander verfeindeten Lagern.

Ich kehrte an diesem Morgen nach Qunu zurück und verbrachte noch einige Tage dort. Um Freunde und Verwandte zu besuchen, wanderte ich über das Veld, doch die magische Welt meiner Kindheit war entschwunden. Eines Abends sagte ich meiner Mutter und meiner Schwester Lebewohl. Ich besuchte Sabata im Krankenhaus und wünschte ihm rasche Genesung, und um drei Uhr früh war ich auf dem Weg nach Kapstadt. Heller Mondschein und frischer Wind hielten mich munter, während ich den Kei River überquerte. Die Straße windet sich das rauhe Gebirge hinauf, und als die Sonne aufging, stieg auch meine Stimmung. Vor achtzehn Jahren war ich zum letztenmal auf dieser Straße gewesen, damals, als mich Jongintaba nach Healdtown gefahren hatte.

Ich fuhr recht langsam, als mir am Straßenrand ein hinkender Mann auffiel, der mir winkte. Automatisch hielt ich und bot ihm an, ihn mitzunehmen. Er war etwa in meinem Alter, von kleiner Statur und ziemlich ungepflegt; offenbar hatte er seit geraumer

Zeit nicht gebadet. Er erzählte mir, er habe jenseits von Umtata mit seinem Auto eine Panne gehabt und sei nun schon mehrere Tage zu Fuß in Richtung Port Elizabeth unterwegs. Mir fielen an seiner Geschichte eine Anzahl von Widersprüchen auf, und ich fragte ihn nach der Marke seines Autos. Ein Buick, erwiderte er. Und die Zulassungsnummer? Er nannte eine Zahl. Wenige Minuten später fragte ich: »Wie war die Nummer noch, die Sie genannt haben?« Die Nummer, die er diesmal nannte, lautete ein wenig anders. Ich vermutete, daß er Polizist war, und beschloß, möglichst wenig zu sagen.

Er schien meine Zurückhaltung nicht zu bemerken, denn er sprach während der Fahrt nach Port Elizabeth ununterbrochen. Er wies auf verschiedene Kuriositäten hin und kannte sich in der Geschichte der Region gut aus. Er fragte nicht, wer ich war, und ich sagte es ihm auch nicht. Doch er war unterhaltsam, und ich fand seine Bemerkungen nützlich und interessant.

Ich machte in East London halt und sprach mit einigen ANC-Mitgliedern. Vor der Weiterfahrt hatte ich ein Gespräch mit einigen anderen Leuten der Township, von denen mir einer den Eindruck eines Polizisten in Zivil machte. Mein Reisegefährte wußte inzwischen, wer ich war, und als wir einige Minuten später wieder im Auto saßen, sagte er zu mir: »Wissen Sie, Mandela, ich habe den Verdacht, daß ein Kerl am Ende ein Polizist war.« Dies weckte wieder mein Mißtrauen, und so erklärte ich meinem Mitfahrer: »Hören Sie, wie kann ich wissen, daß Sie nicht selbst ein Polizist sind. Sie müssen mir sagen, wer Sie sind, sonst setze ich Sie einfach wieder auf der Straße ab.«

Er protestierte und sagte: »Nein, ich werde mich richtig vorstellen.« Dann gestand er, er sei ein Schmuggler. Er hätte von der Pondolandküste her Dagga (Marihuana) transportiert und wäre dann von einer Straßensperre der Polizei gestoppt worden. Als er die Sperre gesehen habe, sei er aus dem Auto gesprungen und hätte versucht zu fliehen. Die Polizei schoß hinter ihm her und verwundete ihn am Bein. Das erklärte sein Humpeln und das fehlende Transportmittel. Er hatte mich an den Straßenrand gewinkt, weil er annahm, die Polizei fahnde nach ihm.

Ich fragte ihn, warum er sich entschlossen habe, seinen Lebensunterhalt auf so gefährliche Weise zu verdienen. Er habe ursprünglich Lehrer werden wollen, erwiderte er, doch seine Eltern seien zu arm gewesen, um ihn aufs College zu schicken. Nach der Schule habe er in einer Fabrik gearbeitet, jedoch für einen Lohn, von dem er nicht habe leben können und den er aufzubessern versucht habe, indem er Dagga schmuggelte. Bald fand er das so einträglich, daß er die Arbeit in der Fabrik aufgab. In jedem anderen Land der Welt, meinte er, hätte er seine Fähigkeiten beweisen können. »Ich habe weiße Männer gekannt, die mir an Begabung und Intelligenz unterlegen waren, jedoch fünfzigmal soviel verdienten wie ich.« Nach einer langen Pause erklärte er in feierlichem Ton: »Ich bin auch Mitglied des ANC.« Er habe an der Mißachtungskampagne von 1952 teilgenommen und in Port Elizabeth in verschiedenen lokalen Komitees mitgearbeitet. Ich befragte ihn nach verschiedenen Persönlichkeiten, die er sämtlich zu kennen schien, und später in Port Elizabeth bestätigte sich, daß er die Wahrheit sagte. In der Tat war er von denen, die während der Mißachtungskampagne ins Gefängnis kamen, einer der Zuverlässigsten gewesen. Die Tore des Befreiungskampfes stehen allen offen, die sich entschließen, durch sie hindurchzugehen.

Als Anwalt mit ziemlich vielen Kriminalfällen war ich mit solchen Geschichten wohlvertraut. Immer und immer wieder erlebte ich, daß Männer von der Intelligenz und der Begabung meines Reisegefährten Verbrechen begingen, um überhaupt leben zu können. Ich glaube zwar, daß bestimmte Individuen zu Verbrechen neigen aufgrund ihres genetischen Erbes oder einer brutalen Erziehung, doch bin ich davon überzeugt, daß die Apartheid viele Menschen, die normalerweise die Gesetze respektierten, zu Kriminellen machte. Es ist ja nur folgerichtig, daß ein unmoralisches und ungerechtes Rechtssystem Verachtung erzeugt für seine eigenen Gesetze und Regulationen.

Wir erreichten Port Elizabeth bei Sonnenuntergang, und Joe Matthews, Z. K. Matthews' Sohn, sorgte für Quartiere. Am nächsten Morgen traf ich mich mit Raymond Mhlaba, Frances Baard und Govan Mbeki, dem ich zum erstenmal begegnete. Ich kannte sein Werk, denn als Student hatte ich sein Büchlein »The Transkei in the Making« gelesen. Er hatte in der Transkei einen kooperativen Laden betrieben, den er jedoch bald aufgab, um Redakteur des Wochenblattes *New Age* zu werden. Govan wirkte ernst und gedankenvoll, ein Mann von leisen Tönen, der in der Welt der Gelehrsamkeit und des politischen Aktivismus gleichermaßen zu Hause war. Er hatte sich eingehend mit der Planung des Volkskongresses befaßt und sollte in die höchsten Führungsränge in der Organisation aufsteigen.

Am späten Vormittag fuhr ich in Richtung Kapstadt, diesmal nur mit meinem Radio als Gesellschaft. Ich war zuvor noch nie auf den Straßen zwischen Port Elizabeth und Kapstadt gefahren und freute mich auf die vielen Meilen bezaubernder Szenerie. Es war heiß, und zu beiden Seiten der Straße stand dichte Vegetation. Ich hatte die Stadt kaum hinter mir gelassen, als ich eine große, über die Straße, gleitende Schlange überfuhr. Ich bin nicht abergläubisch und glaube nicht an Vorzeichen, doch der Tod der Schlange erfüllte mich mit Mißbehagen. Ich mag nichts Lebendiges töten, nicht einmal eines jener Lebewesen, die manche Menschen in Schrecken versetzen.

Nachdem ich Humansdorp hinter mir gelassen hatte, wurden die Wälder dichter, und zum erstenmal in meinem Leben sah ich wilde Elefanten und Paviane. Vor mir überquerte ein großer Pavian die Straße, und ich hielt an. Er blieb stehen und starrte mich so intensiv an, als sei ich ein Detektiv von der Special Branch. Es war schon Ironie, daß ich, ein Afrikaner, zum erstenmal das Afrika der Märchenbücher und Legenden sah. Solch ein wunderschönes Land, dachte ich, und samt und sonders außer Reichweite, Eigentum der Weißen und unberührbar für einen schwarzen Mann. In solcher Schönheit zu leben war für mich genauso fernab wie die Wahl ins Parlament.

Wo auch immer ein Freiheitskämpfer sich aufhält, aufrührerische Gedanken sind seine ständigen Begleiter. Ich hielt in der Stadt Knysna, über 150 Kilometer westlich von Port Elizabeth, um mir die Umgebung anzuschauen. Die Straße oberhalb der Stadt bietet eine panoramaartige Sicht über die Landschaft. In allen Richtungen dehnte sich dichter Wald, doch dachte ich nicht an die grüne Vegetation, sondern daran, daß es hier viele Plätze gab, wo eine Guerilla-Armee unentdeckt leben und trainieren konnte.

Gegen Mitternacht traf ich in Kapstadt ein, wo ich dann zwei Wochen lang bleiben sollte. Ich wohnte bei Reverend Walter Teka, einem führenden Vertreter der Methodist Church, doch den größten Teil meiner Tage verbrachte ich mit Johnson Ngwevela und Greenwood Ngotyana. Ngwevela war der Vorsitzende des ANC der westlichen Kapregion, Ngotyana Mitglied der Exekutive. Beide waren sowohl Kommunisten als auch führende Mitglieder der Wesleyan Church. Ich fuhr jeden Tag umher und traf mich mit ANC-Funktionären an Orten wie Worcester, Paarl, Stellenbosch, Simonstown und Hermanus. Ich hatte die Absicht, an jedem Tag meines Aufenthalts zu arbeiten, und als ich fragte, was für den Sonntag arrangiert sei – in Transvaal für mich ein Arbeitstag –, erhielt ich zur Antwort, der Sabbat sei dem Kirchenbesuch vorbehalten. Ich protestierte, jedoch ohne Erfolg. Kommunismus und Christentum schlossen sich, zumindest in Afrika, nicht wechselseitig aus.

Eines Tages, während ich in der Stadt umherwanderte, bemerkte ich eine weiße Frau, die in der Gosse saß und an Fischgräten herumnagte. Sie war arm und offensichtlich ohne Zuhause, doch sie war jung und nicht unattraktiv. Ich wußte natürlich, daß es arme Weiße gab, Weiße, die genauso arm waren wie Afrikaner, doch man bekam sie nur selten zu Gesicht. Ich war daran gewöhnt, schwarze Bettler am Straßenrand zu sehen, doch es überraschte mich, eine weiße Bettlerin zu sehen. Während ich normalerweise afrikanischen Bettlern nichts gebe, fühlte ich mich gedrängt, dieser Frau Geld zu geben. In diesem Augenblick wurde mir klar, welche Spiele die Apartheid mit einem treibt, denn die alltäglichen Nöte, die Afrikaner betreffen, werden als naturgegeben hingenommen, während mein Herz sich sofort dieser verschmutzten weißen Frau zuwandte. In Südafrika arm und schwarz zu sein war normal, doch arm und weiß zu sein war eine Tragödie.

Vor meiner Abreise aus Kapstadt suchte ich die Büros von *New Age* auf, um einige alte Freunde zu treffen und mit ihnen über ihre Redaktionspolitik zu sprechen. *New Age*, Nachfolgerin verbotener linker Publikationen, war eine Freundin des ANC. Es war früh am Morgen des 27. September, und als ich die Stufen hinaufstieg, konnte ich von innen wütende Stimmen hören und das Verrücken von Mobiliar. Ich erkannte die Stimme von Fred Carneson, dem Manager und lenkenden Kopf des Blattes. Ich hörte auch die groben Stimmen der Sicherheitspolizisten, die dabei waren, die Büroräume zu durchsuchen. Leise verließ ich das Gebäude und erfuhr später, daß dies nicht ein vereinzeltes Vorkommnis gewesen war, sondern Teil der größten landesweiten Razzia, die es in der südafrikanischen Geschichte jemals gegeben hatte. Die Polizei, bewaffnet mit Papieren, die sie bevollmächtigten, alles zu beschlagnahmen, was in ihren Augen Beweismaterial war für Hochverrat, Aufruhr oder Verletzung des Kommunisten-Gesetzes, durchsuchte im ganzen Land die Heime und Büros von über 500 Personen. Auch mein Büro in Johannesburg wurde durchsucht, ebenso wie die Wohnungen von Dr. Moroka, Father Huddleston und Professor Matthews.

Die Razzia warf einen Schatten über meinen letzten Tag in Kapstadt, signalisierte sie doch die erste Stufe der neuen, noch repressiveren Strategie des Staates. Zumindest würde eine neue Serie von Bannungen ausgesprochen, und ich war sicher, zu den Betroffenen zu gehören. An jenem Abend hatten Reverend Teka und seine Frau etliche Menschen in ihr Haus geladen, um mir Lebewohl zu sagen, und mit dem Reverend an der Spitze knieten wir nieder, um für das Wohl der von den Razzien Betroffenen zu beten. Ich brach zu meiner Lieblingszeit auf, drei Uhr morgens, und innerhalb einer halben Stunde befand ich mich auf der Straße nach Kimberley, jener rauhen Minenstadt, wo im vergangenen Jahrhundert Südafrikas Diamantengeschäft begonnen hatte.

Ich sollte für eine Nacht im Haus von Dr. Arthur Letele bleiben. Arthur, der später Generalschatzmeister des ANC werden sollte, war ein skrupulöser praktischer Arzt. Ich hatte eine Erkältung, und kaum hatte er mich begrüßt, schickte er mich auch schon zu Bett. Er war ein mutiger, engagierter Mann und während der Mißachtungskampagne an der Spitze einer Gruppe von Widerständlern ins Gefängnis gegangen. So zu handeln, wie er es jetzt tat, war riskant für einen Arzt in einer Stadt, wo politische Aktionen von Schwarzen eine Seltenheit waren. In Johannesburg hatte man die Unterstützung von Hunderten oder sogar Tausenden, die sich für die gleichen gefährlichen Aktivitäten engagierten, doch in einem Ort wie Kimberley, wo es keine liberale Presse, kein Rechtswesen und keine Kontrolle der Polizei gab, erforderte eine solche Handlungsweise wahrhaften Mut. In Kimberley waren während der Mißachtungskampagne führende Mitglieder des ANC vom lokalen Magistrate zu Stockhieben verurteilt worden.

Trotz meiner Erkältung erlaubte mir Arthur, vor einem ANC-Treffen am folgenden Abend in seinem Haus zu sprechen. Als ich dann Vorbereitungen traf, um am nächsten Morgen um drei Uhr aufzubrechen, bestanden Arthur und seine Frau darauf, daß ich zum Frühstück blieb, was ich auch tat. Auf der Rückfahrt nach Johannesburg kam ich gut voran und traf unmittelbar vor dem Abendessen zu Hause ein, wo mich meine Kinder mit aufgeregten Rufen empfingen; sie wußten natürlich sehr gut, daß Vater Geschenke mitbrachte. Stück für Stück verteilte ich, was ich in Kapstadt für sie gekauft hatte, und beantwortete geduldig ihre Fragen über meine Reise. Ein Erholungsurlaub war das zwar nicht gewesen, doch die Wirkung war die gleiche: Ich fühlte mich verjüngt und bereit, den Kampf wieder aufzunehmen.

GLEICH NACH meiner Rückkehr berichtete ich dem Arbeitskomitee des ANC von meiner Reise. Die Hauptsorge dort war, ob die Congress Alliance stark genug sein würde, um den Plänen der Regierung Einhalt zu gebieten. Was ich zu berichten hatte, war wenig positiv. Die Transkei sei kein wohlorganisiertes ANC-Gebiet, und die Kräfte der Sicherheitspolizei würden den geringen Einfluß, den der ANC besaß, schon bald lähmen.

Ich schlug eine Alternative vor, von der ich wußte, daß sie unpopulär sein würde. Warum sollte der ANC nicht an den neuen Bantu-Authorities-Strukturen partizipieren, um auf diese Weise mit der Masse der Menschen in Verbindung zu bleiben? Im Laufe der Zeit könne eine solche Partizipation zu einer Plattform für unsere eigenen Ideen und politischen Ziele werden.

Jeder Vorschlag, an Apartheidsstrukturen zu partizipieren, stieß automatisch auf wütende Opposition. Früher einmal würde auch ich die heftigsten Einwände erhoben haben. Doch nach meinem Gefühl waren im Land nur relativ wenige Menschen bereit, Opfer zu bringen und am Kampf teilzunehmen. Wir sollten, meinte ich, den Menschen zu ihren eigenen Bedingungen begegnen, selbst wenn das nach Kollaboration aussah. Nach meiner Vorstellung sollte unsere Bewegung ein großes Zelt sein, das so viele Menschen miteinbezog wie nur möglich.

Zu diesem Zeitpunkt fand mein Bericht nur kurzfristige Resonanz, weil ein anderer Bericht zum Thema von größerer Tragweite erschienen war. Die Publikation des Berichts der Tomlinson Commission für die sozio-ökonomische Entwicklung der Bantugebiete hatte eine landesweite Debatte ausgelöst. Die von der Regierung eingesetzte Kommission stellte einen Entwicklungsplan für die sogenannten Bantu-Areas oder Bantustans vor. Das Ergebnis war de facto ein Modell für die »separate Entwicklung« oder »Grand Apartheid« – die große Apartheid.

Das Bantustansystem hatte Dr. H. F. Verwoerd, Minister of Native Affairs, entworfen, um die internationale Kritik an der Rassenpolitik zum Verstummen zu bringen und gleichzeitig die Apartheid zu institutionalisieren. Die Bantustans oder Reservate, wie sie manchmal genannt wurden, sollten separate ethnische Enklaven oder Homelands für alle afrikanischen Bürger sein. Afrikaner, sagte Verwoerd, »sollten mit beiden Füßen in den Reservaten stehen«, wo sie sich »gemäß ihren Eigenarten entwickeln sollten«. Die Idee war, den Status quo, der drei Millionen Weißen 87 Prozent des Landes zuwies und die acht Millionen Afrikaner auf die verbleibenden 13 Prozent beschränkte, zu erhalten.

Zentrales Thema des Berichts war die Zurückweisung der Vorstellung von der Rassenintegration zugunsten einer Politik der getrennten Entwicklung von Schwarz und Weiß. Zu diesem Zweck empfahl der Bericht die Industrialisierung der afrikanischen Gebiete, wobei er anmerkte, daß jedes Entwicklungsprogramm, das nicht zum Ziel hatte, Afrikaner in eigenen Regionen Lebensmöglichkeiten zu geben, zum Scheitern verurteilt sei. Die Kommission betonte, die gegenwärtige geographische Konfiguration der afrikanischen Gebiete sei zu fragmentarisch, und empfahl statt dessen die Konsolidierung afrikanischer Gebiete zu dem, was man die sieben »historisch-logischen« Homelands der ethnischen Hauptgruppen nannte.

Die Schaffung einzelner, selbständiger Bantustans, wie von der Kommission vorgeschlagen, war eine Farce. Die Transkei, das Musterstück des vorgeschlagenen Homelandsystems, sollte in drei getrennte geographische Blöcke aufgeteilt werden. Die Swazi Bantustan, Lebowa und Venda bestanden aus jeweils drei Teilen; Gazankule aus vier, die Ciskei aus 17, Bophuthatswana aus 19 und KwaZulu aus 29. Die Nationalisten verformten das Leben unserer Menschen zu einem grausamen Verwirrspiel.

Die Absicht der Regierung bei der Schaffung des Homelandsystems bestand darin, die Transkei – und andere afrikanische Gebiete – als Reservoirs billiger Arbeitskräfte für die weiße Industrie zu erhalten. Gleichzeitig war es das heimliche Ziel der Regierung, eine afrikanische Mittelklasse zu schaffen, um die Anziehungskraft des ANC und des Befreiungskampfes zu schwächen.

Der ANC verwarf den Bericht der Tomlinson Commission trotz einiger seiner liberalen Empfehlungen. Wie ich Daliwonga erklärt hatte, war getrennte Entwicklung eine Scheinlösung für ein Problem, von dem die Weißen nicht wußten, wie sie es lösen sollten. Schließlich billigte die Regierung zwar den Bericht, verwarf jedoch eine Reihe von Empfehlungen darin als zu progressiv.

Trotz der zunehmenden Dunkelheit und meines Pessimismus hinsichtlich der Regierungspolitik dachte ich über die Zukunft nach. Im Februar 1956 kehrte ich in die Transkei zurück, um in Umtata ein Stück Land zu kaufen. Ich habe immer gedacht, ein

Mann sollte in Sichtweite seines Geburtsortes ein Haus besitzen, wo er die Ruhe schöpfen kann, die er anderswo nicht findet.

Gemeinsam mit Walter reiste ich hinunter in die Transkei. Wir trafen uns mit einer Reihe von ANC-Leuten sowohl in Umtata als auch in Durban, wohin wir zuerst fuhren. Wieder wurden wir von der Sicherheitspolizei sehr stümperhaft beschattet. In Durban besuchten wir unsere Kollegen vom Natal Indian Congress, um zu mehr Aktivismus in der Gegend anzuregen.

In Umtata machte ich mit Walters Hilfe eine erste Anzahlung bei C. K. Sakwe auf ein Grundstück, das ihm in der Stadt gehörte. Sakwe war ein Mitglied der Bunga und hatte im Native's Representative Council gearbeitet. Er erzählte uns von einem Zwischenfall, der sich am Samstag zuvor in Bumbhane, dem Großen Platz von Sabata, bei einer Zusammenkunft von Regierungsbeamten und Häuptlingen über die Einführung der Bantustans ereignet hatte. Eine Reihe von Häuptlingen sprach sich gegen die Regierungspolitik aus und griff den Magistrate verbal an. Das Treffen wurde im Zorn abgebrochen. Uns gab dieser Vorfall eine gewisse Vorstellung von grundlegenden Einwänden gegen den Bantu Authorities Act.

Im März 1956, nach mehreren Monaten relativer Freiheit, erhielt ich meinen dritten Bann, der meine Bewegungsfreiheit für fünf Jahre auf Johannesburg beschränkte und mir für den gleichen Zeitraum die Teilnahme an Versammlungen verbot. Für die nächsten sechzig Monate würde ich an denselben Bezirk gefesselt sein, würde immer dieselben Straßen sehen, dieselben Minenhalden am Horizont, denselben Himmel. Was die Geschehnisse außerhalb von Johannesburg anging, würde ich auf Zeitungen angewiesen sein und auf die Berichte anderer, auch eine Aussicht, die mir überhaupt nicht behagte.

Inzwischen hatte sich meine Einstellung zum Bann allerdings radikal geändert. Als ich zum erstenmal gebannt worden war, ordnete ich mich noch den Regeln und Regulierungen meiner Verfolger unter. Jetzt hatte ich für diese Restriktionen nur noch Verachtung übrig. Ich dachte nicht daran, mir mein kämpferisches Engagement und den Rahmen meiner politischen Aktivitäten vom Feind vorschreiben zu lassen, den ich bekämpfte. Meinem Gegner zu gestatten, meine Aktivitäten festzulegen, wäre der Hinnahme einer Niederlage gleichgekommen, und ich beschloß, nicht mein eigener Gefängniswärter zu werden.

Bald wurde ich als Mittelsmann in einen erbitterten politischen Streit in Johannesburg verwickelt. Zwei Seiten standen gegeneinander, und beide suchten meine Unterstützung. Jede Seite innerhalb dieser besonderen Organisation hatte berechtigte Klagen, und jede Seite zeigte sich der anderen gegenüber absolut unversöhnlich. Die Auseinandersetzung drohte in einen verbissenen Bürgerkrieg auszuarten, und ich setzte alles daran, einen Bruch zu verhindern. Ich spreche natürlich von dem Streit im Box- und Gewichtsheberclub im Donaldson-Orlando-Gemeindezentrum, wo ich fast jeden Abend trainierte.

Ich war dem Club 1950 beigetreten. Seit ein paar Jahren nahm ich auch meinen Sohn Thembi mit dorthin, und 1956 war er mit seinen zehn Jahren ein ehrgeiziger, wenn auch spindeldürrer Amateurboxer im Papiergewicht. Manager des Clubs war Johannes (Skipper Adonis) Molotsi, und zu den Mitgliedern gehörten sowohl Berufs- als auch Amateurboxer sowie eine Anzahl engagierter Gewichtheber. Unser Starboxer, Jerry (Uyinja) Moloi, wurde später Leichtgewichtsmeister von Natal und Anwärter Nr. 1 auf den nationalen Titel.

Die Sporthalle war schlecht ausgerüstet. Einen Ring konnten wir uns nicht leisten, und wir trainierten auf einem Zementfußboden, was besonders gefährlich war, wenn ein Boxer niedergeschlagen wurde. Wir besaßen einen einzigen Punchingball und einige Paar Boxhandschuhe. Wir hatten keine Medizin- und keine Wurfbälle, keine richtigen Boxhosen oder -schuhe und keinen Mundschutz. Auch einen Kopfschutz besaß kaum einer. Trotz der mangelnden Ausrüstung brachte der Club Champions hervor, zum Beispiel Eric (Black Material) Ntsele, den südafrikanischen Meister im Bantamgewicht, und Freddie (Tomahawk) Ngidi, den Fliegengewichtsmeister von Transvaal, der tagsüber für mich als Assistent bei Mandela und Tambo arbeitete. Insgesamt hatten wir vielleicht 20 oder 30 Mitglieder.

Ich hatte zwar schon in Fort Hare ein wenig geboxt, doch ernsthaft befaßte ich mich mit diesem Sport erst, seitdem ich in Johannesburg lebte. Ich war niemals ein hervorragender Boxer. Ich gehörte in die Schwergewichtsklasse und besaß weder genügend Kraft, um meinen Mangel an Schnelligkeit wettmachen zu können, noch genügend Schnelligkeit, um meinen Mangel an Kraft auszugleichen. Mir gefiel weniger die Gewalttätigkeit beim Boxen als vielmehr die gleichsam wissenschaftliche Seite daran. Es faszinierte mich, wie man seinen Körper bewegte, um sich zu schützen, wie man eine Strategie sowohl für den Angriff als auch für die Verteidigung anwandte, wie man sich seine Kräfte für die Kampfdauer einteilte. Boxen ist ein egalitärer Sport. Rang, Alter oder Hautfarbe spielen im Ring keine Rolle. Wenn man seinen Gegner umkreist und seine Stärken und Schwächen herauszufinden sucht, denkt man nicht an seine Hautfarbe oder seinen sozialen Status. Nachdem ich in die Politik gegangen war, boxte ich nie wieder in einem regulären Kampf. Mein Hauptinteresse galt dem Training; ich fand, daß anstrengende Übungen ein ausgezeichnetes Ventil für Anspannung und Streß waren. Nach einem strapaziösen Training fühlte ich mich sowohl mental als auch physisch besser. Es war eine Möglichkeit, mich in etwas zu verlieren, das nicht der Kampf war. Nach einem abendlichen Training pflegte ich am nächsten Morgen aufzuwachen und mich stark und erfrischt zu fühlen, bereit, den Kampf wiederaufzunehmen.

Von Montag bis Donnerstag brachte ich jeden Abend anderthalb Stunden in der Trainingshalle zu. Ich fuhr von der Arbeit direkt nach Hause, holte Thembi ab, und dann ging's zum Gemeindezentrum. Eine Stunde lang betrieben wir allerlei Übungen wie Laufen, Seilhüpfen, Gymnastik oder Schattenboxen, gefolgt von fünfzehn Minuten Kraftübungen, ein wenig Gewichtheben und dann Sparring. Trainierten wir für einen Kampf oder ein Turnier, dehnten wir die Trainingszeit auf zweieinhalb Stunden aus.

In der Leitung der Trainingseinheiten wechselten wir uns ab, um Führerschaft, Initiative und Selbstvertrauen zu entwickeln. Thembi machte es ganz besonderen Spaß, die Leitung bei unserem Training zu übernehmen. An den Abenden, an denen er an der Reihe war, mußte ich mich auf einiges gefaßt machen, denn unerbittlich machte er mich zum Ziel seiner Kritik. Zeigte ich mich bei einem Übungsteil faul, so stauchte er mich streng zusammen. Alle in der Halle nannten mich »Chief«, eine Art Ehrentitel, den er sorgfältig mied. Statt dessen nannte er mich »Mister Mandela« und gelegentlich, wenn er für seinen alten Herrn Mitgefühl empfand: »My Bra«, was Township-Slang war und »My Brother« bedeutete. Wenn er sah, daß ich faulenzte, sagte er mit strenger Stimme: »Mister Mandela, Sie vergeuden heute abend unsere Zeit. Wenn Sie nicht mithalten können, warum fahren Sie dann nicht nach Hause und setzen sich zu den alten Frauen.« Alle hatten an diesen Frotzeleien großen Spaß, und mir bereitete es Vergnügen, meinen Sohn so glücklich und selbstsicher zu sehen.

Die kameradschaftliche Atmosphäre im Club wurde in jenem Jahr gestört durch einen Streit zwischen Skipper Molotsi und Jerry Moloi. Jerry und die anderen Boxer meinten, daß Skipper sich nicht genügend um den Club kümmere. Skipper war ein bewährter Trainer, nur war er zu selten anwesend, um den Leuten sein Wissen zu vermitteln. Als Boxhistoriker stellte er eine wahre Fundgrube dar und konnte sämtliche 26 Runden schildern, die Jack Johnsons berühmter Kampf 1915 in Havanna gedauert hatte, als der erste schwarze Schwergewichtsweltmeister seinen Titel verlor. Doch Skipper neigte dazu, erst unmittelbar vor einem Match oder einem Turnier zu erscheinen, um das kleine, ihm zustehende Honorar einzustreichen. Ich hatte für Jerrys Standpunkt Verständnis, gab mir jedoch der Harmonie wegen alle Mühe, die Gegensätze zu überbrücken. Am Ende ergriff aber sogar mein Sohn für Jerry Partei, und es gab nichts, was ich tun konnte, um den Bruch zu verhindern.

Die Boxer drohten unter Jerrys Führung damit, sich vom Club zu trennen und ihren eigenen Verein zu gründen. Ich berief ein Treffen für alle Mitglieder ein, und es wurde eine sehr lebhafte Versammlung – geführt in Sesotho, Zulu, Xhosa und Englisch. Selbst Shakespeare wurde zitiert, und zwar von Skipper in seiner Attacke gegen die rebellischen Boxer: Er warf Jerry vor, ihn genauso zu verraten, wie Brutus Cäsar verraten hätte. »Wer sind

Cäsar und Brutus?« fragte mein Sohn. Bevor ich antworten konnte, sagte jemand: »Sind die nicht tot?« Worauf Skipper erwiderte: »Ja, aber die Wahrheit über den Verrat ist sehr lebendig.«

Das Treffen brachte keine Lösung, und die Boxer gingen ihre eigenen Wege, während die Gewichtheber im Gemeindezentrum blieben. Ich schloß mich den Boxern an, und während der ersten Wochen der Trennung trainierten wir an einem für einen Freiheitskämpfer recht unbehaglichen Ort: in der Polizeisporthalle. Danach gab uns die Anglican Church zu einem vernünftigen Mietpreis Räumlichkeiten in Ost-Orlando, und wir trainierten unter Simon (Mshengu) Tshabalala, der später einer der führenden Freiheitskämpfer des ANC im Untergrund wurde.

Unsere neue Ausstattung war nicht besser als die alte, und der Club wurde niemals wieder der alte. Afrikanische Boxer, wie alle schwarzen Athleten und Künstler, waren behindert durch die zwei Handikaps Armut und Rassismus. Was ein afrikanischer Boxer an Geld verdiente, wurde normalerweise für Essen, Miete, Kleidung verwendet, und was dann noch übrig war, ging für Boxausrüstung und Training drauf. Man verweigerte ihm die Mitgliedschaft in einem der weißen Boxclubs, welche die Ausrüstung und die Trainer hatten, die notwendig sind, um erstrangige Weltklasseboxer hervorzubringen. Im Unterschied zu weißen Profiboxern mußten afrikanische Profiboxer ganztags arbeiten. Es gab nur wenige und schlecht bezahlte Sparringspartner, und unter dem Mangel an richtigen Trainingsmöglichkeiten litt natürlich auch die Entwicklung der Boxtalente. Trotzdem gelang es einer Anzahl von afrikanischen Faustkämpfern, diese Schwierigkeiten zu überwinden und große Erfolge zu erringen. Boxer wie Elija (Maestro) Mokone, Enoch (Schoolboy) Nhlapo, Kangeroo Maoto, einer der größten Stilisten im Ring, Levi (Golden Boy) Madi, Nkosana Mgxaji, Mackeed Mofokeng und Norman Sekgapane errangen alle große Siege, während Jake Tuli, unser größter Held, den britischen und Empire-Fliegengewichtstitel gewann. Er war das anschaulichste Beispiel dafür, was afrikanische Boxer erreichen konnten, wenn sie die Chance erhielten.

5. Teil

VERRAT

AM 5. DEZEMBER 1956, unmittelbar nach Sonnenaufgang, weckte mich lautes Klopfen an meiner Tür. Kein Nachbar oder Freund klopft jemals auf so fordernde Weise, und ich wußte sofort, daß es die Sicherheitspolizei war. Ich zog mich rasch an und stand vor Hauptkonstabel Rousseau, einem Sicherheitsbeamten, der in unserer Gegend eine vertraute Gestalt war, und zwei Polizisten. Er zückte einen Durchsuchungsbefehl, woraufhin die drei sofort das ganze Haus zu durchsuchen begannen, auf der Suche nach belastenden Papieren oder Dokumenten. Inzwischen waren die Kinder wach, und mit einem strengen Blick befahl ich ihnen, ruhig zu sein. Die Kinder schauten mich trostsuchend an. Die Polizei durchsuchte jeden Schrank, jedes Schränkchen, jede Schublade, wo immer irgend etwas versteckt sein mochte. Nach einer dreiviertel Stunde erklärte Rousseau sachlich: »Mandela, wir haben einen Haftbefehl für Sie. Kommen Sie mit mir.« Als ich einen Blick auf den Haftbefehl warf, sprangen mich die Worte an: »HORVEROGRAAD – HOCHVERRAT«.

Ich ging mit ihnen zum Auto. Es ist nicht angenehm, vor den eigenen Kindern verhaftet zu werden, auch wenn man weiß, daß das, was man tut, richtig ist. Doch Kinder verstehen die Komplexität der Situation nicht; sie sehen nur, daß ihr Vater ohne Erklärung von weißen Beamten abgeführt wird.

Rousseau hockte am Steuer, und ich saß ohne Handschellen auf dem Vordersitz neben ihm. Er hatte einen Durchsuchungsbefehl für mein Büro in der Stadt, und dort fuhren wir jetzt hin, nachdem wir die beiden anderen Polizisten in einem benachbarten Viertel abgesetzt hatten. Um in das Zentrum von Johannesburg zu kommen, mußte man einer einsamen Landstraße folgen, die durch unbewohntes Gebiet führte. Während wir auf dieser Landstraße fuhren, bemerkte ich zu Rousseau, er müsse recht vertrauensselig sein, mit mir allein zu fahren. Schließlich hätte ich ja keine Handschellen an. Er schwieg.

»Was würde passieren, wenn ich Sie packen und überwältigen würde?« fragte ich.

Rousseau bewegte sich unbehaglich auf seinem Sitz. »Sie spielen mit dem Feuer, Mandela«, antwortete er.

»Mit Feuerspielen ist mein Spiel«, erklärte ich.

»Wenn Sie so weiterreden, werde ich Ihnen Handschellen anlegen müssen«, sagte Rousseau drohend.

»Und wenn ich mich weigere?«

Wir führten diesen angespannten Dialog noch einige Minuten lang fort, aber als wir dann durch das belebte Gebiet in der Nähe der Laglate-Polizeistation fuhren, erklärte Rousseau: »Mandela, ich habe Sie gut behandelt und erwarte, daß Sie sich mir gegenüber genauso verhalten. Ihre Scherze gefallen mir nicht.«

Nach einem kurzen Stopp auf der Polizeistation schloß sich uns ein weiterer Officer an, und wir fuhren zu meinem Büro, das sie eine Dreiviertelstunde lang durchsuchten. Von dort wurde ich zum Marshall Square gebracht, jenem weiträumigen Gefängnis aus roten Ziegeln, wo ich bereits 1952 während der Mißachtungskampagne einige Nächte zugebracht hatte. Einige meiner Kollegen befanden sich bereits dort, ihre Verhaftung war noch früher erfolgt als meine. Im Laufe der nächsten Stunden kamen nach und nach immer mehr Freunde und Gefährten herein. Diesen Schlag hatte die Regierung schon seit langem geplant. Irgend jemand schmuggelte ein Exemplar der Nachmittagsausgabe von *The Star* herein, und die Schlagzeilen verrieten uns, daß es sich um eine landesweite Razzia gehandelt hatte und daß die wichtigsten Führer der Congress Alliance allesamt verhaftet worden seien unter Anklage des Hochverrats und wegen angeblicher Verschwörung zum Sturz der Regierung. Jene, die in anderen Landesteilen verhaftet worden waren – Häuptling Luthuli, Monty Naicker, Reggie September, Lilian Ngoyi, Piet Beyleveld –, wurden mit Militärflugzeugen nach Johannesburg geflogen, wo sie vor Gericht gestellt werden sollten. Insgesamt 144 Personen waren festgenommen worden. Am folgenden Tag erschienen wir vor

Gericht und wurden formal angeklagt. Eine Woche später wurden Walter Sisulu und noch elf weitere festgenommen, so daß die Gesamtzahl auf 156 anstieg. Alles in allem waren es 105 Afrikaner, 21 Inder, 23 Weiße und sieben Farbige. Fast die gesamte Exekutivführung des ANC, Gebannte wie Nichtgebannte, war verhaftet worden. Die Regierung hatte, nun also doch, ihren Zug getan.

Schon bald verlegte man uns in das Gefängnis von Johannesburg, allgemein als »das Fort« bekannt, ein öder burgartiger Bau auf einem Hügel im Herzen der Stadt. Dort führte man uns nach unserer Ankunft zu einem rechteckigen Platz im Freien, wo wir uns völlig nackt ausziehen und an der Mauer Aufstellung nehmen mußten. Man zwang uns, dort über eine Stunde lang so zu stehen, im kühlen Wind zitternd und mit einem Gefühl von Hilflosigkeit – Priester, Professoren, Ärzte, Rechtsanwälte, Geschäftsleute, Männer mittleren oder höheren Alters, die normalerweise mit Zuvorkommenheit und Respekt behandelt wurden. Trotz meines Zorns mußte ich unwillkürlich lachen, als ich die Männer um mich herum prüfend anschaute. Zum erstenmal wurde mir die Wahrheit des Sprichwortes »Kleider machen Leute« bewußt. Wäre ein schöner Körper und ein eindrucksvolles Äußeres für einen Führer eine Grundvoraussetzung, so wären, wie ich sehen konnte, nur wenige von uns qualifiziert gewesen.

Schließlich erschien ein weißer Arzt und fragte, ob irgend jemand von uns krank sei. Niemand meldete sich. Wir mußten uns wieder anziehen und wurden in zwei große Zellen mit Zementfußboden und ohne Mobiliar geführt. Die Zellen waren kürzlich gestrichen worden und rochen durchdringend nach Farbe. Jeder von uns bekam drei dünne Wolldecken und eine Sisalmatte. Die einzige Latrine der Zelle befand sich in Fußbodenhöhe und lag völlig frei. Es heißt, daß man eine Nation erst dann wirklich kennt, wenn man in ihren Gefängnissen gewesen ist. Eine Nation sollte nicht danach beurteilt werden, wie sie ihre höchsten Bürger behandelt, sondern ihre niedrigsten – und Südafrika behandelte seine inhaftierten Bürger wie Tiere.

Zwei Wochen lang blieben wir im Fort, und trotz der Strapazen waren wir in außergewöhnlich hochgemuter Stimmung. Wir konnten Zeitungen lesen und erfuhren dankbar und zufrieden von den Wellen der Empörung, die unsere Verhaftung ausgelöst hatte. In ganz Südafrika wurden Protestversammlungen und Demonstrationen abgehalten; Menschen trugen Schilder mit der Aufschrift »Wir stehen zu unseren Führern«. Wir lasen, daß auf der ganzen Welt gegen unsere Inhaftierung protestiert wurde.

Unsere Gemeinschaftszelle wurde zu einer Art Konvent für weit verstreut lebende Freiheitskämpfer. Viele von uns hatten unter strengen Restriktionen leben müssen, die es für ungesetzlich erklärten, uns zu treffen und miteinander zu reden. Jetzt hatte der Feind uns alle unter einem Dach versammelt, zur größten und längsten nichtgebannten Zusammenkunft der Congress Alliance seit Jahren. Jüngere Führer trafen ältere, von denen sie nur gelesen hatten. Männer aus Natal trafen mit Führern aus Transvaal zusammen. Während der zwei Wochen, die wir auf den Prozeß warteten, genossen wir es, Ideen und Erfahrungen auszutauschen.

Jeden Tag stellten wir ein Programm von Aktivitäten zusammen. Patrick Molaoa und Peter Nthite, beide prominente Mitglieder der Jugendliga, organisierten körperliches Training. Gespräche über vielerlei Themen wurden angesetzt, und wir hörten Professor Matthews, der sowohl über die Geschichte des ANC wie auch über die der amerikanischen Schwarzen sprach. Debi Singh hielt einen Vortrag über die Geschichte des SAIC, Arthur Letele beschäftigte sich mit dem afrikanischen Medizinmann, während Reverend James Calata über afrikanische Musik sprach – und mit seiner wunderschönen Tenorstimme sang. Jeden Tag leitete Vuyisile Mini, den Jahre später die Regierung wegen politischer Verbrechen hängen ließ, die Gruppe beim Singen von Freiheitsliedern. Eines der beliebtesten war: »Nans' indodsemnyama Strijdom, Bhasobha nans' indodsemnyama Strijdom« (»Hier ist der schwarze Mann, Strijdom, hüte dich vor dem schwarzen Mann, Strijdom«). Wir sangen mit äußerster Kraft, und der Gesang hielt unsere Stimmung hoch.

Einmal lieferte Masabalala Yengwa (besser bekannt als M. B. Yengwa), der Sohn eines Zulu-Arbeiters und Bezirkssekretär des Natal-ANC, einen besonderen musikalischen Beitrag, indem er einen Lobgesang zu Ehren von Shaka, dem legendären Zulu-Krieger und -König, rezitierte. Yengwa drapierte sich mit einer Wolldecke, eine zusammengerollte Zeitung diente ihm als Schwert, und die Zeilen des Lobgesangs rezitierend, begann er, auf und ab zu schreiten. Wir waren alle überwältigt, auch jene, die kein Zulu verstanden. Schließlich legte er eine dramatische Pause ein und rief dann die Worte: »Inyoni edl ezinye! Yathi isadl ezinye, yadi ezinya!« Diese Zeile vergleicht Shaka mit einem großen Raubvogel, der ohne Unterlaß seine Feinde schlägt. Am Schluß dieser Worte brach ein Höllenlärm los. Häuptling Luthuli, der sich bis dahin still verhalten hatte, sprang auf und brüllte »Ngu Shaka lowo!« (»Das ist Shaka!«) und begann dann zu tanzen und zu singest. Seine Bewegungen elektrisierten uns, und wir sprangen alle auf. Geübte Gesellschaftstänzer genau wie Nichttänzer, die weder von westlichen noch von traditionellen Tänzen eine Ahnung hatten, sie alle vereinten sich im »Indlamu«, dem traditionellen Zulu-Kriegstanz. Einige bewegten sich graziös, andere ähnelten erfrierenden Bergsteigern, die versuchten, das Eis abzuschütteln, doch alle tanzten mit Gefühl und Enthusiasmus. Plötzlich gab es keine Xhosas oder Zulus, keine Inder oder Afrikaner, keine Rechten oder Linken, keine religiösen oder politischen Führer mehr; wir waren alle Nationalisten und Patrioten, miteinander verbunden durch Liebe zu unserer gemeinsamen Geschichte, unserer Kultur, unserem Land und unserem Volk. In diesem Augenblick regte sich etwas tief in uns allen, etwas Starkes und Intimes, das uns miteinander verband. In diesem Augenblick spürten wir die Hand der großen Vergangenheit, die uns zu dem machte, was wir waren, und die Kraft der großen Sache, die uns alle verband.

Nach den zwei Wochen brachte man uns am 19. Dezember zur Voruntersuchung in die Drill Hall in Johannesburg, ein Militärgebäude, das normalerweise nicht als Gericht diente. Es handelte sich um ein großes, kahles, scheunenartiges Gebäude mit einem verrosteten Metalldach, das als einziges öffentliches Gebäude galt, das groß genug war, um für einen Prozeß mit so vielen Angeklagten genügend Platz zu bieten.

Transportiert wurden wir in versiegelten Polizeilastwagen, in Begleitung von einem halben Dutzend Armeefahrzeugen voller bewaffneter Soldaten. Aufgrund der Vorsichtsmaßnahmen, die der Staat traf, hätte man meinen können, ein regelrechter Bürgerkrieg sei im Gange. In der Twist Street blockierte eine große Menge unserer Anhänger den Verkehr; wir konnten ihre Anfeuerungsrufe und ihr Singen hören, und sie konnten hören, wie wir aus dem Polizeitransporter heraus antworteten. Die Fahrt wurde zu einer triumphalen Prozession, indes das sich nur langsam voranbewegende Fahrzeug von der Menschenmenge gleichsam geschaukelt wurde. Die Hall war von bewaffneten Polizisten und Soldaten umstellt. Die Transporter wurden hinter die Hall manövriert und so geparkt, daß wir von den Fahrzeugen direkt in den Gerichtssaal gelangten.

Drinnen empfing uns eine weitere Menge von Anhängern, so daß die Hall eher einem aufrührerischen Versammlungsort ähnelte als einem ruhigen Gerichtssaal. Wir betraten den Saal mit erhobenem Daumen, dem ANC-Gruß, und nickten unseren Anhängern zu, die in jenem Abschnitt saßen, der nicht den Weißen vorbehalten war. Die Stimmung im Saal hatte eher etwas Festliches als Gerichtlich-Strenges, während die Angeklagten sich mit Reportern und Freunden vermischten.

Die Regierung klagte uns 156 allesamt des Hochverrats an sowie der landesweiten Verschwörung zum gewaltsamen Sturz der gegenwärtigen Regierung, die angeblich durch ein kommunistisches Regime ersetzt werden sollte. Der in der Anklage genannte Zeitraum reichte von 1. Oktober 1952 bis zum 13. Dezember 1956. Er umschloß die Mißachtungskampagne, die Räumung von Sophiatown und den Volkskongreß. Das südafrikanische Hochverratsgesetz basierte nicht auf englischem Recht, sondern auf römisch-holländischen Vorläufern, und definierte Hochverrat als feindselige Absicht, die Unabhängigkeit oder Sicherheit des Staates zu stören, zu schädigen oder zu gefährden. Darauf stand die Todesstrafe.

Zweck der Voruntersuchung war, darüber zu entscheiden, ob die Anklagen der Regierung ausreichten, um uns vor dem Obersten Gericht den Prozeß zu machen. Es gab zwei Stadien der Beweiserhebung. Das erste Stadium war der Gerichtshof eines Magistrates. Entschied der Magistrate, daß gegen die Angeklagten genügend Beweismaterial vorlag, so würde der Fall vor das Oberste Gericht gehen und vor einem Richter verhandelt werden. Befand der Magistrate jedoch das Beweismaterial als ungenügend, so wurden die Angeklagten auf freien Fuß gesetzt.

Der Magistrate war Mr. E. C. A. Wessels, der Chief Magistrate von Bloemfontein. Als Wessels an diesem ersten Tag mit seiner ziemlich leisen Stimme zu sprechen begann, konnte ihn niemand verstehen. Man hatte amtlicherseits vergessen, Mikrophone und Lautsprecher zu installieren, und während man dem abzuhelfen versuchte, vertagte sich das Gericht für zwei Stunden. Wir versammelten uns in einem Hof, und das Ganze glich sehr einem Picknick, da uns von draußen Essen hereingeschickt wurde. Die Atmosphäre war fast festlich. Zwei Stunden später war die Gerichtsverhandlung für diesen Tag zu Ende, weil man keine richtigen Lautsprecher hatte auftreiben können. Unter dem Jubel der Menge wurden wir zum Fort zurückeskortiert.

Am nächsten Tag waren die Massen draußen sogar noch größer und die Polizisten noch nervöser. 500 bewaffnete Beamte umgaben die Drill Hall. Als wir eintrafen, sahen wir, daß der Staat für uns einen riesigen Drahtkäfig aufgebaut hatte, in dem wir sitzen sollten. Der Käfig war aus Maschendraht gefertigt, der um ein Gerüst gespannt war, und hatte vorn und oben ein Gitterfenster. Man führte uns hinein, und wir mußten, von 16 bewaffneten Polizisten bewacht, auf Bänken Platz nehmen.

Zu der symbolischen Wirkung kam hinzu, daß der Käfig jegliche Kommunikation mit unseren Rechtsanwälten, die nicht eintreten durften, unterband. Einer meiner Freunde kritzelte etwas auf ein Stück Papier, das er dann seitlich am Käfig anbrachte: »Gefährlich. Bitte nicht füttern.«

Unsere Anhänger und die Organisation hatten ein eindrucksvolles Team von Verteidigern zusammengebracht, darunter Bram

Fischer, Norman Rosenberg, Israel Maisels, Maurice Franks und Vernon Berrangé. Keiner von ihnen hatte je zuvor in einem Gerichtssaal ein solches Gebilde gesehen. Franks trug im offenen Gerichtssaal einen geharnischten Protest gegen den Staat vor, der seine Klienten auf eine solch »phantastische« Weise erniedrigte und sie, wie er sagte, »wie wilde Tiere« behandelte. Falls der Käfig nicht entfernt werde, würde das gesamte Verteidigerteam den Gerichtssaal verlassen. Nach einer kurzen Pause entschied der Magistrate, der Käfig solle abgebaut werden; inzwischen wurde bereits die Vorderseite entfernt.

Erst jetzt begann der Staat seine Sache vorzubringen. Der Chefankläger, Mr. Van Niekerk, begann, Teile einer 18 000 Worte umfassenden Schrift zu verlesen, in der die Anklage der Krone umrissen wurde. Im Lärm der Rufe und des Gesangs, der von draußen hereindrang, war er trotz Lautsprecher kaum zu verstehen, und irgendwann stürzte eine Gruppe von Polizisten hinaus. Wir hörten einen Revolverschuß, dann Rufe und weitere Schüsse. Das Gericht vertagte sich, und der Magistrate rief die Anwälte zu sich. 20 Menschen waren verletzt worden.

Die Verlesung der Anklage wurde während der beiden folgenden Tage fortgesetzt. Van Niekerk erklärte, er werde dem Gericht beweisen, daß die Angeklagten mit der Hilfe aus anderen Ländern planten, die gegenwärtige Regierung gewaltsam zu stürzen und in Südafrika eine kommunistische Regierung zu bilden. Das war Anklage wegen Hochverrats. Der Staat behauptete, die Freiheits-Charta beweise sowohl unsere kommunistischen Absichten wie auch unser Komplott, die gegenwärtige Regierung zu stürzen. Am dritten Tag war der Käfig zum großen Teil abgebaut. Schließlich, am vierten Tag, wurden wir gegen Kaution freigelassen. Die Kautionssumme war gleichfalls ein Beispiel für die gleitende Skala der Apartheid: 250 Pfund für Weiße, 100 für Inder und 25 für Afrikaner und Farbige. Nicht einmal der Hochverrat war farbenblind. Wohlmeinende aus allen Schichten meldeten sich, um für jeden der Angeklagten die Kaution zu garantieren, Gesten der Unterstützung, die später zur Grundlage für den Treason Trial Defense Fund (Fonds zur Verteidigung bei Hochverratsprozessen) werden sollten, den Bishop Reeves, Alan Paton und Alex Hepple ins Leben riefen. Der Fonds wurde während des Prozesses von Mary Benson und anschließend von Freda Levson mit Geschick verwaltet. Wir wurden freigelassen, mußten uns allerdings einmal in der Woche bei der Polizei melden und durften nicht an öffentlichen Versammlungen teilnehmen. Das Gericht wollte Anfang Januar wieder zusammentreten.

Am nächsten Tag war ich früh und frohgemut in meinem Büro. Oliver und ich waren beide im Gefängnis gewesen, und inzwischen stapelten sich bei uns die unerledigten Fälle. Während ich an jenem Morgen zu arbeiten versuchte, besuchte mich ein alter Freund namens Jabavu, ein professioneller Dolmetscher, den ich mehrere Monate lang nicht gesehen hatte. Ich hatte vor meiner Verhaftung absichtlich mein Gewicht reduziert, weil ich einen Gefängnisaufenthalt voraussah, bei dem es ratsam war, schlank zu sein und mit wenig überleben zu können. Im Gefängnis hatte ich meine Übungen fortgesetzt und war jetzt recht froh, so rank zu sein. Aber Jabavu beäugte mich mißtrauisch. »Madiba«, sagte er, »warum mußt du so dünn aussehen?« In afrikanischen Kulturen wird Beleibtheit oft mit Reichtum und Wohlergehen assoziiert. Er platzte heraus: »Mann, du hattest Angst vorm Gefängnis, das ist alles. Du hast uns Xhosas Schande bereitet!«

BEREITS VOR dem Prozeß zeigte meine Ehe mit Evelyn Auflösungserscheinungen. 1953 hatte Evelyn sich entschlossen, ihr allgemeines Schwesterndiplom aufzubessern. Sie meldete sich zu einem Geburtshilfekurs im King Edward VII Hospital in Durban an, was hieß, daß sie mehrere Monate lang nicht zu Hause sein würde. Dies war möglich, weil meine Mutter und meine Schwester bei uns wohnten und sich um die Kinder kümmern konnten. Während ihres Aufenthalts in Durban besuchte ich sie zumindest einmal.

Nach ihren Prüfungen kehrte Evelyn zurück. Sie wurde wieder schwanger, und im selben Jahr gebar sie Makaziwe, benannt nach der Tochter, die wir sechs Jahre zuvor verloren hatten. In unserer

Kultur einem neuen Kind den Namen eines verstorbenen zu geben gilt als ein ehrendes Andenken und bewahrt eine mystische Verbindung mit dem Kind, das zu früh davongegangen ist.

Im Laufe des nächsten Jahres entwickelte Evelyn eine Beziehung zur Wachtturm-Organisation Zeugen Jehovas. Ob eine gewisse Unzufriedenheit mit ihrem damaligen Leben der Grund dafür war, weiß ich nicht. Die Zeugen Jehovas nahmen die Bibel zum einzigen Maßstab des Glaubens und glaubten an ein kommendes Harmagedon zwischen Gut und Böse. Voll Eifer begann Evelyn die Schrift »Der Wachtturm« zu verbreiten, und sie versuchte, auch mich zu bekehren, indem sie sagte, ich sollte mein Engagement für den Freiheitskampf in ein Engagement für Gott verwandeln. Zwar fand ich einige Aspekte des Wachtturm-Systems interessant und lohnenswert, doch Evelyns Ergebenheit konnte und wollte ich nicht teilen. Es war etwas Obsessives dabei, das mich abstieß. Soweit ich erkennen konnte, lehrte sie ihr Glaube Passivität und Unterwürfigkeit angesichts von Unterdrückung, eine Haltung, die ich nicht akzeptieren konnte.

Mein Engagement für den ANC und unseren Kampf waren unerschütterlich. Dies beunruhigte Evelyn. Sie war immer davon ausgegangen, daß Politik so etwas wie eine jugendliche Zerstreuung sei und ich eines Tages in die Transkei zurückkehren und dort als Anwalt praktizieren würde. Selbst als diese Möglichkeit in immer weitere Ferne rückte, akzeptierte sie niemals die Tatsache, daß Johannesburg unsere Heimat sein würde, und ließ auch nicht von dem Gedanken ab, daß wir irgendwann doch nach Umtata ziehen würden. Sie glaubte, sobald ich wieder in der Transkei sei, im Schoß meiner Familie, und als Berater für Sabata tätig wäre, würde ich die Politik nicht mehr vermissen. Sie redete Daliwonga zu, mich zur Rückkehr nach Umtata zu bewegen. Wir hatten viele Gespräche darüber, und ich erklärte ihr geduldig, daß die Politik für mich keine Zerstreuung sei, sondern mein Lebenswerk, ein wesentlicher und fundamentaler Teil meines Wesens. Sie konnte das nicht akzeptieren. Ein Mann und eine Frau, die ihre jeweiligen Rollen im Leben so grundverschieden sehen, können einander nicht nahe bleiben.

Ich versuchte sie von der Notwendigkeit des Kampfes zu überzeugen, während sie ihrerseits es unternahm, mich vom Wert des religiösen Glaubens zu überzeugen. Wenn ich zu ihr sagte, daß ich der Nation diente, erwiderte sie, Gott zu dienen sei wichtiger. Wir fanden nur noch wenig gemeinsamen Boden, und in zunehmendem Maße war ich davon überzeugt, daß die Ehe nicht länger zu halten war.

Wir führten auch einen Kampf um Hirne und Herzen der Kinder. Sie wollte, daß sie religiös waren, und ich meinte, sie sollten politisch sein. Sie ging mit ihnen bei jeder Gelegenheit zur Kirche und las ihnen aus dem »Wachtturm« vor. Sie gab den Jungen sogar »Wachtturm«-Exemplare, die sie in der Township verteilen sollten. Ich meinerseits sprach mit den Jungen über Politik. Thembi war Mitglied der Pioneers, der Jugendabteilung des ANC, und so war er politisch bereits beschlagen. Makgatho pflegte ich mit den einfachsten Worten zu erklären, wie der schwarze Mann vom weißen Mann verfolgt wurde.

An die Wände unseres Hauses hatte ich Bilder von Roosevelt, Churchill, Stalin, Gandhi und von der Erstürmung des Winterpalais in St. Petersburg im Jahr 1917 gehängt. Ich erklärte den Jungen, wer jeder dieser Männer war und wofür sie standen. Und sie wußten, daß die weißen Führer von Südafrika für etwas ganz anderes standen. Eines Tages kam Makgatho ins Haus gerannt und sagte: »Daddy, Daddy, da ist Malan auf dem Hügel!« Malan war der erste nationalistische Premierminister gewesen, und der Junge hatte ihn mit einem der Verantwortlichen für die Bantu-Erziehung verwechselt. Sein Name war Willie Maree, und er hatte angekündigt, an jenem Tag auf einer öffentlichen Versammlung in der Township sprechen zu wollen. Ich ging hinaus, um mir die Sache genauer anzusehen, denn der ANC hatte eine Demonstration organisiert, die sicherstellen sollte, daß die Versammlung kein Erfolg würde. Draußen sah ich, daß etliche Polizeiautos Maree zu dem Platz begleiteten, wo er sprechen sollte, doch es gab von Anfang an Ärger, und Maree ergriff die Flucht, ohne seine Rede gehalten zu haben. Ich erklärte Makgatho, das sei zwar nicht Malan gewesen, doch hätte er es sehr wohl sein können.

Mein Programm in jenen Tagen war gnadenlos. Ich verließ das Haus morgens in aller Frühe und kehrte spätabends zurück. Nach einem Tag im Büro hatte ich gewöhnlich irgendwelche Zusammenkünfte. Evelyn hatte kein Verständnis für meine abendlichen Treffen und hatte den Verdacht, daß ich mich mit anderen Frauen traf, wenn ich spät nach Hause kam. Immer und immer wieder erklärte ich ihr, um was für Treffen es sich handelte, warum ich dort war und worüber diskutiert wurde. Doch sie ließ sich nicht beirren. 1955 stellte sie mir ein Ultimatum: Ich sollte zwischen ihr und dem ANC wählen.

Walter und Albertina standen Evelyn sehr nah, und beider größter Wunsch war, daß wir zusammenblieben. Evelyn vertraute sich Albertina an. An einem Punkt mischte sich Walter in die Angelegenheit ein, und ich war sehr schroff zu ihm, erklärte, die Sache ginge ihn nichts an. Ich bedauerte den Ton, den ich ihm gegenüber anschlug, denn Walter ist mir immer ein Bruder gewesen, und er hat in seiner Freundschaft und Hilfsbereitschaft niemals geschwankt.

Walter sagte mir eines Tages, er wolle jemanden zum Büro mitbringen, den ich unbedingt sprechen solle. Was er mir nicht verriet, war, daß dies mein Schwager war. Ich war zwar überrascht, doch es war mir keineswegs unangenehm, ihn zu sehen. Ich war pessimistisch, was meine Ehe betraf, und meinte, es sei nur fair, ihm meine Gefühle mitzuteilen.

Wir sprachen zu dritt freundschaftlich über das Thema, als entweder Walter oder ich eine Formulierung gebrauchte wie »Männer wie wir« oder irgend etwas in der Art. Evelyns Bruder war Geschäftsmann, der für Politik und Politiker nicht viel übrig hatte. Plötzlich wurde er sehr hochfahrend und meinte: »Wenn ihr Burschen glaubt, ihr seid in der gleichen Position wie ich, dann ist das lächerlich. Vergleicht euch nicht mit mir.« Nachdem er gegangen war, sahen Walter und ich einander an und platzten laut lachend heraus.

Als wir im Dezember verhaftet worden waren und zwei Wochen lang im Gefängnis saßen, besuchte Evelyn mich einmal. Aber als ich aus dem Gefängnis kam, war sie ausgezogen und hatte die Kinder mitgenommen. Ich fand ein leeres, stilles Haus vor. Sie hatte sogar die Vorhänge entfernt, und aus irgendeinem Grund fand ich dieses winzige Detail niederschmetternd. Sie war zu ihrem Bruder gezogen, der mir erklärte: »Vielleicht ist es so das Beste, vielleicht werdet ihr ja, wenn sich alles abgekühlt hat, wieder zusammenkommen.« Das klang vernünftig, doch es sollte nicht sein.

Zwischen Evelyn und mir gab es unversöhnliche Differenzen. Ich konnte mein Leben im Kampf nicht aufgeben, und sie konnte nicht leben mit meiner Hingabe für etwas anderes als sie und die Familie. Sie war eine sehr gute Frau, bezaubernd, stark und treu, und sie war eine gute Mutter. Ich hatte immer Achtung und Bewunderung für sie, doch unsere Ehe konnten wir letztlich nicht retten.

Das Auseinanderbrechen einer Ehe ist traumatisch, vor allem für die Kinder. Unsere Familie bildete keine Ausnahme, und alle Kinder litten unter dem Scheitern unserer Ehe. Makgatho gewöhnte sich an, in meinem Bett zu schlafen. Er war ein sanftmütiges Kind, ein natürlicher Friedensstifter, und er versuchte, zwischen mir und seiner Mutter irgendeine Art von Versöhnung zustande zu bringen. Makaziwe war noch sehr klein, und ich erinnere mich, daß ich sie eines Tages, als ich mal gerade weder im Gefängnis noch im Gericht war, unangemeldet in ihrer Creche (Kinderkrippe) besuchte. Sie war immer ein sehr liebevolles Kind gewesen, doch als sie mich an jenem Tag sah, erstarrte sie. Sie wußte nicht, ob sie auf mich zulaufen oder vor mir davonlaufen sollte, wußte nicht, ob sie lächeln sollte oder nicht. In ihrem kleinen Herzen war ein Konflikt, von dem sie nicht wußte, wie er gelöst werden konnte. Das war sehr schmerzhaft.

Am tiefsten traf es wohl Thembi, der damals zehn Jahre alt war. Er hörte auf zu lernen und zog sich in sich selbst zurück. Er hatte sich zuvor sehr für Englisch und Shakespeare interessiert, doch nach der Trennung wirkte er apathisch, was das Lernen betraf. Sein Schulleiter sprach bei einer Gelegenheit mit mir, doch es gab wenig, was ich tun konnte. Wann immer ich konnte, nahm ich ihn mit zur Trainingshalle, und manchmal wirkte er ein wenig lockerer. Aber ich konnte nicht immer dort sein, und als ich später im Untergrund war, nahm Walter Thembi mit, zusammen mit seinem eigenen Sohn. Einmal hatten sie gemeinsam irgendeine Veranstaltung besucht, und hinterher sagte Walter zu mir: »Mann, ist der Bursche still.« Nach dem Zerbrechen der Ehe trug Thembi häufig meine Kleider, obwohl sie ihm viel zu groß waren; sie stellten irgendeine Art Verbindung dar zu seinem allzu oft fernen Vater.

AM 9. JANUAR 1957 waren wir wieder in der Drill Hall versammelt. Diesmal war die Verteidigung an der Reihe, die Anklagen des Staates zurückzuweisen. Nachdem er die Klage der Krone gegen uns zusammengefaßt hatte, sagte Vernon Berrangé, der führende Anwalt unseres Teams: »Die Verteidigung wird nachdrücklich widerlegen, daß die Forderungen der Freiheits-Charta hochverräterischer oder krimineller Natur sind. Die Verteidigung wird vielmehr nachweisen, daß die Ideen und Überzeugungen, die in dieser Charta ihren Ausdruck finden, zwar der Politik der gegenwärtigen Regierung widersprechen mögen, jedoch solche sind, wie sie von der überwältigenden Mehrheit der Menschheit aller Rassen und Farben geteilt werden, auch von der überwältigenden Mehrheit der Bürger dieses Landes.« Bei der Beratung mit unseren Anwälten hatten wir beschlossen, nicht nur beweisen zu wollen, daß wir des Hochverrats nicht schuldig waren, sondern daß dies ein politischer Prozeß war, in dem die Regierung uns für Handlungen verfolgte, die moralisch gerechtfertigt waren.

Doch den dramatischen Eingangsworten folgte die langwierige Gerichtsprozedur. Während des ersten Prozeßmonats legte die Anklage ihr Beweismaterial vor. Stück für Stück wurde jedes Papier, Pamphlet, Dokument, Buch, Magazin und jeder Zeitungsausschnitt, den die Polizei während der letzten drei Jahre ihrer Durchsuchungen zusammengetragen hatte, nunmehr eingebracht und numeriert; 12 000 insgesamt. Das Material reichte von der Menschenrechtserklärung bis zu einem russischen Kochbuch.

Als Beweisstück vorgelegt wurden sogar die beiden Schilder vom Volkskongreß: »Suppe mit Fleisch« und »Suppe ohne Fleisch«.

Während der Voruntersuchung, die Monate dauern sollte, hörten wir Tag für Tag, wie schwarze und weiße Detectives ihre Notizen verlasen, die sie sich von ANC-Treffen gemacht hatten, oder auch mitgeschriebene Reden. Diese Berichte waren stets bruchstückhaft und oft völlig unsinnig oder schlankweg falsch. Berrangé zeigte später bei seinem geschickten Kreuzverhör, daß viele der afrikanischen Detectives Englisch, die Sprache, in der die Reden gehalten wurden, weder verstehen noch schreiben konnten.

Um ihre außergewöhnliche Anschuldigung zu stützen, daß wir beabsichtigten, die gegenwärtige Regierung durch ein System sowjetischen Stils zu ersetzen, baute die Krone auf Professor Andrew Murray, den Leiter der Abteilung für Politische Wissenschaften an der Universität von Kapstadt. Murray bezeichnete viele der bei uns beschlagnahmten Dokumente, darunter auch die Freiheits-Charta, als kommunistisch.

Zu Anfang wirkte Professor Murray relativ beschlagen; bis ihn dann Berrangé ins Kreuzverhör nahm. Berrangé erklärte, er werde Murray eine Anzahl von Passagen aus verschiedenen Dokumenten vorlesen, die Murray dann als kommunistisch oder nicht kommunistisch einstufen solle. Die erste Passage, die Berrangé vorlas, betraf die Notwendigkeit, daß gewöhnliche Arbeiter miteinander kooperierten und sich nicht gegenseitig ausbeuteten. Kommunistisch, sagte Murray. Berrangé merkte an, daß die Erklärung von dem früheren Premierminister von Südafrika, Dr. Malan, stammte. Berrangé las zwei weitere Statements vor, die Professor Murray gleichfalls als kommunistisch bezeichnete. Diesmal handelte es sich um Passagen, die tatsächlich zwei amerikanische Präsidenten von sich gegeben hatten: Abraham Lincoln und Woodrow Wilson. Der Höhepunkt war erreicht, als Berrangé eine Passage vorlas, die der Professor ohne Zögern als »von Grund auf kommunistisch« bezeichnete. Berrangé gab dann bekannt, daß es sich um eine Erklärung handelte, die Professor Murray selbst in den dreißiger Jahren niedergeschrieben hatte.

Im siebten Prozeßmonat kündigte die Anklage an, sie werde Beweise dafür vorlegen, daß Gewalttätigkeiten, die sich während der Mißachtungskampagne ereignet hätten, geplant worden seien. Der Staat rief seinen ersten Starzeugen auf, Solomon Ngubase, dessen sensationelle Aussage den ANC zu belasten schien. Ngubase war ein Mann Ende Dreißig, mit sanfter Stimme, der Englisch nicht sehr gut beherrschte und damals eine Gefängnisstrafe wegen Betrugs absaß. In seiner Eingangserklärung behauptete er, daß er in Fort Hare den Grad eines Bachelor of Arts erworben hätte und praktizierender Rechtsanwalt sei. Er sei Sekretär der Ortsgruppe des ANC in Port Elizabeth geworden und auch Mitglied des Nationalen Exekutivkomitees. Er behauptete, bei einem Treffen der Nationalen Exekutive anwesend gewesen zu sein, als die Entscheidung getroffen worden sei, Walter Sisulu und David Bopape in die Sowjetunion zu entsenden, um Waffen für eine gewaltsame Revolution in Südafrika zu beschaffen. Er sei auch bei einem Treffen dabeigewesen, bei dem die Unruhen in Port Elizabeth von 1952, geplant worden seien; und er sei Zeuge gewesen, wie der ANC beschlossen habe, alle Weißen in der Transkei zu ermorden, auf die gleiche Weise, wie der Mau Mau in Kenia. Ngubases dramatische Aussage rief Aufsehen hervor, im Gericht selbst wie auch außerhalb. Hier schienen nun endlich Beweise für eine Verschwörung vorzuliegen.

Doch als Ngubase von Vernon Berrangé ins Kreuzverhör genommen wurde, zeigte sich, daß er zugleich ein Verrückter und Lügner war. Berrangé, dessen Geschick beim Kreuzverhör ihm unter den Angeklagten den Spitznamen Isangoma (die Bezeichnung für einen Heiler, der eine Krankheit austreibt) eintrug, wies rasch nach, daß Ngubase weder einen akademischen Grad besaß noch jemals ein Mitglied des ANC, geschweige denn des Nationalen Exekutivkomitees des ANC gewesen war. Berrangé legte Beweise dafür vor, daß Ngubase die Papiere über den akademischen Titel gefälscht hatte; er war überdies mehrere Jahre lang illegal als Anwalt tätig gewesen, außerdem lief gegen ihn ein weiteres Verfahren wegen Betrugs. Zu der Zeit, da er angeblich dem Treffen beigewohnt hatte, bei dem die Unruhen in Port Elizabeth geplant worden seien, hatte er in Wirklichkeit in einem Gefängnis in Durban eine Haftstrafe wegen Betrugs abgesessen. So gut wie nichts von Ngubases Aussage hatte auch nur eine entfernte Ähnlichkeit mit der Wahrheit. Am Ende des Kreuzverhörs fragte Berrangé den Zeugen: »Wissen Sie, was ein Schurke ist?« Ngubase erwiderte, das wisse er nicht. »Sie, Sir, sind ein Schurke!« rief Berrangé aus.

Joe Slovo, einer der Angeklagten und brillanter Anwalt, führte seine Verteidigung selbst. Auf den Staatsanwalt wirkte er irritierend wegen seiner scharfen Fragen und seiner Versuche nachzuweisen, daß der Staat gegen Gesetze verstieß, nicht der Kongreß. Slovos Kreuzverhöre waren oft genauso vernichtend wie die von Berrangé. Detective Jeremiah Mollson, einer der wenigen Afrikaner, die zur Special Branch gehörten, behauptete, sich wörtlich an Sätze erinnern zu können, die er in ANC-Reden gehört haben wollte. Doch was er berichtete, war schierer Unsinn oder unverkennbare Erfindung.

Slovo: »Verstehen Sie Englisch?«

Mollson: »Nicht so gut.«

Slovo: »Soll das heißen, daß Sie diese Reden auf englisch berichtet haben, obwohl Sie Englisch nicht gut verstehen?«

Mollson: »Ja, Euer Gnaden.«

Slovo: »Sind Sie nicht auch der Meinung, daß Ihre Notizen ein Haufen Blödsinn sind?«

Mollson: »Ich weiß nicht.«

Diese letzte Antwort rief bei den Angeklagten Gelächter hervor. Der Magistrate tadelte uns dafür, indem er sagte: »Das Verfahren ist nicht so komisch, wie es erscheinen mag.«

An einem Punkt erklärte Wessels gegenüber Slovo, er verletze die Integrität des Gerichts, und er wurde mit einer Geldstrafe belegt. Dies rief bei den meisten Angeklagten großen Zorn hervor, und es war nur Häuptling Luthulis mäßigender Art zu verdanken, daß nicht auch eine Anzahl von Angeklagten wegen Mißachtung des Gerichts belangt wurden.

Während das Verfahren samt all seinen langwierigen juristischen Manövern seinen Weg ging, begannen wir, uns mit anderen

Dingen zu beschäftigen. Oft brachte ich ein Buch zum Lesen mit oder ein juristisches Schriftstück, an dem ich arbeitete. Andere lasen Zeitungen, lösten Kreuzworträtsel, spielten Schach oder Scrabble. Gelegentlich tadelte uns der Magistrate wegen mangelnder Aufmerksamkeit, und die Bücher und Rätsel verschwanden. Nach und nach jedoch, wenn die Aussagen im Schneckentempo fortgesetzt wurden, kamen Spiele und Lesematerial wieder zum Vorschein.

Im Laufe der Voruntersuchung wurde die Anklage immer verzweifelter, und es wurde immer deutlicher, daß sie alles daransetzte, Beweismaterial zusammenzutragen, und oft wurden Beweise fabriziert, um ihr zu helfen bei dem, was eine verlorene Sache zu sein schien.

Schließlich, am 11. September, zehn Monate, nachdem wir uns zum erstenmal in der Drill Hall versammelt hatten, verkündete der Ankläger, daß der Staat im Rahmen der Voruntersuchung den Fall abgeschlossen habe. Der Magistrate gab der Verteidigung vier Monate, um 8000 vollgeschriebene Seiten und 10 000 Dokumente zur Vorbereitung ihrer Sache zu sichten.

Die Voruntersuchung hatte das ganze Jahr 1957 in Anspruch genommen. Im September vertagte sich das Gericht, und die Verteidigung machte sich an die Sichtung des Beweismaterials. Drei Monate später verkündete die Krone völlig überraschend und ohne weitere Erklärung, daß gegen 61 der Beschuldigten die Anklagen fallengelassen würden. Bei den meisten dieser Leute handelte es sich um relativ unbedeutende Mitglieder des ANC, doch waren auch Häuptling Luthuli und Oliver Tambo darunter. Die Freilassung von Luthuli und Tambo erfreute und verwirrte uns.

Als im Januar die Regierung an der Reihe war, Anklagepunkte zusammenfassend vorzubringen, setzte die Krone einen neuen Ankläger ein, den furchtbaren Oswald Pirow. Pirow war ehemaliger Justiz- und Verteidigungsminister und eine Stütze der Politik der National Party. Als alter nationalistischer Afrikander hatte er sich offen zur Nazi-Sache bekannt und Hitler einmal als den »größten Mann seines Zeitalters« bezeichnet. Er war ein unversöhnlicher Antikommunist. Die Ernennung Pirows bewies erneut, daß der Staat über den Ausgang des Prozesses besorgt war und einem Sieg enorme Bedeutung beimaß.

Bevor Pirow zu seiner Zusammenfassung kam, erklärte Berrangé, er werde unsere Freilassung beantragen, und zwar aufgrund der Tatsache, daß der Staat nicht genügend Beweise gegen uns vorgelegt habe. Pirow widersprach diesem Antrag auf Freilassung und zitierte aus mehreren flammenden Reden der Angeklagten; überdies, so erklärte er, habe die Polizei weitere Beweise für eine höchst gefährliche Verschwörung entdeckt. Das Land, so verkündete er in getragenem Ton, sitze auf der Spitze eines Vulkans. Es war eine wirkungsvolle, hochdramatische Darbietung. Pirow veränderte die Atmosphäre des Prozesses. Wir waren allzu zuversichtlich geworden und wurden nun daran erinnert, daß wir uns einer schwerwiegenden Anklage gegenübersahen. Täuscht euch nicht, erklärten unsere Anwälte, es kann durchaus sein, daß ihr ins Gefängnis geht. Ihre Warnungen ernüchterten uns.

Nach dreizehnmonatiger Voruntersuchung entschied der Magistrate, er habe »ausreichend Grund« dafür gefunden, uns wegen Hochverrats vor das Oberste Gericht von Transvaal zu bringen. Im Januar vertagte sich das Gericht, und es waren noch 95 Angeklagte übrig, die vor Gericht gestellt würden. Wann der eigentliche Prozeß beginnen würde, wußten wir nicht.

EINES NACHMITTAGS, während einer Pause bei der Voruntersuchung, fuhr ich einen Freund von mir von Orlando zur medizinischen Fakultät der University of Witwatersrand und kam dabei am Baragwanath Hospital vorüber, dem bedeutendsten schwarzen Krankenhaus in Johannesburg. Als ich eine nahegelegene Bushaltestelle passierte, bemerkte ich aus dem Augenwinkel eine reizende junge Frau, die auf den Bus wartete. Ich war überwältigt von ihrer Schönheit und drehte den Kopf, um einen besseren Blick auf sie zu erhaschen, doch mein Auto war schon zu weit entfernt. Das Gesicht dieser Frau haftete in meiner Erinnerung ich dachte sogar daran, umzudrehen und aus der entgegengesetzten Richtung an ihr vorbeizufahren –, aber ich fuhr dann doch weiter. Einige Wochen später geschah etwas Seltsames. Ich war im Büro und wollte nur kurz zu Oliver hineinschauen, als ich dieselbe junge Frau mit ihrem Bruder vor Olivers Schreibtisch sitzen sah. Ich war etwas verdattert und gab mir alle Mühe, mir meine Verblüffung nicht anmerken zu lassen – und auch nicht mein Entzücken über diesen höchst willkommenen Zufall. Oliver machte mich mit den beiden bekannt und erklärte, sie hätten ihn in einer Rechtsangelegenheit aufgesucht.

Ihr Name war Nomzamo Winnifred Madikizela, doch sie wurde Winnie genannt. Sie hatte kurz zuvor ihr Studium an der Jan-Hofmeyr-Schule für Sozialarbeit in Johannesburg abgeschlossen und arbeitete als erste schwarze Sozialarbeiterin im Baragwanath Hospital. Ich muß gestehen, daß ich zu diesem Zeitpunkt ihrer Vergangenheit wie auch ihrem juristischen Problem wenig Aufmerksamkeit schenkte, denn ihre Gegenwart rührte tief in mir etwas an. Ich dachte vor allem daran, wie ich sie bitten konnte, mit mir auszugehen. Ich kann nicht mit Sicherheit sagen, ob es so etwas wie Liebe auf den ersten Blick gibt, doch ich weiß, daß ich in dem Augenblick, wo ich Winnie Nomzamo zum erstenmal sah, genau wußte, daß ich sie zur Frau haben wollte.

Winnie war das sechste von elf Kindern von C. K. Madikizela, einem Schuldirektor, der Geschäftsmann geworden war. Ihr eigentlicher Name war Nomzamo, eine Bezeichnung für jemanden, der sich bemüht oder sich Prüfungen unterzieht, ein ebenso prophetischer Name wie mein eigener. Sie war aus Bizana in Pondoland, ein jenem Teil der Transkei benachbartes Gebiet, wo ich aufgewachsen war. Sie stammt aus dem Phondo-Clan von amaNgutyana, und ihr Urgroßvater war Madikizela, ein mächtiger Häuptling aus dem Natal des 19. Jahrhunderts, der sich zur Zeit der iMfecane in der Transkei niederließ.

Ich rief Winnie am nächsten Tag im Hospital an und bat sie, dabei mitzuhelfen, für den Treason Trial Defense Fund an der Jan-Hofmeyr-Schule Geld zu sammeln. Es war nur ein Vorwand, sie zum Essen einzuladen, was ich auch tat. Ich holte sie von ihrem Platz in der Stadt ab und nahm sie mit zu einem indischen Restaurant in der Nähe meines Büros, einem der wenigen Lokale, in dem auch Afrikaner bedient wurden und in dem ich häufig aß. Winnie war hinreißend, und selbst die Tatsache, daß sie noch nie zuvor Curry gekostet hatte und ein Glas Wasser nach dem anderen trank, um ihren Gaumen zu kühlen, erhöhte nur ihren Charme.

Nach dem Essen fuhr ich mit ihr zu einem Gelände zwischen Johannesburg und Evaton, einem offenen Veld gleich hinter dem Eldorado Park. Wir gingen durch das lange Gras, Gras so sehr ähnlich dem in der Transkei, wo wir beide groß geworden waren. Ich erzählte ihr von meinen Hoffnungen und den Schwierigkeiten beim Hochverratsprozeß. Ich wußte schon dort, daß ich sie heiraten wollte – und das sagte ich ihr auch. Der Geist, der sie erfüllte, ihre Leidenschaft, ihre Jugend, ihr Mut, ihr Eigenwille – all dies fühlte ich im Augenblick, als ich sie sah.

In den nächsten Wochen und Monaten sahen wir uns, sooft wir konnten. Sie besuchte mich in der Drill Hall und in meinem Büro. Sie kam, um mich beim Training in der Sporthalle zu beobachten; sie lernte Thembi, Makgatho und Makaziwe kennen. Sie kam zu Meetings und politischen Diskussionen. Ich machte ihr gleichzeitig den Hof und politisierte sie. Als Studentin hatte sie sich angezogen gefühlt von der Non-European Unity Movement (NEUM), denn sie hatte einen Bruder, der dieser Partei verbunden war. In späteren Jahren zog ich sie mit diesem ihrem frühen Engagement auf und sagte ihr, daß sie, hätte sie nicht mich kennengelernt, einen Führer der NEUM geheiratet hätte.

Kurz nachdem ich die Scheidung von Evelyn eingereicht hatte, sagte ich zu Winnie, sie solle Ray Harmel besuchen, die Frau von Michael Harmel, um sich die Maße für das Hochzeitskleid nehmen zu lassen. Ray war nicht nur Aktivistin, sondern auch eine ausgezeichnete Schneiderin. Ich fragte Winnie, wie viele Brautjungfern sie haben wollte, und schlug vor, daß sie nach Bizana reisen sollte, um ihren Eltern mitzuteilen, daß wir heiraten würden. Winnie hat Leuten lachend erzählt, ich hätte ihr niemals einen Heiratsantrag gemacht, doch ich habe ihr immer erklärt, ich hätte sie doch bei unserer allerersten Verabredung gefragt, und von jenem Tag an sei die Hochzeit für mich beschlossen gewesen.

Der Hochverratsprozeß stand im zweiten Jahr, und er war für unsere Anwaltspraxis eine erdrückende Last. Mandela und Tambo fielen als Praxis auseinander, weil wir ja nicht anwesend sein konnten, und sowohl Oliver als auch ich befanden uns in großen finanziellen Schwierigkeiten. Seit die Anklage gegen Oliver fallengelassen worden war, hatte er einiges retten können, doch der wirkliche Schaden war bereits eingetreten. Aus unserer blühenden Praxis, in der wir Leute oft hatten abweisen müssen, war ein Büro geworden, das dahinkümmerte und geradezu um Klienten flehte. Ich konnte es mir nicht einmal leisten, die restlichen 50 Pfund für das in Umtata gekaufte Grundstück zu bezahlen, und mußte es aufgeben.

All dies erklärte ich Winnie. Ich sagte ihr, es sei mehr als wahrscheinlich, daß wir von ihrem kleinen Gehalt als Sozialarbeiterin würden leben müssen. Winnie verstand und erklärte sich bereit, das Risiko einzugehen und ihr Leben an meines zu binden. Ich versprach ihr niemals Gold und Diamanten, und ich war auch niemals in der Lage, ihr welche zu schenken.

Die Hochzeit fand am 14. Juni 1958 statt. Ich beantragte eine Lockerung meiner Bannungsverfügungen. Ich erhielt sechs Tage Abwesenheitsurlaub von Johannesburg. Ich sorgte auch dafür, daß Winnies Vater das erhalten würde, was man bei uns »Lobola« nennt, den traditionellen Brautpreis.

Die Hochzeitsgesellschaft verließ Johannesburg ganz früh am Morgen des 12. Juni, und wir trafen am späten Nachmittag in Bizana ein. Mein erster Halt, wie stets bei einem Gebannten, war die Polizeistation, um meine Ankunft zu melden. Gegen Einbruch der Dunkelheit fuhren wir zum Ort der Braut, Mbongweni, wie es Brauch war. Begrüßt wurden wir von einem großen Chor von Frauen, die helle Glücksschreie darbrachten, und Winnie und ich wurden voneinander getrennt; sie ging ins Brauthaus, während ich mit den Gefährten des Bräutigams zum Haus eines der Verwandten von Winnie ging.

Die Zeremonie selbst fand in der lokalen Kirche statt, und anschließend feierten wir im Haus von Winnies ältestem Bruder, das auch das Stammhaus des Madikizela-Clans war. Das Hochzeitsauto war üppig mit den Farben des ANC geschmückt. Es wurde getanzt und gesungen, und Winnies überschäumende Großmutter führte uns alle einen besonderen Tanz auf. Die gesamte Exekutive des ANC war eingeladen worden, doch Bannungen begrenzten ihre Zahl. Unter den Gästen waren Duma Nokwe, Lilian Ngoyi, Dr. James Njongwe, Dr. Wilson Conco und Victor Tyamzashe.

Der Schlußempfang fand im Rathaus von Bizana statt. Die Rede, an die ich mich am deutlichsten erinnere, war die von Winnies Vater. Wie alle anderen bemerkte auch er, daß sich unter den uneingeladenen Hochzeitsgästen eine Anzahl von Sicherheitspolizisten befand. Er sprach von seiner Liebe zu seiner Tochter, von meinem Engagement für das Land und von meiner gefährlichen Karriere als Politiker. Als Winnie ihm gegenüber zum erstenmal unsere geplante Hochzeit erwähnt hatte, hatte er ausgerufen: »Aber du heiratest ja einen Knastbruder!« Was die Zukunft angehe, so sei er nicht optimistisch; eine solche Ehe in einer solch schwierigen Zeit werde unablässig schwersten Prüfungen unterworfen. Er sagte zu Winnie, sie heirate einen Mann, der bereits mit dem Kampf verheiratet sei. Er wünschte seiner Tochter Glück und endete mit den Worten: »Wenn dein Mann ein Hexer ist, mußt du eine Hexe werden!« Das hieß, sie habe ihrem Mann zu folgen, wohin er auch gehe. Danach sprach meine Schwester Constance Mbekeni statt meiner im Rahmen der Zeremonie.

Nach der Zeremonie wurde ein Stück des Hochzeitskuchens eingewickelt, damit die Braut es für den zweiten Teil der Hochzeit zum Stammhaus des Bräutigams bringen konnte. Aber dazu kam es nicht, denn mein Abwesenheitsurlaub war zu Ende, und wir mußten nach Johannesburg zurück. In meinem Haus, Nr. 8115 Orlando West, wartete eine große Gesellschaft von Freunden und Familie, um uns wieder willkommen zu heißen. Ein Schaf war geschlachtet worden, und es gab zu unseren Ehren ein Fest.

Für Flitterwochen oder auch nur Flittertage fehlte es an Zeit und Geld, und das Leben fügte sich rasch in die Routine, die durch den Prozeß beherrscht wurde. Wir wachten sehr früh am Morgen auf, gewöhnlich so um vier. Winnie sorgte für das Frühstück, bevor ich das Haus verließ. Ich fuhr dann mit dem Bus zum Prozeß oder suchte frühmorgens mein Büro auf. Dort verbrachte ich soviel Zeit wie möglich, auch nachmittags und abends, um unsere Praxis in Gang zu halten und etwas Geld zu verdienen. Die Abende gehörten allerdings oft der politischen Arbeit und den Zusammenkünften. Die Frau eines Freiheitskämpfers gleicht oft einer Witwe, selbst wenn ihr Mann nicht im Gefängnis ist. Obwohl ich mitten in einem Hochverratsprozeß stand, gab Winnie mir Grund zur Hoffnung. Ich hatte das Gefühl, im Leben eine neue, eine zweite Chance zu haben. Meine Liebe zu ihr verlieh mir zusätzliche Kraft für zukünftige Kämpfe.

DAS HAUPTEREIGNIS in Südafrika war 1958 die allgemeine Wahl – »allgemein« nur in dem Sinn, daß alle drei Millionen weißen Wähler daran teilnehmen konnten, jedoch keiner der 13 Millionen Afrikaner. Wir debattierten darüber, ob wir eine Protestaktion veranstalten sollten. Die zentrale Frage war: Hatte eine Wahl, an der nur Weiße teilnehmen konnten, für Afrikaner irgendeine Bedeutung? Die Antwort, soweit sie den ANC betraf, lautete, daß wir nicht gleichgültig bleiben konnten, selbst wenn wir von dem Wahlvorgang ausgesperrt waren. Wir waren zwar ausgeschlossen, jedoch nicht unberührt. Die Niederlage der National Party würde in unserem Interesse und im Interesse aller Afrikaner sein.

Der ANC tat sich zusammen mit den anderen Gruppierungen und mit SACTU, dem Südafrikanischen Congress of Trade Unions (Gewerkschaftskongreß), um zu den Wahlen im April einen dreitägigen Streik auszurufen. Flugblätter wurden verteilt in Fabriken und Läden, auf Bahnhöfen und an Haltestellen, in Bierhallen und Krankenhäusern und von Haus zu Haus. »DIE NATIONALISTEN MÜSSEN GEHEN« war der Hauptslogan der Kampagne. Unsere Aktionen bereiteten der Regierung Sorgen, und vier Tage vor der Wahl verfügte der Staat, daß es illegal sei, wenn in einem städtischen Gebiet mehr als zehn Afrikaner zusammenkämen.

In der Nacht vor einem geplanten Protest, Boykott oder Streik pflegten die Führer der betreffenden Aktion für ein paar Tage unterzutauchen, um der unausweichlich durchgeführten Polizeirazzia zu entgehen. Damals überwachte uns die Polizei noch nicht rund um die Uhr, und es war leicht, für ein oder zwei Tage unterzutauchen. Die Nacht vor dem Streik hielten Walter, Oliver, Moses Kotane, J. B. Marks, Dan Tloome, Duma Nokwe und ich uns im Haus von Dr. Nthatho Motlana, meinem Arzt, in Orlando auf. Sehr früh am nächsten Morgen begaben wir uns zu einem anderen Haus in derselben Nachbarschaft, von wo aus wir in Telefonkontakt mit den anderen Führern in der Stadt bleiben konnten. Mit der Kommunikation haperte es in jenen Tagen beträchtlich, zumal in den Townships, wo nur wenige Leute ein Telefon besaßen, und es war frustrierend, keinen Überblick über einen Streik zu bekommen. Früh am nächsten Morgen schickten wir Leute zu strategischen Plätzen in der Township, um Züge, Busse und Taxis zu beobachten und zu sehen, ob die Menschen zur Arbeit fuhren oder nicht. Sie kehrten mit schlechten Nachrichten zurück: Busse und Züge waren voll besetzt; die Menschen ignorierten den Streikaufruf. Erst jetzt bemerkten wir, daß der Gentleman, in dessen Haus wir uns aufhielten, nirgends zu finden war – er war hinausgeschlichen und zur Arbeit gegangen. Der Streik erwies sich als Fehlschlag.

Wir beschlossen, den Streik abzublasen. Ein dreitägiger Streik, der am ersten Tag abgebrochen wird, ist nur ein eintägiger Fehlschlag; einen Streik, der ein Fehlschlag ist, drei Tage laufen zu lassen, ist ein Fiasko. Es war demütigend, den Streik abblasen zu müssen, doch wir hatten das Gefühl, es wäre noch demütigender, es nicht zu tun. Keine Stunde, nachdem wir ein Statement zur Beendigung des Streiks herausgegeben hatten, wurde der Text unseres Aufrufs vom Regierungssender South African Broadcasting Corporation (SABC) in voller Länge verlesen. Normalerweise ignorierte SABC den ANC vollständig; nur bei einer Niederlage kamen wir in seine Nachrichten. Diesmal beglückwünschte man uns sogar zum Abbruch des Streiks. Dies ärgerte Moses Kotane sehr. »Von der SABC gelobt zu werden, das ist zuviel«, sagte er kopfschüttelnd. Und er fragte, ob wir nicht übereilt gehandelt und dadurch dem Staat in die Hände gespielt hätten. Das war eine legitime Sorge, doch Beschlüsse sollten nicht aus Stolz oder Verlegenheit gefaßt werden, sondern unter rein strategischen Gesichtspunkten – und die Strategie gebot es, daß wir den Streik abbliesen. Die Tatsache, daß der Feind unsere Kapitulation für sich ausgenutzt hatte, bedeutete noch nicht, daß die Kapitulation falsch war.

In manchen Gebieten hörte man nicht, daß der Streik abgeblasen worden war, während man sich in anderen gar nicht darum kümmerte. In Port Elizabeth, einer Bastion des ANC, und in anderen Gebieten am Kap war die Reaktion am zweiten und dritten Tag besser als am ersten. Insgesamt jedoch ließ sich die Tatsache nicht verheimlichen, daß der Streik ein Fehlschlag war. Als wäre das noch nicht genug, erhöhten die Nationalisten ihren Stimmanteil um mehr als zehn Prozent.

Wir führten hitzige Diskussionen darüber, ob wir gewisse Zwangsmaßnahmen hätten einsetzen sollen. Hätten wir Streikposten einsetzen sollen, welche die Menschen für gewöhnlich am Betreten ihres Arbeitsplatzes hindern? Die Hardliner behaupteten, der Einsatz von Streikposten hätte den Streik zu unseren Gunsten entschieden. Doch ich bin stets gegen solche Methoden gewesen. Es ist das beste, sich auf die freiwillige Unterstützung der Menschen zu verlassen, denn sonst ist diese Unterstützung schwach und flüchtig. Die Organisation sollte von den Menschen als Hort angesehen werden, nicht als Kerker. Unterstützt indes eine Mehrheit der Organisation oder der Menschen eine Entscheidung, so kann in bestimmten Fällen im Interesse der Mehrheit Zwang eingesetzt werden gegen eine Minderheit von Abweichlern. Eine Minderheit sollte, wenn auch noch so lautstark, den Willen der Mehrheit nicht frustrieren können.

In meinem Haus versuchte ich eine andere Form von Zwang einzusetzen, jedoch ohne Erfolg. Ida Mthimkhulu, eine Frau in meinem Alter, die Sotho sprach, war damals unsere Hausgehilfin. Ida war mehr Mitglied der Familie als Angestellte, und ich nannte sie Kgaitsedi, was »Schwester« bedeutet und ein Kosename ist.

Ida leitete den Haushalt militärisch und streng, und Winnie und ich gehorchten ihr willig. Ich rannte oft hinaus, um irgendeine Besorgung zu erledigen, die sie mir aufgetragen hatte.

Als ich am Tag vor dem Streik Ida und ihren zwölfjährigen Sohn nach Hause fuhr, erklärte ich, für den folgenden Tag müsse sie noch ein paar Hemden waschen und bügeln. Meiner Bitte folgte ein langes, uncharakteristisches Schweigen. Schließlich wandte sich Ida mir zu und sagte mit kaum verhohlener Verachtung: »Sie wissen doch sehr gut, daß ich das nicht tun kann.«

»Warum nicht?« fragte ich, über ihre heftige Reaktion erstaunt.

»Haben Sie vergessen, daß auch ich eine Arbeiterin bin?« fragte sie mit einiger Genugtuung. »Ich werde morgen streiken, zusammen mit meinen Leuten und Kollegen!«

Ihr Sohn sah meine Verlegenheit, und in seiner jungenhaften Art versuchte er, die Spannung zu mindern, indem er sagte, »Onkel Nelson« habe sie doch immer als Schwester und nicht als Arbeiterin behandelt. Gereizt wandte sie sich ihrem wohlmeinenden Sohn zu und erklärte: »Junge, wo warst du, als ich in jenem Haus für mein Recht gestritten habe? Hätte ich nicht hart gekämpft gegen deinen ›Onkel Nelson‹, würde ich heute nicht wie eine Schwester behandelt werden!« Ida kam am nächsten Tag nicht zur Arbeit, und meine Hemden blieben ungebügelt.

WENIGE FRAGEN rührten so sehr an einen neuralgischen Punkt wie die Frage von Pässen für Frauen. Der Staat war nicht schwächer geworden durch seinen Beschluß, Frauen Pässe aufzuzwingen, und die Frauen waren nicht schwächer geworden in ihrer Entschlossenheit, dagegen Widerstand zu leisten. Zwar nannte die Regierung Pässe jetzt »reference books«, doch das konnte die Frauen nicht täuschen: wenn sie ihr »reference book« nicht vorweisen konnten, so mußten sie mit einer Geldstrafe von zehn Pfund oder einer Haftstrafe von einem Monat rechnen.

Angespornt von den Bemühungen der ANC-Frauenliga, reagierten 1957 Frauen im ganzen Land, in ländlichen Gebieten wie in den Städten, mit Zorn auf die Forderung des Staates, Pässe bei sich zu tragen. Die Frauen waren mutig, beharrlich, enthusiastisch, unermüdlich, und ihr Protest gegen Pässe bildete ein Vorbild für Proteste gegen die Regierung, das nie wieder erreicht wurde. Wie Häuptling Luthuli sagte: »Wenn die Frauen anfangen, einen aktiven Teil im Kampf zu übernehmen, dann kann uns keine Macht auf Erden davon abhalten, noch zu unseren Lebzeiten die Freiheit zu erringen.«

Überall im südöstlichen Transvaal, in Standerton, Heidelberg, Balfour und anderen »Dorps«, protestierten Tausende von Frauen. Eine Unterbrechung des Hochverratsprozesses nutzten Frances Baard und Florence Matomela, um in Port Elizabeth, ihrer Heimatstadt, die dortigen Frauen zu organisieren, damit sie die Annahme der Pässe verweigerten. Im Oktober versammelte sich in Johannesburg eine große Gruppe von Frauen beim Central Pass Office und jagten sowohl Frauen davon, die gekommen waren, um Pässe abzuholen, als auch Beamte, die dort arbeiteten. Sie brachten die Behörde zum Stillstand, und die Polizei verhaftete Hunderte von Frauen.

Eines Abends, nicht lange nach diesen Festnahmen, entspannten Winnie und ich uns nach dem Essen, als sie mir in aller Ruhe mitteilte, daß sie sich in Orlando einer Gruppe von Frauen anschließen wollte, die am nächsten Tag vor dem Pass Office demonstrieren würden. Diese Ankündigung brachte mich ein wenig aus der Fassung, denn wenn mir ihre Bereitschaft, sich zu engagieren, auch gefiel und ich ihren Mut bewunderte, hatte ich doch auch Bedenken. Winnie hatte sich seit unserer Hochzeit zunehmend politisieren lassen, und sie hatte sich der Ortsgruppe der ANC-Frauenliga in West-Orlando angeschlossen. Ich hatte sie in allem bestärkt.

Jetzt sagte ich ihr, daß ich ihren Entschluß zwar begrüßte, sie aber auch warnen müßte, denn es handele sich um einen ernsten Schritt. Durch eine einzige Handlung werde sich ihr Leben radikal ändern. Nach afrikanischen Maßstäben stammte Winnie aus einer wohlhabenden Familie, und sie war gegen manche der unangenehmeren Realitäten des Lebens in Südafrika abgeschirmt worden. Zumindest hatte sie sich wegen ihrer nächsten Mahlzeit niemals Sorgen zu machen brauchen. Vor unserer Hochzeit hatte sie sich in Kreisen bewegt, in denen relativer Reichtum und Luxus herrschten, ein Leben, das so ganz anders war, als das von Freiheitskämpfern, die nur allzuoft von der Hand in den Mund lebten.

Falls sie verhaftet würde, erklärte ich ihr, würde sie mit Sicherheit von ihrem Arbeitgeber, der Bezirksverwaltung, entlassen werden – und wir wußten ja beide, daß ihr kleines Gehalt den Haushalt trug. Sie könne wahrscheinlich niemals wieder als Sozialarbeiterin tätig sein, denn das Stigma einer Inhaftierung würde amtliche Stellen zögern lassen, sie wieder einzustellen. Außerdem sei sie schwanger! Ich warnte sie vor den körperlichen Strapazen und den Demütigungen im Gefängnis. Mag sein, meine Reaktion klang grob, doch ich fühlte mich sowohl als Ehemann wie auch als einer der Führer im Kampf dafür verantwortlich, ihr über die Konsequenzen ihrer Handlung reinen Wein einzuschenken. Ich persönlich hatte recht gemischte Gefühle, denn die Sorgen eines Ehemanns und eines Führers sind nicht immer miteinander identisch.

Aber Winnie ist eine entschlossene Person, und ich vermute, meine pessimistische Darstellung hat ihre Entschlossenheit nur noch gefestigt. Sie hörte sich alles an, was ich sagte, und erklärte dann, sie habe sich entschieden. Am nächsten Morgen stand ich früh auf, um das Frühstück zu machen, und dann fuhren wir hinüber zu Sisulus Haus, wo sie sich mit Walters Frau Albertina treffen wollte, einer der Führerinnen des Protests. Dann fuhren wir zur Phefeni-Station in Orlando, wo die Frauen den Zug in die Stadt nehmen wollten. Ich umarmte sie, bevor sie in den Zug stieg. Winnie war nervös, jedoch entschlossen, als sie mir aus dem Zug zuwinkte, und ich hatte das Gefühl, sie breche auf zu einer langen und gefährlichen Reise, deren Ende keiner von uns absehen konnte.

Nach ihrer Ankunft in der City marschierten mehrere hundert Frauen zum Central Pass Office im Zentrum von Johannesburg. Es waren alte Frauen und junge, manche trugen Babies auf dem Rücken, und zum Teil waren sie in eine Art Stammestracht gekleidet, zum Teil in schicke Garderobe. Kaum hatten sie sich, singend und marschierend, vor dem Amtssitz des Commissioners versammelt, als sie auch schon von Dutzenden von bewaffneten Polizisten umzingelt wurden, die sie alle verhafteten, in Polizeitransporter luden und zur Marshall-Square-Polizeistation fuhren. Die Frauen waren durchweg vergnügt, und einige riefen, während sie in den Polizeifahrzeugen fortgefahren wurden, Reportern zu: »Sagt euren Madams, daß wir morgen nicht zur Arbeit kommen werden!« Insgesamt wurden über 1000 Frauen festgenommen.

Ich war über all das im Bilde, nicht weil ich der Mann einer der Verhafteten war, sondern weil Mandela und Tambo damit beauftragt wurden, die meisten der festgenommenen Frauen als Anwälte zu vertreten. Schnell begab ich mich zum Marshall Square, um die Verhafteten zu besuchen und Kautionen zu arrangieren. Es gelang mir, Winnie zu sehen, die strahlte, als sie mich erblickte, und so glücklich zu sein schien, wie man das in einer Polizeizelle nur sein kann. Es war, als habe sie mir ein großes Geschenk gemacht, von dem sie wußte, daß es mich erfreuen würde. Ich sagte ihr, ich sei stolz auf sie, doch könne ich nicht bleiben und mit ihr sprechen, da ich eine Menge Anwaltsaufgaben zu erledigen hätte.

Gegen Ende des zweiten Tages war die Zahl der Festgenommenen weiter angewachsen, und nun befanden sich nahezu 2000 Frauen in Haft. Viele von ihnen wurden zum Fort geschafft, wo sie auf ihren Prozeß warteten. Das bereitete nicht nur Oliver und mir, sondern auch der Polizei und den Gefängnisbehörden riesige Probleme. Es gab schlicht nicht genügend Raum, um sie alle unterzubringen. Es gab zuwenig Wolldecken, zuwenig Matten und Toiletten und zuwenig zu essen. Die Zustände im Fort waren beengt und schmutzig. Während im ANC viele, darunter auch ich, darauf bedacht waren, die Frauen gegen Kaution freizubekommen, glaubten Lilian Ngoyi, die nationale Präsidentin der Frauenliga, und Helen Joseph, die Sekretärin der südafrikanischen Frauenföderation, daß es der Echtheit und Wirksamkeit des Protestes diene, wenn die Frauen die Haftstrafe absäßen, zu der sie der Magistrate verurteilen würde. Ich widersprach ihnen, doch machten sie mir unmißverständlich klar, daß dies eine Angelegenheit der Frauen sei, in die sich der ANC – oder auch besorgte Ehemänner – gefälligst nicht einmischen sollten. Ich erklärte Lilian, meiner Meinung nach solle sie die Sache vor einem Beschluß mit den Frauen selbst besprechen, und begleitete sie zu den Zellen, wo sie die Inhaftierten befragen konnte. Es war offenkundig, daß manche der Frauen verzweifelt hofften, gegen Kaution freizukommen, und daß sie nicht ausreichend vorbereitet worden waren auf das, was sie im Gefängnis erwarten würde. Als Kompromiß schlug ich Lilian vor, die Frauen sollten zwei Wochen im Gefängnis bleiben, und danach würden wir sie gegen Kaution herausholen können. Lilian willigte ein.

Im Laufe der nächsten zwei Wochen verbrachte ich viele Stunden im Gericht, um für die Frauen Kautionen auszuhandeln. Einige Frauen waren frustriert und ließen ihre Wut an mir aus. »Mandela, ich hab deine Sache satt«, sagte eine der Frauen zu mir. »Wenn heute nicht endlich Schluß ist, werde ich nie wieder vor Gericht erscheinen.« Schließlich schafften wir es mit Hilfe von Verwandten und Organisationen, die Geld sammelten, alle Frauen innerhalb von zwei Wochen gegen Kaution freizubekommen.

Winnie schien ihre Gefängniserfahrung gut überstanden zu haben. Falls sie gelitten hatte, sie würde es mir nicht gesagt haben. Während ihres Gefängnisaufenthalts hatte sie sich mit zwei Aufseherinnen angefreundet, beide Afrikanderinnen und beide noch sehr jung. Sie zeigten sich mitfühlend und neugierig, und nachdem Winnie gegen Kaution freigekommen war, luden wir sie ein, uns zu besuchen. Sie nahmen die Einladung an und kamen mit dem Zug nach Orlando. Nachdem wir in unserem Haus zu Mittag gegessen hatten, führte Winnie die beiden in der Township umher. Winnie und die beiden Aufseherinnen waren ungefähr im gleichen Alter und verstanden sich gut. Alle drei lachten miteinander

ander, als wären sie Schwestern. Die beiden Mädchen genossen den Tag sehr, und als sie sich bei Winnie bedankten, sagten sie, sie würden sehr gern wiederkommen. Wie sich herausstellte, war das unmöglich, denn sie hatten im Zug nach Orlando unvermeidlicherweise in einem Wagen für Nichtweiße gesessen. (Es gab keine »weißen« Züge nach Orlando, aus dem einfachen Grund, daß Weiße nie den Zug nach Orlando nahmen.) Folglich zogen sie viel Aufmerksamkeit auf sich, und bald war weithin bekannt, daß zwei weiße Aufseherinnen vom Fort Winnie und mich besucht hatten. Für uns war das kein Problem, doch stellte sich heraus, daß es für sie ein Problem war, denn die Gefängnisbehörden entließen beide. Wir sahen sie nie wieder.

SEIT DEN LETZTEN sechs Monaten – seit dem Ende der Voruntersuchung im Januar – warteten wir auf unseren eigentlichen Prozeß, der im August 1958 beginnen sollte. Für den Prozeß setzte die Regierung ein hohes Sondergericht ein – Richter Rumpff, der den Vorsitz hatte, sowie Richter Kennedy und Richter Ludorf. Besonders vielversprechend war dieses Gremium nicht: Es bestand aus drei weißen Männern, die alle Bindungen zur herrschenden Partei hatten. Richter Rumpff war zwar ein fähiger Mann und besser informiert als der durchschnittliche weiße Südafrikaner, doch es hieß, er sei Mitglied des »Broederbond« (»Bruderbund«), einer geheimen Afrikander-Organisation, deren Ziel es war, die Macht der Afrikander zu festigen. Richter Ludorf war ein bekanntes Mitglied der National Party, genau wie Richter Kennedy aus Natal. Kennedy hatte den Ruf, ein »hängender« Richter zu sein, weil er einmal 23 Afrikaner für die Ermordung von zwei weißen Polizisten an den Galgen gebracht hatte.

Unmittelbar vor Wiederaufnahme des Falls ließ sich der Staatsanwalt einen weiteren unangenehmen Trick gegen uns einfallen. Man verlegte den Prozeß von Johannesburg in das 50 Kilometer entfernte Pretoria. Er sollte in einer früheren Synagoge stattfinden, die man in einen Gerichtssaal umgewandelt hatte. Da alle Angeklagten wie auch unser Verteidigerteam in Johannesburg wohnten, würden wir gezwungen sein, jeden Tag nach Pretoria zu reisen. Der Prozeß würde uns jetzt noch mehr Zeit und Geld kosten – und beides hatten wir nicht im Überfluß. Wer seinen Arbeitsplatz behalten hatte, verdankte dies dem Umstand, daß das Gericht nicht weit vom Arbeitsplatz entfernt lag. Die Verlegung des Gerichtsorts war auch ein Versuch, uns den Mut zu nehmen, indem man uns von unseren natürlichen Anhängern trennte. Pretoria war die Heimstatt der National Party, während der ANC dort kaum präsent war. Zu Anfang des Prozesses benutzten fast alle der 92 Angeklagten zur Fahrt nach Pretoria einen unbequemen, schwerfälligen Bus, dessen Sitze aus harten Holzbrettern bestanden. Der Bus fuhr jeden Tag morgens um sechs Uhr los und brauchte zwei Stunden bis zur Alten Synagoge. Nahezu fünf Stunden kostete uns dieser Pendelverkehr – eine Zeit, die sich weitaus besser hätte nutzen lassen, um Geld zu verdienen für Lebensmittel, Miete und Kleidung für die Kinder.

Wieder hatten wir den Vorzug, daß uns ein brillantes, aggressives Verteidigerteam vertrat, ausgezeichnet geführt von Rechtsanwalt Issy Maisels und assistiert von Bram Fischer, Rex Welsh, Vernon Berrangé, Sydney Kentridge, Tony O'Dowd und G. Nicholas. Ihre Kampfbereitschaft zeigten sie schon am ersten Prozeßtag mit einem riskanten juristischen Manöver, zu dem sich eine Anzahl von uns nach Beratung mit den Anwälten entschlossen hatte. Zu Beginn des Verfahrens erhob sich Issy Maisels dramatisch und beantragte die Ablehnung der Richter Ludorf und Rumpff mit der Begründung, beide hätten Interessenkonflikte, die sie daran hinderten, in unserem Fall faire Richter zu sein. Bei diesen Worten erhob sich im Gerichtssaal lautes Gemurmel. Die Verteidigung erklärte, daß sich Rumpff, als Richter beim Mißachtungsprozeß von 1952, bereits bei bestimmten Aspekten der gegenwärtigen Anklage festgelegt habe und es deshalb nicht der Gerechtigkeit diene, wenn er mit diesem Fall befaßt würde. Gegen Ludorf argumentierten wir, er sei voreingenommen, insofern er 1954 die Regierung als Anwalt für die Polizei vertreten habe, als Harold Wolpe um eine gerichtliche Entscheidung ersucht hatte, um die Polizei aus einer Versammlung des Volkskongresses zu weisen.

Es war eine gefährliche Strategie, denn wir konnten zwar leicht die juristische Schlacht gewinnen, aber den Krieg verlieren. Wenngleich wir Ludorf und Rumpff als entschiedene Anhänger der National Party betrachteten, so gab es doch im Land weitaus schlimmere Richter, die sie ersetzen konnten. Tatsächlich wollten wir Ludorf gern loswerden, doch insgeheim hofften wir, daß Rumpff, den wir als ehrlichen Makler respektierten, sich selbst nicht für befangen erklären würde. Rumpff trat stets für das Gesetz ein, unabhängig von seiner persönlichen politischen Überzeugung, und wir waren davon überzeugt, daß wir vor dem Gesetz für unschuldig befunden werden mußten.

An jenem Montag herrschte eine erwartungsvolle Stimmung, als die drei Richter den Gerichtssaal betraten. Richter Ludorf erklärte, daß er zurücktreten werde, und fügte hinzu, er habe den früheren Fall vollständig vergessen. Rumpff jedoch erklärte sich für nicht befangen und versicherte, sein Urteil im Mißachtungsprozeß werde ihn in diesem Verfahren nicht beeinflussen. Als Ersatz für Ludorf wurde Richter Bekker bestimmt, ein Mann, der uns von Anfang an gefiel und nicht in Verbindung mit der National Party stand.

Nach dem Erfolg dieses ersten Manövers versuchten wir ein zweites, beinahe genauso riskantes. Wir begannen eine lange, detaillierte Beschwerde gegen die Anklage als solche. Wir erklärten unter anderem, die Anklage sei zu vage und ermangele der Spezifikation. Wir erklärten auch, daß die Planung von Gewalttätigkeit notwendig sei, um die Anklage des Hochverrats zu belegen, und daß die Anklagevertretung folglich Beispiele beibringen müsse für ihre Behauptung, daß wir beabsichtigt hätten, gewalttätig zu handeln. Gegen Ende unserer Darlegung wurde offenkundig, daß die drei Richter zustimmten. Im August wies das Gericht eine der beiden Anklagen nach dem Suppression of Communism Act ab. Am 13. Oktober, nach weiteren zwei Monaten juristischen Gerangels, erklärte die Anklagevertretung plötzlich, die Anklage werde insgesamt zurückgezogen. Dies war ein außerordentlicher

Schritt, doch wir waren nur zu vertraut mit den tückischen Methoden des Staates, um zu feiern. Einen Monat später präsentierte die Anklagevertretung eine neue, sorgfältiger formulierte Anklageschrift und erklärte, daß der Prozeß nur gegen 30 Angeklagte geführt würde und daß die anderen später angeklagt werden sollten. Ich gehörte zu den ersten 30, alle Mitglieder des ANC.

Nach der neuen Anklage war es jetzt Aufgabe der Anklagevertretung, die Absicht zu gewalttätigem Handeln zu beweisen. Wie Pirow es ausdrückte, hätten die Angeklagten gewußt, daß zur Erreichung der Ziele der Freiheits-Charta »notwendigerweise der gewaltsame Sturz des Staates« gehöre. Doch die juristischen Streitereien zogen sich über die Mitte des Jahres 1958 hin, bis das Gericht schließlich die Anklage auch gegen die restlichen 61 Angeklagten abwies.

Über Monate hin bestand die Aktivität im Gerichtssaal aus den trockensten juristischen Manövern, die man sich vorstellen kann. Obwohl die Verteidigung erfolgreich nachgewiesen hatte, wie schlampig die Regierung den Fall behandelte, war der Staat weiterhin verstockt. Wie der Justizminister erklärte: »Dieser Prozeß wird fortgeführt werden, gleichgültig, wie viele Millionen Pfund er kostet. Was spielt es für eine Rolle, wie lange er dauert?«

Kurz nach Mitternacht am 4. Februar 1958 kam ich von einer Versammlung nach Hause und fand Winnie allein vor; sie hatte Schmerzen, denn die Wehen schienen einzusetzen. In aller Eile brachte ich sie zum Baragwanath-Krankenhaus, wo man mir erklärte, es werde noch viele Stunden dauern, bis es soweit sei. Ich blieb, bis ich zum Prozeß nach Pretoria fahren mußte. Sofort nach Ende der Sitzung eilte ich zusammen mit Duma Nokwe zurück und fand Mutter und Tochter ganz wohlauf. Ich hielt mein neugeborenes Töchterchen im Arm und nannte es eine wahre Mandela. Mein Verwandter, Häuptling Mdingi, schlug den Namen Zenani vor, der soviel bedeutet wie: »Was hast du in die Welt gebracht?« Es ist ein poetischer Name, der eine Herausforderung enthält und besagt, daß es der Gesellschaft einen Beitrag zu leisten hat. Es ist ein Name, den man nicht einfach besitzt, sondern nach dem man leben muß.

Meine Mutter kam aus der Transkei, um Winnie zu helfen. Sie wollte für Zenani eine Xhosa-Taufe veranstalten, zu der ein »Inyanga«, ein Stammesheiler, erscheinen und dem Baby das traditionelle Kräuterbad geben würde. Aber Winnie war eisern dagegen, sie hielt das für ungesund und altmodisch, und rieb Zenani stattdessen mit Olivenöl ein, bedeckte den winzigen Körper dicht mit Johnson's Babypuder und füllte den Magen der Kleinen mit Haifischöl.

Bald darauf war Winnie wieder auf den Beinen, und ich unterzog mich der Aufgabe, der neuen Mutter das Autofahren beizubringen. Autofahren war damals Männersache; sehr wenige Frauen, zumal Afrikanerinnen, waren auf dem Fahrersitz zu sehen. Winnie hatte jedoch eigene Vorstellungen und wollte fahren lernen, und das würde zweifellos von Nutzen für sie sein, da ich so häufig abwesend war und sie nicht überall hinfahren konnte. Vielleicht bin ich ja ein ungeduldiger Lehrer, oder aber ich hatte eine eigenwillige Schülerin, doch als ich ihr auf einer relativ flachen, ruhigen Straße in Orlando Fahrunterricht geben wollte, schienen wir selbst beim Gangeinlegen dauernd in Streit zu geraten. Schließlich, nachdem sie wieder einen meiner vielen Ratschläge in den Wind geschlagen hatte, sprang ich aus dem Wagen und ging zu Fuß nach Hause. Winnie schien ohne meine Anleitung besser zurechtzukommen, denn während der nächsten Stunde fuhr sie auf eigene Faust in der Township umher. Zu diesem Zeitpunkt waren wir beide bereit, uns wieder zu versöhnen, und über die Geschichte haben wir später häufig gelacht.

Eheleben und Mutterschaft waren für Winnie keine leichte Aufgabe. Sie war eine junge Frau von 25 Jahren, deren Charakter noch nicht endgültig ausgeformt war. Mein Charakter lag bereits fest, und ich war ziemlich starrsinnig. Ich wußte, daß andere sie häufig als »Mandelas Frau« ansahen. Zweifellos war es für sie schwierig, in meinem Schatten ihre eigene Identität auszubilden. Ich tat mein Bestes, damit sie sich aus eigener Kraft entfalten konnte, und das tat sie schon bald, ohne jede Hilfe meinerseits.

AM 6. APRIL 1959, dem Jahrestag von Jan Van Riebeecks Landung am Kap, wurde eine neue Organisation gegründet, die dem ANC den Rang als Südafrikas wichtigste politische Organisation für Afrikaner streitig machen wollte und deren Kampf ebenfalls der weißen Vorherrschaft galt, die drei Jahrhunderte zuvor ihren Anfang genommen hatte. Mit einigen hundert Delegierten aus verschiedenen Landesteilen, die sich in der Communal Hall von Orlando versammelten, stellte sich der Panafrikanische Kongreß (PAC) als eine afrikanische Organisation vor, die ausdrücklich den Multi-Rassismus des ANC verwarf. Wie jene von uns, die fünfzehn Jahre zuvor die Jugendliga gebildet hatten, glaubten die Gründer der neuen Organisation, der ANC sei nicht militant genug, habe keinen Kontakt zu den Massen und sei beherrscht von Nichtafrikanern.

Robert Sobukwe wurde zum Präsidenten, Potlako Leballo zum Nationalen Sekretär gewählt; beide hatten früher der ANC-Jugendliga angehört. Der PAC legte ein Manifest und eine Satzung vor, und Sobukwe forderte in seiner Eröffnungsansprache eine »Regierung der Afrikaner durch die Afrikaner und für die Afrikaner«. Der PAC habe die Absicht, hieß es, die weiße Vorherrschaft zu brechen und eine Regierung zu etablieren, afrikanisch dem Ursprung nach, sozialistisch vom Inhalt her und demokratisch in der Form. Die Delegierten schworen dem Kommunismus in all seinen Formen ab und betrachteten Weiße wie Inder als »ausländische Minderheitsgruppen« oder »Fremde« die keinen natürlichen Platz in Südafrika hätten. Südafrika für Afrikaner und sonst niemanden.

Die Geburt des PAC war für uns keine Überraschung. Die Afrikanisten innerhalb des ANC hatten ihre Unzufriedenheit in mehr als drei Jahren laut genug kundgetan. 1957 hatten sie während der nationalen Konferenz gegen die Exekutive von Transvaal ein Mißtrauensvotum eingebracht, waren damit jedoch gescheitert. 1958 hatten sie gegen die »Bleibt-zu-Hause«-Aktion am Wahltag opponiert, und ihr Führer, Potlako Leballo, war aus dem ANC ausgeschlossen worden. Auf der ANC-Konferenz im November 1958 hatte sich eine Gruppe von Afrikanisten gegen die Freiheits-

Charta ausgesprochen und behauptet, sie verletze die Privilegien des afrikanischen Nationalismus.

Der PAC erklärte zwar, er lasse sich von den Prinzipien tragen, die bei der Gründung des ANC 1912 im Vordergrund gestanden hätten, doch ihre Ansichten entstammten hauptsächlich dem emotionalen afrikanischen Nationalismus, wie er während der Gründung der Jugendliga 1944 von Anton Lembede und A. P. Mda vertreten worden war. Der PAC spiegelte die Grundsätze und Slogans jener Zeit wider: Afrika für die Afrikaner und die Vereinigten Staaten von Afrika. Doch der unmittelbare Grund für ihre Abspaltung war ihre Opposition gegen die Freiheits-Charta und die Anwesenheit von Weißen und Indern in der Führung der Congress Alliance. Sie waren gegen das Prinzip der interrassischen Kooperation, vor allem weil sie glaubten, daß weiße Kommunisten und Inder den ANC beherrschten.

Die Gründer des PAC waren mir alle gut bekannt, Robert Sobukwe war ein älter Freund von mir. Er war der sprichwörtliche Gentleman und Gelehrte (seine Kollegen nannten ihn »Prof«). Seine unbeirrbare Bereitschaft, für seine Prinzipien Nachteile hinzunehmen, trug ihm meine unverbrüchliche Achtung ein. Potlako Leballo, Peter Raboroko, Zephania Mothopeng waren sämtlich Freunde und Gefährten. Ich war erstaunt und sogar einigermaßen entsetzt, als ich erfuhr, daß mein politischer Mentor Gaur Rabebe sich dem PAC angeschlossen hatte. Ich fand es merkwürdig, daß ein ehemaliges Mitglied des Zentralkomitees der KP sich entschlossen hatte, einer Organisation beizutreten, die den Marxismus ausdrücklich zurückwies.

Viele der Männer, die es jetzt mit dem PAC hielten, taten dies aus persönlichem Groll oder aus Enttäuschung und hatten nicht den Fortschritt des Kampfes im Sinn, sondern nur ihre eigenen Neid- und Rachegefühle. Ich habe immer geglaubt, daß man als Freiheitskämpfer viele seiner persönlichen Empfindungen unterdrücken muß, die einem eher das Gefühl geben, ein einzelnes Individuum zu sein als Teil einer Massenbewegung. Man kämpft für die Befreiung von Millionen Menschen und nicht für den Ruhm eines einzelnen. Damit meine ich nicht, daß ein Mensch ein Roboter sein und sich aller persönlichen Gefühle und Motivationen entledigen soll. Aber genauso wie ein Freiheitskämpfer seine eigene Familie der Familie des Volkes unterordnet, hat er seine individuellen Gefühle zugunsten der Bewegung zurückzustellen. Ich fand die Ansichten und das Verhalten des PAC unausgereift. Ein Philosoph bemerkte einmal, es stimme etwas nicht, wenn ein Mensch in jungen Jahren nicht liberal und im Alter nicht konservativ sei. Ich bin nicht konservativ, doch man reift mit den Jahren und betrachtet manche seiner Ansichten aus jungen Jahren als unentwickelt und unreif. Obwohl ich mit den Ansichten der Afrikanisten sympathisierte und früher einmal viele mit ihnen teilte, glaubte ich dennoch, daß der Freiheitskampf es erfordert, Kompromisse zu schließen und jene Art von Disziplin zu akzeptieren, die man als jüngerer, impulsiverer Mensch abgelehnt hatte.

Der PAC legte ein dramatisches, überehrgeiziges Programm vor, das schnelle Lösungen verhieß. Das dramatischste – und naivste – Versprechen bestand darin, daß die Befreiung bis Ende 1963 vollzogen sei, und die PAC-Leute drängten die Afrikaner, sich auf jene historische Stunde vorzubereiten. »1960 tun wir unseren ersten Schritt«, versprachen sie, »1963 unseren letzten in Richtung Freiheit und Unabhängigkeit.« Die Voraussage weckte Hoffnung und Enthusiasmus bei Menschen, die des Wartens überdrüssig waren, doch ist es für eine Organisation immer gefährlich, Versprechungen abzugeben, die sie nicht halten kann.

Wegen seines Antikommunismus wurde der PAC zum »Liebling« der westlichen Presse und des amerikanischen Außenministeriums, das seine Geburt als Dolch im Herzen der afrikanischen Linken begrüßte. Selbst die National Party betrachtete den PAC als potentiellen Verbündeten; der PAC schien ihren eigenen Antikommunismus widerzuspiegeln und auch ihre Ansichten über getrennte Entwicklung zu stützen. Die Nationalisten lehnten ebenfalls jede interrassische Kooperation ab, und sowohl die National Party als auch das amerikanische Außenministerium hielten es für angebracht, zu eigenen Zwecken die Größe und die Bedeutung der neuen Organisation zu übertreiben.

Obwohl wir jeden willkommen hießen, der durch den PAC dem Kampf zugeführt wurde, beschränkte sich die Rolle der Organisation fast ausschließlich auf die eines Quertreibers. Sie spaltete das Volk in einem kritischen Moment, und das war schwer zu vergessen. Riefen wir zum Generalstreik auf, so forderten sie die Leute auf, zur Arbeit zu gehen, und jede unserer Ankündigungen konterten sie mit irreführenden Erklärungen. Trotzdem hegte ich die Hoffnung, auch wenn die Gründer des PAC ANC-Abtrünnige waren, werde zwischen beiden Gruppen Einigung möglich sein. Hätten sich die hitzigen Polemiken erst einmal abgekühlt, so glaubte ich, dann würde uns der im wesentlichen gemeinsame Kampf zusammenbringen. Angetrieben von diesem Glauben, zollte ich ihren politischen Erklärungen und Aktivitäten besondere Aufmerksamkeit, weil ich damit rechnete, mehr zu finden, das uns verband als uns trennte.

Am Tag nach der Gründungskonferenz des PAC trat ich an Sobukwe heran und bat ihn um eine Kopie seiner Antrittsrede und der Statuten sowie um weiteres politisches Material. Mein Interesse schien Sobukwe zu schmeicheln, und er versprach mir das erbetene Material. Bald darauf sah ich ihn wieder und erinnerte ihn an meine Bitte, und er sagte, das Material sei auf dem Weg. Später traf ich Potlako Leballo und sagte ihm: »Mann, ihr Burschen versprecht mir dauernd euer Material, aber keiner gibt es mir.« Er erwiderte: »Nelson, wir haben beschlossen, es Ihnen nicht zu geben, weil wir wissen, daß Sie es nur verwenden wollen, um uns anzugreifen.« Ich wies diese Unterstellung zurück, und er lenkte ein und versorgte mich mit allem, was ich erbeten hatte.

1959 VERABSCHIEDETE das Parlament den Promotion of Bantu Self Government Act, der acht verschiedene ethnische Bantustans ins Leben rief. Dies war die Gründung dessen, was der Staat »groot« oder große Apartheid nannte. Etwa zur gleichen Zeit führte die Regierung den irreführend so genannten Extension of University Education Act ein, der als ein weiterer Schritt in Richtung großer Apartheid Nichtweiße von rassisch »offenen« Universitäten verbannte. Bei der Einführung des Bantu Self Government Act erklärte De Wet Nel, der zuständige Minister, das Wohlergehen jedes einzelnen Individuums und jeder Bevölkerungsgruppe könne sich am besten innerhalb ihrer eigenen nationalen Gemeinschaft entfalten. Afrikaner, meinte er, könnten niemals in die weiße Gemeinschaft integriert werden.

Die Unmoral der Bantustanpolitik lag klar auf der Hand: Durch sie würden 70 Prozent der Bevölkerung lediglich 13 Prozent des Landes erhalten. Obwohl zwei Drittel der Afrikaner in sogenannten »weißen« Gebieten lebten, konnten sie nach der neuen Politik ihre Bürgerrechte ausschließlich in ihren eigenen »Stammes-Homelands« wahrnehmen. Dieses System gab uns weder Freiheit in »weißen« Gebieten noch Unabhängigkeit in dem, was man »unsere« Gebiete nannte. Verwoerd erklärte, die Schaffung der Bantustans – oder Homelands – würde soviel guten Willen erzeugen, daß sie niemals Brutstätten der Rebellion würden.

In Wirklichkeit war das Gegenteil der Fall. Die ländlichen Gebiete befanden sich in Aufruhr. In wenigen Gebieten setzte man sich so zäh zur Wehr wie in Zeerust, wo Häuptling Abram Moilwa (mit Unterstützung des Anwalts George Bizos) seine Leute zum Widerstand gegen die sogenannten Bantu Authorities führte. Für die Presse sind solche Gebiete für gewöhnlich unsichtbar, und die Regierung nutzt ihre Unzugänglichkeit, um die Grausamkeit der staatlichen Maßnahmen zu verschleiern. Scharen unschuldiger Menschen wurden verhaftet, verurteilt, ins Gefängnis geworfen, zusammengeschlagen, gefoltert und ermordet. Auch das Volk von Sekhukhuneland revoltierte, und der Oberste Häuptling Moroamotsho Sekhukhune sowie Godfrey Sekhukhune und andere Berater wurden verhaftet und unter Bann gestellt. Ein Sekhukhune-Häuptling, Lolane Kgoloko, galt als Lakai der Regierung und wurde umgebracht. 1960 war es so weit, daß die Menschen in Sekhukhuneland unverhohlen Widerstand leisteten und sich weigerten, Steuern zu zahlen.

In Zeerust und Sekhukhuneland spielten Ortsgruppen des ANC bei den Protesten eine bedeutende Rolle. Trotz harter Repression bildeten sich im Zeerustgebiet eine Anzahl neuer ANC-Ortsgruppen, von denen eine rund 2000 Mitglieder zählte. Sekhukhuneland und Zeerust waren die ersten Gebiete in Südafrika, wo der ANC von der Regierung gebannt wurde, Beweis für unsere Macht in jenen entlegenen Gebieten.

Protest brach in Ost-Pondoland aus, wo man Gefolgsleuten der Regierung auflauerte und sie tötete. Thembuland und Zululand leisteten heftigen Widerstand und gehörten zu den letzten Gebieten, in denen die Menschen nachgaben. Menschen wurden geschlagen, verhaftet, deportiert und eingekerkert. In Thembuland rührte sich seit 1955 Widerstand, wobei Sabata auf der Seite der Protestkräfte stand.

Es war für mich besonders schmerzlich, daß sich in der Transkei der Zorn der Menschen gegen meinen Neffen und einstigen Mentor K. D. Matanzima richtete. Es gab keinen Zweifel, daß Daliwonga mit der Regierung kollaborierte. Keiner der vielen Aufrufe, die ich im Laufe der Jahre an ihn gerichtet hatte, hatte etwas gefruchtet. Berichten zufolge hatten »Impis« (traditionelle Krieger) aus Matanzimas Hauptquartier gegnerische Dörfer niedergebrannt. Es hatte mehrere Attentatsversuche gegen ihn gegeben. Gleichermaßen schmerzlich war die Tatsache, daß Winnies Vater in Matanzimas Rat diente und dessen unbeirrbarer Anhänger war. Dies war für Winnie furchtbar schwierig: Ihr Vater und ihr Mann standen in derselben Sache auf entgegengesetzten Seiten. Sie liebte ihren Vater, doch sie lehnte seine Politik ab.

Bei verschiedenen Gelegenheiten besuchten mich in Orlando Stammesangehörige und Verwandte aus der Transkei und beklagten sich darüber, daß Häuptlinge mit der Regierung kollaborierten. Sabata war gegen die Bantu Authorities und wollte nicht kapitulieren, doch meine Besucher fürchteten, daß Matanzima ihn absetzen werde, was schließlich auch geschah. Einmal kam Daliwonga während des Hochverratsprozesses zu Besuch, und ich nahm ihn mit nach Pretoria. Im Gerichtssaal stellte ihn Issy Maisels den Richtern vor, und sie wiesen ihm einen Ehrensitz zu. Draußen jedoch – von seiten der Angeklagten – wurde er nicht so zuvorkommend behandelt. In aggressivem Ton fragte er etliche der Angeklagten, die in ihm einen Verräter sahen, was sie gegen die getrennte Entwicklung einzuwenden hätten. Lilian Ngoyi bemerkte: »Tyhini, uyadelela lo mntu« (»Gütiger, dieser Mann ist provokant«).

ES HEISST, Gottes Mühlen mahlen außerordentlich langsam, doch nicht einmal die Maschinerien Gottes können mit jenen des südafrikanischen Rechtssystems konkurrieren. Am 3. August 1959, zwei Jahre und acht Monate nach unserer Verhaftung und nach einem vollen Jahr juristischen Manövrierens, begann der eigentliche Prozeß in der Alten Synagoge in Pretoria. Wir wurden formal angeklagt und erklärten uns alle 30 für nichtschuldig.

An der Spitze unseres Verteidigerteams stand wieder Issy Maisels, assistiert von Sidney Kentridge, Bram Fischer und Vernon Berrangé. Jetzt, nach so langer Zeit, trat der Prozeß wirklich in eine ernste Phase. Während der ersten beiden Prozeßmonate machte die Krone 2000 Dokumente aktenkundig und rief 210 Zeugen auf, von denen 200 zur Special Branch gehörten. Diese Detektive gaben zu, daß sie sich in Wandschränken und unter Betten versteckt sowie als ANC-Mitglieder ausgegeben und sich auch sonst aller nur denkbaren Täuschungsmittel bedient hatten, um zu Informationen über unsere Organisation zu gelangen. Doch viele der von der Anklage vorgelegten Dokumente, einschließlich der transkribierten Reden, waren öffentliche Dokumente, öffentliche Reden, allen verfügbare Informationen. Wie zuvor bestand ein großer Teil des von der Krone vorgelegten Beweismaterials aus Büchern, Papieren und Dokumenten, die man während zahlreicher, zwischen 1952 und 1956 stattfindender Razzien bei den Angeklagten beschlagnahmt hatte, sowie aus Notizen, die sich Polizisten im selben Zeitraum bei Zusammenkünften des ANC gemacht hatten. Wie zuvor waren die Berichte der Sicherheitsbeamten über unsere Reden im allgemeinen verworren. Wir witzelten, wegen der schlechten Akustik des Saals und der wirren, inakkuraten Berichte der Detektive von der Special

Branch könnten wir zu Geldstrafen verdonnert werden für das, was wir nicht sagten, eingekerkert für das, was wir nicht hören konnten, und aufgehängt für das, was wir nicht getan hatten.

Jeden Tag um die Mittagszeit durften wir draußen im großen Garten eines benachbarten Pfarrhauses sitzen, wo uns die gefürchtete Mrs. Thayanagee Pilay und ihre Freunde mit einer warmen Mahlzeit versorgten. Fast jeden Tag bereiteten sie für uns ein würziges indisches Essen, und während der Vormittags- und der Nachmittagspausen gab es auch Tee, Kaffee und Sandwiches. Diese Pausen waren so etwas wie winzige Urlaube vom Prozeß, und sie boten die Gelegenheit, mit anderen über Politik zu diskutieren. Jene Augenblicke im Schatten der Jakarandabäume auf dem Rasen des Pfarrhauses waren die angenehmsten des Prozesses, denn in vielfacher Hinsicht war die Verhandlung eher eine Geduldsprüfung für uns als ein Gerichtsprozeß.

Als wir am Morgen des 11. Oktober zum Gericht aufbrechen wollten, hörten wir über Rundfunk die Meldung, daß Staatsanwalt Oswald Pirow plötzlich einem Herzanfall erlegen sei. Sein Tod war für die Regierung ein schwerwiegender Rückschlag, und von diesem Punkt an nahmen Effektivität und Aggressivität der Krone ab. Im Gerichtssaal hielt Richter Rumpff an jenem Tag einen emotional gefärbten Nachruf auf Pirow und rühmte seinen Scharfsinn und seine Gründlichkeit als Jurist. Obwohl wir von seiner Abwesenheit profitieren würden, löste sein Tod bei uns keine Freude aus. Wir hatten für unseren Gegner eine gewisse Zuneigung entwickelt, denn trotz seiner abwegigen politischen Überzeugungen war Pirow ein humaner Mann ohne den boshaften persönlichen Rassismus der Regierung, die er vertrat. Seine gewohnheitsmäßig höfliche Bezeichnung für uns, nämlich »Afrikaner« (mitunter leistete sich sogar einer unserer eigenen Anwälte den Ausrutscher, uns »Eingeborene« zu nennen), bildete einen deutlichen Kontrast zu seinen politischen Auffassungen von der weißen Vorherrschaft. Auf eine sonderbare Weise schien unsere kleine Welt in der Alten Synagoge im Gleichgewicht, wenn wir allmorgendlich beobachteten, wie Pirow an seinem

Tisch die rechtslastige *Nuwe Order* las und Bram Fischer an unserem Tisch die linke *New Age*. Daß er uns mehr als 100 Bände aus der Voruntersuchung kostenlos überließ, war eine großmütige Geste, die der Verteidigung eine beträchtliche Summe Geldes ersparte. Rechtsanwalt De Vos wurde neuer Leiter der Kronanwaltschaft, doch an die Eloquenz und die Schärfe seines Vorgängers reichte er nicht heran.

Bald nach Pirows Tod schloß die Anklage die Vorlage ihres Beweismaterials ab. Nunmehr begann sie mit der Befragung von Experten, die mit der des geduldigen Professors Murray anfing, des angeblichen Fachmanns für Kommunismus, der sich in der Voruntersuchung in seinem Fach als so unfähig erwiesen hatte. Von Maisels gnadenlos ins Kreuzverhör genommen, räumte Murray ein, daß die Charta in der Tat ein humanitäres Dokument sei, das sehr wohl die natürlichen Reaktionen und Forderungen von Nichtweißen angesichts der harten Bedingungen in Südafrika zum Ausdruck bringen könne.

Murray war nicht der einzige Zeuge der Krone, der wenig dazu beitrug, die Sache des Staates zu befördern. Trotz der Riesenmenge von sogenanntem Beweismaterial und der Überfülle an Seiten mit den Aussagen ihrer Experten war es der Staatsanwaltschaft nicht gelungen, irgendeinen stichhaltigen Beweis dafür zu finden, daß der ANC Gewalttätigkeit plante, und das wußte sie auch. Dann, im März, schöpfte die Anklage wieder Zuversicht. Sie wollte ihr stärkstes Geschütz auffahren. Mit großem Fanfarenstoß und langem Trommelwirbel in der Presse ließ der Staatsanwalt dem Gericht eine heimlich aufgenommene Rede von Robert Resha vorspielen. Er hatte sie 1956 in seiner Eigenschaft als nationaler Leiter der Freiwilligen von Transvaal vor einer kleinen Gruppe von Freiwilligen gehalten, wenige Wochen bevor wir alle verhaftet worden waren. Im Gerichtssaal war es sehr still, und trotz aller störender Hintergrundgeräusche konnte man Roberts Worte sehr deutlich verstehen.

»Wenn ihr Disziplin habt und die Organisation euch sagt, nicht gewalttätig zu werden, so dürft ihr nicht gewalttätig sein ... doch wenn ihr wahre Freiwillige seid und ihr werdet aufgefordert, gewalttätig zu sein, so müßt ihr absolut gewalttätig sein, ihr müßt morden! Morden! Das ist alles.«

Die Staatsanwaltschaft glaubte, sie habe ihren Fall damit unter Dach und Fach. Die Presse brachte Reshas Worte groß heraus und spiegelte die Empfindlichkeiten des Staates wider. Für die Krone enthüllte die Rede die wahre, geheime Absicht des ANC und demaskierte sein öffentliches Bekenntnis zur Gewaltlosigkeit. In Wirklichkeit jedoch waren Reshas Worte eine Ausnahme. Robert war ein hervorragender, wenn auch leicht erregbarer Versammlungsredner, und er hatte diesmal eine unglückliche Analogie gewählt. Doch wie die Verteidigung zeigen würde, hatte er lediglich die Wichtigkeit der Disziplin betont, die Tatsache, daß der Freiwillige zu tun hat, was ihm befohlen wird, so ungeheuerlich es auch sein möge. Immer und immer wieder betonten unsere Zeugen, Reshas Worte seien nicht nur aus dem Zusammenhang gerissen, sondern repräsentierten auch in keiner Weise die Politik des ANC.

Die Anklagevertretung schloß ihren Beweisvortrag am 10. März 1960 ab, und wir sollten vier Tage später unseren ersten Zeugen der Verteidigung aufrufen. Wir hatten monatelang gleichsam brachgelegen und brannten nun darauf, in die Offensive zu gehen. Allzu lange hatten wir uns darauf beschränken müssen, die Attacken des Feindes abzuwehren.

In der Presse war viel darüber gemunkelt worden, daß unser erster Zeuge Häuptling Luthuli sein werde. Anscheinend glaubte das auch die Krone, denn die Anklagevertretung erschien höchst verblüfft, als am 14. März unser erster Zeuge nicht Luthuli war, sondern Dr. Wilson Conco.

Conco war der Sohn eines Zulu und Viehfarmers aus dem schönen Ixopobezirk von Natal. Er war praktizierender Arzt, hatte zu den Gründern der Jugendliga gehört und aktiv an der

Mißachtungskampagne teilgenommen; außerdem war er der Schatzmeister des ANC. Zum Auftakt seiner Aussage wurde er über seine akademischen Glanzleistungen an der University of the Witwatersrand befragt, wo er in der medizinischen Fakultät als Bester seiner Klasse abgeschlossen hatte, vor all den Söhnen und Töchtern privilegierter Weißer. Während Concos Leistungen aufgezählt wurden, hatte ich den deutlichen Eindruck, daß Richter Kennedy, der gleichfalls aus Natal stammte, Stolz empfand. Natalianer sind bekannt für ihre Loyalität gegenüber ihrer Region, und diese besondere Bindung kann mitunter sogar Farbschranken überwinden. In der Tat betrachteten viele Natalianer sich selbst als weiße Zulus. Richter Kennedy hatte stets den Eindruck eines fairen Mannes gemacht, und ich hatte das Gefühl, daß er, durch Wilson Concos Beispiel angeregt, uns nicht länger als kopflose Aufrührer zu sehen begann, sondern als Männer mit begrüßenswerten Ambitionen, die ihrem Land helfen konnten, wenn ihr Land nur ihnen helfen würde. Am Ende von Concos Aussage, als er wegen einiger medizinischer Errungenschaften zitiert wurde, erklärte Kennedy in Zulu, einer Sprache, die er fließend beherrschte: »Sinjalo thina maZulu«, was bedeutet: »So sind wir Zulus.« Dr. Conco zeigte sich als ruhiger, klar sich äußernder Zeuge, der das Bekenntnis des ANC zur Gewaltlosigkeit bestätigte.

Häuptling Luthuli war der nächste Zeuge. Mit seiner Würde, seiner Lauterkeit machte er auf das Gericht einen tiefen Eindruck. Er litt unter hohem Blutdruck, und das Gericht erklärte sich bereit, während seiner Zeugenaussage nur vormittags zu tagen. Seine Aussage dauerte mehrere Tage, und er wurde nahezu drei Wochen lang ins Kreuzverhör genommen. Sorgfältig umriß er die Entwicklung der ANC-Politik, wobei er die Dinge einfach und klar benannte, und seine früheren Ämter als Lehrer und Häuptling verliehen seinen Worten zusätzliches Gewicht und Autorität. Als überzeugter Christ war Luthuli genau die richtige Person, um darzulegen, wie der ANC aufrichtig rassische Harmonie angestrebt hatte.

Der Häuptling bekannte sich zu seinem Glauben an die angeborene Güte des Menschen und vertrat die Auffassung, moralische Einsicht und ökonomischer Druck könnten bei den weißen Südafrikanern durchaus zu einem Sinneswandel führen. Die ANC-Politik der Gewaltlosigkeit erörternd, betonte er, es gebe einen Unterschied zwischen Gewaltlosigkeit und Pazifismus. Pazifisten verzichteten darauf, sich zu verteidigen, selbst wenn sie brutal angegriffen würden; das sei jedoch nicht unbedingt der Fall bei Menschen, die für Gewaltlosigkeit einträten. Zuweilen müßten sich Menschen und Nationen, selbst wenn sie für Gewaltlosigkeit wären, gegen Angriffe verteidigen.

Während ich Conco und Luthuli zuhörte, dachte ich bei mir, daß die Richter hier, wahrscheinlich zum erstenmal in ihrem Leben, nicht ihrem Hauspersonal zuhörten, das nur das sagte, was ihre Herren hören wollten, sondern unabhängigen Afrikanern, die sich zu artikulieren wußten, ihre politischen Überzeugungen darlegten und die Art und Weise erläuterten, wie sie hofften, diese zu realisieren.

Der Häuptling wurde von Rechtsanwalt Trengrove ins Kreuzverhör genommen, der verbissen versuchte, Luthuli zu der Aussage zu bewegen, der ANC sei von Kommunisten beherrscht und verfolge eine doppelte Politik: für die Öffentlichkeit die Politik der Gewaltlosigkeit, insgeheim jedoch den Plan einer gewalttätigen Revolution. Unerschütterlich wies der Häuptling alle Schlußfolgerungen und Unterstellungen Trengroves zurück. Er selbst war die verkörperte Mäßigung, zumal wenn Trengrove die Kontrolle zu verlieren schien. An einem Punkt beschuldigte Trengrove den Häuptling der Heuchelei. Der Häuptling ignorierte Trengroves Verleumdung und erklärte dem Gericht in aller Ruhe: »My Lord, mir scheint, die Krone ist außer Rand und Band.«

Am 21. März wurde die Zeugenaussage des Häuptlings unterbrochen durch ein aufrüttelndes Ereignis außerhalb des Gerichts. An jenem Tag wurde das Land von einem Ereignis von solcher Tragweite erschüttert, daß das Gericht, als der Häuptling einen Monat später seine Aussagen fortsetzte, zu einem anderen Ort geworden war – wie Südafrika insgesamt.

DIE JAHRESKONFERENZ des ANC wurde im Dezember 1959 in Durban abgehalten, während der eindrucksvollen Antipaßdemonstrationen in jener Stadt. Die Konferenz sprach sich einstimmig für eine massive, landesweite Antipaßkampagne aus, die am 31. März beginnen und ihren Höhepunkt am 26. Juni mit einer demonstrativen Massenverbrennung von Pässen finden sollte.

Mit der Planung wurde unverzüglich begonnen. Am 31. März wurden Abordnungen zu Lokalbehörden entsandt. ANC-Funktionäre reisten durch das Land und sprachen vor Ortsgruppen über die Kampagne. Aktive ANC-Mitglieder verbreiteten die Nachricht in Townships und Fabriken. Flugzettel, Aufkleber und Poster wurden gedruckt und in Zügen und Bussen angebracht.

Die Stimmung im Land war düster. Der Staat drohte damit, die Organisation zu verbieten; Kabinettsmitglieder warnten den ANC, er werde bald mit »blanker Faust« hinweggefegt werden. Anderswo in Afrika war der Freiheitskampf auf dem Vormarsch: Das Entstehen der unabhängigen Republik Ghana im Jahr 1957 und deren panafrikanischer, gegen die Apartheid eingestellter Führer Kwame Nkrumah versetzten die Nationalisten in Alarm und bestärkten sie in ihrer Entschlossenheit, Unruhe im eigenen Land zu unterdrücken. 1960 sollten mehr als ein Dutzend ehemalige Kolonien in Afrika unabhängige Staaten werden. Mitte des Jahres sollte der britische Premierminister Harold Macmillan Südafrika besuchen und vor dem Parlament eine Rede halten, in der er von dem »Wind des Wandels« sprach, der über Afrika hinwegginge.

Der PAC schien zu dieser Zeit verloren; er war lediglich eine Führung auf der Suche nach Anhängern, und noch immer hatte er keine Aktion zuwege gebracht, die ihn auf die politische Bühne hob. Seine Führungsmitglieder wußten von der Antipaßkampagne des ANC und waren eingeladen worden, dabei mitzumachen, aber statt mit der Kongreßbewegung zusammenzuarbeiten, versuchten sie uns zu sabotieren. Der PAC verkündete, er werde am 21. März seine eigene Antipaßkampagne starten, zehn Tage vor Beginn der unsrigen. Sie hatten keine Konferenz abgehalten, um über das Datum zu diskutieren, und keine organisatorische Arbeit von irgendwelchem Belang war geleistet worden. Das war ein eklatanter Fall von Opportunismus. Das Motiv ihrer Aktionen war eher der Wunsch, den ANC auszustechen als den Gegner zu besiegen.

Vier Tage vor der angesetzten Demonstration lud uns Sobukwe ein, sich dem PAC anzuschließen. Sein Angebot war keine Geste der Einigkeit, sondern ein taktischer Zug, um zu verhindern, daß der PAC dafür kritisiert würde, uns nicht einbezogen zu haben. Er machte das Angebot kurz vor zwölf, und wir lehnten die Teilnahme ab. Am Morgen des 21. März marschierten Sobukwe und seine Exekutive in Orlando zur Polizeistation, um sich der Verhaftung zu stellen. Die Zehntausende von Menschen, die auf dem Weg zur Arbeit waren, ignorierten die PAC-Leute. Im Magistrate's Court (Amtsgericht) erklärte Sobukwe, der PAC werde sich nicht zu verteidigen suchen, gemäß ihrem Slogan: »Keine Kaution, keine Verteidigung, keine Geldstrafe.« Die Angeklagten glaubten, sie würden mit wenigen Wochen Haft davonkommen. Doch Sobukwe wurde nicht zu drei Wochen, sondern zu drei Jahren Gefängnis verurteilt, ohne die Wahl einer Geldstrafe.

In Johannesburg waren die Reaktionen auf den Aufruf des PAC vernachlässigenswert. In Durban, Port Elizabeth oder East London fanden überhaupt keine Demonstrationen statt. In Evaton jedoch gelang es Z. B. Molete mit tatkräftiger Hilfe von Joe Molefi, die gesamte Township auf die Beine zu bringen: Mehrere hundert Männer ohne Pässe stellten sich zur Verhaftung. Kapstadt erlebte eine der größten Antipaßdemonstrationen in der Geschichte der Stadt. In der Lange-Township außerhalb von Kapstadt versammelten sich rund 30000 Menschen unter Führung des jungen Studenten Philip Kgosana und wurden durch den Einsatz von Schlagstöcken durch die Polizei zum Aufruhr aufgestachelt. Zwei Menschen fanden den Tod. Doch am verhängnisvollsten ging es im letzten der genannten Gebiete zu, und dem Namen des Ortes haftet noch immer ein tragischer Klang an: Sharpeville.

Sharpeville war eine kleine Township ungefähr 50 Kilometer südlich von Johannesburg, im düsteren industriellen Komplex um

Vereeniging gelegen. PAC-Aktivisten hatten dort hervorragende organisatorische Arbeit geleistet. Am frühen Nachmittag umringten mehrere tausend Menschen die Polizeistation. Die Demonstranten waren unbewaffnet und unter Kontrolle. Die kleine Polizeitruppe von 75 Mann war zahlenmäßig weit unterlegen und geriet in Panik. Niemand hörte Warnschüsse oder einen Schießbefehl, doch plötzlich eröffnete die Polizei das Feuer auf die Menschenmenge und schoß noch weiter, als sich die Demonstranten umwandten und in ihrer Angst fortliefen. Als der Platz geräumt war, zählte man 69 tote Afrikaner, die meisten von ihnen mit Schüssen im Rücken, da sie geflüchtet waren. Insgesamt waren über 700 Schüsse in die Menge gefeuert worden und hatten mehr als 400 Menschen verletzt, darunter auch viele Frauen und Kinder. Es war ein Massaker, und am nächsten Tag zeigten Pressefotos auf den Frontseiten der Zeitungen das Blutbad in der ganzen Welt.

Die Schüsse von Sharpeville lösten nationale Unruhen und eine Regierungskrise aus. Aus aller Welt kamen empörte Proteste, unter anderem auch vom amerikanischen Außenministerium. Zum erstenmal intervenierte der UN-Sicherheitsrat in südafrikanischen Angelegenheiten; er machte die Regierung für die Schießerei verantwortlich und forderte sie auf, Maßnahmen zu ergreifen, um Gleichberechtigung unter den Rassen herbeizuführen. Die Börsenkurse taten in Johannesburg einen tiefen Sturz, und das Kapital begann, aus dem Land abzufließen. Südafrikanische Weiße beschäftigten sich mit Auswanderungsplänen. Liberale drängten Verwoerd, Afrikanern gegenüber Konzessionen zu machen. Die Regierung beharrte auf ihrer Behauptung, Sharpeville sei das Ergebnis einer kommunistischen Verschwörung. Das Massaker von Sharpeville schuf eine neue Situation im Land. Obwohl ihre Führer amateurhaft und opportunistisch vorgegangen waren, hatten die PAC-Anhänger bei ihren Demonstrationen in Sharpeville und Langa viel Mut und Tapferkeit bewiesen. Innerhalb nur eines Tages waren sie in die vordersten Kampfeslinien vorgerückt, und im In- und Ausland wurde Robert Sobukwe als der Retter der Befreiungsbewegung gefeiert. Wir im ANC hatten uns dieser neuen Situation rasch anzupassen, und das taten wir auch.

Eine kleine Gruppe von uns – Walter, Duma Nokwe, Joe Slovo und ich – setzte sich in Johannesburg eine ganze Nacht zusammen, um Reaktionen zu entwerfen. Wir wußten, daß wir von den Ereignissen in irgendeiner Weise Notiz nehmen und den Menschen ein Ventil geben mußten für ihren Zorn und ihre Trauer. Wir legten unsere Pläne Häuptling Luthuli vor, und er akzeptierte sie sofort. Am 26. März verbrannte der Häuptling in Pretoria öffentlich seinen Paß und rief andere dazu auf, seinem Beispiel zu folgen. Er kündigte ein landesweites »Stay-at-home« (»Fernbleiben von der Arbeit«) für den 28. März an, einen nationalen Tag der Trauer und des Protests angesichts der Greuel von Sharpeville. Dann verbrannten Duma Nokwe und ich in Orlando unsere Pässe vor Hunderten von Menschen und Dutzenden von Pressefotografen.

Zwei Tage später, am 28. März, reagierte das Land auf großartige Weise, als mehrere hunderttausend Afrikaner den Aufruf des Häuptlings befolgten. Nur eine wirkliche Massenorganisation war imstande, solche Aktivitäten zu koordinieren, und der ANC vollbrachte dies. In Kapstadt kam in der Langa-Township eine Menge von 50000 Menschen zusammen, um gegen die Schießerei zu protestieren. In vielen Gebieten brachen Unruhen aus. Die Regierung erklärte den Notstand, setzte die Habeaskorpusakte außer Kraft und stattete sich zum Einschreiten gegen jede Art von Subversion mit Sondervollmachten aus. In Südafrika herrschte jetzt Kriegsrecht.

AM 30. MÄRZ gegen halb zwei in der Frühe weckten mich harte, unangenehme Schläge gegen meine Tür, die unverkennbare Signatur der Polizei. »Die Zeit ist gekommen«, sagte ich mir, als ich die Tür öffnete und mich einem halben Dutzend bewaffneter Sicherheitspolizisten gegenübersah. Sie durchsuchten das Haus, stellten es praktisch auf den Kopf und nahmen jedes Stück

Papier an sich, das sie finden konnten, darunter auch die Transskripte, die ich kürzlich von den Erinnerungen meiner Mutter angefertigt hatte; sie betrafen die Familiengeschichte und Stammesfabeln, und ich sah sie niemals wieder. Sodann wurde ich ohne Haftbefehl festgenommen. Eine Gelegenheit, mit meinem Anwalt zu telefonieren, gab die Polizei mir nicht. Sie weigerte sich, meine Frau darüber zu informieren, wohin sie mich bringen würde. Ich nickte Winnie nur zu; für tröstende Worte war keine Zeit.

Eine halbe Stunde später erreichten wir die Newlands-Polizeistation, die mir bekannt war von den vielen Besuchen, die ich Klienten dort abgestattet hatte. Die Polizeistation befand sich in Sophiatown oder vielmehr in dem, was von Sophiatown noch übrig war, denn die einst von Menschen wimmelnde Township war jetzt ein Ruinenfeld aus mit Bulldozern niedergewalzten Gebäuden und leeren Grundstücken. In der Polizeistation fand ich eine Anzahl meiner Gefährten, die auf ähnliche Weise aus dem Bett geholt worden waren, und im Laufe der Nacht trafen immer mehr ein, so daß wir gegen Morgen insgesamt 40 waren. Man pferchte uns in einen engen Hof mit dem Himmel als Dach darüber und einer trüben Glühbirne als Lichtquelle. Der Hof war so klein und außerdem feucht, daß wir die ganze Nacht hindurch stehen blieben.

Um 7.15 Uhr wurden wir in eine winzige Zelle geführt mit einem einzigen Abflußloch im Fußboden, das nur von außen gespült werden konnte. Man gab uns keine Decken, kein Essen, keine Matten und kein Toilettenpapier. Das Loch war regelmäßig verstopft, und der Gestank in der Zelle war unerträglich. Wir protestierten immer wieder, verlangten vor allem auch Essen für uns. Die Proteste wurden mürrisch zurückgewiesen, und wir beschlossen, wir würden, wenn sich die Tür das nächste Mal öffnete, hinausdrängen auf den benachbarten Hof und uns weigern, zurückzukehren in die Zelle, bevor wir etwas zu essen bekommen hatten. Der junge, diensthabende Polizist verdrückte sich vor Angst, als wir durch die Tür hinausstürmten. Einige Minuten später erschien ein stämmiger, bärbeißiger Sergeant auf dem Hof und befahl uns, in die Zelle zurückzukehren. »Rein mit euch!« schrie er. »Wenn ihr nicht gehorcht, hole ich fünfzig Leute mit Schlagstöcken, und wir schlagen euch die Schädel ein!« Nach den Greueln von Sharpeville klang das nicht gerade nach einer leeren Drohung.

Der Stationskommandeur trat zum Hoftor, um uns zu beobachten, und kam dann zu mir, um mich dafür anzuschnauzen, daß ich mit meinen Händen in den Taschen dastand. »Ist das ein Benehmen in Anwesenheit eines Offiziers?« brüllte er. »Nehmen Sie Ihre verdammten Hände aus den Taschen!« Ich hielt meine Hände tief vergraben in meinen Taschen, so als machte ich an einem eisigen Tag einen Spaziergang. Ich erwiderte, daß ich vielleicht geruhen würde, meine Hände aus den Taschen zu nehmen, falls wir Verpflegung erhielten.

Um drei Uhr nachmittags, über zwölf Stunden, nachdem die meisten von uns hier eingetroffen waren, bekamen wir einen Behälter mit dünnem, mehligem Brei, jedoch ohne irgendein Eßgeschirr. Normalerweise hätte ich das für nicht eßbar erachtet, doch wir langten mit unseren ungewaschenen Händen hinein und aßen, als habe man uns die köstlichsten Delikatessen unter der Sonne serviert. Nach der Mahlzeit wählten wir ein Komitee, das uns vertreten sollte und zu dem Duma Nokwe, Z. B. Molete, der Sekretär für Öffentlichkeitsarbeit des panafrikanischen Kongresses, und ich gehörten. Ich wurde zum Sprecher bestimmt. Wir setzten sofort eine Petition auf, in der wir gegen die unzumutbaren Bedingungen protestierten und unsere sofortige Freilassung forderten, weil unsere Inhaftierung ungesetzlich sei.

Um sechs Uhr erhielten wir Schlafmatten und Decken. Ich glaube nicht, daß Worte den Schmutz und Dreck dieses Bettzeugs beschreiben können. Die Decken waren verkrustet von getrocknetem Blut und Erbrochenem, sie wimmelten von Läusen und sonstigem Ungeziefer, und sie stanken auf eine Weise, als wollten sie die üblen Gerüche des Abflußlochs noch übertreffen.

Nahe Mitternacht sagte man uns, daß wir hinausgerufen würden, doch wußten wir nicht, wozu. Einige Männer lächelten in der Hoffnung auf Erleichterung. Andere wußten es besser. Ich wurde als erster aufgerufen und zum Vordertor des Gefängnisses geführt, wo ich vor einer Gruppe von Polizeibeamten kurz losgelassen wurde. Doch bevor ich auch nur eine Bewegung machen konnte, brüllte ein Offizier.

»Name!«

»Mandela«, sagte ich.

»Nelson Mandela«, erklärte der Offizier, »ich verhafte Sie kraft der Befugnisse, die mir gemäß den Notstandsbestimmungen übertragen sind.« Wir sollten nicht entlassen, sondern erneut verhaftet werden nach den Notstandsbestimmungen, wie wir erst jetzt feststellten. Nacheinander wurde jeder von uns für wenige Sekunden freigelassen und dann wieder festgenommen. Vor dem Notstand war unsere Verhaftung ungesetzlich gewesen, also hatte man uns »freigelassen« und uns dann ordnungsgemäß verhaftet kraft des Notstands, der um Mitternacht in Kraft trat. Wir setzten ein Memorandum an den Kommandeur auf, in dem wir ihn aufforderten, uns unsere Rechte mitzuteilen.

Am nächsten Morgen wurde ich zum Büro des Kommandeurs gerufen, wo ich meinen Gefährten Robert Resha antraf, der verhaftet worden war und vom Stationsleiter verhört wurde. Als ich eintrat, fragte Resha den Kommandeur, warum er mich in der vergangenen Nacht so angefahren hatte. Seine Antwort war die des typischen weißen »Baas«: »Mandela war aufsässig.« Ich erwiderte: »Ich bin nicht verpflichtet, für Ihresgleichen meine Hände aus den Taschen zu nehmen, heute nacht nicht und jetzt nicht.« Der Kommandeur sprang von seinem Stuhl hoch, wurde jedoch von anderen Polizisten zurückgehalten. In diesem Augenblick trat Detective Sergeant Helberg von der Special Branch ein und sagte in freundlichem Ton: »Hallo, Nelson!« Woraufhin ich zurückfauchte: »Ich bin nicht Nelson für Sie, ich bin Mr. Mandela.« Das Büro stand kurz davor, zu einem richtigen Schlachtfeld zu werden, als man uns mitteilte, daß wir uns nach Pretoria zum Hochverratsprozeß zu begeben hätten. Ich wußte nicht, ob ich lachen oder weinen sollte, doch nach diesen 36 Stunden der Mißhandlung und nach der Ausrufung des Notstands hielt es die Regierung noch immer für angemessen, uns nach Pretoria zurückzuschaffen, um ihren verzweifelten, inzwischen offensichtlich überholten Prozeß gegen uns fortzusetzen. Doch wir wurden sofort in das Pretoria-Local-Gefängnis gebracht und dort inhaftiert.

AM 31. MÄRZ wurde das Verfahren wiederaufgenommen, doch der Zeugenstand war auffällig leer. Anwesend waren die Angeklagten, welche die Polizei nicht unter dem Ausnahmezustand festgenommen hatte. Häuptling Luthuli war mitten in seiner Aussage gewesen, und Richter Rumpff verlangte eine Erklärung für seine Abwesenheit. Man erklärte ihm, der Häuptling sei in der Nacht zuvor in Gewahrsam genommen worden. Richter Rumpff zeigte sich über die Erklärung verärgert und meinte, er könne nicht verstehen, warum der Notstand dem Prozeß im Wege stehen müsse. Er verlangte, die Polizei solle den Häuptling zum Gericht bringen, damit er mit seiner Zeugenaussage fortfahren könne, und vertagte die Verhandlung.

Später erfuhren wir, daß der Häuptling nach seiner Verhaftung tätlich angegriffen worden war. Eine Treppe hinaufsteigend, war er von einem Wärter angerempelt worden, so daß sein Hut zu Boden fiel. Er bückte sich, um ihn aufzuheben, und er erhielt Schläge über den Kopf und ins Gesicht. Es war für uns schwer, damit fertig zu werden. Ein Mann von hoher Würde und großen Verdiensten, ein lebenslang überzeugter Christ und ein Mann mit bedrohlich schwachem Herzen wurde wie ein Stück Vieh behandelt von Männern, die es nicht wert waren, ihm die Schuhe zu schnüren.

Als wir an diesem Morgen in den Gerichtssaal zurückgerufen wurden, erhielt Richter Rumpff die Mitteilung, daß sich die Polizei weigere, den Häuptling zum Gericht zu bringen. Der Richter vertagte den Prozeß auf den nächsten Tag, und wir erwarteten, nach Hause fahren zu können. Doch als wir den Gerichtsbereich verlassen wollten, um ein Verkehrsmittel zu finden, wurden wir alle erneut verhaftet.

Aber in ihrem wie üblich desorganisierten Übereifer leistete sich die Polizei einen komischen Irrtum. Wilton Mkwayi, einer der Angeklagten, langjähriger Gewerkschaftsführer und ANC-Mann, war von Port Elizabeth zum Prozeß in Pretoria gereist. Irgendwie war er von seinen Gefährten getrennt worden, und als er sich dem Tor näherte und den Wirrwarr sah, den die Verhaftung seiner Mitangeklagten verursachte, fragte er einen Polizisten, was da vor sich gehe. Der Polizist befahl ihm, sich davonzuscheren. Wilson blieb stehen. Der Polizist wiederholte seinen Befehl, und Wilton sagte ihm, er sei doch einer der Angeklagten. Der Officer nannte ihn einen Lügner und drohte, ihn wegen Widerstands gegen die Staatsgewalt zu verhaften. Wütend befahl er ihm abermals, das Gelände zu verlassen. Wilton zuckte mit den Schultern, ging durch das Tor hinaus, und das war das letzte Mal, daß Wilton im Gericht gesehen wurde. Für die nächsten beiden Monate ging er in den Untergrund, vermied es erfolgreich, verhaftet zu werden, und wurde dann aus dem Land geschmuggelt, wo er bald als ausländischer Vertreter für den Congress of Trade Unions (Gewerkschaftskongreß) auftrat. Später ging er zur militärischen Ausbildung nach China.

In jener Nacht stießen Inhaftierte aus anderen Teilen von Transvaal zu uns. Die landesweite Polizeiaktion hatte zur Verhaftung ohne Anhörung von mehr als 2000 Menschen geführt. Die Männer und Frauen gehörten allen Rassen und allen Anti-Apartheid-Parteien an. Eine landesweite Einberufung von Soldaten war angekündigt worden, Armee-Einheiten waren mobilisiert und überall im Land in strategischen Bereichen stationiert worden. Am 8. April wurden sowohl der ANC als auch der PAC nach dem Suppression of Communism Act zu illegalen Organisationen erklärt. Über Nacht war es zum Verbrechen geworden, Mitglied des ANC zu sein, ein Verbrechen, das mit Gefängnis- oder Geldstrafe belegt werden konnte. Die Strafe für die Förderung der Ziele des ANC war Gefängnis bis zu zehn Jahren. Jetzt waren sogar gewaltlose, Gesetze mißachtende Proteste unter den Auspizien des ANC illegal. Der Kampf war in eine neue Phase eingetreten. Jetzt waren wir alle Outlaws – Gesetzlose.

Während der Dauer des Notstands blieben wir im Gefängnis in Pretoria, wo die Zustände genauso schlimm waren wie in Newlands. Jeweils fünf Häftlinge wurden in 2,70 Meter mal 2,10 Meter große Zellen gepfercht, die vor Dreck starrten und schlechtes Licht und noch schlechtere Ventilation hatten. Wir hatten nur einen einzigen Sanitäreimer mit losem Deckel und von Ungeziefer wimmelnde Schlafdecken. Täglich durften wir für eine Stunde ins Freie.

An unserem zweiten Tag in Pretoria schickten wir eine Abordnung zu Colonel Snyman, dem Kommandierenden Offizier, um uns über die Zustände im Gefängnis zu beschweren. Die Antwort des Colonels war ebenso grob wie abrupt. Er bezeichnete unsere Beschwerden als Lügen und verlangte Beweise: »Ihr habt das Ungeziefer aus euren dreckigen Häusern in mein Gefängnis eingeschleppt«, höhnte er.

Ich erklärt, wir verlangten nach einem Raum, der ruhig und gut beleuchtet war, damit wir uns auf unseren Prozeß vorbereiten könnten. Wieder war der Colonel voller Verachtung: »Regierungsvorschriften verlangen von Häftlingen nicht, Bücher zu lesen, sofern ihr überhaupt lesen könnt.« Trotz des Colonels verächtlicher Haltung wurden die Zellen bald frisch gestrichen und desinfiziert, und wir erhielten neue Schlafdecken und Sanitäreimer. Wir durften einen großen Teil des Tages im Hof verbringen, während jene von uns, die in den Hochverratsprozeß involviert waren, für Konsultationen eine große Zelle benutzen konnten, wo wir auch juristische Bücher aufbewahren durften.

Das Gefängnis Pretoria Local würde bis auf weiteres unser Zuhause sein. Morgens begaben wir uns zum Prozeß, und nachmittags kehrten wir ins Gefängnis zurück. Im Gefängnis wurden, gemäß den Apartheidsbestimmungen, die Inhaftierten nach Hautfarbe getrennt. Von unseren weißen Mitgefangenen wurden wir natürlich von vornherein getrennt, doch die Trennung von unseren indischen und farbigen Kameraden innerhalb derselben nichtweißen Abteilung kam uns vor wie Wahnsinn. Wir verlangten, gemeinsam untergebracht zu werden, erhielten jedoch alle möglichen absurden Erklärungen, warum dies unmöglich sei. Verbindet sich die sprichwörtliche Inflexibilität der Bürokratie mit der kleinkarierten Beschränktheit des Rassismus, kann das Ergebnis einem fast den Verstand rauben. Immerhin ließen die Behörden es zu, daß die des Hochverrats Angeklagten zusammenbleiben konnten.

Obwohl man uns zusammenließ, wurde uns die Verpflegung nach »rassischen Gesichtspunkten« zugeteilt. Zum Frühstück erhielten Afrikaner, Inder und Farbige die gleichen Mengen, nur daß Inder und Farbige einen halben Teelöffel Zucker bekamen, wir jedoch nicht. Abends waren die Mahlzeiten gleich, ausgenommen daß die Inder und die Farbigen 100 Gramm Brot erhielten, wir hingegen keins. Diese letztere Unterscheidung wurde mit der kuriosen Behauptung begründet, daß Afrikaner von Natur aus kein Brot mögen, das einem kultivierteren oder »westlichen« Geschmack entspreche. Die Kost für die weißen Häftlinge war weit besser als die der Afrikaner. So »farbbewußt« waren die weißen Behörden, daß sich sogar die Art des Zuckers und des Brots für Schwarze und Weiße voneinander unterschied: Weiße Gefangene bekamen weißen Zucker und weißes Brot, während farbige und indische Gefangene braunes Brot und braunen Zucker erhielten.

Wir beklagten uns nachdrücklich über die schlechte Qualität des Essens, und infolgedessen reichte unser Anwalt Sydney Kentridge bei Gericht eine formale Beschwerde ein. Ich erklärte, das Essen sei ungeeignet für den menschlichen Verzehr. Richter Rumpff erklärte sich bereit, das Essen selbst zu probieren, und ging an jenem Tag, etwas zu kosten. Maisgrütze und Bohnen waren das beste Gericht, was das Gefängnis zu bieten hatte, und in diesem Fall hatten sich die Verantwortlichen ganz besonders angestrengt. Richter Rumpff aß einige Löffelvoll und betonte dann, das Essen sei gut gekocht und geschmacklich in Ordnung. Er fügte jedoch hinzu, es sollte »warm« serviert werden. Wir lachten über die Vorstellung von »warmem« Gefängnisessen; das war ein Widerspruch in sich. Schließlich erhielten die Häftlinge dann eine sogenannte »verbesserte Kost«; Afrikaner bekamen Brot, während Inder und Farbige das gleiche Essen bekamen wie Weiße.

Während unserer Haft genoß ich ein außerordentliches Privileg: Wochenendreisen nach Johannesburg. Allerdings handelte es sich dabei nicht um Urlaub aus dem Gefängnis, sondern um Geschäftsreisen, wenn man will. Kurz vor dem Notstand hatte Oliver auf Weisung des ANC Südafrika verlassen. Wir hatten schon lange damit gerechnet, daß der Staat zuschlagen würde, und der Kongreß hatte beschlossen, bestimmte Mitglieder sollten das Land verlassen, um die Organisation im Ausland zu stärken und sich so auf den Zeitpunkt vorzubereiten, da man den ANC völlig verbieten würde.

Olivers Abreise war eine der bestgeplanten und glücklichsten Aktionen, welche die Bewegung je unternommen hatte. Damals ahnten wir kaum, wie absolut lebenswichtig der externe Flügel werden würde. Mit seiner Klugheit und Ruhe, seiner Geduld und seinem organisatorischen Können, seiner Fähigkeit zu führen und zu inspirieren, ohne jemandem auf die Zehen zu treten, war Oliver für diese Aufgabe die perfekte Wahl. Vor seiner Abreise hatte Oliver einen gemeinsamen Freund von uns, Hymie Davidoff, einen lokalen Anwalt, damit beauftragt, unser Büro zu schließen und unsere Praxis abzuwickeln. Davidoff richtete ein spezielles Gesuch an Colonel Prinsloo, mir zu gestatten, an den Wochenenden nach Johannesburg zu kommen, um ihm zu helfen, alles in Ordnung zu bringen. In einem Anfall von Großzügigkeit willigte Colonel Prinsloo ein und gestattete mir, mich freitags nachmittags nach Johannesburg fahren zu lassen, um über das Wochenende im Büro zu arbeiten und am Montagmorgen zum Prozeß zurückzukehren. Sergeant Kruger und ich fuhren los, nachdem sich das Gericht am Freitag um ein Uhr vertagt hatte, und nach Ankunft im Büro arbeitete ich dann mit Davidoff und unserem Buchhalter Nathan Marcus. Die Nächte verbrachte ich im Marshall-Square-Gefängnis, die Tage im Büro.

Sergeant Kruger war ein großer und imposanter Mann, der uns fair behandelte. Auf dem Weg von Pretoria nach Johannesburg hielt er oft an und ließ mich im Auto sitzen, während er in einen Laden ging, um für uns Biltongue, Orangen und Schokolade zu kaufen. Ich hätte aus dem Auto springen können, zumal freitags, wenn auf Straßen und Bürgersteigen reges Treiben herrschte und man sich einfach unter die Menschen mischen konnte.

Während der Zeit im Büro konnte ich die Treppe hinabsteigen ins Cafe im Erdgeschoß, um Kleinigkeiten zu kaufen, und ein- oder zweimal schaute er weg, als Winnie mich besuchen kam. Wir hatten eine Art Vereinbarung unter Gentlemen: Ich würde keinen Fluchtversuch unternehmen und ihn dadurch in Schwierigkeiten bringen, und er erlaubte mir ein gewisses Maß an Freiheit.

AM 26. APRIL, einen Tag vor Wiederaufnahme des Prozesses, rief uns Issy Maisels zusammen, um mit uns über die schwerwiegenden Auswirkungen des Notstands auf die Prozeßführung zu sprechen. Wegen der Notstandsbestimmungen waren Konsultationen zwischen Angeklagten und Anwälten praktisch unmöglich geworden. Unsere Anwälte, die in Johannesburg lebten, hatten Schwierigkeiten, uns im Gefängnis zu besuchen, und konnten sich auf unseren Prozeß nicht vorbereiten. Oft kamen sie im Auto, nur um zu erfahren, daß wir nicht verfügbar seien. Und selbst wenn wir sie sprechen konnten, fanden die Beratungen unter schwierigen Bedingungen und unter großem Zeitdruck statt. Wichtiger noch, Maisels erklärte uns, unter den Notstandsbestimmungen würden sich bereits in Haft befindliche Leute weiterer Haft aussetzen, indem sie als Zeugen aussagten, denn unvermeidlich würden sie dabei Erklärungen abgeben, die als »subversiv« galten, so daß sie mit schweren Strafen rechnen mußten. Zeugen der Verteidigung, die nicht inhaftiert waren, riskierten ihre Inhaftierung, falls sie aussagten.

Das Verteidigerteam schlug vor, sich aus Protest von dem Fall zurückzuziehen. Maisels erläuterte die ernsten Implikationen einer solchen Aktion und die Konsequenzen, die sich daraus ergäben, falls wir uns unter der Anklage eines Kapitalverbrechens selbst verteidigten. Bei der feindseligen Atmosphäre könnten die Richter geneigt sein, uns zu längeren Gefängnisstrafen zu verurteilen. Wir besprachen den Vorschlag unter uns, und jeder der 29 Angeklagten – Wilton Mkwayi war nicht mehr unter uns – konnte seine Meinung äußern. Der Beschluß wurde einstimmig gebilligt, und wir kamen überein, daß bei Abwesenheit unserer Anwälte Duma Nokwe und ich uns mit den Vorbereitungen für den Fall befassen würden. Ich befürwortete diese dramatische Geste, weil sie schlagartig die Ungerechtigkeiten des Notstands erhellte.

Am 26. April erhob sich Duma Nokwe, der erste afrikanische Anwalt in Transvaal, im Gerichtssaal und gab die sensationelle Erklärung ab, daß die Angeklagten ihre Verteidiger angewiesen hätten, den Fall niederzulegen. Sodann erklärte Maisels schlicht: »Wir haben kein Mandat mehr und werden folglich Eure Lordschaften nicht länger belästigen«, wonach das Verteidigerteam schweigend die Synagoge verließ. Dieser Vorgang schockierte die drei Richter, die uns mit düstersten Worten vor den Gefahren warnten, unsere Verteidigung selbst zu führen. Doch wir waren wütend und brannten darauf, mit dem Staat die Klingen zu kreuzen. Fünf Monate lang, praktisch bis zum Ende des Notstands, verteidigten wir uns selbst.

Unsere Strategie war einfach und ihrem Wesen nach defensiv: den Prozeß zu verschleppen, bis der Notstand aufgehoben wäre und unsere Anwälte zurückkehren konnten. Der Prozeß dauerte schon so lange, daß es keine Rolle zu spielen schien, wenn wir ihn noch weiter verzögerten. In der Praxis nahm sich diese Strategie ziemlich komisch aus. Jeder von uns hatte jetzt das Recht, seine Verteidigung selbst zu führen und jeden der anderen Angeklagten als Zeugen aufzurufen, und jeder der Angeklagten war berechtigt, jeden Zeugen ins Kreuzverhör zu nehmen. Wir saßen in alphabetischer Ordnung gemäß offizieller Liste, und der Angeklagte Nummer eins war Farid Adams vom Transvaal Indian Youth Congress. Farid pflegte seinen Fall damit zu beginnen, daß er die Angeklagte Nummer zwei, Helen Joseph, als seine erste Zeugin aufrief. Nach der Befragung durch Farid wurde Helen dann von den 27 anderen Mitangeklagten ins Kreuzverhör genommen. Danach war die Krone mit dem Kreuzverhör an der Reihe, gefolgt von der erneuten Vernehmung durch den Angeklagten Nummer eins. Sodann rief Adams den Angeklagten Nummer drei als Zeugen auf, und so weiter, und die gesamte Prozedur vervielfachte sich, bis jeder Angeklagte in dieser Weise aufgerufen wurde. Bei diesem Tempo würde der Prozeß mindestens bis zur Jahrtausendwende dauern.

Es war niemals leicht, sich aus dem Gefängnis heraus auf einen Prozeß vorzubereiten, und in diesem Fall wurden wir durch die üblichen Apartheidsschranken noch behindert. Für alle Angeklagten war es unerläßlich, sich miteinander austauschen zu können, doch die Gefängnisvorschriften verboten Zusammenkünfte zwischen männlichen und weiblichen Häftlingen und zwischen schwarzen und weißen, so daß es uns nicht gestattet war, uns mit Helen Joseph, Leon Lewy, Lilian Ngoyi und Bertha Mashaba zu beraten.

Helen, als erste Zeugin, die aufgerufen werden sollte, mußte ihre Aussagen in Anwesenheit von Duma, mir und Farid Adams vorbereiten, der sie befragen würde. Nach längeren Verhandlungen mit der Gefängnisbehörde gestattete man uns Konsultationen, allerdings unter sehr strikten Auflagen. Helen Joseph, Lilian Leon und Bertha wurden aus ihren verschiedenen Gefängnissen und Abteilungen (getrennt nach Rasse und Geschlecht) zum Gefängnis für afrikanische Männer gebracht. Erste Bedingung war, es durfte keinen physischen Kontakt zwischen männlichen und weiblichen Häftlingen geben. Die Behörde ließ ein Eisengitter aufrichten, um Helen und Leon (als Weiße) von uns zu trennen, und ein zweites Gitter, um sie von Lilian und Bertha (als Afrikanerinnen) zu trennen, die gleichfalls an den Vorbereitungen teilnahmen. Helen mußte von Lilian wegen der Hautfarbe getrennt werden, und von uns wegen des Geschlechts und der Hautfarbe. Selbst ein Meisterarchitekt hätte Mühe gehabt, ein solches Gebilde zu konstruieren. Im Gefängnis wurden wir durch diese komplizierten Metallkonstruktionen voneinander getrennt, während wir uns auf dem Hof frei bewegen konnten.

Zunächst mußten wir Farid in der Kunst der Etikette im Gerichtssaal unterweisen und Helens Zeugenaussage proben. Um

Helen zu helfen, spielte ich die Rolle, die Farid im Gericht spielen würde. Ich nahm die angemessene Gerichtssaalpose ein und begann mit der Befragung.

»Name?« sagte ich.

»Helen Joseph«, erwiderte sie.

»Alter?«

Schweigen. »Alter?« wiederholte ich.

Helen schürzte die Lippen und wartete. Dann, nach einigen Sekunden, musterte sie mich finster und sagte scharf: »Was hat mein Alter mit diesem Fall zu tun, Nelson?«

Helen war ebenso charmant wie mutig, aber sie hatte manchmal auch etwas Herrisches an sich. Sie war, wie man so sagt, eine Frau im gewissen Alter und in diesem Punkt sehr empfindlich. Ich erklärte, daß es üblich sei, den Zeugen nach bestimmten Personalien zu befragen wie etwa Name, Alter, Anschrift und Geburtsort. Das Alter eines Zeugen oder einer Zeugin helfe dem Gericht bei der Abwägung der Zeugenaussage und könne ein Urteil beeinflussen.

Ich fuhr fort: »Alter?«

Helen saß stocksteif. »Nelson«, sagte sie, »die Brücke werde ich überqueren, wenn ich im Gericht vor ihr stehe, aber nicht vorher. Laß uns fortfahren.«

Ich stellte ihr dann eine Reihe von Fragen, die sie von seiten der Krone erwarten konnte, doch tat ich dies vielleicht auf eine etwas zu realistische Weise, denn Helen wandte sich mir plötzlich voll zu und sagte: »Bist du Mandela, oder bist du der Ankläger?«

Es gab andere unbeschwerte Augenblicke, und manche davon waren recht ermutigend.

Ich durfte Helen Joseph an Wochenenden besuchen und ihr Prozeßunterlagen mitbringen. Bei solchen Gelegenheiten traf ich auch andere weibliche Häftlinge und unterhielt mich mit ihnen als möglichen Zeuginnen. Ich war immer sehr höflich zu den weißen Wärterinnen, und ich bemerkte, daß meine Besuche einiges Interesse hervorriefen. Die Wärterinnen hatten überhaupt nicht gewußt, daß es solch eine Spezies wie einen afrikanischen Rechtsanwalt oder Arzt gab, und sie betrachteten mich als exotisches

Wesen. Als ich ihnen vertrauter wurde, zeigten sie sich freundlicher und unbefangener, und ich scherzte mit ihnen, daß ich mich ihrer rechtlichen Probleme annehmen würde. Daß bekannte und gebildete weiße Frauen auf der Grundlage völliger Gleichberechtigung mit einem Schwarzen gewichtige Dinge besprachen, konnte nur zum Abbau von Apartheidsvorurteilen bei den Wärterinnen führen.

Einmal, während eines langen Gesprächs mit Helen, wandte ich mich an die Wärterin, deren Aufgabe es war, unserer Besprechung beizuwohnen: »Tut mir leid, Sie mit dieser endlosen Konsultation zu langweilen.« »Nein«, sagte sie, »Sie langweilen mich überhaupt nicht, ich genieße es.« Ich konnte sehen, daß sie unser Gespräch verfolgte, und ein- oder zweimal machte sie sogar kleine Vorschläge. Ich betrachtete dies als eines der positiven Nebenprodukte des Prozesses. Die meisten dieser Wärterinnen hatten keine Ahnung, warum wir im Gefängnis waren, und begannen nach und nach zu entdecken, wofür wir kämpften und warum wir überhaupt bereit waren, Gefängnis zu riskieren.

Dies ist genau der Grund, warum die National Party so erbittert gegen alle Formen von Integration eingestellt war. Nur eine weiße Wählerschaft, indoktriniert mit der Idee von der schwarzen Gefahr und ignorant, was afrikanische Ideen und Politik betraf, konnte die monströse rassistische Philosophie der National Party unterstützen. In diesem Fall würde größere Vertrautheit nicht Verachtung schaffen, sondern vielmehr Verständnis und schließlich sogar Harmonie.

Die unbeschwerten Augenblicke im Gefängnis konnten die schweren jedoch nicht aufwiegen. Winnie durfte mich mehrmals besuchen, während ich in Pretoria war, und sie brachte jedesmal Zenani mit, die gerade zu gehen und zu sprechen anfing. Ich nahm sie auf den Arm und küßte sie, falls die Wächter es mir erlaubten, und am Ende des Besuchs gab ich sie Winnie zurück. Während Winnie sich verabschiedete und die Wächter die beiden hinausführten, winkte Zeni mir oft zu, doch mitzukommen, und ich konnte von ihrem verwirrten Gesichtchen ablesen, daß sie nicht verstand, warum das nicht möglich war.

Farid Adams führte Helen vor Gericht geschickt durch ihre Hauptaussage. Häufig ließ er sich mit den Richtern auf Argumente ein und stach sie manchmal aus. Wir waren jetzt voller Energie; keiner vertrieb sich noch die Zeit mit dem Lösen von Kreuzworträtseln. Während sich die Angeklagten beim Kreuzverhör der Zeugen abwechselten, erhielten Krone und Anklage zum erstenmal einen Eindruck vom wahren Format der Männer und Frauen, denen sie den Prozeß machten.

Da wir im Supreme Court, dem Obersten Gericht, waren, durfte nur Duma, als Verteidiger, die Richter direkt ansprechen. Ich als Anwalt konnte ihn zwar instruieren, doch es war mir rechtstechnisch nicht gestattet, das Gericht anzusprechen, und das gleiche galt auch für die anderen Angeklagten. Wir entließen unsere Verteidiger in der korrekten Annahme, daß ein Angeklagter, wenn niemand ihn vertrat, sich unmittelbar an das Gericht würde wenden dürfen. Als ich das Gericht ansprach, wurde ich von Richter Rumpff, der uns frustrieren wollte, unterbrochen. »Es ist Ihnen doch bekannt, Mr. Mandela«, sagte er, »daß Mr. Nokwe als Verteidiger der einzige Jurist ist, der zum Gericht sprechen darf.« Worauf ich erwiderte: »Sehr wohl, my Lord, ich glaube, daß wir alle bereit sind, uns daran zu halten, solange Sie bereit sind, Mr. Nokwe sein Honorar zu zahlen.« Von da an gab es keine Einwände mehr, wenn irgendeiner der Angeklagten das Gericht ansprach.

Während Farid Helen und die folgenden Zeugen befragte, saßen Duma und ich rechts und links von ihm, versorgten ihn mit Fragen und halfen ihm bei auftretenden juristischen Problemen. Im allgemeinen mußten wir ihm nicht allzu häufig soufflieren. Aber eines Tages, als wir ständig unter Druck standen, flüsterten wir ihm alle paar Sekunden etwas zu. Farid wirkte erschöpft, und Duma und mir ging der Stoff aus. Plötzlich und ohne sich erst mit uns zu beraten, bat Farid die Richter um Vertagung; er sei ermüdet. Die Richter lehnten die Vertagung ab, weil es keinen ausreichenden Grund gebe, und wiederholten die Warnung, die sie uns beim Rückzug unserer Anwälte erteilt hatten.

Als wir an diesem Nachmittag zum Gefängnis zurückfuhren,

kam kein Gesang auf, und alle saßen mit verdrossenen Gesichtern da. Unter den Angeklagten braute sich eine Krise zusammen. Als wir im Gefängnis ankamen, forderten mehrere der Angeklagten ein Meeting. Ich rief alle Männer zusammen, und J. Nkampeni, ein Geschäftsmann aus Port Elizabeth, der während der Mißachtungskampagne den Familien der Widerständler geholfen hatte, wurde zum Sprecher für das, was sich als Attacke entpuppte.

»Madiba«, sagte er, als Zeichen des Respekts meinen Clan-Namen benutzend, »ich möchte, daß du uns sagst, warum du unsere Anwälte weggeschickt hast.« Ich erinnerte ihn daran, daß unsere Anwälte nicht von einem einzelnen entlassen worden waren, sondern daß ihr Rückzug von allen, auch von ihm, gebilligt worden sei. »Aber was wußten wir schon über Rechtsprozeduren, Madiba?« sagte er. »Wir haben uns auf euch Anwälte verlassen.«

Eine große Anzahl der Männer teilte Nkampenis Befürchtungen. Ich warnte sie davor, sich entmutigen zu lassen, und behauptete, daß wir uns recht gut schlügen. Heute, das sei nur ein kleiner Rückschlag gewesen, und wir würden mit weit schlimmeren Schwierigkeiten konfrontiert werden. Unser Fall sei sehr viel mehr als eine juristische Angelegenheit zwischen der Krone und einer Gruppe von Leuten, die beschuldigt wurden, gegen das Gesetz verstoßen zu haben. Es sei eine Kraftprobe, eine Auseinandersetzung zwischen einer moralischen und einer unmoralischen Idee; es gebe mehr, worüber wir uns Sorgen machen müßten, als nur über die juristische Methode unserer Anwälte. Der Protest verstummte.

Nachdem Helen Joseph die Kreuzverhöre und erneute Verhöre hinter sich hatte, war der Angeklagte Nummer drei, Ahmed Kathrada, an der Reihe, seinen Fall zu eröffnen. Während er seinen zweiten Zeugen befragte, den Angeklagten Nummer vier, Stanley Lollan, ein Mitglied der Exekutive des Colored Peoples Congress (COP), verkündete Premierminister Verwoerd, der Ausnahmezustand werde bald aufgehoben. Auf Dauer war er nie gedacht gewesen, und die Regierung glaubte, er habe seinen Zweck erfüllt und den Befreiungskampf im Keime erstickt. Jetzt kehrten zu aller Erleichterung unsere Verteidiger zurück, wenngleich wir noch für einige weitere Wochen im Gefängnis bleiben mußten. Über fünf Monate waren wir, obwohl weiterhin in Haft, ohne unsere Verteidiger ausgekommen.

Meine eigene Aussage begann am 3. August. Da ich die anderen auf ihre Aussagen vorbereitet hatte, fühlte ich mich selbst gut gerüstet. Nach drei Jahren des Schweigens, der Bannung und des inneren Exils freute ich mich auf die Gelegenheit, vor denen zu sprechen, die über mich zu Gericht saßen. Während meiner Hauptaussage trat ich für Mäßigung ein und bekräftigte erneut die Verpflichtung des ANC zum gewaltlosen Kampf. Die Frage, ob durch allmähliche Reformen die Demokratie erreicht werden könne, bejahte ich.

»Wir fordern das allgemeine Wahlrecht und sind gewillt, ökonomischen Druck auszuüben, um unsere Ziele zu erreichen. Wir werden Mißachtungskampagnen durchführen, Stay-at-Home-Aktionen, entweder einzeln oder zusammen, bis die Regierung sagen sollte: ›Gentlemen, wir dürfen diesen Zustand, daß Gesetze mißachtet werden, und diese gesamte durch Streiks Beschaffene Situation nicht dulden. Lassen Sie uns miteinander reden.‹ Aus meiner Sicht würde ich sagen: ›Ja, lassen Sie uns miteinander reden‹, und die Regierung würde sagen: ›Wir glauben, daß die Weißen gegenwärtig noch nicht bereit sind für eine Form der Regierung, bei der sie womöglich von Nichtweißen dominiert werden. Wir meinen, wir sollten euch 60 Sitze geben. Die afrikanische Bevölkerung sollte 60 schwarze Abgeordnete wählen, die sie im Parlament vertreten. Wir werden die Angelegenheit über einen Zeitraum von fünf Jahren so belassen und am Ende des Zeitraums überprüfen.‹ Nach meiner Überzeugung wäre das ein Sieg, my Lords. Wir hätten einen entscheidenden Schritt getan in Richtung des allgemeinen Wahlrechts für Afrikaner, und wir würden dann für die, sagen wir, fünf Jahre den zivilen Ungehorsam einstellen.«

Der Staat war entschlossen zu beweisen, daß ich ein gefährlicher, Gewalt predigender Kommunist war. Obwohl ich weder Kommunist noch gar Parteimitglied war, wollte ich nicht, daß es so aussah, als ob ich mich von meinen kommunistischen Verbündeten distanzierte. Obwohl man mich wegen Äußerungen dieser Art wieder ins Gefängnis stecken konnte, zögerte ich nicht, erneut zu bekräftigen, wie großartig die Kommunisten uns unterstützt hatten. An einem Punkt fragte das Gericht, ob ich der Ansicht sei, ein Ein-Parteienstaat stelle für Südafrika eine praktikable Lösung dar.

»My Lord, das ist nicht eine Frage der Form, es ist eine Frage der Demokratie. Fände Demokratie ihren besten Ausdruck in einem Ein-Parteiensystem, so würde ich den Vorschlag sehr sorgfältig prüfen. Doch falls Demokratie am besten verwirklicht werden könnte durch ein Mehr-Parteiensystem, so würde ich auch das sorgfältig prüfen. In diesem Land haben wir zum Beispiel gegenwärtig ein Mehr-Parteiensystem, doch soweit es Nichtweiße betrifft, handelt es sich hier um den schändlichsten Despotismus, der sich denken läßt.«

Ich war wütend auf Richter Rumpff, als er sich den gleichen Fehler leistete wie so viele weiße Südafrikaner, wenn es um die Idee eines allgemeinen Wahlrechts ging. Nach ihrer Vorstellung mußten Menschen mit einer solchen Verantwortung »gebildet« sein. Es ist schwer, einer engstirnigen Person zu erklären, daß »gebildet« keineswegs nur bedeutet, lesen und schreiben zu können und einen B. A. zu haben, und daß ein Analphabet ein weitaus »gebildeterer« Wähler sein kann als einer mit akademischem Grad.

Richter Rumpff: Welchen Wert hat die Teilnahme an der Regierung eines Staates durch Menschen, die nichts wissen?

Nelson Mandela: My Lord, was geschieht, wenn weiße Analphabeten abstimmen?

RR: Unterliegen sie nicht wie Kinder dem Einfluß von Führern?

NM: Nein, my Lord, folgendes geschieht in der Praxis: Ein Mann steht auf, um sich in einem bestimmten Gebiet um einen Sitz zu bewerben. Er stellt ein Programm auf, und er sagt: »Dies sind die Ideen, für die ich stehe.« Es ist ein ländliches Gebiet, und er sagt: »Ich bin gegen die zahlenmäßige Begrenzung von Rindern.« Man hört sich seine Programmpunkte an und überlegt, ob dieser Mann die eigenen Interessen fördert, wenn man ihn ins Parlament schickt. Auf dieser Grundlage stimmt man für einen Kandidaten. Mit Bildung hat das nichts zu tun.

RR: Er kümmert sich nur um seine eigenen Interessen?

NM: Nein, ein Mann sieht sich nach einem Mann um, der am besten imstande sein wird, seinen Standpunkt zu vertreten, und er wird für diesen Mann stimmen.

Ich erklärte dem Gericht, wir seien überzeugt, unsere Forderungen ohne Gewalt durchsetzen zu können, einfach aufgrund unserer zahlenmäßigen Überlegenheit.

»Wir glaubten, daß wir in absehbarer Zukunft unsere Ziele erreichen können. Dabei arbeiteten wir unter der Annahme, daß die Weißen trotz der Mauer aus Vorurteil und Feindseligkeit, mit der sie uns begegnen, nicht für alle Zeit unseren Forderungen gegenüber gleichgültig bleiben können, denn unsere Politik des ökonomischen Drucks trifft sie genau in den Magen. Die Weißen könnten es sich nicht leisten, gleichgültig zu bleiben. Sie werden darauf reagieren müssen, und, my Lord, sie reagieren darauf.«

Der Ausnahmezustand wurde am letzten Augusttag aufgehoben. Zum erstenmal seit fünf Monaten würden wir nach Hause fahren. Als man in Johannesburg vom Ende des Ausnahmezustands hörte, fuhren viele nach Pretoria in der Hoffnung, daß man uns entlassen würde; als man uns tatsächlich freiließ, wurden wir von Freunden und Familien jubelnd empfangen. Winnie war mit irgend jemandem mit nach Pretoria gefahren, und unser Wiedersehen war voller Freude. Fünf Monate lang hatte ich meine Frau nicht in den Armen gehalten oder sie glücklich lächeln sehen. Zum erstenmal seit fünf Monaten schlief ich in dieser Nacht in meinem eigenen Bett.

Wenn man im Gefängnis gewesen ist, sind es die kleinen Dinge, die man besonders schätzt: irgendwo hingehen zu können, wann immer man will; einen Laden zu betreten und eine Zeitung zu kaufen; zu sprechen oder auch, wenn man will, zu schweigen.

Die simple Tatsache, über seine eigene Person bestimmen zu können.

Selbst nach dem Ende des Ausnahmezustands wurde der Prozeß für weitere neun Monate fortgesetzt bis zum 29. März 1961. In vielerlei Hinsicht waren dies für die Angeklagten glorreiche Tage, denn unsere Leute verkündeten im Zeugenstand furchtlos die Politik des ANC. Robert Resha kritisierte vehement die absurde Behauptung der Regierung, der ANC wolle die Regierung zur Gewaltanwendung zwingen, damit wir unsererseits Gewalt einsetzen könnten. Gert Sibande schilderte dem Gericht beredt das Elend afrikanischer Farmarbeiter. Der ehrenwerte Isaac Behndy von Ladysmith, 81 Jahre alt, ein Laienprediger der African Native Mission Church, legte dar, warum wir statt für Streiks für Stay-at-Home-Aktionen votierten.

Im Oktober wurde, als unser letzter Zeuge, der ehrfurchtgebietende Professor Matthews aufgerufen. Im Zeugenstand wirkte er unerschütterlich und behandelte die Anklagevertreter wie unwissende Studenten, die strenger Ermahnung bedurften. Oft antwortete er dem überforderten Ankläger etwa mit folgender Bemerkung: »Was Sie von mir wirklich hören wollen, ist doch, daß die von Ihnen als gewalttätig bezeichnete Rede die Politik meiner Organisation repräsentiert. Erstens ist Ihre Behauptung inkorrekt, und zweitens werde ich das nicht sagen.«

In gepflegter Sprache erläuterte er, daß die Afrikaner wußten, ein gewaltloser Kampf würde Leiden zur Folge haben, sie sich jedoch dafür entschieden hätten, weil sie die Freiheit über alles andere schätzten. Das Volk, sagte er, wird bereitwillig die schwersten Opfer auf sich nehmen, um sich der Unterdrückung zu entledigen. Mit Professor Matthews im Zeugenstand errang die Verteidigung eine gute Note. Nachdem er seine Aussage beendet hatte, schüttelte ihm Richter Kennedy die Hand und gab der Hoffnung Ausdruck, daß sie einander unter besseren Umständen wiedersehen würden.

NACH DER AUFHEBUNG des Ausnahmezustands traf sich das Nationale Exekutivkomitee heimlich im September, um über die Zukunft zu diskutieren. Wir hatten zwar im Gefängnis während des Prozesses Gespräche geführt, doch dies war unsere erste formale Zusammenkunft. Der Staat bewaffnete sich nicht für eine äußere, sondern für eine innere Bedrohung. Wir würden uns nicht auflösen, sondern aus dem Untergrund weiterarbeiten. Wir würden abrücken müssen von den in unserer Satzung festgelegten demokratischen Verfahrensweisen, vom Abhalten von Konferenzen, von Ortsgruppentreffen und von öffentlichen Versammlungen. Neue Strukturen mußten geschaffen werden für die Kommunikation mit nichtgebannten Congress-Organisationen. Doch alle diese neuen Strukturen waren illegal, und wer sich daran beteiligte, mußte mit Verhaftung und Gefängnis rechnen. Das Exekutivkomitee und die ihm untergeordneten Strukturen würden viel effizienter sein müssen, um sich illegalen Bedingungen anpassen zu können. Notgedrungen lösten wir die ANC-Jugendliga und -Frauenliga auf. Manche widersetzten sich heftig diesen Veränderungen; doch es war nun einmal Tatsache, daß wir fortan eine illegale Organisation waren. Für jene, die sich weiterhin beteiligten, wurde die Politik, bisher eine riskante Beschäftigung, wahrhaft gefährlich.

Obwohl Mandela und Tambo ihr Büro geschlossen und ihre Kanzleigeschäfte abgewickelt hatten, setzte ich, wann immer möglich, meine juristische Arbeit fort. Zahlreiche Kollegen stellten mir ihre Büros, ihre Mitarbeiter und ihre Telefone bereitwillig zur Verfügung, doch in der Regel arbeitete ich von Ahmed Kathradas Wohnung aus. Obwohl meine Praxis aufgelöst war, war mein Ruf als Anwalt weiterhin ungetrübt. Bald waren die Diele von Apartment Nr. 13 und der Flur draußen voller Klienten. Wenn Kathy nach Hause kam, mußte er unwillig feststellen, daß die Küche der einzige Raum war, in dem er allein sein konnte.

Während dieser Tage hatte ich kaum Zeit zum Essen und sah nur selten meine Familie. Entweder blieb ich bis in die späten Abendstunden in Pretoria, um mich auf unseren Prozeß vorzubereiten, oder ich eilte zurück, um mich mit einem anderen Fall zu befassen. Kam ich wirklich einmal zum Abendessen mit meiner Familie, so klingelte das Telefon, und ich wurde fortgerufen. Winnie war wieder schwanger; sie war von unendlicher Geduld. Sie hoffte, daß ihr Mann im Krankenhaus bei ihr sein werde, wenn sie entbunden wurde. Aber es sollte nicht sein.

Während der Weihnachtsfeiertage 1960 erfuhr ich, daß Makgatho, der in der Transkei die Schule besuchte, krank war, und ich verstieß gegen meine Bannungen und fuhr zu ihm. Ich fuhr die ganze Nacht hindurch und hielt nur zum Tanken. Makgatho benötigte einen chirurgischen Eingriff, und ich beschloß, ihn mit mir nach Johannesburg zu nehmen. Wieder fuhr ich die ganze Nacht hindurch und brachte Makgatho zu seiner Mutter, um mich dann um den chirurgischen Eingriff zu kümmern. Als ich zurückkehrte, erfuhr ich, daß Winnie bereits ihre Wehen hatte. Ich raste zu dem für Nichtweiße bestimmten Flügel des Bridgman Memorial Hospital und stellte fest, daß Mutter und Tochter bereits wieder zu Hause waren. Dem neugeborenen Mädchen ging es gut, aber Winnie war sehr schwach.

Wir nannten unser neues Töchterchen Zindziswa, nach der Tochter des Dichterfürsten des Xhosa-Volkes, Samuel Mqhayi, der mich vor so vielen Jahren in Healdtown beeindruckt hatte. Der Dichter war von einer sehr langen Reise zurückgekehrt, um festzustellen, daß seine Frau ein Töchterchen zur Welt gebracht hatte. Er hatte nicht gewußt, daß sie schwanger war, und nahm an, daß das Kind von einem anderen Mann stammte. Wenn in unserer Kultur eine Frau ein Kind gebärt, so betritt der Ehemann nicht das Haus, in dem sie für zehn Tage eingeschlossen ist. Doch in diesem Fall war der Dichter zu zornig, um dieses Brauchtum zu beachten, und er stürmte in das Haus, bereit, Mutter und Tochter mit einem Assegai zu töten, aber als er das neugeborene Mädchen erblickte und sah, daß sie sein Ebenbild war, trat er zurück und sagte: »u Zindzile«, was soviel heißt wie: »Du bist wohlgelungen.« Er nannte sie Zindziswe, die weibliche Version des Namens, den er angesprochen hatte.

DIE KRONE BRAUCHTE über einen Monat, um ihren Vortrag zusammenzufassen, dabei häufig unterbrochen vom Gericht, das auf Widersprüche in der Argumentation hinwies. Im März waren wir an der Reihe. Issy Maisels wies kategorisch den Vorwurf der Gewalttätigkeit zurück. »Wir räumen ein, daß sich die Frage der Nichtkooperation und des passiven Widerstands stellt«, sagte er, »wir erklären ganz offen, falls Nichtkooperation und passiver Widerstand Hochverrat darstellen, dann sind wir schuldig. Das Gesetz über Hochverrat beinhaltet dies jedoch in gar keiner Weise.«

Maisels Argumentation wurde von Bram Fischer fortgeführt, doch am 23. März unterbrach das Gericht Brams Vortrag. Uns standen noch Wochen der Argumentation bevor, doch die Richter baten um eine Vertagung von einer Woche. Dies war ungewöhnlich, doch wir erblickten darin ein hoffnungsvolles Zeichen, denn es ließ darauf schließen, daß sich die Richter bereits ihre Meinung gebildet hatten. In sechs Tagen sollten wir wieder vor Gericht erscheinen, zur Urteilsverkündung, wie wir vermuteten. Inzwischen gab es für mich einiges an Arbeit.

Zwei Tage nach der Vertagung sollten meine Bannungen auslaufen. Ich war mir fast sicher, daß die Polizei dies nicht bemerken würde, denn sie achtete selten darauf, wann ein Bann endete. Zum erstenmal seit fast fünf Jahren würde es mir freistehen, Johannesburg zu verlassen, würde ich frei sein, an einem Meeting teilzunehmen. An jenem Wochenende sollte die seit langem geplante All-in-Conference in Pietermaritzburg stattfinden. Auf ihr sollte für eine National Constitutional Convention für alle Südafrikaner geworben werden. Ich war insgeheim als Hauptredner der Konferenz vorgesehen. Die 450 Kilometer nach Pietermaritzburg wollte ich in der Nacht vor meiner Ansprache zurücklegen.

Am Tag vor meiner Abfahrt traf sich das National Working Committee (Nationales Arbeitskomitee) in geheimer Sitzung, um über Strategie zu beraten. Nach vielen Zusammenkünften im Gefängnis wie auch außerhalb hatten wir beschlossen, aus dem Untergrund zu arbeiten und uns einer Strategie zu bedienen, die den M-Plan zur Richtschnur hatte. Die Organisation sollte im geheimen überleben. Es wurde beschlossen, daß ich für den Fall, daß wir nicht verurteilt würden, in den Untergrund ginge, um im Land umherzureisen und die geplante National Constitutional Convention zu organisieren. Nur jemand, der ganztags aus dem Untergrund arbeitete, würde unbehelligt sein von den lähmenden Einschränkungen, die uns der Feind auferlegte. Es wurde beschlossen, ich sollte bei bestimmten Ereignissen unversehens auftauchen, möglichst mit einem Maximum an Publizität, um zu zeigen, daß der ANC nach wie vor kämpfte. Es war kein Vorschlag, der mich überraschte oder mir gar besonderes Vergnügen bereitete, doch ich wußte, daß ich es tun mußte. Es würde ein gefährliches Leben sein, und es würde mich fernhalten von meiner Familie, doch wenn einem Menschen verweigert wird, das Leben zu leben, an das er glaubt, so bleibt ihm keine Wahl, als ein Gesetzloser zu werden.

Als ich von dem Treffen nach Hause zurückkehrte, war es, als könne Winnie meine Gedanken lesen. Als sie mich anschaute, wußte sie, daß ich im Begriff stand, ein Leben zu beginnen, das keiner von uns beiden wollte. Ich erklärte, was sich ereignet hatte und daß ich am nächsten Morgen aufbrechen würde. Sie nahm es so stoisch auf, als habe sie die ganze Zeit damit gerechnet. Sie verstand, was ich tun mußte, doch das machte es in gar keiner Weise leichter für sie. Ich bat sie, mir einen kleinen Koffer zu packen. Ich erklärte ihr, Freunde und Verwandte würden sich während meiner Abwesenheit um sie kümmern, und sagte ihr nicht, wie lange ich fort sein würde; sie fragte auch nicht. Das war gut so, weil ich die Antwort nicht kannte. Ich würde zur wahrscheinlichen Urteilsverkündung am Montag nach Pretoria zurückkehren. Wie das Urteil auch ausfallen mochte, ich würde nicht nach Hause zurückkehren: Würden wir verurteilt, ginge ich direkt ins Gefängnis; sprach man uns frei, würde ich sofort in den Untergrund gehen.

Mein ältester Sohn Thembi war in der Transkei auf der Schule; so konnte ich mich nicht von ihm verabschieden, doch an jenem Nachmittag holte ich Makgatho und meine Tochter Makaziwe von ihrer Mutter in Ost-Orlando. Wir verbrachten einige Stunden gemeinsam, wanderten über das Veld außerhalb der Stadt, sprachen und spielten miteinander. Nicht wissend, wann ich sie wiedersehen würde, sagte ich ihnen Lebewohl. Die Kinder eines Freiheitskämpfers wissen, daß man seinem Vater nicht zu viele Fragen stellt, und ich konnte an ihren Augen sehen, daß sie begriffen, daß etwas Ernstes bevorstand.

Zu Hause küßte ich die beiden Mädchen zum Abschied. Sie winkten, als ich mit Wilton Conco ins Auto stieg, und dann begann die lange Fahrt nach Natal.

Zur All-in-Conference in Pietermaritzburg kamen 1400 Delegierte aus dem ganzen Land, die 150 verschiedene religiöse, soziale, kulturelle und politische Organisationen vertraten. Als ich am Samstagabend, 25. März, hinaustrat auf die Bühne, vor diese loyalen und enthusiastischen Zuhörer, war es fast fünf Jahre her, daß ich in der Öffentlichkeit hatte eine Rede halten können. Mir wurde ein freudiger Empfang zuteil. Ich hatte fast vergessen, welch intensives Erlebnis es ist, zu einer Menschenmenge zu sprechen.

In meiner Rede forderte ich einen Nationalkonvent, bei dem sich alle Südafrikaner, schwarze wie weiße, indische wie farbige, brüderlich zusammensetzen würden, um eine Verfassung zu verabschieden, welche die Bestrebungen des ganzen Landes widerspiegeln sollte. Ich rief auf zur Einheit und erklärte, wir würden unbesiegbar sein, wenn wir mit einer Stimme sprächen.

Die All-in-Conference forderte einen Nationalkonvent gewählter Vertreter aller erwachsenen Männer und Frauen auf der Grundlage der Gleichberechtigung, um eine neue nichtrassische demokratische Verfassung für Südafrika zu beschließen. Ein National Action Council mit mir als Ehrensekretär wurde gewählt, um diese Forderung der Regierung zu übermitteln. Falls die Regierung einen solchen Konvent nicht einberief, würden wir zu einer landesweiten dreitägigen Stay-Away-Aktion aufrufen, die am 29. Mai und damit mit der Deklaration Südafrikas als Republik zusammenfallen sollte. Ich hatte keine Illusionen, daß der Staat unserem Vorschlag zustimmen würde.

Im Oktober 1960 hatte die Regierung ein rein weißes Referendum zur Frage durchgeführt, ob Südafrika eine Republik werden wollte. Es war einer der langgehegten Träume des Afrikander-Nationalismus, die Bindungen an das Land abzustreifen, gegen das sie im Englisch-Burischen Krieg gekämpft hatten. Die pro-republikanische Stimmung setzte sich mit 52 Prozent der abgegebenen Stimmen durch, und die Proklamation der Republik wurde für den 31. Mai 1961 festgesetzt. Wir legten unsere Stay-at-Home-Aktion auf den Tag der Proklamation, um darauf hinzuweisen, daß eine solche Veränderung für uns rein kosmetischer Natur war.

Unmittelbar nach der Konferenz sandte ich Premierminister Verwoerd einen Brief, in dem ich ihn förmlich dazu aufforderte, einen konstitutionellen Nationalkonvent einzuberufen. Falls er sich weigere, warnte ich ihn, so würden wir, beginnend am 29. Mai, den massivsten dreitägigen Streik inszenieren, den das Land je gesehen habe. »Wir machen uns keine Illusionen über die Gegenmaßnahmen, zu denen Ihre Regierung greifen mag«, schrieb ich. »Während der letzten zwölf Monate haben wir eine Zeit grimmiger Diktatur durchgemacht.« Ich gab auch Presseerklärungen heraus, die bekräftigten, daß es sich um einen friedlichen Streik und ein gewaltloses Stay-at-Home handeln würde. Verwoerd erwiderte meinen Brief nicht, bezeichnete ihn im Parlament jedoch als »arrogant«. Statt dessen begann die Regierung eine der einschüchterndsten Zurschaustellungen von Macht in die Wege zu leiten, welche die Geschichte des Landes jemals erlebt hatte.

NOCH BEVOR SICH die Türen der Alten Synagoge am Morgen des 29. März 1961 öffneten, am Tag des seit langem erwarteten Urteils im Hochverratsprozeß, versuchte sich eine Menge von Anhängern und Presseleuten Einlaß zu verschaffen. Hunderte wurden abgewiesen. Als die Richter im Gerichtssaal Ordnung herstellten, waren die Zuschauergalerie und die Pressebank dicht gefüllt. Kaum hatte Richter Rumpff mit seinem Hammer die üblichen Schläge getan, unternahm die Staatsanwaltschaft einen außerordentlichen Versuch, die Anklage noch zu ändern. Es war die 59. Minute der 11. Stunde, und es war zwei Jahre zu spät. Das Gericht ließ die Anklagevertretung abblitzen, und die Zuschauer murmelten zustimmend.

»Ruhe im Gericht!« rief der Gerichtsdiener, und Richter Rumpff verkündete, daß die drei Richter zu einem Urteil gelangt seien. Jetzt herrschte Stille. In seiner tiefen, ruhigen Stimme trug Richter Rumpff die Schlußfolgerungen des Gerichts vor. Ja, der African Nationale Congress habe darauf hingearbeitet, die Regierung durch eine »radikal und fundamental andere Staatsform zu ersetzen«; ja, der African National Congress habe während der Mißachtungskampagne illegale Protestmethoden eingesetzt; ja, gewisse ANC-Führer hätten Reden gehalten, in denen sie sich für Gewalttätigkeit aussprachen; und ja, es gebe im ANC eine starke Linkstendenz, erkennbar an seinen antiimperialistischen, antiwestlichen, pro-sowjetischen Einstellungen, jedoch ...

»All das diesem Gericht vorgelegte Beweismaterial und unsere eigene Faktensammlung vermögen das Gericht nicht zu dem Schluß zu veranlassen, daß sich der African National Congress eine Politik zu eigen gemacht oder angenommen hatte mit dem Ziel, den Staat durch Gewalt zu stürzen, das heißt in dem Sinne, daß die Massen darauf vorbereitet oder konditioniert werden sollten, gegen den Staat direkte Gewaltakte zu verüben.«

Das Gericht erklärte, es sei der Anklagevertretung nicht gelungen zu beweisen, daß der ANC eine kommunistische Organisation sei oder daß die Freiheits-Charta einen kommunistischen Staat zum Ziel habe. Nach vierzig Minuten verkündete Richter Rumpff: »Folglich sind die Angeklagten als nichtschuldig befunden worden und sind freizulassen.«

Auf der Zuschauergalerie brach Jubel aus. Stehend umarmten wir uns und winkten in den glücklich lärmenden Gerichtssaal. Dann marschierten wir alle hinaus in den Gerichtshof, lächelnd, lachend, weinend. Die Menschenmenge schrie und sang, als wir auftauchten. Einige von uns hoben unsere Verteidiger auf die Schultern, keine leichte Aufgabe im Fall von Issy Maisels, einem besonders großen Mann. Rings um uns herrschte ein Gewitter von Blitzlichtern. Wir sahen uns nach Freunden, Frauen, Verwandten um. Winnie war herbeigeeilt, und ich umarmte sie voll Freude, obwohl mir klar war, mochte ich im Augenblick auch frei sein, genießen würde ich diese Freiheit nicht können. Als wir alle draußen waren, sangen die Freigesprochenen und die Menge gemeinsam »Nkosi Sikelel' iAfrika«.

Nach über vier Jahren vor Gericht, nach Dutzenden von Anklagevertretern, Tausenden von Dokumenten und Zehntausenden von Seiten voller Zeugenaussagen hatte der Staat eine Niederlage erlitten. Das Urteil war für die Regierung eine Peinlichkeit, sowohl im In- wie im Ausland. Dennoch bestärkte das Resultat den Staat nur in seiner Härte gegen uns. Die Lehre, die er aus allem zog, war nicht etwa, daß unsere Klagen begründet waren, sondern daß er noch rücksichtsloser vorgehen müsse.

Ich betrachtete das Urteil nicht als Rechtfertigung des Rechtssystems oder als Beweis dafür, daß ein schwarzer Mann im Gericht des weißen Mannes einen fairen Prozeß bekommen konnte. Es war ein richtiges Urteil, ein gerechtes dazu, doch das war weitgehend den hervorragenden Verteidigern zuzuschreiben und der fairen Haltung dieses Richtergremiums.

Das Gericht war in Südafrika vielleicht der einzige Ort, wo ein Afrikaner mit einer fairen Anhörung rechnen konnte und wo das Gesetz womöglich noch gültig war. Dies galt besonders für Gerichte mit aufgeklärten Richtern, die von der United Party bestimmt worden waren. Viele dieser Männer hielten sich noch an das Gesetz.

Als Student war ich belehrt worden, daß Südafrika ein Land sei, in dem das Gesetz an höchster Stelle stand und für alle Personen galt, unabhängig von ihrem sozialen Status oder ihrer offiziellen Position. Ich glaubte aufrichtig daran, und ich wollte mein Leben auf diese Annahme gründen. Doch mein Beruf als Anwalt und meine Tätigkeit als Aktivist ließ es wie Schuppen von meinen

Augen fallen. Ich erkannte, daß es einen Riesenunterschied gab zwischen dem, was ich im Hörsaal erfahren hatte, und dem, was ich im Gerichtssaal erlebte. Meine idealistische Vorstellung vom Gesetz als Schwert der Gerechtigkeit wich der Wahrnehmung, daß das Gesetz ein Werkzeug war, das die herrschende Klasse benutzte, um die Gesellschaft nach ihren Wünschen zu gestalten. Ich habe im Gericht niemals Gerechtigkeit erwartet, so sehr ich auch dafür kämpfte und obwohl sie mir manchmal zuteil wurde.

Im Fall des Hochverratsprozesses erhoben sich die drei Richter über ihre Vorurteile, ihre Erziehung und ihren Lebenshintergrund. Im Menschen ist eine Neigung zur Güte, die vergraben oder verborgen sein kann, um dann unerwartet wieder hervorzutreten. Richter Rumpff erweckte in seiner hochnäsigen Art während des gesamten Prozesses den Eindruck, daß er den Standpunkt der herrschenden weißen Minderheit teilte. Doch am Ende färbte eine grundlegende Fairneß sein Urteil. Kennedy war weniger konservativ als seine Kollegen, und die Idee der Gleichheit schien ihn anzuziehen. Einmal flogen er und Duma Nokwe zum Beispiel im selben Flugzeug von Durban nach Johannesburg, und als man Duma nicht in den Airline-Bus zur Stadt einsteigen ließ, weigerte sich auch Kennedy, mit ihm zu fahren. Richter Becker schien mir immer aufgeschlossen zu sein und war sich offenbar bewußt, daß die Angeklagten viel hatten leiden müssen unter den Maßnahmen des Staates. Mein Lob dieser drei Männer gilt ihnen als Individuen, nicht als Vertreter des Gerichts oder des Staates oder auch ihrer Rasse, sondern als Beispiele für menschlichen Anstand unter widrigen Umständen.

Richter Beckers Frau war für die Bedürfnisse anderer Menschen empfänglich. Während des Ausnahmezustands sammelte sie Konsumgüter, die sie den Angeklagten selbst brachte.

Doch die Konsequenz der für die Regierung so demütigenden Niederlage bestand darin, daß der Staat beschloß, so etwas niemals wieder geschehen zu lassen. Von jenem Tage an würde er sich nie wieder auf Richter verlassen, die er nicht selbst bestimmt hatte. Man würde sich nicht mehr an das halten, was man als juristische Kinkerlitzchen betrachtete, die Terroristen schützten oder verurteilten Gefangenen im Gefängnis bestimmte Rechte zuerkannten. Während des Hochverratsprozesses wurden keine Beispiele dafür vorgetragen, daß Menschen isoliert, geschlagen und gefoltert wurden, um Informationen aus ihnen herauszupressen. All dies gehörte bald zum Alltag.

6. Teil

DIE SCHWARZE PIMPERNELL

NACH DER Urteilsverkündung kehrte ich nicht nach Hause zurück. Mochten andere auch in Festtagsstimmung sein, darauf erpicht zu feiern, ich wußte, daß die Behörden jeden Augenblick zuschlagen konnten, und ich wollte ihnen keine Gelegenheit dazu geben. Ich wollte fort sein, bevor man mich bannen oder verhaften konnte, und ich verbrachte die Nacht in einem sicheren Haus in Johannesburg. Es war eine ruhelose Nacht in einem fremden Bett, und beim Geräusch eines jeden Autos zuckte ich zusammen, weil ich dachte, es könne die Polizei sein.

Walter und Duma verabschiedeten sich von mir auf dem ersten Teil meiner Reise, die mich nach Port Elizabeth führte, wo ich mich mit Govan Mbeki und Raymond Mhlaba traf, um über die neuen Untergrundstrukturen der Organisation zu sprechen. Wir trafen uns im Haus von Dr. Masla Pather, der später zu zwei Jahren Gefängnis verurteilt werden würde, weil er erlaubt hatte, daß wir uns in seinem Hause trafen. In sicheren Häusern, die von der Organisation arrangiert wurden, traf ich mich mit dem Herausgeber der liberalen *Port Elizabeth Morning Post*, um über die Kampagne für einen Nationalkonvent zu diskutieren, ein Ziel, das mehrere Zeitungen in der Folge förderten. Später besuchte ich Patrick Duncan, den Herausgeber und Verleger der liberalen Wochenzeitschrift *Contact*, ein Gründungsmitglied der Liberal Party und einer der ersten weißen Widerständler während der Mißachtungskampagne. Sein Blatt hatte den ANC wiederholt getadelt, seine Politik werde von Kommunisten diktiert, aber als er mich traf, war das erste, was er sagte, die genaue Lektüre der Unterlagen des Hochverratsprozesses hätte ihn eines Besseren belehrt und er werde seine Ansicht in seiner Zeitung korrigieren.

Am Abend sprach ich vor einer Gruppe von afrikanischen Geistlichen in Kapstadt. Ich erwähne dies, weil das Eröffnungsgebet eines der Geistlichen mir über die vielen Jahre hinweg im Gedächtnis haften geblieben ist und in schweren Zeiten ein Quell der Kraft war. Er dankte dem Herrn für seine Wohltat und Güte, für seine Gnade und seine Fürsorge für alle Menschen. Aber dann nahm er sich die Freiheit, den Herrn daran zu erinnern, daß manche seiner Geschöpfe beladener seien als andere und daß es mitunter scheine, als gebe er auf sie gar nicht acht. Dann erklärte der Geistliche, falls der Herr nicht ein wenig mehr Initiative zeige bei der Führung des schwarzen Mannes zur Erlösung, müsse der schwarze Mann die Sache in seine eigenen zwei Hände nehmen. Amen.

An meinem letzten Morgen in Kapstadt verließ ich mein Hotel in der Gesellschaft von George Peake, einem Gründungsmitglied der South African Colored People's Organization, und ich bedankte mich zum Abschluß bei dem farbigen Manager des Hotels dafür, daß man so gut für mich gesorgt hatte. Er schien erfreut, doch auch neugierig. Er hatte entdeckt, wer ich war, und sagte mir, die farbige Gemeinde fürchte, sie werde unter einer afrikanischen Regierung genauso unterdrückt werden wie unter der gegenwärtigen weißen Regierung. Er war ein Geschäftsmann der Mittelschicht, der wahrscheinlich nur wenig Kontakt zu Afrikanern hatte und sie genauso fürchtete wie die Weißen. Dies war eine häufige Besorgnis unter Farbigen, vor allem am Kap, und obwohl ich in Eile war, erklärte ich dem Mann die Freiheits-Charta und betonte unsere Verpflichtung zum Nichtrassismus. Ein Freiheitskämpfer muß jede Gelegenheit wahrnehmen, um den Menschen seine Sache nahezubringen.

Am folgenden Tag nahm ich in Durban an einem geheimen Treffen des Nationalen Exekutivkomitees und der vereinten Exekutiven der Kongreßbewegung teil, um darüber zu diskutieren, in welcher Form die geplante Aktion durchgeführt werden sollte: als Stay-at-Home oder als richtiggehender Streik mit organisierten Streikposten und Demonstrationen. Jene Teilnehmer, die sich für den Streik aussprachen, argumentierten, die Stay-at-Home-Strategie, die wir seit 1950 anwandten, habe ihre Nützlichkeit eingebüßt. In einer Zeit, da der PAC an die Massen appelliere, seien militantere Kampfformen notwendig. Die alternative Auffassung, die ich befürwortete, ging davon aus, daß wir mit unseren Stay-at-Home-Aktionen dem Feind Schläge zufügten, ohne daß er zurückschlagen konnte. Ich argumentierte, das Vertrauen der Menschen in unsere Kampagnen sei genau deshalb gewachsen, weil sie erkannten, daß wir mit ihrem Leben nicht rücksichtslos umgingen. In Sharpeville, sagte ich, habe der Feind, allem Heroismus der Demonstrierenden zum Trotz, Gelegenheit gehabt, unsere Leute niederzuschießen. Ich sprach mich für Stay-at-Home-Aktionen aus, obwohl mir bewußt war, daß überall im Land unsere Leute ungeduldig wurden angesichts passiver Formen des Kampfes, doch ich meinte, wir sollten von unserer erprobten Taktik nicht ohne umfassende Planung abweichen, und dafür hätten wir weder die Zeit noch die Hilfsquellen. Die Entscheidung fiel zugunsten von Stay-at-Home aus.

Das Leben im Untergrund erfordert ein seismisches psychologisches Gespür. Man muß jede Handlung planen, so geringfügig und scheinbar unbedeutend sie auch sei. Nichts ist harmlos. Alles ist fraglich. Du kannst nicht du selbst sein; du mußt voll verkörpern, was immer die von dir angenommene Rolle vorschreibt. In mancher Hinsicht erfordert dies für einen Schwarzen in Südafrika keine große Anpassung. Unter der Apartheid lebt der Schwarze ein schattenhaftes Leben zwischen Legalität und Illegalität, zwischen Offenheit und Tarnung. In Südafrika ein Schwarzer zu sein bedeutet, allem zu mißtrauen, und das ist nicht viel anders, als sein gesamtes Leben im Untergrund zu verbringen.

Ich wurde ein Wesen der Nacht. Tagsüber blieb ich in meinem Unterschlupf, und wenn es dunkel wurde, tauchte ich daraus hervor, um meine Arbeit zu tun. Ich operierte hauptsächlich von Johannesburg aus, reiste aber auch, falls notwendig. Ich hielt mich in leeren Wohnungen auf, in Wohnhäusern, überall wo ich allein sein konnte und nicht auffiel. Obwohl ich ein geselliger Mensch bin, liebe ich die Einsamkeit noch mehr. Ich begrüße die Gelegenheit, allein zu sein, um zu denken, zu überlegen, zu planen. Doch allzuviel Einsamkeit tut nicht gut. Ich sehnte mich schrecklich nach meiner Frau und der Familie.

Entscheidend für das Leben im Untergrund ist unsichtbar sein. Genauso wie es eine Art gibt, einen Raum zu betreten, um auf sich aufmerksam au machen, so gibt es Verhaltensweisen, die einen unauffällig machen. Als ein Führer sucht man oft im Mittelpunkt zu stehen; für einen Outlaw gilt das Gegenteil. Im Untergrund ging und stand ich nicht so aufrecht und gerade wie normal. Ich sprach leiser, weniger klar und deutlich. Ich war passiver, drängte mich nicht auf; ich verlangte nichts, sondern wartete, daß andere mir sagten, was ich tun sollte. Ich rasierte mich nicht und ließ mir nicht die Haare schneiden. Meine häufigste Verkleidung war die eines Chauffeurs oder eines Gärtners. Ich trug oft den blauen Overall eines Landarbeiters und auch die runden, randlosen Brillengläser, die man Mazzawati-Brille nannte. Ich hatte ein Auto und trug eine Chauffeursmütze zu meinem Overall. Die Chauffeurspose war praktisch, weil ich unter dem Vorwand reisen konnte, das Auto meines Herrn zu fahren.

Während der ersten Monate, als ich mit Haftbefehl gesucht wurde und die Polizei nach mir fahndete, beschäftigte meine Outlaw-Existenz die Phantasie der Presse. Auf den ersten Seiten erschienen Artikel, in denen behauptet wurde, man habe mich da und dort gesehen. Überall im Land wurden Straßensperren errichtet, doch die Netze der Polizei blieben leer. Man gab mir den Spitznamen »Black Pimpernel«, eine etwas herabsetzende Adaption der von der Baroneß Orczy erfundenen Romangestalt, Scarlet Pimpernel genannt, die während der Französischen Revolution auf waghalsige Weise ihrer Gefangenschaft entging.

Ich reiste heimlich im Land umher; ich war bei Muslims am Kap; bei Zuckerarbeitern in Natal; bei Fabrikarbeitern in Port Elizabeth; ich bewegte mich durch Townships in verschiedenen Teilen des Landes und nahm nachts an geheimen Meetings teil. Ich trug sogar zum Mythos des »Black Pimpernel« bei, indem ich von öffentlichen Telefonen aus Zeitungsreporter anrief und ihnen Geschichten über unsere Pläne erzählte oder auch von der Unfähigkeit der Polizei. Unvermutet tauchte ich hier und dort auf, zum Verdruß der Polizei und zur Freude vieler Menschen.

Es kamen viele wilde, ungenaue Geschichten über meine Erlebnisse im Untergrund auf. Menschen lieben es, waghalsige Taten auszuschmücken. Einige Male entkam ich mit knapper Not, was allerdings niemand wußte. Einmal fuhr ich in die Stadt und hielt vor einer Verkehrsampel. Ich blickte nach links und sah im Auto neben mir Colonel Spengler, den Chef der Witwatersrand Security Branch. Es wäre für ihn ein wahres Fest gewesen, Black Pimpernel zu fangen. Ich trug eine Arbeitermütze, einen blauen Overall und meine Brille. Er blickte kein einziges Mal in meine Richtung, aber auch so schienen, während ich auf das Umspringen der Ampel wartete, Stunden zu vergehen.

Eines Nachmittags wartete ich in Johannesburg, mit langem Staubmantel und Mütze als Chauffeur verkleidet, an einer Ecke, von der ich abgeholt werden sollte. Plötzlich bemerkte ich, daß sich mir ein afrikanischer Polizist gezielt näherte. Ich drehte den Kopf, um zu sehen, ob ich irgendwohin flüchten konnte, doch bevor es dazu kam, lächelte er mir zu, grüßte mit aufwärts gekehrtem Daumen, dem ANC-Gruß, und war verschwunden. Vorfälle dieser Art geschahen sehr oft, und ich fühlte mich bestärkt, wenn ich sah, daß wir die Loyalität vieler afrikanischer Polizisten besaßen. Da war der schwarze Sergeant, der Winnie Hinweise zu geben pflegte, was die Polizei vorhatte. Er flüsterte ihr beispielsweise zu: »Sorgt dafür, daß Madiba am Mittwochabend nicht in Alexandra ist, denn dort soll eine Razzia stattfinden.« Schwarze Polizisten sind während des Kampfes oft schwer kritisiert worden, aber viele haben heimlich eine Rolle gespielt, die äußerst wertvoll war.

Wenn ich im Untergrund war, war ich so ungepflegt wie nur möglich. Meine Overalls sahen aus, als hätten sie ein Leben schwerster Arbeit hinter sich. Die Polizei hatte ein Bild mit Bart von mir, das sie überall verteilte, und meine Gefährten bedrängten mich, ihn abzurasieren, doch ich hatte mich so an ihn gewöhnt, daß ich mich standhaft weigerte, mich von ihm zu trennen.

Nicht nur, daß ich nicht erkannt wurde, zuweilen zeigte man mir sogar die kalte Schulter. Einmal wollte ich an einem Meeting in einer Gegend weit von Johannesburg entfernt teilnehmen, und ein bekannter Geistlicher richtete es so ein, daß ich bei Freunden von ihm übernachten konnte. Eine ältere Dame öffnete die Tür, und bevor ich erklären konnte, wer ich war, rief sie aus: »Nein, einen solchen Mann wie Sie wollen wir hier nicht haben!« und schloß die Tür.

MEINE ZEIT im Untergrund widmete ich hauptsächlich der Planung des Stay-at-Home am 29. Mai, das die Form eines potentiellen Krieges zwischen Staat und Befreiungsbewegung annahm. Ende Mai veranstaltete die Regierung landesweit Razzien gegen Oppositionsführer. Zusammenkünfte wurden verboten; Druckpressen wurden beschlagnahmt; und im Parlament wurden Gesetze durchgepeitscht, die es der Polizei gestatteten, Untersuchungshäftlinge zwölf Tage ohne die Möglichkeit einer Kautionsstellung festzuhalten.

Verwoerd verkündete, jeder, der den Streik unterstütze, sympathisierende Zeitungen eingeschlossen, »spiele mit dem Feuer« eine ominöse Erklärung angesichts der Härte des Staates. Die Regierung forderte Industriebetriebe auf, Schlafgelegenheiten für Arbeiter zu schaffen, damit sie während des Streiks nicht nach Hause zurückkehren mußten. Zwei Tage vor dem Streik inszenierte die Regierung die größte Machtdemonstration in Friedenszeiten, die Südafrika in seiner Geschichte je erlebt hatte. Das Militär führte die größte Einberufungsaktion seit dem Kriege durch. Polizeiurlaube wurden gestrichen. Militäreinheiten wurden an den Ein- und Ausfahrten der Townships stationiert. Während Saracen-Panzer durch die schmutzigen Straßen der Townships rollten, schwebten Hubschrauber in der Luft, bereit, herabzustoßen und jegliche Art von Versammlung aufzulösen. Nachts richteten die Helikopter Scheinwerfer auf die Häuser.

Die englischsprachige Presse hatte über die Kampagne ausführlich berichtet, bis einige Tage vor dem geplanten Beginn. Doch am Vorabend des Stay-at-Home gab die gesamte englischsprachige Presse nach und forderte die Menschen auf, zur Arbeit zu gehen. Der PAC spielte die Rolle des Saboteurs und verteilte Tausende von Flugblättern, auf denen die Leute aufgefordert wurden, den Stay-at-Home abzulehnen, und die ANC-Führer als Feiglinge denunziert wurden. Die Aktionen des PAC schockierten uns. Daß man uns kritisierte, konnten wir akzeptieren, doch der Aufruf, nicht am Streik teilzunehmen, sondern zur Arbeit zu gehen, spielte dem Feind unmittelbar in die Hände.

In der Nacht vor dem Stay-at-Home sollte ich in einem sicheren Haus in Soweto mit der Johannesburger Führung des ANC zusammentreffen. Um die Straßensperren der Polizei zu vermeiden, fuhr ich durch Kliptown nach Soweto, weil dort normalerweise nicht patrouilliert wurde. Doch als ich um eine Ecke bog, fuhr ich genau auf das zu, was ich versucht hatte zu vermeiden: eine Straßensperre. Ein weißer Polizist winkte mir zu halten. Ich trug meine gewöhnliche Verkleidung aus Overall und Chauffeursmütze. Er blinzelte mich durch das Fenster an und begann dann, selbst das Auto zu durchsuchen. Normalerweise war dies die Aufgabe der afrikanischen Polizei. Nachdem er nichts gefunden hatte, verlangte er meinen Paß. Ich sagte ihm, ich hätte ihn aus Versehen zu Hause gelassen, und nannte beiläufig eine erfundene Paßnummer. Dies schien ihm zu genügen, und er winkte mir, weiterzufahren.

Am Montag, 29. Mai, dem ersten Streiktag, riskierten Hunderttausende von Menschen ihren Job und ihren Lebensunterhalt, indem sie nicht zur Arbeit gingen. In Durban verließen indische Arbeiter die Fabriken, während am Kap farbige Arbeiter zu Hause blieben. In Johannesburg blieb mehr als die Hälfte der Angestellten zu Hause, und in Port Elizabeth war die Zahl noch höher. Ich rühmte die Reaktionen der Presse gegenüber als »phantastisch« und lobte unsere Leute dafür, »daß sie der beispiellosen Einschüchterung durch den Staat Widerstand leisteten«. Die weiße Feier des Republic Day ging in unserem Protest unter.

Obwohl Berichte über den ersten Tag des Stay-at-Home auf starke Reaktionen in verschiedenen Teilen des Landes hinzuweisen schienen, war der Widerhall insgesamt doch dürftiger als von uns erhofft. Die Kommunikation war schwierig, und schlechte Neuigkeiten scheinen sich immer schneller zu verbreiten als gute. Als weitere Berichte eintrafen, fühlte ich mich angesichts der Reaktion niedergeschlagen und enttäuscht. An jenem Abend hatte ich ein wenig demoralisiert und auch zornig mit Benjamin Pogrund von der *Rand Daily Mail* ein Gespräch, in dem ich andeutete, daß die Tage des gewaltlosen Kampfes vorüber seien.

Am zweiten Tag blies ich den Stay-at-Home nach Beratung mit meinen Mitstreitern ab. An diesem Morgen traf ich mich in einer sicheren Wohnung in einem weißen Vorort mit verschiedenen Mitgliedern der lokalen und der ausländischen Presse, und wieder bezeichnete ich den Streik als einen »großartigen Erfolg«. Aber ich machte auch keinen Hehl daraus, daß ich meinte, ein neuer Tag dämmere herauf. Ich erklärte: »Wenn die Reaktion der Regierung darin besteht, mit nackter Gewalt unseren gewaltlosen Kampf zu zermalmen, so werden wir unsere Taktik zu überdenken haben. Nach meiner Vorstellung schließen wir ein Kapitel über die Frage einer gewaltlosen Politik ab.« Es war eine schwerwiegende Erklärung, und ich wußte es. Von unserer Exekutive wurde ich dafür kritisiert, daß ich diese Bemerkung gemacht hatte, bevor sie in der Organisation erörtert worden war, doch manchmal muß man mit einer Idee an die Öffentlichkeit gehen, um eine widerstrebende Organisation in die gewünschte Richtung zu drängen.

Die Debatte über den Einsatz von Gewalt war bereits seit den frühen 60er Jahren bei uns im Gange. Erstmals hatte ich den bewaffneten Kampf 1952 mit Walter erörtert. Jetzt besprach ich mich wieder mit ihm, und wir stimmten darin überein, daß die Organisation einen neuen Kurs einschlagen mußte. Die Kommunistische Partei hatte sich im Untergrund neu organisiert und dachte an die Bildung eines eigenen militärischen Flügels. Wir beschlossen, daß ich das Thema des bewaffneten Kampfes im Arbeitskomitee zur Sprache bringen sollte, und das tat ich bei einem Treffen im Juni 1961.

Ich hatte kaum meinen Vorschlag vorzutragen begonnen, als Moses Kotane, der Sekretär der Kommunistischen Partei und einer der mächtigsten Männer in der ANC-Exekutive, einen Gegenangriff unternahm und mir vorwarf, meinen Vorschlag nicht sorgfältig genug durchdacht zu haben. Die Aktionen der Regierung hätten mich ausmanövriert und paralysiert, und jetzt bediene ich mich in meiner Verzweiflung der Sprache der Revolution. »Es ist«, betonte er, »noch immer Raum für die alten Methoden, wenn wir nur genügend Phantasie und Entschlußkraft aufbringen. Wählen wir den von Mandela vorgeschlagenen Kurs, so werden wir unschuldige Menschen den Massakern des Feindes aussetzen.«

Moses sprach überzeugend, und ich konnte erkennen, daß er meinen Vorschlag abgeschmettert hatte. Nicht einmal Walter äußerte sich zu meinen Gunsten, und so gab ich nach. Später sprach ich mit Walter, gab meiner Frustration Ausdruck und tadelte ihn, weil er mir nicht zu Hilfe gekommen war. Er lachte und erklärte, das wäre genauso töricht gewesen wie gegen ein Rudel wütender Löwen zu kämpfen. Walter ist Diplomat, ein außerordentlich einfallsreicher. »Laß es mich einrichten, daß ihr beide, Moses und du, euch privat trefft«, sagte er, »dann kannst du ihm deinen Fall darlegen.« Ich lebte im Untergrund, doch es gelang Walter, uns in einem Haus in der Township zusammenzubringen, und wir sprachen den ganzen Tag miteinander.

Freimütig erklärte ich, warum ich glaubte, daß wir keine andere Wahl hätten, als zur Gewalt zu greifen. Ich gebrauchte einen alten afrikanischen Ausspruch: »Sebatana ha se bokwe ka diatla« (»Die Angriffe der wilden Bestie kann man nicht nur mit bloßen Händen abwehren«). Moses war Kommunist der alten Art, und ich hielt ihm vor, seine Opposition gliche jener der Kommunistischen Partei in Kuba unter dem Batista-Regime. Damals habe die Partei behauptet, die erforderlichen Bedingungen seien noch nicht eingetreten, und sie habe gezögert, weil sie sich schlicht an die Lehrbuchdefinitionen Lenins und Stalins gehalten hätte. Castro aber wartete nicht, er handelte – und triumphierte. Wenn man auf Lehrbuchbedingungen wartet, werden sie niemals eintreten. Ich sagte Moses unverblümt, daß er noch immer der alten Vorstellung anhänge, der ANC sei eine legale Organisation. Die

Menschen bildeten bereits auf eigene Faust militärische Einheiten, und die einzige Organisation, welche die Kraft besitze, sie zu führen, sei der ANC. Wir hätten stets behauptet, die Menschen seien uns voraus, und jetzt seien sie es in der Tat.

Wir sprachen den ganzen Tag, und am Schluß erklärte Moses mir: »Nelson, ich will dir nichts versprechen, doch trag das Thema im Komitee wieder vor, und wir werden sehen, was geschieht.« Eine Woche später fand ein Treffen statt, und ich brachte das Thema erneut zur Sprache. Diesmal schwieg Moses, und es bestand allgemeiner Konsens darüber, daß ich den Vorschlag dem Nationalen Exekutivkomitee in Durban vortragen sollte. Walter lächelte nur.

Die Zusammenkunft der Exekutive in Durban fand wie alle ANC-Meetings zu dieser Zeit heimlich und nachts statt, um der Polizei aus dem Wege zu gehen. Ich rechnete damit, Schwierigkeiten zu bekommen, weil Häuptling Luthuli sich angesagt hatte, und ich kannte seine moralische Haltung zur Gewaltlosigkeit. Überdies hatte ich Bedenken wegen des Zeitpunkts, denn ich brachte das Thema Gewalt so kurze Zeit nach dem Hochverratsprozeß zur Sprache, in dem wir doch erklärt hatten, für den ANC sei Gewaltlosigkeit ein unantastbares Prinzip und keine Taktik, die sich je nach Umständen ändere. Ich selbst glaubte genau das Gegenteil: Gewaltlosigkeit sei eine Taktik, die aufgegeben werden sollte, wenn sie ihre Wirkung verloren habe. Auf dem Treffen argumentierte ich, der Staat habe uns keine Alternative zur Gewalt gelassen. Ich erklärte, es sei falsch und unmoralisch, unsere Leute den bewaffneten Angriffen des Staates auszusetzen, ohne ihnen irgendeine Art von Alternative anzubieten. Ich erwähnte abermals, die Menschen hätten auf eigene Faust zu den Waffen gegriffen. Gewalt würde ihren Anfang nehmen, ob wir nun die Initiative ergriffen oder nicht. Wäre es da nicht besser, wenn wir selbst diese Gewalt lenkten, gemäß den Prinzipien, wonach wir Leben retteten, indem wir die Symbole der Unterdrückung angriffen und nicht Menschen? Übernähmen wir jetzt nicht die Führung, erklärte ich, würden wir bald zu Nachzüglern und Anhängern einer Bewegung werden, die wir nicht mehr kontrollieren.

Anfangs war der Häuptling für meine Argumente nicht zugänglich. Für ihn war Gewaltlosigkeit nicht nur eine Taktik. Aber wir bearbeiteten ihn die ganze Nacht; und ich glaube, daß er sich im Innersten darüber im klaren war, daß wir recht hatten. Schließlich räumte er ein, daß eine militärische Kampagne unvermeidlich sei. Als später jemand die Vermutung äußerte, der Häuptling sei womöglich auf einen solchen Kurs gar nicht vorbereitet gewesen, erwiderte er: »Falls mich jemand für einen Pazifisten hält, so mag er nur versuchen, mir meine Hühner wegzunehmen, und er wird dann schon sehen, wie sehr er sich irrt!«

Die Nationale Exekutive billigte formal den vorläufigen Beschluß des Arbeitskomitees. Der Häuptling und andere schlugen vor, wir sollten die neue Resolution so behandeln, als habe der ANC sie nicht erörtert. Er wollte nicht die Legalität unserer nicht gebannten Verbündeten gefährden. Nach seiner Idee sollte eine militärische Bewegung ein separates, unabhängiges Organ sein, mit dem ANC zwar verbunden und unter der Gesamtkontrolle des ANC, jedoch fundamental autonom. Es würde zwei getrennte Fronten des Kampfes geben. Ohne Zögern akzeptierten wir den Vorschlag des Häuptlings. Er und andere warnten davor, diese neue Phase als Vorwand zu benutzen, die wesentlichen Aufgaben der Organisation und die traditionellen Kampfmethoden zu vernachlässigen. Auch das wäre selbstzerstörerisch, denn der bewaffnete Kampf würde, jedenfalls zu Anfang, nicht das Kernstück der Bewegung sein.

Für die folgende Nacht war in Durban ein Treffen der vereinigten Exekutiven angesetzt. Teilnehmen würden auch der Indian Congress, der Colored People's Congress, der South African Congress of Trade Unions und der Congress of Democrats. Obwohl diese anderen Gruppen gewöhnlich ANC-Beschlüsse akzeptierten, wußte ich doch, daß einige meiner indischen Kollegen sich dem Schritt zur Gewalt energisch widersetzen würden.

Das Treffen nahm einen unglücklichen Verlauf. Häuptling Luthuli, der den Vorsitz hatte, verkündete, zwar habe der ANC einen Beschluß zur Gewalt gebilligt, jedoch »es handelt sich um eine Angelegenheit von solchem Gewicht, daß ich mir wünsche, meine Kollegen würden heute abend das Thema erneut bedenken«. Offensichtlich war der Häuptling mit unserem neuen Kurs nicht ganz einverstanden.

Wir begannen unsere Sitzung um 20 Uhr, und sie verlief tumultuös. Ich brachte die gleichen Argumente vor wie bisher, und viele Teilnehmer legten Zurückhaltung an den Tag. Yusuf Cachalia und Dr. Naicker beschworen uns, diesen Kurs nicht einzuschlagen, und prophezeiten, der Staat werde die ganze Befreiungsbewegung hinmetzeln. J. N. Singh, ein versierter Debattenredner, sprach in jener Nacht Worte aus, die noch immer durch meinen Kopf gehen: »Nicht die Gewaltlosigkeit hat uns gegenüber versagt«, erklärte er, »wir haben der Gewaltlosigkeit gegenüber versagt.« Ich entgegnete, Gewaltlosigkeit habe uns gegenüber sehr wohl versagt, denn sie habe in keiner Weise die Gewaltanwendung des Staates eingedämmt oder bei unseren Unterdrückern einen Sinneswandel bewirkt.

Wir debattierten die ganze Nacht hindurch, und in den frühen Morgenstunden hatte ich das Gefühl, daß wir Fortschritte machten. Viele der indischen Führer sprachen jetzt in besorgtem Ton über das Ende der Gewaltlosigkeit. Aber dann, urplötzlich, platzte M. D. Naido, Mitglied des South African Indian Congress, heraus und erklärte seinen indischen Kollegen: »Ach, ihr habt ja nur Angst, ins Gefängnis zu gehen, das ist alles.« Seine Bemerkung löste einen Tumult aus. Bezweifelt man die Integrität eines Menschen, so muß man mit Ärger rechnen. Die gesamte Debatte begann praktisch noch einmal von vorn. Doch gegen Morgengrauen fand sich eine Lösung. Die Kongresse bevollmächtigten mich, eine neue militärische, vom ANC losgelöste Organisation zu bilden. Die Politik des ANC würde nach wie vor die der Gewaltlosigkeit sein. Ich wurde autorisiert, mit jedem zusammenzuarbeiten, mit dem ich wollte oder den ich brauchte, um diese Organisation zu schaffen, und ich würde nicht der unmittelbaren Kontrolle der Mutterorganisation unterstehen.

Dies war ein schicksalhafter Schritt. 50 Jahre lang hatte der ANC Gewaltlosigkeit als Kernprinzip behandelt, jenseits aller Fragen und Zweifel. Von nun an würde der ANC eine andere

Organisation sein. Wir waren im Begriff, einen neuen, gefährlicheren Weg einzuschlagen, einen Weg organisierter Gewalt, deren Folgen wir nicht kannten und nicht kennen konnten.

ICH, DER NIEMALS Soldat gewesen war, der niemals in einer Schlacht gekämpft und niemals auf einen Feind geschossen hatte, sollte nun eine Armee aufstellen. Das wäre eine einschüchternde Aufgabe für einen kampferprobten General gewesen, von einem militärischen Novizen ganz zu schweigen. Der Name dieser neuen Organisation war Umkhonto We Sizwe (»Der Speer der Nation«) – abgekürzt MK. Das Symbol des Speers wurde gewählt, weil Afrikaner mit dieser einfachen Waffe jahrhundertelang die Überfälle von Weißen abgewehrt hatten.

Obwohl die ANC-Exekutive weiße Mitglieder nicht zuließ, war der MK in dieser Hinsicht nicht so engstirnig. Sofort holte ich Joe Slovo und Walter Sisulu an meine Seite, und wir bildeten das Oberkommando mit mir als Vorsitzendem. Über Joe konnte ich mir die Dienste kommunistischer Parteimitglieder zunutze machen, die sich bereits für einen Gewaltkurs entschieden und auch schon Sabotageakte durchgeführt hatten, etwa das Durchtrennen von Telefon- und Kommunikationsleitungen der Regierung. Wir rekrutierten Jack Hodgson, der im Zweiten Weltkrieg in der Springbok Legion gekämpft hatte, sowie Rusty Bernstein, beide Parteimitglieder. Jack wurde unser erster Experte für Zerstörungsaktionen. Unser Auftrag war es, Gewaltakte gegen den Staat zu verüben – doch welche Form diese Akte annehmen sollten, war noch zu entscheiden. Unsere Absicht war es, mit Aktionen zu beginnen, die am wenigsten gewalttätig gegen Individuen, jedoch höchst zerstörerisch für den Staat sein würden.

Ich ging an die Aufgabe auf die Weise heran, die mir geläufig war, indem ich las und mit Experten sprach. Herausfinden wollte ich die fundamentalen Prinzipien zur Auslösung einer Revolution. Ich entdeckte, daß gerade über dieses Thema außerordentlich viel geschrieben worden war, und ich bahnte mir meinen Weg durch die vorhandene Literatur über bewaffnete Kriegführung und besonders über Guerillakriegführung. Ich wollte wissen, welche Umstände für einen Guerillakrieg förderlich waren; wie man Guerillastreitkräfte aufstellt, ausbildet und aufrechterhält; wie sie bewaffnet und auf welche Weise sie versorgt werden sollten – alles grundlegende, fundamentale Fragen.

Ich interessierte mich für jedes nur denkbare Informationsmaterial. Ich las den Bericht von Blas Roca, dem Generalsekretär der Kommunistischen Partei von Kuba, über ihre Jahre als illegale Organisation während des Batista-Regimes. In »Commando« von Deneys Reitz las ich über die unkonventionellen Guerillataktiken der Burengenerale während des Burenkrieges. Ich las Werke von und über Che Guevara, Mao-Tse-tung, Fidel Castro. Aus Edgar Snows brillantem Buch »Roter Stern über China« erfuhr ich, daß es Maos Entschlossenheit und sein nichttraditionelles Denken gewesen waren, die ihn zum Sieg geführt hatten. Ich las »The Revolt« von Menachem Begin und fühlte mich ermutigt durch die Tatsache, daß der israelische Führer eine Guerillastreitmacht in einem Land ohne Berge und Wälder geführt hatte, in einer Situation, die unserer eigenen ähnelte. Ich wollte mehr erfahren über den bewaffneten Kampf des Volkes von Äthiopien gegen Mussolini und über die Guerilla-Armeen von Kenia, Algerien und Kamerun.

Ich vertiefte mich in die Vergangenheit Südafrikas und studierte unsere Geschichte vor und nach der Ankunft des weißen Mannes. Ich erforschte die Kriege von Afrikanern gegen Afrikaner, von Afrikanern gegen Weiße, von Weißen gegen Weiße. Ich verschaffte mir einen Überblick über die Hauptindustriegebiete des Landes, über sein Transport- und Kommunikationssystem. Ich sammelte detaillierte Landkarten und analysierte systematisch das Terrain verschiedener Landesregionen.

Am 26. Juni 1961, unserem Freedom Day (Freiheitstag), schickte ich aus dem Untergrund einen Brief an südafrikanische Zeitungen, in dem ich die Menschen wegen ihres Muts beim letzten Stay-at-Home lobte und erneut zu einem konstitutionellen Nationalkonvent aufrief. Wieder verkündete ich, daß für den Fall, daß der Staat sich weigere, einen solchen Konvent abzuhalten, eine landesweite Kampagne der Nichtkooperation durchgeführt werde. Ein Ausschnitt dieses Briefes:

»Wie ich erfahre, ist ein Haftbefehl gegen mich ergangen, und die Polizei fahndet nach mir. Der National Action Council hat diese Frage gründlich und ernsthaft erörtert ... und er hat mir geraten, mich nicht zu stellen. Ich habe diesen Rat akzeptiert und werde mich keiner Regierung ergeben, die ich nicht anerkenne. Jeder ernsthafte Politiker wird verstehen, daß bei den gegenwärtigen Zuständen im Land das Streben nach billigem Märtyrertum, indem ich mich der Polizei stelle, naiv und kriminell wäre ...

Ich habe diesen Weg gewählt, der schwieriger ist und mehr Risiken und Strapazen mit sich bringt als der Gefängnisaufenthalt. Ich mußte mich trennen von meiner lieben Frau und meinen Kindern, von meiner Mutter und meinen Schwestern, um als Outlaw in meinem eigenen Land zu leben. Ich mußte meine Praxis schließen, meinen Beruf aufgeben und in Armut leben wie so viele unserer Menschen ... Ich werde gegen die Regierung kämpfen, Seite an Seite mit euch, Meter für Meter und Meile für Meile, bis der Sieg errungen ist. Was werdet ihr tun? Werdet ihr uns begleiten oder werdet ihr kooperieren mit der Regierung bei ihren Bemühungen, die Ansprüche und Forderungen eurer eigenen Leute zu unterdrücken? Werdet ihr schweigen und euch neutral verhalten in einer Angelegenheit auf Leben und Tod für meine Leute, für eure Leute? Ich für meinen Teil habe meine Entscheidung getroffen. Weder werde ich Südafrika verlassen noch werde ich kapitulieren. Nur durch Leiden, Opfer und militante Tat kann Freiheit erreicht werden. Der Kampf ist mein Leben. Ich werde bis zum Ende meiner Tage für die Freiheit kämpfen.«

WÄHREND DER ersten Monate im Untergrund wohnte ich für einige Wochen bei einer Familie in der Market Street, und danach teilte ich mir mit Wolfie Kodesh eine Ein-Zimmer-Junggesellenwohnung in Berea, einem ruhigen weißen Vorort nördlich des Zentrums. Wolfie war Mitglied des Congress of Democrats, Reporter für *New Age* und hatte im Zweiten Weltkrieg in Nordafrika und in Italien gekämpft. Seine Kenntnisse über Kriegführung und seine Kampferfahrungen aus erster Hand waren äußerst nützlich für mich. Auf seine Anregung las ich das klassische Werk des preußischen Offiziers Carl von Clausewitz »Vom Kriege«. Clausewitz' zentrale These, daß der Krieg eine Fortsetzung der Politik mit anderen Mitteln sei, entsprach meinen eigenen Neigungen. Was die Beschaffung von Lesematerial anging, verließ ich mich auf Wolfie, und ich befürchte, daß ich sein Leben beeinträchtigte, was Arbeit und Vergnügen betraf. Aber er war so ein freundlicher, bescheidener Mensch, daß er sich niemals beklagte.

Ich verbrachte fast zwei Monate in seiner Wohnung, wo ich auf einem Behelfsbett schlief. Tagsüber blieb ich zu Hause, las und plante bei heruntergezogenen Jalousien. Erst abends brach ich zu Meetings oder Beratungen auf. Jeden Morgen verärgerte ich Wolfie, weil ich um fünf Uhr aufwachte, meine Trainingskleidung anzog und über eine Stunde lang auf der Stelle lief. Schließlich kapitulierte Wolfie vor meinen Gewohnheiten und schloß sich meinem Morgentraining an, bevor er in die Stadt fuhr.

Der MK übte zu diesem Zeitpunkt das Zünden von Sprengstoff. Eines Nachts begleitete ich Wolfie zu einer alten Ziegelei an der Peripherie der Stadt, wo eine Demonstration stattfinden sollte. Es war ein Sicherheitsrisiko dabei, doch ich wollte beim ersten Test des MK mit einem Sprengkörper dabeisein. Bei Ziegeleien waren Explosionen nicht außergewöhnlich, weil die Betriebe zur Lockerung des Tons Dynamit verwendeten, bevor die großen Maschinen das Rohmaterial zur Herstellung von Ziegeln ausschaufelten. Jack Hodgson hatte eine Paraffinbüchse voll Nitroglyzerin mitgebracht. Er hatte einen Zeitzünder gebastelt, der sich in einem Kugelschreiber befand. Es war dunkel, und wir hatten nur ein kleines Licht; während Jack arbeitete, standen wir dicht bei ihm. Als er fertig war, traten wir zurück und zählten dann dreißig Sekunden ab; es dröhnte gewaltig, und es wurde viel Erde emporgeschleudert. Die Explosion verlief erfolgreich, und wir machten alle, daß wir so schnell wie möglich zu unseren Autos kamen, und fuhren in verschiedene Richtungen davon.

Ich fühlte mich in Berea sicher. Ich ging nicht hinaus, und da es ein weißes Gebiet war, würde die Polizei kaum auf den Gedanken kommen, hier nach mir Ausschau zu halten. Wenn ich tagsüber in der Wohnung las, stellte ich oft einen halben Liter Milch auf das Fensterbrett, um sie zum Gären zu bringen. Ich trinke saure Milch für mein Leben gern; bei den Xhosa wird sie »Amasi« genannt und gilt als gesunde und nahrhafte Kost. Sie ist sehr einfach herzustellen; man braucht die Milch nur an der offenen Luft stehen und gerinnen zu lassen. Sie wird dann dick und sauer, ähnlich wie Joghurt. Ich drängte sogar Wolfie, sie zu probieren, doch er schnitt nur eine Grimasse, als er davon kostete.

Eines Abends – Wolfie war aus der Stadt zurückgekehrt, und wir unterhielten uns – hörte ich draußen ein Gespräch, unweit des Fensters. Ich konnte hören, wie zwei junge schwarze Männer Zulu sprachen, doch ich konnte sie nicht sehen, da die Vorhänge zugezogen waren. Ich bedeutete Wolfie, ruhig zu sein.

»Was macht denn ›unsere Milch‹ auf dem Fensterbrett dort?« fragte der eine.

»Wovon redest du?« fragte der andere.

»Die saure Milch – ›Amasi‹ – auf dem Fensterbrett«, erklärte er. »Wie kommt die dorthin?« Schweigen folgte. Der aufmerksame junge Bursche meinte, nur ein Schwarzer stelle Milch so auf eine Fensterbank, und was machte ein Schwarzer in einem weißen Gebiet? Mir war klar, daß ich hier nicht länger bleiben konnte. In der folgenden Nacht brach ich auf, um einen anderen Unterschlupf zu suchen.

Ich wohnte im Haus eines Arztes in Johannesburg, schlief nachts im Quartier für Bedienstete und arbeitete tagsüber im Arbeitszimmer des Arztes. Näherte sich tagsüber jemand dem Haus, stürzte ich hinaus zum Hinterhof und spielte den Gärtner. Dann verbrachte ich etwa zwei Wochen auf einer Zuckerplantage in Natal und lebte bei einer Gruppe afrikanischer Arbeiter und ihren Familien in einer kleinen Gemeinde namens Tongaat an der Küste nördlich von Durban. Ich wohnte in einer Herberge und gab mich als Landwirtschaftsexperte aus, der im Auftrag der Regierung das Land bewerten sollte.

Die Organisation hatte mich mit entsprechenden Geräten ausgerüstet, und ich verbrachte täglich einen Teil meiner Zeit damit, den Erdboden zu prüfen und Experimente durchzuführen. Ich verstand wenig von dem, was ich tat, und ich glaube kaum, daß ich die Leute von Tongaat zum Narren hielt. Aber diese Männer und Frauen, zumeist Farmarbeiter, besaßen eine natürliche Art von Verschwiegenheit und stellten auch meine Identität nicht in Frage, selbst als sie sahen, daß nachts in Autos Leute eintrafen, darunter auch wohlbekannte lokale Politiker. Oft war ich die ganze Nacht hindurch bei Zusammenkünften und schlief dann den ganzen Tag – nicht gerade der normale Zeitablauf für einen Landwirtschaftsexperten. Doch obwohl ich mit anderen Dingen beschäftigt war, fühlte ich mich der Gemeinde doch verbunden. Ich besuchte die Sonntagsgottesdienste und genoß den altmodischen, bibelverhafteten Predigerstil dieser zionistisch-christlichen Geistlichen. Kurz bevor ich weiterziehen wollte, bedankte ich mich bei einem älteren Mann dafür, daß er sich um mich gekümmert habe. Er antwortete: »Du bist natürlich willkommen, aber Kwuedeni (junger Mann), sag uns doch bitte, was will Häuptling Luthuli?« Ich stutzte unwillkürlich und erwiderte schnell: »Nun, es wäre besser, ihn selbst zu fragen, denn ich kann nicht für ihn sprechen, aber wie ich ihn verstehe, will er, daß wir unser Land zurückbekommen, will er, daß unsere Könige ihre Macht zurückerhalten, und er will, daß wir unsere Zukunft selbst bestimmen und unser Leben so führen können, wie wir das für richtig halten.«

»Und wie will er das erreichen, wenn er keine Armee hat?« fragte der alte Mann.

Nur zu gern hätte ich ihm gesagt, daß ich gerade eifrig damit beschäftigt war, ebendiese Armee aufzustellen, aber das ging natürlich nicht. Obwohl mich seine Empfindungen ermutigten, war ich doch beunruhigt, daß auch andere meine Mission durchschaut hatten. Wieder war ich zu lange an einem Ort geblieben, und in der folgenden Nacht verschwand ich genauso unauffällig, wie ich gekommen war.

MEINE NÄCHSTE Adresse war eher ein Refugium als ein Unterschlupf: Liliesleaf Farm in Rivonia, einem bukolischen nördlichen Vorort von Johannesburg. Seinerzeit bestand Rivonia hauptsächlich aus Farmen und kleinen Anwesen. Das Farmhaus und das Grundstück waren von unserer Bewegung gekauft worden, um Mitgliedern im Untergrund eine sichere Zuflucht bieten zu können. Es war ein altes, reparaturbedürftiges Haus, und niemand wohnte dort.

Ich zog als angeblicher Hausdiener oder Verwalter ein, der sich um den Besitz kümmern würde bis zur Ankunft meines Herrn. Ich nannte mich David Motsamayi, mit dem Namen eines meiner früheren Klienten. Auf der Farm trug ich einfache blaue Overalls, die Uniform des schwarzen Bediensteten. Tagsüber ging es auf dem Grundstück recht geschäftig zu. Arbeiter, Zimmerleute und Anstreicher waren damit beschäftigt, das Haupthaus instandzusetzen und die Außengebäude zu erweitern. Wir wollten eine Anzahl kleinerer Zimmer anbauen lassen, damit hier mehr Leute leben konnten. Die Arbeiter waren alle Afrikaner aus der Township Alexandra, und sie riefen mich entweder »Kellner« oder »Boy« (sie gaben sich nie die Mühe, mich nach meinem Namen zu fragen). Ich bereitete ihnen das Frühstück sowie am Vormittag und am Nachmittag Tee. Sie schickten mich auch zu Botengängen auf der Farm herum oder befahlen mir, den Boden zu fegen oder Abfall aufzusammeln.

Eines Nachmittags informierte ich sie, ich hätte in der Küche Tee für sie zubereitet. Sie kamen herein, und ich reichte ein Tablett mit Tassen, Tee, Milch und Zucker herum. Jeder nahm eine Tasse und bediente sich selbst. Während ich das Tablett herumtrug, trat ich auch an einen Burschen heran, der gerade dabei war, eine Geschichte zu erzählen. Er nahm sich eine Teetasse, doch er konzentrierte sich mehr auf seine Geschichte als auf mich, und er hielt, während er sprach, einfach seinen Teelöffel in die Luft, doch weniger, um sich Zucker zu nehmen, sondern um damit zu gestikulieren. Ich stand da, mehrere Minuten lang, wie mir schien, und begann mich schließlich leicht verärgert zu entfernen. Da erst bemerkte er mich und sagte scharf: »Kellner, komm her, ich habe nicht gesagt, daß du gehen darfst.«

Viele Leute haben ein idealistisches Bild vom egalitären Charakter der afrikanischen Gesellschaft gemalt, und wenn ich diesem Porträt im großen und ganzen auch zustimme, so ist es doch eine Tatsache, daß Afrikaner einander keineswegs immer gleich behandeln. Die Industrialisierung hat dazu beigetragen, die urbanen Afrikaner mit Status-Vorstellungen wie in der weißen Gesellschaft üblich vertraut zu machen. Für solche Leute war ich minderwertig, ein Diener, ein ungelernter Arbeiter und deshalb mit Verachtung zu behandeln. Ich spielte die Rolle so gut, daß keiner von ihnen jemals argwöhnte, ich könne jemand anderes sein, als ich zu sein schien.

Jeden Abend bei Sonnenuntergang kehrten die Arbeiter zu ihren Wohnungen zurück, und ich war bis zum nächsten Morgen allein. Ich genoß diese Stunden der Stille, doch an den meisten Abenden verließ ich das Grundstück, um Zusammenkünften beizuwohnen, und kehrte erst mitten in der Nacht zurück. Oft war mir nicht wohl zumute, wenn ich zu solchen Zeiten an einen Ort zurückkehrte, den ich nicht gut kannte und an dem ich illegal unter falschem Namen lebte. Ich erinnere mich, wie ich eines Nachts erschrak, als ich zu sehen glaubte, daß jemand im Gebüsch lauerte; ich sah nach und fand nichts. Ein Freiheitskämpfer im Untergrund hat einen sehr leichten Schlaf.

Nach einigen Wochen gesellte sich auf der Farm Raymond

Mhlaba zu mir, der von Port Elizabeth herbeigereist war. Ray war ein überzeugter Gewerkschafter, Mitglied der Cape Exekutive und der Kommunistischen Partei, und er war der erste ANC-Führer gewesen, der bei der Mißachtungskampagne verhaftet worden war. Er war vom ANC als einer der ersten Rekruten für Umkhonto we Sizwe ausgewählt worden. Er wollte sich auf der Farm zusammen mit drei anderen auf seine militärische Ausbildung in der Volksrepublik China vorbereiten; wir hatten den Kontakt erneuert, den Walter 1952 geknüpft hatte. Ray blieb zwei Wochen und gab mir ein klareres Bild von den Problemen, die der ANC im östlichen Kap hatte. Ich bediente mich auch seiner Hilfe bei der Abfassung der MK-Satzung. Es kamen noch Joe Slovo und Rusty Bernstein hinzu, die beide den Entwurf mitverfaßten.

Nach Raymonds Abreise stieß für kurze Zeit Michael Harmel zu mir, eine Schlüsselfigur der Kommunistischen Partei im Untergrund, Gründungsmitglied des Congress of Democrats und Herausgeber der Zeitschrift *Liberation*. Michael war ein brillanter Theoretiker; er arbeitete für die Kommunistische Partei über politische Themen, und dafür brauchte er einen ruhigen und sicheren Ort.

Tagsüber hielt ich mich von Michael fern, denn es hätte äußerst merkwürdig ausgesehen, wenn ein weißer Fachmann mit einem afrikanischen Hausboy regelmäßig Gespräche führte. Doch am Abend, wenn die Arbeiter gegangen waren, hatten wir lange Gespräche über die Beziehungen zwischen der Kommunistischen Partei und dem ANC. Eines Abends kehrte ich nach einem Treffen erst spät zur Farm zurück. Wenn ich allein war, vergewisserte ich mich immer, daß alle Tore geschlossen waren und nirgends Licht brannte. Ich traf eine ganze Menge Vorsichtsmaßnahmen, denn ein Schwarzer, der mitten in der Nacht zu einem kleinen Anwesen in Rivonia fuhr, würde natürlich unerwünschte Fragen auf sich ziehen. Aber ich sah, daß im Haus Licht brannte, und als ich näher kam, hörte ich, wie ein Radio plärrte. Die Haustür stand offen, und ich trat ein und fand Michael im Bett, in tiefem Schlaf. Ich war wütend über diese Gefährdung unserer Sicherheit, und so weckte ich ihn auf und sagte: »Mann, wie kannst du das Licht brennen und das Radio spielen lassen!« Er war schlaftrunken, aber wütend. »Nel, mußt du mich im Schlaf stören? Hat das nicht bis morgen Zeit?« Ich sagte, das habe es nicht, es sei eine Frage der Sicherheit, und tadelte ihn für sein laxes Verhalten.

Bald nach diesem Vorfall zogen Arthur Goldreich und seine Familie als offizielle Besitzer in das Haupthaus ein, und ich hatte das gerade erbaute Cottage für Hausangestellte für mich. Arthurs Anwesenheit war für unsere Aktivitäten eine sichere Tarnung. Er war von Beruf Künstler und Designer, ein Mitglied des Congress of Democrats und eines der ersten Mitglieder des MK. Seine politische Betätigung war der Polizei nicht bekannt, und er hatte nie zuvor eine Befragung oder Hausdurchsuchung über sich ergehen lassen müssen. In den 40er Jahren hatte Arthur in den Reihen der Palmach gekämpft, des militärischen Flügels der jüdischen Nationalbewegung in Palästina. Er kannte sich im Guerillakrieg aus und half mir, viele Wissenslücken zu stopfen. Arthur war ein dynamischer Mensch, und er verlieh der Farm eine lebenslustige Atmosphäre.

Schließlich gehörte zur regulären Gruppe auf der Farm noch Mr. Jelliman, ein liebenswürdiger weißer Pensionär und alter Freund der Bewegung, der Verwalter der Farm wurde. Mr. Jelliman brachte mehrere junge Arbeiter aus Sekhukhuneland mit, und bald sah die Farm genauso aus wie jedes andere kleine Anwesen im Land. Jelliman war nicht Mitglied im ANC, doch er war loyal, verschwiegen und ein guter Arbeiter. Ich bereitete das Frühstück und die Hauptmahlzeit für ihn zu, und er war stets freundlich. Viel später riskierte Jelliman sein Leben und seinen Lebensunterhalt bei einem mutigen Versuch, mir zu helfen.

Die schönste Zeit auf der Farm war für mich, wenn meine Frau und meine Familie zu Besuch kamen. Nachdem die Goldreichs eingezogen waren, besuchte Winnie mich an den Wochenenden. Wir waren vorsichtig, was ihren Transport anging. Ein Fahrer nahm sie mit und setzte sie an einem Ort ab, von wo sie ein zweiter Fahrer abholte, der sie schließlich zur Farm brachte. Später fuhr sie selbst, zusammen mit den Kindern, und wählte dabei die weitest möglichen Umwege. Noch verfolgte die Polizei nicht jede ihrer Bewegungen.

An diesen Wochenenden schien die Zeit zuweilen stillzustehen, wenn wir so taten, als seien diese gestohlenen Gemeinsamkeiten in unserem Leben die Regel und nicht die Ausnahme. Ironischerweise hatten wir in Liliesleaf mehr Zeit für uns, als wir sie je daheim gehabt hatten. Die Kinder konnten herumtollen und spielen, und wir waren, wenigstens für kurze Zeit, sicher in dieser idyllischen Seifenblase.

Winnie brachte mir ein altes Luftgewehr mit, das ich in Orlando besessen hatte, und Arthur und ich benutzten es zu Zielübungen oder zur Taubenjagd auf der Farm. Eines Tages stand ich auf der vorderen Rasenfläche des Grundstücks und zielte mit dem Gewehr auf einen Sperling hoch oben in einem Baum. Hazel Goldreich, Arthurs Frau, beobachtete mich dabei und bemerkte scherzhaft, daß ich mein Ziel niemals treffen würde. Sie hatte den Satz kaum zu Ende gebracht, als der Sperling zu Boden fiel. Ich drehte mich zu ihr herum und wollte gerade anfangen zu prahlen, als Goldreichs Sohn Paul, damals etwa fünf Jahre alt, mich mit Tränen in den Augen ansah und sagte: »David, warum hast du diesen Vogel getötet? Seine Mutter wird traurig sein.« Meine Stimmung ging sofort von Stolz zur Scham über, und ich hatte das Gefühl, daß der kleine Junge weit mehr Menschlichkeit besaß als ich. Es war eine eigentümliche Empfindung für einen Mann, der Führer einer im Entstehen begriffenen Guerilla-Armee war.

BEI DER PLANUNG von Richtung und Form der MK zogen wir vier Typen von Gewaltaktionen in Betracht: Sabotage, Guerillakrieg, Terrorismus und offene Revolution. Für eine kleine, gerade flügge werdende Armee war die offene Revolution undenkbar. Terrorismus warf unvermeidlich ein schlechtes Licht auf jene, die sich seiner bedienten, und unterminierte jede öffentliche Unterstützung, die anders vielleicht zu gewinnen wäre. Guerillakrieg war eine Möglichkeit, aber da der ANC stets gegen Gewaltanwendung gewesen war, schien es am sinnvollsten, jene Form von Gewalt einzusetzen, die für Menschen am harmlosesten war: Sabotage.

Da Sabotage nicht den Verlust von Menschenleben nach sich zog, war mit ihr die größte Hoffnung auf Aussöhnung der Rassen späterhin verbunden. Wir wollten keine Blutfehde zwischen Weiß und Schwarz auslösen. Noch 50 Jahre nach dem Englisch-Burischen Krieg stand zwischen Engländern und Afrikandern bittere Feindseligkeit. Wie würde es um die Rassenbeziehungen zwischen Weiß und Schwarz stehen, wenn wir einen Bürgerkrieg provozierten? Sabotage hatte den zusätzlichen Vorteil, die wenigsten Menschenleben zu fordern.

Unsere Strategie bestand darin, selektiv Anschläge zu verüben gegen militärische Einrichtungen, Kraftwerke, Telefonleitungen und Transportverbindungen – alles Ziele, die nicht nur die militärische Effektivität des Staates beeinträchtigen, sondern auch die Anhänger der National Party verschrecken, ausländisches Kapital abschrecken und die Ökonomie schwächen würden. Dies, so hofften wir, würde die Regierung an den Verhandlungstisch zwingen. Die Mitglieder des MK wurden streng angewiesen, Verluste von Menschenleben unter allen Umständen zu vermeiden. Sollte Sabotage nicht die gewünschten Resultate erbringen, so waren wir bereit, zur nächsten Phase überzugehen: Guerillakrieg und Terrorismus.

Die Struktur des MK spiegelte die Familienorganisation wider. An der Spitze war das National High Command; darunter befanden sich die Regional Commands jeder einzelnen Provinz, und unten waren die lokalen Kommandos und Zellen. Regionale Kommandos wurden überall im Land eingerichtet, und ein Gebiet wie das östliche Kap hatte über 50 Zellen. Das High Command entschied über Taktiken und allgemeine Ziele und trug die Verantwortung für Ausbildung und Finanzierung. Innerhalb des vom High Command festgelegten Rahmens besaßen die Regionalkommandos die Autorität, ausgewählte lokale Ziele anzugreifen. Allen MK-Mitgliedern war es verboten, bewaffnet an einer Operation teilzunehmen; sie sollten in keiner Weise Menschenleben gefährden.

Ein Problem, auf das wir früh stießen, war die Frage der geteilten Loyalitäten zwischen MK und ANC. Die meisten unserer Rekruten waren ANC-Mitglieder, die in Ortsgruppen aktiv waren, doch es stellte sich heraus, daß sie, sobald sie für den MK tätig waren, ihre früheren Aktivitäten für die Ortsgruppen einstellten. Der Sekretär der Ortsgruppe entdeckte, daß bestimmte Männer nicht länger an Meetings teilnahmen. Er sprach dann vielleicht einen an und fragte: »Mann, warum bist du gestern abend nicht beim Meeting gewesen?« Worauf er die Antwort erhielt: »Na ja, ich war bei einem anderen Meeting.«

»Bei was für einem Meeting denn?« fragte der Sekretär.

»Oh, das kann ich nicht sagen.«

»Du kannst es mir, deinem Sekretär, nicht sagen?« Aber der Sekretär würde schon bald die zweite Loyalität des Mitglieds herausfinden. Nach einigen anfänglichen Mißverständnissen beschlossen wir, daß bei einer Rekrutierung aus einer Ortsgruppe der Sekretär informiert werden mußte, eines seiner Mitglieder sei fortan beim MK.

Als ich an einem warmen Dezembernachmittag in der Küche auf der Liliesleaf Farm saß, hörte ich über das Radio die Meldung, Häuptling Luthuli sei in Oslo der Friedensnobelpreis verliehen worden. Die Regierung hatte ihm ein zehntägiges Visum erteilt, damit er das Land verlassen und den Preis entgegennehmen konnte. Ich war – wie wir alle – hocherfreut. In allererster Linie war es eine Anerkennung unseres Kampfes sowie der Leistungen des Häuptlings als Führer dieses Kampfes und als Mann. Es war gewissermaßen auch ein Eingeständnis des Westens, daß unser Kampf ein moralischer war, den die großen Mächte zu lange ignoriert hatten. Der Preis war ein Affront gegenüber den Nationalisten, deren Propaganda Luthuli als gefährlichen Agitator an der Spitze einer kommunistischen Verschwörung hinstellte. Afrikander fühlten sich wie vor den Kopf geschlagen; für sie war der Preis ein weiteres Beispiel für die Perversität westlicher Liberaler und für deren Vorurteile gegenüber dem weißen Südafrika. Als die Preisverleihung bekanntgegeben wurde, befand sich der Häuptling im dritten Jahr einer fünfjährigen Bannung, die ihn auf den Distrikt Stanger in Natal beschränkte. Er fühlte sich überdies nicht wohl; sein Herz war angegriffen und sein Gedächtnis schlecht. Aber der Preis bereitete ihm wie uns allen große Freude.

Die Ehrung kam allerdings zu einem unglückseligen Zeitpunkt, denn sie fiel mit einer Ankündigung zusammen, welche die Preisverleihung in Frage zu stellen schien. Am Tag nach Luthulis Rückkehr aus Oslo verkündete der MK auf dramatische Weise sein Entstehen. Auf Befehl des MK High Command wurden in den frühen Morgenstunden des 16. Dezember – dem Tag, den weiße Südafrikaner als Dingane's Day feiern – selbsthergestellte Bomben in Kraftwerken und in Regierungsbüros in Johannesburg, Port Elizabeth und Durban gezündet. Einer unserer Männer, Petrus Molife, kam dabei versehentlich ums Leben, der erste tote MK-Soldat. Tod im Krieg ist unglücklich, aber unvermeidlich. Jeder Mann, der sich dem MK anschloß, wußte, daß von ihm das letzte Opfer gefordert werden konnte.

Zur Zeit der Anschläge wurden im ganzen Land Tausende von Flugblättern mit dem neuen MK-Manifest verteilt, welche die Geburt von Umkhonto We Sizwe verkündeten.

»Einheiten von Umkhonto We Sizwe haben heute geplante Angriffe gegen Regierungseinrichtungen vorgetragen, zumal gegen solche, die verbunden sind mit der Politik der Apartheid und der Rassendiskriminierung. Umkhonto We Sizwe ist eine neue, unabhängige Organisation, gebildet von Afrikanern. Sie hat in ihren Rängen Südafrikaner aller Rassen ... Umkhonto We Sizwe wird den Kampf für Freiheit und Demokratie fortführen mit neuen Methoden, die notwendig sind, um die Aktionen der etablierten nationalen Befreiungsbewegung zu begleiten ...

Im Leben jeder Nation kommt die Zeit, da ihr nur noch zwei Möglichkeiten bleiben: Unterwerfung oder Kampf. Diese Zeit ist jetzt für Südafrika gekommen. Wir werden uns nicht unterwerfen, und wir haben keine andere Wahl, als zurückzuschlagen mit allen uns verfügbaren Mitteln zur Verteidigung unserer Menschen, unserer Zukunft und unserer Freiheit …

Wir von Umkhonto haben immer danach getrachtet – wie die Befreiungsbewegung auch –, Befreiung ohne Blutvergießen und Bürgerkrieg zu erreichen. Wir hoffen, selbst noch zu dieser späten Stunde, daß unsere ersten Aktionen jedem bewußt machen, wie katastrophal die Situation ist, in welche die Politik der Nationalisten führt. Wir hoffen, die Regierung und ihre Anhänger zur Vernunft zu bringen, bevor es zu spät ist, so daß sowohl die Regierung als auch ihre Politik abgelöst werden können, bevor das verzweifelte Stadium des Bürgerkrieges erreicht ist.«

Wir wählten den 16. Dezember, Dingane's Day, nicht ohne Grund. An diesem Tag feiern weiße Südafrikaner die Niederlage des großen Zulu-Führers Dingane in der Schlacht vom Blood River im Jahr 1883. Dingane, der Halbbruder von Shaka, herrschte damals über den mächtigsten afrikanischen Staat, der jemals südlich des Limpopo River bestand. An jenem Tag waren die Kugeln der Buren stärker als die Assegais der Zulu-Impis, und das Wasser des nahen Flusses färbte sich rot von ihrem Blut. Afrikander feiern den 16. Dezember als ihren Triumph über die Afrikaner und als Beweis, daß Gott auf ihrer Seite war; während die Afrikaner an diesem Tag das Massaker an ihrem Volk betrauern. Wir wählten den 16. Dezember, um zu zeigen, daß der Afrikaner erst angefangen hat zu kämpfen und daß wir das Recht – und das Dynamit – auf unserer Seite hatten.

Die Anschläge waren für die Regierung eine Überraschung. Sie verdammte die Sabotageakte als abstoßendes Verbrechen, während sie sie gleichzeitig als Werk närrischer Amateure lächerlich machte. Doch machten die Anschläge weißen Südafrikanern auch schockartig klar, daß sie auf einem Vulkan saßen. Schwarze Südafrikaner erkannten, daß der ANC nicht länger eine Organisation des passiven Widerstands war, sondern ein mächtiger Speer, der den Kampf in das Herz der weißen Macht tragen würde. Wir planten eine weitere Reihe von Anschlägen, die wir zwei Wochen später, am Silvesterabend, durchführten. Die Verbindung von

Glockenklang und heulenden Sirenen war mehr als eine mißtönende Art, das neue Jahr einzuläuten, sondern es war ein Klang, der eine neue Ära unseres Freiheitskampfes symbolisierte.

WINNIE PFLEGTE Zindzi und Zenani nach Rivonia mitzubringen, doch sie waren zu jung, um zu verstehen, daß ich mich versteckt hielt. Makgatho, damals elf, war alt genug, um es zu begreifen, und es war ihm eingeschärft worden, vor anderen niemals meinen Namen zu nennen. Ich konnte erkennen, daß er auf seine Weise fest entschlossen war, das Geheimnis meiner Identität zu hüten.

Wenn Winnie zu Besuch war, hatte ich, wenn auch nur kurz, die Illusion, unsere Familie wäre noch intakt. Ihre Besuche wurden seltener, als die Polizei wachsamer wurde. Aber eines Tages, gegen Ende des Jahres, war Makgatho auf der Farm, wo er mit Nicholas Goldreich, Arthurs elfjährigem Sohn, spielte. Winnie hatte mir ein Exemplar der Zeitschrift *Drum* mitgebracht, und Makgatho und Nicholas stießen beim Spielen darauf. Sie begannen darin zu blättern, bis Makgatho plötzlich bei einem Bild anhielt, das von mir gemacht worden war, bevor ich in den Untergrund gegangen war. »Das ist mein Vater!« rief er aus. Nicholas glaubte ihm nicht, und seine Zweifel spornten Makgatho an zu beweisen, daß er recht hatte. Makgatho erzählte seinem Freund nun, mein richtiger Name sei Nelson Mandela. »Nein, dein Vater heißt David«, erwiderte Nicholas. Dann lief der Junge zu seiner Mutter und fragte sie, ob mein Name David sei oder nicht. Sie erwiderte: »Ja, er ist David.« Da erzählte Nicholas seiner Mutter, Makgatho habe ihm gesagt, der wirkliche Name seines Vaters sei Nelson. Dies beunruhigte Hazel, und ich erfuhr bald von dem Zwischenfall. Wieder einmal hatte ich das Gefühl, mich zu lange an einem Ort aufgehalten zu haben. Doch ich blieb noch, denn in knapp einer Woche sollte ich zu einer Mission aufbrechen, die mich an Orte führen sollte, von denen ich bisher nur hatte träumen können. Bald sollte mich der Kampf zum erstenmal außerhalb der Grenzen meines Landes führen.

Im Dezember erhielt der ANC eine Einladung von der Pan African Freedom Movement for East, Central and Southern Africa (PAFMECSA) zu ihrer Konferenz in Addis Abeba im Februar 1962. PAFMECSA, aus der später die Organization of African Unity wurde, wollte alle unabhängigen Staaten Afrikas zusammenbringen und die Befreiungsbewegungen auf dem Kontinent fördern. Die Konferenz würde dem ANC wichtige Verbindungen einbringen und für uns die erste und beste Gelegenheit sein, Unterstützung, Geld und Ausbildungskräfte für den MK zu bekommen.

Die Untergrundexekutive forderte mich auf, die ANC-Delegation auf der Konferenz zu leiten. So begierig ich auch war, das übrige Afrika zu sehen und Freiheitskämpfer von meinem eigenen Kontinent kennenzulernen, so war ich doch sehr beunruhigt darüber, daß ich ein Versprechen brechen würde, nämlich das Land nicht zu verlassen, sondern aus dem Untergrund zu operieren. Meine Gefährten, darunter auch Häuptling Luthuli, bestanden darauf, daß ich reiste, forderten aber entschieden, daß ich unmittelbar danach zurückkehrte. Ich entschloß mich, die Reise anzutreten. Meine Mission in Afrika ging über die simple Teilnahme an der Konferenz weit hinaus. Ich sollte politische und ökonomische Unterstützung für unsere neue militärische Streitkraft gewinnen und, wichtiger noch, militärische Ausbildungsmöglichkeiten für unsere Männer an so vielen Orten auf dem Kontinent wie möglich suchen. Ich war außerdem entschlossen, unsere Reputation im übrigen Afrika, wo wir noch relativ unbekannt waren, kräftig zu fördern. Der PAC hatte eine eigene Propagandakampagne gestartet, und meine Aufgabe war es, wo immer möglich, unsere Sache zu vertreten.

Vor meiner Abreise war ich heimlich nach Groutville gefahren, um mich mit dem Häuptling zu besprechen. Unser Treffen – in einem sicheren Haus in der Stadt – verlief beunruhigend. Wie berichtet, war der Häuptling bei der Bildung des MK dabeigewesen, und wie jedes Mitglied des Nationalen Exekutivkomitees wurde er über die Entwicklung auf dem laufenden gehalten. Aber der Häuptling kränkelte, und sein Gedächtnis war nicht mehr das, was es einmal gewesen war. Er rügte mich dafür, daß ich mich mit ihm nicht über die Bildung des MK beraten hätte. Ich versuchte den Häuptling an die Diskussionen zu erinnern, die wir in Durban über die Gewaltanwendung gehabt hatten, doch er erinnerte sich nicht daran. Dies ist mit der Grund dafür, warum die Geschichte in Umlauf ist, Häuptling Luthuli sei über die Bildung des MK nicht informiert worden und er sei strikt dagegen, daß der ANC Gewalt einsetzte. Nichts könnte von der Wahrheit weiter entfernt sein.

Ich hatte die Nacht vor meiner Abreise mit Winnie im Haus weißer Freunde in den nördlichen Vororten verbracht, und sie hatte mir einen neuen Koffer gepackt. Sie war besorgt darüber, daß ich das Land verließ, gab sich jedoch wieder einmal stoisch. Ihr Verhalten war gleichermaßen das eines Soldaten wie einer Ehefrau.

Der ANC hatte für mich eine Reise nach Daressalam in Tanganjika zu arrangieren. Von Daressalam würde ich dann nach Addis Abeba fliegen. Der Plan war, daß Walter, Kathrada und Duma Nokwe sich mit mir in Soweto an einem geheimen Ort treffen und mir meine Reisepapiere mitbringen sollten. Dort würde auch Gelegenheit für letzte Besprechungen vor meiner Abreise sein.

Ahmed Kathrada traf zur verabredeten Zeit ein, doch Walter und Duma ließen lange auf sich warten. Ich mußte schließlich anders disponieren, und Kathy gelang es, jemanden aufzutreiben, der mich nach Bechuanaland fahren sollte, wo ich ein Flugzeug chartern würde. Später erfuhr ich, daß Walter und Duma unterwegs verhaftet worden waren.

Die Fahrt nach Bechuanaland war anstrengend, weil ich in doppelter Hinsicht nervös war: wegen der Polizei und weil ich noch nie die Grenzen meines Landes überquert hatte. Unser Ziel war Lobatse an der südafrikanischen Grenze. Die Grenze überquerten wir ohne Probleme, und am späten Nachmittag trafen wir dann in Lobatse ein, wo ein Telegramm aus Daressalam auf mich wartete, daß meine Reise um zwei Wochen verschoben sei. Quartier fand ich bei Fish Keitsing, der im Hochverratsprozeß Mitangeklagter gewesen und inzwischen nach Lobatse gezogen war.

Am Nachmittag traf ich Prof. K. T. Motsete, den Präsidenten der Bechuanaland People's Party, die hauptsächlich aus Ex-ANC-Mitgliedern gebildet worden war. Jetzt hatte ich unerwarteterweise freie Zeit, die ich zum Lesen, zur Vorbereitung meiner Rede auf der Konferenz und für Ausflüge zu den wilden und schönen Hügeln oberhalb des Ortes nutzte. Obwohl ich mich nicht weit außerhalb meiner Heimat befand, hatte ich das Gefühl, in einem exotischen Land zu sein. Oft wurde ich von Max Mloyeni begleitet, dem Sohn eines Freundes aus der Transkei, einem jungen Mitglied des PAC. Es war, als seien wir auf einer Safari, denn wir sahen alle möglichen Tiere, darunter auch eine Gruppe munterer Paviane, denen ich eine Zeitlang folgte, voll Bewunderung für das Militärische ihrer Organisation und ihrer Bewegungen.

Bald gesellte sich Joe Matthews zu mir, der aus Basutoland gekommen war, und ich bestand darauf, daß wir uns schleunigst auf den Weg nach Daressalam machten. Kurz zuvor war in Lobatse ein ANC-Mitstreiter von der südafrikanischen Polizei gekidnappt worden, und ich fand, je eher wir fortkamen, desto besser. Ein Flugzeug wurde gechartert, und unser erster Bestimmungsort war eine kleine Stadt im nördlichen Bechuanaland namens Kasane, strategisch in der Nähe eines Punktes gelegen, wo sich die Grenzen von vier Ländern trafen – Bechuanaland, Nord- und Südrhodesien sowie Südwestafrika, wie diese Kolonien seinerzeit hießen. Die Landebahn in Kasane war voll Wasser, doch etliche Kilometer weiter, mitten im Busch, gingen wir auf einem trockeneren Streifen nieder. Der Direktor eines lokalen Hotels holte uns ab, mit Gewehren bewaffnet, und er erzählte, er sei von einer Herde angriffslustiger Elefanten aufgehalten worden. Er saß in einem offenen Geländewagen. Joe und ich setzten uns nach hinten, und ich beobachtete, wie eine Löwin träge aus dem Buschwerk trat. Ich fühlte mich weit weg von den heimatlichen Straßen Johannesburgs; zum erstenmal war ich im Afrika der Mythen und Legenden.

Früh am nächsten Morgen brachen wir auf nach Mbeya, einer Stadt in Tanganjika nahe der nordrhodesischen Grenze. Wir flogen an den Viktoriafällen vorbei und dann über eine Gebirgsregion nach Norden. Über den Bergen versuchte der Pilot Kontakt mit Mbeya aufzunehmen, doch er bekam keine Antwort. Immer wieder rief er »Mbeya, Mbeya« ins Mikrofon. Das Wetter war umgeschlagen, und die Berge waren voller Luftlöcher, in denen unser Flugzeug wie ein Korken auf rauher See auf und ab sprang. Wir flogen nun durch Wolken und Nebelschwaden, und in seiner Verzweiflung senkte der Pilot die Maschine und folgte einer gewundenen Straße durch das Gebirge. Zu dieser Zeit war der Nebel so dicht geworden, daß wir die Straße nicht erkennen konnten, und als der Pilot die Maschine abrupt wendete, erkannte ich, daß wir nur knapp einen Berg verfehlt hatten, der aus dem Nichts aufzusteigen schien. Der Notruf ging hinaus, und ich erinnere mich, daß ich mir sagte: »Das ist dein Ende.« Selbst der stets gesprächige Joe war grabesstill. Doch dann, als wir in den Wolken nichts mehr sehen konnten und ich mir vorstellte, wir würden gleich gegen einen Berg prallen, tauchten wir aus dem schlechten Wetter in einen glorios strahlenden Himmel auf. Ich habe das Fliegen nie sonderlich gemocht, und da dies das erschreckendste Erlebnis war, das ich je in einem Flugzeug gehabt habe, neige ich manchmal dazu, mich tapfer zu geben und zu behaupten, ich sei nicht beunruhigt.

Wir nahmen Quartier in einem Hotel am Ort und trafen auf eine Menge Schwarzer und Weißer, die auf der Veranda saßen und höflich Konversation machten. Nie zuvor war ich an einem öffentlichen Ort oder in einem Hotel ohne Farbschranken gewesen. Wir warteten auf Mr. Mwakangale von der Tanganjika African National Union, doch das uns unbekannte Parlamentsmitglied hatte bereits nach uns Ausschau halten lassen. Ein afrikanischer Gast näherte sich der weißen Empfangsdame. »Madam, hat ein Mr. Mwakangale nach diesen beiden Gentlemen gefragt?« »Verzeihung, Sir«, erwiderte sie. »Das stimmt, aber ich habe vergessen, es ihnen zu sagen.«

»Bitte mehr Aufmerksamkeit, Madam«, erklärte er in höflichem, doch festem Ton. »Diese Männer sind unsere Gäste, und wir möchten, daß ihnen angemessene Aufmerksamkeit zuteil wird.« In diesem Augenblick begriff ich wirklich, daß ich in einem

Land war, in dem Afrikaner herrschten. Zum erstenmal in meinem Leben war ich ein freier Mann. Obwohl ich Flüchtling war, gesucht in meinem eigenen Land, fühlte ich, wie die Last der Unterdrückung von meinen Schultern abfiel. Wohin ich auch ging in Tanganjika, überall wurde meine Hautfarbe sofort akzeptiert und nicht mechanisch abgelehnt. Zum erstenmal wurde ich nicht nach meiner Hautfarbe beurteilt, sondern nach Verstand und Charakter. Obwohl ich während meiner Reisen oft Heimweh hatte, hatte ich trotzdem das Gefühl, als sei ich zum erstenmal wirklich daheim.

Am nächsten Tag kamen wir in Daressalam an, und ich traf mich mit Julius Nyerere, dem ersten Präsidenten des neuerdings unabhängigen Landes. Wir sprachen in seinem Haus, das sich recht bescheiden ausnahm, und ich erinnere mich, daß er ein einfaches Auto, einen kleinen Austin, fuhr. Dies beeindruckte mich, denn es ließ darauf schließen, daß er ein Mann des Volkes war. Klassen, behauptete Nyerere stets, seien in Afrika fremd; Sozialismus hingegen natürlich. Ich legte ihm unsere Situation dar und trug am Ende die Bitte um Hilfe vor. Er war ein gescheiter, sanft sprechender Mann, der unserer Mission gewogen war, doch seine Einschätzung der Situation überraschte und erschreckte mich. Er meinte, wir sollten den bewaffneten Kampf verschieben, bis Sobukwe aus dem Gefängnis entlassen würde. Dies war die erste von vielen Gelegenheiten, bei denen ich erfuhr, wie anziehend der PAC auf das übrige Afrika wirkte. Ich beschrieb die Schwäche des PAC und meinte, eine Verschiebung wäre für den Kampf als ganzen ein Rückschlag. Er schlug vor, ich sollte die Gunst von Kaiser Haile Selassie suchen, und er versprach, eine Begegnung zu arrangieren.

Ich hatte mich ursprünglich mit Oliver in Daressalam treffen sollen, doch da ich aufgehalten worden war, hatte er nicht auf mich warten können und mir die Nachricht hinterlassen, ihm nach Lagos zu folgen, wo er an der Lagos-Konferenz unabhängiger Staaten teilnehmen sollte. Auf dem Flug nach Accra begegnete ich Hymie Basner und seiner Frau. Basner, der einmal mein Arbeitgeber gewesen war, war eine Position in Accra angeboten worden. Seine radikalpolitischen und linksgerichteten Aktivitäten hatten ihn in Südafrika zur Persona non grata gemacht, und er suchte in Ghana politisches Asyl.

Das Flugzeug landete in Khartum, und wir stellten uns in die Schlange, um den Zoll zu passieren. Joe Matthews war der erste, dann kam ich, gefolgt von Basner und seiner Frau. Da ich keinen Paß besaß, trug ich ein simples Dokument aus Tanganjika bei mir, auf dem nur stand: »Dies ist Nelson Mandela, ein Bürger der Republik von Südafrika. Er darf Tanganjika verlassen und wieder hierher zurückkehren.« Ich reichte dieses Papier dem alten Sudanesen hinter dem Schalter, und er blickte lächelnd auf und sagte: »Mein Sohn, willkommen im Sudan.« Dann schüttelte er mir die Hand und stempelte mein Dokument ab. Basner stand hinter mir und reichte dem alten Mann die gleiche Art von Dokument. Der Alte warf einen kurzen Blick darauf und sagte dann ziemlich aufgeregt: »Was ist das? Was soll dies Stück Papier? Es ist nicht amtlich.«

Basner erklärte ruhig, es handle sich um ein Dokument, das er in Tanganjika erhalten habe, weil er keinen Paß besitze. »Keinen Paß?« sagte der Beamte verächtlich. »Wie können Sie keinen Paß besitzen – Sie sind doch ein Weißer!« Basner erwiderte, er werde in seinem eigenen Land verfolgt, weil er für die Rechte der Schwarzen kämpfe. Der Sudanese musterte ihn skeptisch: »Aber Sie sind doch ein Weißer!« Joe sah mich an und wußte, was ich dachte: Er flüsterte mir zu, mich nicht einzumischen, da wir Gäste im Sudan seien und die Gastfreundschaft unseres Gastgebers nicht verletzen wollten. Aber abgesehen von der Tatsache, daß Basner einmal mein Arbeitgeber gewesen war, gehörte er zu jenen Weißen, die für die Emanzipation der Schwarzen wahrhaft Risiken auf sich genommen hatten, und ich konnte ihn nicht im Stich lassen. Statt mit Joe weiterzugehen, blieb ich dicht bei dem Beamten stehen, und jedesmal, wenn Basner etwas sagte, beugte ich mich einfach vor und nickte dem Beamten zu, wie um Basners Worte zu bekräftigen. Der alte Mann verstand, was ich meinte, wurde freundlicher, stempelte schließlich das Dokument und erklärte ruhig: »Willkommen im Sudan.«

Ich hatte Oliver fast zwei Jahre lang, nicht gesehen, und als er mich vom Flugplatz in Accra abholte, erkannte ich ihn kaum wieder. Früher glatt rasiert und konservativ gekleidet, trug er jetzt einen Bart und ziemlich langes Haar und war in jenem militärischen Stil gekleidet, der für Freiheitskämpfer auf dem Kontinent charakteristisch war. (Seine Reaktion auf mich war wahrscheinlich genau die gleiche.) Es war ein glückliches Wiedersehen, und ich gratulierte ihm zu der gewaltigen Arbeit, die er im Ausland geleistet hatte. Er hatte bereits viele ANC-Büros eingerichtet, in Ghana, England, Ägypten und Tanganjika, und in vielen Ländern wertvolle Kontakte für uns geknüpft. Wohin ich später auch immer reiste, überall erfuhr ich, welch positiven Eindruck Oliver auf Diplomaten und Staatsmänner gemacht hatte. Er war der bestmögliche Botschafter der Organisation.

Das Ziel der Konferenz unabhängiger Staaten in Lagos war die Vereinigung aller afrikanischen Staaten, doch sie zerfiel schließlich in ein Gefeilsche darüber, welche Staaten aufgenommen, welche ausgeschlossen werden sollten. Ich verhielt mich unauffällig und mied die Konferenz, denn wir wollten die südafrikanische Regierung nicht wissen lassen, daß ich im Ausland war, ehe ich auf der PAFMECSA-Konferenz in Addis auftauchte.

Im Flugzeug von Accra nach Addis trafen wir Gaur Radebe, Peter Molotsi und andere Mitglieder des PAC, die gleichfalls auf dem Weg zur PAFMECSA waren. Sie waren alle überrascht, mich zu sehen, und wir vertieften uns sofort in Diskussionen über Südafrika. Die Atmosphäre war vergnüglich und entspannt. Ich war zwar entsetzt gewesen, als ich erfuhr, daß Gaur den ANC verlassen hatte, doch minderte das nicht mein Vergnügen, ihn wiederzusehen. Hoch über der Erde und weit von daheim, hatten wir viel mehr, das uns verband, als uns trennte.

Wir hatten einen kurzen Zwischenstopp in Khartum, wo wir eine Maschine der Ethiopian Airways nahmen. Hier machte ich eine sehr merkwürdige Erfahrung. Als ich in das Flugzeug stieg, sah ich, daß der Pilot schwarz war. Ich hatte noch nie einen schwarzen Piloten gesehen, und in diesem Augenblick mußte ich ein Gefühl der Panik unterdrücken. Wie konnte ein Schwarzer ein Flugzeug fliegen? Doch einen Augenblick später hatte ich mich wieder gefangen: Ich war in das Denkmuster der Apartheid gefallen, nach dem Afrikaner minderwertig waren und nur Weiße fliegen konnten. Ich lehnte mich in meinem Sitz zurück und schalt mich für solche Gedanken. Sobald wir uns in der Luft befanden, verlor sich meine Nervosität, und ich studierte die Landschaft Äthiopiens, wobei ich mir vorstellte, wie sich Guerillastreitkräfte in ebendiesen Wäldern versteckt hatten, um gegen die italienischen Imperialisten zu kämpfen.

IN FRÜHEREN ZEITEN als Abyssinia bekannt, wurde Äthiopien der Überlieferung nach lange vor Christi Geburt vom Sohn Salomons und der Königin von Saba gegründet. Obwohl Dutzende von Malen erobert, war Äthiopien der Geburtsort des afrikanischen Nationalismus. Anders als viele andere afrikanische Staaten hatte es immer wieder gegen den Kolonialismus gekämpft. Menelik hatte die Italiener im vorigen Jahrhundert zurückgeschlagen, obwohl Äthiopien sie in diesem Jahrhundert nicht aufhalten konnte. 1930 wurde Halle Selassie Kaiser und prägende Kraft der zeitgenössischen äthiopischen Geschichte. Ich war siebzehn, als Mussolini Äthiopien überfiel, eine Invasion, die nicht nur meinen Haß gegen jenen Despoten schürte, sondern gegen den Faschismus im allgemeinen. Zwar mußte Selassie fliehen, als die Italiener 1936 Äthiopien eroberten, doch kehrte er zurück, nachdem die Alliierten die Italiener 1941 vertrieben hatten.

Äthiopien hatte in meiner Phantasie immer einen besonderen Platz eingenommen, und die Aussicht, dieses Land zu besuchen, war für mich anziehender als eine Reise nach Frankreich, England und Amerika zusammen. Ich hatte das Gefühl, meine eigenen Ursprünge aufzusuchen, die Wurzeln dessen aufzudecken, was mich zum Afrikaner machte. Dem Kaiser selbst zu begegnen würde sein wie ein Handschlag mit der Geschichte.

Unser erster Halt war Addis Abeba, die Kaiserstadt, die ihrem

Titel allerdings nicht gerecht wurde, denn sie war alles andere als großartig mit nur einigen geteerten Straßen und mehr Ziegen und Schafen als Autos. Außer dem Kaiserpalast, der Universität und dem Ras-Hotel, wo wir wohnten, gab es nur wenige Gebäude, die sich auch nur mit den am wenigsten eindrucksvollen Gebäuden von Johannesburg vergleichen ließen. Das zeitgenössische Äthiopien war auch nicht gerade ein Vorbild, wenn es um die Demokratie ging. Es gab keine politischen Parteien, keine volkstümlichen Regierungsorgane, keine Gewaltenteilung – nur den Kaiser, der allmächtig war.

Vor der Eröffnung der Konferenz versammelten sich die Delegierten in dem winzigen Städtchen Debra Zaid. Auf dem Hauptplatz war eine Tribüne errichtet worden, und Oliver und ich saßen auf der Seite, abseits vom Hauptpodium. Plötzlich hörten wir aus einiger Entfernung die Klänge einer einzelnen Trompete sowie einer Blechband, begleitet vom regelmäßigen Rhythmus afrikanischer Trommeln. Während die Musik sich näherte, hörte – und fühlte – ich das Stampfen von Hunderten von marschierenden Füßen. Hinter einem Gebäude am Rande des Platzes tauchte ein Offizier auf, der einen glänzenden Degen schwang, und ihm folgten auf dem Fuß 500 schwarze Soldaten in Viererreihen, jeder mit einem auf Hochglanz polierten Gewehr an der uniformierten Schulter. Nachdem die Soldaten vor die Tribüne marschiert waren, erscholl auf amharisch ein Befehl, und die 500 Soldaten hielten wie ein Mann, vollführten eine Wende und salutierten zackig vor einem ältlichen Mann in glanzvoller Uniform, Seiner Hoheit dem Kaiser von Äthiopien, Haile Selassie, dem Löwen von Judah.

Hier sah ich zum erstenmal in meinem Leben schwarze Soldaten, kommandiert von schwarzen Generälen, applaudiert von schwarzen Führern, die alle Gäste eines schwarzen Staatsoberhauptes waren. Es war ein berauschender Augenblick. Ich hoffte nur, es sei eine Vision dessen, was die Zukunft für mein eigenes Land brachte.

Am Morgen nach der Parade besuchten Oliver und ich ein Meeting, auf dem jede Organisation ihre Akkreditierung beantragen mußte. Wir waren unangenehm überrascht, als wir feststellen mußten, daß ein Delegierter aus Uganda unseren Antrag blockierte, mit der Begründung, wir seien eine Stammesorganisation der Xhosa. Ich hätte diese Behauptung am liebsten verächtlich ignoriert, doch Oliver meinte, wir sollten einfach erklären, daß unsere Organisation gebildet worden sei, um Afrikaner zu vereinen, und daß unsere Mitglieder aus den verschiedensten Stämmen und Schichten stammten. Dies tat ich und fügte hinzu, daß der Präsident unserer Organisation, Häuptling Luthuli, ein Zulu sei. Unser Antrag wurde akzeptiert. Mir wurde klar, daß viele Leute auf dem Kontinent den ANC nur so kannten, wie der PAC uns beschrieb.

Die Konferenz wurde offiziell von unserem Gastgeber eröffnet. Seine Kaiserliche Majestät trug eine prachtvoll verzierte Armeeuniform. Ich war überrascht, wie klein der Kaiser körperlich wirkte, doch seine Würde und sein Selbstvertrauen ließen ihn als den afrikanischen Giganten erscheinen, der er war. Zum erstenmal erlebte ich, daß ein Staatsoberhaupt die Formalitäten seines Amtes absolvierte, und ich war fasziniert. Er stand absolut gerade und neigte seinen Kopf nur ganz leicht, um anzudeuten, daß er zuhörte. Würde war das Kennzeichen all seiner Handlungen.

Ich sollte nach dem Kaiser sprechen, als einziger anderer Redner an jenem Morgen. Zum erstenmal seit vielen Monaten streifte ich die Identität von David Motsamayi ab und wurde Nelson Mandela. In meiner Rede sprach ich über die Geschichte des Freiheitskampfes in Südafrika und zählte die brutalen Massaker auf, die an unseren Menschen verübt worden waren, von Bulhoek im Jahre 1921, als Armee und Polizei 183 unbewaffnete Bauern töteten, bis zu Sharpeville 40 Jahre später. Ich dankte den versammelten Nationen dafür, daß sie auf Südafrika Druck ausübten, wobei ich besonders Ghana, Nigeria und Tanganjika erwähnte, die an der Spitze der erfolgreichen Bewegung standen, Südafrika aus dem britischen Commonwealth auszustoßen. Ich beschrieb die Geburt von Umkhonto We Sizwe und erklärte, daß uns alle Möglichkeiten zum friedlichen Kampf verschlossen seien. »Eine Führung begeht ein Verbrechen gegen ihre eigenen Leute, falls sie zögert, ihre politischen Waffen zu schärfen, wenn sie weniger wirksam geworden sind ... In der Nacht des 16. Dezember im letzten Jahr wurde ganz Südafrika von den schweren Schlägen der Umkhonto Wie Sizwe erschüttert.« Kaum hatte ich dies gesagt, als der Oberste Minister von Uganda ausrief: »Zeigt es ihnen noch einmal!«

Ich griff dann auf meine eigene Erfahrung zurück:

»Ich bin gerade aus Südafrika gekommen. Die letzten zehn Monate habe ich in meinem eigenen Land als ein Outlaw gelebt, fern von Familie und Freunden. Als ich gezwungen wurde, diese Art von Leben zu führen, gab ich eine öffentliche Erklärung ab, in der ich sagte, daß ich das Land nicht verlassen, sondern fortfahren würde, im Untergrund zu arbeiten. Das war mein Ernst, und ich werde mich daran halten.«

Die Ankündigung, daß ich nach Südafrika zurückkehren würde, wurde mit lautem Jubel begrüßt. Wir waren ermutigt worden, als erste zu sprechen, damit der PAFMECSA unsere Sache bewerten und entscheiden konnte, in welchem Maße sie zu unterstützen sei. In vielen afrikanischen Staaten gab es ein natürliches Widerstreben, gewalttätige Auseinandersetzungen anderswo zu unterstützen; doch die Rede überzeugte die Zuhörer davon, daß Freiheitskämpfer in Südafrika keine andere Wahl hatten, als zu den Waffen zu greifen.

Oliver und ich hatten ein privates Gespräch mit Kenneth Kaunda, dem Führer der United National Independence Party of Northern Rhodesia und künftigem Präsidenten von Zambia. Wie Julius Nyerere war auch Kaunda besorgt über den Mangel an Einigkeit zwischen südafrikanischen Freiheitskämpfern und schlug vor, wir sollten alle unsere Kräfte vereinen, wenn Sobukwe aus dem Gefängnis entlassen würde. Bei Afrikanern hatte der PAC durch die Ereignisse von Sharpeville in einer Weise an Ansehen gewonnen, die seinen tatsächlichen Einfluß als Organisation bei weitem übertraf. Kaunda, der einst Mitglied des ANC gewesen war, erklärte uns auch, er sei besorgt über unsere Allianz mit weißen Kommunisten, und ließ durchblicken, daß dies in Afrika ein schlechtes Licht auf uns werfe. Der Kommunismus sei nicht nur im Westen, sondern auch in Afrika suspekt. Dies hatte für mich etwas von einer Offenbarung, und es war eine Auffassung, der ich während meiner Reise immer wieder begegnete.

Als ich darzulegen versuchte, daß es ein Fehler sei, daß die UNIP den PAC unterstützte, legte mir Kaunda die Hand auf die Schulter und meinte: »Nelson, mit mir über dieses Thema zu sprechen heißt Kohlen nach Newcastle tragen. Ich bin dein Anhänger und ein Gefolgsmann von Häuptling Luthuli. Doch ich bin nicht die einzige Stimme der UNIP. Du mußt mit Simon Kapwepwe reden. Wenn du ihn überzeugst, wirst du mir die Aufgabe erleichtern.« Kapwepwe war dem Rang nach der zweite Mann der UNIP, und ich traf Vorbereitungen, ihn am nächsten Tag zu sprechen. Als ich Oliver bat, mich zu begleiten, erklärte er: »Nel, du mußt allein mit ihm reden. Dann kannst du völlig offen sein.«

Ich verbrachte den ganzen Tag mit Kapwepwe und hörte von ihm eine Geschichte, wie sie verblüffender nicht sein konnte. »Wir waren von deiner Rede gewaltig beeindruckt«, erklärte er, »und überhaupt von eurer ganzen ANC-Delegation. Wenn wir eure Organisation danach beurteilen sollten, so würden wir sicher auf eurer Seite stehen. Doch wir haben beunruhigende Berichte gehört vom PAC, dahingehend, daß Umkhonto We Sizwe ein Kind der Communist Party und der Liberal Party ist und daß die Idee der Organisation ausschließlich darin besteht, Afrikaner als Kanonenfutter zu verheizen.«

Ich war wie vom Donner gerührt. Dann platzte ich heraus, mir sei unverständlich, daß er nicht selbst erkennen könne, wie verdammt erlogen diese Geschichte sei. »Erstens«, sagte ich, »ist allgemein bekannt, daß die Liberal Party und die Communist Party Erzfeinde sind und nicht zusammenkommen könnten, um auch nur Karten zu spielen. Zweitens bin ich hier, um dir, selbst auf die Gefahr der Unbescheidenheit hin, zu sagen, daß ich selbst die Triebfeder hinter der Bildung des MK war.« Ich fügte noch hinzu, ich sei tief enttäuscht darüber gewesen, daß der PAC solche Lügen verbreitete.

Am Ende des Tages hatte ich Kapwepwe überzeugt, und er sagte, er werde ein Treffen einberufen und unseren Fall selbst vertreten – was er auch tat. Aber es war ein weiteres Beispiel für den Mangel an Informationen über Südafrika im übrigen Afrika und für die außerordentliche Mühe, die der PAC sich gab, um den ANC zu verleumden. Kapwepwe wünschte mir Glück, denn die Konferenz war jetzt vorüber. Sie war erfolgreich gewesen, doch wir hatten viel Arbeit vor uns.

Als Student hatte ich mir in der Phantasie eine Reise nach Ägypten ausgemalt, die Wiege der afrikanischen Zivilisation, die Schatztruhe von soviel Schönheit in Kunst und Form; hatte mir den Besuch der Pyramiden und der Sphinx vorgestellt und das Überqueren des Nils, des größten aller afrikanischen Flüsse. Von Addis Abeba flog ich mit Oliver und Robert Resha – der mich auf meinen restlichen Reisen begleiten sollte – nach Kairo. Ich verbrachte den gesamten Vormittag meines ersten Tages in Kairo im Museum, betrachtete Kunstwerke, machte mir Notizen, lernte die Art von Menschen näher kennen, welche die uralte Zivilisation des Niltals begründet hatten. Dies war kein amateurhaftes archäologisches Interesse; für einen afrikanischen Nationalisten ist es wichtig, sich mit Beweisen zu wappnen, um den falschen Behauptungen von Weißen entgegenzutreten, Afrikaner hätten keine zivilisierte Vergangenheit, die sich mit der des Westens vergleichen ließe. An einem einzigen Vormittag entdeckte ich, daß Ägypter bereits große Werke der Kunst und Architektur geschaffen hatten, als die Weißen noch in Höhlen lebten.

Ägypten war ein wichtiges Modell für uns, denn wir konnten mit eigenen Augen das von Präsident Nasser in Gang gesetzte Programm sozialistischer wirtschaftlicher Reformen begutachten. Nasser hatte den Privatbesitz an Land reduziert, bestimmte Teile der Wirtschaft nationalisiert, die Industrialisierung beschleunigt, die Erziehung demokratisiert und eine moderne Armee geschaffen. Viele dieser Reformen waren genau von jener Art, wie wir vom ANC sie eines Tages einzuleiten hofften. Damals jedoch war es für uns wichtiger, daß Ägypten der einzige afrikanische Staat war, der eine Armee, eine Kriegsmarine und eine Luftwaffe besaß, die in jeder Weise dem Vergleich mit den Streitkräften Südafrikas standhielten.

Nach einem weiteren Tag reiste Oliver nach London ab und versprach, sich mit Robbie und mir in Ghana zu treffen. Bevor Robbie und ich zu unserer Reise aufbrachen, besprachen wir, wie wir uns in den verschiedenen Ländern darstellen wollten. Nach meiner Vorstellung sollten wir die politische Situation so wahrheitsgetreu und objektiv wie möglich darstellen und auch die Leistungen des PAC nicht übergehen. In jedem neuen Land zog ich mich zunächst in unser Hotel zurück, um mich vertraut zu machen mit Informationen über Politik, Geschichte und die Führung des Landes. Bei Robbie war das genaue Gegenteil der Fall. Von Natur aus extrovertiert, verließ er das Hotel gleich nach unserer Ankunft und suchte mit offenen Augen und in Gesprächen mit den Leuten das Land kennenzulernen. Wir waren ein sonderbares Paar, zumal ich mich von der Kleidung, die ich im Untergrund getragen hatte, nicht trennte und also Khaki und Drillich trug, während Robbie elegante Anzüge bevorzugte.

In Tunis, unserem ersten Aufenthalt, trafen wir uns mit dem Verteidigungsminister, der Häuptling Luthuli verblüffend ähnelte. Weiter ging die Ähnlichkeit allerdings nicht, denn als ich ihm die Situation in unserem Land erklärte und auch davon sprach, daß PAC-Führer wie Robert Sobukwe im Gefängnis saßen, unterbrach er mich und meinte: »Wenn der Bursche rauskommt, erledigt er euch!« Robbie hob die Augenbrauen (später meinte er: »Mann, du hast dich für den PAC besser eingesetzt, als die es selbst hätten tun können!«), doch ich bestand darauf, dem Minister ein vollständiges Bild zu geben. Als wir am nächsten Tag Präsident Habib Bourguiba trafen, war dessen Reaktion äußerst positiv, und er bot uns unverzüglich Ausbildungsmöglichkeiten für unsere Soldaten und 5000 Pfund für Waffen an.

Rabat in Marokko, unsere nächste Station, war mit seinen uralten und geheimnisvollen Mauern, seinen modernen Shops und seinen mittelalterlichen Moscheen eine bezaubernde Mischung aus Afrika, Europa und dem Nahen Osten. Augenscheinlich empfanden das auch Freiheitskämpfer so, denn Rabat war praktisch ein Treffpunkt für jede Befreiungsbewegung auf dem Kontinent. Wir trafen uns dort mit Freiheitskämpfern aus Mosambik, Angola, Algerien und den Kapverdischen Inseln. Es war auch das Hauptquartier der algerischen Revolutionsarmee, und wir verbrachten mehrere Tage mit Dr. Mustafa, dem Chef der algerischen Mission in Marokko, der uns kurz über die Geschichte des algerischen Widerstands gegen die Franzosen unterrichtete. Die Situation in Algerien ähnelte am meisten unserer eigenen, insofern die Rebellen sich einer großen Gemeinschaft weißer Siedler gegenübersahen, die über die Mehrheit der eingeborenen Algerier herrschte. Dr. Mustafa berichtete, wie die FLN ihren Kampf 1954 mit einer Handvoll von Guerilla-Angriffen begonnen hatte, nachdem sie durch die Niederlage der Franzosen bei Dien Bien Phu in Vietnam ermutigt worden war. Zunächst glaubte die FLN, sie könne die Franzosen militärisch besiegen, erklärte Dr. Mustafa, doch dann habe sie erkannt, daß ein rein militärischer Sieg nicht möglich war.

Statt dessen griff die FLN zum Guerillakrieg, und der sei, erklärte Mustafa, nicht dazu bestimmt, einen militärischen Sieg zu erringen, als vielmehr politische und ökonomische Kräfte zu entfesseln, die den Feind in die Knie zwingen würden. Dr. Mustafa riet uns, nicht die politische Seite des Krieges zu vernachlässigen, indes wir militärische Unternehmungen planten. Die internationale öffentliche Meinung sei manchmal mehr wert als ein Geschwader von Kampfflugzeugen.

Am Ende der drei Tage sandte er uns nach Oujda, einer staubigen Kleinstadt unmittelbar an der algerischen Grenze und Hauptquartier der algerischen Armee in Marokko. Wir besuchten eine Armee-Einheit an der Front, und einmal griff ich mir einen Feldstecher und konnte auf der anderen Seite der Grenze tatsächlich französische Soldaten erkennen. Ich gestehe, daß ich mir vorstellte, die Uniformen der South African Defense Force zu erblikken.

Ein oder zwei Tage später war ich Gast bei einer Militärparade zu Ehren von Ahmed Ben Bella, der erster Ministerpräsident des unabhängigen Algerien werden sollte und kurz zuvor aus einem französischen Gefängnis entlassen worden war. Welch Unterschied zu der Militärparade, die ich in Addis Abeba erlebt hatte!

Diese Parade war nicht die stramme, gutgedrillte, hübsch uniformierte Streitmacht Äthiopiens, sondern eine Art wandelnder Geschichte der Guerillabewegung in Algerien.

An der Spitze gingen stolze, kampferfahrene Veteranen in Turbanen, langen Gewändern und Sandalen, die vor vielen Jahren den Kampf aufgenommen hatten. Sie trugen ihre damaligen Waffen: Säbel, Feuersteingewehre, Streitäxte und Assegais. Ihnen folgten jüngere Soldaten, alle genauso stolz, doch mit modernen Waffen ausgerüstet. Einige trugen schwere Panzer- und Flugabwehrgeräte. Aber auch diese Soldaten marschierten nicht mit der Eleganz und der Präzision der Äthiopier. Es war eine Guerillastreitmacht, und es waren Soldaten, die sich ihre Streifen im Feuer von Schlachten erworben hatten und denen Kampf und Taktik wichtiger waren als Paraden und schmucke Uniformen. So sehr mich die Truppen in Addis Abeba auch inspiriert hatten, ich wußte, daß unsere eigene Streitmacht eher diesen Kämpfern hier in Oujda ähneln würde, und ich konnte nur hoffen, daß sie auch so tapfer kämpfte.

Am Ende marschierte eine ziemliche abgerissene Militärkapelle, die von einem Mann namens Sudam geleitet wurde. Er war groß, gut gebaut, selbstsicher und schwarz wie die Nacht. Er schwang eine Art Zeremonienstab, und als wir ihn sahen, stand unsere ganze Gruppe auf, um zu klatschen und ihm zuzujubeln. Ich schaute mich um und sah, daß andere uns anstarrten, und begriff plötzlich, daß wir nur jubelten, weil dieser Mann ein Schwarzer war und schwarze Gesichter in Marokko ziemlich selten waren. Wieder einmal verblüffte mich die große Kraft des Nationalismus und der Ethnizität. Wir reagierten sofort, denn wir hatten das Gefühl, einen afrikanischen Bruder zu sehen. Später erzählten uns unsere Gastgeber, Sudani sei ein legendärer Soldat gewesen, der angeblich sogar allein eine ganze französische Einheit gefangengenommen hatte. Doch wir bejubelten ihn wegen seiner Hautfarbe, nicht wegen seiner Heldentaten.

Von Marokko flog ich über die Sahara nach Bamoka, der Hauptstadt von Mali, und dann weiter nach Guinea. Der Flug von Mali war mehr wie die Beförderung durch einen lokalen Bus als durch ein Flugzeug. Hühner liefen durch die Gänge, Frauen eilten mit Lasten auf den Köpfen hin und her und verkauften Beutel mit Erdnüssen und getrocknetem Gemüse. Das war Fliegen in demokratischem Stil, und ich bewunderte es sehr.

Mein nächster Halt war Sierra Leone, und als ich dort ankam, erfuhr ich, daß das Parlament gerade tagte, und beschloß, der Sitzung beizuwohnen. Ich trat ein wie jeder Tourist, und man wies mir einen Platz nicht weit vom Speaker zu. Der Clerk des Hauses näherte sich mir und forderte mich auf, mich auszuweisen. Ich flüsterte ihm zu: »Ich bin der Vertreter von Häuptling Luthuli von Südafrika.« Er schüttelte mir herzlich die Hand und berichtete dem Speaker. Dann erklärte der Clerk, ich habe versehentlich einen Sitz bekommen, den normalerweise Besucher nicht einnehmen könnten, doch in diesem Fall sei es eine Ehre für sie, eine Ausnahme zu machen.

Nach einer knappen Stunde trat eine Pause ein, und während ich zwischen Parlamentsmitgliedern und Würdenträgern stand und Tee trank, bildete sich vor mir eine Schlange, und ich sah zu meiner Verwunderung, daß sich das gesamte Parlament angestellt hatte, um mir die Hand zu schütteln. Ich fühlte mich hochbeglückt, bis der dritte oder vierte in der Reihe so etwas murmelte wie: »Es ist eine große Ehre, dem hochverehrten Häuptling Luthuli, dem Gewinner des Nobelpreises, die Hand zu schütteln.« Ich war ein Hochstapler! Der Clerk hatte mich mißverstanden. Ich wurde dann mit dem Ministerpräsidenten, Sir Milton Margai, bekannt gemacht, und der Clerk stellte mich als Häuptling Luthuli vor. Ich versuchte sofort, den Clerk zu informieren, daß ich nicht Luthuli sei, doch der wollte nichts davon wissen, und ich beschloß, im Interesse der Gastfreundschaft das Spiel fortzusetzen. Später traf ich den Präsidenten, erklärte ihm den Fall falsch verstandener Identität, und er bot mir großzügig materielle Unterstützung an.

In Liberia kam ich mit Präsident Tubman zusammen, der mir nicht nur 5000 Pfund für Waffen und Ausbildung versprach, sondern auch mit ruhiger Stimme fragte: »Haben Sie überhaupt Taschengeld?« Ich gestand, daß ich ein wenig knapp sei, und umgehend erschien ein Offizier mit einem Kuvert, das 400 Dollar in bar enthielt. Von Liberia reiste ich nach Ghana, wo ich Oliver traf und von Guineas Ministerpräsidenten Abdoulaye Diallo empfangen wurde. Als ich ihm erklärte, ich hätte Sékou Touré in Guinea nicht gesehen, traf er für uns Arrangements zur sofortigen Rückkehr in jenes dürre Land. Oliver und ich waren von Touré sehr beeindruckt. Er lebte in einem bescheidenen Bungalow und trug einen alten, verblichenen Anzug, dem eine Reinigung nicht geschadet hätte. Wir legten ihm unsere Sache dar, erläuterten die Geschichte von ANC und MK und baten um 5000 Dollar Unterstützung für den MK. Er hörte sehr aufmerksam zu und gab dann eine ziemlich formale Antwort. »Die Regierung und das Volk von Guinea«, sagte er, als halte er eine Rede, »unterstützen in vollem Maße den Kampf unserer Brüder in Südafrika, und wir haben bei den Vereinten Nationen entsprechende Erklärungen abgegeben.« Er trat zu einem Bücherregal und zog zwei seiner Bücher hervor, die er jeweils mit seinem Autogramm versah und Oliver und mir überreichte. Dann sagte er Dankeschön, und wir waren entlassen.

Oliver und ich waren verärgert: Da waren wir eigens aus einem anderem Land geholt worden, und er hatte uns mit signierten Exemplaren seines Buches abgespeist? Wir hatten unsere Zeit vergeudet. Kurze Zeit später, als wir im Hotelzimmer waren, klopfte ein Vertreter des Außenministeriums an unsere Tür und überreichte uns einen Koffer. Wir öffneten ihn, und er war mit Banknoten gefüllt. Freudestrahlend sahen Oliver und ich einander an. Aber dann änderte sich Olivers Gesichtsausdruck. »Nelson, dies ist Guinea-Währung«, sagte er. »Außerhalb dieses Landes ist sie nichts wert. Das ist bloß Papier.« Doch Oliver hatte eine Idee: Wir trugen das Geld zur tschechischen Botschaft, wo er einen Freund hatte, der das Geld in konvertierbare Währung umtauschte.

Die Anmut der durch den Hafen von Dakar gleitenden schlanken Fischerboote wurde nur noch übertroffen durch die Eleganz der Senegalesinnen, die in fließenden Gewändern und mit Turbanen auf dem Kopf durch die Stadt segelten. Ich wanderte über den nahen Marktplatz, berauscht von exotischen Gewürzen und Düften. Die Senegalesen sind stattliche Menschen, und ich genoß die kurze Zeit, die Oliver und ich in ihrem Land zubrachten. Ihre Gesellschaft zeigt, wie disparate Elemente – französische, islamische und afrikanische – sich vermischen können, um eine einzigartige, ausgeprägte Kultur zu schaffen.

Auf unserem Weg zu einem Treffen mit Präsident Leopold Senghor erlitt Oliver einen schweren Asthmaanfall. Er weigerte sich, zum Hotel zurückzukehren, und ich trug ihn auf dem Rükken die Stufen zum Präsidentenpalais hinauf. Senghor war über Olivers Zustand sehr besorgt und bestand darauf, daß sein Leibarzt sich seiner annahm.

Ich war gewarnt worden, vor Senghor auf der Hut zu sein, denn Berichten zufolge dienten senegalesische Soldaten bei den Franzosen in Algerien und fand Präsident Senghor die Sitten und den Charme des »Ancien régime« allzu unwiderstehlich. In neu entstehenden Nationen wird die Lebensart früherer Kolonisatoren immer Anziehungskraft ausüben – ich selbst war nicht immun dagegen. Präsident Senghor war ein Gelehrter und ein Dichter; er erzählte uns, daß er Forschungsmaterial über Shaka sammele, und schmeichelte uns, indem er zahllose Fragen über jenen großen südafrikanischen Krieger stellte. Wir gaben einen Überblick über die Situation in Südafrika und baten um militärische Ausbildung und Geld. Senghor erwiderte, seine Hände seien gebunden bis zur Tagung des Parlaments.

Inzwischen sollten wir mit dem Justizminister, einem Mr. Daboussier, über militärische Ausbildung sprechen, und der Präsident machte mich mit einer wunderschönen weißen Französin bekannt, die, wie er erklärte, bei unseren Gesprächen als Dolmetscherin tätig sein würde. Ich schwieg, war jedoch beunruhigt. Es war keine behagliche Vorstellung, über die äußerst heikle Thematik militärischer Ausbildung vor einer jungen Frau zu sprechen, die ich nicht kannte und von der ich nicht wußte, ob ich ihr vertrauen konnte. Senghor spürte mein Unbehagen, denn er sagte: »Mandela, machen Sie sich keine Sorgen, die Franzosen hier identifizieren sich völlig mit unseren afrikanischen Bestrebungen.«

Als wir das Büro des Ministers erreichten, trafen wir im Empfangsbereich einige afrikanische Sekretärinnen. Eine der schwarzen Sekretärinnen fragte die Französin, was sie hier suche. Der

Präsident habe sie zum Dolmetschen geschickt, war die Antwort. Ein Streit entspann sich, und plötzlich sah eine der afrikanischen Sekretärinnen zu mir herüber und fragte: »Sir, können Sie Englisch?« Ich sagte ja, und sie meinte: »Der Minister spricht Englisch, Sie können sich mit ihm direkt unterhalten. Sie brauchen keine Dolmetscherin.« Ziemlich gekränkt trat die Französin beiseite, als ich zu dem Minister ging, der versprach, alle unsere Bitten zu erfüllen. Am Ende versorgte uns Senghor zwar nicht mit dem, worum wir gebeten hatten, doch er stattete mich mit einem Diplomatenpaß aus und bezahlte unsere Flüge von Dakar zu unsrem nächsten Bestimmungsort: London.

ICH BEKENNE, daß ich etwas von einem Anglophilen habe. Wenn ich an westliche Demokratie und Freiheit dachte, fiel mir das britische parlamentarische System ein. In vielerlei Hinsicht war das Vorbild des Gentleman für mich ein Engländer. Doch obwohl Großbritannien die Heimstatt der parlamentarischen Demokratie war, hatte jene Demokratie dabei mitgeholfen, meinem Volk ein gefährliches System der Ungerechtigkeit aufzuzwingen. Obwohl ich den britischen Imperialismus verabscheute, hatte ich nie etwas einzuwenden gegen britischen Stil und Manieren.

Ich hatte mehrere Gründe, nach England zu reisen, ganz abgesehen von dem Wunsch, das Land kennenzulernen, über das ich soviel gelesen und gehört hatte. Ich machte mir Sorgen wegen Olivers Gesundheit und wollte ihn dazu bewegen, sich behandeln zu lassen. Und ich wünschte mir sehr, Adelaide, seine Frau, und beider Kinder zu sehen und auch Yusuf Dadoo, der jetzt dort lebte und die Kongreßbewegung vertrat. Ich wußte auch, daß ich in London Literatur über den Guerillakrieg würde bekommen können, die ich mir anderswo nicht besorgen konnte.

In London nahm ich meine alte Untergrundpraxis wieder auf, weil ich vermeiden wollte, daß man in Südafrika erfuhr, daß ich mich hier aufhielt. Die Tentakel der südafrikanischen Sicherheitskräfte reichten bis nach London. Aber ich wurde kein Eigenbrötler; meine zehn Tage waren aufgeteilt zwischen ANC-Angelegenheiten, dem Wiedersehen mit alten Freunden und gelegentlichen Ausflügen als gewöhnlicher Tourist. Mit Mary Benson, einer britischen Freundin, die über unseren Kampf geschrieben hatte, sahen Oliver und ich die Sehenswürdigkeiten der Stadt, die einmal fast zwei Drittel des Erdballs beherrscht hatte: Westminster Abbey, Big Ben, die Houses of Parliament. Während ich die Schönheit dieser Gebäude bewunderte, war ich mir im Zweifel über das, was sie repräsentierten. Als wir in der Nähe von Westminster Abbey die Statue von General Smuts sahen, scherzten Oliver und ich, daß eines Tages vielleicht an ihrer Stelle eine von uns stehen würde.

Mir war von vielen Leuten erzählt worden, daß der *Observer*, die von David Astor verlegte Zeitung, in ihren Berichten dem PAC zuneigte und in ihren Kommentaren erklärte, der ANC sei die Partei der Vergangenheit. Oliver arrangierte ein Treffen zwischen mir und Astor in seinem Haus, und wir sprachen ausführlich über den ANC. Ich weiß nicht, ob ich irgendeine Wirkung bei ihm erzielte, doch zweifellos änderte sich die Berichterstattung. Er empfahl mir auch, mit einer Reihe prominenter Politiker zu sprechen, und in der Gesellschaft des Labour-Abgeordneten Dennis Healy begegnete ich Hugh Gaitskell, dem Führer der Labour Party, und Jo Grimond, dem Führer der Liberal Party.

Erst gegen Ende meines Aufenthalts sah ich Yusuf, doch es war kein glückliches Wiedersehen. Oliver und ich waren während unseren Reisen stets auf eine Schwierigkeit gestoßen: Ein afrikanischer Führer nach dem anderen hatte uns über unsere Beziehungen mit weißen und indischen Kommunisten ausgefragt und mitunter auch den Verdacht geäußert, daß sie den ANC kontrollierten. Unsere nichtrassistische Haltung wäre ein geringeres Problem gewesen ohne die ausgesprochen nationalistische, gegen die Weißen eingestellte PAC. Im übrigen Afrika konnten die meisten afrikanischen Führer die Ansichten des PAC besser verstehen als die des ANC. Oliver hatte über diese Dinge mit Yusuf gesprochen, der über Olivers Schlußfolgerungen recht unglücklich war. Denn Oliver war überzeugt, der ANC müsse ein unabhängigeres

Erscheinungsbild abgeben, indem er bestimmte Aktionen allein durchführte, ohne Teilnahme der anderen Mitglieder der Allianz. Ich stimmte ihm zu.

An meinem letzten Abend in London erörterte ich mit Yusuf diese Dinge und erklärte, daß wir jetzt, am Anfang eines bewaffneten Kampfes, auf die Hilfe anderer afrikanischer Nationen, in Form von Geld, Ausbildung und sonstiger Unterstützung angewiesen seien, und daß wir deshalb ihre Ansichten stärker berücksichtigen müßten als früher. Yusuf glaubte, daß Oliver und ich die Politik des ANC ändern, daß wir dem Nicht-Rassismus absagen wollten, der den Kern der Freiheits-Charta bildete. Ich sagte ihm, daß er sich irrte; wir lehnten Nicht-Rassismus nicht ab, wir sagten nur, der ANC müsse stärker auf eigenen Füßen stehen und Erklärungen abgeben, daß wir nicht Teil der Congress Alliance waren. Häufig gaben der ANC, der South African Indian Congress und der Coloured People's Congress eine gemeinsame Erklärung über eine nur Afrikaner betreffende Angelegenheit ab. Das würde sich ändern müssen. Yusuf war unglücklich darüber. »Was ist mit der Politik?« fragte er wiederholt. Ich sagte ihm, ich spräche nicht über Politik, sondern über das Image. Wir würden weiterhin zusammenarbeiten, nur müsse der ANC als erster unter Gleichen erscheinen.

Obgleich ich traurig war, meine Freunde in London verlassen zu müssen, so begann doch jetzt der ganz unvertraute Teil meiner Reise: militärische Ausbildung. Dafür waren sechs Monate in Addis Abeba vorgesehen. Ich wurde dort von Außenminister Yefu empfangen, der mich herzlich begrüßte und zu einem Vorort namens Kolfe brachte, dem Hauptquartier des äthiopischen Riot Batalion (Spezialeinheit), wo ich Kunst und Wissenschaft des Soldatenhandwerks erlernen sollte. Zwar war ich ein leidlicher Amateurboxer, doch mir waren nicht einmal die allerersten Anfänge militärischen Kampfes geläufig. Mein Ausbilder war ein Lieutenant Wondoni Befikadu, der mit im Untergrund gegen die Italiener gekämpft hatte. Unser Programm war strapaziös: Wir trainierten von 8 bis 13 Uhr, machten dann eine Pause, um zu duschen und zu Mittag zu essen, und dann ging es weiter von 14 bis 16 Uhr. Von 16 Uhr bis in den Abend hinein erhielt ich Lektionen in Militärwissenschaft von Colonel Tadesse, der gleichzeitig stellvertretender Commissioner der Polizei war und entscheidend mitgeholfen hatte, einen Umsturzversuch gegen den Kaiser zu verhindern.

Ich lernte mit automatischem Gewehr und Pistole zu schießen und beteiligte mich an Schießübungen sowohl in Kolfe mit der Kaiserlichen Garde wie auch mit dem gesamten Bataillon auf einem etwa 75 Kilometer entfernten Schießgelände. Ich wurde unterwiesen im Sprengen und im Abfeuern von Mörsern, und ich lernte, kleine Bomben und Minen herzustellen – aber auch, wie man ihnen aus dem Weg ging. Ich fühlte, wie ich zu einem Soldaten geformt wurde, und begann zu denken wie ein Soldat – himmelweit anders als die Art, wie ein Politiker denkt.

Was mir am meisten Spaß machte, waren die »Gewaltmärsche«, bei denen man nichts weiter hatte als ein Gewehr, Munition sowie etwas Wasser und einen fernen Punkt innerhalb einer bestimmten Zeit erreichen mußte. Während dieser Märsche bekam ich ein Gespür für die Landschaft, die sehr schön war mit dichten Wäldern und dürftigem Hochland. Das Land war äußerst rückständig: Die Menschen benutzten Holzpflüge und nährten sich von der einfachsten Kost, die ergänzt wurde durch selbstgebrautes Bier. Ihr Leben ähnelte dem Leben im ländlichen Südafrika; zwischen den Armen gibt es überall mehr Ähnlichkeiten als Unterschiede.

Beim Unterricht sprach Colonel Tadesse über Dinge wie die Bildung einer Guerillastreitmacht, wie man eine Armee kommandiert und wie man Disziplin durchsetzt. Eines Abends sagte Colonel Tadesse während des Essens zu mir: »Also, Mandela, Sie werden eine Befreiungsarmee auf die Beine stellen, nicht eine konventionelle kapitalistische Armee. Eine Befreiungsarmee ist eine egalitäre Armee. Sie müssen Ihre Leute ganz anders behandeln als in einer kapitalistischen Armee. Im Dienst müssen Sie Ihre Autorität mit Selbstsicherheit und Kontrolle ausüben. Insofern verhalten Sie sich nicht anders als in einer kapitalistischen

Armee. Außer Dienst müssen Sie sich auf der Basis absoluter Gleichheit verhalten, selbst gegenüber dem niedrigsten Soldaten. Sie müssen essen, was die anderen essen. Sie dürfen keine Lebensmittel in Ihren Dienstraum mitbringen, sondern müssen gemeinsam mit den anderen essen und trinken, und dürfen sich nicht isolieren.«

Das klang alles ebenso bewundernswert wie vernünftig, doch während er noch zu mir sprach, kam ein Sergeant in den Saal und fragte den Colonel, wo er einen bestimmten Lieutenant finden könne. Der Colonel maß ihn mit einem kaum verhohlenen Blick der Verachtung und sagte: »Können Sie nicht sehen, daß ich hier mit einer wichtigen Person spreche. Wissen Sie nicht, daß Sie mich beim Essen nicht stören dürfen? Und jetzt scheren Sie sich davon!« Dann setzte er seine Ausführungen im gleichen didaktischen Ton fort.

Die Ausbildung war auf sechs Monate angesetzt, doch nach acht Wochen erhielt ich ein Telegramm vom ANC, das mich dringend aufforderte, nach Hause zurückzukehren. Der bewaffnete Kampf in Südafrika eskalierte, und sie wollten den Kommandeur des MK dabeihaben.

In aller Eile arrangierte Colonel Tadesse für mich einen Flug nach Khartum. Zum Abschied machte er mir ein Geschenk: eine automatische Pistole mit 200 Schuß Munition. Ich war dankbar, sowohl für die Pistole als auch für seine Instruktionen. Trotz meiner Gewaltmärsche empfand ich es als unangenehm, soviel Munition mit mir herumzuschleppen. Eine einzige Kugel ist überraschend schwer: sich mit 200 abzuplagen ist, als trüge man ein kleines Kind auf dem Rücken.

In Khartum empfing mich ein Angestellter der British Airways, der mir mitteilte, mein Flugzeug nach Daressalam fliege erst am nächsten Tag und man habe sich die Freiheit genommen, mich in einem Luxushotel in der Stadt unterzubringen. Ich war verärgert, denn ich hätte es vorgezogen, in einem weniger auffälligen, drittklassigen Hotel zu wohnen.

Im Hotel abgesetzt, hatte ich die lange, elegante Veranda des Hotels zu durchqueren, wo mehrere Dutzend Weiße saßen und tranken. Es war eine Zeit lange vor der Einführung von Metalldetektoren und Sicherheitskontrollen, und ich trug meine Pistole in einem Halfter unter meiner Jacke und 200 Schuß rund um meine Taille unter der Hose. Außerdem besaß ich noch mehrere tausend Pfund in bar. Ich hatte das Gefühl, all diese wohlgekleideten Weißen hätten Röntgenaugen und ich könne jeden Augenblick verhaftet werden. Doch ich wurde sicher auf mein Zimmer geleitet, wo ich Zimmerservice bestellte; schon die Schritte der Kellner machten mich nervös.

Von Khartum reiste ich direkt nach Daressalam, wo ich die erste Gruppe von 21 Umkhonto-Rekruten begrüßte, die zur militärischen Ausbildung nach Äthiopien reisen sollten. Es war ein erhabener Augenblick, denn diese Männer hatten sich freiwillig gemeldet, um in einer Armee zu dienen, die ich aufzustellen versuchte. Sie setzten ihr Leben aufs Spiel in einer Schlacht, die gerade erst begann, eine Schlacht, die besonders gefährlich sein würde für ihre ersten Soldaten. Es waren junge Männer, hauptsächlich aus Städten, und voller Stolz und Eifer. Wir hatten ein gemeinsames Essen in Addis. Die Männer schlachteten mir zu Ehren eine Ziege, und ich sprach über meine Reise und betonte, wie wichtig gutes Benehmen und Disziplin im Ausland seien, schließlich seien sie die Repräsentanten des südafrikanischen Freiheitskampfes. Militärische Ausbildung, erklärte ich, müsse Hand in Hand gehen mit politischer Ausbildung, denn eine Revolution bestehe nicht einfach daraus, den Finger am Drücker einer Schußwaffe zu haben; vielmehr gehe es darum, eine faire und gerechte Gesellschaft zu schaffen. Es war das erste Mal, daß meine eigenen Soldaten vor mir salutierten.

Präsident Nyerere überließ mir ein Privatflugzeug nach Mbeya, und ich flog direkt nach Lobatse. Der Pilot teilte mir mit, daß wir in Kanye landen würden. Das beunruhigte mich: Wieso war der Plan geändert worden? In Kanye empfingen mich der lokale Magistrate und ein Sicherheitsbeamter, beides Weiße. Der Magistrate trat auf mich zu und fragte nach meinem Namen. David Motsamayi, erwiderte ich. Nein, sagte er, nennen Sie mir bitte Ihren richtigen Namen. Wieder sagte ich: David Motsamayi. Der

Magistrate sagte: »Bitte, nennen Sie mir Ihren richtigen Namen, denn ich habe Anweisung erhalten, Mr. Mandela abzuholen und ihm Hilfe und Beförderung zu verschaffen. Sollten Sie nicht Mr. Mandela sein, so fürchte ich, werde ich Sie festnehmen müssen, denn Sie haben keine Genehmigung, das Land zu betreten. Sind Sie Nelson Mandela?«

Ich stand vor einem Dilemma: So oder so konnte ich verhaftet werden. »Falls Sie darauf beharren, daß ich Nelson Mandela bin und nicht David Motsamayi«, erklärte ich, »so will ich Ihnen nicht widersprechen.« Er lächelte und sagte nur: »Wir haben Sie gestern erwartet.« Dann bot er mir an, mich dorthin zu fahren, wo meine Gefährten auf mich warten würden. Wir fuhren nach Lobatse, wo ich Joe Modise traf und einen ANC-Anhänger namens Jonas Matlou, der damals dort lebte. Der Magistrate sagte mir, die südafrikanische Polizei wisse, daß ich im Begriff war, zurückzukehren, und er schlug vor, ich solle morgen aufbrechen. Ich dankte ihm für Hilfe und Rat, doch als ich Matlous Haus erreichte, erklärte ich, ich würde noch in der Nacht losfahren. Auf der Rückfahrt nach Südafrika würde mich Cecil Williams begleiten, ein weißer Theaterregisseur und Mitglied des MK. Als sein Chauffeur verkleidet, setzte ich mich hinters Lenkrad, und wir fuhren noch in derselben Nacht nach Johannesburg ab.

7. Teil

RIVONIA

NACHDEM ICH die Grenze überschritten hatte, atmete ich tief durch. Die heimatliche Luft riecht immer süßer, wenn man fort gewesen ist. Es war eine klare Winternacht, und irgendwie schienen uns sogar die Sterne hier herzlicher willkommen zu heißen als irgendwo sonst auf dem Kontinent. Obwohl ich eine Welt verließ, in der ich zum erstenmal Freiheit erlebt hatte, und in eine Welt zurückkehrte, in der ich ein Flüchtling war, war ich tief erleichtert, wieder im Land meiner Geburt und meiner Bestimmung zu sein.

Zwischen Bechuanaland und dem nordwestlichen Transvaal überqueren Dutzende unmarkierter Straßen die Grenze, und Cecil wußte genau, welche er zu nehmen hatte. Während der Fahrt berichtete er mir von den vielen Ereignissen, die ich versäumt hatte. Wir fuhren die ganze Nacht hindurch, überquerten kurz nach Mitternacht die Grenze und erreichten Liliesleaf Farm in der Morgendämmerung. Ich trug noch immer meine zerknitterte Khaki-Uniform.

Auf der Farm blieb mir keine Zeit zur Rast und zum Nachdenken, denn für den folgenden Abend war ein geheimes Treffen des Arbeitskomitees angesetzt, das von mir einen Bericht über meine Reise erwartete. Walter, Moses, Kotane, Govan Mbeki, Dan Tloome, J. B. Marks und Duma Nokwe, sie alle erschienen auf der Farm, ein seltenes Zusammentreffen. Ich gab erst einen allgemeinen Überblick über meine Reisen und berichtete dann im einzelnen über das Geld, das wir erhalten hatten, und über die Ausbildungsangebote. Gleichzeitig schilderte ich detailliert die Zurückhaltung, auf die ich hinsichtlich der Kooperation des ANC mit Weißen, Indern, besonders Kommunisten gestoßen war. Mir klangen jetzt noch die Ohren von meiner letzten Begegnung mit den sambischen Führern, die mir erklärt hatten, sie wüßten zwar, daß der ANC größer und populärer sei als der PAC, doch sie könnten den reinen afrikanischen Nationalismus des PAC verstehen, während der Nichtrassismus und die kommunistischen Verbindungen des ANC sie irritierten. Ich teilte ihnen mit, Oliver und ich glaubten, der ANC müsse unabhängiger erscheinen, um unsere neuen Verbündeten auf dem Kontinent zu beruhigen, denn sie seien es, die den Umkhonto We Sizwe finanzieren und ausbilden würden. Ich schlug vor, die Congress Alliance umzubilden, so daß der ANC deutlich als Führer in Erscheinung treten würde, zumal in Fragen, welche die Afrikaner unmittelbar betrafen.

Dies war ein schwerwiegender Vorschlag, und so mußte die gesamte Führung befragt werden. Das Arbeitskomitee drängte mich, nach Durban zu fahren und den Häuptling zu unterrichten. Alle stimmten zu, ausgenommen Govan Mbeki, der damals nicht auf Liliesleaf Farm lebte, sondern als Mitglied des MK-Oberkommandos zugegen war. Er drängte mich, jemand anders zu schikken. Es sei einfach zu gefährlich, sagte er, und die Organisation sollte meine Sicherheit nicht aufs Spiel setzen, zumal ich gerade zurückgekehrt und entschlossen sei, die Bildung des MK voranzutreiben. Dieser weise Rat wurde von allen, auch von mir selbst, überstimmt.

In der nächsten Nacht verließ ich Rivonia, in Gesellschaft von Cecil, wieder seinen Chauffeur spielend. Ich hatte eine Reihe von geheimen Zusammenkünften in Durban geplant, die erste mit Monty Naicker und Ismail Meer, um ihnen kurz über meine Reise zu berichten und um über den neuen Vorschlag zu diskutieren. Monty und Ismail standen dem Häuptling außerordentlich nah, und der Häuptling vertraute ihnen. Ich wollte Luthuli mitteilen, daß ich mit seinen Freunden gesprochen hatte, und ihm deren Reaktionen übermitteln. Ismail und Monty waren jedoch sehr beunruhigt über meine Auffassung, der ANC müsse innerhalb der Congress Alliance die Führung übernehmen und eigene Erklärungen über seine die Afrikaner berührenden Angelegenheiten abgeben. Sie waren gegen alles, was die Alliance zu spalten drohte.

Ich wurde nach Groutville gefahren, wo der Häuptling lebte, und wir trafen uns im Haus einer indischen Lady in der Stadt. Ich erklärte die Situation in einiger Ausführlichkeit, und der Häuptling hörte schweigend zu. Als ich fertig war, sagte er, ihm mißfalle die Vorstellung, ausländische Politiker könnten dem ANC seine Politik diktieren. Wir hätten aus guten Gründen eine Politik gegen den Rassismus erarbeitet und er sei nicht der Meinung, wir sollten unsere Politik ändern, nur weil sie einigen ausländischen Führern nicht gefalle.

Ich erklärte dem Häuptling, diese ausländischen Politiker diktierten uns die Politik nicht, sondern erklärten lediglich, daß sie sie nicht verstünden. Mein Plan, fuhr ich fort, bestehe einfach darin, wesentliche kosmetische Änderungen vorzunehmen, um den ANC für unsere Verbündeten verständlicher – und annehmbarer – zu machen. Ich sähe dies als ein Abwehrmanöver, denn falls afrikanische Staaten sich entschlössen, den PAC zu unterstützen, dann könnte aus einer kleinen und schwachen Organisation plötzlich eine große und mächtige werden.

Es war nicht die Art des Häuptlings, Entscheidungen auf der Stelle zu treffen. Ich konnte erkennen, daß er über meine Worte nachdenken und auch mit einigen Freunden darüber sprechen wollte. Ich verabschiedete mich, und er gab mir den Rat, vorsichtig zu sein. Ich hatte an diesem Abend in der Stadt und in der Township noch eine Reihe von Geheimtreffen. Mein letztes Treffen an jenem Abend war bei dem Regionalkommando des MK in Durban.

Das Durban Command wurde von einem Sabotage-Experten namens Bruno Mtolo geleitet, dem ich zuvor noch nicht begegnet war, dem ich aber bald unter dramatisch veränderten Umständen wiederbegegnen sollte. Ich berichtete kurz über meine Reise durch Afrika, über die Unterstützung und die Ausbildungsangebote, die wir erhalten hatten. Ich erklärte, daß der MK sich zur Zeit auf Sabotage beschränkte, daß wir jedoch, falls dies nicht die gewünschte Wirkung habe, wahrscheinlich zum Guerillakrieg übergehen würden.

Später am Abend besuchten mich im Haus des Fotojournalisten G. M. Naido, wo ich untergekommen war, Ismail und Fatima Meer, Monty Naicker und J. N. Singh zu einer Art kombinierter Willkommens- und Abschiedsparty, denn ich wollte am nächsten Tag nach Johannesburg abreisen. Es war ein angenehmer Abend, und zum erstenmal seit langer Zeit konnte ich mich entspannen. Ich schlief gut und stieg mit Cecil am Sonntag nachmittag – des 5. August – zur langen Rückfahrt nach Johannesburg in seinen bewährten Austin. Ich trug meinen weißen Chauffeursmantel und saß neben Cecil, während er fuhr. Wir wechselten uns häufig am Steuer ab. Es war ein klarer, kühler Tag, und ich erfreute mich an der Schönheit der Landschaft von Natal; selbst im Winter bleibt Natal grün. Jetzt, da ich nach Johannesburg zurückkehrte, würde ich etwas Zeit haben, mit Winnie und den Kindern zusammenzusein. Ich hatte mir oft gewünscht, daß Winnie die Wunder Afrikas würde mit mir teilen können, doch ich konnte ihr bestenfalls erzählen, was ich gesehen und getan hatte.

Sobald wir die Industriebezirke Durbans hinter uns hatten, fuhren wir über Hügel, die majestätische Ausblicke auf die umgebenden Täler und auf die blauschwarzen Wasser des Indischen Ozeans boten. Durban ist der Haupthafen für das wichtigste Industriegebiet des Landes, und der Highway, der nach Johannesburg führt, verläuft über eine große Strecke hin parallel zur Eisenbahnlinie. Meine Gedanken wanderten von der Betrachtung der Naturschönheit zu der Vorstellung, daß die Eisenbahnlinie in so unmittelbarer Nähe des Highways ein geeignetes Objekt für Sabotage sei. Ich machte mir eine Eintragung in dem kleinen Notizbuch, das ich immer bei mir trug.

Cecil und ich waren in ein Gespräch über Sabotagepläne vertieft, als wir durch Howick kamen, 30 Kilometer nordwestlich von Pietermaritzburg. In Cedara, einer kleinen Stadt unmittelbar hinter Höwick, fiel mir ein mit weißen Männern vollbesetzter Ford V-8 auf, der rechts an uns vorüberjagte. Instinktiv drehte ich mich um und sah hinter uns zwei weitere mit weißen Männern vollbesetzte Autos. Plötzlich gab der Ford vor uns ein Haltzeichen. Im selben Augenblick begriff ich, daß meine Flucht zu Ende war; meine 17 Monate »Freiheit« waren vorüber.

Während Cecil abbremste, blickte er mich an und fragte: »Was sind das für Männer?« Ich antwortete nicht, weil wir beide ganz genau wußten, wer sie waren. Sie hatten den Platz, wo sie uns aufgelauert hatten, gut gewählt; links von uns befand sich ein bewaldeter, steiler Abhang, und dort hätten sie uns hineintreiben können, falls wir versucht hätten, ihnen zu entfliehen. Ich saß links auf dem Beifahrersitz, und für einen Augenblick dachte ich daran, hinauszuspringen und in den Wald zu flüchten, doch ich wäre innerhalb von Sekunden erschossen worden.

Als unser Auto hielt, kam ein hochgewachsener schlanker Mann mit strengen Gesichtsausdruck direkt zu dem Fenster der Beifahrerseite. Er war unrasiert und sah aus, als habe er mehrere Nächte nicht geschlafen. Ich vermutete sofort, daß er seit einer Reihe von Tagen auf uns gewartet hatte. Mit ruhiger Stimme stellte er sich als Sergeant Vorster von der Polizei von Pietermaritzburg vor und zog einen Haftbefehl hervor. Er forderte mich auf, mich auszuweisen. Ich sagte ihm, mein Name sei David Motsamayi. Er nickte und stellte mir dann auf korrekte Weise Fragen: Wo ich gewesen sei und wohin ich wolle. Ich antwortete, doch ohne ihm viele Informationen zu geben. Er schien irritiert, doch dann erklärte er: »Ach, Sie sind Nelson Mandela, und dies ist Cecil Williams, Sie sind verhaftet!«

Er sagte uns, ein Polizeimajor aus dem anderen Auto würde uns zurück nach Pietermaritzburg begleiten. Die Polizei war in jenen Tagen noch nicht so wachsam, und Sergeant Vorster gab sich nicht die Mühe, mich zu durchsuchen. Ich hatte meinen geladenen Revolver bei mir und dachte wieder an Flucht, doch es waren einfach zu viele Polizisten. Heimlich steckte ich den Revolver – und mein Notizbuch – zwischen meinen und Cecils Sitz. Aus irgendeinem Grund fand die Polizei die Pistole nicht, auch nicht das kleine Notizbuch, zum Glück, denn sonst wären noch viel mehr Menschen verhaftet worden.

In der Polizeistation führte man mich in das Büro von Sergeant Vorster, in dem ich eine Anzahl von Officers antraf, zu denen auch Warrant Officer Truter gehörte, der beim Hochverratsprozeß als Zeuge ausgesagt hatte. Truter hatte auf die Angeklagten einen günstigen Eindruck gemacht, weil er die Politik des ANC genau dargelegt hatte, ohne zu übertreiben oder zu lügen. Wir grüßten einander freundlich.

Ich hatte noch immer nichts weiter zugegeben außer dem Namen David Motsamayi, und Truter sagte zu mir: »Nelson, warum halten Sie diese Farce aufrecht? Sie wissen, daß ich weiß, wer Sie sind. Wir alle wissen doch, wer Sie sind.« Ich sagte ihm schlicht, ich hätte einen Namen genannt und zu diesem Namen stünde ich auch. Ich verlangte einen Rechtsanwalt, was schroff abgelehnt wurde. Ich meinerseits lehnte es ab, eine Erklärung abzugeben.

Cecil und ich wurden in getrennte Zellen gesperrt. Jetzt hatte ich Zeit, über meine Situation nachzudenken. Ich hatte immer gewußt, daß ich verhaftet werden könnte, doch selbst Freiheitskämpfer leisten sich Verdrängungen, und in jener Nacht in meiner Zelle wurde mir bewußt, daß ich auf die Realität von Verhaftung und Haft nicht vorbereitet war. Ich war erregt und voller Unruhe. Irgend jemand hatte der Polizei meinen Aufenthalt verraten; sie hatten gewußt, daß ich in Durban war und nach Johannesburg zurückkehren würde. Wochen vor meiner Rückkehr hatte die Polizei geglaubt, daß ich bereits wieder im Lande sei. Im Juni verkündeten Zeitungen in Schlagzeilen »RÜCKKEHR DES SCHWARZEN PIMPERNELL«, während ich mich noch in Addis Abeba aufhielt. War das vielleicht ein Bluff gewesen?

Die Behörden hatten Winnie ständig belästigt, weil sie glaubten, sie wisse, ob ich zurückgekommen war oder nicht. Ich wußte, daß man sie beschattet und das Haus mehrmals durchsucht hatte. Vermutlich nahm man an, ich würde Häuptling Luthuli gleich nach meiner Rückkehr aufsuchen, und das war natürlich richtig vermutet. Aber ich argwöhnte auch, die Polizei sei darüber informiert worden, daß ich mich zu jener Zeit in Durban befand. Die Bewegung war infiltriert worden mit Spitzeln, und selbst wohlmeinende Leute waren nicht immer so verschwiegen, wie sie hätten sein sollen. Auch ich selbst war zu lax gewesen. Zu viele Menschen hatten gewußt, daß ich in Durban war. In der Nacht vor meiner Abreise hatte ich sogar eine Party gegeben, und so warf ich mir verbittert vor, daß ich mir eine solche Blöße gegeben hatte.

Meine Gedanken irrten zwischen den Möglichkeiten hin und her: War da ein Spitzel in Durban? Einer aus Johannesburg? Jemand aus der Bewegung? Oder sogar ein Freund oder ein Familienangehöriger? Aber solche Spekulationen über Unbekannte sind sinnlos, und die seelische und physische Erschöpfung ließ mich bald in einen tiefen Schlaf fallen. Wenigstens in dieser Nacht – am 5. August 1961 – brauchte ich mir keine Sorge darüber zu machen, ob mich die Polizei finden würde. Sie hatte es bereits.

Am Morgen fühlte ich mich erholt und bereitete mich auf die vor mir liegende neue Prüfung vor. Unter gar keinen Umständen wollte ich den Behörden gegenüber verzweifelt oder auch nur bedrückt erscheinen. Um 8 Uhr 30 erschien ich vor dem lokalen Magistratsbeamten, der mich formal nach Johannesburg überstellte. Das Ganze verlief unauffällig, und der Beamte schien der Angelegenheit nicht mehr Bedeutung beizumessen als einem Verkehrsdelikt. Die Polizei hatte für die Rückfahrt nach Johannesburg oder für meine Sicherheit keine speziellen Vorsichtsmaßnahmen getroffen. Ich saß auf dem Hintersitz einer Limousine, ohne Handschellen, mit zwei Officers auf den Vordersitzen. Freunde hatten von meiner Verhaftung erfahren. Fatima Meer hatte mir zum Gefängnis etwas Proviant gebracht, den ich mit den beiden Officers im Auto teilte. Wir hielten sogar unterwegs in Volksrust, einer kleinen Stadt, wo sie mir erlaubten, mir die Beine zu vertreten. Wurde ich freundlich behandelt, dachte ich nicht an Flucht; ich wollte nicht das Vertrauen der Menschen in mich ausnutzen.

Doch als wir uns Johannesburg näherten, veränderte sich die Atmosphäre. Über Polizeifunk hörte ich die Meldung von meiner Festnahme und den Befehl, die Straßensperren nach und von Natal abzuräumen. Bei Sonnenuntergang wurden wir an der Peripherie Johannesburgs von einer umfangreichen Polizeieskorte in Empfang genommen. Abrupt legte man mir Handschellen an, holte mich aus dem Auto und setzte mich in einen Spezialwagen mit kleinen dunklen, von Drähten verstärkten Fenstern. Dann fuhr die Fahrzeugkolonne auf einer verschlungenen, unbekannten Route nach Marshall Square, als fürchtete man, wir könnten in einen Hinterhalt geraten.

Man sperrte mich in eine Einzelzelle. Ich war gerade dabei, in der Stille der Zelle meine Strategie für den nächsten Tag zu planen, als ich aus einer Nachbarzelle ein Husten hörte. Mir war nicht gleich klar, daß sich ein anderer Häftling in meiner Nähe befand, doch das Husten klang auf eigentümliche Weise vertraut. Plötzlich erkannte ich es, richtete mich auf und rief: »Walter?«

»Nelson, bist du das?« sagte er, und wir lachten in einer unbeschreiblichen Mischung aus Erleichterung, Überraschung, Enttäuschung und Glücksgefühl. Ich erfuhr, daß Walter kurz nach meiner eigenen Verhaftung festgenommen worden war. Wir sahen beide zwischen den Verhaftungen einen Zusammenhang. Zwar waren unsere Zellen nicht gerade der günstigste Platz für ein Treffen des nationalen Arbeitskomitees, andererseits war es ganz praktisch, und die Nacht verging wie im Fluge, während ich ihm umfassend über meine Festnahme wie auch über meine Treffen in Durban berichtete.

Am nächsten Tag erschien ich im Gericht vor einem hohen Magistrate zwecks formaler Überstellung. Harold Wolpe und Joe Slavo waren zum Gericht geeilt, nachdem sie von meiner Verhaftung gehört hatten, und wir berieten uns im Keller. Ich war vor diesem Magistrate zahllose Male in beruflicher Eigenschaft erschienen, und wir hatten Respekt füreinander gefunden. Es war auch eine Anzahl von Rechtsanwälten anwesend, von denen ich einige gut kannte. Es ist merkwürdig, wie leicht man sich in bestimmten Situationen durch belanglose Ereignisse schmeicheln läßt. Ich bin unter normalen Umständen gegen Schmeichelei gewiß nicht immun, doch hier stand ich, ein Flüchtling, die Nr. 1 auf der Liste, am meisten gesucht, ein Outlaw in Handschellen, der über ein Jahr im Untergrund gelebt hatte, und trotzdem grüßten mich der Richter, die anderen Anwälte und die Zuschauer mit Ehrerbietung und professioneller Höflichkeit. Sie kannten mich als Nelson Mandela, Rechtsanwalt, nicht als Nelson Mandela, Outlaw. Das hob meine Stimmung ganz ungemein.

Während der Formalitäten wirkte der Magistrate scheu und

beklommen und sah mich nicht direkt an. Auch die anderen Anwälte machten einen verlegenen Eindruck, und in diesem Augenblick fiel es mir gleichsam wie Schuppen von den Augen. Diesen Männern war nicht nur deshalb unbehaglich zumute, weil ich ein heruntergekommener Kollege war, sondern vielmehr, weil ich ein normaler Mann war, der für seine Überzeugungen bestraft wurde. In gewisser Weise, die ich zuvor nie ganz verstanden hatte, erkannte ich jetzt die Rolle, die ich vor Gericht spielen konnte, und die Möglichkeiten, die mir als Angeklagtem zur Verfügung standen. Ich war das Symbol der Gerechtigkeit im Gericht des Unterdrückers, der Vertreter der großen Ideale von Freiheit, Fairneß und Demokratie in einer Gesellschaft, die diese Tugenden mit Füßen trat. Damals begriff ich, daß ich den Kampf selbst innerhalb der Festung des Feindes fortführen konnte.

Nach dem Namen meines Anwalts gefragt, erklärte ich, daß ich mich selbst vertreten würde, mit Joe Slovo als juristischem Berater. Indem ich mich selbst vertrat, würde ich die Symbolkraft meiner Rolle stärken. Ich würde meinen Prozeß als Bühne nutzen für die moralische Opposition des ANC gegen den Rassismus. Ich würde weniger versuchen, mich zu verteidigen, als vielmehr so nachhaltig wie möglich den Staat auf die Anklagebank zu bringen. An jenem Tag gab ich nur Antworten auf Fragen nach meinem Namen und nach der Wahl meines juristischen Beraters. Schweigend hörte ich mir die Anklagen an: Aufwieglung afrikanischer Arbeiter zum Streik und Verlassen des Landes ohne gültige Reisedokumente. Im Südafrika der Apartheid konnten die Strafen für diese »Verbrechen« bis zu zehn Jahren Gefängnis betragen. Dennoch empfand ich die Anklagen wie eine Erleichterung: Offensichtlich verfügte der Staat nicht über genügend Beweise, um mich mit Umkhonto We Sizwe in Verbindung zu bringen, denn sonst hätte man mich der weitaus schwereren Verbrechen des Hochverrats oder der Sabotage bezichtigt.

Erst als ich den Gerichtssaal verließ, sah ich Winnie auf der Zuschauergalerie. Sie sah bedrückt und niedergeschlagen aus; zweifellos dachte sie an die schwierigen Monate und Jahre, die vor ihr lagen, daran, daß sie, auf sich allein gestellt, zwei kleine Kinder würde großziehen müssen in einer oft harten, grausamen Stadt. Es ist eine Sache, über Härten in der Zukunft nachzudenken, eine ganz andere, mit diesen Härten konfrontiert zu werden. Das einzige, was ich tun konnte, als ich die Stufen zum Keller hinabstieg, war, daß ich sie anlächelte, als ob ich ihr zeigen wolle, ich sei nicht in Sorge und sie solle es auch nicht. Ich kann mir nicht vorstellen, daß ihr das viel half.

Vom Gericht wurde ich zum Johannesburg Fort gebracht. Als ich das Gerichtsgebäude verließ, um in ein Polizeifahrzeug zu steigen, standen draußen Hunderte von Menschen, die jubelten und riefen »Amandla!« und dann »Ngawethu«, den populären ANC-Wechselruf, der »Macht!« und »Die Macht ist unser!« bedeutet. Menschen schrien und sangen und trommelten mit den Fäusten gegen die Seiten des Polizeifahrzeugs, das langsam aus der Ausfahrt des Gerichtsgebäudes fuhr. Meine Verhaftung und der Prozeß hatten in allen Zeitungen Schlagzeilen gemacht: »POLIZEIFAHNDUNG BEENDET ZWEIJÄHRIGE FLUCHT« lautete eine; »NELSON MANDELA UNTER ARREST« eine andere. Der sogenannte Schwarze Pimpernell befand sich nicht mehr auf freiem Fuß.

Einige Tage später durfte Winnie mich besuchen. Sie hatte sich feingemacht und wirkte, zumindest nach außenhin, nicht so bedrückt wie zuvor. Sie brachte mir ein neues Paar teurer Pyjamas mit und ein reizendes Seidengewand, das eher zu einem Salon als zum Gefängnis paßte. Ich hatte nicht das Herz, ihr zu sagen, es sei völlig ausgeschlossen, daß ich solche Dinge im Gefängnis trug. Ich wußte natürlich, daß die Geschenke ein Ausdruck ihrer Liebe waren und ein Zeichen von Solidarität. Ich bedankte mich, und obwohl wir nur wenig Zeit hatten, besprachen wir in aller Kürze Familienangelegenheiten, vor allem, wie sie sich und die Kinder durchbringen sollte. Ich nannte die Namen von Freunden, die ihr helfen würden, und auch von Klienten, die mir noch Geld schuldeten. Ich sagte ihr, sie solle den Kindern die Wahrheit über meine Haft erzählen, und daß ich für eine lange Zeit fort sein würde. Wir seien nicht die erste Familie in dieser Situation, erklärte ich ihr, und wer solche Härten übersteht, sei am Ende stärker als zuvor. Ich versicherte ihr, daß unsere Sache stark und gerecht war, unsere Freunde loyal und daß ihre Liebe und ihre Ergebenheit mir über alles hinweghelfen würden, mochte geschehen, was da wolle. Der Beamte, der den Besuch überwachte, stellte sich blind, und wir umarmten uns, klammerten uns aneinander mit all der Kraft und den aufgestauten Emotionen, als sei dies eine Trennung für immer. In gewisser Weise war es das auch, denn wir sollten sehr lange voneinander getrennt bleiben, viel länger, als wir es uns damals hätten vorstellen können. Der Gefängnisbeamte gestattete mir, Winnie einen Teil des Weges zum Haupttor zu begleiten, wo ich sehen konnte, wie sie, allein und stolz, um die Ecke entschwand.

IM FORT WURDE ich von Colonel Minnaar beaufsichtigt, einem höflichen Afrikander, der in den Augen seiner mehr »verkrampte« (härteren) Kollegen als eine Art Liberaler galt. Er erklärte mir, daß er mich ins Gefängnishospital verlegen werde, denn das sei der angenehmste Aufenthaltsort, und dort würde ich einen Tisch und einen Stuhl haben, um meinen Fall vorbereiten zu können. Zwar traf es zu, daß das Hospital geradezu komfortabel war – ich konnte in einem richtigen Bett schlafen, was ich in einem Gefängnis noch nie hatte tun können –, doch der wahre Grund für diese Großzügigkeit war, daß das Hospital der sicherste Ort war, an dem man mich unterbringen konnte. Um dorthin zu gelangen, hatte man zwei unüberwindliche Mauern zu passieren, beide mit bewaffneten Wächtern besetzt; und drinnen mußten vier massive Tore aufgesperrt werden, bevor man in den Bereich gelangte, in dem ich gefangen gehalten wurde. In der Presse wurde darüber spekuliert, ob die Bewegung versuchen würde, mich zu befreien, und die Behörden taten ihr Äußerstes, um das zu verhindern.

Es hatte auch wilde Spekulationen in der Presse und innerhalb des ANC darüber gegeben, ob ich von jemandem in der Bewegung verraten worden sei. Ich wußte, daß manche G. R. Naidoo verdächtigten, meinen Gastgeber in Durban, ein Verdacht, den ich für unbegründet hielt. Die Presse posaunte die Vermutung hinaus, ich sei verraten worden von weißen und indischen Kommunisten, denen meine Anregung mißfallen habe, der ANC sollte sich mehr auf die Interessen der Afrikaner konzentrieren. Aber ich glaubte, daß solche Geschichten von der Regierung lanciert worden waren, um die Kongreßbewegung zu spalten, und ich sah darin eine üble Hinterhältigkeit. Später sprach ich darüber nicht nur mit Walter, Duma, Joe Slovo und Ahmed Kathrada, sondern auch mit Winnie, und ich war froh, daß sie alle meine Gefühle teilten. Winnie war eingeladen worden, die Jahreskonferenz des Indian Youth Congress von Transvaal zu eröffnen, und auf meinen Vorschlag hin widersprach sie allen besagten Gerüchten in aller Klarheit. Die Zeitungen waren voll von Beiträgen über ihre Schönheit und ihre Beredsamkeit. »Wir werden keine Zeit damit verschwenden, nach angeblichen Verrätern Mandelas zu suchen«, erklärte sie ihren Zuhörern. »Solche Propaganda soll bewirken, daß wir gegeneinander kämpfen, statt uns im Kampf gegen die Unterdrückung der Nationalisten zusammenzuschließen.«

Die am häufigsten kolportierte Geschichte war, ein amerikanischer Konsulatsbeamter mit Verbindungen zur CIA habe den Behörden Hinweise gegeben. Die Geschichte hat sich niemals bestätigt, und ich habe darüber nie irgendwelches zuverlässiges Beweismaterial gesehen. Obwohl die CIA verantwortlich gewesen ist für viele verachtenswerte Aktivitäten im Interesse des amerikanischen Imperialismus, kann ich ihm meine Festnahme nicht ankreiden. In Wahrheit war ich hinsichtlich der Geheimhaltung meiner Reisen und Aufenthalte leichtfertig gewesen. Rückblikkend erkenne ich, daß die Behörden zahllose Möglichkeiten gehabt hatten, mich bei meiner Reise nach Durban ausfindig zu machen. Es war ein Wunder, daß ich nicht schon früher verhaftet worden war.

Ich verbrachte nur wenige Tage im Hospital des Forts, bevor ich nach Pretoria verlegt wurde. In Johannesburg hatte es in puncto Besuche keinerlei Beschränkungen gegeben, und ständig waren

Menschen gekommen, um mich zu sehen. Besucher sind wichtig für die Stimmung des Häftlings, und ihr Ausbleiben kann entmutigend sein. Mit meiner Verlegung nach Pretoria wollten die Behörden mich aus heimatlichen Gefilden an einen Ort schaffen, wo weniger Freunde bei mir vorbeischauen würden.

Man legte mir Handschellen an, und zusammen mit einem anderen Häftling wurde ich in einem alten Polizeitransporter nach Pretoria gebracht. Das Innere des Fahrzeugs war schmutzig, und wir saßen auf einem schmierigen Reservereifen, der hin- und herrutschte, während der Wagen in Richtung Pretoria rumpelte. Die Wahl des Mitreisenden war sonderbar: Er hieß Nkadimeng und war Mitglied einer der gefährlichsten Gangs von Soweto. Normalerweise ließen die Beamten einen politischen Gefangenen nicht mit einem gewöhnlichen Kriminellen im selben Fahrzeug transportieren, doch ich vermute, man hoffte, Nkadimeng, vermutlich ein Polizeispitzel, werde mich einschüchtern. Als wir das Gefängnis erreichten, war ich schmutzig und verärgert, und meine Gereiztheit steigerte sich noch, als man mich zusammen mit diesem Burschen in eine Einzelzelle legte. Ich verlangte – und erhielt schließlich auch – einen separaten Raum, so daß ich meinen Fall vorbereiten konnte.

Ich durfte jetzt nur zweimal in der Woche Besucher empfangen. Trotz der Entfernung kam Winnie zweimal die Woche und brachte immer frische Wäsche und köstliche Nahrung mit. Auch auf diese Weise bewies sie mir ihre Unterstützung, und jedesmal, wenn ich ein frisches Hemd anzog, spürte ich ihre Liebe und Hingabe. Es war mir klar, wie schwierig es sein mußte, zweimal in der Woche tagsüber nach Pretoria zu reisen, mit zwei kleinen Kindern daheim. Ich wurde auch von vielen anderen besucht, die mir etwas zu essen brachten, darunter die allzeit getreue Mrs. Pillay, die mich täglich mit einem würzigen Mittagessen versorgte.

Die Großzügigkeit meiner Besucher brachte mich in Verlegenheit, denn so war ich in der Lage eines Reichen, der nicht wußte, wohin mit all seinen Gütern. Gern hätte ich die Lebensmittel mit den anderen Häftlingen auf meinem Flur geteilt. Doch das war streng verboten. Um diese Beschränkung zu umgehen, bot ich den Wärtern von den Lebensmitteln an, damit sie sich vielleicht nachsichtiger zeigten. Mit dieser Absicht hielt ich einen glänzenden roten Apfel einem afrikanischen Wärter hin, der ihn anschaute und ihn dann grob zurückwies mit dem Ausdruck »Angiyifuni« (»Ich will ihn nicht«). Afrikanische Aufseher sind in der Regel viel mitfühlender als weiße oder aber noch strenger, als wollten sie ihre Herren übertreffen. Doch kurz darauf sah der schwarze Wärter, wie ein weißer den von ihm verschmähten Apfel annahm, und er überlegte es sich anders. Bald versorgte ich all meine Mithäftlinge mit Lebensmitteln.

Durch die geheime Verständigung im Gefängnis erfuhr ich, daß auch Walter nach Pretoria gebracht worden war, und obwohl wir voneinander isoliert waren, konnten wir doch ganz leidlich miteinander kommunizieren. Walter hatte seine Freilassung auf Kaution beantragt – ein Entschluß, den ich voll unterstützte. Die Frage der Kaution ist beim ANC lange ein heikles Thema gewesen. Manche meinten, wir sollten stets auf Kaution verzichten, weil es sonst so ausgelegt werden könne, als seien wir schwachbrüstige Rebellen, welche die rassistischen Vorbehalte des Rechtssystems akzeptierten. Ich hielt dafür, diese Ansicht sei nicht allgemein anwendbar, und schlug vor, von Fall zu Fall zu entscheiden. Seit Walter Generalsekretär des ANC war, hatte ich mich stets dafür ausgesprochen, wir sollten jeden Versuch unternehmen, um ihn gegen Kaution frei zu bekommen. Er war für die Organisation einfach zu wichtig, um ihn im Gefängnis dahinkümmern zu lassen. In seinem Fall war die Kaution eine praktische, keine theoretische Angelegenheit. In meinem Fall war das anders. Ich war im Untergrund gewesen, Walter nicht. Ich war ein weithin bekanntes Symbol für Rebellion und Kampf geworden, Walter arbeitete hinter den Kulissen. Er war einverstanden, daß in meinem Fall kein Antrag auf Freilassung gegen Kaution gestellt werden sollte. Sicher wäre ein solcher Antrag ohnehin abgewiesen worden, und ich wollte nichts unternehmen, was den Eindruck hätte erwecken können, als sei ich auf die Konsequenzen des von mir gewählten Untergrundlebens nicht vorbereitet.

Kurz nachdem Walter und ich zu dieser Entscheidung gekommen waren, wurde ich erneut in das Hospital des Forts verlegt. Für Oktober war ein Hearing angesetzt worden. So wenig sich zugunsten eines Gefängnisses sagen läßt, immerhin ist Zwangsisolierung dem Studium förderlich. Ich hatte Fernstudien für einen akademischen Grad begonnen, mit dem ich als Anwalt hätte praktizieren können. Gleich nach meiner Einlieferung in das Pretoria Local (Gefängnis) hatte ich einen Brief an die Behörden geschrieben, in dem ich sie von meiner Absicht unterrichtete zu studieren; außerdem hatte ich um Erlaubnis ersucht, ein Exemplar des »Law of Torts« (Schadenersatzrecht) erwerben zu dürfen, da ich es für mein Studium benötigte.

Einige Tage später marschierte Colonel Aucamp, leitender Offizier des Pretoria Local und einer der berüchtigsten Gefängnisbeamten, in meine Zelle und trompetete mit starrem Blick: »Mandela, jetzt haben wir Sie!« Dann erklärte er: »Warum wollen Sie ein Buch über Fackeln (Aucamp verwechselte die Worte »Torts« und »Torches«) haben, Mann, wenn Sie sie nicht für Ihre verdammte Sabotage benutzen wollen?« Ich hatte keine Vorstellung, worüber er sprach, bis er meinen Brief hervorzog, mit dem ich ein Buch anforderte, das Aucamp »The Law of Torches« nannte (also »Das Fackelrecht«). Ich mußte lächeln, und da wurde er wütend, weil er dachte, ich nähme ihn nicht ernst. In Africaans heißt »torch« (Fackel) »toort«, also ziemlich ähnlich wie »tort«, und ich erklärte ihm, daß das englische »tort« ein Rechtszweig sei und nicht ein brennendes Holzstück, das man zum Zünden einer Bombe benutzen könne. Beleidigt stampfte Aucamp davon.

Als ich eines Tages auf dem Gefängnishof des Forts meine täglichen Übungen machte – Jogging, Auf-der-Stelle-Laufen, Liegestütz und Sitzbeugen –, näherte sich mir ein hochgewachsener, gutaussehender Inder namens Moosa Dinath, den ich flüchtig als wohlhabenden, ja, äußerst erfolgreichen Geschäftsmann gekannt hatte. Er saß eine zweijährige Gefängnisstrafe wegen Betrugs ab. Außerhalb der Gefängnismauern wäre es bei einer flüchtigen Bekanntschaft geblieben, doch ein Gefängnis ist eine Brutstätte für Freundschaften. Oft begleitete Dinath mich, wenn ich im Hof herumlief. Eines Tages fragte er mich, ob ich etwas dagegen hätte, wenn er den Commanding Officer um Erlaubnis bäte, im Gefängnishospital in meiner Nähe sein zu können. Ich sagte ihm, das sei mir durchaus recht, dachte jedoch, die Behörde würde das niemals gestatten. Ich irrte mich.

Es war höchst merkwürdig, daß ein verurteilter Häftling wie Dinath die Erlaubnis erhielt, mit einem politischen Häftling zusammenzusein, der auf seinen Prozeß wartete. Doch ich sagte nichts, denn ich war froh, Gesellschaft zu haben. Dinath war wohlhabend, und er hatte die Gefängnisbehörden auf seiner Gehaltsliste. Als Gegenleistung für sein Geld erhielt er viele Privilegien: Er trug Kleidung, die für weiße Häftlinge bestimmt war, er aß ihre Kost, und er verrichtete keinerlei Gefängnisarbeit.

Eines Abends beobachtete ich verblüfft, wie Colonel Minnaar, der Leiter des Gefängnisses, und ein bekannter Afrikander-Advocate ihn abholten. Dinath verließ das Gefängnis über Nacht und kam erst am Morgen zurück. Hätte ich es nicht mit eigenen Augen gesehen, ich hätte es nicht geglaubt.

Dinath erzählte genüßlich von finanziellen Schwindeleien und von Korruption unter Kabinettsmitgliedern, und das fand ich faszinierend. Er bezeichnete die Apartheid als Gift, das auf allen Gebieten moralische Fäulnis erzeuge. Sorgsam vermied ich es, mit ihm über irgendwelche Dinge politischer oder heikler Natur zu sprechen, da nicht auszuschließen war, daß er auch ein Spitzel war. Einmal bat er mich, ihm von meiner afrikanischen Reise zu erzählen, doch ich schilderte sie nur flüchtig. Im übrigen zog Dinath genügend Drähte, so daß er bereits nach vier Monaten entlassen wurde, statt erst nach zwei Jahren.

Flucht dient einem doppelten Zweck: Sie befreit den Freiheitskämpfer aus dem Gefängnis, so daß er den Kampf fortsetzen kann; und sie gibt dem Kampf einen gewaltigen psychologischen Auftrieb und ist ein großer Publizitätsvorteil gegenüber dem Feind. Als Gefangener dachte ich immer an Flucht, und wenn ich zum Büro des Commanding Officers ging oder von dort kam, betrachtete ich prüfend die Wände, beobachtete die Bewegungen der Wachen und merkte mir die Typen der Schlüssel und der Türschlösser. Ich verfertigte einen detaillierten Lageplan des Gefängnisgeländes mit besonderer Betonung der genauen Lage des Gefängnishospitals und der hinausführenden Tore. Dieser Plan wurde hinausgeschmuggelt, zu Händen meiner Bewegung, mit der Anweisung, ihn sofort zu vernichten, nachdem er genau studiert worden sei.

Es gab zwei Fluchtpläne, einen von Moosa Dinath ausgearbeiteten, den ich aber ignorierte; und einen zweiten, konzipiert vom ANC und mir durch Joe Slovo übermittelt. Zu ihm gehörten Bestechungen, nachgemachte Schlüssel und sogar ein falscher Bart, der in das Schulterpolster eines meiner Jacketts eingenäht werden sollte, das mir ins Gefängnis gebracht werden sollte. Die Idee war, ich solle den Bart nach geglückter Flucht anlegen. Nach sorgfältiger Überlegung kam ich zu dem Schluß, der Plan sei verfrüht und die Wahrscheinlichkeit eines Fehlschlags unakzeptabel hoch. Ein solcher Fehlschlag wäre für die Organisation fatal. Bei einer Begegnung mit Joe steckte ich ihm einen Zettel mit meiner Beurteilung zu. Ich schrieb, der MK sei für eine solche Operation noch nicht bereit; selbst eine ausgebildete Elitetruppe würde eine solche Aktion wahrscheinlich nicht erfolgreich durchführen können. Ich schlug vor, das Unternehmen zu verschieben, bis ich verurteilt sei und die Behörden weniger auf der Hut wären. Zum Schluß schrieb ich: »Bitte vernichte dies nach dem Lesen.« Joe und die anderen akzeptierten meinen Rat, keinen Fluchtversuch zu unternehmen, doch er beschloß, den Zettel als historisches Dokument aufzuheben. Später tauchte er dann zu einem höchst unglücklichen Zeitpunkt auf.

DAS ERSTE HEARING war für Montag, 15. Oktober 1961, angesetzt. Die Organisation hatte ein Free Mandela Committee gebildet und eine eindrucksvolle Kampagne mit dem Slogan »Free Mandela« ins Leben gerufen. Im ganzen Land wurden Protestaktionen abgehalten, und der besagte Slogan erschien immer häufiger auf Hausmauern. Die Regierung antwortete mit dem Verbot aller Versammlungen, die meine Inhaftierung zum Thema hatten. Doch die Befreiungsbewegung ignorierte diese Restriktion.

Als Vorbereitung zum Hearing am Montag hatte das Free Mandela Committee eine Massendemonstration vor dem Gerichtsgebäude organisiert. Der Plan war, beide Seiten der Straße, über die mein Polizeifahrzeug fahren würde, sollten von Menschen gesäumt sein. Aus Presseberichten, Gesprächen mit Besuchern und auch Bemerkungen der Gefängniswärter erfuhr ich, daß man mit einer großen, lautstarken Veranstaltung rechnete.

Am Samstag, als ich mich auf das Hearing am Montag vorbereitete, erhielt ich die Anweisung, sofort meine Sachen zu packen: Das Hearing war nach Pretoria verlegt worden. Die Behörden hatten die Verlegung nicht angekündigt, und wäre es mir nicht gelungen, über einen sympathisierenden Wärter eine Nachricht nach draußen zu geben, hätte niemand wissen können, daß ich Johannesburg verlassen hatte.

Doch die Bewegung reagierte schnell, und als am Montagmorgen mein Fall vor Gericht kam, drängten sich in der Alten Synagoge unsere Anhänger. Nach den vier Jahren des Hochverratsprozesses war die Synagoge für mich so etwas wie eine zweite Heimat. Mein Rechtsbeistand Joe Slovo konnte nicht dabeisein, da er aufgrund seiner Bannungen Johannesburg nicht verlassen durfte; statt seiner stand mir Bob Hepple zur Seite.

Als ich an jenem Montagmorgen den Gerichtssaal betrat, trug ich statt Anzug und Krawatte das traditionelle Leopardenfell der Xhosa. Die Menge der Anhänger erhob sich wie ein Mann mit hochgereckten geballten Fäusten und schrie: »Amandla!« und »Ngawethu!« Der Fellumhang, Kaross genannt, versetzte die Zuschauer in Erregung; unter ihnen waren viele Freunde und Familienangehörige, und manche hatten den weiten Weg von der Transkei zurückgelegt. Auch Winnie trug einen traditionellen mit Perlen besetzten Kopfschmuck und einen knöchellangen Xhosa-Rock.

Die traditionelle Bekleidung hatte ich gewählt, um die symbolische Bedeutung zu betonen, die darin lag, daß ich, ein schwarzer Afrikaner, das Gericht eines weißen Mannes betrat. Auf meinem

Rücken trug ich buchstäblich die Geschichte, die Kultur und das Vermächtnis meines Volkes. An jenem Tag hatte ich das Gefühl, die Verkörperung des afrikanischen Nationalismus zu sein, Erbe der schwierigen, doch edlen Vergangenheit Afrikas und seiner ungewissen Zukunft. Der Kaross war auch ein Zeichen der Verachtung für die Spitzfindigkeiten der weißen Justiz. Ich wußte sehr wohl, daß sich die Behörden durch meinen Kaross genauso bedroht fühlten, wie viele Weiße sich bedroht fühlen durch die wahre Kultur Afrikas.

Als sich die Menge beruhigt hatte und der Fall aufgerufen wurde, grüßte ich in aller Förmlichkeit den Ankläger, Mr. Bosch, den ich aus meiner Zeit als Anwalt kannte, und den Magistrate, Mr. Von Heerden, der mir gleichfalls bekannt war. Dann beantragte ich sofort eine zweiwöchige Vertagung mit der Begründung, ich sei nach Pretoria verlegt worden, ohne Gelegenheit gehabt zu haben, meine Anwälte zu verständigen. Es wurde eine einwöchige Vertagung gewährt.

Als ich zu meiner Zelle zurückkehrte, sagte ein ziemlich nervöser weißer Aufseher zu mir, der Commanding Officer, Colonel Jacobs, habe befohlen, ich solle den Kaross aushändigen. Ich erklärte: »Sie können ihm mitteilen, daß er ihn nicht bekommen wird.« Der Wärter, ein Mann mit schwachen Nerven, begann zu zittern. Er bettelte mich praktisch an, ihm den Umhang zu geben, andernfalls würde er entlassen werden. Er tat mir leid, und so erklärte ich ihm: »Hören Sie, sagen Sie Ihrem Officer einfach, daß Mandela zu ihm spricht, nicht Sie.« Kurz darauf erschien Colonel Jacobs persönlich und befahl mir, ihm das auszuhändigen, was er meine »Decke« nannte. Ich sagte ihm, er habe keine rechtliche Befugnis, über meine Bekleidung im Gericht zu entscheiden, und falls er es versuchen sollte, meinen Kaross zu konfiszieren, so würde ich die Angelegenheit bis vor das Oberste Gericht bringen. Der Colonel versuchte nie wieder, mir meine »Decke« zu nehmen, doch die Behörde gestattete mir nur, den Kaross im Gerichtssaal zu tragen, nicht jedoch auf dem Weg dorthin oder von dort zurück, denn sie befürchtete, das könne andere Häftlinge »aufwiegeln«.

Als die Verhandlung eine Woche später wiederaufgenommen wurde, erhielt ich die Erlaubnis, zum Gericht zu sprechen, bevor ich aufgefordert wurde zu plädieren. »Ich hoffe, nachweisen zu können«, erklärte ich, »daß es in diesem Prozeß um die Forderungen der afrikanischen Völker geht, und ich habe es deshalb für richtig gehalten, meine Verteidigung selbst zu übernehmen.« Ich wollte dem Gericht, der Zuhörerschaft und der Presse klarmachen, daß es meine Absicht war, den Staat vor Gericht zu ziehen. Dann beantragte ich die Ablehnung des Magistrates mit der Begründung, ich fühlte mich moralisch nicht verpflichtet, mich Gesetzen zu beugen, die ein Parlament beschlossen hatte, in dem ich keine Vertretung hätte. Auch könne ich unmöglich von einem weißen Richter einen fairen Prozeß bekommen:

»Was ist der Grund, daß ich in diesem Gerichtssaal einem weißen Magistrate gegenüberstehe, einem weißen Ankläger, und von weißen Wärtern begleitet werde? Kann irgend jemand aufrichtig und ehrlich behaupten, daß in dieser Atmosphäre die Klage der Gerechtigkeit wirklich im Gleichgewicht ist? Warum hat in der Geschichte dieses Landes kein Afrikaner jemals die Ehre gehabt, von seinesgleichen, von seinem eigen Fleisch und Blut, vor Gericht gestellt zu werden? Ich will Euer Ehren den Grund sagen: Der eigentliche Zweck dieser rigiden Farbschranke besteht darin, sicherzustellen, daß die von Gerichten zuerkannte Gerechtigkeit der Politik des Landes entspricht, mag diese Politik auch noch so sehr im Widerspruch stehen zu den Normen der Gerechtigkeit, wie sie von den Machtsystemen in der gesamten zivilisierten Welt beachtet werden. Euer Ehren, ich hasse zutiefst rassische Diskriminierung in all ihren Manifestationen. Ich habe mein Leben lang dagegen gekämpft. Ich kämpfe immer noch dagegen, und ich werde es tun bis ans Ende meiner Tage. Am meisten verabscheue ich die Aufbauten, die mich hier umgeben. Sie geben mir das Gefühl, ein schwarzer Mann in eines weißen Mannes Gericht zu sein. Dies sollte nicht sein.«

Während des Prozesses rief der Ankläger über hundert Zeugen aus dem ganzen Land auf, auch aus der Transkei und Südwestafrika. Unter ihnen waren Polizisten, Journalisten, Township-Oberaufseher, Drucker. In den Aussagen der meisten ging es um technisches Beweismaterial, das belegen sollte, daß ich das Land illegal verlassen und afrikanische Arbeiter 1961 zum Streik während der dreitägigen Stay-at-Home-Kampagne aufgewiegelt hatte. Es ließ sich nicht bestreiten – und ich bestritt es in der Tat auch nicht –, daß ich technisch gesehen in beiden Anklagepunkten schuldig war.

Der Ankläger hatte auch Mr. Barnard geladen, den Privatsekretär des Premierministers, um über den Brief auszusagen, den ich dem Premier geschickt hatte, um ihn aufzufordern, einen Nationalkonvent einzuberufen, andernfalls wir einen Dreitagestreik organisieren würden. Bevor ich Dr. Barnard ins Kreuzverhör nahm, las ich dem Gericht zunächst den besagten Brief vor, in dem ich einen Nationalkonvent für alle Südafrikaner förderte, der eine neue, nichtrassische Verfassung entwerfen solle.

Nelson Mandela (NM): »Haben Sie diesen Brief Ihrem Premierminister vorgelegt?

Zeuge: »Ja.«

NM: »Hat der Premierminister den Brief beantwortet?«

Zeuge: »Er hat dem Briefschreiber nicht geantwortet.«

NM: »Er hat den Brief nicht beantwortet. Nun, würden Sie zustimmen, daß in diesem Brief Fragen angesprochen werden, die für die überwältigende Mehrheit der Bürger dieses Landes von entscheidender Bedeutung sind?«

Zeuge: »Ich stimme nicht zu.«

NM: »Sie stimmen nicht zu? Stimmen Sie nicht zu, daß die Frage der Menschenrechte, der bürgerlichen Freiheiten eine Angelegenheit von lebenswichtiger Bedeutung für das afrikanische Volk ist?«

Zeuge: »Ja, das ist so, in der Tat.«

NM: »Werden diese Fragen hier erwähnt?«

Zeuge: »Ja, ich glaube schon.«

NM: »Sie haben bereits zugegeben, daß dieser Brief Fragen wie Menschenrechte, bürgerliche Freiheiten und so weiter aufwirft.«

Zeuge: »Ja, das tut der Brief.«

NM: »Nun, Sie wissen natürlich, daß Afrikaner die in diesem Brief geforderten Rechte nicht genießen? Diese Rechte werden ihnen von der Regierung vorenthalten.«

Zeuge: »Einige Rechte.«

NM: »Kein Afrikaner ist Mitglied des Parlaments?«

Zeuge: »Das ist richtig.«

NM: »Kein Afrikaner kann Mitglied des Provinzrats, des Stadtrats sein?«

Zeuge: »Ja.«

NM: »Afrikaner haben kein Wahlrecht in diesem Land?«

Zeuge: »Sie haben kein Wahlrecht, soweit es das Parlament betrifft.«

NM: »Ja, davon spreche ich. Ich spreche vom Parlament und anderen Regierungsgremien in diesem Land, den Provinzräten, den Stadträten. Sie haben kein Wahlrecht?«

Zeuge: »Das ist richtig.«

NM: »Würden Sie mir zustimmen, daß es in jedem zivilisierten Land auf der Erde ein Skandal wäre, wenn ein Premierminister es unterließe, einen Brief zu beantworten, der lebenswichtige Fragen aufwirft, welche die Mehrheit der Bürger jenes Landes betreffen. Würden Sie dem nicht zustimmen?«

Zeuge: »Ich stimme dem nicht zu.«

NM: »Sie stimmen nicht zu, daß es unzulässig ist, wenn ein Premierminister einen Brief ignoriert, der lebenswichtige Themen zur Sprache bringt, welche die überwältigende Mehrheit der Bürger jenes Landes berühren?«

Zeuge: »Dieser Brief ist vom Premierminister nicht ignoriert worden.«

NM: »Beantworten Sie nur die Frage. Halten Sie es für richtig, daß ein Premierminister nicht auf Fragen antwortet, die von der überwältigenden Mehrheit der Bürger des Landes zu lebenswichtigen Themen gestellt werden? Würden Sie sagen, das ist ein Fehler?«

Zeuge: »Der Premierminister hat auf den Brief geantwortet.«

NM: »Mr. Barnard, ich möchte nicht unhöflich zu Ihnen sein. Würden Sie sich darauf beschränken, meine Fragen zu beantworten. Die Frage, die ich Ihnen stelle, lautet: Sind Sie nicht der Meinung, daß es höchst fragwürdig ist, wenn ein Premierminister nicht auf eine Kommunikation eingeht, die Fragen aufwirft, von denen die überwältigende Mehrheit des Landes berührt ist?«

Mr. Barnard und ich stimmten nie überein. Zum Schluß sagte er einfach, der Ton des Briefes sei aggressiv und unhöflich gewesen und deshalb habe der Premierminister ihn nicht beantwortet.

Im Verlauf des Verfahrens fragten mich der Magistrate und der Ankläger wiederholt nach der Anzahl der Zeugen, die ich aufzurufen beabsichtigte. Ich antwortete regelmäßig: »Ich beabsichtige, so viele Zeugen aufzurufen wie der Staatsanwalt, wenn nicht mehr.« Als der Staatsanwalt seinen Vortrag abschloß, herrschte im Gerichtssaal Stille, in Erwartung, daß ich mit meiner Verteidigung beginnen würde. Ich erhob mich, doch statt meinen ersten Zeugen aufzurufen, erklärte ich ganz sachlich, ich würde überhaupt keinen Zeugen aufrufen, und schloß meinen Fall an diesem Punkt abrupt ab. Im Saal kam Gemurmel auf, und der Ankläger rief unwillkürlich aus: »Guter Gott!«

Ich hatte das Gericht von Anfang an in die Irre geführt, denn ich wußte, die Anklage war korrekt und der Vortrag des Staatsanwalts solide, und ich sah keinen Sinn darin, Zeugen aufzurufen und mich zu verteidigen. Während meines Kreuzverhörs und meiner Versuche, den Richter zu zwingen, sich selbst für befangen zu erklären, hatte ich die Erklärungen über die Unfairneß des Gerichts abgegeben, die ich hatte vortragen wollen. Ich sah keinen Vorteil darin, Zeugen aufzurufen, um etwas zu widerlegen, was unbestreitbar war.

Der Magistrate war über meine Handlungsweise verblüfft und fragte ungläubig: »Haben Sie denn nichts weiter zu sagen?«

»Euer Ehren, ich gebe zu bedenken, daß ich keines Verbrechens schuldig bin.«

»Ist das alles, was Sie zu sagen haben?«

»Euer Ehren, mit Respekt, hätte ich mehr zu sagen gehabt, so hätte ich es gesagt.«

Der Ankläger begann in seinen Unterlagen zu kramen, um sich auf eine Erklärung vorzubereiten, die er nicht erwartet hatte, abgeben zu müssen. Er wandte sich kurz an das Gericht und forderte den Magistrate auf, mich in beiden Anklagepunkten für schuldig zu befinden. Das Gericht vertagte sich auf den nächsten Tag, an dem ich Gelegenheit haben würde, das Gericht um Strafmilderung zu bitten, bevor der Magistrate sein Urteil sprechen würde.

Am folgenden Morgen, vor Sitzungsbeginn des Gerichts, sprach ich in einem Büro unweit des Gerichtssaals mit Bob Hepple, der mich rechtlich beraten hatte, und wir begrüßten beide die Tatsache, daß am Tag zuvor die UN-Vollversammlung zum erstenmal für Sanktionen gegen Südafrika gestimmt hatte. Bob berichtete mir auch, in Port Elizabeth und in Durban seien Sabotageakte aus Anlaß der UN-Abstimmung und aus Protest gegen meinen Prozeß verübt worden. Während wir uns noch unterhielten, kam Mr. Bosch, der Ankläger, herein, und bat Bob, uns allein zu lassen.

»Mandela«, sagte er, nachdem Bob gegangen war, »ich wollte heute nicht ins Gericht kommen. Zum erstenmal in meiner Laufbahn verabscheue ich, was ich tue. Es tut mir weh, daß ich das Gericht dazu auffordern muß, Sie ins Gefängnis zu schicken.« Dann schüttelte er mir die Hand und gab der Hoffnung Ausdruck, daß sich für mich alles zum Guten wenden würde. Ich dankte ihm für seine Worte und versicherte ihm, ich würde seine Worte nie vergessen.

Die Behörden waren an diesem Tag auf der Hut. Die Zuschauermenge schien noch größer zu sein als am ersten Prozeßtag. Alle 1150 Sitze für »Nichtweiße« waren besetzt. Winnie war auch da, in Xhosa-Kleidung, des weiteren eine Anzahl meiner Verwandten aus der Transkei. Hunderte von Demonstranten standen einen Häuserblock vom Gerichtsgebäude entfernt, und es schienen genauso viele Polizisten wie Zuschauer gekommen zu sein.

Als ich den Gerichtssaal betrat, hob ich meine rechte Faust und rief aus: »Amandla!«, worauf ein machtvolles »Ngawethu!« erscholl. Der Magistrate benutzte seinen Hammer und forderte laut zur Ordnung auf. Als es still im Saal war, faßte er die Anklagepunkte zusammen, und danach erhielt ich Gelegenheit zu sprechen.

Mein Plädoyer für Strafmilderung dauerte über eine Stunde. Aber es war gar kein Plädoyer im juristischen Sinn, sondern ein politisches Testament. Ich wollte dem Gericht erklären, wie und warum ich der Mann geworden war, der ich war, warum ich getan hatte, was ich getan hatte, und warum ich, sofern ich die Gelegenheit erhielte, es wieder tun würde.

»Vor vielen Jahren, als ich noch ein Junge war, der in einem Dorf in der Transkei aufwuchs, hörte ich den Ältesten des Stammes zu, wenn sie Geschichten über die guten alten Zeiten vor der Ankunft des weißen Mannes erzählten. Damals lebten unsere Menschen friedlich unter der demokratischen Herrschaft ihrer Könige und ihrer Amapakati (wörtlich ›Eingeweihte‹, doch gemeint sind jene, die dem König rangmäßig am nächsten standen) und zogen frei und sicher durch das Land ohne Hindernis. Das Land war unser eigen, nach Namen und Recht. Wir besaßen das Land, die Wälder, die Flüsse; wir hoben den Erzreichtum der Erde und alle die anderen Reichtümer des schönen Landes. Wir bildeten und unterhielten unsere eigene Regierung, wir kontrollierten unsere eigenen Waffen, und wir organisierten unseren Handel und Wandel. Die Ältesten pflegten Geschichten von den Kriegen zu erzählen, die unsere Vorfahren führten zur Verteidigung des Vaterlandes, und von den Heldentaten von Generälen und Soldaten während dieser heroischen Tage.

Struktur und Organisation früher afrikanischer Gesellschaften in diesem Land haben mich sehr fasziniert und das Entstehen meiner politischen Überzeugung stark beeinflußt. Das Land, damals die Hauptquelle der Produktion, gehörte dem ganzen Stamm, es gab keinerlei Privatbesitz. Es gab keine Klassen, keine Reichen oder Armen und keine Ausbeutung des Menschen durch den Menschen. Alle Menschen waren frei und gleich, und dies war die Grundlage der Regierung. Die Anerkennung dieses allgemeinen Grundsatzes fand ihren Ausdruck in der Konstituierung des Rats, abwechselnd ›Imbizi‹, ›Pitso‹ oder ›Kgotla‹ genannt, der die Angelegenheiten des Stammes regelte. Der Rat war so vollständig demokratisch, daß alle Stammesangehörigen an seinen Beratungen teilnehmen konnten. Häuptling und Untertan, Krieger und Medizinmann, alle nahmen teil und bemühten sich, die Entscheidungen des Rats zu beeinflussen. Dieser war eine so gewichtige und mächtige Körperschaft, daß der Stamm ohne ihn keinen Schritt von Bedeutung tun konnte.

In einer solchen Gesellschaft war vieles primitiv und unsicher, und gewiß könnte sie den Forderungen der heutigen Epoche nicht gerecht werden. Doch enthält eine solche Gesellschaft den Keim einer revolutionären Demokratie, in der niemand in Sklaverei oder Knechtschaft gehalten und in der es keine Armut, keinen Mangel und keine Unsicherheit mehr geben wird. Dieser geschichtliche Hintergrund inspiriert selbst heute noch mich und meine Gefährten in unserem politischen Kampf.«

Ich erklärte dem Gericht, wie ich dem African National Congress beigetreten war und daß seine Politik der Demokratie und des Nichtrassismus meine tiefsten Überzeugungen widerspiegelte. Als Rechtsanwalt sei ich häufig gezwungen gewesen, mich zwischen Befolgung von Gesetzen und Beruhigung meines Gewissens zu entscheiden.

»Ich würde sagen, das ganze Leben jedes denkenden Afrikaners liegt fortwährend im Konflikt zwischen seinem Gewissen auf der einen Seite und dem Gesetz auf der andern Seite. Dies ist kein Konflikt, der für dieses Land eigentümlich wäre. Der Konflikt ergibt sich in jedem Land für Menschen mit Gewissen, für Menschen, die denken und tief empfinden. In Großbritannien ist vor kurzem ein Mitglied des Oberhauses, Earl (Bertrand) Russell, der wahrscheinlich am meisten geachtete Philosoph der westlichen Welt, wegen genau der Art von Aktivitäten angeklagt und verurteilt worden, deretwegen ich heute vor Ihnen stehe – weil er, seinem Gewissen folgend, das Gesetz mißachtete, als Protest gegen die Nuklearpolitik, wie sie seine eigene Regierung verfolgt. Er konnte nichts anderes tun, als das Gesetz zu mißachten und dafür die Folgen auf sich zu nehmen. Auch ich kann nichts anderes tun. Ebensowenig viele Afrikaner in diesem Land. Das Gesetz, wie es angewendet wird, das Gesetz, wie es über einen langen Geschichtszeitraum entwickelt worden ist, und vor allem das Gesetz, wie es verfaßt und geformt wurde von der Nationalistischen Regierung, dies ist ein Gesetz, das nach unserer Überzeugung unmoralisch, ungerecht und untragbar ist. Unser Gewissen zwingt uns, dagegen zu protestieren, dagegen zu opponieren und zu versuchen, es zu ändern ... Menschen, denke ich, sind unfähig, nichts zu tun, nichts zu sagen, nicht zu reagieren gegen Ungerechtigkeit, nicht zu protestieren gegen Unterdrückung und nicht zu streben nach der guten Gesellschaft und dem guten Leben, wie sie es sehen.«

Ich berichtete im einzelnen von den zahllosen Fällen, in denen die Regierung das Gesetz benutzt hatte, um mein Leben, meine Berufslaufbahn und politische Arbeit durch Bannungen, Restriktionen und Prozesse zu behindern.

»Ich bin durch das Gesetz zum Kriminellen gemacht worden, nicht wegen dem, was ich getan habe, sondern wegen dem, wofür ich stand, wegen dem, was ich dachte, wegen meines Gewissens. Kann es da irgend jemanden überraschen, daß solche Bedingungen einen Menschen zu einem Gesetzlosen der Gesellschaft machen? Kann es überraschen, daß ein solcher Mann, der von der Regierung zum Gesetzlosen gemacht worden ist, sich darauf einrichtet, das Leben eines Gesetzlosen zu führen, wie ich es nach dem Beweismaterial, das dem Gericht vorliegt, einige Monate getan habe?

Es ist für mich in der Vergangenheit nicht leicht gewesen, mich von meiner Frau und meinen Kindern zu trennen, Abschied zu nehmen von den guten alten Tagen, wenn ich am Ende eines anstrengenden Bürotages mich darauf freuen konnte, mit meiner Familie am Tisch zu sitzen, und statt dessen das Leben eines von der Polizei ständig Gejagten zu führen, getrennt lebend von jenen, die mir am nächsten stehen, in meinem eigenen Land, ständig der Gefahr ausgesetzt, aufgespürt und verhaftet zu werden. Dies war ein unendlich viel schwierigeres Leben als das Absitzen einer Gefängnisstrafe. Niemand, der bei Sinnen ist, würde freiwillig ein solches Leben einem normalen Leben mit Familie und Freunden vorziehen, wie es in jeder zivilisierten Gemeinschaft zu führen ist.

Doch es kommt eine Zeit, wie sie in meinem Leben gekommen ist, da einem Menschen das Recht auf ein normales Leben verweigert wird, da er nur das Leben eines Gesetzlosen leben kann, weil die Regierung verfügt hat, das Gesetz dazu zu benutzen, ihm den Status der Ungesetzlichkeit aufzuzwingen. Ich bin in diese Situation getrieben worden, und ich bedaure nicht, Entscheidungen getroffen zu haben, die ich getroffen habe. Andere Menschen in diesem Land werden in der gleichen Weise dazu getrieben werden, durch dieselbe polizeiliche Verfolgung und durch Verwaltungsmaßnahmen seitens der Regierung, meinem Kurs zu folgen, dessen bin ich sicher.

Ich zählte die vielen Male auf, da wir der Regierung unsere Beschwerden vorgelegt hätten, die dann genauso häufig ignoriert oder beiseite gelegt worden seien. Ich beschrieb unser Stay-Away von 1961 als letztes Mittel, nachdem die Regierung in keiner Weise gezeigt hatte, daß sie mit uns zu reden oder unsere Forderungen zu erfüllen gedenke. Es war die Regierung, die Gewalttätigkeiten provozierte, indem sie gegen unsere gewaltlosen Forderungen Gewalt einsetzte. Wegen der Aktionen der Regierung hätten wir eine militantere Haltung eingenommen. Ich sagte ferner, daß ich während meines ganzen politischen Lebens das Privileg gehabt hätte, an der Seite von Gefährten zu kämpfen, deren Fähigkeiten und Leistungen weitaus größer seien als meine eigenen. Viele andere hätten vor mir den Preis für ihre Überzeugungen zahlen müssen, und viele weitere würden es nach mir tun.

Vor der Urteilsverkündung erklärte ich dem Gericht, welches Urteil der Staat auch immer fällen werde, an meiner Hingabe an den Kampf würde es nichts ändern.

»Ich glaube nicht, Euer Ehren, daß dieses Gericht, indem es mich für die Verbrechen bestraft, für die ich verurteilt werde, sich von der Überzeugung leiten lassen sollte, daß Strafen die Menschen von dem Weg abbringen können, den sie für richtig halten. Die Geschichte zeigt, daß Strafen Menschen nicht abschrecken können, wenn ihr Gewissen wachgerüttelt ist, und sie werden auch mein Volk oder die Gefährten nicht abschrecken, mit denen ich früher zusammengearbeitet habe.

Ich bin bereit, die Strafe auf mich zu nehmen, obwohl ich weiß, wie bitter und verzweifelt die Lage eines Afrikaners in den Gefängnissen dieses Landes ist. Ich bin in diesen Gefängnissen gewesen, und ich kenne die gemeine Diskriminierung von Afrikanern selbst hinter Gefängnismauern. Trotz solcher Überlegungen weiche ich nicht von meinem Weg ab, und andere werden es ebensowenig tun. Denn für Menschen ist Freiheit in ihrem eigenen Land ihr höchstes Ziel, von dem Männer mit Überzeugung nichts ablenken kann. Stärker als meine Furcht vor den gräßlichen Bedingungen, denen ich im Gefängnis ausgeliefert sein mag, ist mein Haß gegenüber den abscheulichen Bedingungen, denen mein Volk außerhalb der Gefängnisse überall in diesem Land ausgesetzt ist.

Welches Urteil Euer Ehren auch immer für angemessen halten werden als Strafe für das Verbrechen, dessen ich in diesem Gericht für schuldig befunden worden bin, so bleibt festzuhalten, daß ich nach Verbüßung der Strafe noch immer, wie Menschen stets und überall, angetrieben sein werde von meinem Gewissen; ich werde noch immer angetrieben sein von meinem Abscheu vor der Rassendiskriminierung gegenüber meinem Volk, um nach Verbüßung meiner Strafe den Kampf, so gut ich es vermag, wiederaufzunehmen für die Beseitigung jener Ungerechtigkeiten, bis sie ein für allemal abgeschafft sind ...

Ich habe meine Pflicht gegenüber meinem Volk und gegenüber Südafrika getan. Ich habe keinen Zweifel, daß die Nachwelt verkünden wird, daß ich unschuldig war und daß die Verbrecher, die man vor dieses Gericht hätte stellen sollen, die Mitglieder der Regierung sind.«

Als ich meine Rede beendet hatte, ordnete der Magistrate eine Pause von zehn Minuten an, um über das Urteil zu beraten. Ich wandte den Kopf und warf einen Blick auf die Zuschauer, bevor ich den Gerichtssaal verließ. Über das Urteil, das mich erwartete, machte ich mir keine Illusionen. Genau zehn Minuten später verkündete der Magistrate im von Spannung erfüllten Gerichtssaal: drei Jahre für Anstiftung zum Streik und zwei Jahre für das Verlassen des Landes ohne Paß; fünf Jahre insgesamt, ohne Bewährung. Es war ein hartes Urteil, und die Zuschauer brachen in Klagerufe aus. Als sich das Gericht erhob, wandte ich mich der Zuschauergalerie zu, ballte erneut die Faust und rief dreimal: »Amandla!« Dann stimmte die Menge von sich aus unsere schöne Hymne »Nkosi Sikelel' iAfrika« an. Die Menschen sangen und tanzten, und die Frauen wehklagten, als ich abgeführt wurde. Die Aufregung unter den Zuschauern ließ mich für einen Augenblick vergessen, daß ich ins Gefängnis gehen würde, um die schärfste Strafe abzubüßen, die in Südafrika jemals für ein politisches Vergehen verhängt worden war.

Am Fuß der Treppe durfte ich mich kurz von Winnie verabschieden, und in diesem Augenblick wirkte sie gar nicht bedrückt: Sie war in gehobener Stimmung und vergoß keine Träne. Sie wirkte zuversichtlich, als Kameradin ebenso wie als Ehefrau. Sie war entschlossen, mir Mut zu machen. Als ich im Polizeiwagen davongefahren wurde, konnte ich noch immer die Menschen draußen singen hören: »Nkosi Sikelel' iAfrika.«

DAS GEFÄNGNIS beraubt den Menschen nicht nur der Freiheit, es sucht ihm auch die Identität zu nehmen. Jeder trägt die gleiche Kleidung, ißt das gleiche Essen, hält sich an den gleichen Tagesablauf. Ein Gefängnis ist per Definition ein rein autoritärer Staat, der keinerlei Unabhängigkeit oder Individualität toleriert. Als Freiheitskämpfer und als Mensch hat man anzukämpfen gegen den Versuch des Gefängnisses, dem Häftling diese Eigenschaften zu rauben.

Vom Gerichtsgebäude wurde ich direkt zum Pretoria Local gebracht, jener düsteren Monstrosität aus roten Ziegeln, die mir so vertraut war. Aber ich war jetzt ein abgeurteilter Häftling und nicht jemand, der auf seinen Prozeß wartete, und so wurde ich nicht einmal mehr mit jenem Minimum an Respekt behandelt, das letzterem zuteil wird. Ich mußte mich meiner Kleidung entledigen, und Colonel Jacobs war endlich imstande, meinen Kaross zu konfiszieren. Ich erhielt die Standarduniform für afrikanische Häftlinge: ein Paar kurze Hosen, ein grobes Khakihemd, eine Drillichjacke, Socken, Sandalen und eine Stoffkappe. Nur Afrikaner bekommen kurze Hosen, denn nur afrikanische Männer werden von den Behörden als »Boys« eingestuft.

Ich teilte den Behörden mit, ich würde unter keinen Umständen Shorts tragen, und erklärte ihnen auch, ich sei bereit, deshalb vor Gericht zu protestieren. Als man mir später mein Essen brachte, steifes kaltes Porridge mit einem halben Teelöffel voll Zucker, weigerte ich mich, das zu essen. Colonel Jacobs überdachte die Sache und schlug dann eine Lösung vor: Ich könne lange Hosen tragen und mein eigenes Essen haben, falls ich einwilligte, isoliert untergebracht zu werden: »Wir wollten Sie mit anderen Politischen zusammenlegen«, sagte er, »aber jetzt werden Sie allein sein, Mann. Hoffentlich haben Sie Spaß daran.« Ich versicherte ihm, Einzelhaft sei mir recht, solange ich tragen und essen könne, was ich wolle.

Für die nächsten Wochen war ich völlig isoliert. Ich sah weder das Gesicht noch hörte ich die Stimme eines anderen Gefangenen. Ich war 23 Stunden pro Tag eingesperrt, mit je einer halben Stunde körperlicher Übung morgens und nachmittags. Ich war nie zuvor in Einzelhaft gewesen, und jede Stunde erschien mir wie ein Jahr. In meiner Zelle gab es kein natürliches Licht; über mir brannte eine einzelne Glühbirne 24 Stunden am Tag. Ich hatte keine Armbanduhr, und oft glaubte ich, es sei mitten in der Nacht, obwohl es erst später Nachmittag war. Ich hatte nichts zu lesen, nichts, worauf oder womit ich schreiben konnte, und niemanden, mit dem ich hätte sprechen können. Der Verstand beginnt, sich mit sich selbst zu beschäftigen, und man wünscht sich verzweifelt etwas außerhalb von sich, auf das man seine Aufmerksamkeit richten kann. Ich habe Männer gekannt, die ein halbes Dutzend Hiebe der Einzelhaft vorzogen. Nach einiger Zeit in Isolation genoß ich sogar die Gesellschaft von Insekten in meiner Zelle und ertappte mich dabei, daß ich im Begriff war, mit einer Kakerlake ein Gespräch aufzunehmen.

Ein afrikanischer Wärter mittleren Alters kam mir zuweilen zu Gesicht, und eines Tages versuchte ich, ihn mit einem Apfel zu bestechen und dazu zu bewegen, mit mir zu sprechen. »Baba«, sagte ich, was Vater bedeutet und eine respektvolle Anrede ist, »darf ich Ihnen einen Apfel geben?« Er wandte sich ab und bedachte all meine folgenden Versuche mit Schweigen. Schließlich erklärte er: »Mann, du wolltest lange Hosen und besseres Essen, und jetzt hast du beides und bist immer noch nicht glücklich.« Er hatte recht. Nichts wirkt entmenschlichender als die Abwesenheit menschlicher Gesellschaft. Nach einigen Wochen war ich soweit, meinen Stolz runterzuschlucken und Colonel Jacobs zu sagen, daß ich meine langen Hosen für ein wenig Gesellschaft eintauschen würde.

Während jener Wochen hatte ich sehr viel Zeit, über mein Schicksal nachzudenken. Der Platz eines Freiheitskämpfers ist bei seinen Leuten, nicht hinter Gittern. Die Kenntnisse und die Kontakte, die ich kurz zuvor in Afrika gewonnen hatte, waren eingesperrt, statt im Kampf genutzt zu werden. Ich verfluchte die Tatsache, daß meine Expertise nicht dazu verwandt werden würde, um eine Freiheitsarmee aufzustellen.

Bald begann ich heftig gegen die Umstände, unter denen ich lebte, zu protestieren, und verlangte, mit den anderen politischen Gefangenen im Pretoria Local zusammengelegt zu werden. Unter ihnen war Robert Sobukwe. Meine Forderung wurde schließlich erfüllt, begleitet von einer strengen Warnung von Colonel Jacobs, es werde ernste Konsequenzen nach sich ziehen, sollte ich wieder unverschämt werden. Ich glaube nicht, daß ich mich je im Leben so darauf gefreut habe, Reisbrei zu essen.

Abgesehen von meinem Wunsch nach Gesellschaft war ich

auch begierig darauf, mich mit Sobukwe und den anderen, von denen die meisten dem PAC angehörten, zu unterhalten, denn ich meinte, wir könnten vielleicht im Gefängnis jene Einheit schmieden, die uns draußen nicht gelang. Die Bedingungen im Gefängnis sind geeignet, Polemik zu entschärfen, und lassen die Menschen besser einsehen, was sie verbindet, als was sie trennt.

Als ich mit den anderen auf den Hof geführt wurde, begrüßten wir einander herzlich. Außer Sobukwe waren es noch John Gaetswe, führendes Mitglied des South African Congress of Trade Unions (Gewerkschaften), Aaron Molete, ANC-Mitglied, das für *New Age* arbeitete, und Stephen Tefu, prominenter Kommunist, Gewerkschafter und PAC-Mitglied. Robert bat mich, über meine Afrika-Reise zu berichten, was ich gern tat. Ich schilderte aufrichtig, wie es um den Ruf von PAC und ANC im übrigen Afrika bestellt war, und schloß meinen Bericht mit dem Hinweis, da seien bestimmte Fragen, die wir einer genaueren Betrachtung unterziehen sollten. Nachdem die Behörden anfangs gestatteten, daß Sobukwe und ich eine gewisse Nähe unter uns herstellten, hielten sie uns schon bald bewußt getrennt. Wir hatten Einzelzellen im selben Korridor, allerdings an den entgegengesetzten Enden.

Manchmal hatten wir Gelegenheit, miteinander zu sprechen, wenn wir uns Seite an Seite auf den Boden des Gefängnishofs setzten, wo wir schäbige alte Postsäcke nähten und flickten. Ich habe Sobukwe immer respektiert und hielt ihn für einen ausgeglichenen, vernünftigen Menschen. Doch wir hatten deutlich unterschiedliche Ansichten über das aktuelle Hauptthema: die Gefängnisbedingungen. Sobukwe meinte, wenn er gegen schlechte Bedingungen ankämpfe, anerkenne er damit das Recht des Staates, ihn überhaupt ins Gefängnis zu stecken. Ich erwiderte, es sei stets unannehmbar, unter entwürdigenden Umständen zu leben, und während der ganzen Geschichte hätten politische Gefangene es als eine ihrer Pflichten angesehen, Gefängnisbedingungen zu verbessern. Sobukwe entgegnete, Gefängnisbedingungen würden sich nicht ändern, ehe sich das Land nicht ändere. Ich stimmte ihm darin voll zu, vermochte aber nicht einzusehen, warum uns dies davon abhalten sollte, auf dem einzigen Felde zu kämpfen, auf dem wir zur Zeit kämpfen konnten. Wir konnten uns in dieser Frage nie wirklich einigen, erzielten jedoch einen gewissen Fortschritt, insofern wir an den Commanding Officer einen gemeinsamen Brief richteten, in dem wir unsere Beschwerden über die Bedingungen im Gefängnis darlegten.

Sobukwe brach im Gefängnis nie zusammen. Doch in Pretoria war er ein wenig empfindlich und reizbar, und ich schrieb dies Stephen Tefu zu. Tefu stichelte Sobukwe ständig, zog ihn auf, verhöhnte ihn und forderte ihn heraus. Selbst an seinen guten Tagen war Tefu ein schwieriger Mensch: sauertöpfig, streitsüchtig, anmaßend. Er konnte sich aber auch gut artikulieren, war kenntnisreich und Experte in russischer Geschichte. Vor allem war er ein Kämpfer, doch er kämpfte gegen jeden, selbst gegen seine Freunde. Tefu und Sobukwe stritten sich jeden Tag. Mir war sehr daran gelegen, mit Sobukwe über politische Themen zu diskutieren, und eine der Fragen, die ich ihm gegenüber anschnitt, war der PAC-Slogan »Freiheit 1963«. Inzwischen war es bereits 1963, und Freiheit war nirgends zu erkennen. »Mein Bruder«, sagte ich zu Sobukwe, »nichts ist so gefährlich, als wenn ein Führer Forderungen erhebt, von denen er weiß, daß sie nicht einzulösen sind. Das verführt Menschen zu falschen Hoffnungen.«

Ich sagte dies auf äußerst respektvolle Weise, doch Tefu mischte sich ein und begann, Sobukwe abzukanzeln. »Bob«, sagte er, »in Mandela hast du jemanden gefunden, der es mit dir aufnehmen kann. Du weißt, daß er recht hat.« In diesem Stil redete Tefu weiter und reizte Sobukwe, bis dieser sagte: »Laß mich in Ruhe.« Aber Tefu war nicht zu bremsen. »Bob, die Leute warten auf dich. Sie werden dich umbringen, weil du sie getäuscht hast. Du bist nur ein Amateur, Bob. Du bist kein wirklicher Politiker.«

Tefu tat alles, sich auch bei mir unbeliebt zu machen. Jeden Morgen, wenn die Wärter uns aufsuchten, beschwerte er sich bei ihnen über irgend etwas: über das Essen, die Umstände, die Hitze oder die Kälte. Eines Tages fragte ein Aufseher Tefu: »Hören Sie, Mann, warum beschweren Sie sich jeden Morgen?«

»Ich beschwere mich, weil es meine Pflicht ist, mich zu beschweren.«

»Aber schauen Sie sich doch Mandela an«, meinte der Aufseher, »der beschwert sich nicht jeden Tag.«

»Ach«, sagte Tefu verächtlich, »Mandela ist ein kleiner Junge, der Angst vor dem weißen Mann hat. Ich weiß nicht mal, wer er ist. Eines Morgens wachte ich auf und entdeckte, daß in jeder Zeitung stand: ›Mandela, Mandela, Mandela‹, und ich fragte mich: ›Wer ist dieser Mandela?‹ Ich will Ihnen sagen, wer Mandela ist. Er ist ein Kerl, den ihr Leute aufgebaut habt, und den Grund verstehe ich gar nicht. Das ist Mandela!«

Für zwei Wochen kam Walter zu uns. Während ich in Pretoria gewesen war, war ihm in Johannesburg der Prozeß wegen Anstiftung zum Streik gemacht worden. Er war zu sechs Jahren verurteilt worden. Wir hatten mehrfach Gelegenheit, im Gefängnis miteinander zu sprechen, und wir besprachen seinen Antrag auf Freilassung gegen Kaution, solange seine Berufung lief – ein Schritt, den ich rückhaltlos befürwortete. Nach zwei Wochen kam er gegen Kaution frei, und die Bewegung forderte ihn auf, in den Untergrund zu gehen, um den Kampf von dort zu leiten, was er auch umsichtig tat.

Kurze Zeit nachdem Walter fort war, ging ich eines Tages gemeinsam mit Sobukwe zum Gefängniskrankenhaus, als ich auf dem Hof, etwa 25 Meter entfernt, Nana Sita entdeckte. Sita, der bekannte indische Widerständler, der 1952 bei Boksburg unsere Mißachtungskampagne geleitet hatte, war gerade von einem Magistrate in Pretoria verurteilt worden, weil er sich geweigert hatte, sein Haus zu räumen, das Haus, in dem er über 40 Jahre gewohnt hatte – das aber in einem Bezirk lag, der nach Maßgabe des Group Areas Act als »weiß« deklariert worden war. Er stand nach vorn gebeugt, und der Umstand, daß er trotz seiner akuten Arthritis barfüßig war, gab mir, der ich Sandalen trug, ein Gefühl des Unbehagens. Ich wollte zu ihm eilen, um ihn zu begrüßen, doch wir waren bewacht von einem halben Dutzend Wärter.

Plötzlich hatte ich ohne Vorwarnung einen Ohnmachtsanfall. Ich sackte auf dem Betonboden zusammen und zog mir einen tiefen Riß über dem linken Auge zu, der mit drei Stichen genäht werden mußte. Im Fort hatte man bei mir zu hohen Blutdruck diagnostiziert und mir Tabletten dagegen gegeben. Offensichtlich war eine Überdosis an Tabletten die Ursache für den Ohnmachtsanfall; sie wurden abgesetzt, und ich erhielt salzarme Kost, die das Problem beseitigte.

Am Nachmittag sollte mich Winnie zum erstenmal seit meiner Verurteilung besuchen. Stiche hin, Stiche her, das wollte ich nicht versäumen. Winnie war äußerst besorgt, als sie mich sah, doch ich versicherte ihr, ich sei in Ordnung, und erzählte, was geschehen war. Trotzdem gingen Gerüchte um, meine Gesundheit sei angeschlagen.

IM OKTOBER 1962, während meines Prozesses, hielt der ANC seine erste Jahreskonferenz seit 1959 ab. Da die Organisation illegal war, fand die Konferenz in Lobatse statt, unmittelbar jenseits der Grenze zum Bechuanaland. Die Konferenz wurde ein Meilenstein, denn sie vereinte ANC und MK ausdrücklich miteinander. Obwohl das Nationale Exekutivkomitee verkündete: »Das Hauptgewicht liegt nach wie vor auf politischer Massenaktion«, wurde Umkhonto als »militärischer Flügel unseres Kampfes« bezeichnet. Zum Teil sollten damit die kaum zu verantwortenden Terrorakte eingedämmt werden, die damals von »Poqo« begangen wurden. »Poqo«, Xhosa für »unabhängig« oder »alleinstehend«, war lose mit dem PAC verbunden, und ihre terroristischen Akte richteten sich sowohl gegen afrikanische Kollaborateure als auch gegen Weiße. Der ANC wollte den Leuten seine neue Militanz zeigen, aber auch zu erkennen geben, daß sie kontrolliert und verantwortungsvoll gehandhabt wurde.

Die Regierung hatte beschlossen, das Programm der »getrennten Entwicklung« zu beschleunigen, um der Welt zu zeigen, daß Apartheid den Rassen individuelle »Freiheit« gestattete. Prototyp sollte die Transkei sein. Im Januar 1962 hatte Verwoerd verkündet, Südafrika beabsichtige, der Transkei »Selbstregierung« zu gewähren. 1963 wurde die Transkei ein »selbstregiertes« Homeland. Im November 1963 fand in der Transkei die Wahl zur gesetzgebenden Versammlung statt. In einem Verhältnis von mehr als drei zu eins stimmten die Wähler der Transkei für Kandidaten, die gegen die Homeland-Politik eingestellt waren.

Trotzdem wurde das Bantustansystem eingeführt; die Wähler hatten sich zwar dagegen ausgesprochen, partizipierten jedoch daran durch die simple Tatsache ihrer Abstimmung. Obwohl ich das Bantusystem verabscheute, war ich der Auffassung, der ANC solle sowohl das System selbst als auch die Menschen in ihm als Plattform unserer Politik nutzen, zumal jetzt so viele unserer Führer aufgrund von Haft, Bannung oder Exil ohne Stimme waren.

Der Terrorismus gegen die Bantu-Behörden nahm zu. Immer mehr Sabotageakte wurden begangen, aber auch die Wachsamkeit der Regierung verstärkte sich. John Vorster, der neue Justizminister, während des Zweiten Weltkriegs selbst in Haft, weil er gegen die Unterstützung der Alliierten durch die Regierung opponiert hatte, war ein äußerst unsentimentaler Mann. Für ihn war die eiserne Faust die beste und einzige Antwort auf Subversion.

Am 1. Mai 1963 erließ die Regierung Gesetze, die zum Ziel hatten, Umkhonto »das Rückgrat zu brechen«, wie Vorster sich ausdrückte. Der General Law Amendment Act, besser bekannt als »90-Tage-Haft-Gesetz«, hob die Habeaskorpusakte auf und ermächtigte jeden Police Officer, jede Person aufgrund eines politischen Verbrechens ohne Haftbefehl festzunehmen. Die Verhafteten konnten ohne Prozeß, Anklage, Hinzuziehung eines Rechtsanwalts oder Schutz vor Selbstbezichtigung bis zu 90 Tagen in Haft gehalten werden. Die 90-Tage-Haft konnte, wie Vorster drohend ankündigte, verlängert werden bis »zur Ewigkeit«. Das Gesetz half mit, das Land in einen Polizeistaat zu verwandeln; kein Diktator konnte mehr Macht begehren, als das 90-Tage-Haft-Gesetz den Behörden gab. Als Folge wurde die Polizei noch brutaler, Gefangene wurden routinemäßig geschlagen, und bald hörten wir von Elektroschocks, Erstickungen und anderen Folterarten. Im Parlament stimmte Helen Suzman, die Abgeordnete der liberalen Progressiv Party, als einzige gegen das Gesetz.

Die Strafen für die Mitgliedschaft in illegalen Organisationen wurden angehoben; von fünf Jahren Gefängnis bis zur Todesstrafe reichten die Urteile für die »Förderung der Ziele« des Kommunismus oder anderer verbotener Organisationen. Politische Gefangene wurden erneut in Haft genommen, wie ich im Mai 1963 erfuhr, als Sobukwes dreijährige Gefängnisstrafe abgelaufen war. Statt ihn freizulassen, behielt ihn die Regierung ohne Anklage einfach in Haft und schickte ihn nach Robben Island.

Vorster setzte auch das Sabotagegesetz vom Juni 1962 ein. Es gestattete Hausarreste und härtere Bannungen, die vor Gericht nicht angefochten werden konnten und die Freiheiten der Bürger wie in den extremsten faschistischen Diktaturen beschnitten. Auf Sabotage selbst stand fortan eine Mindeststrafe von fünf Jahren ohne Bewährung und als Höchststrafe das Todesurteil. Weil das Gesetz so verschwommen formuliert war, konnten selbst Handlungen wie unbefugtes Betreten oder illegaler Waffenbesitz als Sabotage ausgelegt werden. Eine weitere Entscheidung des Parlaments verbot die Wiedergabe aller Erklärungen gebannter Personen. Nichts, was ich sagte oder jemals gesagt hatte, durfte in Zeitungen abgedruckt werden. *New Age* wurde 1962 verboten, und der Besitz einer verbotenen Publikation wurde zum kriminellen Vergehen, mit bis zu zwei Jahren Gefängnis zu ahnden. Auch Hausarrest wurde eingeführt, und der bekannteste Fall seiner Anwendung war der der weißen politischen Aktivistin Helen Joseph.

EINES NACHTS gegen Ende Mai trat ein Wärter in meine Zelle und befahl mir, meine Sachen zu packen. Ich fragte ihn nach dem Grund, doch er gab keine Antwort. Kaum zehn Minuten später wurde ich zum Aufnahmebüro geführt, wo drei andere politische Gefangene warteten: Tefu, John Gaetsewe und Aaron Molete. Colonel Aucamp informierte uns knapp, daß wir verlegt würden. Wohin? fragte Tefu. An einen sehr schönen Ort, erwiderte Aucamp. Wohin? fragte Tefu. »Die Eiland«, erklärte Aucamp. Die Insel. Es kam nur eine in Frage: Robben Island.

Wir wurden zu viert aneinandergefesselt und in einen fensterlosen Polizeiwagen gesteckt, in dem nur ein Sanitärkübel stand. Wir fuhren die ganze Nacht hindurch nach Kapstadt und erreichten am späten Nachmittag das Hafengebiet der Stadt. Für aneinandergefesselte Männer ist es weder leicht noch angenehm, in einem fahrenden Wagen einen Sanitärkübel zu benutzen.

Im Hafengebiet von Kapstadt wimmelte es von bewaffneter Polizei und aufgeregten Beamten in Zivil. Wir mußten, immer noch aneinandergekettet, im Laderaum der alten Holzfähre stehen, was schwierig war, da das Schiff in der Dünung vor der Küste auf- und abschwankte. Ein kleines Bullauge über uns war die einzige Lichtquelle. Das Bullauge diente aber auch noch einem anderen Zweck: Die Wärter machten sich einen Spaß daraus, auf uns herunterzuurinieren. Es war noch hell, als wir an Deck geführt wurden und zum erstenmal die Insel sahen. Grün und schön war sie, und auf den ersten Blick sah sie eher wie ein Erholungsort als wie ein Gefängnis aus.

»Esiquithini« (»Auf der Insel«), so beschreiben die Xhosa die schmale, windgepeitschte Felsformation 25 Kilometer vor der Küste von Kapstadt. Jedermann weiß, welche Insel gemeint ist. Zum erstenmal hörte ich von ihr als Kind. Robben Island war unter den Xhosa wohlbekannt, da Makanna (auch als Nxele bekannt), der fast zwei Meter große Befehlshaber der Xhosa-Armee im vierten Xhosa-Krieg, von den Briten dorthin verbannt worden war, nachdem er 1819 an die 10000 Krieger gegen Grahamstown geführt hatte. Er hatte versucht, in einem Boot von Robben Island zu fliehen, war jedoch ertrunken, bevor er die Küste erreichen konnte. Die Erinnerung an diesen Verlust hat sich eingeprägt in die Sprache meines Volkes, das eine »verlorene Hoffnung« mit der Wendung »Ukuza kuka Nxele« beschreibt.

Makanna war nicht der erste afrikanische Held, der auf der Insel gefangengehalten worden war. 1658 wurde Autshumao, europäischen Historikern als Harry der Strandloper bekannt, während eines Krieges zwischen den Khoi Khoi und den Holländern von Jan Van Riebeeck dorthin verbannt. Ich tröstete mich mit dem Andenken an Autshumao, von dem es heißt, er sei der erste und einzige Mann gewesen, dem je die Flucht von Robben Island gelungen sei, und er habe es geschafft, indem er in einem kleinen Boot zum Festland gerudert sei.

Robben Island hat seinen Namen von den Hunderten von Robben, die sich einst in der eisigen Benguela-Strömung tummelten, welche die Ufer umspülte. Später wurde die Insel eine Kolonie für Leprakranke, ein Irrenhaus und ein Marinestützpunkt. Erst kurz zuvor hatte die Regierung Robben Island wieder in ein Gefängnis verwandelt.

Wir wurden von einer Gruppe stämmiger weißer Wärter in Empfang genommen, die ausriefen: »Dis die Eiland! Hier julle gaan vrek!« (»Dies ist die Insel. Hier werdet ihr sterben!«) Vor uns lag ein von mehreren Wachhäusern flankierter Gebäudekomplex. Der Weg dorthin war von bewaffneten Wächtern gesäumt. Ein großer Wärter mit rotem Gesicht schrie uns an: »Hier ek is you baas!« (»Hier bin ich euer Boß!«) Er war einer der berüchtigten Kleynhans-Brüder, die unter den Gefangenen wegen ihrer Brutalität bekannt waren. Die Aufseher sprachen stets in Afrikaans. Antwortete man auf englisch, so pflegten sie zu sagen: »Ek verstaan nie dardie kaffierboetie se taal nie« (»Ich verstehe diese Kaffernliebhabersprache nicht«).

Während wir auf das Gefängnis zugingen, riefen die Wachen: »Zwei-zwei! Zwei-zwei!«, was bedeutete, daß wir paarweise gehen sollten, zwei vorn, zwei hinten. Ich ging mit Tefu zusammen. Die Wachen begannen zu schreien: »Haak! Haak!« Das Wort »haak« bedeutet »bewegen« auf afrikaans, wird jedoch normalerweise nur bei Rindern gebraucht.

Die Wärter forderten, daß wir uns im Laufschritt bewegten, und ich wandte mich zu Tefu und sagte leise, wir müßten ein Beispiel geben: Gaben wir jetzt nach, würden wir ihrer Gnade ausgeliefert sein. Tefu nickte zustimmend. Wir mußten ihnen zeigen, daß wir keine gewöhnlichen Verbrecher waren, sondern politische Gefangene, die für ihre Überzeugungen bestraft worden waren.

Mit einem Wink bedeutete ich Tefu, daß wir beide vorn gehen sollten, und so nahmen wir die Spitze ein. Sobald wir vorn waren, verminderten wir unsere Geschwindigkeit und schritten langsam und bedächtig dahin. Die Wachen wollten ihren Augen nicht trauen. »Hört her«, sagte Kleynhans, »dies ist nicht Johannesburg, dies ist nicht Pretoria, dies ist Robben Island, und wir werden hier keine Insubordination dulden. Haak! Haak!« Doch wir bewegten uns in gemessenem Tempo weiter. Kleynhans befahl uns zu halten und pflanzte sich vor uns auf: »Hör zu, Mann, wir werden euch umbringen, wir machen keine Scherze, eure Frauen und Kinder und Mütter und Väter werden niemals erfahren, was aus euch geworden ist. Dies ist die letzte Warnung. Haak! Haak!«

Darauf erwiderte ich: »Sie haben Ihre Pflicht zu tun, wir unsere.« Ich war entschlossen, nicht nachzugeben, und wir taten es auch nicht, denn wir waren bereits bei den Zellen. Wir wurden in ein rechteckiges Steingebäude getrieben und in einen großen offenen Raum geführt. Der Fußboden war mehrere Zentimeter hoch mit Wasser bedeckt. Die Wachen schrien: »Trek uit! Trek uit!« (»Zieht euch aus! Zieht euch aus!«) Während wir uns entkleideten, griffen die Wachen nach jedem Kleidungsstück, durchsuchten es rasch und warfen es dann ins Wasser. Jacke aus, durchsucht, ins Wasser geworfen. Dann befahlen uns die Wachen, uns wieder anzuziehen, womit sie meinten, wir sollten in unsere nassen Kleidungsstücke steigen.

Zwei Offiziere betraten den Raum. Der Rangniedere der beiden war ein Captain namens Gericke. Ihm sahen wir auf den ersten Blick an, daß er darauf aus war, uns brutal zu behandeln. Der Captain deutete auf Aaron Molete, den jüngsten von uns vier, ein sehr sanfter, rücksichtsvoller Mensch, und fragte: »Warum ist dein Haar so lang?« Aaron sagte nichts. Der Captain brüllte: »Ich rede mit dir! Warum ist dein Haar so lang? Das ist gegen die Vorschriften. Dein Haar hätte geschnitten werden sollen. Warum ist es lang?« Dann verstummte er und blickte zu mir und sagte, mit dem Finger auf mich deutend: »Wie bei diesem Boy.« Jetzt sagte ich: »Hören Sie mal, die Länge unseres Haars unterliegt Vorschriften …«

Bevor ich den Satz zu Ende bringen konnte, rief er ungläubig: »Sprich niemals so zu mir, Boy!« und trat auf mich zu. Ich hatte

Angst; es ist kein angenehmes Gefühl zu wissen, daß jemand dich schlagen will und du dich nicht wehren kannst.

Als er nur noch einige Zentimeter von mir entfernt war, sagte ich so entschlossen, wie ich konnte: »Wenn Sie mich auch nur anrühren, werde ich Sie vor das Oberste Gericht im Land bringen, und wenn ich mit Ihnen fertig bin, werden Sie so arm sein wie eine Kirchenmaus.« In dem Augenblick, da ich zu sprechen anhob, verstummte er, und als ich schwieg, starrte er mich voller Verblüffung an. Ich war selbst ein bißchen verwundert. Ich hatte Angst gehabt, und nicht Mut hatte mich so sprechen lassen, sondern Angeberei, vorgetäuschter Mut. In solchen Situationen muß man eine kühne Haltung an den Tag legen, was auch immer man innerlich empfinden mag.

»Wo ist dein Ticket?« fragte er, und ich gab es ihm. Ich konnte sehen, daß er nervös war. »Wie heißt du?« fragte er. Ich wies mit einem Nicken auf das Ticket und sagte: »Steht dort geschrieben.« Er fragte: »Wie lange wirst du hier sein?« Ich sagte wieder, auf das Ticket deutend: »Steht dort geschrieben.« Er blickte auf das Ticket und sagte: »Fünf Jahre! Du bist hier fünf Jahre, und du bist so arrogant! Weißt du, was es heißt, fünf Jahre abzusitzen?« Ich sagte: »Das ist meine Sache. Ich bin bereit, fünf Jahre abzusitzen, aber ich bin nicht bereit, mich schikanieren zu lassen. Sie haben sich an die Gesetze zu halten.«

Niemand hatte ihm gesagt, wer wir waren, daß wir politische Gefangene waren, daß ich Rechtsanwalt war. Ich selbst hatte es nicht gesagt, doch der andere Offizier, ein hochgewachsener, ruhiger Mann, war während unserer Konfrontation verschwunden. Später erfuhr ich, daß es Colonel Steyn war, der Kommandeur von Robben Island. Der Captain ging dann, sehr viel ruhiger, als er es bei seinem Eintritt gewesen war.

Dann waren wir unter uns, und Steve, dessen Nerven bloßlagen, konnte einfach nicht aufhören zu reden. »Wir haben den Boere provoziert«, sagte er. »Jetzt erwartet uns eine harte Zeit.« Er redete noch, als ein untersetzter Mann, ein Lieutenant Pretorius, eintrat. Zu unserer Überraschung sprach Pretorius zu uns in Xhosa, das er recht gut zu beherrschen schien. »Wir haben uns eure Akten angesehen, und die sind gar nicht so übel. Alle außer deinen«, sagte er zu Steve. »Deine Akte ist dreckig.«

Steve explodierte. »Wer sind Sie, daß Sie so mit mir reden? Sie sagen, meine Akte ist dreckig. Sie haben die Unterlagen also gelesen, eh? Nun, Sie werden feststellen, alle Verurteilungen haben damit zu tun, daß ich für die Rechte meines Volkes eintrat. Ich bin kein Krimineller, der sind Sie.« Der Lieutenant warnte Steve, er werde ihn zur Meldung bringen, sollte er jemals wieder so zu ihm sprechen. Bevor er ging, sagte der Lieutenant, er werde uns gemeinsam in eine große Zelle verlegen mit Fenstern, die nach draußen gingen, und mit warnendem Unterton fügte er hinzu: »Aber ich möchte nicht, daß ihr mit irgend jemandem durch die Fenster sprecht, vor allem Sie nicht, Mandela.«

Wir wurden dann in unsere Zelle gebracht, eine der besten, die ich je erlebt habe. Die Fenster waren groß und in bequemer Reichweite. Von einer Gruppe von Fenstern aus konnten wir andere Gefangene und Wärter sehen, wenn sie draußen vorbeigingen. Sie war geräumig, gewiß groß genug für uns vier, und hatte ihre eigenen Toiletten und Duschen.

Es war ein anstrengender Tag gewesen, und kurze Zeit später, nach einem Abendessen aus kaltem Porridge, legten sich die anderen schlafen. Ich lag auf meiner Decke auf dem Fußboden, als ich hörte, wie jemand gegen das Fenster pochte. Ich blickte auf und sah einen weißen Mann, der mir zuwinkte, zur Scheibe zu kommen. Mir fiel die Warnung des Lieutenant ein, und ich blieb liegen.

Dann hörte ich, wie der Mann flüsterte: »Nelson, komm her!« Daß er meinen Namen kannte, verwirrte mich, und ich beschloß, das Risiko einzugehen. Ich ging zum Fenster und betrachtete ihn. Offenbar begriff er, daß ich dachte, er sei weiß, denn das erste, was er mir zuflüsterte, war: »Ich bin ein farbiger Aufseher von Bloemfontein.« Er erzählte mir dann Neuigkeiten über meine Frau. In den Zeitungen von Johannesburg war ein Bericht erschienen, demzufolge meine Frau mich im Pretoria Local hätte besuchen wollen, doch man habe sie nicht informiert, daß ich nach Robben Island gebracht worden sei. Ich dankte ihm für die Nachricht.

»Rauchen Sie?« fragte er. Ich verneinte, und er wirkte enttäuscht. Dann ging mir ein Licht auf. »Ja, aber meine Freunde rauchen.« Seine Miene hellte sich auf, und er sagte, er würde in wenigen Minuten mit Tabak und Sandwiches zurückkommen. Jetzt waren alle wach. Tefu und John Gaetsewe rauchten, und ich teilte den Inhalt des Tabakbeutels zwischen ihnen auf. Die Sandwiches teilten wir uns alle miteinander.

Während der nächsten Wochen kam der farbige Wächter fast jede Nacht mit Tabak und Sandwiches. Und jede Nacht verteilte ich den Tabak gleichmäßig zwischen Tefu und Gaetsewe. Der Wärter nahm ein großes Risiko auf sich, und er schärfte mir ein, er sei nur bereit, mit mir zu kommunizieren, sonst sei es mit der Verpflegung vorbei.

Als wir auf der Insel ankamen, hatten wir keine Vorstellung davon, wie viele Gefangene es dort noch gab. Innerhalb weniger Tage erfuhren wir, daß es ungefähr 1000 Mann waren, alles Afrikaner und alle erst kürzlich eingetroffen. Die meisten der Männer waren gewöhnliche Sträflinge, aber mir war klar, daß unter ihnen auch einige politische Gefangene waren. Ich wollte mit ihnen Kontakt aufnehmen, doch wir waren vollständig isoliert. Während der ersten Tage blieben wir in unserer Zelle eingesperrt, und wir konnten nicht einmal nach draußen gehen. Wir verlangten, zur Arbeit geschickt zu werden, wie die anderen Gefangenen, und diese Forderung wurde auch bald erfüllt, doch man führte uns allein hinaus, unter der Aufsicht von Kleynhans. Unsere erste Aufgabe bestand darin, ein neuverlegtes Rohr wieder mit Erde zu bedecken; wir arbeiteten auf einem kleinen Hügel und konnten einen Teil der Insel sehen, die ebenso wild wie schön war.

Wir arbeiteten schwer an jenem ersten Tag, doch Kleynhans trieb uns von Tag zu Tag härter an. Er tat dies auf brutale Weise, wie man ein Pferd oder eine Kuh antreibt. »Nee, man. Kom aan! Gaan aan!« (»Nein, Mann. Komm schon. Los doch!«) Schließlich legte Steve, der älter war als wir anderen, seine Schaufel aus der Hand und wurde sofort von Kleynhans bedroht. Doch Steve antwortete in Afrikaans: »Du Ignoramus, der nicht einmal seine eigene Sprache richtig sprechen kann, du kannst mir nicht befehlen, was ich tun soll. Ich werde in meinem eigenen Tempo arbeiten, dazu bin ich bereit, und das ist alles, was ich tun kann.« Dann hob er mit großer Würde seine Schaufel wieder auf und arbeitete weiter. Steve war Lehrer für Afrikaans gewesen, und er sprach auch, außer perfektem Afrikaans, die Muttersprache, Holländisch. Steve sprach mit den Wärtern herablassend und hochtrabend, in einem Stil, der diese wahrscheinlich überforderte. Doch sie waren schlau genug, sich mit ihm nicht in ein Wortgefecht einzulassen.

Es gab zwei Kleynhans-Brüder auf der Insel, und von beiden hieß es, sie hätten Gefangene brutal angegriffen. Wir unterstanden der Aufsicht des älteren Bruders, der wohl ermahnt worden war, sich zurückzuhalten, denn er rührte uns nie an. Der jüngere kannte solche Zurückhaltung nicht. Als wir eines Tages von der Arbeit zurückkehrten, kamen wir auf der Straße an einer Arbeitsgruppe von mehreren hundert Gefangenen vorbei, die in Schubkarren Sand beförderten. Es waren nichtpolitische Gefangene, und unsere beiden Gruppen erhielten den Befehl, anzuhalten, während die beiden Brüder miteinander ein Schwätzchen hielten; der jüngere Bruder befahl einem seiner Männer, ihm unterdessen die Stiefel zu polieren. Ich erkannte in der anderen Arbeitsgruppe einige Männer; sie waren nach dem Bauernaufstand in Sekhukhuneland von 1958 zum Tode verurteilt worden, und ich drehte mich um, um sie genauer zu betrachten. Der jüngere Bruder befahl mir grob, in die andere Richtung zu schauen. Ich weiß nicht, wie ich reagiert hätte, wäre ich nicht voll im Blickfeld der anderen Gefangenen gewesen, doch nun stand mein Stolz auf dem Spiel. Ich weigerte mich, den Kopf zu drehen. Der jüngere Kleynhans kam auf mich zu, unverkennbar mit der Absicht, mich zu schlagen, doch als er nur noch wenige Schritte entfernt war, rannte sein Bruder hinter ihm her, packte ihn, flüsterte ihm einige Worte zu, und der Zwischenfall war vorbei.

Eines Tages wurden wir vom Gefängnisleiter besucht, der für ganz Robben Island verantwortlich war. Er wollte sich unsere Beschwerden anhören. Theron war ein sauertöpfischer Kerl, dem es unangenehm war, mit Gefangenen von Angesicht zu Angesicht zu verhandeln. Ich wollte ihn nicht gegen mich aufbringen, dachte aber auch nicht daran, mich vor ihm zu ducken. »Wir sind dankbar, daß Sie uns besuchen kommen«, sagte ich, für die Gruppe sprechend, »denn wir haben eine Anzahl von Problemen, für die Sie, dessen bin ich sicher, bestimmt eine Lösung wissen.« Ich zählte die Probleme auf, und als ich damit fertig war, sagte er: »Ich werde sehen, was ich tun kann.«

Vielleicht fand er, daß er zu bereitwillig auf uns eingegangen war, denn beim Hinausgehen blickte er zu Tefu, der einen dicken Bauch hatte, und sagte: »Jou groot penssal in die plek verbruin«, Afrikaans für: »Dein großer Bauch wird hier im Gefängnis verschwinden.« »Pens« bedeutet zwar Bauch, doch wird das Wort nur gebraucht, um den Bauch eines Tieres zu bezeichnen, eines Schafs oder Rinds etwa. Das Wort für den Bauch eines Menschen ist »maag«.

Steve nahm die spitze Bemerkung des Gefängnisleiters nicht gerade freundlich auf, und es war ihm unmöglich, eine Beleidigung auf sich beruhen zu lassen. »Wissen Sie, Captain«, sagte er, »nichts, was Sie tun, kann mir wirklich etwas anhaben, denn ich bin ein Mitglied der revolutionärsten politischen Organisation auf der Welt, der Kommunistischen Partei, die Großes vollbracht hat im Dienst unterdrückter Völker überall auf der Erde. Sie und Ihre erbärmliche National Party werden auf dem Aschenhaufen der Geschichte liegen, wenn wir die Welt beherrschen. Ich bin international besser bekannt als Ihr geistloser Staatspräsident. Wer sind Sie? Ein kleiner Funktionär, der es nicht wert ist, beachtet zu werden. Wenn ich das Gefängnis verlasse, werde ich nicht einmal Ihren Namen kennen.« Theron drehte sich auf dem Hacken um und ging hinaus.

Die nächtlichen Besuche unseres farbigen Aufsehers haben ein gut Stück dazu beigetragen, das rauhe Leben auf der Insel abzumildern. Aber trotz dieses Luxus war Steve noch unzufrieden. Tefu war ein starker Raucher; manchmal qualmte er die ganze Nacht hindurch, so daß er am nächsten Tag keinen Tabak mehr hatte. Gaetsewe hingegen teilte sich seinen Tabak ein, so daß er ihm nie ausging. Eines Abends, in einer besonders gereizten Stimmung, legte sich Tefu mit mir an. »Nelson«, sagte er, »du bemogelst mich. Du gibst Gaetsewe mehr Tabak als mir.«

Das stimmte zwar nicht, aber ich dachte, ich könne ein Spielchen mit ihm treiben. »Also gut«, sagte ich. »Jede Nacht, wenn ich den Tabak bekomme, werde ich ihn zuerst in zwei Portionen aufteilen und dich dann wählen lassen, welche du willst.« In jener Nacht und in allen anschließenden teilte ich den Tabak in zwei gleichgroße Haufen und sagte zu Steve: »Wähle!«

Tefu wand sich regelmäßig vor Unentschlossenheit. Seinen Kopf hin und her drehend, schaute er von einem Haufen zum anderen. Schließlich griff er frustriert nach einer der beiden Portionen, zog damit ab und begann zu rauchen. Ich fand diese Prozedur höchst fair und außerdem lustig; doch Tefu war noch immer unglücklich. Er begann, in der Nähe zu lauern, wenn der Wärter zum Fenster kam, um sicherzugehen, daß ich nicht selbst den Tabak hortete. Dies machte den Wärter beklommen. »Hören Sie«, sagte er mir, »außer mit Ihnen will ich mit keinem etwas zu tun haben. Das ist eine Frage der Sicherheit.« Ich sagte, das verstünde ich, und erklärte Tefu, er solle sich nicht in der Nähe aufhalten, wenn ich mit dem Wärter spräche.

Als der Aufseher jedoch in der nächsten Nacht am Fenster auftauchte, trat Tefu an das Gitter und sagte zu ihm: »Von jetzt an will ich meinen eigenen Tabak. Geben Sie ihn mir einfach direkt.« Der Wärter geriet in Panik. »Mandela«, sagte er, »Sie haben unsere Abmachung gebrochen. Nichts mehr! Ich werde Ihnen nichts mehr bringen.« Ich scheuchte Tefu fort und beschwichtigte den Aufseher. Ich sagte: »Hören Sie, Mann, dies ist ein alter Kerl«, und meinte natürlich Tefu. »Und er ist nicht ganz normal«, sagte ich, auf meinen Kopf deutend. »Machen Sie eine Ausnahme.« Er ließ sich erweichen und gab mir den Nachschub, warnte allerdings, wenn es noch einmal passierte, wäre es das Ende.

In dieser Nacht schien es mir notwendig, Tefu zu bestrafen. Ich sagte: »Hör zu, du hast unsere Versorgung gefährdet. Heute abend bekommst du weder Tabak noch Sandwiches. Deinetwegen wären uns diese Privilegien um ein Haar verlorengegangen. Also wirst du ausgeschlossen, bis du dich besserst.« Tefu war ganz still.

In dieser Nacht blieben wir anderen in einer Zellenecke, aßen unsere Sandwiches und lasen die Zeitung, die uns der Wärter gleichfalls zuschob. Tefu saß allein für sich in der gegenüberliegenden Ecke. Nach und nach schliefen wir ein. Gegen Mitternacht fühlte ich einen Arm auf meiner Schulter, der mich wachrüttelte. »Nelson ... Nelson.« Es war Tefu.

»Nelson«, sagte er leise, »du hast mich an einer weichen Stelle getroffen. Du hast mir meinen Tabak vorenthalten. Ich bin ein alter Mann. Ich habe gelitten für das, was ich für mein Volk getan habe. Du bist der Führer hier im Gefängnis, und du bestrafst mich so. Das ist nicht fair, Nelson.«

Er hatte *mich* an einer weichen Stelle getroffen. Ich hatte das Gefühl, meine Macht mißbraucht zu haben. Er hatte in der Tat gelitten, weitaus mehr als ich. Ich hatte mein Sandwich noch nicht zur Hälfte aufgegessen, und ich gab ihm sofort den Rest. Dann weckte ich Gaetsewe, dem ich den ganzen Tabak gegeben hatte, und fragte ihn, ob er mit Tefu teilen würde. Tefu war immer schwierig, aber von diesem Zeitpunkt an benahm er sich viel besser.

Nachdem wir angefangen hatten zu arbeiten, ging mir auf, welches Leben die anderen Gefangenen auf der Insel führten. Die Behörden verlegten auch einige junge politische Gefangene vom PAC in Zellen, die den unseren gegenüberlagen. Nachts konnten wir mit ihnen durch die Gittertür sprechen. Unter diesen jungen Männern war, wie ich herausfand, auch Nqabeni Menye, ein Neffe von mir aus Mqhekezweni, den ich zum letztenmal 1941 gesehen hatte, als er noch ein Baby gewesen war.

Wir sprachen über die Transkei und frischten unsere Familiengeschichte auf. Eines Nachts, seine Freunde waren um ihn versammelt, fragte er: »Onkel, welcher Organisation gehörst du an?« Dem ANC natürlich, erwiderte ich. Meine Antwort rief bei den jungen Männern Verwirrung hervor, und plötzlich verschwanden ihre Gesichter vom Fenster. Nach einiger Zeit tauchte mein Neffe wieder auf und fragte mich, ob ich jemals Mitglied des PAC gewesen sei. Nein, erwiderte ich. Er sagte, er habe gehört, daß ich dem PAC während meiner Afrikareise beigetreten sei. Ich erklärte, das stimme nicht, ich sei von jeher ein Mitglied des ANC gewesen und würde es auch immer bleiben. Dies löste bei den jungen Männern wieder Verwunderung aus, und sie verschwanden.

Später erfuhr ich, die PAC-Propaganda habe in die Welt gesetzt, ich sei während meiner Reise auf dem Kontinent der Organisation beigetreten. Ich war nicht gerade glücklich, das zu hören, aber es überraschte mich auch nicht. In der Politik darf man niemals unterschätzen, wie wenig Menschen über eine Situation wissen. Kurz darauf erschien mein Neffe wieder und fragte mich, ob ich im Pretoria-Local-Gefängnis Sobukwe getroffen und mit ihm gesprochen hätte. Ich bejahte, wir hätten sehr gute Gespräche gehabt. Dies gefiel den jungen Männern, und sie wünschten Gutenacht, und das war das Letzte, was ich von ihnen sah.

Nur einige Stunden danach kam ein Captain zu unserer Zelle und befahl, wir sollten unsere Sachen packen. Innerhalb von Minuten wurden meine Kameraden fortgebracht, während ich allein in der Zelle zurückblieb. Im Gefängnis schätzt man sich glücklich, wenn man seinen Gefährten wenigstens zum Abschied winken kann. Oft hat man dort mit jemandem monatelang unter außerordentlich intimen Umständen zusammengelebt, und dann sieht man ihn niemals wieder. Es hat etwas Entmenschlichendes, denn es zwingt einen, sich mehr und mehr auf sich selbst zu beschränken und zu isolieren.

Jetzt, da ich allein war, war ich auch etwas ängstlich. In der größeren Zahl liegt manchmal mehr Sicherheit; ist man allein, gibt es keine Zeugen. Mir wurde bewußt, daß ich noch keine Mahlzeit bekommen hatte, und ich schlug gegen die Tür: »Wärter, ich habe noch nichts zu essen bekommen.«

»Du mußt mich Baas nennen«, schrie er zurück. In dieser Nacht blieb ich hungrig.

Sehr früh am nächsten Morgen wurde ich nach Pretoria zurückgebracht. Das Department of Prisons gab der Presse gegenüber eine Erklärung ab, nach der ich meiner eigenen Sicherheit wegen von der Insel verlegt worden sei, denn PAC-Häftlinge hätten einen Anschlag auf mich geplant. Dies war glatt gelogen. Die Behörden hatten ihre eigenen Gründe, mich wieder nach Pretoria zu schaffen, und die wurden bald klar.

Im Pretoria Local wurde ich in Einzelhaft gehalten. Doch Gefangene sind erfindungsreich, und bald bekam ich von einigen ANC-Leuten dort geheime Mitteilungen und andere Botschaften. Ich hatte eine Mitteilung von Henry Fazzie, einem der MK-Kader, die sich in Äthiopien einer militärischen Ausbildung unterzogen hatten und festgenommen worden waren, als sie versuchten, nach Südafrika zurückzukehren. Sie gehörten zu den ersten ANC-Mitgliedern, die nach dem Sabotagegesetz angeklagt werden sollten.

Über unsere geheimen Kommunikationswege versuchte ich ihm und seinen Kameraden bei ihrer Verteidigung zu helfen, und ich schlug vor, sie sollten mit Harold Wolpe Kontakt aufnehmen. Später hörte ich, Wolpe befinde sich in Polizeigewahrsam. Das war für mich der erste Hinweis, daß etwas schiefgegangen war. Als ich eines Tages nach den gewohnten Übungen vom Gefängnishof geführt wurde, sah ich Andrew Mlangeni. Ich hatte ihn zum letztenmal im September 1961 getroffen, als er das Land zum Zweck militärischer Ausbildung verließ. Wolpe, Mlangeni – wer befand sich sonst noch in Haft?

Anfang 1961 war Winnie für zwei Jahre gebannt worden. Von anderen Gefangenen hörte ich, man habe sie kurz zuvor beschuldigt, gegen ihre Bannungen verstoßen zu haben, was Gefängnishaft oder Hausarrest nach sich ziehen konnte. Winnie war eigensinnig; ein Bannungsbefehl war genau das, was sie mit Sicherheit in Rage bringen würde. Ich hatte keinen Zweifel daran, daß sie gegen ihre Anordnungen verstoßen hatte, und ich würde ihr niemals davon abgeraten haben, doch es bekümmerte mich sehr, daß sie vielleicht ins Gefängnis kommen würde.

Als ich im Juli 1963 morgens auf dem Korridor zu meiner Zelle ging, sah ich Thomas Mashifane, der auf der Liliesleaf-Farm Vorarbeiter gewesen war. Ich begrüßte ihn herzlich, obwohl mir klar war, daß man ihn mit Sicherheit zu meinem Korridor gebracht hatte, um zu sehen, ob ich ihn erkennen oder begrüßen würde. Ich konnte einfach nicht anders. Seine Anwesenheit hier konnte nur eines bedeuten: Die Behörden hatten Rivonia entdeckt.

Ein oder zwei Tage später wurde ich zum Gefängnisbüro bestellt, wo ich bekannte Gesichter antraf: Walter, Govan Mbeki, Ahmed Kathrada, Andrew Mlangeni, Bob Hepple, Mitglied des MK-Oberkommandos, der kürzlich von der Ausbildung in China zurückgekehrt war, Elias Motsoaledi, ebenfalls Mitglied des MK, Dennis Goldberg, Ingenieur und Mitglied des Congress of Democrats, Rusty Bernstein, Architekt und gleichfalls Mitglied des COD, und Jimmy Kantor, Rechtsanwalt und Harold Wolpes Schwager. Wir alle wurden der Sabotage beschuldigt und sollten am nächsten Tag vor Gericht erscheinen. Ich hatte von meiner fünfjährigen Gefängnisstrafe erst neun Monate abgesessen.

Gleichsam in Bruchstücken erfuhr ich, was geschehen war. Am Nachmittag des 11. Juli bog ein Fahrzeug der Trockenreinigung die lange Anfahrt zur Farm hinauf. Niemand auf Liliesleaf hatte irgendeine Lieferung bestellt. Das Fahrzeug wurde von einem jungen afrikanischen Wächter angehalten, der jedoch sofort überwältigt wurde, als Dutzende bewaffneter Polizisten mit mehreren Polizeihunden aus den Fahrzeugen sprangen. Sie umzingelten das Grundstück, und eine Handvoll Polizisten drang in das Hauptgebäude und das wichtigste Außengebäude ein. Im letzteren fanden sie, um einen Tisch versammelt, ein Dutzend Männer, die über ein bestimmtes Papier diskutierten. Walter sprang durch ein Fenster, wurde jedoch von einem knurrenden Hund gestellt. Zu den Festgenommenen gehörte auch Arthur Goldreich, der das Pech hatte, gerade dann auf die Farm zu fahren, als die Polizeirazzia in vollem Gange war.

Die Polizei durchsuchte die gesamte Farm und beschlagnahmte Hunderte von Dokumenten und Papieren, fand jedoch keine Waffen. Eines der wichtigsten Dokumente lag allerdings offen auf dem Tisch: »Operation Mayibuye«, ein Plan zur Guerillakriegführung in Südafrika. Mit einem Schlag hatte die Polizei das ganze Oberkommando von Umkhonto We Sizwe gefaßt. Alle wurden inhaftiert nach dem neuen 90-Tage-Haft-Gesetz.

Joe Slovo und Bram Fischer waren glücklicherweise zum Zeitpunkt der Razzia nicht anwesend. Doch sie fuhren oft zwei- oder dreimal pro Tag zur Farm, und im Rückblick ist es unglaublich, daß Liliesleaf nicht früher entdeckt wurde. Das Regime war rigider und raffinierter geworden. Angezapfte Telefone waren genauso üblich geworden wie die Rund-um-die-Uhr-Überwachung. Die Razzia war für den Staat ein Volltreffer.

An unserem ersten Tag vor Gericht bekamen wir keine Gelegenheit, mit unseren Anwälten zu sprechen. Wir wurden einem Magistrate vorgeführt und der Sabotage angeklagt. Einige Tage später durften wir uns mit Bram, Vernon Berrangé, Joe Joffe, George Bizos und Arthur Chaskalson treffen, die uns alle vertraten. Ich wurde nach wie vor getrennt gehalten, da ich ein verurteilter Häftling war; diese Sitzungen waren für mich die erste Gelegenheit, mit meinen Kollegen zu sprechen.

Bram wirkte sehr düster. Mit seiner ruhigen Stimme erklärte er, uns erwarte ein äußerst gravierender Prozeß, und der Staat habe ihm formell mitgeteilt, man werde die gesetzliche Höchststrafe fordern, die Todesstrafe. Angesichts des gegenwärtig herrschenden Klimas, meinte Bram, sei ein solches Urteil eine höchst reale Möglichkeit. Von diesem Augenblick an lebten wir im Schatten des Galgens. Die bloße Möglichkeit eines Todesurteils verändert alles. Von Anfang an hielten wir es für den wahrscheinlichsten Ausgang des Prozesses. Kurz zuvor waren weit geringere Verbrechen als unsere mit lebenslänglichen Gefängnisstrafen geahndet worden.

Gefängnisbeamte lassen einen niemals vergessen, daß man gehängt werden könnte. In jener Nacht klopfte zur Schlafenszeit ein Wärter an die Tür meiner Zelle. »Mandela, du brauchst dir wegen deines Schlafs keine Sorgen mehr zu machen«, sagte er. »Du wirst lange, lange schlafen.« Ich wartete einen Augenblick und erklärte dann: »Wir alle, auch du, werden lange, sehr lange schlafen.« Das war ein kleiner Trost.

AM 9. OKTOBER 1963 wurden wir in einem dick gepanzerten Polizeifahrzeug abgeholt. Quer durch die Mitte des Fahrzeuginneren verlief eine Art stählerner Trennwand, welche die weißen von den afrikanischen Gefangenen trennte. Wir wurden zum Justizpalast in Pretoria, dem Sitz des Obersten Gerichts, gefahren, zur Eröffnung des Prozesses mit der Bezeichnung »The State versus the National High Command and others«, später genannt »The State versus Nelson Mandela and others«, und noch besser bekannt als Rivonia-Prozeß. Nahe dem Gerichtsgebäude steht das Standbild von Paul Kruger, dem Präsidenten der Republik Transvaal, der im 19. Jahrhundert gegen den britischen Imperialismus kämpfte. Unter diesem Afrikander-Helden ist ein Zitat aus einer seiner Reden angebracht. Die Inschrift lautet: »Voll Vertrauen legen wir unsere Sache der ganzen Welt zu Füßen. Ob wir siegen oder ob wir sterben, die Freiheit wird sich in Afrika erheben wie die Sonne aus den Morgenwolken.«

Unser Fahrzeug fuhr in der Mitte eines Konvois von Polizeiwagen. An der Spitze der Autokolonne fuhr eine Limousine mit hohen Polizeibeamten. Im Justizpalast wimmelte es von bewaffneten Polizisten. Um der riesigen Menge unserer Anhänger aus dem Wege zu gehen, die sich vor dem Gebäude versammelt hatte, wurden wir hinter das Gebäude gefahren und durch große Eisentore eingelassen. Rings um das Gebäude standen Polizisten mit Maschinenpistolen im Anschlag. Als wir aus dem Transporter stiegen, hörten wir die Gesänge der Menschenmenge. Im Gebäude sperrte man uns in Zellen unterhalb des Gerichtssaals bis zur Eröffnung des Prozesses, den Zeitungen in Südafrika und überall in der Welt als bedeutendsten politischen Prozeß in der Geschichte Südafrikas bezeichneten.

Als wir aus den Zellen traten, wurde jeder der Angeklagten von zwei bewaffneten Wärtern begleitet. Und als wir den hohen, schmuckvollen Gerichtssaal betraten, wandte sich jeder von uns mit geballter Faust, dem ANC-Gruß, der Menge zu. Auf der Besuchergalerie riefen unsere Anhänger: »Amandea Ngawethu« und »Mayibuye Afrika!« Dies war ermutigend, aber auch gefährlich: Die Polizei notierte sich Namen und Adressen sämtlicher Besucher auf den Zuschauergalerien und fotografierte sie, wenn sie das Gericht verließen. Im Gerichtssaal drängten sich einheimische und internationale Journalisten und Dutzende von Vertretern ausländischer Regierungen.

Nachdem wir eingetreten waren, bildete eine Gruppe von Polizisten einen dichten Kordon zwischen uns und den Zuschauern. Ich fand es abstoßend, vor Gericht in meiner Gefängniskleidung aus Khaki-Shorts und abgenutzten Sandalen erscheinen zu müssen. Als verurteilter Gefangener hatte ich nicht die Wahl, angemessene Kleidung zu tragen. Viele Leute erklärten später, ich hätte erbärmlich ausgesehen, und das nicht nur wegen meiner Kleidung. Ich war seit Monaten nicht nur in Haft, sondern oft genug in Einzelhaft gewesen und hatte über 20 Pfund abgenommen. Als ich den Gerichtssaal betrat, gab ich mir große Mühe, zur Zuschauergalerie zu lächeln, und der Anblick unserer Anhänger war die beste Medizin, die mir zuteil werden konnte.

Die Sicherheitsmaßnahmen waren besonders streng, da erst wenige Wochen zuvor Arthur Goldreich, Harold Wolpe, Mosie Moola und Abdulhay Jassat einen jungen Wächter bestochen hatten und aus dem Gefängnis entkommen waren. Beiden gelang es, als Priester verkleidet nach Swaziland zu gelangen; von dort flohen sie weiter nach Tanganjika. Ihre Flucht fiel in eine Zeit hysterischer Reaktionen auf den Untergrund und wurde von knalligen Schlagzeilen in der Presse begleitet. Für die Regierung war es blamabel, für unsere Moral ein gewaltiger Auftrieb.

Unser Richter im Rivonia-Prozeß war Mr. Quartus de Wet, Gerichtspräsident von Transvaal, der in seinen wallenden roten Roben unter einem hölzernen Baldachin saß. De Wet war einer der letzten Richter, den noch die United Party eingesetzt hatte, bevor die Nationalisten an die Macht gekommen waren, und er galt nicht als Lakai der Regierung. Der Richter trug ein unbewegtes Gesicht zur Schau und ließ sich nicht gern zum Narren halten. Anklagevertreter war Dr. Percy Yutar, stellvertretender Generalstaatsanwalt von Transvaal, dessen Ehrgeiz es war, Justizminister von Südafrika zu werden. Er war ein kleiner, kahlköpfiger, lebhafter Mann, dessen Stimme schrill wurde, wenn er wütend oder aufgeregt war. Er neigte zu dramatischen Gesten und zu einer hochtrabenden, wenngleich ungenauen Sprache.

Yutar erhob sich und erklärte dem Gericht: »My Lord, ich rufe den Fall des Staates gegen das National High Command und andere auf.« Ich war der Angeklagte Nummer eins. Yutar überreichte die Anklageschrift und war einverstanden, daß uns gemeinsam der Prozeß gemacht werde. Wir erhielten zum erstenmal eine Kopie der Anklageschrift. Die Anklagevertretung hatte sie uns vorenthalten, jedoch ein Exemplar der *Rand Daily Mail* zugespielt, die ihre Ausgabe an diesem Tag damit bestritten hatte. Die Anklageschrift beschuldigte elf von uns der Komplizenschaft bei über 200 Sabotageakten, die eine gewaltsame Revolution und eine bewaffnete Invasion des Landes hätten ermöglichen sollen. Laut Staatsanwaltschaft waren wir Akteure einer Verschwörung zum Sturz der Regierung.

Wir wurden der Sabotage und der Verschwörung angeklagt und nicht des Hochverrats, weil das Gesetz bei Hochverrat eine lange Voruntersuchung verlangt (für die Verteidigung sehr günstig), nicht hingegen bei Sabotage und Verschwörung. Dennoch ist die Höchststrafe – Tod durch Erhängen – die gleiche. Bei Hochverrat muß der Staat seine Beschuldigung beweisen, über jeden vernünftigen Zweifel hinaus, und er benötigt für jeden Anklagepunkt zwei Zeugen. Nach dem Sabotagegesetz mußte die Verteidigung beweisen, daß der Angeklagte unschuldig war.

Bram Fischer erhob sich und ersuchte das Gericht um eine Vertagung, die er damit begründete, daß die Verteidigung noch keine Zeit gehabt habe, sich auf den Fall vorzubereiten: Er erklärte, eine Anzahl der Angeklagten sei seit unzumutbar langer Zeit in Einzelhaft gehalten worden. Der Staat habe sich seit drei Monaten vorbereiten können, wir dagegen hätten die Anklageschrift erst an diesem Tage erhalten. Richter de Wet gewährte uns eine dreiwöchige Vertagung bis zum 29. Oktober.

Ich war darüber beunruhigt, daß Winnie an diesem ersten Tag nicht hatte im Gericht sein können. Wegen ihrer Bannung und ihrer Beschränkung auf Johannesburg brauchte sie eine polizeiliche Genehmigung zum Besuch des Gerichts. Ihr Antrag war jedoch abgelehnt worden. Ich erfuhr außerdem, daß unser Haus durchsucht worden war und die Polizei einen jungen Verwandten von Winnie verhaftet hatte. Winnie war nicht die einzige Ehefrau, die unter Druck gesetzt wurde. Albertina Sisulu und Caroline Motsoaledi wurden nach dem 90-Tage-Haft-Gesetz festgenommen, und auch Walters junger Sohn Max wurde verhaftet. Es war eine der barbarischsten Methoden des Staates zur Ausübung von Druck: die Frauen und Kinder von Freiheitskämpfern zu inhaftieren. Viele Männer konnten im Gefängnis alles ertragen, was die Behörden ihnen antaten, doch der Gedanke, daß der Staat mit ihren Familien genauso verfuhr, war nahezu unerträglich.

Winnie wandte sich mit ihrem Gesuch an den Justizminister, der ihr die Genehmigung erteilte, dem Prozeß beizuwohnen, allerdings unter der Bedingung, daß sie keine traditionelle Kleidung trüge. Ironischerweise verbot dieselbe Regierung, die uns ans Herz legte, in den Homelands unsere Kultur zu pflegen, meiner Frau Winnie, im Gericht ein Xhosa-Gewand zu tragen.

Während der folgenden drei Wochen durften wir unsere Tage zur Vorbereitung unseres Falles gemeinsam verbringen. Ich war jetzt unter meinen Mitangeklagten, und die Gesellschaft meiner Gefährten war eine Wohltat für mich. Als Häftlinge, die auf ihren Prozeß warteten, hatten wir das Recht auf zwei halbstündige Besuche in der Woche; auch durften wir einmal am Tag eine Mahlzeit von außerhalb erhalten. Dank Mrs. Pillays köstlichen Speisen hatte ich das verlorene Gewicht bald wieder zurück.

Während wir unsere Verteidigung vorbereiteten, führte die Regierung den Prozeß in den Zeitungen weiter. Normalerweise darf ein noch anhängiger Fall weder in der Öffentlichkeit noch in der Presse kommentiert werden. Aber da die in Rivonia festgenommenen Männer 90-Tage-Häftlinge waren und, technisch gesehen, keines Verbrechens beschuldigt wurden, wurde dieser juristische Grundsatz über Bord geworfen. Vom Justizminister abwärts wurden wir öffentlich als gewalttätige Revolutionäre gebrandmarkt. Zeitungen brachten regelmäßig Schlagzeilen wie »REVOLUTION AUF MILITÄRISCHER BASIS«.

Am 29. Oktober betraten wir wieder den Justizpalast; wieder waren viele erregte Menschen erschienen; wieder waren die Sicherheitsmaßnahmen äußerst streng; wieder hatten sich im Gericht Würdenträger aus vielen ausländischen Botschaften versammelt. Nach drei Wochen in Gesellschaft meiner Kameraden fühlte ich mich wie verjüngt, auch war mir in einem Anzug diesmal im Gerichtssaal viel wohler zumute. Unsere Anwälte hatten dagegen protestiert, daß wir in Gefängniskleidung vor Gericht erscheinen mußten, und so war uns das Recht zuerkannt worden, eigene Kleidung zu tragen. Wieder hoben wir die geballte Faust in Richtung Zuschauer und wurden von den Behörden verwarnt: Sollten wir noch einmal so grüßen, müßten wir im Gericht wieder unsere Gefängniskleidung tragen. Um solche Ausbrüche zu unterbinden, kehrten die Behörden die normale Ordnung um, nach der die Gefangenen vor dem Richter den Gerichtssaal betraten. Nach jenem ersten Tag trat der Richter als erster in den Saal, so daß die Sitzung bereits begonnen hatte, wenn wir erschienen.

Wir gingen sofort zum Angriff über. Bram Fischer kritisierte die Anklageschrift des Staates als schludrig, schlecht abgefaßt und Absurditäten enthaltend wie die Behauptung, ich hätte an Tagen, an denen ich mich im Pretoria Local befand, an Sabotageakten teilgenommen. Yutar war fassungslos. Richter de Wet bedeutete ihm mit einem Blick, auf Brams Kritik zu antworten, doch statt Einzelheiten zu nennen, begann er, wie der Richter spottete, »eine politische Rede« zu halten. De Wet war ungehalten über Yutars Gestammel und sagte ihm das auch. »Die ganze Basis Ihres Arguments, wie ich es verstehe, Mr. Yutar, besteht darin, daß Sie zufrieden sind, daß die Angeklagten schuldig sind.« De Wet wies die Anklage sodann ab, und die Schläge seines Hammers verkündeten das Ende der Sitzung.

Für den Augenblick waren wir technisch frei, und im Gerichtssaal herrschte wilder Aufruhr. Aber noch bevor Richter de Wet seinen Platz verlassen hatte, waren wir schon wieder festgenommen. Lieutenant Swanepoel schlug jedem von uns auf die Schulter und erklärte: »Ich verhafte Sie unter Anklage der Sabotage«, und wir wurden in unsere Zellen zurückgeführt. Trotzdem war dies für die Regierung ein Rückschlag, denn es war eine neue Klageschrift aufzusetzen für den Prozeß, der nach ihren Worten eigentlich alle Prozesse hätte beenden sollen.

Der Staat schrieb die Anklageschrift um, und Anfang Dezember standen wir wieder vor Gericht. Wir hatten alle das Gefühl, daß Richter de Wet uns gegenüber in der Zwischenzeit feindseliger geworden war. Wir vermuteten, seine zuvor bewiesene Unabhängigkeit habe ihm den Zorn der Regierung eingetragen und er sei unter Druck gesetzt worden. Die neuen Anklagen wurden verlesen: Angeblich hatten wir Personen zur Sabotage und zum Guerillakrieg angeworben, um eine gewaltsame Revolution anzuzetteln; angeblich hatten wir uns verschworen, ausländischen Militäreinheiten dabei zu helfen, in die Republik einzudringen, um eine kommunistische Revolution zu unterstützen; auch sollten wir für diesen Zweck von anderen Ländern Geldmittel erbeten und erhalten haben. Die Menge an Munition, welche die Angeklagten geordert hätten, erklärte Yutar melodramatisch, hätte genügt, ganz Johannesburg in die Luft zu sprengen.

Der Urkundsbeamte verlangte unsere Erklärung, ob wir schuldig oder unschuldig seien. Wir waren übereingekommen, uns nicht in traditioneller Weise zu erklären, sondern den Augenblick zu nutzen, um unsere Verachtung für das Verfahren zu zeigen.

»Angeklagter Nummer eins, Nelson Mandela, bekennen Sie sich schuldig oder nicht schuldig?«

Ich erhob mich und sagte: »My Lord, nicht ich, sondern die Regierung sollte auf der Anklagebank sitzen. Ich bekenne mich nicht schuldig.«

»Angeklagter Nummer zwei, Walter Sisulu, bekennen Sie sich schuldig oder nicht schuldig?«

Sisulu: »Die Regierung ist verantwortlich für das, was in diesem Land geschehen ist. Ich bekenne mich nicht schuldig.«

Richter de Wet erklärte, er sei nicht interessiert, politische Reden zu hören, vielmehr sollten wir uns nur schuldig oder nicht schuldig bekennen. Doch diese Aufforderung wurde ignoriert. Jeder Angeklagte erklärte, es sei die Regierung, die kriminell sei, ehe er sich für nicht schuldig erklärte.

Um die Dramatik des Verfahrens noch zu steigern, hatte der Staat eine Live-Übertragung von Yutars Rede im südafrikanischen Rundfunk arrangiert. Auf dem Tisch der Anklagevertretung wie auch vor dem des Richters waren Mikrophone installiert worden. Doch als Yutar sich gerade räusperte, erhob sich Bram Fischer und beantragte beim Gericht, die Mikrophone zu entfernen, mit der Begründung, die Übertragungen würden den Fall unfair präjudizieren und überdies die Würde des Gerichts beeinträchtigen. Obwohl Yutar mit schriller Stimme ihre Beibehaltung forderte, ordnete Richter de Wet ihre Entfernung an.

In seiner Rede argumentierte Yutar, daß seit der Zeit, da der ANC in den Untergrund gegangen sei, die Organisation eine Politik der Gewalt verfolgt habe, die von der Sabotage über den Guerillakrieg zur bewaffneten Invasion des Landes führen sollte. Er behauptete, wir hätten geplant, im ganzen Land Tausende von ausgebildeten Guerillaeinheiten aufzustellen, und diese Einheiten hätten die Speerspitze eines Aufstands bilden sollen, dem eine bewaffnete Invasion militärischer Einheiten einer ausländischen Macht hätte folgen sollen. »Inmitten des sich ergebenden Chaos, des Aufruhrs und Durcheinanders«, rief Yutar aus, »war von den Angeklagten geplant, eine provisorische Revolutionsregierung einzusetzen, um die Regierung und die Kontrolle des Landes zu übernehmen.« Motor dieses grandiosen Plans sei Umkhonto We Sizwe, unter der politischen Führung des ANC und der Kommunistischen Partei, und das Hauptquartier von Umkhonto sei Rivonia gewesen.

In seiner bombastischen Sprache beschrieb Yutar, wie wir Mitglieder für den MK rekrutiert, wie wir unseren nationalen Aufstand für 1963 geplant (hier verwechselte er uns mit dem PAC), wie wir auf Rivonia einen starken Rundfunksender errichtet hätten und wie wir kollektiv verantwortlich seien für 222 Sabotageakte. Er sagte, Elias Motsoaledi und Andrew Mlangeni hätten die Aufgabe gehabt, Mitglieder zu rekrutieren, und Dennis Goldberg habe am Kap eine Spezialschule für Rekruten betrieben. Detailliert beschrieb er die Produktion diverser Bomben und auch das Auftreiben von Geld im Ausland.

Während der nächsten drei Monate ließ die Staatsanwaltschaft 172 Zeugen aufmarschieren und als Beweismaterial Tausende von Dokumenten und Fotografien registrieren, darunter auch Standardwerke über Marxismus, Geschichten der Guerillakriegführung, Landkarten, Blaupausen und einen Paß, ausgestellt auf einen gewissen David Motsamayi. Der erste Zeuge war ein Polizeifotograf, der Aufnahmen von Rivonia gemacht hatte, und bei den nächsten Zeugen handelte es sich um Hausangestellte der Goldreich-Familie, welche die ganze Zeit in Haft gehalten worden waren, obwohl sie mit der Politik des Hauses in keinerlei Verbindung standen. Diese Bediensteten identifizierten die meisten von uns, indem sie auf uns deuteten, doch der alte Mr. Jelliman unternahm einen mutigen Versuch, mir zu helfen, und tat so, als sehe er mich nicht, als er aufgefordert wurde, auf den Angeklagten Nr. 1 zu deuten. »Schauen Sie noch einmal hin«, forderte der Ankläger ihn auf, »sehen Sie sich sorgfältig alle Gesichter an.« »Ich glaube nicht, daß er hier ist«, sagte Jelliman ruhig.

Wir fragten uns, über welche Beweise der Staatsanwalt verfügte, um meine Schuld zu belegen. Als in Rivonia ein großer Teil der Planung vorangetrieben wurde, war ich entweder außer Landes oder im Gefängnis gewesen. Als ich kurz nach meiner Verurteilung Walter im Pretoria Local sah, forderte ich ihn dringend auf, sich zu vergewissern, daß all meine Bücher und Notizen aus der Farm entfernt wurden. Doch als Rusty Bernstein während der ersten Prozeßwoche Kaution beantragte, zückte Percy Yutar dramatisch die Skizze des Forts und die dazugehörige Notiz über die Flucht, die ich niedergeschrieben hatte, als ich dort einsaß. Yutar rief aus, dies sei der Beweis dafür, daß alle Angeklagten hätten ausbrechen wollen. Jedenfalls war es ein Zeichen, daß man meine Sachen nicht aus Rivonia entfernt hatte. Später wurde mir berichtet, daß meine Gefährten in Rivonia beschlossen hatten, meine Fluchtnotiz aufzubewahren, denn sie würde in Zukunft historischen Wert besitzen. Aber in der Gegenwart kostete sie Rusty Bernstein seine Kaution.

Der Starzeuge der Staatsanwaltschaft war Bruno Mtolo oder »Mr. X«, wie er im Gericht genannt wurde. Bei der Vorstellung von »Mr. X« teilte Yutar dem Gericht mit, die Befragung werde drei Tage in Anspruch nehmen, und in theatralischem Ton fügte er hinzu, der Zeuge sei »in tödlicher Gefahr«. Yutar beantragte die Befragung des Zeugen unter Ausschluß der Öffentlichkeit. Die Presse könne zugegen sein, unter der Bedingung, daß sie den Zeugen nicht identifizierte.

Mtolo war ein hochgewachsener, gutgebauter Mann mit einem hervorragenden Gedächtnis. Zulu aus Durban, war er der Führer der Natal-Region des MK geworden. Er war ein erfahrener Saboteur, der auch in Rivonia gewesen war. Ich war ihm nur einmal begegnet, als ich nach Rückkehr von meiner ausgedehnten Afrikareise in Natal zu seiner Gruppe von MK-Kadern gesprochen hatte. Sein Beweismaterial speziell gegen mich machte mir bewußt, daß der Staat mich zweifellos würde verurteilen können.

Mr. X begann mit der Aussage, er sei MK-Saboteur, der ein städtisches Büro, einen Starkstrommast und eine Stromleitung in die Luft gesprengt hatte. Mit eindrucksvoller Präzision erklärte er die Wirkungsweise von Bomben, Landminen und Granaten und erläuterte, wie der MK aus dem Untergrund arbeitete. Mtolo erklärte, während er nie den Glauben an die Ideale des ANC verloren habe, sei ihm doch der Glaube an die Organisation verlorengegangen, als er erkannt habe, daß ANC und MK Instrumente der Kommunistischen Partei seien.

Seine Aussagen wirkten ebenso einfach wie freimütig, doch Mtolo gab sich große Mühe, sie auszuschmücken. Dies geschah zweifellos auf Anweisung der Polizei. Er erzählte dem Gericht, in meiner an das Regional Command von Natal gerichteten Rede hätte ich festgestellt, alle MK-Kader sollten gute Kommunisten sein, ohne ihre Überzeugungen öffentlich preiszugeben. In Wahrheit hatte ich dergleichen niemals gesagt, doch diese Aussage sollte mich und den MK in Verbindung mit der Kommunistischen Partei bringen. Seine Erinnerungen wirkten so präzise, daß ein normaler Mensch annehmen mußte, sie seien in allen Fällen genau. Aber dem war nicht so.

Mtolos Verrat bestürzte mich. Ich hatte nie die Möglichkeit ausgeschlossen, daß selbst erfahrene ANC-Mitglieder unter Polizeifolter zusammenbrechen könnten. Doch allem Anschein nach war Mtolo nicht angerührt worden. Im Zeugenstand suchte er auch Menschen in den Fall hineinzuziehen, die in den Unterlagen nicht einmal erwähnt worden waren. Ich weiß, daß es möglich ist, einen Sinneswandel durchzumachen, doch so viele andere zu verraten, von denen viele völlig unschuldig waren, erschien mir unentschuldbar.

Während des Kreuzverhörs erfuhren wir, daß Mtolo ein kleiner Ganove gewesen war, bevor er sich dem MK anschloß, und daß er dreimal zuvor wegen Diebstahls im Gefängnis gesessen hatte. Aber trotz dieser Enthüllungen war er ein Zeuge, der uns schwer schadete, denn der Richter befand ihn zuverlässig und glaubwürdig, und seine Aussage belastete nahezu uns alle.

Hauptstütze der Anklage des Staatsanwalts war der sechsseitige Aktionsplan, der bei der Rivonia-Razzia beschlagnahmt worden war. Die Führer des Oberkommandos hatten ausgerechnet dieses Dokument vor sich auf dem Tisch liegen gehabt, als die Polizei die Farm erstürmte. Operation Mayibuye skizziert in allgemeiner Form den Plan für den möglichen Beginn von Guerillaoperationen und wie sie der auslösende Funke für einen bewaffneten Massenaufstand gegen die Regierung werden könnten. Das Dokument sah eine anfängliche Landung kleinerer Guerillastreitkräfte in vier verschiedenen Gebieten Südafrikas und einen Angriff auf ausgewählte Ziele vor. Es nannte die anzustrebende Zahl von 7000 MK-Rekruten im Lande, die sich vereinen würden mit der anfänglich äußeren Streitmacht von 120 ausgebildeten Guerillakämpfern. Der Vortrag der Anklagevertretung stützte sich zum großen Teil auf ihre Überzeugung, Operation Mayibuye sei von der ANC-Exekutive gebilligt worden und sei zum Operationsplan des MK geworden. Wir bestanden darauf, daß zum Zeitpunkt der Verhaftungen die Operation Mayibuye noch nicht formal gebilligt war, sondern noch diskutiert wurde. Was mich betraf, so war die Operation Mayibuye ein Entwurf, der nicht nur nicht gebilligt worden, sondern in seinen Zielsetzungen und Planungen auch völlig unrealistisch war. Ich glaubte nicht, daß in der damaligen Phase der Guerillakrieg eine brauchbare Option war.

Der Plan war während meiner Abwesenheit entworfen worden, so daß ich sehr wenig darüber wußte. Selbst unter den in Rivonia Verhafteten herrschte keine Übereinstimmung darüber, ob der Plan als ANC-Politik angenommen worden war. Govan, der zusammen mit Joe Slovo das Dokument aufgesetzt hatte, behauptete, man habe sich darauf geeinigt, und meinte, es sei nicht richtig, wenn wir vor Gericht argumentierten, der Plan sei noch in der Diskussion gewesen. Doch alle anderen Angeklagten behaupteten, das Dokument sei zwar vom Oberkommando aufgesetzt, aber noch nicht von der ANC-Exekutive gebilligt worden, geschweige denn, daß Häuptling Luthuli oder Oliver Tambo es gesehen hätten.

Wenn auch ein solcher Prozeß quälend sein kann, unsere Stimmung war im allgemeinen doch heiter. Ein gut Teil Galgenhumor war dabei. Dennis Goldberg, der jüngste Angeklagte, besaß einen kaum zu unterdrückenden Sinn für Humor und brachte uns oft zum Lachen, auch wenn es völlig unangebracht schien. Als einer der Zeugen der Anklage beschrieb, wie Raymond Mhlaba zur Tarnung einen Priesterkragen getragen hatte, bezeichnete Dennis ihn fortan als Reverend Mhlaba.

In unserem Beratungszimmer unten im Gebäude kommunizierten wir oft, mit Hilfe von Zetteln, die wir anschließend verbrannten und in den Abfallkorb warfen. Einer der Officer der Special Branch, die uns beaufsichtigten, war Lieutenant Swanepoel, ein untersetzter, rotgesichtiger Bursche, der davon überzeugt war, daß wir ihn immer reinzulegen versuchten. Eines Tages, Swanepoel beobachtete uns von der Tür her, begann Govan Mbeki in auffälliger Geheimnistuerei einen Zettel zu schreiben, den er mir anschließend mit entsprechenden Gesten reichte. Ich las den Zettel, nickte bedächtig mit dem Kopf und reichte das Stück Papier dann Kathy, der ostentativ seine Streichhölzer hervorholte, wie um den Zettel zu verbrennen. Doch da stürzte Swanepoel in den Raum, riß Kathy den Zettel aus der Hand und stotterte etwas über die Gefahren, in einem Zimmer Streichhölzer anzuzünden. Dann ging er hinaus, um zu lesen, was auf seinem

Beutestück stand. Wenige Sekunden später stürmte er wieder herein und sagte: »Das zahle ich euch heim!« Govan hatte in Blockschrift geschrieben: »IST SWANEPOEL NICHT EIN HÜBSCHES KERLCHEN?«

Wir saßen im Gefängnis, angeklagt in einem Prozeß, bei dem es um unser Leben ging, doch draußen erblühte neues Leben. Jimmy Kantors Frau erwartete in Kürze ein Kind. Jimmy war Anwalt, den der Staat nur deshalb in den Prozeß hineingezogen hatte, weil er Harold Wolpes Schwager war.

Eines Morgens, als wir auf den Anklagebänken saßen, wanderte vom anderen Ende ein Zettel zu mir.

»Barbara und ich haben ausführlich über Paten gesprochen, und wir sind zu dem Schluß gekommen, daß, ob es nun ein Mädchen wird oder ein Junge, wir es als eine Ehre betrachten würden, wenn Du bereit wärst, dieses Amt zu übernehmen als Ausgleich für die weniger ehrenhaften Positionen, die Du in der Vergangenheit bekleidet hast.«

Postwendend schickte ich Jimmy eine Antwort.

»Ich wäre mehr als entzückt, und die Ehre ist bei mir, nicht beim Baby. Jetzt wagen sie nicht, mich zu hängen.«

DER STAATSANWALT trug die Anklage bis über die Weihnachtszeit des Jahres 1963 vor und schloß sie am 29. Februar 1964 ab. Wir hatten kaum mehr als einen Monat, um das Beweismaterial zu prüfen und unsere Verteidigung vorzubereiten. Wir waren nicht alle in gleicher Weise von dem Material betroffen. Gegen James Kantor lagen überhaupt keine Beweise vor; er war nicht einmal Mitglied unserer Organisation und hätte gar nicht auf die Anklagebank gehört. Was Rusty Bernstein, Raymond Mhlaba und Ahmed Kathrada betraf, so waren die Beweise für ihre Beteiligung an einer Verschwörung schwach, und wir beschlossen, sie sollten sich nicht selbst belasten. In Rustys Fall waren die Beweise kaum von Gewicht; man hatte ihn in Rivonia bei den anderen angetroffen, mehr nicht. Die übrigen sechs würden sich in bestimmten Punkten für schuldig erklären.

Bram war tief pessimistisch. Er meinte, selbst wenn wir bewiesen, daß der Guerillakrieg nicht gebilligt worden sei und unsere Sabotagepolitik nicht darauf abzielte, Menschenleben zu gefährden, könne der Staat trotzdem die Todesstrafe gegen uns erwirken. Das Verteidiger-Team war geteilter Meinung, ob wir aussagen sollten oder nicht. Einige gaben zu bedenken, falls wir aussagten, würden wir unserer Sache schaden. George Bizos dagegen meinte, falls wir keine Beweise vorlegten und den Richter nicht davon überzeugten, daß wir uns nicht zum Guerillakrieg entschlossen hätten, so würde er ohne Zweifel die Höchststrafe über uns verhängen.

Von Anfang an hatten wir klargemacht, daß es nicht unsere Absicht war, den Prozeß als rechtlichen Testfall zu benutzen, sondern als Plattform für unsere Überzeugungen. Wir leugneten beispielsweise nicht, daß wir für Sabotageakte verantwortlich gewesen waren. Wir leugneten nicht, daß eine Gruppe der Gewaltlosigkeit abgeschworen hatte. Uns kümmerte nicht, ob wir freigesprochen würden oder ob wir ein geringeres Strafmaß bekämen; sondern wichtig war, daß der Prozeß unsere Sache stärkte, für die wir alle kämpften, ungeachtet dessen, was uns das kostete. Wir verteidigten uns weniger im juristischen Sinne als im moralischen. Wir sahen den Prozeß als Fortsetzung des Kampfes mit anderen Mitteln. Bereitwillig gaben wir zu, was der Staat wirklich wußte, doch wir weigerten uns, irgendwelche Informationen zu geben, wenn wir glaubten, sie könnten andere mit hineinziehen.

Wir widersprachen dem zentralen Vorwurf des Staates, wir hätten einen Guerillakrieg angefangen. Wir räumten ein, daß wir vorsorglich Pläne für den Guerillakrieg entworfen hätten für den Fall, daß die Sabotagepolitik ein Fehlschlag wäre. Doch wir beharrten darauf, die Politik sei noch nicht gescheitert, denn sie sei noch nicht genügend erprobt worden. Die vom Staat erhobenen Anschuldigungen des Mordes und der Verletzung Unschuldiger wiesen wir zurück; entweder seien sie glatte Lügen, oder die Taten seien von anderen begangen worden. Wir hätten niemals die Intervention ausländischer Militärstreitkräfte in Erwägung gezogen. Zur Bekräftigung unserer Behauptungen glaubten wir, dem Gericht die Operation Mayibuye erklären zu sollen.

In meinem eigenen Fall hatte das Gericht ausreichende Beweise für eine Verurteilung. Dokumente in meiner Handschrift ließen erkennen, daß ich das Land illegal verlassen, daß ich für die militärische Ausbildung unserer Männer gesorgt und daß ich die Bildung von Umkhonto We Sizwe betrieben hatte. Es gab auch ein von mir geschriebenes Dokument mit dem Titel »Wie man ein guter Kommunist wird«, und damit glaubte der Staat den Beweis dafür zu haben, daß ich ein eingetragenes Mitglied der Kommunistischen Partei war. In Wirklichkeit stammte der Titel des Dokuments aus dem Werk eines chinesischen Theoretikers namens Liu Shao Chi, und ich hatte es niedergeschrieben, um Moses Kotane etwas Bestimmtes nachzuweisen. Wir hatten ständig über die Anziehungskraft des Kommunismus auf gewöhnliche Südafrikaner debattiert. Ich hatte lange Zeit behauptet, die kommunistische Literatur sei zum größten Teil langweilig, esoterisch und westlich ausgerichtet, sollte aber einfacher, klarer und für die afrikanischen Massen relevanter sein. Moses bestand darauf, das sei unmöglich. Um meinen Einwand zu belegen, hatte ich Lius Essay für ein afrikanisches Publikum umgeschrieben.

Als erster Zeuge würde ich den Ton der Verteidigung festlegen. In südafrikanischen Gerichten können Zeugen ihre Aussagen nur als Antwort auf eine Frage machen. Ich wollte mich darauf nicht beschränken lassen. Wir beschlossen, ich solle, statt Aussagen zu machen, von der Anklagebank aus eine Erklärung verlesen, indes die anderen ihre Aussagen machen und ins Kreuzverhör genommen würden.

Weil ein Zeuge, der aus der Anklagebank eine Erklärung abgibt, nicht dem Kreuzverhör oder Fragen des Richters unterliegt, besitzt die Erklärung nicht das gleiche rechtliche Gewicht wie eine gewöhnliche Aussage. Wer sich dafür entscheidet, eine solche Erklärung abzugeben, will damit gewöhnlich ein Kreuzverhör vermeiden. Unsere Anwälte warnten mich, ich würde in eine prekäre juristische Situation geraten; alles, was ich in meiner Erklärung zu meiner Unschuld sagte, würde vom Richter nicht berücksichtigt werden. Aber das war nicht unsere höchste Priorität. Wir glaubten, daß es wichtig wäre, die Verteidigung mit einer Erklärung zu unserer Politik und unseren Idealen zu eröffnen, denn so würde der Kontext gesetzt für alles Folgende. Nur zu gern hätte ich mit Percy Yutar die Klingen gekreuzt, doch es war wichtiger, die Plattform zu nutzen, um unsere Beschwerden ins helle Licht zu stellen.

Über all diese Fragen waren wir uns in Beratungen einig geworden, vornehmlich mit Hilfe von Notizen, denn das Beratungszimmer wurde abgehört. Wir nutzten den Lauschangriff des Staates gar zu unserem Vorteil, indem wir falsche Informationen lieferten. Wir wiesen ständig darauf hin, daß ich aussagen würde, so daß die Gegenseite ihre Zeit damit verschwendete, sich auf ihr Kreuzverhör vorzubereiten. In einem gestellten Gespräch erklärte ich unserem Anwalt Joel Joffe, ich benötigte die Unterlagen des Hochverratsprozesses, um meine Aussage vorzubereiten. Wir lächelten bei der Vorstellung, Yutar werde sich in die rund 100 Bände mit Transskripten des Prozesses vertiefen.

Ich brauchte ungefähr zwei Wochen, um meine Ansprache zu entwerfen; ich arbeitete daran hauptsächlich abends in meiner Zelle. Als ich fertig war, las ich sie zunächst meinen Kameraden und Mitangeklagten vor. Sie billigten sie, schlugen aber einige Änderungen vor, und dann bat ich Bram Fischer um Durchsicht. Bram wirkte beim Lesen sehr besorgt und ließ das Manuskript noch von einem geachteten Anwalt namens Hal Hanson lesen. Hanson erklärte Bram: »Wenn Mandela dies im Gericht verliest, werden sie ihn sofort hinter das Gerichtsgebäude führen und aufknüpfen.« Diese Anmerkung bestätigte Brams Besorgnis, und er kam am nächsten Tag zu mir und drängte mich, die Rede zu modifizieren. Ich hatte das Gefühl, wir würden ohnehin hängen, was auch immer wir sagten, so könnten wir ebensogut sagen, was wir wirklich glaubten. Die Atmosphäre war zu diesem Zeitpunkt äußerst düster; die Zeitungen ließen sich ständig darüber aus, daß wir wohl die Todesstrafe erhielten. Bram bat mich, den Schlußabsatz nicht zu verlesen, doch ich blieb standhaft.

Am Montag, 20. April, wurden wir unter strengsten Sicherheitsvorkehrungen zum Justizpalast gebracht; diesmal sollte unsere Verteidigung beginnen. Winnie war mit meiner Mutter gekommen, und ich nickte ihnen zu, als wir den Gerichtssaal betraten, der voll besetzt war.

Bram erklärte, bestimmte Teile des vom Staatsanwalt vorgelegten Beweismaterials wurden von den Angeklagten eingeräumt, und sofort kam im Gerichtssaal Gemurmel auf. Bram ließ allerdings die Feststellung folgen, die Verteidigung werde einer Anzahl von Behauptungen widersprechen, darunter auch der Behauptung, Umkhonto We Sizwe sei der militärische Flügel des ANC. Die Führer des MK und des ANC »bemühten sich, die beiden Organisationen voneinander völlig getrennt zu halten. Damit haben sie nicht immer Erfolg gehabt«, sagte Bram, »doch es wurden alle Anstrengungen unternommen, um dieses Ziel zu erreichen.« Nachdrücklich bestritt er, der ANC erhalte von der Kommunistischen Partei Befehle. Die Verteidigung weise die Behauptung zurück, daß Goldberg, Kathrada, Bernstein und Mhlaba Mitglieder des Umkhonto seien, sie werde nachweisen, daß der Umkhonto die Operation Mayibuye tatsächlich nicht angenommen und der MK nicht mit Vorbereitungen für den Guerillakrieg begonnen habe.

»Das soll bestritten werden?« fragte Richter de Wet ungläubig.

»Das wird bestritten werden«, erwiderte Bram. »Das Beweismaterial wird zeigen: Obwohl Vorbereitungen für den Guerillakrieg getroffen wurden, wurde niemals irgendein Plan angenommen. Man hoffte bis zuletzt, ein solcher Schritt könne vermieden werden.« Dann sagte Bram mit seiner sanften Stimme: »Die Verteidigung, my Lord, wird beginnen mit einer Erklärung aus der Anklagebank, und sie wird abgegeben vom Angeklagten Nummer eins, der persönlich an der Bildung des Umkhonto teilnahm und der das Gericht über die Anfänge jener Organisation informieren kann.«

An diesem Punkt sprang Yutar vom Tisch auf und schrie: »My Lord! My Lord!« Er war völlig verwirrt, daß ich nicht aussagen würde, denn er hatte sich ohne Zweifel eingehend auf mein Kreuzverhör vorbereitet. »My Lord«, sagte er ziemlich niedergeschlagen, »eine Erklärung von der Anklagebank hat nicht das gleiche Gewicht wie eine Aussage unter Eid.«

»Ich glaube, Dr. Yutar«, erwiderte Richter de Wet trocken, »daß die Verteidiger über ausreichend Erfahrung verfügen, um ihre Klienten auch ohne Ihre Hilfe beraten zu können.« Yutar setzte sich. »Weder wir noch unsere Klienten sind in Unkenntnis der strafrechtlichen Bestimmungen«, entgegnete Bram. »Ich rufe Nelson Mandela auf.«

Ich erhob mich, schaute in den Gerichtssaal und begann langsam zu lesen.

»Ich bin der erste Angeklagte.

Ich habe einen Bachelor's degree in Arts und habe eine Reihe von Jahren in Johannesburg als Anwalt praktiziert, als Partner von Mr. Oliver Tambo. Ich bin ein verurteilter Häftling und sitze eine fünfjährige Haftstrafe ab, wegen Verlassen des Landes ohne Genehmigung und wegen Anstiftung zum Streik Ende Mai 1961.

Ich räume sofort ein, daß ich eine der Personen war, die an der Bildung von Umkhonto We Sizwe beteiligt waren, und daß ich eine prominente Rolle bei ihren Angelegenheiten gespielt habe, bis ich im August 1962 verhaftet wurde.

Gleich zu Anfang möchte ich feststellen, daß die vom Staatsanwalt in seiner Eröffnung aufgestellte Behauptung, der Kampf in Südafrika stehe unter dem Einfluß von Ausländern oder Kommunisten, völlig inkorrekt ist. Was immer ich getan habe, ich habe es sowohl als Individuum wie als Führer meines Volkes aufgrund meiner Erfahrungen in Südafrika und meiner mit Stolz empfundenen afrikanischen Herkunft getan, und nicht weil irgendein Außenstehender es mir gesagt hat.

In meiner Jugend in der Transkei hörte ich, wie die Ältesten meines Stammes Geschichten aus alten Zeiten erzählten. Unter den Geschichten, die sie mir vermittelten, waren auch solche von

Kriegen, die unsere Vorfahren zur Verteidigung des Vaterlandes gekämpft haben. Die Namen von Dingane und Bambatha, Hintsa und Makanna, Squngthi und Dalasile, Moshoeshoe und Sekhukhuni wurden gepriesen als Stolz und Ruhm der gesamten afrikanischen Nation. Ich hoffte damals, mein Leben werde mir die Gelegenheit geben, meinem Volk zu dienen und meinen eigenen bescheidenen Beitrag zu seinem Freiheitskampf leisten zu können. Das hat mich motiviert bei allem, was ich hinsichtlich der in diesem Fall gegen mich vorgebrachten Anklagen getan habe.

Nachdem dies gesagt ist, muß ich mich sofort und in einiger Ausführlichkeit der Frage der Gewalt zuwenden. Manches, was bisher vor Gericht zur Sprache gekommen ist, ist wahr, anderes nicht. Ich bestreite jedoch nicht, daß ich Sabotageakte plante. Ich plante sie nicht im Geist der Rücksichtslosigkeit, oder weil ich Gewalt liebe. Ich plante sie als Ergebnis einer ruhigen und nüchternen Einschätzung der politischen Situation, die nach vielen Jahren der Tyrannei, Ausbeutung und Unterdrückung meines Volkes durch die Weißen entstanden war.«

Ich wollte dem Gericht nachdrücklich klarmachen, daß wir nicht unverantwortlich oder ohne Gedanken an die Folgerungen gehandelt hätten, die sich aus Gewaltaktionen ergeben können. Besondere Betonung legte ich auf unseren Beschluß, keinem Menschen Leid zufügen zu wollen.

»Wir vom ANC haben uns immer für eine nichtrassische Demokratie eingesetzt und schreckten vor jeder Aktion zurück, welche die Rassen noch weiter auseinandertreiben könnte, als sie es ohnehin schon sind. Doch es ist ein hartes Faktum, daß 50 Jahre der Gewaltlosigkeit dem afrikanischen Volk nur eine noch repressivere Gesetzgebung und immer weniger Rechte eingebracht haben. Es mag für dieses Gericht nicht leicht sein, dies zu verstehen, doch es ist Tatsache, daß die Menschen seit langer Zeit von Gewalt sprechen – und von dem Tag, da sie den Kampf gegen den weißen Mann aufnehmen und ihr Land zurückgewinnen werden. Und wir, die Führer des ANC, haben dennoch unentwegt auf sie Einfluß zu nehmen versucht, Gewalt zu vermeiden und sich an friedliche Mittel zu halten. Während einige von uns im Mai und Juni 1961 darüber diskutierten, ließ sich nicht mehr bestreiten, daß unsere Politik, einen nichtrassischen Staat durch Gewaltlosigkeit herzustellen, so gut wie nichts erreicht hat und daß unsere Anhänger begannen, das Vertrauen in diese Politik zu verlieren, und erschreckenden Gedanken an Terrorismus nachgingen.

Umkhonto wurde im November 1961 gebildet. Als wir diesen Beschluß faßten und anschließend unsere Pläne formulierten, war das ANC-Erbe der Gewaltlosigkeit und der rassischen Harmonie stets unser Begleiter. Wir befürchteten, das Land könne in einen Bürgerkrieg taumeln, in dem Schwarze und Weiße einander bekämpften. Wir betrachteten die Situation mit großer Sorge. Bürgerkrieg würde die Zerstörung all dessen bedeuten, wofür der ANC stand; mit Bürgerkrieg würde der Rassenfriede noch schwerer als je zuvor erreichbar sein. Wir haben für die Folgen von Kriegen bereits Beispiele in der südafrikanischen Geschichte. Es bedurfte mehr als 50 Jahre, bis die Wunden des Südafrikanischen Krieges, des Burenkrieges geheilt waren. Wieviel länger würde es dauern, die Wunden eines interrassischen Bürgerkrieges zu schließen, eines Krieges, der auf beiden Seiten hohe Verluste fordern würde.«

Sabotage, so erklärte ich, kann am meisten für die Herstellung künftiger rassischer Beziehungen leisten. Die ersten Reaktionen der weißen Regierung seien sofort und brutal erfolgt: Sabotage sei zu einem Verbrechen erklärt worden, das mit der Todesstrafe bedroht werde. Wir wollten keinen Bürgerkrieg, rief ich aus, doch wir müßten darauf vorbereitet sein.

»Erfahrung hat uns gelehrt, daß Rebellion der Regierung schrankenlose Gelegenheiten bieten würde, unser Volk rücksichtslos abzuschlachten. Doch gerade die Tatsache, daß die Erde Südafrikas bereits getränkt ist vom Blut unschuldiger Afrikaner, ist der Grund dafür, daß wir es als unsere Pflicht empfinden, auf lange Sicht Vorbereitungen zu treffen, Gewalt einzusetzen, um uns gegen Gewalt verteidigen zu können. Sollte Krieg unvermeidlich sein, so wollen wir unter den für unser Volk günstigsten Bedingungen kämpfen. Der Kampf, der uns am aussichtsreichsten erschien und der das geringste Risiko für Leib und Leben auf beiden Seiten bedeutet, ist der Guerillakrieg. Deshalb beschlossen wir, bei unseren Vorbereitungen auf die Zukunft die Möglichkeit eines Guerillakrieges einzukalkulieren.

Alle Weißen müssen sich einer militärischen Ausbildung unterziehen, Afrikaner hingegen haben eine solche Ausbildung niemals erhalten. Aus unserer Sicht war es wesentlich, eine Kerngruppe ausgebildeter Männer zusammenzustellen, die in der Lage sein würde, die Führung zu stellen, die notwendig sein würde für den Fall eines Guerillakrieges. Wir mußten uns auf eine solche Situation vorbereiten, bevor es zu spät war, angemessene Vorkehrungen zu treffen.«

In dieser Phase unserer Diskussion habe ich das Land verlassen, erklärte ich, um an der PAFMECSA-Konferenz teilzunehmen und mich einer militärischen Schulung zu unterziehen, um für den Fall eines Guerillakrieges meinen Mann stehen und an der Seite meiner Leute kämpfen zu können. Trotzdem glaubte ich, daß die Möglichkeiten der Sabotage noch längst nicht ausgeschöpft seien und mit aller Macht weiterverfolgt werden sollten.

Ich erläuterte dem Gericht die Trennlinie zwischen ANC und MK, und wie wir voller Vertrauen versuchten, beide voneinander getrennt zu halten. Dies sei unsere Politik, doch in der Praxis sei sie nicht so einfach zu realisieren. Wegen der Bannungen und Inhaftierungen müßten wir häufig in beiden Organisationen arbeiten. Obwohl so manchmal die Unterschiede verwischt worden seien, so seien sie doch keinesfalls beseitigt. Ich widersprach der Behauptung des Staatsanwalts, Zielsetzungen und Ziele des ANC und der Kommunistischen Partei seien ein und dieselben.

»Das ideologische Bekenntnis des ANC ist das Bekenntnis des afrikanischen Nationalismus und ist es stets gewesen. Es ist nicht das Konzept des afrikanischen Nationalismus, wie er sich in dem Schrei ausdrückt: ›Treibt den weißen Mann ins Meer.‹ Der afrikanische Nationalismus, für den der ANC steht, ist das Konzept von

Freiheit und Erfüllung für das afrikanische Volk in seinem eigenen Land. Das wichtigste politische Dokument, das der ANC jemals angenommen hat, ist die Freiheits-Charta. Sie ist auf gar keinen Fall ein Entwurf für einen sozialistischen Staat. Der ANC hat niemals, zu keinem Zeitpunkt seiner Geschichte, eine revolutionäre Veränderung der ökonomischen Struktur des Landes befürwortet, noch hat er, nach allem, was ich weiß, jemals die kapitalistische Gesellschaft verdammt.

Der ANC ließ, im Unterschied zur Kommunistischen Partei, nur Afrikaner als Mitglieder zu. Sein Hauptziel war und ist, für Afrikaner die Einheit und volle politische Rechte zu erreichen. Das Hauptziel der Kommunistischen Partei war im Unterschied dazu, die Kapitalisten zu vertreiben und sie durch eine Regierung der Arbeiterklasse zu ersetzen. Die Kommunistische Partei sucht die Klassenunterschiede zu betonen, während der ANC sie auszugleichen sucht.

Es stimmt, daß ANC und Kommunistische Partei häufig eng kooperiert haben. Aber Kooperation ist nur Beweis für ein gemeinsames Ziel, in diesem Fall die Beseitigung der weißen Vorherrschaft, und nicht Beweis für vollständige Gemeinsamkeit von Interessen. Die Geschichte der Welt ist voll von solchen Beispielen. Das vielleicht auffälligste Beispiel ist die Kooperation zwischen Großbritannien, den Vereinigten Staaten und der Sowjetunion im Kampf gegen Hitler-Deutschland. Niemand außer Hitler hätte es gewagt zu behaupten, eine solche Kooperation mache aus Churchill oder Roosevelt Kommunisten oder kommunistische Werkzeuge, oder Großbritannien und Amerika strebten eine kommunistische Welt an.

Es ist wahrscheinlich schwierig zu verstehen für weiße Südafrikaner mit eingefleischtem Vorurteil gegen Kommunismus, daß erfahrene afrikanische Politiker so bereitwillig Kommunisten als ihre Freunde akzeptierten. Doch für uns liegt der Grund dafür auf der Hand. Theoretische Differenzen zwischen jenen, die gegen Unterdrückung kämpfen, sind ein Luxus, den wir uns in dieser Phase nicht leisten können. Außerdem sind über viele Jahrzehnte hinweg Kommunisten die einzige politische Gruppe in

Südafrika gewesen, die bereit war, Afrikaner als Menschen und Ebenbürtige zu behandeln; sie waren bereit, mit uns zu essen, mit uns zu sprechen, mit uns zu leben und zu arbeiten. Deshalb neigen heutzutage viele Afrikaner dazu, Freiheit mit Kommunismus gleichzusetzen.«

Ich erklärte dem Gericht, ich sei niemals ein Kommunist gewesen und hätte mich immer als afrikanischen Patrioten verstanden. Ich bestritt nicht, daß ich die Idee einer klassenlosen Gesellschaft anziehend fand und daß ich durch marxistisches Denken beeinflußt worden bin. Dies galt für viele Führer der neuen unabhängigen Staaten Afrikas, welche die Notwendigkeit irgendeiner Art von Sozialismus akzeptierten, um ihr Volk in die Lage zu versetzen, mit den entwickelten Ländern des Westens gleichzuziehen.

»Durch meine Lektüre der marxistischen Literatur und aus meinen Gesprächen mit Marxisten habe ich den Eindruck gewonnen, daß Kommunisten das parlamentarische System des Westens als undemokratisch und reaktionär ansehen. Im Gegensatz dazu bin ich ein Bewunderer dieses Systems.

Magna Charta, Petition of Rights und Bill of Rights sind Dokumente, die überall auf der Welt von Demokraten in Ehren gehalten werden. Ich habe großen Respekt vor den politischen Institutionen Englands und vor dem Rechtssystem des Landes. Ich halte das britische Parlament für die demokratischste Institution der Welt. Die Unabhängigkeit und die Unparteilichkeit seiner Rechtsprechung erregten immer wieder meine Bewunderung. Der amerikanische Kongreß, die Doktrin des Landes bezüglich der Gewaltenteilung sowie die Unabhängigkeit seiner Rechtsprechung lösen bei mir ähnliche Gefühle aus.«

Ich sprach im einzelnen über die furchtbaren Ungleichheiten zwischen schwarzem und weißem Leben in Südafrika. Ob Erziehung, Gesundheit, Löhne, in jeder Hinsicht erreichten die Schwarzen kaum das Existenzminimum, während die Weißen den höchsten Lebensstandard auf der Welt genössen und es dabei auch bewenden lassen wollten. Weiße behaupteten oft, es gehe Afrikanern in Südafrika besser als Afrikanern im restlichen Afrika. Meine Antwort lautete, wir seien nicht arm im Vergleich zu den Menschen in Restafrika, doch arm im Vergleich zu den Weißen in unserem Land, und daß die Gesetzgebung die Beseitigung dieser Ungleichheit verhindere.

»Der Mangel an menschlicher Würde, wie Afrikaner ihn erleben, ist unmittelbares Ergebnis der Politik der weißen Vorherrschaft. Weiße Vorherrschaft impliziert schwarze Minderwertigkeit. Die Gesetzgebung zielt auf Erhaltung der Vorherrschaft unter diesem Vorzeichen ab. Niedere Dienste werden in diesem Land ausschließlich von Schwarzen verrichtet. Ist irgend etwas zu tragen oder zu säubern, so hält der Weiße Ausschau nach einem Afrikaner, der das für ihn erledigen kann, ganz gleich, ob der Afrikaner bei ihm angestellt ist oder nicht.

Armut und der Zusammenbruch von Familien haben sekundäre Auswirkungen. Kinder wandern durch die Straßen der Townships, weil sie keine Schulen haben, in die sie gehen könnten, oder kein Geld, um den Schulbesuch zu ermöglichen, oder keine Eltern, die dafür sorgen, daß sie zur Schule gehen, weil beide Eltern (falls beide da sind) zur Arbeit gehen müssen, um für die Familie den Lebensunterhalt zu verdienen. Dies führt zum Zusammenbruch moralischer Normen, zu einem alarmierenden Anstieg der Ungesetzlichkeit und zum Anwachsen von Gewalt, die überall ausbricht, nicht nur im politischen Raum.

Afrikaner wollen nur einen Teil der Gesamtheit von Südafrika; sie wollen Sicherheit und Teilhabe an der Gesellschaft. Vor allem wollen wir gleiche politische Rechte, denn ohne sie werden sich unsere Benachteiligungen in diesem Land verfestigen. Ich weiß, dies klingt revolutionär für die Weißen in diesem Land, weil die Mehrheit der Wahlberechtigten Afrikaner sein werden. Die läßt den weißen Mann die Demokratie fürchten. Dafür kämpft der ANC. Sein Kampf ist ein wahrhaft nationaler Kampf. Es ist ein Kampf für die Afrikaner, angeregt durch ihre eigenen Leiden und Erfahrungen. Es ist ein Kampf für das Recht auf Leben.«

Als ich meine Rede verlesen hatte, legte ich mein Manuskript auf den Tisch der Verteidigung und blickte zum Richter. Im Gerichtssaal wurde es ganz still. Ich wandte meinen Blick nicht ab von Richter de Wet, während ich die Schlußworte aus dem Gedächtnis sprach.

»Mein Leben lang habe ich mich diesem Kampf des afrikanischen Volkes gewidmet. Ich habe gegen weiße Vorherrschaft gekämpft, und ich habe gegen schwarze Vorherrschaft gekämpft. Ich habe das Ideal der Demokratie und der freien Gesellschaft hochgehalten, in der alle Menschen in Harmonie und mit gleichen Möglichkeiten zusammenleben. Es ist ein Ideal, für das ich zu leben und das ich zu erreichen hoffe. Doch wenn es sein soll, so bin ich für dies Ideal auch zu sterben bereit.«

Im Gerichtssaal war es jetzt totenstill. Am Ende meiner Ansprache nahm ich einfach Platz. Ich drehte mich nicht um und blickte nicht zur Zuschauergalerie, obwohl ich aller Augen auf mich gerichtet fühlte. Die Stille schien viele Minuten lang zu dauern. Doch in Wirklichkeit waren es vielleicht nicht mehr als 30 Sekunden; und dann hörte ich von der Galerie etwas, einen großen Seufzer, ein tiefes, kollektives »Ummmm«, gefolgt von den Schreien von Frauen.

Ich hatte über vier Stunden lang vorgetragen. Es war kurz nach vier Uhr nachmittags, die Zeit, da sich das Gericht normalerweise vertagte. Doch Richter de Wet rief, sobald im Gerichtssaal wieder Ordnung herrschte, den nächsten Zeugen auf. Er war entschlossen, die Wirkung meiner Erklärung abzuschwächen. Er wollte dies nicht die letzte und einzige Aussage des Tages sein lassen. Dennoch konnte nichts ihre Wirkung abschwächen. Als ich meine Rede beendet und mich hingesetzt hatte, war es das letzte Mal, daß Richter de Wet mir in die Augen blickte.

Die Rede fand große Publizität sowohl in der lokalen wie in der ausländischen Presse, und sie wurde praktisch Wort für Wort in der *Rand Daily Mail* abgedruckt, und dies trotz der Tatsache, daß all meine Worte gebannt waren. Die Rede verdeutlichte auf der einen Seite unsere Verteidigungslinie, auf der anderen entwaffnete sie die Anklagevertretung, die ihren ganzen Fall auf die Erwartung gegründet hatte, ich würde in meiner Aussage die Verantwortung für Sabotageakte bestreiten. Nun war klar, daß wir uns nicht juristischer Feinheiten bedienen würden, um die Verantwortung abzulehnen für Aktionen, die wir mit Stolz und Vorbedacht durchgeführt hatten.

Der Angeklagte Nummer zwei, Walter Sisulu, war als nächster an der Reihe. Walter mußte die ganze Wucht des Kreuzverhörs über sich ergehen lassen, das Yutar für mich vorbereitet hatte. Walter widerstand einer ganzen Salve feindseliger Fragen und erklärte über Yutars kindische Verdrehungen hinweg unsere Politik in klaren und einfachen Begriffen. Er betonte, die Operation Mayibuye und die Politik des Guerillakriegs seien nicht als ANC-Politik angenommen worden. Walter erklärte dem Gericht, er selbst habe gegen diese Übernahme mit der Begründung opponiert, sie sei verfrüht.

Nach Walter betrat Govan den Zeugenstand und berichtete dem Gericht voll Stolz über seine langjährige Mitgliedschaft in der Kommunistischen Partei. Der Ankläger fragte Govan, warum er sich nicht, da er doch viele Handlungen einräumte, die gegen ihn in den vier Anklagepunkten angeführt wurden, einfach aller vier Punkte für schuldig bekannte? »Erstens«, sagte Govan, »glaubte ich, aufstehen zu sollen und unter Eid einige der Gründe darzulegen, die mich dazu veranlaßt haben, diesen Organisationen beizutreten. Es hat etwas mit moralischer Pflicht zu tun. Zweitens, aus dem schlichten Grund, daß ein Schuldbekenntnis mir das Gefühl auch moralischer Schuld geben würde. Ich akzeptiere nicht, daß meine Antworten mit moralischer Schuld behaftet werden.«

Wie Govan bekannte sich auch Ahmed Kathrada zur Mitgliedschaft in der Kommunistischen Partei wie im ANC. Obwohl Rusty während der Razzia auf Rivonia verhaftet worden war, bestand der einzige unmittelbare Beweis gegen ihn, über den der Staat verfügte, in dem Umstand, daß er mitgeholfen hatte, eine

Rundfunkantenne auf der Farm anzubringen. Kathy bestritt in seiner geschliffenen Aussage, Sabotageakte begangen oder andere dazu angestiftet zu haben, erklärte jedoch, er befürworte solche Aktionen, falls sie den Kampf beförderten.

Wir waren alle überrascht, daß der Angeklagte Nr. 8, James Kantor, verhaftet und unserer Gruppe zugewiesen worden war. Abgesehen davon, daß er Harold Wolpes Schwager und juristischer Partner war, der für uns über sein Büro eine Anzahl von Angelegenheiten erledigt hatte, war er in keiner Weise mit dem ANC oder dem MK verbunden. Es gab praktisch keinerlei Beweise gegen ihn, und ich vermutete, daß der Staat die Scharade, ihn als Angeklagten ins Gefängnis zu stecken, nur deswegen aufrechterhielt, um progressive Rechtsanwälte einzuschüchtern.

An dem Tag, als Richter de Wet über Jimmys Fall entscheiden sollte, warteten wir in den Zellen unter dem Gerichtssaal, und ich sagte zu Jimmy: »Laß uns die Krawatten wechseln, als Zeichen des Glücks.« Aber als er die breite, altmodische Krawatte sah, die ich für seine hübsche Seidenkrawatte eintauschen wollte, glaubte er wahrscheinlich, ich wolle nur meine Garderobe aufbessern. Jimmy war so etwas wie ein wandelnder Kleiderständer, doch er trug meine Krawatte im Gericht, und als Richter de Wet die Anklage gegen ihn abwies, hob er die Krawatte in meine Richtung als Gruß und Abschied.

Raymond Mhlaba war eines der führenden ANC- und MK-Mitglieder am östlichen Kap, aber da der Staatsanwalt nur wenige Beweise gegen ihn hatte, bestritt er, Mitglied im MK zu sein und irgend etwas von Sabotage zu wissen. Wir faßten gemeinsam den Beschluß, weder Elias Motsoaledi, Angeklagter Nr. 9, noch Andrew Mlangeni, Angeklagter Nr. 10, sollten aussagen. Sie bekleideten im MK nur untere Ränge und konnten dem, was bereits gesagt war, kaum etwas hinzufügen. Elias Motsoaledi brach nie zusammen, obwohl er im Gefängnis geschlagen und gefoltert worden war. Andrew Mlangeni, der letzte Angeklagte, gab eine uneidliche Erklärung ab, in der er zugab, Botschaften und Instruktionen für den MK befördert und sich zur Tarnung als Priester verkleidet zu haben. Auch er teilte dem Gericht mit, er sei im

Gefängnis angegriffen und mit Elektroschocks gefoltert worden. Andrew war der letzte Zeuge. Die Verteidigung war abgeschlossen. Es blieben die Schlußplädoyers und das Urteil.

Am 20. Mai händigte Yutar der Presse ein Dutzend in blaues Leder gebundene Bände mit seinem Schlußvortrag aus; auch die Verteidigung erhielt ein Exemplar. Trotz der hübschen Verpakkung war Yutars Rede eine verworrene Zusammenfassung des Falles, wie ihn die Anklage vorgetragen hatte, und erklärte weder die Anklage noch ließ sie sich auf die Würdigung des Beweismaterials ein. Allerdings war sie gespickt mit persönlichen Beleidigungen. »Die Hinterhältigkeit der Angeklagten ist erstaunlich«, sagte er an einem Punkt. »Obwohl sie kaum ein Prozent der Bantubevölkerung repräsentieren, maßen sie sich an, der Welt zu verkünden, daß die Afrikaner in Südafrika unterdrückt, verfolgt und ausgebeutet werden.« Selbst Richter de Wet schien Yutars Rede ein Rätsel zu sein, und an einer Stelle unterbrach er ihn und fragte: »Mr. Yutar, Sie räumen ein, es ist Ihnen nicht gelungen zu beweisen, daß jemals der Guerillakrieg beschlossen wurde, nicht wahr?«

Yutar war wie vor den Kopf geschlagen. Er war genau vom Gegenteil ausgegangen. Auch wir waren überrascht, denn die Frage des Richters erfüllte uns mit Hoffnung. Yutar erklärte dem Gericht stockend, es seien tatsächlich Vorbereitungen zum Guerillakrieg getroffen worden.

»Ja, das weiß ich«, erwiderte de Wet ungeduldig, »das hat ja auch die Verteidigung konzediert. Allerdings erklärt sie, daß sie vor einer Festnahme nicht entschieden hätten, einen Guerillakrieg zu führen. Ich gehe davon aus, daß Sie keine Beweise haben, die dem widersprechen, und daß Sie dies akzeptieren?«

»Wie Euer Ehren wünschen«, sagte Yutar mit erstickter Stimme.

Yutar schloß mit den Worten, daß dieser Fall nicht nur ein Fall von Hochverrat »par excellence« sei, sondern auch von Mord und versuchtem Mord, wovon freilich in der Anklageschrift nichts stand. In einem Anfall von Wichtigtuerei verkündete er: »Ich erkühne mich zu behaupten, daß jede einzelne Beschuldigung in der Anklageschrift bewiesen worden ist.« Noch während er sprach, wußte er, daß seine Behauptungen offenkundig falsch waren.

Verteidiger Arthur Chaskalson erhob sich als erster, um sich mit einigen der rechtlichen Fragen zu befassen, welche die Anklagevertretung aufgeworfen hatte. Er wies Yutars Behauptung zurück, der Prozeß habe etwas mit Mord zu tun, und erinnerte das Gericht daran, es sei ausdrückliche Politik des MK, kein Leben zu gefährden. Als Arthur zu erklären begann, andere Organisationen hätten die Sabotageakte verübt, die den Angeklagten zur Last gelegt würden, unterbrach ihn de Wet und erklärte, das habe er bereits als Tatsache akzeptiert. Das war ein weiterer unerwarteter Sieg.

Als nächster sprach Bram Fischer; er war darauf vorbereitet, die beiden ernstesten Vorwürfe des Staatsanwalts zu entkräften: daß wir einen Guerillakrieg führten und daß ANC und MK ein und dasselbe seien. Obwohl de Wet gesagt hatte, er glaube, der Guerillakrieg habe noch nicht begonnen, wollten wir uns auf kein Risiko einlassen. Aber als Bram seinen ersten Punkt vortrug, unterbrach ihn de Wet ein wenig gereizt: »Ich dachte, ich hätte meine Haltung klargemacht. Ich akzeptiere, daß hinsichtlich des Guerillakriegs weder Entscheidung noch Datum fixiert war.«

Als Bram mit seinem zweiten Punkt begann, unterbrach de Wet ihn abermals und erklärte, er konzediere auch die Tatsache, daß die beiden Organisationen getrennte seien. Bram, für gewöhnlich auf alles vorbereitet, war über diese Antwort de Wets verblüfft. Er nahm Platz. Der Richter hatte seine Argumente akzeptiert, bevor er sie vorgetragen hatte. Wir jubelten, das heißt, wenn Männer, die der Todesstrafe entgegensehen, als jubelnd zu bezeichnen sind. Das Gericht vertagte sich für drei Wochen, in denen de Wet über das Urteil nachdenken wollte.

DIE WELT HATTE dem Rivonia-Prozeß Aufmerksamkeit gewidmet. In der St. Paul's Cathedral in London wurden Nachtwachen für uns gehalten. Die Studenten der Londoner Universität wählten mich in Abwesenheit zum Präsidenten ihrer Students' Union. Eine Gruppe von UN-Experten forderte einen Nationalkonvent für Südafrika, der zu einem wahrhaft repräsentativen Parlament führen sollte, und empfahl eine Amnestie für alle Gegner der Apartheid. Zwei Tage, bevor Richter de Wet sein Urteil sprechen sollte, forderte der UN-Sicherheitsrat (bei vier Stimmenthaltungen, darunter Großbritannien und die Vereinigten Staaten) die Südafrikanische Regierung auf, den Prozeß zu beenden und den Angeklagten Amnestie zu gewähren.

In den Tagen, bis wir wieder zusammenkommen sollten, schrieb ich eine Reihe von Examensarbeiten für meinen LL. B. an der London University. Es mag sonderbar erscheinen, daß ich mich wenige Tage vor dem Urteil juristischen Examina unterzog. Gewiß wirkte es auf meine Wärter bizarr, die erklärten, daß ich dort, wohin ich ginge, keinen akademischen Grad in Jura benötigte. Aber ich hatte während der Prozeßdauer mein Studium fortgesetzt und wollte die Examina machen. In diesem Punkt war ich stur, und später wurde mir klar, daß es ein Weg war, mich von negativem Denken abzuhalten. Ich wußte, daß ich nicht ganz so bald wieder praktizierender Anwalt sein würde, doch ich wollte nicht über eine Alternative nachdenken. Ich bestand die Examen.

Am Donnerstag, 11. Juni, waren wir zur Urteilsverkündung im Justizpalast versammelt. Wir wußten, daß es für wenigstens sechs von uns ein Schuldig geben konnte. Die Frage war nur das Strafmaß.

De Wet kam sofort zur Sache. Er sprach leise und schnell. »Ich habe die Gründe für die Schlußfolgerungen, zu denen ich gekommen bin, schriftlich festgehalten. Ich beabsichtigte nicht, sie zu verlesen.«

»Der Angeklagte Nummer 1 ist in allen vier Punkten für schuldig befunden worden. Der Angeklagte Nummer 2 ist in allen vier Punkten für schuldig befunden worden. Der Angeklagte

Nummer 3 ist in allen vier Punkten für schuldig befunden worden.«

De Wet sprach jeden der Hauptbeschuldigten in allen Punkten für schuldig. Kathy wurde nur in einem Punkt für schuldig befunden, und Rusty wurde für nicht schuldig befunden und freigesprochen.

»Ich beabsichtige nicht, mich bereits heute mit der Frage des Strafmaßes zu befassen«, erklärte de Wet. »Die Staatsanwaltschaft und die Verteidigung werden morgen um zehn Uhr Gelegenheit zu jeder gewünschten Einlassung haben.« Das Gericht vertagte sich anschließend.

Wir hatten gehofft, Kathy und Mhlaba würden mit einem Freispruch davonkommen, doch es war ein weiteres Zeichen dafür, falls es eines solchen bedurfte, daß der Staat eine harte Linie verfolgte. Wenn das Gericht Mhlaba mit wenig Beweismaterial in allen vier Punkten verurteilen konnte, würde die Todesstrafe dann nicht jenen von uns drohen, gegen die überwältigende Beweise vorlagen?

An jenem Abend informierten Walter, Govan und ich nach Absprache unter uns die Anwälte, daß wir, ganz gleich, welche Strafe wir erhalten würden, und sei es auch die Todesstrafe, keine Berufung einlegen wollten. Unsere Entscheidung verblüffte unsere Anwälte. Walter, Govan und ich glaubten, eine Berufung werde den moralischen Standpunkt, den wir eingenommen hatten, untergraben. Wir hatten uns von Anfang an dazu bekannt, daß wir das, was wir getan hatten, voll Stolz und aus moralischen Gründen getan hätten. Wir wollten durch eine Berufung nicht einen anderen Eindruck erwecken. Sollte ein Todesurteil ergehen, wollten wir keinesfalls die Massenkampagne behindern, die sicher sofort eingeleitet würde. Im Licht der kühnen, trotzigen Haltung, die wir eingenommen hatten, würde eine Berufung entschärfend und sogar desillusionierend wirken. Unsere Botschaft war: für den Kampf um Freiheit ist kein Opfer zu groß.

Die Anwälte waren über unsere Entscheidung nicht glücklich und wollten über eine Berufung reden. Doch Walter, Govan und ich wollten über die Regeln der Urteilsverkündung am nächsten Tag sprechen. Würden wir zum Tode verurteilt, was würde dann geschehen? Uns wurde erklärt, daß de Wet nach Verkündigung des Todesurteils mich als den ersten Angeklagten fragen würde: »Haben Sie Gründe vorzubringen, warum das Todesurteil nicht ergehen sollte?« Ich erklärte Bram, Joel und Vernon, in einem solchen Falle hätte ich eine ganze Menge zu sagen. Ich würde de Wet erklären, ich sei bereit zu sterben in der Gewißheit, daß mein Tod der Sache, für die ich mein Leben gebe, von Nutzen sein werde. Mein Tod, unsere Tode würden nicht umsonst sein. Wir könnten der Sache mehr dienen durch unseren Tod als Märtyrer, als wir es je im Leben könnten. Die Anwälte erklärten, eine solche Rede würde für eine Berufung nicht gerade hilfreich sein, und ich bestätigte erneut, daß wir keine Berufung einlegen würden.

Selbst wenn wir nicht die Todesstrafe erhielten, gäbe es praktische Gründe, nicht in die Berufung zu gehen. So könnten wir ja verlieren. Das Appellationsgericht könnte zu der Entscheidung kommen, de Wet sei zu nachsichtig gewesen und wir verdienten die Todesstrafe. Eine Berufung könnte auch auf den internationalen Druck, uns freizulassen, mildernd wirken.

Für den Staat wäre ein Todesurteil die praktischste Lösung. Wir hatten gehört, Justizminister John Vorster habe Freunden erzählt, Premierminister Smuts' größter Fehler während des Zweiten Weltkrieges sei gewesen, ihn nicht wegen Hochverrats gehängt zu haben. Die Nationalisten würden nicht den gleichen Fehler begehen.

Ich war auf die Todesstrafe vorbereitet. Um wirklich auf etwas vorbereitet zu sein, muß man es tatsächlich erwarten. Man kann sich nicht auf etwas vorbereiten, während man insgeheim glaubt, es werde nicht geschehen. Wir waren alle vorbereitet, nicht weil wir mutig, sondern weil wir realistisch waren. Ich dachte an die Zeile aus Shakespeare: Sei unbedingt für den Tod; denn entweder wird der Tod oder das Leben süßer sein.

AM FREITAG, 12. Juni 1964, betraten wir das Gerichtsgebäude zum letztenmal. Fast ein Jahr war seit den verhängnisvollen Verhaftungen auf Rivonia verstrichen. Die Sicherheitsvorkehrungen waren außerordentlich streng. Unser Konvoi raste mit heulenden Sirenen durch die Straßen. Alle Straßen zum Gerichtsgebäude waren für den normalen Verkehr gesperrt. Die Polizei prüfte die Personalien jeder Person, die sich dem Justizpalast nähern wollte. An den lokalen Bus- und Eisenbahnstationen waren Kontrollposten eingerichtet. Trotz aller Einschüchterungen hatten sich vor dem Gerichtsgebäude rund 2000 Menschen versammelt, die Fahnen und Plakate schwenkten, auf denen zu lesen war: »WIR STEHEN ZU UNSEREN FÜHRERN.« Im Gericht war die Zuschauertribüne voll besetzt, und Stehplätze gab es nur für die lokale und die ausländische Presse.

Ich winkte Winnie und meiner Mutter zu. Es war gut, sie dort zu sehen; meine Mutter war den weiten Weg von der Transkei herbeigereist. Es muß ein recht merkwürdiges Gefühl sein, einen Gerichtssaal zu betreten, um mitzuerleben, ob der eigene Sohn zum Tode verurteilt wird oder nicht. Obwohl ich vermute, daß meine Mutter nicht alles verstand, was sich um sie herum abspielte, war sie in ihrer Unterstützung niemals schwankend. Winnie war ebenfalls nicht zu erschüttern, und ihre Stärke gab mir Kraft.

Der Urkundsbeamte rief den Fall auf: »Der Staat gegen Mandela und andere.« Bevor das Urteil verkündet wurde, wurden zwei Plädoyers zugunsten einer Strafmilderung gehalten. Das eine hielt Harold Hanson, das andere der Autor Alan Paton, der auch nationaler Präsident der Liberal Party war. Hanson erklärte eloquent, man könne die Mißstände einer Nation nicht verdrängen, das Volk werde immer eine Möglichkeit finden, die Mißstände auszusprechen. »Es waren nicht ihre Ziele, die kriminell waren«, erklärte Hanson, »sondern nur die Mittel, deren sie sich bedienten.« Hanson erklärte, der Richter werde gut daran tun, sich zu erinnern, wie sein eigenes Volk, die Afrikander, für ihre Freiheit mit Gewalt gekämpft hätten.

Obwohl Paton sich nicht für den Einsatz von Gewalt aussprach, erklärte er doch, die Angeklagten hätten nur zwei Alternativen gehabt: »ihren Kopf zu beugen und sich zu unterwerfen oder gewaltsamen Widerstand zu leisten«. Die Angeklagten sollten begnadigt werden, sonst sähe die Zukunft Südafrikas düster aus.

Aber de Wet schien weder dem einen noch dem anderen Redner zuzuhören. Weder blickte er auf noch machte er sich Notizen, während sie sprachen. Er schien in seine eigenen Gedanken vertieft. Offensichtlich hatte er bereits entschieden; er wartete lediglich auf den Augenblick, seine Entscheidung zu verkünden.

Er nickte uns zu, wir sollten aufstehen. Ich versuchte, ihm in die Augen zu sehen, doch er schaute nicht einmal in unsere Richtung. Seine Augen waren auf die mittlere Entfernung konzentriert. Sein Gesicht war sehr blaß, und er atmete schwer. Wir sahen einander an und schienen zu wissen: Es würde das Todesurteil sein, denn warum sonst war dieser gewöhnlich ruhige Mann so nervös? Und dann begann er zu sprechen.

»Ich habe im Laufe dieses Falles viel über die Klagen der nichtweißen Bevölkerung gehört. Die Angeklagten haben mir erzählt und ihre Anwälte haben mir erzählt, daß die Angeklagten, die alle Führer der nichtweißen Bevölkerung waren, ausschließlich angetrieben worden sind durch den Wunsch, die Beschwernisse zu mildern. Ich bin durchaus nicht davon überzeugt, daß die Motive der Angeklagten so altruistisch waren, wie sie dem Gericht glauben machen möchten. Menschen, die eine Revolution organisieren, übernehmen für gewöhnlich die Regierung, und persönlicher Ehrgeiz kann als Motiv nicht ausgeschlossen werden.«

Er hielt einen Augenblick inne, wie um Atem zu schöpfen. De Wets Stimme, schon zuvor gedämpft, war jetzt kaum noch zu hören.

»Die Aufgabe dieses Gerichtes wie die des Gerichts in jedem anderen Land besteht darin, Gesetz und Ordnung Geltung zu verschaffen und die Gesetze des Staates durchzusetzen, in dem es tätig ist. Das Verbrechen, dessen die Angeklagten für schuldig befunden worden sind, das heißt das Hauptverbrechen, das Verbrechen Verschwörung, ist im Wesen eines des Hochverrats. Der Staat hat beschlossen, das Verbrechen nicht in dieser Form zur Anklage zu erheben. Angesichts dieser Tatsache und nach reiflicher Überlegung habe ich entschieden, nicht die Höchststrafe zu verhängen, die in einem Fall wie diesem für gewöhnlich die angemessene Strafe wäre, doch in Übereinstimmung mit meiner Pflicht ist das die einzige Milde, die ich walten lassen kann. Das Urteil für alle Angeklagten wird auf lebenslängliches Gefängnis lauten.«

Wir sahen einander an und lächelten. Als de Wet verkündete, er werde uns nicht zum Tode verurteilen, war im Saal ein großes allgemeines Aufatmen zu hören. Aber es herrschte auch einige Verwirrung, da manche Zuhörer de Wets Urteil nicht hatten verstehen können. Dennis Goldbergs Frau rief ihm zu: »Dennis, was ist es?«

»Leben«, rief er mit einem Grinsen zurück. »Leben! Zu leben!«

Ich drehte mich um und lächelte breit zur Zuschauergalerie hinauf, suchte Winnies Gesicht und das meiner Mutter, doch im Gericht ging es äußerst chaotisch zu. Menschen riefen, die Polizei schob die Menge bald in diese, bald in jene Richtung. Ich konnte ihre Gesichter nicht sehen. Ich reckte den Daumen zum ANC-Gruß in die Höhe, während viele Besucher nach draußen stürzten, um der wartenden Menge das Urteil mitzuteilen. Unsere Polizeiwachen drängten uns von der Anklagebank und auf die Tür zu, die nach unten führte, und obwohl ich noch immer nach Winnies Gesicht suchte, konnte ich es erst sehen, als ich mich durch die Tür duckte, die nach unten zu den Zellen führte.

In den Zellen unter dem Gerichtsgebäude blieben wir in Handschellen. Die Polizei war wegen der Menge draußen überaus nervös. Über eine halbe Stunde behielten sie uns im Untergeschoß, in der Hoffnung, die Menge werde sich zerstreuen. Wir wurden durch den hinteren Teil des Gebäudes geführt und bestiegen das schwarze Fahrzeug. Wir konnten die uns begleitende Motorradeskorte aufheulen hören. Um der Menge aus dem Wege zu gehen, nahm das Fahrzeug einen anderen Weg, aber dennoch konnten wir hören, wie die Menge »Amandea!« rief, und wir hörten die langsamen, schönen Rhythmen von »Nkosi Sikelel' iAfrika!« Durch das Fenstergitter streckten wir unsere geballten Fäuste und hofften, die Menschenmenge könne uns erkennen.

Alle waren wir nun verurteilte Gefangene. Von Dennis Goldberg wurden wir getrennt, weil er weiß war und in eine andere Institution gebracht wurde. Wir anderen wurden im Pretoria-Local-Gefängnis in Zellen gesteckt, abseits aller anderen Gefangenen. Statt Rufe und Lieder hörten wir jetzt nur noch das Zuschlagen von Türen und Toren.

Als ich in jener Nacht auf meiner Matte auf dem Zellenfußboden lag, ließ ich mir die Gründe für de Wets Entscheidung durch den Kopf gehen. Zweifellos lasteten die Demonstrationen in ganz Südafrika und der internationale Druck auf ihm. Internationale Gewerkschaften hatten gegen den Prozeß protestiert. Gewerkschaften von Schauerleuten auf der ganzen Welt drohten damit, keine südafrikanischen Waren mehr zu entladen. Der russische Präsident Breschnew schrieb an Dr. Verwoerd und bat um Nachsicht. Amerikanische Kongreß-Mitglieder protestierten. 50 Mitglieder des britischen Parlaments hatten einen Marsch durch London veranstaltet. Alex Douglas-Home, der britische Außenminister, bemühte sich angeblich in vertraulichen Verhandlungen um Hilfe für unsere Sache. Adlai Stevenson, der amerikanische UN-Botschafter, erklärte in einem Brief, seine Regierung werde alles tun, um ein Todesurteil zu verhindern.

Ich dachte mir, daß es für de Wet, sobald er akzeptiert hatte, daß wir keinen Guerillakrieg angefangen hatten und daß ANC und MK separate Einheiten waren, schwierig gewesen wäre, die Todesstrafe zu verhängen; sie wäre exzessiv erschienen.

Verwoerd erklärte dem Parlament, das Urteil sei durch Protesttelegramme und andere Bekundungen aus aller Welt nicht beeinflußt worden. Und er prahlte, Telegramme aus sozialistischen Ländern habe er gleich in den Abfallkorb gegeben.

Gegen Ende des Verfahrens hatte Richter de Wet beiläufig gegenüber Bram Fischer bemerkt, die Verteidigung habe in diesem Fall einen großen Teil der weltweiten Propaganda ausgelöst. Vielleicht war dies seine einzig mögliche Art, den Druck zuzugeben. Er wußte, wenn wir hingerichtet würden, hätte die große Mehrheit der Menschen ihn als unseren Mörder angesehen.

Aber noch größeren Druck hatte er von seiten seiner eigenen Leute zu ertragen. Er war ein weißer Südafrikaner, ein Geschöpf des südafrikanischen Systems und der südafrikanischen Mentalität. Er war nicht gewillt, gegen das Glaubenssystem anzugehen, das ihn geformt hatte. Er hatte dem Druck nachgegeben, indem er uns zum Leben verurteilte, und ihm widerstanden, indem er uns nicht den Tod gab.

Die Urteile de Wets im Falle von Kathrada, Motsoaledi und Mlangeni überraschten mich, und sie mißfielen mir. Ich hatte erwartet, daß er Kathy freisprechen und Elias und Andrew mit milderen Strafen bedenken würde. Beide waren vergleichsweise neue Mitglieder des MK, und ihre Straftaten konnten zusammengenommen kaum verglichen werden mit denen der übrigen von uns. Unser Verzicht auf Berufung würde Kathy, Andrew und Elias der Möglichkeit berauben, vor dem Appellationsgericht günstigere Strafen zu bekommen.

An jenem Abend, bevor im Pretoria Local das Licht ausging, hallte das Gefängnis wider von den Freiheitsliedern afrikanischer Gefangener. Auch wir sangen mit in diesem großen, anschwellenden Chor. Doch jeden Abend, Sekunden bevor das Licht abgedunkelt wurde, hörte wie aus Gehorsam gegenüber einem geheimen Befehl das Summen der Stimmen auf, und im ganzen Gefängnis wurde es still. Dann schrien Männer von einem Dutzend Orten im Gefängnis »Amandla!« Als Antwort riefen Hunderte von Stimmen »Ngawethu!« Oft begannen wir selbst dieses Wechselspiel von Ruf und Antwort, doch in jener Nacht ergriffen andere namenlose Gefangene die Initiative, und die Stimmen von überallher erschienen außergewöhnlich stark, als wollten sie uns stählen für das, was vor uns lag.

8. Teil

ROBBEN ISLAND: DIE SCHWARZEN JAHRE

UM MITTERNACHT war ich wach und starrte zur Zellendecke – Bilder aus dem Prozeß wirbelten noch immer im Kopf herum –, als ich hörte, wie Schritte den Gang heraufkamen. Ich war in meine Zelle eingeschlossen, abseits von den anderen. Es klopfte an meine Tür, und ich konnte am Zellengitter das Gesicht von Colonel Aucamp sehen. »Mandela«, flüsterte er rauh, »sind Sie wach?«

Ich bejahte. »Sie sind ein glücklicher Mann«, sagte er. »Wir bringen Sie an einen Ort, wo Sie Ihre Freiheit haben werden. Dort werden Sie sich bewegen können. Sie werden den Ozean und den Himmel sehen, nicht nur graue Mauern.

Er meinte es nicht sarkastisch, doch ich wußte, daß der Ort, den er meinte, mir kaum die Freiheit bieten würde, die ich ersehnte. Ziemlich geheimnisvoll fügte er hinzu: »Solange Sie keinen Ärger machen, werden Sie alles bekommen, was Sie wollen.«

Dann weckte Aucamp die anderen, die alle in einer einzigen Zelle untergebracht waren, und befahl ihnen, sie sollten ihre Sachen packen. Eine Viertelstunde später gingen wir durch das Eisenlabyrinth von Pretoria Local, in den Ohren das Echo der unablässig knallenden Metalltüren.

Draußen legte man uns sieben – Walter, Raymond, Govan, Kathy, Andrew, Elias und mir – Handschellen an und ließ uns in ein Polizeifahrzeug steigen. Es war inzwischen weit nach Mitternacht, doch keiner von uns war müde, und die Atmosphäre war durchaus nicht düster. Wir saßen auf dem staubigen Fahrzeugboden, singend und summend, und durchlebten noch einmal die Augenblicke am Ende des Prozesses. Die Wärter versorgten uns mit Sandwiches und kalten Getränken, und Lieutenant Van Wyck hockte hinten im Wagen mit uns zusammen. Er war ein angenehmer Mensch, und als wir einmal unseren Gesang einstellten, gab er ungefragt seine Meinung über unsere Zukunft zum besten. »Wißt ihr«, sagte er, »ihr Jungs werdet nicht lange im Gefängnis sein. Die Forderungen nach eurer Freilassung machen zuviel Druck. In ein oder zwei Jahren werdet ihr rauskommen und als Nationalhelden heimkehren. Menschenmengen werden euch zujubeln, alle werden eure Freunde sein wollen, Frauen werden euch haben wollen. Ja, ihr Jungs habt's geschafft.« Wir hörten schweigend zu, doch ich gestehe, daß seine Worte mich richtig aufmunterten. Unglücklicherweise lag er mit seiner Voraussage nahezu drei Jahrzehnte daneben.

Still und heimlich, in Begleitung einer schweren Polizeieskorte, fuhren wir mitten in der Nacht los und erreichten in weniger als einer halben Stunde einen kleinen Militärflugplatz außerhalb der Stadt. Wir wurden in eine Dakota gedrängt, in ein großes Militärtransportflugzeug, das auch bessere Tage gesehen hatte. Heizung war nicht vorhanden, und wir zitterten im Bauch der Maschine vor Kälte. Einige von uns waren noch nie geflogen, und sie schienen sich mehr über unseren Flug als über unseren Bestimmungsort zu sorgen. In einer Höhe von etwa 5000 Metern mächtig durchgeschüttelt zu werden erschien weitaus gefährlicher, als in einer Zelle hinter hohen Mauern eingesperrt zu werden.

Nach etwa einer Flugstunde breitete sich über die unter uns liegende Landschaft die Morgendämmerung aus. Sobald im Halbdämmer etwas zu erkennen war, preßten meine Kameraden ihre Gesichter gegen die kleinen runden Fenster. Wir flogen in südöstlicher Richtung, über die trockenen, flachen Ebenen des Oranje-Freistaats und die grüne, gebirgige Halbinsel des Kap. Auch ich lugte durch ein Fenster, doch betrachtete ich die Landschaft nicht mit den Augen eines Touristen, sondern mit denen eines Strategen, der nach Gegenden Ausschau hielt, in denen sich eine Guerilla-Armee verstecken konnte.

Seit der Bildung des MK war immer wieder erörtert worden, ob Südafrika überhaupt geeignetes Gelände für eine Guerilla-Armee besitze. Die meisten Mitglieder des Oberkommandos glaubten es nicht. Als wir über ein bewaldetes Bergland, den Matroosberg am Kap, flogen, rief ich meinen Gefährten zu, dort, auf dem Gelände könnten wir kämpfen. Die Männer wurden ganz aufgeregt und suchten einen noch besseren Blick zu erhaschen, und in der Tat, das dichtbewaldete Gelände machte den Eindruck, als könne es einer entstehenden Guerillastreitmacht Schutz bieten.

Minuten später näherten wir uns den Außenbezirken von Kapstadt. Bald konnten wir die kleinen, Streichholzschachteln ähnelnden Häuser der Cape Flats erkennen, die blinkenden Gebäudetürme der Innenstadt und die flache Hochebene des Tafelbergs. Dann erkannten wir draußen in der Table Bay die dunstigen Umrisse von Robben Island.

Wir landeten auf einem Flugplatz an einem Ende der Insel. Es war ein rauher wolkenreicher Tag, und als ich aus dem Flugzeug stieg, peitschte der kalte Winterwind gegen unsere dünne Gefängniskleidung. Wachen mit automatischen Waffen empfingen uns; die Atmosphäre war gespannt, jedoch ruhig, ganz anders als der lautstarke Empfang, den ich zwei Jahre zuvor bei meiner Ankunft auf der Insel erlebt hatte.

Wir wurden zu dem alten Gefängnis gefahren, einem allein stehenden Steingebäude, wo wir uns ausziehen mußten, während wir noch draußen standen. Eine der rituellen Demütigungen des Gefängnislebens besteht darin, daß der Häftling nach der Verlegung von einem Gefängnis in ein anderes als erstes die alte Gefängniskleidung gegen die neue auszutauschen hat. Als wir uns ausgezogen hatten, warf man uns die schlichten Khakiuniformen von Robben Island zu.

Die Vorschriften der Apartheid erstreckten sich sogar auf die Kleidung. Mit Ausnahme von Kathy erhielten wir alle kurze Hosen, ein dünnes Unterhemd und eine Drillichjacke. Kathy, der einzige Inder unter uns, erhielt lange Hosen. Normalerweise bekommen Afrikaner aus Autoreifen gefertigte Sandalen, doch hier erhielten wir richtige Schuhe. Kathy bekam als einziger Socken. Kurze Hosen sollten Afrikaner daran erinnern, daß sie »Boys« waren. Ich zog mir an diesem Tag die kurze Hose an, gelobte mir aber, mich nicht lange damit zu begnügen.

Die Wärter deuteten mit ihren Waffen an, wohin wir gehen sollten, und ihre Befehle beschränkten sich jeweils auf einzelne Worte: »Bewegen!« »Ruhe!« »Halt!« Sie bedrohten uns nicht auf jene großspurige Art, an die ich mich von meinem früheren Aufenthalt erinnerte, und sie zeigten keine Emotionen.

Das alte Gefängnis war für uns nur ein Übergangsquartier. Inzwischen war der völlig separate Hochsicherheitsbau für politische Gefangene fast fertiggestellt. Während wir dort untergebracht waren, durften wir nicht ins Freie gehen oder mit anderen Gefangenen Kontakt aufnehmen.

Am vierten Morgen wurden uns Handschellen angelegt, und wir wurden in einem überdachten Lastfahrzeug zu einem Gefängnis innerhalb eines Gefängnisses gebracht. Dieses neue Gebäude war eine einstöckige, rechteckige Festung mit einem flachen, gepflasterten Hof von etwa dreißig mal zehn Metern in der Mitte. Auf drei der vier Seiten lagen Zellen. Die vierte Seite bestand aus einer rund sieben Meter hohen Mauer mit einem Laufgang, auf dem Wachen mit deutschen Schäferhunden patrouillierten.

Die drei Reihen von Zellen wurden als Abschnitte A, B und C bezeichnet, und man legte uns in Abschnitt B an der östlichsten Seite des Rechtecks. Wir erhielten Einzelzellen zu beiden Seiten des Ganges, von denen die Hälfte zum Hof hin lag. Insgesamt waren es ungefähr 30 Zellen. Die Gesamtzahl der Gefangenen in den Einzelzellen betrug für gewöhnlich 24. Jede Zelle hatte ein kleines, mit Gitterstäben versehenes Fenster. Sie hatte zwei Türen: ein Metalltor oder -gitter auf der Innenseite und eine dicke Holztür außerhalb der Zelle. Tagsüber war nur das Gitter abgeschlossen; nachts auch die Holztür.

Die Zellen waren in aller Eile gebaut worden, die Wände waren ständig feucht. Als ich dies dem Commanding Officer mitteilte, meinte er, unsere Körper würden die Feuchtigkeit absorbieren. Jeder von uns erhielt drei Schlafdecken, die so abgewetzt waren, daß sie praktisch durchsichtig waren. Unsere Bettunterlage bestand aus einer einzigen Sisal- oder Strohmatte. Später erhielten wir noch eine Filzmatte, die wir auf die Sisalmatte legten, um es etwas weicher zu haben. In jener Jahreszeit waren die Zellen so kalt und boten die Decken so wenig Wärme, daß wir stets voll angekleidet schliefen.

Mir wurde die Zelle am Ende des Ganges zugeteilt. Sie ging auf den Hof hinaus und hatte in Augenhöhe ein kleines Fenster. Mit drei Schritten konnte ich meine Zelle der Länge nach durchmessen. Wenn ich mich hinlegte, konnte ich mit den Füßen die Mauer fühlen, und mein Kopf streifte die Betonwand auf der anderen Seite. Die Breite betrug etwas mehr als anderthalb Meter, und die Mauern waren sicher über einen halben Meter dick. Jede Zelle war draußen mit einer weißen Karte markiert, auf der unser Name und die jeweilige Häftlingsnummer stand. Auf meiner war zu lesen: »N Mandela 466/64«; das bedeutet, daß ich als 466. Gefangener im Jahr 1964 auf die Insel gekommen war. Ich war 46 Jahre alt, ein zu lebenslänglicher Haft verurteilter politischer Gefangener; und dieser kleine, enge Raum sollte mein Heim sein – für wie lange, wußte ich nicht.

Sofort verlegte man eine Anzahl von Gefangenen zu uns, die zuvor im allgemeinen Teil des Gefängnisses untergebracht waren, einem gedrungenen Ziegelgebäude nicht weit von Sektion oder Abschnitt B. Das allgemeine Gefängnis, Abschnitte F und G genannt, war die Unterkunft von ungefähr 1000 zumeist gewöhnlichen Gefangenen. Immerhin waren sie zu etwa einem Viertel politische Gefangene, und eine Handvoll dieser Männer wurde zu uns in Abschnitt B gelegt. Wir wurden von den gewöhnlichen Gefangenen aus zwei Gründen isoliert: Man hielt uns aus Sicherheitsgründen für gefährlich, aber für noch gefährlicher aus politischen Gründen. Die Behörden waren besorgt, wir könnten die anderen Gefangenen mit unseren politischen Überzeugungen »infizieren«.

Unter den Männern, die man zu uns legte, befand sich George Peake, einer der Gründer der South African Coloured People's Organization, Mitangeklagter im Hochverratsprozeß und seit kurzem Mitglied des Stadtrats von Kapstadt. Er war verurteilt worden, weil er vor einem Gefängnis von Kapstadt Sprengkörper angebracht hatte. Dennis Brutus, ein anderer farbiger Aktivist, Dichter und Schriftsteller aus Port Elizabeth, saß im Gefängnis, weil er gegen Bannungsvorschriften verstoßen hatte. Zu uns kam noch Billy Nair, langjähriges Mitglied des Natal Indian Congress, der als Mitglied von Umkhonto We Sizwe wegen Sabotage einsaß.

Innerhalb weniger Tage bekamen wir weitere Gesellschaft, darunter Neville Alexander, prominenter farbiger Intellektueller und Mitglied des Non-European Unity Movement, der in Kapstadt eine winzige radikale Untergruppe mit dem Namen Yu Chi Chan Club gebildet und den Guerillakrieg studiert hatte. Neville hatte einen akademischen Grad der University of Cape Town und einen Doktortitel in deutscher Literaturwissenschaft von der Universität Tübingen in Deutschland. Außer Neville waren da noch Fikile Bam, der an der University of Cape Town Student der Rechte gewesen und ebenfalls Mitglied des Yu Chi Chan Clubs war; und Zephania Mothopeng, Mitglied der PAC-Nationalexekutive. Zeph war Lehrer in Orlando gewesen, war entschiedener Gegner der Bantu-Bildung, überdies einer der nüchternsten Köpfe unter den PAC-Führern. Zu unseren Mitgefangenen gehörten auch drei ältere Bauern aus der Transkei, die verurteilt worden waren, weil sie ein Attentat auf K. D. Mantanzima, damals Chefminister der »selbstregierten« Transkei, geplant haben sollten.

Diese Männer gehörten zu unserer Kerngruppe von etwa 20 Gefangenen. Einige kannte ich, von anderen hatte ich gehört, wieder andere kannte ich überhaupt nicht. Im Gefängnis zählt es normalerweise zu den wenigen festlichen Gelegenheiten, alte Freunde und neue Gesichter begrüßen zu können, doch während jener ersten Woche war die Atmosphäre so bedrückend, daß wir nicht einmal imstande waren, einander zu begrüßen. Wir hatten so viele Aufseher wie Gefangene, und sie setzten mit Drohungen und Einschüchterungen jede Vorschrift durch.

In der ersten Woche begannen wir mit der Arbeit, die uns während der nächsten Wochen beschäftigen sollte. Jeden Morgen wurde am Eingang zum Gefängnishof eine Ladung Steine etwa in der Größe von Bällen abgeladen. Mit Hilfe von Schubkarren transportierten wir die Steine zur Hofmitte. Wir erhielten Vierpfundhämmer oder, für größere Steine, Vierzehnpfundhämmer. Unsere Aufgabe war es, die Steine zu Kies zu zermalmen. Wir wurden in vier Reihen eingeteilt, jeweils rund anderthalb Meter voneinander entfernt, und wir saßen im Schneidersitz auf dem Boden. Jeder von uns erhielt einen dicken Gummiring, aus Autoreifen gefertigt, und dort hinein hatte er die Steine zu legen. Der Ring sollte Schutz bieten gegen umherfliegende Steinsplitter, doch das tat er so gut wie nie. Um unsere Augen zu schützen, trugen wir Behelfsmasken aus Draht.

Zwischen uns gingen Aufseher auf und ab, um Schweigen zu erzwingen. Während der ersten Wochen kamen Wärter aus anderen Abteilungen und auch anderen Gefängnissen und starrten uns an, als seien wir eine Sammlung seltener, in Käfigen gehaltener Tiere. Die Arbeit war langweilig und schwierig; sie war nicht anstrengend genug, um uns warm zu halten, aber doch so schwer, daß alle unsere Muskeln schmerzten.

Juni und Juli waren die ödesten Monate auf Robben Island. Winter lag in der Luft, und die Regenfälle setzten jetzt ein. Es schien nie wärmer zu sein als fünf Grad Celsius. Selbst in der Sonne zitterte ich in meinem leichten Khakihemd. Damals begriff ich zum erstenmal die Redensart, die Kälte in den Knochen zu spüren. Zur Mittagszeit hatten wir eine Essenspause. In der ersten Woche bekamen wir alle Suppe, die abscheulich stank. Am Nachmittag durften wir uns für eine halbe Stunde unter strenger Aufsicht körperlich betätigen. Flott marschierten wir im Gänsemarsch im Hof herum.

An einem der ersten Tage des Steineklopfens befahl ein Wärter Kathy, einen mit Kies beladenen Schubkarren zu einem beim Eingang geparkten Lastwagen zu schieben. Kathy war ein schlanker, an physische Arbeit nicht gewohnter Mann. Er konnte die Karre nicht bewegen. Die Wärter brüllten: »Laat daadie kruiwa loop!« (»Laß die Schubkarre laufen!«) Als es Kathy gelang, die Karre ein Stückchen vorwärtszubewegen, drohte sie umzukippen, und die Wärter begannen zu lachen. Ich konnte erkennen, daß Kathy entschlossen war, ihnen keinen Grund zur Heiterkeit zu geben. Da ich wußte, wie man mit einer Schubkarre umgeht, sprang ich auf, um ihm zu helfen. Bevor mir befohlen wurde, mich wieder zu setzen, gelang es mir, Kathy zu sagen, er solle die Karre langsam bewegen, es komme mehr auf Gleichgewicht als auf Kraft an. Er nickte und bewegte die Schubkarre vorsichtig über den Hof. Die Wärter hörten auf zu grinsen.

Am nächsten Morgen stellten die Behörden einen riesigen Kübel auf den Hof und verkündeten, bis Ende der Woche müsse er halbgefüllt sein. Wir arbeiteten angestrengt und schafften es. In der folgenden Woche verkündete der diensthabende Wärter, diesmal müsse der Kübel dreiviertel voll werden. Wir arbeiteten mit großem Fleiß, und es gelang uns. In der nächsten Woche lautete der Befehl, der Kübel müsse bis an den Rand gefüllt werden. Wir wußten, daß wir dies nicht viel länger ertragen konnten, sagten jedoch nichts. Wir schafften es sogar, den Kübel vollständig zu füllen, doch die Wärter hatten uns provoziert. Flüsternd einigten wir uns auf eine Politik: keine Leistungsquoten. In der folgenden Woche begannen wir unseren ersten Bummelstreik auf der Insel: Wir arbeiteten mit weniger als der Hälfte der Geschwindigkeit als zuvor, um gegen die übermäßigen und unfairen Forderungen zu protestieren. Die Aufseher erkannten das sofort und bedrohten uns, doch wir steigerten unser Tempo nicht, sondern behielten diese Bummelstrategie bei, solange wir auf dem Hof arbeiteten.

Robben Island hatte sich verändert, seit ich 1962 für zwei Wochen dort gewesen war. 1962 waren dort nur wenige Gefangene gewesen; der Ort wirkte mehr wie ein Experiment denn wie ein richtiges Gefängnis. Zwei Jahre später war Robben Island ohne Frage der härteste und schärfste Vorposten des südafrikanischen Gefängnissystems. Und es war ein Härtetest nicht nur für die Gefangenen, sondern auch für das Gefängnispersonal. Die farbigen Wärter, die Zigaretten und Sympathie verteilt hatten, sie waren nicht mehr da. Die Wärter waren Weiße, die überwiegend Afrikaans sprachen, und sie forderten ein Herr-Knecht-Verhältnis. Sie befahlen uns, sie »Bass« zu nennen, was wir ablehnten. Die Rassentrennung auf Robben Island war absolut: Es gab keine schwarzen Wärter und keine weißen Gefangenen.

Die Verlegung von einem Gefängnis in ein anderes bedarf immer einer Zeit der Anpassung. Doch die Fahrt nach Robben Island war wie die Reise in ein anderes Land. Die Isolierung machte aus der Insel nicht nur irgendein Gefängnis, sondern eine Welt für sich, weit entfernt von jener, aus der wir gekommen waren. Die gehobene Stimmung, mit der wir Pretoria verlassen hatten, war ausgelöscht worden durch die strenge Atmosphäre; wir hatten uns klarzumachen, daß unser Leben unerbittlich düster sein würde. In Pretoria hatten wir uns verbunden gefühlt mit unseren Anhängern und unseren Familien; auf der Insel fühlten wir uns abgeschnitten, was wir in der Tat waren. Wir hatten den Trost zusammenzusein, aber das war auch der einzige Trost. Meine Bedrückung wurde rasch abgelöst von dem Gefühl, ein neuer, andersartiger Kampf habe begonnen.

Seit dem ersten Tag hatte ich dagegen protestiert, kurze Hosen tragen zu müssen. Ich verlangte, den Gefängnisleiter zu sprechen, und stellte eine Liste von Beschwerden zusammen. Die Wärter ignorierten meine Proteste, doch gegen Ende der zweiten Woche fand ich, wie beiläufig auf den Boden meiner Zelle geworfen, ein Paar alter Khakihosen. Kein Nadelstreifenanzug samt Weste hat mir jemals soviel Freude bereitet. Doch bevor ich sie anzog, stellte ich erst fest, ob auch meine Kameraden solche Hosen erhalten hatten.

Sie hatten sie nicht, und ich erklärte dem Wärter, er solle meine zurücknehmen. Ich bestand darauf, alle afrikanischen Gefangenen sollten lange Hosen haben. Der Wärter murrte: »Mandela, Sie haben gesagt, Sie wollen lange Hosen, und jetzt, wo wir Ihnen welche geben, wollen Sie sie nicht.« Der Wärter weigerte sich, Hosen anzufassen, die ein Schwarzer getragen hatte, und schließlich kam der Commanding Officer selbst in meine Zelle, um sie abzuholen. »Also gut, Mandela«, sagte er, »Sie werden die gleiche Kleidung tragen müssen wie alle anderen.« Ich erwiderte, wenn er bereit sei, mir lange Hosen zu geben, warum könnten dann nicht auch alle anderen sie bekommen? Er gab keine Antwort.

AM ENDE UNSERER ersten zwei Wochen auf der Insel wurden wir informiert, am folgenden Tag kämen unsere Anwälte Bram Fischer und Joel Joffe zu Besuch. Als sie angekommen waren, begleitete uns eine Eskorte zum Besuchsbereich. Der Zweck ihres Besuches war doppelter Natur: Sie wollten sehen, wie wir uns in unserem neuen Leben eingerichtet hatten; und sie wollten sich vergewissern, ob wir noch immer keine Berufung gegen unsere Urteile einlegen wollten. Es war erst einige Wochen her, daß ich sie das letzte Mal gesehen hatte, doch es kam mir vor wie eine Ewigkeit. Sie erschienen mir wie Besucher aus einer anderen Welt.

Wir saßen in einem leeren Raum, nur ein Major überwachte von draußen die Beratung. Am liebsten hätte ich sie umarmt, doch die Anwesenheit des Majors zwang mich zur Zurückhaltung. Ich erklärte ihnen, wir seien alle wohlauf, und sagte weiter, wir wollten keine Berufung aus all den Gründen, die wir früher vorgebracht hatten, einschließlich der Tatsache, daß wir durch Berufung die Fälle der anderen ANC-Angeklagten nicht behindern wollten. Bram und Joel schienen daraufhin zu resignieren, obwohl ich wußte, daß Bram glaubte, wir sollten Berufung einlegen.

Zum Schluß unseres Gesprächs fragte ich Bram kurz nach Molly, seiner Frau. Kaum hatte ich ihren Namen genannt, erhob sich Bram, wandte sich ab und verließ abrupt das Zimmer. Einige Minuten später kehrte er zurück, wieder gefaßt, und nahm das Gespräch wieder auf, jedoch ohne meine Frage zu beantworten.

Unsere Zusammenkunft endete kurz darauf, und als wir mit dem Major zu unseren Zellen zurückgingen, fragte er: »Mandela, Bram Fischers Benehmen hat Sie wohl ziemlich erstaunt?« Ich sagte, so sei es. Er erzählte mir, daß Molly eine Woche zuvor bei einem Autounfall ums Leben gekommen sei. Bram, sagte er, hatte am Steuer gesessen und einem Tier auf der Straße ausweichen wollen, und das Auto war in einen Fluß gestürzt. Molly war ertrunken.

Die Nachricht verstörte uns zutiefst. Molly war eine wunderbare Frau gewesen, großzügig und selbstlos, ohne alle Vorurteile. Sie hatte Bram auf unglaublich vielfältige Weise unterstützt. Sie war Ehefrau, Kollegin und Kameradin gewesen. Bram hatte in seinem Leben schon eine Katastrophe durchgemacht: Sein zukkerkranker Sohn war in früher Jugend gestorben.

Daß er sich abgewandt hatte, als ich nach Molly fragte, war typisch für Brams Charakter. Er war Stoiker, ein Mann, der seine Freunde nie mit eigenen Sorgen und Nöten belastete. Als Afrikander, dessen Gewissen ihn zwang, sein eigenes Erbe abzulehnen und von seinen eigenen Leuten geächtet zu werden, zeigte er unvergleichlich viel Mut und Opferbereitschaft. Ich kämpfte nur gegen Ungerechtigkeit, nicht gegen mein eigenes Volk.

Ich erklärte dem Major, ich wolle Bram einen Beileidsbrief schreiben, und er hatte keine Einwände. Die Vorschriften über das Briefschreiben waren damals außerordentlich strikt. Wir durften nur an unsere unmittelbare Familie schreiben, alle sechs Monate nur einen Brief von 500 Wörtern. Ich war deshalb überrascht und erfreut, daß der Major nichts dagegen hatte, daß ich Bram schrieb. Aber er hielt sein Wort doch nicht. Ich schrieb den Brief, gab ihn dem Major, doch er wurde niemals aufgegeben.

Innerhalb weniger Monate hatte unser Leben ein neues Muster gefunden. Gefängnisleben hat mit Routine zu tun; jeder Tag ist wie der Tag zuvor, jede Woche ist wie die vorherige, so daß Monate und Jahre ineinander übergleiten. Was auch immer von diesem Muster abweicht, beunruhigt die Behörden, denn Routine ist das Zeichen für ein gut geführtes Gefängnis.

Routine ist auch für den Gefangenen tröstlich und kann ebendeshalb zur Falle werden. Routine ist wie eine bequeme Geliebte, der zu widerstehen schwerfällt, denn Routine läßt die Zeit schneller vergehen. Uhren jedwelcher Art waren auf Robben Island verboten, so daß wir niemals genau wußten, wie spät es war. Wir waren angewiesen auf Glockenklänge und auf die Pfiffe und Rufe der Wärter. Wenn jede Woche der vorherigen gleicht, erinnert man sich nur mit Mühe, welcher Tag und welcher Monat es gerade ist. Mit das erste, was ich tat, war das Anlegen eines Kalenders an der Wand meiner Zelle. Der Verlust des Zeitgefühls ist eine bequeme Methode, die Kontrolle über sich selbst und sogar über seine geistige Gesundheit zu verlieren.

Die Zeit verlangsamt sich im Gefängnis; die Tage scheinen endlos. Die Redensart von der so langsam vergehenden Zeit hat für gewöhnlich mit Müßiggang und Untätigkeit zu tun. Aber das war auf Robben Island nicht der Fall. Wir waren fast die ganze Zeit beschäftigt, mit Arbeit, Studium, analytischen Gesprächen. Trotzdem verging die Zeit niemals glatt. Das war teilweise mit der Grund dafür, daß Dinge, für die man draußen einige Stunden oder Tage benötigt, im Gefängnis Monate oder Jahre in Anspruch nahmen. Der Antrag auf eine neue Zahnbürste konnte ein halbes oder ein ganzes Jahr brauchen, bis er erfüllt wurde. Ahmed Kathrada sagte einmal, im Gefängnis könnten die Minuten wie Jahre erscheinen, doch die Jahre vergingen wie Minuten. Ein Nachmittag beim Steineklopfen im Hof mag wie eine Ewigkeit sein, doch plötzlich ist das Jahr zu Ende, und man weiß nicht, wo all die Monate geblieben sind.

Das Problem für jeden Gefangenen, zumal für jeden politischen, besteht darin, wie er das Gefängnis ohne Schaden überleben kann, wie er aus dem Gefängnis unversehrt wieder herauskommt, wie er seine Überzeugungen bewahrt und sogar verstärkt. Die erste Aufgabe besteht darin, genau zu lernen, was man zu tun hat, um zu überleben. Zu diesem Zweck muß man die Absicht des Feindes kennen, ehe man sich eine Strategie aneignet, um diese Absicht zu unterminieren. Zweck des Gefängnisses ist natürlich, den Geist des Gefangenen zu brechen und seine Willenskraft zu vernichten. Um dies zu erreichen, beuten die Behörden jede Schwäche aus, zerstören jede Initiative, negieren alle Zeichen von Individualität, alles mit dem Gedanken, jenen Funken auszutreten, der jeden von uns zum Menschen macht und jeden von uns zu dem, was er ist.

Unser Leben hing davon ab, daß wir verstanden, was die Behörden mit uns zu tun versuchten, und dieses Verstehen einander mitzuteilen. Für einen einzelnen Mann wäre es sehr schwer, wenn nicht unmöglich gewesen, zu widerstehen. Ich weiß nicht, ob ich es hätte schaffen können, wäre ich allein gewesen. Doch der größte Fehler der Behörden bestand darin, uns zusammenzuhalten, denn das Zusammensein verstärkte unsere Entschlußkraft.

Wir unterstützten einander und gewannen Kraft voneinander. Was immer wir lernten, was immer wir erfuhren, wir teilten es miteinander, und indem wir es miteinander teilten, vervielfachten wir, was immer wir an individuellem Mut besaßen. Das heißt nicht, daß wir alle in gleicher Weise reagierten auf die Härten, die wir erdulden mußten. Männer besitzen unterschiedliche Fähigkeiten, und sie reagieren unterschiedlich auf Streß. Doch die Stärkeren richteten die Schwächeren auf, und dabei wurden beide stärker. Schließlich mußten wir selbst im Gefängnis mit unserem eigenen Leben zurechtkommen. In gewisser Weise, die sogar von den Behörden anerkannt wurde, waren es nicht die Aufseher, sondern wir selbst, welche die Ordnung im Gefängnis aufrechterhielten. Als Anführer muß man manchmal Aktionen unternehmen, die unpopulär sind oder deren Ergebnisse über Jahre hinweg unbekannt bleiben. Es gibt Siege, deren Ruhm einzig in der Tatsache liegt, daß die sie kennen, die sie errungen haben. Dies gilt besonders für das Gefängnis, wo man Trost darin finden muß, seinen Idealen treu zu bleiben, auch wenn sonst niemand etwas davon weiß.

Ich befand mich jetzt am Rande des Geschehens, aber ich wußte auch, daß ich den Kampf nicht aufgeben würde. Ich war in einer anderen, einer kleineren Arena, einer Arena, in der es als Publikum nur uns selbst und unsere Unterdrücker gab. Wir betrachteten den Kampf im Gefängnis als einen Mikrokosmos des Kampfes insgesamt. Wir würden drinnen genauso kämpfen wie wir draußen gekämpft hatten. Der Rassismus und die Unterdrükkung waren die gleichen; ich kämpfte einfach zu anderen Bedingungen.

Gefängnis und Behörden haben sich verschworen, jeden Mann seiner Würde zu berauben. Das an sich verbürgte, daß ich überleben würde, denn jeder Mann oder jede Institution, die versuchen, mich meiner Würde zu berauben, werden verlieren, weil ich davon nicht zu trennen bin, um keinen Preis und unter keinem Druck. Niemals zweifelte ich ernsthaft daran, daß ich nicht doch eines Tages aus dem Gefängnis kommen würde. Ich glaubte nie daran, daß eine lebenslängliche Gefängnisstrafe tatsächlich lebenslänglich bedeuten und ich hinter Gittern sterben würde. Vielleicht verdrängte ich diesen Gedanken, weil es eine zu unangenehme Vorstellung war. Aber ich wußte immer, daß ich eines Tages wieder Gras unter meinen Füßen fühlen und als freier Mann im Sonnenschein spazierengehen würde.

JEDEN MORGEN um 5 Uhr 30 weckte uns der Nachtwärter, der am Ende unseres Korridors eine Messingglocke ertönen ließ und rief: »Word wakker! Staan op!« (»Wacht auf! Steht auf!«) Ich bin immer ein Frühaufsteher gewesen, und diese Stunde war keine Last für mich. Obwohl wir um 5 Uhr 30 geweckt wurden, ließ man uns erst um 6 Uhr 45 aus unseren Zellen, denn bis dahin sollten wir unsere Zellen säubern und die Matten und Decken zusammenlegen. Fließendes Wasser gab es in unseren Zellen nicht, und anstelle von Toiletten gab es Sanitäreimer, »Ballies« genannt. Die Ballies hatten einen Durchmesser von 25 Zentimetern und oben einen konkaven Porzellandeckel, der Wasser enthalten konnte. Mit diesem Wasser sollten wir uns rasieren und Hände und Gesicht waschen.

Wenn wir um 6 Uhr 45 aus unseren Zellen treten durften, leerten wir als erstes unsere Ballies. Sie mußten in den Ausgüssen am Ende des Gangs gründlich gereinigt werden, sonst verbreiteten sie Gestank. Das einzig Angenehme beim Säubern der Ballies war der Augenblick in jenen frühen Tagen, zu dem wir mit einem unserer Gefährten ein geflüstertes Wort wechseln konnten. Die Wärter hielten sich nicht in der Nähe auf, wenn wir die Ballies säuberten, und so hatten wir Gelegenheit, leise miteinander zu sprechen.

Während der ersten Monate wurde uns das Frühstück von Gefangenen aus der allgemeinen Abteilung in unsere Zellen gebracht. Es bestand aus Mealie-Porridge, Mais- oder Kornflocken, welche die gewöhnlichen Gefangenen in eine Schale klatschten, die sie dann um die Gitterstäbe unserer Zelle drehten. Das war ein schlauer Trick, der eine geschickte Hand erforderte, sollte kein Porridge verschüttet werden.

Nach einigen Monaten wurde uns das Frühstück in einem alten metallenen Ölbehälter in den Hof geliefert. Mit schlichten Metallschalen bedienten wir uns selbst. Dazu bekamen wir eine große Tasse voll Wasser, das man als Kaffee bezeichnete. In Wirklichkeit war es gemahlener Mais, der geröstet worden war, bis er schwarz war, und der mit heißem Wasser überbrüht wurde. Nachdem wir auf den Hof gehen durften, um uns selbst zu bedienen, lief ich gewöhnlich vorher hinaus und joggte, bis das Frühstück eintraf.

Wie alles andere im Gefängnis ist auch die Verpflegung diskriminierend. Im allgemeinen erhielten Farbige und Inder eine etwas bessere Kost als Afrikaner, wenngleich der Unterschied nicht groß war. Die Behörden erklärten gern, wir erhielten eine ausgeglichene Kost; ausgeglichen war sie in der Tat: zwischen ungenießbar und nicht eßbar. Das Essen löste oft Proteste bei uns aus, doch in jenen frühen Tagen pflegten die Aufseher zu sagen: »Ach, ihr Kaffern eßt im Gefängnis besser, als ihr jemals zu Hause gegessen habt!«

Mitten beim Frühstück pflegten die Wächter zu brüllen »Val in! Val in!« (»Antreten! Antreten!«), und wir standen dann bereit zur Inspektion vor unseren Zellen. Jeder Gefangene mußte die drei Knöpfe an seiner Khakijacke ordnungsgemäß zugeknöpft haben. Wenn die Wärter vorbeigingen, mußten wir unsere Hüte abnehmen. Waren unsere Knöpfe nicht geschlossen, wurden unsere Hüte nicht gelüftet oder sahen unsere Zellen unordentlich aus, wurde uns Verletzung der Vorschriften vorgeworfen, und wir wurden entweder mit Einzelhaft oder mit dem Entzug von Mahlzeiten bestraft.

Nach der Inspektion klopften wir Steine bis zur Mittagszeit. Pausen gab es nicht; arbeiteten wir langsamer, trieben uns die Wärter brüllend zu schnellerer Arbeit an. Zur Mittagszeit erklang die Glocke als Zeichen zum Essen, und wieder wurde ein Metallbehälter mit Essen in den Hof gekarrt. Für Afrikaner bestand Lunch aus gekochtem Mais (Mealies), das heißt aus den rauhen Maiskörnern. Indische und farbige Gefangene erhielten Reis mit

Mais, die zu einer Art Suppe aufbereitet wurden. Dieser »Samp« wurde manchmal mit Gemüse serviert, während wir Mealies ohne irgendwelche Zutaten bekamen.

Allerdings erhielten wir zum Lunch oft »Phuzamandla«, was soviel heißt wie »Krafttrunk«, ein Pulver aus Mais und ein wenig Hefe. Es wird in Wasser oder Milch eingerührt, und wenn es dick ist, kann es schmackhaft sein, doch die Gefängnisbehörde gab uns so wenig von dem Pulver, daß es kaum das Wasser färbte. Für gewöhnlich versuchte ich, das Pulver von mehreren Tagen zu sammeln, bis ich genügend beisammen hatte, um ein richtiges Getränk zubereiten zu können, doch wenn die Wärter entdeckten, daß man Lebensmittel hortete, beschlagnahmten sie das Pulver, und der Gefangene wurde bestraft.

Nach dem Mittagessen arbeiteten wir bis vier Uhr. Dann ließen die Wachen ihre Pfeifen schrill ertönen, und wir mußten wieder antreten, um uns abzählen und inspizieren zu lassen. Eine halbe Stunde gab man uns Zeit, um uns zu säubern. Der Baderaum am Ende unseres Korridors hatte zwei Seewasserduschen, einen Wasserhahn, aus dem Salzwasser kam, und drei große verzinkte Metallkübel, die als Badewannen zu benutzen waren. Heißes Wasser gab es nicht. Wir standen oder hockten in diesen Kübeln, seiften uns mit brackigem Wasser ein, spülten den Staub des Tages ab. Sich mit kaltem Wasser zu waschen, wenn draußen Kälte herrscht, ist nicht angenehm, doch wir machten das Beste daraus. Manchmal sangen wir, wenn wir uns wuschen, was das Wasser weniger eisig erscheinen ließ. In jenen frühen Tagen war das Waschen eine der wenigen Gelegenheiten, da wir miteinander sprechen konnten.

Um genau 4 Uhr 30 klopfte es laut an die Holztür am Ende unseres Korridors, was bedeutete, daß das Abendessen eingetroffen war. Gewöhnliche Gefangene teilten uns unser Essen zu, und wir kehrten in unsere Zellen zurück, um zu essen. Wieder gab es Mais-Porridge, manchmal mit Karotten oder einem Stück Kohl oder Rübenwurzel; gewöhnlich suchte man jedoch vergeblich danach. Bekamen wir Gemüse, dann gewöhnlich wochenlang von einer Sorte, bis die Mohrrüben oder der Kohl alt und schimmelig waren und wir das Zeug gründlich satt hatten. Alle zwei Tage bekamen wir zu unserem Porridge ein kleines Stück Fleisch, nur daß es weniger Fleisch war als Knorpel.

Zum Abendessen bekamen die farbigen und die indischen Gefangenen einen Viertellaib Brot (»katkop« genannt, »Katzenkopf«, nach der Form des Brotes) und ein Stück Margarine. Afrikaner, davon ging man aus, wollten kein Brot, da es ein »europäisches« Nahrungsmittel sei.

Typischerweise erhielten wir noch weniger als die kärglichen Mengen, die uns nach den Bestimmungen zustanden. Der Grund war, daß in der Küche viel geschmuggelt wurde. Die Köche, alles gewöhnliche Gefangene, behielten das beste Essen für sich oder für ihre Freunde. Oft hoben sie die schmackhaftesten Speisen für die Wärter auf und erhielten dafür Vergünstigungen oder Vorzugsbehandlungen.

Um 20 Uhr schloß sich der Nachtwärter mit uns in den Korridor ein und schob den Schlüssel durch ein kleines Loch in der Tür einem draußen wartenden Wärter zu. Dann lief der Wärter den Korridor auf und ab und befahl uns, schlafen zu gehen. Der Ruf »Licht aus« war auf Robben Island nie zu hören, da in unserer Zelle Tag und Nacht eine einzelne, von Draht umgebene Glühbirne brannte. Später erlaubte man Gefangenen, die sich dem Studium widmeten, bis 22 oder 23 Uhr zu lesen.

Die Akustik im Korridor war ziemlich gut, und so versuchten wir, uns vor dem Einschlafen ein wenig zu unterhalten. Aber wenn wir unser Flüstern deutlich hören konnten, dann natürlich auch der Aufseher, der dann schrie: »Stilte in die gang!« (»Ruhe im Gang!«) Der Wärter ging einige Male hin und her, um sich zu vergewissern, daß wir nicht lasen oder schrieben. Nach einigen Monaten streuten wir eine Handvoll Sand auf den Korridorboden, damit wir die Schritte des Aufsehers hören und rechtzeitig verstummen oder Schmuggelware verstecken konnten. Nur wenn wir still waren, setzte der Aufseher sich auf einen Stuhl im kleinen Büro am Korridorende, wo er dann bis zum Morgen vor sich hin döste.

EINES MORGENS, mehrere Tage nach meinem Treffen mit Bram und Joel, wurden wir zum Hauptbüro gebracht. Es lag etwa 400 Meter entfernt und war ein einfacher Steinbau, der dem unsrigen ähnelte. Dort mußten wir uns hintereinander aufstellen und uns die Fingerabdrücke abnehmen lassen. Das gehörte zur Gefängnisroutine. Doch während ich wartete, fiel mir ein Aufseher mit Kamera auf. Nachdem unsere Fingerabdrücke abgenommen waren, befahl uns der Oberaufseher, uns zum Fotografieren aufzustellen. Ich bedeutete meinen Gefährten, sich nicht zu rühren, und erklärte dem Wärter: »Ich möchte das Dokument vom Commissioner of Prisons sehen, das Sie ermächtigt, Fotos von uns zu machen.« Gefangene zu fotografieren bedurfte einer solchen Genehmigung.

Es war stets von Vorteil, mit den Vorschriften vertraut zu sein, da die Aufseher sie häufig selbst nicht kannten und mit überlegenem Wissen eingeschüchtert werden konnten. Der Aufseher war über meine Forderung verdutzt, er konnte keinerlei Erklärung geben oder irgend etwas Schriftliches vom Gefängniskommissar vorweisen. Er drohte, uns zu verklagen, falls wir uns nicht fotografieren ließen, doch ich erklärte, wenn er keine Genehmigung vorweisen könne, würde es keine Bilder geben, und man ließ die Angelegenheit auf sich beruhen.

In der Regel lehnten wir es ab, uns im Gefängnis fotografieren zu lassen, weil es im allgemeinen entwürdigend ist, als Gefangener aufgenommen zu werden. Allerdings gab es ein Foto, dem ich zustimmte, das einzige, zu dem ich auf Robben Island jemals mein Einverständnis gab.

Einige Wochen später gab uns der Oberaufseher eines Morgens statt der Hämmer für unsere Arbeit im Hof Nadel und Faden sowie einen Haufen abgetragener Gefängniskluft. Wir wurden angewiesen, die Kleidung zu reparieren, doch wir stellten bald fest, daß sich die meisten Sachen nicht mehr reparieren ließen. Das kam uns sonderbar vor, und so fragten wir uns, wer sich das hatte einfallen lassen. Später am Vormittag, gegen elf Uhr, ging das Vordertor auf, und der kommandierende Offizier und zwei Männer in Zivil traten ein. Der Kommandant erklärte, die beiden Besucher seien Reporter und Fotografen des *Daily Telegraph* in London. Er sagte das so, als sei der Besuch von Angehörigen der internationalen Presse für uns eine regelmäßige Zerstreuung.

Obwohl die Männer unsere ersten offiziellen Besucher waren, betrachteten wir sie mit Skepsis. Erstens kamen sie unter den Auspizien der Regierung hierher, und zweitens wußten wir, daß der *Telegraph* eine konservative Zeitung war, die mit unserer Sache kaum sympathisierte. Wir wußten, daß in aller Welt über unsere Lage große Besorgnis herrschte und daß es im Interesse der Regierung war zu zeigen, daß wir nicht mißhandelt wurden.

Die beiden Journalisten gingen langsam im Hof umher und beobachteten uns. Wir hielten unsere Köpfe gesenkt und konzentrierten uns auf unsere Arbeit. Nachdem sie eine Runde gemacht hatten, griff einer der Wärter nach meiner Schulter und erklärte: »Mandela, komm, du wirst jetzt reden.« In jenen frühen Tagen sprach ich oft im Namen meiner Mitgefangenen. Die Gefängnisvorschriften besagten ausdrücklich, daß jeder Gefangene nur für sich selbst sprechen durfte. Das sollte die Kraft der Organisation lähmen und die kollektive Stärke neutralisieren. Wir protestierten gegen diese Vorschrift, aber erreichten nur wenig. Es wurde uns nicht einmal gestattet, das Wort »wir« zu verwenden, wenn wir Beschwerden vorbrachten. Doch wenn die Behörden in den ersten Jahren jemanden brauchten, der im Namen der anderen sprach, so wurde ich ausgewählt.

Ich sprach mit dem Reporter, einem Mr. Newman, ungefähr 20 Minuten lang und äußerte mich freimütig über das Gefängnis und auch über den Rivonia-Prozeß. Er schien ein vernünftiger Mensch zu sein, und am Ende unseres Gesprächs sagte er, er hätte gern, wenn der Fotograf ein Bild von mir machen könnte. Ich zögerte, gab in diesem Fall aber nach, weil ich wußte, das Foto würde nur in Übersee veröffentlicht und unserer Sache vielleicht helfen, sofern der Artikel wenigstens ein klein wenig freundlich ausfiel. Ich erklärte, ich wäre einverstanden, sofern auch Mr. Sisulu mit mir aufs Foto käme. Das Bild zeigt uns beide, wie wir uns auf dem Hof über irgend etwas unterhalten, woran ich mich nicht mehr erinnern kann. Ich sah den Zeitungsartikel niemals, und ich hörte auch nichts darüber. Kaum waren die Reporter verschwunden, als die Wärter die Gefängniskluft entfernten und uns wieder die Hämmer in die Hand drückten.

Die Leute vom *Telegraph* waren die ersten einer kleinen Gruppe von Besuchern während jener frühen Monate. Da der Rivonia-Prozeß bei den Menschen noch in frischer Erinnerung war, war die Regierung darauf bedacht, der internationalen Gemeinschaft zu zeigen, daß wir anständig behandelt wurden. In der Presse waren Berichte erschienen über die inhumanen Bedingungen auf der Insel; auch würden wir geschlagen und gefoltert. Diese Beschuldigungen brachten die Regierung in Verlegenheit, und um ihnen entgegenzuwirken, ließ sie immer wieder Leute von draußen kommen, die solche kritischen Berichte entkräften sollten.

Wir wurden kurz von einem britischen Rechtsanwalt besucht, der sich vor dem Internationalen Gerichtshof für die Unabhängigkeit Namibias verwandt hatte, und danach wurden wir informiert, ein Mr. Hynning, Vertreter der amerikanischen Anwaltsvereinigung, wolle uns besuchen. Amerikaner waren damals eine Neuheit in Südafrika, und ich war neugierig, dem Vertreter einer so erlauchten Rechtsorganisation zu begegnen.

Am Tag von Mr. Hynnings Besuch wurden wir in den Hof gerufen. Der Amerikaner kam in Begleitung von General Steyn, dem Commissioner of Prisons, der sich auf der Insel selten sehen ließ. General Steyn war eine ungewöhnliche Erscheinung in der Gefängnisverwaltung, ein höflicher und gebildeter Mann. Seine Anzüge waren stets von bester Qualität und von modischem Schnitt. Er sprach von uns in höflichem Ton als »Gentlemen« und nahm sogar seinen Hut vor uns ab, was nie jemand aus der Gefängnisverwaltung getan hatte. Dennoch unterdrückte uns General Steyn durch Unterlassung anstelle von Veranlassung (im Englischen ein Wortspiel mit »ommission« und »commission«). Im Grunde war er auf einem Auge blind gegenüber dem, was auf der Insel vor sich ging. Seine gewohnheitsmäßige Abwesenheit ermutigte die brutaleren Gefängnisbeamten und gab ihnen eine

Blankovollmacht. In liebenswürdigster Weise stellte der General unseren Gast vor und erklärte: »Gentlemen, wählen Sie bitte Ihren Sprecher.« Etliche Gefangene riefen meinen Namen.

General Steyn nickte in meine Richtung, und ich erhob mich. Im Unterschied zu General Steyn war Mr. Hynnings ein untersetzter, ungepflegt wirkender Mann. Ich dankte ihm für seinen Besuch und sagte, wir fühlten uns durch seine Anwesenheit geehrt. Dann faßte ich unsere Beschwerden zusammen, wobei ich mit der wichtigsten begann, daß wir nämlich politische Gefangene seien und keine Kriminellen und daß wir als solche behandelt werden sollten. Ich nannte unsere Beschwerden über das Essen, über unsere Lebensbedingungen und über die Arbeit im einzelnen. Während ich sprach, unterbrach mich Mr. Hynning unaufhörlich. Als ich die langen Stunden geistloser Arbeit erwähnte, erklärte er, als Gefangene müßten wir arbeiten und wir wären vielleicht zu faul.

Als ich über die Probleme mit unseren Zellen zu sprechen begann, unterbrach er mich mit der Bemerkung, die Bedingungen in rückständigen amerikanischen Gefängnissen seien viel schlimmer als auf Robben Island, das im Vergleich dazu ein Paradies sei. Er fügte hinzu, daß wir zu Recht verurteilt seien und von Glück sagen könnten, daß wir nicht die Todesstrafe erhalten hatten, die wir wahrscheinlich verdienten.

Mr. Hynning schwitzte stark, und einige von uns meinten, er sei nicht ganz nüchtern gewesen. Er sprach, wie mir schien, mit Südstaatenakzent und hatte die merkwürdige Gewohnheit, beim Sprechen zu spucken, was wir noch nie zuvor gesehen hatten.

Schließlich hatte ich genug gehört, und ich unterbrach ihn: »Sir, Sie mißverstehen die Punkte, die ich vortrage.« Hynning war beleidigt, daß ich ihm widersprach, indes General Steyn ohne Kommentar zusah und zuhörte. Unter den Umständen war es nicht leicht, Fassung zu bewahren. Die Männer waren wütend über Mr. Hynnings Bemerkungen und verärgert, daß man ihm erlaubt hatte, uns zu besuchen. Normalerweise hebt jede Art von Besuch unsere Stimmung, doch Mr. Hynnings Besuch wirkte demoralisierend. Vielleicht war es genau dies, was die Behörden wollten. Es war deprimierend, jemanden mit so eindrucksvollen Verbindungen kennenzulernen, der so wenig Verständnis aufbrachte. Schließlich machte Hynning einfach kehrt und ging wortlos davon. Es tat uns nicht leid, ihn gehen zu sehen.

Noch jahrelang sprachen wir über Mr. Hynning, und viele Männer parodierten die komische Art seines Sprechens. Wir hörten niemals wieder von ihm, und sicherlich hat er für seine Anwaltsvereinigung auf Robben Island keine Freunde gewonnen.

IM GEFÄNGNIS werden alle Gefangenen behördlicherseits nach einer von vier Kategorien klassifiziert: A, B, C oder D. A ist die höchste Kategorie und erhält die meisten Privilegien; D ist die niedrigste und bekommt die wenigsten. Alle politischen Gefangenen – oder was die Behörden »Sicherheitsgefangene« nennen – wurden zu Anfang automatisch als D klassifiziert. Zu den Privilegien, die diese Klassifizierungen verschafften, gehören Besuche und Briefe, Studien sowie Kauf von Lebensmitteln und von sonstigen Kleinigkeiten, alles lebenswichtige Dinge für jeden Gefangenen. Normalerweise brauchte ein politischer Gefangener Jahre, um von Status D zu C zu gelangen.

Wir verabscheuten das Klassifizierungssystem. Es war korrupt und entwürdigend, und eine weitere Methode, Gefangene im allgemeinen und politische Gefangene im besonderen zu unterdrükken. Aber wenn wir es auch kritisierten, ignorieren konnten wir es nicht: Das Klassifizierungssystem war ein unveränderbarer Bestandteil des Gefängnislebens. Wenn man sich beschwerte, daß man als D-Gruppe-Gefangener nur alle sechs Monate einen Brief bekommen konnte, so erhielt man zur Antwort: Benehmen Sie sich besser, dann werden Sie C-Gruppe-Gefangener und können alle sechs Monate zwei Briefe bekommen. Beschwerte man sich darüber, daß man nicht genug zu essen erhielt, erinnerten einen die Behörden daran, daß man, wäre man in der A-Gruppe, von draußen Überweisungen erhalten und sich im Gefängnisgeschäft zusätzlich Lebensmittel kaufen könnte. Selbst ein Freiheitskämpfer profitiere von der Möglichkeit, Lebensmittel und Bücher kaufen zu können. Die Klassifizierungen verliefen allgemein parallel zur Dauer der Gefängnisstrafe. War man zu acht Jahren verurteilt worden, so gehörte man im allgemeinen für die ersten beiden Jahre zur D-Gruppe, für die beiden folgenden zur C-Gruppe, für die beiden nächsten Jahre zur B-Gruppe und für die letzten beiden Jahre zur A-Gruppe. Doch die Gefängnisbehörden benutzten das Klassifizierungssystem als Waffe gegen politische Gefangene; um unser Verhalten zu kontrollieren, drohten sie damit, unsere schwer erworbenen Klassifizierungen herabzustufen.

Obwohl ich zuvor schon zwei Jahre im Gefängnis gewesen war, bevor man mich nach Robben Island brachte, war ich bei meiner Ankunft noch immer in der D-Gruppe. Zwar wünschte ich mir durchaus die Privilegien, die mit höheren Klassifizierungen verbunden waren, doch weigerte ich mich, Kompromisse einzugehen. Der schnellste Weg, zu einer höheren Klassifizierung zu gelangen, bestand darin, lammfromm zu sein und sich nicht zu beklagen. »Ach, Mandela«, pflegten die Wärter zu sagen, »du bist ein Unruhestifter. Du wirst für den Rest deines Lebens in der D-Gruppe sein.«

Alle sechs Monate hatten die Gefangenen vor dem Prison Board zu erscheinen, um ihre Klassifizierung neu einschätzen zu lassen. Das Verhalten sollte im Rahmen der Vorschriften gewertet werden, doch wir stellten fest, daß der Board es vorzog, als politisches Tribunal statt nur als Beurteiler von Verhalten zu fungieren. Bei meiner ersten Begegnung mit dem Board befragten mich die Beamten zum ANC und zu meinen Überzeugungen. Obwohl dies mit dem Klassifizierungssystem nichts zu tun hatte, war ich eitel genug zu antworten und mir einzubilden, ich könnte sie vielleicht zu meinen Überzeugungen bekehren. Der Board war eine der wenigen Gelegenheiten, wo wir wie Menschen behandelt wurden, und ich für meinen Teil reagierte darauf entsprechend. Später wurde mir klar, daß dies schlicht eine Technik seitens der Behörden war, um uns Informationen abzuluchsen, und daß ich darauf reingefallen war. Kurz danach kamen wir überein, mit dem Prison Board nicht mehr über Politik zu sprechen.

Als D-Gruppe-Gefangener durfte ich alle sechs Monate nur einen Besucher empfangen, nur einen Brief schreiben und nur einen empfangen. Ich empfand dies als eine der unmenschlichsten Restriktionen des Gefängnissystems. Die Kommunikation mit der eigenen Familie ist ein Menschenrecht; es sollte durch die künstliche Klassifizierung eines Gefängnissystems nicht eingeschränkt werden. Aber es war eine der Tatsachen des Gefängnislebens.

Besuche und Briefe waren beschränkt auf Verwandte »ersten Grades«. Diese Beschränkung fanden wir nicht nur infam, sondern ausgesprochen rassistisch. Der afrikanische Sinn für die unmittelbare Familie unterscheidet sich grundlegend von dem des Europäers oder des westlichen Menschen. Unsere Familienstrukturen sind größer und beziehen mehr Menschen mit ein; jeder, der behauptet, von einem gemeinsamen Ahnen abzustammen, gilt als Mitglied derselben Familie.

Im Gefängnis ist das einzige, was noch schlimmer ist als eine schlechte Nachricht über die eigene Familie, überhaupt keine Nachricht. Es ist immer schwerer, mit den Katastrophen und Tragödien fertig zu werden, die man sich einbildet, als mit Realitäten, und seien sie noch so unangenehm und grausam. Ein Brief mit schlimmen Neuigkeiten war allemal besser als gar kein Brief.

Aber selbst diese elende Beschränkung wurde von den Behörden mißbraucht. Die Erwartung von Post war überwältigend. Einmal im Monat war Postappell, doch manchmal verging ein halbes Jahr ohne Brief. Die Erlaubnis zu haben, einmal in sechs Monaten einen Brief zu empfangen, und dann doch keinen zu bekommen ist ein furchtbarer Schlag. Man fragt sich: Was ist mit meiner Frau und meinen Kindern geschehen, mit meiner Mutter und meinen Schwestern? Wenn ich keinen Brief erhielt, fühlte ich mich so ausgetrocknet und dürr wie die große Karoo-Wüste. Oft hielten die Behörden Post aus Bosheit zurück: Ich erinnere mich, daß Aufseher sagten: »Mandela, wir haben einen Brief für dich bekommen, aber wir können ihn dir nicht geben.« Keine Erklärung, warum nicht oder von wem der Brief stammt. Es erforderte meine ganze Selbstdisziplin, bei solchen Gelegenheiten nicht zu explodieren. Danach protestierte ich über die richtigen Kanäle, und manchmal bekam ich die Post.

Wenn Briefe eintrafen, herrschte Hochstimmung. Ein Brief war wie Sommerregen, der selbst die Wüste erblühen lassen kann. Wenn nur die Behörden einen Brief aushändigten, so stürzte ich mich nicht darauf und riß ihn an mich, wie ich das am liebsten getan hätte, sondern nahm ihn eher beiläufig entgegen. Obwohl ich mich danach sehnte, ihn aufzureißen und auf der Stelle zu lesen, dachte ich nicht daran, den Behörden die Befriedigung zu gewähren, meine Ungeduld und Anspannung zu erleben, und so kehrte ich langsam zu meiner Zelle zurück, als hätte ich noch vieles zu erledigen, bevor ich einen Brief meiner Familie öffnen würde.

Während der ersten Monate bekam ich einen Brief von Winnie, der jedoch so stark zensiert war, daß außer der Anrede nicht viel übrigblieb. Die Zensoren auf der Insel machten die beanstandeten Stellen mit schwarzer Tinte unkenntlich, änderten diese Methode jedoch, als sie erkannten, daß wir die Tinte abspülen und lesen konnten, was darunter stand. Sie fingen an, mit Rasierklingen ganze Absätze herauszutrennen. Da die meisten Briefe auf beiden Seiten eines Blattes beschrieben waren, wurde auch Text auf der anderen Seite weggeschnitten. Man schien es zu genießen, Briefe in Fetzen abzuliefern. Die Zensur verzögerte die Ablieferung der Post, weil die Aufseher, von denen manche nicht genug Englisch beherrschten, mitunter für das Zensieren eines Briefes einen ganzen Monat brauchten. Auch die Briefe, die wir schrieben, wurden zensiert; oft waren sie genauso zerschnitten wie die Briefe, die wir empfingen.

Ende August, nach noch nicht ganz drei Monaten auf der Insel, erhielt ich von den Behörden die Mitteilung, daß ich am folgenden Tag einen Besucher empfangen könne. Um wen es sich handelte, sagte man nicht. Auch Walter teilte man mit, er werde Besuch bekommen; und ich vermutete, hoffte, wünschte, glaubte, daß uns Winnie und Albertina besuchen würden.

Von dem Augenblick an, wo Winnie erfahren hatte, daß wir zur Insel gebracht worden waren, hatte sie versucht, einen Besuch zu arrangieren. Als Gebannte brauchte sie eine Ausnahmegenehmigung vom Justizminister, denn ihr war nicht gestattet, mit mir zu kommunizieren.

Aber selbst mit Hilfe der Behörden war ein Besuch auf Robben Island kein leichtes Vorhaben. Besuche durften höchstens eine halbe Stunde dauern, und politischen Gefangenen waren keine Kontaktbesuche gestattet, wobei sich der Besucher und der Gefangene im selben Zimmer befanden.

Besuche schienen von den Behörden nicht im voraus geplant zu werden. Es kam vor, daß sie eines Tages mit der Ehefrau eines Gefangenen Kontakt aufnehmen: »Sie haben die Genehmigung, morgen Ihren Mann zu besuchen.« Das war äußerst ungünstig und führte häufig dazu, daß Besuche nicht möglich waren. Plante ein Familienangehöriger einen Besuch im voraus, so verzögerten die Behörden die Erteilung der Genehmigung manchmal absichtlich so lange, bis das Flugzeug bereits abgeflogen war. Da die Familien der meisten Männer weit entfernt vom Kap lebten und nur wenig Geld hatten, überstiegen die Besuche von Familienangehörigen häufig weit die finanziellen Mittel. Manche Männer aus armen Familien sahen ihre Frauen oft jahrelang nicht, wenn überhaupt. Ich kannte Männer auf Robben Island, die ein Jahrzehnt oder mehr auf der Insel verbrachten, ohne jemals besucht worden zu sein.

Das Besuchszimmer für Nichtkontaktbesuche war eng und fensterlos. Auf der Seite der Gefangenen gab es eine Reihe von fünf zellenartigen Gebilden mit kleinen quadratischen Glasfenstern, die den Blick zu identischen Zellengebilden auf der anderen Seite freigaben. Man saß auf einem Stuhl und sah durch das dicke, verdreckte Glas, durch das kleine Löcher gebohrt waren, damit ein Gespräch überhaupt möglich war. Man mußte laut sprechen, um verstanden zu werden. Später installierten die Behörden Mikrophone und Lautsprecher vor das Glas, eine marginale Verbesserung.

Am späten Vormittag wurden Walter und ich zum Besuchsraum gerufen und setzten uns auf Plätze am anderen Zimmerende. Ich wartete mit einiger Spannung, und plötzlich war hinter dem Glas auf der anderen Seite des Fensters Winnies liebliches

Gesicht zu sehen. Winnie war bei Gefängnisbesuchen immer besonders gut gekleidet und versuchte stets, etwas Neues und Elegantes zu tragen. Es war ungeheuer frustrierend, meine Frau nicht berühren, nicht zärtlich mit ihr zu sprechen, keinen persönlichen Augenblick gemeinsam haben zu können. Unsere Beziehung hatten wir aus der Distanz zu pflegen, unter den Augen von Menschen, die wir verachteten.

Ich konnte sofort sehen, daß Winnie unter ungeheurem Streß stand. Mich unter solchen Umständen zu sehen, muß für sie sehr belastend gewesen sein. Nur zur Insel zu gelangen war schwierig, dazu kamen die ehernen Gefängnisrituale, zweifellos auch die Frechheiten der Wärter und die Unpersönlichkeit des Kontakts.

Später erfuhr ich, daß Winnie einen zweiten Bannungsbefehl bekommen und deshalb ihre Arbeit im Child Welfare Office verloren hatte. Kurz bevor man sie entließ, durchsuchte man ihr Büro. Die Behörden waren davon überzeugt, daß Winnie mit mir in geheimem Kontakt stand. Winnie liebte ihre Arbeit als Sozialarbeiterin. Es waren Mühen ohne Ende: Kinder bei Adoptiveltern unterbringen, Arbeit für Arbeitslose finden und medizinische Hilfe für Nichtversicherte. Die Bannung meiner Frau, die Schikanen gegen sie bekümmerten mich sehr: Ich konnte nicht für sie und die Kinder sorgen, und der Staat erschwerte es ihr noch, für sich selbst zu sorgen. Meine Ohnmacht machte mir sehr zu schaffen.

Unser Gespräch war zuerst sehr gehemmt, wozu die Anwesenheit von zwei Wärtern beitrug, die genau hinter ihr standen, und von drei weiteren unmittelbar hinter mir. Ihre Rolle war nicht nur, zu überwachen, sondern auch einzuschüchtern. Laut Vorschrift hatte das Gespräch entweder auf englisch oder auf afrikaans geführt zu werden – afrikanische Sprachen waren verboten – und durfte nur Familienangelegenheiten betreffen. Ein Abweichen von solchen Themen zu politischen konnte den sofortigen Abbruch des Besuchs zur Folge haben. Erwähnte man einen Namen, der den Wärtern unbekannt war, so unterbrachen sie das Gespräch, und fragten, wer die Person sei und in welcher Beziehung man zu ihr stehe. Dies geschah oft, da die Wärter im allgemeinen mit der Vielfalt und Natur afrikanischer Namen nicht vertraut waren. Es war frustrierend, kostbare Minuten der Besuchszeit damit zu verschwenden, daß man dem Wärter die verschiedenen Zweige des Familienstammbaums erklärte. Doch ihre Ignoranz wirkte sich auch zu unseren Gunsten aus: Sie gestattete uns, Code-Namen für Leute zu erfinden, über die wir sprechen wollten, und so zu tun, als handle es sich um Familienangehörige.

Jener erste Besuch war wichtig, weil ich wußte, daß sich Winnie wegen meiner Gesundheit Sorgen machte: Sie hatte gehört, wir würden physisch mißhandelt. Ich versicherte ihr schnell, es gehe mir gut, sie könne ja selbst sehen, daß ich fit sei, wenn auch ein wenig dünner als früher. Auch sie war dünner, wofür ich immer Streß als Ursache annahm. Nach einem Besuch, bei dem Winnies Gesicht verzerrt oder abgespannt wirkte, drängte ich sie immer, doch ein wenig zuzunehmen. Sie hielt ständig Diät, und ich sagte ihr immer, sie solle das nicht tun. Ich erkundigte mich nach jedem Kind, nach meiner Mutter und meinen Schwestern und nach Winnies eigener Familie.

Plötzlich hörte ich, wie der Wärter hinter mir sagte: »Zeit ist um! Zeit ist um!« Ich sah ihn ungläubig an. Unmöglich konnte schon eine halbe Stunde vergangen sein. Doch er hatte recht; Besuche schienen nie länger zu dauern als ein Augenblinzeln. In all den Jahren, die ich im Gefängnis verbrachte, war ich immer wieder aufs neue überrascht, wenn der Wärter rief: »Zeit ist um!« Man drängte Winnie und mich von unseren Stühlen, und wir winkten uns noch zum Abschied zu. Wenn Winnie fort war, wäre ich am liebsten immer noch ein Weilchen geblieben, nur um noch etwas zu bewahren vom Gefühl ihrer Anwesenheit, aber ich würde die Wärter eine solche Empfindung nicht sehen lassen. Während ich in meine Zelle zurückging, ließ ich mir durch den Kopf gehen, worüber wir gesprochen hatten. Während der folgenden Tage, Wochen, Monate kehrte ich wieder und wieder zu jenem einen Besuch zurück. Ich wußte, daß ich meine Frau mindestens ein halbes Jahr nicht würde sehen können. Wie sich herausstellen sollte, konnte Winnie mich zwei Jahre lang nicht wieder besuchen.

ALS WIR UNS an einem Morgen Anfang Januar aufstellten, um vor der Arbeit im Hof abgezählt zu werden, ließ man uns statt dessen nach draußen marschieren und in einen abgedeckten Lastwagen einsteigen: Es war das erste Mal, daß wir unseren Gebäudekomplex verließen. Niemand sagte uns, wohin es gehen solle, aber ich hatte eine Vermutung. Als wir einige Minuten später aus dem Lastwagen ausstiegen, standen wir an einem Ort, der mir aufgefallen war, als ich 1962 auf der Insel gewesen war: am Kalksteinbruch.

Der Kalksteinbruch sah aus wie ein ungeheurer weißer Krater, der in einen Felshang geschnitten war. Die Wände und der Grund des Hangs waren blendend weiß. Oben auf dem Steinbruch standen Gras und Palmen, und am Grund war eine freie Fläche mit einigen alten Metallschuppen.

In Empfang genommen wurden wir vom kommandierenden Offizier, Colonel Wessels, einem ziemlich farblosen Menschen, den einzig die strikte Befolgung von Gefängnisvorschriften interessierte. Wir standen stramm, während er uns erklärte, daß die Arbeit, die uns jetzt erwartete, ein halbes Jahr dauern würde, und daß wir danach für die Dauer unserer Haft leichte Aufgaben erhalten würden. Mit seiner Zeitangabe irrte er sich beträchtlich. Wir blieben im Steinbruch für die nächsten dreizehn Jahre.

Nach der Ansprache des Colonels gab man uns Spitzhacken und Schaufeln und oberflächliche Anweisungen, wie der Kalk abzubauen sei. Die Arbeit in einem Kalksteinbruch ist keine leichte Aufgabe. Am ersten Tag betätigten wir unsere neuen Werkzeuge sehr unbeholfen und brachten nur wenig zustande. Der Kalk selbst, der weiche, verkalkte Überrest von Seemuscheln und Korallen, liegt eingeschlossen in Schichten von Fels, die man mit der Spitzhacke durchbrechen muß, um anschließend die Kalksubstanz mit einer Schaufel herausholen zu können. Dies war viel anstrengender als die Arbeit auf dem Hof, und nach den ersten Tagen im Steinbruch schliefen wir nach unserer Mahlzeit um 16 Uhr 30 sofort ein. Am nächsten Morgen erwachten wir mit schmerzenden Gliedern und noch immer müde.

Die Behörden erklärten niemals, warum sie uns statt im Gefängnishof im Steinbruch arbeiten ließen. Vielleicht brauchten sie einfach mehr Kalk für die Straßen auf der Insel. Aber wenn wir später über diese Verlegung diskutierten, so waren wir doch der Meinung, auf diese Weise hätten die Behörden nur versucht, Disziplin durchzusetzen und uns zu verstehen zu geben, daß wir uns nicht von gewöhnlichen Gefangenen unterschieden, die auch im Steinbruch auf der Insel arbeiteten, und daß wir für unsere Verbrechen genauso zu zahlen hätten wie die anderen. Es war ein Versuch, uns den Lebensmut zu nehmen.

Doch jene ersten Wochen im Steinbruch hatten auf uns die gegenteilige Wirkung. Obwohl unsere Hände blutig und voller Blasen waren, fühlten wir uns gestärkt. Mir war es viel lieber, draußen in der Natur zu sein, Gras und Bäume sehen zu können, die über uns durch die Luft jagenden Vögel zu beobachten, den vom Meer her wehenden Wind zu spüren. Es war ein gutes Gefühl, alle seine Muskeln zu gebrauchen, mit der Sonne auf dem Rücken, und es bot schlichte Befriedigung, Steine und Kalk aufzuhäufen.

Nach wenigen Tagen verzichteten wir auf den Lastwagen und gingen zu Fuß zum Steinbruch, und auch dies war ein Mittel der Belebung. Während unseres 20 Minuten dauernden Marschs zum Steinbruch bekamen wir ein besseres Gefühl für die Insel und konnten uns das dichte Gestrüpp und die hohen Bäume anschauen, die unsere Heimaterde bedeckten, konnten die Eukalyptusblüten riechen, entdeckten gelegentlich einen Springbock oder ein in der Ferne grasendes Kudu. Manche Männer hielten den Marsch zwar für eine Strapaze – ich nie.

Obwohl unsere Steinbrucharbeit uns zeigen sollte, daß wir nicht anders waren als andere Gefangene, behandelten uns die Behörden wie Leprakranke, die früher einmal auf der Insel gelebt hatten. Manchmal sahen wir eine Gruppe von gewöhnlichen Gefangenen, die am Straßenrand arbeiteten, und dann befahlen ihre Aufseher, sich ins Gebüsch zu verziehen, damit sie uns nicht zu Gesicht bekämen, wenn wir vorübermarschierten. Als könne sich unser bloßer Anblick auf ihre Disziplin auswirken. Mitunter erkannten wir aus den Augenwinkeln, wie ein Gefangener seine Faust zum ANC-Gruß hob.

Unweit des Kalksteinbruchs gabelte sich die Landstraße, und die gewöhnlichen Gefangenen bogen zum Felssteinbruch ab. Diese Kreuzung sollte ein wichtiger Kommunikationsort zwischen uns und anderen Gefangenen werden. An der Straßengabelung konnten wir im Gestrüpp eine kleine weiße Hütte sehen, wo Robert Sobukwe wohnte. Das Haus war vor Jahren für einen schwarzen Aufseher gebaut worden, und jetzt lebte Sobukwe darin. Es war ein winziges Grundstück, ungepflegt und überwuchert, und man hätte nicht einmal wissen können, daß dort jemand wohnte, hätte davor nicht eine Wache gestanden.

Sobukwes Strafe war an sich 1963 zu Ende gegangen, doch nach der sogenannten Sobukwe-Klausel des General Law Amendment Act von 1963 konnte der Justizminister politische Gefangene ohne Anklage unbefristet in Haft halten. Genau das geschah mit Bob. Sechs Jahre lang führte Sobukwe eine Art halbes Leben auf der Insel; er war ein freier Mann, dem man die Freiheit vorenthielt. Manchmal konnten wir einen Blick auf ihn in seinem Garten erhaschen, aber das war auch alles.

Wenn wir morgens ankamen, holten wir aus einem Zinkschuppen oben auf dem Steinbruch unsere Spitzhacken, Schaufeln, Hämmer und Schubkarren. Dann verteilten wir uns auf dem Grund des Steinbruchs, jeweils in Gruppen zu drei oder vier. Aufseher mit automatischen Waffen standen auf eigens errichteten Plattformen und beobachteten uns. Unter uns gingen unbewaffnete Wärter auf und ab und trieben uns zu härterer Arbeit an. »Gaan aan! Gaan aan!« (»Macht schon! Macht schon!«) brüllten sie, als wären wir Ochsen.

Gegen elf, wenn die Sonne hoch am Himmel stand, wurden wir allmählich müde. Um diese Zeit war ich bereits in Schweiß gebadet. Die Aufseher trieben uns noch härter an. »Nee, man! Korn aan! Korn aan!« (»Nein, Mann! Komm schon! Komm schon!«) Kurz vor der Mittagspause schoben wir den Kalk auf Schubkarren zum Lastwagen, der ihn davonfuhr.

Zur Mittagszeit ertönte eine Pfeife, und dann marschierten wir zum Fuß des Hügels. Wir saßen auf Behelfssitzen unter einem einfachen Zinkdach, das vor der Sonne schützte. Die Aufseher aßen bei einem größeren Schuppen und hatten Tische und Bänke. Bottiche mit gekochten Mealies wurden herangeschafft.

Wir arbeiteten bis vier und karrten den Kalk wieder zum wartenden Lastwagen. Gegen Ende des Tages waren unsere Gesichter von weißem Staub bedeckt. Wir sahen aus wie fahle Geister, außer an jenen Stellen, wo Bäche von Schweiß den Kalk weggewischt hatten. Wenn wir in unsere Zellen zurückkehrten, schrubbten wir uns in kaltem Wasser, das den Staub niemals vollständig zu entfernen schien.

Schlimmer als die Hitze im Steinbruch war das Licht. Unsere Rücken waren gegen die Sonne durch Hemden geschützt, doch die Sonnenstrahlen wurden vom Kalk in unsere Augen reflektiert. Das Licht war so grell, daß uns die Augen schmerzten, und machte zusammen mit dem Staub das Sehen schwer. Die Augen tränten, unsere Gesichter bekamen wegen der ständig zusammengekniffenen Augen einen starren Ausdruck. Jeden Tag dauerte es nach der Arbeit lange, bis sich unsere Augen wieder an das dunklere Licht gewöhnt hatten.

Nach unseren ersten Tagen im Steinbruch stellten wir offiziell einen Antrag auf Sonnenbrillen. Die Behörden lehnten ab. Unerwartet kam das nicht, denn uns wurden nicht einmal Lesebrillen bewilligt. Zuvor hatte ich den Commanding Officer darauf hingewiesen, daß es keinen Sinn ergebe, uns Bücher, jedoch keine Brillen zum Lesen zu genehmigen.

Während der folgenden Wochen und Monate beantragten wir immer wieder Sonnenbrillen. Doch wir brauchten fast drei Jahre, bevor man sie uns genehmigte, und das auch erst, nachdem ein freundlicher Arzt erklärt hatte, die Brillen seien notwendig, um unser Augenlicht zu erhalten. Selbst dann mußten wir die Brillen selbst kaufen.

Für uns waren solche Kämpfe – um Sonnenbrillen, lange Hosen, Studienprivilegien, gleiche Kost – Zugaben zu dem Kampf, den wir außerhalb des Gefängnisses führten. Der Kampf für verbesserte Bedingungen im Gefängnis war Teil des Kampfes gegen die Apartheid. In diesem Sinn war alles gleich. Wir bekämpften die Ungerechtigkeit, wo immer wir sie antrafen, gleich, wie groß oder klein sie war, und wir bekämpften die Ungerechtigkeit, um unsere Menschlichkeit zu bewahren.

Kurz nach Aufnahme der Arbeit im Steinbruch kam zu uns in Sektion B eine Anzahl weiterer prominenter politischer Gefangener. Einige waren MK-Leute; sie waren im Juli 1964 verhaftet und aufgrund von über 50 Sabotageakten im sogenannten »kleinen Rivonia-Prozeß« verurteilt worden. Zu ihnen gehörten Mac Maharaj, Mitglied des SACP und einer der schärfsten Streiter im Kampf, Laloo Chiba, Mitglied des MK-Oberkommandos und treuer Gefährte, der sich im Gefängnis als große Stütze erwies, und Wilton Mkwayi, jener Angeklagte im Hochverratsprozeß, den man 1960 in Augenblicken der Verwirrung aufgrund des Ausnahmezustands irrtümlich hatte laufenlassen. Er hatte Südafrika heimlich verlassen, militärische Ausbildung erhalten und war nach dem Rivonia-Prozeß Oberbefehlshaber des MK geworden. Auch Eddie Daniels kam zu uns, farbiges Mitglied der Liberal Party, der aufgrund von Sabotageoperationen verurteilt worden war, welche die African Resistance Movement, eine kleine Sabotagegruppe, die aus Mitgliedern der Liberal Party bestand, begangen hatte. Eddie sollte im Gefängnis einer meiner besten Freunde werden.

Um den Einfluß dieser neuen politischen Verbündeten zu neutralisieren, verlegten die Behörden noch eine Handvoll gewöhnlicher Gefangener in unseren Zellenabschnitt. Diese Männer waren abgebrühte Kriminelle, verurteilt wegen Mord, Vergewaltigung und bewaffnetem Raubüberfall. Sie gehörten zu den berüchtigten Verbrechergangs der Insel, entweder zu den »Big Fives« oder den »Twenty-Eights«, die andere Gefangene terrorisierten. Sie waren muskulös und rauhbeinig, und ihre Gesichter trugen die Narben von Messerkämpfen, die zwischen Bandenmitgliedern an der Tagesordnung waren. Ihre Rolle war die von Agents provocateurs, und sie versuchten uns herumzustoßen, uns das Essen wegzunehmen und jede unserer politischen Diskussionen von vornherein zu unterbinden. Einer dieser Burschen wurde Bogart genannt, nach dem amerikanischen Filmstar, der harte Burschen spielte. Seine Zelle lag der von Walter gegenüber, und Walter beklagte sich, daß Bogart jeden Morgen sein Frühstück verlangte, und er zu große Angst hatte es abzuschlagen.

Die Gangmitglieder arbeiteten im Steinbruch abseits von uns in einer eigenen Gruppe. Eines Tages begannen sie etwas zu singen, das wie ein Arbeitslied klang. Es war in der Tat ein berühmtes Arbeitslied, dem sie ihren eigenen Text unterlegt hatten: »Benifunani eRivonia?«, der bedeutete: »Was habt ihr auf Rivonia gewollt?« Die nächste Zeile lautete etwa: »Habt ihr gedacht, ihr würdet die Regierung werden?« Sie sangen überlaut und mit spöttischem Unterton. Augenscheinlich waren sie von den Aufsehern aufgestachelt worden, uns mit dem Lied zu provozieren.

Obwohl unter uns Hitzköpfe waren, die eine direkte Konfrontation vorgezogen hätten, beschlossen wir doch, Feuer mit Feuer zu bekämpfen. Wir hatten weit mehr und bessere Sänger als sie, und wir kauerten uns zusammen und besprachen unsere Gegenaktion. Wenige Minuten später sangen wir alle das Lied »Stimela«, eine eindrucksvolle Hymne auf einen Eisenbahnzug, der von Südrhodesien nach Süden fährt. »Stimela« ist kein politisches Lied, aber in diesem Kontext wurde es dazu, denn es ließ erkennen, daß der Zug Guerillas herantrug, die gegen die südafrikanische Armee kämpfen wollten.

Mehrere Wochen lang sangen unsere zwei Gruppen bei der Arbeit, fügten Lieder hinzu und veränderten Texte. Unser Repertoire wurde größer, und bald sangen wir ganz offen politische Lieder wie »Amajoni«, ein Lied über Guerillasoldaten, dessen Titel eine Verballhornung des englischen Slangworts für Soldat »Johnny« war; und »Tshotsholoza«, ein Lied, das den Kampf mit dem Laut eines sich nahenden Zuges vergleicht. (Sagt man den Titel mehrmals nacheinander, so klingt er wie eine Nachahmung des Zuggeräusches.) Wir sangen ein Lied über die Freiheits-Charta, ein weiteres über die Transkei, in dessen Text es heißt: »Es gibt zwei Straßen, die eine ist die Matanzima-Straße, die andere ist die Mandela-Straße, welche willst du einschlagen?«

Das Singen erleichterte uns die Arbeit. Einige der Männer hatten außergewöhnliche Stimmen, und oft hätte ich am liebsten meine Spitzhacke aus der Hand gelegt und einfach zugehört. Die Bandenmitglieder waren für uns keine Konkurrenz; bald schon verstummten sie, während wir unseren Gesang fortsetzten. Doch einer der Aufseher kannte sich in der Xhosa-Sprache gut aus und verstand den Inhalt unserer Lieder; und bald erhielten wir Befehl, mit dem Singen aufzuhören. (Auch Pfeifen war verboten.) Von diesem Tag an arbeiteten wir schweigend.

Ich sah die Gangmitglieder nicht als Rivalen, sondern gleichsam als Rohmaterial, das zu verändern war. Es gab einen nichtpolitischen Gefangenen unter uns, einen Mann mit dem Spitznamen »Joe My Baby«, der sich später dem ANC anschloß und für uns eine unschätzbare Hilfe war, wenn es galt, Material in das oder aus dem Gefängnis zu schmuggeln. Eines Tages hörten wir, daß Bogart im Steinbruch von einem Aufseher brutal zusammengeschlagen worden war. Die Mißhandlung erlebte ich nicht, aber ich sah die Folgen. Sein Gesicht hatte starke Verletzungen und Prellungen. Bogart kam in unserem Korridor auf mich zu und bat um Hilfe. Ich erklärte mich sofort bereit, mich seines Falles anzunehmen.

Wir suchten stets nach Möglichkeiten, gegen die Behörden vorzugehen, und ein Bericht über eine Schlägerei war genau die Art von Vorfall, die wir dem Hauptbüro vortragen konnten. Kurz zuvor hatten wir erfahren, daß ein PAC-Mann namens Ganya von einem Wärter geschlagen worden war. In meiner Eigenschaft als Anwalt schrieb ich dem Commissioner of Prisons einen Brief, in dem ich in Ganyas Namen Protest einlegte. Man brachte mich zum Hauptbüro, wo ich mit Gefängnisbeamten konfrontiert wurde. Wie aus einem Munde bestritten sie, daß es die Schlägerei gegeben hatte, und wollten wissen, wie ich davon gehört hätte. Ich bestand darauf, daß der Aufseher, der Ganya geschlagen hatte, von der Insel entfernt würde. Die Gefängnisleitung weigerte sich und erklärte, es lägen keine Beweise gegen den Aufseher vor. Doch kurze Zeit später wurde der besagte Aufseher von der Insel versetzt.

Dieser Fall hatte mir Mut gemacht, und so verlangte ich, als Bogart mich um Hilfe bat, sofort den Commanding Officer zu sprechen. Am nächsten Tag wurde ich zum Hauptbüro gerufen, wo mir der Commander höflich mitteilte, der Fall sei untersucht und ad acta gelegt worden. »Das ist eine Verletzung der Vorschriften«, sagte ich. »Der Fall gehört vor Gericht.«

»Nein«, sagte er, »wir haben mit dem angeblichen Kläger gesprochen, und er bestreitet, jemals geschlagen worden zu sein.«

»Das ist unmöglich«, sagte ich. »Ich habe ja erst gestern mit ihm gesprochen.« Der Commander gab einem Lieutenant ein Zeichen und erklärte dann: »Dann sehen Sie doch selbst.« Der Lieutenant führte Bogart herein. Sein Gesicht war von Bandagen bedeckt. Der Commander fragte ihn, ob er geschlagen worden sei. »Nein, Baas«, sagte er ruhig, ohne mich anzusehen. »Ich bin niemals geschlagen worden.« Er wurde wieder hinausgeführt.

»Nun, Mandela«, erklärte der Commander. »Der Fall ist abgeschlossen.« Es war dem Commander gelungen, mich zu demütigen. Offensichtlich hatte er Bogart mit Lebensmitteln und Tabak bestochen, seine Beschuldigungen fallenzulassen. Von diesem Zeitpunkt an verlangte ich eine handschriftliche und unterzeichnete Erklärung des betreffenden Gefangenen, bevor ich mich bereit erklärte, den Fall zu übernehmen.

EINES TAGES im Sommer 1965 entdeckten wir auf unserer Hafergrütze zum Frühstück ein leichtes fettes Glitzern und in unserem Mittagspapp einige Brocken frisches Fleisch. Am nächsten Tag konnten einige Männer frische Hemden in Empfang nehmen. Das Wachpersonal im Steinbruch und die Wärter in unserem Zellenblock erschienen ein wenig rücksichtsvoller. Wir waren alle argwöhnisch; im Gefängnis geschieht keine Verbesserung ohne Grund. Einen Tag später wurde uns mitgeteilt, das Internationale Rote Kreuz werde am folgenden Tag eintreffen.

Das war ein wichtiges Ereignis, wichtiger als alle früheren Besuche im Gefängnis. Das Rote Kreuz war vertrauenswürdig und unabhängig, eine internationale Organisation, die bei den westlichen Mächten und bei den Vereinten Nationen Aufmerksamkeit genoß. Die Gefängnisbehörden respektierten das Rote Kreuz – und mit respektierten meine ich fürchteten, denn die Behörden respektierten nur, was sie fürchteten. Die Gefängnisaufsicht mißtraute allen Organisationen, die auf die Weltmeinung Einfluß nehmen konnten, und sahen sie nicht als legitime Nachforscher an, mit denen man ehrlich umzugehen habe, sondern als unverschämte Eindringlinge, die möglichst hinters Licht geführt werden sollten. Vorrangiges Ziel der Behörden war die Vermeidung internationaler Verurteilung.

In jenen frühen Jahren war das Internationale Rote Kreuz die einzige Organisation, die sich unsere Beschwerden anhörte und auf sie reagierte. Das war lebenswichtig, denn die Behörden ignorierten uns. Nach den Vorschriften hatten die Behörden für ein offizielles Verfahren zur Entgegennahme unserer Beschwerden zu sorgen. Das taten sie zwar, aber in höchst oberflächlicher Weise. Jeden Sonntagmorgen erschien der Oberaufseher in unserem Block und brüllte: »Klagtes and Versoeke! Klagtes and Versoeke!« (»Beschwerden und Wünsche! Beschwerden und Wünsche!«) Jene von uns mit »Klagte« und »Versoeke« – und das waren fast alle – stellten sich in einer Reihe auf, um den Oberaufseher zu sprechen. Einer nach dem anderen trug formelle Beschwerden über Essen, Kleidung oder Besuch vor. Jedem nickte der Oberaufseher zu und sagte nur: »Ja, ja«, und dann: »Der Nächste!« Er schrieb sich nicht einmal auf, was wir ihm erklärten. Wenn wir versuchten, für unsere Organisation zu sprechen, brüllten die Aufseher: »Kein ANC oder PAC hier! Verstaan?« (»Verstanden?«)

Kurz vor dem Besuch des Roten Kreuzes hatten wir dem Gefängnisdirektor eine formelle Liste mit Beschwerden einzureichen. Zu jener Zeit waren uns nur Papier und Bleistift zum Briefeschreiben gestattet. Wir hatten uns im Steinbruch und im Waschraum untereinander beraten und eine Liste zusammengestellt. Wir händigten sie dem Oberaufseher aus, der sie nicht in Empfang nehmen wollte und uns beschuldigte, wir hätten durch das Zusammenstellen einer solchen Liste gegen die Vorschriften verstoßen.

Eine der Beschwerden, die wir dem Roten Kreuz übermitteln wollten, sollte zum Inhalt haben, daß die Behörden unsere Beschwerden nicht entgegennähmen.

Am Tag des Besuchs wurde ich ins Direktionsbüro gerufen, um mit dem Vertreter des Roten Kreuzes zu sprechen. In jenem Jahr und in den folgenden war dieser Vertreter ein gewisser Mr. Senn, ein früherer Gefängnisdirektor in seinem Heimatland Schweden, der nach Rhodesien emigriert war. Senn war ein ruhiger, ziemlich nervöser Mann Mitte Fünfzig, der sich in seiner Umgebung überhaupt nicht wohl zu fühlen schien.

Die Begegnung wurde nicht überwacht, ein entscheidender Unterschied zu fast allen unseren früheren Besuchern. Er erklärte, alle unsere Beschwerden und Klagen entgegennehmen zu wollen, und hörte sehr aufmerksam zu, wobei er sich ausführliche Notizen machte. Er war sehr höflich und dankte mir für alles, was ich berichtet hatte. Dennoch war dieser erste Besuch ziemlich angespannt. Keiner von uns wußte, was er von dem anderen erwarten sollte.

Ich beschwerte mich mit lauter Stimme über unsere Kleidung und betonte, wir wollten keine kurzen Hosen tragen, sondern brauchten angemessene Kleidung, einschließlich Socken und Unterwäsche, die wir nicht bekämen. Ich zählte unsere Klagen auf, über Verpflegung, Besuche, Briefe, Lernmöglichkeiten, Sport, Schwerarbeit und über das Verhalten unserer Wärter. Ich erhob bestimmte Forderungen, von denen ich wußte, daß die Behörden sie niemals erfüllen würden, wie unseren Wunsch, in Gefängnisse verlegt zu werden, die näher an unserem Wohnort lagen.

Nach unserer Sitzung kam Senn mit dem Gefängnisdirektor und seinem Personal zusammen, während ich wartete. Ich nahm an, er werde unsere Beschwerden den Behörden vortragen und auf die hinweisen, die er für vernünftig hielt. Kurze Zeit nach Senns Besuch erhielten wir bessere Kleidung und lange Hosen. Doch Senn war in keiner Weise ein fortschrittlicher Mann; seine Jahre in Rhodesien schienen ihn an den Rassismus gewöhnt zu haben. Ehe ich in meine Zelle zurückkehrte, erinnerte ich ihn an unsere Beschwerde, daß die afrikanischen Gefangenen kein Brot erhielten. Mr. Senn schien verwirrt zu sein; er schaute den Colonel an, der das Gefängnis leitete. »Brot ist sehr schlecht für Ihre Zähne, wissen Sie, Mandela«, erklärte Mr. Senn: »Mealies sind viel besser für Sie. Sie machen Ihre Zähne kräftig.«

In den späteren Jahren schickte das Internationale Rote Kreuz liberalere Männer, die sich aufrichtig um Verbesserungen bemühten. Die Organisation spielte auch eine entscheidende Rolle auf einem Gebiet, das weniger offensichtlich, aber nicht weniger wichtig für uns war: Häufig verschafften sie Frauen und Verwandten Geld, die anderenfalls nicht in der Lage gewesen wären, uns auf der Insel zu besuchen.

Nachdem man uns auf Robben Island verlegt hatte, waren unsere Helfer in Sorge, ob man uns dort gestattete, uns weiterzubilden. Einige Monate nach unserer Ankunft verkündeten die Behörden, daß diejenigen, die weiterstudieren wollten, um Erlaubnis nachsuchen könnten. Die meisten Männer taten dies, und obwohl sie Gefangene der Gruppe D waren, erhielten sie die Erlaubnis. Nach dem Rivonia-Prozeß war man staatlicherseits selbstsicher und glaubte, es sei harmlos, wenn wir das Privileg zu studieren erhielten. Später bereute man es allerdings. Ein Postgraduierten-Studium war nicht gestattet, doch in meinem Fall machte man eine Ausnahme, weil ich während meines Aufenthalts in Pretoria einen Präzedenzfall geschaffen hatte.

Nur sehr wenige Männer in unserem Block hatten einen BA-Grad, und viele schrieben sich für Kurse auf Universitätsniveau ein. Eine ganze Reihe hatte keinen High-School-Abschluß und wählte Kurse, um sich für einen solchen Abschluß zu qualifizieren. Einige Männer waren bereits hochgebildet, wie Govan Mbeki und Neville Alexander, doch andere hatten nicht mehr als mittlere Schulbildung hinter sich gebracht. Innerhalb eines Monats studierten praktisch alle von uns für den einen oder anderen akademischen Grad. In der Nacht vermittelte unser Zellenblock eher den Eindruck eines Lesesaals als eines Gefängnisses.

Doch das Privileg zu studieren war an ein Bündel von Bedingungen geknüpft. Bestimmte Themen, wie Politik oder Militärgeschichte, waren verboten. Über Jahre hin durften wir außer von unseren Familien keine Geldmittel empfangen, so daß arme Gefangene selten das Geld für Bücher oder Unterricht hatten. Das machte die Gelegenheit zum Studium davon abhängig, wieviel Geld man hatte. Auch war es uns nicht erlaubt, anderen Gefangenen Bücher auszuleihen, was auch unseren armen Kollegen das Studium ermöglicht hätte.

Ständig gab es Streit darüber, ob wir das Studienprivileg akzeptieren sollten oder nicht. Einige Mitglieder der Unity Movement meinten zuerst, wir nähmen von der Regierung Almosen, die unsere Integrität beschädigten. Studieren sollte nicht ein an Bedingungen geknüpftes Privileg, sondern ein uneingeschränktes Recht sein, argumentierten sie. Wenngleich ich dieser Meinung zustimmte, so konnte ich dennoch nicht hinnehmen, daß wir deswegen auf das Studium verzichteten. Als Freiheitskämpfer und politische Gefangene hätten wir die Pflicht, unsere Fähigkeiten zu verbessern und zu stärken, und Studium sei eine der wenigen Gelegenheiten dazu.

Die Gefangenen konnten sich entweder bei der University of South Africa (UNISA) einschreiben oder beim Rapid Results College, das für Studenten bestimmt war, die ihre High-School-Reife erlangen wollten. In meinem Fall war das Studium unter den Auspizien der University of London ein geteiltes Vergnügen. Auf der einen Seite erhielt ich jene Art von Büchern, die nicht auf einer südafrikanischen Lektüreliste standen; auf der anderen Seite hielten die Behörden viele dieser Bücher zwangsläufig für unpassend und verboten sie folglich.

Der Empfang von Büchern war häufig ein Abenteuer. Angenommen, man forderte bei einer südafrikanischen Bibliothek ein Buch über Vertragsrecht an. Die Bibliothek würde den Auftrag bearbeiten und das Buch per Post zuschicken. Doch wegen der Unwägbarkeiten der Postzustellung und der häufig absichtlichen Säumigkeit des Zensors würde das Buch erst nach dem Datum eintreffen, an dem es zurückgeschickt werden müßte. Wenn das Datum verstrichen war, schickten die Aufseher es in der Regel zurück, ohne es einem auch nur gezeigt zu haben. Bei der Natur des

Postsystems konnte man eine Gebühr für verspätete Rücksendung erhalten, ohne das Buch je erhalten zu haben.

Außer Büchern konnten wir auch die für unser Studium notwendigen Publikationen bestellen. Doch in dieser Hinsicht waren die Behörden äußerst streng, und die einzige Art von Publikation, die als tauglich durchgehen würde, wäre eine Vierteljahresschrift für Statistik, die ein Student benötigt, der sich Kenntnisse des Rechnungswesens aneignen möchte. Doch eines Tages erklärte Mac Maharaj einem Kameraden, der Wirtschaftswissenschaften studierte, er solle die Zeitschrift *The Economist* anfordern. Wir lachten und meinten, er könne genausogut die Zeitschrift *Time* verlangen, denn *The Economist* sei ebenfalls ein Nachrichtenmagazin. Doch Mac grinste nur und erklärte, die Behörden wüßten das nicht; sie würden ein Buch nach seinem Titel beurteilen. Innerhalb eines Monats erhielten wir *The Economist* und verschlangen die Nachrichten, nach denen wir hungerten. Doch die Behörden entdeckten ihren Fehler schon bald und kündigten das Abonnement.

Sobald die meisten Männer zu studieren anfingen, beschwerten wir uns darüber, daß wir nicht einmal das mindeste an Gerätschaften hätten, das für das Studium notwendig sei, wie etwa Tische und Stühle. Diese Beschwerde übermittelte ich dem Internationalen Roten Kreuz. Schließlich brachten die Behörden in jeder Zelle eine Art Stehpult an, ein simples Holzbrett, das in Brusthöhe aus der Wand ragte.

Das war nicht gerade das, was wir uns vorgestellt hatten. Nach einem mühseligen Tag im Steinbruch war einem nicht danach, an einem Stehpult zu arbeiten. Einige von uns beschwerten sich über die Tische, und Kathy am allerlautesten. Er teilte dem leitenden Offizier mit, es sei nicht nur eine Zumutung, an Stehpulten zu arbeiten, sondern die Arbeitsfläche fiele auch noch so steil ab, daß die Bücher zu Boden klatschten. Der Offizier stattete Kathys Zelle einen überraschenden Besuch ab, verlangte nach einem Buch und knallte es auf den Tisch. Es bewegte sich nicht. Er forderte von Kathy ein weiteres Buch und legte es auf das erste; wieder geschah nichts. Nachdem er schließlich vier Bücher auf dem Tisch aufgebaut hatte, wandte er sich dem verzagten Kathy zu und konstatierte: »He, mit den Tischen ist alles in Ordnung«, und marschierte nach draußen. Doch sechs Monate später hatten die Behörden ein Einsehen, wir erhielten dreibeinige Holzstühle, und die Stehpulte wurden niedriger angebracht.

Eine Klage, die ich dem Internationalen Roten Kreuz vortrug, betraf die willkürliche Art und Weise, wie die Wärter uns beschuldigten. »Beschuldigt« zu werden bedeutete, daß ein Wärter behaupten konnte, ein Gefangener habe gegen eine besondere Anordnung verstoßen, und das konnte durch Einzelhaft oder Entzug von Mahlzeiten oder Privilegien bestraft werden. Die Aufseher behandelten im allgemeinen solche Angelegenheiten nicht leichtfertig, denn wenn ein Gefangener beschuldigt wurde, dann konnte er eine Rechtsanhörung verlangen, und je nach Schwere der Anschuldigung reiste ein Verwaltungsbeamter von Kapstadt an. Zu jener Zeit lehnten die Behörden Anhörungen ab. Als ich mich darüber beim Internationalen Roten Kreuz beschwerte, bekam ich selbst ein Problem damit. Doch die Situation besserte sich schon bald.

Während der ersten vier Jahre auf der Insel blieben wir an den Wochenenden in unseren Zellen, und zwar den ganzen Tag über, mit Ausnahme einer halben Stunde sportlicher Betätigung. An einem Samstag bemerkte ich nach der Rückkehr vom Sport im Gefängnishof, daß einer der Aufseher auf einer Bank am Korridorende eine Zeitung liegengelassen hatte. Der Aufseher verhielt sich neuerdings ziemlich freundlich zu uns, und so nahm ich an, daß er die Zeitung nicht zufällig dort liegengelassen hatte.

Zeitungen sind für politische Gefangene kostbarer als Gold oder Edelsteine, und sie begehren sie mehr als Essen oder Tabak; auf Robben Island waren sie die wertvollste Schmuggelware. Neuigkeiten waren das intellektuelle Rohmaterial des Kampfes. Uns wurden alle Neuigkeiten vorenthalten, und wir verlangten geradezu süchtig nach ihnen. Walter schien mehr noch als ich ohne Neuigkeiten wie beraubt zu sein. Die Behörden versuchten uns einen völligen Blackout an Meldungen aufzuerlegen. Sie wollten nicht, daß wir irgend etwas erfuhren, das geeignet sein könnte, unsere Moral aufzurichten oder uns die Gewißheit zu geben, daß draußen noch Menschen an uns dachten.

Wir betrachteten es als unsere Pflicht, uns über die Politik des Landes auf dem laufenden zu halten, und wir kämpften lange und hart um das Recht, Zeitungen zu lesen. Über die Jahre entwickelten wir viele Methoden, um an Zeitungen zu kommen, doch nachträglich betrachtet, waren wir nicht sonderlich erfolgreich. Einer der Vorzüge, den es mit sich brachte, in den Steinbruch zu gehen, bestand darin, daß die Sandwiches der Aufseher in Zeitungspapier gewickelt waren und daß sie dieses Umschlagpapier häufig in den Müll warfen, aus dem wir es hinter ihrem Rücken wieder hervorfischten. Wir lenkten den Wärter ab, klaubten das Zeitungspapier aus dem Abfall und ließen es unter unseren Hemden verschwinden.

Eine der verläßlichsten Methoden, Zeitungen zu bekommen, war Bestechung, und dies war das einzige Gebiet, auf dem ich die ansonsten häufig unethischen Mittel der Informationsbeschaffung tolerieren konnte. Wenn wir eine Zeitung ergattern konnten, dann war es viel zu gefährlich, sie an andere weiterzugeben. Besitz von Zeitungen war ein schweres Vergehen. Statt dessen las einer die Zeitung, gewöhnlich Kathy oder später Mac Maharaj. Kathy war zuständig für Kommunikation, und er hatte sich erfindungsreiche Wege ausgedacht, uns mit Informationen zu versorgen. Kathy las die Zeitung durch und schnitt sich wichtige Beiträge aus, die dann heimlich an uns verteilt wurden. Jeder schrieb eine Zusammenfassung des Beitrags, den er erhalten hatte; diese Zusammenfassungen kursierten dann unter uns und wurden später in die allgemeine Abteilung geschmuggelt. Waren die Behörden besonders wachsam, schrieben Kathy oder Mac ihre Zusammenfassungen der Nachrichten und vernichteten die Zeitung, gewöhnlich indem sie sie in kleine Stücke rissen, und versteckten sie in ihrer Unterhose, welche die Aufseher niemals inspizierten.

Als ich die Zeitung auf der Bank bemerkte, verließ ich rasch meine Zelle, ging bis zum Korridorende, schaute in beide Richtungen und nahm die Zeitung von der Bank, um sie unter mein Hemd zu schieben. Normalerweise hätte ich die Zeitung irgendwo in meiner Zelle versteckt und sie erst zur Schlafenszeit hervorgeholt. Doch wie ein Kind, das seine Süßigkeiten vor der Hauptmahlzeit verschlingt, war ich so begierig nach Nachrichten, daß ich die Zeitung sofort in meiner Zelle aufschlug.

Ich weiß nicht, wie lange ich bereits gelesen hatte, jedenfalls war ich so vertieft in die Zeitung, daß ich keine Schritte hörte. Plötzlich tauchten ein Offizier und zwei weitere Aufseher auf, und ich hatte nicht einmal Zeit, die Zeitung unter mein Bett zu stecken. Ich war sozusagen schwarz auf weiß erwischt worden. »Mandela«, erklärte der Offizier, »wir beschuldigen Sie des Besitzes von Schmuggelware, und dafür werden Sie bezahlen.« Die beiden Aufseher untersuchten sodann gründlich meine Zelle, um festzustellen, ob sie noch etwas anderes finden konnten.

Innerhalb von einem oder zwei Tagen wurde ein Magistrate von Kapstadt herbeigeholt, und ich wurde in den Raum des Verwaltungsgebäudes geführt, der als Gericht der Insel diente. In diesem Falle waren die Behörden gewillt, einen Verwaltungsbeamten von draußen herbeizuschaffen, weil sie wußten, daß dies ein eindeutiger Fall war. Ich verzichtete auf einen Verteidiger und wurde zu drei Tagen Einzelhaft und Entzug von Mahlzeiten verurteilt.

Die Einzelzellen befanden sich in demselben Gebäudekomplex, aber in einem anderen Flügel. Wenngleich sie nur auf der anderen Seite des Hofes lagen, so hatte man doch das Gefühl von ungeheurer Entfernung. In der Isolierung war man ohne Gesellschaft, ohne sportliche Betätigung und sogar ohne Nahrung; man erhielt drei Tage lang nur dreimal täglich Reiswasser. (Reiswasser ist einfach Wasser, in dem Reis gekocht wurde.) Im Vergleich dazu war unsere normale Essensration wie ein Festmahl.

Der erste Tag in Einzelhaft war immer der schlimmste. Man war an regelmäßiges Essen gewöhnt, und der Körper war auf den Nahrungsentzug nicht eingestellt. Am zweiten Tag war ich auf den Nahrungsmangel mehr oder weniger eingestellt, und am dritten Tag verspürte ich kaum noch Hunger. Solcher Nahrungsentzug war auch für die Afrikaner im Alltagsleben nicht ungewöhnlich. In meinen ersten Jahren in Johannesburg war ich über Tage hin ohne Nahrung gewesen.

Wie ich bereits erwähnt habe, hielt ich die Einzelhaft für den abscheulichsten Bestandteil des Gefängnislebens. In der Isolierung gab es keinen Anfang und kein Ende; da war nur das eigene Bewußtsein, das anfangen konnte, einem Streiche zu spielen. War dies ein Traum, oder ist das tatsächlich geschehen? Man beginnt alles in Frage zu stellen. Habe ich die richtige Entscheidung getroffen, ist mein Opfer es wert? In der Einsamkeit gibt es kein Entrinnen vor diesen Fragen, die einen ständig heimsuchen.

Doch der menschliche Körper hat eine enorme Fähigkeit zur Anpassung an unangenehme Umstände. Ich habe festgestellt, daß man das Unerträgliche ertragen kann, wenn man die Stärke seines Geistes bewahren kann, auch dann, wenn der Körper gefordert wird. Starke Überzeugungen sind das Geheimnis des Überlebens von Deprivationen; unser Geist kann voll sein selbst dann, wenn unser Magen leer ist.

In jenen frühen Jahren wurde Isolierung zur Regel. Wir wurden routinemäßig wegen der kleinsten Unregelmäßigkeit angeklagt und zu Einzelhaft verurteilt. Wegen eines Blicks zur Seite konnten einem Mann mehrere Mahlzeiten entzogen werden, oder er konnte dafür bestraft werden, daß er nicht aufstand, als ein Aufseher den Raum betrat. Einige PAC-Mitglieder, die häufig gegen die Regeln verstießen, ohne irgendeinen besonderen Anlaß zu haben, verbrachten einen großen Teil ihrer Zeit in Einzelhaft. Die Behörden glaubten, Einzelhaft sei ein Heilmittel gegen unsere Mißachtung und Aufsässigkeit.

Das zweite Mal, daß ich beschuldigt wurde und deswegen einige Zeit in Einzelhaft zubrachte, war kurze Zeit nach dem ersten Mal. Wie ich bereits erwähnt habe, hatten wir große Mühe, unsere Beschwerden vorzutragen. Die Abgeschiedenheit des Gefängnisses ließ die Behörden glauben, sie könnten uns straflos ignorieren. Sie waren der Meinung, wenn sie sich uns gegenüber taub stellten, würden wir frustriert aufgeben und die Menschen draußen würden uns vergessen.

Eines Tages arbeiteten wir im Kalksteinbruch, als der kommandierende Offizier auftauchte, um uns zu beobachten; er war in Begleitung eines Herrn, den wir zunächst nicht erkannten. Einer meiner Kollegen flüsterte mir zu, das sei Brigadier Aucamp von der Hauptverwaltung, der Kommandeur unseres Kommandeurs. (Nicht zu verwechseln mit Lieutenant Aucamp vom Gefängnis Pretoria Local, der während des Rivonia-Prozesses nach uns schaute.) Die beiden Männer standen in einiger Entfernung und beobachteten uns.

Aucamp war ein kleiner, untersetzter Mann, der statt einer Militäruniform einen Anzug trug. Normalerweise erschien er jedes zweite Jahr auf der Insel zur Inspektion. Bei diesen Gelegenheiten hatten wir Befehl, in Habachtstellung am Gitter unserer Zelle zu stehen und unsere Gefängniskarte hochzuhalten, während er vorbeiging.

Ich beschloß, Aucamps unerwartetes Auftauchen als einzigartige Gelegenheit zu nutzen, unsere Beschwerden dem Mann vorzutragen, der über die Macht verfügte, die Mißstände abzustellen. Ich legte meine Spitzhacke nieder und schickte mich an, zu ihm hinüberzugehen. Die Aufseher schauten sofort alarmiert herüber und kamen auf mich zu. Ich wußte, daß ich gegen Regeln verstieß, doch ich hoffte zugleich, die Wärter wären durch meine ungewohnte Handlung zu überrascht, daß sie nichts unternehmen würden, um mich aufzuhalten. Diese Hoffnung erwies sich als richtig.

Als ich die beiden Männer erreichte, befahl der kommandierende Offizier schroff: »Mandela, gehen Sie zurück an Ihren Platz. Niemand hat Sie gerufen.« Ich beachtete ihn nicht und wandte mich an Aucamp. Ich hätte zu dieser außergewöhnlichen Handlung gegriffen, erklärte ich, weil unsere Klagen nicht beachtet worden seien. Der Offizier unterbrach mich: »Mandela, ich befehle Ihnen, an Ihren Platz zurückzugehen.« Ich wandte mich ihm zu und erklärte in maßvollem Ton: »Ich bin bereits hier und werde nicht zurückgehen.« Ich hoffte, Aucamp werde einverstanden sein, mich anzuhören, doch er musterte mich kalt und wandte sich dann an die Aufseher und sagte ruhig: »Ergreift ihn.«

Ich sprach weiter, als die Aufseher mich abführten. »Bringt ihn zurück in die Zelle«, befahl der kommandierende Offizier. Ich wurde angeklagt und verzichtete wiederum auf eine Verteidigung. Die Strafe in diesem Fall betrug vier Tage in Einzelhaft. Das, was ich getan hatte, enthielt eine Lehre, die ich freilich schon kannte, aber aus Verzweiflung in den Wind geschlagen hatte. Niemand, am wenigsten ein Gefängnisbeamter, kann es leiden, wenn seine Autorität öffentlich in Frage gestellt wird. Um mich anzuhören, hätte Aucamp seinen Untergebenen bloßstellen müssen. Gefängnisbeamte reagieren viel offener auf private Ansprachen. Die beste Methode, um auf Robben Island Änderungen herbeizuführen, bestand darin, zuständige Leute privat und nicht öffentlich zu beeinflussen. Zuweilen bin ich gescholten worden, weil es den Anschein hatte, als passe ich mich den Gefängnisbehörden zu sehr an, doch ich war bereit, die Kritik über mich ergehen zu lassen, wenn ich im Austausch Verbesserungen erreichte.

DIE WICHTIGSTE Person im Leben jedes Gefangenen ist nicht der Justizminister, nicht der höchste Gefängnisbeamte, nicht einmal der Gefängnisdirektor, sondern der Aufseher in dem jeweiligen Block. Wenn Sie sich erkältet haben und eine zusätzliche Decke haben möchten, dann können Sie eine Petition an den Justizminister richten, doch Sie werden keine Antwort erhalten. Wenn Sie zum Gefängniskommissar gehen, wird er sagen: »Tut mir leid, das ist gegen die Vorschriften.« Der Gefängnisleiter wird erklären: »Wenn ich Ihnen eine zusätzliche Decke gebe, muß ich allen eine geben.« Aber wenn Sie sich an den Aufseher auf Ihrem Zellenkorridor wenden und Sie sich gut mit ihm verstehen, wird er einfach zum Lagerraum gehen und Ihnen eine Decke holen.

Ich habe immer versucht, mich gegenüber den Aufsehern in meinem Block zurückhaltend zu verhalten; Feindseligkeit wäre selbstzerstörerisch gewesen. Es hatte keinen Sinn, unter den Aufsehern einen permanenten Feind zu haben. Es war ANC-Politik, zu versuchen, alle Menschen zu erziehen, selbst unsere Feinde:

Wir glaubten, daß alle Menschen, selbst Gefängnisaufseher, fähig wären, sich zu ändern, und wir taten unser Bestes, um Einfluß auf sie zu nehmen.

Im allgemeinen behandelten wir die Aufseher, wie sie uns behandelten. War ein Mann rücksichtsvoll, waren wir es auch ihm gegenüber. Nicht alle unsere Aufseher waren Ungeheuer. Wir bemerkten gleich zu Anfang, daß unter ihnen einige waren, die an Fairneß glaubten. Dennoch, freundlich zu Aufsehern zu sein war keine leichte Sache, denn sie fanden im allgemeinen den Gedanken, einem schwarzen Mann gegenüber höflich zu sein, abstoßend. Weil es nützlich war, mit Aufsehern zu tun zu haben, die uns gegenüber wohlgesonnen waren, forderte ich häufig bestimmte Männer auf, ausgesuchte Aufseher anzusprechen. Niemand übernahm gern eine solche Aufgabe.

Wir hatten im Steinbruch einen Aufseher, der uns gegenüber besonders feindselig eingestellt zu sein schien. Das war ärgerlich, denn im Steinbruch diskutierten wir gewöhnlich untereinander, und ein Aufseher, der uns nicht zu sprechen erlaubte, war ein großes Hindernis. Ich bat einen bestimmten Kameraden, sich mit diesem Burschen anzufreunden, damit er unsere Gespräche nicht mehr unterbrach. Der Aufseher war ziemlich grob, doch bald begann er sich in Gegenwart dieses einen Gefangenen ein wenig zu entspannen. Eines Tages bat der Aufseher diesen Kameraden um seine Jacke, damit er sie auf den Boden legen und darauf Platz nehmen könne. Obwohl ich wußte, daß es dem Kameraden gegen den Strich ging, nickte ich ihm zu, einzuwilligen.

Einige Tage später nahmen wir im Unterstand unser Mittagessen ein, als der besagte Aufseher vorüberging. Er hatte noch ein Sandwich bei sich. Er warf es ins Gras neben uns und sagte: »Hier.« Das war seine Art, Freundschaft zu zeigen.

Das stürzte uns in ein Dilemma. Auf der einen Seite behandelte er uns wie Tiere, denen er einen Brocken zuwerfen konnte, und ich hatte das Gefühl, es untergrabe unsere Würde, wenn wir das Sandwich annähmen. Auf der anderen Seite waren wir hungrig, und wenn wir die Geste zurückwiesen, würden wir den Aufseher beleidigen, den wir uns zum Freund machen wollten. Ich konnte erkennen, daß der Kamerad, der sich dem Wärter freundschaftlich genähert hatte, das Sandwich haben wollte, und ich nickte ihm zu, es aufzunehmen.

Die Strategie hatte Erfolg, denn der besagte Aufseher wurde uns gegenüber weniger wachsam. Er stellte uns sogar Fragen nach dem ANC. Ein Mann, der für den Gefängnisdienst arbeitet, hat wahrscheinlich zwangsläufig durch die Regierungspropaganda eine Gehirnwäsche erhalten. Er könnte beispielsweise glauben, wir wären Terroristen und Kommunisten, die den weißen Mann ins Meer treiben wollen. Doch wenn wir ihm in aller Ruhe unsere nichtrassistische Haltung oder unseren Wunsch nach Gleichberechtigung oder unsere Pläne für die Neuverteilung des Reichtums erklärten, dann kratzte er sich am Kopf und meinte: »Das macht verdammt mehr Sinn als das, was die Nats (Nationalisten) sagen.«

Aufseher, die uns freundlich gesinnt waren, erleichterten eine unserer wichtigsten Aufgaben auf Robben Island: die Kommunikation. Wir betrachteten es als unsere Pflicht, in Kontakt mit unseren Männern in den Abteilungen F und G zu bleiben, wo die gewöhnlichen Gefangenen einsaßen. Als politische Gefangene waren wir genauso daran interessiert, unsere Organisation im Gefängnis zu stärken, wie wir es draußen gewesen waren. Kommunikation war für die Koordinierung unserer Proteste und Beschwerden von noch entscheidenderer Bedeutung. Da in der allgemeinen Abteilung mehr Gefangene kamen und gingen, hatten die Männer in G und F im allgemeinen mehr neue Informationen, nicht nur was die Bewegung anging, sondern auch über unsere Freunde und Familien.

Kommunikation zwischen den Abteilungen war ein schwerer Verstoß gegen die Vorschriften. Wir fanden viele wirksame Wege, um das Verbot zu umgehen. Die Männer, die unsere Essenkübel herbeischafften, waren aus der allgemeinen Abteilung, und in den ersten Monaten gelang es uns, mit ihnen geflüsterte Gespräche zu führen, in denen wir kurze Botschaften übermittelten. Wir bildeten ein geheimes Kommunikationskomitee, dem Kathy, Mac Maharaj, Chiba und mehrere andere angehörten und dessen Aufgabe es war, solche Praktiken zu organisieren.

Eine unserer ersten Techniken wurde von Kathy und Mac ausgetüftelt. Sie hatten bemerkt, daß während unseres Gangs zum Steinbruch die Aufseher häufig leere Streichholzschachteln wegwarfen. Sie begannen sie insgeheim aufzusammeln, und Mac hatte den Einfall, einen falschen Boden an der Schachtel anzubringen und darin winzige geschriebene Botschaften einzulegen. Laloo Chiba, der einst als Schneider gearbeitet hatte, schrieb winzige kodierte Botschaften, die in der umgebauten Streichholzschachtel untergebracht wurden. Joe Gqabi, ein weiterer MK-Soldat, der bei uns einsaß, trug die Streichholzschachteln während unseres Gangs zum Steinbruch bei sich und legte sie an einer strategischen Kreuzung ab, die, wie wir wußten, die gewöhnlichen Gefangenen passieren würden. In geflüsterten Gesprächen während der Essensausgabe erläuterten wir unseren Plan. Ausgewählte Gefangene von F und G nahmen die Schachteln bei ihren Gängen auf, und wir erhielten auf die gleiche Weise Botschaften. Das war alles andere als perfekt, und wir konnten leicht durch etwas so Simples wie Regen genarrt werden. Bald entwickelten wir effizientere Methoden.

Wir achteten darauf, wann die Aufseher unaufmerksam waren. Das war etwa während und nach den Mahlzeiten der Fall. Wir halfen uns gegenseitig bei der Essensausgabe, und so arbeiteten wir einen Plan aus, dem zufolge Kameraden aus der allgemeinen Abteilung, die in der Küche arbeiteten, Briefe und Notizen in Plastik einpackten und auf dem Boden der Essenkübel plazierten. Auf gleiche Weise schickten wir Nachrichten zurück, indem wir sie in dieselben Plastikhüllen steckten und sie unter die Berge schmutzigen Geschirrs steckten, die in die Küche zurückgebracht wurden. Wir bemühten uns nach Kräften, auf den Geschirrtabletts Unordnung anzurichten, und verteilten Nahrungsreste über alle Teller. Die Aufseher beschwerten sich sogar über das Durcheinander, doch sie machten sich nie die Mühe, das Geschirr zu untersuchen.

Unsere Toiletten und Duschen grenzten an die Einzelzellen an. Gefangene aus der allgemeinen Abteilung wurden häufig mit Einzelhaft bestraft, und dann benutzten sie dieselben Toilettenanlagen, wenn auch zu unterschiedlichen Zeiten. Mac entwickelte eine Methode, Notizen in Plastik einzupacken und sie dann unter dem Rand der Toilettenschüssel zu befestigen. Er ermunterte unsere politischen Gefangenen in der allgemeinen Abteilung, sich absichtlich verurteilen und in Einzelhaft stecken zu lassen, damit sie an die Mitteilungen herankommen und Antworten schicken könnten. Die Aufseher nahmen nie die Mühe auf sich, die Toiletten zu untersuchen.

Um zu verhindern, daß die Behörden unsere Mitteilungen lesen oder verstehen konnten, tüftelten wir Schriften aus, die sich nicht leicht lesen oder entziffern ließen. Eine Methode bestand darin, Botschaften mit Milch zu schreiben. Milch trocknet fast sofort an, und das Papier sieht dann leer aus. Doch wenn wir das Desinfektionsmittel, das wir erhielten, um unsere Zellen zu säubern, auf die getrocknete Milch sprühten, erschien die Schrift wieder. Unglücklicherweise erhielten wir nicht regelmäßig Milch. Wenn bei einem von uns ein Magengeschwür diagnostiziert wurde, benutzten wir seine Milch.

Eine andere Methode war, in winziger, kodierter Schrift auf Toilettenpapier zu schreiben. Das Papier war so klein und leicht zu verstecken, daß es eine beliebte Methode wurde, Botschaften nach draußen zu schmuggeln. Als die Behörden eine Anzahl dieser Mitteilungen entdeckten, griffen sie zu der außergewöhnlichen Maßnahme, das Toilettenpapier zu rationieren. Damals fühlte sich Govan nicht wohl und brauchte nicht in den Steinbruch, und er erhielt die Aufgabe, für jeden Gefangenen acht Stück Toilettenpapier täglich abzuzählen.

Doch bei all diesen erfindungsreichen Methoden war eine der besten Möglichkeiten zugleich auch die einfachste: ins Gefängniskrankenhaus überwiesen zu werden. Die Insel hatte nur ein Krankenhaus, und es war schwierig, uns, wenn wir eingewiesen waren, von den gewöhnlichen Gefangenen abzusondern. Zuweilen hatten die Gefangenen aus verschiedenen Abteilungen sogar dieselben Aufseher, und Männer von Abteilung B und Gefangene von F und G kamen zusammen und tauschten Informationen aus über politische Organisationen, Streiks, Arbeit nach Vorschrift, was immer die gerade aktuellen Themen im Gefängnis waren.

Kommunikation mit der Außenwelt wurde auf zwei Wegen hergestellt: durch Gefangene, deren Zeit abgelaufen war und welche die Insel verließen, und durch Kontakt mit Besuchern. Gefangene, die entlassen wurden, schmuggelten Briefe in ihrer Kleidung oder im Gepäck. Mit Besuchern von draußen war die Situation noch gefährlicher, weil das Risiko auch von den Besuchern getragen wurde. Besuchten uns Rechtsanwälte, durften Aufseher nicht im Raum bleiben, und wir gaben dem Rechtsanwalt zuweilen Briefe, um sie nach draußen zu schaffen. Anwälte wurden nicht durchsucht. Bei solchen Begegnungen konnten wir auch schriftlich kommunizieren, wie wir es beim Rivonia-Prozeß getan hatten. Da der Raum durch Wanzen abgehört wurde, sagten wir etwa: »Bitte, sagen Sie«, machten eine Pause, schrieben: »O. T.«, für Oliver Tambo, auf ein Stück Papier, sagten, »daß wir seinen Plan billigen, die Größe der«, schrieben »National Exekutive«, und sagten »zu verringern.«

Aus einer in Plastik verpackten Notiz, die in unseren Essenskübeln verborgen war, erfuhren wir im Juli 1966, daß die Männer in der allgemeinen Abteilung aus Protest gegen schlechte Bedingungen in einen Hungerstreik getreten waren. Die Notiz war ungenau, und wir wußten folglich nicht, wann der Streik aufgenommen worden war und gegen was er sich richtete. Doch wir unterstützten jeden Streik von Häftlingen, aus welchen Gründen sie, auch streiken mochten. Wir verständigten uns untereinander und beschlossen, mit Beginn unserer nächsten Mahlzeit einen Sympathiestreik zu veranstalten. Ein Hungerstreik bestand nur aus einem: nicht essen.

Wegen der Zeitverzögerung in unserer Kommunikation erfuhren die gewöhnlichen Gefangenen wahrscheinlich einen Tag oder mehr nichts von unserer Teilnahme. Doch wir wußten, daß die Nachricht sie bestärken würde. Die Behörden würden ihnen erklären, daß wir uns nicht an ihrem Streik beteiligten, sondern uns an opulenten Mahlzeiten ergötzten. Das war die übliche Arbeitsweise: In einer Krise starteten die Behörden stets eine Desinformationskampagne, um eine Abteilung gegen die andere auszuspielen. In diesem Fall unterstützte der ANC den Streik einmütig, einige PAC-Leute in der allgemeinen Abteilung hingegen nicht.

Während unseres ersten Streiktages erhielten wir unsere normalen Rationen und verweigerten die Annahme. Am zweiten Tag bemerkten wir, daß unsere Portionen größer waren und daß ein wenig mehr Gemüse dem Brei beigetan war. Am dritten Tag wurden saftige Fleischstücke in Soße serviert. Am vierten Tag glänzte der Haferbrei von Fett, und große Fleischbrocken und farbenprächtiges Gemüse dampften auf dem Breihügel. Die Mahlzeit ließ uns das Wasser im Munde zusammenlaufen. Die Aufseher grinsten, als wir das Essen zurückwiesen. Die Versuchung war groß, doch wir widerstanden, obwohl wir im Steinbruch besonders hart herangenommen wurden. Wir erfuhren, daß in der Hauptabteilung Häftlinge zusammengebrochen und in Schubkarren fortgeschafft worden waren.

Ich wurde zu einem Gespräch mit Colonel Wessels in das Direktionsbüro gerufen. Solche Gespräche waren delikat, denn meine Mithäftlinge wußten, daß die Behörden versuchen würden, mich zu bewegen, den Streik abzusagen. Wessels war ein Mann des direkten Worts, und er verlangte zu wissen, warum wir in den Hungerstreik getreten waren. Ich erklärte ihm, als politische Gefangene betrachteten wir den Protest gegen Haftbedingungen als Fortsetzung unseres Antiapartheidkampfes. »Aber Sie wissen ja gar nicht, warum sie in F und G streiken«, erklärte er. Das spiele keine Rolle, sagte ich, die Männer in G und F seien unsere Brüder, unser Kampf sei unteilbar. Er schnaubte und ließ mich gehen.

Am folgenden Tag erfuhren wir von einem ungewöhnlichen Gang der Dinge: Die Aufseher waren selbst in einen Essenboykott getreten und lehnten es ab, ihre eigene Cafeteria aufzusuchen. Sie streikten nicht, um uns zu unterstützen, sondern meinten, wenn wir so etwas tun könnten, dann sie auch. Sie verlangten bessere Nahrungsmittel und bessere Lebensbedingungen. Diese Kombination aus zwei Streiks war zuviel für die Behörden. Sie einigten sich mit den Aufsehern, und ein oder zwei Tage später erfuhren wir, daß die Behörden die allgemeine Abteilung aufgesucht und drei Vertreter verlangt hätten, um mit ihnen über Änderungen zu verhandeln. Die allgemeinen Gefangenen verkündeten ihren Sieg und brachen den Hungerstreik ab. Wir folgten einen Tag später.

Das war der erste und zugleich der erfolgreichste Hungerstreik auf der Insel. Als Form des Protests hat dieser Streik keine hohe Erfolgsquote, und das Prinzip dahinter ist mir immer als Donquichotterie erschienen. Damit ein Hungerstreik Erfolg hat, muß die Welt draußen davon erfahren. Sonst hungern die Gefangenen sich zu Tode, und niemand erfährt davon. Rausgeschmuggelte Informationen über unseren Hungerstreik würden Zeitungsberichte auslösen, die ihrerseits Anwaltsgruppen zur Ausübung von Druck veranlaßten. Das Problem, vor allem in den frühen Jahren, bestand darin, daß es fast unmöglich war, die Leute draußen davon in Kenntnis zu setzen, daß wir hier drinnen in einen Hungerstreik getreten waren.

Für mich waren Hungerstreiks viel zu passiv. Wir hatten bereits zu leiden, und durch einen Hungerstreik gefährdeten wir unsere Gesundheit, spielten sogar mit dem Tode. Ich habe immer eine aktivere, militantere Protestform vorgezogen, wie Arbeitsniederlegungen, Arbeit nach Vorschrift oder die Ablehnung von Reinigungsarbeiten; Aktionen also, welche die Behörden und nicht uns selbst trafen. Sie wollten Gestein aus dem Steinbruch, wir produzierten keins. Sie wollten den Gefängnishof sauber haben, wir standen untätig herum. Diese Art des Verhaltens quält und ärgert sie, während sie sich heimlich freuen, denke ich, uns hungern zu sehen.

Doch wenn eine Entscheidung anstand, wurde ich häufig überstimmt. Meine Kollegen beschuldigten mich sogar im Scherz, ich wolle nur nicht auf eine Mahlzeit verzichten. Die Befürworter von Hungerstreiks argumentierten, es sei eine traditionell akzeptierte Protestform, deren sich in der ganzen Welt so prominente Volksführer wie Mahatma Gandhi bedient hätten. War jedoch einmal eine Entscheidung herbeigeführt, unterstützte ich sie genauso aus vollem Herzen wie irgendeiner ihrer Befürworter. Tatsächlich war ich sogar während der Streiks häufig in der Position dessen, der schwankende Kollegen, die sich nicht an unsere Abmachung halten wollten, zu rügen hatte. »Madiba, ich möchte mein Essen«, sagte einmal ein Mann, wie ich mich erinnere. »Ich sehe nicht ein, warum ich darauf verzichten soll. Ich habe seit vielen Jahren meinen Mann im Kampf gestanden.«

Zuweilen aßen Kameraden insgeheim. Wir wußten dies aus einem simplen Grund: Am zweiten Tag des Hungerstreiks brauchte niemand mehr die Toilette aufzusuchen. Doch eines Morgens sieht man dann einen Burschen zur Toilette gehen. Wir hatten unseren eigenen Sicherheitsdienst, denn wir wußten, daß bestimmte Männer in dieser Hinsicht schwach sind.

MITTEN IM Hungerstreik vom Juli 1966 bekam ich von meiner Frau den zweiten Besuch. Es war fast genau zwei Jahre nach dem ersten Besuch, und beinahe wäre es überhaupt nicht dazu gekommen. Seit ihrem ersten Besuch im Jahre 1964 litt Winnie unter ständigen Belästigungen. Ihr Bruder und ihre Schwestern wurden von der Polizei gesucht, und die Behörden versuchten jeden in ihrer Familie davon abzuhalten, mit ihr zusammenzusein. Einiges davon erfuhr ich zu jener Zeit, vieles erst später. Einige der widerwärtigsten Vorgänge wurden mir im Gefängnis Zugetragen, denn nach meiner Rückkehr aus dem Steinbruch fand ich häufig einen säuberlich ausgeschnittenen Bericht über Winnie, den Aufseher anonym auf mein Bett gelegt hatten.

Mit kleinen, boshaften Methoden taten die Behörden ihr Bestes, um Winnies Reisen so unerfreulich wie möglich zu gestalten. In den zurückliegenden zwei Jahren waren ihre Besuche durch lokale Verwaltungsbeamte und durch wiederholte Bannungen, die sie am Reisen hinderten, unterbunden worden. Von einem Rechtsberater hatte ich kurz zuvor erfahren, daß Winnie von der Polizei informiert worden sei, sie könne mich nur besuchen, wenn sie einen Paß bei sich habe. Winnie hatte seit den fünfziger Jahren gegen die Regierungspolitik hinsichtlich der Pässe von Frauen protestiert, und so lehnte sie es jetzt strikt ab, das verhaßte Dokument bei sich zu tragen. Die Behörden wollten sie und mich erniedrigen, das war unverkennbar. Doch ich dachte, es sei wichtiger, daß wir uns sehen konnten, als den kindischen Machenschaften der Behörden Widerstand zu leisten, und Winnie stimmte schließlich zu, einen Paß bei sich zu tragen. Ich vermißte sie außerordentlich und brauchte die Gewißheit, sie sehen zu können. Außerdem hatten wir eine wichtige Familienangelegenheit zu besprechen.

Die Winnies Besuche betreffenden Regeln waren langwierig und kompliziert. Es war ihr verboten, einen Zug oder ein Auto zu benutzen, sondern sie hatte ein Flugzeug zu nehmen, was die Reise erheblich teurer gestaltete. Sie hatte die kürzeste Strecke vom Flughafen zum Caledon-Platz zu nehmen, wo sich die Polizeistation von Kapstadt befand; dort hatte sie verschiedene Dokumente zu unterzeichnen. Derselben Station hatte sie auf dem Rückweg Bericht zu erstatten und wiederum mehrere Dokumente zu unterschreiben.

In einem Zeitungsausschnitt hatte ich auch gelesen, daß ein Angehöriger der Special Branch (Sicherheitsabteilung) in unser Haus in Orlando eingedrungen sei und daß Winnie ihn in ihrem Zorn aus dem Schlafzimmer geworfen hatte, wo sie gerade dabeigewesen war, sich anzuziehen. Der Lieutenant erstattete später Anzeige gegen sie wegen Körperverletzung, und ich bat meinen Freund und Kollegen George Bizos, ihre Verteidigung zu übernehmen, was er auch mit allem Geschick tat. Wir hatten in den Zeitungen Berichte darüber gelesen, und einige Männer machten sogar Witze über Winnies Streitlust. »Du bist nicht der einzige Boxer in der Familie, Madiba«, meinten sie.

Der zweite Besuch dauerte nur eine halbe Stunde, und dabei

hatten wir soviel zu besprechen. Winnie war ein wenig erregt über die grobe Behandlung in Kapstadt und über die Tatsache, daß sie wie immer im Laderaum der Fähre hatte fahren müssen, im Rauch der Schiffsmaschinen, der sie krank machte. Sie hatte sich Mühe gegeben, sich schön für mich zu kleiden, doch sie sah dünn und mitgenommen aus.

Wir sprachen über die Erziehung der Kinder, den Gesundheitszustand meiner Mutter, der nicht sehr gut war, und über unsere Finanzen. Ein kritischer Punkt war die Erziehung von Zeni und Zindzi. Winnie hatte die beiden Mädchen in eine Schule für Inder gegeben, und die Behörden rügten den Direktor, weil es ein Gesetzesverstoß sei, wenn die Schule »afrikanische« Kinder aufnahm. Wir beschlossen schweren Herzens, Zeni und Zindzi auf ein Internat in Swaziland zu geben. Ich tröstete mich mit der Tatsache, daß die Ausbildung dort wahrscheinlich besser wäre, doch ich machte mir Sorgen wegen Winnie. Sie wäre allein und das Opfer von Leuten, die sie unter dem Vorwand, ihre Freunde zu sein, zugrunde zu richten suchten. Es war nicht zu leugnen, daß Winnie hinsichtlich der Beweggründe von Menschen zu vertrauensselig war.

Um die Einschränkungen zu umgehen, denen die Gespräche über nichtfamiliäre Themen unterlagen, benutzten wir Namen, deren Bedeutung für uns klar war, nicht jedoch für die Aufseher. Wenn ich wissen wollte, wie es Winnie wirklich ging, sagte ich etwa: »Hast du in der letzten Zeit mal von Ngutyana gehört? Geht es ihr gut?« Ngutyana ist einer der Clan-Namen Winnies, doch das wußten die Behörden nicht. Winnie konnte dann im einzelnen erzählen, wie es Ngutyana ging und was sie tat. Wenn der Aufseher fragte, wer Ngutyana sei, erklärten wir, das sei eine Cousine. Wenn ich wissen wollte, wie es der Auslandsmission des ANC erging, fragte ich: »Wie geht es der Kirche?« Winnie erörterte dann »die Kirche« in entsprechenden Worten, und ich fragte dann weiter: »Wie geht es den Priestern? Gibt es irgendwelche neuen Predigten?« Auf diese Weise improvisierten und arrangierten wir den Austausch einer großen Menge an Informationen.

Wie immer, wenn der Aufseher brüllte: »Die Zeit ist um«, hatte ich das Gefühl, es seien erst einige wenige Minuten verstrichen. Ich wollte auf das Trennglas einen Kuß drücken zum Abschied, doch ich hielt mich zurück. Ich wollte immer, daß Winnie zuerst ging, damit sie nicht sehen konnte, wie ich von dem Aufseher wieder abgeführt wurde, und ich sah, wie sie leise auf Wiedersehen flüsterte und ihren Schmerz vor den Aufsehern verbarg.

Nach dem Besuch vergegenwärtigte ich mir in der Vorstellung noch einmal alle Einzelheiten, was Winnie getragen, was sie gesagt, was ich gesagt hatte. Dann schrieb ich ihr einen Brief, in dem ich einiges, was wir besprochen hatten, aufgriff und sie daran erinnerte, wie sehr ich mich um sie sorgte, wie unverbrüchlich unsre Beziehung war, wie mutig sie war. Meine Briefe an sie betrachtete ich sowohl als Liebesbriefe wie auch als einzige Möglichkeit, ihr die gefühlsmäßige Stütze zu geben, auf die sie angewiesen war.

Bald nach ihrem Besuch erfuhr ich, daß Winnie angeklagt worden war, weil sie es versäumt hatte, die Polizei über ihre Ankunft in Kapstadt zu unterrichten, und weil sie sich geweigert hatte, der Polizei ihre Anschrift mitzuteilen, nachdem sie abgereist war. Sie hatte ihre Anschrift bereits auf der Fähre mitgeteilt und wurde auf der Rückfahrt erneut danach gefragt; sie verweigerte die Antwort mit dem Hinweis, sie habe ihre Anschrift bereits bekanntgegeben.

Winnie wurde festgenommen und auf Kaution wieder auf freien Fuß gesetzt. Sie wurde unter Anklage gestellt und zu einem Jahr Gefängnis verurteilt; die Strafe wurde ihr bis auf vier Tage erlassen. Anschließend verlor Winnie aufgrund des Vorfalls ihren zweiten Arbeitsplatz als Sozialarbeiterin und damit ihre Haupteinnahmequelle.

Die staatlichen Behörden unternahmen alles, um mich zu peinigen, und dies auf eine Weise, von der sie annahmen, daß ich mich nicht wehren könnte. Gegen Ende des Jahres 1966 unternahm die Law Society (Anwaltsverein) von Transvaal auf Veranlassung des Justizministers den Versuch, mich aufgrund meiner Verurteilung im Rivonia-Prozeß von der Liste der praktizierenden Anwälte streichen zu lassen. Offensichtlich ließ man sich nicht entmutigen durch den früheren erfolglosen Versuch, meinen Namen aufgrund meiner Verurteilung im Falle der Mißachtungskampagne von der Liste streichen zu lassen.

Ich erfuhr von der Aktion der Law Society erst, nachdem sie bereits angelaufen war. Die Law Society von Transvaal war eine extrem konservative Organisation, und sie suchte mich zu einem Zeitpunkt zu treffen, als sie vermutete, ich würde keine Möglichkeit haben, mich zu wehren. Für einen Gefangenen auf Robben Island ist es nicht leicht, sich vor Gericht zu verteidigen, aber genau das war beabsichtigt.

Ich informierte die Behörden, daß ich gedächte, gegen die Aktion vorzugehen, und daß ich selbst meine Verteidigung vorbereiten wolle. Ich teilte den Gefängnisbeamten mit, daß ich zur angemessenen Vorbereitung von der Arbeit im Steinbruch freigestellt werden müsse und daß ich zur Abfassung meines Schriftsatzes einen richtigen Tisch, einen Stuhl und eine Leselampe benötigte. Auch müsse ich eine Rechtsbibliothek aufsuchen und verlange, nach Pretoria gebracht zu werden.

Meine Strategie war, die Gefängnisbehörden und die Gerichte mit legitimen Forderungen einzudecken, die sie meines Wissens nur schwer zu erfüllen in der Lage waren. Die Behörden empfanden es stets als peinlich, wenn ich mich vor Gericht selbst verteidigen wollte, denn die damit einhergehende Publizität würde zeigen, daß ich nach wie vor für dieselben Rechte wie immer kämpfte.

Ihre erste Reaktion war: »Mandela, warum nehmen Sie sich nicht einen Anwalt, der Sie verteidigt? Er könnte diesen Fall richtig handhaben. Warum wollen Sie sich dieser Mühe aussetzen?« Doch ich gab nicht nach und verlangte vom Urkundsbeamten des Obersten Gerichts die Aufzeichnungen, Dokumente und Bücher, die ich brauchte. Ich forderte auch eine Liste der Zeugen der Staatsanwaltschaft und Zusammenfassungen ihrer künftigen Zeugenaussagen.

Ich erhielt einen Brief, in dem es hieß, ehe das Gericht meiner Forderung stattgeben könne, benötige es Auskunft über die Art meiner Verteidigung. Das war außergewöhnlich. Nach der Art der Verteidigung eines Anwalts vor Prozeßbeginn zu fragen? Kein Verteidiger kann gezwungen werden, seine Verteidigung zu offenbaren, ehe er nicht tatsächlich vor Gericht steht. Ich schrieb zurück, die Art meiner Verteidigung würde ihnen klarwerden, wenn ich mein Schreiben einreiche – und nicht eher.

Das war der Beginn einer Flut von Briefen zwischen mir, dem Urkundsbeamten und dem State Attorney, der die Law Society vertrat. Ich wollte bei keiner meiner Forderungen einen Rückzieher machen. Die Behörden waren genauso unnachgiebig: Ich könne nicht von der Steinbrucharbeit freigestellt werden, ich könne keinen Tisch und keinen Stuhl bekommen und unter gar keinen Umständen könne ich nach Pretoria reisen, um die Rechtsbibliothek zu benutzen.

Ich fuhr fort, die Law Society und den Urkundsbeamten mit Eingaben zu behelligen, die sie weiterhin zurückwiesen. Nach mehreren Monaten und vielen Briefen ließen sie ohne großes Aufheben und mit einer knappen Benachrichtigung die ganze Sache fallen. Sie war ihnen über den Kopf gewachsen. Sie hatten angenommen, ich würde nicht die Initiative oder die Geldmittel haben, um mich selbst zu verteidigen. Sie hatten sich getäuscht.

Ich konnte in allen Einzelheiten über die amtlichen Reaktionen auf meinen Widerstand gegen die Aktion der Law Society lesen, denn wir erhielten eine Tageszeitung, gerade so, als würde sie an unserer Tür abgeliefert. Tatsächlich wurde sie das auch.

Der Aufseher, der uns nachts beaufsichtigte, war ein ruhiger älterer Zeuge Jehovas, mit dem Mac Maharaj sich angefreundet hatte. Eines Nachts begab sich der Aufseher zu Macs Zelle und erzählte ihm, er wolle sich an dem Essay-Wettbewerb einer Zeitung beteiligen. Er frage sich, ob Mac ihm bei der Abfassung des Essays nicht behilflich sein könne. Der ältere Mann deutete an, wenn Mac ihm tatsächlich helfe, würde er eine Belohnung erhalten. Mac willigte ein und schrieb den Essay in der vorgeschriebenen Zeit. Zwei Wochen später erschien der alte Mann bei Mac und war ganz aufgeregt. Er sei in der Endausscheidung des Wettbewerbs, ob Mac ihm nicht noch einen Essay schreiben könne? Als Belohnung versprach der Wärter ihm ein gekochtes Hühnchen. Mac bedeutete dem Aufseher, er würde darüber nachdenken.

Am nächsten Tag erschien Mac bei Walter und mir und schilderte die Situation. Während Walter Mac ermunterte, das Hühnchen anzunehmen, erklärte ich, ich würde es für besser halten, wenn er es ablehnte, denn es könne so aussehen, als werde ihm besondere Behandlung zuteil. Am Abend erzählte Mac dem Aufseher, er werde den Essay schreiben, wenn er dafür eine Packung Zigaretten bekomme. Der alte Wärter willigte ein, und am folgenden Abend erhielt Mac eine frisch gekaufte Packung Zigaretten.

Am nächsten Tag erklärte uns Mac, jetzt habe er die Möglichkeit, den alten Mann unter Druck zu setzen. Wie, fragten wir. »Weil ich seine Fingerabdrücke auf der Zigarettenschachtel habe«, erklärte er, jetzt könne er ihn erpressen. Walter rief aus, das sei unmoralisch. Ich kritisierte Mac zwar nicht, fragte ihn aber, was er denn erpressen wolle. Mac zog die Augenbrauen hoch. »Zeitungen«, erklärte er. Walter und ich schauten uns an. Ich glaube, Walter war der einzige Mann auf Robben Island, der sich so nach Zeitungen sehnte wie sonst keiner. Mac hatte seinen Plan bereits mit dem Kommunikationskomitee erörtert, und obwohl wir beide Einwände gegen seine Methode hatten, hielten wir ihn nicht auf.

An diesem Abend eröffnete Mac dem Aufseher, er habe seine Fingerabdrücke auf der Packung Zigaretten, und wenn der alte Mann nicht kooperiere, werde er ihn dem kommandierenden Offizier melden. Aus Angst, entlassen zu werden und so seine Pension zu verlieren, versprach der Aufseher, alles zu tun, was Mac wollte. In den nächsten sechs Monaten bis zu seiner Versetzung schmuggelte der alte Mann Mac die jeweilige Tageszeitung zu. Mac faßte dann die Meldungen zusammen und reduzierte sie auf ein kleines Stück Papier, das unter uns zirkulierte. Der unglückliche Aufseher gewann nicht einmal den Wettbewerb.

Ich könnte kaum sagen, was wir im Steinbruch mehr produzierten, Kalk oder Gespräche. Um 1966 hatten die Aufseher eine Haltung des Laisser-faire angenommen; wir konnten sprechen, solange wir wollten, wenn wir nur arbeiteten. Wir standen in kleinen Gruppen herum, vier oder fünf Mann im Kreis, und sprachen den lieben langen Tag über alle Themen der Welt. Wir waren untereinander in ständiger Konversation begriffen, über feierliche Themen, aber auch durchaus alltägliche.

Am Gefängnis ist nichts, was einen erfreuen könnte, mit einer möglichen Ausnahme. Man hat Zeit zum Nachdenken. Im Eifer des Kampfes, wenn man ständig auf neue Umstände reagieren muß, hat man kaum die Möglichkeit, alle die Verästelungen einer Entscheidung oder einer Politik sorgsam zu überdenken. Das Gefängnis bietet Zeit – mehr als genug Zeit –, darüber nachzudenken, was man getan und was man unterlassen hat.

Ständig waren wir in politische Debatten verwickelt. Einige Debatten waren an einem Tag erledigt, andere wurden über Jahre hin erörtert. Ich habe das Hin und Her des Debattierens immer gemocht, und war stets bereit, mich daran zu beteiligen. Eine unserer frühesten und längsten Debatten betraf die Beziehung zwischen ANC und Kommunistischer Partei. Einige Männer, vor allem MK-Soldaten, die in sozialistischen Ländern ausgebildet worden waren, glaubten, der ANC und die KP seien ein und dasselbe. Selbst einige ältere ANC-Kollegen, wie Govan Mbeki und Harry Gwala, unterschrieben diese Theorie.

Die KP war auf Robben Island nicht eine in sich abgeschlossene Einheit. Im Gefängnis hatte es keinen Sinn, zwischen ANC und KP in der Weise zu unterscheiden, wie das draußen der Fall sein mochte. Meine eigene Auffassung zu diesem Thema war in vielen Jahren unverändert. Der ANC war eine Massenbewegung, die alle willkommen hieß, die sich den gleichen Zielen verschrieben hatten.

Im Laufe der Zeit wurde die Debatte über den ANC und die KP immer schärfer. Eine Anzahl von uns schlug einen Weg vor, die Debatte zu beenden: Wir sollten dem ANC im Exil schreiben. Wir setzten ein gemeinsames 22-Seiten-Dokument zum Thema auf, das mit einem Brief von mir nach Lusaka geschickt werden sollte. Es war gefährlich, ein solches Dokument zu verfassen und nach draußen zu schmuggeln. Am Ende bestätigte Lusaka die Trennung von ANC und KP, und die Auseinandersetzung ebbte allmählich ab.

Eine andere politische Diskussion, die immer wieder aufgegriffen wurde, kreiste um das Thema, ob die ANC-Führung aus der Arbeiterklasse stammen sollte oder nicht. Einige argumentierten, da der ANC eine Massenorganisation sei, die sich hauptsächlich aus einfachen Arbeitern zusammensetzte, solle die Führung auch aus ihren Reihen stammen. Ich hielt dagegen, es sei genauso undemokratisch, zu fordern, die Führer sollten aus der Arbeiterklasse kommen, wie zu erklären, sie sollten bürgerliche Intellektuelle sein. Wenn die Bewegung auf einem solchen Grundsatz bestanden hätte, wären die meisten ihrer Führer, Männer wie Häuptling Luthuli, Moses Kotane, Dr. Dadoo, nicht wählbar gewesen. Revolutionäre kommen aus allen Klassen.

Nicht alle Debatten waren politischer Natur. Ein Thema, das viele Diskussionen auslöste, war die Beschneidung. Einige unter uns behaupteten, die Beschneidung, wie sie von den Xhosa und anderen Stämmen praktiziert werde, sei nicht nur eine unnötige Verstümmelung des Körpers, sondern eine Rückkehr zu jenem Typ von Tribalismus, den der ANC zu überwinden trachte. Das war kein abwegiges Argument, doch die vorherrschende Ansicht, der ich zustimmte, war, die Beschneidung sei ein kulturelles Ritual, das nicht nur gesundheitlichen Nutzen habe, sondern auch einen bedeutsamen psychologischen Effekt. Sie war ein Ritus, der die Identifizierung mit der Gruppe stärkte und positive Werte einprägte.

Die Debatte wurde über Jahre geführt, und eine Anzahl der Männer stimmte zugunsten der Beschneidung auf eine ganz direkte Weise. Ein Gefangener, der im Krankenhaus arbeitete und zuvor als »Ingcibi« praktiziert hatte, richtete eine geheime Beschneidungsschule ein, und dort wurden etliche der jüngeren Gefangenen aus unserem Block beschnitten. Danach veranstalteten wir eine kleine Feier mit Tee und Gebäck für die Männer, und sie liefen, wie es Brauch war, ein oder zwei Tage in Decken gehüllt umher.

Ein Thema, dem wir uns wieder und wieder widmeten, war die Frage, ob es in Afrika Tiger gebe. Einige erklärten, auch wenn im allgemeinen angenommen werde, in Afrika lebten Tiger, so sei dies doch ein Mythos, denn Tiger lebten nur in Asien und auf dem indischen Subkontinent. Afrika habe Leoparden in Hülle und Fülle, jedoch keine Tiger. Die andere Seite behauptete, mit eigenen Augen in den afrikanischen Dschungeln diese stärkste und schönste Katze gesehen zu haben.

Ich erklärte, auch wenn im heutigen Afrika keine Tiger anzutreffen seien, so gebe es doch ein Xhosa-Wort für Tiger, ein von dem Wort für Leoparden unterscheidbares Wort, und wenn in unserer Sprache dieses Wort existierte, dann müsse das Tier einst in Afrika gelebt haben. Warum sollte es sonst einen Namen dafür geben? Dieses Argument machte immer wieder die Runde, und ich erinnere mich, daß Mac einmal erklärte, Hunderte von Jahren zuvor habe es ein Hindi-Wort für ein Gerät gegeben, das fliegen könne, lange bevor das Flugzeug erfunden wurde. Das bedeute jedoch nicht, daß im alten Indien Flugzeuge existiert hätten.

»ZITHULELE«, der Ruhige, so nannten wir den toleranten, leise sprechenden Aufseher, dessen Aufgabe es war, uns bei der Arbeit im Steinbruch zu beaufsichtigen. Er stand üblicherweise in großer Entfernung von uns, während wir arbeiteten, und schien sich nicht um uns zu kümmern, solange wir uns ordentlich verhielten. Er kritisierte uns nie, wenn er entdeckte, daß wir auf unseren Spaten lehnten und miteinander sprachen.

Wir revanchierten uns mit Freundlichkeit. Eines Tages im Jahre 1966 kam er zu uns und sagte: »Gentlemen, der Regen hat die Linien auf den Straßen weggewaschen. Wir brauchen 20 Kilo Kalk heute. Können Sie uns helfen?« Obgleich wir zu der damaligen Zeit nur wenig arbeiteten, willigten wir ein, ihm zu helfen, da er uns wie menschliche Wesen behandelt hatte.

In jenem Frühjahr hatten wir das Gefühl von Tauwetter auf seiten der Regierung, einer gewissen Entspannung der eisernen Disziplin, die auf der Insel geherrscht hatte. Die Spannungen zwischen Gefangenen und Aufsehern hatten ein wenig nachgelassen.

Doch diese Milde war nur kurzlebig, sie fand an einem Morgen im September ein abruptes Ende. Wir hatten gerade unsere Hakken und Schaufeln auf dem Boden des Steinbruchs abgelegt und gingen zum Mittagessen zum Unterstand. Als einer der gewöhnlichen Gefangenen einen Kübel voll Essen herbeifuhr, flüsterte er: »Verwoerd ist tot.« Das war alles. Die Nachricht machte schnell die Runde unter uns. Wir schauten uns ungläubig an und schauten zu den Aufsehern hinüber, die nicht zu wissen schienen, daß etwas Folgenschweres geschehen war.

Wir wußten nicht, wie der Premierminister gestorben war. Später hörten wir, ein obskurer weißer Parlamentsdiener habe Verwoerd niedergestochen, und wir rätselten über die Motive. Auch wenn Verwoerd glaubte, die Afrikaner ständen noch unter den Tieren, so erfüllte uns sein Tod dennoch nicht mit Freude. Politischen Mord haben weder ich noch der ANC jemals unterstützt. Es ist eine primitive Art und Weise, mit seinem Gegner umzugehen.

Verwoerd war sowohl der Cheftheoretiker wie der Baumeister der großen Apartheid. Er hatte die Bildung der Bantustans und die Bantu-Erziehung gefördert. Kurz vor seinem Tode hatte er die Nationalisten in die allgemeinen Wahlen von 1966 geführt, bei denen die Partei der Apartheid ihre Mehrheit noch vergrößert hatte; sie hatte 126 Sitze gewonnen, gegenüber 39, die auf die United Party entfallen waren, und einem Sitz, den die Progressive Party gewonnen hatte.

Wie so oft auf Robben Island hatten wir bedeutende politische Meldungen vor unseren Aufsehern erfahren. Doch am folgenden Tag war offenkundig, daß unsere Aufseher Bescheid wußten, denn sie ließen ihren Ärger an uns ab. Die Spannung, die sich in

Monaten gemildert hatte, erreichte plötzlich wieder ihre volle Stärke. Die Behörden begannen die politischen Gefangenen zu maßregeln, als ob sie dächten, wir hätten das Messer gehalten, das Verwoerd getroffen hatte.

Die Behörden hatten immer die Vorstellung, wir stünden in geheimer Verbindung zu allen Arten von Kräften draußen. Auch hatte sie die Welle erfolgreicher Guerilla-Angriffe der South West African People's Organization (SWAPO) – einer Verbündeten des ANC – gegen die südafrikanischen Polizeikräfte in Namibia ziemlich entnervt. Meiner Ansicht nach hätten wir uns geschmeichelt fühlen sollen, daß die Regierung unsere wachsende militärische Fähigkeit für ausreichend hielt, ihr Staatsoberhaupt mit Erfolg zu eliminieren. Doch ihr Verdacht spiegelte lediglich die Unsicherheiten engstirniger, kurzsichtiger Männer wider, die nicht ihrer fehlgeleiteten Politik die Schuld an ihren Problemen gaben, sondern einem Gegner namens ANC.

Die gegen uns verhängten Strafen wurden niemals als offizielle Politik ausgegeben, sondern sie waren ein Wiederaufleben der rauhen Atmosphäre, die bei unserer Ankunft auf der Insel vorgeherrscht hatte. Der »Ruhige« wurde durch einen Mann ersetzt, der ein elender Leuteschinder war. Sein Name war Van Rensburg, und er wurde 24 Stunden nach Bekanntwerden der Ermordung Verwoerds auf die Insel geflogen. Sein Ruf ging ihm voraus, denn sein Name war unter Gefangenen ein anderes Wort für Brutalität.

Van Rensburg war ein großer, schwerfälliger, ungeschliffener Bursche, der nicht sprach, sondern brüllte. An seinem ersten Tag im Dienst bemerkten wir, daß er auf seinem Handgelenk eine kleine Tätowierung in Form eines Hakenkreuzes hatte. Doch es bedurfte nicht dieses feindseligen Symbols, um seine Grausamkeit zu beweisen. Seine Aufgabe bestand darin, uns das Leben so schwer wie möglich zu machen, und er verfolgte dieses Ziel mit großem Enthusiasmus.

Jeden Tag während der nächsten Monate beschuldigte Van Rensburg einen von uns der Insubordination oder der Drückebergerei. Jeden Morgen erörterten er und andere Aufseher, wer an diesem Nachmittag beschuldigt werden sollte. Es war eine Politik selektiver Einschüchterung, und die Entscheidung, wen es treffen sollte, wurde unabhängig davon getroffen, wie hart der jeweilige Gefangene an diesem Tag gearbeitet hatte. Wenn wir uns in unsere Zellen zurückschleppten, las Van Rensburg von einer Liste ab: »Mandela (oder Sisulu oder Kathrada), ich will, daß Sie sofort vor dem Gefängnisleiter erscheinen.«

Das Verwaltungsgericht der Insel machte Überstunden. Als Gegenreaktion bildeten wir unser eigenes Rechtskomitee, dem ich, Fikile Bam und Mac Maharaj angehörten. Mac hatte Jura studiert und war erfahren genug, die Behörden in die Defensive zu drängen. Fiks, der für einen akademischen Grad in Jura studierte, war ein gescheiter, findiger Bursche, der in unserem Block der Leiter des Gefangenenkomitees geworden war. Die Aufgabe unseres Rechtskomitees bestand darin, unsere Kameraden zu beraten, wie sie sich vor dem Verwaltungsgericht der Insel verhalten sollten.

Van Rensburg war kein schlauer Bursche, und während er sich im Steinbruch als Herr über uns aufspielte, gaben wir ihm vor Gericht das Nachsehen. Unsere Strategie bestand darin, mit ihm auf dem Feld nicht zu argumentieren, sondern seine Anschuldigungen vor Gericht zu widerlegen, wo wir unseren Fall vor ein wenig aufgeklärteren Beamten vertreten konnten. Vor dem Verwaltungsgericht wurde die Anschuldigung von dem Vorsitzenden Magistrate verlesen. »Drückeberger im Steinbruch«, verkündete er etwa, woraufhin Van Rensburg selbstgefällig schauen würde. Wenn die Beschuldigung in voller Länge vorgelesen war, gab ich meinen Kollegen stets den Rat, eins und nur dies eine zu tun: das Gericht um »weitere Einzelheiten« zu bitten. Das war das Recht dessen, der sich verteidigte, und obwohl diese Forderung regelmäßig vorgebracht wurde, geriet Van Rensburg fast jedesmal aus der Fassung. Das Gericht mußte sich anschließend vertagen, weil Van Rensburg sich erst »weitere Einzelheiten« beschaffen mußte.

Van Rensburg war auf vielfältige Weise rachsüchtig und kleinlich. Wenn das Essen im Steinbruch eintraf und wir uns zum Essen niedersetzen wollten – wir hatten jetzt einen einfachen Holztisch –, wählte Van Rensburg jedesmal diesen Augenblick, um in der Nähe unseres Essens zu urinieren. Ich nehme an, wir sollten noch dankbar sein, daß er nicht direkt in unser Essen urinierte, aber wir legten gegen diese Praxis nichtsdestoweniger Protest ein.

Eine der wenigen Möglichkeiten für Gefangene, sich an ihren Aufsehern zu rächen, ist Humor, und Van Rensburg wurde die Zielscheibe vieler unserer Späße. Unter uns nannten wir ihn »Suitcase« (»Koffer«). Die Essenbehälter der Aufseher wurden als »Suitcases« bezeichnet, und normalerweise bestimmte ein Aufseher einen Gefangenen, gewöhnlich seinen Günstling, dazu, seinen »Suitcase« zu tragen, und entlohnte ihn dann mit einem halben Sandwich. Doch wir lehnten es stets ab, Van Rensburgs »Suitcase« zu tragen – daher sein Spitzname. Für einen Aufseher war es erniedrigend, seine Essenbox selbst zu tragen.

Eines Tages sprach Wilton Mkwayi versehentlich in Van Rensburgs Hörweite von »Suitcase«. »Wer ist Suitcase?« bellte Van Rensburg. Wilton überlegte einen Augenblick und platzte dann heraus: »Das sind Sie!«

»Warum nennen Sie mich Suitcase?« fragte Van Rensburg. Wilton überlegte. »Komm schon, Mann«, sagte Van Rensburg. »Weil Sie Ihren eigenen ›suitcase‹ tragen«, erwiderte Wilton zögernd. »Die allgemeinen Gefangenen tragen die ›suitcases‹ ihrer Aufseher, aber wir tragen Ihren nicht – daher nennen wir Sie Suitcase.«

Van Rensburg dachte einen Augenblick darüber nach, und statt wütend zu werden, verkündete er: »Mein Name ist nicht Suitcase, er lautet Dik Nek.« Für einen Augenblick herrschte Stille, und dann brachen alle in Gelächter aus. In Afrikaans bedeutet Dik Nek wörtlich »Dicker Nacken« und soll jemanden bezeichnen, der dickköpfig und starrsinnig ist. Suitcase war, wie ich annehme, zu dick, um zu erkennen, daß er beleidigt worden war.

Eines Tages nahmen wir im Steinbruch unsere Diskussion über die Frage wieder auf, ob der Tiger in Afrika beheimatet war oder nicht. Bei Van Rensburgs Amtsführung konnten wir nicht mehr so frei sprechen wie früher, aber wir konnten nichtsdestoweniger miteinander sprechen, während wir arbeiteten. Der Hauptsprecher jener, die der Auffassung waren, der Tiger sei nicht in Afrika beheimatet, war Andrew Masondo, ein ANC-Führer vom Kap, der auch Dozent in Fort Hare gewesen war. Masondo konnte ein sprunghafter Mensch sein, und er stellte vehement fest, in Afrika habe man niemals Tiger entdeckt. Die Argumente flogen hin und her, und die Männer hatten ihre Hacken und Schaufeln weggelegt, so hitzig war die Debatte. Das weckte die Aufmerksamkeit der Aufseher, und sie schrien uns zu, wir sollten an die Arbeit zurückkehren. Doch wir waren so vertieft in die Diskussion, daß wir die Aufseher ignorierten. Einige der Aufseher mit niedrigerem Dienstrang befahlen uns, die Arbeit wieder aufzunehmen, doch wir schenkten ihnen keine Beachtung. Schließlich marschierte »Suitcase« herbei und bellte uns in englisch an, in einer Sprache, in der er wahrlich kein Meister war: »You talk too much, but you work too few« (»Ihr redet zuviel, aber ihr arbeitet zu wenig«).

Die Männer nahmen ihre Geräte nicht wieder auf, weil sie sich vor Lachen bogen. Der grammatische Fehler von »Suitcase« wirkte auf jeden höchst komisch. Doch »Suitcase« war überhaupt nicht erfreut. Er schickte sofort nach Major Kellerman, dem kommandierenden Offizier.

Kellerman traf einige Minuten später auf dem Schauplatz ein und fand uns in der gleichen Stimmung vor, die uns zuvor erfaßt hatte. Kellerman war relativ neu auf der Insel, und er war entschlossen, den richtigen Ton zu finden. Einer der Aufseher berichtete Kellerman, Andrew Masono und ich hätten nicht gearbeitet und darum müßten wir wegen Drückebergerei und Insubordination belangt werden. Unter Kellermans Aufsicht wurden uns Handschellen angelegt, und wir wurden in Isolierzellen gesperrt.

Von diesem Zeitpunkt an schien »Suitcase« einen besonderen Groll gegen mich zu hegen. Als er uns eines Tages im Steinbruch beaufsichtigte, arbeitete gerade Fikile Bam neben mir. Wir waren für uns allein, an der entlegenen Seite des Steinbruchs. Wir arbeiteten eifrig, doch da wir zu jener Zeit beide Rechtswissenschaften studierten, unterhielten wir uns über das, was wir am Abend zuvor gelesen hatten. Gegen Ende des Tages stand Van Rensburg plötzlich vor uns und erklärte: »Fikile Bam und Nelson Mandela, ich möchte, daß Sie sich bei dem Gefängnisleiter melden.«

Wir wurden dem Lieutenant, dem Gefängnisleiter, vorgeführt, und Van Rensburg verkündete: »Diese Männer haben den ganzen Tag nicht gearbeitet. Ich beschuldige sie der Mißachtung von Anordnungen.« Der Lieutenant fragte uns, ob wir dazu etwas zu sagen hätten. »Lieutenant«, entgegnete ich, »wir bestreiten die Anschuldigungen. Wir haben gearbeitet, ja, wir haben sogar Beweise dafür, daß wir gearbeitet haben, und die sind für unsere Verteidigung wichtig.« Der Lieutenant höhnte: »Alle Männer arbeiten auf demselben Gelände, wie ist es da möglich, daß Sie Beweise haben?« Ich erklärte, Fiks und ich hätten abseits der anderen gearbeitet, wir könnten ihm genau zeigen, wieviel Arbeit wir geleistet hätten. »Suitcase« bestätigte naiv, daß wir allein gewesen seien, und der Lieutenant willigte ein, sich selbst zu überzeugen. Wir fuhren zum Steinbruch zurück. Dort gingen Fiks und ich zu dem Platz, wo wir gearbeitet hatten. Ich zeigte auf den ziemlich großen Haufen von Steinen und Kalk, den wir aufgeschichtet hatten, und erklärte: »Dort, das haben wir heute getan.« »Suitcase« hatte sich nie auch nur die geringste Mühe gegeben, unsere Arbeit zu überprüfen, und war von der Menge völlig überrascht. »Nein«, erklärte er dem Lieutenant, »das ist das Ergebnis von einer Woche Arbeit.« Der Lieutenant war skeptisch. »Gut, dann zeigen Sie mir den kleinen Haufen, den Mandela und Bam heute geschafft haben«, forderte er »Suitcase« auf. Der fand keine Antwort, und der Lieutenant tat etwas, was ich einen vorgesetzten Offizier selten habe tun sehen: Er beschimpfte seinen Untergebenen in Gegenwart von Gefangenen. »Sie erzählen Lügen«, erklärte er und zog die Beschuldigungen auf der Stelle zurück.

Eines Morgens zu Anfang des Jahres 1967 wollten wir gerade zum Steinbruch abmarschieren, als »Suitcase« uns mitteilte, er habe von Major Kellerman den Befehl erhalten, wir dürften nicht miteinander sprechen. Von da an war es nicht nur verboten, während unseres Marsches zu reden, sondern auch im Steinbruch war jede Unterhaltung verboten. Von nun an brüllte »Suitcase«: »Ruhe!«

Dieser Befehl wurde mit großem Entsetzen und mit ohnmächtigem Zorn aufgenommen. Zu reden und zu diskutieren war das einzige, was die Arbeit im Steinbruch erträglich machte. Natürlich konnten wir das Thema nicht auf unserem Weg zum Steinbruch erörtern, denn es war uns verboten zu sprechen, doch während unserer Mittagspause konnten die ANC-Führung und die Leiter anderer politischer Gruppen im geheimen einen Plan austüfteln.

Während wir noch mit dem Plan beschäftigt waren, erschien Major Kellerman höchstpersönlich und kam in unseren Unterstand. Das war ganz unüblich; wir hatten in unserem niedrigen Unterstand nie einen solch hochrangigen Besucher gehabt. Mit einem verlegenen Husten verkündete er, bei dem Befehl handele es sich um ein Versehen, wir könnten im Steinbruch wieder sprechen, solange wir es ruhig täten. Dann forderte er uns auf, weiterzumachen, drehte sich auf dem Absatz herum und verschwand. Wir waren glücklich darüber, daß der Befehl zurückgenommen war, waren aber voller Argwohn, was den Grund betraf.

Für den Rest des Tages hatten wir nicht schwer zu arbeiten. »Suitcase« tat sein Bestes, freundlich zu uns zu sein, und erklärte, als Geste des guten Willens habe er sich entschlossen, alle gegen uns vorliegenden Beschuldigungen zurückzuziehen.

An jenem Nachmittag erfuhr ich, daß meine Zelle von Nr. 4 in der Nähe des Eingangs zum Korridor nach Nr. 18 am Ende verlegt worden war. Alle meine Habseligkeiten wären in die neue Zelle geworfen worden. Wie immer wurde dafür keine Erklärung gegeben.

Wir vermuteten, wir bekämen Besuch und ich sei deswegen verlegt worden, weil die Behörden nicht wollten, daß ich als erster unter den Gefangenen mit dem Ankömmling spräche. Wenn jeder Gefangene der Reihe nach seine Beschwerden vortrug, konnten die Aufseher »Die Zeit ist um!« brüllen, bevor ein Besucher Zelle 18 erreichte. Wir beschlossen, im Interesse der Einheit solle jeder einzelne entlang des Zellengangs jeden Besucher darüber informieren, daß zwar jeder eigene Beschwerden vorzubringen habe, daß aber der Gefangene in Zelle 18 für uns alle sprechen solle.

Am nächsten Morgen informierte uns »Suitcase« nach dem Frühstück, wir würden nicht zum Steinbruch gehen. Dann erschien Major Kellerman und erklärte, Mrs. Helen Suzman, das einzige Mitglied der liberalen Progressive Party und die einzige Stimme der Opposition im Parlament gegen die Nationalisten, werde in Kürze eintreffen. In weniger als 15 Minuten kam Mrs. Suzman – ganze 1,55 Meter groß – durch den Eingang zum Zellenkorridor, in Begleitung von General Steyn, dem Leiter der Gefängnisverwaltung. Jeden Gefangenen, dem sie vorgestellt wurde, fragte sie, ob er irgendwelche Beschwerden vorzubringen habe. Jeder Mann antwortete mit demselben Satz: »Ich habe viele Beschwerden, aber unser Sprecher ist Mr. Nelson Mandela am Ende des Korridors.« Zum Entsetzen von General Steyn war Mrs. Suzman schnell bei meiner Zelle. Sie drückte mir fest die Hand und stellte sich freundlich vor.

Anders als Richter und Verwaltungsbeamte (Magistrates), denen automatisch Zugang zu Gefängnissen gewährt wurde, mußten Parlamentsmitglieder eine Erlaubnis zum Besuch eines Gefängnisses einholen. Mrs. Suzman war eines der wenigen, wenn nicht das einzige Parlamentsmitglied, das sich für die Klagen politischer Gefangener interessierte. Über Robben Island kursierten viele Geschichten, und Mrs. Suzman war erschienen, um sich selbst zu überzeugen.

Da dies der erste Besuch von Mrs. Suzman auf Robben Island war, versuchte ich, ihr die Befangenheit zu nehmen. Doch sie war bemerkenswert selbstsicher und äußerst unbeeindruckt von ihrer Umgebung, und sie schlug vor, wir sollten sofort zur Sache kommen. General Steyn und der kommandierende Offizier standen bei ihr, doch ich nahm kein Blatt vor den Mund. Ich sprach von unserem Wunsch nach besserem und gleichem Essen und nach besserer Kleidung, von der Notwendigkeit, Einrichtungen zum Studieren zu bekommen, von unserem Recht auf Information, etwa durch Zeitungen, und über vieles mehr. Ich berichtete ihr über die Grobheit der Aufseher und erwähnte im besonderen Van Rensburg. Ich betonte, er trage auf seinem Handgelenk eine Hakenkreuz-Tätowierung. Helen reagierte wie ein Richter. »Nun, Mr. Mandela«, erklärte sie, »wir brauchen das nicht weiter auszubreiten, denn wir wissen nicht, wann sie angebracht wurde. Vielleicht haben seine Eltern die Tätowierung angebracht, zum Beispiel.« Ich versicherte ihr, das sei nicht der Fall.

Normalerweise beklagte ich mich nicht über einen einzelnen Aufseher. Im Gefängnis lernt man, daß es besser ist, für allgemeine Grundsätze zu kämpfen, statt sich in jeden Einzelfall verwickeln zu lassen. Wie gefühllos ein Aufseher auch sein mag, für gewöhnlich befolgt er nur die Gefängnispolitik. Doch Van Rensburg war eine Gattung für sich, und wir glaubten, wenn er ginge, wäre das für uns alle von großem Vorteil.

Mrs. Suzman hörte aufmerksam zu, hielt alles, was ich sagte, in einem kleinen Notizbuch fest und versprach, alle Fragen mit dem Justizminister zu erörtern. Dann inspizierte sie unsere Zellen und sprach auch ein wenig mit den anderen Männern. Es war ein seltsamer und zugleich wundervoller Anblick, diese mutige Frau dabei zu beobachten, wie sie in unsere Zellen spähte und anschließend in unserem Hof umherwanderte.

Während des Besuchs von Mrs. Suzman war Van Rensburg äußerst nervös. Nach den Worten von Kathy entschuldigte sich Van Rensburg für alles, was er in der Vergangenheit getan hatte, während Mrs. Suzman und ich miteinander sprachen. Doch seine Reue währte nicht lange, denn am nächsten Tag teilte er uns mit, alle gegen uns erhobenen Beschuldigungen seien wieder in Kraft. Später erfuhren wir, Mrs. Suzman habe unseren Fall im Parlament zur Sprache gebracht, und binnen weniger Wochen nach ihrem Besuch wurde »Suitcase« von der Insel versetzt.

ICH HABE MIR nie vorgestellt, der Kampf würde kurz oder leicht sein. Die ersten Jahre auf der Gefängnisinsel waren schwierige Zeiten sowohl für die Organisation draußen wie auch für uns im Gefängnis. Nach dem Rivonia-Prozeß war der Untergrundorganisation unserer Bewegung arg zugesetzt worden. Unsere Strukturen waren aufgedeckt und zerstört worden; wer nicht festgenommen war, bemühte sich angestrengt, immer einen Schritt weiter als der Gegner zu sein. Praktisch jeder der älteren ANC-Führer war entweder im Gefängnis oder im Exil.

In den Jahren nach dem Rivonia-Prozeß nahm die Auslandsmission des ANC, früher verantwortlich für die Beschaffung von Finanzmitteln, für Diplomatie und Aufstellung eines militärischen Trainingsprogramms, die Zügel der Organisation insgesamt in die Hand. Die Auslandsmission hatte nicht nur eine Exilorganisation zu schaffen, sondern hatte auch die noch gewaltigere Aufgabe übernommen, den Untergrund-ANC in Südafrika selbst neu zu beleben. Der Staat war stärker geworden. Der Polizei war mehr Macht zugewachsen, ihre Methoden waren rauher geworden, ihre Techniken ausgefeilter. Die südafrikanische Defense Force expandierte. Die Wirtschaft war stabil, die weiße Wählerschaft ohne Sorgen. Die südafrikanische Regierung hatte in England und den Vereinigten Staaten mächtige Verbündete, denen daran gelegen war, den Status quo aufrechtzuerhalten.

Doch anderswo war der Kampf gegen den Imperialismus auf dem Vormarsch. Mitte der sechziger Jahre wurden im ganzen südlichen Afrika bewaffnete Kämpfe ausgetragen. In Namibia, dem damaligen Südwestafrika, drang die SWAPO zum erstenmal in den Caprivi-Streifen ein; in Mosambik und Angola wuchsen die Guerillabewegungen und dehnten sich aus. In Simbabwe, damals Rhodesien, machte der Kampf gegen die weiße Minderheitsregierung Fortschritte. Ian Smiths weiße Regierung wurde unterstützt von der südafrikanischen Defense Force, und der ANC betrachtete die Schlacht in Simbabwe als Ausweitung des Kampfes im eigenen Land. 1967 erfuhren wir, daß der ANC eine Allianz eingegangen war mit der Zimbabwe African People's Union (ZAPU), die von Joshua Nkomo ins Leben gerufen worden war.

In jenem Jahr überschritt eine Gruppe von MK-Soldaten, die in Tansania und Sambia ausgebildet worden waren, den Zambezi River nach Rhodesien in der Absicht, in die Heimat zurückzukehren. Die erste Gruppe von MK-Soldaten erhielt den Namen »Luthuli Detachment«, und sie bildeten die Vorhut des bewaffneten Kampfes. Im August wurde das »Luthuli Detachment«, begleitet von ZAPU-Truppen, auf dem Weg in den Süden von rhodesischen Truppen gestellt. Über die nächsten zwei Wochen entspannen sich heftige Gefechte; beide Seiten erlitten Verluste. Schließlich wurden unsere Truppen durch die zahlenmäßig überlegenen rhodesischen Streitkräfte aufgerieben. Einige Männer gerieten in Gefangenschaft, andere setzten sich nach Bechuanaland ab, das zum unabhängigen Botswana geworden war. Anfang 1968 drang eine größere ANC-Einheit nach Rhodesien ein und kämpfte nicht nur gegen die rhodesische Armee, sondern auch gegen südafrikanische Polizei-Einheiten, die nach Rhodesien versetzt worden waren.

Wir hörten davon erst Monate später durch Gerüchte, erfuhren aber die ganze Wahrheit erst, als Männer, die mitgekämpft hatten, zu uns ins Gefängnis kamen. Wenngleich unsere Streitkräfte nicht siegreich gewesen waren, begrüßten wir doch insgeheim den Umstand, daß unsere MK-Kader den Feind unter von ihnen gewählten Umständen in Kämpfe verwickelt hatten. Es war ein Meilenstein in unserem Kampf. »Justice« Panza, einer der Kommandeure des »Luthuli Detachment«, wurde später inhaftiert und kam zu uns. Er informierte uns über das Militärtraining, die politische Erziehung und die Kampfmoral der Detachments. Als früherer Oberkommandierender des MK war ich auf unsere Soldaten mächtig stolz.

Bevor wir von den Kämpfen des MK im Ausland hörten, erfuhren wir auch, daß zu Hause Häuptling Luthuli gestorben war, und zwar unter merkwürdigen Umständen: Er war in der Nähe seiner Farm, wo er oft spazierenging, von einem Zug überfahren worden. Ich erhielt die Genehmigung, einen Brief an seine Witwe zu schreiben. Luthulis Tod hinterließ in der Organisation eine große

Lücke; der Nobelpreisträger war eine angesehene, international bekannte Persönlichkeit, die bei Schwarzen und Weißen gleichermaßen Respekt genoß. Deshalb war er nicht zu ersetzen. Dennoch fand die Organisation in Oliver Tambo, dem amtierenden General des ANC, einen Mann, der in die Fußstapfen des Häuptlings treten konnte. Wie Luthuli war er energisch, ohne zu protzen, und selbstbewußt, aber dennoch bescheiden. Außerdem lebte er nach dem gleichen Motto wie Luthuli: »Der Mut wächst mit der Gefahr.«

Wir organisierten in Abteilung B einen kleinen Gedenkgottesdienst für den Häuptling und gestatteten jedem, der es wünschte, eine Rede zu halten. Es war eine stille, ehrfurchtsvolle Feier, in die sich nur ein einziger Mißklang mischte. Als Neville Alexander von der Einheitsbewegung sprach, wurde deutlich, daß er den Häuptling nicht loben, sondern begraben wollte. Ohne auch nur oberflächlich sein Bedauern über Luthulis Tod zu äußern, warf er ihm vor, er habe sich zum Narren der Weißen gemacht, vor allem weil er den Friedensnobelpreis angenommen habe.

Nevilles Rede war nicht nur verbohrt, sie stand auch in völligem Gegensatz zu der Atmosphäre der Kooperation zwischen den Organisationen, die wir auf der Insel schaffen wollten. Von dem Augenblick an, als ich dort eintraf, hatte ich es mir zur Aufgabe gemacht, mit unseren Konkurrenten im Kampf zu einer gewissen Gemeinsamkeit zu gelangen. Ich betrachtete Robben Island als Gelegenheit, die langen und oft erbitterten Auseinandersetzungen zwischen PAC und ANC beizulegen. Wenn wir die beiden Organisationen auf der Insel vereinigen konnten, wäre das ein Vorbild für ihre Vereinigung im gesamten Befreiungskampf gewesen.

Aber die Beziehungen zum PAC waren von Anfang an mehr von Konkurrenz als von Zusammenarbeit geprägt. Einige PAC-Leute waren schon früher auf der Insel gewesen und sahen in unserer Ankunft ein Eindringen in ihren Einflußbereich. Wie wir von einigen unserer Leute erfuhren, hatten die ältesten Gefangenen aus dem PAC es bedauert, daß man uns nicht gehängt hatte.

Als ich 1962 zum erstenmal auf die Insel kam, war der PAC dort in viel größerer Zahl vertreten als der ANC. Im Jahr 1967 war es umgekehrt, aber das schien die PAC-Leute in ihrer Haltung nur zu bestärken. Sie waren unverhohlen antikommunistisch und anti-indisch eingestellt. In den ersten Jahren führte ich Gespräche mit Zeph Mothopeng, der dem Nationalen Exekutivkomitee des PAC angehört hatte. Nach seiner Ansicht war der PAC militanter als der ANC, und im Gefängnis, so meinte er, solle der ANC die Führungsrolle seiner Organisation anerkennen. Die PAC-Leute waren überzeugt, die Verhandlungen mit den Behörden seien ein Betrug, aber das hielt sie nicht davon ab, sich der Vorteile zu bedienen, die sich aus diesen Verhandlungen ergaben. Im Jahr 1967 sprach ich mit Selby Ngeudane über die Frage einer Vereinigung. Außerhalb des Gefängnisses war Ngeudane ein erbitterter Gegner der Freiheits-Charta gewesen, aber jetzt war er weich geworden. Schließlich schrieben wir getrennte Briefe an unsere Organisationen in der allgemeinen Abteilung, in denen wir die Vereinigung befürworteten. Auch mit Clarence Makwetu, der später Präsident des PAC wurde, kam der ANC gut zurecht. Makwetu, ein früheres Mitglied der ANC-Jugendliga, befand sich in unserem Block; er war ein ausgeglichener, einfühlsamer Mann. Wir führten viele fruchtbare Diskussionen über die Vereinigung der beiden Organisationen, aber nachdem Makwetu entlassen worden war, folgte ihm John Pokela als Leiter des PAC auf Robben Island, und nun verliefen die Gespräche im Sande.

Die Unsicherheit des PAC hatte manchmal geradezu komische Folgen. Einmal kam aus Pretoria die Anweisung, mich im Steinbruch von allen anderen Gefangenen zu isolieren. Ich sollte allein arbeiten, allein essen und einen eigenen Wächter bekommen. Wir bemerkten, daß diese neue Verfügung beim PAC eine gewisse Unruhe hervorrief. Ein paar Tage später entschloß sich der PAC, seinen Leiter Zeph Mothopeng ebenfalls zu isolieren; aus eigener Entscheidung ließen sie ihn ebenfalls allein arbeiten und essen, solange diese Regelung für mich galt.

Der PAC verweigerte oft die Teilnahme an Versammlungen, bei denen die Parteizugehörigkeit nicht klar zu erkennen war. Als wir Treffen einberiefen, um über unsere Unzufriedenheit zu sprechen, und als wir später in eigenen Sitzungen über die Nachrichten aus der Zeitung diskutierten, wurden diese Veranstaltungen vom PAC boykottiert. Ich fand das höchst ärgerlich. Wie wir erfuhren, wußten die PAC-Leute nicht, welche Veränderungen draußen in ihrer eigenen Organisation vorgingen. Zu jener Zeit weigerten sich die PAC-Mitglieder auf der Insel, unseren Berichten zu glauben, wonach der PAC im Exil jetzt auch Weiße und Inder als Mitglieder aufnahm. Das war für sie Frevel, aber wir hatten in der Zeitung gelesen, daß der weiße Aktivist Patrick Duncan in die PAC-Exekutive gelangt war. Die PAC-Mitglieder verspotteten solche Behauptungen damals als Propaganda des ANC.

Der ANC bildete auf der Insel eine eigene Unterorganisation, die als High Command oder offizieller als High Organ bekannt wurde; sie bestand aus den obersten Führern des ANC auf Robben Island, die auch zum Nationalen Exekutivkomitee gehört hatten: Es waren Walter Sisulu, Govan Mbeki, Raymond Mhlaba und ich selbst als Vorsitzender des High Organ.

Schon bei der Gründung des High Organ beschlossen wir, daß dieses Gremium die Politik des ANC draußen nicht beeinflussen sollte. Wir hatten keine Möglichkeit, die Lage im Land verläßlich einzuschätzen, und deshalb hielten wir es weder für fair noch für klug, wenn wir uns in Fragen einmischten, über die wir nichts wußten. Statt dessen trafen wir Entscheidungen bei Themen wie den Beschwerden der Gefangenen, Streiks, Post und Verpflegung, also bei den alltäglichen Sorgen des Gefängnislebens. Wenn möglich, wollten wir eine allgemeine Mitgliederversammlung einberufen, denn das betrachteten wir als entscheidend für die Gesundheit unserer Organisation. Aber da solche Versammlungen äußerst gefährlich waren und deshalb nur selten stattfanden, traf das High Organ häufig Entscheidungen, die dann an alle anderen Mitglieder weitergeleitet wurden. Das High Organ betrieb auch ein Zellensystem, bei dem jede Zelle aus drei Mitgliedern bestand.

In der ersten Zeit diente das High Organ auf der Insel auch als Vertretung für alle politischen Gefangenen in unserem Block. Im Jahr 1967 reichten wir eine Petition ein, in der wir bessere Behandlung forderten, und dieses Papier hatten praktisch alle unterzeichnet, auch die Mitglieder des PAC, der Einheitsbewegung und der Liberalen Partei, die von Eddie Daniels vertreten wurde. Mit dieser Verfahrensweise waren alle einverstanden, bis Neville Alexander sich beschwerte, das High Organ sei weder demokratisch noch wirklich repräsentativ, und man müsse ein anderes Gremium schaffen.

Aus Nevilles Vorschlag ging schließlich das Gefangenenkomitee hervor, dem Mitglieder aller politischen Parteien angehörten. Bei den anderen Organisationen herrschte die Befürchtung, der ANC werde nach Dominanz streben, und die Regeln des Komitees waren so gestaltet, daß das Gremium eine rein beratende Funktion hatte; seine Entscheidungen waren nicht bindend. Dennoch war es schwierig, sich auf eine gemeinsame Haltung zu den Problemen zu einigen. Als Sitzungsleiter schlugen wir Fikile Bam vor, ein Mitglied des Yu Chi Chan Club. Später sollte der Vorsitz nach dem Rotationsprinzip wechseln. Das Komitee wurde schließlich unter der Bezeichnung Ulundi bekannt und arbeitete als Disziplinargremium für alle politischen Gefangenen.

Das High Organ wurde auch aufgrund seiner ethnischen Zusammensetzung zum Gegenstand von Meinungsverschiedenheiten: Alle vier ständigen Mitglieder waren von ihrer Abstammung her Xhosa. Das war Zufall und keine Absicht: Die vier ranghöchsten ANC-Führer auf der Insel, die als einzige dem Nationalen Exekutivkomitee angehört hatten, waren ausgerechnet Xhosa. Es wäre nicht angemessen gewesen, einen weniger altgedienten Gefährten in das High Organ aufzunehmen, nur weil er nicht diesem Stamm angehörte. Dennoch störte mich die Tatsache, daß das High Organ von Xhosa beherrscht wurde, denn das schien die falsche Vorstellung zu bestätigen, daß wir eine Xhosa-Organisation waren.

Ich habe diese Kritik immer als ärgerlich empfunden, denn sie gründete sich teils auf Unkenntnis der Geschichte des ANC und teils auf Boshaftigkeit. Ich kann sie mit der Feststellung zurückweisen, daß schon Zulus, Mosothos, Pedis und Tswanas Präsidenten des ANC waren, und der Exekutivrat war immer eine Mischung mehrerer Stammesgruppen. Dabei fällt mir ein, wie ich einmal an einem sonnigen Nachmittag auf dem Gefängnishof arbeitete, während einige Männer aus der allgemeinen Abteilung sich über mir auf dem Dach zu schaffen machten. Sie riefen mir zu: »Mdala! (He, Alter) Warum redest du nur mit Xhosas?« Der Vorwurf tat weh. Ich sah nach oben und erwiderte: »Wie könnt ihr mir Diskriminierung vorwerfen? Wir sind ein Volk!« Das schien sie zufriedenzustellen, aber ihr Vorurteil blieb in meinem Geist haften. Wenn ich wußte, daß Leute aus der allgemeinen Abteilung in der Nähe waren, versuchte ich von da an immer, mich mit Kathy oder Eddie Daniels oder einem anderen zu unterhalten, der kein Xhosa war.

Schließlich entschlossen wir uns, ein fünftes Mitglied in das High Organ aufzunehmen, das nach dem Rotationsprinzip wechseln sollte. In der Regel handelte es sich dabei nicht um einen Xhosa; Kathy gehörte dem Gremium zum Beispiel über fünf Jahre lang an. Auch Laloo Chiba arbeitete eine Zeitlang mit, und schließlich starb die Kritik einen langsamen, unmerklichen Tod.

Ich spielte im High Organ keinerlei beherrschende Rolle, und mehrere Anträge, für die ich mich stark einsetzte, wurden sogar abgelehnt. Das muß auch so sein, aber manchmal fand ich es frustrierend. In zwei Fragen, die den Umgang mit den Behörden betrafen, konnte ich meine Kollegen nicht überzeugen. Den Gefängnisvorschriften zufolge mußten Häftlinge in Gegenwart eines höheren Offiziers aufstehen. Nach meiner Überzeugung sollten wir sitzen bleiben, denn ich fand es erniedrigend, wenn wir dem Feind Respekt zollen sollten, während er uns nicht als politische Gefangene anerkannte. Meine Kameraden waren der Ansicht, die Sache sei belanglos, und die Folgen des Ungehorsams würden schwerer wiegen als der Nutzen.

Aus ähnlichen Gründen lehnte das High Organ auch das zweite Ansinnen ab. Die Wärter sprachen uns mit dem Vor- oder Familiennamen an. Beides hielt ich für demütigend, und deshalb vertrat ich die Ansicht, wir sollten auf dem ehrerbietigen »Mister« bestehen. Jahrelang setzte ich mich erfolglos dafür ein. Später wurde das Thema sogar zum Anlaß für Witze, wenn meine Kollegen mich gelegentlich »Mr.« Mandela riefen.

FÜR UNS, DIE WIR im Gefängnis saßen, schien die Zeit stillzustehen, aber für die Außenwelt galt das nicht. Daran wurde ich erinnert, als meine Mutter mich im Frühjahr 1968 besuchte. Ich hatte sie seit dem Ende des Rivonia-Prozesses nicht mehr gesehen. Veränderungen spielen sich langsam und allmählich ab, und wenn man im Kreis der eigenen Familie lebt, nimmt man die Unterschiede kaum wahr. Hat man aber einen Angehörigen mehrere Jahre lang nicht zu Gesicht bekommen, kann der Wandel verblüffend sein. Meine Mutter kam mir auf einmal sehr alt vor.

Sie hatte den langen Weg von der Transkei hinter sich gebracht, begleitet von meinem Sohn Makgatho, meiner Tochter Makaziwe und meiner Schwester Mabel. Da ich vier Besucher hatte, die von weither angereist waren, verlängerten die Behörden meine Besuchszeit von einer halben Stunde auf 45 Minuten.

Meine Kinder hatte ich seit dem Prozeß nicht mehr gesehen; sie waren ohne mich aufgewachsen und inzwischen erwachsen geworden. Voller Staunen und Stolz betrachtete ich sie. Aber ich fürchte, ich behandelte sie mehr oder weniger wie die Kinder, die sie vor meiner Haft gewesen waren, und nicht als Erwachsene. Sie mochten sich verändert haben, aber ich war der gleiche geblieben.

Meine Mutter hatte stark abgenommen, und das beunruhigte mich. Ihr Gesicht sah abgezehrt aus. Nur meine Schwester Mabel erschien mir wie immer. Ich freute mich sehr darüber, alle vier zu sehen und über Familienangelegenheiten zu sprechen, aber gleichzeitig machte ich mir Sorgen wegen der Gesundheit meiner Mutter.

Ich sprach mit Makgatho und Maki über meinen Wunsch, daß sie weiter zur Schule gingen, und fragte Mabel nach Verwandten in der Transkei. Die Zeit war viel zu schnell vorüber. Wie bei den meisten Besuchen liegt die größte Freude in der Erinnerung daran, aber diesmal bedrückten mich die Sorgen um meine Mutter weiterhin. Ich fürchtete, ich könnte sie vielleicht zum letztenmal gesehen haben.

Einige Wochen später sagte man mir, als ich vom Steinbruch zurückkam, ich solle in das Büro der Gefängnisleitung gehen und ein Telegramm in Empfang nehmen. Es war von Makgatho. Er teilte mir mit, meine Mutter sei an einem Herzanfall gestorben. Sofort stellte ich bei dem leitenden Offizier einen Reiseantrag, um an dem Begräbnis in der Transkei teilnehmen zu können, aber der lehnte ihn ab. »Mandela«, sagte er, »ich weiß, daß Sie Ihr Wort halten und nicht versuchen würden, zu fliehen, aber ich kann Ihrem eigenen Volk nicht trauen; ich fürchte, die würden Sie entführen.« Daß ich meine Mutter nicht begraben konnte, trug noch mehr zu meiner Trauer bei, denn es wäre meine Pflicht als ältestes Kind und einziger Sohn gewesen.

In den folgenden Monaten dachte ich viel über sie nach. Ihr Leben war alles andere als einfach gewesen. Solange ich als Anwalt arbeitete, hatte ich sie unterstützt, aber nachdem ich im Gefängnis saß, konnte ich ihr nicht mehr helfen. Ich war nie so aufmerksam zu ihr gewesen, wie ich es hätte sein sollen.

Der Tod der Mutter ist für einen Mann ein Anlaß, zurückzudenken und das eigene Leben zu bewerten. Ihre Schwierigkeiten und ihre Armut führten mich wieder einmal zu der Frage, ob ich den richtigen Weg eingeschlagen hatte. Es war immer das gleiche Dilemma: Hatte ich die richtige Wahl getroffen, als ich das Wohlergehen des Volkes noch höher einstufte als das meiner eigenen Familie? Über lange Zeit hinweg hatte meine Mutter nicht verstanden, warum ich mich für den Kampf engagierte. Meine Angehörigen hatten nicht gefragt, ob sie sich daran beteiligen könnten, und sie wollten es auch gar nicht; dennoch waren sie durch meine Tätigkeit gestraft.

Aber immer wieder gelangte ich zu der gleichen Antwort. In Südafrika kann ein Mann die Bedürfnisse des Volkes kaum ignorieren, selbst wenn es auf Kosten der eigenen Familie geht. Ich hatte meine Wahl getroffen, und am Ende hatte sie mich darin bestärkt. Aber das verminderte weder meine Trauer darüber, daß ich ihr das Leben nicht angenehmer machen konnte, noch den Schmerz, daß ich sie nicht zur letzten Ruhe begleiten durfte.

In den frühen Morgenstunden des 12. Mai 1969 wurde Winnie in unserem Haus in Orlando von der Sicherheitspolizei geweckt und ohne Angabe von Gründen festgenommen; Grundlage war das Terrorismusgesetz von 1967, das der Regierung beispiellose Befugnisse zur Festnahme und Inhaftierung ohne Gerichtsverfahren verlieh. Wie ich später erfuhr, war die Razzia Teil einer landesweiten Blitzaktion, bei der noch mehrere Dutzend andere festgenommen wurden, unter ihnen auch Winnies Schwester. Als die Polizei Winnie wegschleppte, hingen Zeni und Zindzi an ihrem Rock. Man steckte sie in Pretoria in Einzelhaft und verweigerte ihr die Freilassung auf Kaution und Besuche; in den folgenden Wochen und Monaten wurde sie rücksichtslos und brutal verhört.

Als schließlich Anklage gegen Winnie erhoben wurde – das geschah etwa sechs Monate später –, gelang es mir, die Anweisung zu geben, daß Joel Carson sie vertreten sollte, ein Anwalt, der seit langem gegen die Apartheid kämpfte. Winnie und 22 andere wurden auf Grundlage des Gesetzes zur Unterdrückung des Kommunismus angeklagt, sie hätten versucht, den ANC wiederzubeleben. Später stießen George Bizos und Arthur Chaskalson zur Verteidigung, die beide zu der Mannschaft von Rivonia gehörten. Im Oktober, 17 Monate nach ihrer Festnahme, stellte der Staat das Verfahren ohne weitere Erklärung ein, und Winnie wurde freigelassen. Aber schon nach zwei Wochen wurde sie erneut beschuldigt und unter Hausarrest gestellt. Sofort beantragte sie eine Genehmigung, mich zu besuchen, aber ihr Ansinnen wurde abgelehnt.

Für mich war im Gefängnis nichts anderes so quälend wie der Gedanke, daß Winnie ebenfalls in Haft saß. Äußerlich gab ich mich tapfer, aber im Inneren war ich zutiefst beunruhigt und besorgt. Nie stand mein inneres Gleichgewicht stärker auf dem Prüfstand als zu der Zeit, in der Winnie sich in Einzelhaft befand. Zwar hatte ich oft anderen zugeredet, sie sollten sich nicht über Dinge beunruhigen, die sie nicht beeinflussen konnten, aber jetzt war ich nicht in der Lage, meine eigenen Ratschläge zu befolgen. Ich hatte viele schlaflose Nächte. Was würden die Behörden meiner Frau antun? Wie würde sie damit fertig werden? Wer kümmerte sich um unsere Töchter? Wer würde unsere Rechnungen bezahlen? Es ist eine Art seelischer Folter, wenn man sich ständig mit solchen Fragen herumschlagen muß, ohne daß man die Möglichkeit hat, sie zu beantworten.

Brigadier Aucamp gestattete mir, Winnie zu schreiben, und gab auch einen oder zwei Briefe von ihr an mich weiter. Normalerweise dürfen Gefangene, die auf ihr Verfahren warten, keine Post empfangen, aber Aucamp erteilte die Genehmigung, um mir einen Gefallen, zu tun. Ich war dafür dankbar, aber ich wußte, daß die Behörden es nicht aus reiner Nächstenliebe getan hatten: Sie lasen unsere Briefe und versprachen sich davon Erkenntnisse, die ihnen in dem Verfahren gegen Winnie helfen konnten.

Zu jener Zeit erlebte ich einen weiteren traurigen Verlust. An einem kalten Morgen im Juli 1969, drei Monate nachdem ich von Winnies Festnahme erfahren hatte, rief man mich in das Hauptbüro von Robben Island, um mir ein Telegramm zu übergeben. Es war von Makgatho, meinem jüngsten Sohn, und bestand nur aus einem einzigen Satz. Wie er mir darin mitteilte, war sein älterer Bruder, mein erster und ältester Sohn Madiba Thembekile, den wir Thembi genannt hatten, bei einem Autounfall in der Transkei ums Leben gekommen. Thembi war damals fünfundzwanzig und hatte zwei kleine Kinder.

Was soll man über eine solche Tragödie berichten? Ich war schon in tiefer Unruhe wegen meiner Frau, ich trauerte noch um meine Mutter, und dann noch eine solche Nachricht ... Für die Bestürzung und den Verlust, die ich damals empfand, habe ich keine Worte. In meinem Herzen blieb eine Leere zurück, die sich nie mehr ausfüllen läßt.

Ich kehrte in meine Zelle zurück und legte mich auf das Bett. Wie lange ich liegenblieb, weiß ich nicht mehr, aber zum Abendessen stand ich nicht auf. Ein paar Leute schauten herein, aber sie sagten nichts. Schließlich kam Walter zu mir und kniete sich neben das Bett; ich gab ihm das Telegramm. Er schwieg und hielt nur meine Hand. Ich weiß nicht, wie lange er bei mir blieb. In einer solchen Situation gibt es nichts, was man einander sagen könnte.

Ich stellte bei den Behörden den Antrag, an dem Begräbnis meines Sohnes teilzunehmen. Als Vater war ich dafür verantwortlich, daß seine Seele in Frieden ruhen konnte. Ich sagte, sie könnten mir eine Bewachung mitgeben, und gab mein Wort, daß ich zurückkommen würde. Der Antrag wurde abgelehnt. Man gestattete mir nur, einen Brief an Thembis Mutter Evelyn zu schreiben; darin bemühte ich mich, sie zu trösten und ihr mitzuteilen, daß ich Anteil an ihrem Leiden nahm.

Ich dachte daran zurück, wie Thembi, der damals noch ein Kind war, mich eines Nachmittags in einem sicheren Haus in Cyrildene besuchte, das ich für geheime Arbeit des ANC benutzte. Wegen meiner Arbeit im politischen Untergrund und an Rechtsfällen hatte ich ihn eine Zeitlang nicht mehr gesehen. Ich überraschte ihn zu Hause: Er hatte ein altes Jackett von mir an, das ihm bis zu den Knien reichte. Offenbar erfüllte es ihn mit Trost und Stolz, die Kleidungsstücke seines Vaters zu tragen, ganz ähnlich wie es früher bei mir gewesen war. Als ich mich verabschiedete, stand er aufrecht da, als sei er schon erwachsen, und sagte: »Ich kümmere mich um die Familie, während du weg bist.«

9. Teil

ROBBEN ISLAND: WACHSENDE HOFFNUNG

DIE KURVE der Verbesserung verlief im Gefängnis nie stetig. Der Fortschritt verzögerte sich und war in der Regel von Rückschlägen unterbrochen. Manchmal dauerte es Jahre, bis ein Vorteil gewonnen war, der dann in einem Tag wieder zunichte gemacht wurde. Wir stemmten einen Felsblock den Berg hoch, nur damit er anschließend wieder hinunterrollte. Und doch besserten sich die Verhältnisse. Wir hatte eine Reihe kleiner Auseinandersetzungen gewonnen, und das führte insgesamt zu einer veränderten Atmosphäre auf der Insel. Zwar verwalteten wir die Insel nicht, aber die Behörden konnten sie ohne uns auch nicht verwalten, und in der Zeit, nachdem Van Rensburg sie verlassen hatte, wurde unser Leben erträglicher.

In den ersten drei Jahren auf der Insel gab man uns allen lange Hosen. Im Jahr 1969 erhielt jeder seine eigene Gefängnisuniform – vorher hatten wir jede Woche eine andere Garnitur erhalten. Die neue Uniform paßte, und wir durften sie selbst waschen. Am Wochenende erlaubte man uns, jederzeit in den Gefängnishof zu gehen. Bei der Verpflegung herrschte zwar noch keine Gleichberechtigung, aber gelegentlich bekamen auch die afrikanischen Gefangenen morgens Brot. Und da wir die Lebensmittel ohnehin gemeinsam benutzen durften, spielten die Unterschiede keine Rolle. Man hatte uns Brettspiele und Karten gegeben, mit denen wir uns samstags und sonntags oft die Zeit vertrieben. Im Steinbruch wurden Gespräche nur selten unterbunden. Wenn der kommandierende Offizier kam, warnten uns die diensthabenden Aufseher mit einer Trillerpfeife, damit wir die Werkzeuge in die Hand nehmen konnten. Die schlimmsten Wärter hatten wir kaltgestellt, und mit den vernünftigeren hatten wir uns angefreundet; die Behörden hatten das allerdings bemerkt und wechselten die Aufseher alle paar Monate aus.

Wir konnten uns praktisch immer treffen, wenn wir es wünschten. Die Zusammenkünfte des High Organ, allgemeine Mitgliederversammlungen und Treffen der Ulundi wurden in der Regel nicht unterbrochen, solange sie nicht zu verdächtig erschienen. Es schien, als ob nicht die Behörden, sondern die Insassen das Gefängnis leiteten.

Der Afrikander, streng und gottesfürchtig, nimmt seine Religion ernst. Das einzige unabänderliche Ereignis in unserem Wochenplan war der Gottesdienst am Sonntagmorgen. Ihn abzuhalten war von den Behörden zwingend vorgeschrieben. Es war, als hielten sie ihre eigenen sterblichen Seelen für gefährdet, wenn sie uns nicht am Sonntag die Möglichkeit zum Beten gaben.

Jeden Sonntagmorgen predigte ein Geistlicher einer anderen Konfession. In der einen Woche war es ein anglikanischer Priester, in der nächsten ein Prediger der niederländisch-reformierten Kirche, dann ein methodistischer Pfarrer. Die Geistlichen wurden von der Gefängnisleitung ausgesucht, und die hatte nur eine Bedingung gestellt: Die Predigt durfte ausschließlich von religiösen Themen handeln. Bei allen Gottesdiensten waren Aufseher anwesend, und wenn ein Geistlicher von der Religion abschweifte, wurde er kein zweites Mal eingeladen.

In den ersten beiden Jahren auf der Insel durften wir unsere Zellen für den Sonntagsgottesdienst nicht verlassen. Der Geistliche predigte an der Stirnseite des Korridors. Im dritten Jahr wurden die Gottesdienste auf dem Hof abgehalten, und das fanden wir besser. In diesen Jahren war es sonntags die einzige Zeit, in der wir uns im Hof aufhalten durften, abgesehen von unserer halbstündigen Gymnastik. Von unseren Leuten waren nur wenige religiös, aber die langen Predigten machten niemandem etwas aus; wir genossen es, an der frischen Luft zu sein.

Nachdem die Gottesdienste draußen stattfanden, stellte man uns die Teilnahme frei. Manche Männer gingen nur zu Geistlichen ihrer eigenen Konfession. Ich selbst bin Methodist, aber ich nahm auch an den Gottesdiensten aller anderen Bekenntnisse teil.

Einer unserer ersten Prediger war ein anglikanischer Priester namens Pater Hughes, ein mürrischer, stämmiger Waliser, der im Zweiten Weltkrieg als Kaplan beim U-Boot-Korps gewesen war. Als er zum erstenmal kam, störte es ihn, daß er auf dem Korridor predigen sollte, denn das schadete nach seiner Ansicht der Versenkung in Gott. Beim ersten Besuch predigte er nicht, sondern er zitierte mit seiner schönen Baritonstimme Winston Churchills Rundfunkansprachen aus dem Krieg: »Wir werden an den Stränden kämpfen, wir werden auf den Landebahnen kämpfen, wir werden auf den Feldern und Straßen kämpfen, wir werden zwischen den Hügeln kämpfen; niemals werden wir uns unterwerfen.«

Bald darauf sprach Pater Hughes auf dem Hof zu uns, und wir fanden seine Predigten glänzend. Er legte Wert darauf, in seine Worte unauffällig kleine Nachrichten einzubauen, und das wußten wir zu schätzen. So sagte er zu Beispiel, der Premierminister von Südafrika stelle wie der ägyptische Pharao eine Armee auf. Am Ende des Gottesdienstes ließ er immer Kirchenlieder ertönen, und nach meiner Überzeugung besuchte Pater Hughes uns nur deshalb so häufig, weil er uns gern singen hörte. Er brachte eine tragbare Orgel mit und spielte für uns. Außerdem lobte er unseren Gesang und sagte, es sei der einzige, der mit den Chören in seiner walisischen Heimat mithalten könne.

Der methodistische Geistliche war Reverend Jones, ein nervöser, schwermütiger Bursche, der im Kongo gewirkt hatte, während dort die Revolution stattfand. Was er dort erlebt hatte, schien der Grund seiner Melancholie zu sein. Immer wieder predigte er, wie wichtig die Versöhnung sei, und damit deutete er an, daß wir es waren, die sich mit den Weißen versöhnen sollten.

An einem Sonntag bemerkte ich während der einseitigen Rede des Geistlichen, wie Eddie Daniels unbehaglich von einem Bein auf das andere trat. Schließlich konnte er sich nicht mehr zurückhalten. »Sie predigen den falschen Leuten die Versöhnung«, rief Eddie aus. »Wir bemühen uns seit 75 Jahren um Versöhnung.« Das reichte dem Reverend Jones. Wir sahen ihn nie wieder.

Jones war nicht der einzige Geistliche, den Eddie hinausekelte. Einmal besuchte uns ein farbiger Prediger namens Bruder September. Eines Sonntags meldete sich der Häftling Hennie Ferris, ein überzeugender Redner, freiwillig als Vorbeter. Bruder September freute sich über soviel Frömmigkeit. Hennie begann mit erhabenen Worten zu sprechen, und an einer Stelle bat er die Versammelten, die Augen zu schließen und zu beten. Dieser Aufforderung kamen alle nach, auch Bruder September. Daraufhin schlich Eddie auf Zehenspitzen nach vorn, öffnete Bruder Septembers Aktentasche und nahm die *Sunday Times* vom gleichen Tag heraus. Damals hatte niemand irgendeinen Verdacht, aber Bruder September brachte nie wieder Zeitungen.

Reverend Andre Scheffer war Geistlicher der niederländisch-reformierten Missionskirche in Afrika, einer Schwesterinstitution der niederländischen reformierten Kirche, der fast alle Afrikander angehörten. Die Missionskirche kümmerte sich ausschließlich um Afrikaner. Reverend Scheffer war ein bärbeißiger, konservativer Kerl, der gewöhnlich vor den allgemeinen Gefangenen predigte. Eines Sonntags kam er in unseren Block herüber, und wir fragten ihn, warum er bei uns keine Gottesdienste hielt. »Ihr haltet euch für Freiheitskämpfer«, erwiderte er geringschätzig. »Ihr müßt betrunken oder voller Dagga (Marihuana) gewesen sein, als man euch festgenommen hat. Freiheitskämpfer, so ein Quatsch!« Dennoch forderten wir ihn auf, bei uns zu predigen, und schließlich, Ende der sechziger Jahre, erklärte er sich dazu bereit.

In einer Hinsicht war Reverend Scheffer unorthodox: Er ging die Religion wissenschaftlich an. Das fand ich sehr reizvoll. Viele Menschen bedienen sich der Wissenschaft, um die Religion bloßzustellen, aber Scheffer setzte sie ein, um seinen Glauben zu untermauern. Ich erinnere mich, wie er in einer Predigt von den drei Weisen aus dem Morgenland sprach, die sich von einem Stern nach Bethlehem leiten ließen. »Das ist nicht nur Aberglaube oder Mythos«, sagte er, und dann zitierte er astronomische Befunde, wonach es zu jener Zeit tatsächlich einen Kometen gab, der die in der Bibel beschriebene Bahn verfolgte.

Als Reverend Scheffer uns näher kennenlernte, wurde er freundlicher. Er hatte einen Sinn für trockenen Humor und machte sich gern über uns lustig. »Wißt ihr«, sagte er, »der weiße Mann hat in diesem Land eine schwierigere Aufgabe als der schwarze. Immer wenn es irgendwo ein Problem gibt, müssen wir eine Lösung finden. Wenn ihr Schwarzen ein Problem habt, habt ihr eine Entschuldigung. Ihr braucht nur ›Ingabilungu‹ zu sagen.« Wir brachen in Gelächter aus, nicht nur wegen seiner unbeabsichtigt komischen Aussprache, sondern auch, weil wir den Gedanken lustig fanden. »Ngabelungu« ist ein Wort aus der Xhosa-Sprache und bedeutet »Die Weißen sind schuld«. Damit sagte er, daß wir die Weißen für alle unsere Schwierigkeiten verantwortlich machen konnten. Seine Botschaft lautete: Wir sollten auch vor unserer eigenen Tür kehren und die Verantwortung für unser Handeln übernehmen – eine Überzeugung, der ich aus vollem Herzen zustimmte.

Was der Sonntag für die übrige Woche war, das war Weihnachten für das übrige Jahr. Es war der Tag, an dem die Behörden den Leuten jeden denkbaren guten Willen zeigten. Am Weihnachtstag brauchten wir nicht in den Steinbruch zu gehen, und wir durften eine kleine Menge Süßigkeiten kaufen. Ein traditionelles Weihnachtsessen gab es nicht, aber zum Abendessen erhielten wir eine zusätzliche Tasse Kaffee.

Die Behörden gestatteten uns, ein Konzert zu organisieren, Wettkämpfe auszutragen und ein Theaterstück aufzuführen. Das Hauptereignis war das Konzert. Unser Chorleiter war Selby Ngendane vom PAC. Er hatte der Jugendliga des ANC angehört, bevor er zum Panafrikanischen Kongreß gewechselt war. Selby hatte ein natürliches Unterhaltungstalent, eine angenehme Stimme und ein feines Gehör.

Selby suchte die Lieder aus, schrieb die harmonischen Arrangements, benannte die Solisten und leitete die Aufführung. Das Konzert fand am Weihnachtsmorgen auf dem Gefängnishof statt. Wir mischten traditionelle englische Weihnachtslieder mit afrikanischen Stücken und sangen auch ein paar Protestsongs die Behörden störten sich offenbar nicht daran, oder vielleicht bemerkten sie auch den Unterschied nicht. Die Aufseher waren unser Publikum, und sie freuten sich ebenso über unseren Gesang wie wir selbst.

Bevor Ngendane ins Gefängnis kam, galt er eigentlich als politisches Leichtgewicht, aber in der Haft zeigte er, was in ihm steckte. Als Gefangener hat man gern Leute mit sonnigem Gemüt um sich, und Selby war so einer.

Das Gefängnis war eine Art Feuerprobe für den Charakter eines Menschen. Manche Leute zeigen unter dem Druck des Eingesperrtseins echten Elan, bei anderen dagegen stellt sich heraus, daß sie weniger sind, als sie zu sein schienen.

Neben den Konzerten veranstalteten wir ein Schach- und ein Dameturnier, und wir spielten auch Scrabble und Bridge. An dem Damewettbewerb nahm ich jedes Jahr teil, und ein paarmal gewann ich den ersten Preis, der meist aus einem Schokoladenriegel bestand. Ich hatte eine langsame, überlegte Spielweise mit vorsichtiger Taktik. Sorgfältig durchdachte ich alle denkbaren Folgen, und dabei verging zwischen den Zügen viel Zeit. Eigentlich widerstreben mir solche Analogien, aber ich bevorzuge diese Handlungsweise nicht nur beim Damespiel, sondern auch in der Politik.

Meine Gegner zogen meist schneller und verloren manchmal die Geduld mit meiner Spielweise. Einer meiner häufigsten Kontrahenten war Don Davis, der zur Einigungsbewegung der Nichteuropäer gehörte. Don war in der Gegend der Diamantenminen von Kimberley aufgewachsen und war ein rauher, furchtloser Bursche, der auch leicht in Rage geriet. Er spielte ausgezeichnet Dame, aber auf eine ganz andere Art als ich. Während des Spiels lief ihm der Schweiß vom Gesicht. Er war dabei angespannt und zappelig, und seine Züge machte er so schnell, als würde ein Geschwindigkeitspreis verliehen. Don und ich standen mehrmals im Finale des jährlichen Turniers.

Wegen einer Gewohnheit, die ich beim Damespielen hatte, nannte Don mich Qhipu. Ich erwog alle Möglichkeiten, und wenn ich am Zug war, rief ich »Qhipu!« – das bedeutet etwa »Jetzt schlage ich zu«; dann setzte ich den Stein. Don fand das frustrierend, und der Spitzname erwuchs eher aus Verwirrung denn aus Freundschaft.

Don und ich spielten in vielen Turnieren gegeneinander, und selbst wenn er gewann, kam er nach ein paar Minuten zurück, um mich zu einer weiteren Partie aufzufordern. Don wollte ständig Dame spielen und war erst zufrieden, wenn ich darauf einging. Schon bald verwendete ich auf das Spielen mit Don soviel Zeit, daß meine anderen Tätigkeiten zu kurz kamen. Als ich einmal bei meinen Studien eine Prüfung versäumte, fragten mich ein paar Kollegen nach dem Grund, und mit der Antwort »wegen Don Davis« erntete ich viel Gelächter.

Auch unsere Laientheatertruppe gab zu Weihnachten ihre Vorstellung. Meine Schauspielerkarriere hatte brachgelegen, seit ich in Fort Hare den John Wilkes Booth gespielt hatte, aber hier in Robben Island erlebte sie eine kleine Fortsetzung. Unsere Inszenierungen waren das, was man heute minimalistisch nennt: keine Bühne, kein Bühnenbild, keine Kostüme. Wir hatten nichts außer den Worten des Stückes.

Ich spielte nur in wenigen Aufführungen mit, aber ich hatte eine unvergeßliche Rolle: die des Thebanerkönigs Kreon in der »Antigone« von Sophokles. Ich hatte im Gefängnis mehrere antike griechische Dramen gelesen und fand sie ungeheuer anregend. Charakter, so lautete für mich ihre Lehre, bemißt sich daran, wie man schwierigen Situationen entgegentritt, und ein Held ist jemand, der auch unter den unangenehmsten Umständen nicht zusammenbricht. Als die »Antigone« ausgewählt wurde, bot ich freiwillig meine Mitwirkung an, und man gab mir die Rolle des Kreon, eines Königs in fortgeschrittenem Alter, der um den Thron seines geliebten Stadtstaates einen Bürgerkrieg ausficht. Zu Beginn des Stückes ist Kreon ein ehrlicher Patriot, und in seinen ersten Monologen liegt Weisheit: Nach seiner Überzeugung ist Erfahrung die Grundlage für eine Führungsrolle, und die Pflichterfüllung gegenüber dem Volk hat Vorrang vor der Treue zu einer Einzelperson.

Unmöglich kann man eines Menschen Herz,
Sein Denken und sein Wollen ganz erkennen,
Eh er in Staat und Ämtern sich erprobt.

Aber Kreon ist gnadenlos zu seinen Feinden. Er hat die Anweisung gegeben, dem Leichnam von Antigones Bruder Poiyneikes, der sich gegen die Stadt aufgelehnt hat, ein ordnungsgemäßes Begräbnis zu verweigern. Antigone widersetzt sich, weil es ein höheres Gesetz als das des Staates gibt. Kreon hört nicht auf sie und auch auf niemand anderen, sondern folgt nur den Dämonen in seinem Inneren. Seine verbohrte Einstellung und seine Blindheit machen ihn zu einem schlechten Herrscher, denn ein Herrscher muß die Gerechtigkeit durch Gnade mildern. Antigone war das Symbol für unseren Kampf; sie war auf ihre Art eine Freiheitskämpferin, denn sie lehnte sich gegen das Gesetz auf, weil es ungerecht war.

NACH UND NACH verwickelten manche Aufseher uns in Gespräche. Ich fing nie Unterhaltungen mit ihnen an, aber wenn sie mich etwas fragten, versuchte ich zu antworten. Man kann einen Menschen leichter erziehen, wenn er lernen will. In der Regel wurden die Fragen mit einer gewissen Verbitterung gestellt: »Na gut, Mandela, was wollen Sie denn nun wirklich?« Oder: »Sie haben doch ein Dach über dem Kopf und genug zu essen, warum machen Sie denn soviel Ärger?« In solchen Fällen erklärte ich den Aufsehern ruhig unsere Ziele. Ich wollte den ANC für sie entmystifizieren und ihre Vorurteile abbauen.

Im Jahr 1969 kam ein junger Aufseher zu uns, der besonders erpicht zu sein schien, mich kennenzulernen. Ich hatte Gerüchte gehört, wonach unsere Leute draußen meine Flucht vorbereiteten und einen Wärter auf die Insel geschleust hätten, der mir helfen sollte. Allmählich machte der Bursche mir klar, daß er meinen Ausbruch plante.

Nach und nach erklärte er mir, was er vorhatte: In einer Nacht wollte er die Wachhabenden im Leuchtturm unter Drogen setzen, damit ein Boot am Strand landen konnte. Er würde mir einen Schlüssel besorgen, damit ich aus unserem Block herauskommen und zu dem Boot gehen konnte. Dort würde man mich mit einer Tauchausrüstung versehen, mit der ich in den Hafen von Kapstadt schwimmen sollte, und von Kapstadt aus wollte man mich zu einem kleinen Flugplatz bringen und außer Landes fliegen.

Ich hörte mir den ganzen Plan an, aber ich teilte ihm nicht mit, wie hergeholt und unzuverlässig er klang. Ich beriet mich mit Walter, und wir waren übereinstimmend der Ansicht, daß man dem Burschen nicht trauen konnte. Ich sagte ihm nie, daß ich nicht mitmachen würde, aber ich unternahm auch nichts, was zur Ausführung des Plans erforderlich gewesen wäre. Er muß wohl verstanden haben, was das bedeutete, denn kurz darauf wurde er von der Insel abgezogen.

Wie sich später herausstellte, war mein Mißtrauen gerechtfertigt: Der Aufseher war ein Agent des Bureau of State Security (BOSS), des südafrikanischen Geheimdienstes. Es war geplant, daß es mir gelingen sollte, die Insel zu verlassen, aber dann sollte ich bei dem Versuch, aus dem Land zu fliegen, in einer dramatischen Schießerei mit Sicherheitskräften auf dem Flughafen ums Leben kommen. Den ganzen Plan hatte man bei BOSS ausgeheckt, einschließlich der Gerüchte, die mich über die Pläne des ANC für meine Flucht erreichten. Es war nicht das letzte Mal, daß sie versuchten, mich zu beseitigen.

Die Amtszeit des kommandierenden Offiziers war in der Regel höchstens drei Jahre lang, und bis 1970 hatten wir mehrere Kommandanten erlebt. In diesem Jahr hatte Oberst Van Aarde die Position inne, ein recht liebenswürdiger, harmloser Bursche, der die Zügel ziemlich locker ließ. Gegen Ende des Jahres beschlossen die Behörden, daß sie auf der Insel eine andere Atmosphäre wünschten, und als neuer Kommandant wurde Oberst Piet Badenhorst eingesetzt.

Das war eine verhängnisvolle Entwicklung. Badenhorst stand in dem Ruf, einer der brutalsten und autoritärsten Offiziere der gesamten Gefängnisverwaltung zu sein. Seine Ernennung war ein deutlicher Hinweis: Nach Ansicht der Regierung herrschte auf der Insel eine zu lasche Disziplin, und wir sollten mit harter Hand zur Räson gebracht werden. Badenhorst sollte vermutlich dafür sorgen, daß wir uns noch nach den Tagen mit »Suitcase« zurücksehnten.

Jedesmal wenn ein neuer Kommandant eingesetzt wurde, bemühte ich mich um eine Zusammenkunft mit ihm, einerseits, um ihm die Ernsthaftigkeit unseres Anliegens deutlich zu machen, und andererseits, um seinen Charakter einzuschätzen. Meine Bitte um ein Treffen mit Oberst Badenhorst wurde zurückgewiesen. Er war der erste Kommandant, der eine solche Begegnung ablehnte.

Die Wirkungen seiner Herrschaft spürten wir schon, bevor wir ihn überhaupt zu Gesicht bekamen. Eine Reihe neuerer Bestimmungen über Lernen und Freizeit wurden sofort außer Kraft gesetzt. Offensichtlich hatte er die Absicht, uns alle Vergünstigungen wieder wegzunehmen, die wir im Laufe der Jahre gewonnen hatten. Die alten Aufseher wurden von der Insel abgezogen und durch Badenhorsts handverlesene Wächter ersetzt. Es waren jüngere, härtere Männer, die jede kleinliche Bestimmung genau einhielten; ihre Aufgabe bestand darin, uns ständig zu quälen und zu demoralisieren. Wenige Tage nachdem Badenhorst sein Amt angetreten hatte, wurden unsere Zellen in einer Razzia durchsucht. Man beschlagnahmte Bücher und Zeitungen, strich Mahlzeiten ohne Vorankündigung und stieß die Leute auf dem Weg zum Steinbruch vorwärts.

Badenhorst versuchte, die Uhren auf der Insel auf den Stand der frühen sechziger Jahre zurückzudrehen. Die Antwort auf alle Fragen lautete stets nein. Gefangene, die mit ihren Anwälten sprechen wollten, kamen statt dessen in Einzelhaft. Beschwerden wurden vollständig ignoriert. Besuche strich man ohne Erklärung. Das Essen wurde schlechter, und die Zensur nahm zu.

Eines Morgens, etwa eine Woche nachdem Badenhorst eingetroffen war – wir arbeiteten gerade im Steinbruch –, tauchte er ohne Vorankündigung zusammen mit seinem Fahrer in seinem Dienstwagen auf. Er stieg aus und betrachtete uns aus einiger

Entfernung. Wir hielten inne, um uns den neuen Kommandanten anzusehen. Badenhorst erwiderte meinen Blick und rief: »Mandela, Jy moet jou vinger uit jou gat trek« (»Du mußt den Finger aus deinem Arsch ziehen«). Ich kümmerte mich nicht um diese Ausdrucksweise und ging, ohne weiter nachzudenken, auf ihn zu. Er war ein ganzes Stück entfernt, aber noch bevor ich näher kommen konnte, ging er zu seinem Wagen zurück und fuhr weg.

Vom Auto aus gab Badenhorst seinen Leuten über Funk einen Befehl, und nach wenigen Minuten kam ein Lastwagen, der uns zurück in den Abschnitt B brachte. Man befahl uns, auf der Fahrt zu schweigen, und als wir auf dem Gefängnishof eintrafen, mußten wir in Reih und Glied antreten. Badenhorst tauchte auf und schritt vor uns auf und ab. Er schien nicht in der Lage zu sein, einen Satz ohne einen Fluch oder ein Schimpfwort auszusprechen. »Jou ma se moer« war sein Lieblingsausdruck, »Deine Mutter ist eine moer« – moer ist ein vulgäres Wort für einen intimen Teil der weiblichen Anatomie.

Mit seiner kehligen Stimme teilte er uns mit, er sei entsetzt über unsere Faulheit im Steinbruch. Deshalb, so sagte er, werde er willkürlich sämtliche Klassifizierungen mit einem Federstrich außer Kraft setzen. Zwar verabscheuten wir das Klassifizierungssystem, aber die meisten von uns waren damals zumindest in die Stufe C aufgestiegen, in der sie eine Ausbildung machen durften. Häftlingen der Stufe D gestattete man das nicht. Die Behörden bereuten, daß sie uns die Vergünstigung des Studierens gewährt hatten, und Badenhorst war gewillt, diesen Fehler zu korrigieren.

Später, als mein Ärger sich gelegt hatte, wurde mir klar, daß Badenhorsts grobe Bemerkung im Steinbruch genauer Berechnung entsprang. Man hatte ihn nach Robben Island versetzt, damit er die Ordnung wiederherstellte, und er hatte sich die Person ausgesucht, die nach seiner Vermutung der Ausgangspunkt der Unordnung war. Wie ein Lehrer, der eine widerspenstige Klasse übernimmt, versuchte er denjenigen Schüler zu disziplinieren, den er als den Hauptstörenfried ansah.

IN DEN ISOLIERBLOCK kamen Ende Mai 1971 mehrere Mitglieder der SWAPO (South-West African People's Organization), einer mit dem ANC verbündeten Organisation, die in Namibia für die Unabhängigkeit kämpfte. Ihr Leiter war Andimba Toivo ja Toivo, ein Mitbegründer der SWAPO und bekannter Freiheitskämpfer. Wir erfuhren, sie seien in den Hungerstreik getreten, um gegen ihre Isolierung zu protestieren, und sofort entschlossen wir uns mitzumachen. Das ärgerte Badenhorst und die Behörden: Sie betrachteten es als unannehmbare Widersetzlichkeit.

Am 28. Mai wurden wir spät in der Nacht durch Geschrei und heftiges Klopfen an die Zellentüren geweckt. »Aufstehen! Aufstehen!« riefen die Wärter. Wir mußten uns ausziehen und in einer Reihe an die Wand des Gefängnishofes stellen. Die Aufseher – sie waren offensichtlich betrunken – schrien uns an und verhöhnten uns. Ihr Anführer war ein sadistischer Kerl namens Fourie, den wir unter uns »Gangster« nannten.

Es war eine eiskalte Nacht, und während wir eine Stunde lang nackt und zitternd in Reih und Glied standen, wurden unsere Zellen nacheinander durchsucht. Die Aufseher betrieben die Mißhandlung die ganze Zeit weiter. Govan bekam gegen Ende der Stunde heftige Brustschmerzen und brach zusammen. Das jagte Fourie offenbar einen Schrecken ein, und er befahl uns, in die Zellen zurückzukehren.

Die Wärter stellten alles auf den Kopf und fanden nichts. Aber die Durchsuchung schien auch nur ein Vorwand für Fouries sadistische Neigungen zu sein. Erst später erfuhren wir, daß Fourie auch in der allgemeinen Abteilung in dem Ruf stand, die Häftlinge zu quälen. Wie wir am folgenden Tag hörten, hatten die Wärter in der allgemeinen Abteilung einige Gefangene brutal geschlagen, bevor sie zu uns kamen. Später stürzten sie sich auf Toivo ja Toivo, aber der wehrte sich und schlug den Wärter zu Boden, der auf ihn eingedrungen war. Dafür wurde er schwer bestraft.

Wir reichten wegen dieser Behandlung eine formelle Beschwerde ein, die aber nicht zur Kenntnis genommen wurde. Der Vorfall ist mir besonders lebhaft im Gedächtnis geblieben, aber es war keineswegs der einzige; derartige Ereignisse waren während Badenhorsts Amtszeit eher die Regel als die Ausnahme.

Wir waren entschlossen, die Verhältnisse unter Badenhorst nicht völlig verkommen zu lassen. Wir schmuggelten Kassiber nach draußen zu unseren Leuten, damit sie sich für seine Entlassung einsetzten. Gleichzeitig beschlossen wir, unter uns eine Delegation zu bilden, die sich mit Badenhorst treffen sollte. Monatelang diskutierten wir darüber, bis wir uns allmählich auf die Zusammensetzung einigten: Walter und ich repräsentierten den ANC, und die anderen Parteien hatten ebenfalls zwei Vertreter.

Badenhorst willigte ein, sich mit uns zu treffen, und in der Unterredung drohten wir Arbeitsniederlegungen, Bummel- und Hungerstreiks an, also alle Waffen, die uns zur Verfügung standen, wenn er seinen Führungsstil nicht änderte und die Vergünstigungen, die er gestrichen hatte, zum größten Teil wieder gewährte. Er erwiderte nur, er werde über unsere Worte nachdenken. Für uns war diese Auseinandersetzung ein Sieg, denn jetzt nahm er sich in acht, und er wußte, daß Leute draußen über unsere Beschwerden Bescheid wußten. Diese Bemühungen führten schon bald zu einer Reaktion.

Ein paar Wochen später merkten wir, daß offenbar ein wichtiger Besuch bevorstand, denn als es an diesem Tag regnete, brauchten wir im Steinbruch nicht weiterzuarbeiten, sondern wir durften uns unterstellen. Am folgenden Tag teilte man uns mit, drei Richter würden auf die Insel kommen. Die Behörden forderten uns auf, einen Sprecher zu benennen, der unsere Beschwerden vertreten sollte. Für diese Rolle wurde ich ausgewählt.

Während ich mich auf das Gespräch mit den Richtern vorbereitete, erfuhr ich aus zuverlässiger Quelle, ein Häftling in der allgemeinen Abteilung sei kürzlich von einem Wächter schwer geschlagen worden. Die drei Richter waren Jan Steyn, M. E. Theron und Michael Corbett von der Abteilung des Obersten Gerichtshofes in der Kap-Provinz. Begleitet wurden sie von General Steyn, dem Commissioner (Oberaufseher) der Gefängnisse, und von Oberst Badenhorst. Ich traf an diesem Tag draußen, an unserer Arbeitsstelle, mit ihnen zusammen.

General Steyn stellte mich den Richtern vor und erklärte, ich sei ausgewählt worden, um die anderen Häftlinge zu vertreten. Die Richter ließen durchblicken, sie würden selbstverständlich allein mit mir sprechen. Ich erwiderte, ich habe nichts zu verbergen und mir sei es sogar lieb, wenn General Steyn und der Oberst dabei seien. Ich merkte, daß sie über meine Erklärung verblüfft waren, und fügte hinzu, es sei nur recht und billig, wenn die beiden auf meine Vorwürfe antworten könnten. Widerwillig stimmten die Richter zu.

Als erstes schilderte ich den jüngsten Übergriff in der allgemeinen Abteilung. Ich berichtete über die Einzelheiten, wie man sie mir mitgeteilt hatte, über die Brutalität der Schläge und darüber, wie das Verbrechen gedeckt worden war. Ich hatte kaum zu sprechen begonnen, da merkte ich, wie Badenhorst unbehaglich hin und her rutschte. Nachdem ich mit meiner Beschreibung zu Ende war, fuhr er schroff und aggressiv dazwischen: »Haben Sie den Vorfall selbst beobachtet?« In ruhigem Ton erklärte ich, ich sei nicht dabeigewesen, aber ich habe Vertrauen zu den Leuten, die mir davon erzählt hatten. Er schnaubte verächtlich und wedelte mit dem Finger vor meinem Gesicht herum. »Seien Sie vorsichtig, Mandela«, sagte er. »Wenn Sie über Dinge reden, die Sie nicht gesehen haben, bekommen Sie Schwierigkeiten. Sie wissen, was ich meine.«

Ich überging Badenhorsts Bemerkungen und wandte mich an die Richter: »Meine Herren, Sie sehen selbst, mit was für einem Menschentyp als Kommandant wir es zu tun haben. Wenn er mir sogar hier droht, in Ihrer Gegenwart, dann können Sie sich vorstellen, was er tut, wenn Sie nicht dabei sind.« Daraufhin sagte der Richter Corbett zu den anderen: »Der Häftling hat völlig recht.«

Im weiteren Verlauf des Treffens zählte ich unsere Beschwerden über Verpflegung, Arbeit und Ausbildung auf. Badenhorst muß innerlich gekocht haben, aber nach außen blieb er beherrscht. Als das Gespräch zu Ende war, bedankten sich die Richter bei mir, und ich verabschiedete mich.

Ich habe keine Ahnung, was die Richter nach der Unterredung

sagten oder taten, aber in den folgenden Monaten schienen Badenhorst die Hände gebunden zu sein. Die Grobheit ließ nach, und drei Monate nach dem Besuch der Richter erhielten wir das Versprechen, man werde ihn versetzen.

Einige Tage bevor Badenhorst uns verließ, wurde ich in das Hauptbüro gerufen. General Steyn besuchte die Insel und wollte wissen, ob wir Beschwerden hätten. In Badenhorsts Anwesenheit zählte ich eine Reihe von Forderungen auf. Als ich zu Ende gesprochen hatte, sprach der Kommandant mich unmittelbar an. Er sagte, er werde die Insel verlassen, und fügte hinzu: »Ich möchte Ihnen allen viel Glück wünschen.« Ich weiß nicht, ob man mir meine Fassungslosigkeit ansah, aber ich war verblüfft. Er hatte diese Worte wie ein menschliches Wesen ausgesprochen und eine Seite von sich gezeigt, die wir nie zuvor gesehen hatten. Ich dankte ihm für seine freundlichen Worte und wünschte ihm alles Gute für seine weitere Tätigkeit.

Über diesen Augenblick habe ich noch lange nachgedacht. Badenhorst war vielleicht der härteste und brutalste Kommandant, den wir auf Robben Island hatten. Und doch zeigte er an jenem Tag in seinem Büro, daß es in ihm auch eine andere Seite gab, eine Seite, die verborgen gewesen war, die aber noch existierte. Es war eine nützliche Erinnerung daran, daß alle Menschen, und seien sie auch scheinbar noch so kaltschnäuzig, einen anständigen Kern haben, und wenn ihr Herz angerührt wird, können sie sich ändern. Badenhorst war letztlich kein böser Mensch; die Unmenschlichkeit war ihm von einem unmenschlichen System aufgezwungen worden. Er benahm sich wie eine Bestie, weil er für bestialisches Verhalten belohnt wurde.

MAN TEILTE mir mit, Oberst Willemse solle Badenhorsts Nachfolger als Kommandant werden. Nach seiner Ernennung bat ich um eine Zusammenkunft mit ihm, und kurz nachdem er eingetroffen war, stattete ich ihm einen Besuch ab. Er war zwar offenkundig nicht fortschrittlich eingestellt, aber in deutlichem Gegensatz zu seinem Vorgänger war er höflich und vernünftig. Wir hofften, Badenhorsts Amtszeit würde nur eine kleine Delle in der Kurve der stetigen Verbesserung unserer Lebensumstände bleiben.

Mit Badenhorst verließen uns auch die aggressiven jungen Aufseher, und bald darauf nahmen wir unser zwangloses Verhalten im Steinbruch und in unserem Abschnitt wieder auf. Willemse mag ein vernünftiger Mensch gewesen sein, aber als er sah, daß wir im Steinbruch mehr Zeit mit Reden als mit Arbeiten verbrachten, war er entsetzt.

Er war erst ein paar Wochen auf der Insel, als man mich zu einer Unterredung in sein Büro bestellte. »Mandela«, sagte er freimütig, »Sie müssen mir helfen.« Ich fragte ihn, was ich tun solle. »Ihre Leute arbeiten nicht. Sie befolgen keine Befehle. Sie machen nur, was sie wollen. Das hier ist ein Gefängnis, da muß eine gewisse Disziplin herrschen. Das ist nicht nur für uns gut, sondern auch für Sie. Ein bißchen Ordnung muß sein, sonst schicken sie wieder jemanden wie den vorigen Gefängnisleiter.«

Was der Oberst sagte, war sinnvoll. Ich hörte zu und erklärte, seine Bestrebungen seien legitim, aber ich könne erst etwas darauf erwidern, wenn ich mit allen meinen Leuten gesprochen hätte. Eine Zusammenkunft aller Häftlinge aus den Einzelzellen war damals ausdrücklich verboten. Indem ich ihn um die Genehmigung für eine solche Besprechung bat, verlangte ich eine deutlich weitere Auslegung der Regeln. Er wußte das ebensogut wie ich und wollte eine gewisse Bedenkzeit haben.

Nach wenigen Tagen ließ Willemse mir mitteilen, er werde es gestatten. Wir trafen uns alle an einem Nachmittag auf dem Hof, ohne daß wir von Aufsehern beobachtet wurden. Ich teilte den Leuten mit, was Willemse mir gesagt hatte; wenn wir jetzt kompromißbereit seien, so fügte ich hinzu, würden wir unsere Lebensbedingungen auf lange Sicht verbessern. Wir beschlossen, daß unsere Tätigkeit zumindest nach Arbeit aussehen solle, aber sie würde mit einem Tempo ablaufen, das uns angenehm war. So handhabten wir es von nun an, und vom Kommandanten kamen keine Beschwerden mehr.

In den Jahren 1971 und 1972, in der ersten Phase von Willemses Amtszeit, gab es einen ständigen Zustrom von gefangengenommenen MK-Soldaten. Diese Leute hatten Kämpfe mitgemacht und waren über den Zustand der Exilbewegung gut informiert. Ich war zwar nie froh, wenn ich ein ANC-Mitglied im Gefängnis sah, aber diese Leute wollte ich nach ihrer Ankunft unbedingt sprechen. Insbesondere war ich erpicht darauf, etwas über Oliver, über die Ausbildungslager sowie über Erfolge und Mißerfolge des MK zu erfahren.

Die Leute waren äußerst militant und konnten sich kaum an das Gefängnisleben gewöhnen. Einer der ersten war Jimmy April, ein MK-Offizier, der unter Joe Slovo ausgebildet worden war und in Rhodesien gegen den Feind gekämpft hatte. Der MK ließ nach und nach Leute mit gefälschten Personalpapieren ins Land einsikkern. Einer von ihnen war Jimmy, und in Südafrika wurde er inhaftiert.

Jimmy stillte unseren Hunger nach Kriegsberichten, aber ich nahm ihn auch beiseite und fragte ihn nach Problemen beim MK. Da ich den MK gegründet hatte und sein erster Kommandant gewesen war, sprachen Jimmy und die anderen mit mir freimütiger als mit den übrigen Häftlingen. Er berichtete mir von der Unzufriedenheit in den Lagern und von Mißhandlungen durch MK-Offiziere. Ich bat ihn, die Angelegenheit für sich zu behalten, und es gelang mir, einen Brief an Oliver hinauszuschmuggeln; darin vertrat ich die Ansicht, daß Reformen in den Lagern notwendig waren.

Eines Tages – ich war gerade auf dem Weg ins Hauptbüro zu einem Gespräch mit Oberst Willemse – sah ich Jimmy vor dem Büro eines anderen Beamten. Er wandte sich an mich und sagte ziemlich aufgeregt: »Sie weigern sich, mir meinen Brief auszuhändigen.«

»Mit welcher Begründung?« fragte ich zurück.

»Sie behaupten, er enthielte etwas, das ich nicht lesen darf«, sagte er. Ich ging in das Büro, um die Angelegenheit zu besprechen, aber bevor ich auch nur den Mund aufmachen konnte, platzte Jimmy dazwischen und sagte laut zu dem Beamten: »Geben Sie mir meinen Brief!« Er versuchte, mich zur Seite zu drängen und sich den Brief selbst vom Schreibtisch zu nehmen. Daraufhin griff der Beamte den Brief und stellte sich hinter meinen Rücken, als solle ich ihn vor Jimmy schützen. In einem Film hätte das Ganze vielleicht eine komische Szene abgegeben, aber damals war es nervenaufreibend. Ich wandte mich an Jimmy und sagte ruhig, aber bestimmt: »Bitte nicht so. Beruhige dich. Ich werde die Angelegenheit klären und zusehen, daß du deinen Brief bekommst. Aber jetzt geh bitte hinaus.«

Meine Worte hatten die gewünschte Wirkung, und Jimmy verließ das Büro. Dann wandte ich mich dem Beamten zu, der völlig durcheinander war. Ich befand mich in einer seltsamen Lage. Ich widersetzte mich nicht den Behörden, sondern ich vermittelte zwischen meinen eigenen Leuten und denen, gegen die ich so lange gekämpft hatte. Durch die militante Art der Neuankömmlinge auf der Insel geriet ich immer öfter in diese Position. Einerseits ermutigte uns die Radikalität dieser Männer, aber andererseits machte sie unser Alltagsleben manchmal auch beschwerlicher.

Nach einer Woche händigte der Beamte mir Jimmys Brief aus.

EINES MORGENS gingen wir nicht zum Steinbruch, sondern man befahl uns, die Ladefläche eines Lastwagens zu besteigen. Wir rumpelten in einer anderen Richtung davon, und eine Viertelstunde später mußten wir wieder herabklettern. Vor uns lag im glitzernden Morgenlicht das Meer mit der Felsküste, und weit entfernt blinkten die gläsernen Türme von Kapstadt in der Sonne. Es war zwar eine optische Täuschung, aber die Stadt mit dem dahinter aufragenden Tafelberg sah so herzzerreißend nah aus, als ob man nur den Arm ausstrecken müßte, um sie zu ergreifen.

Der ranghöchste Offizier erklärte, man habe uns an die Küste gebracht, damit wir Seetang einsammelten. Man wies uns an, die großen, am Strand angeschwemmten Stücke aufzusammeln und hinauszuwaten, um den Seetang zu ernten, der sich an Felsen und

Korallen festgesetzt hatte. Der Tang selbst war lang, schleimig und bräunlichgrün gefärbt. Manchmal waren die Stücke etwa zwei Meter lang und zwölf Kilo schwer. Den Tang aus dem seichten Wasser legten wir in Reihen auf dem Strand ab, und wenn er getrocknet war, luden wir ihn auf den Lastwagen. Man sagte uns, er werde nach Japan exportiert und diene dort als als Dünger.

Die Arbeit kam uns an diesem Tag nicht besonders anstrengend vor, aber in den folgenden Wochen und Monaten stellten wir fest, daß sie zu einer großen Belastung werden konnte. Selbst das machte uns jedoch kaum etwas aus, denn wir hatten den Genuß und die Ablenkung durch den Panoramablick: Wir beobachteten Fischdampfer bei der Arbeit und imposante Tanker, die sich langsam am Horizont entlangbewegten; wir sahen zu, wie Möwen sich Fische aus dem Wasser angelten, während Robben auf den Wellen ihre Possen trieben; wir lachten über eine Kolonie von Pinguinen, die aussahen wie schwerfällige Soldaten mit Plattfüßen; und wir bestaunten das tägliche Wetterschauspiel über dem Tafelberg mit seiner wechselnden Bekrönung aus Wolken und Sonne.

Im Sommer fühlte sich das Wasser herrlich an, aber im Winter machte der eisige Benguelastrom das Hinauswaten in die Wellen zur Qual. Die Felsen an der Küste und in ihrer Nähe waren zerklüftet, so daß wir uns bei der Arbeit oft die Beine aufschürften. Dennoch zogen wir das Meer dem Steinbruch vor; leider brachten wir immer nur einige Tage hintereinander an der Küste zu.

Der Ozean erwies sich als Schatztruhe. Ich fand wunderschöne Korallenstücke und raffiniert geformte Schnecken, und manchmal nahm ich solche Funde mit in meine Zelle. Einmal entdeckte jemand eine noch verschlossene Flasche Wein, die im Sand steckte. Man erzählte mir, er habe wie Essig geschmeckt. Jeff Masemola vom PAC war ein hochbegabter Künstler und Bildhauer; die Behörden gestatteten ihm, Treibholzstücke zu sammeln, und daraus schnitzte er Phantasiefiguren, von denen er einige den Aufsehern zum Kauf anbot. Für mich baute er ein Bücherregal, das ich viele Jahre lang benutzte. Den Besuchern erzählten die Behörden, sie hätten es mir zur Verfügung gestellt.

Die Atmosphäre war am Meer entspannter als im Steinbruch. Außerdem genossen wir die Arbeit am Wasser, weil wir dort ausgezeichnet aßen. Jeden Morgen, wenn wir zur Küste gingen, nahmen wir ein großes Faß Süßwasser mit. Später holten wir ein zweites Faß und machten mit dem Wasser eine Art Robben-Island-Meeresfrüchteragout aus gesammelten Muscheln. Wir fingen auch Langusten, die sich in den Felsspalten versteckten. Eine Languste einzufangen ist nicht einfach: Wenn man sie nicht kräftig am Kopf oder Schwanz packt, strampelt sie sich wieder frei.

Mein Lieblingsgericht waren die Meerohren, von uns Perlemoen genannt. Meerohren sind Schnecken, die fest an den Felsen haften, so daß man sie losbrechen muß. Es sind widerstandsfähige Tiere, die sich nur schwer öffnen lassen, und wenn man sie nur ein wenig zu lange kocht, werden sie hart und ungenießbar.

Wir nahmen unseren Fang und häuften ihn in der zweiten Tonne auf. Unser Chefkoch, der den Eintopf zubereitete, war Wilton Mkwayi. Wenn das Essen fertig war, setzten wir uns zusammen mit den Aufsehern an den Strand und machten eine Art Picknick. Im Jahr 1973 lasen wir in einer eingeschmuggelten Zeitung über die Hochzeit von Prinzessin Anne und Mark Phillips; in dem Bericht wurde das Hochzeitsmenü mit seinen seltenen Delikatessen genau beschrieben: Es umfaßte unter anderem Muscheln, Langusten und Meerohren. Wir mußten lachen: Solche Leckereien aßen wir jeden Tag.

Eines Nachmittags – wir saßen gerade am Strand und aßen unseren Eintopf – kam Lieutenant Terblanche, der damalige Leiter der Gefängnisse, zu einem Überraschungsbesuch. Schnell taten wir so, als ob wir arbeiteten, aber er ließ sich nicht täuschen. Schon bald entdeckte er das zweite Faß, in dem der Muscheleintopf brodelte. Der Lieutenant öffnete den Topf und sah hinein. Dann spießte er eine Muschel auf, aß sie und sagte »Smaaklik«, was auf afrikaans »lecker« bedeutet.

BEI DEN Freiheitskämpfern war Robben Island als »die Universität« bekannt. Diesen Namen trug die Insel nicht wegen der Dinge, die wir aus Büchern lernten oder weil die Häftlinge Englisch, Afrikaans, Kunst, Geographie und Mathematik studierten, und auch nicht, weil viele unserer Leute wie Billy Nair, Ahmed Kathrada, Mike Dingake oder Eddie Daniels mehrere Examina ablegten. Als Universität wurde Robben Island vielmehr wegen der Dinge bezeichnet, die wir voneinander lernten. Wir wurden zu unserer eigenen Fakultät, mit eigenen Professoren, eigenem Lehrplan und eigenen Seminaren. Wir unterschieden zwischen den offiziellen akademischen Studien und dem nicht erlaubten politischen Stoff.

Teilweise erwuchs unsere Universität aus einer Notwendigkeit. Als junge Männer auf die Insel kamen, bemerkten wir, daß sie sehr wenig über die Geschichte des ANC wußten. Walter, vielleicht der größte lebende ANC-Historiker, erzählte ihnen von der Entstehung der Organisation und von ihrer Anfangszeit. Er unterrichtete klug und mit viel Verständnis. Nach und nach wurden diese formlosen Geschichtsstunden zu einem Studienkurs, den das High Organ organisierte und der unter der Bezeichnung Syllabus A bekannt wurde; er umfaßte zwei Jahre mit Vorlesungen über den ANC und den Befreiungskampf. Zu Syllabus A gehörte auch ein Kurs, in dem Kathy »die Geschichte des indischen Freiheitskampfes« unterrichtete. Ein anderer Mithäftling trug eine Geschichte der Farbigen bei, und Mac, der in der Deutschen Demokratischen Republik studiert hatte, lehrte Marxismus.

Die Unterrichtsbedingungen waren nicht ideal. Die Lerngruppen fanden sich im Steinbruch zusammen oder stellten sich im Kreis um den Seminarleiter auf. Die Lehrmethode war die von Sokrates: Um Ideen und Theorien deutlich zu machen, bedienten sich die Lehrer des Frage-und-Antwort-Spiels.

Das Kernstück der Ausbildung auf der Insel war Walters Kurs. Viele junge ANC-Mitglieder, die nach Robben Island kamen, hatten keine Ahnung, daß es die Organisation schon in den zwanziger und dreißiger Jahren gegeben hatte. Walter führte sie von der Gründung des ANC im Jahr 1912 bis zur Gegenwart. Für viele von diesen jungen Leuten war es der erste politische Unterricht, den sie in ihrem Leben erhielten.

Als die Kurse im allgemeinen Abschnitt bekannt wurden, bekamen wir auch kritische Fragen von unseren Leuten auf der anderen Seite. Das war der Beginn eines Korrespondenzkurses mit den Häftlingen im allgemeinen Abschnitt. Die Lehrer schmuggelten ihre Vorlesungen zu ihnen hinüber, und von dort kamen Fragen und Anmerkungen zurück.

Das war für uns ebenso nützlich wie für sie. Diese Leute hatten kaum Schulbildung, aber sie wußten viel von den Unannehmlichkeiten der Welt. Ihre Sorgen waren eher praktischer und nicht theoretischer Natur. Wenn zum Beispiel in einer Vorlesung behauptet wurde, ein Grundsatz des Sozialismus laute »jeder nach seinen Fähigkeiten und jedem nach seinen Bedürfnissen«, kam vielleicht die Frage zurück: »Ja, aber was bedeutet das in der Praxis? Wenn ich Land habe, aber kein Geld, und mein Freund hat Geld, aber kein Land, wer von uns hat dann den größeren Bedarf?« Solche Fragen waren von unmittelbarem Wert und zwangen uns, genau über die eigenen Meinungen nachzudenken.

Ich leitete mehrere Jahre lang einen Kurs in politischer Ökonomie. Darin versuchte ich, die Entwicklung des Menschen als Wirtschaftswesen von der Frühzeit bis heute nachzuzeichnen; ich skizzierte den Weg von der antiken Stadtgesellschaft über den Feudalismus bis zu Kapitalismus und Sozialismus. Ich bin alles andere als ein Gelehrter und auch eigentlich kein Lehrer, und im allgemeinen stelle ich lieber Fragen, statt einen Vortrag zu halten. Meine Methode war nicht ideologisch begründet, aber sie begünstigte einseitig den Sozialismus, denn in ihm sah ich das am weitesten entwickelte Stadium des wirtschaftlichen Lebens, das die Menschen bis dahin hervorgebracht hatten.

Neben meinen informellen Studien setzte ich auch meine juristische Arbeit fort. Manchmal überlegte ich, ob ich außen an meiner Zelle ein Firmenschild anbringen sollte, denn ich verbrachte in jeder Woche viele Stunden damit, gerichtliche Eingaben für andere Gefangene auszuarbeiten, obwohl das nach den Gefängnisvorschriften verboten war. Häftlinge aller politischen Lager suchten meine Hilfe.

Nach den südafrikanischen Gesetzen hat ein Angeklagter kein garantiertes Recht auf juristische Vertretung, und viele tausend mittellose Männer und Frauen kommen jedes Jahr ins Gefängnis, weil ihnen ein Rechtsbeistand fehlt. Nur wenige Afrikaner konnten sich einen Anwalt leisten, und die meisten hatten keine andere Wahl, als jedes Urteil hinzunehmen, das ein Gericht ihnen auferlegte. Von den Leuten im allgemeinen Abschnitt waren viele ohne Rechtsberatung verurteilt worden, und eine ganze Reihe von ihnen wandte sich an mich, um Revision einzulegen. Für die meisten dieser Leute war es das erste Mal, daß sie mit einem Rechtsanwalt zu tun hatten.

Ich erhielt beispielsweise einen Kassiber von einem Häftling in F oder G, in dem er mich um Hilfe bat. Dann erkundigte ich mich nach den Einzelheiten des Falls, nach Anklage, Beweisen und Zeugen. Da dieser Nachrichtenaustausch heimlich erfolgen mußte, kam die Information langsam und in kleinen Bruchstücken. Eine Beratung, die in meiner alten Kanzlei von Mandela und Tambo höchstens eine halbe Stunde gedauert hätte, konnte auf der Insel ein Jahr und mehr in Anspruch nehmen.

Ich riet meinen »Mandanten«, einen Brief an das Büro des Obersten Gerichtshofes zu schreiben und um einen Bericht über den jeweiligen Fall zu bitten. Ich erklärte den Häftlingen, sie sollten auf ihre begrenzten Mittel hinweisen und darum bitten, daß der Bericht gebührenfrei übersandt würde. Manchmal waren die Urkundsbeamten so freundlich und stellten das Material umsonst zur Verfügung.

Wenn mir die Akte vorlag, konnte ich die Revision vorbereiten. Als Begründung führte ich meist juristische Unregelmäßigkeiten an, beispielsweise Befangenheit, Verfahrensfehler oder Mangel an Beweisen. In meiner eigenen Handschrift entwarf ich einen Brief an den Richter, und dann schickte ich ihn auf die andere Seite. Da ich die Vorschriften verletzte, wenn ich mich mit dem Fall eines anderen beschäftigte, wies ich den Häftling an, den

Brief abzuschreiben. Wenn er nicht schreiben konnte – das war bei vielen Häftlingen der Fall –, sagte ich ihm, er solle jemanden suchen, der dazu in der Lage war.

Es machte mir Spaß, meine juristischen Fähigkeiten auf dem laufenden zu halten, und in einigen Fällen wurde das Urteil aufgehoben und die Strafe vermindert. Das waren erfreuliche Siege; das Gefängnis ist darauf angelegt, daß man sich ohnmächtig fühlen soll, und dies war einer der wenigen Wege, um das System zu verändern. Vielfach lernte ich die Leute, für die ich arbeitete, nie persönlich kennen, und manchmal flüsterte mir jemand, der uns mittags den Brei brachte, ein Dankeschön zu.

DER DRUCK auf meine Frau ließ nicht nach. Im Jahr 1972 traten Polizisten die Tür des Hauses 8115 West-Orlando ein. Durch das Fenster flogen Backsteine, und auf die vordere Tür wurden Gewehrschüsse abgefeuert. 1974 klagte man Winnie an wegen der Verletzung ihrer Verbannungsvorschriften, die ihr jeglichen Besuch mit Ausnahme ihrer Kinder und ihres Arztes verboten. Sie arbeitete damals in einer Anwaltskanzlei, und ein Freund brachte Zeni und Zindzi in der Mittagspause zu ihr. Deshalb wurde Winnie angeklagt und zu sechs Monaten Gefängnis verurteilt. Sie kam in das Gefängnis von Kroonstad im Oranje-Freistaat, aber ihre Erlebnisse dort waren nicht so furchtbar wie bei ihrer früheren Haft in Pretoria. Winnie schrieb mir, sie fühle sich diesmal im Gefängnis geradezu befreit und es bestärke sie in ihrer Entschlossenheit zu kämpfen. Die Behörden ließen zu, daß Zindzi und Zeni sie sonntags besuchten.

Als Winnie 1975 freigelassen wurde, konnten wir durch Briefe und Nachrichtenaustausch über unsere Anwälte einen Plan ausarbeiten, damit ich Zindzi sehen konnte. Nach den Gefängnisvorschriften durften Kinder zwischen zwei und sechzehn Jahren die Häftlinge nicht besuchen. Als ich nach Robben Island kam, steckten alle meine Kinder in dieser juristischen Zwangsjacke der Altersbeschränkung. Hinter der Regel steht eine keineswegs bösartige Überlegung: Der Gesetzgeber nahm an, ein Besuch im Gefängnis könne die empfindliche Psyche eines Kindes negativ beeinflussen. Aber ähnlich schädlich wirkte sie sich wahrscheinlich auf die Gefangenen aus: Es verursacht tiefen Kummer, wenn man seine Kinder nicht sehen darf.

Im Jahr 1975 wurde Zindzi fünfzehn. Ihre Mutter hatte vor, die Geburtsurkunde um ein Jahr älter zu machen, so daß es aussah, als würde sie nicht fünfzehn, sondern sechzehn, so daß sie mich besuchen durfte. Die Geburtsregister für Afrikaner wurden nicht besonders einheitlich oder geordnet geführt, und wie Winnie feststellte, war es nicht besonders schwierig, das Geburtsdatum in den Papieren um ein Jahr zu ändern. Sie beantragte eine Besuchserlaubnis, und sie wurde auch erteilt.

Zindzi sollte im Dezember kommen. Ein paar Wochen vorher stattete Winnies Mutter mir einen schon länger verabredeten Besuch ab. Als ich ihr im Besucherzimmer gegenübersaß, sagte ich: »Weißt du, Mama, ich bin sehr aufgeregt, weil ich Zindzi bald sehen werde.« Meine Schwiegermutter, früher Lehrerin, sah mich überrascht an und sagte dann recht mürrisch: »Nein, Zindzi kann dich nicht besuchen, sie ist doch noch nicht sechzehn.«

Sofort fiel mir ein, daß niemand ihr etwas von unserem Schachzug erzählt hatte. Hinter ihr und mir stand jeweils ein Aufseher, und ich entschloß mich, ihre Worte einfach zu übergehen. Ich murmelte nur: »Ach, nichts, Mama!«

Aber meine Schwiegermutter ist eine hartnäckige Frau, und sie ließ sich nicht abwimmeln. »Weißt du, Mkonyanisi« – mit diesem liebevollen Xhosa-Namen für einen Schwiegersohn redete sie mich an – »ihr habt einen schweren Irrtum begangen, Zindzi ist doch erst fünfzehn.«

Ich riß die Augen in höchster Erregung auf, und das muß sie wohl verstanden haben, denn sie erwähnte Zindzi nicht mehr.

Ich hatte Zindzi seit ihrem dritten Lebensjahr nicht mehr gesehen. Sie kannte ihren Vater fast nur von Fotos und kaum aus eigener Erinnerung. Ich zog an jenem Morgen ein frisches Hemd an und gab mir mehr Mühe mit meinem Aussehen als sonst: Es war meine eigene Eitelkeit, aber ich wollte für meine jüngste Tochter nicht wie ein alter Mann aussehen.

Mit Winnie war ich seit über einem Jahr nicht mehr zusammengekommen, und ich freute mich, daß sie gesund aussah. Wirklich entzückt war ich aber, als ich sah, zu was für einer hübschen jungen Frau meine jüngste Tochter herangewachsen war und wie stark sie ihrer ebenso schönen Mutter ähnelte.

Zindzi war anfangs schüchtern und zurückhaltend. Nach meiner sicheren Überzeugung war es für sie alles in allem nicht einfach, mit einem Vater zusammenzutreffen, der sie eigentlich nie kennengelernt hatte und der sie nur aus der Entfernung lieben konnte, ein Vater, der nicht ihr, sondern dem Volk zu gehören schien. Irgendwo tief in ihrem Inneren muß sie Widerwillen und Ärger für diesen Vater gehegt haben, der während ihrer ganzen Kinder- und Jugendzeit abwesend war. Ich sah sofort, daß sie eine starke, hitzige junge Frau war, ganz ähnlich wie ihre Mutter im gleichen Alter. Ich wußte, daß sie sich unbehaglich fühlen mußte, und tat mein möglichstes, um die Atmosphäre aufzuheitern. Als sie ankam, fragte ich sie: »Hast du schon meine Ehrengarde kennengelernt?«, und dabei zeigte ich auf die Wärter, die mir überallhin folgten. Ich stellte Fragen über ihr Leben, ihre Schulausbildung und ihre Freunde, und dann versuchte ich, sie mit in jene alten Tage zu nehmen, an die sie sich kaum erinnern konnte. Ich erzählte ihr von dem, was mir im Gedächtnis geblieben war – von den Sonntagvormittagen, wenn ich sie zu Hause oft auf den Knien wiegte, während Mama in der Küche den Braten zubereitete. Mir fielen kleine Vorfälle und Abenteuer in Orlando ein, aus der Zeit, als sie noch ein Baby war, und ich erzählte ihr, daß sie als Säugling kaum einmal geschrien hatte. Durch die Glasscheibe konnte ich sehen, daß sie die Tränen zurückhalten mußte, während ich sprach.

Der Besuch hatte nur einen einzigen traurigen Unterton: Von Winnie erfuhr ich, daß Bram Fischer kurz nach seiner Freilassung aus dem Gefängnis an Krebs gestorben war. Brams Tod bewegte mich zutiefst. Zwar hatte die Regierung auf seinem Körper keine Fingerabdrücke hinterlassen, aber die umbarmherzige Quälerei des Staates ließ jene letzte Krankheit ausbrechen, die ihn viel zu früh dahinraffte. Die Verfolgung ging noch über den Tod hinaus: Nach seiner Einäscherung wurde die Asche beschlagnahmt.

Bram war ein Purist, und nach dem Rivonia-Prozeß kam er zu dem Schluß, er könne dem Kampf am besten dienen, wenn er in den Untergrund ging und sich außerhalb der Gesetze stellte. Es belastete ihn, daß die Leute, die er vor Gericht vertreten hatte, ins Gefängnis mußten, während er selbst in Freiheit blieb. Während des Prozesses riet ich Bram von diesem Kurs ab; ich wies darauf hin, er könne dem Kampf am besten im Gerichtssaal dienen, denn dort konnten die Leute sehen, wie dieser Afrikander, Sohn eines Vorsitzenden Richters, sich für die Rechte der Machtlosen einsetzte. Aber er konnte andere nicht leiden sehen, während er selbst frei war. Wie ein General, der an der Front Seite an Seite mit seinen Soldaten kämpft, wollte Bram nicht andere um ein Opfer bitten, das er selbst nicht zu bringen bereit war.

Als Bram gegen Kaution freigelassen wurde, ging er in den Untergrund; 1965 wurde er gefaßt und wegen Konspiration und geplanter Sabotage zu lebenslanger Haft verurteilt. Ich hatte versucht, ihm ins Gefängnis zu schreiben, aber die Vorschriften verboten den Briefwechsel zwischen Gefangenen. Nachdem man bei ihm Krebs festgestellt hatte, ließ sich die Regierung von einer Zeitungskampagne beeinflussen, in der aus humanitären Gründen seine Freilassung gefordert wurde. Aber schon wenige Wochen, nachdem die Behörden ihn, immer noch unter Hausarrest, in das Haus seines Bruders in Bloemfontein entlassen hatten, starb er.

Bram Fischer, der Enkel des Premierministers der Orange River Colony, hatte in vielerlei Hinsicht das größte aller Opfer gebracht. Gleichgültig, was ich in meinem Einsatz für die Freiheit erleiden mußte – immer bezog ich Kraft aus der Tatsache, daß ich mit meinem eigenen Volk und für seine Interessen kämpfte. Bram dagegen war ein freier Mann, der gegen sein eigenes Volk stritt, um für andere die Freiheit zu schaffen.

Einen Monat nach diesem Besuch erhielt ich eine Nachricht von Winnie, die Behörden hätten ihren neuen Besuchsantrag abgelehnt, und zwar mit der absurden Begründung, ich wolle sie nicht sehen. Sofort vereinbarte ich ein Treffen mit Lieutenant Prins, dem damaligen Gefängnisleiter, um meinen Protest anzubringen.

Prins war nicht gerade das, was man als kultiviert bezeichnen würde. Als ich bei ihm war, erklärte ich ihm die Angelegenheit ruhig und ohne Empfindlichkeiten, aber ich erklärte, ich könne die gegenwärtige Situation nicht hinnehmen und man müsse meiner Frau die Besuchserlaubnis erteilen.

Prins hörte offenbar gar nicht zu, und als ich geendet hatte, sagte er: »Ach, Mandela, Ihrer Frau geht es nur um Publicity.« Ich erklärte, ich nehme ihm diese Bemerkung übel, und bevor ich noch ausgeredet hatte, murmelte er etwas so Beleidigendes und Unfreundliches über meine Frau, daß ich die Beherrschung verlor.

Ich stand auf und ging um den Schreibtisch herum auf den Lieutenant zu. Prins wich zurück, aber kurz darauf hatte ich mich wieder unter Kontrolle. Statt ihn mit den Fäusten anzugreifen, wie es meinem Impuls entsprach, traktierte ich ihn mit Worten. Ich bin nicht dafür, zu fluchen oder zu schimpfen, aber an diesem Tag verletzte ich meine Prinzipien. Zuletzt sagte ich ihm, er sei ein nichtswürdiger Mensch ohne Ehre und wenn er diese Worte wiederholte, würde ich mich nicht mehr so zurückhalten wie an diesem Tag.

Als ich fertig war, drehte ich mich um und stürmte aus seinem Büro. Im Gehen sah ich draußen Kathy und Eddie Daniels, aber ich grüßte sie nicht einmal, sondern ging sofort in meine Zelle. Zwar hatte ich Prins zum Schweigen gebracht, aber er hatte es geschafft, daß ich die Selbstbeherrschung verlor, und so etwas ist in meinen Augen ein Pluspunkt für den Gegner.

Am nächsten Morgen, nach dem Frühstück, kamen zwei Aufseher in meine Zelle und sagten, man wolle mich im Hauptbüro sprechen. Als ich hinkam, umringte mich ein halbes Dutzend bewaffnete Wärter. Hinten auf der Seite stand Lieutenant Prins, und in der Mitte des Kreises befand sich ein Offizier, der in dem Gefängnis für Strafverfolgung zuständig war. Es herrschte eine angespannte Atmosphäre.

»Nun, Mandela«, sagte der Strafverfolger, »ich höre, Sie haben gestern Ihren Spaß gehabt, aber heute wird es nicht so lustig werden. Die Anklage lautet auf Beleidigung und Bedrohung des Gefängnisleiters. Das ist eine schwerwiegende Anschuldigung.« Damit übergab er mir die Vorladung.

»Haben Sie nichts zu sagen?« fragte er.

»Nein«, erwiderte ich. »Sie können mit meinem Anwalt sprechen.« Dann bat ich darum, wieder in meine Zelle gebracht zu werden. Prins sagte kein Wort.

Ich wußte sofort, was zu tun war: Ich würde eine Gegenanklage vorbereiten, in der ich alle vom Lieutenant bis zum Justizminister des Amtsmißbrauchs beschuldigte. Ich würde das gesamte Gefängnissystem als rassistische Institution bezeichnen, die dazu diente, die weiße Vorherrschaft festzuschreiben. Ich wollte aus der Angelegenheit einen Musterprozeß machen, bei dem sie hinterher bereuten, daß sie mich überhaupt angeklagt hatten.

Ich bat George Bizos, mich zu vertreten, und bald darauf wurde eine Besprechung verabredet. Bevor er mich besuchte, setzte ich die Behörden darüber in Kenntnis, daß ich ihm schriftliche Anweisungen übergeben würde. Sie fragten mich nach dem Grund, und ich erwiderte freimütig, nach meiner Überzeugung sei der Beratungsraum verwanzt. Daraufhin verweigerte man mir die Genehmigung zu schriftlichen Äußerungen; ich mußte sie mündlich abgeben. Ich erklärte, sie hätten kein Recht, die Genehmigung zu verweigern, und wenn sie es dennoch täten, bestätige das nur meinen Verdacht.

In Wirklichkeit befürchteten die Behörden, George werde eine schriftliche Äußerung an die Presse durchsickern lassen. Das gehörte tatsächlich zu unserer Strategie. Außerdem machten sie sich Sorgen, ich werde George als Mittelsmann zum Nachrichtenaustausch mit Oliver in Lusaka benutzen, und sie nahmen an, eine schriftliche Äußerung werde sensible Informationen enthalten. Ich hatte George früher zu solchen Zwecken eingesetzt, aber diesmal stand in dem fraglichen Papier nichts Derartiges.

Man setzte einen Termin für die Verhandlung vor dem Disziplinargericht der Insel an und bestimmte einen Richter aus Kapstadt. Einen Tag vor der Verhandlung sagte man mir, mein Anwalt werde am folgenden Tag eintreffen und es stehe mir frei, ihm meine schriftlichen Ausführungen zu übergeben. Morgens traf ich im Hauptbüro mit George zusammen, und wir besprachen uns kurz, bevor das Gericht zusammentrat. Aber die Verhandlung hatte kaum begonnen, da gab der Strafverfolger bekannt, das Gefängnis ziehe die Anklage zurück. Der Richter verkündete das Ende der Sitzung und verließ abrupt den Raum. George und ich sahen uns überrascht an und gratulierten einander zu dem scheinbaren Sieg. Ich steckte gerade meine Papiere ein, da kam ein anderer Offizier herüber, zeigte auf meine schriftliche Ausarbeitung und sagte: »Geben Sie mir die Akte.«

Ich weigerte mich und sagte, es sei eine vertrauliche Angelegenheit zwischen meinem Anwalt und mir. Dem Strafverfolger rief ich zu: »Sagen Sie diesem Mann, daß die Dokumente durch das Vertrauensverhältnis zwischen Anwalt und Mandant geschützt sind und daß ich sie ihm nicht aushändigen muß.« Der Strafverfolger erwiderte, das stimme zwar, aber das Verfahren sei vorüber, die Sitzung sei geschlossen und der Offizier sei der einzige noch im Raum anwesende Behördenvertreter. Der Offizier riß die Akte vom Tisch. Ich konnte nichts tun, um ihn aufzuhalten. Nach meiner Überzeugung ließ man das Verfahren nur fallen, um an dieses Papier zu gelangen – das, wie sie bald merkten, nichts enthielt, was sie nicht bereits wußten.

Es schien zwar fast unmöglich zu sein, aber ich dachte dennoch während der ganzen Zeit auf der Insel über Flucht nach. Mac Maharaj und Eddie Daniels, zwei mutige und erfindungsreiche Männer, brüteten ständig über Plänen und diskutierten Möglichkeiten. Die meisten waren viel zu gefährlich, aber das hielt uns nicht davon ab, sie zu durchdenken.

Wir hatten gewisse Fortschritte gemacht. Jeff Masemola, unser bester Handwerker, hatte einen Generalschlüssel hergestellt, der auf die meisten Türen in unserem Abschnitt und in der Umgebung paßte. Irgendwann hatte ein Aufseher seinen Schlüssel in dem Büro am Ende unseres Korridors auf dem Schreibtisch liegengelassen. Jeff nahm ein Stück Seife und machte einen Abdruck. Anhand dieser Vorlage feilte er ein Stück Metall in der richtigen Form zurecht. Der Schlüssel verschaffte uns Zugang zu einigen Lagerräumen hinter unseren Zellen und zum Isolierabschnitt. Wir benutzten ihn aber nie, um unseren Block zu verlassen. Schließlich war da das Meer als unüberwindliches Hindernis rund um Robben Island.

Im Jahr 1974 hatte Mac eine Idee, wie wir diese Schranke überqueren konnten. Kurz zuvor hatte man ihn zu einer Zahnbehandlung nach Kapstadt gebracht, und dabei hatte er festgestellt, daß der Zahnarzt selbst mit einem bekannten politischen Häftling verschwägert war. Der Zahnarzt war ein sympathischer Mann. Er hatte sich strikt geweigert, Mac zu behandeln, solange diesem die Fußfesseln nicht abgenommen würden. Wie Mac außerdem festgestellt hatte, konnte man vom Fenster des Wartezimmers aus, das im zweiten Stock lag, mit einem kleinen Sprung eine ruhige Seitenstraße erreichen und das Weite suchen.

Als Mac zurückkam, setzte er sich mit einigen von uns zusammen und drängte uns, Zahnarzttermine auszumachen. Das taten wir auch, und dann erfuhren wir, daß Mac, Wilton Mkwayi, ich und ein anderer Häftling an einem bestimmten Tag nach Kapstadt fahren sollten. Wir drei waren gewillt, den Versuch zu wagen, aber als Mac den vierten Mann ansprach, weigerte er sich. Wir hatten Zweifel an der Glaubwürdigkeit dieses Mannes, und es beunruhigte mich, daß er in unsere Pläne eingeweiht war.

Unter schwerer Bewachung brachte man uns drei per Schiff nach Kapstadt und dann zur Praxis des Zahnarztes. Wir alle waren als Soldaten ausgebildet, und hier bot sich wahrscheinlich die beste Fluchtmöglichkeit. Mac hatte ein Messer dabei und war auch gewillt, es anzuwenden. In der Zahnarztpraxis schickten unsere Wächter zunächst alle anderen Patienten weg. Wir verlangten, daß man uns die Fußfesseln abnahm, und da der Zahnarzt uns unterstützte, kamen die Aufseher der Forderung nach.

Mac führte uns zu dem Fenster und zeigte uns die Straße, die zu unserem Fluchtweg werden sollte. Aber dort draußen gab es etwas, das Mac schon auf den ersten Blick störte: Wir befanden uns am hellichten Tag im Zentrum von Kapstadt, und dennoch war die Straße leer. Als er zum erstenmal hiergewesen war, hatte viel Verkehr geherrscht. »Das ist ein abgekartetes Spiel«, flüsterte Mac. Ich hatte ebenfalls das Gefühl, daß etwas nicht stimmte, und schloß mich seiner Meinung an. Wilton, dessen Adrenalinspiegel bereits stieg, hielt Macs Gerede für Unsinn. »Madiba, du verlierst die Nerven«, sagte er. Aber ich war der gleichen Meinung wie Mac, und so blieb es dabei, daß wir nur unsere Zähne untersuchen ließen. Der Zahnarzt fragte sich, warum ich mitgekommen war, denn meine Zähne waren in Ordnung.

Während Mac die praktikabelsten Fluchtpläne schmiedete, brütete Eddie Daniels die phantasievollsten aus. In den ersten Jahren durften Flugzeuge die Insel nicht überfliegen. Mitte der siebziger Jahre bemerkten wir über unseren Köpfen jedoch nicht nur Flugzeuge, sondern auch Hubschrauber, die zu den Tankern vor der Küste und wieder zurück flogen. Nach einem Plan, den Eddie mir unterbreitete, sollte die Organisation einen Hubschrauber in den südafrikanischen Armeefarben beschaffen, der mich auf der Insel abholte und in Kapstadt auf dem Dach der Botschaft eines befreundeten Landes absetzte; dort sollte ich dann Asyl beantragen. Der Plan war nicht schlecht ausgedacht, und ich sagte Eddie, er solle den Vorschlag zu Oliver nach Lusaka schmuggeln. Es gelang Eddie auch, die Idee bis nach Lusaka zu vermitteln, aber eine Antwort erhielten wir nie.

GEBURTSTAGSFEIERN waren auf Robben Island eine knochentrockene Angelegenheit. In Ermangelung von Kuchen oder Geschenken legten wir unser Essen zusammen und schenkten dem Geburtstagskind eine zusätzliche Scheibe Brot oder eine Tasse Kaffee. Fikile Bam und ich waren am gleichen Tag geboren, nämlich am 18. Juli; ich hob ein paar Süßigkeiten auf, die ich zu

Weihnachten gekauft hatte, damit wir sie uns an unserem gemeinsamen Geburtstag teilen konnten. Mein fünfzigster Geburtstag war 1968 ohne großes Aufsehen vorübergegangen, aber 1975 als ich 57 wurde, kamen Walter und Kathy mit einem langfristig angelegten Plan zu mir, wonach mein sechzigster Geburtstag ein denkwürdigeres Ereignis werden sollte.

Unter anderem beschäftigte uns immer die Frage, wie wir die Idee vom Kampf beim Volk lebendig halten konnten. In den vorangegangenen zehn Jahren hatte die Regierung den größten Teil der radikalen Presse zum Schweigen gebracht, und nach wie vor war es verboten, Worte oder Abbildungen der Verbannten und Inhaftierten zu veröffentlichen. Ein Redakteur, der einen Schnappschuß von mir oder meinen Kollegen druckte, riskierte, daß man ihn ins Gefängnis steckte und seine Zeitung dichtmachte. Eines Tages schlugen Kathy und Walter mir in einem Gespräch auf dem Gefängnishof vor, ich solle meine Memoiren schreiben. Kathy war der Ansicht, der ideale Erscheinungstermin für ein solches Buch sei mein sechzigster Geburtstag. Walter sagte, eine solche Geschichte, wahrheitsgetreu und fair erzählt, werde die Leute daran erinnern, wofür wir gekämpft hatten und immer noch kämpften. Und er fügte hinzu, es könne für junge Freiheitskämpfer zu einer Quelle der Begeisterung werden. Ich fand die Idee reizvoll, und in einem der nächsten Gespräche sagte ich zu, mich an die Arbeit zu machen.

Wenn ich mich zu etwas entschlossen habe, fange ich am liebsten sofort an, und deshalb stürzte ich mich in das neue Vorhaben. Meine Arbeitszeiten waren ungewöhnlich: Ich schrieb den größten Teil der Nacht und schlief tagsüber. In den ersten ein oder zwei Wochen hielt ich nach dem Abendessen ein Nickerchen, und um zehn Uhr stand ich auf, um bis zum Frühstück zu schreiben. Nach der Arbeit im Steinbruch schlief ich bis zum Abendessen, und dann fing das Ganze wieder von vorn an. Nach ein paar solcher Wochen teilte ich den Behörden mit, ich fühle mich nicht wohl und werde nicht in den Steinbruch gehen. Das schien sie nicht weiter zu kümmern, und von nun an konnte ich fast den ganzen Tag über schlafen.

Für die weitere Manuskriptbearbeitung richteten wir eine Art Fließband ein. Jeden Tag gab ich das, was ich geschrieben hatte, an Kathy weiter. Er sah das Manuskript durch, las es dann Walter vor und schrieb ihre Bemerkungen auf den Rand. Walter und Kathy zögerten nie, mich zu kritisieren, und ich nahm mir ihre Vorschläge zu Herzen; oft übernahm ich ihre Änderungen. Dieses mit Anmerkungen versehene Manuskript ging an Laloo Chiba, und er brachte die folgende Nacht damit zu, meinen Text in seine fast mikroskopisch kleine Kurzschrift zu übertragen, so daß zehn große Bögen auf ein einziges kleines Papierstück schrumpften. Die Aufgabe, das Manuskript in die Außenwelt zu schmuggeln, würde Mac übernehmen.

Die Aufseher schöpften Verdacht. Sie gingen zu Mac und fragten: »Was hat der Mandela vor? Warum ist er so spät nachts noch wach?« Aber Mac zuckte nur mit den Schultern und sagte, er habe keine Ahnung. Ich schrieb schnell, und nach vier Monaten war ein Entwurf fertig. Dabei hielt ich mich nicht damit auf, nach einzelnen Worten oder Sätzen zu suchen. Ich beschrieb den Zeitraum von meiner Geburt bis zum Rivonia-Prozeß, und am Ende standen ein paar Bemerkungen über Robben Island.

Meine Erfahrungen lebten wieder auf, als ich sie zu Papier brachte. In diesen Nächten, als ich in der Stille saß und schrieb, erlebte ich noch einmal die Anblicke und Geräusche meiner Jugend in Qunu und Mqhekezweni; die Erregung und die Angst, als ich nach Johannesburg kam; die Wirrungen in der Jugendliga; die endlosen Verzögerungen beim Hochverratsprozeß; und das Drama von Rivonia. Es war wie ein Wachtraum, und ich versuchte, ihn so einfach und ehrlich wie möglich zu Papier zu bringen.

Mac versteckte die umgeschriebene Version des Manuskripts erfinderisch im Einband mehrerer Notizbücher, die er bei seinen Studien benutzte. Auf diese Weise brachte er den gesamten Text vor den Behörden in Sicherheit, und als er 1976 entlassen wurde, konnte er ihn nach draußen schmuggeln. Es war verabredet, daß Mac uns heimlich mitteilen würde, wann das Manuskript sicher außer Landes gebracht war. Erst dann wollten wir das Original zerstören. Bis dahin mußten wir ein 500-Seiten-Manuskript beiseite schaffen. Wir taten das einzig Denkbare und vergruben es im Garten des Gefängnishofes. Die Aufsicht im Hof war unaufmerksam und fand nur gelegentlich statt. Meist saßen die Aufseher in einem Büro am Nordende und unterhielten sich. Von dem Büro aus konnten sie den südlichen Bereich in der Nähe der Isolierabteilung nicht sehen, und dort befand sich ein kleiner Garten. Ich hatte ihn bei meinen morgendlichen Spaziergängen ab und zu besichtigt, und jetzt entschloß ich mich, dort das Manuskript zu vergraben.

Damit wir kein großes Loch ausheben mußten, kamen wir überein, die Blätter an drei getrennten Stellen einzugraben. Wir teilten den Stapel in zwei kleinere und einen größeren Teil, wikkelten sie einzeln in Plastik und legten sie in leere Kakaodosen. Das Ganze mußte schnell erledigt werden, und ich bat Jeff Masemola, uns ein paar Grabwerkzeuge zu konstruieren. Nach wenigen Tagen war ich mit sieben spitzen Eisenpflöcken ausgerüstet.

Eines Morgens nach dem Frühstück schlenderten Kathy, Walter, Eddie Daniels und ich hinüber zu dem Garten am Südende des Gefängnishofes, und dort erweckten wir den Anschein, als ob wir eine politische Diskussion führten. Jeder von uns hatte einen Teil des Manuskripts unter dem Hemd versteckt. Auf ein Zeichen von mir ließen wir uns fallen und fingen an zu graben. Ich machte ein Loch in der Mitte, in der Nähe eines Gullys, der zu einem Abwasserkanal führte. Als ich zu dem Rohr kam, machte ich darunter einen Hohlraum, und dorthin legte ich den größten der drei Behälter. Die beiden anderen gruben für ihre Teile flachere Löcher.

Wir waren gerade rechtzeitig fertig, um für den Marsch zum Steinbruch anzutreten. Als ich an diesem Morgen zur Arbeit ging, spürte ich ein Gefühl der Erleichterung, daß das Manuskript sicher versteckt war. Dann dachte ich nicht mehr daran.

Ein paar Wochen später, kurz nach dem morgendlichen Wecken, hörte ich aus dem Gefängnishof ein Geräusch, das mir Unbehagen bereitete: Es klang nach Schaufeln und Spitzhacken, die den Erdboden bearbeiteten. Als wir die Zellen zum Waschen verlassen durften, ging ich zum vorderen Ende des Korridors, und es gelang mir, von der Tür dort um die Ecke zu blicken. Dort, am Südende des Gefängnishofes, arbeitete eine Gruppe aus der allgemeinen Abteilung. Zu meiner Bestürzung gruben sie in dem Bereich, wo das Manuskript versteckt war.

Die Behörden hatten sich entschlossen, vor dem Isolierabschnitt eine Mauer zu bauen, denn sie hatten bemerkt, daß die Isolierhäftlinge sich mit uns verständigen konnten, wenn wir auf dem Hof waren. Die Arbeitsgruppe grub einen flachen Graben für das Fundament der Mauer.

Beim Waschen gelang es mir, Walter und Kathy über die Grabungsarbeiten zu informieren. Nach Kathys Ansicht war der Hauptteil des Manuskripts, den ich unter dem Rohr vergraben hatte, in Sicherheit, aber die beiden anderen Teile waren in Gefahr. Als die Bottiche mit dem Frühstückshaferbrei in den Hof gerollt wurden, schickten die Aufseher der Arbeitsgruppe ihre Leute weg, damit sie sich nicht mit den politischen Gefangenen verbrüderten.

Mit unseren Schüsseln voll Haferbrei in der Hand dirigierte ich Walter und Kathy zum Südende des Hofes, denn ich wollte sie allein sprechen. Der Anfang des Grabens war bereits gefährlich nahe bei den beiden kleineren Behältern. In diesem Augenblick kam Eddie Daniels hinzu; er erkannte das Problem sofort.

Wir konnten nur eines tun: So unauffällig wie möglich buddelten wir in dem Bereich, wo die beiden kleineren Manuskriptteile lagen. Es gelang uns recht schnell, die beiden Dosen auszugraben und die Löcher wieder mit Erde zu füllen. Den Hauptteil des Manuskripts unter dem Rohr herauszuholen würde mehr Zeit in Anspruch nehmen, aber wir waren zuversichtlich, daß sie das Manuskript dort nicht finden würden, denn sie würden das Rohr nicht verlegen, um eine Mauer zu bauen.

Wir versteckten das Manuskript unter unseren Hemden und begaben uns wieder in die Zellen. Eddie ging an diesem Tag nicht mit zum Steinbruch; wir gaben ihm die Behälter und wiesen ihn an, sie so schnell wie möglich zu vernichten. Eddie nahm das große persönliche Risiko auf sich und sagte zu. Nachdem ich wußte, daß wir die beiden Behälter gerettet hatten, atmete ich freier, und während der Arbeit an diesem Tag versuchte ich, nicht über den verbliebenen Teil des Manuskripts nachzudenken.

Als wir am Nachmittag vom Steinbruch zurückkamen, ging ich nicht wie gewöhnlich zum Waschen, sondern ich schlenderte hinüber zum anderen Ende des Gefängnishofes. Dabei versuchte ich, so ungezwungen wie möglich auszusehen, aber was ich sah, bestürzte mich. Die Häftlinge hatten parallel zur Wand des Isolierabschnitts einen Graben gezogen und dabei das Rohr völlig entfernt. Dabei mußten sie auf das Manuskript gestoßen sein. Ich muß wohl zusammengezuckt sein oder auf eine andere auffällige Art reagiert haben. Ohne es zu wissen, wurde ich von mehreren Aufsehern beobachtet; später sagten sie mir, meine Reaktion habe bestätigt, daß ich über das dort vergrabene Manuskript Bescheid wußte. Ich kehrte zum Waschen in den Korridor zurück und erklärte Walter und Kathy, nach meiner Vermutung sei das Manuskript entdeckt worden. Die beiden anderen Teile hatte Eddie mittlerweile erfolgreich beseitigt.

Am nächsten Morgen wurde ich sehr früh in das Büro des Kommandanten bestellt. Neben ihm stand ein hoher Beamter der Gefängnisverwaltung, der gerade aus Pretoria eingetroffen war. Ohne irgendeine Begrüßung verkündete der Kommandant: »Mandela, wir haben Ihr Manuskript gefunden.«

Ich antwortete nicht. Der Kommandant griff in seinen Schreibtisch und brachte einen Papierstapel zum Vorschein.

»Das ist Ihre Handschrift, stimmt's?« fragte er. Wieder schwieg ich.

»Mandeln«, sagte der Kommandant mit einer gewissen Gereiztheit, »wir wissen, daß das Ihre Arbeit ist.«

»Nun ja«, erwiderte ich, »dafür müssen Sie Beweise vorlegen.« Darüber spotteten sie, und dann erklärten sie, sie wüßten auch, daß die Randbemerkungen von Walter Sisulu und Ahmed Kathrada seien. Wieder sagte ich, sie müßten Beweise haben, wenn sie Strafen verhängen wollten.

»Wir brauchen keine Beweise«, sagte der Kommandant. »Den Beweis haben wir schon.«

An diesem Tag wurde zwar keine Bestrafung ausgesprochen, aber kurze Zeit später wurden Walter, Kathy und ich zu General Rue bestellt, dem stellvertretenden Leiter der Gefängnisverwaltung. Er erklärte, wir hätten die Vergünstigung des Studierens mißbraucht, um ein illegales Manuskript zu verfassen. Wegen dieses Vergehens sei die Genehmigung zum Studieren auf unbestimmte Zeit ausgesetzt. Wie sich herausstellte, verloren wir diese Vergünstigung vier Jahre lang.

Nachdem Mac im Dezember freigelassen worden war, schickte er die Notizbücher nach England. Die nächsten sechs Monate verbrachte er unter Hausarrest in Südafrika; dann entwischte er außer Landes und ging zuerst zu Oliver nach Lusaka und dann nach London, wo er ein weiteres halbes Jahr blieb. Mit einer Stenotypistin rekonstruierte er das Manuskript, und ein maschinegeschriebenes Exemplar entstand. Anschließend kehrte er nach Lusaka zurück und brachte Oliver eine Kopie.

Von da an verläuft sich die Spur im Sande. Aus Lusaka hörte ich nichts von dem Manuskript, und ich weiß bis heute nicht genau, was Oliver damit anfing. Solange ich im Gefängnis saß, wurde es nicht veröffentlicht, aber es bildet das Grundgerüst dieser Erinnerungen.

IM JAHR 1976 bekam ich außergewöhnlichen Besuch: Jimmy Kruger, der für die Gefängnisse zuständige Minister und ein bekanntes Mitglied im Kabinett des Premierministers, wollte mich kennenlernen. Kruger hatte nicht nur großen Einfluß, was die Gefängnisse anging, sondern stand auch der Art, wie die Regierung mit dem Befreiungskampf umging, insgesamt kritisch gegenüber.

Ich ahnte, warum er gekommen war. Die Regierung gab sich damals große Mühe, ihre Politik der getrennten Entwicklung und die »quasi-unabhängigen« Homelands zu einem Erfolg zu machen. Das Vorzeigeobjekt der getrennten Entwicklung war die Transkei, die von meinem Neffen und früheren Wohltäter K.D. Matanzima regiert wurde; er hatte fast die gesamte legale Opposition seinem Regiment untergeordnet. Mir fiel ein, wie der Kommandant kurz zuvor im Scherz zu mir gesagt hatte: »Mandela, Sie sollten sich in die Transkei zurückziehen und sich lange ausruhen.«

Wie sich herausstellte, schlug Jimmy Kruger genau das gleiche vor. Er war ein stämmiger, vierschrötiger Mann, nicht annähernd so elegant, wie ich es von einem Minister erwartet hätte. Ich betrachtete das Gespräch als eine weitere Gelegenheit, unsere Beschwerden vorzubringen, und zu Beginn schien er auch willens, mir zuzuhören. Als erstes erinnerte ich ihn an den Brief, den wir ihm 1969 geschickt hatten und der ohne Antwort geblieben war. Er zuckte nur mit den Achseln. Dann beschrieb ich detailliert die schlechten Bedingungen auf der Insel, und wieder einmal betonte ich, daß wir keine Kriminellen waren, sondern politische Gefangene, und daß wir erwarteten, als solche behandelt zu werden. Aber darüber lachte Kruger nur, und er sagte: »Nee, ihr seid alles gewalttätige Kommunisten.«

Daraufhin erzählte ich ein wenig über die Geschichte unserer Organisation und über die Gründe, warum wir zu Gewalt gegriffen hatten. Offensichtlich wußte er über den ANC so gut wie nichts, und was er darüber gehört hatte, stammte aus der Propaganda der rechten Presse. Als ich ihm erklärte, die Organisation sei viel älter als die National Party, war er sprachlos. Ich sagte, wenn er uns für Kommunisten hielte, solle er noch einmal die Freiheits-Charta lesen. Verlegen sah er mich an. Er hatte noch nie etwas von der Freiheits-Charta gehört. Ich fand es bemerkenswert, daß ein Kabinettsmitglied so schlecht informiert sein sollte. Aber eigentlich hätte es mich nicht überraschen dürfen; nationalistische Politiker verurteilen grundsätzlich alles, was sie nicht verstehen.

Ich warf die Frage unserer Freilassung auf und erinnerte ihn an den Fall der Afrikander-Rebellen von 1914, die zu Gewalt gegriffen hatten, obwohl sie im Parlament vertreten waren, Konferenzen abhalten konnten und sogar wählen durften. Obwohl General de Wet und Major Kemp eine Streitmacht von 12 000 Mann befehligten, Städte eroberten und für viele Todesopfer verantwortlich waren, wurden beide freigelassen, kurz nachdem man sie des Hochverrats überführt hatte. Ich erwähnte Robey Leibbrandt, der im Zweiten Weltkrieg eine Untergrundorganisation aufgebaut hatte, um sich der Unterstützung Südafrikas für die Alliierten zu widersetzen; er wurde zu lebenslanger Haftverurteilt, aber schon bald darauf begnadigt. Kruger schien von diesen Episoden aus der Geschichte seines eigenen Volkes ebenso wenig zu wissen wie von der Freiheits-Charta. Es ist schwer, mit jemandem zu verhandeln, der nicht den gleichen Bezugsrahmen hat.

Kruger wischte meine Ausführungen beiseite. »Das sind alte Geschichten«, sagte er. Er hatte ein gezieltes Angebot mitgebracht, und obwohl er in dem Ruf stand, eine schroffe Art zu haben, unterbreitete er es sehr zurückhaltend. Er formulierte es so: Wenn ich die Regierung der Transkei als legitim anerkennen und dorthin ziehen würde, wolle man meine Haft erheblich verkürzen.

Voller Respekt hörte ich zu, bis er geendet hatte. Erstens, so sagte ich dann, lehnte ich die Politik der Bantustans völlig ab und ich würde nichts tun, um sie zu unterstützen. Und zweitens stammte ich aus Johannesburg und dorthin wollte ich zurückkehren. Kruger machte mir Vorhaltungen, aber ohne Erfolg. Einen Monat später kam er noch einmal mit dem gleichen Vorschlag, und wieder lehnte ich ab. Ein solches Angebot hätte nur ein Wendehals annehmen können.

OBWOHL WIR UNS eifrig darum bemühten, Nachrichten und Informationen zu beschaffen, blieb unsere Kenntnis der neuesten Ereignisse immer skizzenhaft. Was in der Außenwelt geschah, wurde dadurch abgeschwächt, daß wir es zuerst gerüchteweise erfuhren; erst später wurde es manchmal durch einen Zeitungsbericht oder einen Besucher bestätigt.

Im Juni 1976 hörten wir erste ungenaue Berichte über einen großen Aufruhr im Land. Das Geflüster war phantastisch und unglaubwürdig: Angeblich hatte die Jugend von Soweto das Militär überwältigt, und die Soldaten hatten die Gewehre weggeworfen und waren geflohen. Erst im August kamen die ersten jungen Gefangenen, die an den Unruhen vom 16. Juni beteiligt gewesen waren, nach Robben Island; durch sie erfuhren wir, was wirklich geschehen war.

Am 16. Juni 1976 versammelten sich 15 000 Schulkinder in Soweto, um gegen eine Vorschrift der Regierung zu protestieren, wonach die Hälfte des Unterrichts in den höheren Schulen auf afrikaans abgehalten werden mußte. Die Schüler wollten nichts mehr lernen, und die Lehrer wollten nicht in der Sprache der Unterdrücker unterrichten. Eingaben und Petitionen von Eltern und Lehrern stießen auf taube Ohren. Ein Polizeikommando stellte sich dieser Armee eifriger Schulkinder entgegen und eröffnete ohne Vorwarnung das Feuer, wobei der dreizehnjährige Hector Pieterson und viele andere ums Leben kam. Die Kinder wehrten sich mit Stöcken und Steinen, und es folgte ein gewaltiges Handgemenge mit mehreren hundert verletzten Kindern und zwei durch Steine getöteten Weißen.

Die Ereignisse dieses Tages hallten in allen Städten und Townships Südafrikas wider. Der Aufstand führte quer durch das Land zu Übergriffen und Gewalt. Trauerfeiern für die Opfer der staatlichen Gewalt wurden zu landesweiten Demonstrationen. Plötzlich waren die jungen Leute in Südafrika vom Geist des Protestes und der Rebellion beseelt. Überall im Land boykottierten Schüler den Unterricht. Organisatoren des ANC stießen zu ihnen, um den Protest aktiv zu unterstützen. Die Bantu-Erziehung war zurückgekommen und verfolgte nun ihre Schöpfer, denn diese verärgerten, verwegenen jungen Leute waren ihre Sprößlinge.

Im September füllte sich der Isolierbereich mit jungen Männern, die man im Gefolge der Unruhen verhaftet hatte. Durch geflüsterte Unterhaltungen in einem benachbarten Korridor erfuhren wir aus erster Hand, was sich abgespielt hatte. Meine Kameraden und ich waren in Hochstimmung: Der Geist des Mas-

32 Mit Walter und Winnie 1990.

33 Cyril Ramaphosa und Joe Slovo in Johannesburg während der vorbereitenden Gespräche über eine neue Verfassung.

34 Am Denkmal für Chris Hani im Orlando-Stadion von Soweto.
Zu meiner Rechten Tokyo Sexwale. Links: Charles Ngekule.

35 1993 besuchte ich noch einmal Robben Island.

36 Die Zelle, in der ich 18 der 27 Jahre im Gefängnis lebte.

37 Die Table Bay trennt Robben Island von Kapstadt. In der Ferne der Table Mountain.

38 Mit Erzbischof Tutu.

39 Mit F. W. de Klerk.

40 Bei der Stimmabgabe zu den ersten allgemeinen Wahlen in Südafrika.

41 Beim Singen der Nationalhymne während meiner Amtseinführung. Mit Thabo Mbeki und meiner Tochter Zenani.

42 Bischof Tutu und ich umarmen uns nach der Amtseinführung.

43 Mit meinen Kindern Zindzi, Zenani, Makaziwe und Makgatho.

44 Mit meiner Urenkelin im September 1994.

45 Meine Familie.

46 Mit meinem Enkel Bambata.

senprotestes, der in den sechziger Jahren eingeschlafen schien, flammte in den Siebzigern wieder auf. Viele dieser jungen Leute hatten das Land verlassen, um sich unserer eigenen militärischen Bewegung anzuschließen, und dann waren sie heimlich zurückgekommen. Tausende von ihnen waren in unseren Lagern in Tansania, Angola und Mosambik ausgebildet worden. Nichts ist im Gefängnis so ermutigend wie die Nachricht, daß die Leute draußen die Sache unterstützen, deretwegen man eingesperrt ist.

Diese jungen Männer verkörperten eine andere Art von Häftlingen, als wir sie bisher erlebt hatten. Sie wären mutig, grimmig und aggressiv. Sie befolgten keine Befehle und riefen bei jeder Gelegenheit »Amandla!« Ihre Einstellung war nicht auf Kooperation, sondern auf Konfrontation gerichtet. Die Behörden wußten nicht, wie sie mit ihnen umgehen sollten, und sie stellten die Insel auf den Kopf. Während des Rivonia-Prozesses sagte ich einmal zu einem Angehörigen der Sicherheitspolizei, die Regierung müsse Reformen einleiten, sonst würden die Freiheitskämpfer, die an unsere Stelle traten, dafür sorgen, daß die Behörden sich noch nach uns zurücksehnten. Auf Robben Island war dieser Tag tatsächlich gekommen.

An den jungen Männern sahen wir den revolutionären Geist jener Zeit. Ich hatte gewisse Warnungen erhalten. Als Winnie mich einige Monate zuvor besuchte, hatte sie mir mit Hilfe unserer codierten Unterhaltung mitteilen können, daß es eine wachsende Schicht unzufriedener Jugendlicher gab, die militant in ihrer Zielsetzung und afrikanistisch in ihrer Einstellung waren. Sie erklärte, nach ihrer Ansicht würden diese Leute das Wesen des Kampfes verändern und ich solle auf sie achten.

Die neuen Häftlinge waren entsetzt über die in ihren Augen unmenschlichen Haftbedingungen auf der Insel und erklärten, sie könnten nicht verstehen, wie wir ein solches Leben aushielten. Wir erwiderten, sie hätten die Insel einmal 1964 sehen sollen. Aber sie standen uns fast ebenso kritisch gegenüber wie den Behörden. Unsere Aufforderung zur Disziplin beachteten sie nicht, und unsere Ratschläge hielten sie für schwächlich und duckmäuserisch.

Offensichtlich betrachteten sie uns, die Verurteilten von Rivonia, als gemäßigt. Wenn man so viele Jahre als radikaler Revolutionär gebrandmarkt ist, erweckt die Tatsache, daß man als Gemäßigter gilt, neue und keineswegs nur angenehme Gefühle. Ich wußte, daß ich auf zweierlei Weise reagieren konnte: Entweder verspottete ich sie wegen ihrer Frechheit, oder ich hörte mir an, was sie zu sagen hatten. Ich entschied mich für die zweite Möglichkeit.

Von einigen dieser Leute, die neu in unseren Block gekommen waren, beispielsweise von Strini Moodley von der South African Student's Organization und von Saths Cooper von der Black People's Convention, ließen wir uns schriftliche Unterlagen über ihre Bewegung und Weltanschauung geben. Ich wollte wissen, was sie zum Kämpfen getrieben hatte, welche Motive sie hatten und wie sie sich die Zukunft vorstellten.

Kurz nachdem sie auf der Insel eingetroffen waren, kam der Kommandant zu mir und bat mich um einen Gefallen: Ich sollte den jungen Leuten eine Ansprache halten. Darin sollte ich ihnen sagen, sie sollten sich mäßigen und zur Kenntnis nehmen, daß sie in einem Gefängnis saßen und sich der Disziplin des Häftlingslebens anpassen mußten. Ich erklärte, ich sei dazu nicht bereit. So wie die Dinge lagen, hätten sie mich als verlängerten Arm der Unterdrücker angesehen.

Diese Burschen weigerten sich, auch nur die einfachsten Gefängnisvorschriften zu befolgen. Einmal sprach ich im Hauptbüro mit dem Kommandanten. Als ich mit dem Major hinausging, kamen wir an einem jungen Häftling vorüber, der von einem Beamten vernommen wurde. Der junge Mann – er war höchstens achtzehn – hatte in Gegenwart leitender Offiziere seine Gefangenenmütze auf, was den Bestimmungen widersprach. Er stand auch nicht auf, als der Major den Raum betrat – eine weitere Verletzung der Vorschriften.

Der Major sah ihn an und sagte: »Bitte nehmen Sie die Mütze ab.« Der Häftling reagierte nicht. In verwirrtem Ton wiederholte der Major: »Nehmen Sie die Mütze ab.« Der junge Mann drehte sich um, sah den Major an und fragte: »Warum?«

Was ich da hörte, konnte ich kaum glauben. Es war eine revolutionäre Frage: Warum? Auch der Major schien verblüfft zu sein, aber er hatte eine Antwort. »Es ist gegen die Vorschriften«, sagte er. »Wozu haben Sie diese Vorschriften? Welchen Zweck haben sie?« Diese Frage des Häftlings war zuviel für den Major; er trampelte aus dem Raum und sagte: »Mandela, reden Sie mit ihm!« Ich wollte aber nicht in seinem Interesse eingreifen und beugte mich nur zu dem Häftling, um ihm mitzuteilen, daß ich auf seiner Seite stand.

Das war unsere erste Begegnung mit der Black Consciousness Movement. Nachdem ANC, PAC und Kommunistische Partei verboten waren, trug diese Bewegung dazu bei, ein Vakuum unter den jungen Leuten auszufüllen. Eigentlich war Black Consciousness weniger eine Bewegung als vielmehr eine Weltanschauung. Sie war aus der Vorstellung erwachsen, daß die Schwarzen sich zuerst von ihrem inneren Minderwertigkeitsgefühl befreien mußten, das sich in drei Jahrhunderten weißer Herrschaft entwickelt hatte. Erst dann konnte sich das Volk selbstbewußt erheben und sich wirklich von der Unterdrückung freimachen. Black Consciousness Movement trat zwar für eine Gesellschaft ohne Rassenschranken ein, schloß aber Weiße von der Mitwirkung bei der Schaffung dieser Gesellschaft aus.

Solche Vorstellungen waren mir nicht fremd: Fast die gleichen Ideen hatte ich selbst ein Vierteljahrhundert zuvor gehabt, zu der Zeit, als die Jugendliga des ANC gegründet wurde. Auch wir waren Afrikanisten gewesen; wir wollten ebenfalls stolz auf unsere ethnische Herkunft und Rassenzugehörigkeit sein; und wir hatten es abgelehnt, daß Weiße uns in diesem Kampf unterstützten. Black Consciousness Movement bot in vielerlei Hinsicht die gleichen Antworten auf die gleiche Frage, die nie verschwunden war.

Aber wir waren der Sichtweise der Jugendliga entwachsen, und ebenso würden diese jungen Leute nach meiner Überzeugung einige Beschränkungen der Black Consciousness hinter sich lassen. Ihre militante Haltung machte mir Mut, aber ihre ausschließlich auf Farbige gerichtete Weltanschauung führte in meinen Augen zur Ausgrenzung; ich hielt das für eine noch nicht ganz ausgereifte Übergangshaltung. Mich selbst sah ich als Elder Statesman, der ihnen vielleicht helfen konnte, sich die umfassenderen Vorstellungen der Kongreßbewegung zu eigen zu machen. Außerdem wußte ich, daß diese jungen Leute am Ende frustriert sein würden, denn Black Consciousness Movement bot kein Aktionsprogramm, kein Ventil für ihren Protest.

Wir betrachteten die BCM zwar als Nährboden für den ANC, aber wir versuchten nicht, diese Leute anzuwerben. Wir wußten, daß das sowohl für sie als auch für die anderen Parteien auf der Insel zur Entfremdung geführt hätte. Deshalb bestand unsere Strategie darin, freundlich zu sein, Anteil zu nehmen, ihnen zu ihren Erfolgen zu gratulieren, ohne sie jedoch als Anhänger zu gewinnen. Wenn sie zu uns kamen und Fragen stellten – »Welche Politik verfolgt der ANC gegenüber den Bantus?« »Was sagt die Freiheits-Charta über die Einbürgerung?« –, antworteten wir, und tatsächlich kamen viele von ihnen mit solchen Fragen.

Ich selbst nahm mit einigen dieser Leute durch geschmuggelte Kassiber Kontakt auf. Ich sprach mit mehreren, die aus der Transkei stammten, und fragte sie über meine alte Heimat aus. Ein paar der Neuankömmlinge waren bekannte Gestalten des Freiheitskampfes. Ich hatte Berichte über die Tapferkeit von Patrick »Terror« Lekota gehört, der die South African Student's Association leitete, und schickte ihm eine Notiz, in der ich ihn auf Robben Island willkommen hieß.

Der Spitzname »Terror« geht auf sein Können beim Fußball zurück, aber ebensolche Fähigkeiten zeigte er auch in der Diskussion. In der Frage der Rassenausgrenzung vertrat er andere Ansichten als manche seiner Kollegen, und er stand den Ideen des ANC näher. Nachdem Terror auf der Insel war, wollte er sich uns anschließen, aber wir rieten ihm davon ab – nicht weil wir ihn nicht haben wollten, sondern weil ein solcher Schachzug nach unserer Ansicht zu Spannungen im allgemeinen Abschnitt führen würde.

Aber Terror ließ sich nicht abwimmeln und verkündete öffentlich, er sei zum ANC übergetreten. Nicht lange danach wurde er eines Tages von verärgerten BCM-Mitgliedern mit einer Mistgabel angegriffen. Nachdem man ihn medizinisch versorgt hatte, erhoben die Behörden Anklage gegen die Angreifer und wollten sie vor Gericht stellen. Im Interesse des guten Einvernehmens rieten wir Terror, von einer Anzeige abzusehen. Er stimmte zu und weigerte sich, gegen die Leute auszusagen, die ihn verletzt hatten. Das Verfahren wurde eingestellt. Nach meiner Überzeugung hätte ein solcher Prozeß nur den Behörden in die Hände gespielt. Ich wollte diesen jungen Leuten begreiflich machen, daß der ANC ein großes Dach ist, unter dem viele verschiedene Anschauungen und Gruppen Platz haben.

Nach diesem Vorfall öffneten sich die Schleusen: Dutzende von BCM-Mitgliedern entschlossen sich, dem ANC beizutreten, darunter auch einige, die den Angriff auf Terror vorbereitet hatten. Terror stieg im allgemeinen Abschnitt zum Leiter der ANC-Hierarchie auf und unterrichtete schon bald andere Häftlinge über die Ansichten der Organisation. Mut und Weitblick von Männern wie, Lekota bestätigten uns, daß unsere Ansichten nach wie vor gültig waren und immer noch die besten Aussichten dafür boten, den Freiheitskampf insgesamt zu vereinheitlichen.

In F und G gingen die politischen Fehden weiter. Wir erfuhren von einer Auseinandersetzung zwischen ANC, PAC und BCM im allgemeinen Abschnitt. Mehrere Leute des ANC waren geschlagen worden, doch die Behörden klagten etliche ANC-Mitglieder an, und vor dem Gerichtshof der Insel wurde ein Verfahren angesetzt. Ich war zwar bei den Streitigkeiten nicht dabeigewesen, aber man lud mich als Leumundszeugen vor. Das war eine beunruhigende Vorstellung. Ich war durchaus bereit, als Fürsprecher meiner Kameraden aufzutreten, aber ich wollte nichts unternehmen, was die Spannungen zwischen ANC, PAC und BCM verstärkte.

Ich betrachtete mich im Gefängnis nicht nur als Leiter des ANC, sondern auch als Förderer der Einheit, als ehrlichen Makler und Friedensstifter; deshalb widerstrebte es mir, mich in dieser Auseinandersetzung auf eine Seite zu schlagen, obwohl es die

Seite meiner eigenen Organisation war. Wenn ich zugunsten des ANC aussagte, machte das alle meine Aussichten zunichte, zwischen den verschiedenen Gruppen für Versöhnung zu sorgen. Wenn ich Einigkeit predigte, mußte ich auch als Einiger handeln, selbst auf die Gefahr hin, daß ich damit einige meiner eigenen Kollegen vor den Kopf stieß.

Ich entschloß mich, nicht auszusagen. Das enttäuschte ein paar meiner Kollegen, aber nach meiner Überzeugung handelte es sich um eine so schwerwiegende Angelegenheit, daß ich ihr Mißfallen riskieren mußte. Es war wichtiger, den jungen Leuten von Black Consciousness zu zeigen, daß der Kampf unteilbar war und daß wir alle denselben Feind hatten.

DIE BEHÖRDEN waren ängstlich im Umgang mit diesen jungen Löwen und überließen es mehr oder weniger uns selbst, uns zu wehren. Im Steinbruch befanden wir uns schon das zweite Jahr im Bummelstreik, weil wir die völlige Abschaffung der körperlichen Arbeit verlangten. Unsere Forderung richtete sich auf das Recht, mit unserer Zeit etwas Nützliches anzufangen, beispielsweise zu studieren oder ein Handwerk zu lernen. Wir taten im Steinbruch nicht einmal mehr so, als ob wir arbeiteten, sondern unterhielten uns einfach. Anfang 1977 gaben die Behörden die Abschaffung der körperlichen Arbeit bekannt. Von nun an durften wir den ganzen Tag in unserem Block verbringen. Sie ließen uns im Gefängnishof irgendwelche Arbeiten verrichten, aber das war eigentlich nur ein Feigenblatt, hinter dem sie ihre Kapitulation versteckten.

Dieser Sieg war das gemeinsame Ergebnis unserer nicht nachlassenden Proteste und einfacher Logistik. Normalerweise waren die Behörden bestrebt, ein Zahlenverhältnis von einem Aufseher für drei Häftlinge zu erreichen. Aber schon bevor die Gefangenen aus Soweto ankamen, waren die Wärter knapp, und die rebellischen jungen Leute brauchten noch mehr Aufsicht. Sie waren so widerspenstig, daß offenbar jeder von ihnen seinen eigenen

Wächter haben mußte. Wenn wir in unserem Abschnitt blieben, war weniger Überwachungspersonal erforderlich.

Das Ende der körperlichen Arbeit wirkte befreiend. Jetzt konnte ich den ganzen Tag über lesen, Briefe schreiben, Probleme mit meinen Kameraden besprechen und juristische Schriftsätze formulieren. In der Freizeit konnte ich zwei Tätigkeiten nachgehen, die auf Robben Island zu meinen Lieblingshobbys wurden: Gärtnern und Tennisspielen.

Wenn man im Gefängnis überleben will, muß man Wege finden, um sich im täglichen Leben Zufriedenheit zu verschaffen. Man kann sich ausgefüllt fühlen, wenn man seine Kleidung so wäscht, daß sie besonders sauber ist, wenn man den Korridor völlig von Staub befreit oder indem man seine Zelle so einrichtet, daß sie möglichst viel Platz bietet. Den gleichen Stolz, den man außerhalb des Gefängnisses bei folgenreicheren Tätigkeiten empfindet, kann man sich drinnen auch verschaffen, indem man kleine Dinge tut. Während meiner Haft auf Robben Island hatte ich die Behörden fast von Anfang an um die Erlaubnis gebeten, auf dem Gefängnishof einen Garten anzulegen. Jahrelang hatten sie dieses Ansinnen ohne Begründung abgelehnt. Schließlich aber gaben sie nach, und wir durften auf einem schmalen Erdstreifen an der jenseitigen Mauer einen kleinen Garten einrichten.

Der Boden des Gefängnishofes war trocken und steinig. Man hatte das Gefängnis auf einer ehemaligen Müllhalde gebaut, und um den Garten anzulegen, mußte ich viele große Brocken ausgraben, damit die Pflanzen Platz zum Wachsen hatten. Zu jener Zeit witzelten einige meiner Kameraden, ich sei im tiefsten Inneren ein Bergarbeiter, denn ich verbrachte den Tag im Steinbruch, und in der Freizeit buddelte ich im Gefängnishof.

Die Behörden stellten mir Samen zur Verfügung. Anfangs baute ich Tomaten, Chilis und Zwiebeln an, widerstandsfähige Pflanzen, die weder fruchtbaren Boden noch ständige Pflege brauchen. Die ersten Male war die Ernte spärlich, aber das besserte sich bald. Die Behörden bereuten nicht, die Genehmigung erteilt zu haben, denn nachdem der Garten gedieh, gab ich den Aufsehern oft einen Teil meiner besten Tomaten und Zwiebeln.

Die Gärtnerei hatte mir zwar schon immer Spaß gemacht, aber einen eigenen Garten konnte ich erst anlegen, als ich hinter Gittern saß. Meine ersten Erfahrungen auf diesem Gebiet sammelte ich in Fort Hare: Im Rahmen der handwerklichen Pflichtarbeit der Universität arbeitete ich im Garten eines meiner Professoren; dabei genoß ich den Kontakt mit dem Boden als Ausgleich für meine geistige Tätigkeit. Als ich später in Johannesburg studierte und arbeitete, hatte ich weder Zeit noch Platz, um einen Garten anzulegen.

Ich bestellte Bücher über Gärtnerei und Pflanzenzucht, beschäftigte mich mit verschiedenen Anbaumethoden und lernte Düngeverfahren kennen. Von den Materialien, die in den Büchern beschrieben wurden, stand mir vieles nicht zur Verfügung, aber ich lernte durch Ausprobieren. Einmal versuchte ich mich in der Erdnußzucht; ich probierte es mit verschiedenen Böden und Düngern, aber schließlich gab ich auf. Es war einer meiner wenigen Mißerfolge.

Ein Garten war im Gefängnis eines der wenigen Dinge, über die man selbst bestimmen konnte. Einen Samen in die Erde zu legen, ihm beim Wachsen zuzusehen, die Pflanze zu pflegen und dann zu ernten bot eine einfache, aber dauerhafte Zufriedenheit. Das Gefühl, der Verwalter dieses kleinen Stückchens Erde zu sein, beinhaltete einen Hauch von Freiheit.

In dem Garten sah ich in mancherlei Hinsicht eine Metapher für bestimmte Gesichtspunkte meines Lebens. Auch ein Führer muß seinen Garten bestellen: Er sät, beobachtet, pflegt und erntet das Ergebnis. Wie ein Gärtner muß er die Verantwortung für das übernehmen, was er heranzüchtet; er muß sich um seine Arbeit kümmern, Feinde abwehren, erhalten, was zu erhalten ist, und das beseitigen, was keinen Erfolg verspricht.

Ich schrieb Winnie zwei Briefe über eine besonders schöne Tomatenpflanze, die ich als empfindlichen Keimling so lange umsorgt hatte, bis daraus ein widerstandsfähiges Gewächs geworden war, das tiefrote Früchte trug. Aber dann, durch einen Fehler oder mangelnde Pflege, begann sie zu verdorren und abzusterben, und nichts, das ich unternahm, konnte sie wieder gesund machen. Als sie endgültig tot war, grub ich die Wurzel aus, wusch sie und beerdigte sie in einer Ecke des Gartens.

Diese kleine Geschichte erzählte ich ihr sehr ausführlich. Ich weiß nicht, was sie aus diesem Brief herauslas, aber als ich ihn schrieb, hatte ich gemischte Gefühle: Ich wollte nicht, daß es unserer Beziehung so erging wie dieser Pflanze, aber andererseits spürte ich, daß ich die wichtigsten Beziehungen in meinem Leben vielfach nicht richtig nähren konnte. Manchmal kann man nichts tun, um etwas zu retten, das zum Sterben bestimmt ist.

Die Abschaffung der körperlichen Arbeit hatte unter anderem die unerwartete Folge, daß ich an Gewicht zunahm. Im Steinbruch hatten wir uns zwar kaum einmal so angestrengt, daß wir ins Schwitzen gekommen wären, aber schon der Marsch dorthin und wieder zurück reichte aus, damit ich schlank blieb.

Ich war immer überzeugt, daß Bewegung nicht nur der Schlüssel zu körperlicher Gesundheit ist, sondern auch zum Frieden der Seele. In alten Zeiten reagierte ich Ärger und Frustration oft an einem Sandsack ab, statt sie an einem Kameraden oder auch an einem Polizisten auszulassen. Training baut Spannungen ab, und Spannung ist der Feind der Gelassenheit. Ich merkte, daß ich in gutem körperlichem Zustand besser arbeiten und klarer denken konnte, und deshalb wurde Bewegung zu einem unabänderlichen Bestandteil meines Lebens. Im Gefängnis war es unbedingt notwendig, daß man ein Ventil für Frustrationen hatte.

Sogar auf der Insel versuchte ich, mein altes Training weiterzuführen: Dauerlauf und Muskelübungen von Montag bis Donnerstag, dann drei Tage Pause. Von montags bis donnerstags lief ich in meiner Zelle morgens 45 Minuten lang auf der Stelle. Außerdem machte ich 100 Liegestütze auf den Fingerspitzen, 50 tiefe Kniebeugen und noch verschiedene andere Freiübungen.

In den Briefen an meine Kinder drängte ich sie, sich ebenfalls körperlich zu betätigen und einen Bewegungssport wie Basketball, Fußball oder Tennis auszuüben, um den Geist von allem abzulenken, was sie vielleicht bedrückte. Bei meinen Kindern hatte ich damit nicht immer Erfolg, aber ich beeinflußte einige meiner trägeren Kollegen. Sport war für Afrikaner meines Alters und meiner Generation etwas Ungewöhnliches. Nach einiger Zeit drehte sogar Walter morgens im Gefängnishof ein paar Runden. Ich wußte, daß ein paar jüngere Kameraden mich ansahen und zu sich sagten: Wenn der Alte das kann, dann kann ich es auch. Sie fingen ebenfalls an, Sport zu treiben.

Schon in den allerersten Besprechungen mit Besuchern und dem Internationalen Roten Kreuz wies ich darauf hin, wie wichtig Zeit und Möglichkeiten für ausreichende sportliche Betätigung sind. Aber erst Mitte der siebziger Jahre erhielten wir unter der Schirmherrschaft des Internationalen Roten Kreuzes Dinge wie Volleyballausrüstung und eine Tischtennisplatte.

Ungefähr zu der Zeit, als die Arbeit im Steinbruch aufhörte, kam einer der Aufseher auf die Idee, aus dem Gefängnishof einen Tennisplatz zu machen. Die Abmessungen stimmten genau. Häftlinge aus dem allgemeinen Abschnitt strichen den Betonboden grün, und darauf zogen sie das altbekannte weiße Linienmuster. Ein paar Tage später wurde ein Netz angebracht, und plötzlich hatten wir unser eigenes Wimbledon vor der Haustür.

Ich hatte schon in Fort Hare ein wenig Tennis gespielt, war aber alles andere als ein Könner. Ich hatte eine recht starke Vorhand, aber leider war die Rückhand schwach. Ich betrieb Sport jedoch nicht wegen des Stils, sondern um mich zu bewegen. Es war der beste und einzige Ersatz für die Märsche zum Steinbruch und wieder zurück. Als einer der ersten aus unserem Abschnitt spielte ich regelmäßig. Ich war ein Grundlinienspieler und ging nur ans Netz, wenn sich eine eindeutige Möglichkeit zum Punkten bot.

Nachdem wir nicht mehr körperlich arbeiten mußten, hatte ich mehr Zeit zum Lesen, aber die Bücher, die ich zuvor gebraucht hatte, waren mir jetzt verboten. Als mir das Studium gestrichen wurde, war ich gerade dabei, das LL.B. der University of London zu machen. Ich hatte mit diesem Studiengang während des Rivonia-Prozesses begonnen, und die Tatsache, daß die Vergünstigung des Studierens vier Jahre lang ausgesetzt war, sicherte mir zweifellos den Rekord für die längste Studiendauer bis zu diesem Examen.

Aber die Aussetzung des Studienprivilegs hatte auch einen unbeabsichtigten Nutzeffekt: Ich las jetzt Bücher, mit denen ich mich sonst nicht beschäftigt hätte. Statt über dicken Bänden über Vertragsrecht zu brüten, ließ ich mich jetzt von Romanen fesseln.

Es gab auf Robben Island keine unbegrenzte Auswahl an Lesestoff. Wir hatten Zugang zu vielen vergessenen Abenteuer- und Kriminalromanen sowie zu sämtlichen Werken von Daphne du Maurier, aber das war fast schon alles. Politische Bücher waren verboten. Werke über Sozialismus oder Kommunismus waren mit Sicherheit nicht zu haben. Der Wunsch nach einem Buch, dessen Titel das Wort »rot« enthielt, und wenn es nur »Der kleine rote Reiterhelm« hieß, wurde von den Zensoren zurückgewiesen. »Krieg der Welten« von H. G. Wells, obwohl ein Sciencefiction-Roman, wurde ebenfalls nicht zugelassen, weil im Titel das Wort »Krieg« vorkam.

Von Anfang an versuchte ich, mir Bücher über Südafrika oder von südafrikanischen Autoren zu verschaffen. Ich las alle nicht verbotenen Romane von Nadine Gordimer und erfuhr dabei eine Menge über die Einfühlsamkeit der liberalen Weißen. Außerdem lernte ich viele amerikanische Romane kennen; besonders erinnere ich mich an »Früchte des Zorns« von John Steinbeck, denn ich entdeckte viele Ähnlichkeiten zwischen der Not der Wanderarbeiter in dem Roman und unseren eigenen Fabrik- und Landarbeitern.

Ein Buch, zu dem ich immer wieder zurückkehrte, war Tolstois großartiger Roman »Krieg und Frieden«. (Obwohl auch dieser Titel das Wort »Krieg« enthält, war das Buch erlaubt.) Besonders fesselte mich die Beschreibung des Generals Kutusow, den am russischen Hof alle unterschätzten. Kutusow schlug Napoleon genau deshalb, weil er sich nicht von den flüchtigen, oberflächlichen Wertvorstellungen am Hof beeinflussen ließ, sondern seine Entscheidungen auf eine genaue Kenntnis seiner Leute und seines

Volkes stützte. Das erinnerte mich wieder einmal daran, daß man ein Volk nur dann wirklich führen kann, wenn man es genau kennt.

IM ANSCHLUSS an den Schüleraufstand von Soweto erfuhr ich, daß Winnie und ihr alter Freund und Arzt Dr. Ntatho Motlana sich in der Black Parents Association engagierten, einer Organisation betroffener örtlicher Berufstätiger und Kirchenführer, die als lenkende Hand und Vermittler für die Schüler fungierten. Die Behörden schienen dieser Elternorganisation ebenso argwöhnisch gegenüberzustehen wie den Schülern. Im August, knapp zwei Monate nach dem Schüleraufstand, wurde Winnie auf der Grundlage des Gesetzes für Innere Sicherheit festgenommen und ohne Anklage im Fort von Johannesburg inhaftiert; fünf Monate lang hielt man sie dort fest. In dieser Zeit konnte ich ihr schreiben, ebenso wie meinen Töchtern, die in Swaziland in einem Internat waren, und in meinen Briefen drückte ich Unterstützung und Solidarität aus. Ich war wegen ihrer Verhaftung sehr bedrückt, aber offenbar wurde sie diesmal nicht mißhandelt, und als sie im Dezember aus dem Gefängnis kam, war sie noch fester als zuvor zum Kampf entschlossen.

Obwohl Winnie gebannt war, fing sie da wieder an, wo sie aufgehört hatte, und die Behörden waren bestürzt darüber, wie populär sie bei den jungen Radikalen von Soweto war. Man war entschlossen, ihren Einfluß zurückzudrängen, und dazu bediente man sich einer harten, schamlosen Methode: Man schickte sie ins innere Exil. Am Abend des 16. Mai 1977 bezogen Polizeiautos und ein Lastwagen Stellung vor dem Haus in West-Orlando, und man lud Möbel und Kleidung ein. Diesmal wurde Winnie weder unter Arrest gestellt noch verhaftet oder verhört; man verbannte sie vielmehr in eine abgelegene Township namens Brandfort im Freistaat. Die Einzelheiten erfuhr ich von Kathy, der die Information von einem Hindupriester hatte.

Brandfort liegt etwa 400 Kilometer südwestlich von Johannesburg unmittelbar nördlich von Bloemfontein im Freistaat. Nach einer langen, unangenehmen Fahrt wurden Winnie, Zindzi und ihre Habseligkeiten in der öden Afrikaner-Township von Brandfort vor einer Drei-Zimmer-Hütte mit Wellblechdach abgeladen, an einem entsetzlich armen und abgelegenen Ort, wo die Leute unter der Knute der örtlichen weißen Grundbesitzer standen. Hier wurde Winnie mit Argwohn und Angst betrachtet. Die Einheimischen sprachen Sesotho, eine Sprache, die Winnie nicht verstand.

Ich war über ihre neuen Lebensbedingungen traurig und verärgert. Zumindest wenn sie zu Hause in Soweto war, konnte ich mir vorstellen, wie sie in der Küche stand und kochte oder lesend im Wohnzimmer saß, und ich konnte mir ausmalen, wie sie in dem Haus aufwachte, das ich so gut kannte. Solche Vorstellungen gaben mir Trost. Trotz ihrer Verbannung waren in Soweto Freunde und Angehörige in der Nähe. In Brandfort war sie mit Zindzi allein.

Ich war auf dem Weg nach Bloemfontein früher einmal durch diese Township gekommen, ohne daß sie mir aufgefallen wäre. Es gab dort bei der typischen Armut und dem Zerfall nichts Erinnernswertes. Damals wußte ich noch nicht, wie vertraut mir die Adresse »Haus Nummer 802, Brandfort« einmal werden sollte. Wieder einmal hatte ich das Gefühl, als wären Winnie und ich gleichzeitig im Gefängnis.

Wie ich aus Winnies Briefen erfuhr, war das Leben in Brandfort hart. Sie hatten keine Heizung, keine Toilette, kein fließendes Wasser. In der Siedlung gab es keine Läden, und die Geschäftsleute in der Stadt waren unfreundlich zu afrikanischen Kunden. Die Weißen sprachen meist Afrikaans und waren zutiefst konservativ.

Winnie und Zindzi wurden ständig von der Polizei überwacht und immer wieder belästigt. Schon nach wenigen Monaten ärgerte sich Zindzi, die nicht verbannt war, über die Einschüchterungsversuche der Sicherheitskräfte. Im September reichte ich mit Hilfe von Winnies Anwälten einen Dringlichkeitsantrag ein, damit es der lokalen Polizeibehörde von Brandfort verboten wurde, meine Tochter weiterhin zu belästigen. Vor Gericht wurde unter Eid ausgesagt, daß Polizisten in das Haus eingebrochen waren und Zindzi bedroht hatten. Der Richter verfügte, daß Zindzi ungestört Besucher empfangen durfte.

Winnie ist hartnäckig, und schon nach recht kurzer Zeit hatte sie die Leute in der Siedlung für sich gewonnen, darunter auch freundlich gesonnene Weiße aus der Nachbarschaft. Mit Hilfe der Operation Hunger versorgte sie die Bewohner der Township mit Lebensmitteln, für die Kinder richtete sie einen Hort ein, und außerdem sammelte sie Spenden für ein Krankenhaus in einer Gegend, wo die meisten Menschen noch nie einen Arzt gesehen hatten.

Im Jahr 1978 heiratete meine zweitjüngste Tochter Zeni, mein ältestes Kind mit Winnie, den Prinzen Thumbumuzi, einen Sohn des Königs Sobhuza von Swasiland. Sie hatten sich kennengelernt, als Zeni dort zur Schule ging. Da ich im Gefängnis saß, konnte ich die traditionellen Aufgaben des Vaters nicht erfüllen. In unserem Kulturkreis muß der Vater der Braut den zukünftigen Bräutigam befragen und seine Zukunftsaussichten einschätzen. Außerdem muß er »Lobola« festsetzen, den Brautpreis, den der Bräutigam an die Familie der Braut zahlt. Am Hochzeitstag gibt der Vater seine Tochter hin. Ich hatte zwar keine Zweifel, was den jungen Mann betraf, aber ich beauftragte dennoch George Bizos, meinen Freund und Rechtsberater, für mich einzuspringen. Ich teilte George mit, welche Fragen er dem Prinzen darüber stellen sollte, wie dieser sich um meine Tochter zu kümmern gedachte.

George traf sich in seinem Büro mit dem Prinzen und verabredete dann mit mir einen Beratungstermin auf Robben Island. Da Zeni noch nicht einundzwanzig war, mußte ich meine juristische Zustimmung zu der Eheschließung geben. Ich traf mit George im Beratungszimmer zusammen, wo zu seiner Überraschung auch ein Aufseher anwesend war. Ich erklärte ihm, dies stehe im Einklang mit den Vorschriften, weil man seinen Besuch als Familienangelegenheit und nicht als Anwaltsbesprechung betrachtete.

Scherzhaft beruhigte ich George mit der Bemerkung, ich hätte vor meinen Wärtern keine Geheimnisse.

George schilderte mir, wie sehr die beiden sich liebten und daß mein zukünftiger Schwiegersohn glänzende Aussichten hätte. Sein Vater, König Sobhuza, war ein aufgeklärt-traditionelles Staatsoberhaupt und Mitglied des ANC. Als George mir einige Forderungen übermittelte, die die Familie des jungen Mannes gestellt hatte, wies er ausdrücklich darauf hin, daß der Junge ein Swasi-Prinz war. Ich sagte George, er solle dem jungen Mann mitteilen, daß er eine Thembu-Prinzessin bekam.

Daß Zeni jetzt zur königlichen Familie von Swasiland gehörte, hatte einen gewaltigen Vorteil: Sie genoß sofort sämtliche diplomatischen Privilegien und konnte mich praktisch nach Belieben besuchen. Noch im gleichen Winter, nachdem sie Thumbumuzi geheiratet hatte, kamen die beiden mit ihrer neugeborenen Tochter zu mir. Wegen der Stellung des Prinzen durften wir uns im Beratungsraum treffen und nicht in dem normalen Besucherbereich, wo man durch dicke Mauern und Glasscheiben von den Angehörigen getrennt ist. Ich erwartete sie mit einer gewissen Nervosität. Es war wirklich ein außergewöhnlicher Augenblick, als sie in den Raum kamen. Ich stand auf, und als Zeni mich sah, warf sie fast ihre winzige Tochter ihrem Mann zu, rannte durch den Raum und umarmte mich. Ich hatte mein jetzt erwachsenes Kind nicht mehr in den Armen gehabt, seit sie so alt war wie jetzt ihre Tochter. Es war ein schwindelerregendes Erlebnis, als ob die Zeit in einem Science-fiction-Roman vorwärtsgerast wäre, so daß man plötzlich das herangewachsene Kind an sich drückt. Anschließend umarmte ich meinen neuen Sohn, und er gab mir meine kleine Enkeltochter in den Arm, die ich während des ganzen Besuchs nicht mehr losließ. Ein neugeborenes Baby, das so verletzlich war, in meinen rauhen Händen zu halten, in Händen, die allzu lange nur mit Spitzhacken und Schaufeln in Berührung gekommen waren, bedeutete eine tiefe Freude. Ich glaube, noch nie war ein Mann so glücklich darüber, ein Baby im Arm zu haben, wie ich an jenem Tag.

Der Besuch hatte einen eher offiziellen Zweck: Ich sollte einen Namen für das Kind aussuchen. Es ist Sitte, daß der Großvater den Namen bestimmt, und ich hatte mich für Zaziwe entschieden – das bedeutet »Hoffnung«. Für mich hatte dieser Name eine besondere Bedeutung, denn in all den Jahren im Gefängnis hatte mich die Hoffnung nie verlassen – und so würde es von nun an auch bleiben. Dieses Kind, davon war ich überzeugt, würde zu einer neuen Generation von Südafrikanern gehören, für die Apartheid nur noch eine entfernte Erinnerung bedeutete – das war mein Traum.

ICH WEISS NICHT, ob es der Aufruhr im Gefängnis nach den Unruhen von Soweto war oder der Aufruhr im Leben meiner Familie außerhalb des Gefängnisses, aber in den ein oder zwei Jahren nach 1976 befand ich mich in einem träumerischen, nostalgischen Geisteszustand. Im Gefängnis hat man Zeit, die Vergangenheit Revue passieren zu lassen, und die Erinnerung wird gleichermaßen zum Freund und zum Feind. Mein Gedächtnis transportierte mich in Augenblicke großer Freude und auch großer Trauer. Mein Traumleben wurde sehr reichhaltig, und es schien mir, als würde ich ganze Nächte lang noch einmal die Höhen und Tiefen früherer Zeiten durchleben.

Ein Alptraum kehrte immer wieder. Darin war ich gerade aus dem Gefängnis entlassen worden, aber es war nicht Robben Island, sondern eine Haftanstalt in Johannesburg. Ich ging durch das Tor nach draußen in die Stadt, aber dort traf ich niemanden. Es gab dort überhaupt nichts, keine Menschen, keine Autos, keine Taxis. Dann machte ich mich zu Fuß nach Soweto auf. Nach einem Marsch von vielen Stunden kam ich schließlich in West-Orlando an und ging um eine Ecke zum Haus 8115. Schließlich sah ich mein Zuhause, aber es war leer, ein Geisterhaus; alle Türen und Fenster standen offen, aber es war niemand darin.

Nicht alle meine Träume von der Freilassung waren so düster. Im Jahr 1976 berichtete ich Winnie in einem Brief von einer glücklicheren Vision.

»In der Nacht des 24. Februar kam ich im Traum bei Nummer 8115 an und fand ein Haus voller junger Leute, die eine Mischung aus Jive und Infiba tanzten. Als ich unerwartet eintrat, blieben sie überrascht stehen. Einige von ihnen begrüßten mich herzlich, andere machten sich schüchtern aus dem Staub. Das Schlafzimmer war ebenfalls angefüllt mit Angehörigen und engen Freunden. Du lagst im Bett und ruhtest Dich aus, und Kgatho (mein Sohn Makgatho), der sehr jung aussah, schlief an der gegenüberliegenden Wand.

Vielleicht habe ich mich in diesem Traum an die beiden Wochen im Dezember 1956 erinnert; er war damals sechs, und ich ließ Makhulu (Evelyns Mutter) allein zu Haus. Er wohnte in dieser Zeit bei seiner Mutter in O. E. (Ost-Orlando), aber ein paar Tage bevor ich zurückkam, ging er zu Makhulu und schlief in meinem Bett. Er vermißte mich sehr, und daß er mein Bett benutzte, muß das Sehnsuchtsgefühl ein wenig gemildert haben.«

Die Erinnerung an glückliche Augenblicke machte mir Freude, aber ich litt auch unter den Schmerzen, die ich meiner Familie so oft durch meine Abwesenheit bereitet hatte. In einem weiteren Brief schrieb ich 1976:

»Als ich am 25. Februar morgens aufwachte, vermißte ich Dich und die Kinder genausosehr wie immer. Ich denke dieser Tage viel an Euch beide als Dadewethu (Schwester), Mutter, Freundin und Ratgeber. Du weißt vielleicht nicht, wie oft ich mir im Geist alles vorstelle und genau ausmale, was Dich körperlich und seelisch ausmacht – die liebevollen Bemerkungen, die jeden Tag von Dir kamen, und das Auge, das Du immer zugedrückt hast, auch bei den vielen Verwirrungen, die eine andere Frau frustriert hätten … Ich erinnere mich sogar an einen Tag, als Du mit Zindzi hochschwanger warst und Dir nur mit Mühe die Fußnägel schneiden konntest. Heute denke ich an solche Vorfälle mit einem Gefühl der Beschämung. Ich hätte es für Dich tun können. Bewußt oder unbewußt lautete meine Einstellung: Ich habe meine Pflicht getan, das zweite Gör ist unterwegs, und die Schwierigkeiten, die

Du durch Deinen körperlichen Zustand hast, sind Deine Sache. Mein einziger Trost ist das Wissen, daß ich bei dem Leben, das ich dann geführt habe, kaum zum Nachdenken kam. Ich frage mich nur, wie es wird, wenn ich zurückkomme …

Während ich diese Zeilen schreibe, steht Dein wunderschönes Foto immer noch einen halben Meter über meiner linken Schulter. Ich staube es jeden Morgen sorgfältig ab, denn dabei habe ich das angenehme Gefühl, daß ich mich um Dich kümmere wie in alten Zeiten. Ich berühre sogar Deine Nase mit meiner, um den elektrischen Strom wieder einzufangen, der früher dabei immer durch mein Blut strömte. Nolitha steht direkt gegenüber auf dem Tisch. Wie kann meine Seele niedergeschlagen sein, wenn ich mich der Aufmerksamkeit so wunderbarer Damen erfreue?«

Nolitha war die einzige Person, die nicht zur Familie gehörte und deren Foto ich dennoch aufbewahrte. Das Geheimnis, wer sie war, lüftete ich 1976 in einem anderen Brief an meine Tochter Zindzi:

»Übrigens, hat Mama Dir von Nolitha erzählt, der anderen Dame in meiner Zelle? Sie stammt von den Andamanen und leistet Dir, Zeni, Ndindi und Nandi, Mandla (die drei letzten sind meine Enkelkinder), Maki und Mama Gesellschaft. Mama ist mit Kommentaren zu diesem Thema überraschend sparsam. Sie betrachtet die schöne Pygmäenfrau als eine Art Rivalin, und sie wird kaum auf die Idee kommen, daß ich das Bild aus dem *National Geographic* habe.«

Ständig dachte ich an den Tag, an dem ich ein freier Mann sein würde. Immer wieder malte ich mir aus, was ich dann tun würde. Es war eine der angenehmsten Arten, sich die Zeit zu vertreiben. Ebenfalls 1976 brachte ich meine Tagträume zu Papier.

»Wie gerne würde ich mit Dir eine lange, lange Reise machen, wie am 12. 6. 58, nur mit dem Unterschied, daß ich diesmal lieber mit Dir allein wäre. Ich bin schon so lange von Dir weg, und deshalb wäre das erste, was ich nach meiner Rückkehr gern tun würde, daß ich Dich aus dieser erstickenden Atmosphäre heraushole und vorsichtig mit Dir wegfahre, so daß Du frische, saubere Luft atmen könntest und die schönsten Stellen von Südafrika siehst, sein Gras und seine Bäume, die bunten Wildblumen, die schäumenden Wasserläufe, Tiere, die in der Steppe weiden, und wir würden mit den einfachen Menschen sprechen, die uns auf dem Weg begegnen. Unsere erste Station wäre der Ort, wo Ma Radebe und CK (Winnies Mutter und Vater) schlafen. Ich hoffe, sie liegen nebeneinander. Dann könnte ich denen meinen Respekt erweisen, die es mir ermöglicht haben, so glücklich und frei zu sein. Vielleicht würden dort die Geschichten anfangen, die ich Dir in allen diesen Jahren erzählen wollte. Die Atmosphäre würde wahrscheinlich Dein Gehör schärfen und mich veranlassen, mich auf die geschmackvollen, erbaulichen und konstruktiven Gesichtspunkte zu konzentrieren. Anschließend wechselt der Schauplatz; es geht bei Mphakanyiswa und Nosekeni (meinen Eltern) weiter, und dort ist die Umgebung ähnlich. Ich glaube, wenn wir danach zurück zu Nummer 8115 führen, wären wir frisch und stark.«

Als die Behörden uns Anfang der siebziger Jahre gestatteten, Fotos der nächsten Angehörigen zu erhalten, schickte Winnie mir ein Album. Jedesmal, wenn ich eine Aufnahme von Winnie, den Kindern oder Enkelkindern bekam, klebte ich es sorgfältig hinein. Dieses Album schätzte ich sehr: Es war die einzige Möglichkeit, die geliebten Menschen zu sehen, wann ich wollte.

Aber im Gefängnis hat jede Vergünstigung einen Haken. Man hatte mir zwar erlaubt, die Bilder in Empfang zu nehmen und das Album zusammenzustellen, aber die Aufseher durchsuchten oft meine Zelle und beschlagnahmten Fotos von Winnie. Irgendwann nahmen sie mir die Bilder schließlich nicht mehr weg, und das Album wurde dicker von den Bildern der ganzen Familie.

Wer mich als erster bat, ihm das Album zu leihen, weiß ich nicht mehr, aber es war zweifellos jemand aus meinem Block. Ich gab es ihm gern, dann einem anderen, und noch einem dritten. Bald war es allgemein bekannt, daß ich ein Fotoalbum besaß, und jetzt kamen auch Anfragen von den Leuten in F und G.

Die Leute in F und G bekamen kaum Besuch oder auch nur Briefe, und es wäre kleinlich gewesen, ihnen dieses Fenster zur Außenwelt zu verweigern. Aber es dauerte nicht lange, da war mein kostbares Album zerfleddert, und viele von meinen unersetzlichen Bildern fehlten. Diese Männer waren verzweifelt bemüht, ihren Zellen etwas Persönliches zu geben, und deshalb konnten sie nicht anders. Jedesmal, wenn so etwas geschah, beschloß ich, das Album neu zu ordnen.

Manchmal bat mich jemand nicht um das Album, sondern nur um ein Bild. Ich weiß noch, wie eines Tages ein junger BC-Mann aus dem allgemeinen Abschnitt, der uns das Essen brachte, mich beiseite nahm und sagte: »Madiba, ich hätte gern ein Foto.« Ich erwiderte, ich würde ihm eines schicken. »Wann?« fragte er recht schroff. Ich erklärte, ich würde es am Wochenende versuchen. Das schien ihn zufriedenzustellen, und er entfernte sich, aber plötzlich drehte er sich um und sagte: »Hör mal, schick mir kein Foto von der alten Dame, sondern eines von den jungen Mädchen, Zindzi oder Zeni – denk dran, keines von der alten Dame!«

IM JAHR 1978, nachdem wir uns fast 15 Jahre lang um das Recht auf politische Information bemüht hatten, machten uns die Behörden ein Kompromißangebot. Sie erlaubten uns zwar nicht, Zeitungen zu lesen oder Radio zu hören, aber sie richteten einen eigenen Nachrichtendienst ein: Jeden Tag wurde uns über die Sprechanlage des Gefängnisses ein Tonband mit den zusammengefaßten Tagesnachrichten vorgespielt.

Diese »Sendungen« waren bei weitem nicht objektiv oder vollständig. Mehrere Zensoren der Insel stellten dafür aus anderen Rundfunkverlautbarungen einen kurzen Überblick her. Es handelte sich ausschließlich um gute Nachrichten für die Regierung und um schlechte Nachrichten für ihre Gegner.

Die erste »Sendung« begann mit einem Bericht über den Tod von Robert Sobukwe. Andere Nachrichten der ersten Zeit betrafen die Siege der Armee von Ian Smith in Rhodesien und die Festnahme von Regierungsgegnern in Südafrika. Obwohl es sich um sehr tendenziöse Meldungen handelte, waren wir froh, daß wir sie hatten, und wir bildeten uns etwas darauf ein, daß wir zwischen den Zeilen lasen und anhand der offenkundigen Auslassungen begründete Vermutungen anstellen konnten.

Im gleichen Jahr erfuhren wir über die Sprechanlage, daß P. W. Botha der Nachfolger John Vorsters als Premierminister geworden war. Die Aufseher erzählten uns nicht, warum Vorster zurückgetreten war: Der Grund waren Anschuldigungen in der Presse, das Informationsministerium habe staatliche Mittel mißbraucht. Über Botha wußte ich wenig, abgesehen von der Tatsache, daß er ein aggressiver Verteidigungsminister gewesen war und 1975 eine Militärintervention in Angola befürwortet hatte. Wir hatten nicht den Eindruck, daß er sich in irgendeiner Form als Reformer erweisen würde.

Kurz zuvor hatte ich eine autorisierte Biographie über Vorster gelesen (es war eines der Bücher, die in der Gefängnisbibliothek vorhanden waren), und dabei hatte ich erfahren, daß er ein Mann war, der zu seinen Überzeugungen stand: Im Zweiten Weltkrieg hatte er im Gefängnis gesessen, weil er Deutschland unterstützt hatte. Daß Vorster ging, bedauerten wir nicht. Er hatte den Kampf gegen die Freiheit zu neuen Höhepunkten der Unterdrückung geführt.

Auch ohne unsere gereinigten Nachrichtensendungen hatten wir erfahren, was die Regierung uns nicht mitteilen wollte. Wir hörten von den erfolgreichen Befreiungskämpfen in Mosambik und Angola im Jahr 1975, bei denen diese Länder unabhängige Staaten mit Revolutionsregierungen geworden waren. Das Blatt wendete sich zu unseren Gunsten.

Im Zuge der wachsenden Offenheit auf der Insel hatten wir jetzt auch ein eigenes Kino. Fast jede Woche sahen wir Filme, die in einem großen Nachbarraum unseres Korridors auf ein Bettlaken projiziert wurden. Später gab es eine richtige Leinwand. Es waren herrlich unterschiedliche Filme, eine anregende Abwechslung in dem freudlosen Gefängnisleben.

Die ersten Streifen, die wir zu sehen bekamen, waren Hollywood-Action-Stummfilme in Schwarzweiß sowie Western, die noch vor meiner Zeit aktuell gewesen waren. Einer der ersten war nach meiner Erinnerung »Im Zeichen des Zorro« mit dem säbelrasselnden Douglas Fairbanks, ein Film aus dem Jahr 1920. Die Behörden hatten offenbar eine Schwäche für alte Filme, vor allem für solche mit einer strengen Moral. Weitere Streifen, die wir in der ersten Zeit – jetzt mit Ton und in Farbe – sahen, waren »Die Zehn Gebote« mit Charlton Heston als Moses, »Der König und ich« mit Yul Brynner und »Kleopatra« mit Richard Burton und Elizabeth Taylor.

Besonders gefesselt waren wir von »Der König und ich«, denn dieser Film zeichnete für uns den Koflikt zwischen Ost und West nach und schien zu zeigen, daß der Westen eine Menge vom Osten lernen kann. »Kleopatra« war umstritten; viele Kameraden nahmen Anstoß daran, daß die ägyptische Königin von einer amerikanischen Schauspielerin mit rabenschwarzen Haaren und violetten Augen gespielt wurde, so schön sie auch sein mochte. Die Lästerer behaupteten, der Film sei ein Beispiel für westliche Propaganda und wolle die Tatsache aus der Welt schaffen, daß Kleopatra eine Afrikanerin war. Ich berichtete von meiner eigenen Reise nach Ägypten, wo ich eine ausgezeichnete Skulptur einer jungen Kleopatra mit ebenholzfarbiger Haut gesehen hatte.

Später sahen wir auch südafrikanische Filme mit schwarzen Stars, die wir alle aus den alten Zeiten kannten. An solchen Abenden hallte unser kleines Behelfskino von Schreien, Pfiffen und Beifall wider, wenn wir einen alten Bekannten bei seinem Auftauchen auf der Leinwand begrüßten. Noch später durften wir uns Dokumentarfilme aussuchen – dieses Genre bevorzugte ich –, und ich ließ immer mehr Spielfilme aus (allerdings versäumte ich nie einen mit Sophia Loren). Die Dokumentarfilme wurden bei der Staatsbibliothek bestellt und meist von Ahmed Kathrada ausgesucht, dem Bibliothekar unseres Blocks. Besonders betroffen machte mich ein Bericht über die großen Seeschlachten des Zweiten Weltkriegs mit Wochenschauaufnahmen von der Versenkung der H. M. S. Prince of Wales durch die Japaner. Am meisten bewegte mich dabei eine kurze Szene mit Winston Churchill, der weinte, als er vom Verlust des britischen Schiffes hörte. Das Bild blieb mir lange im Gedächtnis; es zeigte mir, daß ein politischer Führer in bestimmten Augenblicken seine Trauer öffentlich zeigen kann, ohne sich damit in den Augen seines Volkes herabzusetzen.

Ein weiterer Dokumentarfilm handelte von den Hell's Angels, einer umstrittenen amerikanischen Motorradgruppe. Sie wurden in dem Bericht als gnadenlos, gewalttätig und gesellschaftsfeindlich dargestellt, die Polizei dagegen war freundlich, aufrecht und vertrauenswürdig. Als der Film zu Ende war, diskutierten wir sofort über seine Aussage. Fast ohne Ausnahme kritisierten die Männer die Hell's Angels wegen ihrer Gesetzlosigkeit. Aber dann stand Strini Moodley auf, ein kluges junges Mitglied der Black Consciousness Movement, und warf den Versammelten vor, sie hätten den Kontakt zur Gegenwart verloren und die Motorradfahrer seien das Ebenbild der Schüler von Soweto, die sich 1976 gegen die Behörden aufgelehnt hatten. Er meinte abschätzig, wir seien ältere Intellektuelle aus der Mittelschicht, die sich nicht mit den Motorradfahrern, sondern mit den rechtsgerichteten Behörden in dem Film identifizierten.

Strinis Anschuldigungen verursachten einen Aufruhr; mehrere Männer standen auf und widersprachen ihm: Sie meinten, man könne die Hell's Angels nicht in Schutz nehmen und es sei eine Beleidigung, unseren Kampf mit dieser Bande verdorbener Außenseiter zu vergleichen. Ich selbst jedoch dachte über Strinis Worte nach, und obwohl ich nicht seiner Meinung war, kam ich ihm zu Hilfe. Die Hell's Angels seien zwar unsympathisch, sagte ich, aber sie waren doch die Rebellen, die sich gegen die Behörden stellten, auch wenn sie widerwärtige Rebellen waren.

Die Hell's Angels interessierten mich nicht besonders, aber mich beschäftigte eine umfassendere Frage: Waren wir tatsächlich bei einer Geisteshaltung stehengeblieben, die nicht mehr revolutionär war? Wir saßen seit über 15 Jahren im Gefängnis, bei mir selbst waren es sogar fast 18 Jahre. Die Welt, die wir verlassen hatten, gab es schon lange nicht mehr. Es bestand die Gefahr, daß unsere Ideen in dieser Zeit stehengeblieben waren. Das Gefängnis ist ein Fixpunkt in einer sich wandelnden Welt, und man kann in der Haft sehr leicht an einer Stelle stehenbleiben, während die Welt sich weiterbewegt.

Ich hatte immer versucht, offen für neue Vorstellungen zu bleiben und keinen Standpunkt nur deshalb abzulehnen, weil er neu oder anders war. In den ganzen Jahren auf der Insel führten wir einen ständigen Dialog über unsere Überzeugungen und Ideen; wir diskutierten darüber, stellten sie in Frage und entwikkelten sie auf diese Weise weiter. Ich glaube nicht, daß wir stehenblieben; nach meiner Überzeugung hatten wir uns gewandelt.

Robben Island öffnete sich zwar immer stärker, aber immer noch gab es keinerlei Anzeichen, daß der Staat seinen Standpunkt ändern würde. Dennoch hatte ich keinen Zweifel, daß ich irgendwann ein freier Mensch sein würde. Wir saßen vielleicht an einer Stelle fest, aber ich war zuversichtlich, daß die Welt sich auf unsere Position zu und nicht von ihr weg bewegen würde. Der Film erinnerte mich wieder einmal daran, daß ich an dem Tag, an dem ich aus dem Gefängnis schritt, nicht wie ein politisches Fossil aus einer längst vergangenen Zeit wirken wollte.

Es hatte 15 Jahre gedauert, als die Behörden 1979 über die Sprechanlage bekanntgaben, afrikanische, farbige und indische Häftlinge würden von nun an die gleiche Verpflegung erhalten. Aber verzögerte Gerechtigkeit ist verweigerte Gerechtigkeit, und eine Reform, die so lange hinausgeschoben und so widerwillig vollzogen wurde, war des Feierns kaum wert.

Alle Häftlinge sollten morgens die gleiche Menge Zucker bekommen: eineinhalb Löffel voll. Aber statt die Zuteilung für Afrikaner anzuheben, verminderten die Behörden die Zuckermenge für die farbigen und indischen Gefangenen um einen halben Löffel, und diese Menge schlugen sie den Afrikanern zu. Kurz zuvor hatten die Afrikaner auch zum erstenmal morgens Brot bekommen, aber das machte kaum einen Unterschied: Schon seit Jahren hatten wir das Brot zusammengelegt.

Die Verpflegung hatte sich in den vorangegangenen zwei Jahren bereits verbessert, aber das lag nicht an den Behörden. Im

Gefolge der Unruhen von Soweto hatte man den Beschluß gefaßt, die Insel ausschließlich zur Unterbringung von Südafrikas »Hochsicherheitshäftlingen« zu benutzen. Die Zahl der allgemeinen Gefangenen hatte drastisch abgenommen. Infolgedessen wurden die politischen Häftlinge nun erstmals zum Küchendienst herangezogen. Und als in der Küche erst einmal politische Gefangene arbeiteten, verbesserte sich die Verpflegung erheblich – nicht weil sie bessere Köche gewesen wären, sondern weil der Lebensmittelschmuggel umgehend aufhörte. Statt Eßbares für sich selbst abzuzweigen oder die Aufseher damit zu bestechen, verbrauchten die neuen Köche alles, was ihnen für uns zugeteilt wurde. Es gab mehr Gemüse, und in den Suppen und Eintopfgerichten tauchten auf einmal Fleischbrocken auf. Erst jetzt wurde uns klar, daß wir schon seit Jahren so hätten essen sollen.

ALS WIR EINMAL im Sommer 1979 auf dem Gefängnishof Tennis spielten, schlug mein Gegner einen Ball schräg über das Feld, so daß ich mich anstrengen mußte, um noch heranzukommen. Als ich über den Platz rannte, spürte ich auf einmal einen so starken Schmerz in der rechten Ferse, daß ich das Spiel abbrechen mußte. Die nächsten paar Tage humpelte ich stark.

Ein Arzt, der mich auf der Insel untersuchte, kam zu dem Schluß, ich müsse einen Spezialisten in Kapstadt aufsuchen. Die Behörden waren jetzt stärker um unsere Gesundheit besorgt, denn sie hatten Angst vor der Ächtung durch die Staatengemeinschaft, wenn wir im Gefängnis starben.

Unter normalen Umständen hätten die anderen Männer und ich einen Besuch in Kapstadt genossen, aber als Häftling dorthin zu fahren, war etwas ganz anderes. Ich trug Handschellen und wurde in einer Ecke des Schiffes von fünf bewaffneten Aufsehern bewacht. Das Meer war an diesem Tag unruhig, und das Schiff zitterte bei jeder Welle. Etwa auf halbem Weg zwischen der Insel und Kapstadt glaubte ich, wir würden gleich kentern. Hinter zwei jungen Aufsehern, die meine Enkelsöhne hätten sein können, erspähte ich eine Schwimmweste. Ich sagte zu mir: »Wenn dieses Schiff untergeht, werde ich meine letzte Sünde auf Erden begehen und diese beiden Jungen überrennen, um an die Schwimmweste zu kommen.« Am Ende war es aber nicht nötig.

Im Hafen warteten weitere bewaffnete Wächter und eine kleine Menschenmenge auf uns. Angst und Abscheu auf den Gesichtern normaler Bürger zu sehen, wenn man als Häftling vorübergeführt wird, ist eine erniedrigende Erfahrung. Am liebsten hätte ich mich klein gemacht und versteckt, aber das ging nicht.

Ich wurde von einem jungen Chirurgen untersucht; er fragte mich, ob ich früher schon einmal eine Fersenverletzung gehabt hatte. Das war tatsächlich der Fall, und zwar in Fort Hare. Damals hatte ich Fußball gespielt, und als ich einem anderen den Ball abjagen wollte, spürte ich einen brennenden Schmerz in der Ferse. Man brachte mich in das örtliche Krankenhaus – es war das erste Mal, daß ich in eine Klinik kam und einen Arzt sah. Wo ich aufgewachsen bin, gab es keinen afrikanischen Arzt, und zu einem weißen Doktor zu gehen war undenkbar.

Der Arzt in Fort Hare untersuchte meine Ferse und sagte dann, er werde mich operieren müssen. Die Diagnose beunruhigte mich, und ich erklärte schroff, ich wolle nicht, daß er mich anfaßte. In dieser Lebensphase hielt ich es für unmännlich, wenn man zum Arzt ging, und eine medizinische Behandlung über sich ergehen zu lassen war noch schlimmer. »Wie Sie wollen«, sagte er, »aber wenn Sie alt sind, wird die Sache Ihnen noch Ärger machen.«

Der Chirurg in Kapstadt röntgte meine Ferse und entdeckte Knochensplitter, die sich dort vermutlich seit Fort Hare befanden. Er sagte, er könne sie mit einem kleinen Eingriff unter örtlicher Betäubung hier in seiner Praxis entfernen. Ich willigte sofort ein.

Die Operation verlief glatt, und als sie vorüber war, erklärte mir der Arzt, wie ich die Ferse versorgen mußte. Dabei unterbrach ihn sehr plötzlich der Oberaufseher, der mir mitteilte, ich müsse sofort nach Robben Island zurückkehren. Der Chirurg war darüber erbost und erklärte in sehr bestimmtem Ton, es sei erforderlich, daß Mr. Mandela über Nacht im Krankenhaus blieb, und er werde mich unter keinen Umständen sofort entlassen. Das schüchterte den Aufseher ein, und er fügte sich.

Meine erste Nacht in einem richtigen Krankenhaus erwies sich als recht angenehm. Die Schwestern machten eine Menge Aufhebens von mir. Ich schlief sehr gut; am nächsten Morgen kamen mehrere Schwestern herein und sagten, ich solle den Pyjama und den Bademantel, die man mir gegeben hatte, behalten. Ich dankte ihnen und sagte, ich würde damit der Gegenstand des Neides aller meiner Kameraden sein.

Der Ausflug war für mich auch noch in anderer Hinsicht lehrreich: In dem Krankenhaus hatte ich ein Tauwetter in der Beziehung zwischen Schwarzen und Weißen bemerkt. Der Arzt und die Schwestern hatten mich mit größter Selbstverständlichkeit behandelt, als hätten sie ihr ganzes Leben lang mit Schwarzen auf gleichberechtigter Ebene zu tun gehabt. Das war für mich etwas Neues, ein ermutigendes Zeichen. Es bestätigte wieder einmal meine alte Überzeugung, daß Bildung der Feind des Vorurteils ist. Das hier waren Männer und Frauen der Wissenschaft, und in der Wissenschaft war kein Platz für Rassismus.

Ich bedauerte nur, daß ich mit Winnie keinen Kontakt hatte aufnehmen können, bevor ich in das Krankenhaus ging. In den Zeitungen waren Gerüchte aufgetaucht, ich sei in Lebensgefahr, und sie machte sich große Sorgen. Als ich zurück war, schrieb ich ihr, um ihre Ängste zu zerstreuen.

Seit 1980 hatten wir das Recht, Zeitungen zu kaufen. Das war ein Sieg, aber wie alle Vergünstigungen hatte die Sache einen Haken. Nach der neuen Vorschrift durften Häftlinge der Gruppe A täglich eine englischsprachige Zeitung und eine in Afrikaans erwerben. Damit verbunden war aber eine ärgerliche Warnung: Ein Häftling der Gruppe A, der dabei angetroffen wurde, wie er seine Zeitung einem Gefangenen aus einer anderen Gruppe zu lesen gab, verlor die Vergünstigung. Wir protestierten gegen diese Einschränkung, aber ohne Erfolg.

Wir erhielten zwei Tageszeitungen: die *Cape Times* und *Die*

Burger. Beide waren konservative Blätter, insbesondere die zweite. Dennoch gingen die Zensoren beide Zeitungen täglich mit der Schere durch und schnitten Artikel heraus, die wir nach ihrer Ansicht nicht lesen sollten. Wenn wir die Blätter erhielten, waren sie stark durchlöchert. Bald konnten wir diese Zeitungen mit Exemplaren des *Star*, der *Rand Daily Mail* und der sonntäglichen *Times* ergänzen, aber diese Publikationen wurden noch stärker zensiert.

Ein Artikel, den ich mit Sicherheit nicht lesen durfte, stand im März 1980 in der *Johannesburg Sunday Post.* Die Schlagzeile lautete »FREE MANDELA!« (»Befreit Mandela!«). Er enthielt eine Petition, die die Leser unterschreiben konnten und in der meine Freilassung und die meiner politischen Mithäftlinge gefordert wurde. Den Zeitungen war es zwar immer noch verboten, mein Bild zu zeigen oder Worte zu drucken, die ich gesagt oder geschrieben hatte, aber die Kampagne der *Post* löste eine öffentliche Diskussion über unsere Freilassung aus.

Die Idee hatten Oliver und der ANC in Lusaka entwickelt, und die Kampagne war der Grundstein einer neuen Strategie, die den Leuten unsere Sache an vorderster Stelle ins Bewußtsein rufen sollte. Der ANC hatte sich entschlossen, die Frage unserer Freilassung zu personalisieren und die Kampagne auf eine einzelne Person abzustellen. Zweifellos hatten die vielen Millionen Menschen, die später die Kampagne unterstützten, keine genaue Vorstellung davon, wer Nelson Mandela eigentlich war. (Man erzählte mir, als in London die ersten »Free Mandela«-Plakate auftauchten, hätten die meisten jungen Leute geglaubt, Free sei mein Vorname.) Auf der Insel gab es auch einige abweichende Stimmen: Die Kampagne zu personalisieren war nach ihrer Ansicht ein Verrat am kollektiven Charakter der Organisation, aber den meisten war klar, daß man nur so das Volk mobilisieren konnte.

Im Jahr zuvor hatte man mir in Indien den Jawaharlal Nehru Human Rights Award verliehen, ein weiterer kleiner Hinweis, daß der Kampf wieder auflebte. Natürlich verweigerte man mir und auch Winnie die Erlaubnis, an der Verleihung teilzunehmen; Oliver nahm den Preis für mich entgegen.

Wir hatten den Eindruck, daß der ANC wieder zum Leben erwachte: Umkhonto we Sizwe verstärkte seine Sabotagekampagne, die jetzt viel raffinierter geworden war. Im Juni legte der MK Bomben bei der Sasolburg-Raffinerie unmittelbar südlich von Johannesburg. Der MK sorgte jede Woche für eine Explosion an dieser oder jener strategischen Stelle. Bomben detonierten in Kraftwerken im Osten Transvaals, vor Polizeistationen in Germiston, Daveyton, New Brighton und anderswo sowie vor dem Militärstützpunkt Voortrekkerhoogte außerhalb von Pretoria. In allen Fällen handelte es sich um strategisch wichtige Stellen, so daß die Anschläge Aufmerksamkeit erregen und den Staat verunsichern würden. General Magnus Malan, der Verteidigungsminister, führte mit Rückendeckung von P. W. Botha eine Vorgehensweise ein, die als »totaler Angriff« bekannt wurde, eine Militarisierung des ganzes Landes zur Bekämpfung der Freiheitsbewegung.

Die »Free Mandela«-Kampagne hatte auch eine heitere Seite. Wie ich 1981 erfuhr, hatten mich die Studenten der Universität London als Kandidaten für den angesehenen Posten des Universitätskanzlers nominiert. Das war natürlich eine gewaltige Ehre, und meine Konkurrenten waren keine Geringeren als Prinzessin Anne und der Unterhaltungskünstler Jack Jones. Am Ende erhielt ich 7199 Stimmen und war damit der Tochter der Queen unterlegen. In einem Brief an Winnie nach Brandfort gab ich meiner Hoffnung Ausdruck, die Wahl möge ihre kleine Hütte einen Augenblick lang in ein Schloß verwandelt haben, in dem die winzigen Zimmer so groß waren wie der Ballsaal auf Windsor Castle.

Durch die Kampagne für unsere Freilassung wurden unsere Hoffnungen neu belebt. In der schweren Zeit Anfang der siebziger Jahre, als der ANC in der Bedeutungslosigkeit zu versinken schien, mußten wir uns dazu zwingen, keine Verzweiflung aufkommen zu lassen. Wir hatten uns in vielerlei Hinsicht verrechnet; wir hatten gedacht, wir würden in den siebziger Jahren in einem demokratischen, nichtrassistischen Südafrika leben. Aber als das neue Jahrzehnt anbrach, stieg meine Hoffnung auf ein solches Südafrika wieder. An manchen Tagen ging ich morgens auf dem Gefängnishof spazieren, und alle Lebewesen, die Möwen und Bachstelzen, die kleinen Bäume, ja sogar die vereinzelten Grashalme, schienen zu lächeln und in der Sonne zu leuchten. Wenn ich bei solchen Gelegenheiten bemerkte, daß selbst diese kleine, abgeschlossene Ecke der Welt ihre Schönheit hatte, dann wußte ich, daß mein Volk und ich selbst eines Tages frei sein würden.

EIGENTLICH war vorgesehen, daß ich wie vor mir mein Vater zum Berater des Königs der Thembu werden sollte. Obwohl ich einen anderen Weg einschlug, versuchte ich auf meine eigene Weise, den Aufgaben gerecht zu werden, für die ich ausgebildet worden war. Ich tat mein möglichstes, um vom Gefängnis aus mit dem König in Verbindung zu bleiben und ihn so gut ich konnte zu beraten. Als ich älter wurde, kreisten meine Gedanken immer öfter um die grünen Hügel der Transkei. Zwar würde ich nie unter Aufsicht der Regierung dorthin ziehen, aber ich träumte davon, eines Tages in eine freie Transkei zurückzukehren. Deshalb war ich zutiefst bestürzt, als ich 1980 erfuhr, daß König Sabata Dalindyebo, das Oberhaupt der Thembu, von meinem Neffen K.D. Matanzima, dem Premierminister der Transkei, abgesetzt worden war.

Eine Gruppe von Thembu-Häuptlingen drängte darauf, mich umgehend zu besuchen; die Behörden genehmigten das Treffen – sie waren in der Regel bereit, Besuche traditioneller Stammesführer zu unterstützen, denn je mehr ich in Angelegenheiten der Stämme und der Transkei verwickelt wurde, desto weniger, so glaubten sie, würde ich mich für den Kampf engagieren.

Die Regierung unterstützte die Macht der traditionellen Häuptlinge als Gegengewicht zum ANC. Viele meiner Kameraden waren der Meinung, wir sollten uns von diesen Häuptlingen distanzieren, aber ich neigte dazu, ihnen die Hand zu reichen. Stammeshäuptling und gleichzeitig ANC-Mitglied zu sein ist kein Widerspruch. Das war der Anlaß für eine der längsten und heikelsten Diskussionen, die wir auf der Insel führten: ob der

ANC sich an Institutionen beteiligen sollte, die von der Regierung finanziert wurden. Viele betrachteten das als Kollaboration. Auch hier war es nach meiner Überzeugung wichtig, zwischen Prinzip und Taktik zu unterscheiden. Entscheidend war für mich eine taktische Frage: Wird unsere Organisation eher durch die Beteiligung an solchen Institutionen gestärkt oder eher, indem wir sie boykottieren? In diesem Fall würde uns die Beteiligung nach meiner Ansicht stärker machen.

Das Treffen mit den Häuptlingen fand in einem großen Raum des Besucherbereichs statt. Sie erklärten mir ihr Dilemma: Vom Gefühl her standen sie auf seiten Sabatas, aber sie fürchteten sich vor Matanzima. Nachdem ich mir ihren Bericht angehört hatte, riet ich ihnen, Sabata zu unterstützen und sich gegen Matanzima zu stellen, denn dieser eignete sich widerrechtlich und in beschämender Weise die Macht des Königs an. Ich hatte Verständnis für ihre Lage, aber Matanzimas Handlungsweise konnte ich nicht gutheißen. Deshalb bat ich sie, Sabata mitzuteilen, daß ich auf seiner Seite stand und Matanzimas Verhalten mißbilligte.

Auch Matanzima wollte mich besuchen, um über Sabata und über Familienangelegenheiten zu sprechen. Als mein Neffe bemühte er sich schon seit Jahren um ein solches Treffen. Obwohl er behauptete, er wolle familiäre Fragen diskutieren, würde dieser Besuch politische Folgen haben. Schon als er das erste Mal anfragte, legte ich das Thema dem High Organ und den ANC-Leuten in unserem Abschnitt vor. Manche zuckten nur mit den Schultern und sagten: »Er ist dein Neffe; er hat das Recht, dich zu besuchen.« Raymond, Govan und Kathy bestanden aber darauf, man könne einen solchen Besuch zwar als Familienangelegenheit abtun, aber viele Leute im Gefängnis und draußen würden ihn so interpretieren, als unterstützte ich den Mann und seine Politik. Tatsächlich war das der eigentliche Grund, warum Matanzima mich besuchen wollte und warum ich einen solchen Besuch nicht annehmen konnte.

Ich verstand ihre Argumente und stimmte zum größten Teil mit ihnen überein, aber andererseits wollte ich mich mit meinem

Neffen treffen. Ich habe persönlichen Begegnungen und meiner Fähigkeit, einen Menschen dabei umzustimmen, immer ein vielleicht zu hohes Gewicht beigemessen. Ich hoffte, ich könne Matanzima zu einer anderen Politik bewegen.

Schließlich faßten die ANC-Leute in unserem Abschnitt den Entschluß, sich einem Besuch nicht zu widersetzen. Im Interesse der Demokratie berieten wir die Angelegenheit anschließend auch mit unseren Leuten in F und G, und die waren steinhart dagegen. Steve Tshwete, eine der Führungsfiguren des ANC im allgemeinen Abschnitt, war der Ansicht, ein solcher Besuch werde Matanzima politisch helfen und komme deshalb nicht in Frage. Viele von ihnen wiesen darauf hin, daß Matanzima bereits versucht hatte, sich meine Zustimmung zu sichern, indem er Columbus Madikizela, Winnies Vater, zum Landwirtschaftsminister seiner Regierung gemacht hatte. Das war nach ihrer Ansicht schon schlimm genug, auch wenn Madiba nicht einwilligte, sich mit ihm zu treffen. Ich beugte mich der Meinung der Mitglieder im allgemeinen Abschnitt und teilte den Behörden mit, bedauerlicherweise könne ich einen Besuch meines Neffen nicht annehmen.

Im März 1982 teilte mir die Gefängnisverwaltung mit, meine Frau habe einen Autounfall gehabt und liege im Krankenhaus. Sie wußten nicht viel darüber, und ich hatte keine Ahnung, wie es ihr ging und was die näheren Umstände waren. Ich warf den Behörden vor, sie hielten Informationen zurück, und stellte einen Dringlichkeitsantrag auf einen Besuch meines Anwalts. Die Behörden benutzten die Informationen als Waffe, und das mit Erfolg. Ich dachte nur noch an die Gesundheit meiner Frau, bis ich am 31. März einen Besuch von Winnies Anwalt, meinem Freund Dullah Omar, erhielt.

Dullahs Bericht über Winnie erleichterte mich. Sie hatte sich mit einem Auto überschlagen, aber es ging ihr gut. Es war ein kurzes Treffen, und als man mich wieder in den Abschnitt B zurückbrachte, war ich in Gedanken immer noch bei Winnie, und das mit dem quälenden Gefühl der Ohnmacht und der Unfähigkeit, ihr zu helfen.

Ich war noch nicht lange wieder in meiner Zelle, da bekam ich

Besuch vom Kommandanten und einer Reihe anderer Gefängnisbeamter. Das war höchst ungewöhnlich; normalerweise suchte der Kommandant die Häftlinge nicht in ihren Zellen auf. Als sie kamen, stand ich auf, und der Kommandant betrat tatsächlich meine Zelle. Für uns beide war darin kaum genügend Platz.

»Mandela«, sagte er, »ich möchte, daß Sie Ihre Sachen pakken.«

Ich fragte ihn, warum.

»Wir verlegen Sie«, sagte er einfach.

Wohin?

»Das kann ich Ihnen nicht sagen«, erwiderte er.

Ich verlangte zu wissen, warum. Er erklärte, er habe aus Pretoria die Anweisung erhalten, mich sofort von der Insel wegzubringen. Anschließend ging der Kommandant nacheinander zu den Zellen von Walter, Raymond Mhlaba und Andrew Mlangeni, um ihnen den gleichen Befehl zu erteilen.

Ich war unruhig und verwirrt. Was hatte das zu bedeuten? Wohin würde man uns bringen? Wenn man im Gefängnis einen Befehl bekommt, kann man nur bis zu einem gewissen Punkt Fragen stellen und sich widersetzen, dann muß man ihn befolgen. Es hatte keine Warnung, keine Vorzeichen gegeben. Ich war seit über 18 Jahren auf der Insel, und jetzt sollte ich sie so plötzlich verlassen?

Man gab jedem von uns mehrere große Pappkartons, in denen wir unsere Sachen verstauen sollten. Alle Habseligkeiten, die sich in fast zwei Jahrzehnten angesammelt hatten, paßten in diese paar Schachteln. Das Packen dauerte kaum mehr als eine halbe Stunde.

Im Korridor gab es einen Aufruhr, als die anderen Männer erfuhren, daß wir abreisten, aber wir hatten keine Zeit, uns von unseren langjährigen Kameraden richtig zu verabschieden. Das ist eine weitere Demütigung im Gefängnis: Die Bande der Freundschaft und Loyalität zu anderen Häftlingen gelten den Behörden nichts.

Wenige Minuten später befanden wir uns auf der Fähre nach Kapstadt. Im schwindenden Licht blickte ich auf die Insel zurück, ohne zu wissen, ob ich sie jemals wiedersehen würde. Man kann sich an alles gewöhnen, und ich hatte mich an Robben Island gewöhnt. Fast zwei Jahrzehnte hatte ich dort gewohnt, und obwohl die Insel nicht zur Heimat geworden war – meine Heimat war Johannesburg –, hatte ich mich dort schließlich wohl gefühlt. Ich fand Veränderungen immer schwierig, und als ich Robben Island verließ, war es nicht anders – obwohl ich dort Schlimmes erlebt hatte. Ich hatte keine Ahnung, was mich erwartete.

Im Hafen wurden wir von bewaffneten Wächtern umringt und in einen fensterlosen Lastwagen gestoßen. Wir standen zu viert im Dunkeln, und der Wagen fuhr offenbar weit über eine Stunde. Wir passierten mehrere Kontrollstellen, und schließlich hielten wir an. Die Hecktür öffnete sich, und wir wurden einige Betonstufen hoch durch eine Stahltür in eine weitere Sicherheitseinrichtung geführt. Es gelang mir, einen Wächter zu fragen, wo wir waren. »Im Pollsmoor-Gefängnis«, sagte er.

10. Teil

REDEN MIT DEM FEIND

DAS Hochsicherheitsgefängnis Pollsmoor liegt am Rande einer wohlhabenden weißen Vorstadt namens Tokai mit grünen Rasenflächen und gepflegten Häusern, ein paar Meilen südöstlich von Kapstadt. Das Gefängnis selbst steht mitten in der beeindruckend schönen Landschaft des Kaps zwischen den Constantiabergen im Norden und vielen hundert Morgen Weingärten im Süden. Wir hinter Pollsmoors hohen Betonmauern sahen nichts von dieser Naturschönheit. In Pollsmoor begriff ich zum erstenmal die Wahrheit von Oscar Wildes Zeile über das blaue Zelt, wie Gefangene den Himmel bezeichnen.

Pollsmoor hatte ein modernes Gesicht, aber ein primitives Herz. Die Gebäude, vor allem die für das Gefängnispersonal, waren sauber und modern; die Unterbringung der Gefangenen dagegen war altertümlich und schmutzig. Außer uns waren alle Männer in Pollsmoor gewöhnliche Gefangene, und man ging auf rückständige Weise mit ihnen um. Wir wurden getrennt von ihnen gehalten und anders behandelt.

Erst am nächsten Morgen bekamen wir einen wirklichen Eindruck von unserer Umgebung. Wir vier hatten das erhalten, was eigentlich das Penthouse des Gefängnisses war: eine geräumige Unterkunft im dritten und obersten Stock des Gebäudes. Wir waren die einzigen Gefangenen im ganzen Stockwerk. Der Hauptraum war sauber, modern und rechteckig, etwa fünf mal zehn Meter, und besaß einen abgetrennten Bereich mit einer Toilette, einem Urinal, zwei Waschbecken und zwei Duschen. Es gab vier richtige Betten mit Laken und Handtücher, ein beträchtlicher Luxus für Männer, die einen großen Teil der letzten achtzehn Jahre auf dünnen Matten auf einem Steinboden verbracht hatten. Im Vergleich zu Robben Island befanden wir uns in einem Fünf-Sterne-Hotel.

Wir hatten auch eine eigene, L-förmige Terrasse, eine offene Freiluftveranda, halb so lang wie ein Fußballfeld, die wir tagsüber benutzen durften. Sie hatte weiße Betonmauern von etwa dreieinhalb Meter Höhe, so daß wir nur den Himmel sehen konnten, ausgenommen eine Ecke, von der aus wir die Gipfel der Constantiaberge erblickten, vor allem einen Teil von ihnen, der als Elephant's Eye (Elefantenauge) bekannt war. Manchmal dachte ich, dieses Stückchen Berg sei die Spitze des Eisbergs der restlichen Welt. Es war überaus verwirrend, so plötzlich und ohne Erklärung entwurzelt zu sein. Im Gefängnis muß man immer auf überstürzte Verlegungen gefaßt sein, aber man gewöhnt sich niemals daran. Obwohl wir uns jetzt auf dem Festland befanden, fühlten wir uns stärker isoliert als zuvor. Für uns war die Insel zum zentralen Ort des Kampfes geworden. Wir fanden Trost in unserer Gemeinschaft und verbrachten die ersten Wochen mit Spekulationen darüber, warum man uns verlegt hatte. Wir wußten, daß die Behörden unseren Einfluß auf jüngere Gefangene schon lange übelnahmen und fürchteten. Aber der Grund schien eher strategischer Art zu sein: Wir glaubten, daß die Behörden versuchten, den ANC auf der Insel zu enthaupten, indem sie seine Führung entfernten. Robben Island selbst war zu einem nachhaltigen Mythos in unserem Kampf geworden, und die Behörden wollten ihm etwas von seiner symbolischen Bedeutung nehmen, indem sie uns wegbrachten. Walter, Raymond und ich waren Mitglieder des High Organ, doch was nicht dazu paßte, war die Anwesenheit von Mlangeni. Andrew gehörte nicht zum High Organ und stand auch nicht an der vordersten Front der Inselführung, obwohl wir die Möglichkeit in Erwägung zogen, daß die Behörden dies nicht wußten. Ihre Informationen über die Organisation waren häufig ungenau.

Eine unserer Hypothesen schien sich ein paar Monate später zu bestätigen, als Kathy zu uns kam, der tatsächlich Mitglied des High Organ war. Wichtiger noch, Kathy war unser Kommunikationschef gewesen, und seiner Arbeit war es zu verdanken, daß wir mit neuen, jungen Gefangenen hatten Verbindung aufnehmen können.

Ein paar Wochen nach Kathys Ankunft stieß ein weiterer Mann zu uns, den wir nicht kannten und der nicht einmal von Robben Island kam. Patrick Maqubela war ein junger Rechtsanwalt und ANC-Mitglied vom östlichen Kap. Er war Ausbildungsclerk bei Griffith Mxenge gewesen, einem hoch angesehenen Anwalt, der viele gefangene ANC-Leute vertreten hatte und im vergangenen Jahr in der Nähe von Durban ermordet worden war. Maqubela saß eine zwanzigjährige Strafe wegen Hochverrats ab und war aus Diepkloof in Johannesburg, wo er Unruhe gestiftet hatte, indem er Gefangene organisierte, nach Pollsmoor verlegt worden.

Zuerst betrachteten wir diesen Neuankömmling skeptisch und fragten uns, ob er vielleicht ein Behördenspitzel sei. Doch bald erkannten wir, daß das nicht der Fall war. Patrick war ein aufgeweckter, umgänglicher, unverzagter Bursche, mit dem wir sehr gut auskamen. Für ihn kann es nicht leicht gewesen sein, mit einer eingefleischten Gruppe alter Männer zurechtzukommen, die schon seit zwei Jahrzehnten zusammenlebten.

Wir waren nun von einer Welt aus Beton umgeben, und ich vermißte die natürliche Pracht von Robben Island. In mancher Hinsicht jedoch war unser neues Zuhause tröstlich. So war das Essen in Pollsmoor viel besser; nachdem wir viele Jahre lang dreimal täglich Brei bekommen hatten, nahmen sich die Mahlzeiten in Pollsmoor, die aus richtigem Fleisch und Gemüse bestanden, wie Festmähler aus. Wir durften eine ziemlich vielfältige Auswahl von Zeitungen und Zeitschriften lesen und konnten uns zuvor verbotene Publikationen wie *Time* und *The Guardian* aus London kommen lassen. Das öffnete uns ein Fenster auf den Rest der Welt. Wir hatten auch ein Radio, doch damit empfingen wir nur lokale Sender und nicht das, was wir uns wirklich wünschten: den BBC World Service. Den ganzen Tag durften wir draußen auf unserer Terrasse zubringen, nur nicht die Stunden zwischen zwölf und zwei Uhr, in denen die Wärter ihren Lunch einnahmen. Man tat nicht einmal so, als müßten wir arbeiten. Ich hatte neben unserer großen eine kleine Zelle, die mit Stuhl, Schreibtisch und Bücherregalen als Arbeitszimmer diente, wo ich während des Tages lesen und schreiben konnte.

Auf Robben Island pflegte ich meine sportlichen Übungen in meiner eigenen, engen Zelle zu absolvieren, doch nun hatte ich Platz, mich auszustrecken. In Pollsmoor wachte ich gewöhnlich um fünf Uhr auf und trainierte eineinhalb Stunden in unserer Gemeinschaftszelle. Ich vollzog mein übliches Programm aus Laufen auf der Stelle, Seilspringen, Aufsetzen aus der Rückenlage und Liegestütze. Meine Kameraden waren keine Frühaufsteher, und mein Programm machte mich in unserer Zelle bald recht unbeliebt.

Kurz nach der Ankunft in Pollsmoor bekam ich Besuch von Winnie und stellte erfreut fest, daß der Besuchsraum viel besser und moderner war als der auf Robben Island. Durch eine große Trennwand aus Glas konnte man den Besucher von der Taille an aufwärts sehen, und die Mikrofone waren wesentlich besser, so daß man sich nicht anstrengen mußte, um sich zu verständigen. Das Fenster vermittelte zumindest die Illusion größerer Intimität, und im Gefängnis können Illusionen tröstlich sein.

Für meine Frau und meine Familie war es wesentlich einfacher, nach Pollsmoor als nach Robben Island zu kommen, und das machte ungeheuer viel aus. Auch die Aufsicht bei den Besuchen gestaltete sich humaner. Oft wurden Winnies Besuche von Warrant Officer James Gregory überwacht, der auf Robben Island Zensor gewesen war. Ich kannte ihn nicht besonders gut, aber er kannte uns, da er für die Durchsicht unserer eingehenden und auslaufenden Post verantwortlich gewesen war.

In Pollsmoor lernte ich Gregory näher kennen und stellte fest, daß er erfreulicherweise anders war als der typische Gefängnisaufseher. Er hatte gute Manieren, sprach leise und behandelte Winnie höflich und respektvoll. Statt »Zeit abgelaufen!« zu bellen, pflegte er zu sagen: »Mrs. Mandela, Sie haben noch fünf Minuten.«

In der Bibel steht, die Gärten seien früher dagewesen als die Gärtner, aber das war in Pollsmoor nicht der Fall; ich legte dort einen Garten an, der eine meiner schönsten Zerstreuungen wurde. Das war meine Art, aus der monolithischen Betonwelt zu fliehen, die uns umgab. Nachdem ich mir ein paar Wochen lang angesehen hatte, wieviel freier Raum uns auf dem Dach des Gebäudes zur Verfügung stand, der zudem den ganzen Tag Sonne hatte, beschloß ich, einen Garten anzulegen, und erhielt vom kommandierenden Offizier die Erlaubnis dazu. Ich bat, die Gefängnisverwaltung möge mir sechzehn 44-Gallonen-Ölfässer beschaffen und diese halbieren. Dann füllte die Behörde sie alle mit reicher, feuchter Erde, und so entstanden tatsächlich 32 riesige Pflanzkübel.

Ich zog Zwiebeln, Auberginen, Kohl, Blumenkohl, Bohnen, Spinat, Karotten, Gurken, Brokkoli, rote Bete, Kopfsalat, Tomaten, Paprika, Erdbeeren und vieles andere. Schließlich verfügte ich über eine kleine Farm mit fast 900 Pflanzen, einen viel größeren Garten als den, den ich auf Robben Island gehabt hatte.

Einige der Samen kaufte ich, andere, beispielsweise Brokkoli und Karotten, bekam ich vom kommandierenden Offizier, Brigadier Munro, der diese Gemüse besonders gern hatte. Auch Wärter gaben mir Samen von Gemüsen, die sie mochten, und ich wurde mit ausgezeichnetem Dünger beliefert.

Allmorgendlich setzte ich einen Strohhut auf, zog robuste Handschuhe an und arbeitete zwei Stunden lang im Garten. Jeden Sonntag schickte ich Gemüse in die Küche, damit man dort eine besondere Mahlzeit für die anderen Gefangenen zubereiten konnte. Einen beträchtlichen Teil meiner Ernte gab ich auch den Wärtern, die Taschen mitzubringen pflegten, um ihre frischen Gemüse nach Hause zu tragen.

In Pollsmoor waren unsere Probleme weniger gewichtig als auf Robben Island. Brigadier Munro war ein anständiger, hilfsbereiter Mensch, der sich große Mühe gab, dafür zu sorgen, daß wir alles hatten, was wir wollten. Dennoch wurden kleine Probleme manchmal ganz unproportional aufgeblasen. 1983, während eines Besuches von Winnie und Zindzi, erwähnte ich meiner Frau gegenüber, daß ich Schuhe bekommen hatte, die mir eine Nummer zu klein waren und auf meine Zehe drückten. Winnie war besorgt, und bald erfuhr ich, es gäbe Presseberichte, nach denen man mir eine Zehe amputiert hätte. Wegen der Kommunikationsschwierigkeiten werden Informationen aus dem Gefängnis in der Außenwelt häufig übertrieben. Wenn ich meine Frau einfach hätte anrufen und ihr sagen können, mein Fuß sei in Ordnung, wäre es nicht zu einer solchen Verwirrung gekommen. Kurze Zeit später durfte Helen Suzman mich besuchen, und sie erkundigte sich nach meiner Zehe. Ich dachte, die beste Antwort sei eine Demonstration: Ich zog meine Socke aus, hob meinen nackten Fuß in Fensterhöhe und wackelte mit den Zehen.

Wir beklagen uns über die Feuchtigkeit in unserer Zelle, die bewirkte, daß wir uns erkälteten. Später hörte ich, südafrikanische Zeitungen hätten geschrieben, in unserer Zelle habe Wasser gestanden. Wir baten um Kontakt mit anderen Gefangenen und brachten ganz allgemein die gleiche grundlegende Beschwerde vor, die wir immer hatten: Wir wollten als politische Gefangene behandelt werden.

Im Mai 1984 wurde mir ein Trost zuteil, der alles Unangenehme aufzuwiegen schien. Zu einem angesagten Besuch von Winnie, Zeni und ihrer jüngsten Tochter wurde ich von Sergeant Gregory in den Besuchsbereich geleitet. Statt in das normale Besuchszimmer drängte er mich in einen abgetrennten Raum, wo es nur einen kleinen Tisch und keine Trennwände irgendwelcher Art gab. Sehr leise sagte er zu mir, die Behörden hätten diese Änderung angeordnet. Dieser Tag war der Beginn dessen, was als »Kontakt«-Besuche bekannt wurde.

Dann ging er hinaus, um meine Frau und meine Tochter zu holen, und bat darum, Winnie unter vier Augen zu sprechen. Winnie erschrak richtig, als Gregory sie beiseite nahm, da sie dachte, ich sei vielleicht krank. Doch Gregory führte sie durch die Tür, und ehe wir uns versahen, befanden wir uns im gleichen Raum und lagen einander in den Armen. Ich küßte und umarmte meine Frau zum erstenmal in all den vielen Jahren. Das war ein Moment, von dem ich tausendmal geträumt hatte. Es war, als träumte ich noch immer. Ich hielt sie scheinbar eine Ewigkeit in den Armen. Wir waren still und schwiegen, nur unsere Herzen klopften. Ich wollte sie eigentlich überhaupt nicht loslassen, doch dann befreite ich mich, umarmte meine Tochter und nahm ihr Kind auf den Schoß. Es war 21 Jahre her, seit ich auch nur die Hand meiner Frau berührt hatte.

IN POLLSMOOR erfuhren wir mehr über Ereignisse in der Außenwelt. Uns war bewußt, daß der Kampf intensiver wurde und daß auch die Bemühungen des Feindes zunahmen. 1981 verübte die südafrikanische Defense Force einen Überraschungsüberfall auf ANC-Büros in Maputo, Mosambik, und tötete 13 unserer Leute, darunter Frauen und Kinder. Im Dezember 1982 löste der MK Detonationen in dem im Bau befindlichen Atomkraftwerk Koeberg außerhalb von Kapstadt aus und legte Bomben an viele andere militärische und Apartheid-Ziele im ganzen Land. Im gleichen Monat griff das südafrikanische Militär wieder einen Außenposten des ANC in Maseru, Lesotho, an und tötete 42 Menschen, darunter ein Dutzend Frauen und Kinder.

Im August 1982 öffnete die Aktivistin Ruth First in Maputo, wo sie im Exil lebte, ihre Post und wurde von einer Briefbombe getötet. Ruth, die Ehefrau von Joe Slovo, war eine tapfere Antiapartheidaktivistin, die einige Monate im Gefängnis verbracht hatte. Sie war eine starke, gewinnende Frau, die ich kennengelernt hatte, als ich in Wits studierte, und ihr Tod zeigte die ganze Grausamkeit des Staates bei der Abwehr gegen unseren Kampf.

Der erste Autobombenangriff des MK erfolgte im Mai 1983 und zielte auf ein Büro der Luftwaffe und der militärischen Abwehr im Herzen Pretorias. Er sollte die unprovozierten Angriffe des Militärs auf den ANC in Maseru und anderswo vergelten und war eine klare Eskalation des bewaffneten Kampfes. 19 Menschen wurden getötet und mehr als 200 verletzt.

Der Tod von Zivilisten war ein tragischer Unfall, und ich war zutiefst entsetzt über die Todesopfer. Doch so sehr sie mich auch verstörten, ich wußte, daß solche Unfälle die unvermeidliche Konsequenz der Entscheidung waren, einen militärischen Kampf aufzunehmen. Menschliche Fehlbarkeit ist vom Krieg nicht zu trennen, und der Preis dafür ist immer hoch. Gerade weil wir wußten, daß es zu solchen Vorfällen kommen würde, hatten wir die Entscheidung, zu den Waffen zu greifen, nur so schwer und widerstrebend getroffen. Doch wie Oliver zur Zeit der Bombenexplosion sagte, wurde uns der bewaffnete Kampf von der Gewalttätigkeit des Apartheidregimes aufgezwungen.

Sowohl die Regierung als auch der ANC arbeiteten auf zwei Schienen: militärisch und politisch. An der politischen Front setzte die Regierung ihre übliche Strategie des Teilens und Herrschens fort, indem sie versuchte, Afrikaner von Farbigen und Indern zu trennen. Bei einem Referendum im November 1983 unterstützte die weiße Wählerschaft P. W. Bothas Plan, ein sogenanntes Dreikammerparlament mit indischen und farbigen Kammern zusätzlich zu dem weißen Parlament zu schaffen. Damit sollten Inder und Farbige in das System gelockt und von den Afrikanern abgespalten werden. Doch das Angebot war bloß ein »Spielzeugtelefon«, da alle parlamentarischen Akte von Indern und Farbigen einem weißen Veto unterlagen. Die Außenwelt sollte zu der irrigen Annahme verleitet werden, die Regierung reformiere die Apartheid. Bothas List täuschte das Volk nicht, da mehr als 80 Prozent der stimmberechtigten indischen und farbigen Wähler die Wahl der neuen Parlamentskammern im Jahre 1984 boykottierten.

Innerhalb des Landes bildeten sich mächtige politische Basisbewegungen, die enge Verbindung zum ANC hielten; die wichtigste war die United Democratic Front (UDF), und ich wurde zu einem ihrer Schirmherren ernannt. Die UDF war geschaffen worden, um den Protest gegen die neue Apartheidverfassung 1983 und die ersten Wahlen zum getrennten Dreikammerparlament 1984 zu koordinieren. Bald erblühte die UDF zu einer mächtigen Organisation, die mehr als sechshundert Antiapartheid-Organisationen zusammenfaßte – Gewerkschaften, Gemeindegruppen, Kirchengruppen, Studentenverbindungen.

Der ANC errang eine neue Popularität. Meinungsumfragen zeigten, daß der Congress die bei weitem populärste politische Organisation der Afrikaner war, obwohl er seit einem Vierteljahrhundert verboten war. Der Antiapartheidkampf insgesamt hatte die Aufmerksamkeit der Welt erregt; 1984 erhielt Bischof Desmond Tutu den Friedensnobelpreis. (Die Behörden weigerten sich, Bischof Tutu meinen Glückwunschbrief zu schicken.) Die südafrikanische Regierung stand unter wachsendem internationalem Druck, da Nationen in aller Welt begannen, Pretoria mit Wirtschaftssanktionen zu belegen.

Im Laufe der Jahre hatte die Regierung mehrmals die Fühler in meine Richtung ausgestreckt, beginnend mit Minister Krugers Versuchen, mich zum Umzug in die Transkei zu überreden. Das waren keine Verhandlungsbemühungen; ich sollte dadurch von meiner Organisation isoliert werden. Mehrmals hatte Kruger zu mir gesagt: »Mandela, wir können mit Ihnen zusammenarbeiten, aber nicht mit Ihren Kollegen. Seien Sie vernünftig.« Obwohl ich auf diese Angebote nicht reagierte, konnte man die bloße Tatsache, daß sie redeten und nicht angriffen, als Vorspiel zu echten Verhandlungen werten.

Die Regierung sondierte das Terrain. Ende 1984 und Anfang 1985 erhielt ich Besuche von zwei prominenten westlichen Staatsmännern, Lord Nicholas Bethell, einem Mitglied des britischen Oberhauses und des europäischen Parlaments, und Samuel Dash, einem Rechtsprofessor an der Georgetown University und früheren Berater des Watergate-Komitees des amerikanischen Senats. Beide Besuche wurden vom neuen Justizminister Kobie Coetsee genehmigt, der ein neuartiger afrikanischer Führer zu sein schien.

Ich traf Lord Bethell im Büro des Gefängniskommandanten, das vom großen Foto eines finster dreinblickenden Präsidenten Botha dominiert wurde. Bethell war ein jovialer, rundlicher Mann, und als ich ihn kennenlernte, scherzte ich über seine Beleibtheit. »Sie sehen aus, als seien Sie mit Winston Churchill verwandt«, sagte ich, als wir uns die Hand reichten, und er lachte.

Lord Bethell wollte etwas über unsere Lebensbedingungen in Pollsmoor erfahren, und ich informierte ihn. Wir sprachen über den bewaffneten Kampf, und ich erklärte ihm, es sei nicht an uns, auf Gewalt zu verzichten, sondern an der Regierung. Ich versicherte noch einmal, wir wollten harte militärische Ziele treffen, nicht Menschen. »Ich würde nicht wollen, daß unsere Leute beispielsweise den Major hier ermorden«, sagte ich und zeigte auf Major Fritz van Sittert, der die Gespräche überwachte. Van Sittert war ein gutmütiger Bursche, der nicht viel sagte, doch bei meiner Bemerkung zuckte er zusammen.

Beim Besuch von Professor Dash, der bald auf den von Lord Bethell folgte, legte ich dar, was ich als das Minimum für ein zukünftiges, nichtrassistisches Südafrika betrachtete: ein einheitlicher Staat ohne Homelands; nichtrassische Wahlen zum zentralen Parlament; eine Stimme für jede Person. Professor Dash fragte mich, ob ich die erklärte Absicht der Regierung ermutigend fände, die Gesetze gegen Mischehen und gewisse andere Apartheidstatuten aufzuheben. »Das sind Kleinigkeiten«, sagte ich. »Ich habe nicht den Ehrgeiz, eine weiße Frau zu heiraten oder in einem weißen Pool zu schwimmen. Was wir wollen, ist politische Gleichheit.« Ich sagte Dash ganz offen, auf dem Schlachtfeld könnten wir die Regierung im Augenblick nicht schlagen, aber wir könnten ihr das Regieren schwer machen.

Einen nicht so erfreulichen Besuch erhielt ich von zwei Amerikanern, Redakteuren der konservativen Zeitung *Washington Times*. Sie schienen weniger daran interessiert, meine Ansichten zu erfahren, als vielmehr an dem Beweis, daß ich ein Kommunist und Terrorist sei. Alle ihre Fragen zielten in diese Richtung, und als ich wiederholte, ich sei weder Kommunist noch Terrorist, versuchten sie mir nachzuweisen, ich sei auch kein Christ, indem sie behaupteten, Reverend Martin Luther King habe niemals zu Gewalt gegriffen. Ich sagte ihnen, die Bedingungen, unter denen Martin Luther King gekämpfte hatte, seien ganz andere gewesen als meine: Die Vereinigten Staaten seien eine Demokratie mit Verfassungsgarantien für gleiche Rechte, die den gewaltfreien Protest schützten (obwohl es noch immer Vorurteile gegen

Schwarze gab); Südafrika dagegen sei ein Polizeistaat mit einer Verfassung, welche die Ungleichheit festschreibe, und einer Armee, die auf Gewaltfreiheit mit Gewalt reagiere. Ich sagte ihnen, ich sei Christ und immer Christ gewesen. Selbst Christus, sagte ich, habe, als er keine andere Alternative hatte, Gewalt gebraucht, um die Geldwechsler aus dem Tempel zu vertreiben. Er sei kein Mann der Gewalt, habe aber keine andere Wahl gehabt, als gegen das Böse Gewalt anzuwenden. Ich glaube nicht, daß ich sie überzeugt habe.

Konfrontiert mit inneren Problemen und Druck aus dem Ausland, bot P. W. Botha eine laue, halbherzige Maßnahme an. Am 31. Januar 1985 erklärte sich der Staatspräsident bei einer Parlamentsdebatte öffentlich bereit, mich freizulassen, wenn ich »bedingungslos auf Gewalt als politisches Instrument verzichte«. Dieses Angebot wurde auf alle politischen Gefangenen ausgedehnt. Dann, als wolle er mich öffentlich herausfordern, fügte er hinzu: »Es ist daher nicht die südafrikanische Regierung, die nun Mr. Mandelas Freiheit im Wege steht. Er ist es selbst.«

Die Behörden hatten mich vorgewarnt, die Regierung werde einen meine Freiheit betreffenden Vorschlag machen, aber ich war nicht darauf vorbereitet, daß der Staatspräsident ihn im Parlament äußern würde. Soweit ich mich erinnere, war es das sechste an Bedingungen angeknüpfte Angebot der Regierung in den letzten zehn Jahren, mich freizulassen. Nachdem ich die Rede im Radio gehört hatte, stellte ich beim Gefängniskommandanten den Antrag auf einen dringenden Besuch meiner Frau und meines Rechtsanwalts Ismail Ayob, damit ich meine Antwort auf das Angebot des Staatspräsidenten diktieren könne.

Winnie und Ismail erhielten eine Woche lang keine Besuchserlaubnis, und in der Zwischenzeit schrieb ich einen Brief an den Außenminister Pik Botha, in dem ich die Bedingungen für meine Freilassung ablehnte, und bereitete auch eine öffentliche Antwort vor. Mit dieser Antwort wollte ich mehrere Dinge erreichen, denn Bothas Angebot war ein Versuch, einen Keil zwischen mich und meine Kollegen zu treiben, indem er mich verlockte, eine Politik zu akzeptieren, die der ANC ablehnte. Ich wollte dem ANC im allgemeinen und Oliver im besonderen versichern, daß meine Loyalität gegenüber der Organisation über jeden Zweifel erhaben war. Und ich wollte der Regierung die Botschaft übermitteln, daß ich ihr Angebot wegen der damit verknüpften Bedingungen zwar ablehnte, aber dennoch meinte, Verhandlungen und nicht Krieg seien der Weg zu einer Lösung.

Botha wollte mir die Last der Gewalt aufbürden, und ich wollte der Welt noch einmal versichern, daß wir nur auf die gegen uns gerichtete Gewalt reagierten. Ich wollte deutlich machen, daß ich, wenn ich aus dem Gefängnis in die gleichen Zustände zurückkehrte, aus denen heraus ich verhaftet worden war, gezwungen sein würde, die gleichen Aktivitäten wieder aufzunehmen, für die man mich verhaftet hatte.

Ich traf Winnie und Ismail an einem Freitag; am Sonntag sollte im Jabulani-Stadion in Soweto eine UDF-Versammlung abgehalten und meine Antwort veröffentlicht werden. Einige Wachen, mit denen ich nicht vertraut war, führten bei dem Besuch die Aufsicht, und als wir begannen, über meine Antwort an den Staatspräsidenten zu diskutieren, unterbrach uns einer der Wärter, ein relativ junger Bursche, und sagte, wir dürften nur über Familienangelegenheiten sprechen. Ich ignorierte ihn, und Minuten später kam er mit einem älteren Wärter zurück, den ich kaum kannte. Dieser Wärter sagte, ich müsse aufhören, über Politik zu diskutieren; ich antwortete ihm, es ginge um eine Angelegenheit von nationaler Bedeutung, einschließlich eines Angebots des Staatspräsidenten. Ich warnte ihn, wenn er die Diskussion verhindern wolle, müsse er direkte Anweisungen vom Staatspräsidenten persönlich einholen. »Wenn Sie nicht bereit sind, den Staatspräsidenten anzurufen, um sich diese Anweisungen geben zu lassen«, sagte ich kühl, »dann unterbrechen Sie uns freundlicherweise nicht mehr.« Er tat es nicht.

Ich gab Ismail und Winnie die Rede, die ich vorbereitet hatte. Ich wollte nicht nur der Regierung antworten, sondern außerdem der UDF öffentlich für ihre großartige Arbeit danken und Erzbischof Tutu zu seinem Preis gratulieren und hinzufügen, dieser

Preis gehöre dem ganzen Volk. Am Sonntag, 10. Februar 1985, las meine Tochter Zindzi meine Antwort einer jubelnden Menschenmenge vor, die seit mehr als 20 Jahren nirgends in Südafrika mehr legal meine Worte hatte hören können.

Zindzi war wie ihre Mutter eine dynamische Rednerin und sagte, eigentlich sollte ihr Vater im Stadion anwesend sein, um die Worte selbst zu sprechen. Ich war stolz zu wissen, daß sie es war, die meine Ansprache vortrug.

»Ich bin Mitglied des African National Congress. Ich war immer Mitglied des African National Congress und werde bis zu meinem Todestag Mitglied des African National Congress bleiben. Oliver Tambo ist für mich mehr als ein Bruder. Er ist mein bester Freund und Kamerad seit fast 50 Jahren. Wenn einer unter euch ist, dem an meiner Freiheit liegt, dann liegt Oliver Tambo mehr daran, und ich weiß, daß er sein Leben geben würde, um mich frei zu sehen ...

Ich bin überrascht über die Bedingungen, welche die Regierung mir auferlegen will. Ich bin kein gewalttätiger Mensch ... Erst als uns keine anderen Formen des Widerstandes mehr zur Verfügung standen, wandten wir uns dem bewaffneten Kampf zu.

Botha soll zeigen, daß er anders ist als Malan, Strijdom und Verwoerd. Er soll auf Gewalt verzichten. Er soll sagen, daß er die Apartheid abschafft. Er soll die Organisation des Volkes, den African National Congress, zulassen. Er soll alle befreien, die wegen ihrer Opposition gegen die Apartheid gefangen, verbannt oder im Exil sind. Er soll freie politische Aktivität garantieren, damit die Menschen entscheiden können, wer sie regieren soll.

Mir liegt meine eigene Freiheit sehr am Herzen, aber eure Freiheit liegt mir noch mehr am Herzen. Zu viele sind gestorben, seit ich ins Gefängnis ging. Zu viele haben wegen ihrer Freiheitsliebe gelitten. Ich schulde es ihren Witwen, ihren Waisen, ihren Müttern und ihren Vätern, die getrauert und um sie geweint haben. Nicht nur ich habe in diesen langen, einsamen, vergeudeten Jahren gelitten. Ich liebe das Leben nicht weniger als ihr. Aber ich kann mein Geburtsrecht nicht verkaufen, und ich bin auch nicht bereit, das Geburtsrecht des Volkes auf Freiheit zu verkaufen.

Welche Freiheit bietet man mir an, wenn die Organisation des Volkes verboten bleibt? Welche Freiheit bietet man mir an, wenn ich wegen eines Paßvergehens verhaftet werden kann? Welche Freiheit bietet man mir als Familienleben an, wenn meine liebe Frau in Brandfort in Verbannung bleiben muß? Welche Freiheit bietet man mir an, wenn ich um Erlaubnis bitten muß, um in einem städtischen Gebiet leben zu dürfen? Welche Freiheit bietet man mir an, wenn sogar meine südafrikanische Staatsangehörigkeit nicht respektiert wird?

Nur freie Menschen können verhandeln. Gefangene können keine Verträge schließen. Ich kann und werde nichts unternehmen, solange ich und ihr, das Volk, nicht frei sind. Eure Freiheit und meine Freiheit sind nicht zu trennen. Ich werde zurückkommen.«

1985, NACH EINER Routineuntersuchung durch den Gefängnisarzt, wurde ich an einen Urologen überwiesen, der eine vergrößerte Prostata diagnostizierte und eine Operation empfahl. Er sagte, es handele sich um eine Routineoperation. Ich beriet mich mit meiner Familie und beschloß, mich dem Eingriff zu unterziehen.

Unter starken Sicherheitsvorkehrungen wurde ich in das Volks Hospital in Kapstadt gebracht. Winnie flog mit dem Flugzeug herbei und konnte mich vor der Operation sehen. Doch ich hatte noch einen Besucher, einen überraschenden und unerwarteten: Kobie Coetsee, den Justizminister. Nicht lange zuvor hatte ich an Coetsee geschrieben und ihn zu einem Treffen gedrängt, um über Gespräche zwischen dem ANC und der Regierung zu diskutieren. Er hatte nicht geantwortet. Doch an diesem Morgen kam der Minister unangemeldet ins Krankenhaus, als besuche er einen alten Freund, der dort für ein paar Tage lag. Er war insgesamt liebenswürdig und herzlich, und die meiste Zeit tauschten wir einfach Nettigkeiten aus. Obwohl ich mich benahm, als sei das die normalste Sache der Welt, war ich erstaunt. Die Regierung rechnete sich auf ihre langsame und zögerliche Art aus, daß sie zu irgendeiner Vereinbarung mit dem ANC kommen mußte. Coetsees Besuch war ein Olivenzweig.

Obwohl wir nicht über Politik sprachen, brachte ich ein sensibles Thema auf, und das war der Status meiner Frau. Im August, kurz vor meiner Einlieferung ins Krankenhaus, war Winnie nach Johannesburg gegangen, um sich medizinisch behandeln zu lassen. Die einzigen Reisen, die sie von Brandfort aus unternehmen durfte, waren Besuche bei mir oder bei ihrem Arzt. Während sie in Johannesburg war, wurden ihr Haus in Brandfort und die Klinik dahinter durch eine Bombe in Brand gesetzt und zerstört. Winnie hatte keine Wohnung mehr, und sie beschloß, in Johannesburg zu bleiben, obwohl ihr die Stadt verboten war. Ein paar Wochen lang geschah nichts, doch dann schrieb ihr die Sicherheitspolizei und teilte ihr mit, das Haus in Brandfort sei repariert und sie müsse zurückkehren. Aber sie weigerte sich. Ich bat Coetsee, Winnie den Verbleib in Johannesburg zu gestatten und sie nicht zur Rückkehr nach Brandfort zu zwingen. Er sagte, er könne nichts versprechen, aber er werde sich darum kümmern. Ich dankte ihm.

Ich verbrachte einige Tage im Krankenhaus, um mich von der Operation zu erholen. Als ich entlassen wurde, kam Brigadier Munro, um mich aus dem Hospital abzuholen. Gewöhnlich holen kommandierende Offiziere keine Gefangenen aus dem Krankenhaus ab, und so war ich sofort mißtrauisch.

Auf der Rückfahrt sagte Brigadier Munro in so beiläufigem Ton zu mir, als mache er bloß Konversation: »Mandela, wir bringen Sie jetzt nicht zu Ihren Freunden zurück.« Ich fragte, was er meine. »Von jetzt an werden Sie allein sein.« Ich fragte, warum. Er schüttelte den Kopf. »Ich weiß nicht. Ich habe aus dem Hauptquartier nur diese Anweisung bekommen.« Wieder einmal gab es keine Vorwarnung und keine Erklärung.

Bei meiner Rückkehr nach Pollsmoor wurde ich in eine neue Unterkunft im Erdgeschoß des Gefängnisses gebracht, drei Stockwerke tiefer und in einem ganz anderen Flügel. Ich erhielt drei Zimmer und eine separate Toilette; ein Zimmer war zum Schlafen bestimmt, ein weiteres auf der anderen Seite des Ganges als Arbeitszimmer und das dritte für die Gymnastik. Nach Gefängnismaßstäben war dies ein Palast, aber die Räume waren feucht und muffig und hatten sehr wenig Tageslicht. Ich sagte nichts zu dem Brigadier, da ich wußte, daß nicht er diese Entscheidung getroffen hatte. Ich wollte Zeit haben, um über die Auswirkungen der Verlegung nachzudenken. Warum hatte der Staat diesen Schritt unternommen?

Es wäre übertrieben, es als Offenbarung zu bezeichnen, doch im Laufe der nächsten paar Tage und Wochen gelangte ich zu einer Erkenntnis über meine neuen Lebensumstände. Die Veränderung, entschied ich, war keine Beeinträchtigung, sondern eine Chance. Ich war nicht glücklich, von meinen Kollegen getrennt zu sein, und ich vermißte meinen Garten und die sonnige Terrasse im dritten Stock. Doch meine Einsamkeit verschaffte mir eine gewisse Freiheit, und ich beschloß, sie zu nutzen, um etwas zu tun, das ich schon lange erwogen hatte: Diskussionen mit der Regierung zu beginnen. Ich war zu dem Schluß gelangt, die Zeit sei gekommen, den Kampf am besten durch Verhandlungen zu fördern. Wenn wir nicht bald einen Dialog beginnen würden, so würden beide Seiten in eine dunkle Nacht von Unterdrückung, Gewalt und Krieg gestürzt. Meine Einsamkeit würde mir die Chance geben, die ersten Schritte in diese Richtung zu tun, und zwar ohne die Art von Beaufsichtigung, die solche Bemühungen vielleicht vereiteln würde.

Wir hatten ein dreiviertel Jahrhundert lang gegen die Herrschaft der weißen Minderheit gekämpft. Seit mehr als zwei Jahrzehnten standen wir im bewaffneten Kampf. Viele Menschen auf beiden Seiten hatten schon ihr Leben verloren. Der Feind war stark und entschlossen. Doch trotz all seiner Bomber und Panzer mußte er gespürt haben, daß er auf der falschen Seite der Geschichte stand. Wir hatten das Recht auf unserer Seite, aber noch keine Macht. Mir war klar, daß ein militärischer Sieg ein ferner, wenn nicht unmöglicher Traum war. Es war einfach sinnlos für beide Seiten, in einem unnötigen Konflikt Tausende, wenn nicht Millionen von Leben zu opfern. Das mußte ihnen auch klar sein. Es war an der Zeit, miteinander zu reden.

Das würde extrem heikel werden. Beide Seiten betrachteten

Diskussionen als Anzeichen von Schwäche und Verrat. Keiner würde an den Verhandlungstisch kommen, solange die andere Seite keine bedeutsamen Zugeständnisse machte. Die Regierung behauptete immer wieder, wir seien eine terroristische Organisation von Kommunisten und mit Terroristen oder Kommunisten würde sie niemals reden. Das war das Dogma der National Party. Der ANC behauptete immer wieder, die Regierung sei faschistisch und rassistisch und es gebe nichts zu bereden, solange sie nicht das Verbot des ANC aufhob, alle politischen Gefangenen bedingungslos freiließ und die Truppen aus den Townships abzog.

Die Entscheidung, mit der Regierung zu reden, war von solcher Bedeutung, daß sie eigentlich nur in Lusaka hätte getroffen werden dürfen. Aber ich spürte, daß der Prozeß in Gang kommen mußte und ich weder die Zeit noch die Mittel für eine uneingeschränkte Kommunikation mit Oliver hatte. Jemand von unserer Seite mußte den ersten Schritt tun, und meine neue Isolation gab mir sowohl die Freiheit dazu als auch die Sicherheit, daß meine Bemühungen, zumindest für eine Weile, vertraulich bleiben würden.

Ich befand mich nun in einer Art *Splendid isolation.* Obwohl meine Kollegen nur drei Stockwerke über mir waren, hätten sie genausogut in Johannesburg einsitzen können. Um sie zu sehen, mußte ich einen formellen Besuchsantrag stellen, welcher der Genehmigung der Zentrale in Pretoria bedurfte. Oft dauerte es Wochen, bis man eine Antwort erhielt. Wenn die Genehmigung erteilt wurde, durfte ich sie im Besucherbereich treffen. Das war eine neue Erfahrung: meine Kameraden und Mitgefangenen waren nun offizielle Besucher. Jahrelang hatten wir täglich stundenlang miteinander reden können. Nun mußten wir offizielle Anträge stellen und Termine vereinbaren, und unsere Unterhaltungen wurden überwacht.

Nachdem ich ein paar Tage in meinen neuen Zellen verbracht hatte, bat ich den kommandierenden Offizier, ein solches Treffen zu arrangieren. Das tat er, und so diskutierten wir zu viert über meine Verlegung. Walter, Kathy und Ray waren wütend, daß man uns getrennt hatte. Sie wollten einen geharnischten Protest einlegen und verlangen, daß wir wieder zusammengelegt würden. Meine Antwort war nicht das, was sie erwartet hatten. »Hört mal, Freunde«, sagte ich, »ich glaube nicht, daß wir uns dieser Sache widersetzen sollten.« Ich erwähnte, meine neue Unterbringung sei besser und vielleicht würde das ein Präzedenzfall für alle politischen Gefangenen. Dann fügte ich ein wenig zweideutig hinzu: »Vielleicht wird etwas Gutes dabei herauskommen. In bin jetzt in einer Lage, in der die Regierung sich uns annähern kann.« Diese letzte Erklärung sagte ihnen nicht viel; das hatte ich vorher gewußt.

Ich beschloß, niemanden darüber zu informieren, was zu tun ich im Begriff war. Nicht meine Kollegen von oben und auch nicht die in Lusaka. Der ANC ist ein Kollektiv, doch die Regierung hatte Kollektivität in diesem Fall unmöglich gemacht. Ich hatte weder die Sicherheit noch die Zeit, diese Fragen mit meiner Organisation zu diskutieren. Ich wußte, daß meine Kollegen von oben meinen Vorschlag mißbilligen und meine Initiative vereiteln würden, noch ehe sie geboren war. Es gibt Zeiten, in denen ein Führer der Herde vorangehen und sich in eine neue Richtung bewegen muß, darauf vertrauend, daß er sein Volk auf den richtigen Weg führt. Schließlich lieferte meine Isolation meiner Organisation eine Entschuldigung, falls die Sache schiefging: Der alte Mann war allein und völlig von allem abgeschnitten, und seine Aktionen unternahm er als Individuum und nicht als Vertreter des ANC.

BINNEN WENIGER Wochen nach meiner Verlegung schrieb ich an Kobie Coetsee, um Gespräche über Gespräche vorzuschlagen. Wie zuvor erhielt ich keine Antwort. Ich schrieb erneut, und wieder bekam ich keine Antwort. Das fand ich eigenartig und demoralisierend, und mir wurde klar, daß ich nach einer anderen Gelegenheit, gehört zu werden, suchen mußte. Diese kam Anfang 1986.

Bei einer Konferenz des British Commonwealth in Nassau im Oktober 1985 konnten die Politiker sich nicht darüber einigen, ob sie sich an den internationalen Sanktionen gegen Südafrika beteiligen sollten. Dies lag hauptsächlich daran, daß die britische Premierministerin Margaret Thatcher unnachgiebig dagegen war. Um den toten Punkt zu überwinden, verständigten sich die versammelten Nationen darauf, daß eine Delegation »hervorragender Persönlichkeiten« Südafrika besuchen und danach berichten sollte, ob Sanktionen das angemessene Werkzeug seien, um zum Ende der Apartheid beizutragen. Anfang 1986 traf die aus sieben Mitgliedern bestehende Gruppe der hervorragenden Persönlichkeiten, angeführt von General Olusegun Obasanjo, dem früheren Militärführer Nigerias, und dem ehemaligen australischen Premierminister Malcolm Fraser, zu ihrer Fact-finding-Mission in Südafrika ein.

Im Februar besuchte General Obasanjo mich, um über die Natur des Mandats der Delegation zu diskutieren. Er war gern bereit, ein Treffen zwischen mir und der ganzen Gruppe zu erleichtern. Mit Erlaubnis der Regierung wurde ein solches Treffen für Mai einberaumt. Die Gruppe würde mit dem Kabinett sprechen, nachdem sie mich gesehen hatte, und ich sah das als Chance, das Thema von Verhandlungen aufzubringen.

Die Regierung betrachtete meine Sitzung mit der Gruppe als etwas Außergewöhnliches. Zwei Tage vor dem Treffen wurde ich von Brigadier Munro besucht, der einen Schneider mitbrachte. »Mandela«, sagte der Kommandant, »wir möchten, daß Sie diesen Leuten von gleich zu gleich begegnen. Wir wollen nicht, daß Sie diese alten Gefängniskleider tragen, also wird der Schneider Ihre Maße nehmen und Sie mit einem angemessenen Anzug ausstatten.« Der Schneider muß eine Art Zauberer gewesen sein, denn gleich am nächsten Tag probierte ich einen Nadelstreifenanzug an, der mir wie angegossen paßte. Ich erhielt auch ein Hemd, Krawatte, Schuhe, Socken und Unterwäsche. Der Kommandant bewunderte meine neue Aufmachung. »Mandela, jetzt sehen Sie aus wie ein Premierminister, nicht wie ein Häftling«, sagte er und lächelte.

Dem Treffen zwischen mir und der Gruppe der hervorragenden Persönlichkeiten schlossen sich zwei bedeutende Beobachter an: Kobie Coetsee und Lieutenant General W. H. Willemse, der für die Gefängnisse zuständige Commissioner of Prisons. Wie der Schneider waren diese beiden Männer da, um an mir Maß zu nehmen. Doch merkwürdigerweise gingen sie kurz nach Beginn der Sitzung. Ich drängte sie zu bleiben, sagte, ich hätte nichts zu verbergen, doch sie entfernten sich trotzdem. Ehe sie sich verabschiedeten, sagte ich ihnen, nun sei die Zeit für Verhandlungen und nicht für Kämpfe gekommen und die Regierung und der ANC sollten sich zusammensetzen und reden.

Die Gruppe der hervorragenden Persönlichkeiten war mit vielen Fragen gekommen, bei denen es sich unter anderem um Gewalt, Verhandlungen und internationale Sanktionen drehte. Gleich zu Beginn klärte ich die Grundregeln für unsere Diskussionen. »Ich bin nicht der Führer der Bewegung«, sagte ich ihnen. »Der Führer der Bewegung ist Oliver Tambo in Lusaka. Sie müssen hingehen und ihn treffen. Sie können ihm sagen, was meine Ansichten sind, aber es sind allein meine persönlichen Ansichten. Sie repräsentieren nicht einmal die Ansichten meiner Kollegen hier im Gefängnis. Mit dieser Einschränkung bin ich dafür, daß der ANC Diskussionen mit der Regierung beginnt.«

Verschiedene Mitglieder der Gruppe machten sich Sorgen über meine politische Ideologie und darüber, wie ein Südafrika unter ANC-Führung aussehen würde. Ich sagte ihnen, ich sei ein südafrikanischer Nationalist, kein Kommunist, Nationalisten gebe es in allen Schattierungen und Farben und ich sei ein entschiedener Verfechter einer nichtrassistischen Gesellschaft. Dann sagte ich ihnen, ich glaubte an die Freiheits-Charta, denn diese verkörpere Prinzipien von Demokratie und Menschenrechten und sei keine Blaupause für Sozialismus. Ich sprach von meinem Anliegen, die weiße Minderheit solle sich in jedem neuen Südafrika sicher fühlen. Ich sagte ihnen, meiner Ansicht nach seien viele unserer Probleme eine Folge der mangelnden Kommunikation zwischen der Regierung und dem ANC, und einige davon könnten durch Gespräche gelöst werden.

Sie befragten mich eingehend zum Thema der Gewalt. Ich war zwar noch nicht bereit, auf Gewalt zu verzichten, versicherte ihnen aber mit den eindeutigsten Worten, Gewalt könne niemals die endgültige Lösung der Situation in Südafrika sein, und natürlich müßten die Menschen durch Verhandeln zu einer Verständigung gelangen. Ich wiederholte noch einmal, dies seien meine Ansichten und nicht die des ANC, schlug jedoch vor, wenn die Regierung die Armee und die Polizei aus den Townships zurückziehe, werde der ANC vielleicht im Vorfeld von Gesprächen einer Einstellung des bewaffneten Kampfes zustimmen. Ich sagte ihnen, meine Freilassung allein würde die Gewalt im Lande nicht eindämmen oder Verhandlungen fördern.

Nach ihrem Besuch bei mir wollte die Gruppe sowohl Oliver in Lusaka als auch Regierungsvertreter in Pretoria aufsuchen. Mit meinen Bemerkungen hatte ich Botschaften an beide ausgesandt. Ich wollte der Regierung deutlich machen, daß wir unter den richtigen Umständen reden würden, und Oliver sollte wissen, daß meine und seine Position die gleiche waren.

Im Mai sollte die Gruppe der hervorragenden Persönlichkeiten mich ein letztes Mal besuchen. Ich war optimistisch, da sie sowohl in Lusaka als auch in Pretoria gewesen waren, und ich hoffte, die Saat für Verhandlungen sei gelegt. Doch am Tag vor dem anberaumten Treffen unternahm die südafrikanische Regierung einen Schritt, der jeden guten Willen sabotierte, den die Besucher des Commonwealth möglicherweise erzeugt hatten. An dem Tag, an dem die hervorragenden Persönlichkeiten sich mit Kabinettsministern treffen sollten, unternahm die südafrikanische Defense Force auf Befehl von Präsident Botha Luftangriffe und Kommandoattacken auf ANC-Basen in Botswana, Sambia und Simbabwe. Damit waren die Gespräche völlig vergiftet, und die Gruppe der hervorragenden Persönlichkeiten reiste unverzüglich aus Südafrika ab. Wieder hatte ich das Gefühl, meine Bemühungen, die Verhandlungen voranzubringen, seien gescheitert.

Oliver Tambo und der ANC hatten das Volk Südafrikas aufgerufen, das Land unregierbar zu machen, und das Volk folgte diesem Aufruf. Der Zustand der Unruhe und politischen Gewalt erreichte neue Höhen. Die Massen waren unkontrolliert zornig und die Townships in Aufruhr. Der internationale Druck wuchs von Tag zu Tag. Am 12. Juni 1986 verhängte die Regierung den Ausnahmezustand, um den Protest einzudämmen. In jeder äußeren Hinsicht schien die Zeit für Verhandlungen schlecht geeignet. Doch oft sind gerade die entmutigendsten Augenblicke die richtigen, um eine Initiative einzuleiten. In solchen Momenten suchen die Menschen nach einem Ausweg aus ihrem Dilemma. In diesem Monat schrieb ich einen sehr einfachen Brief an General Willemse, den Commissioner of Prisons. Darin sagte ich nur: »Ich möchte Sie in einer Angelegenheit von nationaler Bedeutung sprechen.« Ich übergab Brigadier Munro den Brief an einem Mittwoch. Am folgenden Wochenende sagte der kommandierende Offizier, ich solle auf eine Begegnung mit General Willemse vorbereitet sein, der aus Pretoria käme. Dieses Treffen verlief anders als gewohnt. Ich sprach nicht im Besuchsbereich mit dem General, sondern wurde zu seiner Residenz auf dem Gelände von Pollsmoor gebracht.

Willemse ist jemand, der keine Umschweife macht, und wir kamen sofort zur Sache. Ich sagte ihm, ich wolle Kobie Coetsee, den Justizminister, sehen. Er fragte mich nach dem Grund. Ich zögerte einen Augenblick, da es mir widerstrebte, mit einem Gefängnisbeamten politische Angelegenheiten zu diskutieren. Doch dann antwortete ich freimütig: »Ich möchte den Minister sehen, um die Frage von Gesprächen zwischen der Regierung und dem ANC zu erörtern.«

Er dachte einen Augenblick darüber nach und sagte dann: »Mandela, wie Sie wissen, bin ich kein Politiker. Ich kann solche Themen selbst nicht diskutieren, weil sie meine Befugnisse überschreiten.« Dann hielt er inne, als sei ihm gerade etwas eingefallen. »Wie es der Zufall will«, sagte er, »ist der Justizminister gerade in Kapstadt. Vielleicht können Sie ihn sehen. Ich werde das feststellen.«

Dann rief der General den Minister an, und beide sprachen kurze Zeit miteinander. Nachdem er den Hörer aufgelegt hatte, wandte der General sich an mich und sagte: »Der Minister hat gesagt: ›Bringt ihn her.‹« Minuten später verließen wir die Residenz des Generals in seinem Auto und fuhren zum Haus des Ministers in Kapstadt. Die Sicherheitsvorkehrungen waren gering; nur ein weiterer Wagen begleitete das Fahrzeug des Generals. Die Leichtigkeit und Schnelligkeit, mit der diese Begegnung zustande kam, ließen mich argwöhnen, daß die Regierung dieses Rendezvous vielleicht vorausgeplant hatte. Ob das der Fall war oder nicht, war unwichtig; es war eine Gelegenheit, den ersten Schritt in Richtung auf Verhandlungen zu tun.

In seiner offiziellen Residenz in der Stadt begrüßte Coetsee mich herzlich, und wir nahmen in bequemen Sesseln in seiner Halle Platz. Er entschuldigte sich, weil ich keine Gelegenheit hatte, mich umzuziehen und meine Gefängniskleidung abzulegen. Ich verbrachte drei Stunden im Gespräch mit ihm und war beeindruckt von seiner Differenziertheit und seiner Bereitschaft, zuzuhören. Er stellte kenntnisreiche und relevante Fragen – Fragen, die Vertrautheit mit den Themen verrieten, welche die Regierung und den ANC trennten. Er fragte mich, unter welchen Umständen wir den bewaffneten Kampf einstellen würden; ob ich für den ANC als Ganzes spräche oder nicht; ob ich irgendwelche konstitutionellen Garantien für Minderheiten in einem neuen Südafrika ins Auge fasse. Seine Fragen trafen den Kern der Themen, die Regierung und ANC entzweiten.

Nachdem ich ihm ungefähr genauso geantwortet hatte wie der Gruppe der hervorragenden Persönlichkeiten, spürte ich, daß Coetsee irgendeine Lösung wollte. »Was ist der nächste Schritt?« fragte er. Ich sagte ihm, ich wolle den Staatspräsidenten und den Außenminister Pik Botha sehen. Coetsee notierte dies auf einem kleinen Block neben ihm und sagte, er werde meine Anfrage durch die entsprechenden Kanäle weiterleiten. Dann schüttelten wir uns die Hände, und ich wurde zu meiner einsamen Zelle im Erdgeschoß des Gefängnisses von Pollsmoor zurückgefahren.

Ich fühlte mich sehr ermutigt. Ich spürte, daß die Regierung bemüht war, aus der Sackgasse herauszukommen, in der das Land steckte, und nun überzeugt war, daß sie von ihren alten Positionen abrücken mußte. In geisterhaften Umrissen sah ich die Anfänge eines Kompromisses.

Ich erzählte keinem von meiner Begegnung. Ich wollte, daß der Prozeß in Gang kam, ehe ich jemanden informierte. Manchmal ist es notwendig, die eigenen Kollegen mit einer Politik zu konfrontieren, die bereits ein Fait accompli ist. Ich wußte, wenn sie die Situation erst genau prüften, würden meine Kollegen in Pollsmoor und Lusaka mich unterstützen. Doch nach diesem vielversprechenden Beginn geschah wieder nichts. Wochen und Monate vergingen ohne ein Wort von Coetsee. Einigermaßen frustriert schrieb ich ihm einen weiteren Brief.

OBWOHL ICH keine direkte Antwort von Kobie Coetsee erhielt, gab es andere Anzeichen dafür, daß die Regierung mich auf eine neue Art von Existenz vorbereitete. Am Tag vor Weihnachten kam Lieutenant Colonel Gawie Marx, der stellvertretende Kommandeur von Pollsmoor, nach dem Frühstück in meine Zelle und sagte beiläufig: »Mandela, möchten Sie gern die Stadt sehen?« Ich war nicht ganz sicher, was er im Sinn hatte, meinte aber, es könne nichts schaden, ja zu sagen. »Gut«, sagte er, »kommen Sie mit.« Ich ging mit dem Colonel durch die 15 verschlossenen Metalltüren zwischen meiner Zelle und dem Eingang, und als wir hinaustraten, stellte ich fest, daß sein Wagen uns erwartete.

Auf der schönen Straße, die parallel zur Küste verläuft, fuhren wir nach Kapstadt hinein. Er hatte kein bestimmtes Ziel im Sinn und kurvte einfach müßig durch die Stadt. Es war absolut fesselnd, die einfachen Aktivitäten der Menschen draußen in der Welt zu beobachten: alte Männer, die in der Sonne saßen, Frauen beim Einkaufen, Leute, die ihre Hunde spazierenführten. Genau diese profanen Aktivitäten des Alltagslebens vermißt man im Gefängnis am meisten. Ich fühlte mich wie ein neugieriger Tourist in einem fremden und bemerkenswerten Land.

Nach etwa einer Stunde hielt der Colonel den Wagen vor einem kleinen Laden in einer ruhigen Straße an. »Möchten Sie etwas Kaltes trinken?« fragte er. Ich nickte, und er verschwand in dem Laden. Ich saß allein da. In den ersten paar Augenblicken dachte ich nicht an meine Situation, doch als die Sekunden vergingen, wurde ich immer erregter. Zum erstenmal seit 22 Jahren war ich draußen in der Welt und unbewacht. Ich hatte die Vision, die Tür zu öffnen, herauszuspringen und dann zu rennen und zu rennen, bis ich außer Sicht war. Irgend etwas in meinem Inneren drängte mich, genau das zu tun. Ich bemerkte in der Nähe der Straße ein bewaldetes Gelände, wo ich mich verstecken könnte. Ich war extrem angespannt und begann zu schwitzen. Wo war der Colonel? Doch dann beherrschte ich mich; ein solches Vorgehen wäre unklug und unverantwortlich gewesen, von der Gefahr ganz zu schweigen. Vielleicht war die gesamte Situation sogar darauf angelegt, mich zu einem Fluchtversuch zu verleiten, obwohl ich das nicht glaube. Ich war sehr erleichtert, als ich den Colonel ein paar Augenblicke später mit zwei Dosen Coca-Cola zum Wagen zurückkommen sah.

Wie sich herausstellte, war dieser Tag in Kapstadt der erste von vielen Ausflügen. In den nächsten paar Monaten fuhr ich wieder mit dem Captain aus, nicht nur nach Kapstadt, sondern auch zu einigen Sehenswürdigkeiten rund um die Stadt, ihren schönen Stränden und malerischen, kühlen Bergen. Bald durften mich andere, jüngere Offiziere herumführen. Einer der Orte, die ich mit diesen jüngeren Offizieren regelmäßig besuchte, war als »die Gärten« bekannt, eine Reihe kleiner Felder am Rande des Gefängnisgeländes, wo Gemüse für die Küche des Gefängnisses angebaut wurde. Ich genoß es, draußen in der Natur zu sein, den Horizont sehen zu können und die Sonne auf meinen Schultern zu spüren.

Eines Tages ging ich mit einem Captain zu den Gärten, und nachdem wir durch die Felder spaziert waren, schlenderten wir hinüber zu den Ställen. Zwei junge weiße Männer in Overalls arbeiteten dort mit den Pferden. Ich ging zu ihnen hinüber, lobte eines der Tiere und sagte zu dem Burschen: »Na, wie heißt dieses Pferd?« Der junge Mann schien ziemlich nervös und sah mich nicht an. Dann murmelte er den Namen des Pferdes, aber zum Captain gewandt, nicht zu mir. Dann fragte ich den anderen jungen Mann, wie sein Pferd heiße, und er reagierte genauso.

Auf dem Rückweg zum Gefängnis sagte ich zu dem Captain, das Verhalten der beiden jungen Männer sei mir eigenartig vorgekommen. Der Captain lachte. »Mandela, wissen Sie nicht, was diese beiden Burschen waren?« Ich verneinte. »Das waren weiße Häftlinge. Sie sind noch nie zuvor in Gegenwart eines weißen Offiziers von einem eingeborenen Gefangenen etwas gefragt worden.«

Einige der jüngeren Wärter führten mich ziemlich weit hinaus, und wir spazierten am Strand entlang und machten sogar in einem Café Rast, um Tee zu trinken. An solchen Orten versuchte ich oft festzustellen, ob die Leute mich erkannten, aber niemand tat das jemals; das letzte veröffentlichte Bild von mir war 1962 aufgenommen worden.

Diese Ausflüge waren in mehrfacher Hinsicht lehrreich. Ich sah, wie das Leben sich in der Zeit meiner Abwesenheit verändert hatte, und weil wir hauptsächlich weiße Gegenden besuchten, sah ich den außerordentlichen Reichtum und die Ruhe, deren sich die Weißen erfreuten. Obwohl das Land in Aufruhr war und die Townships am Rande des offenen Krieges standen, ging das Leben der Weißen friedlich und ungestört weiter. Sie waren davon nicht betroffen. Einmal nahm mich einer der Wärter, ein sehr netter junger Warrant Officer namens Brand, sogar mit in die Wohnung seiner Familie und machte mich mit seiner Frau und seinen Kindern bekannt. Von da an schickte ich seinen Kindern jedes Jahr Weihnachtskarten.

So sehr ich diese kleinen Abenteuer auch genoß, mir war durchaus klar, daß die Behörden ein anderes Motiv hatten als meine Zerstreuung. Ich spürte, daß sie mich mit dem Leben in Südafrika vertraut machen sollten, und vielleicht sollte ich mich so an die Freuden kleiner Freiheiten gewöhnen, daß ich zu Kompromissen bereit wäre, um völlige Freiheit zu erlangen.

1987 NAHM ICH wieder Kontakt zu Kobie Coetsee auf. Ich traf ihn mehrmals privat in seiner Residenz, und später in diesem Jahr machte die Regierung ihren ersten konkreten Vorschlag. Coetsee sagte, die Regierung würde gern ein Komitee höherer Beamter einsetzen, um mit mir private Diskussionen zu führen. Das solle mit vollem Wissen des Staatspräsidenten geschehen, sagte Coetsee. Coetsee selbst würde der Leiter des Komitees sein, und es würde General Willemse, den Commissioner of Prisons, Fanie van der Merwe, den Generaldirektor des Prisons Department, und Dr. Niel Barnard umfassen, einen früheren Wissenschaftler, der damals Leiter des National Intelligence Service war. Die drei erstgenannten Personen waren mit dem Gefängnissystem assoziiert; wenn also die Gespräche scheiterten oder an die Presse durchsikkerten, würden beide Seiten in der Lage sein, sich hinter dem Vorwand zu verstecken, daß wir Gefängnisbedingungen diskutierten und weiter nichts.

Die Anwesenheit von Dr. Barnard aber verstörte mich. Er war der Leiter von Südafrikas Äquivalent der CIA und hatte auch mit dem militärischen Geheimdienst zu tun. Diskussionen mit den anderen Beamten konnte ich meiner Organisation gegenüber rechtfertigen, doch nicht solche mit Barnard. Seine Anwesenheit machte die Gespräche problematischer und ließ auf einen umfassenderen Plan schließen. Ich sagte zu Coetsee, ich würde den Vorschlag gern überschlafen.

In dieser Nacht überdachte ich alle Weiterungen. Ich wußte, daß P. W. Botha etwas namens State Security Council geschaffen hatte, ein Schattenministerium aus Sicherheitsexperten und Geheimdienstbeamten. Der Presse zufolge hatte er das getan, um die Autorität des Kabinetts zu umgehen und seine Macht zu vergrößern. Dr. Barnard war eine Schlüsselfigur in diesem internen Rat und galt als Protegé des Präsidenten. Ich dachte, wenn ich ihn ablehnte, würde ich Botha brüskieren, und ich entschied, daß ein solcher Kurs zu riskant sei. Wenn der Staatspräsident nicht mit von der Partie war, würde nichts bewirkt. Am Morgen ließ ich Coetsee wissen, daß ich sein Angebot akzeptierte.

Mir war klar, daß ich drei entscheidende Punkte ansprechen

mußte: Erstens wollte ich meine Kollegen aus dem dritten Stock hören, ehe ich weitermachte; zweitens war es wesentlich, mit Oliver in Lusaka darüber zu reden, was vor sich ging; und drittens hatte ich die Absicht, P. W. Botha ein Memorandum zukommen zu lassen, in dem ich meine Ansichten und die des ANC über die entscheidenden Angelegenheiten vor dem ganzen Land darlegte. Dieses Memorandum würde die Gesprächsthemen für jede zukünftige Diskussion festlegen.

Ich verlangte ein Treffen mit meinen Kollegen, und zu meiner Überraschung lehnten die Behörden rundweg ab. Das war bemerkenswert, und ich vermutete, daß es eine Menge Nervosität über die Aussicht auf geheime Gespräche zwischen mir und der Regierung widerspiegelte. Ich trug meine Beschwerden höheren Beamten vor. Schließlich wurde der Forderung stattgegeben, allerdings mit der Einschränkung, daß ich meine Kollegen nur einzeln und nicht zusammen sehen konnte.

Ich traf sie im Besuchsbereich. Ich hatte beschlossen, einige Details auszulassen; ich würde ihren Rat über Gespräche mit der Regierung einholen, ohne zu erwähnen, daß tatsächlich ein Komitee gebildet worden war. Walter war der erste. Ich erzählte ihm von meinem Brief an den Commissioner of Prisons und meinem Treffen mit Coetsee. Ich sagte, ich hätte mit Coetsee die Idee besprochen, Gespräche mit der Regierung zu beginnen, und die Regierung scheine interessiert. Was hielt er von der Sache?

Ich bin mit Walter durch dick und dünn gegangen. Er war ein Mann von Verstand und Weisheit, und niemand kannte mich besser als er. Es gab keinen, dessen Meinung ich mehr vertraute oder schätzte als seine. Walter dachte über das nach, was ich ihm sagte. Ich konnte sehen, daß er unangenehm berührt oder bestenfalls lauwarm war. »Im Prinzip«, sagte er, »bin ich nicht gegen Verhandlungen. Aber ich hätte mir gewünscht, daß die Regierung Gespräche mit uns initiierte und nicht wir Gespräche mit ihnen.«

Ich antwortete, wenn er im Prinzip nicht gegen Verhandlungen sei, spiele es ja wohl keine Rolle, wer sie begonnen habe. Was zählte, war, was mit ihnen erreicht wurde, und nicht, wie sie begonnen hatten. Ich sagte Walter, ich glaubte, wir sollten mit Verhandlungen weiterkommen und uns keine Sorgen darüber machen, wer zuerst an die Tür geklopft hatte. Walter sah meine Entschlossenheit, und er sagte, er werde mich nicht aufhalten, hoffe aber, ich wisse, was ich da tue.

Der nächste war Raymond Mhlaba. Ich erklärte ihm die ganze Situation, wie ich sie Walter erklärt hatte. Ray war immer ein Mann von wenig Worten, und ein paar Augenblicke lang verdaute er das, was ich gesagt hatte. Dann sah er mich an und sagte: »Madiba, worauf wartest du noch? Wir hätten vor Jahren damit anfangen sollen.« Andrew Mlagenis Reaktion war genau die gleiche wie die von Ray. Der letzte Mann war Kathy. Seine Reaktion war negativ; er war so absolut gegen das, was ich vorschlug, wie Raymond und Andrew dafür waren. Noch stärker als Walter hatte er das Gefühl, durch die Einleitung von Gesprächen würde der Anschein erweckt, als kapitulierten wir. Wie Walter sagte er, im Prinzip sei er nicht gegen Verhandlungen, und ich antwortete ihm genauso, wie ich Walter geantwortet hatte. Kathy aber war unnachgiebig; er hatte das Gefühl, ich ginge in die falsche Richtung. Doch trotz seiner Bedenken sagte er, er werde mir nicht im Weg stehen.

Nicht lange danach erhielt ich eine Nachricht von Oliver Tambo, die von einem meiner Rechtsanwälte eingeschmuggelt worden war. Er hatte Berichte gehört, ich führe geheime Diskussionen mit der Regierung, und er war besorgt. Er sagte, er wisse, daß ich seit einiger Zeit allein und von meinen Kollegen getrennt sei. Er muß sich gefragt haben: Was ist mit Mandela los? Olivers Nachricht war kurz und sachlich. Er wollte wissen, worüber ich mit der Regierung diskutiere. Oliver konnte unmöglich glauben, daß ich unsere Sache verkaufte, aber vielleicht dachte er, ich irre mich in meinem Urteil. Tatsächlich ließ der Tenor seiner Nachricht darauf schließen.

Ich antwortete Oliver mit einem sehr knappen Brief, in dem stand, ich spräche mit der Regierung nur über eine einzige Sache: ein Treffen zwischen dem Nationalen Exekutivkomitee des ANC und der südafrikanischen Regierung. Ich wollte keine Einzelheiten schildern, da ich der Vertraulichkeit der Kommunikation nicht trauen konnte. Ich schrieb einfach, die Zeit für solche Gespräche sei gekommen und ich würde die Organisation in keiner Weise kompromittieren.

Obwohl der ANC seit Jahrzehnten Gespräche mit der Regierung forderte, waren wir nie mit der tatsächlichen Aussicht auf solche Gespräche konfrontiert worden. Es ist eine Sache, sie theoretisch zu erwägen, und eine ganz andere, sie aufzunehmen. Während ich meine Antwort an Oliver schrieb, begann ich auch, mein Memorandum an P. W. Botha zu entwerfen. Ich wollte sicherstellen, daß Oliver auch das sah. Ich wußte, wenn Oliver und das Nationale Exekutivkomitee mein Memo lesen würden, würden auch ihre Ängste zerstreut, ich hätte den gemeinsamen Weg verlassen.

DAS ERSTE FORMELLE Treffen der geheimen Arbeitsgruppe fand im Mai 1988 in einem noblen Offizierskasino auf dem Gelände von Pollsmoor statt. Coetsee und Willemse kannte ich zwar, doch van der Merwe und Dr. Barnard hatte ich nie zuvor getroffen. Van der Merwe war ein ruhiger, besonnener Mann, der nur dann sprach, wenn er etwas Wichtiges zu sagen hatte. Dr. Barnard war erst Mitte Dreißig und überaus klug, ein Mann von kontrollierter Intelligenz und Selbstdisziplin.

Das erste Treffen war ziemlich steif, doch in den folgenden Sitzungen konnten wir freier und direkter sprechen. Einige Monate lang traf ich mich fast jede Woche mit ihnen; danach erfolgten die Zusammenkünfte in unregelmäßigen Abständen, gelegentlich einen Monat lang gar nicht und dann auf einmal jede Woche. Gewöhnlich wurden die Treffen von der Regierung angesetzt, doch manchmal verlangte auch ich eine Sitzung.

Während der frühen Zusammenkünfte stellte ich fest, daß meine neuen Kollegen, mit Ausnahme von Dr. Barnard, wenig über den ANC wußten. Sie waren sämtlich gebildete Afrikander und wesentlich aufgeschlossener als fast alle ihre Brüder. Allerdings waren sie Opfer so umfassender Propaganda, daß sie zunächst über gewisse Tatsachen aufgeklärt werden mußten. Sogar Dr. Barnard, der eine Studie über den ANC verfaßt hatte, hatte den größten Teil seiner Informationen von der Polizei und aus Geheimdienstakten bezogen, die im wesentlichen unzutreffend und von den Vorurteilen derer gefärbt waren, die sie gesammelt hatten. So unterlag er zwangsläufig den gleichen Voreingenommenheiten.

Am Anfang brachte ich einige Zeit damit zu, die Geschichte des ANC zu skizzieren und dann unsere Positionen in den wesentlichen Punkten, welche die Organisation und die Regierung entzweiten, zu erklären. Nach diesen Präliminarien konzentrierten wir uns auf die kritischen Themen: den bewaffneten Kampf, die Allianz des ANC mit der Kommunistischen Partei, das Ziel der Mehrheitsregierung und die Idee rassischer Versöhnung.

Das erste Thema, das aufkam, war in vieler Hinsicht das entscheidendste, nämlich der bewaffnete Kampf. Mit seiner Diskussion brachten wir einige Monate zu. Sie bestanden darauf, der ANC müsse auf Gewalt verzichten und den bewaffneten Kampf aufgeben, ehe die Regierung in Verhandlungen einwilligen würde – und ehe ich Präsident Botha treffen könne. Ihre Behauptung lautete, Gewalt sei nichts anderes als kriminelles Verhalten, das der Staat nicht dulden könne.

Ich antwortete, der Staat sei für die Gewalt verantwortlich und es sei immer der Unterdrücker, nicht der Unterdrückte, der die Form des Kampfes diktiere. Wenn der Unterdrücker Gewalt anwendet, hat der Unterdrückte keine andere Wahl, als gewaltsam zu reagieren. In unserem Fall war das einfach eine legitime Form der Selbstverteidigung. Ich erlaubte mir die Aussage, wenn der Staat sich entscheide, friedliche Methoden anzuwenden, werde der ANC ebenfalls friedliche Mittel benutzen. »Es ist an Ihnen«, sagte ich, »und nicht an uns, auf Gewalt zu verzichten.«

Ich denke, daß ich in diesem Punkt ihr Verständnis vertiefte, aber das Thema wurde bald von einer philosophischen zu einer praktischen Frage. Minister Coetsee und Dr. Barnard meinten, die National Party habe wiederholt erklärt, sie werde mit keiner Organisation verhandeln, die Gewalt befürworte; wie könne sie nun plötzlich Gespräche mit dem ANC ankündigen, ohne ihre Glaubwürdigkeit zu verlieren? Sie sagten, damit Gespräche beginnen könnten, müsse der ANC einen Kompromiß eingehen, so daß die Regierung vor ihrem eigenen Volk nicht das Gesicht verliere.

Das war ein begreiflicher Einwand, den ich gut verstehen konnte, aber ich wollte ihnen keinen Ausweg anbieten. »Meine Herren«, sagte ich, »es ist nicht meine Aufgabe, Ihr Dilemma für Sie zu lösen.« Ich sagte ihnen einfach, sie müßten ihrem Volk sagen, daß es keinen Frieden und keine Lösung der Situation in Südafrika geben könne, ohne daß sie sich mit dem ANC zusammensetzten. Das Volk wird das verstehen, sagte ich.

Das Bündnis des ANC mit der Kommunistischen Partei schien sie ebenso zu stören wie der bewaffnete Kampf. Die National Party hing noch der engstirnigen Ideologie des kalten Krieges aus den fünfziger Jahren an und betrachtete die Sowjetunion als das Reich des Bösen und den Kommunismus als Teufelswerk. Man konnte nichts tun, um sie von dieser Auffassung abzubringen. Sie behaupteten, die Kommunistische Partei dominiere und kontrolliere den ANC und ehe Verhandlungen beginnen könnten, müßten wir mit der Partei brechen.

Zunächst einmal, sagte ich, werde kein Freiheitskämpfer mit einiger Selbstachtung Befehle von der Regierung entgegennehmen, gegen die er kämpfe, oder einen langjährigen Verbündeten über Bord werfen, um einem Gegner zu gefallen. Dann erklärte ich ausführlich, die Partei und der ANC seien getrennte und deutlich unterschiedene Organisationen, welche die gleichen kurzfristigen Ziele hätten, die Beseitigung der rassischen Unterdrückung und die Geburt eines nichtrassistischen Südafrika; unsere langfristigen Ziele seien jedoch nicht dieselben.

Die Diskussion zog sich über Monate hin. Wie die Mehrheit der Afrikander dachten sie, da die meisten Kommunisten im ANC Weiße oder Inder waren, würden diese die schwarzen ANC-Mitglieder kontrollieren. Ich führte viele Gelegenheiten an, bei denen ANC und CP politische Meinungsverschiedenheiten gehabt und der ANC sich durchgesetzt hatte, doch das schien sie nicht zu beeindrucken. Schließlich sagte ich verzweifelt: »Meine Herren, Sie halten sich doch für intelligent, nicht wahr? Sie halten sich für stark und überzeugend, nicht? Nun, Sie sind zu viert, und ich bin allein, und Sie können mich nicht kontrollieren oder dazu bewegen, meine Meinung zu ändern. Weshalb denken Sie, die Kommunisten könnten da Erfolg haben, wo Sie gescheitert sind?«

Sie waren auch besorgt über den Gedanken der Verstaatlichung und behaupteten, der ANC und die Freiheits-Charta träten für die pauschale Verstaatlichung der südafrikanischen Wirtschaft ein. Ich erklärte, wir seien für eine gleichmäßigere Verteilung der Profite gewisser Industrien, von Industrien, die bereits Monopole seien, und in einigen dieser Bereiche könne es zu Verstaatlichungen kommen. Doch ich wies sie auf einen im Jahre 1956 für die *Liberation* geschriebenen Artikel hin, in dem ich erklärt hatte, die Freiheits-Charta sei keine Blaupause für den Sozialismus, sondern für einen Kapitalismus afrikanischen Stils. Ich sagte ihnen, ich hätte meine Meinung seither nicht geändert.

Ein weiteres wichtiges Diskussionsthema war die Frage der Mehrheitsregierung. Sie meinten, wenn die Mehrheit regiere, würden die Rechte von Minderheiten mit Füßen getreten. Sie wollten wissen, wie der ANC die Rechte der weißen Minderheit schützen würde. Ich sagte, es gebe keine Organisation in der Geschichte Südafrikas, die mit dem ANC vergleichbar sei, der versuche, alle Völker und Rassen Südafrikas zu einen. Ich wies sie auf die Präambel der Freiheits-Charta hin: »Südafrika gehört allen, die in diesem Land leben, Schwarz und Weiß.« Ich sagte ihnen, die Weißen seien gleichfalls Afrikaner und bei jeder zukünftigen Regelung werde die Mehrheit die Minderheit brauchen. Wir wollten sie nicht ins Meer jagen, sagte ich.

DIE ZUSAMMENKÜNFTE hatten einen positiven Effekt. Im Winter 1988 sagte man mir, Präsident Botha habe die Absicht, mich vor Ende August zu sehen. Das Land war noch immer in Aufruhr. Sowohl 1987 als auch 1988 hatte die Regierung erneut den Ausnahmezustand verhängt. Der internationale Druck stieg. Weitere Firmen verließen Südafrika. Der amerikanische Kongreß hatte umfassende Sanktionen beschlossen.

1987 feierte der ANC seinen 75. Geburtstag und hielt am Jahresende eine Konferenz in Tansania ab, die von Delegierten aus mehr als fünfzig Nationen besucht wurde. Oliver erklärte, der bewaffnete Kampf werde intensiviert, bis die Regierung bereit sei, über die Abschaffung der Apartheid zu verhandeln. Zwei Jahre zuvor, bei der Konferenz des ANC in Kabwe in Sambia zum 30. Jahrestag der Freiheits-Charta, waren zum erstenmal Angehörige anderer Rassen in das Nationale Exekutivkomitee gewählt worden, und das NEC versprach, es würden keine Gespräche mit der Regierung geführt, ehe nicht alle ANC-Führer aus dem Gefängnis entlassen worden seien.

Obwohl die Gewalt noch immer um sich griff, war die National Party nie stärker gewesen. Bei den allgemeinen weißen Wahlen im Mai 1987 errangen die Nationalisten eine überwältigende Mehrheit. Schlimmer noch, die liberale Progressive Federal Party wurde als offizielle Opposition durch die Conservative Party ersetzt, die rechts von den Nationalisten stand und ihre Kampagne mit dem Thema führte, die Regierung sei der schwarzen Opposition gegenüber zu nachsichtig.

Trotz meines Optimismus wegen der Geheimgespräche war es eine schwierige Zeit. Ich hatte kürzlich einen Besuch von Winnie erhalten und erfahren, daß West-Orlando 8115, das Haus, in dem wir geheiratet hatten und das ich als mein Zuhause betrachtete, von Brandstiftern in Schutt und Asche gelegt worden war. Wir hatten unschätzbare Familienaufzeichnungen, Fotos und Andenken verloren, sogar das Stück von der Hochzeitstorte, das Winnie für meine Entlassung aufbewahrt hatte. Ich hatte immer gedacht, wenn ich eines Tages aus dem Gefängnis käme, würde ich die Vergangenheit wieder einholen können, indem ich mir diese Bilder und Briefe anschaute, und nun waren sie nicht mehr da. Das Gefängnis hatte mir meine Freiheit geraubt, aber nicht meine Erinnerungen, und nun hatte ich das Gefühl, einige Feinde des Kampfes hätten versucht, mir sogar diese zu nehmen.

Ich litt auch unter einem schlimmen Husten, den ich anscheinend nicht loswerden konnte, und fühlte mich oft zu schwach für meine Übungen. Ich hatte mich weiterhin über die Feuchtigkeit meiner Zelle beschwert, doch nichts war dagegen unternommen worden. Eines Tages, als mein Anwalt Ismail Ayob im Besuchsraum mit mir, sprach, fühlte ich mich krank und mußte mich übergeben. Ich wurde in meine Zelle zurückgebracht und von einem Arzt untersucht, und bald ging es mir besser. Einige Tage später jedoch war ich nach dem Abendessen in meiner Zelle, als einige Wärter und ein Arzt kamen. Der Arzt untersuchte mich flüchtig, und dann sagte mir einer der Wärter, ich solle mich anziehen. »Wir bringen Sie nach Kapstadt ins Krankenhaus«, sagte man mir. Die Sicherheitsvorkehrungen waren umfassend; ich fuhr in einem Konvoi von Autos und Militärfahrzeugen, begleitet von mindestens einem Dutzend Wärter.

Ich wurde in das Tygerberg Hospital auf dem Gelände der Universität von Stellenbosch in einer reichen, begrünten Gegend des Kap gebracht. Wie ich später herausfand, hätten die Behörden beinahe eine andere Einrichtung gewählt, weil sie fürchteten, in einem Universitätskrankenhaus könne ich Sympathie und Interesse erregen. Die Wärter gingen zuerst hinein und vertrieben alle Anwesenden aus dem Eingangsbereich. Dann wurde ich in ein Stockwerk geführt, das man völlig geleert hatte. Auf dem Gang standen mehr als ein Dutzend bewaffnete Wachen.

Auf einem Tisch im Untersuchungsraum wurde ich von einem jungen und liebenswürdigen Arzt untersucht, der gleichzeitig Professor an der medizinischen Fakultät der Universität war. Er schaute in meinen Hals, klopfte mir auf die Brust, nahm einige Blutproben und erklärte mich binnen kürzester Zeit für gesund. »Mit Ihnen ist alles in Ordnung«, sagte er mit einem Lächeln. »Wahrscheinlich können wir Sie morgen entlassen.« Ich wollte nur ungern meine Gespräche mit der Regierung versäumen und war daher froh über seine Diagnose.

Nach der Untersuchung fragte der Arzt mich, ob ich gern Tee trinken würde. Ich bejahte, und ein paar Minuten später kam eine große, junge, farbige Krankenschwester mit einem Tablett herein. Die Anwesenheit all der bewaffneten Wachen und Wärter erschreckte sie dermaßen, daß sie das Tablett auf mein Bett fallen ließ und den Tee verschüttete, ehe sie hinauslief.

Ich verbrachte die Nacht in der leeren Krankenstation unter schwerer Bewachung. Am nächsten Morgen wurde ich als erstes, noch vor dem Frühstück, von einem älteren Arzt besucht, dem Chef der internistischen Abteilung des Krankenhauses. Er war ein nüchterner Typ und am Krankenbett weit weniger freundlich als der herzliche junge Arzt vom Vorabend. Ohne irgendwelche Präliminarien klopfte er mir grob auf die Brust und sagte barsch: »Sie haben Wasser in der Lunge.« Ich berichtete ihm, der vorige Arzt habe Tests durchgeführt und gesagt, ich sei in Ordnung. Mit einem Anflug von Ärger sagte er: »Mandela, sehen Sie sich Ihre Brust an.« Er wies darauf hin, daß eine Seite meiner Brust tatsächlich breiter war als die andere, und sagte, sie sei wahrscheinlich mit Wasser gefüllt.

Er wies eine Krankenschwester an, ihm eine Spritze zu bringen, stach sie mir ohne weitere Vorkehrungen in die Brust und zog etwas bräunliche Flüssigkeit heraus. »Haben Sie gefrühstückt?« fragte er. Ich verneinte. »Gut«, sagte er, »wir bringen Sie gleich in den Operationssaal.« Er sagte, ich hätte viel Wasser in der Lunge und er wolle es sofort entfernen.

Im Operationssaal erhielt ich eine Narkose, und das nächste, woran ich mich erinnere, ist, daß ich in einem Raum in Gegenwart des Arztes erwachte. Ich war benommen, aber ich konzentrierte mich auf das, was er sagte. Er hatte zwei Liter Wasser aus meiner Brust geholt, und als die Flüssigkeit analysiert wurde, hatte man Tulperkulosebazillen entdeckt. Er sagte, die Krankheit befinde sich in einem sehr frühen Stadium und der Bazillus habe die Lunge noch nicht geschädigt. Die Heilung einer voll entwikkelten Tuberkulose dauere normalerweise ein halbes Jahr, meinte er, aber ich würde wohl in zwei Monaten wieder gesund sein. Der Doktor war mit mir der Meinung, die feuchte Zelle habe wahrscheinlich zu meiner Erkrankung beigetragen.

Die nächsten sechs Wochen verbrachte ich in Tygerberg, wurde behandelt und erholte mich. Im Dezember wurde ich in die Constantiaberge-Klinik verlegt, eine luxuriöse Einrichtung in der Nähe von Pollsmoor, die noch nie zuvor einen schwarzen Patienten beherbergt hatte. Am ersten Morgen dort erhielt ich einen frühen Besuch von Kobie Coetsee, begleitet von Major Marais, einem Deputy Commander, der für meine Beaufsichtigung verantwortlich war. Kaum hatten wir Grüße ausgetauscht, als die Ordonnanz auch schon mein Frühstück hereinbrachte.

Aufgrund meiner jüngsten Krankheit und meiner Vorgeschichte von Bluthochdruck hatte man mich auf streng cholesterinarme Diät gesetzt. Von dieser Anweisung hatte die Küche der Klinik anscheinend noch nichts erfahren, denn das Frühstückstablett enthielt Rührei, drei Scheiben Schinkenspeck und mehrere Scheiben gebutterten Toast. Ich konnte mich nicht erinnern, wann ich zum letztenmal Speck und Eier gegessen hatte, und war heißhungrig. Gerade, als ich einen köstlichen Bissen Rührei zum Munde führen wollte, sagte Major Marais: »Nein, Mandela, das ist gegen die Anweisungen Ihres Arztes«, und er streckte den Arm aus, um das Tablett an sich zu nehmen. Ich hielt es fest und sagte: »Tut mir leid, Major. Wenn dieses Frühstück mich umbringt, dann bin ich bereit, heute zu sterben.«

Nachdem ich in Constantiaberge untergebracht worden war, begannen wieder Treffen mit Kobie Coetsee und dem geheimen Komitee. Noch während meines Aufenthalts in der Klinik sagte Coetsee, er wolle mich in eine Situation verbringen, die auf halbem Wege zwischen Gefangenschaft und Freiheit liege. Er erklärte nicht im einzelnen, was das bedeutete, doch ich hatte eine gewisse Vorstellung, wovon er sprach, und nickte bloß. Ich war nicht so naiv zu glauben, er schlage mir die Freiheit vor, aber ich wußte, daß es ein Schritt in diese Richtung war.

Einstweilen war die Klinik überaus komfortabel, und zum erstenmal genoß ich es richtig, in einem Krankenhaus zu genesen. Die Schwestern, die weiß oder farbig waren – schwarze Schwestern waren nicht zugelassen –, verwöhnten mich. Sie brachten zusätzliche Desserts und Kissen und besuchten mich dauernd, sogar in ihrer Freizeit.

Eines Tages kam eine der Krankenschwestern zu mir und sagte: »Mr. Mandela, wir geben heute abend eine Party und möchten gern, daß Sie auch kommen.« Ich sagte, es werde mir eine Ehre sein, aber zweifellos hätten die Behörden da ein Wörtchen mitzureden. Die Gefängnisverwaltung verweigerte mir die Erlaubnis, was die Schwestern aufbrachte, und so beschlossen sie, ihre Party in meinem Zimmer abzuhalten, und behaupteten, ohne mich könnten sie nicht feiern.

Am Abend kam etwa ein Dutzend der jungen Damen in Partykleidern mit Kuchen und Punsch und Geschenken in mein Zimmer herunter. Die Wachen schienen verwirrt, aber sie konnten diese lebhaften jungen Mädchen kaum als Sicherheitsrisiko betrachten. Als einer der Wächter versuchte, ein paar von den Krankenschwestern am Betreten meines Zimmers zu hindern, warf ich ihm scherzhaft vor, er sei eifersüchtig auf einen alten Mann, dem so schöne junge Damen soviel Aufmerksamkeit schenkten.

ANFANG DEZEMBER 1988 wurden die Sicherheitsmaßnahmen in meiner Station verschärft, und die diensthabenden Offiziere waren wachsamer als gewöhnlich. Irgendeine Veränderung stand unmittelbar bevor. Am Abend des 9. Dezember kam Major Marais in mein Zimmer und sagte, ich solle mich zum Aufbruch fertigmachen. Wohin? fragte ich ihn. Er konnte es nicht sagen. Ich packte meine Sachen und hielt nach einigen meiner loyalen Krankenschwestern Ausschau; ich war enttäuscht, mich nicht verabschieden und bei ihnen bedanken zu können.

Hastig brachen wir auf, und nach etwa einer Stunde Fahrt kamen wir zu einem Gefängnis, das ich dem Namen nach kannte:

Victor Verster. Es liegt in der hübschen alten Cape-Dutch-Stadt Paarl, 50 Kilometer nordöstlich von Kapstadt im Weinbaugebiet der Provinz. Das Gefängnis hatte den Ruf einer Modelleinrichtung. Wir passierten die ganze Länge des Gefängnisareals und fuhren dann auf einer gewundenen, unasphaltierten Straße durch ziemlich wildes, bewaldetes Gelände an der Rückseite des Grundstücks. Am Ende der Straße erreichten wir ein isoliertes, weißgetünchtes, einstöckiges kleines Haus hinter einer Betonmauer, beschattet von hohen Tannen.

Von Major Marais wurde ich in das Haus geführt und fand ein geräumiges Wohnzimmer neben einer großen Küche. Auf der Rückseite des Hauses lag ein noch größeres Schlafzimmer. Die Räume waren spärlich, aber bequem möbliert. Sie waren vor meiner Ankunft nicht gesäubert oder gewischt worden, und Schlaf- und Wohnraum wimmelten von allen möglichen exotischen Insekten, Tausendfüßlern, Affenspinnen und dergleichen, von denen ich einige noch nie zuvor gesehen hatte. In dieser Nacht entfernte ich die Insekten von meinem Bett und vom Fensterbrett und schlief in dem, was mein neues Zuhause sein sollte, außerordentlich gut.

Am nächsten Morgen schaute ich mir meine neue Bleibe an und entdeckte einen Swimming-pool im hinteren Garten und zwei kleinere Schlafzimmer. Ich ging nach draußen und bewunderte die Bäume, die dem Haus Schatten gaben und es kühl hielten. Der ganze Ort wirkte entlegen und isoliert. Das einzige, was das idyllische Bild verdarb, waren der Stacheldraht oben auf den Mauern und die Wachen am Hauseingang. Dennoch waren Ort und Lage schön; ein Haus auf halbem Weg zwischen Gefängnis und Freiheit.

An diesem Nachmittag wurde ich von Kobie Coetsee besucht, der als Einstandsgeschenk eine Kiste Kap-Wein mitbrachte. Die Ironie, daß ein Gefängnisbeamter seinem Gefangenen ein solches Geschenk überreichte, entging uns beiden nicht. Er gab sich große Mühe, dafür zu sorgen, daß ich mich in meinem neuen Heim wohlfühlte. Er nahm das Haus selbst in Augenschein und empfahl nur, die Mauern außerhalb des Hauses sollten erhöht werden

– meiner Privatsphäre wegen, sagte er. Er teilte mir mit, diese Unterkunft in Victor Verster werde mein letztes Zuhause vor der Freiheit sein. Wie er sagte, war ich verlegt worden, damit ich einen Ort hatte, an dem ich ungestört und bequem Gespräche führen konnte.

Tatsächlich gab dieses Haus mir die Illusion von Freiheit. Ich konnte zu Bett gehen und aufstehen, wann es mir paßte, schwimmen, wenn ich Lust dazu hatte, und essen, wenn ich hungrig war – all das waren köstliche Erfahrungen. Einfach tagsüber hinausgehen und einen Spaziergang machen zu können, wenn mir danach war, war ein Augenblick privater Herrlichkeit. Die Fenster waren nicht vergittert, nirgends klirrten Schlüssel, es gab keine Türen, die auf- oder zugesperrt wurden. Es war rundum angenehm, doch ich vergaß nie, daß es ein goldener Käfig war.

Der Gefängnisdienst stellte mir einen Koch, Warrant Officer Swart, einen großen, ruhigen Afrikander, der früher Wärter auf Robben Island gewesen war. Ich erinnerte mich nicht an ihn, aber er sagte, er habe uns manchmal zum Steinbruch gefahren und den Laster absichtlich über Geröll gesteuert, um uns durchzurütteln. »Das habe ich Ihnen angetan«, sagte er verlegen, und ich lachte. Er war ein anständiger, gutmütiger Bursche ohne jedes Vorurteil, und für mich wurde er wie ein jüngerer Bruder.

Er kam um sieben Uhr morgens und ging um vier, und er bereitete mir Frühstück, Mittagessen und Abendessen. Mein Arzt hatte mir eine Diät verordnet, und er richtete sich bei der Zubereitung danach. Er war ein guter Koch, und wenn er um vier Uhr nach Hause ging, ließ er mir ein Abendessen zurück, das ich in einem Mikrowellenherd erhitzen konnte, einem Gerät, das mir neu war.

Warrant Officer Swart buk Brot, braute selbst Ingwerbier und bereitete andere Delikatessen zu. Wenn ich Besucher hatte, was immer häufiger vorkam, sorgte er für Gourmetmahlzeiten. Meine Gäste lobten die Speisen immer, und ich darf wohl sagen, daß alle Besucher mich um meinen Koch beneideten. Als die Behörden anfingen, einigen meiner ANC-Kameraden, Mitgliedern der United Democratic Front (UDF) und des Mass Democratic

Movement (MDM) Besuche bei mir zu gestatten, beschuldigte ich sie, sie kämen nur wegen des Essens.

Eines Tages, nach einer köstlichen Mahlzeit, die Mr. Swart zubereitet hatte, kam ich in die Küche, um das Geschirr abzuwaschen. »Nein«, sagte er, »das ist meine Aufgabe. Sie müssen wieder ins Wohnzimmer zurückgehen.« Ich bestand darauf, ich müsse etwas tun und wenn er koche, sei es nur fair, daß ich den Abwasch erledige. Mr. Swart protestierte, doch am Ende gab er nach. Er hatte auch etwas dagegen, daß ich morgens mein Bett machte, und sagte, dafür sei er zuständig. Doch ich hatte mein Bett so lange selbst gemacht, daß es zu einem Reflex geworden war.

Noch etwas anderes handelten wir aus. Wie viele Wärter, die Afrikaans sprachen, war er begierig, sein Englisch zu verbessern. Und ich suchte immer nach Möglichkeiten, mein Afrikaans aufzupolieren. Wir trafen eine Vereinbarung: Er sprach zu mir Englisch, und ich antwortete auf afrikaans, so daß wir beide die Sprache übten, in der wir am schwächsten waren.

Gelegentlich bat ich ihn, mir bestimmte Gerichte zuzubereiten. Manchmal wünschte ich mir Maisbrei und Bohnen, was ich als Kind gegessen hatte. Eines Tages sagte ich zu ihm: »Wissen Sie, ich möchte gern, daß Sie mir etwas braunen Reis kochen.« Zu meinem Erstaunen sagte er: »Was ist brauner Reis?« Swart war ein junger Mann, und ich erklärte ihm, brauner Reis sei das ungeschälte Reiskorn, das wir während des Krieges aßen, als weißer Reis nicht zu bekommen war. Ich sagte, er sei viel gesünder als weißer Reis. Er war skeptisch, doch es gelang ihm, braunen Reis aufzutreiben. Er kochte ihn, und mir schmeckte er sehr gut. Mr. Swart konnte ihn nicht ausstehen und schwor, wenn ich ihn je wieder essen wolle, müsse ich ihn selbst kochen.

Obwohl ich kein Trinker bin, wollte ich meine Gäste angemessen bewirten und ihnen Wein servieren. Gelegentlich trank ich einen Schluck Wein, damit meine Gäste sich wohl fühlten, doch der einzige Wein, den ich vertrage, ist halbtrockener südafrikanischer Wein, der in Wirklichkeit sehr süß ist.

Ehe meine Gäste kamen, bat ich Mr. Swart immer, eine bestimmte Sorte von Nederburg-Wein zu besorgen, den ich schon einmal probiert hatte und von dem ich wußte, daß er halbtrocken war. Eines Tages erwartete ich meine Freunde und Anwälte, Dullah Omar, George Bizos und Ismail Ayob, zum Mittagessen und bat Mr. Swart, etwas Nederburg-Wein zu kaufen. George Bizos, kein Moslem, wollte Wein zum Essen trinken. Ich merkte, daß Mr. Swart das Gesicht verzog, als ich das sagte, und fragte ihn, was nicht in Ordnung sei.

»Mr. Mandela«, sagte er, »ich kaufe Ihnen diesen Wein immer, weil Sie es wünschen, aber das ist billiges Zeug und nicht sehr gut.« Ich erinnerte ihn daran, daß ich keine trockenen Weine mochte und meine Freunde den Unterschied bestimmt ohnehin nicht bemerken würden. Da lächelte Mr. Swart und schlug einen Kompromiß vor: Er würde gehen und zwei Flaschen kaufen, einen trockenen Wein und meinen Nederburg, und dann würde er meinen Gast fragen, welchen Wein er bevorzugt. »Gut«, sagte ich, »machen wir unser Experiment.«

Als wir alle vier bei Tisch saßen, kam Swart mit den beiden Flaschen herein, wandte sich an George und sagte: »Mein Herr, welchen Wein möchten Sie?« Ohne mich auch nur anzusehen, wies George auf den trockenen Wein. Warrant Officer Swart lächelte nur.

DIE ZUSAMMENKÜNFTE mit dem Komitee gingen weiter, und wir hakten uns an den gleichen Themen fest, die ein Weiterkommen schon immer verhindert hatten: der bewaffnete Kampf, die Kommunistische Partei, die Mehrheitsregierung. Ich drängte bei Coetsee noch immer auf ein Treffen mit P. W. Botha. Inzwischen gestatteten die Behörden mir eine rudimentäre Kommunikation mit meinen Kameraden in Pollsmoor und auf Robben Island und auch mit dem ANC in Lusaka. Obwohl ich wußte, daß ich meinen Kollegen voraus war, wollte ich nicht zu weit vorangehen und dann feststellen, daß ich ganz allein war.

Im Januar 1989 wurde ich von meinen vier Kameraden aus Pollsmoor besucht, und wir diskutierten das Memorandum, das ich dem Staatspräsidenten zu schicken gedachte. Das Memorandum wiederholte die meisten Punkte, die ich schon bei unseren geheimen Komiteetreffen vorgetragen hatte, aber ich wollte sichergehen, daß der Staatspräsident sie direkt von mir hörte. Er würde sehen, daß wir keine blutrünstigen Terroristen waren, sondern vernünftige Menschen.

»Ich bin sehr beunruhigt«, schrieb ich in dem Memorandum an Mr. Botha, das ihm im März zugesandt wurde, »wie zweifellos viele andere Südafrikaner auch, über das Schreckgespenst eines in zwei Lager gespaltenen Südafrika, Schwarze auf der einen, Weiße auf der anderen Seite, die sich gegenseitig abschlachten.« Um dies abzuwenden und den Boden für Verhandlungen zu bereiten, schlug ich vor, mich mit den drei Forderungen der Regierung an den ANC als Vorbedingung für Verhandlungen zu befassen: Verzicht auf Gewalt; Bruch mit der Kommunistischen Partei Südafrikas (SACP); Verzicht auf die Forderung nach einer Mehrheitsregierung. Zur Gewaltfrage schrieb ich, die Weigerung des ANC, auf Gewalt zu verzichten, sei nicht das Problem: »Die Wahrheit ist, daß die Regierung noch nicht bereit ist, die politische Macht mit Schwarzen zu teilen.« Ich erklärte unsere Weigerung, mit der SACP zu brechen, und wiederholte, daß wir nicht unter ihrer Kontrolle stünden. »Welcher Mann von Ehre«, schrieb ich, »würde auf Verlangen eines gemeinsamen Gegners einen lebenslangen Freund im Stich lassen und trotzdem noch ein gewisses Maß an Glaubwürdigkeit bei seinem Volk behalten?« Ich sagte, die Ablehnung der Mehrheitsregel durch die Regierung sei ein dürftig verkleideter Versuch, sich die Macht zu erhalten. Ich schlug vor, er solle der Realität ins Gesicht sehen. »Mehrheitsregel und innerer Frieden sind wie die zwei Seiten einer Münze, und das weiße Südafrika muß einfach akzeptieren, daß es in diesem Land niemals Frieden und Stabilität geben wird, solange dieses Prinzip nicht voll angewandt wird.«

Am Ende des Briefes bot ich einen sehr summarischen Rahmen für Verhandlungen an.

»Zwei politische Themen müssen zur Sprache kommen; erstens, die Forderung nach der Mehrheitsregel in einem einheitlichen Staat, zweitens die Sorge des weißen Südafrika wegen dieser Forderung sowie das Bestehen der Weißen auf strukturellen Garantien, daß die Mehrheitsregel nicht Herrschaft der Schwarzen über die weiße Minderheit bedeuten wird. Die entscheidendste Aufgabe, vor der die Regierung und der ANC stehen, wird es sein, diese beiden Positionen miteinander zu versöhnen.«

Ich schlug vor, das solle in zwei Stadien geschehen. Das erste wäre eine Diskussion, um die richtigen Bedingungen für Verhandlungen zu schaffen; das zweite wären die eigentlichen Verhandlungen selbst. »Ich muß darauf hinweisen, daß der von mir unternommene Schritt Ihnen die Gelegenheit bietet, den gegenwärtigen Stillstand zu überwinden und die politische Situation des Landes zu normalisieren. Ich hoffe, Sie werden sie ohne Verzögerung ergreifen.«

Doch es gab eine Verzögerung. Im Januar erlitt P. W. Botha einen Schlaganfall. Der Präsident wurde dadurch zwar nicht handlungsunfähig, war aber doch geschwächt und, seinem Kabinett zufolge, nur noch reizbarer. Im Februar trat Botha als Vorsitzender der National Party unerwartet zurück, behielt aber sein Amt als Staatspräsident. Das war eine Situation, die es in der Geschichte des Landes noch nicht gegeben hatte: Im parlamentarischen System Südafrikas wird der Führer der Mehrheitspartei Staatsoberhaupt. Präsident Botha war nun Staatsoberhaupt, aber nicht Führer seiner eigenen Partei. Einige sahen darin eine positive Entwicklung: Botha wolle »über der Parteipolitik« stehen, um einen wirklichen Wandel in Südafrika herbeizuführen.

Politische Gewalt und internationaler Druck nahmen weiterhin zu. Politische Gefangene überall im Lande hatten erfolgreich einen Hungerstreik durchgeführt und den Minister für Gesetz und Ordnung dazu bewegt, mehr als 900 von ihnen freizulassen. 1989 schloß die UDF ein Bündnis mit dem Congress of South African Trade Unions (COSATU), um die Mass Democratic Movement (MDM) zu bilden, das dann begann, eine landesweite

»Mißachtungskampagne« zivilen Ungehorsams zu organisieren, um die Institutionen der Apartheid herauszufordern. An der internationalen Front führte Oliver Gespräche mit den Regierungen Großbritanniens und der Sowjetunion, und im Januar 1987 traf er sich mit dem amerikanischen Außenminister George Shultz in Washington. Die Amerikaner erkannten den ANC als unentbehrliches Element bei jeder Lösung in Südafrika an. Die Sanktionen gegen Südafrika blieben in Kraft und wurden sogar verstärkt.

Die politische Gewalt hatte auch ihre tragische Seite. Als die Gewalttaten in Soweto zunahmen, gestattete meine Frau einer Gruppe junger Männer, als ihre Leibwächter tätig zu werden, wenn sie sich durch die Township bewegte. Diese jungen Männer waren unausgebildet und undiszipliniert und ließen sich auf Aktivitäten ein, die dem Befreiungskampf abträglich waren. In der Folge wurde Winnie juristisch in den Prozeß eines ihrer Leibwächter verwickelt, der wegen Mordes an einem jungen Kameraden verurteilt wurde. Die Situation war zutiefst verstörend für mich, denn ein solcher Skandal diente nur dazu, die Bewegung in einer Zeit zu spalten, in der Einheit wesentlich war. Ich unterstützte meine Frau voll und ganz und vertrat die Auffassung, sie habe zwar mangelhafte Urteilskraft an den Tag gelegt, sei aber im Hinblick auf alle schwerwiegenden Vorwürfe unschuldig.

In diesem Juli wurde ich an meinem 71. Geburtstag von meiner nahezu vollzähligen Familie in Victor Verster besucht. Das war das erste Mal, daß ich je mit meiner Frau, meinen Kindern und Enkeln gleichzeitig zusammen war, und es war ein großartiger und glücklicher Anlaß. Warrant Officer Swart übertraf sich selbst bei der Vorbereitung eines Festmahls, und er wurde nicht einmal böse, als ich einigen der Enkelkinder gestattete, ihre Süßigkeiten vor dem Hauptgang zu essen. Nach der Mahlzeit gingen die Enkel in mein Schlafzimmer, um sich ein Video anzusehen, während die Erwachsenen draußen im Wohnraum blieben und plauderten. Es war eine tiefe, tiefe Freude, meine ganze Familie um mich zu haben, und der einzige Schmerz war das Wissen, daß ich solche Anlässe so viele Jahre lang versäumt hatte.

AM 4. JULI wurde ich von General Willemse besucht, der mir mitteilte, ich würde am nächsten Tag zu Präsident Botha gebracht. Er beschrieb den Besuch als »Höflichkeitsbesuch«, und ich sollte um halb sechs Uhr morgens abfahrbereit sein. Ich sagte dem General, ich freue mich zwar auf das Treffen, halte es aber für angebracht, zum Besuch bei Mr. Botha einen angemessenen Anzug und eine Krawatte zu tragen. (Den Anzug vom Besuch der Gruppe der hervorragenden Persönlichkeiten gab es schon lange nicht mehr.) Der General willigte ein, und kurz darauf erschien ein Schneider, um meine Maße zu nehmen. Am gleichen Nachmittag wurden mir ein neuer Anzug, Krawatte, Hemd und Schuhe geliefert. Ehe er ging, fragte der General noch nach meiner Blutgruppe, nur für den Fall, daß am folgenden Tag irgend etwas geschehen sollte.

Ich bereitete mich auf das Treffen vor, so gut ich konnte. Ich sah noch einmal mein Memo und die umfangreichen Notizen durch, die ich dafür angefertigt hatte. Ich überflog so viele Zeitungen und Veröffentlichungen, wie ich konnte, um sicher zu sein, daß ich auf dem laufenden war. Nach Präsident Bothas Rücktritt als Führer der National Party war an seiner Stelle E. W. de Klerk gewählt worden, und es hieß, zwischen den beiden Männern gebe es beträchtliche Rivalitäten. Manche würden Bothas Bereitschaft, mich zu treffen, vielleicht als Mittel ansehen, seinem Rivalen die Schau zu stehlen, doch das betraf mich nicht. Ich probte die Argumente, die der Staatspräsident möglicherweise vortragen würde, sowie meine Antworten darauf. Bei jeder Begegnung mit einem Gegner muß man dafür sorgen, daß man genau den Eindruck vermittelt, den man vermitteln will.

Der Besuch bei Mr. Botha versetzte mich in Spannung. Er war als »die Groot Krokodil« – »das Große Krokodil« – bekannt, und ich hatte viele Erzählungen über sein aufbrausendes Temperament gehört. Mir kam er vor wie der Inbegriff des altmodischen, steifnackigen, starrsinnigen Afrikanders, der mit schwarzen Führern nicht diskutierte, sondern ihnen eher diktierte. Der kürzlich erlittene Schlaganfall hatte diese Tendenz anscheinend nur verstärkt. Ich beschloß, falls er sich mir gegenüber auf diese herablassende Weise betragen würde, würde ich ihm mitteilen, daß ich ein solches Verhalten unannehmbar fände, aufstehen und das Treffen abbrechen.

Pünktlich um halb sechs Uhr morgens erschien Major Marais, der Kommandant von Victor Verster, in meinem Haus. Er kam in den Wohnraum, wo ich mich zur Inspektion in meinem neuen Anzug vor ihm aufstellte. Er ging um mich herum und schüttelte dann verneinend den Kopf.

»Nein, Mandela, Ihre Krawatte«, sagte er. Im Gefängnis hatte man nicht viel Verwendung für Krawatten, und an diesem Morgen, als ich sie umlegte, war mir klargeworden, daß ich vergessen hatte, wie man sie richtig bindet. Ich knotete sie, so gut ich konnte, und hoffte, keiner werde es bemerken. Major Marais knöpfte meinen Kragen auf, lockerte die Krawatte, zog sie heraus, stellte sich dann hinter mich und band sie mit einem doppelten Windsorknoten. Dann trat er zurück, um sein Werk zu bewundern. »Viel besser«, sagte er.

Wir fuhren von Victor Verster nach Pollsmoor zur Residenz von General Willemse, wo die Gattin des Generals uns ein Frühstück servierte. Nach dem Frühstück fuhren wir in einem kleinen Konvoi nach Tuynhuys, dem offiziellen Präsidentenbüro, und parkten in einer Tiefgarage, wo man uns nicht sehen würde. Tuynhuys ist ein hübsches Gebäude im Cape-Dutch-Stil des neunzehnten Jahrhunderts, aber an diesem Tag hatte ich keine Gelegenheit, es mir richtig anzusehen. Ich wurde förmlich in die Präsidentensuite hineingeschmuggelt.

Wir nahmen einen Lift ins Erdgeschoß und kamen in eine große, holzgetäfelte Halle vor dem Präsidentenbüro. Dort trafen wir auf Kobie Coetsee und Niel Barnard und ein Gefolge von Gefängnisbeamten. Ich hatte sowohl mit Coetsee als auch mit Dr. Barnard eingehend über dieses Treffen gesprochen, und sie hatten mir immer geraten, dem Präsidenten gegenüber kontroverse Themen zu vermeiden. Während wir warteten, schaute Dr. Barnard zu Boden und merkte, daß meine Schnürsenkel nicht richtig gebunden waren. Rasch kniete er nieder und korrigierte das für mich. Ich merkte, wie nervös die Anwesenden waren, und das machte mich nicht eben ruhiger. Dann öffnete sich die Tür, und ich trat ein, auf das Schlimmste gefaßt.

Von der entgegengesetzten Seite seines feudalen Büros aus kam P. W. Botha auf mich zu. Er hatte seine Schritte perfekt geplant, denn wir trafen uns genau auf halbem Wege. Er streckte die Hand aus und lächelte breit, und tatsächlich war ich von diesem allerersten Augenblick an völlig entwaffnet. Er verhielt sich tadellos höflich, respektvoll und freundlich.

Sehr rasch posierten wir für ein Foto, auf dem wir uns die Hand schüttelten, und setzten uns dann zusammen mit Kobie Coetsee, General Willemse und Dr. Barnard an einen langen Tisch. Tee wurde serviert, und wir begännen zu sprechen. Von Anfang an war das Gespräch nicht wie eine angespannte politische Diskussion, sondern eher wie ein lebhaftes und interessantes Kolloquium. Wir erörterten keine substantiellen Themen, sondern eher die südafrikanische Geschichte und Kultur. Ich erwähnte, daß ich in einem Afrikaans-Magazin kürzlich einen Artikel über die Rebellion der Afrikaner im Jahre 1914 gelesen hatte, bei der sie Städte im Freistaat besetzt hätten. Ich sagte, für mich sei unser Kampf eine Parallele zu diesem berühmten Aufstand, und wir sprachen eine ganze Weile über diese historische Episode. Natürlich sieht die südafrikanische Geschichte für einen Schwarzen ganz anders aus als für einen Weißen. Ihre Auffassung war, daß die Rebellion ein Streit unter Brüdern gewesen war, während mein Kampf ein revolutionärer sei. Ich sagte, man könne ihn auch als Kampf zwischen Brüdern betrachten, die zufällig verschiedene Hautfarben haben.

Das Treffen dauerte nicht einmal eine halbe Stunde und war bis zum Schluß freundlich und unbekümmert. Dann brachte ich ein ernsthaftes Thema zur Sprache. Ich bat Mr. Botha, alle politischen Gefangenen, mich selbst inbegriffen, ohne Bedingungen freizulassen. Das war der einzige angespannte Augenblick der Begegnung, und Mr. Botha sagte, er fürchte, das könne er nicht tun.

Dann gab es eine kurze Diskussion darüber, was wir sagen sollten, falls Informationen über das Treffen durchsickerten. Sehr schnell entwarfen wir ein nichtssagendes Statement des Inhalts, wir hätten uns zum Tee getroffen, um den Frieden im Land zu fördern. Nachdem wir uns darauf geeinigt hatten, stand Mr. Botha auf, reichte mir die Hand und sagte, es sei ihm ein Vergnügen gewesen. Tatsächlich war es das. Ich bedankte mich und ging auf dem gleichen Weg, auf dem ich gekommen war.

Was die Verhandlungen betrifft, war diese Begegnung kein Durchbruch gewesen, in anderer Hinsicht aber schon. Mr. Botha hatte seit langem über die Notwendigkeit gesprochen, den Rubikon zu überschreiten, doch er selbst tat das erst an diesem Morgen in Tuynhuys. Jetzt gab es kein Zurück mehr.

Etwas mehr als einen Monat später, im August 1989, verkündete P. W. Botha im landesweiten Fernsehen seinen Rücktritt als Staatspräsident. In einer eigenartig unzusammenhängenden Abschiedsrede beschuldigte er Kabinettsmitglieder des Vertrauensbruchs; sie hätten ihn ignoriert und dem African National Congress in die Hände gespielt. Am folgenden Tag wurde F. W. de Klerk als amtierender Präsident vereidigt und bestätigte sein Engagement für Wandel und Reform.

Für uns war Mr. de Klerk eine unbekannte Größe. Als er Vorsitzender der National Party wurde, schien er vor allem ein Parteimann zu sein, nicht mehr und nicht weniger. Nichts in seiner Vergangenheit deutete auf Reformgeist hin. Als Erziehungsminister hatte er versucht, schwarze Studenten von den weißen Universitäten fernzuhalten. Doch als er die National Party übernahm, fing ich an, ihn aufmerksam zu beobachten. Ich las alle seine Reden, hörte zu, was er sagte, und begann zu sehen, daß er für eine wirkliche Abkehr von der Politik seines Vorgängers stand. Er war kein Ideologe, sondern ein Pragmatiker, ein Mann, der Wandel als notwendig und unvermeidlich ansah. Am Tag seiner Vereidigung schrieb ich ihm einen Brief und bat um ein Treffen.

In seiner Antrittsrede sagte Mr. de Klerk, seine Regierung sei dem Frieden verpflichtet und sie werde mit allen anderen Gruppen verhandeln, die sich ebenfalls für den Frieden einsetzten.

Doch sein Engagement für eine neue Ordnung zeigte sich erst nach seiner Amtseinführung, als in Kapstadt eine Demonstration geplant war, um gegen die Brutalität der Polizei zu protestieren. Sie sollte von Bischof Tutu und Reverend Allan Boesak angeführt werden. Unter Präsident Botha wäre sie verboten worden, die Demonstranten hätten dieses Verbot mißachtet und es wäre zu Gewalt gekommen. Der neue Präsident hielt sein Versprechen, die Einschränkungen politischer Versammlungen zu lockern, und gestattete die Demonstration. Er verlangte nur, daß sie friedlich verlief. Eine neue und andere Hand war am Ruder.

AUCH ALS DE KLERK Präsident wurde, traf ich mich weiterhin mit dem geheimen Verhandlungskomitee. Dazugekommen war Gerrit Viljoen, der Minister of Constitutional Development, ein brillanter Mann mit einem Doktorat in klassischer Philologie, dessen Rolle darin bestand, unseren Diskussionen einen verfassungsmäßigen Rahmen zu geben. Ich drängte die Regierung, ihre positiven Absichten zu beweisen, und forderte den Staat auf, zum Zeichen seines guten Willens meine politischen Mitgefangenen in Pollsmoor und Robben Island freizulassen. Ich sagte dem Komitee zwar, meine Kollegen müßten bedingungslos entlassen werden, erklärte aber, die Regierung könne von ihnen nach ihrer Freilassung diszipliniertes Verhalten erwarten. Das hatte schon Govan Mbeki gezeigt, der Ende 1987 ohne Auflagen entlassen worden war.

Am 10. Oktober 1989 gab Präsident de Klerk bekannt, Walter Sisulu und sieben meiner früheren Kameraden auf Robben Island, Raymond Mhlaba, Ahmed Kathrada, Andrew Mlangeni, Elias Motsoaledi, Jeff Masemola, Wilton Mkwayi und Oscar Mpetha, sollten freigelassen werden. An diesem Morgen hatte ich Besuch von Walter, Kathy, Ray und Andrew, die noch immer in Pollsmoor saßen, und ich konnte mich von ihnen verabschieden. Es war ein gefühlsgeladener Augenblick, aber ich wußte, daß es auch für mich nicht mehr lange dauern würde. Die Männer wurden fünf Tage später aus dem Gefängnis von Johannesburg entlassen. Das war ein Akt, der im In- und Ausland zu Recht gelobt wurde, und ich übermittelte Mr. de Klerk meine Anerkennung.

Doch meine Dankbarkeit verblaßte neben der ungetrübten Freude, daß Walter und die anderen frei waren. Viele Jahrelang hatten wir uns nach diesem Tag gesehnt und dafür gekämpft. De Klerk hatte seine Versprechen gehalten, und die Männer wurden ohne jeden Vorbehalt entlassen; sie konnten im Namen des ANC sprechen. Es war klar, daß das Verbot der Organisation faktisch seine Gültigkeit verloren hatte, eine Rechtfertigung unseres langen Kampfes und unseres entschlossenen Festhaltens an Prinzipien. De Klerk leitete eine systematische Demontage vieler Bausteine der Apartheid ein. Er öffnete die Strände Südafrikas für Menschen jeder Hautfarbe und gab bekannt, der Reservation of Separate Amenities Act würde bald aufgehoben. Seit 1953 hatte dieser etwas erzwungen, das als »kleinliche Apartheid« bekannt war und Parks, Theater, Restaurants, Busse, Bibliotheken, Toiletten und andere öffentliche Einrichtungen bestimmten Rassen vorbehielt. Im November kündigte er an, das National Security Management System, eine unter P. W. Botha geschaffene Einrichtung zur Bekämpfung von Antiapartheidkräften, werde aufgelöst.

Anfang Dezember teilte man mir mit, für den zwölften des Monats sei ein Treffen mit de Klerk anberaumt. Inzwischen konnte ich mich mit meinen neuen und alten Kollegen beraten, und ich traf mich in meinem Haus mit meinen alten Kollegen und den Führern von Mass Democratic Movement und UDF. Ich empfing ANC-Leute aus allen Regionen sowie Delegierte von UDF und COSATU. Einer dieser jungen Männer war Cyril Ramaphosa, der Generalsekretär der National Union of Mineworkers und einer der fähigsten Männer der neuen Führungsgeneration. Ich wurde auch von Kollegen von Robben Island besucht, darunter Terror Lekota und Tokyo Sexwale, die zum Mittagessen blieben. Beide sind Männer mit großem Appetit, und die einzige Klage, die ich über sie hörte, kam von Warrant Officer Swart, der sagte: »Diese Burschen werden uns noch die Haare vom Kopf fressen!«

Mit Hilfe einer Reihe von Kollegen entwarf ich dann einen Brief an de Klerk, nicht unähnlich jenem, den ich an P. W. Botha geschickt hatte. Das Thema waren Gespräche zwischen der Regierung und dem ANC. Ich sagte dem Präsidenten, der gegenwärtige Konflikt sauge Südafrika das Lebensblut aus und Gespräche seien die einzige Lösung. Ich schrieb, der ANC werde keine Vorbedingungen für Gespräche akzeptieren, insbesondere nicht die Vorbedingung, welche die Regierung verlangte: die Einstellung des bewaffneten Kampfes. Die Regierung forderte eine »aufrichtige Verpflichtung zum Frieden«, und ich wies darauf hin, daß unsere Verhandlungsbereitschaft genau das sei.

Ich sagte Mr. de Klerk, wie seine Betonung der Versöhnung in seiner Antrittsrede mich beeindruckt habe. Seine Worte hätten Millionen von Südafrikanern und Menschen in aller Welt die Hoffnung eingeflößt, daß ein neues Südafrika im Entstehen sei. Der allererste Schritt auf dem Weg zu Versöhnung, sagte ich, sei die völlige Abschaffung der Apartheid und aller Maßnahmen, mit denen diese erzwungen worden war.

Ich sagte aber auch, vom Geist dieser Rede sei in letzter Zeit nicht viel erkennbar gewesen. Viele nähmen die Regierungspolitik als eine Fortsetzung der Apartheid mit anderen Mitteln wahr. Die Regierung, sagte ich, habe zuviel Zeit damit verbracht, mit schwarzen Homeland-Führern und anderen vom System Gewählten zu verhandeln; diese Männer, versicherte ich, seien die Agenten einer unterdrückerischen Vergangenheit, welche die Masse der schwarzen Südafrikaner ablehne.

Ich wiederholte meinen Vorschlag, Gespräche könnten in zwei Stadien stattfinden. Ich teilte ihm mit, ich unterstütze die Leitlinien des ANC in der Erklärung von Harare aus dem Jahr 1989 voll und ganz, die der Regierung auferlegte, die Verhandlungshindernisse zu beseitigen, die der Staat selbst geschaffen hatte. Zu diesen Forderungen gehörten die Entlassung aller politischen Gefangenen, die Aufhebung aller Beschränkungen für mit Restriktionen belegte Organisationen und Personen, das Ende des Ausnahmezustandes und der Abzug aller Truppen aus den Townships. Ich betonte, ein von beiden Seiten vereinbarter Waffenstillstand zur

Beendigung der Feindseligkeiten sollte der erste Punkt der Geschäftsordnung sein, denn ohne diesen könne man nicht verhandeln. Der Brief wurde Mr. de Klerk am Tag vor unserem Zusammentreffen ausgehändigt.

Am Morgen des 13. Dezember wurde ich wieder nach Tuynhuys gebracht. Ich traf de Klerk im gleichen Raum, in dem ich mit seinem Vorgänger Tee getrunken hatte. Mr. de Klerk war in Gesellschaft von Kobie Coetsee, General Willemse, Dr. Barnard und seines Kollegen Mike Louw. Ich gratulierte Mr. de Klerk zu seiner Präsidentschaft und drückte die Hoffnung aus, wir könnten zusammenarbeiten. Er war außerordentlich herzlich und teilte diese Gefühle.

Von Anfang an merkte ich, daß Mr. de Klerk dem zuhörte, was ich zu sagen hatte. Das war eine neuartige Erfahrung. Im allgemeinen hörten die Führer der National Party bei Diskussionen mit schwarzen Führern, was sie hören wollten, doch Mr. de Klerk schien sich wirklich um Verständnis zu bemühen.

Einer der Punkte, die ich an diesem Tag betonte, war der kürzlich eingeführte Fünfjahresplan der National Party, der das Konzept von »Gruppenrechten« enthielt. Die Idee der »Gruppenrechte« war, daß keine rassische oder ethnische Gruppe die Priorität vor irgendeiner anderen haben sollte. Obwohl sie »Gruppenrechte« als Mittel definierten, in einem neuen Südafrika die Freiheit von Minderheiten zu schützen, diente ihr Vorschlag faktisch der Aufrechterhaltung der weißen Dominanz. Ich sagte Mr. de Klerk, das sei für den ANC unannehmbar.

Ich fügte hinzu, es liege nicht in seinem Interesse, dieses Konzept beizubehalten, denn es vermittle den Eindruck, er wolle die Apartheid modernisieren, ohne sie aufzugeben; dies schädige sein Image und das der National Party in den Augen der progressiven Kräfte in diesem Land und in aller Welt. Ein Unterdrückungssystem könne nicht reformiert werden, sagte ich, es müsse abgeschafft werden. Ich erwähnte einen Leitartikel, den ich kürzlich in *Die Burger* gelesen hatte, dem Sprachrohr der National Party am Kap, und der besagte, der Begriff der Gruppenrechte sei als Versuch gedacht, die Apartheid durch die Hintertür wieder einzuführen. Ich fragte Mr. de Klerk, was er wohl meine, wie wir sie auffaßten, wenn sogar seine Partei die Gruppenrechte als nur auf dem Papier bestehend sähe. Ich fügte hinzu, der ANC habe nicht 75 Jahre lang gegen die Apartheid gekämpft, um sich ihr dann in einer verkleideten Form zu unterwerfen, und wenn er im Grunde die Absicht habe, mit dem Trojanischen Pferd der Gruppenrechte die Apartheid zu bewahren, dann glaube er nicht wirklich an ihr Ende.

Wie ich an diesem Tag sehen konnte, reagiert Mr. de Klerk langsam. Es war kennzeichnend für ihn, daß er dem zuhörte, was ich zu sagen hatte, und nicht mit mir argumentierte. »Wissen Sie«, sagte er, »mein Ziel ist nicht anders als Ihres. Ihr Memo an P. W. Botha sagte, der ANC und die Regierung sollten zusammenarbeiten, um mit den weißen Ängsten vor schwarzer Dominanz fertig zu werden, und die Idee der ›Gruppenrechte‹ ist unser Vorschlag dazu.« Ich war von seiner Antwort beeindruckt, sagte aber, die Idee der »Gruppenrechte« steigere eher die Ängste der Schwarzen, als daß sie die der Weißen lindere. Darauf meinte de Klerk: »Dann werden wir sie ändern müssen.«

Danach brachte ich die Frage meiner Freiheit auf und sagte, wenn er erwarte, nach meiner Entlassung würde ich mich still und unauffällig verhalten, irre er sich sehr. Ich versicherte noch einmal, wenn ich in die gleichen Zustände hinein entlassen würde, aus denen heraus ich verhaftet worden war, würde ich wieder genau das tun, wofür man mich eingesperrt hatte. Ich gab ihm zu bedenken, daß der beste Weg zum Fortschritt darin bestehe, den ANC und alle anderen politischen Organisationen zuzulassen, den Ausnahmezustand aufzuheben, die politischen Gefangenen freizulassen und den Exilierten die Heimkehr zu gestatten. Wenn die Regierung das Verbot des ANC nicht aufhebe, sobald ich entlassen sei, würde ich für eine illegale Organisation arbeiten. »Dann«, sagte ich, »müssen Sie mich gleich wieder verhaften, nachdem ich das Gefängnistor durchschritten habe.«

Wieder hörte er aufmerksam zu, was ich zu sagen hatte. Meine Vorschläge kamen für ihn gewiß nicht überraschend. Er sagte, er werde all das bedenken, verspreche aber nichts. Das Treffen sollte das Terrain sondieren, und ich begriff, daß an diesem Tag nichts gelöst werden würde. Doch die Begegnung war überaus nützlich, denn ich hatte die Maße von Mr. de Klerk genommen, genau wie die neuer Gefängniskommandeure, als ich auf Robben Island war. Ich konnte unseren Leuten in Lusaka schreiben, daß Mr. de Klerk anscheinend wirklich eine Abkehr von der früheren Politik der National Party verkörpere. Mr. de Klerk, sagte ich und wiederholte damit die berühmte Beschreibung Gorbatschows durch Mrs. Thatcher, sei ein Mann, mit dem wir Geschäfte machen könnten.

AM 2. FEBRUAR 1990 stand F. W. de Klerk vor dem Parlament, um die traditionelle Eröffnungsrede zu halten, und tat etwas, das kein südafrikanisches Staatsoberhaupt je zuvor getan hatte: Er begann wahrhaftig, das System der Apartheid zu demontieren und bereitete den Boden für ein demokratisches Südafrika. Auf dramatische Weise kündigte Mr. de Klerk die Aufhebung des Verbots von ANC, PAC, South African Communist Party und 31 anderen illegalen Organisationen, die Freilassung wegen gewaltfreier Aktivitäten inhaftierter politischer Gefangener, die Abschaffung der Todesstrafe sowie die Aufhebung verschiedener durch den Ausnahmezustand erzwungener Beschränkungen an. »Die Zeit für Verhandlungen ist gekommen«, sagte er.

Es war ein atemberaubender Augenblick, denn sozusagen im Schnellgang hatte er tatsächlich die Situation in Südafrika normalisiert. Über Nacht war unsere Welt verändert. Nach 40 Jahren Verfolgung und Verbot war der ANC jetzt eine legale Organisation. Ich und alle meine Kameraden konnten nicht mehr verhaftet werden, weil wir Mitglieder des ANC waren, sein grüngelbschwarzes Banner trugen und in seinem Namen sprachen. Zum erstenmal seit fast 30 Jahren konnten meine Worte und Bilder wie die all meiner verbannten Kameraden frei in südafrikanischen Zeitungen erscheinen. Die internationale Gemeinschaft begrüßte begeistert de Klerks kühne Taten. Trotz all der guten Neuigkeiten hatte der ANC jedoch Einwände gegen die Tatsache, daß Mr. de Klerk den Ausnahmezustand nicht völlig aufgehoben und auch nicht den Abzug der Truppen aus den Townships befohlen hatte.

Am 9. Februar, sieben Tage nach Mr. de Klerks Rede zur Eröffnung des Parlaments, teilte man mir mit, ich würde erneut nach Tuynhuys fahren. Ich kam um sechs Uhr abends dort an. In seinem Büro traf ich einen lächelnden Mr. de Klerk, und als wir uns die Hand schüttelten, sagte er mir, er werde mich am folgenden Tag aus dem Gefängnis entlassen. Obwohl die Presse Südafrikas und der ganzen Welt seit Wochen über meine unmittelbar bevorstehende Entlassung spekuliert hatte, war Mr. de Klerks Ankündigung für mich eine Überraschung. Man hatte mir nicht mitgeteilt, daß Mr. de Klerk mich sehen wollte, um mir zu sagen, daß er mich zu einem freien Mann machte.

Ich empfand einen Konflikt zwischen Gefühl und Verstand. Ich wünschte mir zutiefst, das Gefängnis so bald wie möglich zu verlassen, aber es so kurzfristig zu tun, war nicht klug. Ich dankte Mr. de Klerk und sagte dann, selbst auf die Gefahr hin, undankbar zu erscheinen, hätte ich lieber eine Woche Zeit, damit meine Familie und meine Organisation sich auf meine Entlassung vorbereiten könnten. Morgen einfach hinauszugehen, sagte ich, würde ein Chaos verursachen. Ich bat Mr. de Klerk, mich in einer Woche zu entlassen. Nachdem ich 27 Jahre gewartet hätte, könne ich ohne weiteres noch einmal sieben Tage warten.

Mr. de Klerk war erstaunt über meine Reaktion. Statt mir zu antworten, fuhr er fort, mir den Plan meiner Entlassung zu erläutern. Er sagte, die Regierung werde mich nach Johannesburg fliegen und mich dort offiziell freilassen. Ehe er weitersprechen konnte, sagte ich ihm, dagegen hätte ich erhebliche Einwände. Ich wollte durch das Tor von Victor Verster gehen und denjenigen danken können, die sich um mich gekümmert hatten, sowie die Menschen von Kapstadt begrüßen. Obwohl ich aus Johannesburg stammte, war Kapstadt fast 30 Jahre lang mein Zuhause gewesen. Ich würde nach Johannesburg zurückkehren, aber dann, wann ich wollte, und nicht, wann die Regierung es wünschte. »Wenn ich erst frei bin«, sagte ich, »werde ich für mich selbst sorgen.«

Wieder war de Klerk verblüfft. Doch diesmal riefen meine Einwände eine Reaktion hervor. Er entschuldigte sich und verließ sein Büro, um sich mit anderen zu beraten. Nach zehn Minuten kam er mit ziemlich langem Gesicht zurück und sagte: »Mr. Mandela, es ist zu spät, um den Plan jetzt noch zu ändern.« Ich erwiderte, der Plan sei unannehmbar, ich wolle erst in einer Woche entlassen werden, und zwar aus Victor Verster, nicht in Johannesburg. Das war ein angespannter Moment, und damals sah keiner von uns irgendeine Ironie darin, daß ein Gefangener darum bat, nicht entlassen zu werden, während derjenige, der ihn gefangenhielt, ihn freizulassen versuchte.

De Klerk entschuldigte sich erneut und verließ das Zimmer. Nach zehn Minuten kam er mit einem Kompromiß zurück: Ja, ich könne aus Victor Verster entlassen werden, aber die Entlassung könne nicht verschoben werden. Die Regierung hatte bereits die ausländische Presse darüber informiert, daß man mich morgen freilassen werde, und meinte, diese Zusage einhalten zu müssen. Dagegen konnte ich nichts mehr sagen. Schließlich einigten wir uns auf den Kompromiß, und Mr. de Klerk schenkte zwei Gläser Whisky ein, um das zu feiern. Ich hob das Glas und prostete ihm zu, doch ich tat nur so, als tränke ich; solche alkoholischen Getränke sind mir zu stark.

Erst kurz vor Mitternacht kehrte ich in mein Haus zurück. Unverzüglich ließ ich meinen Kollegen in Kapstadt mitteilen, ich würde am folgenden Tag entlassen. Es gelang mir, Winnie eine Botschaft zu schicken, und ich rief Walter in Johannesburg an. Sie würden alle am nächsten Tag mit einem Charterflugzeug kommen. Noch in der Nacht kam eine Reihe von ANC-Leuten des sogenannten National Reception Committee (Nationales Empfangskomitee) in mein Haus, um ein Statement zu entwerfen, das ich am nächsten Tag abgeben würde. Sie gingen in den frühen Morgenstunden, und trotz meiner Erregung fiel mir das Einschlafen nicht schwer.

11. Teil

FREIHEIT

AM TAG MEINER Entlassung wachte ich nach nur wenigen Stunden Schlaf um halb fünf Uhr früh auf. Der 11. Februar in Kapstadt war ein wolkenloser Herbsttag. Ich absolvierte eine verkürzte Version meines üblichen Trainingsprogramms, wusch mich und frühstückte. Dann rief ich eine Reihe von Leuten von ANC und UDF in Kapstadt an und bat sie zu mir, um meine Entlassung vorzubereiten und an meiner Rede zu arbeiten. Der Gefängnisarzt kam zu einer kurzen Untersuchung. Ich beschäftigte mich nicht mit der Aussicht auf meine Entlassung, sondern mit all den vielen Dingen, die ich vorher noch erledigen mußte. Wie so oft im Leben ging die Bedeutungsschwere des Anlasses im Chaos von tausend Details unter.

Es gab zahlreiche Angelegenheiten, die diskutiert und gelöst werden mußten, und dafür war nur sehr wenig Zeit. Eine Reihe Kameraden aus dem Empfangskomitee, darunter Cyril Ramaphosa und Trevor Manuel, kamen froh und in aller Frühe ins Haus. Ursprünglich wollte ich zu den Leuten von Paarl sprechen, die während meiner Haft sehr freundlich zu mir gewesen waren, doch das Empfangskomitee beharrte unnachgiebig darauf, dies sei keine gute Idee. Es würde merkwürdig aussehen, wenn ich meine erste Rede an die wohlhabenden weißen Bürger von Paarl richtete. Statt dessen sollte ich wie geplant auf dem Grand Parade in Kapstadt zu den Menschen sprechen.

Eine der dringendsten Fragen, die gelöst werden mußten, war, wo ich meine erste Nacht in Freiheit verbringen würde. Ich neigte dazu, die Nacht in den Cape Flats zuzubringen, den geschäftigen schwarzen und farbigen Townships von Kapstadt, um meine Solidarität mit dem Volk zu zeigen. Doch meine Kollegen und später meine Frau meinten, aus Sicherheitsgründen solle ich bei Erzbischof Desmond Tutu in Bishop's Court bleiben, einer feudalen

Residenz in einem weißen Vorort. Dies war keine Gegend, in der man mir zu wohnen gestattet hätte, ehe ich ins Gefängnis kam, und ich dachte, es sei ein falsches Signal, meine erste Nacht in Freiheit in einem vornehmen Weißenviertel zuzubringen. Doch die Mitglieder des Komitees erklärten, in Tutus Amtszeit sei Bishop's Court multirassisch geworden und repräsentiere einen offenen, großzügigen Antirassismus.

Der Gefängnisservice lieferte mir Kisten und Kartons zum Packen. Während meiner ersten etwa 20 Jahre im Gefängnis hatte ich sehr wenige Besitztümer angehäuft, doch in den letzten paar Jahren war genug zusammengekommen – hauptsächlich Bücher und Papiere –, um die vergangenen Jahrzehnte auszugleichen. Ich füllte mehr als ein Dutzend Kisten und Kartons.

Die eigentliche Entlassung war auf drei Uhr nachmittags angesetzt, aber Winnie und Walter und die anderen Passagiere des Charterfluges kamen erst nach 14 Uhr an. Schon waren Dutzende von Leuten im Haus, und die ganze Szene nahm das Aussehen einer Feier an. Warrant Officer Swart bereitete eine letzte Mahlzeit für uns alle, und ich dankte ihm nicht nur für das Essen, für das er in den letzten beiden Jahren gesorgt hatte, sondern auch für seine Gesellschaft. Warrant Officer James Gregory war ebenfalls da, und ich umarmte ihn herzlich. In den Jahren, in denen er mich von Pollsmoor bis zu Victor Verster betreut hatte, hatten wir nie über Politik diskutiert, aber es gab eine unausgesprochene Bindung zwischen uns, und ich hätte seine beruhigende Gegenwart nicht missen mögen. Männer wie Swart, Gregory und Warrant Officer Brand bestärkten mich in dem Glauben an die Menschlichkeit selbst derer, die mich in den letzten siebenundzwanzigeinhalb Jahren hinter Gittern gehalten hatten.

Für ausführliches Abschiednehmen war sehr wenig Zeit. Geplant war, daß Winnie und ich in einem Auto an das Eingangstor des Gefängnisses gefahren werden sollten. Ich hatte den Behörden gesagt, ich wolle mich gern von den Wachen und Wärtern verabschieden, die sich um mich gekümmert hatten, und bat darum, daß sie und ihre Familien am Eingangstor auf mich warten sollten, damit ich ihnen einzeln danken konnte.

Um kurz nach drei wurde ich von einem bekannten SABC-Moderator angerufen, der verlangte, ich solle ein paar hundert Meter vor dem Tor aus dem Auto aussteigen, damit sie filmen könnten, wie ich in die Freiheit schritt. Das erschien mir vernünftig, und ich willigte ein. Dabei schwante mir zum erstenmal, daß die Sache vielleicht nicht so ruhig verlaufen würde, wie ich mir vorgestellt hatte.

Gegen halb vier wurde ich unruhig, da wir bereits Verspätung hatten. Ich sagte den Mitgliedern des Empfangskomitees, mein Volk habe 27 Jahre lang auf mich gewartet und ich wolle es nicht noch länger warten lassen. Kurz vor vier brachen wir mit einer kleinen Wagenkolonne vom Haus aus auf. Etwa 400 Meter vor dem Tor verlangsamte der Wagen und hielt an, und Winnie und ich stiegen aus und gingen auf das Gefängnistor zu.

Zuerst konnte ich nicht genau erkennen, was vor uns geschah, aber als ich auf etwa 200 Meter an das Tor herangekommen war, sah ich einen ungeheuren Tumult und eine große Menschenmenge: Hunderte von Fotografen und Fernsehkameras und Reportern und mehrere tausend Sympathisanten. Ich war erstaunt und ein bißchen alarmiert. Eine solche Szene hatte ich wirklich nicht erwartet; ich hatte mir höchstens ein paar Dutzend Leute vorgestellt, hauptsächlich die Wärter und ihre Familien. Doch wie sich herausstellte, war das erst der Anfang; mir wurde klar, daß wir uns nicht gründlich auf das vorbereitet hatten, was nun geschehen würde.

Etwa 30 Meter vor dem Tor begannen die Kameras zu klicken, ein Geräusch, das sich anhörte wie eine riesige Herde metallischer Tiere. Reporter begannen Fragen zu schreien; Fernsehteams strömten herbei; ANC-Anhänger riefen und jubelten. Es war ein glückliches, wenn auch etwas verwirrendes Chaos. Als ein Fernsehteam ein langes, dunkles, pelziges Objekt auf mich richtete, wich ich ein wenig zurück und fragte mich, ob das irgendeine neue Waffe sei, die während meiner Haft entwickelt worden war. Winnie teilte mir mit, es handle sich um ein Mikrofon.

Als ich mitten in der Menge war, hob ich die rechte Faust, und Jubel brauste auf. Das hatte ich 27 Jahrelang nicht tun können und mich durchströmten Kraft und Freude. Wir blieben nur ein paar Minuten unter der Menschenmenge, ehe wir wieder in den Wagen sprangen und nach Kapstadt fuhren. Obwohl ich mich über diesen Empfang freute, war ich überaus bekümmert, daß ich mich nicht vom Gefängnispersonal hatte verabschieden können. Als ich endlich durch das Tor schritt, um auf der anderen Seite ein Auto zu besteigen, hatte ich trotz meiner 71 Jahre das Gefühl, ein neues Leben zu beginnen: Die 10 000 Tage meiner Gefangenschaft waren vorüber.

Kapstadt lag 50 Kilometer südwestlich, doch wegen der unerwarteten Menschenmenge am Tor entschied sich der Fahrer dafür, einen anderen Weg in die Stadt einzuschlagen. Wir fuhren um die Rückseite des Gefängnisses herum zurück, und unser kleiner Konvoi nahm kleine Straßen und Nebenstrecken in die Stadt. Wir passierten wunderschöne grüne Weinberge und gepflegte Farmen, und ich genoß die Szenerie, die mich umgab.

Die Landschaft war üppig und kultiviert, aber was mich überraschte, waren die vielen weißen Familien, die am Straßenrand standen, um einen Blick auf unsere Kolonne zu erhaschen. Sie hatten im Radio gehört, daß wir eine andere Strecke fahren würden. Einige, vielleicht ein Dutzend, hoben sogar die geballte rechte Faust, was zum Machtgruß des ANC geworden war. Das erstaunte mich. Diese paar braven Seelen aus einer konservativen ländlichen Gegend, die ihre Solidarität ausdrückten, machten mir Mut. Einmal ließ ich anhalten und stieg aus dem Wagen, um einer solchen weißen Familie zu danken und zu sagen, wie sehr mich ihre Unterstützung ermutigte. Mir kam der Gedanke, daß das Südafrika, in das ich zurückkehrte, sich sehr von dem unterschied, das ich einst verlassen hatte.

Als wir die Außenbezirke der Stadt erreichten, sah ich Menschen, die ins Zentrum strömten. Das Empfangskomitee hatte eine Versammlung am Grande Parade in Kapstadt organisiert, einem großen offenen Karree, das sich vor dem alten Rathaus erstreckte. Vom Balkon dieses Gebäudes aus, wo man den ganzen Platz überblicken konnte, würde ich zu den Leuten sprechen. Wir hörten kurze Berichte von einer Flut von Menschen, die dort seit dem Morgen warteten. Geplant war, daß unsere Wagenkolonne der Menge ausweichen und von der Rückseite her das Rathaus ansteuern sollte, wo ich in Ruhe das Gebäude betreten sollte.

Die Fahrt nach Kapstadt dauerte 45 Minuten, und als wir uns dem Grand Parade näherten, sahen wir eine enorme Menschenmenge. Der Fahrer sollte rechts abbiegen und sie umfahren, doch statt dessen steuerte er unerklärlicherweise mitten in die Menschenmenge hinein. Sofort eilten die Leute herbei und umringten den Wagen. Ein oder zwei Minuten lang kamen wir noch zentimeterweise vorwärts, doch dann mußten wir wegen des Drucks der vielen Leiber anhalten. Die Menschen fingen an, an die Fenster und dann an den Kofferraum und auf das Dach des Wagens zu klopfen. Von innen hörte sich das an wie ein schwerer Hagelsturm. Dann begannen die Leute in ihrer Erregung, auf den Wagen zu springen. Andere rüttelten ihn, und in diesem Augenblick fing ich an, mir Sorgen zu machen. Ich hatte das Gefühl, die Menge sei vor lauter Liebe durchaus imstande, uns umzubringen.

Der Fahrer fürchtete sich noch mehr als Winnie und ich und schrie laut, wir sollten aus dem Wagen springen. Ich bat ihn, Ruhe zu bewahren und im Auto zu bleiben. Die anderen Personen in den Wagen hinter uns würden uns schon zu Hilfe kommen. Allan Boesak und andere versuchten, einen Weg für unser Fahrzeug freizumachen und die Leute vom Wagen wegzudrängen, doch sie hatten wenig Erfolg. Mehr als eine Stunde lang saßen wir in dem Auto fest, gefangen von Tausenden unserer eigenen Anhänger – es hätte wenig Sinn gehabt, auch nur die Tür öffnen zu wollen, so viele Menschen umdrängten den Wagen. Der für die Rede angesetzte Zeitpunkt war schon lange verstrichen.

Mehrere Dutzend Polizisten kamen uns schließlich zu Hilfe und schafften es, uns nach und nach einen Weg zu bahnen. Als wir endlich frei waren, raste der Fahrer mit großer Geschwindigkeit vom Rathaus fort. »Mann, wo fahren Sie hin?« fragte ich ihn erregt. »Ich weiß nicht«, antwortete er mit vor Angst angespannter Stimme. »So etwas habe ich noch nie erlebt«, sagte er und fuhr völlig ziellos weiter.

Als er sich wieder zu beruhigen begann, wies ich ihm den Weg zum Haus meines Freundes und Anwalts Dullah Omar, der im indischen Viertel der Stadt wohnte. Dort könnten wir hinfahren, meinte ich, und uns ein paar Minuten entspannen. Das sagte ihm zu. Zum Glück waren Dullah und seine Familie zu Hause, aber sie waren nicht schlecht erstaunt, uns zu sehen. Zum erstenmal seit 27 Jahren war ich ein freier Mann, doch sie fragten besorgt und erstaunt: »Sollten Sie nicht eigentlich auf dem Grand Parade sein?«

Bei Dullah konnten wir etwas Kaltes trinken, doch schon nach wenigen Minuten rief Bischof Tutu an. Ich weiß nicht, woher er wußte, wo wir waren. Er war ziemlich bekümmert und sagte: »Nelson, Sie müssen sofort zum Grand Parade zurückkommen. Die Leute werden unruhig. Wenn Sie nicht sofort wiederkommen, kann ich mich nicht für das verbürgen, was dort passiert. Es könnte zu einem Aufstand kommen!« Ich sagte, ich würde sofort kommen.

Unser Problem war der Fahrer. Er hatte nicht die geringste Lust, zum Grand Parade zurückzukehren. Aber ich protestierte, und bald waren wir auf dem Rückweg zum Rathaus. Das Gebäude war auf allen Seiten von Menschen umringt, aber auf der Rückseite stand die Menge nicht so dicht, und es gelang dem Fahrer, den Hintereingang zu erreichen. Es dämmerte schon fast, als ich in das obere Stockwerk dieses stattlichen Gebäudes geführt wurde, durch dessen Gänge stets weiße Beamte schlurfen. Ich trat hinaus auf den Balkon und erblickte eine unübersehbare Menschenmenge. Die Leute trugen Fahnen und Banner, jubelten, klatschten und lachten. Ich hob vor der Menge die Faust, und ungeheurer Jubel war die Reaktion. Dieser Jubel flößte mir neuen Kampfgeist ein. »Amandla!« rief ich. »Ngawethu!« antworteten sie. »Afrika!« schrie ich. »Mayibuye!« antworteten sie. Als die Menge sich schließlich ein wenig beruhigt hatte, nahm ich meine Rede heraus und griff dann in die Brusttasche nach meiner Brille. Sie war nicht da; ich hatte sie in Victor Verster vergessen. Ich wußte, daß Winnies Gläser eine ähnliche Stärke hatten, und so lieh ich mir ihre Brille.

»Freunde, Kameraden und südafrikanische Landsleute. Ich grüße euch alle im Namen von Frieden, Demokratie und Freiheit für alle! Ich stehe hier vor euch nicht als Prophet, sondern als euer bescheidener Diener, als Diener des Volkes. Eure unermüdlichen und heroischen Opfer haben es möglich gemacht, daß ich heute hier bin. Deshalb lege ich die verbleibenden Jahre meines Lebens in eure Hände.«

Ich sprach von Herzen. Zuerst wollte ich den Leuten sagen, daß ich kein Messias war, sondern ein gewöhnlicher Mensch, der aufgrund außergewöhnlicher Umstände zum Führer geworden war. Dann wollte ich unverzüglich den Menschen in aller Welt danken, die sich für meine Freilassung eingesetzt hatten. Ich dankte den Leuten von Kapstadt und grüßte Oliver Tambo und den African National Congress, Umkhonto We Sizwe, die Kommunistische Partei Südafrikas, die UDF, den South African Youth Congress, COSATU, das Mass Democratic Movement, die National Union of South African Students und eine Gruppe von Frauen, die seit langer Zeit eine Stimme des Gewissens war. Ich sprach auch meiner Frau und meiner Familie öffentlich meinen Dank aus und sagte: »Ich bin überzeugt, daß ihre Schmerzen und Leiden weit größer waren als meine eigenen.«

Ich sagte der Menge unmißverständlich, daß die Apartheid in Südafrika keine Zukunft habe und daß sie nicht aufhören dürfe, sich massenhaft für dieses Ziel einzusetzen. »Der Anblick der Freiheit am Horizont sollte uns ermutigen, unsere Anstrengungen zu verdoppeln.« Ich hielt es für wichtig, öffentlich meine Gespräche mit der Regierung zu erklären. »Heute«, sagte ich, »möchte ich euch berichten, daß meine Gespräche mit der Regierung darauf abzielten, die politische Situation im Lande zu normalisieren. Ich möchte betonen, daß ich selbst zu keiner Zeit in Verhandlungen über die Zukunft unseres Landes eingetreten bin, außer, um auf einem Treffen zwischen dem ANC und der Regierung zu bestehen.«

Ich drückte meine Hoffnung aus, ein Klima, das zu Verhandlungsvereinbarungen führen könne, werde bald erreicht sein und den bewaffneten Kampf überflüssig machen. Die Schritte, um ein solches Klima zu erzielen, sagte ich, seien in der Harare-Deklaration des ANC von 1989 umrissen worden. Als Vorbedingung für wirkliche Verhandlungen, sagte ich, müsse die Regierung sofort den Ausnahmezustand beenden und alle politischen Gefangenen freilassen.

Ich sagte den Menschen, daß de Klerk weiter gegangen sei als jeder andere Führer der National Party, um die Situation zu normalisieren, und dann bezeichnete ich Mr. de Klerk als »Mann von Integrität«, was mich später noch verfolgen sollte. Diese Worte wurden mir viele Male vorgeworfen, wenn de Klerk ihnen nicht gerecht zu werden schien.

Es war mir überaus wichtig, meinem Volk und der Regierung zu zeigen, daß ich ungebrochen und ungebeugt und der Kampf für mich nicht beendet war, sondern in anderer Form neu begann. Ich versicherte, ich sei ein »loyales und diszipliniertes Mitglied des African National Congress«. Ich ermutigte die Menschen, wieder auf die Barrikaden zurückzukehren und den Kampf zu intensivieren. Die letzten Meter würden wir gemeinsam zurücklegen.

Als ich meine Rede beendet hatte, war es Abend, und wir wurden zu unseren Wagen zurückgedrängt, um nach Bishop's Court zu fahren. Als wir diese unberührte Gegend erreichten, sah ich Hunderte von schwarzen Gesichtern, die darauf warteten, mich zu begrüßen. Als sie uns erblickten, begannen die Menschen zu singen. Ich begrüßte Erzbischof Tutu mit einer herzlichen Umarmung; dieser Mann hatte mit seinen Worten und seinem Mut eine ganze Nation inspiriert und die Hoffnung der Menschen in dunkelster Zeit wieder aufleben lassen. Wir wurden ins Haus geführt, wo uns weitere Angehörige und Freunde erwarteten, aber der wundervollste Augenblick für mich war, als ich erfuhr, jemand rufe aus Stockholm für mich an. Ich wußte sofort, wer es war. Olivers Stimme war schwach, aber nicht zu verkennen, und sie nach all diesen Jahren hören zu können erfüllte mich mit großer Freude. Oliver war in Schweden, um sich von einem Schlaganfall zu erholen, den er im August 1989 erlitten hatte. Wir waren uns darüber einig, daß wir uns so bald wie möglich treffen wollten.

Bei der Entlassung aus dem Gefängnis hatte ich davon geträumt, beschaulich hinunter in die Transkei zu fahren und meinen Geburtsort zu besuchen, die Hügel und Bäche, wo ich als Kind gespielt hatte, das Grab meiner Mutter, das ich nie gesehen hatte. Doch ich mußte meinen Traum aufschieben, denn ich erfuhr sehr bald von den weitreichenden Plänen, die der ANC mit mir hatte, und eine entspannende Reise in die Transkei gehörte nicht dazu.

AM NACHMITTAG nach meiner Entlassung sollte ich eine Pressekonferenz abhalten, und morgens traf ich mich mit einigen Kollegen, um über Pläne und Strategien zu sprechen. Ein kleiner Berg von Telegrammen und Glückwünschen war gekommen, und ich versuchte, soviel wie möglich davon zu lesen. Es gab Telegramme aus aller Welt, von Präsidenten und Premierministern, aber ich erinnere mich besonders an eines von einer weißen Hausfrau aus Kapstadt, das mich sehr amüsierte. Es lautete: »Ich bin sehr froh, daß Sie frei und wieder bei Ihren Freunden und Ihrer Familie sind, aber Ihre Rede gestern war sehr langweilig.«

Bevor ich ins Gefängnis kam, hatte ich nie eine derartige Pressekonferenz wie an diesem Tag abgehalten. In früheren Tagen gab es keine Fernsehkameras, und die meisten Pressekonferenzen des ANC fanden in aller Heimlichkeit statt. An diesem Nachmittag waren so viele Journalisten aus so vielen verschiedenen Ländern vertreten, daß ich gar nicht wußte, an wen ich mich wenden sollte. Ich freute mich, einen großen Prozentsatz schwarzer Journalisten unter ihnen zu sehen. Bei der Pressekonferenz wollte ich wieder eine Reihe von Themen ansprechen: vor allem, daß ich ein loyales und diszipliniertes Mitglied des ANC sei. Mir war klar, daß die meisten älteren ANC-Leute meine Entlassung vom Ausland aus beobachteten und versuchten, aus der Ferne meine Treue zu beurteilen. Ich wußte, sie hatten Gerüchte gehört, ich hätte mich von der Organisation entfernt und sei kompromittiert, und so versuchte ich mit jeder Wendung, sie darüber zu beruhigen. Auf die Frage, welche Rolle ich in der Organisation spielen würde, antwortete ich, ich werde jede Rolle übernehmen, die der ANC mir zuweise.

Ich sagte den Reportern, es bestehe kein Widerspruch zwischen meiner weiteren Unterstützung des bewaffneten Kampfes und meinem Eintreten für Verhandlungen. Es waren die Realität und die Drohung des bewaffneten Kampfes, welche die Regierung an den Rand von Verhandlungen gebracht hatten. Ich fügte hinzu, wenn der Staat aufhöre, dem ANC Gewalt anzutun, werde auch der ANC Frieden halten. Nach den Sanktionen gefragt, sagte ich, der ANC könne noch nicht dazu aufrufen, die Sanktionen zu lokkern, da die Situation, die diese Sanktionen überhaupt erst herbeigeführt habe – nämlich das Fehlen politischer Rechte für die Schwarzen –, noch immer der Status quo sei. Ich sei zwar aus dem Gefängnis entlassen, sagte ich, aber ich sei noch nicht frei.

Ich wurde auch nach den Ängsten der Weißen gefragt. Ich wußte, die Menschen erwarteten von mir, daß ich Zorn auf die Weißen hegte. Doch das war nicht der Fall. Im Gefängnis nahm mein Zorn auf die Weißen ab, aber mein Haß auf das System wuchs. Südafrika sollte sehen, daß ich sogar meine Feinde liebte, das System jedoch haßte, das uns gegeneinander aufbrachte.

Ich wollte den Reportern die kritische Rolle der Weißen bei jeder neuen Regelung einprägen. Das versuchte ich nie aus den Augen zu verlieren. Wir wollten das Land nicht zerstören, bevor wir es befreiten, und die Weißen zu vertreiben würde die Nation vernichten. Ich sagte, es gebe einen Mittelweg zwischen weißen Ängsten und schwarzen Hoffnungen und den würden wir vom ANC finden. »Weiße sind südafrikanische Landsleute«, sagte ich, »und wir möchten, daß sie sich sicher fühlen und wissen, daß wir den Beitrag schätzen, den sie zur Entwicklung dieses Landes geleistet haben.« Alle Männer oder Frauen, die die Apartheid aufgäben, seien bei unserem Kampf um ein demokratisches, nichtrassistisches Südafrika willkommen; wir müßten alles in unseren Kräften Stehende tun, um unsere weißen Landsleute davon zu überzeugen, daß ein neues, nichtrassistisches Südafrika ein besseres Land für alle sein werde.

Von meiner allerersten Pressekonferenz an merkte ich, daß die Journalisten ebenso begierig darauf waren, etwas über meine persönlichen Gefühle und Beziehungen zu erfahren wie über meine politischen Gedanken. Das war mir neu; als ich ins Gefängnis kam, wäre es keinem Journalisten eingefallen, mich nach meiner Frau und Familie, meinen Gefühlen und meinen intimsten Augenblicken zu fragen. Es war zwar verständlich, daß die Presse sich für solche Dinge interessierte, doch ich fand ihre Neugier schwer zu befriedigen. Ich war und bin kein Mann, dem es leichtfällt, öffentlich über seine Gefühle zu reden. Oft wurde ich von Reportern gefragt, wie es sich anfühle, frei zu sein, und ich tat mein Bestes, um das Unbeschreibliche zu schildern, doch gewöhnlich mißlang es mir.

Nach der Pressekonferenz rief Erzbischof Tutus Frau uns aus Johannesburg an, um uns zu sagen, wir müßten unverzüglich dorthin fliegen. Winnie und ich hatten gehofft, ein paar Tage in Kapstadt zu verbringen und uns zu entspannen, doch die Botschaft, die wir erhielten, lautete, die Menschen in Johannesburg würden unruhig und es könne zu einem Chaos kommen, wenn ich nicht sofort einträfe. Am gleichen Abend flogen wir nach Johannesburg; man sagte mir allerdings, Tausende von Menschen umringten unser altes Zuhause in West-Orlando und es sei nicht klug, dorthin zu gehen. Widerstrebend fügte ich mich. Ich sehnte mich danach, meine zweite Nacht in Freiheit unter meinem eigenen Dach zu verbringen. Doch so blieben Winnie und ich in den nördlichen Vororten im Haus eines ANC-Anhängers.

Am folgenden Morgen flogen wir per Hubschrauber zum First National Bank Stadium in Soweto. Wir konnten einen Rundflug über Soweto machen, der wimmelnden Metropole aus Spielzeughäuschen, Blechhütten und ungepflasterten Straßen, der Mutterstadt dies schwarzen urbanen Südafrika, der einzigen Heimat, die ich als Mann je gekannt hatte, ehe ich ins Gefängnis kam. Soweto war zwar gewachsen und prosperierte an einigen Stellen, doch die überwältigende Mehrheit der Menschen war noch immer entsetzlich arm, ohne Elektrizität und fließendes Wasser und vegetierte auf eine Weise dahin, die für eine so reiche Nation wie Südafrika beschämend war. An vielen Orten war die Armut viel schlimmer als bei meiner Inhaftierung.

Wir kreisten über dem Stadion, das mit 120 000 Menschen besetzt war, und landeten in der Mitte. Das Stadion war so überfüllt, daß es aussah, als werde es aus den Nähten platzen vor lauter Menschen. Ich gab meiner Freude Ausdruck, wieder unter ihnen zu sein, doch dann warf ich den Leuten einige der lähmenden Probleme städtischen schwarzen Lebens vor. Die Schüler, sagte ich, müßten in die Schule zurückkehren. Das Verbrechen müsse unter Kontrolle gebracht werden. Ich sagte ihnen, ich hätte von Kriminellen gehört, die sich als Freiheitskämpfer verkleideten, unschuldige Menschen belästigten und Fahrzeuge in Brand steckten; diese Gauner hätten keinen Platz in unserem Kampf. Freiheit ohne Kultur, Freiheit ohne die Möglichkeit, in Frieden zu leben, sei keine wirkliche Freiheit.

»Heute erfüllt meine Rückkehr nach Soweto mein Herz mit Freude. Gleichzeitig komme ich mit einer tiefen Traurigkeit zurück. Traurigkeit, zu erfahren, daß ihr noch immer unter einem unmenschlichen System leidet. Die Wohnungsknappheit, die Schulkrise, die Arbeitslosigkeit und die Verbrechensrate sind noch immer groß. So stolz ich bin, ein Teil der Gemeinschaft von Soweto zu sein, so sehr haben mich die Verbrechensstatistiken verstört, die ich in den Zeitungen gelesen habe. Obwohl ich die Entbehrungen verstehe, unter denen unser Volk leidet, muß ich doch klarstellen, daß die Kriminalitätsrate in der Township ungesund ist und dringend beseitigt werden muß.«

Ich schloß damit, daß ich allen Südafrikanern mit gutem Willen und guten Absichten die Arme öffnete, und sagte, daß »kein Mann und keine Frau, die die Apartheid aufgegeben haben, aus unserer Bewegung zu einem nichtrassistischen, geeinten und demokratischen Südafrika mit allgemeinen, freien Wahlen und Stimmrecht für alle ausgeschlossen werden«. Das sei die Mission des ANC, das Ziel, das ich während meiner vielen einsamen Jahre im Gefängnis immer vor Augen gehabt habe, das Ziel, für das ich in den verbleibenden Jahren meines Lebens arbeiten würde. Es sei der Traum, den ich gehegt hatte, als ich mit 45 Jahren ins Gefängnis gekommen sei, aber nun sei ich kein junger Mann mehr und könne es mir mit meinen 71 Jahren nicht leisten, Zeit zu vergeuden.

An diesem Abend kehrte ich mit Winnie zur Nummer 8115 in West-Orlando zurück. Erst da wußte ich auch innerlich, daß ich das Gefängnis verlassen hatte. Für mich war 8115 der Mittelpunkt meiner Welt, der Ort, der in meiner geistigen Geographie mit einem X gekennzeichnet war. Das Haus war nach dem Feuer solide wieder aufgebaut worden. Als ich die vier Zimmer sah, war ich überrascht, um wieviel kleiner und bescheidener das Haus war, als ich es in Erinnerung hatte. Verglichen mit meinem Haus in Victor Verster hätte Nummer 8115 das Dienstbotenquartier im Hinterhof sein können. Doch jedes Haus, in dem ein Mann frei ist, ist seine Burg, auch wenn man es mit dem feudalsten Gefängnis vergleicht.

So glücklich ich auch war, zu Hause zu sein, hatte ich doch das Gefühl, daß mir an diesem Abend das versagt wurde, was ich mir am meisten gewünscht und wonach ich mich gesehnt hatte. Ich hatte Sehnsucht danach, wieder ein normales, gewöhnliches Leben zu führen, einige Fäden meines Lebens als junger Mann wieder aufzunehmen, morgens ins Büro zu gehen und abends zu meiner Familie zurückzukommen, einfach hinauszugehen und in der Apotheke Zahnpasta zu kaufen oder abends alte Freunde zu besuchen. Diese gewöhnlichen Dinge sind das, was man im Gefängnis am meisten vermißt. Man träumt davon, sie zu tun, wenn man frei ist. Doch ich merkte schnell, daß solche Dinge nicht möglich sein würden. An diesem und jedem folgenden Abend in den nächsten Wochen und Monaten war das Haus von Hunderten von Sympathisanten umringt. Die Menschen sangen und tanzten und riefen, und ihre Freude war ansteckend. Sie waren mein Volk, und ich hatte nicht das Recht und nicht den Wunsch, mich ihnen zu verweigern. Doch indem ich mich meinem Volk gab, sah ich, daß ich mich meiner Familie aufs neue entzog.

Wir schliefen nicht viel in dieser Nacht, da der Gesang bis in die Morgenstunden andauerte, als Mitglieder von ANC und UDF, die das Haus bewachten, die Menge baten, still zu sein und uns ausruhen zu lassen. Es gab viele im ANC, die mir rieten, in ein einige Blocks entfernt im Bezirk Diepkloof stehendes Haus zu ziehen, das Winnie gebaut hatte, während ich im Gefängnis war. Nach Soweto-Maßstäben war es ein prächtiges Haus, aber für mich beherbergte es keine bedeutungsschweren Erinnerungen. Außerdem war es ein Haus, das aufgrund seiner Größe und seiner Kosten für einen Volksführer irgendwie unangemessen wirkte. Ich lehnte den Rat ab, solange ich konnte. Ich wollte nicht nur unter meinem Volk leben, sondern auch so wie mein Volk.

ALS ERSTES hatte ich der ANC-Führung zu berichten, und am 27. Februar, wenig mehr als zwei Wochen nach meiner Freilassung, flog ich zu einem Treffen mit dem Nationalen Exekutivkomitee nach Lusaka. Es war ein wunderbares Wiedersehen mit den alten Kameraden, die ich seit Jahrzehnten nicht gesehen hatte. Eine Anzahl afrikanischer Staatsoberhäupter war ebenfalls anwesend, und ich hatte kurze Gespräche mit Robert Mugabe von Simbabwe, Kenneth Kaunda von Sambia, Quett Masire von Botswana, Joaquim Chissano von Mosambik, José Eduardo Dos Santos von Angola und Yoweri Musaveni von Uganda.

Die Mitglieder der Exekutive waren froh über meine Freilassung, doch sie waren auch begierig, den Mann kennenzulernen und einzuschätzen, der da freigelassen worden war. Die Fragen konnte ich an ihren Augen erkennen. War Mandela noch derselbe Mann, der vor 27 Jahren ins Gefängnis gegangen war, oder war dieser Mann ein anderer Mandela? Hatte er überlebt, oder war er gebrochen? Sie hatten von meinen Gesprächen mit der Regierung gehört, und sie waren aufrichtig besorgt. Ich hatte nicht nur jeden Kontakt zur Situation draußen verloren, sondern konnte auch seit

1984 nicht einmal mehr mit meinen Kollegen im Gefängnis kommunizieren.

Sorgfältig und sachlich erläuterte ich die Art meiner Gespräche mit der Regierung. Ich beschrieb die Forderungen, die ich gestellt hatte, und den Fortschritt, der erreicht worden war. Sie hatten die Memoranden gelesen, die ich Botha und de Klerk geschrieben hatte, und sie wußten, daß diese Dokumente der ANC-Politik entsprachen. Ich wußte auch, daß einige der in den letzten Jahren entlassenen Männer nach Lusaka gereist waren und dort hinter vorgehaltener Hand erklärt hatten: »Madiba ist zahm geworden. Er hat sich von den Behörden kaufen lassen. Er trägt dreiteilige Anzüge, trinkt Wein und speist gut.« Ich wußte von diesen Gerüchten, und ich wollte sie zurückweisen. Der beste Weg, sie zu entkräften, bestünde, wie ich wußte, darin, einfach über alles, was ich getan hatte, offen und ehrlich zu reden.

Auf der Sitzung des NEC wurde ich zum stellvertretenden Präsidenten der Organisation gewählt, und Alfred Nzo, der ANC-Generalsekretär, wurde zum amtierenden Präsidenten ernannt, solange Oliver noch nicht wieder zu Kräften gekommen war. Auf einer Pressekonferenz im Anschluß an unsere Sitzung wurde ich nach einem Vorschlag gefragt, den Dr. Kaunda, der Präsident von Sambia und ein langjähriger Förderer unserer Organisation, gemacht hatte: Nun, da ich freigelassen worden sei, solle der ANC seine bewaffneten Operationen in Südafrika einstellen. Ich erwiderte, wir schätzten zwar Dr. Kaundas Weisheit und Unterstützung, doch es sei noch zu früh, den bewaffneten Kampf zu beenden, denn wir hätten noch nicht das Ziel erreicht, für das wir zu den Waffen gegriffen hätten. Es sei nicht Aufgabe des ANC, erklärte ich, Mr. de Klerk dabei behilflich zu sein, seine rechten Anhänger zu besänftigen.

Von Lusaka aus unternahm ich eine Reise durch Afrika und besuchte Simbabwe, Tansania, Sansibar, Äthiopien, Algerien und Ägypten. Während der sechs Monate nach meiner Freilassung verbrachte ich mehr Zeit im Ausland als daheim. Fast überall, wohin ich kam, traf ich auf enthusiastische Menschenmengen, die mich auch dann, wenn ich mich erschöpft fühlte, wiederaufrichteten. In Daressalam wurde ich von schätzungsweise einer halben Million Menschen empfangen.

Ich genoß meine Reisen außerordentlich. Ich wollte neue – und alte – Aussichten sehen, andere Speisen kosten und mit allen Arten von Menschen sprechen. Sehr schnell hatte ich mich an eine Welt gewöhnt, die völlig anders war als die, die ich verlassen hatte. Mit den Wandlungen des Verkehrs, der Kommunikation und der Massenmedien hatte die Welt sich beschleunigt, alles geschah so schnell heutzutage, daß man gelegentlich Mühe hatte, den Anschluß zu behalten. Winnie versuchte mich dazu zu bewegen, es langsam angehen zu lassen, doch es gab ganz einfach zuviel zu tun. Die Organisation wollte die Euphorie, die meine Freilassung ausgelöst hatte, zu ihrem Vorteil nutzen.

In Kairo sollte ich einen Tag nach meinem Privatgespräch mit dem ägyptischen Präsidenten Hosni Mubarak in einer Stadthalle Grußworte an eine Versammlung richten. Als ich eintraf, schien die Menge förmlich aus dem Gebäude zu strömen, und für Sicherheit war herzlich wenig gesorgt. Ich erklärte einem Polizisten, ich dächte, er benötige Verstärkung, doch er schüttelte nur den Kopf. Winnie und ich warteten in einem Raum hinter der Stadthalle, und zur vereinbarten Stunde forderte mich ein Polizist auf, mich hineinzubegeben. Ich bat ihn, zunächst die übrigen Mitglieder meiner Delegation hineinzugeleiten, denn ich befürchtete, es werde die Hölle losbrechen, wenn ich hineinginge, und die anderen könnten dann von mir getrennt werden. Doch der Polizist drängte mich, zuerst einzutreten, und tatsächlich, sobald ich in der Halle war, stürmte die Menge heran und durchbrach die Polizeikette. In ihrem Enthusiasmus wurde ich angerempelt und auch ein wenig geschlagen, und irgendwann verlor ich in der allgemeinen Verwirrung einen Schuh. Als sich die Menge einige Minuten später ein wenig beruhigt hatte, konnte ich weder feststellen, wo mein Schuh, noch, wo meine Frau war. Nach etwa einer halben Stunde wurde Winnie schließlich zu mir auf die Tribüne gebracht, ganz verärgert darüber, daß sie verlorengegangen war. Ich konnte nicht einmal ein Grußwort sprechen, denn die Menge schrie so laut »Mandela! Mandela!«, daß man mich durch den Lärm nicht hören konnte, und schließlich machte ich mich davon, ohne meinen Schuh und mit einer ungewöhnlich schweigsamen Frau.

In Kairo hielt ich auch eine Pressekonferenz ab, in der ich erklärte, der ANC sei »bereit, über eine Einstellung der Feindseligkeiten nachzudenken«. Das war ein Signal für die Regierung. ANC wie Regierung waren bestrebt, ein Klima herzustellen, in dem Verhandlungen zum Erfolg würden führen können. Während der ANC forderte, die Regierung solle die Situation im Lande normalisieren, indem sie den Notstand aufhebe, wollte die Regierung den ANC zuerst dazu bewegen, auf den bewaffneten Kampf zu verzichten. Wenngleich wir noch nicht bereit waren, einen solchen Verzicht anzukündigen, so wollten wir doch Mr. de Klerk ausreichend Ermutigung verschaffen, seine Reformstrategie weiterzuverfolgen. Wir wußten, daß wir am Ende den bewaffneten Kampf aufgeben würden, zum Teil um ernsthaftere Verhandlungen zu ermöglichen, zum Teil auch um Mr. de Klerk in die Lage zu versetzen, vor seine Klientel, die weißen Wähler in Südafrika, hinzutreten und zu erklären: »Seht, das sind die Früchte meiner Politik.«

Nach meiner letzten Station in Afrika flog ich nach Stockholm, um Oliver zu besuchen. Auf das Wiedersehen mit meinem alten Freund und Anwaltspartner freute ich mich am meisten. Oliver ging es nicht gut, doch als wir uns trafen, waren wir wie zwei kleine Jungen im Veld, die Kraft bezogen aus ihrer Liebe zueinander. Wir sprachen zunächst von alten Zeiten, doch als wir allein waren, schnitt er als erstes das Thema der Leitung der Organisation an. »Nelson«, sagte er, »du mußt nun das Amt des ANC-Präsidenten übernehmen. Ich habe den Platz nur für dich warmgehalten.« Ich widersprach und erklärte ihm, er habe die Organisation im Exil weit besser geführt, als ich es je hätte tun können. Es sei weder fair noch demokratisch, auf diese Weise das Amt zu übergeben. »Du bist von der Organisation zum Präsidenten gewählt worden«, erklärte ich. »Laß uns bis zu einer Wahl warten. Dann kann die Organisation entscheiden.« Oliver protestierte, doch ich gab nicht nach. Sein Wunsch, mich zum Präsidenten zu bestimmen, war ein Zeichen seiner Demut und seiner Selbstlosigkeit, doch er entsprach nicht den Prinzipien des ANC.

Im April 1990 flog ich nach London, um an einem Konzert in Wembley teilzunehmen, das mir zu Ehren gegeben wurde. Viele international bekannte Künstler, von denen ich die meisten nicht kannte, traten auf, und die Vorstellung wurde weltweit im Fernsehen übertragen. Ich benutzte die Gelegenheit, um den Gegnern der Apartheid in aller Welt für ihre unschätzbare Arbeit zu danken, für die Durchsetzung von Sanktionen, für meine Freilassung und die meiner Mitgefangenen und für die echte Hilfe und Solidarität, die sie dem unterdrückten Volk meines Landes bewiesen hätten.

ALS ICH AUS dem Gefängnis kam, war Häuptling Manosuthu Buthelezi, Vorsitzender der Inkatha Freedom Party und Chief Minister von KwaZulu, einer der bedeutendsten Schauspieler auf der politischen Bühne Südafrikas. Doch in ANC-Kreisen war er durchaus keine populäre Gestalt. Häuptling Buthelezi stammte von dem großen Zulu-König Catywayo ab, der die Briten 1879 in der Schlacht von Isandlwana geschlagen hatte. Als junger Mann hatte er Fort Hare besucht und sich dann der ANC-Jugendliga angeschlossen. Ich hielt ihn für einen der künftigen jungen Führer der Bewegung. Mit stillschweigender Unterstützung des ANC war er Chief Minister des KwaZulu-Homeland geworden, und selbst seine Gründung der Inkatha als einer Organisation der Zulu-Kultur stand nicht im Gegensatz zum ANC. Obwohl er resolut gegen die Apartheid opponierte und es ablehnte, daß KwaZulu ein »unabhängiges« Homeland wurde, war er dennoch ein Dorn im Fleisch der demokratischen Bewegung. Er lehnte den bewaffneten Kampf ab. Er kritisierte den Aufstand von Soweto im Jahre 1976. Er veranstaltete Kampagnen gegen die internationalen Sanktionen. Er mißbilligte die Idee eines südafrikanischen Einheitsstaates. Dennoch hatte Häuptling Buthelezi unablässig meine Freilassung gefordert und es abgelehnt, mit der Regierung zu verhandeln, solange ich und andere politische Gefangene nicht freigelassen wären.

Häuptling Buthelezi war einer der ersten, mit dem ich nach meiner Freilassung telefonierte, um ihm für seine seit langem gewährte Unterstützung zu danken. Ich hatte das Bedürfnis, den Häuptling so bald wie möglich zu treffen, damit wir versuchen könnten, unsere Meinungsverschiedenheiten zu beseitigen. Während meines ersten Besuchs in Lusaka stellte ich den Gedanken eines solchen Treffens zur Debatte und wurde niedergestimmt. Als ich in Victor Verster war, wurde Walter von dem Zulu-König Goodwill Zwelithini eingeladen, ihn in Ulundi, der KwaZulu-Hauptstadt, zu besuchen, und ich redete ihm zu, die Einladung anzunehmen. Ich hielt es für eine ausgezeichnete Gelegenheit, auf das Oberhaupt einer der geachtetsten und mächtigsten Königsfamilien im Lande Einfluß zu nehmen. Der Besuch wurde von der NEC vorsorglich gebilligt, vorausgesetzt, Walter suchte den Königspalast in Nongoma auf; man war der Auffassung, wenn er nach Ulundi ginge, würde dies die Anerkennung der Autorität des Homelands bedeuten.

Als ich aus Lusaka zurückgekehrt war, telefonierte ich sowohl mit Häuptling Buthelezi wie mit dem König, und ich erklärte ihnen, Walter würde den König besuchen, allerdings nicht in Ulundi, sondern in Nongoma. Der König erklärte, er würde Walter nirgendwo anders empfangen als in der Hauptstadt. »Ich bin der König«, sagte er, »ich habe ihn eingeladen, mich in Ulundi zu besuchen, und er hat nicht das Recht zu sagen, ich werde Sie anderswo besuchen.« »Euer Majestät«, erwiderte ich, »wir stehen vor einer Mauer des Widerstands unter unseren Mitgliedern, die überhaupt nicht wollen, daß Mr. Sisulu nach KwaZulu reist. Es ist uns gelungen, diesen Kompromiß auszuhandeln, und sicher können auch Sie nachgeben.« Doch er konnte nicht, sondern lehnte es ab, Walter zu sehen.

Danach verschlechterten sich die Beziehungen, und im Mai überzeugte ich den ANC von der Notwendigkeit, dem König und Buthelezi einen Besuch abzustatten. Der König willigte ein, doch etwa eine Woche vor dem Besuch erhielt ich einen Brief von ihm, in dem es hieß, ich müsse allein kommen. Das war zuviel, und das NEC würde einem solchen Verlangen niemals stattgeben. Ich erklärte dem König, ich könne nur kommen, wenn ich von meinen Kollegen begleitet würde. Der König betrachtete dies als weitere Kränkung und sagte den Besuch ab.

Mein Ziel war, eine unabhängige Beziehung zu dem König herzustellen, unabhängig von meiner Beziehung zu Häuptling Buthelezi. Der König war der wahre, von der Erbschaft bestimmte Führer der Zulus, die ihn liebten und respektierten. Treue zum König war in KwaZulu verbreiteter als Gehorsam gegenüber der Inkatha.

In der Zwischenzeit wurde Natal zum Schlachtfeld. Schwerbewaffnete Inkatha-Anhänger hatten den ANC-Hochburgen in Mittel-Natal und um Pietermaritzburg de facto den Krieg erklärt. Ganze Dörfer wurden in Brand gesteckt, Dutzende von Menschen getötet, Hunderte verletzt, und Tausende wurden zu Flüchtlingen. Allein im März 1990 verloren 230 Menschen durch diese mörderische Gewalt ihr Leben. In Natal mordeten Zulus andere Zulus, denn Inkatha-Anhänger und ANC-Mitglieder sind Zulus. Im Februar, nur zwei Wochen nach meiner Freilassung, reiste ich nach Durban und sprach im King's Park zu einer Menge von über 100 000 Menschen, von denen fast alle Zulus waren. Ich flehte sie an, die Waffen niederzulegen, einander die Hand in Frieden zu reichen: »Nehmt eure Waffen, eure Messer und eure Pangas und werft sie ins Meer! Schließt die Todesfabriken! Beendet diesen Krieg jetzt!« Doch meine Worte trafen auf taube Ohren. Das Kämpfen und Töten dauerte an.

Ich war so besorgt, daß ich bereit war, fast alles zu tun, um Häuptling Buthelezi zu treffen. Im März kündigte ich nach einem besonders gräßlichen Ausbruch von Gewalt an, ich würde Häuptling Buthelezi in einem Bergdorf außerhalb von Pietermaritzburg treffen. Auf der persönlichen Ebene war meine Beziehung zu Häuptling Buthelezi eng und respektvoll, und ich hoffte, daraus Kapital schlagen zu können. Doch ich erfuhr, daß ein solches Treffen für die ANC-Führer in Natal kein Thema war. Sie hielten die Begegnung für gefährlich und sprachen sich dagegen aus. Ich begab mich nach Pietermaritzburg, wo ich die verbrannten Überreste von ANC-Anhängern sah und versuchte, ihre trauernden Familien zu trösten. Doch ich kam nicht mit Häuptling Buthelezi zusammen.

IM MÄRZ, nach vielen Verhandlungen innerhalb unserer jeweiligen Parteien, setzten wir ein erstes direktes Treffen mit Mr. de Klerk und der Regierung fest. Es sollten »Gespräche über Gespräche« werden, und die Zusammenkunft war für den frühen April angesetzt. Doch am 26. März eröffnete die Polizei in der Sepokeng-Township rund 45 Kilometer südlich von Johannesburg ohne Vorwarnung das Feuer auf eine Menge von ANC-Demonstranten, und dabei wurden zwölf Menschen getötet und hundert weitere verwundet, die meisten im Rücken, als sie flüchteten. Die Polizei hatte gegen die Demonstranten scharfe Munition eingesetzt, ein nicht zu tolerierendes Vorgehen. Die Polizei behauptete, ihr Leben sei in Gefahr gewesen, doch viele Demonstranten waren in den Rücken geschossen worden, und sie trugen keine Waffen. Man ist nicht gefährdet durch einen unbewaffneten Mann, der vor einem wegrennt. Das Recht, sich zu versammeln und für unsere gerechten Forderungen zu demonstrieren, ist keine Gnade, welche die Regierung nach Gutdünken gewährt. Diese Art von Vorgehen brachte mich in Zorn wie keine andere, und ich erklärte der Presse, jeder weiße Polizist in Südafrika betrachte jede schwarze Person als Zielscheibe. Nach Konsultation mit dem NEC kündigte ich die Einstellung unserer Gespräche an und warnte de Klerk, er könne nicht »auf der einen Seite über Verhandlungen reden und auf der anderen Seite unsere Leute ermorden«.

Doch trotz der Einstellung unserer offiziellen Gespräche traf ich mich mit Billigung der ANC-Führung privat mit Mr. de Klerk in Kapstadt, um die Bereitschaft für Gespräche aufrechtzuerhalten. Unsere Diskussionen kreisten in erster Linie um einen neuen Termin, und wir einigten uns auf Anfang Mai. Ich schnitt das entsetzliche Verhalten von Sepokeng an und die ungleiche Behandlung von Schwarzen und Weißen durch die Polizei. Gegen schwarze Demonstranten setzte die Polizei scharfe Munition ein, während sie gegenüber weißen rechtsgerichteten Protestierern niemals die Waffen zöge.

Die Regierung hatte es nicht eilig, in Verhandlungen einzutreten. Sie rechnete damit, daß die Euphorie, die meine Freilassung ausgelöst hatte, sich verflüchtige. Sie wollte mir Zeit lassen, das Gesicht zu verlieren und so zu demonstrieren, daß der frühere Gefangene, einst als Retter gepriesen, ein höchst fehlbarer Mann sei, der jeden Kontakt zur gegenwärtigen Situation verloren habe.

Trotz seiner anscheinend progressiven Aktionen war de Klerk auf keinen Fall der große Befreier. Er war ein Zögerer, ein sorgsamer Pragmatiker. Keine seiner Reformen unternahm er mit der Absicht, sich von der Macht zu lösen. Er unternahm sie aus genau dem entgegengesetzten Grund: den Afrikandern die Macht bei einer neuen Aufteilung zu sichern. Er war überhaupt nicht gewillt, über das Ende der weißen Herrschaft zu verhandeln.

Sein Ziel war, ein System der Machtaufteilung zu schaffen, beruhend auf Gruppenrechten, ein System, das eine modifizierte Form der Minderheitsmacht in Südafrika retten würde. Er war entschieden gegen die Mehrheitsherrschaft oder »simplen Majoritanismus«, wie er sie gelegentlich nannte, denn das würde die weiße Herrschaft auf einen Streich beenden. Wir wußten schon früh, daß die Regierung entschieden gegen ein Parlamentssystem à la Westminster und »Alles für den Gewinner« war und statt dessen ein System proportionaler Repräsentanz mit eingebauter struktureller Garantie für die weiße Minderheit befürwortete. Obwohl de Klerk bereit war zu akzeptieren, daß die schwarze Mehrheit wählte und ein Gesetzgebungswerk schuf, wollte er doch ein Minderheitsveto behalten. Von Anbeginn an wollte ich mit diesem Plan nichts zu tun haben. Ich bezeichnete ihn gegenüber Mr. de Klerk als verschleierte Apartheid, als ein System des »Der Verlierer bekommt alles«.

Die langfristige Strategie der Nationalisten zur Überwindung unserer Stärke bestand darin, mit der Inkatha Freedom Party eine Anti-ANC-Allianz zu bilden und die farbigen afrikaanssprechenden Wähler am Kap in eine neue National Party zu locken. Vom Augenblick meiner Freilassung an begannen sie Buthelezi und die farbigen Wähler am Kap zu umwerben. Die Regierung versuchte die farbige Bevölkerung in Schrecken zu versetzen durch den Gedanken, der ANC sei gegen die Farbigen eingestellt. Sie stärkten Buthelezis Wunsch, in einem neuen Südafrika Macht und Identität der Zulu zu bewahren, und legten ihm daher die Doktrin der Gruppenrechte und des Föderalismus nahe.

Die erste Gesprächsrunde mit der Regierung fand an drei Tagen Anfang Mai statt. Unsere Delegation bestand aus Walter Sisulu, Joe Slovo, Alfred Nzo, Thabo Mbeki, Ahmed Kathrada, Joe Modise, Ruth Mompati, Archie Gumede, Reverend Beyers Naude, Cheryl Carolus und mir. Verhandlungsort war Groote Schuur, jenes Herrschaftshaus im kapholländischen Stil, das die Residenz der ersten südafrikanischen Kolonialgouverneure, unter ihnen Cecil Rhodes, gewesen war. Einige aus unserer Delegation spotteten, daß wir in einen Hinterhalt im Feindesland geraten seien. Doch wider Erwarten wurden die Gespräche mit Ernst und in guter Stimmung geführt. Historische Feinde, die sich über drei Jahrhunderte lang bekämpft hatten, kamen zusammen und reichten sich die Hand. Viele wunderten sich laut, warum solche Diskussionen nicht schon viel früher geführt worden seien. Die Regierung hatte Joe Slovo, dem Generalsekretär der Kommunistischen Partei, und Joe Modise, dem Befehlshaber der MK, zeitweilige Indemnität erteilt, und es war ein außerordentlicher Anblick, als diese beiden Männer den Führern der National Party, die sie über Jahrzehnte hin dämonisiert hatten, die Hand schüttelten. Wie Thabo Mbeki später zu Reportern sagte, jede Seite habe entdeckt, daß die andere keine Hörner trage.

Die bloße Tatsache dieser Gespräche war ein bedeutender Meilenstein in der Geschichte unseres Landes. Wie ich betonte, repräsentierte das Treffen nicht nur ein Ziel, das der ANC so viele Jahre angestrebt hatte, sondern bedeutete auch ein Ende des Herr-Knecht-Verhältnisses, das die Beziehungen von Schwarzen und Weißen in Südafrika charakterisiert hatte. Wir waren zu dem

Treffen nicht als Unterwürfige oder Bittsteller gekommen, sondern als südafrikanische Mitbürger, die einen gleichen Platz am Tisch verdienten.

Der erste Tag diente mehr oder weniger einer historischen Lektion. Ich erklärte unseren Gesprächspartnern, der ANC habe seit seiner Gründung im Jahr 1912 stets Verhandlungen mit der an der Macht befindlichen Regierung gesucht. Mr. de Klerk gab zu bedenken, das System der separaten Entwicklung sei zwar eine gute Idee gewesen, habe sich in der Praxis aber nicht bewährt. Das bedauere er, meinte de Klerk, und er hoffe, die Verhandlungen würden dafür entschädigen. Das war keine Verteidigung der Apartheid, sondern ging weiter, als je ein Führer der National Party gegangen war.

Die vorrangige Frage, die zu erörtern war, war die Definition politischer Gefangener und politischer Exilanten. Die Regierung sprach sich für eine enge Definition aus und wollte die Zahl unserer Leute, die sich für eine Indemnität qualifizierten, klein halten. Wir plädierten für die weitestmögliche Definition und erklärten, jede Person, die aufgrund einer politisch motivierten Handlung verurteilt worden sei, solle für eine Straffreiheit in Frage kommen. Wir konnten uns nicht auf eine beide Seiten zufriedenstellende Definition »politisch motivierter« Straftaten einigen, und dies war eine Frage, die uns noch eine ganze Weile zu schaffen machen sollte.

Am Ende des dreitägigen Treffens einigten wir uns auf ein Protokoll, das als »Groote Schuur Minute« bekannt wurde und das beide Seiten aufforderte, einen friedlichen Verhandlungsweg einzuschlagen, sowie die Regierung verpflichtete, den Notstand aufzuheben. Das geschah auch kurze Zeit später, mit Ausnahme der von Gewalt erschütterten Provinz Natal. Wir kamen überein, eine gemeinsame Arbeitsgruppe zu bilden, welche die vielen Hindernisse aus dem Weg räumen sollte, die noch vor uns lagen.

Als es an Verfassungsfragen ging, erklärten wir der Regierung, wir forderten eine gewählte konstituierende Nationalversammlung, die eine neue Verfassung erarbeiten solle. Wir glaubten, die Frauen und Männer, welche die Verfassung zu schaffen hätten, sollten vom Volk selbst gewählt werden. Doch vor der Wahl der Nationalversammlung war es notwendig, eine Interimsregierung zu bilden, welche die Übergangszeit bis zur Regierungsneuwahl zu überwachen hätte. Die Regierung könne nicht gleichzeitig Spieler und Schiedsrichter sein, wie sie es jetzt sei. Wir befürworteten die Bildung einer Viel-Parteien-Konferenz, welche die Interimsregierung einsetzen und die Leitsätze für die Tätigkeit der konstituierenden Versammlung entwerfen sollte.

OBWOHL ICH gleich nach meiner Entlassung aus dem Gefängnis nach Qunu reisen wollte, wurde es doch April, ehe ich mir meinen Wunsch erfüllen konnte. Ich konnte nicht einfach meine Sachen packen und abreisen, wann es mir danach war. Es waren Sicherheitsvorkehrungen zu treffen wie auch Ansprachen vor lokalen Organisationen vorzubereiten. Im April hatten der ANC und General Bantu Holomisa, der militärische Befehlshaber der Transkei und ein ANC-Anhänger, den Besuch arrangiert. Doch es war mein größtes Herzensbedürfnis, dem Grab meiner Mutter Respekt zu zollen.

Ich begab mich zunächst nach Qunu und dort zu dem Ort, wo meine Mutter begraben lag. Ihr Grab war einfach und schmucklos, bedeckt nur mit einigen Steinen und aufgerichteten Ziegeln, nicht zu unterscheiden von anderen Gräbern in Qunu. Es fällt mir schwer, meine Gefühle zu beschreiben: Ich fühlte Bedauern darüber, daß ich nicht hatte bei ihr sein können, als sie starb, Gewissensbisse, daß ich nicht richtig nach ihr hatte sehen können, als sie noch lebte, und Verlangen nach dem, was hätte sein können, wenn ich einen anderen Lebensweg eingeschlagen hätte.

Als ich mein Dorf nach so vielen Jahren wiedersah, war ich höchst erstaunt darüber, was sich alles geändert hatte und was nicht. Als ich jung war, waren die Menschen von Qunu überhaupt nicht politisch gewesen; der Kampf für die afrikanischen Rechte lag außerhalb ihrer Wahrnehmung. Die Menschen nahmen das Leben, wie es war, und träumten nicht davon, es zu ändern. Doch als ich wieder heimkam, hörte ich die Schulkinder Lieder über Oliver Tambo und Umkhonto We Sizwe singen, und ich stellte verwundert fest, daß das Wissen über den Kampf bis in jeden Winkel der afrikanischen Gesellschaft gedrungen war.

Was sich erhalten hatte, war die Wärme und Einfachheit der Gemeinschaft, und ich fühlte mich in die Tage als Junge zurückversetzt. Doch was mich bekümmerte, war, daß die Dorfbewohner genauso arm, wenn nicht ärmer waren, als sie es damals gewesen waren. Die meisten Menschen lebten noch in einfachen Hütten mit schmutzigen Böden, ohne elektrisches Licht und fließendes Wasser. In meiner Jugend war das Dorf sauber gewesen, das Wasser rein, das Gras grün und makellos, soweit das Auge sehen konnte. Die Krals waren gefegt, der Mutterboden erhalten, und die Felder waren genau aufgeteilt. Doch jetzt war das Dorf ungefegt, das Wasser verschmutzt, und das Land war bedeckt mit Plastikbeuteln und Papier. Wir kannten kein Plastik, als ich noch ein Junge war, und wenngleich es das Leben in mancher Hinsicht verbessert hat, so erschien mir doch sein Vorhandensein in Qunu wie eine Art von Pesthauch. Stolz schien aus der Gemeinde verschwunden zu sein.

In jenem Monat erlebte ich eine andere Heimkehr, denn ich kehrte nach Robben Island zurück, um die 25 politischen Gefangenen des MK zu bewegen, das Angebot der Regierung auf Amnestie anzunehmen und die Insel zu verlassen. Obwohl ich die Insel bereits acht Jahre zuvor verlassen hatte, waren meine Erinnerungen an das Gefängnis noch frisch und unberührt von Nostalgie. Nach all den Jahren, in denen ich dort Besuch erhalten hatte, war es ein seltsames Gefühl, als Besucher auf Robben Island zu sein.

Doch an jenem Tag hatte ich nicht viel Gelegenheit zu Besichtigungen, denn ich traf mich sofort mit den Männern, die das Angebot der Regierung auf Amnestie ablehnten. Sie erklärten, sie würden die Insel erst dann verlassen, wenn der Sieg auf dem Schlachtfeld und nicht am Verhandlungstisch erreicht wäre. Empört lehnten sie die vorliegende Friedensregelung ab, nach der sie zuerst ihre Verbrechen aufzuzählen hätten, ehe ihnen Straffreiheit gewährt würde. Sie beschuldigten den ANC, von der Harare-Deklaration abgerückt zu sein, in der eine bedingungslose, generelle Amnestie für alle politischen Gefangenen und Exilierten gefordert wurde. Ein Mann erklärte: »Madiba, ich habe mein ganzes Leben gegen die Regierung gekämpft, und nun soll ich sie um Vergebung bitten.«

Ich verstand ihre Argumente wohl, doch sie waren unrealistisch. Jeder Soldat würde es vorziehen, seinen Gegner auf dem Schlachtfeld zu besiegen, doch in diesem Fall war ein solcher Sieg nicht erreichbar. Der Kampf fand nun am Verhandlungstisch statt. Ich hielt ihnen entgegen, daß sie die Sache nicht voranbrächten, wenn sie im Gefängnis blieben. Sie könnten draußen von größerem Nutzen sein als drinnen. Am Ende erklärten sie sich einverstanden, das Angebot der Regierung anzunehmen.

Anfang Juli sollte ich zu einer sechswöchigen Reise durch Europa und Nordamerika aufbrechen. Zuvor traf ich mich privat mit Mr. de Klerk, der die Frage von Sanktionen erörtern wollte. Vor dem Hintergrund des Wandels, den er in Südafrika herbeigeführt hatte, bat er mich, das Verlangen nach Fortsetzung der internationalen Sanktionen nicht zur Sprache zu bringen. Obwohl wir durchaus anerkannten, was Mr. de Klerk getan hatte, waren nach unserer Ansicht Sanktionen das beste Mittel, um ihn zu zwingen, noch mehr zu tun. Mir war bekannt, daß die Europäische Gemeinschaft und die Vereinigten Staaten geneigt waren, die Sanktionen aufgrund der Reformen de Klerks zu lockern. Ich erklärte Mr. de Klerk, wir könnten die, die uns unterstützten, nicht auffordern, die Sanktionen zu lockern, solange er die Apartheid nicht völlig aufgegeben hätte und eine Übergangsregierung gebildet sei. Er war zwar über meine Antwort enttäuscht, doch nicht überrascht.

Die Reise führte Winnie und mich zunächst nach Paris, wo François Mitterrand und seine reizende Frau Danielle, die den ANC seit langem unterstützte, uns einen großartigen Empfang bereiteten. Es war nicht meine erste Reise zum europäischen Festland, aber ich war über die Schönheiten der Alten Welt erneut entzückt. Obwohl ich die Lieblichkeit der »Stadt der Lichter« nicht schmälern möchte, so war das wichtigste Ereignis während meines Aufenthalts in Frankreich doch, daß die südafrikanische Regierung den Notstand aufhob. Ich war zwar erfreut, wußte aber doch, daß sie zu dieser Maßnahme während meiner Europareise gegriffen hatte, um meine Forderung nach Sanktionen zu konterkarieren.

Nach Zwischenaufenthalten in der Schweiz, in Italien und den Niederlanden reiste ich nach England, wo ich mit Oliver und Adelaide zwei Tage zu Besuch weilte. Mein nächstes Ziel waren die Vereinigten Staaten, doch ich wollte auf meinem Rückweg nach Südafrika noch einmal nach England kommen, um dort mit Mrs. Thatcher zusammenzutreffen. Aus Höflichkeit telefonierte ich mit ihr vor meiner Abreise, und Mrs. Thatcher erteilte mir eine gestrenge, aber wohlgemeinte Lektion. Sie teilte mir mit, sie habe meine Reisen verfolgt und bemerkt, bei wie vielen Ereignissen ich jeden Tag zugegen gewesen sei. »Mr. Mandela, bevor wir über irgendeine Frage reden«, sagte sie, »muß ich Sie darauf hinweisen, daß Ihr Programm zu aufreibend ist. Sie müssen es um die Hälfte kürzen. Selbst ein Mann, der nur halb so alt ist wie Sie, hätte Schwierigkeiten, wollte er allen Forderungen, die man an Sie stellt, gerecht werden. Wenn Sie so weitermachen, werden Sie nicht lebend aus Amerika zurückkehren. Das möchte ich Ihnen als Rat mitgeben.«

Ich habe über New York gelesen, seit ich ein junger Mann war, und es schließlich vom Grund seiner großen Wolkenkratzer-Canyons zu erleben, während Millionen über Millionen Konfettistreifen herabregnen, das ist schon ein atemberaubendes Schauspiel. Es hieß, eine Million Menschen hätten unsere Fahrt durch die Stadt persönlich gesehen, und die Zustimmung und den Enthusiasmus zu erleben, die sie dem Kampf gegen die Apartheid entgegenbrachten, stimmte wahrlich demütig. Ich habe immer gelesen, New York sei ein herzloser Ort, doch während meines ersten vollen Tages in der Stadt empfand ich genau das Gegenteil.

Am folgenden Tag besuchte ich Harlem, ein Stadtgebiet, das in meiner Vorstellung legendäre Dimensionen angenommen hatte, seit ich in den fünfziger Jahren junge Leute in Soweto beobachtet hatte, die den Moden der Dandies von Harlem nacheiferten. Harlem war nach den Worten meiner Frau das Soweto Amerikas. Im Yankee-Stadion sprach ich zu einer großen Menschenmenge und erklärte, eine unzerstörbare Nabelschnur verbinde schwarze Südafrikaner mit schwarzen Amerikanern, denn wir seien alle Kinder Afrikas. Zwischen beiden bestehe eine Verwandtschaft, erklärte ich, die von so großen Amerikanern wie W. E. B. Du Bois, Marcus Garvey und Martin Luther King Jr. beseelt worden sei. Als junger Mann hätte ich den »braunen Bomber« Joe Louis verehrt, der sich nicht nur seiner Gegner im Ring angenommen habe, sondern auch der Rassisten außerhalb des Boxrings. Im Gefängnis verfolgte ich den Kampf der schwarzen Amerikaner gegen den Rassismus, gegen Diskriminierung und ökonomische Ungleichheit. Für uns symbolisierte Harlem die Stärke des Widerstands und die Schönheit des schwarzen Stolzes. Daran erinnerte mich ein junger Mann, den ich am Vortag gesehen hatte und der ein T-Shirt trug mit der Aufschrift »BLACK BY NATURE, PROUD BY CHOICE« (»Schwarz durch Geburt, Stolz durch Wahl«). Wir seien verbunden durch Natur, sagte ich, doch wir seien stolz aufeinander durch Wahl. Nach Besuchen von Memphis und Boston reiste ich nach Washington, um vor einer gemeinsamen Sitzung des Kongresses eine Rede zuhalten und mich mit Präsident Bush zu einem Privatgespräch zu treffen. Ich dankte dem amerikanischen Kongreß für seine Antiapartheidgesetze und erklärte, das neue Südafrika hoffe, nach den Werten zu leben, welche die beiden Kammern, vor denen ich sprach, geschaffen hätten. Ferner sagte ich, daß wir als Freiheitskämpfer nichts hätten wissen können von Männern wie George Washington, Abraham Lincoln und Thomas Jefferson »und nicht wie sie zum Handeln motiviert worden sind«. Ich richtete an den Kongreß auch in starken Worten eine Botschaft zu den Sanktionen, da ich wußte, daß die Bush-Administration es für an der Zeit hielt, sie zu lockern. Ich riet dem Kongreß dringend, dies nicht zu tun.

Noch vor dem Treffen mit Mr. Bush hatte ich mir von ihm einen positiven Eindruck gebildet, denn er war der erste Staatsmann der Welt, der mir nach meiner Entlassung aus dem Gefängnis am Telefon Glückwünsche übermittelte. Von diesem Zeitpunkt an setzte mich Präsident Bush auf seine kurze Liste von Staatsmännern, die er über wichtige Fragen informierte. Als Mensch war er sehr warmherzig und nachdenklich, obwohl wir zu Fragen des bewaffneten Kampfes und der Sanktion deutlich anderer Meinung waren. Er war ein Mann, mit dem man anderer Meinung sein und sich trotzdem die Hand reichen konnte.

Von den Vereinigten Staaten aus reiste ich nach Kanada, wo ich mit Premierminister Mulroney zusammentraf und ebenfalls an das Parlament ein Grußwort richtete. Als nächstes stand Irland auf meinem Programm. Doch vor der Atlantiküberquerung landete unser Flugzeug, ein kleiner Jet, zum Auftanken auf einem abgelegenen Gebiet über dem Polarkreis mit Namen Goose Bay. Mir war danach, einen Spaziergang in der frischen Luft zu machen, und als ich über die Rollbahn schlenderte, bemerkte ich einige Menschen, die am Flughafenzaun standen. Ich fragte einen kanadischen Beamten, wer sie seien. »Eskimos«, antwortete er.

In meinen 72 Jahren auf dieser Erde bin ich nie einem Innui begegnet und hatte mir auch nie vorgestellt, daß dies jemals geschehen würde. Ich ging zu dem Zaun hinüber und sah dort ein Dutzend junger Leute, an die zwanzig Jahre alt. Sie waren zum Flughafen gekommen, weil sie gehört hatten, unser Flugzeug würde dort zwischenlanden. Als Junge hatte ich von Innuis gelesen, und der Eindruck, den ich aus den rassistisch-kolonialistischen Texten gewonnen hatte, war der einer rückständigen Kultur.

Doch als ich mit diesen gescheiten jungen Leuten sprach, erfuhr ich, daß sie meine Freilassung im Fernsehen gesehen hatten und mit den Ereignissen in Südafrika vertraut waren. »Viva ANC!« rief einer von ihnen. Die Innuis waren ein eingeborenes Volk, das in der Vergangenheit von einer weißen Siedlerpopulation unterdrückt worden war; es gab also Parallelen zwischen der Lage der schwarzen Südafrikaner und der des Eskimo-Volkes. Ich war besonders überrascht darüber, wie klein der Planet während meiner Jahrzehnte im Gefängnis geworden war; für mich war es verwunderlich, daß ein Innui im Kindesalter, der auf der Dachspitze der Welt lebte, die Freilassung eines politischen Gefangenen an der Südspitze Afrikas miterleben konnte. Das Fernsehen hatte die Welt verkleinert, und es war dabei zu einer starken Waffe geworden, mit der sich Ignoranz beseitigen und die Demokratie befördern ließ.

Von Dublin aus flog ich nach London, wo ich mit Mrs. Thatcher zu einer dreistündigen Begegnung zusammentraf. Das Stehen in der Kälte, während ich mit den jungen Eskimos sprach, hatte mir eine Erkältung eingetragen. Am Tag, als ich mich mit Mrs. Thatcher treffen wollte, war es kalt und regnerisch, und Winnie riet mir, ich solle einen Regenmantel überziehen. Wir waren bereits in der Empfangshalle des Hotels, und wir wären zu spät gekommen, wenn ich zurückgegangen wäre, um meinen Mantel zu holen. In Sachen Pünktlichkeit bin ich kleinlich, nicht nur weil ich Pünktlichkeit als Zeichen des Respekts der Person gegenüber, die man trifft, erachte, sondern auch weil ich dem westlichen Stereotyp des notorisch trägen Afrikaners entgegentreten möchte. Ich sagte Winnie, wir hätten keine Zeit mehr, und so stand ich draußen im Regen und gab einigen Kindern Autogramme. Als ich bei Mrs. Thatcher ankam, ging es mir schlecht, und später wurde eine leichte Lungenentzündung diagnostiziert. Doch das störte unsere Begegnung nicht, außer daß sie mich wie eine Lehrerin schalt, weil ich ihren Rat nicht angenommen und meine Termine nicht zusammengestrichen hätte. Obwohl Mrs. Thatcher in vielen Fragen einen dem ANC entgegengesetzten Standpunkt einnahm, war sie doch stets eine Lady, die sich durch Offenheit und Besorgtheit auszeichnete. Doch in unserem Gespräch an jenem Tag konnte ich bei ihr nicht den kleinsten Fortschritt in der Frage der Sanktionen erzielen.

IM JULI KEHRTE ICH nach Südafrika zurück. Im Anschluß an eine kurze Reise nach Uganda, Kenia und Mosambik forderte ich ein Treffen mit Mr. de Klerk. Die Gewalttaten im Lande nahmen zu. Die Zahl der Toten betrug bereits über 1500, mehr als alle Toten politischer Auseinandersetzungen des vergangenen Jahres. Nach Gesprächen mit meinen Kollegen hielt ich es für unumgänglich, den Prozeß der Normalisierung zu beschleunigen. Unser Land blutete sich zu Tode. Wir mußten schneller vorankommen.

Nachdem Mr. de Klerk im Juni den Notstand aufgehoben hatte, schien damit ein Zeichen für die Wiederaufnahme von Gesprächen gegeben zu sein, doch im Juli nahmen die Sicherheitskräfte der Regierung an die 40 ANC-Mitglieder fest, darunter Mac Maharaj, Pravin Gordhan, Siphiwe Nyanda und Billy Nair, und behaupteten, sie hätten sich an einer »Operation Vula« genannten Verschwörung der Kommunistischen Partei zum Sturz der Regierung beteiligt. De Klerk forderte ein dringendes Gespräch mit mir und las mir aus Dokumenten vor, die nach seinen Worten bei der Razzia konfisziert worden waren. Ich war bestürzt, weil ich davon nichts wußte.

Nach dem Treffen verlangte ich eine Erklärung und rief nach Joe Slovo. Joe erklärte, die Passagen, die Mr. de Klerk vorgelesen hatte, seien aus dem Kontext gerissen und »Vula« sei eine totgeborene Operation. Doch die Regierung wollte die Entdeckung zu dem Versuch nutzen, den ANC von der SACP loszubrechen und Joe Slovo von den Verhandlungen fernzuhalten. Ich sprach noch einmal mit Mr. de Klerk und sagte ihm, er sei von seiner eigenen Polizei in die Irre geführt worden und wir hätten nicht die Absicht, uns von der SACP zu trennen und Joe Slovo aus unserer Verhandlungsdelegation zu entfernen.

Mitte Juli, kurz vor einem anberaumten Treffen des Nationalen Exekutivkomitees, kam Joe Slovo privat zu mir mit einem Vorschlag. Er regte an, wir sollten den bewaffneten Kampf freiwillig beenden, um so das richtige Klima zu schaffen, damit der Verhandlungsprozeß vorankäme. Mr. de Klerk müsse seinen Anhängern zeigen, daß seine Politik dem Lande Vorteile gebracht habe. Meine erste Reaktion war Ablehnung. Ich hielt die Zeit noch nicht für reif.

Doch je mehr ich darüber nachdachte, um so deutlicher wurde mir bewußt, daß wir die Initiative ergreifen mußten und daß dies der beste Weg sei. Ich erkannte auch, daß Joe, dessen Glaubwürdigkeit als ein Radikaler außer Zweifel stand, genau der richtige Mann war, den Vorschlag zu unterbreiten. Ihm konnte man nicht vorwerfen, auf die Regierung hereingefallen oder zahm geworden zu sein. Am nächsten Tag sagte ich Joe, wenn er die Idee vor dem NEC zur Sprache bringe, würde ich ihn unterstützen.

Als Joe am nächsten Tag den Vorschlag im NEC ansprach, sprachen sich einige entschieden dagegen aus und behaupteten, wir würden de Klerks Anhängern eine Belohnung zugute kommen lassen, aber nicht unseren Leuten. Doch ich verteidigte den Vorschlag und wies darauf hin, daß das Ziel des bewaffneten Kampfes immer gewesen sei, die Regierung an den Verhandlungstisch zu zwingen, und nun sei es uns gelungen. Ich erklärte weiter, die Einstellung des Kampfes könne jederzeit widerrufen werden, doch es sei an der Zeit, unseren guten Willen zu zeigen. Nach mehreren Stunden obsiegte unsere Auffassung.

Innerhalb des ANC war dies ein kontroverser Vorgang. Wenngleich der MK nicht aktiv war, so hatte doch die Aura des bewaffneten Kampfes für viele Menschen eine wichtige Bedeutung. Auch wenn er nur als rhetorisches Mittel benutzt wurde, so war der bewaffnete Kampf doch ein Hinweis darauf, daß wir den Feind aktiv bekämpften. Infolgedessen hatte er eine Popularität, die zu dem, was er auf dem Schlachtfeld erreicht hatte, in keinem Verhältnis stand.

Am 6. August unterzeichneten der ANC und die Regierung in Pretoria ein Papier, das als »Pretoria Minute« bekannt wurde und mit dem wir einwilligten, auf den bewaffneten Kampf zu verzichten. Wieder und wieder erklärte ich unseren Anhängern: Wir haben die bewaffnete Aktion aufgegeben, aber nicht den bewaffneten Kampf beendet. Das Abkommen setzte auch Zieldaten für die Freilassung politischer Gefangener und für die Garantie bestimmter Formen der Straffreiheit fest. Die Verhandlungen über die Straffreiheit sollten im Mai 1991 abgeschlossen sein. Die Regierung willigte auch ein, den Internal Security Act (Gesetz zur inneren Sicherheit) zu überprüfen.

Von all den Themen, die den Friedensprozeß behinderten, war keines so verheerend und frustrierend wie die Eskalation von Gewalt im Lande. Wir hatten alle gehofft, die Gewalt würde abnehmen, sobald Verhandlungen in Gang gekommen seien. Doch tatsächlich geschah das Gegenteil. Polizei und Sicherheitskräfte nahmen nur wenige Verhaftungen vor. Die Leute in den Townships beschuldigten sie, die Gewalt zu unterstützen und anzuheizen. Mir wurde immer deutlicher, daß auf seiten der Sicherheitskräfte ein stillschweigendes Einverständnis bestand. Viele der Vorfälle zeigten mir, daß die Polizei, statt die Gewalt einzudämmen, sie schürte.

In den nächsten Monaten besuchte ich Townships des von Gewalttätigkeiten heimgesuchten Vaal Triangle südlich von Johannesburg und suchte verwundete Menschen und trauernde Familien zu trösten. Immer wieder hörte ich die gleiche Geschichte: Polizei und Streitkräfte destabilisierten das Gebiet. Man erzählte mir, an einem Tag konfisziere die Polizei Waffen in einem Gebiet, und am nächsten Tag griffen Inkatha-Kräfte unsere Leute mit genau diesen gestohlenen Waffen an. Uns kamen Geschichten von Polizisten zu Ohren, die Inkatha-Mitglieder zu ihren Treffen eskortierten und bei ihren Angriffen begleiteten.

Im September erklärte ich in einer Rede, hinter der Gewalt verberge sich eine steuernde Hand, und ich äußerte den Verdacht, es gäbe eine geheimnisvolle »dritte Kraft«, die sich aus Überläufern aus den Reihen der Sicherheitskräfte zusammensetze und die Verhandlungen zum Scheitern zu bringen suche. Ich konnte nicht sagen, wer die Mitglieder der »dritten Kraft« waren, doch ich war sicher, daß sie existierte und daß sie zum Schaden des ANC und des Befreiungskampfes mörderisch effektiv war.

Zu diesem Schluß kam ich, nachdem ich selbst in zwei besondere Zwischenfälle verwickelt worden war. Im Juli 1990 erhielt der ANC Informationen, nach denen Heimbewohner, die der Inkatha-Friedenspartei angehörten, für den 21. Juli einen Großangriff auf ANC-Mitglieder der Township Sebokeng im Vaal Triangle planten. Über unsere Anwälte gaben wir dem Minister für Recht und Ordnung, dem Leiter der obersten Polizeibehörde und dem Leiter der Regionalpolizei Kenntnis von dem bevorstehenden Angriff und forderten sie dringend auf, die geeigneten Gegenmaßnahmen zu ergreifen. Wir verlangten von der Polizei, die bewaffneten Inkatha-Mitglieder daran zu hindern, die Township zu betreten und sich an einer Inkatha-Demonstration zu beteiligen.

Am 22. Juli, fuhren Busse mit bewaffneten Inkatha-Mitgliedern, begleitet von Polizeifahrzeugen, am hellichten Tage nach Sebokeng hinein. Es wurde eine Demonstration veranstaltet, nach der die bewaffneten Männer außer Rand und Band gerieten und in einem gräßlichen Gemetzel annähernd 30 Leute abschlachteten. Ich besuchte das Gebiet am nächsten Tag und war Zeuge von Szenen, die ich nie zuvor gesehen hatte und hoffe, niemals wieder zu sehen: In der Leichenhalle lagen die Körper von Menschen, die zu Tode gehackt worden waren; einer Frau waren mit einer Machete beide Brüste abgeschnitten worden. Wer immer diese Killer waren, es waren Bestien.

Ich forderte für den folgenden Tag ein Treffen mit Mr. de Klerk. Als ich ihm gegenüberstand, verlangte ich wütend eine Erklärung. »Sie sind vorab gewarnt worden«, erklärte ich ihm, »und haben doch nichts unternommen. Warum dies? Warum hat es keine Verhaftungen gegeben? Warum ist die Polizei untätig dabeigestanden?« In einem anderen Land, erklärte ich ihm, in der eine Tragödie dieses Ausmaßes sich ereigne, bei der mehr als 30 Menschen erschlagen worden seien, stünde das Staatsoberhaupt nicht an, Worte des Beileids zu äußern, doch er habe bisher kein Wort dazu gesagt. Auf meine Vorhaltungen hatte er keine Antwort. Ich forderte de Klerk auf, mir eine Erklärung zu geben, doch darauf warte ich heute noch.

Der zweite Zwischenfall ereignete sich im November. Eine Gruppe von Inkatha-Mitgliedern betrat ein Siedlercamp mit dem Namen Zonkizizwe (Zulu für »der Platz, wo alle Nationen willkommen sind«) am Rande der Stadt Germiston östlich von Johannesburg und trieb ANC-Anhänger hinaus. Dabei wurde eine Anzahl von ihnen getötet. Die Inkatha-Mitglieder besetzten dann die verlassenen Hütten und konfiszierten allen Besitz. Bewohner des Gebiets erklärten, die Inkatha-Mitglieder seien in Begleitung von Polizisten gewesen. Und wieder ergriffen Polizei und Regierung nach dieser Tragödie keine Maßnahmen. Das Leben von Schwarzen in Südafrika war niemals so wohlfeil gewesen.

Wieder traf ich mich mit Mr. de Klerk und seinem Minister für Recht und Ordnung, Adriaan Vlok. Wieder fragte ich Mr. de Klerk, warum die Polizei nach diesen Verbrechen nicht eingegriffen habe. Die Täter könnten leicht ausfindig gemacht werden, erklärte ich, denn sie hielten nun die Hütten der Leute besetzt, die sie zuvor getötet hätten. Mr. de Klerk bat Mr. Vlok um eine Erklärung, und der fragte mich in ziemlich rüdem Ton, auf wessen Besitz die Hütten ständen, womit er andeuten wollte, daß die Leute wilde Siedler gewesen seien und folglich keine Rechte hätten. Tatsache sei, erwiderte ich ihm, daß die Lokalbehörden den Leuten das Land zur Verfügung gestellt hätten. Seine Haltung war die vieler Afrikander, die schlicht glauben, die schwarzen Stämme hätten sich seit undenklichen Zeiten gegenseitig umgebracht. Wieder erklärte mir Mr. de Klerk, er werde der Sache nachgehen und mir antworten, was er bis heute nicht getan hat.

Während dieser Zeit ergriff die Regierung eine weitere Maßnahme, die Öl ins Feuer goß. Sie führte eine Regelung ein, die Zulus gestattete, sogenannte »traditionelle Waffen« zu tragen, wenn sie sich an politischen Demonstrationen und Zusammenkünften in Natal und anderswo beteiligten. Diese Waffen, nämlich Assegais, also Speere, und Knobkerries, Holzstöcke mit schwerem hölzernem Kopf, waren in Wirklichkeit Waffen, mit denen Inkatha-Anhänger ANC-Mitglieder töteten. Das ließ mich an den friedlichen Absichten de Klerks erheblich zweifeln.

Wer gegen Verhandlungen war, profitierte von der Gewalt, die immer dann aufzuflammen schien, wenn die Regierung und der ANC sich auf ein Abkommen zubewegten. Die Gegenkräfte suchten einen Krieg zwischen ANC und Inkatha auszulösen, und ich glaube, viele Inkatha-Mitglieder waren damit einverstanden. Viele in der Regierung, einschließlich Mr. de Klerk, schauten weg oder ignorierten, was sich vor ihren Augen abspielte. Wir hatten keinen Zweifel, daß Männer auf den höchsten Ebenen der Polizei und der Sicherheitskräfte die »dritte Kraft« unterstützten. Dieser Verdacht bestätigte sich später durch Zeitungsberichte, denen zufolge die südafrikanische Polizei insgeheim die Inkatha mit Geldmitteln versorgt hatte.

Als die Gewalt sich weiter hochschraubte, überkamen mich Bedenken hinsichtlich der Aufgabe des bewaffneten Kampfes. Viele Leute im ANC wurden ungeduldig, und in einer Pressekonferenz im September erklärte ich, die anhaltenden Gewalttätigkeiten könnten es notwendig machen, wieder zu den Waffen zu greifen. Die Lage sah höchst bedrohlich aus, und jedes Einverständnis, das mit der Regierung erreicht war, schien hinfällig zu sein.

OLIVER KEHRTE im Dezember 1990 nach Südafrika zurück, nachdem er drei Jahrzehnte fern seines Heimatlandes im Exil verbracht hatte. Es war wundervoll, ihn wieder um uns zu haben. Er kam zu einer Beratungskonferenz des ANC in Johannesburg, an der sich über 2500 Delegierte aus 45 verschiedenen Regionen im In- und Ausland beteiligten.

Auf dem Treffen sprach ich in schuldiger Hochachtung von Oliver als dem Mann, der den ANC während seiner schwärzesten Stunden geleitet und die Flamme niemals hat verlöschen lassen. Nun habe er uns an das Ufer einer Zukunft geführt, die hell und hoffnungsfroh aufscheine. Während der 27 Jahre meiner Gefängniszeit sei es Oliver gewesen, der den ANC vor dem Untergang bewahrt und ihn dann zu einer internationalen Organisation mit Macht und Einfluß ausgebaut habe. Er habe die Zügel aufgenommen, als die meisten ANC-Führer entweder im Gefängnis oder im Exil waren. Er sei Soldat, Diplomat und Staatsmann.

Wenngleich auch ich die Regierung wegen ihrer konzertierten Kampagne aus kontrarevolutionären Aktivitäten kritisiert hatte, so löste doch erst Olivers Ansprache einen Sturm der Erregung aus. Dem ANC, behauptete er, drohe eine »internationale Marginalisierung«, wenn er nicht die Initiative zur Deeskalation der Sanktionen ergreife. Die Europäische Gemeinschaft habe bereits begonnen, die Sanktionen zurückzuschrauben. Die westlichen Staaten, sonderlich Großbritannien und die Vereinigten Staaten, wünschten Mr. de Klerk für seine Reformen zu belohnen, weil sie der Meinung seien, das würde ihn zu weiteren veranlassen. Wir hatten das Gefühl, dies sei die falsche Strategie, doch wir hatten die internationalen Realitäten anzuerkennen.

Obwohl das NEC Olivers Rede diskutierte und billigte, stieß sein Vorschlag bei militanten ANC-Anhängern auf Unwillen, und sie beharrten darauf, die Sanktionen müßten unverändert aufrechterhalten werden. Die Konferenz beschloß, die Sanktionspolitik unverändert zu lassen.

Ich selbst war das Ziel von Vorwürfen jener, welche die Verhandlungsdelegation beschuldigten, sie habe den Kontakt zur Basis verloren und verbringe mehr Zeit mit den Führern der National Party als mit unseren eigenen Leuten. Ich wurde dafür kritisiert, mich einer »persönlichen Diplomatie« zu widmen und die einfachen Mitglieder der Organisation nicht zu informieren. Als Führer einer Massenorganisation, hieß es in der Konferenz, müsse man auf die Leute hören, und ich räumte ein, wir hätten es versäumt, die ganze Organisation über den Gang der Verhandlungen zu informieren. Doch ich wußte auch um den heiklen Charakter unserer Gespräche mit der Regierung; alle Abkommen, die wir erzielten, hingen zum Teil von ihrer Vertraulichkeit ab. Auch wenn ich die Kritik akzeptierte, so war ich doch der Meinung, daß wir keine andere Wahl hatten, als den bisherigen Weg weiterzugehen. Ich wußte, daß ich über unseren Fortschritt mehr Menschen informieren müßte, und merkte mir das für das weitere Vorgehen.

An jedem Tag, jedem Wochenende waren die Zeitungen voll von neuen Berichten über blutige Gewalt in unseren Gemeinden und Townships. Es ließ sich nicht leugnen, daß Gewalt das Thema Nummer eins im Lande war. In vielen Gemeinden in Natal und auf dem Reef um Johannesburg machte eine giftige Mischung aus Verbrechen, politischen Rivalitäten, Polizeibrutalität und geheimen Todeskommandos das Leben grausam und unerträglich. Solange die Gewalt nicht gebändigt war, würde der Weg zu einer neuen Ordnung schwierig und ungewiß sein.

Um zu versuchen, die Gewaltspirale aufzuhalten, nahm ich Kontakt zu Häuptling Buthelezi auf, um ein Treffen zu arrangieren. Wir kamen im Januar im Royal Hotel in Durban zusammen. Häuptling Buthelezi sprach zunächst vor versammelten Delegierten und den Medien, und er riß dabei eher Wunden auf, als daß er sie schloß. Er zählte die verbalen Angriffe auf, die der ANC gegen ihn vorgetragen hätte, und kritisierte die Forderungen, die der ANC bei Verhandlungen vorbrachte. Als es an mir war zu reden, zog ich es vor, auf seine Bemerkungen nicht einzugehen, sondern ihm dafür zu danken, daß er sich über viele Jahre hin um meine Freilassung aus dem Gefängnis bemüht hatte. Ich ging auf unsere lange Beziehung ein und unterstrich die vielen Themen, die unsere beiden Organisationen eher verbanden als trennten.

In unseren Privatgesprächen erzielten wir Fortschritte, und so unterzeichneten Häuptling Buthelezi und ich ein Abkommen über einen Verhaltenskodex für unsere beiden Organisationen. Es war eine faire Übereinkunft, und ich vermute, wenn sie eingehalten worden wäre, hätte sie tatsächlich dazu beigetragen, das Blutvergießen zu beenden. Doch soweit ich es beurteilen kann, hat die Inkatha niemals irgendeinen Versuch unternommen, das Abkommen zu erfüllen. Doch auch auf unserer Seite kamen Verletzungen vor. Die Gewalttätigkeiten zwischen unseren beiden Organisationen dauerten an. Jeden Monat starben Hunderte von Menschen. Im März griffen Inkatha-Mitglieder die Township Alexandra nördlich von Johannesburg an, und bei den dreitägigen Gefechten wurden 45 Menschen getötet. Wieder wurde niemand festgenommen.

Ich brachte es nicht über mich, untätig zuzuschauen, während die Gewalt andauerte, und so bemühte ich mich um ein weiteres Treffen mit Häuptling Buthelezi. Im April reiste ich nach Durban, und wieder gaben wir starke Erklärungen ab und unterzeichneten ein weiteres Abkommen. Doch wieder war die Tinte noch nicht trocken, als erneut Blut vergossen wurde. Ich war überzeugter denn je, daß die Regierung hinter einem großen Teil der Gewalttätigkeiten steckte und daß die Gewalt die Verhandlungen erschwerte. Mr. de Klerks Weigerung zu reagieren brachte auch unsere Beziehung in Gefahr.

Auf einer zweitägigen Konferenz des Nationalen Exekutivkomitees brachte ich meine Zweifel über Mr. de Klerk zur Sprache. Der NEC war der Auffassung, die Regierung stecke hinter der Gewalt und die Gewalt vergifte das Klima für Verhandlungen. In einem offenen Brief an die Regierung forderten wir die Entlassung von Verteidigungsminister Magnus Malan und von Adriaan Vlok, dem Minister für Recht und Ordnung; ferner das Verbot, in der Öffentlichkeit Waffen zu tragen; die Auflösung der Heime für Wanderarbeiter, in denen so viele Inkatha-Mitglieder in den Townships rings um Johannesburg lebten; die Auflösung der geheimen Anti-Rebellen-Einheiten der Regierung; und die Ernennung einer unabhängigen Kommission zur Überprüfung von Klagen über das Fehlverhalten auf seiten der Sicherheitskräfte.

Wir gaben der Regierung bis Mai Zeit, unsere Forderungen zu erfüllen. Mr. de Klerk forderte seinerseits eine Viel-Parteien-Konferenz zur Frage der Gewalt, die im Mai stattfinden solle, doch ich entgegnete, dies sei sinnlos, denn die Regierung wisse genau, was zu geschehen habe, um die Gewalt zu beenden. Im Mai kündigten wir die Einstellung der Gespräche mit der Regierung an.

Im Juli 1991 hielt der ANC zum erstenmal seit 30 Jahren seine Jahreskonferenz auf südafrikanischem Boden ab. An der Konferenz nahmen 2244 stimmberechtigte Delegierte teil, die von den ANC-Ortsgruppen im In- und Ausland auf demokratischem Wege gewählt worden waren. In der Konferenz wurde ich ohne

Gegenstimme zum ANC-Präsidenten gewählt. Cyril Ramaphosa wurde zum Generalsekretär gewählt, ein Zeichen dafür, daß die Fackel von der älteren Führungsgeneration an eine jüngere weitergereicht worden war. Cyril, dem ich erst nach meiner Freilassung auf dem Gefängnis begegnet war, war ein würdiger Nachfolger in einer langen Reihe bemerkenswerter ANC-Führer. Er war wahrscheinlich der geschickteste Verhandlungspartner in den Reihen des ANC, eine Fähigkeit, die er sich als Generalsekretär der National Union of Mine Workers (Gewerkschaft der Minenarbeiter) erworben hatte.

In meiner Rede dankte ich für die große Ehre, die mir erwiesen worden sei, und sprach über die Schwierigkeit, die damit verbunden sei, in die Fußstapfen meines großen Vorgängers Oliver Tambo zu treten. Obwohl wir uns mit der Regierung in den Haaren lägen, seien doch Verhandlungen an sich schon ein Sieg. Die bloße Tatsache, daß die Regierung sich überhaupt an Verhandlungen beteilige, sei schon ein Zeichen dafür, daß sie nicht über die Kraft verfüge, die Apartheid aufrechtzuerhalten. Ich wiederholte, der Verhandlungsprozeß werde nicht einfach sein, da wir es mit Politikern zu tun hätten, die sich nicht selbst aus der Macht wegverhandeln wollten. »Der entscheidende Punkt, der ganz deutlich gesehen werden muß, ist der, daß der Kampf nicht vorüber ist, und die Verhandlungen selbst sind ein Schauspiel des Kampfes, mit Fortschritten und Rückschlägen wie jede andere Form des Kampfes.«

Doch Verhandlungen konnten nicht warten. Es lag nicht in unserem Interesse, die Agonie der Apartheid um jeden Preis zu verlängern. Es sei notwendig, erklärte ich, so bald wie möglich eine Übergangsregierung zu bilden.

Die Konferenz unterstrich eine der wichtigsten und anspruchsvollsten Aufgaben, die vor dem ANC lagen: die Umwandlung einer illegalen, im Untergrund tätigen Befreiungsbewegung in eine legale politische Massenpartei. 30 Jahre hatte der ANC in Südafrika im geheimen gearbeitet; solche Gewohnheiten und Methoden waren tief verwurzelt. Wir hatten eine ganze Organisation neu zu konstruieren, von der kleinsten Ortsgruppe bis zur Nationalen Exekutive. Und wir hatten dies in einer Epoche außergewöhnlicher Veränderungen innerhalb von Monaten zu bewältigen.

Ein großer Teil der Führung des ANC und der Kommunistischen Partei war im Exil gewesen. Die meisten von ihnen waren zur Konferenz im Juli heimgekehrt. Sie waren mit dem heutigen Südafrika nicht vertraut; es war für sie wie für mich ein neuentdecktes Land. Doch eine ungewöhnlich große Zahl von jungen Führungspersönlichkeiten aus der United Democratic Front und der COSATU war im Lande geblieben, und sie kannten die politische Situation besser als wir. Diese Organisationen waren in Südafrika während der achtziger Jahre in gewissem Maße ein Ersatz für den ANC gewesen. Der ANC hatte auch diese Frauen und Männer in die Organisation zu integrieren.

Wir standen nicht nur vor logistischen, sondern auch vor philosophischen Problemen. Es ist eine relativ einfache Sache, eine Bewegung zusammenzuhalten, wenn man gegen einen gemeinsamen Feind kämpft. Doch eine Politik zu formulieren, wenn dieser Feind auf der anderen Seite des Verhandlungstischs sitzt, ist eine ganz andere Sache. Im neuen ANC hatten wir nicht nur viele unterschiedliche Gruppierungen zu integrieren, sondern auch viele unterschiedliche Auffassungen. Wir mußten die Organisation auf den Gedanken der Verhandlungen einschwören.

In den ersten 17 Monaten legaler Tätigkeit rekrutierte der ANC 700 000 Mitglieder. Das war eine eindrucksvolle Zahl, doch für Selbstzufriedenheit war keine Zeit. Eine verhältnismäßig kleine Zahl dieser Mitglieder stammte aus ländlichen Gebieten, aus den Regionen, in denen der ANC in der Vergangenheit am schwächsten gewesen war. Zur gleichen Zeit machte die National Party ihre Tore weit auf für Nichtweiße und rekrutierte eifrig unzufriedene Farbige und Inder.

Seit meiner Entlassung aus dem Gefängnis hatte der Staat unablässig meine Frau zu diskreditieren versucht. Nach der angeblichen Entführung von vier Jugendlichen, die sich im Hause Diepkloof aufhielten, und nach dem Tod eines der Jugendlichen war Winnie zunächst durch Flüsterkampagnen verleumdet und dann der Entführung in vier Fällen und der Körperverletzung angeklagt worden. Die ständigen Verdächtigungen hinsichtlich ihres Charakters waren derart, daß wir beide, Winnie und ich, den Gerichtstermin herbeisehnten, in dem sich ihre Unschuld erweisen würde.

Der Prozeß gegen meine Frau begann im Februar im Rand Supreme Court (Oberstes Gericht) in Johannesburg. Ich war am ersten Prozeßtag zugegen, wie viele ältere ANC-Mitglieder, und ich nahm, sooft ich konnte, an der Verhandlung teil, sowohl um meine Frau zu unterstützen als auch um zu zeigen, daß ich sie für unschuldig hielt. Sie hatte in George Bizos einen fähigen Verteidiger, der zu beweisen versuchte, daß Winnie weder mit den Entführungen noch mit der Körperverletzung zu schaffen hatte.

Nach dreieinhalb Monaten fand das Gericht sie der Entführung und der Mithilfe bei der Körperverletzung für schuldig. Der Richter erklärte jedoch, sie habe nicht selbst an irgendeiner Tätlichkeit teilgenommen. Winnie wurde zu sechs Jahren Gefängnis verurteilt, jedoch gegen Kaution bis zur Berufungsverhandlung auf freien Fuß gesetzt. Was mich betrifft, so stand ihre Unschuld außer Zweifel, ob sie nun verurteilt wurde oder nicht.

AM 20. DEZEMBER 1991, nach mehr als anderthalb Jahren Gesprächen über Gespräche, begannen die wirklichen Gespräche: CODESA – die Convention for a Democratic South Africa – stellte das erste formale Verhandlungsforum für Regierung, ANC und andere südafrikanische Parteien dar. Alle unsere vorherigen bilateralen Diskussionen hatten die Grundlage geschaffen für diese Gespräche, die im World Trade Centre, einem modernen Ausstellungszentrum in der Nähe des Jan-Smuts-Flughafens von Johannesburg, stattfanden. An CODESA nahmen 18 Verhandlungsdelegationen teil, welche die ganze Bandbreite südafrikanischer Politik abdeckten, dazu Beobachter der Vereinten Nationen, des Commonwealth, der Europäischen Gemeinschaft und der Organisation für Afrikanische Einheit. Es handelte sich um den größten Querschnitt politischer Gruppierungen, der jemals an einem Ort in Südafrika getagt hatte.

Die Eröffnung dieser Gespräche war ein historisches Ereignis, mit Sicherheit die größte konstitutionelle Versammlung seit jener von 1909, als die früheren britischen Kolonien am Kap und in Natal sowie die Burenrepubliken des Transvaal und des Oranje-Freistaats übereinkamen, eine einzige Union zu bilden. Natürlich war jene Konvention nicht ein Tribut an die Demokratie, sondern ein Verrat an ihr, denn keiner der Vertreter an jenem Tag dort war ein Schwarzer. 1991 waren die Schwarzen in der Mehrheit.

Unsere Planungsdelegation unter Leitung von Cyril Ramaphosa, zu der auch Joe Slovo und Valli Moosa gehörten, hatte in wöchentlichen Zusammenkünften mit der Regierung über Fragen der Wahlen, der Verfassung, der gesetzgebenden Versammlung und der Übergangsregierung diskutiert. Delegationen von 20 verschiedenen Parteien, darunter auch die Homeland-Regierungen, hatten sich bereits über die Grundregeln für die Konvention geeinigt. Der Optimismus zu Beginn der Gespräche konnte selbst durch einige Störenfriede nicht gedämpft werden. Der PAC beschloß, die Gespräche zu boykottieren, und beschuldigte den ANC und die National Party der Verschwörung zur Bildung einer multirassischen Regierung. Dazu kam es, obwohl einen Monat zuvor eine Patriotische Front gebildet worden war, eine Allianz aus ANC, PAC und der Azanian People's Organization (Azanische = Südafrikanische Volksorganisation), die sich auf eine Deklaration der gemeinsamen Ziele geeinigt hatte. Der PAC fürchtete demokratische Wahlen, weil er wußte, eine solche Abstimmung würde seine magere Unterstützung im Volk offenbaren. Auch Häuptling Buthelezi boykottierte die Gespräche mit der Begründung, es seien ihm nicht drei Delegationen zugestanden worden: für die Inkatha, die Kwa Zulu-Regierung und König Zwelithini. Wir waren der Meinung, der König solle über der Politik stehen, und wenn er berücksichtigt würde, dann hätte jeder südafrikanische Stamm seinen obersten Häuptling entsenden können.

Die Atmosphäre im Welthandelszentrum war nicht nur geprägt vom historischen Augenblick, sondern auch von Selbstvertrauen. Anders als die Verhandlungen, die der Neuaufteilung afrikanischer Staaten wie Simbabwe und Angola vorausgingen und die ausländische Vermittler erforderten, versuchten wir in Südafrika unsere Differenzen unter uns beizulegen. Mr. de Klerk sprach über die Notwendigkeit einer »die Macht teilenden« Übergangsregierung auf demokratischer Grundlage. Der Chefdelegierte der National Party bei den Gesprächen, Dawie de Villiers, schwang sich sogar zu einer Verteidigung der Apartheid auf.

In meinen Eingangsbemerkungen erklärte ich, mit Anbruch der CODESA sei der Fortschritt in Südafrika von nun an unumkehrbar geworden. Regierungen bezögen ihre Autorität und Legitimität vom Konsens der Regierten, erklärte ich, und wir hätten uns hier versammelt, um eine solche legitime Autorität herzustellen. Die CODESA bezeichne den Beginn des Weges zu einer gewählten Nationalversammlung, die eine neue Verfassung aufsetzen werde, und ich sähe keinen Grund, warum die Wahl zu einer solchen gesetzgebenden Versammlung nicht 1992 stattfinden könne. Ich forderte die Regierung auf, eine Interimsregierung der nationalen Einheit zu etablieren, die eine solche Wahl überwachen, die staatlichen Medien und das Militär kontrollieren und allgemein den Übergang zu einem neuen nichtrassistischen, demokratischen Südafrika beobachten solle.

Am ersten Konventionstag brachte der größte Teil der teilnehmenden Parteien, darunter die National Party und der ANC, eine Absichtserklärung auf den Weg, die alle Parteien verpflichtete, ein ungeteiltes Südafrika zu unterstützen, dessen oberstes Gesetz eine von einem unabhängigen Gerichtswesen gehütete Verfassung sein werde. Das Rechtswesen des Landes werde Gleichheit vor dem Gesetz garantieren, und eine Bill of Rights (Grundgesetz), die zu schaffen wäre, solle die bürgerlichen Freiheiten schützen. Kurz, es werde eine Viel-Parteien-Demokratie geben, auf der Grundlage eines allgemeinen Wahlrechts und gemeinsamer Wählerlisten. Soweit es uns betraf, war dies das Minimum an akzeptierbarer Verfassungsgrundlage für ein neues Südafrika.

Die Inkatha lehnte die Unterzeichnung mit der Begründung ab, die Formulierung »ungeteiltes« Südafrika impliziere, daß ein föderales System tabu sei.

Die Konvention bildete fünf Arbeitsgruppen, die zu Beginn des Jahres 1992 zusammentreten sollten, um die zweite Runde der für Mai 1992 geplanten CODESA vorzubereiten. Die Gruppen sollten sich mit folgenden Fragen beschäftigen: Schaffung eines freien politischen Klimas, die Zukunft der Homelands, die Neukonstruktion des südafrikanischen Rundfunks, die Prüfung der verschiedenen Verfassungsprinzipien wie Föderalismus sowie Schaffung und Einsetzung einer Übergangsregierung. Die Parteien kamen überein, Beschlüsse sollten mit »ausreichendem Konsens« gefaßt werden, eine Formulierung, die niemals definiert wurde, aber in der Praxis eine Übereinkunft zwischen Regierung, ANC und einer Mehrheit der anderen Parteien bedeutete.

Der erste Tag von CODESA 1 verlief ohne besondere Ereignisse, bis er sich dem Ende näherte. Am Abend vor der Versammlung hatte ich mit Mr. de Klerk bis nach 20 Uhr am Telefon verhandelt. Mr. de Klerk fragte mich, ob ich einverstanden sei, wenn er am nächsten Tag der letzte Redner wäre. Obwohl ich ursprünglich die Schlußbemerkungen abgeben sollte, erklärte ich ihm, ich würde die Angelegenheit im Nationalen Exekutivkomitee zur Sprache bringen. Das tat ich auch an jenem Abend, und trotz der Zweifel, die im Komitee aufkamen, konnte ich die Mitglieder bewegen, Mr. de Klerk das letzte Wort einzuräumen. Ich betrachtete die Frage nicht als entscheidend, und so wollte ich Mr. de Klerk gern den Gefallen tun.

Am Ende der Sitzung schien alles in Ordnung zu sein. Ich betonte die Wichtigkeit der Gespräche, und anschließend sprach Mr. de Klerk. Er unterstrich die historische Bedeutung des Ereignisses und wies auf die Notwendigkeit hin, das Mißtrauen unter den Beteiligten zu überwinden. Doch dann leistete sich de Klerk eine seltsame Sache. Er fing an, den ANC anzugreifen, weil er sich nicht an Vereinbarungen halte, die er mit der Regierung getroffen habe. Er sprach zu uns wie ein Schulmeister, der ungehorsame Kinder ermahnt. Er tadelte den ANC, weil er geheime Waffenlager nicht angegeben habe, und warf uns vor, eine »geheime Armee« zu unterhalten, die Umkhonto We Sizwe, und damit das Nationale Friedensabkommen vom September 1991 verletzt zu haben. In unbeherrschten Worten stellte er die Frage, ob der ANC wohl so ehrenhaft sei, an Vereinbarungen festzuhalten, die er unterzeichnet habe.

Das war mehr, als ich tolerieren konnte, und ich wollte verdammt sein, wenn ich Mr. de Klerk gestattete, das letzte Wort zu haben. Als er am Ende war, sollte die Versammlung eigentlich geschlossen werden. Doch im Saal war es sehr still geworden. Statt die Sitzung zu beenden, schritt ich zum Podium. Ich konnte de Klerks Bemerkungen nicht unerwidert lassen. Meine Stimme verriet meinen Ärger.

»Über das heutige Verhalten von Mr. de Klerk bin ich sehr bestürzt. Er hat den ANC angegriffen und ist dabei alles andere als aufrichtig gewesen. Selbst der Kopf einer illegitimen, diskreditierten Minderheitsregierung wie die seine hat sich an gewisse moralische Normen zu halten. Gerade weil er der Kopf eines solch diskreditierten Regimes ist, ist es unentschuldbar, daß er sich nicht an moralische Normen hält. Wenn ein Mann an einer Konferenz wie dieser teilnehmen und die Art von Politik betreiben kann, die er betrieben hat, dann möchten nicht sehr viele Menschen mit einem solchen Mann zu tun haben.

Die Mitglieder der Regierung haben uns gebeten, ihn als letzten reden zu lassen. Ihnen war sehr daran gelegen, hier das letzte Wort zu haben. Nun ist klar, warum sie darauf so erpicht waren. Er hat seine Position mißbraucht, weil er hoffte, ich würde nicht darauf antworten. Er hat sich gründlich geirrt. Ich antworte jetzt.«

Es sei unannehmbar, erklärte ich, daß Mr. de Klerk in einer solchen Sprache zu uns gesprochen habe. Ich wiederholte, der ANC und nicht die Regierung sei es gewesen, der die Initiative für Friedensgespräche ergriffen habe, und es sei die Regierung gewesen, nicht der ANC, die immer wieder gegen ihre Vereinbarungen verstoßen habe. Ich hatte Mr. de Klerk zuvor erklärt, es sei nicht sinnvoll, den ANC öffentlich anzugreifen, doch er fuhr damit fort. Ich betonte, wir hätten unseren bewaffneten Kampf eingestellt, um unsere Bereitschaft zum Frieden zu zeigen. Dennoch stecke die Regierung mit denen unter einer Decke, die Krieg führten. Wir erklärten ihm, daß wir unsere Waffen erst dann übergeben würden, wenn wir an der Regierung beteiligt seien, die jene Waffen einsammelt.

Es sei offenkundig, fügte ich hinzu, daß die Regierung ein doppeltes Spiel treibe. Sie benutze die Verhandlungen nicht, um Frieden zu erreichen, sondern um ihre eigenen unwichtigen politischen Gewinne einzustreichen. Selbst während der Verhandlungen finanziere sie heimlich verdeckte Organisationen, die Gewalttaten gegen uns begingen. Ich erwähnte die kürzlichen Enthüllungen über Millionenbeträge an die Inkatha, von denen Mr. de Klerk vorgebe, nichts gewußt zu haben. Ich erklärte, wenn ein Mann in seiner Position »nichts über solche Dinge weiß, dann ist er als Regierungschef nicht geeignet«.

Ich wußte, daß ich harte Worte gewählt hatte, doch ich wollte das ganze Schiff der Verhandlungen nicht zum Kentern bringen, und so schloß ich mit versöhnlicheren Bemerkungen.

»Ich habe ihn gebeten, seine Karten offen auf den Tisch zu legen. Lassen Sie uns aufrichtig zusammenarbeiten. Möge es kein doppeltes Spiel geben. Möge er uns nicht überreden, ihn als letzten Redner sprechen zu lassen, weil er dieses Vorrecht mißbrauchen und uns angreifen will in der Hoffnung, wir würden darauf nicht reagieren. Ich bin trotz all seiner Fehler bereit, mit ihm zusammenzuarbeiten.

Am nächsten Tag kam die CODESA zu ihrer Abschlußsitzung zusammen, und sowohl Mr. de Klerk wie auch ich bemühten uns, erkennen zu lassen, daß kein irreparabler Schaden eingetreten war. Zu Beginn der Sitzung schüttelten wir uns die Hand und erklärten, wir wollten zusammenarbeiten. Doch viel Vertrauen war dahingeschwunden, und die Verhandlungen befanden sich in einem Zustand der Unordnung.

Sechs Wochen nach Eröffnung von CODESA 1 bewarb sich die National Party um eine wichtige Nachwahl in Potchefstroom, einer konservativen Universitätsstadt in Transvaal, traditionell eine Hochburg der Partei. In einer erstaunlichen Wählerwanderung wurden die Nationalisten von dem Kandidaten der rechtsgerichteten Conservative Party geschlagen. Die Konservativen waren strikt gegen Verhandlungen der Regierung mit dem ANC. In ihren Reihen waren vor allem Afrikander, die den Eindruck hatten, Mr. de Klerk betreibe einen Ausverkauf. Das Wahlergebnis schien Mr. de Klerks Reform- und Verhandlungspolitik in Frage zu stellen. Die National Party war in Alarmstimmung. Ihre eigenen Wähler in ihrem Herzland lehnten ihre Politik ab.

Mr. de Klerk entschloß sich zu einem riskanten Manöver. Er kündigte an, als Ergebnis der Nachwahlen in Potchefstroom werde er alle Weißen zu einem landesweiten Referendum am 17. März aufrufen, mit dem das südafrikanische Volk über seine Reformpolitik und über die Verhandlungen mit dem ANC abstimmen könne. Wenn das Referendum negativ ausfalle, werde er von seinem Amt zurücktreten. Das Referendum stellte an alle weißen Wähler ab 18 Jahre eine klare und direkte Frage: »Befürworten Sie die Fortsetzung des Reformprozesses, den der Staatspräsident am 2. Februar 1990 einleitete mit dem Ziel einer neuen Verfassung auf dem Wege von Verhandlungen?«

Der ANC sprach sich gegen das Referendum aus, weil es sich um eine Abstimmung handelte, die alle Nichtweißen ausschloß. Gleichzeitig waren wir jedoch realistisch: Wir wollten mit Sicherheit nicht, daß die weißen Wähler Mr. de Klerks Bemühungen um Fortsetzung der Verhandlungen abschmetterten. Obwohl wir die Wahl im Grundsatz ablehnten, forderten wir die Weißen auf, mit Ja zu stimmen. Wir betrachteten eine solche Abstimmung als positives Signal für Verhandlungen, wenn auch nicht unbedingt für de Klerk.

Wir beobachteten Mr. de Klerks Wahlkampf mit Interesse und

einiger Verwirrung. Er und die National Party führten einen gescheiten, teuren, amerikanisch anmutenden Wahlkampf, der begleitet war von extensiver Zeitungs- und Fernsehwerbung, großflächigen Plakaten und farbenprächtigen Aufmärschen. Wir sahen darin eine Galaprobe für den Wahlkampf, den Mr. de Klerk gegen uns zu bestreiten gedachte.

Am Ende stimmten 69 Prozent der weißen Wähler für Verhandlungen und bescherten Mr. de Klerk einen glanzvollen Sieg. De Klerk fühlte sich bestätigt. Ich denke, das Ergebnis ließ seinen Kamm anschwellen. Seine Macht war gestärkt, und als Folge davon stärkten die Nationalisten ihre Verhandlungsposition. Das war eine gefährliche Strategie.

IN EINER Pressekonferenz am 13. April 1992 kündigte ich in Anwesenheit meiner beiden ältesten Freunde und Kameraden, Walter und Oliver, die Trennung von meiner Frau an. Die Situation war so schwierig geworden, daß ich es im Interesse aller Betroffenen – des ANC, der Familie und Winnie – für das beste hielt, wenn wir uns trennten. Wenngleich ich den Schritt mit dem ANC erörterte, geschah die Trennung selbst aus persönlichen Gründen.

Ich verlas die folgende Erklärung:

»Die Beziehung zwischen mir und meiner Frau und Kameradin Nomzamo Winnie Mandela ist Gegenstand vieler Medienspekulationen geworden. Ich gebe diese Erklärung ab, um die Situation zu klären, auch in der Hoffnung, daß sie weitere Mutmaßungen beenden wird.

Kameradin Nomzamo und ich haben unsere Ehe zu einem kritischen Zeitpunkt im Befreiungskampf in unserem Lande geschlossen. Aufgrund des Drucks unserer gemeinsamen Verpflichtungen gegenüber dem ANC und dessen Kampf zur Beendigung der Apartheid konnten wir kein normales Familienleben führen. Trotz dieses Drucks nahmen unsere Liebe füreinander und unsere Hingabe an die Ehe zu und verstärkten sich …

Während der zwei Jahrzehnte, die ich auf Robben Island zubrachte, war sie eine unschätzbare Quelle von Hilfe und Trost für mich persönlich ... Kameradin Nomzamo übernahm die beschwerliche Last, unsere Kinder allein aufzuziehen ... Sie ertrug die Verfolgungen, welche die Regierung über sie verhängte, mit beispielhafter Standhaftigkeit und wurde in ihrer Hingabe an den Freiheitskampf niemals schwankend. Ihre Verläßlichkeit verstärkte meinen persönlichen Respekt, meine Liebe und wachsende Zuneigung. Ihre Haltung erregte auch die Bewunderung der Welt insgesamt. Meine Liebe zu ihr bleibt unverändert bestehen.

Doch angesichts der Spannungen, die in den letzten Monaten zwischen uns aufgrund von Differenzen über eine Reihe von Fragen entstanden sind, sind wir beide zu dem Schluß gekommen, daß eine Trennung für jeden von uns am besten ist. Mein Schritt hat nichts mit den derzeitigen Anschuldigungen zu tun, die in den Medien gegen sie erhoben werden ... Kameradin Nomzamo kann sich nach wie vor auf meine uneingeschränkte Hilfe während dieser beschwerlichen Zeit in ihrem Leben verlassen.

Ich werde selbst niemals bereuen, daß Kameradin Nomzamo und ich versucht haben, ein gemeinsames Leben zu führen. Umstände jedoch, die sich unserer Macht entziehen, haben es erzwungen, daß wir uns trennen. Ich scheide von meiner Frau ohne Groll. Ich umarme sie mit all der Liebe und Zuneigung, die ich von dem Augenblick, da ich sie zum erstenmal sah, in und außerhalb des Gefängnisses für sie gehegt habe. Meine Damen und Herren, ich hoffe, Sie wissen den Schmerz zu würdigen, durch den ich gegangen bin.«

Vielleicht war ich blind gegenüber gewissen Dingen, blind infolge des Schmerzes, den ich empfand, weil ich meine Rolle als Ehemann meiner Frau und als Vater meiner Kinder nicht zu erfüllen vermochte. Doch wie ich überzeugt bin, daß das Leben meiner Frau während meiner Gefängniszeit aufreibender war als mein Leben, so glaube ich auch, daß meine Rückkehr für sie schwieriger war als für mich. Sie heiratete einen Mann, der sie bald verließ; dieser Mann wurde zu einem Mythos, und dann kehrte dieser

Mythos heim und ließ erkennen, daß er letztlich nur ein Mann war.

Wie ich später zur Hochzeit meiner Tochter Zindzi erklärte, scheint es das Schicksal von Freiheitskämpfern zu sein, ein instabiles persönliches Leben zu führen. Wenn das Leben ein Kampf ist, wie es meins gewesen ist, bleibt wenig Raum für das Familienleben. Das habe ich immer am meisten bedauert, und es war der schwierigste Teil der Wahl, die ich getroffen hatte.

»Wir sahen unsere Kinder ohne unsere Anleitung aufwachsen«, erklärte ich am Hochzeitstag, »und als wir aus dem Gefängnis kamen, sagten mir meine Kinder: ›Wir dachten, wir hätten einen Vater, und eines Tages war er heimgekehrt. Doch zu unserer Enttäuschung kam unser Vater heim und ließ uns allein, weil er nun der Vater der Nation geworden war.‹« Der Vater einer Nation zu sein ist eine große Ehre, doch der Vater einer Familie zu sein ist eine größere Freude. Doch es war eine Freude, von der ich viel zuwenig verspürt hatte.

IM MAI 1992 hielt die Viel-Parteien-Konferenz nach viermonatiger Unterbrechung ihre zweite Plenarsitzung im World Trade Centre ab. Bekannt geworden als »CODESA 2«, waren diese Gespräche in Geheimtreffen von Unterhändlern sowohl des ANC und der Regierung wie auch in Unterredungen zwischen dem ANC und anderen Parteien vorbereitet worden. Diese Geheimtreffen kulminierten in einer letzten Sitzung zwischen mir und Mr. de Klerk, die am Tag vor der Eröffnung von CODESA 2 stattfand; es war das erste Mal seit der Zeit vor CODESA 1, daß wir zusammentrafen.

Nur Tage vor dem Termin, an dem CODESA 2 stattfinden sollte, war die Regierung von zwei Skandalen betroffen worden. Der erste bestand in der Enthüllung massiver Korruption und Vorteilsnahme im Ministerium für Entwicklungshilfe, das für die Verbesserung des Lebens von Schwarzen in den Homelands zuständig war; der zweite Skandal betraf die Verwicklung hoher Sicherheitsbeamter der Regierung in den Fall der Ermordung von vier UDF-Aktivisten von 1985. Unter den Ermordeten war Matthew Gonive der bekannteste. Diese Enthüllungen summierten sich zu den jüngsten Erkenntnissen, daß die Polizei in Mordtaten in Natal verwickelt war, und zu dem Verdacht, daß das Ministerium für militärische Nachrichtendienste verdeckte Operationen gegen den ANC durchführte. Diese beiden zusammentreffenden Skandale unterminierten die Glaubwürdigkeit der Regierung und stärkten unsere Position.

In den Monaten zuvor hatte die Regierung zahlreiche Vorschläge unterbreitet, die zurückgewiesen wurden. Die meisten, wie etwa der Gedanke einer rotierenden Präsidentschaft, sollten ihre Macht sichern. Doch in Verhandlungen während der letzten Monate hatten die Abordnungen des ANC und der Regierung ein Abkommen entworfen, das eine Übergangsperiode zu einem völlig demokratischen Südafrika in zwei Stufen vorsah. Auf der ersten Stufe sollte ein aus vielen Parteien gebildeter »Übergangs-Exekutivrat« von den CODESA-Delegationen benannt werden; dieses Gremium sollte als zeitweilige Regierung amtieren, um das »Spielfeld« für alle Parteien zu »ebnen« und eine Interimsverfassung zu erstellen. Auf der zweiten Stufe sollten allgemeine Wahlen für eine konstituierende Nationalversammlung und Legislative abgehalten werden, und anschließend sollten alle Parteien, die fünf Prozent und mehr an Stimmen auf sich vereinten, Vertreter ins Kabinett entsenden. Die Hälfte der Mitglieder der verfassunggebenden Versammlung sollte auf nationaler Basis gewählt werden, die andere auf regionaler, und die Versammlung sollte ermächtigt werden, sowohl eine neue Verfassung zu entwerfen wie auch Gesetze zu erlassen. Eine unabhängige Kommission sollte der Wahl vorstehen und sicherstellen, daß sie frei und fair verliefe.

Dennoch gab es eine Reihe von Fragen, in denen der ANC und die Regierung keine Übereinkunft erzielen konnten, wie etwa die Frage, wie hoch bei Entscheidungen über Verfassungsfragen und über ein Grundgesetz der notwendige Prozentsatz an Stimmen sein sollte. Einen Tag vor CODESA 2 schlug die Regierung eine zweite Körperschaft vor, einen Senat, der sich aus regionalen Vertretern zusammensetzen und so ein Minderheitsveto sicherstellen sollte. Ferner schlug die Regierung vor, sich zunächst, vor allem anderen, auf eine Interimsverfassung zu einigen, die zu entwerfen Monate dauern würde.

All diese Verhandlungen wurden hinter der Bühne geführt, und zu dem Zeitpunkt, als CODESA 2 eröffnet werden sollte, nämlich am 15. Mai 1992, sahen die Aussichten für eine Einigung düster aus. Die Fragen, über die wir uns nicht einigten, bedrohten alles andere, über das wir Einigkeit erzielt hatten. Mr. de Klerk und mir war es nicht gelungen, über die meisten der wichtigsten Fragen einen Konsens herbeizuführen. Die Regierung schien willens, unbegrenzt zu warten; sie dachte wohl, je länger wir warteten, um so mehr Unterstützung würden wir verlieren.

Am Ende des ersten Tages hatte sich die Versammlung festgefahren. Zu diesem Zeitpunkt forderten die beiden Richter, die dem Gespräch vorsaßen, Mr. de Klerk und mich auf, wir sollten uns am Abend zusammensetzen und versuchen, einen Kompromiß zu finden. Wir trafen uns an jenem Abend beim Kaffee, und obwohl wir keinen Weg aus der Sackgasse fanden, waren wir uns einig, daß die Verhandlungen nicht scheitern müßten. »Ganz Südafrika und die Welt schaut auf Sie und mich«, erklärte ich Mr. de Klerk. »Lassen Sie uns den Friedensprozeß retten. Lassen Sie uns zu irgendeiner Art von Einigung kommen. Lassen Sie uns wenigstens ein Datum für die nächste Gesprächsrunde festlegen.« Wir beschlossen, am nächsten Tag im Geiste konstruktiver Kompromißbereitschaft zu sprechen.

Am nächsten Nachmittag sprachen wir in umgekehrter Reihenfolge als der, auf die wir uns vor CODESA 1 geeinigt hatten: Mr. de Klerk als erster, ich als letzter. In seinen Erklärungen beharrte Mr. de Klerk darauf, die National Party suche kein »Minderheitsveto«, sondern ihm sei an einem System von »Prüfung und Abwägung« gelegen, so daß die Mehrheit nicht in der Lage sei, »ihre Macht zu mißbrauchen«. Obwohl mir dies wie eine klare Ablehnung des Gedankens der Mehrheitsregierung vorkam, sagte ich in meiner Rede nach der von Mr. de Klerk lediglich, wir sollten in konstruktiver Weise zusammenarbeiten und die Spannungen im Zusammenhang mit den Verhandlungen abbauen.

Doch trotz unserer Versuche, der Angelegenheit einen positiven Anstrich zu geben, kam die Versammlung am zweiten Tag zum Stillstand. Wie ich es sah, ging die Sackgasse auf den anhaltenden Widerstand der National Party zurück, ihr Schicksal dem Willen der Mehrheit zu unterwerfen. Sie konnte diese Hürde einfach nicht nehmen.

Schließlich scheiterte CODESA 2 an vier fundamentalen Fragen: am Beharren der Regierung auf einem unannehmbar hohen Prozentsatz von Stimmen in der Versammlung zur Verabschiedung der Verfassung (im wesentlichen ein Hintertür-Veto); am vorgesehenen Einfluß der Regionen, der sich auf eine zukünftige Verfassung auswirken würde; an dem undemokratischen, nicht gewählten Senat, der die Gesetzgebung der Hauptkammer mit einem Veto belegen konnte; und an der Entschlossenheit, eine Interimsverfassung zu erstellen, die von der Versammlung auf dem Wege von Verhandlungen in eine permanente Verfassung zu verwandeln wäre.

Dies waren alles schwierige, aber nicht unlösbare Fragen, und ich war entschlossen zu verhindern, daß die Sackgasse bei CODESA 2 den Verhandlungsprozeß zum Scheitern brachte. Die Regierung und der ANC kamen überein, bilaterale Gespräche fortzuführen und auf diese Weise zu einer Lösung zu gelangen. Doch dann drängten sich andere Fragen in den Vordergrund und machten dies unmöglich.

ALS DIE VERHANDLUNGEN festgefahren waren, beschlossen der ANC und seine Verbündeten eine Politik der »rollenden Massenaktion«, die der Regierung das Ausmaß unserer Unterstützung im ganzen Lande vor Augen führen und ihr zeigen sollte, daß die Menschen von Südafrika nicht bereit waren, bis in alle Ewigkeit auf ihre Freiheit zu warten. Die Massenaktion sollte aus Streiks, Demonstrationen und Boykotts bestehen. Sie sollte am 16. Juni 1992 beginnen, am Jahrestag des Aufstands von Soweto im Jahre 1976, und die Kampagne sollte in einem zweitägigen landesweiten Streik am 3. und 4. August gipfeln.

Doch ehe es dazu kam, trat ein Ereignis ein, das den ANC und die Regierung noch weiter auseinandertrieb. In der Nacht des 17. Juni 1992 überfiel eine schwerbewaffnete Gruppe von Inkatha-Mitgliedern heimlich die Vaal-Township von Boipatong und brachte 46 Menschen um. Die meisten der Ermordeten waren Frauen und Kinder. Es war der vierte Massenmord an ANC-Anhängern in jener Woche. Die Menschen überall im Lande waren entsetzt über die Gewalttat und bezichtigten die Regierung der Komplizenschaft. Die Polizei unternahm nichts, um die Verbrecher aufzuhalten, und auch nichts, um sie zu finden; es wurden keine Verhaftungen vorgenommen, und eine Untersuchung war auch nicht in Gang gesetzt worden. Mr. de Klerk sagte nichts. Ich empfand dies als unerträglich, und meine Geduld näherte sich dem Ende. Die Regierung blockte die Verhandlungen ab und führte gleichzeitig einen geheimen Krieg gegen unsere Leute. Warum sollten wir weiterhin mir ihr sprechen?

Vier Tage nach den Morden sprach ich zu einer Menge von 20 000 wütenden ANC-Anhängern und erklärte ihnen, ich hätte den ANC-Generalsekretär Cyril Ramaphosa angewiesen, direkte Gespräche mit der Regierung auszusetzen. Ich kündigte ferner eine Dringlichkeitssitzung des Nationalen Exekutivkomitees an, das unsere Optionen überprüfen solle. Es war, als seien wir zu den schwarzen Tagen von Sharpeville zurückgekehrt. Ich verglich das Verhalten der National Party mit dem der Nazis in Deutschland, und ich warnte Mr. de Klerk öffentlich, daß der ANC für den Fall, daß er versuchen sollte, neue Maßnahmen zur Eindämmung von Demonstrationen oder freien Meinungsäußerungen anzuordnen, eine landesweite Mißachtungskampagne starten werde, mit mir als dem ersten Freiwilligen.

Bei dem Protestmarsch sah ich Spruchbänder mit Aufschriften wie »MANDELA, GIB UNS WAFFEN« und »SIEG DURCH KAMPF, NICHT DURCH GESPRÄCHE«. Ich verstand solche Regungen; die Menschen waren frustriert. Sie sahen keine positiven Ergebnisse der Verhandlungen. Allmählich fingen sie an zu glauben, der einzige Weg zur Überwindung der Apartheid führe über den Gewehrlauf. Nach Boipatong waren aus dem NEC Stimmen zu hören, die erklärten: »Warum haben wir den bewaffneten Kampf aufgegeben? Wir sollten besser die Verhandlungen aufgeben, sie werden uns nie zum Ziel führen.« Anfangs sympathisierte ich mit dieser Gruppe von Hardlinern, doch allmählich ging mir auf, daß es für den Prozeß keine Alternative gab. Auf ihn hatte ich so viele Jahre gedrängt, und ich wollte den Verhandlungen jetzt nicht den Rücken kehren. Doch es war höchste Zeit, die Lage zu entspannen. Massenaktionen waren in diesem Fall ein Mittelweg zwischen bewaffnetem Kampf und Verhandlungen. Die Menschen mußten für ihren Ärger und ihre Frustration ein Ventil haben, und eine Massenaktionskampagne war der richtige Weg zur Kanalisierung solcher Emotionen.

Als wir die Regierung darüber informierten, daß wir die Gespräche aussetzten, sandten wir gleichzeitig Mr. de Klerk ein Memorandum, in dem wir die Gründe für unseren Rückzug umrissen. Außer der Fortführung der festgefahrenen Verhandlungen über Verfassungsfragen bei der CODESA forderten wir die Ermittlung der für Gewalttaten verantwortlichen Leute und ihre Anklage vor Gericht sowie die Absperrung und polizeiliche Überwachung der Heime, diesen Brutstätten der Gewalt. Mr. de Klerk schickte uns seinerseits ein Memorandum, in dem er um ein Gespräch unter vier Augen mit mir bat, was ich ablehnte. Nach meinem Empfinden würde ein solches Treffen den Gedanken nahelegen, wir hätten etwas zu besprechen, doch zu dieser Zeit hatten wir nichts zu bereden.

Die Massenkampagne kulminierte am 3. und 4. August in einem Generalstreik für die ANC-Forderungen nach Verhandlungen und gegen die vom Staat unterstützten Gewalttaten. Mehr als vier Millionen Arbeiter blieben zu Hause; es war der größte politische Streik in der Geschichte Südafrikas. Hauptbestandteil des Streiks war ein Marsch von 100 000 Menschen zu den Union Buildings in Pretoria, dem imposanten Sitz der südafrikanischen Regierung, wo wir auf dem großen Rasen vor den Gebäuden eine riesige Versammlung unter freiem Himmel abhielten. Ich versprach der Menge, daß wir eines Tages dieses Gebäude als erste demokratisch gewählte Regierung Südafrikas mit Beschlag belegen würden.

Angesichts dieser Massenaktion erklärte Mr. de Klerk, wenn der ANC das Land unregierbar mache, sähe sich die Regierung womöglich gezwungen, einige unangenehme Maßnahmen in Erwägung zu ziehen. Ich warnte Mr. de Klerk, alle antidemokratischen Aktionen würden zu ernsten Erschütterungen führen. Wegen solch drohender Gefahren, erklärte ich, sei es absolut dringlich, eine Übergangsregierung zu installieren.

Unter dem Eindruck des Erfolgs der Massenaktionskampagne beschloß eine Gruppe innerhalb des ANC, nach Bisho zu marschieren, der Hauptstadt des Ciskei-Homeland am östlichen Kap, eines von Brigadegeneral Oupa Gqozo geführten Bantustan. Die Ciskei hatte seit langem den ANC unterdrückt, und 1991 hatte Brigadier Gqozo in der Ciskei den Notstand ausgerufen, um den, wie er es nannte, vom ANC geförderten Terrorismus einzudämmen. Am 7. September 1992 setzten sich 70 000 Protestierer in Marsch auf das Hauptstadion von Bisho. Als eine Gruppe von Marschierern versuchte, durch eine Zaunöffnung zu laufen und einen anderen Weg in die Stadt zu nehmen, eröffneten die mangelhaft ausgebildeten Homeland-Truppen das Feuer auf die Marschierenden und töteten 29 Menschen; über 200 wurden verletzt. Wie Boipatong stand hinfort auch Bisho als Inbegriff von Brutalität.

WIE IN DEM alten Sprichwort, das besagt, die dunkelste Stunde liege vor Tagesanbruch, führte die Tragödie von Bisho zu einem Neubeginn der Verhandlungen. Ich traf mich mit Mr. de Klerk, um eine gemeinsame Grundlage zu sondieren und eine Wiederholung der Tragödie von Bisho zu verhindern. Unsere Unterhändler trafen sich von nun an regelmäßig. Beide Seiten unternahmen einvernehmlich große Anstrengungen, die Verhandlungen wieder in Gang zu bringen, und am 26. September kamen Mr. de Klerk und ich zu einem offiziellen Gipfeltreffen zusammen.

An jenem Tag unterzeichneten Mr. de Klerk und ich den Record of Understanding, eine Vereinbarung, die das Modell abgab für alle Verhandlungen, die folgen sollten. Die Vereinbarung sah ein unabhängiges Gremium vor, das Polizeiaktionen überprüfen sollte, entwarf Maßnahmen zur Einfriedung der Heime und verbot das Mitführen von »traditionellen Waffen« bei Protestmärschen. Die eigentliche Bedeutung der Vereinbarung lag darin, daß sie den Stillstand der CODESA-2-Verhandlungen über Verfassungsfragen überwand. Die Regierung willigte schließlich ein, eine einzige gewählte verfassunggebende Versammlung zu akzeptieren, die eine neue Verfassung annehmen und als Übergangslegislative für eine neue Regierung dienen sollte. Es blieben nur noch Verhandlungen über ein Datum für die Wahl zur Versammlung und über den Prozentsatz von Mehrheiten, die für Entscheidungen notwendig wären. Wir waren uns nunmehr einig über das grundlegende Gerüst, welches das Land in eine demokratische Zukunft tragen sollte.

Der Record of Understanding veranlaßte die Inkatha zu der Ankündigung, sie werde sich von allen Verhandlungen, an denen die Regierung und der ANC beteiligt seien, zurückziehen. Die Vereinbarung empörte Häuptling Buthelezi, der daraufhin die Beziehungen zur National Party einfrieren ließ und eine Allianz einging mit einer Gruppe von diskreditierten Homeland-Führern und weißen rechtsgerichteten Parteien, die lediglich daran interessiert waren, ein Homeland für Afrikander zu bekommen. Häuptling Buthelezi verlangte die Aufhebung des Record of Understanding, die Beendigung der CODESA und die Auflösung von Umkhonto We Sizwe.

Genau wie Joe Slovo hinsichtlich der Aufgabe des bewaffneten Kampfes die Initiative ergriffen hatte, so machte er nun wieder als erster einen kontroversen Vorschlag: eine Regierung der nationalen Einheit. Im Oktober veröffentlichte Joe ein Papier, in dem er zu bedenken gab, die Verhandlungen mit der Regierung seien keine Waffenstillstandsgespräche, in denen wir einem besiegten Gegner unsere Bedingungen diktieren könnten. Wahrscheinlich werde der ANC Jahre brauchen, um die Schalthebel der Regierung zu kontrollieren, selbst nach einer Wahl. Auch eine ANC-Regierung werde auf große Teile der gegenwärtigen Zivilverwaltung angewiesen sein, um das Land zu führen. Joe schlug eine »Niedergangsklausel« vor, die eine Regierung der nationalen Einheit vorsehe und der National Party für einen bestimmten Zeitraum Teilhabe an der Macht einräume; außerdem solle Sicherheitsoffizieren eine Amnestie gewährt und der Arbeitsvertrag von Zivilbeamten respektiert werden. »Teilhabe an der Macht« galt innerhalb des ANC als unredliche Formulierung und wurde als verschlüsselte Bezeichnung für das Verlangen der Regierung nach einem Minderheits-Veto angesehen. Doch in diesem Zusammenhang bedeutete es lediglich, daß die National Party an jeder allgemein gewählten Regierung beteiligt werde, vorausgesetzt, sie erzielte genügend Stimmen. Nach ausgedehnter Diskussion befürwortete ich Joes Vorschlag, und am 18. November wurde er vom Nationalen Exekutivkomitee gebilligt. Das NEC erklärte sich bereit, die Teilung der Macht zu befürworten, sofern die Minderheitsparteien kein Vetorecht erhielten. Im Dezember nahmen wir eine neue Runde geheimer bilateraler Gespräche mit der Regierung auf. Sie fanden an fünf Tagen in einer Jagdhütte im Busch statt, und sie erwiesen sich als entscheidend, denn sie bauten auf der Grundlage auf, wie sie mit dem Record of Understanding geschaffen worden war. Bei diesem Treffen im Busch einigten wir uns im Grundsatz auf eine fünfjährige Regierung der nationalen Einheit, in der alle Parteien, die bei einer allgemeinen Wahl mehr als fünf Prozent der Stimmen erzielten, entsprechend ihrem Wahlergebnis im Kabinett vertreten wären. Nach fünf Jahren sollte aus der Regierung der nationalen Einheit eine einfache Mehrheitsregierung werden. ANC und Regierung kündigten im Februar eine prinzipielle Vereinbarung über eine fünfjährige Regierung der nationalen Einheit, ein Mehr-Parteien-Kabinett und die Bildung eines Übergangs-Exekutivrats an. Wahlen sollten bereits Ende 1993 abgehalten werden.

ICH BIN IMMER der Meinung gewesen, ein Mann solle ein Haus in Sichtweite seines Geburtshauses haben. Nach der Entlassung aus dem Gefängnis faßte ich den Plan, in Qunu ein Landhaus für mich zu bauen. Im Herbst 1993 war das Haus fertiggestellt. Es hat den Grundriß jenes Hauses, in dem ich bei Victor Vester gelebt hatte. Die Leute haben das oft kommentiert, doch die Antwort ist simpel: Das Victor-Verster-Haus war das erste geräumige, komfortable Haus, in dem ich je gewohnt habe, und ich mochte es sehr. Ich war vertraut mit seinen Dimensionen, so daß ich in Qunu nachts nicht herumwandern mußte, um die Küche zu finden.

Im April war ich zu einem Kurzurlaub in meinem Haus in der Transkei. Am Morgen des 10. April war ich gerade nach draußen gegangen, um einige Mitglieder der Rugby-Mannschaft der Polizei von Transkei zu begrüßen, als meine Haushälterin herausgelaufen kam, um mir mitzuteilen, da sei ein dringender Telefonanruf. Sie weinte. Ich entschuldigte mich bei den jungen Leuten und erfuhr dann von einem Kollegen, Chris Hani, der Generalsekretär der SACP, früher Stabschef des MK und einer der populärsten Männer im ANC, sei vor seinem Haus in Boksburg aus nächster Nähe erschossen worden. Boksburg ist eine Vorstadt von Johannesburg, die vornehmlich von weißen Arbeitern bewohnt wird, die Chris zu integrieren versucht hatte.

Der Tod von Chris war für mich persönlich wie auch für die Bewegung ein großer Schlag. Er war Soldat und Patriot gewesen, der keine Aufgabe als zu gering erachtet hatte. Für die Jugendlichen von Südafrika war er ein großer Held, ein Mann, der ihre Sprache sprach und dem sie zuhörten. Wenn irgend jemand die widerspenstige Jugend hinter eine ausgehandelte Lösung scharen konnte, dann war dies Chris. Südafrika war eines seiner größten Söhne beraubt worden, eines Mannes, der bei der Umgestaltung des Landes in eine neue Nation von unschätzbarem Wert gewesen wäre.

Das Land war in einem fragilen Zustand. Es kamen Befürchtungen auf, Hanis Tod könne einen Rassenkrieg auslösen, wenn die Jugend sich entschlösse, ihr Held solle ein Märtyrer werden, für den sie ihr eigenes Leben hingeben würden. Ich bestieg zum erstenmal einen Hubschrauber, um Chris' 82jährigen Vater in Sabalele meinen Respekt zu zollen. Sabalele ist eine winzige, staubige Stadt im Cofinivaba-Distrikt in der Transkei, ein mir wohlbekannter Ort, denn es war die Heimat der Matanzima-Familie. Als ich in der Ortschaft ohne fließendes Wasser und ohne Elektrizität eintraf, fragte ich mich verwundert, wie ein so armer, winziger Ort einen Mann wie Chris Hani hatte hervorbringen können, einen Mann, der die ganze Nation mit seiner Leidenschaft und seiner Fähigkeit erregte. Seine Fürsorge für die armen Landbewohner rührte aus seiner Kindheit in Sabalele her, denn seine Wurzeln waren tief und echt, und er hatte sie nie aufgegeben. Chris' Vater sprach beredt über seinen Schmerz, einen Sohn verloren zu haben, aber auch mit Zufriedenheit, daß er im Kampf gefallen war.

Nach meiner Rückkehr nach Johannesburg erfuhr ich, daß die Polizei ein Mitglied der militanten, rechtsgerichteten Afrikander Weerstandsbeweging (AWB) festgenommen hatte, einen polnischen Immigranten, der gefaßt worden war, nachdem eine mutige Afrikanderin die Polizei verständigt und ihr das Autokennzeichen des Killers mitgeteilt hatte. Der Mord war ein Akt irrer Verzweiflung, ein Versuch, den Verhandlungsprozeß zum Scheitern zu bringen. Ich wurde aufgefordert, an jenem Abend über den Südafrikanischen Rundfunk SABC zur Nation zu sprechen. In diesem Fall suchte der ANC und nicht die Regierung die Nation zu beruhigen.

Ich erklärte, der Friedensprozeß und die Verhandlungen könnten nicht aufgehalten werden. Mit all der Autorität meines Amtes sagte ich: »Ich appelliere an alle unsere Leute, ruhig zu bleiben und das Andenken an Chris Hani dadurch zu ehren, daß wir eine disziplinierte Friedensstreitmacht bleiben.«

»Heute abend wende ich mich tiefbewegt an jeden einzelnen Südafrikaner, schwarz und weiß. Ein weißer Mann, voller Vorurteile und Haß, kam in unser Land und beging eine Tat, die so abscheulich ist, daß unsere ganze Nation am Rande eines Desasters dahinschwankt. Eine weiße Frau, burischer Herkunft, riskierte ihr Leben, damit wir den Mörder ausfindig machen und ihn vor Gericht bringen können ... Jetzt ist es Zeit, daß alle Südafrikaner sich zusammenschließen gegen jene, die von allen Seiten her das zu zerstören trachten, wofür Chris Hani sein Leben gab... die Freiheit für uns alle.«

Die Ermordung von Chris war ein Versuch von Verfechtern weißer Vorherrschaft, das Unausweichliche aufzuhalten. Sie wollten lieber, daß das Land in den Bürgerkrieg stürzte, als daß eine Mehrheit mit friedlichen Mitteln regierte.

Wir suchten eine Strategie für den Umgang mit unserer Wählerschaft im ANC zu entwickeln. Um Ausbrüche gewalttätiger Vergeltung zu verhindern, veranstalteten wir eine einwöchige Reihe von Massenversammlungen und Demonstrationen überall im Lande. Das sollte den Menschen dazu verhelfen, ihre Frustration zum Ausdruck zu bringen, ohne zur Gewalt zu greifen. Mr. de Klerk und ich sprachen privat miteinander und kamen überein, wir würden es nicht zulassen, daß der Mord an Chris Hani die Verhandlungen zunichte machte.

In den nächsten Tagen erfuhren wir, daß ein Mitglied der Conservative Party namens Clive Derby-Lewis in Zusammenhang mit dem Mord verhaftet worden war. Das bestätigte erneut die Existenz einer dritten Kraft. Chris selbst hatte einen kürzlichen Diebstahl von Waffen von einer Luftwaffenbasis angeprangert; erste Polizeiberichte legten den Verdacht nahe, daß die Waffe, mit der Chris getötet worden war, aus dem genannten Waffenlager stammte.

Genau zwei Wochen später kam es zu einem weiteren bedeutsamen Ereignis, das zwar nicht wie Chris' Ermordung die Nation erschütterte, mich aber tief berührte. Oliver hatte sich seit längerer Zeit nicht wohl gefühlt, doch der Anfall, der ihn tötete, kam plötzlich und ohne Warnung. Seine Frau Adelaide rief mich früh am Morgen an, und ich eilte an Olivers Bett. Doch ich hatte keine Gelegenheit, ihm auf Wiedersehen zu sagen, denn er war bereits von uns gegangen.

Der Philosoph Plato unterteilt in seiner Allegorie von den Metallen die Menschen in Gruppen aus Gold, Silber und Blei. Danach war Oliver pures Gold; er war Gold in seiner intellektuellen Brillanz, Gold in seiner Wärme und Menschlichkeit, Gold in seiner Toleranz und Großzügigkeit, Gold in seiner unerschütterlichen Loyalität und Opferbereitschaft. Wie sehr ich ihn als Führungspersönlichkeit schätzte, so sehr liebte ich ihn als Menschen.

Wenngleich wir in all den Jahren, die ich im Gefängnis war, voneinander getrennt waren, so war Oliver doch meinen Gedanken niemals fern. Auf vielfältige Weise führte ich, auch wenn wir getrennt waren, ein lebenslanges Gespräch mit ihm in meinen Gedanken. Vielleicht fühlte ich mich deshalb so verwaist, als er starb. Ich fühlte mich, wie ich einem Kollegen erklärte, als der einsamste Mann der Welt. Es war, als wäre er gerade in dem Augenblick fortgerissen worden, als wir endlich wieder vereint waren. Als ich ihn in seinem Sarg liegen sah, war mir, als sei ein Teil von mir gestorben.

Obgleich wir noch nicht an der Macht waren, wünschte ich für Oliver ein Staatsbegräbnis, und genau das gab ihm der ANC. Auf einer Massenversammlung im Stadion von Soweto kamen Hunderte von Amtsträgern ausländischer Regierungen zusammen, um ihren Respekt jenem Mann zu zollen, der den ANC während der Jahre seines Exils am Leben erhalten hatte. MK-Truppen marschierten zu seinen Ehren, und an seinem Grab wurde ein Salut von 21 Schuß gegeben. Oliver hatte erlebt, daß die Gefangenen freigelassen wurden und die Exilierten zurückkehrten, doch er hatte nicht mehr erlebt, wie er in einem freien und demokratischen Südafrika seine Stimme abgab. Das war unerfüllt geblieben.

WENNGLEICH SICH nur wenige Menschen an den 3. Juni 1993 erinnern werden, so war er doch ein Meilenstein in der Geschichte Südafrikas. An jenem Tag einigte sich nach Monaten der Verhandlungen im World Trade Centre das Mehr-Parteien-

Forum auf ein Datum für die erste nationale, nichtrassische, allgemeine Wahl des Landes: auf den 27. April 1994. Zum erstenmal in der Geschichte Südafrikas würde die schwarze Mehrheit zu den Wahlurnen gehen, um ihre eigenen Führer zu wählen. Laut Vereinbarung sollten die Wähler 400 Abgeordnete in eine verfassunggebende Versammlung wählen, die sowohl eine neue Verfassung entwerfen wie auch als Parlament fungieren sollte. Nach dem Zusammentritt würde die Versammlung als ersten Geschäftsordnungspunkt einen Präsidenten wählen.

Die Gespräche waren im April wiederaufgenommen worden. Zu diesem Zeitpunkt waren unter den 26 Parteien die Inkatha, der Pan African Congress und die Conservative Party. Wir hatten die Regierung seit Monaten bedrängt, einen Termin festzulegen, doch sie hatte auf Zeit gespielt. Doch nun stand der Termin ehern fest.

Einen Monat später, im Juli, hatte sich das Mehr-Parteien-Forum auf einen ersten Entwurf für eine Interimsverfassung geeinigt. Vorgesehen waren ein Zwei-Kammer-Parlament mit einer aus 400 Abgeordneten bestehenden Nationalversammlung, die nach der Verhältniswahl von nationalen und regionalen Parteilisten zu wählen wären, und ein durch die Regionallegislativen indirekt zu wählender Senat. Die Wahlen zu den Regionalparlamenten sollten zur gleichen Zeit wie Nationalwahlen stattfinden, und die Regionalparlamente sollten ihre eigenen, mit der Nationalverfassung in Einklang stehenden Verfassungen beschließen können.

Häuptling Buthelezi forderte eine Verfassung, die vor der anstehenden Wahl verabschiedet würde, und verließ die Verhandlungen aus Protest gegen die Festsetzung eines Wahltermins vor Verabschiedung einer Verfassung. Ein im August vorgelegter zweiter Entwurf für eine Interimsverfassung, der den Regionen größeren Einfluß einräumte, entsprach weder den Wünschen von Häuptling Buthelezi noch denen der Conservative Party. Die Konservativen, bezeichneten die Resolutionen als feindselig gegenüber den Interessen der Afrikander. Eine Gruppe, die sich Afrikandische Volksfront nannte und von General Constand Viljoen geführt wurde, einem ehemaligen Chef der südafrikanischen Streitkräfte, sollte die weißen konservativen Organisationen vereinen und um die Idee eines »Volkstaats«, eines weißen Homeland, sammeln.

Am 18. November, unmittelbar nach Mitternacht, billigte eine Plenarsitzung der Viel-Parteien-Konferenz eine Interimsverfassung. Die Regierung und der ANC hatten die verbliebenen Hürden genommen. Das neue Kabinett würde sich zusammensetzen aus jenen, die mehr als fünf Prozent der Stimmen auf sich vereinigen würden, und es würde Beschlüsse durch Konsens fassen, und nicht nach Zweidrittelmehrheit, wie von der Regierung vorgeschlagen; Nationalwahlen würden nicht vor 1999 stattfinden, so daß folglich die Regierung der nationalen Einheit fünf Jahre im Amt wäre; und schließlich fügte sich die Regierung unserer Forderung nach einem einzigen Wahlzettel statt getrennten Wahlzetteln für die National- und die Regionalparlamente. Zwei Wahlzettel würden eine Mehrheit der Wähler nur verwirren, von denen die meisten zum erstenmal zur Wahl gehen würden. In dem Zeitraum bis zur Wahl sollte ein Übergangs-Exekutivrat mit Mitgliedern aus jeder Partei das richtige Wahlklima sicherstellen. Tatsächlich würde dieser Exekutivrat (TEC) zwischen dem 22. Dezember und dem 27. April die Regierung bilden. Eine unabhängige Wahlkommission mit Sonderbefugnissen würde für die Organisation der Wahl verantwortlich sein. Wir standen wahrlich an der Schwelle zu einem neuen Zeitalter.

AUF PERSÖNLICHE Auszeichnungen und Preise habe ich nie viel Wert gelegt. Ein Mann wird nicht Freiheitskämpfer in der Hoffnung, Auszeichnungen zu bekommen, doch als mir mitgeteilt wurde, ich hätte gemeinsam mit Mr. de Klerk den Friedensnobelpreis 1993 erhalten, war ich tief bewegt. Der Friedensnobelpreis hatte aufgrund seiner Verwicklung mit der Geschichte Südafrikas eine besondere Bedeutung für mich.

Ich war der dritte Südafrikaner seit Ende des Zweiten Weltkriegs, der vom Nobelpreis-Komitee geehrt wurde. Häuptling Albert Luthuli gewann den Preis 1960, und im Vergleich mit solch einem Giganten fühlte ich mich vergleichsweise klein. Der zweite war Erzbischof Desmond Tutu, der während der schlimmsten Tage der Apartheid selbstlos gegen die Übel des Rassismus gekämpft hatte.

Der Preis war ein Tribut an alle Südafrikaner und speziell an jene, die sich am Kampf beteiligt hatten. Ich würde die Auszeichnung für sie entgegennehmen. Doch an den Nobelpreis für mich hatte ich nie gedacht. Selbst während der schwärzesten Jahre auf Robben Island hatte sich amnesty international nie für uns eingesetzt und dies damit begründet, wir hätten einen bewaffneten Kampf geführt; die Organisation werde sich nie für jemanden verwenden, der zur Gewalt greife. Daher hatte ich angenommen, das Nobelpreis-Komitee werde niemals einen Mann für den Friedenspreis in Erwägung ziehen, der Umkhonto We Sizwe begonnen hatte.

Für Norwegen hatte ich großen Respekt. Als wir in den fünfziger und sechziger Jahren westliche Regierungen aufsuchten, um über Beiträge für den ANC zu verhandeln, wurden wir schlankweg abgewiesen. Nur in Norwegen und Schweden wurden wir mit offenen Armen empfangen und erhielten Unterstützung und Stipendien sowie Geld für Rechts- und humanitäre Hilfe zugunsten politischer Gefangener.

Meine Rede in Norwegen nutzte ich nicht nur zum Dank an das Nobelpreis-Komitee und zur knappen Darstellung einer Vision des künftigen Südafrika in Gerechtigkeit und Gleichheit, sondern auch dazu, meinem Mit-Preisträger Mr. F. W. de Klerk Tribut zu zollen.

»Er hatte den Mut, einzuräumen, daß unserem Land und seinen Menschen durch die Auferlegung des Apartheidsystems schreckliches Unrecht zugefügt worden ist. Er besaß die Voraussicht, zu verstehen und zu akzeptieren, daß alle Menschen von Südafrika auf dem Wege von Verhandlungen und als gleichberechtigte Teilhaber an dem Prozeß gemeinsam entscheiden müssen, was sie aus ihrer Zukunft zu machen gedenken.«

Ich bin oft gefragt worden, wie ich hätte gemeinsam mit Mr. de Klerk, den ich so hart kritisiert hatte, den Preis in Empfang nehmen können. Auch wenn ich nichts von meiner Kritik zurückzunehmen habe, so kann ich doch sagen, daß er zu dem Friedensprozeß einen echten, unverzichtbaren Beitrag geleistet hat. Ich habe niemals versucht, Mr. de Klerks Stellung zu untergraben, aus dem praktischen Grund, daß je schwächer er wäre, um so gefährdeter wäre der Verhandlungsprozeß. Um mit einem Gegner Frieden zu schließen, muß man mit ihm zusammenarbeiten, und der Gegner wird dein Freund.

OBWOHL DER OFFIZIELLE Wahlkampf für die Nationalversammlung nicht vor Februar 1994 beginnen sollte, stiegen wir nach Ratifizierung der neuen Verfassung bereits ernsthaft in die Kampagne ein. Das gab uns keinen Vorsprung, denn die National Party begann ihren Wahlkampf am Tag meiner Entlassung aus dem Gefängnis.

Wenngleich die Wahlprognosen dem ANC einen satten Vorsprung gaben, hielten wir den Sieg zu keinem Zeitpunkt für abgemacht. Wir alle hatten Dutzende von Voraussagen gelesen, die bestimmte Parteien vorn sahen, die dann doch nur den zweiten Platz erreichten. Unser Gegner war erfahren, wohlorganisiert und finanziell gut ausgestattet.

Unser Wahlkampf stand unter der fähigen Leitung von Popo Molefe, Terror Lekota und Ketso Gordhan, alten UDF-Aktivisten, geschickt in der Mobilisierung von Massen. Die Aufgabe war ungeheuer. Nach unserer Schätzung würden über 20 Millionen Menschen zu den Wahlurnen gehen, von denen die meisten zum erstenmal wählten. Viele unserer Wähler konnten nicht schreiben und lesen, und so würden sie wahrscheinlich schon von dem bloßen Gedanken an die Wahl eingeschüchtert werden. Nach

Angaben der Unabhängigen Wahlkommission würden im ganzen Lande 10 000 Wahllokale eingerichtet werden. Wir suchten über 100 000 Menschen dafür auszubilden, bei der Wählerunterrichtung zu helfen.

Das erste Stadium unserer Wahlanstrengungen bestand in Veranstaltungen, die als People's Forums bekannt wurden. ANC-Kandidaten bereisten das ganze Land und hielten in Städten und Dörfern Versammlungen ab, um sich über die Hoffnungen und Ängste, Gedanken und Beschwerden unserer Leute zu informieren. Die People's Forums ähnelten den städtischen Zusammenkünften, die Bill Clinton in Amerika als Kandidat auf dem Wege zur Präsidentschaft abhielt. Die Foren waren Volksparlamente, nicht unähnlich den Versammlungen der Häuptlinge im Großen Platz, die ich als Junge beobachtet hatte.

Die People's Forums bereiteten mir großes Vergnügen. Ich begann damit im November in Natal und reiste dann weiter ins PWV-Gebiet, in das nördliche Transvaal und in den Oranje-Freistaat. Täglich nahm ich an drei oder vier Forums teil. Die Menschen selbst genossen sie über die Maßen. Niemand hatte sie jemals zuvor gefragt, was ihrer Meinung nach in ihrem Land geschehen sollte.

Nachdem wir die Anregungen aus den Volks-Foren gesammelt hatten, bereisten wir das Land, um den Menschen unsere politische Botschaft zu vermitteln. Einige Mitglieder des ANC wollten aus dem Wahlkampf schlicht eine »Befreiungs«-Wahl machen und die Leute auffordern, für uns zu stimmen, weil wir ihnen die Freiheit verschafften. Doch wir beschlossen vielmehr, ihnen eine Vision von Südafrika anzubieten, wie wir es zu schaffen hofften. Die Menschen sollten sich nach unserer Meinung nicht nur für den ANC entscheiden, weil wir die Apartheid über 80 Jahre hin bekämpft hatten, sondern weil wir am besten qualifiziert waren, jenes Südafrika zu erschaffen, in dem sie zu leben hofften. Ich hatte das Gefühl, unsere Kampagne sollte der Zukunft und nicht der Vergangenheit gelten.

Der ANC entwarf ein 150 Seiten umfassendes Dokument, das als Reconstruction and Development Program bekannt geworden ist. Es skizziert unseren Plan, Arbeitsplätze durch öffentliche Arbeiten zu schaffen, eine Million neue Häuser zu bauen, die mit elektrischem Strom versorgt werden und Toiletten mit Wasserspülung erhalten sollten; die primäre Gesundheitsfürsorge auszuweiten und für alle Südafrikaner eine zehnjährige kostenlose Schulerziehung einzuführen; das Land durch einen eigens dafür eingerichteten Gerichtshof neu zu verteilen und die Besteuerung von Grundnahrungsmitteln abzuschaffen. Wir wollten uns auch für ausgedehnte Fördermaßnahmen sowohl im privaten wie im öffentlichen Sektor einsetzen. Das Dokument wurde in ein einfacheres Manifest unter der Bezeichnung »A Better Life for All« (»Ein besseres Leben für alle«) übertragen, dessen Titel wiederum zum Wahlslogan des ANC wurde.

Wie wir den Menschen erklärten, was wir zu tun gedächten, so mußten wir ihnen meiner Ansicht nach auch erklären, was wir nicht würden tun können. Viele Menschen hatten das Gefühl, nach einer freien, demokratischen Wahl würde sich das Leben über Nacht ändern, doch das wäre natürlich keineswegs der Fall. Häufig erklärte ich den Menschenmassen: »Erwartet nicht, daß ihr nach der Wahl einen Mercedes fahren oder im eigenen Swimming-pool im Garten baden werdet. Das Leben wird sich nicht dramatisch ändern, außer daß euer Selbstbewußtsein gestärkt ist und ihr Bürger in eurem eigenen Land werdet. Ihr müßt Geduld haben. Vielleicht müßt ihr fünf Jahre warten, ehe die ersten Erfolge sich einstellen.« Ich forderte sie heraus, bevormundete sie aber nicht. »Wenn ihr weiter in Armut ohne Kleidung und Nahrung leben wollt«, erklärte ich ihnen, »dann geht und trinkt in den Shebeens. Wenn ihr jedoch etwas Besseres wollt, dann müßt ihr hart dafür arbeiten. Wir können nicht alles für euch tun, ihr müßt es selbst tun.«

Weißen Zuhörern erklärte ich, daß wir sie brauchten und nicht wollten, daß sie das Land verließen. Sie wären Südafrikaner wie wir und dies sei auch ihr Land. Ich beschönigte keineswegs die Schrecken der Apartheid, doch ich erklärte auch wieder und wieder, daß wir die Vergangenheit vergessen und uns auf die Bildung einer besseren Zukunft für alle konzentrieren sollten.

Jede Wahlversammlung war auch dazu angelegt, die Menschen darüber zu informieren, wie sie zu wählen hatten. Der Wahlzettel war ein langes, schmales Stück Papier, auf dem die Parteien in absteigender Anordnung auf der linken Seite aufgeführt waren, während das Symbol der jeweiligen Partei und ein Bild ihres Vorsitzenden auf der rechten Seite angebracht waren. Wähler hatten in dem Kasten nächst der Partei ihrer Wahl ein X anzubringen. Ich erklärte den Zuhörern stets: »Schaut am Wahltag auf euren Wahlzettel, und wenn ihr das Gesicht eines jungen, hübschen Mannes seht, macht euer X.«

DER WEG ZUR FREIHEIT war alles andere als glatt. Obwohl der Transitional Executive Council (TEC, Übergangs-Exekutivrat) im neuen Jahr zu arbeiten anfing, zogen sich einige Parteien aus der Wahl zurück. Die Inkatha lehnte eine Wahlbeteiligung ab und verschrieb sich einer Politik des Widerstands. Unterstützt von Häuptling Buthelezi, forderte König Zwelithim ein autonomes, souveränes KwaZulu und nahm jedem Bewohner seiner Provinz den Mut, zur Wahl zu gehen. Die weiße Rechte bezeichnete die Wahlen als Verrat und rief nach einem »Volkstaat«, doch sie hatten immer noch nicht erklärt, wo der liegen und wie er funktionieren sollte. In ganz Südafrika gab es keinen Magistratsbezirk, in dem Weiße die Mehrheit der Bewohner stellten.

Der 12. Februar 1994 war der letzte Termin für Registrierung aller Parteien, und bis zu diesem Tag hatten sich Inkatha, die Konservative Partei und die Afrikandische Volksfront noch nicht eingetragen. Auch die Regierung des Bophuthatswana-Homeland verweigerte ihre Teilnahme und widersetzte sich der Aufnahme in ein vereinigtes Südafrika. Ich war beunruhigt, daß diese bedeutenden Gruppen es vorzogen, sich nicht zu beteiligen. Um sie wieder an den Verhandlungstisch zu holen, schlugen wir gewisse bedeutsame Kompromisse vor: Wir erklärten uns mit zwei Wahlgängen für Provinz- und Nationalparlamente einverstanden, desgleichen mit Garantien für mehr Macht der Provinzen, mit der Umbenennung der Provinz Natal in KwaZulu/Natal und mit der Erklärung, daß für Gruppen mit gemeinsamem Kultur- und Spracherbe der Grundsatz »interner« Selbstbestimmung in die Verfassung aufgenommen würde.

Ich vereinbarte eine Begegnung mit Häuptling Buthelezi am 1. März in Durban. »Ich werde vor all jenen auf die Knie gehen, die unser Land in ein Blutbad treiben wollen«, erklärte ich vor diesem Treffen auf einer Kundgebung. Häuptling Buthelezi willigte ein, seine Partei provisorisch für die Wahlen einschreiben zu lassen, und forderte im Austausch das Versprechen, unsere Differenzen über Verfassungsfragen internationalen Verhandlungen anheimzugeben. Dem stimmte ich glücklich zu. Vor dem letzten Registrierungstermin schrieb sich auch General Viljoen im Namen einer neuen Partei, der Freedom Front, ein.

Obwohl Lucas Mangope, der Präsident von Bophuthatswana, sich entschieden hatte, sein Homeland aus der Wahl herauszuhalten, veränderte der Strom der Ereignisse schon bald die Situation. Ich sprach zu ihm bei einer Vielzahl von Gelegenheiten und drängte ihn, sein Volk entscheiden zu lassen, doch er wollte nicht auf mich hören. Diejenigen, die eine Teilnahme wollten, organisierten Massendemonstrationen und Streiks, die bald auf die Zivilverwaltung von Bophuthatswana übergriffen. Rundfunk- und Fernsehsender stellten ihre Arbeit ein. Auf den Straßen von Mafikeng kam es zu Auseinandersetzungen zwischen der Homeland-Polizei und streikenden Arbeitern und Studenten. Mangope bat die weißen rechtsgerichteten Verbündeten um Militärhilfe. Wenig später ließen seine eigenen Kräfte ihn im Stich, und Anfang März wurde er gestürzt. Wenige Wochen später kapitulierte Brigadier Gqozo in Ciskei und ersuchte Südafrika um Aufnahme des Homelands.

In Natal nahm die Gewalt zu. Inkatha-Anhänger vereitelten unseren Wahlkampf in Natal. 15 ANC-Wahlhelfer wurden nach Aufhängen eines ANC-Posters angeschossen und zu Tode gehackt. Im März erklärte Richter Johann Kriegler mir und Mr. de Klerk, aufgrund fehlender Kooperation seitens der KwaZulu-Regierung könnten ohne unmittelbare politische Intervention keine freien Wahlen abgehalten werden. Um in Natal unsere Stärke zu demonstrieren, veranstaltete der ANC einen Massenzug durch das Zentrum von Durban. Anschließend versuchte die Inkatha in Johannesburg das gleiche, doch mit nur mäßigem Erfolg.

Am 28. März marschierten Tausende von Inkatha-Mitgliedern mit Speeren und Knüppeln durch Johannesburg zu einer Versammlung in der Stadtmitte. Zur gleichen Zeit versuchte eine bewaffnete Inkatha-Gruppe in das Shell House, das Hauptquartier des ANC, einzudringen, wurde aber von bewaffneten Wachmännern zurückgeschlagen. Auch gaben nicht identifizierte Heckenschützen im Stadtzentrum Schüsse ab, und insgesamt fanden 53 Menschen den Tod. Es war ein gräßliches Schauspiel, das den Eindruck erwecken konnte, Südafrika stünde am Rand eines Bürgerkrieges. Die Inkatha versuchte die Wahl verschieben zu lassen, doch weder Mr. de Klerk noch ich gedachten nachzugeben. Der Wahltag war sakrosankt.

Internationaler Vermittlung stimmte ich zu, und am 13. April traf eine Delegation unter Führung von Lord Carrington, dem früheren britischen Außenminister, und Henry Kissinger, dem früheren US-Außenminister, in Johannesburg ein. Doch als die Inkatha informiert wurde, der Wahltermin stehe nicht zur Verhandlung, lehnte sie es ab, die Unterhändler zu sprechen, die wieder abreisten, ohne mit irgend jemandem gesprochen zu haben. Nun wußte Häuptling Buthelezi, daß die Wahl, komme, was wolle, stattfinden werde. Am 19. April, acht Tage vor der Wahl, akzeptierte Häuptling Buthelezi das Angebot einer verfassungsmäßigen Rolle der Zulu-Monarchie und willigte ein, an der Wahl teilzunehmen.

Zehn Tage vor der Stimmabgabe führten Mr. de Klerk und ich unsere einzige Fernsehdiskussion. In Fort Hare war ich ein fairer Debattenredner gewesen, und in meinen jüngeren Jahren in der Organisation hatte ich mich in öffentlichen Veranstaltungen an vielen leidenschaftlichen Debatten beteiligt. Ich war zuversichtlich. Doch am Tag zuvor hielten wir eine Scheindebatte ab, in welcher der Journalist Allister Sparks Mr. de Klerk geschickt nachahmte. Zu geschickt, fanden meine Wahlberater und kritisierten mich, weil ich zu langsam und nicht aggressiv genug gesprochen hätte.

Doch in der tatsächlichen Debatte griff ich die National Party ziemlich heftig an. Ich beschuldigte sie, Rassenhaß zwischen Farbigen und Afrikanern am Kap zu schüren, indem sie ein hetzerisches Comicheft verteile, nach dem der ANC-Slogan laute: »Töte einen Farbigen, töte einen Farmer.« »Keine Organisation in diesem Land ist so spalterisch wie die neue National Party«, erklärte ich. Als Mr. de Klerk sich kritisch über den ANC-Plan äußerte, Milliarden von Dollar für Wohnungs- und Sozialprogramme auszugeben, beschimpfte ich ihn und erklärte, er sei wohl beunruhigt darüber, daß wir so viele unserer Ressourcen den Schwarzen zugute kommen lassen müßten.

Doch als sich die Diskussion ihrem Ende näherte, hatte ich das Gefühl, zu grob mit dem Mann umgesprungen zu sein, der in einer Regierung der nationalen Einheit mein Partner sein würde. Zusammenfassend erklärte ich: »Der Wortwechsel zwischen Mr. de Klerk und mir sollte eine bedeutsame Tatsache nicht verdunkeln. Ich denke, wir sind für die ganze Welt ein leuchtendes Beispiel von Menschen aus verschiedenen rassischen Gruppen, die eine gemeinsame Loyalität, eine gemeinsame Liebe für ihr gemeinsames Land teilen ... Trotz der Kritik an Mr. de Klerk«, erklärte ich und schaute zu ihm hinüber, »Sir, Sie sind einer von jenen, auf die ich baue. Wir wollen das Problem dieses Landes gemeinsam angehen.« An diesem Punkt streckte ich meine Hand nach seiner aus und erklärte: »Ich bin stolz, Ihre Hand zu halten, damit wir voranschreiten können.« Mr. de Klerk schien überrascht, aber auch erfreut.

ICH WÄHLTE am 27. April, dem zweiten der vier Wahltage, und zog es vor, in Natal zu wählen, um den Menschen jener geteilten Provinz zu zeigen, daß man gefahrlos zu den Wahllokalen gehen konnte. Ich wählte in der Ohlange-High-School in Inanda, einer grünen, hügeligen Township unmittelbar nördlich von Durban, denn dort lag John Dube, der erste ANC-Präsident, begraben. Dieser afrikanische Patriot hatte bei der Gründung der Organisation 1912 mitgeholfen, und mit meiner Stimmabgabe nahe seiner Grabstätte schloß sich der Kreis der Geschichte, denn die von ihm 82 Jahre zuvor eingeleitete Mission ging ihrer Vollendung entgegen.

Als ich vor seinem Grab stand, auf einer Anhöhe über der kleinen Schule, dachte ich nicht an die Gegenwart, sondern an die Vergangenheit. Als ich zum Wahllokal ging, weilte mein Geist bei den Heroen, die gefallen waren, damit ich dort sein konnte, wo ich an jenem Tag war, weilte bei den Männern und Frauen, die das höchste Opfer für eine Sache gebracht hatten, die jetzt endlich ans Ziel gelangt war. Ich dachte an Oliver Tambo, an Chris Hani, an Häuptling Luthuli, an Bram Fischer. Ich dachte an unsere großen afrikanischen Patrioten, die sich aufgeopfert hatten, damit an diesem Tag Millionen von Südafrikanern ihre Stimme abgeben konnten; ich dachte an Josiah Gumede, G. M. Naicker, Dr. Abdullah Abdurahman, Lilian Ngoyi, Helen Joseph, Yusuf Dadoo, Moses Kotane. Ich ging am 27. April nicht allein in das Wahllokal; ich gab meine Stimme gemeinsam mit ihnen allen ab.

Bevor ich das Lokal betrat, rief mir ein Witzbold von Pressevertreter zu: »Mr. Mandela, für wen stimmen Sie?« Ich lachte. »Wissen Sie«, erwiderte ich, »ich habe darüber den ganzen Morgen verzweifelt nachgedacht.« Ich machte mein X in das Kästchen bei den Buchstaben ANC und ließ dann meinen gefalteten Wahlzettel in eine simple Holzkiste fallen; ich hatte zum erstenmal in meinem Leben gewählt.

Die Bilder der Südafrikaner, die an jenem Tag zur Wahlurne gingen, sind in mein Gedächtnis eingebrannt. Lange Schlangen von geduldigen Menschen, die sich durch die schmutzigen Straßen und Gassen von Dörfern und Städten wanden; alte Frauen, die ein halbes Jahrhundert gewartet hatten, ehe sie zum erstenmal ihre Stimme abgeben konnten, und die erklärten, zum erstenmal in ihrem Leben fühlten sie sich als Menschen; weiße Männer und Frauen, die erklärten, sie seien stolz, doch noch in einem freien

Land zu leben. Die Stimmung der Nation während jener Wahltage war erhebend. Gewalttätigkeiten und Bombenanschläge waren eingestellt, und es war, als ob die Nation neugeboren wäre. Selbst die logistischen Schwierigkeiten der Wahl, die falsch aufgestellten Wahlurnen, die wilden Stimmlokale und die Gerüchte über Betrügereien an bestimmten Orten konnten den überwältigenden Sieg von Demokratie und Gerechtigkeit nicht schmälern.

Die Auszählung der Stimmen nahm mehrere Tage in Anspruch. Wir erzielten 61,6 Prozent der Stimmen, knapp unter der Zweidrittelmehrheit, die notwendig gewesen wäre, wenn wir es darauf angelegt hätten, ohne Unterstützung anderer Parteien eine letztgültige Verfassung durchzudrücken. Unser Prozentsatz reichte für 251 der 400 Sitze in der Nationalversammlung. Der ANC lag weit an der Spitze im nördlichen und östlichen Transvaal, im Nordwesten, am östlichen Kap und im Freistaat. Wir erzielten 33 Prozent der Stimmen am westlichen Kap, das die National Party mit extrem großem Anteil unter den farbigen Wählern gewann. Wir bekamen in KwaZulu / Natal 31 Prozent der Stimmen, in einem Wahlbezirk, in dem die Inkatha vorn lag. In Natal blieben viele unserer Wähler aus Angst vor Gewalt und Einschüchterung zu Hause. Auch soll es zu Wahlbetrug und Wahlbeeinflussung gekommen sein. Doch am Ende spielte das keine Rolle. Wir hatten die Stärke der Inkatha in KwaZulu unterschätzt, eine Stärke, die sie am Wahltag demonstrierte.

Einige ANC-Anhänger waren enttäuscht darüber, daß wir die Zweidrittelmehrheit nicht erreicht hatten, doch ich gehörte nicht zu den Enttäuschten. Vielmehr war ich erleichtert, denn wenn wir zwei Drittel der Stimmen auf uns vereinigt hätten und in der Lage gewesen wären, ohne Mitwirkung anderer eine Verfassung durchzusetzen, hätten die Leute argumentiert, wir hätten eine ANC-Verfassung geschaffen und nicht eine südafrikanische. Ich wollte eine echte Regierung der nationalen Einheit.

Am Abend des 2. Mai hielt Mr. de Klerk eine freundliche, von Konzessionen geprägte Rede. Nach mehr als dreihundert Jahren der Herrschaft räumte die weiße Minderheit ihre Niederlage ein und übergab die Macht der schwarzen Mehrheit. An jenem Abend wollte der ANC im Ballsaal des Carlton Hotel im Zentrum von Johannesburg eine Siegesfeier abhalten, doch ich litt unter einer schweren Grippe, und meine Ärzte befahlen mir, zu Hause zu bleiben. Doch mich konnte nichts davon abhalten, mit meiner Partei zu feiern. Um 21 Uhr betrat ich die Rednertribüne und schaute in eine Menge glücklich lächelnder, Beifall klatschender Menschen. Ich erklärte meinen Zuhörern, daß meine Stimme heiser sei von einer Erkältung und daß mein Arzt mir geraten hätte, nicht an der Feier teilzunehmen. »Ich hoffe, Sie sagen ihm nicht, daß ich seine Anweisungen in den Wind geschlagen habe«, scherzte ich. Mr. de Klerk gratulierte ich für seinen starken Auftritt. Mein Dank galt all denen im ANC und in der demokratischen Bewegung, die über so lange Zeit so hart gearbeitet hatten. Mrs. Coretta King, die Frau des großen Freiheitskämpfers Martin Luther Jr., saß an diesem Abend mit auf dem Podium, und ich schaute zu ihr hinüber, als ich auf die unsterblichen Worte ihres Mannes anspielte.

»Dies ist einer der bedeutendsten Augenblicke im Leben unseres Landes. Ich stehe hier vor Ihnen, ganz erfüllt von Stolz und Freude ... von Stolz auf die einfachen, kleinen Leute dieses Landes. Sie haben eine solch ruhige, geduldige Entschlossenheit bewiesen, als Sie dieses Land als Ihr eigenes zurückforderten, und nun die Freude, daß wir von allen Dächern laut verkünden können ... Endlich frei! Endlich frei! Ich stehe vor Ihnen, beschämt durch Ihren Mut, mit einem Herzen voller Liebe für Sie alle. Ich betrachte es als höchste Ehre, den ANC in diesem Augenblick unserer Geschichte zu führen. Ich bin Ihr Diener ... Nicht die Individuen zählen, sondern die Gemeinschaft ... Dies ist eine Zeit, um die alten Wunden zu heilen und ein neues Südafrika aufzubauen.«

Von dem Augenblick an, da die Wahlergebnisse feststanden und es offenkundig war, daß der ANC die Regierung bilden würde, sah ich meine Mission darin, für Versöhnung zu werben, die Wunden des Landes zu pflegen, Vertrauen und Zuversicht zu stärken. Ich wußte, daß viele Menschen, vor allem die Minderheiten, Weiße, Farbige und Inder, mit Angst in die Zukunft schauten, und ich wünschte mir, daß sie sich sicher fühlten. Ich erinnerte die Menschen immer und immer wieder daran, daß der Freiheitskampf nicht ein Kampf gegen irgendeine Gruppe oder Hautfarbe war, sondern ein Kampf gegen ein Unterdrückungssystem. Bei jeder Gelegenheit erklärte ich, alle Südafrikaner müßten nun zusammenfinden, sich die Hand reichen und verkünden, daß wir ein Land seien, eine Nation, ein Volk, und daß wir gemeinsam in die Zukunft gingen.

DER 10. MAI brach an, hell und klar. In den vergangenen Tagen war ich aufs angenehmste belagert worden, von eintreffenden Würdenträgern und führenden Staatsmännern der Welt, die mir vor der Amtseinführung ihren Respekt zollen wollten. Die Amtseinführung würde die größte Versammlung internationaler Führungspersönlichkeiten sein, die Südafrika je erlebt hatte.

Die Feierlichkeiten fanden im lieblichen, aus Sandstein bestehenden Amphitheater statt, das von den Union Buildings in Pretoria gebildet wird. Jahrzehntelang war dies der Sitz der weißen Vorherrschaft gewesen, und jetzt war es der regenbogenfarbene Versammlungsplatz verschiedener Hautfarben und Nationen, die der Einsetzung der ersten demokratischen, nichtrassistischen Regierung Südafrikas beiwohnen wollten.

An diesem schönen Herbsttag wurde ich von meiner Tochter Zenani begleitet. Auf dem Podium wurde zuerst Mr. de Klerk als zweiter stellvertretender Präsident vereidigt, anschließend Thabo Mbeki als erster stellvertretender Präsident. Als die Reihe an mir war, gelobte ich, die Verfassung zu befolgen und zu bewahren, und verpflichtete mich, für das Wohlergehen der Republik und ihrer Menschen Sorge zu tragen. Vor den versammelten Gästen und unter den Augen der Welt erklärte ich:

»Heute statten wir alle durch unsere Anwesenheit hier ... die neugewonnene Freiheit mit Ruhm und Hoffnung aus. Aus den Erfahrungen eines außergewöhnlichen menschlichen Desasters, das viel zu lange gedauert hat, muß eine Gesellschaft erstehen, auf welche die ganze Menschheit stolz sein kann ... Wir, die wir noch vor gar nicht so langer Zeit Ausgestoßene waren, haben heute das seltene Privileg, auf unserem eigenen Boden Gastgeber für die Nationen der Welt zu sein. Wir danken allen unseren erlauchten internationalen Gästen dafür, daß sie gekommen sind, um gemeinsam mit den Menschen unseres Landes Besitz zu ergreifen von dem, was letztlich einen gemeinsamen Sieg für Gerechtigkeit, Frieden und menschliche Würde darstellt.

Wir haben zu guter Letzt unsere politische Emanzipation verwirklicht. Wir verpflichten uns, alle unsere Mitbürger von den weiterhin bestehenden Fesseln der Armut, der Entbehrung, des Leids, des Geschlechts und weiterer Diskriminierungen zu befreien.

Niemals, niemals und niemals wieder soll es geschehen, daß dieses schöne Land die Unterdrückung des einen durch den anderen erlebt ... Die Sonne wird niemals eine menschliche Errungenschaft so ruhmreich erstrahlen lassen.

Laßt Freiheit herrschen. Gott segne Afrika!«

Einige Augenblicke später hoben wir alle in Bewunderung unseren Blick gen Himmel, als eine spektakuläre Armada südafrikanischer Düsenjäger, Hubschrauber und Truppentransporter in perfekter Formation über die Union-Gebäude dahinbrauste. Es war nicht nur eine Zurschaustellung punktgenauer Präzision und militärischer Stärke, sondern auch eine Demonstration der Loyalität des Militärs gegenüber der Demokratie, gegenüber einer neuen Regierung, die frei und fair gewählt worden war. Nur wenige Augenblicke zuvor hatten die höchstrangigen Generäle der südafrikanischen Verteidigungsstreitkräfte und der Polizei, die Brust behängt mit Orden und Ehrenzeichen aus vergangenen Tagen, vor mir salutiert und ihre Loyalität bekundet. Ich war mir durchaus der Tatsache bewußt, daß sie vor noch gar nicht so vielen Jahren nicht salutiert, sondern mich festgenommen hätten. Am Schluß setzte eine Formation von Impala-Jets die Farben der neuen südafrikanischen Fahne, Schwarz, Rot, Grün und Gold, als Rauchstreifen an den Himmel.

Der Tag fand für mich seine Symbolisierung im Abspielen der beiden Nationalhymnen und in der Vision von Weißen, die »Nkosi Sikelel' iAfrika«, von Schwarzen, die »Die Stem«, die alte Hymne der Republik, sangen. Obwohl an diesem Tag keine der beiden Gruppen den Text der Hymne, die sie einst verachtet hat, kannte, würden beide bald die Worte auswendig wissen.

AM TAG der Amtseinführung stand ich völlig unter dem Eindruck der Geschichte. In der ersten Dekade des 20. Jahrhunderts, einige wenige Jahre nach dem grausamen Burenkrieg und vor meiner Geburt, hatten die weißhäutigen Menschen Südafrikas ihre Differenzen beigelegt und ein System rassistischer Herrschaft gegen die dunkelhäutigen Menschen ihres eigenen Landes aufgerichtet. Die von ihnen geschaffene Herrschaftsstruktur bildete die Grundlage einer der grausamsten, unmenschlichsten Gesellschaften, welche die Welt je gekannt hatte. Nun, in der letzten Dekade des 20. Jahrhunderts und in meiner eigenen achten Dekade als Mensch, war jenes System für immer überwunden und durch ein anderes ersetzt worden, das die Rechte und Freiheiten aller Menschen unbeschadet ihrer Hautfarbe anerkannte.

Jener Tag war herbeigeführt worden durch die unvorstellbaren Opfer Tausender von Menschen meines Volkes, von Menschen, deren Leid und Mut sich niemals abschätzen oder gutmachen lassen. An diesem Tag hatte ich das Gefühl, das ich an so manchen anderen Tagen gehabt hatte, daß ich einfach die Summe all jener afrikanischen Patrioten war, die vor mir gegangen waren. Jene lange noble Reihe endete und begann nun wieder mit mir. Ich war schmerzlich berührt, daß ich ihnen nicht danken konnte und sie nicht sehen konnten, was ihre Opfer bewirkt hatten.

Die Apartheidpolitik hat in meinem Lande und in meinem

Volk tiefe, dauerhafte Wunden hinterlassen. Wir werden allesamt Jahre brauchen, wenn nicht Generationen, um von diesem tiefen Schmerz zu genesen. Doch diese Wunden hatten einen anderen, einen unbeabsichtigten Effekt, nämlich den, daß sie die Oliver Tambos, die Walter Sisulus, die Häuptlinge Luthuli, die Yusuf Dadoos, die Bram Fischers, die Robert Sobukwes unserer Zeit hervorgebracht haben – Menschen von so außerordentlichem Mut, Weisheit und Großmut, daß ihresgleichen vielleicht niemals mehr zu finden sein werden. Vielleicht bedarf es solcher Tiefen der Unterdrückung, um solche Höhen an Charakter hervorzubringen. Mein Land ist reich an Erzen und Edelsteinen, die dicht unter seiner Oberfläche liegen, doch ich habe immer gewußt, daß ihr größter Reichtum in den Menschen liegt, die besser und wahrer sind als die edelsten Diamanten.

Von diesen Kameraden im Kampf habe ich erfahren, was Mut heißt. Immer wieder habe ich Männer und Frauen erlebt, die ihr Leben für eine Idee aufs Spiel setzten und hingaben. Ich habe Männer gesehen, die Angriffen und Folter widerstanden, ohne zu zerbrechen, und die eine Stärke und Spannkraft bewiesen, die jede Vorstellung übertraf. Ich habe gelernt, daß Mut nicht die Abwesenheit von Angst ist, sondern der Triumph über sie. Ich habe selbst häufiger Angst empfunden, als ich mich erinnern kann, doch ich habe sie hinter einer Maske von Kühnheit verborgen. Der tapfere Mensch ist nicht der, der keine Angst verspürt, sondern der, der diese Angst überwindet.

Nie habe ich die Hoffnung aufgegeben, daß dieser große Wandel stattfinden wird. Nicht wegen der großen Helden, die ich genannt habe, sondern wegen des Muts der einfachen Frauen und Männer meines Landes. Ich wußte immer, daß tief unten in jedem menschlichen Herz Gnade und Großmut zu finden sind. Niemand wird geboren, um einen anderen Menschen wegen seiner Hautfarbe, seiner Lebensgeschichte oder seiner Religion zu hassen. Menschen müssen zu hassen lernen, und wenn sie zu hassen lernen können, dann kann ihnen auch gelehrt werden, zu lieben, denn Liebe empfindet das menschliche Herz viel natürlicher als ihr Gegenteil. Selbst in den schlimmsten Zeiten im Gefängnis, als meine Kameraden und ich an unsere Grenzen getrieben wurden, sah ich einen Schimmer von Humanität bei einem der Wärter, vielleicht nur für eine Sekunde, doch das war genug, um mich wieder sicher zu machen und mich weiterleben zu lassen. Die Güte des Menschen ist eine Flamme, die zwar versteckt, aber nicht ausgelöscht werden kann.

Wir haben den Kampf mit weit offenen Augen aufgenommen, ohne Illusion, daß der Weg leicht sein werde. Als junger Mann, als ich mich dem African National Congress anschloß, sah ich den Preis, den meine Kameraden für ihren Glauben zahlten, und er war hoch. Für mich selbst habe ich es nie bereut, mein Leben dem Kampf gewidmet zu haben, und ich war stets bereit, mich der Mühsal zu stellen, die mich persönlich betraf. Doch meine Familie hat einen schrecklichen Preis gezahlt, vielleicht einen zu hohen Preis für mein Engagement.

Jedermann hat in seinem Leben eine doppelte Verpflichtung – die Verpflichtung gegenüber seiner Familie, seinen Eltern, seiner Frau und seinen Kindern, und er hat eine Verpflichtung gegenüber seinem Volk, seiner Gemeinschaft, seinem Land. In einer zivilen, humanen Gesellschaft ist jeder Mensch in der Lage, diese Verpflichtungen gemäß seinen Neigungen und Fähigkeiten zu erfüllen. Aber in einem Land wie Südafrika war es für einen Menschen meiner Herkunft und meiner Hautfarbe fast unmöglich, beide Pflichten zu erfüllen. In Südafrika wurde ein farbiger Mensch, der als menschliches Wesen zu leben versuchte, bestraft und isoliert. In Südafrika wurde ein Mensch, der seine Pflicht gegenüber seinem Volk zu erfüllen suchte, aus seiner Familie und seinem Heim gerissen und gezwungen, ein Leben im Abseits zu führen, eine zwielichtige Existenz der Geheimhaltung und Rebellion. Ich wollte nicht von Beginn an mein Volk über meine Familie stellen, doch bei dem Versuch, meinem Volk zu dienen, stellte ich fest, daß ich daran gehindert wurde, meine Pflichten als Sohn, Bruder, Vater und Ehemann zu erfüllen.

Auf diese Weise ging meine Verpflichtung gegenüber meinem Volk, gegenüber den Millionen von Südafrikanern, die ich niemals kennen oder treffen würde, zu Lasten der Menschen, die ich am besten kannte und am meisten liebte. Es war so einfach und zugleich so unverständlich wie der Augenblick, da ein Kind seinen Vater fragt: »Warum kannst du nicht bei uns sein?« Und der Vater muß die schrecklichen Worte aussprechen: »Es gibt noch andere Kinder wie du, eine große Zahl von ihnen ...«, und dann erstirbt ihm die Stimme.

Ich bin nicht mit dem Hunger nach Freiheit geboren worden. Ich bin frei geboren worden – frei auf jede Weise, die ich kennen konnte. Frei, auf die Felder nahe der Hütte meiner Mutter zu laufen, frei, in dem klaren Fluß zu schwimmen, der durch mein Dorf floß, frei, Mealies zu rösten unter den Sternen und auf dem breiten Rücken langsam dahintrottender Bullen zu reiten. Solange ich meinem Vater gehorchte und den Gebräuchen meines Stammes folgte, hatte ich weder Menschen- noch Gottesgesetz zu besorgen.

Erst als ich zu begreifen begann, daß meine jugendliche Freiheit eine Illusion war, als ich als junger Mann entdeckte, daß meine Freiheit mir längst genommen war, begann ich nach ihr zu hungern. Zunächst, als Student, wollte ich nur Freiheit für mich selbst, die flüchtigen Freiheiten, nachts außer Haus bleiben zu können, zu lesen, was ich wollte, und zu gehen, wohin mir der Sinn stand. Später dann, als junger Mann in Johannesburg, sehnte ich mich nach den grundlegenden, ehrenhaften Freiheiten, meine Möglichkeiten auszuschöpfen, meinen Lebensunterhalt zu verdienen, zu heiraten und eine Familie zu gründen – die Freiheit, nicht in einem gesetzmäßigen Leben behindert zu werden.

Doch dann erkannte ich allmählich, daß nicht nur ich nicht frei war, sondern daß auch meine Brüder und Schwestern nicht frei waren. Ich erkannte, daß nicht nur meine Freiheit beschnitten war, sondern die Freiheit eines jeden, der so aussah wie ich. Da trat ich dem African National Congress bei, und da wurde der Hunger nach meiner eigenen Freiheit zu dem größeren Hunger nach der Freiheit meines Volkes. Es war diese Sehnsucht nach der Freiheit meines Volkes, in Würde und Selbstachtung zu leben, die mein Leben beseelte, die einen erschreckten jungen Mann in einen kühnen verwandelte, die einen gesetzestreuen Anwalt zu einem Kriminellen machte, die einen Ehemann, der seine Familie liebte, in einen Mann ohne Heim und Heimat verwandelte, die einen lebensfrohen Mann zwang, wie ein Mönch zu leben. Ich bin nicht tugendhafter oder selbstaufopfernder als der Mann neben mir, doch ich erkannte, daß ich nicht einmal die ärmlichen, begrenzten Freiheiten, die mir gewährt waren, genießen konnte, als ich sah, daß mein Volk nicht frei war. Freiheit ist unteilbar; die Ketten an jedem einzelnen aus meinem Volke waren die Ketten an ihnen allen, die Ketten an allen Menschen meines Volkes waren die Ketten an mir.

Während dieser langen, einsamen Jahre wurde aus meinem Hunger nach Freiheit für mein eigenes Volk der Hunger nach Freiheit aller Völker, ob weiß oder schwarz. Ich wußte so gut, wie ich nur irgend etwas wußte, daß der Unterdrücker genauso befreit werden mußte wie der Unterdrückte. Ein Mensch, der einem anderen die Freiheit raubt, ist ein Gefangener des Hasses, er ist eingesperrt hinter den Gittern von Vorurteil und Engstirnigkeit. Ich bin nicht wahrhaft frei, wenn ich einem anderen die Freiheit nehme, genausowenig wie ich frei bin, wenn mir meine Freiheit genommen ist. Der Unterdrückte und der Unterdrücker sind gleichermaßen ihrer Menschlichkeit beraubt.

Als ich das Gefängnis verließ, war es meine Aufgabe, beide, den Unterdrücker und den Unterdrückten, zu befreien. Manche sagen, das sei nun erreicht. Doch ich weiß, dies ist nicht so. Die Wahrheit ist, wir sind nicht frei; wir haben erst die Freiheit erreicht, frei zu sein, das Recht, nicht unterdrückt zu werden. Wir haben nicht den letzten Schritt unserer Wanderung getan, sondern den ersten Schritt auf einem längeren, noch schwierigeren Weg. Denn um frei zu sein, genügt es nicht, nur einfach die Ketten abzuwerfen, sondern man muß so leben, daß man die Freiheit des anderen respektiert und fördert. Die währe Prüfung für unsere Hingabe an die Freiheit hat gerade erst begonnen.

Ich bin jenen langen Weg zur Freiheit gegangen. Ich habe mich bemüht, nicht zu straucheln; ich habe während des Weges Fehltritte getan. Doch ich habe das Geheimnis entdeckt, daß man nach Besteigen eines großen Berges feststellt, daß rings viele weitere

Berge zu besteigen sind. Ich habe hier für einen Augenblick eine Rast eingelegt, um einen Blick auf die glorreiche Aussicht um mich herum zu werfen, um auf die Wegstrecke zurückzuschauen, die ich heraufgekommen bin. Doch ich kann nur für einen Augenblick rasten, denn mit der Freiheit stellen sich Verantwortungen ein, und ich wage nicht zu verweilen, denn mein langer Weg ist noch nicht zu Ende.

Danksagung

Wie die Leser bemerken werden, hat dieses Buch eine lange Vorgeschichte. Ich begann es 1974 während meiner Gefängnishaft heimlich auf Robben Island zu schreiben. Ohne die unermüdlichen Bemühungen meiner alten Kameraden Walter Sisulu und Ahmed Kathrada um Wiederbelebung meiner Erinnerungen wäre das Manuskript kaum zustande gekommen. Die Manuskriptkopie, die ich bei mir hatte, war von den Behörden entdeckt und eingezogen worden. Doch meine Mitgefangenen Mac Maharaj und Isu Chiba, die auch noch über einzigartige kalligraphische Fähigkeiten verfügten, haben dafür gesorgt, daß das Originalmanuskript wohlbehalten seinen Bestimmungsort erreichte. Ich habe die Arbeit daran nach meiner Entlassung aus dem Gefängnis 1990 wiederaufgenommen.

Nach meiner Freilassung war mein Terminplan angefüllt mit zahlreichen Pflichten und Verantwortlichkeiten, die mir zum Schreiben nur wenig Zeit gelassen haben. Zum Glück fand ich die Unterstützung engagierter Kollegen, Freunde und Fachleute, die mir geholfen haben, mein Werk zu vollenden, und denen ich meine Wertschätzung aussprechen möchte. Dank wiederum an meinen Kameraden Ahmed Kathrada für die vielen Stunden, die er damit verbracht hat, den Text zu revidieren, zu korrigieren und auf inhaltliche Genauigkeit zu überprüfen.

Zu großem Dank verpflichtet bin ich Richard Stengel, der mit mir bei der Herstellung dieses Buches zusammengearbeitet und unschätzbare Hilfe bei der Redaktion und Revision der ersten Teile und beim Schreiben der letzten geleistet hat. Ich erinnere mich voller Zuneigung an unsere frühmorgendlichen Spaziergänge in der Transkei und an die Stunden mit Interviews im Shell House in Johannesburg sowie in meinem Haus in Houghton. Besonderen Dank schulde ich Mary Pfaff, die Richard bei seiner

Arbeit assistiert hat. Rat und Hilfe sind mir auch von Fatima Meer, Peter Magubane, Nadine Gordimer und Ezekiel Mphahlele zuteil geworden.

Vielen Dank auch meinem ANC-Büropersonal, das sich geduldig der Logistik bei der Buchherstellung widmete, besonders aber an Barbara Masekela für ihre tatkräftige Koordination. Desgleichen hat Iqbal Meer viele Stunden darauf verwandt, die geschäftlichen Aspekte des Buches zu berücksichtigen. Dankbar bin ich meinem Lektor William Phillips vom Verlag Little, Brown, der das Buchprojekt von Frühjahr 1990 an betreut und den Text redigiert hat. Er wurde kundig assistiert von Jordan Pavlin und Steve Schneider. Danken möchte ich auch Professor Gail Gerhart für die Überprüfung der Fakten des Manuskripts.

Nachbemerkung zur deutschen Ausgabe

Übersetzungen sind immer ein Wagnis. Auch Übersetzungen sogenannter Sachbücher. Autobiographien wie diese, mit nur wenigen anderen vergleichbar, stellen an den Übersetzer besonders hohe Ansprüche. Nelson Mandelas Lebensgeschichte ist einerseits reich an Fakten, andererseits bedient sich der Autor einer Sprache, deren englisch knapper, gelassener, fast legendenhafter Ton im Deutschen nur schwierig zu treffen ist. Auch mußte eine ungeheure Fülle an Namen und Bezeichnungen für Personen, Ämter, Organisationen, Parteien, Widerstandsgruppen, für politische, rechtliche und soziale Einrichtungen bewältigt werden. Dazu kamen zahllose Fachbegriffe aus dem Rechts-, Verwaltungs- und Militärwesen. Viele Bezeichnungen waren zum Teil gar nicht ins Deutsche zu übertragen. So kann das Englische viele kurze Worte zu einer Bezeichnung zusammenfassen, die nur um den Preis der Lächerlichkeit ins Deutsche zu übertragen wäre. Übersetzer und Redaktion haben sich nach Kräften bemüht, Namen und Bezeichnungen wenn nicht zu übersetzen, so doch auf deutsch zu erläutern. Viele Bedeutungen ergeben sich freilich aus dem Zusammenhang. Auch war von heute weitverbreiteten Englischkenntnissen auszugehen. Dem geneigten Leser, der sich dennoch zuweilen irritiert fühlt, mag es ein Trost sein, daß es in diesem Buch nicht um Namen und Bezeichnungen geht, sondern um Zusammenhänge, vor allem menschliche. Und da ist der Held dieser Autobiographie, Nelson Mandela, diese fast schon mythische Gestalt, wie ein Licht in der Finsternis der Begriffswelt. Wenn es der Übersetzung gelungen ist, dieses Licht, die Weisheit und Humanität des Freiheitskämpfers, zum Strahlen zu bringen, dann hat sie viel erreicht, mehr, als zu hoffen war.

Die Redaktion

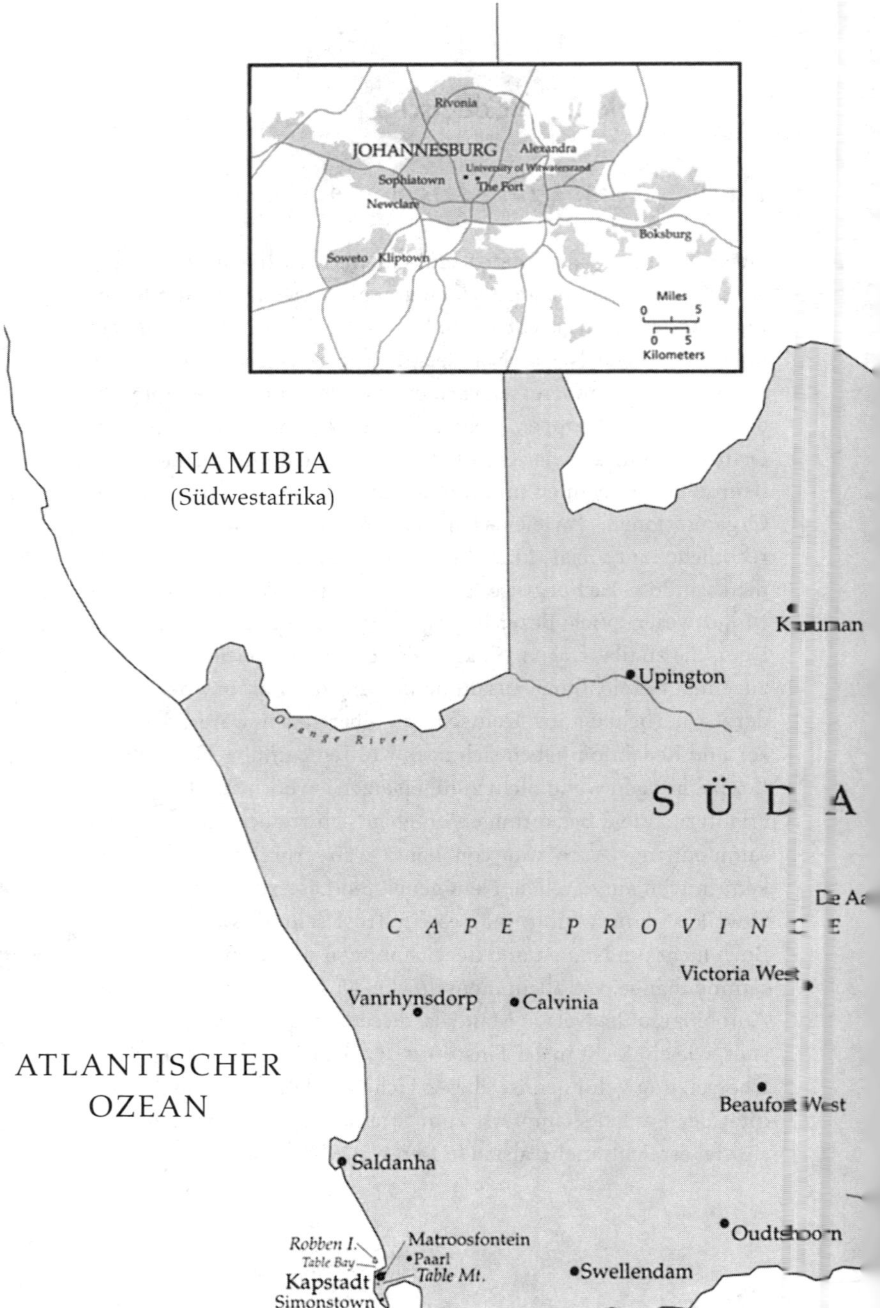

Rivonia
JOHANNESBURG
Alexandra
University of Witwatersrand
Sophiatown
The Fort
Newclare
Boksburg
Soweto
Kliptown
Miles
0
5
0
5
Kilometers
NAMIBIA
(Südwestafrika)
Upington
Orange River
CAPE PROVINCE
Victoria West
Vanrhynsdorp
Calvinia
ATLANTISCHER
OZEAN
Beaufort West
Saldanha
Oudtshoorn
Robben I.
Matroosfontein
Table Bay
Paarl
Kapstadt
Table Mt.
Swellendam
Simonstown

ZIMBABWE
(Südrhodesien)
BOTSWANA
(Bechuanaland)
MOSAM-
BIK
Messina
Limpopo River
Pietersburg
Nylstroom
TRANSVAAL
Lobatse
Zeerust
Sekhukhuneland
Rustenburg
Pretoria
Nelspruit
White River
Johannesburg
Rivonia
Witwatersrand University
Witwatersrand
Witbank
Bethal
Soweto
Evaton
Sharpeville
Klerksdorp
Villiers
Standerton
Mbabane
SWAZILAND
Kroonstad
Vryheid
ORANJE-
FREI-
STAAT
Bethlehem
Dannhauser
Brandfort
Excelsior
Ladysmith
NATAL
Bloemfontein
Maseru
LESOTHO
(BASUTOLAND)
Howick
Pietermaritzburg
Durban
Drakensberg Mountains
ZULULAND
Port Shepstone
TRANSKEI
THEMBULAND
Middleburg
Umtata
Bashee River
Queenstown
Qunu
Clarkebury
Qamata
Kei River
Fort Hare
University College
Healdtown
Alice
Fort Beaufort
CISKEI
East London
Martindale
Alexandria
Port Elizabeth
INDISCHER OZEAN
N
Miles
0
100
200
0
100
200

Namen- und Ortsregister (Ortsnamen sind *kursiv* gesetzt)

B

C

D

E

N

O

P

Q

R

U

V

W

X

Bildquellen

1 P.K.A. Gaeshwe / Black Star
2, 3, 4, 9, 10 Jürgen Schadeberg / Bailey's African History Archives
5 Bailey's African History Archives
6 G.R. Naidoo / Bailey's African History Archives
7, 16 Bob Gosani / Bailey's African History Archives
8, 11, 13, 15, 17, 18 Peter Magubane / Bailey's African History Archives
12, 14, 41, 42 Ian Berry / Magnum
19 Fotograf unbekannt
20 Eli Weinberg / Camera press Ltd.
21, 29, 30, 33 Associated Press
22, 23, 24, 25 Archive Photos
26, 28, 32 Gideon Mendel / Magnum
27, 31, 38, 39, 40, 43, 44, 45, 46 Peter Magubane
34 Magnum
35, 36 Credit PS

»Gottes Geschenk für unser Land«

Im elften Jahr auf der Sträflingsinsel Robben Island, 1975, beginnt Nelson Mandela, seine Memoiren zu schreiben. Nach der Arbeit im Steinbruch sitzt er nächtelang über dem Manuskript. Der 57-Jährige erinnert sich an seine Kindheit als Hirtenjunge in der Transkei, beschreibt Jugendjahre in der Missionsschule; er schildert, wie er in Johannesburg zum politischen Aktivisten und schließlich in einem Hochverratsprozess zu lebenslanger Haft verurteilt wird. »Es war wie ein Wachtraum«, notiert Mandela, »und ich versuchte, ihn so einfach und ehrlich wie möglich zu Papier zu bringen.« Der Häftling mit der Nummer 466/64 darf Bleistifte und Papier besitzen, und auf Wunsch knipst man ihm nachts das Zellenlicht an. Denn in jener Zeit hat ihm die Gefängnisleitung ein Fernstudium genehmigt. Doch persönliche Aufzeichnungen und politische Texte sind streng verboten.

Deshalb steckt Mandela die beschriebenen Seiten in Kakaodosen und vergräbt sie in Gemüsebeeten auf dem Gefängnishof. Nach einem Jahr kann ein Mithäftling bei seiner Entlassung das illegale Manuskript nach draußen schmuggeln. Aber eine Kopie der Aufzeichnungen wird gefunden – Mandela verliert für vier Jahre die Vergünstigung zu studieren. Ein hoher aber doch lohnender Preis: Denn die geschmuggelten Aufzeichnungen bilden nach Mandelas Worten »das Grundgerüst dieser Erinnerungen«.

Sie erscheinen 1994 unter dem Titel »Der lange Weg zur Freiheit« und werden umgehend zu einem Weltbestseller. Mandelas Autobiografie wird in über 20 Sprachen übersetzt; fast eine Million Exemplare werden verkauft. Die deutsche Ausgabe geht als Hardcover fast 100 000-mal über die Ladentische; es folgen 150 000 Taschenbücher. Begeisterte Rezensionen locken die Leser. »Eine der großen Politiker-Autobiografien dieses Jahrhunderts, zugleich ein literarisches, stellenweise gar poetisches Werk«, urteilt die »Frankfurter Allgemeine Zeitung«. »Die Zeit« nennt Mandelas Aufzeichnungen »ein fesselndes Epos, keine Seite langatmig, keine Sekunde langweilig«. Gleichermaßen positiv ist das internationale Echo. »Die authentische Stimme von Mandela klingt durch dieses Buch«, lobt der Kritiker der Londoner »Times«. Der amerikanische Journalist Richard Stengel, der Mandela beim Redigieren der ersten Kapitel und beim Schreiben der letzten geholfen hat, bewundert den Südafrikaner, der »fast drei Dekaden sozialen Wandels aufholen mußte«, weil er in eine völlig veränderte Welt zurückkehrt. Ein Beispiel: Am Tag seiner Haftentlassung, am 11. Februar 1990, weicht Mandela erschrocken vor einem »langen, dunklen, pelzigen Objekt« zurück, das ein Fernsehteam auf ihn richtet. Ob das irgendeine neue Waffe sei, die während seiner Haftzeit entwickelt worden wäre? Ehefrau Winnie muss ihm erklären, dass es sich um ein Mikrofon handelt.

Mandela ist für Stengel vor allem deshalb ein Held, weil er seine Fehler und Niederlagen eingesteht. »Ich wollte nicht von Beginn an mein Volk über meine Familie stellen«, schreibt er, »doch bei dem Versuch, meinem Volk zu dienen, stellte ich fest, dass ich daran gehindert wurde, meine Pflichten als Sohn, Bruder, Vater und Ehemann zu erfüllen.« Seine Tochter Zindzi wirft Mandela vor: »Du bist der Vater des ganzen Volkes, aber du hattest nie Zeit, Vater für mich zu sein.«

Seine Autobiografie zeigt den zur Selbstkritik fähigen Mandela als selbstbewussten Menschen, der sein Leben ohne Schönfärberei erzählt. Unbefangen und ausführlich schildert er, wie er seine Beschneidung als Initiationsritus des Xhosa-Volkes erlebt. Im Internat einer Missonsschule trampelt er »wie ein frisch beschlagenes Pferd« herum, weil er nicht daran gewöhnt ist, Stiefel zu tragen; als er bereits an der Hochschule studiert, putzt er sich zum ersten Mal die Zähne mit einer Zahnbürste. Viel später – 1962 bei einem Besuch in Ostafrika – erschrickt der inzwischen bekannte Anwalt und Politiker, als er in ein Flugzeug der Ethiopian Airways steigt, das von einem schwarzen Piloten gesteuert wird. »Ich war in das Denkmuster der Apartheid gefallen, nach dem Afrikaner minderwertig waren und nur Weiße fliegen konnten«, kommentiert Mandela und ärgert sich über »solche Gedanken«.

27 Haftjahre übersteht Mandela, ohne zu verbittern, weil er auf geradezu entwaffnende Art positiv denkt. »Im Menschen ist eine Neigung zur Güte«, schreibt er, »die vergraben oder verborgen sein kann, um dann unerwartet wieder hervorzutreten.« Nur ein Mensch ohne Hass könne frei sein. Deshalb habe er nicht zugelassen, dass Hass sein Denken bestimme. Nach Beobachtung des Kirchenmannes, Erzbischof Desmond Tutu, sieht Mandela einen Feind als »jemanden, der darauf wartet, zum Freund bekehrt zu werden«. So begegnet der Häftling Mandela auch den aus der burischen Unterschicht stammenden Bewachern auf Robben Island mit Höflichkeit – und wird in der Regel respektvoll behandelt. Kein Wunder: Der 1,90 Meter große Mann »hatte eine Ausstrahlung, die signalisierte: Ich bin ein Führer, mich kann niemand einschüchtern« (so der Vollzugsbeamte James Gregory).

Unter Mandelas Führung erkämpfen die politischen Gefangenen nach grauenvollen Anfangsjahren durch Eingaben, Verhandlungen und gelegentliche Proteste erhebliche Verbesserungen ihrer Lebensbedingungen. Die Häftlinge dürfen in ihrer Freizeit Sport treiben und Theaterstücke aufführen. Gebildete bringen Analphabeten Lesen und Schreiben bei. Robben Island gilt bald als »Gefängnisuniversität«; Häftlinge können Fernkurse belegen. Mandela ermutigt einige seiner Bewacher, ebenfalls zu studieren und damit sozial aufzusteigen.

Als eine wichtige Überlebensstrategie erkennt Mandela die Möglichkeit zu gärtnern. »Ein Garten war im Gefängnis eines der wenigen Dinge, über die man selbst bestimmen konnte«, schreibt er. »Einen Samen in die Erde zu legen, ihm beim Wachsen zuzusehen, die Pflanze zu pflegen und dann zu ernten, bot eine einfache, aber dauerhafte Zufriedenheit. Das Gefühl, der Verwalter dieses kleinen Stückchens Erde zu sein, beinhaltete einen Hauch von Freiheit.« Auf dem kargen, sandigen Boden von Robben Island betreut Mandela jahrelang ein paar Beete. Als ihn die Behörden 1982 ins Gefängnis Pollsmoor verlegen, darf er dort auf einer Dachterrasse in mit Erde gefüllten Ölfässern Gemüse anbauen. Dem Besucher Lord Nicholas Bethell, einem Mitglied des britischen Oberhauses und des Europa-Parlaments, führt der Gefangene 1984 seinen »Kübelgarten« so würdevoll vor »wie ein Grundbesitzer, der einem seinen Hof zeigt« (Bethell).

In jener Zeit ist Südafrikas Apartheid-Regime durch internationale Wirtschaftssanktionen und Unruhen im Land unter immensen Druck geraten. Die Regierung möchte die Lage entspannen. Sie bietet dem zum Symbol gewordenen Nelson Mandela seine Freilassung an, wenn er sich öffentlich von der Idee des bewaffneten Kampfes lossagen würde. Als loyales Mitglied der Befreiungsbewegung African National Congress (ANC) lehnt der Gefangene das Ansinnen ab. Gleichzeitig nimmt er jedoch Geheimverhandlungen mit der Regierung auf – zunächst im Alleingang. »Es gibt Zeiten«, begründet Mandela diesen Schritt, »in denen ein Führer der Herde vorangehen und sich in eine neue Richtung bewegen muß, darauf vertrauend, dass er sein Volk auf den richtigen Weg führt.« Der ANC-Leitung im Exil gedenkt Mandela zu übermitteln, dass sie sich ja vom Fehltritt eines isolierten alten Mannes distanzieren könne, falls sie mit seiner Entscheidung nicht einverstanden sei oder wenn seine Initiative scheitern würde.

Die Geheimverhandlungen beginnen mit Besuchen von Regierungsvertretern bei dem eingesperrten Gesprächspartner. Höhepunkt wird ein bizarres Treffen am 5. Juli 1989, das Mandela genüsslich schildert: In einem eigens für diesen Anlass geschneiderten Anzug wird der Gefangene zum Tuynhuys, dem Kapstädter Amtssitz des damaligen Staatspräsidenten Pieter Willem Botha, gefahren. Nach den langen Gefängnisjahren ist Mandela nicht mehr vertraut mit modischen Feinheiten. Deshalb verpassen ihm hohe Repräsentanten des Regimes den letzten Schliff für seinen Besuch: Der Gefängnisdirektor bindet ihm den Schlips mit einem Windsorknoten, Geheimdienstchef Niel Barnard kniet nieder und schnürt die offenen Schnürsenkel zu. Alle sind fürchterlich aufgeregt. Denn Botha wird als »das Große Krokodil« landesweit gefürchtet. »Dann öffnete sich die Tür«, schreibt Mandela, »und ich trat ein, auf das Schlimmste gefaßt. Von der entgegengesetzten Seite seines feudalen Büros kam P.W. Botha auf mich zu. Er hatte seine Schritte perfekt geplant, und wir trafen uns genau auf halbem Wege. Er streckte die Hand aus und lächelte breit, und tatsächlich war ich von diesem allerersten Augenblick an völlig entwaffnet. Er verhielt sich tadellos höflich, respektvoll und freundlich.« Beim Tee plaudern der Präsident und der Staatsfeind Nummer eins über Südafrikas Geschichte. Mandela sagt, dass er in der Rebellion der Buren gegen die Briten 1914 und im derzeitigen Befreiungskampf der Schwarzen gegen das weiße Regime Parallelen sehe. Erst zum Schluss der Begegnung bringt der Gast ein aktuelles Thema zur Sprache: Mandela bittet um die bedingungslose Freilassung aller politischen Gefangenen, sich selbst inbegriffen. Botha entgegnet, das sei nicht möglich.

Das Treffen endet dennoch freundschaftlich und gilt im Nachhinein als Durchbruch zur Wende am Kap. Denn nach intensiven Verhandlungen öffnen sich 190 Tage später für Mandela die Gefängnistore. Der ANC und andere politische Organisationen werden wieder zugelassen. Ins Exil vertriebene Südafrikaner dürfen heimkehren, politische Häftlinge werden freigelassen. 1994 sollen Wahlen nach dem Prinzip »one man one vote« stattfinden. Als Gegenleistung wird der ANC den bewaffneten Kampf aussetzen und die internationale Gemeinschaft den Wirtschaftsboykott gegen Südafrika beenden.

Die Welt atmet auf. Doch in den vier Jahren bis zu den Wahlen gerät Südafrika mehrfach an den Rand eines Rassenkrieges. Weiße Ultras bereiten Putsche vor, schwarze Separatisten drohen mit der Abspaltung bestimmter Gebiete, rivalisierende Stammesgruppen liefern sich blutige Schlachten. Morde an politischen Führern und Bombenanschläge auf Parteibüros gefährden den angesetzten Urnengang. Jetzt erweist sich als Glücksfall der Geschichte, dass Mandela 1964 nicht – wie vom Staatsanwalt gefordert – zum Tode verurteilt und hingerichtet worden ist. Denn nur der gerade aus dem Gefängnis entlassene Freiheitsheld kann die überall aufflammenden Brände löschen. Mandela besänftigt aufgebrachte Menschenmassen und gewaltbereite Revolutionäre; er stellt kampfbereiten Militärs und hasserfüllten Zulu-Häuptlingen

Posten in Aussicht, um sie in das neue Südafrika einzubinden. Er bringt abreisebereite Weiße dazu, im Land zu bleiben, überredet westliche Industrielle zu Investitionen am unsicheren Kap. Die Weißen sollen sich dort weiterhin zu Hause fühlen, jetzt freilich nicht mehr als Herren, sondern als gleichberechtigte Bürger in einer »Regenbogen-Nation«, predigt Mandela und verweist auf einen Grundsatz in der ANC-Freiheitscharta: »Südafrika gehört allen, die darin leben, Schwarzen und Weißen.«

Tatsächlich erhält der ANC auch viele weiße Stimmen, als er die ersten demokratischen Wahlen unter seinem Parteivorsitzenden Mandela überlegen gewinnt.

Am 10. Mai 1994 wird der ehemalige Staatsfeind als Präsident von Südafrika vereidigt. Mandelas vorliegende Memoiren enden zu diesem Zeitpunkt. »Mit der Freiheit stellen sich Verantwortungen ein«, schreibt er abschließend, »und ich wage nicht zu verweilen, denn mein langer Weg ist noch nicht zu Ende.«

Mandelas Werdegang ist bis heute so weiter verlaufen: Als Präsident versucht er, das Los der schwarzen Massen zu verbessern. Er lässt Hunderttausende Wohnungen bauen, bringt Wasser und Elektrizität in Slumgebiete. Ein Drittel seines Gehalts spendet er für bedürftige Kinder. Auch als Präsident schüttelt Mandela Putzfrauen und Köchen die Hand, wenn er zu einem Dinner geladen wird. Das Potenzgehabe und die Protzerei vieler afrikanischer Amtsbrüder sind ihm fremd. Dabei genießt Mandela seine Stellung: In seinen lässig geschnittenen, farbenfrohen Hemden empfängt er neben Politikern auch Popstars und Sportidole aus aller Welt. »Er durchlebt noch einmal seine Jugend im Johannesburg der fünfziger Jahre«, beobachtet der Brite Anthony Sampson, ein Zeitgenosse aus jenen Tagen. Damals war Mandela »nicht nur Politiker, sondern auch Township-Held, Frauenschwarm, Tänzer und Boxer«.

Jetzt liegt dem Präsidenten Mandela vor allem die Aussöhnung der Rassen am Herzen. Er bringt Frauen und Witwen früherer Apartheids-Politiker mit den Frauen und Witwen schwarzer Aktivisten zusammen. Unter seiner Präsidentschaft beginnt eine »Wahrheitskommission«, die südafrikanische Geschichte aufzuarbeiten. Mandela selbst verblüfft die Menschen als Meister großer Gesten. So lädt er den pensionierten Staatsanwalt Percy Yutar zum Mittagessen ein – das ist der Mann, der einst seinen Tod gefordert hatte. Während der Rugby-Weltmeisterschaft 1995 erscheint der Präsident im Trikot der Nationalmannschaft im Ellis-Park-Stadion von Johannesburg und feuert Südafrikas Team an. Eine Sensation. Denn Rugby gilt als Sport der Weißen; und Südafrikas Schwarze pflegten sich zu freuen, wenn die Nationalmannschaft verlor. Unter den Augen Mandelas schlagen die Südafrikaner das favorisierte Neuseeland und werden Champion. Manche schreiben das der »Madiba Magic« zu. So nennen die Leute das seltsame von Mandela ausgehende Kraftfeld – nach seinem Clan- und Ehrennamen »Madiba«.

Anders als viele Staatsmänner, die von der Macht nicht lassen können, verzichtet Mandela auf eine zweite Kandidatur für die Präsidentschaft. Der von ihm geförderte Thabo Mbeki wird 1999 zum Präsidenten gewählt. Mbeki verehrt Mandela als »Gottes Geschenk für unser Land«. Doch das hindert Mandela nicht daran, seinen Nachfolger öffentlich zurechtzuweisen: Als der neue Präsident den Zusammenhang zwischen dem HI-Virus und Aids bezweifelt und die Regierung praktisch nichts gegen die Pandemie unternimmt, poltert er in einem Interview: »Wir können es uns nicht leisten, zu debattieren und uns zu streiten, während die Menschen sterben.« Mandela wird Schirmherr eines internationalen Pop-Benefizkonzerts in Kapstadt für die Aids-Hilfe und fliegt 2004 zur Welt-Aids-Konferenz nach Thailand.

Geld für Aids-Projekte sammelt der Ruheständler bei seinen berühmt-gefürchteten »breakfast calls«: Er ruft zur Frühstückszeit Geschäftsleute und andere Wohlhabende an und bittet sie nach freundlichem Plausch um Spenden. Ein Tabu bricht Mandela, als er im Januar 2005 bekannt gibt, woran sein Sohn Makgatho gestorben ist – Aids.

Makgatho entstammt Mandelas erster Ehe, einer von zwei Beziehungen, die nicht zuletzt daran scheitern, dass Mandela zugleich mit dem Befreiungskampf verheiratet ist. Seine erste Ehe zerbricht, weil seine Frau lieber zu den Gottesdiensten der

Zeugen Jehovas geht, als zu Nelsons politischen Freunden. Winnie, die Liebe seines Lebens, hält während der langen Haftzeit zu Mandela; doch nach seiner Entlassung wird die Ehe geschieden. Die Kampfgenossin ist – auch bedingt durch Polizeiterror, Festnahmen und Verbannung – zu einer herrschsüchtigen, exzentrischen Frau geworden. Mandela leidet unter der Trennung, bis er Graça Machel kennen lernt. Die Witwe des mosambikanischen Freiheitshelden und langjährigen Präsidenten Samora Machel ist 27 Jahre jünger als er und studierte Juristin. Die beiden heiraten 1998 an Mandelas 80. Geburtstag. »Sie hat mich wie eine Blume zum Blühen gebracht«, sagt Mandela.

Hans Hielscher

NELSON MANDELA wurde 1918 in der Transkei geboren. Der Häuptlingssohn war in den fünfziger Jahren einer der aktivsten Führer des African National Congress, ANC, in Südafrika. 1961 ging er in den Untergrund, 1962 wurde er verhaftet und 1964 zu lebenslanger Haft verurteilt. Während seiner 27 Jahre dauernden Gefangenschaft auf der Häftlingsinsel Robben Island wurde er zum Mythos und Freiheitskämpfer für die Schwarzen Südafrikas. 1990 auf internationalen Druck freigelassen, wurde Mandela 1991 Präsident des ANC. Dank seinem Mut zum Dialog – auch mit ehemaligen politischen Gegnern – gelang es ihm, das System der Apartheid zu beenden und die Schwarzen Südafrikas friedlich in die Freiheit und Demokratie zu führen. 1993 erhielten er und der ehemalige südafrikanische Staatspräsident Frederik Willem de Klerk den Friedensnobelpreis. Von 1994 bis 1999 war Nelson Mandela der erste schwarze Staatspräsident Südafrikas.

Von Nelson Mandela in deutscher Übersetzung lieferbar:

Meine afrikanischen Lieblingsmärchen
C. H. Beck Verlag
2004

Titelauswahl zu Nelson Mandelas Leben und Werk:

Jack Lang
Nelson Mandela.
Ein Leben für Freiheit und Versöhnung
Verlag Artemis & Winkler
2006

Albrecht Hagemann
Nelson Mandela
Rowohlt Taschenbuch Verlag
1995

Maren Gottschalk
»Die Morgenröte unserer Freiheit«.
Die Lebensgeschichte des Nelson Mandela
Beltz Verlag
2005

SPIEGEL Edition **DIE BESTSELLER.**

01 *Javier Marías* Mein Herz so weiß
02 *Günter Grass* Das Treffen in Telgte
03 *Golo Mann* Wallenstein
04 *Wolfgang Büscher* Berlin–Moskau
05 *Leon de Winter* Hoffmans Hunger
06 *John Updike* Ehepaare
07 *Nelson Mandela* Der lange Weg zur Freiheit
08 *Marion Gräfin Dönhoff* Kindheit in Ostpreußen
09 *Ian McEwan* Abbitte
10 *Thomas Brussig* Helden wie wir
11 *Samuel P. Huntington* Kampf der Kulturen
12 *Oliver Sacks* Der Mann, der seine Frau mit einem Hut verwechselte
13 *Saul Bellow* Herzog
14 *J. M. Coetzee* Schande
15 *Willy Brandt* Erinnerungen
16 *Stephen Hawking* Eine kurze Geschichte der Zeit
17 *Philip Roth* Der menschliche Makel
18 *Max Frisch* Montauk
19 *Sebastian Junger* Der Sturm
20 *Sigrid Damm* Christiane und Goethe

21 *Isabel Allende* Das Geisterhaus

22 *Martin Walser* Ein fliehendes Pferd

23 *Victor Klemperer* Ich will Zeugnis ablegen bis zum letzten

24 *Hans Magnus Enzensberger* Einzelheiten I & II

25 *Christoph Ransmayr* Die letzte Welt

26 *Milan Kundera* Der Scherz

27 *Martin Doerry* »Mein verwundetes Herz«

28 *Erich Fromm* Haben oder Sein

29 *Michail Bulgakow* Der Meister und Margarita

30 *Salman Rushdie* Des Mauren letzter Seufzer

31 *Joachim Fest* Hitler

32 *Barbara Tuchman* Der ferne Spiegel

33 *Michel Houellebecq* Plattform

34 *Heinrich Böll* Ansichten eines Clowns

35 *Jörg Friedrich* Der Brand

36 *Bill Bryson* Eine kurze Geschichte von fast allem

37 *Zeruya Shalev* Liebesleben

38 *Peter Handke* Der kurze Brief zum langen Abschied

39 *Rüdiger Safranski* Nietzsche

40 *Marcel Reich-Ranicki* Mein Leben